Tratado de Direito Internacional
Direito Internacional dos Espaços

Tratado de Direito Internacional Direito Internacional dos Espaços

TOMO 2 – DOMÍNIO AÉREO, NAVIOS E AERONAVES, ESPAÇOS INTERNACIONAIS E RECORRÊNCIAS DA ESPACIALIDADE

2022 • 2ª Edição • Revista e Atualizada

Paulo Borba Casella

ALMEDINA

TRATADO DE DIREITO INTERNACIONAL
DIREITO INTERNACIONAL DOS ESPAÇOS
TOMO 2: DOMÍNIO AÉREO, NAVIOS E AERONAVES, ESPAÇOS INTERNACIONAIS E RECORRÊNCIAS DA ESPACIALIDADE

Autor: Paulo Borba Casella

Diretor Almedina Brasil: Rodrigo Mentz
Editora Jurídica: Manuella Santos de Castro
Editor de Desenvolvimento: Aurélio Cesar Nogueira
Assistentes Editoriais: Isabela Leite e Larissa Nogueira
estagiária de produção: Laura Roberti

Diagramação: Almedina
Design de Capa: Roberta Bassanetto

ISBN: 9786556275680
Julho, 2022

Dados Internacionais de Catalogação na Publicação (CIP)
(Câmara Brasileira do Livro, SP, Brasil)

Casella, Paulo Borba
Tratado de direito internacional : direito internacional dos espaços : tomo 2 : domínio aéreo, navios e aeronaves, espaços internacionais e recorrências da espacialidade / Paulo Borba Casella.
2. ed. rev. e ampl. – São Paulo, SP : Almedina, 2022.

Bibliografia.
ISBN 978-65-5627-568-0

1. Espaços públicos 2. Direito internacional 3. Direito internacional público 4. Jurisdição (Direito internacional) 5. Zonas econômicas (Direito) I. Título.

22-108553 CDU-341

Índices para catálogo sistemático:

1. Direito internacional dos espaços 341

Eliete Marques da Silva – Bibliotecária – CRB-8/9380

Este livro segue as regras do novo Acordo Ortográfico da Língua Portuguesa (1990).

Editora: Almedina Brasil
Rua José Maria Lisboa, 860, Conj. 131 e 132, Jardim Paulista | 01423-001 São Paulo | Brasil
editora@almedina.com.br
www.almedina.com.br

para Augusto César

ABREVIATURAS

AFDI – *Annuaire Français de Droit International* (publicação do C.N.R.S., Paris)

AIEA – Agência Internacional de Energia Atômica (IAEA, em inglês)

AJIL – *American Journal of International Law.*

Boletim – *Boletim da Sociedade Brasileira de Direito Internacional.*

BYB – *British Yearbook of International Law.*

CBN – Comunidade Britânica de Nações (*British Commonwealth of Nations*)

CDI – Comissão de Direito Internacional da Nações Unidas / tb. ILC – International Law Commission

CEDIN – Centre de droit international (Univ. Paris I – Sorbonne)

CIJ – Corte Internacional de Justiça, Haia (1946-)

CPJI – Corte Permanente de Justiça Internacional

DI – Direito internacional (público)

Difel – Editora Difusão Européia do Livro, São Paulo

DIP – Direito internacional privado

DTV – Deutscher Taschenbuch Verlag, Munique

Edusp – Editora da Universidade de São Paulo, São Paulo

EJIL – European Journal of International Law

Encyclopedia of Public International Law – *The Max Planck Encyclopedia of public international law* (ed. by R. Wolfrum, Oxford: Univ. Press, 2012, 11 vols., com indicação do tomo e das páginas – edição anterior da *Enclyclopedia* coordenada por R. Bernhardt, Dordrecht, 1981-1990, 12 vols.)

FAO – *Food and Agriculture Organization* (Organização para a Agricultura e Alimentação das Nações Unidas), Roma

FUNAG – Fundação Alexandre de Gusmão, Brasília

GYIL – *German Yearbook of International Law*
ICLQ – *International and Comparative Law Quarterly*
IHLADI – Instituto Hispano-Luso-Americano de Direito Internacional
IDI – Instituto de Direito internacional – *Institut de droit international*
orig. publ. – originalmente publicado em
SdN – Sociedade das Nações
SFDI – Sociedade francesa para o direito internacional
OESP – jornal "O Estado de São Paulo"
ONU – Organização das Nações Unidas
PUF – Presses Universitaires de France, Paris
RCADI – *Recueil des Cours de l'Académie de Droit International de La Haye* – *Collected courses of the Hague Academy of International Law* (Haia) – publicados desde 1923, com indicação do ano, volume e páginas
RDILC – Revue de droit international et de législation comparée
Restatement – American Law Institute, *Restatement of the law – The foreign relations law of the United States*, St. Paul, Minn., 1987, 2 v.)
RGDIP – *Révue Générale de Droit International Public*, Paris
UNTS – United Nations Treaty Series – com indicação do volume e página
Univ. – Universidade / University / Université
VRBEI – Vorträge, Reden und Berichte aus dem Europa-Institut – Sektion Rechtswissenschaft – Universität des Saarlandes, Saarbrücken
YILC – *Yearbook of the International Law Commission*
ZEE – Zona Econômica Exclusiva

SUMÁRIO

INTRODUÇÃO

No presente **tomo 2** deste **Direito internacional dos espaços**, na segunda parte, o **título II – domínio aéreo, navios e aeronaves**, capítulo 17, considera o domínio dos ares (17.1), a liberdade dos ares *vs.* soberania (17.2), a Organização da Aviação Civil Internacional (OACI) (17.3), e o apoderamento ilícito de aeronaves (17.4), antes de passar ao direito internacional das telecomunicações (cap. 18), com consideração da evolução 'das comunicações telegráficas e radioelétricas às telecomunicações' (18.1) e a União Internacional das Telecomunicações (UIT) (18.2); 'navios e aeronaves no direito internacional', capítulo 19, considera, sucessivamente os navios (19.1): navios no direito internacional (19.1.1), classificação e nacionalidade dos navios (19.1.2), navios em alto mar (19.1.3), navios em águas estrangeiras (19.1.4), com distinção de tratamento entre navios públicos (19.1.4.1) e navios privados (19.1.4.2), e, a seguir, 'aeronaves' (19.2), onde se consideram: classificação e nacionalidade das aeronaves (19.2.1), aeronave em espaço aéreo estrangeiro (19.2.2), aeronave em vôo sobre o alto mar (19.2.3).

A seguir, a **parte terceira – espaços internacionais e recorrências da espacialidade** compreende:

o **título I – espaços internacionais**: onde se examina a mutação destes, de *res nullius* a patrimônio comum da humanidade', no capítulo 20: compreende a determinação conceitual destes, seguida da distinção necessária entre espaços propriamente internacionais e espaços internacionalizados, estes últimos de caráter temporário e limitado, onde são referidos os exemplos, ocorridos no século XX, das cidades de Tanger (20.1), de Danzig (ou atualmente, Gdansk) (20.2), de Trieste (20.3), e da ilha de Irian ocidental (20.4); no capítulo 21 se considera o 'alto mar', no capítulo 22, o 'espaço ultraterrestre', onde se consideram: o objeto e a extensão de aplicação (22.1), as origens (22.2), os cinco tratados (22.3) e o cenário atual (22.4), antes de se passar, no capítulo 23, ao exame dos 'fundos oceânicos'; e, no capítulo 24, ao exame dos 'domínios polares', com especificidades quanto à regulação aplicável à Antártica (24.1), com referência ao continente antártico (24.1.1) e aos arquipélagos antárticos e as respectivas zonas marítimas (24.1.2) e à região do Ártico (24.2), bem como o caso do Alaska (24.2.1). Além disso, se propõe considerar 'direito internacional dos espaços e a emergência da proteção internacional do meio ambiente', sucintamente abordado no capítulo 20V, para ressaltar a necessidade de conceber toda esta nova dimensão do direito internacional dos espaços e remeter aos estudos setoriais específicos, que mais e mais constituem especialização, em tempo integral, no âmbito do direito internacional pós-moderno;

no **título II** se examinam as **recorrências da espacialidade** e se consideram, sucessivamente, 'geografia e extraterritorialidade: projeção do poder do estado além dos seus limites' – objeto do capítulo 20VI: o fenômeno tem de ser entendido como duas facetas, uma lícita e outra não, com as consequências legais daí decorrentes; 'território brasileiro e direito internacional', no capítulo 20VII estuda as questões de fronteiras, enfrentadas pelo Brasil: com o Peru (27.1), com a Argentina (27.2), com a Bolívia (27.3), com a Venezuela (27.4), com a Colômbia (27.5), com o Uruguai (27.6), com o Paraguai (27.7), com a Guiana Inglesa (27.8), com a Guiana Francesa (27.9), a questão da Ilha da Trindade (27.10), e a questão da colônia de Descalvados (27.11), seguido do capítulo 28, sobre as 'fases de formação do território brasileiro: algumas lições de direito internacional'; 'espacialidade e direitos fundamentais: dimensão humana do território', é estudada no capítulo 29, e esta dimensão humana se põe tanto no plano histórico, dos passados coloniais, de várias regiões do planeta, como em relação ao atual contexto de relação com o espaço, como direito humano fundamental – e isto se exprimiria na relação 'dos impérios coloniais ao reconhecimento dos direitos dos povos indígenas' (29.1) – não somente o território passa a ter normatização internacional, como pode passar a haver amparo institucional do debate, que a respeito se promove, no contexto da Organização das Nações Unidas – e, em razão dessa internacionalização consentida do fenômeno, não mais poderão os estados pretender se trate somente de questão interna, e como tal insujeita a debate e a controle internacionais, e, por isso, a seguir, se consideram: 'internacionalização dos direitos fundamentais' (29.2) e 'dimensão humana do território como expressão da relação entre espacialidade e direitos fundamentais' (29.3); 'território e ato unilateral', no capítulo 30, é dedicado ao exame de dois casos, clássicos da jurisprudência internacional: na Corte permanente de justiça internacional, o 'caso do estatuto jurídico da Groenlândia oriental' (1933) (30.1), e, na Corte Internacional de Justiça, os casos dos testes nucleares franceses (1974) (30.2); e, finalmente, 'território e identidades culturais', no capítulo 30I, estuda algumas questões como: a questão da Jaworzina (31.1), a questão do território de Memel (31.2), a questão do trecho ferroviário de Landwarow-Kasiadorys (31.3), a questão das consequências da construção do muro nos territórios palestinos ocupados (31.4), bem como o laudo arbitral de Max HUBER sobre a ilha de Palmas (31.5), o laudo arbitral de Vítor-Emanuel III sobre a ilha de Clipperton (31.6) e a proteção de minorias nas ilhas Aaland (31.7).

São estes capítulos seguidos pela **conclusão**. Encerra-se o volume com as referências bibliográficas.

TÍTULO II: DOMÍNIO AÉREO, NAVIOS E AERONAVES

Referências ao interesse da comunidade são frequentes no direito internacional público e nas obras doutrinárias, e por vezes o termo é utilizado indistintamente com outros termos tais como interesse comum, interesses coletivos ou valores comuns. Esses termos, contudo, raramente são definidos, e muitas vezes tem significados distintos.

Na maioria das vezes, o termo é utilizado para referir os interesses protegidos pelo direito internacional, vinculando a totalidade ou um grupo de estados, indo além da delimitação de esferas soberanas de influência, a compatibilização de interesses nacionais conflitantes, ou vantagens recíprocas entre estados soberanos.

Isabel Feichtner (2012)[1]

As comunicações desempenham papel capital nas trocas internacionais. Sem o concurso destas, as relações internacionais seriam quase inexistentes. (...) Não é, ademais, evidente que as comunicações são o fundamento de toda a vida internacional?

Georges De Leener (1936)[2]

[1] Isabel Feichtner, *Community Interest* (in **Encyclopedia of public international law**, 2012, vol. II, p. 477-487, cit. § 1-2).

[2] Georges De Leener, **Règles générales du droit des communications internationales** (RCADI, 1936, t. 55, p. 1-86, cit. p. 5): «Les communications jouent un rôle capital dans les rapports internationaux. Sans leur concours, les relations internationales seraient quasi inexistantes. Aussi, dans les relations entre les nations, le régime des communications est-il susceptible d'exercer des influences radicales. N'est-ce d'ailleurs pas l'évidence même que

O domínio aéreo do território, bem como o regime jurídico internacional dos navios e das aeronaves são campos inteiros do direito internacional de desenvolvimento relativamente recente, no curso dos últimos cento e poucos anos, em contraste com a lenta consolidação, ao longo de séculos, das normas que regem o domínio marítimo do território, como se acaba de considerar, nos capítulos (IX a XVI) precedentes.

O domínio aéreo, além da aviação, abrange o vaso conjunto do "direito das comunicações" – conceito crucial, como já expunha Francisco de VITÓRIA, em sua inovadora formulação de um *jus communicationis* –[3] é, assim, de ponto de vista sociológico, a condição essencial da vida internacional e ponto de partida, necessário para o estudo do direito internacional.[4]

As comunicações internacionais – como faz muito tempo se sabe – não se limitam ao transporte de mercadorias,[5] mas também transportes postais, comunicações telegráficas: "outras comunicações internacionais são as que utilizam a rota do ar". Outras, ainda, dizem respeito ao transporte de energia elétrica[6]. Outras, enfim, se valem da radiodifusão. São tantos modos distintos de comunicações internacionais, nos campos respectivos, dos quais se apresentam objetivos específicos do direito das comunicações internacionais.[7]

les communications sont le fondement de toute vie internationale ?» ; v. tb. F. LEGREZ, *Les conditions générales de transport de l'IATA* (RCADI, 1972, t. 135, p. 439-452).

3 Como se examina no **Tratado** (tomo V – **Direito internacional no tempo de Francisco de Vitória**, esp. cap. XIV).

4 G. De LEENER (op. cit., 1936, loc. cit.).

5 J. F. HOSTIE, **Le transport de marchandises en droit international** (RCADI, 1951, t. 78, p. 211-324).

6 Charles De VISSCHER, **Le droit international des communications** (Paris: A. Rousseau, 1924, p. 126): «à la différence des autres formes de transports en transit, qui constituent une source de revenus pour l'état transité, le transport de l'energie électrique ne procure à ce dernier aucun profit quelconque; normalement il constitue pour lui une cause d'embarras, parfois même de préjudice indirect à ses intérêts économiques.»

7 Georges De LEENER, **Règles générales du droit des communications internationales** (RCADI, 1936, t. 55, p. 1-86, esp. chap. II 'les objectifs du droit des communications internationales', p. 19-33, cit. p. 30-31 e a seguir. p. 32) fala na «extrême diversité des objectifs du droit des communications internationales. Leurs particularités respectives manifestent à la fois une grande complexité et et une non moindre hétérogénéité.»

As comunicações internacionais em matéria de telecomunicações "diversamente de outras, não exigem qualquer suporte material, por parte dos países por elas atravessados". Não exigem sequer espaços físicos, terrenos tal como os necessários, em matéria de navegação aérea, para facilitar aterrissagens ou outras operações. Observe-se "não dependerem estas, tampouco, da intervenção de qualquer estado, no tocante à passagem das ondas, no sentido de as interceptar, tal como pode ser feito, em relação a qualquer outro tipo de transporte".[8] No estabelecimento de estatuto internacional das telecomunicações, desde logo, se fez patente a necessidade de regulação internacional, não somente para estabelecer normas comuns, como também a diferenciação de frequencias, de modo imperativo, mesmo antes do advento das comunicações via satélite,[9] que abriram literalmente novos espaços, para o desenvolvimento das telecomunicações.

Desnecessário enfatizar quanto a aviação representou para o desenvolvimento das 'comunicações', em todo o planeta. Já o precursor Francisco de VITÓRIA denominara *jus communicationis* esse direito das 'comunicações', como direito inerente ao ser humano, em deslocar-se pelos espaços do planeta. Compreendido no seu sentido mais amplo, esse direito abrangeria, não somente o conjunto das liberdades de circulação, tanto pessoas, como bens, serviços, capitais, como, igualmente, ondas de rádio e comunicações por satélites.

Logicamente VITÓRIA, na primeira metade do século XVI, nunca poderia conceber o impulso que teria a sua formulação inicial do *jus communicationis*, em razão dos progressos técnicos, como a aviação, e todas as comunicações, por telégrafo, por ondas de rádio, e por satélites. Mas os conceitos específicos, em cada uma dessas sucessivas inovações tecnológicas, pode-se reconhecer, foram desde as suas inovadoras lições colocadas. Pura pós-modernidade: a formulação mais clássica do direito

[8] G. De LEENER (op. cit., 1936, chap. II 'les objectifs du droit des communications internationales', p. 19-33, cit. p. 32): «Pour arrêter le passage des ondes, il n'y aurait d'autre moyen qu'un 'brouillage' général ; mais l'état recourant à ce moyen se nuirait à lui-même et nuirait à tous ses voisins. Des perturbations en résulteraient, non seulement sur son propre territoire, mais aussi sur ceux des états contigus, ou même plus éloignés. En fait, a-t-on conclu, la liberté de l'éther s'impose.»

[9] Nicolas MATEESCO MATTE, **Aerospace law: telecommunications satellites** (RCADI, 1980, t. 166, p. 119-249).

internacional, se junta às mais novas tendências e desenvolvimentos na matéria.

Diversamente do ocorrido no caso do domínio marítimo, onde a atividade da navegação marítima,[10] ao longo dos séculos, levou ao surgimento progressivo de conceitos e de normas, aplicáveis ao âmbito do mar, na relação dos seres humanos com o espaço aéreo, esta se fez, de ponto de vista histórico, de forma abrupta, de modo a evidenciar a súbita necessidade de regulação legal desse novo espaço, que se abria, literalmente, à atuação humana. Em pouco tempo, foi criado todo este novo campo do direito internacional.

A soberania estatal, normalmente referida como relativa a determinada superfície, parcela claramente delimitada do globo, e, por conseguinte, *bi-dimensional*, deve ser, igualmente entendida e estendida a três dimensões, sendo claro que o domínio espacial da ordem jurídica do estado abrange, evidentemente, essa *terceira* dimensão, já alertava Hans Kelsen (1925)[11] para o dado de que "não se trata somente de latitude e de longitude, mas também a profundidade e a altitude que atingem a ação do poder do estado".[12] Logicamente a questão da projeção vertical da ação e do poder do estado somente se colocaram de modo mais presente, no direito internacional, a partir do momento em que tiveram início as possibilidades de utilização concreta de tais espaços.

A questão da natureza jurídica do domínio aéreo do território se discute sobretudo a partir da primeira guerra mundial, até se dar a fixação da soberania completa e exclusiva do estado territorial, por meio da Convenção internacional de navegação aérea, assinada em Paris, aos 13 de outubro de 1919. Efeitos dos progressos técnicos sobre os meios de comunicação internacionais, elaborou-se um estatuto internacional

[10] Donald R. Rothwell, *Sea Lanes* (in **Encyclopedia of public international law**, 2012, vol. IX, p. 47-53, cit. § 11): "The UN Convetion on the Law of the Sea recognized these important dynamics for the law of the sea and especially the impact upon international shipping reliant upon their access to, and utilization of, essential sea lanes for the maintenance of international seaborne trade. This resulted in the adoption of the transit passage regime for international straits, and in the case of archipelagic waters, the recognition of the right of archipelagic sea lanes passage". Ver tb. cap. XV – estreitos e canais internacionais e XVI – estados arquipélagos.

[11] H. Kelsen, **Allgemeine Staatslehre** (orig. publ. 1925, Berlim / Zurique: Gehlen, reimpressão 1966).

[12] H. Kelsen (op. cit., 1925, p. 139).

da navegação aérea. Para Alfred VERDROSS (1929)[13] por meio desta, o domínio atmosférico, situado acima do território e das águas territoriais adjacentes, passa a integrar o domínio de exercício de poder de cada estado.[14]

A respeito da convenção de Paris, de 1919, segundo entendimento de Charles De VISSCHER (1924), "o propósito dos estados contratantes foi o de dotar o direito internacional aeronáutico de estatuto internacional comparável ao que desde 1815 rege a navegação fluvial".[15] Nessa mesma matéria, F. De VISSCHER (1934)[16] considerava os conflitos de leis antes do regime legal, instaurado pela Convenção de Chicago, de 1944. Por sua vez, autores como C. BEREZOWSKI (1969)[17], D. GOEDHUIS (1952)[18], R. JENNINGS (1949)[19] e E. PEPIN (1947)[20] logo depois do advento deste regime legal que, com pequenos ajustes operacionais, continua vigente.

O direito internacional das comunicações tende a subtrair seu regime, nas relações entre os povos, à vontade unilateral e arbitrária de uma das partes.[21] Busca este conciliar duas tendências opostas e contraditórias.

[13] A.VERDROSS, **Règles générales du droit international de la paix** (RCADI, 1929, t. 30, p. 271-518).

[14] A.VERDROSS (op. cit., 1929, § 41-III 'domaine aérien', p. 389-390) : «le droit de traverser l'atmosphère d'un autre état n'est pas encore entré dans le droit international universel, mais suppose une stipulation expresse. La vieille règle des glosateurs, *dominus soli est dominus coeli et inferorum* est donc devenue un principe du droit des gens.»

[15] Ch. De VISSCHER, **Le droit international des communications** (op. cit., 1924, p. 137-138) : «doter le droit international aérien d'un statut international comparable à celui qui, depuis 1815, régit la navigation fluviale.»

[16] F. De VISSCHER, **Les conflits de lois en matière de droit aérien** (RCADI 1934, t. 48, p. 279-386).

[17] C. BEREZOWSKI, **Le développement progressif du droit aérien** (RCADI, 1969, t. 128, p. 1-94).

[18] D. GOEDHUIS, **Questions of public international air law** (RCADI, 1952, t. 81, p. 201-308).

[19] R. Y. JENNINGS, **Some aspects of the international law of the air** (RCADI, 1949, t. 75, p. 509-590).

[20] E. PEPIN, **Le droit aérien** (RCADI, 1947, t. 71, p. 477-548).

[21] G. De LEENER (op. cit., 1936, loc. cit.); v. tb., conterrâneo e contemporâneo, J. F. HOSTIE, em um de seus cursos na Haia, **Examen de quelques règles du droit international dans le domaine des communications et du transit** (RCADI, 1932, t. 40, p. 397-524).

Segundo uma corrente, a soberania territorial teria primazia sobre qualquer outra consideração: pode-se vincular a esta a tendência muito acentuada à auto suficiência, onde, em sentido estrito e absoluto, cada país deveria esforçar-se em bastar-se a si mesmo, com exclusão de qualquer relação com o exterior. Em tais condições, ficaria ausente o interesse nas comunicações internacionais, e caberia ao estado avaliar, em função de suas vantagens, quanto a consentir em qualquer diminuição de sua soberania, sua independência e de sua autonomia. Este permaneceria refratário às concepções do direito internacional das comunicações.

Segundo outra tendência, o cuidado predominaria em satisfazer as exigências da comunidade de interesses vinculando as nações, na busca do máximo de vantagens materiais em suas trocas e em suas relações recíprocas, de qualquer natureza. Inspirar-se-ia da concepção do cosmopolitismo, cujo progresso se marca, nos últimos cem anos, apesar das recorrentes reações nacionalistas, que se observam. Esse progresso resulta da consciência da interdependência de interesses, mais e mais múltiplos e complexos, bem como movimento intenso de idéias e de fluxo de informação, que não se detém nas fronteiras.

Essas duas tendências, "formam dois dados constantes do problema":[22] podem ser modificadas as relações entre estes, mas não se pode sacrificar totalmente um em detrimento de outro. Sem dúvida, é verdade, de modo geral, que quase todos os progressos realizados, até este momento, marcam o recuo das pretensões ao exclusivismo das soberanias locais, mas não se poderia, impunemente, desconhecer alguns limites insuperáveis que a independência dos estados assinala à ação da regulação internacional. Realizar, em justo equilíbrio, a conciliação desses princípios naturalmente antagônicos, tal é, aqui, como em outras matérias, a tarefa do direito internacional.[23]

Serão, assim, sucessivamente considerados o domínio aéreo (cap. 17), e neste: o domínio dos ares (17.1), a controvérsia entre a liberdade dos ares *vs.* soberania (17.2), a Organização da aviação civil internacional (OACI) (17.3), e, especificamente, a questão do apoderamento ilícito de aeronaves (17.4).

[22] Charles de VISSCHER, **Le droit international des communications** (Paris: A. Rousseau, 1924).

[23] C. de VISSCHER (op. cit, 1924, p. 7).

No cap. 18 faz-se breve exame do direito internacional das telecomunicações, considerando, neste: das comunicações telegráficas e radioelétricas às telecomunicações (18.1), a União Internacional das Telecomunicações (UIT) (18.2).

No cap. 19 são tratados os navios e as aeronaves no direito internacional, por questão de lógica e de ordenação da exposição, sucessivamente: navios (19.1), em relação aos navios no direito internacional (19.1.1), a questão da classificação e da nacionalidade dos navios (19.1.2), os navios em alto mar (19.1.3) e os navios em águas estrangeiras (19.1.4), subdividindo-se entre navios públicos (19.1.4.1) e navios privados (19.1.4.2). A seguir, ainda no capítulo 19, serão tratadas as aeronaves (19.2). Em relação às aeronaves, considerar-se-á a classificação e a nacionalidade das aeronaves (19.2.1), a aeronave em espaço aéreo estrangeiro (19.2.2) e a aeronave em vôo sobre o alto mar (19.2.3).

Embora constituam regimes jurídicos internacionais distintos, cuidam navios e aeronaves de matérias correlatas, que assim se examinam, como extensões, dotadas de mobilidade, mas em vários aspectos equiparadas aos espaços territoriais. A seguir, a parte III, será dedicada ao exame dos espaços internacionais e das recorrências da espacialidade.

CAPÍTULO 17
DOMÍNIO AÉREO

A aviação civil internacional é uma atividade internacional, regulada por uma combinação de direito internacional público e privado. O direito internacional aeronáutico tem as suas fontes tanto em tratados quanto em direito internacional costumeiro, mas as principais fontes são convenções multilaterais.

L. Tomas (2012)[24]

O direito internacional (público) aeronáutico é uma parte do direito internacional que compreende as normas reguladoras das relações internacionais no que diz respeito à utilização do espaço aéreo, para fins de navegação aérea e de atividade comercial.

A. Vereschaguin (1979)[25]

Agora que a conquista está feita e se trata somente de aperfeiçoar o que o gênio dos Wright, dos Santos-Dumont, dos Renard e dos Blériot inventaram, os homens da lei se puseram em movimento, pois

[24] Lisa Tomas, *Air Law* (in **Encyclopedia of public international law**, 2012, vol. I, p. 233-242, cit. § 1).

[25] A. Vereschaguin, *Derecho Aereo Internacional* (in **Curso de Derecho Internacional**, coord. G. Tunkin, trad. Federico Pita, Moscou: Editorial Progresso, 1979, vol. 2, p. 70-86, cit. p. 70).

> compreenderam que não é com a lei romana, nem com o direito costumeiro, nem com o Código Napoleão, que se resolverão os problemas jurídicos novos.
>
> E. LAUDE (1910)[26]

Campos inteiros do direito internacional surgiram e se consolidaram, ao longo do conturbado século XX.[27] Quantas vezes as inovações tecnológicas ou novas necessidades levaram à consolidação de inteiras novas áreas do direito internacional e do direito, como todo.

O desenvolvimento de conjunto específico de normas de direito internacional, em relação à atividade aeronáutica contou com contribuições de múltiplos internacionalistas do século passado, dentre os quais os já mencionados F. de VISSCHER (1934),[28] E. PÉPIN (1947),[29] R. JENNINGS (1949)[30] e P. de La PRADELLE (1954)[31] ilustravam como este se deu. Brás de Souza ARRUDA (s/d)[32] vangloriava-se ter sido o primeiro a tratar do direito aeronáutico no Brasil.

[26] Emile LAUDE, *Questions pratiques* (in Revue juridique internationale de la locomotion aérienne, Paris: Pedone, 1910, n. 1, p. 16-18).

[27] É imensa a bibliografia disponível sobre o século XX. Na perspectiva do direito internacional, ver **Tratado** (tomos XIV a XVII – **Direito internacional no tempo do colonialismo** e XVIII – **Direito internacional no tempo pós-moderno**); v. tb. Serge BERSTEIN e Pierre MILZA (dir.), **História do século XX** – de 1973 aos dias atuais: a caminho da globalização e do século XXI (orig. publ. **Histoire du XXe siècle**, 2005, trad. F. SANTOS, São Paulo: Companhia Ed. Nacional, 2007); Martin GILBERT, **A história do século XX** (orig. publ. **History of the twentieth century**, 2001, trad. C. BARCELOS e E. de CASTRO ALVES, São Paulo: Crítica, 3ª ed., 2016); Eric HOBSBAWM, **The age of extremes** – The short twentieth century 1914-1991 (orig. publ. 1994, Londres: Abacus, 1995); Jacques NERE, **História contemporânea** (orig. publ. **Précis d'histoire contemporaine**, trad. Octávio MENDES CAJADO, São Paulo: Difel. 2ª ed., 1981).

[28] F. De VISSCHER, **Les conflits de lois en matière de droit aérien** (RCADI, 1934, t. 48, p. 279-386).

[29] E. PÉPIN, **Le droit aérien** (RCADI, 1947, t. 71, p. 477-548).

[30] Robert Y. JENNINGS, **Some aspects of the international law of the air** (RCADI, 1949, t. 75, p. 509-590).

[31] Paul de LA PRADELLE, **Les frontières de l'air** (RCADI, 1954, t. 86, p. 117-202).

[32] Brás de Souza ARRUDA, **Curso de direito internacional: na era atômica** (Curitiba – São Paulo – Rio de Janeiro: Ed. Guaíra Ltda., s/d – mas, no 'cavaco', p. 5-11, refere ter completado "25 anos de cátedra em 1945!", cit. p. 7-8): "No volume 23 da revista da Faculdade

Reflexo de desenvolvimento tecnológico, a aviação literalmente abre novos horizontes para o homem e passa a exigir regulação de todo este inteiro campo, pelo direito internacional. Cabe apontar que "o direito aeronáutico foi direito internacional antes mesmo de ser direito interno".[33] Esse campo do direito internacional teve de ser construído a partir da inovação tecnológica, que abriu nova área de atuação para a atividade humana, com a consequente necessidade de regulação jurídica internacional.[34]

Ao lado do extraordinário desenvolvimento técnico e científico, criou-se e alcança maturidade todo o ramo do direito internacional que se pode denominar direito aéreo ou direito aeronáutico.[35] Entre o final do século XIX e o início do seguinte, o direito internacional teve de enfrentar a questão da regulação jurídica do espaço aéreo: até então *bidimensional*, pois se ocupava apenas de questões vinculadas ao domínio terrestre e ao domínio marítimo, passa o direito internacional a ser *tridimensional*.

A sensação que acompanhou o desenvolvimento da aviação, para os homens do seu tempo era apontada por Stefan ZWEIG (1942): "exultamos em Viena quando BLÉRIOT voou sobre o Canal da Mancha".[36] O que o leva à reflexão seguinte: "como são absurdas, diziamo-nos, essas fronteiras, se qualquer avião, com a maior facilidade, as transpõe, como são provincianas e artificiais essas barreiras alfandegárias e essas guardas

vem o resumo das minhas prelecções de direito internacional, onde se vê que fui o primeiro a tratar entre nós do direito aéreo e da radiofonia, em suas projecções no campo do direito."

33 Maurice BALLET, **L'air et le droit** (Lyon: Imprimerie Bosc frères et Rion, 1927): «le droit aérien a été un droit international avant même qu'il fût un droit interne.»

34 F. De VISSCHER, **Les conflits de lois en matière de droit aérien** (RCADI 1934, t. 48, p. 279-386); D. GOEDHUIS, **Questions of public international air law** (RCADI, 1952, t. 81, p. 201-308); R. Y. JENNINGS, **Some aspects of the international law of the air** (RCADI, 1949, t. 75, p. 509-590); E. PEPIN, **Le droit aérien** (RCADI, 1947, t. 71, p. 477-548).

35 Com algumas nuances em relação à utilização, como se considera, logo a seguir. Mas convém, desde já, ressaltar. V. tb. C. BEREZOWSKI, **Le développement progressif du droit aérien** (RCADI, 1969, t. 128, p. 1-94); F. De VISSCHER, **Les conflits de lois en matière de droit aérien** (RCADI 1934, t. 48, p. 279-386).

36 Stefan ZWEIG, **O mundo que eu vi: minhas memórias** (prefácio datado "Petropólis, 1942", trad. Odilon GALLOTTI, Rio de Janeiro: Ed. Guanabara, s/d, cit. p. 182).

das fronteiras, como tudo isso é absurdo para o espírito da nossa época, que visivelmente deseja união e fraternidade universal".[37]

Se a evolução posterior não se pôs exatamente no sentido de fortalecimento de tais sentimentos de 'fraternidade universal', não se deixa de consignar expectativa recorrente,[38] que poderia ter conduzido a integração da aviação ao progresso geral da humanidade – embora tenha também a aviação sido sistematicamente utilizada como arma de guerra, para a destruição da humanidade. Inegavelmente, a aviação exige arcabouço normativo internacional, pela própria natureza intrinsecamente internacional da atividade.

Serão, assim, sucessivamente consideradas: como a questão do domínio dos ares (17.1) leva à formação deste novo ramo do direito internacional; o desenvolvimento do direito internacional aeronáutico, marcado pela contraposição entre duas teses, liberdade dos ares vs. soberania (17.2); a Organização da Aviação Civil Internacional (OACI) (17.3) e, finalmente, o fenômeno do apoderamento ilícito de aeronaves (17.4).

A regulação das telecomunicações será objeto de capítulo específico (capítulo 18). Serão, mais adiante, apresentadas as normas básicas da regulação internacional dos navios e aeronaves no direito internacional (capítulo 19).

17.1. Domínio dos ares

> a quem pertence o solo a este cabe até o céu
> o senhor do solo é também senhor do céu e do subsolo
>
> Acursio (+1263)[39]

O desenvolvimento do direito internacional, no que tange ao espaço aéreo, deu-se de forma substancialmente diferente do ocorrido no

[37] S. Zweig (op. cit., loc. cit.): "Esse vôo do sentimento não foi menos admirável do que o dos aeroplanos; tenho pena de todos os que quando moços não viveram esses últimos anos da confiança na Europa, pois a atmosfera em torno de nós não está morta e vazia, tem a vibração e o ritmo da época."

[38] Régis Debray, **Le moment fraternité** (Paris: Gallimard, 2009).

[39] Acursio: "cujus est solum ejus est usque coelum / dominus soli est dominus coeli et inferorum". Esta glosa também é citada com redação ligeiramente diversa, cujo sentido, contudo, é o mesmo: "cujus est solum eius est usque ad coelum et ad inferos" – a quem pertence a terra também pertence o que está acima e abaixo desta.

direito do mar. Enquanto o direito do mar se consolida, alicerçado por séculos de práticas, que levam à formação de costumes internacionais, materialmente desenvolvidos e legalmente respeitados, pelos estados, em suas relações mútuas, o direito internacional aeronáutico, bem mais recente,[40] somente surge com o advento da navegação aérea, e se fundamenta em tratados, desenvolvidos após interessantes estudos doutrinários, elaborados entre o final do século XIX e as primeiras décadas do século XX.[41]

Conceitos fundamentais, como o direito sobre o espaço aéreo, foram deduzidos a partir de princípios legais básicos: curiosamente, a glosa de ACURSIO, formulada no século XIII, torna-se o critério fundamental. adotado pelo direito internacional em relação ao espaço aéreo. Prevaleceu o entendimento no sentido do prolongamento da soberania do estado em relação à coluna de ar, localizada acima de seu território – o dono do solo o é também até o céu.

A formulação mais antiga conteria a antecipação do conceito vigente. Pura pós-modernidade! Contrariamente à tese, favorável à liberdade dos ares, proposta por autores como P. FAUCHILLE (1921-1925),[42] firmou-se no direito internacional aeronáutico a soberania do estado territorial como critério sobre a coluna de ar, acima do território terrestre e do mar territorial de cada estado.

[40] Para exame do regime anterior à Convenção de Chicago, v. F. De VISSCHER, **Les conflits de lois en matière de droit aérien** (RCADI 1934, t. 48, p. 279-386). E logo a seguir à instauração deste, v. por ex.: D. GOEDHUIS, **Questions of public international air law** (RCADI, 1952, t. 81, p. 201-308); R. Y. JENNINGS, **Some aspects of the international law of the air** (RCADI, 1949, t. 75, p. 509-590); E. PEPIN, **Le droit aérien** (RCADI, 1947, t. 71, p. 477-548).

[41] Celso D. de ALBUQUERQUE MELLO, **Curso de direito internacional público** (Rio de Janeiro: Renovar, 15ª ed., 2004, esp. cap. XLIX 'direito aéreo', p. 1307-1322, cit. p. 1307). V. tb. W. SCHOENBORN, **La nature juridique du territoire** (RCADI, 1929, t. 30, p. 81-189, cit. p. 152 e a seguir, p. 154): «Dans les siècles précedents, l'activité humaine dans l'air était extrêmement restreinte.» este se alinhava com P. FAUCHILLE no sentido de se interpretar restritivamente a glosa de ACURSIO, quanto à extensão de reconhecimento de direito consuetudinário, por meio do qual se poderia atribuir ao proprietário do solo o domínio sobre a coluna sobrejacente a essa superfície. «La navigation aérienne et la radiotélégraphie exigèrent qu'on prît position à l'égard du problème de l'extension du territoire de l'état dans les airs.»

[42] P. FAUCHILLE, **Traité de droit international public** (Paris: Rousseau, 1921-1925. 4 v.).

O ramo do direito internacional, relativo a este território, espaço aéreo, compreende "o conjunto de normas internacionais que regulam o espaço aéreo e sua utilização".[43] Neste, estão igualmente incluídos os problemas relativos à navegação, à radiotelegrafia e à radiotelefonia".[44]

Definição ampla, deste ramo do direito internacional, incluirá o chamado direito aeronáutico.[45] Consiste no conjunto de normas jurídicas sobre a matéria aeronáutica, abrangente da navegação aérea, tráfego aéreo, infra-estrutura aeronáutica e aeroportuária, atos e serviços, direta e indiretamente, relacionados ao vôo de aeronaves.[46]

Dentre as diferentes denominações empregadas internacionalmente, o termo direito aéreo (*Air Law*), embora tenha sido superado pelo desenvolvimento da navegação aérea e substituído por direito aeronáutico (*Aeronautical Law*) em países de língua latina, deve ser empregado, por representar prática generalizada por operadores do setor.[47]

A despeito de divergências terminológicas,[48] este ramo do direito internacional teve rápido desenvolvimento, durante o século passado, acompanhando o crescimento comercial do transporte de pessoas e coisas por aeronaves, que permitiu crescentes fluxos de trânsito entre diferentes países e continentes.[49] O evidente potencial internacional do domínio aéreo do território, ao qual, diferentemente do espaço marítimo, têm acesso todos os estados, cujos territórios são diariamente sobrevoados por aeronaves provenientes do exterior, justificou a elaboração de abrangente e refinado conjunto de normas jurídicas, com

[43] A. Meira Mattos, **Direito internacional público** (Rio de Janeiro: Renovar, 2ª ed., 2002, cit. p. 211).

[44] As questões relativas às telecomunicações são tratadas no cap. XVIII 'direito internacional das telecomunicações', ao qual se remete.

[45] C. Berezowski, **Le développement progressif du droit aérien** (RCADI, 1969, t. 128, p. 1-94).

[46] José da Silva Pacheco, **Comentários ao Código Brasileiro de Aeronáutica** (Rio de Janeiro: Forense, 4ª ed., 2006, cit. p. IX).

[47] I. H. Ph. Diedericks-Verschoor, **An Introduction to Air Law** (Deventer: Kluwer, 5th ed., 1993, cit. p. 1).

[48] Paulo Henrique de Souza Freitas, **Responsabilidade Civil no Direito Aeronáutico** (São Paulo: Juarez de Oliveira, 2003, p. 34/36).

[49] F. Legrez, *Les conditions générales de transport de l'IATA* (RCADI, 1972, t. 135, p. 439-452).

peculiar atenção para a técnica e a ciência, indispensáveis para garantir a segurança de vôo.[50]

O desenvolvimento do direito internacional aeronáutico, como dito, será marcado pela contraposição entre duas teses: liberdade dos ares vs. soberania (17.2). Como se passa a considerar.

17.2. Liberdade dos ares *vs.* soberania

> Os estados contratantes reconhecem ter cada estado a soberania exclusiva e absoluta sobre o espaço aéreo sobre o seu território.
>
> Convenção da aviação civil internacional, Chicago, 1944, art. 1º

> No direito internacional aeronáutico, a soberania é o fundamento sobre o qual a maioria das normas foi construída.
>
> L. Tomas (2012)[51]

A navegação aérea, antigo sonho do homem, somente se torna realidade há pouco mais de um século. Entre o final do século XV e início do XVI, quantos dos magistrais desenhos e das anotações dos **Cadernos** de Leonardo da Vinci (1452-1519)[52] expressam essa inquietação,[53] não somente deste gênio universal da Renascença, mas também anseio de gerações e gerações, que viam os usos possíveis, tanto militares e estra-

[50] Renato Covelo, **Contribuição ao estudo do regime jurídico da navegação aérea** (São Paulo: Faculdade de Direito da Universidade de São Paulo, dissertação de mestrado em direito internacional, 2008).

[51] Lisa Tomas, *Air Law* (in **Encyclopedia of public international law**, 2012, vol. I, p. 233--242, The Regulation of International Airspace, cit. § 2): "Flights require the consent of states over which they fly, which is usually granted by treaty. The country where an aircraft is registered determines its nationality."

[52] Leonardo da Vinci, **The Notebooks** (compiled and edited from the original manuscripts by Jean-Paul Richter, in two volumes, 1st. publ., 1883, London: Sampson Low, Marston, Searle & Rivington, this ed., New York : Dover Publications, 1970, 2 vols.).

[53] René Passeron, **La naissance d'Icare**: éléments de poïétique générale (Valenciennes: Presses Universitaires de Valenciennes / ae2cg éditions, 1996, p. 7) aponta «cette généralité sera celle d'une anthropologie de la création, couvrant tous les domaines où l'homme se fait constructeur. Pas seulement celui des arts. Ce qui mettra, sans doute, quelques praticiens des sciences ou de la politique devant l'évidence (vertigineuse ?) qu'ils sont des créateurs.»

tégicos, como também a condição de evasão e, depois, de alternativa de transporte.

Na fase histórica de consolidação do direito internacional do ar, duas teses foram contrapostas: a da liberdade e a da soberania estatal sobre o que passaria a ser conhecido e regulado como o espaço aéreo, ou o domínio aéreo. A matéria guarda certa semelhança em relação ao que durante séculos se discutira a propósito dos oceanos, como ilustra a controvérsia histórica entre a liberdade de navegação marítima – o *mare liberum* defendido por GRÓCIO – e as possíveis restrições a tal liberdade, enfeixadas sob a rubrica do *mare clausum* segundo as concepções de John SELDEN e Seraphim de FREITAS.[54]

Almejar navegar pelo ar[55] era o anseio de muitos homens. Esse foi sonho, durante séculos, até que começa a se tornar realidade, primeiro com balões,[56] depois com planadores, e finalmente com aviões, com autopropulsão.

Os balões esféricos tiveram origem nas experiências de Bartolomeu de GUSMÃO, em 1708, que culminaram com a sua primeira e única ascensão, em 8 de agosto daquele ano, em Lisboa. Perseguido pela Inquisição, não pôde dar continuidade aos seus experimentos.

Os irmãos franceses MONTGOLFIER, em 1783, construíram o balão de ar quente no qual Pilâtre de ROZIER[57] e o marquês D'ARLANDES fizeram a ascensão que impulsionou o rápido desenvolvimento da aeroestação.

[54] V. **Tratado** (tomo III – **Direito internacional no tempo antigo**, título preliminar – premissas conceituais da perspectiva histórica, cap. II. tempo e discurso no direito internacional, item 2.1. a controvérsia entre Hugo GRÓCIO e Serafim de FREITAS); v. tb. ACCIOLY – NASCIMENTO E SILVA – CASELLA, **Manual** (2021, 25ª ed., item 1.1.1.5 'Hugo GRÓCIO', p. 67).

[55] João Luiz MUSA, Marcelo Breda MOURÃO e Ricardo TILKIAN, **Alberto SANTOS-DUMONT: eu naveguei pelo ar** (Rio de Janeiro: Nova Fronteira, 2001).

[56] J. L. MUSA et al. (op. cit., 2001, p. 8-9): "A aeroestação popularizou-se por meio de demonstrações públicas, que atraíam um grande número de espectadores, tornando-se uma atividade lucrativa, para os balonistas, que cobravam pelas ascensões." V. tb. André CASTELOT, **Le grand siècle de Paris** (© 1963, Paris: Perrin, 1994, esp. 'Survol de Paris', p. 9-25) mostra a efervescência social e intelectual, em torno dos experimentos com balonismo e vôos dirigidos, em Paris e na região parisiense, a partir do último quarto do século XVIII.

[57] Dois anos mais tarde, Pilâtre de ROZIER se tornaria, talvez, a primeira vítima da navegação aérea, quando seu balão queimou em pleno ar.

Era um balão com 23 metros de altura, por 15 de diâmetro, contendo 20.000 metros cúbicos de ar quente.

Pouco depois, o físico Jacques Alexander CHARLES propôs substituir o ar quente por hidrogênio, o gás mais leve que existe. No dia 1º de dezembro de 1783, ele e Robert, que construíra o balão fizeram uma ascensão de uma hora, perante 400.000 pessoas, no Jardim das Tulherias, em Paris.

O primeiro uso militar de balões deu-se em 1794, na batalha de Fleurus, para observação. Inaugurava-se tendência que marca também o destino da aviação: esta se transformaria em arma mortífera, em meio a conflitos armados.

Em janeiro de 1795, BLANCHARD e GIFFERIN atravessaram pela primeira vez, o canal da Mancha por via aérea. Inaugurava-se o que seria o tráfego aéreo internacional?

Os cientistas vislumbraram a possibilidade de utilizar balões para fins de observação e de experimentação.[58] Em 1804, BIOT e GAY-LUSSAC fizeram ascensões para estudar o magnetismo terrestre em grandes altitudes.

Em 1819, uma lei francesa tornou obrigatório que balões fossem equipados com paraquedas. O direito aeronáutico surgiu antes mesmo da tecnologia que permitiria tais atividades.

O primeiro caso de dano cometido em contexto aeronáutico teria sido julgado, em 1822, nos Estados Unidos, no caso *Guille v. Swan*: depois de breve vôo com balão, GUILLE teria feito descida na horta da propriedade de SWAN, causando estragos em plantação de batatas e rabanetes, em extensão de cerca de dez metros (*about 30 feet*). A seguir, o balão se

[58] J. L. MUSA et al. (op. cit., 2001, loc. cit.) observam "o balão esférico livre voa com o vento; não é possível escolher sua direção, mas o aeronauta dispõe de alguns recursos para controlar o movimento vertical. O balão é formado por um invólucro de seda, impermeabilizado com verniz. Na parte de baixo, traz um 'pescoço', com a parte de baixo aberta ao ar, de modo que, conforme sobe e a pressão atmosférica diminui, o excesso de hidrogênio escapa por essa abertura, sem o que o balão poderia explodir, devido ao aumento de pressão interna. Assim, na descida, o balão tem um poder ascensional inferior ao da subida; para compensar esse efeito, o aeronauta dispõe do recurso do lastro; livrando-se deste, pode diminuir, até certo ponto, a velocidade da descida. Por outro lado, pode ser necessário ou desejável acelerar a descida e, para tanto, uma válvula permite ao piloto deixar escapar o gás; o uso dela deve ser parcimonioso, pois, uma vez solto o gás, não há como recuperá-lo."

arrastou até um celeiro, situado nos fundos da propriedade. Por conta dos gritos de GUILLE, que chamaram a atenção de várias pessoas, quando o balão desceu, cerca de duzentas pessoas invadiram o jardim, derrubando a cerca e pisoteando plantas e flores. Os danos causados por GUILLE, com seu balão, somariam cerca de USD 15, mas os causados pela multidão foram muito maiores. No total, os danos estimados pelo reclamante somariam USD 90.

No entendimento da Corte, voar em um balão certamente não configura ilegalidade, e o balonista, obviamente, não tem controle sobre os deslocamentos horizontais do balão, sujeitos aos ventos. E, por conseguinte, pode se ver forçado a aterrisar onde e como o possa fazer: "seu retorno à terra é uma questão de acaso" (*his reaching the earth is a matter of hazard*). Entendeu, contudo, a Corte que o balonista tinha assumido o risco de sua atividade, inclusive quanto à multidão que se deslocou, invadindo a propriedade de SWAN, "impelida, talvez, pela dupla motivação de prestar socorro e de gratificar a curiosidade, que tinha suscitado", de tal modo que "a situação na qual ele voluntaria e deliberadamente se colocou seria equivalente a um convite dirigido à multidão para o seguir". O caso foi julgado procedente.[59]

Algumas décadas mais tarde, Felix NADAR, fotógrafo, jornalista, escritor e cientista amador, foi pioneiro na utilização de balões esféricos, para fazer fotografias aéreas, bem como desempenhou papel de destaque na organização de sistema de comunicação com Paris, durante o cerco alemão, na guerra franco-prussiana de 1870: enquanto durou o cerco da cidade, 68 balões esféricos deixaram a cidade, entre setembro de 1870 e janeiro de 1871.[60]

Além destes experimentos balonísticos, em 1856, foi realizado o vôo pelo primeiro planador.

[59] Supreme Court of Judicature of New York, *Guille v. Swan* 19 Johns 381 (NY Sup Court 1822), SWAN – garden owner; GUILLE – ballooner.

[60] Felix NADAR, **Photographies** (préface de Jean-François BORY, introduction aux photographies, choix des photographies et rédaction des notices par Philippe NÉAGU et Jean-Jacques Poulet ALLAMAGNY, originalmente publicado Paris: Arthur Hubschmid, 1979; esta edição Paris: Bookking International, 1994, 704 páginas); Felix NADAR, **Dessins et écrits** (introduction, notes et commentaires par Jean-François BORY, originalmente publicado Paris: Arthur Hubschmid, 1979; esta edição Paris : Bookking International, 1994, p. 709-1300).

Em 1899, durante a Primeira conferência da paz, na Haia, foi adotada Declaração "proibindo o lançamento de projéteis" a partir "de balões outros novos métodos de natureza equivalente". Na Segunda conferência da paz, na Haia, em 1907, os representantes de diversos estados se recusaram a reiterar os termos da Declaração, adotada na reunião anterior. Curiosamente, não se considerou o potencial da aviação civil.

As experiências pioneiras de A. Santos Dumont (1873-1932) tiveram o mérito de chamar a atenção dos internacionalistas para o espaço aéreo.[61] Este marco não pode ser contestado.[62]

O marco internacional do início da era da aviação é e permanecerá disputado: seria o vôo dos irmãos Orville e Wilbor Wright, em 17 de dezembro de 1903, com sua *Kitty Hawk*, no estado norte-americano da Carolina do Norte? Ou cabe, antes, destacar os feitos do aeronauta brasileiro Alberto Santos-Dumont?[63]

[61] A. Santos Dumont, **Dans l'air** (Paris: Eugène Fasquelle, 1904); Fernando Hippólyto da Costa, **Santos-Dumont história e iconografia** (Rio de Janeiro: Instituto histórico e cultural da aeronáutica / Belo Horizonte: Vila Rica, 1990); João Luiz MUSA, Marcelo Breda Mourão e Ricardo Tilkian, **Alberto Santos-Dumont: eu naveguei pelo ar** (Rio de Janeiro: Nova Fronteira, 2001); Alcy Cheuiche, **Nos céus de Paris**: o romance da vida de Santos Dumont (Porto Alegre: L&PM, 2001).

[62] Accioly – Nascimento e Silva – Casella, **Manual** (2021, 25ª ed., domínio aéreo, p. 618-626). G. E. do Nascimento e Silva nunca se omitia em defender o papel do pioneiro brasileiro da aviação, Santos Dumont, por ter sido o primeiro em fazer vôo com ponto determinado de partida e de chegada, depois de percorrer percurso igualmente determinado, com o 14-Bis, em 1906, enquanto os irmãos Wright, com o *Kitty Hawk*, em 1903, descendo ladeira abaixo, frisava Nascimento E Silva, não mais teriam feito que comprovar a lei da gravidade.

[63] Tom D. Crouch não ignora os feitos do brasileiro Alberto Santos Dumont, no Brasil reconhecido como o "pai da aviação", ao relatar o vôo de seu *14-bis* em 13 de setembro de 1906, no campo de Bagatelle, em Paris: "Toda a França sabia que alegavam ter voado até 40 quilômetros no ano anterior [1905]. Nenhum jornal, porém,tinha coberto os vôos longos, e os franceses suspeitavam dos irmãos americanos, que se recusavam a voar em público e não queriam mostrar fotografias de sua aeronave motorizada nos ares. Os membros do Aeroclube [francês], tendo observado o vôo de Santos Dumont, agora saudavam o brasileiro como 'o Triunfante'. [...] E nem a excitação ficou limitada à França. Mesmo os jornais americanos saudaram os vôos do 14-bis como 'a primeira demonstração importante de um aeroplano feita em público'. Todavia Alexander Graham Bell logo salientou que os irmãos Wright mereciam 'o crédito por resolverem os grandes problemas da aeronáutica', sugerindo que 'Santos Dumont tomou emprestada a idéia deles'". Tom D. Crouch, **Asas** (Rio de Janeiro: Record, 2008, p. 104).

Não somente por questão de preferência nacional ou de chauvinismo de cunho patriótico, cumpre apontar razões técnicas, muito precisas: Alberto Santos Dumont contribuiu decisivamente, ao provar em 12 de julho de 1901, a viabilidade da navegação aérea, quando dirigiu balão de hidrogênio ao qual havia adaptado motor de explosão.

Em 19 de outubro do mesmo ano de 1901, Santos Dumont confirmou a sua reputação ao ganhar o *Prêmio "Deutsch de La Meurthe"*, destinado ao primeiro homem a voar por rota preestabelecida, circunavegando a Torre Eiffel e voltando ao ponto de partida em menos de trinta minutos.

Nos anos que se seguiram, a tecnologia de manejo do mais pesado que o ar superou as expectativas dos céticos, ultrapassando velozmente marcos de altitude e autonomia de vôo. A aviação civil viu-se envolta numa disputa doutrinária entre os defensores da liberdade do espaço aéreo, contra aqueles que sustentavam a soberania estatal sobre a coluna de ar, que se erguia sobre seus territórios.

A obra "o domínio aéreo e o regime jurídico dos aeroestatos" do internacionalista francês Paul Fauchille, publicada em 1901,[64] levantava a bandeira da liberdade restrita do ar, e propunha restringir a soberania dos estados ao limite de 300 metros de altitude, máximo alcançado, até então, por engenhos aeronáuticos civis. Além deste marco, existiria uma zona intermediária, até 1.500 metros de altitude, na qual o estado teria direito de restringir vôos, de forma a garantir sua conservação. Porém, além desse limite, o espaço aéreo seria internacional, seguindo o regime costumeiro, aplicado ao alto mar.[65]

O mesmo Fauchille, no começo do século XX, sugeriu ao *Instituto de dreito internacional* a elaboração de código internacional sobre aviação civil, e apoiou sua proposta na oportunidade singular do direito se antecipar à evolução tecnológica.[66] Em 1906, o *Instituto* adotou a primeira

[64] Paul Fauchille, **Le domaine aérien et le régime juridique des aérostats** (Paris: Pedone, 1901).

[65] Comparem-se os ulteriores desenvolvimentos feitos por P. Fauchille, em seu **Traité de droit international public** (Paris: Rousseau, 1921-1925. 4 v.).

[66] I. H. Diedericks-Verschoor, **An Introduction to Air Law** (5. ed., Deventer: Kluwer, 1993. p. 1).

resolução sobre aspectos jurídicos ligados à navegação aérea e à radiotelegrafia, baseada na tese de FAUCHILLE de que *"l'air est libre"*.[67]

Nessa **Resolução** sobre os aspectos jurídicos ligados à navegação aérea e à radiotelegrafia, de 1906,[68] o *Instituto* distinguia o regime aplicável em tempos de paz, quando caberia a cada estado a faculdade de, na medida do necessário para sua segurança, opor-se, acima de seu território e de suas águas territoriais, e tão alto quanto lhe seja útil, à passagem de ondas de rádio, quer sejam estas emitidas por aparelho estatal ou aparelho privado, esteja este situado em terra, a bordo de navio, ou de balão. Em caso de proibição de correspondência de telegrafia sem fio, o governo do estado que adotasse tal medida deveria avisar imediatamente os outros governos a respeito da proibição que edita.

De maneira equivalente se colocaria a questão, em caso de guerra.[69] A matéria teve considerável evolução, mesmo antes da segunda guerra mundial.[70]

[67] Paul FAUCHILLE, **Le domaine aérien et le régime juridique des aérostats** (Paris: Pedone, 1901): «l'air est libre.» Não obstante os ulteriores desenvolvimentos feitos, cfr. P. FAUCHILLE, **Traité de droit international public** (Paris: Rousseau, 1921-1925. 4 v.) não seria a tese da liberdade de navegação do espaço aéreo adotada pelas Convenções de Paris, de 1919, nem de Chicago, em 1944.

[68] IDI, **Resolução sobre regime da telegrafia sem fio**, adotada na Sessão de Gand, em 24 de setembro de 1906, teve como Relator Paul FAUCHILLE, especificava, dentre outros dispositivos: «*Article premier* L'air est libre. Les Etats n'ont sur lui, en temps de paix et en temps de guerre, que les droits nécessaires à leur conservation.» Com a ulterior precisão, contida no art. 2, relativa à correspondência telegráfica sem fio, equivalente à da ordinária.

[69] A Resolução do IDI (Sessão de Gand, 1906), art. 5º: «Les règles admises pour le temps de paix sont, en principe, applicables au temps de guerre.» A seguir, os arts. 8 a 10 especificavam a situação dos estados neutros «L'Etat neutre n'est pas obligé de s'opposer au passage au-dessus de son territoire d'ondes hertziennes destinées à un pays en guerre», de modo que: «*Article 9* L'Etat neutre a le droit et le devoir de fermer ou de prendre sous son administration l'établissement d'un Etat belligérant qu'il avait autorisé à fonctionner sur son territoire.» e «*Article 10* Toute interdiction de communiquer par la télégraphie sans fil, formulée par les belligérants, doit être immédiatement notifiée par eux aux gouvernements neutres.»

[70] R.SANDIFORD, **Évolution du droit de la guerre maritime et aérienne** (RCADI, 1939, t. 68, p. 555-686).

Houve contraposição entre a tese de FAUCHILLE, no sentido de que o ar deveria ser livre,[71] embora sujeito às limitações impostas pela segurança do estado subjacente, e a tese de WESTLAKE,[72] favorável ao reconhecimento da soberania do estado sobre o espaço aéreo, com limitações impostas pelo direito de passagem inocente – embora soberano o estado territorial tem de admitir a liberdade de passagem, caracterizada como inocente, conforme se vê a seguir. Na ocasião, embora o *Instituto* tenha, inicialmente, endossado a posição favorável à liberdade, a prática subsequente orientou-se no sentido do reconhecimento da soberania do estado sobre o espaço aéreo sobrejacente.

Em 1909, um grupo independente de internacionalistas fundou, em Paris, o Comité internacional de direito da aviação. Mas estes não conseguiram completar a redação de um Código de direito internacional aeronáutico.

Em 1916, a Conferência Aeronáutica Panamericana se reuniu no Chile, e recomendou aos estados americanos fazerem com uniformidade as suas legislações nacionais em matéria de aviação, visando alcançar um Código Internacional do Ar.

A corrida armamentista européia e a posterior utilização de aeronaves como armas durante a Primeira Guerra Mundial demonstraram a importância estratégica do controle soberano, por parte dos estados, do espaço aéreo. A tese da soberania do estado territorial prevaleceria.

Na realidade, já na época, os estados não se inclinavam, de forma alguma, a considerar seu espaço aéreo aberto ao uso geral, e "desde o princípio anunciaram inequivocamente seu direito exclusivo a essa parte da atmosfera".[73] A teoria de FAUCHILLE se mostrou inaceitável, diante

[71] Cfr. de Paul FAUCHILLE, **Le domaine aérien et le régime juridique des aérostats** (Paris: Pedone, 1901), b/c P. FAUCHILLE, **Traité de droit international public** (Paris: Rousseau, 1921-1925. 4 v.).

[72] J. WESTLAKE, **Études sur les principes du droit international** (ed. francesa Paris: Castaigne-Thorin, 1895); v. tb. A. P. HIGGINS, **La contribution de quatre grands juristes britanniques au droit international (LORIMER, WESTLAKE, HALL et HOLLAND)** (RCADI, 1932, t. 40, p. 1-86).

[73] A. VERESCHAGUIN, *Derecho Aereo Internacional* (in **Curso de Derecho Internacional** redacción de G. TUNKIN, trad. Federico PITA, Moscou: Editorial Progresso, 1979, vol. 2, p. 70-86, cit. p. 71): "La práctica internacional en los años precedentes a la primera guerra mundial y, sobre todo, durante el propio período bélico, confirmó que los Estados no se

da prática internacional, pois partiria de fundamento errôneo, quanto a ser o ar passível de caracterização como bem comum (*res communis*). De tal modo, cabe distinguir: "o ar é realmente inapropriável, mas o espaço aéreo é apropriável".[74]

A partir da primeira convenção adotada, reduziu-se o âmbito do direito internacional costumeiro nessa matéria. Tão logo chegou ao fim a primeira guerra mundial, diante do estabelecimento da primeira rota aérea regular ligando Paris a Londres, em 8 de fevereiro de 1919, as discussões acerca de tratado,[75] sobre a matéria, passaram a se basear na tese de WESTLAKE, o internacionalista britânico defensor da soberania dos estados, sobre o espaço aéreo sobrejacente a seus territórios,[76] conjugado com o direito de passagem inocente. Este critério tem de ser situado em seu contexto histórico e cultural,[77] para poder ser compreendido de maneira adequada, como tantas outras questões do direito internacional.[78]

Seguiu-se, no direito internacional vigente, o antigo preceito, atribuído à escola dos glosadores do século XIII, com ACCURSIO (falecido em 1263) acima referido:[79] *cujus est solum, ejus est usque ad coelum* – e se pode acrescentar *et ad inferos*, entendendo que pertence ao proprietário do solo, o que está acima dele até o céu e abaixo até o inferno. O preceito pode ter prevalecido, em relação ao espaço de competência do direito aeronáutico, mas anos depois seria restringido pelo desenvolvimento do direito espacial, que, por sua vez, não adota nem seria viável pretender a soberania do estado, supostamente 'territorial'.[80]

Fixada a soberania do estado sobre o espaço aéreo, a questão seguinte será determinar até que ponto se estende a soberania vertical dos

inclinaban en modo alguno a considerar su espacio aéreo como objeto de uso general y desde un principio anunciaron inequívocamente su derecho exclusivo a esa parte de la atmosfera".

[74] C. D. A. MELLO, **Curso** (ed. cit., 2004, p. 1.309).

[75] I. H. DIEDERICKS-VERSCHOOR (ed. cit., 1993, p. 2).

[76] C. D. A. MELLO, **Curso** (ed. cit., 2004, p. 1.309).

[77] Malcolm N. SHAW, **International Law** (Cambridge: University Press, 5th. ed., 2003. p. 464).

[78] Como se examina no **Tratado** (tomo **Direito internacional, história e cultura**).

[79] Cfr. epígrafe do item 17.1, *supra*.

[80] Como se examina no cap. XXII, sobre o 'espaço ultraterrestre'.

estados.[81] O limite vertical da soberania dos estados permanece controvérsia não resolvida[82] – qual o exato limite que separa a soberania dos estados, estipulada pelo direito internacional do mar, em relação à não-ocorrência de soberania, estipulada pelo direito internacional do espaço extra-atmosférico?

Com relação a estabelecer a fronteira do estado no espaço cósmico, ou ultraterrestre, a fronteira atual (no sentido filosófico do termo) dependerá do grau de avanço da técnica, no sentido mais amplo. Sua altura poderá variar segundo a natureza dos direitos soberanos materiais exercidos, e segundo a técnica, necessária para os fazer valer. W. SCHOENBORN, em 1929, lançava perspectiva, que se perde no espaço: "a fronteira potencial, por seu turno, me parece dever encontrar o seu limite último nos confins do espaço atmosférico, que circunda nossa terra".[83]

A soberania do estado exerce-se exclusivamente sobre o espaço aéreo acima de seu território terrestre e da zona marítima, que corresponde ao mar territorial, como projeções verticais da soberania territorial.

[81] W. SCHOENBORN, **La nature juridique du territoire** (RCADI, 1929, t. 30, p. 81-189, cit. p. 156): «la pratique du droit des gens s'est placée, aussi bien pendant la guerre mondiale que dans les conventions récentes, à ce point de vue que l'état-sol est maître aussi de l'espace aérien au-dessus de son territoire.»

[82] V. cap. XXII, sobre o 'espaço ultraterrestre'. V. tb. Olavo de Oliveira BITTENCOURT Neto, **Defining the limits of outer space for regulatory purposes** (New York: Springer, 2015); ___, **Limite vertical à soberania dos estados** – Fronteira entre espaço aéreo e ultraterrestre (tese de doutorado em direito internacional, orientador P. B. CASELLA, São Paulo: Faculdade de Direito da USP, 2012). Comentava W. SCHOENBORN (op. cit., 1929, p. 154): «pour nous il n'y a qu'une seule question qui soit importante, à savoir: faut-il ou non comprendre dans le territoire d'un état l'espace aérien qui s'étend au-dessus de ce territoire? Et dans l'affirmative: où l'arrêter? Car même si l'on veut accorder à l'état des larges domaines aériens, on ne pourra pas aller jusqu'à repartir en principe l'espace infini de l'univers; autrement la lune aussi bien que Jupiter, Mars aussi bien que Sirius, devraient changer continuellement à des brefs intervalles, de souveraineté territoriale.»

[83] W. SCHOENBORN (op. cit., 1929, p. 158) justificava a sua posição, em razão do início do espaço extra-atmosférico, e por conseguinte, inabitável (*anecúmeno*): «Au-delà, c'est *l'Anoikouméné* qui commence, *l'Anoikouméné* au sens le plus complet et le plus sérieux du mot. Quand au point de savoir si l'invention de projectiles cosmiques à fusées (*Raketenflugzeuge*) posera un jour sur ce point des nouveaux problèmes, exigeant des nouvelles solutions, c'est une question que je me contente de renvoyer aux générations à venir.»

Diversamente,[84] a soberania de qualquer estado não se exerce sobre o alto mar,[85] acima do qual se situa espaço aéreo internacional – como já estipulava o art. 2º da Convenção de Genebra sobre o alto mar, de 1958. Tampouco existe soberania de qualquer estado no espaço aéreo sobre o continente antártico.[86]

A **Convenção de Paris sobre o direito aéreo**, de 13 de outubro de 1919, foi o primeiro grande tratado sobre a matéria de navegação aérea. Esta, em seu artigo primeiro, dispunha: "as altas partes contratantes reconhecem que cada potência tem a soberania completa e exclusiva sobre o espaço atmosférico situado acima de seus territórios".[87] Em 11 de julho de 1922, o tratado entrou em vigor, após contabilizar sua 27ª ratificação.

Já na Convenção de Paris, de 1919, igualmente se estipulava a soberania do estado sobre o espaço aéreo sobrejacente às águas territoriais adjacentes ao referido território terrestre.[88] Esse critério permanece, igualmente, válido.

Muitos dos dispositivos da Convenção de Paris, de 1919, foram mantidos pela Convenção de Chicago, de 1944. Incluíndo a plena soberania e controle sobre o espaço aéreo, sem discriminação no tocante à regulação, com base na nacionalidade de registro da aeronave, e o reconhecimento do direito de passagem, sem pouso, para o tráfego aéreo internacional entre dois pontos, fora do território do estado contratante – a assim chamada 'Primeira liberdade'!

Importante ressaltar o fato de que a Convenção de Paris, de 1919, foi, originalmente, vista como instrumento, limitado às potências

[84] Pierre-Marie DUPUY, **Droit international public** (Paris: Dalloz, 8e éd., 2006).

[85] A respeito v. cap. XI 'mar territorial e zona contígua' e, a respeito do alto-mar, v. cap. XXI.

[86] P.-M. DUPUY (ed. cit., 2006, p. 776); a respeito do regime aplicável à Antártica v. cap. XXIV 'domínios polares', item 24.1 'Antártica'.

[87] **Convention de Paris sur le droit aérien** du 13 octobre 1919, article premier: «Les Hautes Parties Contractantes reconnaissent que chaque Puissance a la souveraineté complète et exclusive sur l'espace atmosphérique au-dessus de son territoire.»

[88] **Convention de Paris sur le droit aérien** du 13 octobre 1919, article premier, alinea 2: «Au sens de la présente convention, le territoire d'un état sera entendu comme comprenant le territoire national métropolitain et colonial, ensemble les eaux territoriales adjacentes audit territoire.»

vencedoras da primeira guerra mundial, pois a adesão a esta se restringia tão somente aos membros da Sociedade das Nações. Isto mudaria com a adoção de Protocolo Adicional, em 15 de junho de 1929, que entraria em vigor quatro anos depois.[89]

A **Convenção de Paris**, de 1919, somente se referia à *aviação civil* e, ainda assim, encontrava-se limitada a *períodos de paz*. Porém, previa importante limitação à soberania estatal, ao conceder, às aeronaves dos estados contratantes, a liberdade de passagem inofensiva, sobre seus territórios, desde que não fosse efetuada aterrissagem. Isso foi visto, à época, por alguns países, a exemplo da União Soviética, como concessão à teoria da liberdade do ar, fato este que limitou a adesão internacional ao instrumento.[90]

A falta de definição do que configura a *passagem inocente* (ou inofensiva),[91] ou mesmo a quem cabe identificá-la como tal, igualmente foi compreendida como deficiência do texto e prejudicou sua aplicação generalizada: ao estado, ao qual pertença o espaço aéreo, competiria dizer se a passagem tinha o referido caráter.[92] Parecia evidente, à época, a inexistência de norma consuetudinária, apta a amparar o suposto direito, de passagem inocente, sobre espaço aéreo nacional, de outros estados, diversamente do que ocorre no direito do mar. Em direito aeronáutico, fixou-se, de modo consideravelment mais restrito, a extensão da passagem inocente, somente autorizada, por via convencional, e exclusivamente aos estados, que sejam parte, de tal acordo específico.

[89] Nguyen Quoc Dinh *et al.*, **Direito Internacional Público** (Lisboa: Fundação Calouste Gulbenkian, 1999, cit. p. 1.273).

[90] A. Vereschaguin (cap. cit., op. cit., 1979, vol. 2, p. 71).

[91] A mesma questão foi extensamente discutida no âmbito do direito internacional do mar, cf. se examina no item 11.2 'direito de passagem inocente', ao qual se remete.

[92] Accioly – Nascimento e Silva – Casella, **Manual** (2021, 25ª ed., p. 620): "A convenção não definiu o que fosse passagem inofensiva nem disse a quem caberia determinar esse caráter. Parece, entretanto, que se devia entender por passagem inofensiva a travessia, por aeronave particular ou comercial, do espaço aéreo de um estado, efetuada de acordo com os regulamentos desse estado e sem a prática de atos que atentassem contra a segurança, ordem pública, ou os interesses fiscais ou aduaneiros de tal estado." V. tb. F. De Visscher, **Les conflits de lois en matière de droit aérien** (RCADI 1934, t. 48, p. 279-386); D. Goedhuis, **Questions of public international air law** (RCADI, 1952, t. 81, p. 201--308); R. Y. Jennings, **Some aspects of the international law of the air** (RCADI, 1949, t. 75, p. 509-590); E. Pepin, **Le droit aérien** (RCADI, 1947, t. 71, p. 477-548).

Após a Convenção de Paris, de 1919, outras convenções foram elaboradas, em matéria de aviação civil, porém contaram aplicação bastante restrita e sem inovar em relação aos seus termos, tais como: a Convenção de Madri, de 1º. de novembro de 1926; e a Convenção Panamericana sobre aviação comercial, de Havana, de 20 de fevereiro de 1928, por ocasião da 6ª Conferência Internacional Americana. Esta Convenção de 1928 também reconheceu o princípio da plena soberania, mas não estipulou a criação de qualquer estrutura permanente, e somente se aplicaria a aeronaves particulares. Não houve coordenação internacional do registro de aeronaves, e as tripulações deveriam ter competência em cada estado, no qual operassem. Cada estado deveria notificar mudanças ocorridas aos demais estados.

A rápida evolução tecnológica e crescente exploração comercial de rotas aéreas internacionais justificou a elaboração de novo tratado, mais abrangente e de modo a levar em conta os desenvolvimentos tecnológicos, ocorridos desde o final da primeira guerra mundial. O interesse em melhor regulamentar a navegação aeronáutica levou grupo de 53 estados a aceitar convite do governo dos Estados Unidos, para participar de conferência internacional, ainda durante a segunda guerra mundial. Ao término dos debates, foi concluída a **Convenção de Chicago**, de 7 de dezembro de 1944, e esta entrou em vigor em 7 de abril de 1947.[93]

O regime jurídico internacional vigente em matéria aeronáutica, instaurado a partir da Conferência internacional de 1944, está contido em diversos instrumentos, relacionados entre si, destinados ao mesmo objetivo: a) a Convenção sobre aviação civil internacional, que constitui o texto essencial e principal (Convenção de Chicago, de 1944) – estabelece o regime jurídico internacional da aviação civil, inclusive a exigência para qualquer aeronave dos estados contratantes de ser inscrita em registro nacional; b) duas convenções sobre serviços aéreos regulares; além de c) resoluções e recomendações de ordem administrativa, jurídica e técnica. Estados que não assinassem as duas convenções sobre serviços aéreos regulares teriam de assinar acordos bilaterais de serviços aéreos, com cada estado, caso quisessem operar serviços aéreos no território de outros estados.

[93] Nguyen Quoc Dinh *et al.*, **Direito Internacional Público** (op. cit., ed. cit., 1999, p. 1.273).

Esse conjunto transforma completa e irreversivelmente a regulação internacional do direito aeronáutico:a Convenção de Chicago criou o regime jurídico global para a segurança e a regulação operacional das aeronaves.[94] Com pequenos ajustes e atualizações, esta constitui a base do sistema vigente até hoje.[95] Inclusive a criação da OACI – Organização da Aviação Civil Internacional (item 17.3).

A responsabilidade das companhias aéreas, em relação ao transporte de passageiros, de bagagens e de cargas foi tradicionalmente regulada pela Convenção para a unificação de certas regras relativas ao transporte aéreo internacional, concluída em Varsóvia, a 12 de outubro de 1929.[96] Esta convenção foi subsequentemente emendada, pelo Protocolo da Haia, de 1955, que dobrou os limites originalmente estipulados na Convenção de Varsóvia; e, posteriormente, por novas alterações, adotadas em 1966 e em 1995, em decorrência da percepção de que as limitações de responsabilidade não mais pareciam aceitáveis. Atualmente, a Convenção de Varsóvia foi praticamente sucedida pela Convenção para a unificação de certas regras relativa ao transporte aéreo internacional, celebrada em Montreal, aos 28 de maio de 1999.[97]

[94] Charles ROUSSEAU, **Droit international public** (Paris: Dalloz, 11e éd., 1987, p. 286); Lisa TOMAS, *Air Law* (in **Encyclopedia of public international law**, 2012, vol. I, p. 233-242, cit. § 3): "The basic principle is that the standards and licenses issued by one state should be uniform and recognized by other treaty signatories."

[95] A respeito da continuidade entre as Convenções de Paris, de 1919 e de Chicado, de 1994, observa Lisa TOMAS, *Air Law* (in **Encyclopedia of public international law**, 2012, vol. I, p. 233-242, cit. § 12): "It incorporated many of the elements of the Paris Convention, including the basis of sovereignty as it provided that a scheduled international air service could not be operated in the territory of a contracting state except with special permission or authorization of that state." Apesar de tal continuidade, "the Chicago Convention required denunciation of the Paris and Havana Conventions".

[96] Texto da Convenção de Varsóvia de 12 de outubro de 1929, cf. Decreto n. 20.704, de 24 de novembro de 1931.

[97] Texto da Convenção de Montreal de 28 de maio de 1999, cf. Decreto n. 5.910, de 27 de setembro de 2006. A Convenção de Montreal, de 1999, observa L. TOMAS, *Air Law* (in **Encyclopedia of public international law**, 2012, vol. I, p. 233-242, cit. § 17): "gave a legal basis to unlimited passenger liability and created a two-tier system of compensation in case of death or injury: a portion awarded irrespective of carrier's fault and a further tier of unlimited fault-based liability beyond that limit. Punitive damages are specifically prohibited. Other Warsaw provisions were modified to provide clarity and to improve passenger protection."

Além dos instrumentos internacionais, o transporte aéreo é também extensamente regulado por normas nacionais, tanto no tocante à segurança, quanto aos aspectos econômicos. Considerável liberalização foi adotada por diversas jurisdições, notadamente pelos Estados Unidos e pela União Europeia - tanto em seus respectivos âmbitos internos, como também entre estas jurisdições nacionais - em políticas tendentes a regimes de céus abertos (*open skies*). Cabe indagar até que ponto estas políticas aeronáuticas de certa forma recolocam em evidência antigas concepções de liberdade do ar?

Da antiga Convenção de Paris, a nova carta internacional de Chicago, 1944, manteve por objeto exclusivamente a aviação civil, nos termos do art. 3º: "esta convenção será aplicável unicamente a aeronaves civis e não a aeronaves de propriedade do governo". Por sua vez, o art. 4º estipula que cada estado contratante concorda em não utilizar a aviação para fins incompatíveis com os propósitos da convenção.

Ao lado deste regime jurídico internacional, aplicável a aviões civis, "aviões militares (assim como os de polícia e alfândega) sobrevoam normalmente o território da potência a que pertencem e os espaços livres de qualquer soberania, a menos que compromissos indicativos de alguma aliança estratégica lhes permitam circular por espaço aéreo alheio".[98]

Da mesma forma, a soberania estatal sobre espaço aéreo respectivo foi mantida, como critério básico de ordenação legal do espaço aéreo. A Convenção de Chicago, de 1944, no seu artigo 2º, estipula que tal poder se estende, inclusive, em relação à coluna de ar sobre as águas territoriais do estado. Formulação essa consentânea com a sistemática adotada[99] pela Convenção das Nações Unidas sobre o direito do mar, de 1982.

Destacam-se na Convenção de Chicago as chamadas *cinco liberdades* da aviação civil: (i) direito de sobrevôo; (ii) direito de fazer pousos técnicos no território de outro estado; (iii) direito de desembarcar passageiros de seu país de origem no território de outro estado; (iv) direito de embarcar passageiros em outro país e de os transportar para o seu país de origem; e (v) embarcar passageiros em outro país e os

[98] Ver a respeito o item 19.2.2 - 'aeronaves em espaço aéreo estrangeiro'; tb. F. REZEK, **Direito internacional público** (São Paulo: Saraiva, 11ª ed., 2007, p. 327).

[99] Como se examina no cap. XI - mar territorial e zona contígua.

transportar para um terceiro país. Outras liberdades tamém podem ser estipuladas.[100]

Distinção clara deve ser feita entre dois grupos dessas liberdades. No primeiro grupo, estão as liberdades técnicas, de natureza fundamental, tais como o direito de sobrevôo e o direito de pouso técnico, concedidos a todas as aeronaves comerciais, das partes signatárias: "o direito de sobrevôo lembra o direito de passagem inocente, no mar territorial, enquanto o direito de pouso técnico lembra o direito de ancoragem, ambos [...] no contexto do direito do mar".[101] No entanto, importante mais uma vez ressaltar que tais direitos possuem natureza convencional e são concedidos de forma restrita exclusivamente aos Estados partes da Convenção de Chicago, de 1944.

Tais liberdades fundamentais restringem-se a aeronaves que não realizem vôos regulares, pois companhias aéreas, para atuarem em território estrangeiro, dependem de permissão especial ou outro tipo de autorização administrativa. Ademais, todos os estados partes têm assegurado o direito o sobrevôo de determinadas áreas, desde que mediante regulamento igualmente aplicável a aeronaves nacionais, bem como de estabelecer sistema específico de comunicação aplicável a seu espaço aéreo.[102]

No segundo grupo, relativo a rotas aéreas regulares, incluem-se as liberdades comerciais, quais sejam, o direito de desembarcar passageiros, malas postais e cargas procedentes do país de origem da aeronave; o direito de tomar passageiros, malas postais e cargas para o país de origem da aeronave; e o direito de apanhar e deixar passageiros. Tais liberdades foram incluídas em instrumento anexo à Convenção, e devem ser concedidas por meio de acordos específicos entre os estados interessados.

[100] L. TOMAS, *Air Law* (in **Encyclopedia of public international law**, 2012, vol. I, p. 233-242, cit. § 22): "sixth freedom rights allow aircraft from one country to carry traffic between two other countries via their country of origin, seventh freedom rights permit the carriage of traffic between two other countries without going to the country of registration, and eighth freedom (or cabotage) rights allow aircraft from one country to undertake domestic services within another country."

[101] A. Meira MATTOS, **Direito internacional público** (Rio de Janeiro: Renovar, 2ª. ed., 2002, p. 213).

[102] Raymond C. SPECIALI, **Fundamentals of Aviation Law** (Nova York: McGraw-Hill, 2006).

Caso tais liberdades comerciais fossem codificadas na Convenção de Chicago, o resultado teria sido a previsão de espécie de acordo de *céus abertos* (ou *open skies*); mas tal circunstância ocorreria somente entre as economias mais desenvolvidas do mundo.[103]

A crescente liberalização da aviação trouxe impulso adicional para tais acordos *open skies*, nos quais a terceira, quarta e quinta liberdades, para companhias aéreas de cada estado signatário, são inteiramente liberadas, de modo que podem voar qualquer rota que desejem, entre e além dos dois países: em geral não há restrições, no tocante a capacidade, rotas ou acesso a aeroportos.

Modelo significativo nesse sentido, celebrado entre a União Europeia e os Estados Unidos, substituiu os antigos acordos bilaterais entre cada um dos estados membros da UE e os EUA. Caso clássico mais citado, para acordos diretos relativos a rotas aéreas, contemplando as liberdades comerciais, é o dito de Bermudas. Concluído em 1946 entre Estados Unidos e o Reino Unido, revisado em 1976.[104] Contabilizam-se atualmente numerosos acordos deste tipo, em todo o mundo, compondo amplo e complexo sistema de relações internacionais, complementar ao regime básico, estipulado pela Convenção de Chicago, de 1944.

Importante destacar que as aeronaves públicas, sejam estas militares, bem como as utilizadas pelo estado em seu serviço público, não têm garantidas as liberdades da Convenção de Chicago, nem mesmo as de direito de sobrevôo e de escala técnica, dependendo sempre de autorização prévia para percorrerem ou pousarem em território estrangeiro.[105] Eventual desrespeito a acordos de rotas aéreas, ou a legislações nacionais relativas a áreas proibidas de sobrevôo, ou inclusive vôos clandestinos, por aeronaves públicas, sem prévia autorização do estado competente, constituem infrações à soberania, e podem justificar a interceptação da aeronave, e ordem de pouso.

[103] R. C. Speciali (op. cit., 2006. p. 282/283): "In the end, the Chicago Convention left these issues up to the individual nations involved to negotiate directly. If all these freedoms were codified in the Chicago Convention, the result would have been of a sort of "open skies" agreement among the more developed nations of the world."

[104] M. N. Shaw, **International Law** (Cambridge: University Press, 5th. ed., 2003, p. 466/468).

[105] Ver a seguir, item 19.2 – aeronaves, esp. 19.2.1 – classificação e nacionalidade das aeronaves.

A Corte Internacional de Justiça afirmou, no julgamento do caso **das atividades militares e paramilitares na Nicarágua e contra esta** (1986), que o sobrevôo não autorizado constitui ofensa ao princípio da soberania territorial dos estados. Tais operações são de responsabilidade do estado, titular da propriedade ou detentor de controle da aeronave.[106] A este precedente jurisprudencial, somam-se diversos casos ocorridos, desde o início da vigência da Convenção de Chicago.[107]

De forma a garantir proteção à tripulação de aeronaves civis, os estados que tenham seu espaço aéreo desrespeitado devem oferecer resposta razoável e proporcional, de forma a preservar a vida das pessoas que estejam a bordo. A exigência de razoabilidade e de proporcionalidade da resposta foi prevista pelo Protocolo de Montreal, de 10 de maio de 1984, que constituiu emenda à Convenção de Chicago.[108]

A seguir se pode passar a rápido exame da Organização da Aviação Civil Internacional (OACI) (17.3).

17.3. OACI

> A força da OACI está em seu alcance global. Ao mesmo tempo, isso afeta a sua capacidade de agir com rapidez e de maneira proativa, dado que tem de ser levados em conta os interesses de [mais de] 190 estados. Isso

106 C.I.J., **atividades militares e paramilitares na Nicarágua e contra esta** (Nicarágua c. Estados Unidos da América) / **Military and Paramilitary activities in and against Nicaragua** (Nicarágua v. United States of America) Jurisdiction of the Court and Admissibility of the Application (Jugdment of 26 November 1984) e Merits (Judgment of 27 June 1986) (**I.C.J. Reports** 1986, p. 14, 1986 WL 522 (Mérito), p. 3, 128, 349 e 462). Ver tb. comentários em Mark W. Janis, John E. Noyes, **International Law – Cases and Commentary** (St. Paul: West Group, 2001, 2nd ed., p. 526/539).

107 Francisco Rezek, **Direito internacional público** (São Paulo: Saraiva, 11ª. ed., 2007, p. 327) comenta alguns incidentes, tais como: – em 1960 um avião militar norte-americano do tipo U-2 realizava vôo clandestino de reconhecimento sobre o território soviético quando foi localizado e abatido, formulando ainda o governo local um protesto pela afronta à sua soberania; – em 1983 a aviação militar soviética derrubou, nas proximidades da ilha de Sacalina, um avião civil coreano com duzentas e sessenta e nove pessoas a bordo; – alguns anos antes a aviação militar israelense fizera o mesmo com avião líbio sobre a península do Sinai. Em todos esses casos o argumento justificativo foi a suspeita de que se tratasse de aeronave entregue à missão militar de espionagem.

108 Nguyen Quoc Dinh, P. Daillier e A. Pellet (op. cit., ed. cit., 1999, p. 1.275).

provavelmente explica porque as suas realizações no campo econômico tem sido modestas.

P. M. J. MENDEZ DE LEON (2012)[109]

Os fins que a Organização se propõe são amplos e estão dirigidos à melhoria das técnicas de segurança e da expansão da aviação civil.

M. DIEZ DE VELASCO (2007)[110]

A premissa fundamental de ordenação da aviação civil internacional é a cooperação internacional, pela própria natureza da atividade. Essa cooperação tem de contribuir para a segurança e a confiabilidade da aviação civil internacional.

Desde o surgimento da aviação comercial se põe a necessidade de regulação específica do fenômeno, de modo a garantir a segurança da navegação aérea internacional, diminuir os riscos inerentes à aeronáutica, e assegurar transporte seguro e rápido. Nessa tendência já se inscreviam instrumentos internacionais celebrados antes de 1944.[111]

Marco importante da evolução do tratamento internacional da matéria foi a já mencionada Conferência de aviação civil internacional, reunida em Chicago, de 1º de novembro a 7 de dezembro de 1944,

[109] P. M. J. MENDEZ DE LEON, *International Civil Aviation Organization (ICAO)* (in **Encyclopedia of public international law**, 2012, vol. V, p. 413-417, Conclusion, cit. § 35 e a seguir § 6): "ICAO and the Chicago Convention are mandated to regulate and introduce measures for the benefit of civil aircraft and civil aviation. [...] Domestic civil aviation is basically – but not always – a matter of state responsibility, without intervention from ICAO."

[110] M. DIEZ DE VELASCO, **Las organizaciones internacionales** (Madri: Tecnos, 14ª ed., 2006, reimpr. 2007, cap. XIX B 'Organismos especializados en el campo de las comunicaciones', p. 371 ss., esp. item ref. a OACI, p. 377-379): "los fines que la Organización se propone son amplios y están dirigidos a la mejora de las técnicas de seguridad y de expansión de la aviación civil."

[111] Tais como as já mencionadas: Convenção de Paris, de 13 de outubro de 1919, que criou a União Internacional, com poderes para regulamentar internacionalmente as atividades relacionadas com a aviação civil, colocada sob a égide da Sociedade das Nações, bem como passo adiante dado pela Convenção de Varsóvia, de 11 de dezembro de 1929, que revisou a anterior. Em âmbito mais restrito, cumpre também mencionar a Convenção Panamericana, assinada em Havana, em 1928, que criou União entre os estados americanos. V. tb F. LEGREZ, *Les conditions générales de transport de l'IATA* (RCADI, 1972, t. 135, p. 439-452).

dedicada ao estudo e regulação das questões relativas à exploração e ao desenvolvimento da aviação civil, e na qual, dentre outros, se chegou ao instrumento, por meio do qual se constituiu a Organização da Aviação Civil Internacional (OACI ou, em inglês, ICAO).

A Convenção sobre a Aviação civil internacional, Chicago, 1944, é considerada como a constituição do transporte aéreo internacional. Tem alcance global, dado que 193 estados são partes contratantes.[112]

Criada sobre as bases da antiga Comissão Internacional de Aviação Aérea (CINA),[113] tem por objetivo desenvolver os princípios e as técnicas de navegação aérea e desenvolver o transporte aéreo internacional.[114] A OACI tornou-se órgão especializado das Nações Unidas logo após sua criação, notabilizando-se pela importância da legislação internacional, adotada no âmbito desta organização, que encontra aceitação inconteste e absoluta uniformidade de aplicação, em todos os seus trabalhos.

A Convenção de Chicago[115] conta sucessivas edições, desde a primeira edição, 1944 (ICAO doc. 7300), passando pela segunda edição,

[112] Dos 193 estados membros da ONU são também membros da OACI, com exceção do Liechtenstein – que não tem um aeroporto internacional – mas inclui as ilhas Cook. Por pressão da República popular da China, Taiwan, que era membro fundador da OACI, se viu privado dessa condição em 1971, em favor da República popular da China. Taiwan foi convidado a participar da Assembleia da OACI, em 2013, com a denominação de Chinese Taipei, mas não voltou a ser convidado, depois desta ocasião, por pressão do governo de Beijing. O governo do Canadá, como estado onde está sediada a organização, tem argumentado que a participação de Taiwan deveria ser mantida, "considerando a segurança da aviação, de ponto de vista estritamente operacional e não político".

[113] Charles Rousseau, **Droit international public** (ed. cit., 1987, p. 283).

[114] W. Guldmann, *Air carriers' liability in respect of passengers from Warsaw 1929 via The Hague 1955 to Guatemala City 1971* (RCADI, 1972, t. 135, p. 435-478); Octanny Silveira da Motta, *Contrato de transporte aéreo internacional e campo de aplicação da Convenção de Varsóvia* (in **Contratos internacionais do comércio**, de Irineu Strenger, São Paulo: RT, 1986, p. 287-300); O. S. da Motta, **Da responsabilidade contratual do transportador aéreo** (São Paulo: EDUSP / Saraiva, 1966).

[115] No Brasil, promulgada pelo Decreto nº 21.713, de 27 de agosto de 1946. O texto original foi emendado e novamente publicado, a partir da adoção de cada um dos Protocolos subsequentes. No site da OACI ver: Chicago Convention http://www.icao.int/publications/pages/doc7300.aspx
ICAO Documents http://www.icao.int/publications/pages/doc-series.aspx
ICAO eletronic address http://www.icao.int/pages/default.aspx
Brazilian Permanent Representative at ICAO http://delbrasmont.itamaraty.gov.br/pt-br/.

1959 (doc. 7300/2), até a nona edição, 2006 (doc. 7300/9). Além disso foi emendada em diversas ocasiões, por meio de Protocolos, feitos em Montreal, a partir de 1954, e outros documentos de caráter acessório. O dado mais relevante a enfatizar é que todas essas emendas entraram em vigor e são uniformemente aplicadas, em todos os estados. Essa é necessidade imperativa, decorrente da própria natureza da atividade, sob pena de se comprometer o funcionamento e a segurança da aviação civil internacional.

Em considerável medida, "a segurança dos vôos em linhas aéreas internacionais exigia a elaboração e colocação em prática em escala nacional de normas técnicas de vôo unificadas internacionalmente em ordem aos diversos aspectos da regulação da navegação aérea".[116] O trabalho da OACI, portanto, possui extrema importância para o conjunto da comunidade internacional dos estados, por meio de normas de direito internacional, e constitui o principal fórum sobre o tema, além de possuir poderes quasi-legislativos, quanto a padrões internacionais relativos à navegação aérea.[117]

É a missão da OACI zelar pelo regime jurídico aplicável à exploração do espaço aéreo, por esforço de uniformização de normas e procedimentos técnicos necessários para a garantia da devida segurança e exigidos pela técnica. Pode-se dizer que tem sido desempenhada a contento.[118]

Os objetivos da OACI são estipulados pelo art. 44 da Convenção de Chicago. Visando desenvolver os princípios e a técnica da navegação aérea internacional, bem como favorecer o estabelecimento e estimular o desenvolvimento de transportes aéreos internacionais: assegurar o desenvolvimento seguro e ordenado da aviação civil internacional no mundo; incentivar progressos no design de aeronaves e sua operação para fins pacíficos; estimular o desenvolvimento de aerovias, aeroportos e facilidades à navegação aérea civil internacional, dentre outros. Ao mesmo tempo em que se propõe "satisfazer às necessidades dos povos do

[116] A. Vereschaguin, *Derecho Aereo Internacional* (cit., 1979. p. 77). "La seguridad de los vuelos en las líneas internacionales exigia la elaboration y puesta en práctica a escala nacional de normas técnicas de vuelo unificadas internacionalmente en orden a los diversos aspectos de la regulación de la navegación aérea."

[117] Peter Malanczuk, **Akehurst's Modern Introduction to International Law** (Londres: Routledge, 7th. ed., 1997, p. 200).

[118] Nguyen Quoc Dinh *et al.*, **Direito Internacional Público** (ed. cit., 1999, p. 1.279).

mundo, no tocante a transporte aéreo seguro, regular, eficiente e econômico", no mesmo art. 44 também se menciona "assegurar que os direitos dos estados contratantes sejam plenamente respeitados, e que todo estado contratante tenha oportunidade equitativa de operar empresas aéreas internacionais".

A OACI, com sede na cidade canadense de Montreal, é composta por uma Assembléia geral, seu órgão plenário, do qual participam todos os estados, partes da Convenção de Chicago. A cada três anos, a Assembléia se reúne para votar o orçamento e discutir emendas ao tratado. As funções executivas da organização são desempenhadas pelo Conselho, colegiado permanente, sediado em Montreal, verdadeiramente seu principal órgão gestor, composto por 36 membros, eleitos pela Assembléia, pelo período de três anos, com base em critérios geográficos e de qualificação profissional. As decisões do Conselho são adotadas por maioria de votos.

Cabe ao Conselho, como órgão permanente, adotar os Padrões de práticas recomendadas (*Standards and Recommended Practices – SARPs*), previstos nos Anexos técnicos da Convenção de Chicago[119] e Procedimentos para serviços de navegação aérea (*Procedures for Air Navigation Services – PANS*),[120] além de decidir sobre questões estratégicas, bem como nomear o Secretário-Geral da Organização e designar os membros das comissões técnicas.

O Conselho tem, igualmente, funções judiciais, enquanto colegiado incumbido de solucionar controvérsias, entre dois ou mais estados contratantes, nos termos da Convenção de Chicago.[121] O exercício de mediação bem como de função jurisdicional pelo Presidente bem como pelo Conselho da OACI se deu em diversas ocasiões, em relação a questões de aviação civil internacional: em 1958, em controvérsia entre a Jordânia e a então República Árabe Unida, a respeito da imposição de

[119] ICAO – Standards and Recommended Practices, eg. **Safety Management** Annex 19 etc. "ICAO Safety Management related SARPs" disponíveis para download. "It is important to note that these SARPs have applicability dating back as far as November 2001".

[120] ICAO, **Products and Services Catalogue** 2021. icao.int/store – contém Navigation Services (PANS), Technical Manuals and various – Catalogue can be ordered via the ICAO Store at www.icao.int.

[121] P. M. J. Mendez de Leon, *International Civil Aviation Organization (ICAO)* (in **Encyclopedia of public international law**, 2012, vol. V, p. 413-417, cit. § 11, 29-32).

encargos à navegação aérea – solucionada mediante negociação, com a mediação do Conselho da OACI; em 1998, em controvérsia entre Cuba e os Estados Unidos, a respeito da passagem de aeronaves registradas em Cuba, pelo espaço aéreo estadunidense, ou ainda, na controvérsia, em 2001, entre os Estados Unidos e os então quinze estados membros da União Europeia, a respeito da legalidade do Regulamento europeu a respeito de níveis de ruído causado por aeronaves.

A jurisdição da OACI foi objeto de questionamento perante a Corte Internacional de Justiça, depois do Conselho da OACI ter decidido a respeito da controvérsia entre a Índia e o Paquistão, em decorrência do apoderamento de aeronave indiana, no espaço aéreo do Paquistão, em 1971. A decisão da OACI a respeito da controvérsia foi objeto de apelação junto à Corte Internacional de Justiça, em 1972.[122] A Corte rejeitou as objeções suscitadas pela Índia e considerou ser o Conselho da OACI competente para conhecer e decidir a respeito da reclamação apresentada pelo Paquistão. Além das questões de ordem processual, no tocante à questão substantiva, a Corte considerou correto o exercício da jurisdição pelo Conselho da OACI.[123] Ademais, a Corte considerou seu papel e funções, em tais situações, enquanto fator de preservação do bom funcionamento da organização internacional.[124]

De acordo com o artigo 37 da Convenção de Chicago, a OACI estabelece normas e procedimentos, aplicáveis à navegação aérea, mediante anexos ao tratado. Os estados partes se comprometem em colaborar, para assegurar a maior uniformidade possível, em regulamentos,

[122] CIJ, **Appeal relating to the jurisdiction of the ICAO Council** (India v. Pakistan), Judgment of 18 August 1972 (ICJ **Reports** 1972, p. 46).

[123] A respeito, v. Kay HAILBRONNER e Isabel RÖCKER, *International Civil Aviation Organization, Jurisdiction of, Case* (in **Encyclopedia of public international law**, 2012, vol. V, p. 417-420, cit. § 11): "The dispute was the first to be decided by the ICAO Council and at the same time the first appeals case to the ICJ against a decision of a treaty organ of a convention providing for such a possibility. The second appeal against a decision of the ICAO Council was initiated by Iran in the **Case concerning the aerial incident of 3 July 1988** (Islamic Republic of Iran v. United States of America), which was, however, discontinued at the joint request of the parties on 22 February 1996. In the face of the lack of any procedural guidelines for the role of the ICJ as a Court of Appeal, the ICJ undertook an entirely new analysis of the case."

[124] CIJ, **Appeal relating to the jurisdiction of the ICAO Council** (India v. Pakistan), Judgment of 18 August 1972 (ICJ **Reports** 1972, p. 46, cit. § 26).

padrões, normas e organização, relacionadas com as aeronaves, pessoal, aerovias e serviços auxiliares, em todos os casos em que a uniformidade facilite e melhore a navegação aérea. As diferenças entre normas e procedimentos internacionais são reguladas pelo art. 38 de Convenção de Chicago.

Os estados partes, no prazo de sessenta dias da publicação dessas normas e procedimentos, podem apresentar notificação de questionamento ou divergência; caso se mantenham silentes, passarão a ser obrigados a cumprir essas normas, ao término do prazo estipulado. Esse procedimento simplificado permite conferir a ato unilateral da Organização Internacional uma natureza semelhante a de obrigação convencional, acordada pelas partes.[125]

Cabe à OACI estipular as normas técnicas aplicáveis à aviação sobre territórios internacionais, como o alto mar e a Antártica, bem como sobre a plataforma continental, alheios à jurisdição estatal. Ademais, o Conselho possui competência para julgar controvérsias entre os estados partes, quanto à interpretação da Convenção de Chicago, sem prejuízo de eventual recurso à Corte Internacional de Justiça ou a tribunal arbitral *ad hoc*.

Não se deve confundir a OACI com a IATA, a Associação Internacional de Transportes Aéreos,[126] porquanto esta última constitui organização não-governamental de qual participam a maioria das companhias aéreas do mundo, e tem por objetivo promover o transporte aéreo[127] seguro, regular e econômico, servindo de foro, principalmente, para discutir questões tarifárias.[128]

Nessa área contam-se, ainda: a Organização de serviços civis de navegação aérea (CANSO – Civil Air Navigation Services Organization), a

[125] Pierre-Marie Dupuy, **Droit international public** (ed. cit., 2006, p. 778).

[126] F. Legrez, *Les conditions générales de transport de l'IATA* (RCADI, 1972, t. 135, p. 439-452).

[127] W. Guldmann, *Air carriers' liability in respect of passengers from Warsaw 1929 via The Hague 1955 to Guatemala City 1971* (RCADI, 1972, t. 135, p. 435-478); Octanny Silveira da Motta, *Contrato de transporte aéreo internacional e campo de aplicação da Convenção de Varsóvia* (in **Contratos internacionais do comércio**, de Irineu Strenger, São Paulo: RT, 1986, p. 287-300); O. S. da Motta, **Da responsabilidade contratual do transportador aéreo** (São Paulo: EDUSP / Saraiva, 1966).

[128] I. H. Ph. Diedericks-Verschoor, **An Introduction to Air Law** (ed. cit., 1993, p. 8).

Associação de prestadores de serviço de navegação aérea (ANSP - Air Navigation Service Providers) e o Conselho Internacional de Aeroportos (Airports Council International) - uma associação de autoridades aeroportuárias.

A seguir se pode passar ao tópico da segurança da aviação civil, tal como suscita o fenômeno do apoderamento ilícito de aeronaves (17.4).

17.4. Apoderamento ilícito de aeronaves

Profundamente preocupados com a escalada mundial de atos ilícitos contra a aviação civil,

Reconhecendo que os novos tipos de ameaças contra a aviação civil exigem novos esforços concertados e novas políticas de cooperação, por parte dos estados,

Estimando que, para melhor enfrentar essas ameaças, é necessário adotar dispositivos complementares aos da *Convenção para a repressão ao apoderamento ilícito de aeronaves*, assinada na Haia, em 16 de dezembro de 1970, visando reprimir atos ilícitos de captura ou de exercício de controle de aeronaves e de aperfeiçoar a sua eficácia

Protocolo adicional à Convenção para a supressão ao apoderamento ilícito de aeronaves, assinado em Beijing, aos 10 de setembro de 2010[129]

O debate a respeito do terrorismo, no curso dos últimos anos, está em considerável medida desfocado, no sentido de que não existem, de um lado, algozes, e, de outro, vítimas, mas as culpas e responsabilidades, em considerável medida, têm de ser partilhadas. Como tantas coisas humanas, a questão do terrorismo somente pode ser compreendida e situada em contexto cultural e histórico, no qual se inscreve, como parte de todo mais amplo (e complexo).

P. B. Casella (2006)[130]

[129] Protocol Supplementary to the Convention for the Suppression of Unlawful Seizure of Aircraft, done at Beijing on 10 September 2010.

[130] P. B. Casella, **Direito Internacional, Terrorismo e Aviação Civil** (São Paulo: Quartier Latin, 2006, 'posfácio', p. 157-167, cit. p. 157).

A partir da década de 1960, grupos políticos e criminosos passaram a sequestrar aeronaves, em busca de reconhecimento de suas causas ou mesmo para exigir o recebimento de resgates. Os governos rapidamente perceberam o perigo de tais delitos, prejudiciais ao desenvolvimento do transporte aéreo, e que colocavam em risco a vida de passageiros inocentes.

Decorrência dos trágicos acontecimentos de 11 de setembro de 2001, o tema recobra atualidade, e merece análise. A visibilidade e o impacto mediático são dados levados em conta pelos terroristas na escolha dos alvos: "do ponto de vista operacional, o avião é sítio ideal para a manutenção dos passageiros. Ele voa a grande altitude e não conhece fronteira. Em geral, as vítimas tem diferentes nacionalidades. Envolve-se, com isso, mais de um governo. A pressão política é, portanto, maior. A possibilidade de resgatar militarmente passageiros com vida é virtualmente nula. Em resumo, pode-se dizer, o avião é um importante instrumento para a prática terrorista".[131]

As origens da regulamentação internacional remontam à **Convenção de Genebra sobre alto mar**, de 1958, que considera *aeronaves piratas* as utilizadas para a consecução de crimes no alto mar ou outro lugar não submetido à jurisdição de qualquer estado.[132] Posteriormente, em 1963, foi concluída a **Convenção de Tóquio sobre infrações e certos outros atos praticados a bordo de aeronaves**, que tipifica em seu artigo 11 atos ilegais de sequestro, interferência ou exercício de controle de aeronave em vôo, comprometendo-se os estados contratantes a tomarem todas as medidas necessárias para garantir ao comandante da aeronave condições para recobrar o seu controle.[133]

No âmbito da ONU, em 31 de dezembro de 1968, o Conselho de Segurança reafirmou solenemente a necessidade de implementação de medidas concretas para assegurar um tráfego aéreo civil internacional livre e ininterrupto. No ano seguinte, foi a vez da Assembléia Geral adotar uma resolução sobre o tema (Resolução XXIV 2551, de 12 de

[131] Márcio P. P. Garcia, *Aviação civil e terrorismo* (in **Terrorismo e direito**, coord. L. Brant, Rio de Janeiro: Forense, 2003, p. 299-318, cit. p. 317).

[132] V. tb. A. Mattine-Daftary, **Cours abrégé sur la contribution des conférences de Génève au développement progressif du droit international de la mer** (RCADI, 1961, t. 102, p. 635-674).

[133] A. Meira Mattos, **Direito internacional público** (ed. cit., 2002, p. 216/217).

dezembro de 1969), relativamente ao desvio forçado de aeronaves em vôo, por grande maioria dos votos.[134]

A tipificação e a definição do delito internacional, à época, continuavam polêmicas. A doutrina dividia-se entre os termos pirataria,[135] sequestro aéreo e apoderamento ilícito de aeronaves, cada qual alicerçado em base jurídica anterior aos novos crimes presenciados em aeronaves.[136] O uso da expressão *pirataria aérea* foi defendido, enquanto "fórmula, naturalmente sujeita a aperfeiçoamentos, seria a de qualificar a pirataria aérea como todo ato pelo qual uma aeronave privada é utilizada para fins pessoais, ilicitamente, em violação da liberdade e segurança do tráfego aéreo, com violência, ameaça à violência ou fraude, ou uma aeronave privada é aprisionada em vôo por uma pessoa a bordo que impede sua exploração, dela se apodera ou exerce seu controle, ou está a ponto de completar tais atos".[137]

Entendo ser adequada a adoção do termo *apoderamento ilícito* pela Convenção de Haia; na mesma linha se manifestam E. McWhinney (1973)[138] e A. Meira Mattos (2002), pois "a *pirataria*, de acordo com a Convenção de Genebra sobre alto-mar, compreende fins exclusivamente pessoais e deve sempre ocorrer em locais fora da jurisdição de qualquer estado".[139] A denominação *apoderamento ilícito* apresenta características próprias, tanto quanto aos fins, que podem ser políticos ou ideológicos, como quanto aos locais, que podem estar dentro das jurisdições estatais.

134 Irineu Strenger, **Responsabilidade civil no direito interno e internacional** (2ª ed., São Paulo: LTr, 2000, p. 266).

135 P. B. Casella, **Direito Internacional, Terrorismo e Aviação Civil** (São Paulo: Quartier Latin, 2006, cap. V – Fenômeno da pirataria, p. 63-78, esp. seção V – Novos contornos da pirataria nos ares); v. tb. Márcio P. P. Garcia, *Aviação civil e terrorismo* (in **Terrorismo e direito**, coord. L. Brant, Rio de Janeiro: Forense, 2003, p. 299-318); Vespasiano V. Pella, **La répression de la piraterie** (RCADI, 1926, t. 15, p. 145-276).

136 Edward McWhinney, **The illegal diversion of aircraft and international law** (RCADI, 1973, t. 138, p. 261-372).

137 Haroldo Valladão, "Pirataria aérea, novo delito internacional" (in Boletim da Sociedade Brasileira de Direito Internacional, n. 167, São Paulo, 1970. p. 77).

138 E. McWhinney, **The illegal diversion of aircraft and international law** (RCADI, 1973, t. 138, p. 261-372).

139 A. Meira Mattos, **Direito Internacional Público** (2. ed., Rio de Janeiro: Renovar, 2002. p. 217/218).

O termo *apoderamento ilícito* (*unlawful seizure*, em inglês, *détournement illicite*, em francês) prevaleceu no direito internacional. Neste sentido, foi aprovada na Haia, no ano de 1970, a **Convenção para a repressão ao apoderamento ilícito de aeronaves**, complementada pelo **Protocolo adicional** à Convenção para a supressão ao apoderamento ilícito de aeronaves, assinado em Beijing, aos 10 de setembro de 2010.[140] Sintomaticamente, enquanto o texto da Convenção de 1970 continha menção à 'repressão', o Protocolo de 2010 fala em 'supressão' do delito.

Em 1971, tinha sido aprovada a **Convenção de Montreal para a repressão de atos ilícitos dirigidos contra a segurança da aviação civil**. O objeto desta era adaptar a legislação internacional à ocorrência de novas práticas terroristas, tais como a sabotagem de aeronaves em terra, em vista da adoção de medidas, eficazes para impedir o apoderamento de aeronaves.[141] Seu objetivo foi garantir a proteção não só dos veículos, mas também de pessoas e bens a bordo.

A tipificação do delito, objeto da Convenção da Haia, de 1970, conforme redação adotada pelo Protocolo de Beijing, de 2010, consta do artigo 1º, inciso 1, que passou a ter a seguinte redação: "comete infração penal qualquer pessoa que, ilícita e intencionalmente, assuma o controle de uma aeronave em serviço, ou exerça o controle por meio de violência ou ameaça de violência, ou mediante coerção, ou qualquer outra forma de intimidação, ou mediante qualquer meio tecnológico".

A nova redação do artigo 2º estipula a obrigação para os estados partes na Convenção em reprimir, com penas severas, as infrações visadas no artigo 1º. Foi acrescentado um novo artigo 2º *bis*, mediante o qual os estados partes, em conformidade com os princípios de seus direitos internos, podem adotar as medidas necessárias para que se caracterize a responsabilidade de uma pessoa jurídica, situada em seu território, ou constituída segundo a sua legislação, quando indivíduo, responsável pela direção ou controle dessa pessoa jurídica tenha, nessa condição, cometido infração visada pelo art. 1º, e tal responsabilidade pode ser penal, civil ou administrativa.

[140] Protocol Supplementary to the Convention for the Suppression of Unlawful Seizure of Aircraft, done at Beijing on 10 September 2010.

[141] P. B. Casella, **Direito Internacional, Terrorismo e Aviação Civil** (São Paulo: Quartier Latin, 2006, p. 121).

Outra importante disposição da Convenção de 1970, conforme redação adotada pelo Protocolo de 2010, diz respeito ao compromisso dos estados contratantes de estabelecer sua jurisdição sobre o crime, de forma a punir os responsáveis (artigo 4º.): (a) caso a infração seja cometida no território daquele estado; (b) caso a infração seja cometida em relação ou a bordo de aeronave matriculada naquele estado; (c) se a aeronave, a bordo da qual a infração foi cometida, pousa em seu território, com o autor presumido da infração ainda a bordo; (d) se a infração for cometida em relação a ou a bordo de aeronave alugada sem tripulação a pessoa, cujo principal estabelecimento ou na falta deste sua residência permanente, esteja situada no território do referido estado; (e) se a infração for cometida por nacional daquele estado.

Ademais, qualquer estado parte pode, igualmente estabelecer sua jurisdição para fins de conhecer e julgar tais infrações nas hipóteses previstas no inciso 2 do mesmo art. 4º: (a) caso a infração seja cometida contra um nacional daquele estado; (b) caso a infração seja cometida por um apátrida, com residência habitual no território daquele estado.

As convenções internacionais celebradas sobre a matéria foram úteis e necessárias para, progressivamente, estender o rol de estados, com jurisdição para julgar criminosos. Além de dotar o sistema de normas adequadas, outra questão será a de assegurar a vontade política para a uniforme aplicação dessas normas, de modo a assegurar a repressão eficiente de tais atos.[142]

Seria adequado que tais delitos sejam reconhecidos como crimes de jurisdição universal, de forma semelhante ao que já ocorre em relação à *pirataria* em alto mar, conforme estipula a Convenção das Nações Unidas sobre o direito do mar, de 1982, nos seus artigos 100 a 107. Nesta se inscreve, nos termos do artigo 100, o princípio geral: "todos os estados devem cooperar em toda a medida do possível, na repressão da pirataria no alto-mar, ou em qualquer outro lugar que não se encontre sob a jurisdição de algum estado".[143] As modalidades de atuação são ulteriormente especificadas, nos artigos seguintes.

[142] Como se considera em P. B. Casella, **Direito Internacional, Terrorismo e Aviação Civil** (op. cit., 2006) seria a vontade política o dado mais complexo a ser alcançado. De maior dificuldade quanto ao seu conteúdo e à efetividade de sua observância e aplicação.

[143] Malcolm N. Shaw, **International Law** (ed. cit., 2003, p. 472).

No mesmo sentido da pirataria marítima, a pirataria aérea ou apoderamento de aeronaves, enquanto delito internacional, "atenta contra um dos direitos fundamentais mais caros ao homem: a liberdade. Além disso, afeta a segurança da navegação aérea interna e internacionalmente, razão por que sua punição é de competência universal".[144]

Tais delitos devem ser combatidos em três frentes diferentes, numa ação concertada de forma a garantir a segurança do transporte aéreo, quais sejam, no campo dos convênios multilaterais,[145] dos acordos bilaterais e das legislações nacionais.[146]

É importante compreender que o apoderamento ilícito de aeronaves é essencial e necessariamente delito de caráter internacional aeronáutico. Seus elementos formais estão nitidamente relacionados com este ramo do direito. Seus elementos fáticos têm relação direta e necessária com as técnicas de aviação. Apesar da presença de aspectos penais perceptíveis nos fatos ilícitos nascidos da atividade aeronáutica, tais atos se enquadram no domínio do direito aeronáutico, dentro do aspecto penal, sem que se possa falar do direito penal aeronáutico distinto, e desvinculado do direito penal, considerado como um todo, atuando como corpo de regras de indispensável aplicação subsidiária e de suporte institucional.[147]

A seguir se pode passar ao exame do direito internacional das telecomunicações (cap. 18).

[144] Oliveiros LITRENTO, **Curso de direito internacional público** (Rio de Janeiro: Forense, 4ª ed., 2001, p. 347).

[145] F. LEGREZ, *Les conditions générales de transport de l'IATA* (RCADI, 1972, t. 135, p. 439-452).

[146] Luis Tapia SALINAS, *La Politica Aérea Internacional y la Pirateria Aérea* (in **Trabajos de Derecho Aeronáutico y Del Espacio y de Aviación Comercial**, Madri: 1978).

[147] P. B. CASELLA, **Direito internacional, terrorismo e aviação civil** (op. cit., 2006, p. 60).

CAPÍTULO 18
DIREITO INTERNACIONAL DAS TELECOMUNICAÇÕES

o domínio das telecomunicações é um 'bem de uso público internacional'.

C. D. A. Mello (2004)[148]

Matéria intrinsecamente internacional, as telecomunicações se inscrevem como cerne da globalização econômica e da gestão compartilhada de recursos limitados, de uso e de interesse comuns para toda a humanidade. Este sistema institucional e normativo internacional tem origem, no século XIX, com o início das comunicações, por meio de telégrafo. A partir do início do século XX, às primeiras somaram-se as comunicações por ondas de rádio. E desde meados do século passado, as comunicações por satélites[149].

[148] Celso D. de Albuquerque Mello, **Curso** (Rio de Janeiro: Renovar, 15ª ed., 2004, cap. LI 'telecomunicações', p. 1333-1340, cit. p. 1333): "O estudo das telecomunicações sempre apresentou interesse para o DIP, sendo de se lembrar que o D. do mar sempre protegeu os cabos submarinos (v. capítulo Alto-mar). A matéria adquire um novo impulso atualmente com a denominada telecomunicação por satélites"; v. tb. E. Jimenez de Arechaga, **International law in the past third of a century** (RCADI, 1978, t. 159, p. 1-343), e tb., **La coordination des systèmes de l'ONU et de l'Organisation des états américains pour le règlement pacifique des différends et la sécurité collective** (RCADI, 1964, t. 111, p. 419-526) e ainda **Le traitement des différends internationaux par le Conseil de Sécurité** (RCADI, 1954, t. 85, p. 1-106).

[149] Nicolas Mateesco Matte, **Aerospace law: telecommunications satellites** (RCADI, 1980, t. 166, p. 119-249).

Ao examinar "a radiofonia e o direito internacional público", já René STENUIT (1932)[150] considerava a necessidade, para todos "os estados contratantes seriam, de pleno direito, e sem necessidade de o formular expressamente, a obrigação de fazer observar pelos particulares, em seus respectivos territórios, o respeito das normas convencionais, sob pena de ser caracterizada a responsabilidade do estado, em razão de tal omissão".

Ao desenvolvimento de tecnologia se agrega a criação de quadro jurídico para a regulação destas atividades[151]. Serão, aqui, considerados: das comunicações telegráficas e radioelétricas às telecomunicações (18.1) e, a seguir, a União Internacional das Telecomunicações (18.2). Como parte do domínio 'aéreo' do território – em diálogo com os espaços internacionais!

18.1. Das comunicações telegráficas às telecomunicações

> O artigo primeiro da Convenção sobre a telegrafia internacional, celebrado em São Petersburgo, em 10-22 de julho de 1875, proclamou o direito, para todas as pessoas, de utilizar linhas telegráficas internacionais. (...)
>
> As conferências de Berlim em 1906, de Londres em 1912 e de Washington em 1927, adaptaram essas regras da telegrafia ordinária à telegrafia internacional, ou seja à telegrafia sem fio, como aos demais modos de transmissão, por meio de ondas de rádio.
>
> A. VERDROSS (1929)[152]

A partir da invenção do telégrafo elétrico, em 1837, em 1850 foi constituída a União Telegráfica Austro-Alemã. Em 1855, foi formada a União Telegráfica da Europa Ocidental.

[150] René STENUIT, **La radiophonie et le droit international public** (Paris: Sirey, 1932).

[151] J. F. HOSTIE, **Examen de quelques règles du droit international dans le domaine des communications et du transit** (RCADI, 1932, t. 40, p. 397-524).

[152] A. VERDROSS, **Règles internationales du droit international de la paix** (RCADI, 1929, t. 30, p. 271-518, § 69 'transit d'ondes électriques', p. 461-462) : «L'article premier de la Convention sur la télégraphie internationale, conclue à Saint-Petersbourg les 10-22 juillet 1875, proclama le droit pour toutes personnes d'employer des lignes télégraphiques internationales.» (...) «Les conférences de Berlin en 1906, de Londres en 1912 et de Washington en 1927, adaptèrent les règles de la télégraphie ordinaire à la télégraphie internationale, c'est-à-dire à la télégraphie sans fil, comme aux autres modes de transmission par ondes hertziennes.»

Em 17 de maio de 1865, em Paris, é constituída a União Telegráfica Internacional (UTI), por vinte países europeus. Em 1868, em Viena, por ocasião da Primeira Conferência Telegráfica se decide sediar a União em Berna, e se cria o Bureau Internacional, que começa a operar em 1869.

Pioneira dentre as organizações internacionais, a UTI vem responder a necessidade de regulação legal de inovação instaurada pelo progresso da tecnologia – somando-se a outros desenvolvimentos – seriam expressão de movimento que se estenderia a múltiplos campos do direito internacional, no século e meio que, desde então, se seguiu.

Depois de Graham BELL patentear sua invenção do telefone, em 1876, a telegrafia sem fio, se desenvolve como o primeiro tipo de radiocomunicação. A partir de 1896, começam as transmissões da voz human por ondas de rádio. Por isso, a partir de 1902, outro grupo de estados interessados se reuniu e organizou a Conferência Radiotelegráfica Internacional.

As radiocomunicações[153] agregaram mais uma dimensão às comunicações internacionais.[154] Estas seriam acompanhadas, posteriormente, pelas transmissões via satélite.[155]

Em 1906, foi criada, em Berlim, a União Radiotelegráfica Internacional (URI),[156] e assinada a primeira Convenção Radiotelegráfica Internacional, contendo regulação da telegrafia sem fio (ou seja, regulações das ondas de rádio).

E assim operam, com ulteriores conferências, desde Londres, em 1912, até Washington, em 1927. Contudo, a partir de 1920, a ampliação da radiodifusão, tornou necessária a alocação de faixas de frequência,

[153] Georges De LEENER, **Règles générales du droit des communications internationales** (RCADI, 1936, t. 55, p. 1-86, esp. chap. IV 'les statuts généraux du droit des communications internationales', p. 47-60, cit. p. 58): «Les radiocommunications constituent le dernier en date des modes de communications internationales.»

[154] G. De LEENER (op. cit., 1936, p. 60): «le principe de la liberté de l'éther est formellement posé. En conséquence les gouvernements signataires de pareille convention devront, dans l'intérêt international, assurer le libre passage des ondes radiomagnétiques sur leur territoire.»

[155] Cfr. N. MATEESCO MATTE, **Aerospace law: telecommunications satellites** (RCADI, 1980, t. 166, cit).

[156] O Bureau da União Radiotelegráfica Internacional era o mesmo da União Telegráfica Internacional.

para diferentes serviços de radio, bem como a determinação de padrões internacionais de regulação dessas atividades. Naquela altura, na maioria dos estados, telégrafo, telefone e rádio eram regulados pelas mesmas autoridades. Daí resultaria a necessidade de abranger todas as modalidades de comunicações, com ou sem fio, por um tratado e uma organização internacional.

De tal maneira, em 1932, na Conferência em Madri, as duas uniões, UTI e URI, foram reunidas na União Internacional de Telecomunicações (UIT).[157] A esta juntaram-se ainda o então existente Comité Consultivo Internacional do Telefone (*CCIF* ou *International Telephone Consultative Committee*) e o Comité Consultivo Internacional do Telégrafo (*CCIT* ou *International Telegraph Consultative Committee*), estabelecidos como organizações independentes, em 1924 e 1925, respectivamente. Em 1956, o CCIF e o CCIT se fundiram em novo Comité Consultivo Internacional do Telégrafo e do Telefone (*International Telegraph and Telephone Consultative Committee*). Enquanto, por sua vez, o Comité Consultivo Internacional do Rádio, criado em Washington, durante a conferência de 1927, atuou até 1994.

Em razão dessas convenções, referidas, consideravam-se, desde o início, as ondas de rádio, provenientes de instalações autorizadas, livres para percorrerem, em geral, livremente, o espaço atmosférico de todos os estados contratantes. A gestão desse bem públixo de uso comum configura assim outra exceção à soberania do estado territorial. Com a contrapartida de que as estações de operação radiotelegráfica deveriam ser organizadas, tanto quanto possível, de modo a não pertubar o serviço de outras estações equivalentes.

Os estados não tem, assim, o direito de obstarem emissões estrangeiras, perturbando as vibrações elétricas por meio da projeção de outras vibrações mais fortes. Assim, cada estado somente teria a possibilidade de se opor a tal passagem na medida em que pudesse alegar necessidade de segurança. Qualquer restrição a essa liberdade deve se pautar, como

[157] Plenipotentiary Conference, Madrid, 1932: Telegraph and Radiotelegraph Conventions are merged to form a single International Telecommunication Convention. The organization changes its name from International Telegraph Union to International Telecommunication Union. Ver Itu, **An Overview – The International Telecommunication Union.**ITU 81150.pdf.

em outros campos, pela razoabilidade, bem como, para estar em conformidade com o direito internacional, ter amparo de título reconhecido como válido, pelo padrão internacional.

A União Internacional das Telecomunicações (UIT) considera patrimônio comum da humanidade[158] o espectro de frequências e a órbita geoestacionária dos satélites. O interesse de todos e a necessidade de uso ordenado impõem limites ao que possa pretender, em sentido diverso, qualquer estado. Enfatizava C. D. de A. MELLO (2004)[159] o conteúdo jurídico internacional do conceito de patrimônio comum da humanidade:[160] (a) utilização não-privativa, (b) uso pacífico e (c) repartição justa e especifica "tem uma função igualitária e a autoridade é apenas para gerenciar, vez que o domínio eminente é da humanidade".[161]

Em matéria de telecomunicações, os princípios correntes de direito internacional são análogos aos que vigoram em matéria de navegação aérea:[162] é semelhante a combinação de soberania territorial, com 'liber-

158 A respeito v. cap. XX – espaços internacionais: de 'res nullius' a patrimônio comum da humanidade; Juan Antonio CARRILLO SALCEDO, de modo despretencioso considera a questão em seu, *Le concept de patrimoine commun de l'humanité* (in **Ouvertures en droit international: hommage à René-Jean DUPUY**, Paris: Pedone, 1998, p. 55-66).

159 C. D. A. MELLO (op. cit., 2004, cap. XLIV 'plataforma continental: as grandes profundidades', p. 1219-1240, nota 17, 17A, 17B, 17C).

160 Como se examina no cap. XX 'espaços internacionais: de *res nullius* a patrimônio comum da humanidade'; v. tb. José Manuel PUREZA, *Globalização e direito internacional: da boa vizinhança ao patrimônio comum da humanidade* (in Lua nova, n. 30, 1993, p. 73 ss.): "A humanidade, como entidade global, quer no plano espacial, quer no temporal, é pois a referência central dos novos traços de identidade do direito internacional, superando o quadro individualista do direito internacional clássico".

161 C. D. A. MELLO (op. cit., 2004, cap. LI 'telecomunicações', p. 1333): "O estado tem soberania sobre as ondas hertzianas, vez que elas se encontram no seu espaço aéreo. Entretanto, na prática tem-se estabelecido 'uma liberdade de trânsito', em virtude de uma verdadeira necessidade de todos os estados. Por outro lado, essas zonas se estendem também ao espaço exterior, onde não se manifesta a soberania do estado. Para se obter melhor aproveitamento dessas ondas é necessário que haja uma cooperação internacional, para se evitar, por exemplo, as interferências, fazendo a distribuição de frequências etc. Esta cooperação se encontra institucionalizada na União Internacional das Telecomunicações".

162 A. MEIRA MATTOS, **Direito internacional público** (ed. cit., 2002); A. D. MCNAIR, *The law of the air*, London, 1953); J. J. BASKIN, *La technique des phénomènes atmosphériques artificiels : aspects de droit international* (Revue Générale de Droit International Public, 1970, p. 674 ss.); Bin CHENG, *Air law*, in **Encyclopaedia of international law**, ed. by R. BERNHARDT, vol I,

dade de trânsito'. Dado que as ondas de rádio, antes também chamadas ondas hertzianas, por definição, não respeitam as fronteiras, daí decorreu a percepção da necessidade de regulamentação internacional,[163] desde o início desta atividade.

A ulterior adoção de sistemas de radiodifusão por satélite foi outra grande transformação do conjunto das comunicações no planeta.[164]

A-D, p. 66); I. H. Ph. Diederiks-Verschoor, **Similarities with and differences between Air and Space Law primarily in the field of private international law** (RCADI, 1981, t. 172, p. 317-423); M. Diez De Velasco, **Las organizaciones internacionales** (Madri: Tecnos, 14ª ed., 2006, reimpr. 2007, cap. XIX B 'Organismos especializados en el campo de las comunicaciones', p. 371 ss., OACI, p. 377-379); M. Diez De Velasco, **Instituciones de derecho internacional público** (Madri: Tecnos, 16ª ed., 2007, cap. XVIII 'las competências del estado (II): el territorio terrestre y el espacio aéreo: delimitación y regimen jurídico', p. 438-470); D. Goedhuis, *The limitation of air sovereignty* (relatório submetido à ILA na sessão de Dubrovnik de 1956, p. 196); Francis Ruddy, *Os problemas internacionais sobre satélites de comunicação* (Boletim, 1971, p. 99); Haroldo Valladão, *Problemas jurídicos internacionais de telecomunicações* (Boletim, 1971, p. 81); Jean Evensen, **Aspects of international law relating to modern radio communications** (RCADI, 1965, t. 115, p. 471-584); K. Heilbronner, *Freedom of the air and the Convention on the Law of the Sea* (AJIL, 1983, v. 77, p. 490); L. Cartou, *Les services aériens réguliers* (AFDI, 1956); M. Díez De Medina, **Las organizaciones internacionales** (Madrid, 1994, p. 286); C. D. A. Mello, **Curso** (Rio de Janeiro: Renovar, 15ª ed., 2004, cap. LI 'telecomunicações', p. 1333-1340); Nicolás Mateesco Matte, **Aerospace law: telecommunications satellites** (RCADI, 1980, t. 166, p. 119-249); Paul de Geouffre de La Pradelle, **Les frontières de l'air** (RCADI, 1954, t. 86, p. 117-202); Renato Ribeiro, *Derecho de las communicaciones espaciales* (in **Noveno curso de derecho internacional** *organizado por el Comité Jurídico Interamericano, con la cooperación de la Secretaria general de la OEA, en agosto de 1982*, Washington: OEA-Secr. General / Subsecretaria de Asuntos jurídicos, 1983, p. 294); Lisa Tomas, *Air Law* (in **Encyclopedia of public international law**, 2012, vol. I, p. 233-242).

[163] Em matéria de comunicações radioelétricas, devem ser também referidos o Acordo Sul-Americano de Buenos Aires, de 1935, revisto no Rio de Janeiro em junho de 1937; a Convenção Interamericana de Havana, de 13 de dezembro de 1937; o Acordo Interamericano de Santiago do Chile, de 17 de janeiro de 1940; a Convenção do Rio de Janeiro, de 27 de setembro de 1945; e o Acordo de Washington, de 9 de julho de 1947.
Por outro lado, deve ser igualmente mencionada a convenção concluída em Genebra a 23 de setembro de 1936, por iniciativa e sob os auspícios da Sociedade das Nações, destinava-se a regulamentar o emprego da radiodifusão no interesse da paz.

[164] Paul de La Pradelle, **Notions de territoire et d'espace dans l'aménagement des rapports internationaux contemporains** (RCADI, 1977, v. 157, p. 415-484, cit. p. 439 e nota 39) assim a Conferência administrativa extraordinária de Genebra, encarregada de atribuir faixas de frequência para a radiocomunicação espacial definia, em 1963, a

A utilização dos telefones celulares e de todas as modalidades conexas de comunicação representam novas vagas de modificações relevantes das últimas décadas.

A base das soluções aplicadas tem sido o princípio da soberania do estado, mas não menos certo é admitir-se, como restrição ao exercício desse direito, a liberdade de trânsito inocente. A razão, para isto, é muito simples: por um lado, parece já demonstrado que a simples passagem de ondas de rádio, no espaço aéreo de um estado não é suscetível de ameaçar o direito de conservação desse estado; por outro lado, parece que nenhum estado possui a possibilidade material de impedir, pelos meios normais ao seu alcance, o trânsito, sobre o seu território, de ondas emitidas por postos radiotelegráficos ou radiofônicos situados fora do próprio território.

A conveniência de se adotarem, nessa matéria, regras uniformes, reconhecidas internacionalmente,[165] levou os estados a realizar várias conferências internacionais, destinadas a estabelecer regulamentação suscetível de ser aceita por todos. Neste sentido, foram subscritas diversas convenções internacionais em matéria radiotelegráfica e de telecomunicações, dentre as quais, algumas já mencionadas como as de Berlim, 1906, Londres, 1912, Washington, 1927 e Madri, 1932. Bem como, após a segunda guerra mundial, com as conferências de Atlantic City, 1947, de Nairobi, 1982, de Genebra, em 1992, em vigor desde 1994, completadas por protocolos adicionais e regulamentos administrativos.

comunicação por satélite : "serviço de radiocomunicação, no qual sinais, emitidos ou retransmitidos por estações espaciais, ou transmitidos por reflexo sobre objetos em órbita em torno da terra são destinados a ser recebidos diretamente, pelo público em geral".

[165] Princípios gerais aceitos nessa matéria já se encontravam na **Resolução sobre comunicações radiotelegráficas**, adotada em 1927, pelo *Instituto*: *a*) cada estado tem o direito de regular o estabelecimento e funcionamento de quaisquer estações radiotelegráficas, no seu território; *b*) compete-lhe, também, salvo alguma restrição convencional, suspender o serviço de radiotelegrafia internacional, quando o julgue necessário aos seus interesses essenciais ou exigido pelos seus deveres internacionais; *c*) não tem, entretanto, o direito de se opor à simples passagem de ondas hertzianas sobre o seu território; *d*) é desejável que os estados se entendam para que a exploração das estações radiotelegráficas de todos seja organizada com o mínimo possível de inconvenientes; *e*) o estado que permitir emissões radiotelegráficas do seu território que causem graves perturbações nas emissões de outro estado, ou que sejam suscetíveis de perturbar a ordem pública de outro estado, incorrerá em responsabilidade internacional.

Cabe, a seguir, considerar os principais aspectos da União Internacional de Telecomunicações (18.2).

18.2. União Internacional de Telecomunicações

> A União Internacional de Telecomunicações (UIT) é a mais antiga organização internacional do mundo. [...] Surgiu a necessidade de abranger todos os tipos de comunicação, com e sem fio, por um único tratado e uma única organização internacional.
>
> D. Westphal (2012)[166]

Alguns elementos da indispensável cooperação internacional nos campos da telegrafia, da radiotelegrafia e das ondas de rádio, desde a Conferência de Berlim de 1906, até a criação da União Radiotelegráfica Internacional, em 1932, já foram mencionadas. A partir da fusão das organizações predecessoras, surgiu a **União Internacional de Telecomunicações** (UIT ou ITU), com sede em Genebra.

Terminada a segunda guerra mundial, a Convenção firmada em Atlantic City, em 1947, atualiza a matéria e decide a vinculação da UIT à ONU. Em 1º de janeiro de 1949, nos termos do Acordo, celebrado em 1947, com a ONU, nos termos dos artigos 57 e 63 da Carta da ONU, e do art. 49 da Constituição da UIT, a UIT se tornou a agência especializada da ONU, para telecomunicações.

A União Internacional das Telecomunicações (UIT), se caracteriza, assim, como "instituição especializada das Nações Unidas, para as tecnologias da informação e da comunicação".[167] Característica

[166] Dietrich Westphal, *International Telecommunication Union (ITU)* (in **Encyclopedia of public international law**, 2012, vol. VI, p. 166-176, cit. § 1).

[167] Itu, **Final Acts of the Plenipotentiary Conference (Antalya 2006)** contém "Instruments amending the Constitution and the Convention of the International Telecommunication Union (Geneva, 1992) as amended by the Plenipotentiary Conference (Kyoto, 1994), the Plenipotentiary Conference (Minneapolis, 1998) and the Plenipotentiary Conference (Marrakesh, 2002)". V. tb. **Collection of the Basic Texts of the ITU adopted by the Plenipotentiary Conference (Ed 2007)**: A reference document containing: a) the Constitution and the Convention as amended by plenipotentiary conferences; b) General Rules of Conferences, Assemblies and Meetings of the Union; c) the full text of the Optional Protocol on the compulsory settlement of disputes relating to the

desta organização é a convergência mundial, na qual se reúnem poderes públicos e setor privado, para regulamentar a comunicação mundial em três setores fundamentais: radiocomunicações, normatização e desenvolvimento.[168]

Nesse meio tempo, foi constituída nova sistematização do registro de frequências – por meio do International Frequency Registration Board (IFRB) – estabelecido pelos plenipotenciários da reunião de 1947, sendo a sede da UIT transferida para Genebra, em 1948. O IFRB passou a cuidar da tarefa, progressivamente mais complexa e delicada, de gerenciar o espectro de frequências de rádio.

Em 1952, a UIT começou um programa de cooperação técnica e alcançou o lançamento do primeiro satélite artificial, em 1957, e de telecomunicações, em 1963, por meio da organização da Primeira Conferência Mundial de Radiocomunicação Espacial, em 1963. Essa conferência conseguiu gerenciar a alocação de frequencias para os vários serviços espaciais – o começo de campos que, a seguir, teriam enorme desenvolvimento tais como sensoriamento remoto e transmissões por satélite.[169]

Sucessivas revisões da **Constituição** da UIT, e da Convenção da UIT,[170] foram adotadas, o que consolida e substitui as anteriores:[171]

Constitution, the Convention and the Administrative Regulations; d) the full text of all decisions, resolutions and recommendations in force; e) a list of abrogated decisions, resolutions and recommendations.

168 L'UIT est l'institution spécialisée des Nations Unies pour les technologies de l'information et de la communication. Pôle de convergence mondial où se retrouvent pouvoirs publics et secteur privé, l'UIT aide le monde à communiquer, et ce dans trois secteurs fondamentaux: les radiocommunications, la normalisation et le développement. L'UIT, qui est aussi l'organisatrice des manifestations TELECOM, fut la principale responsable de l'organisation du Sommet mondial sur la société de l'information.

169 V. tb. a seguir, cap. XXII – espaço ultraterrestre.

170 A Constituição (CS) e a Convenção (CV), bem como respectivos Anexos são os adotados pela Conferência Adicional de Ministros Plenipotenciários, realizada em Genebra, em 1992, e incorporam as emendas adotadas pelas Conferências de Plenipotenciários de Kyoto, em 1994, de Minneapolis, em 1998, de Marrakesh, em 2002, e de Antalya, em 2006. O texto se apresenta com referências marginais, que permitem situar a data e a conferência, na qual as últimas alterações foram adotadas.

171 ITU, Final Acts of the Plenipotentiary Conference (Dubai 2018) – Decisions, Resolutions and Recommendations abrogated, adopted or revised by the Plenipotentiary

conforme as emendas adotadas pelas Conferências de Plenipotenciários, realizadas em Kyoto, 1994, em Minneapolis, 1998, em Marrakesh, 2002, em Antaly, 2006, em Guadalajara, 2010. A Constituição e a Convenção da UIT não foram emendadas nas Conferências dos Plenipotenciários em Busan, 2014, em Dubai, 2018.[172] Todo o corpo de resoluções e decisões do Conselho da UIT pode ser consultado.[173]

Além da Constituição e da Convenção da UIT, cabe ressaltar a importância e o papel do **Protocolo opcional sobre solução compulsória de controvérsias** (*Optional Protocol on the Compulsory Settlement of Disputes*), adotado durante a Conferência adicional de Plenipotenciários, de Genebra, em 1992. A institucionalização dos mecanismos de solução de controvérsias segue tendência frequente nas organizações internacionais que atingem grau de desenvolvimento institucional como o desta.

Cabe à UIT gerenciar, por meio de seus órgãos especializados:

- em matéria de radiocomunicações (UIT-R) a gestão dos recursos internacionais que constitui o espectro das faixas de frequência radioelétricas e as órbitas dos satélites;[174]
- as atividades de normatização (UIT-T), as mais antigas e as mais conhecidas da UIT;

Conference (Dubai 2018). The Constitution and the Convention have not been amended by the Plenipotentiary Conference (Dubai 2018). Persistent link: http://handle.itu.int/11.1002/pub/8112e176-en

[172] In the CS and CV, except in certain cases where particular margin/chapter/ section/ article/paragraph numbers have had to be revised editorially for reasons of logical order or consistency, the numbering in the Final Acts of the adopting or amending plenipotentiary conference has been retained. Thus, the letters A, B, C, etc. are retained in added provisions; the Latin suffixes *bis, ter, quater,* etc. are retained in added paragraphs; and chapters/sections/ articles have not been renumbered when text has been deleted (e.g., the Convention "jumps" from Chapter II to Chapter IV, because Chapter III no longer exists). This will facilitate cross-referencing with the Final Acts of the plenipotentiary conference concerned and make it possible to trace the evolution of the CS and CV texts through successive plenipotentiary conferences.

[173] ITU, Resolutions and Decisions of the Council (Ed. 2021) This publication: ISBN 978-92-61-35501-2 (paper version), ISBN 978-92-61-35511-1 (electronic version).

[174] La gestion des ressources internationales que constituent le spectre des fréquences radioélectriques et les orbites de satellites est au coeur des travaux du Secteur des radiocommunications de l'UIT (UIT-R).

- o desenvolvimento, por meio da divisão própria (UIT-D), criada para contribuir a capacitar, em condições abordáveis, o acesso equitativo e sustentável às tecnologias da informação e da comunicação (TIC);
- UIT-TELECOM.[175] Na altura em que se encontravam ocupadas, em registros da UIT, todas as faixas de frequência utilizáveis, por meio de radiocomunicações terrestres, se abriram novas possibilidades, mediante a utilização de satélites, como novo meio de transmissão de comunicações. Daí o problema, tornado clássico, na perspectiva de dificuldades crescentes, de inserir diferentes usuários, no espectro das frequências, transmissoras de sinais, de sons e de imagens, que se tornaram *recursos escassos* no planeta. Problema mundial por natureza, que as propriedades do novo instrumento promoveram ao topo das preocupações da organização.[176]

Ao mesmo tempo em que se reconhecem os direitos soberanos de cada estado, para regular o seu setor de telecomunicações, se leva em consideração a crescente importância das telecomunicações, para a preservação da paz e do desenvolvimento econômico e social de todos os estados. Por se tratar de matéria intrinseca e necessariamente internacional, conjuga-se o reconhecimento dos 'direitos soberanos' com o interesse comum da comunidade internacional – que se configura como conjunto mais amplo do que simplesmente um agrupamento de estados, abrangendo também operadores e usuários dessas tecnologias.

O preâmbulo da Constituição da UIT expõe os propósitos desta: os estados partes desta Constituição, instrumento básico da União Internacional de Telecomunicações, e da Convenção da mesma, que a complementa, "com o objetivo de facilitar relações pacíficas, cooperação internacional entre os povos, bem como o desenvolvimento econômico e social, por meio de serviços eficientes de telecomunicações".

[175] UIT-TELECOM rassemble les grands noms de l'ensemble du secteur des TIC, ainsi que des ministres et des régulateurs, parmi bien d'autres personnalités, dans le cadre d'une exposition de grande ampleur, d'un Forum de haut niveau et de toute une série d'autres événements.

[176] Na Resolução da AGNU, adotada em 20 de dezembro de 1977, apontavam-se os progressos, já então alcançados, pelos grupos de trabalho do Comitê para a utilização pacífica do espaço exterior.

Os objetivos da organização são enumerados no artigo primeiro, da **Constituição** da UIT: manter e desenvolver a cooperação internacional, entre todos os seus estados membros, para o aperfeiçoamento e o uso racional das telecomunicações de todos os tipos, ao lado de "promover e fortalecer a participação de entidades e organizações, nas atividades da UIT e estimular a cooperação e a celebração de acordos de parceria e de cooperation entre estes e os estados membros, para alcançar os propósitos da União"; promover e oferecer assistência técnica a países em desenvolvimento, em matéria de telecomunicações, bem como promover a mobilização de recursos materiais, humanos e financeiros, necessários para a respectiva implementação, bem como o acesso a informação; "promover o desenvolvimento de meios técnicos e da mais eficiente operação destes, visando desenvolver a eficiência dos serviços de telecomunicações, incrementando a sua utilidade, e fazendo que estes sejam, tanto quanto possível, acessíveis ao público"; "promover a extensão dos benefícios das novas tecnologias de telecomunicações a todos os habitantes do planeta"; "promover o uso dos serviços de telecomunicações com o objetivo de facilitatar as relações pacíficas"; harmonizar as ações dos estados membros e promover cooperação construtiva e frutífera, em parcerias entre os estados membros e as entidades associadas, na consecução de tais fins.

Logicamente, cabe à UIT enfatizar a promoção, no sistema internacional, da adoção de enfoque mais abrangente, para as questões de telecomunicações, na economia e na sociedade globais de informação, bem como a necessidade de cooperação, com outras organizações internacionais, de caráter mundial e regional, bem como organizações não-governamentais, relacionadas com telecomunicações.

Para tais fins, compete à UIT: efetuar a alocação de faixas, do espectro de rádio-frequências, a fixação de frequências de rádio, e o respectivo registro, bem como nos serviços espaciais, de quaisquer posições orbitais associadas, na órbita de satélites geoestacionários, bem como de quaisquer características de satélites, em outras órbitas, visando evitar interferências, entre estações radiofônicas, de diferentes países. Dado o aumento considerável do uso de frequências de rádio, é imperativa a necessidade de "coordenar esforços, para eliminar interferências nocivas entre estações de rádio de diferentes países, e desenvolver o uso feito do espectro de frequências de rádio, nos serviços de radio-comunicação, bem como de satélites geoestacionários e outras órbitas de satélites (*geostationary-satellite and other satellite orbits*).

Dentre os objetivos da UIT também se inscrevem: a "padronização mundial das telecomunicações, com qualidade satisfatória de serviços", estimular "a cooperação e a solidariedade internacionais, no fornecimento de assistência técnica aos países em desenvolvimento e a criação, desenvolvimento e aperfeiçoamento dos equipamentos e redes de serviços de telecomunicação, nos países em desenvolvimento, por todos os meios ao seu alcance, inclusive por meio de participação nos programas relevantes das Nações Unidas, e por meio do uso de recursos próprios, conforme for mais adequado".

Compete, ainda, à UIT "coordenar esforços, visando harmonizar o desenvolvimento de meios de telecomunicação, especialmente mediante o uso de técnicas espaciais", "estimular a colaboração entre estados membros e entidades associadas, com vistas ao estabelecimento de custos tão reduzidos quanto possível, mas consistentes com a eficiência dos serviços, e levando em consideração a necessidade de manutenção da administração financeira dos serviços de telecomunicações em bases seguras", "promover a adoção de medidas, para assegurar a segurança de vida, por meio da cooperação dos serviços de telecomunicação", tal como especificamente mencionado[177].

Acessoriamente, compete, ainda à UIT "realizar estudos, preparar regulações, adotar resoluções, formular recomendações e pareceres, bem como coletar e publicar informações a respeito de questões relacionadas às telecomunicações", "promover, em conjunto com organizações internacionais financeiras e de financiamento ao desenvolvimento, o estabelecimento de linhas de crédito preferenciais, com taxas reduzidas, para uso no desenvolvimento de projetos sociais, destinadas, dentre outros fins a estender os serviços de telecomunicações às mais remotas áreas de tais países". E, finalmente, "promover a participação das entidades engajadas nas atividades da União, bem como a cooperação com organizações internacionais regionais e outras organizações, para a consecução dos propósitos da União".

[177] ITU Constitution, art. I, nr. 2, letter "g": "promote the adoption of measures for ensuring the safety of life through the cooperation of telecommunication services".

O artigo segundo especifica ser a União Internacional das Telecomunicações uma organização intergovernamental, integrada por estados membros e entidades associadas (*sector members*), com direitos e obrigações, claramente especificados, com o fim de colaborar para a consecução dos propósitos da União. É característica, na UIT, a atuação tanto de estados, quanto de operadores – as entidades associadas.

Com base no princípio da universalidade e da conveniência de assegurar a participação universal[178] na União, pode esta ser integrada por: (a) qualquer estado, que seja parte da UIT, enquanto parte de qualquer convenção internacional de telecomunicação, anterior à entrada em vigor da Constituição e da Convenção da UIT; (b) qualquer estado membro da ONU,[179] que passe a integrar a União, nos termos do seu art. 53; e (c) qualquer estado, mesmo não membro das Nações Unidas, que solicite a adesão à União, e que tenha alcançado a aprovação de dois terços dos estados membros da União, e passe a integrar a Constituição e a Convenção, nos termos do art. 53 da Constituição. Caso tal requerimento seja feito durante o intervalo entre duas conferências de plenipotenciários, o Secretário-geral da União consultará os estados membros da União. Será considerada abstenção do estado membro que não responda, no prazo de quatro meses.

O artigo terceiro estipula quais são os direitos e as obrigações dos estados membros e das entidades associadas.[180] A participação dos estados membros não difere do que essencialmente se aplica às demais organizações internacionais, tais como participar das assembléias,

[178] André Nollkaemper, *Universality* (in **Encyclopedia of public international law**, 2012, vol. X, p. 580-586, A – Concept, cit. § 1-2): "In its traditional meaning, the universality of international law refers to international law as a global system of law, which is of worldwide validity and is binding on all states", mas "the universality of international law also means that all states are entitled to take part in the process of international law, through the development of custom, treaty-making and participation in universal international organizations".

[179] O que remete aos critérios para a admissão de novos estados membros, como se considera no **Manual** (2021, 25ª ed., item 4.1.1, a respeito da Organização das Nações Unidas, p. 398-399); v. tb. como já expunha N. Feinberg, **L'admission de nouveaux membres à la Société des Nations et à l'Organisation des Nations Unies** (RCADI, 1952, t. 80, p. 293-394).

[180] ITU Constitution, art 3, Rights and Obligations of Member States and Sector Members, dispositivo com a redação dada pela revisão de 1998.

votar e ser votado, etc. Mas o dado a ser ressaltado, no caso da UIT é a extensão da atuação facultada às entidades associadas (*sector members*), habilitadas a participar plenamente das atividades do setor do qual participem[181]. Aí se inscreve dado inovador desta, em relação a tantas outras organizações intergovernamentais: designar dirigentes das assembléias e reuniões setoriais e das conferências de desenvolvimento das telecomunicações mundiais (*chairmen and vice-chairmen of Sector assemblies and meetings and world telecommunication development conferences*); e nos termos dos dispositivos relevantes da Convenção, e em conformidade com as decisões relevantes, adotadas a respeito, pela Conferência de Plenipotenciários, participar na adoção de questões e recomendações (*Questions and Recommendations*), bem como de decisões, relacionadas aos métodos de trabalho e procedimentos daquele setor de atividade.

Configura-se, assim, na UIT, espécie de organização internacional, de caráter por assim dizer bi-cameral, onde existam, ao lado dos representantes dos estados membros, também os representantes setoriais – denominados entidades associadas (*sector members*). A importância do setor privado, em matéria de telecomunicações nem precisa ser enfatizada. Tampouco precisa ser lembrado o poder econômico e estratégico das operadoras do setor de telecomunicações.

O artigo quarto, por sua vez, especifica quais são os instrumentos da UIT: a Constituição da União Internacional das Telecomunicações, a Convenção desta, e os Regulamentos administrativos. As disposições da Constituição, instrumento básico da União, são complementadas pelas contidas na Convenção; e ambas são complementadas pelas disposições dos Regulamentos administrativos, que regulam o uso das telecomunicações e são vinculantes para todos os estados membros: os Regulamentos Internationais de Telecomunicações, e os Regulamentos de Rádio. Obviamente se estipula a hierarquia dos instrumentos normativos em caso de conflito entre disposições da UIT.[182]

[181] ITU Constitution, art. 3.3: In respect of their participation in activities of the Union, Sector Members shall be entitled to participate fully in the activities of the Sector of which they are members, subject to relevant provisions of this Constitution and the Convention.

[182] ITU Constitution, art. 4.4: In the case of inconsistency between a provision of this Constitution and a provision of the Convention or of the Administrative Regulations, the Constitution shall prevail. In the case of inconsistency between a provision of the

O artigo quinto e o Anexo contém "definições" que refletem o modelo *common law*, de redação de instrumentos legais, com as vantagens e as desvantagens inerentes a esta configuração – onde a especificidade das estipulações pode ganhar em precisão, mas tornam, muitas vezes, difícil a compreensão das grandes linhas e dos conceitos basilares, em meio à profusão de hipóteses incidentais.

A aplicação (*execution*) dos instrumentos da União é estipulada no artigo sexto. Obviamente se estipula a obrigação, por parte dos estados membros, de cumprirem as disposições, contidas na Constituição, na Convenção e nos Regulamentos administrativos, em todos os serviços e estações de telecomunicações, por estes estabelecidos ou operados, que estejam engajados na prestação de serviços internacionais, ou que possam causar interferência danosa em transmissões de rádio de outros estados – excetuados os serviços ressalvados no artigo 48 da Constituição – os serviços radiofônicos e instalações que tenham características de serviços nacionais de defesa (*National Defence Services*).[183]

Os estados membros têm, igualmente a obrigação de tomar as medidas necessárias, para assegurar o cumprimento das disposições da Constituição, da Convenção e dos Regulamentos administrativos, com relação à atuação de agências reguladoras (*agencies*) autorizadas pelos estados a estabelecer e operar serviços de telecomunicações, engajadas em serviços internacionais, ou que de qualquer modo operem estações capazes de causar interferências danosas a serviços de rádio de outros estados.

A estrutura da União é regulada no artigo sétimo, e esta com_ preende: a Conferência de Plenipotenciários, órgão supremo da União;[184]

Convention and a provision of the Administrative Regulations, the Convention shall prevail.

[183] ITU Constitution, art. 48 ressalva que em relação a estes "os estados membros conservam plena liberdade com relação às instalações militares de rádio". Mas, nos termos do art. 48, inc. 2º, mesmos tais instalações devem observar os dispositivos legais relativos à prestação de assistência em caso de necessidade, bem como medidas para prevenir interferência nociva (*harmful interference*).

[184] ITU Constitution, art. 8.1. "The Plenipotentiary Conference shall be composed of delegations representing Member States. It shall be convened every four years". Excepcionalmente, no intervalo entre duas conferências ordinárias de plenipotenciários, sera possível convocar conferência extraordinária de plenipotenciários, com agenda

o Conselho, que atua por conta da Conferência;[185] as conferências mundiais sobre telecomunicações internacionais; o Setor de Radiocomunicação (que inclui as conferências mundiais e regionais de radiocomunicação), as assembléias de radiocomunicação (que inclui a Diretoria de Regulamentos de Rádio, ou *Radio Regulations Board*); o Setor de padronização das telecomunicações (que inclui as assembléias mundiais de padronização de telecomunicações); o Setor de Desenvolvimento de Telecomunicações (que inclui as conferências mundiais e regionais de desenvolvimento das telecomunicações) e a Secretaria-Geral.

A eleição de representantes dos estados membros, para integrar o Conselho deve levar em consideração a necessidade de distribuição equitativa das cadeiras do Conselho, entre todas as regiões do mundo, conforme especifica o artigo nono, com a redação revista nas versões de 1994, 1998 e 2002, onde o Secretário-geral, o vice Secretário-geral e os Diretores dos escritórios devem ser eleitos entre candidatos propostos pelos estados membros, como seus nacionais, e todos devem ser nacionais de diferentes estados. Por sua vez, os membros da Diretoria de Regulamentos de Rádio devem ser eleitos individualmente, dentre candidatos, propostos pelos estados membros, dentre seus nacionais. Cada estado membro pode propor somente um candidato. Estes não devem ser da mesma nacionalidade do Diretor do *Bureau* de Radiocomunicação, sempre considerando a distribuição geograficamente equitativa.

Compete ao Conselho, nos termos do artigo décimo, da Constituição da UIT, assegurar a implementação, pelos estados membros, das disposições contidas na Constituição, na Convenção, nos Regulamentos Administrativos, das decisões da Conferência de Plenipotenciários, e quando apropriado, das decisões, emanadas de outras conferências

restrita, para tratar de questões específicas, tais como: a) by a decision of the preceding ordinary Plenipotentiary Conference; b) should two-thirds of the Member States individually so request the Secretary-General; c) at the proposal of the Council with the approval of at least two-thirds of the Member States.

[185] ITU Constitution, art. 10, a respeito do Conselho especifica: 1. The Council shall be composed of Member States elected by the Plenipotentiary Conference; 2. Each Member State of the Council shall appoint a person to serve on the Council who may be assisted by one or more advisers. O antigo inciso terceiro deste artigo foi suprimido.

e reuniões da União, e desempenhar as funções a este atribuídas pela Conferência de Plenipotenciários.[186]

O Secretariado-geral é dirigido por um Secretário-geral, assistido por um vice Secretário-geral. Ao Secretário-geral compete a representação legal da União, nos termos do artigo 11 da Constituição da UIT.[187]

O capítulo VIII da Constituição da UIT especifica as relações desta com as Nações Unidas, com outras organizações internacionais e com estados não-membros. Nos termos do artigo 49, "as relações entre a UIT e as Nações Unidas são regidas pelos termos do tratado celebrado entre ambas". No artigo 50, as relações com outras outras organizações internacionais.[188] E, no artigo 51, são mencionadas as relações com estados não-membros.[189]

[186] ITU Constitution, art. 10.2 – The Council shall consider broad telecommunication policy issues in accordance with the guidelines given by the Plenipotentiary Conference to ensure that the Union's policies and strategy fully respond to changes in the telecommunication environment. / 2 *bis*) The Council shall prepare a report on the policy and strategic planning recommended for the Union, together with their financial implications, using the specific data prepared by the Secretary-General. / 3) It shall ensure the efficient coordination of the work of the Union and exercise effective financial control over the General Secretariat and the three Sectors. / 4) It shall contribute, in accordance with the purposes of the Union, to the development of telecommunications in the developing countries by every means at its disposal, including through the participation of the Union in the appropriate programmes of the United Nations.

[187] ITU Constitution, art. 11.2 – The functions of the Secretary-General are specified in the Convention. In addition, the Secretary-General shall: / a) coordinate the Union's activities, with the assistance of the Coordination Committee; / b) prepare, with the assistance of the Coordination Committee, and provide to the Member States and Sector Members, such specific information as may be required for the preparation of a report on the policies and strategic plan for the Union, and coordinate the implementation of the plan; this report shall be communicated to the Member States and Sector Members for review during the last two regularly scheduled sessions of the Council before a plenipotentiary conference; / c) take all the actions required to ensure economic use of the Union's resources and be responsible to the Council for all the administrative and financial aspects of the Union's activities.

[188] ITU Constitution, art. 50 – Relations With Other International Organizations: In furtherance of complete international coordination on matters affecting telecommunication, the Union should cooperate with international organizations having related interests and activities.

[189] ITU Constitution, art. 51 – Relations With Non-Member States: Each Member State reserves for itself and for the recognized operating agencies the right to fix the conditions

Por sua vez, o capítulo IX da Constituição da UIT, "disposições finais", contém especificações relativas a ratificação, aceitação e aprovação, conforme o artigo 52, e adesão, nos termos do artigo 53. Os Regulamentos administrativos, emanados da UIT, tem o seu regime legal de vigência e aplicação, regido pelo art. 54.[190] O artigo 55 estipula o procedimento para a inserção de emendas à Constituição da UIT.

on which it admits telecommunications exchanged with a State which is not a Member State of the Union. If a telecommunication originating in the territory of such a State is accepted by a Member State, it must be transmitted and, in so far as it follows the telecommunication channels of a Member State, the obligatory provisions of this Constitution, of the Convention and of the Administrative Regulations and the usual charges shall apply to it.

190 ITU Constitution, art. 54 – Administrative Regulations: 1. The Administrative Regulations, as specified in Article 4 of this Constitution, are binding international instruments and shall be subject to the provisions of this Constitution and the Convention. / 2. Ratification, acceptance or approval of this Constitution and the Convention, or accession to these instruments, in accordance with Articles 52 and 53 of this Constitution, shall also constitute consent to be bound by the Administrative Regulations adopted by competent world conferences prior to the date of signature of this Constitution and the Convention. Such consent is subject to any reservation made at the time of signature of the Administrative Regulations or revisions thereof to the extent that the reservation is maintained at the time of deposit of the instrument of ratification, acceptance, approval or accession. / 2*bis*) The Administrative Regulations referred to above shall remain in force, subject to such revisions as may be adopted in application of this Constitution and brought into force. Any revision of the Administrative Regulations, either partial or complete, shall enter into force on the date or dates specified therein only for the Member States which, prior to such date or dates, have notified the Secretary-General of their consent to be bound by that revision. [...]
4. Such provisional application shall continue for a Member State until it notifies the Secretary-General of its decision concerning its consent to be bound by any such revision. A redação original do inciso quinto foi suprimida. 5*bis*) If a Member State fails to notify the Secretary-General of its decision concerning its consent to be bound [under No. 218 above] within thirty-six months following the date or dates of entry into force of the revision, that Member State shall be deemed to have consented to be bound by that revision. / 5*ter*) Any provisional application [within the meaning of No. 217D] or any consent to be bound [within the meaning of No. 221A] shall be subject to any reservation as may have been made by the Member State concerned at the time of signature of the revision. Any consent to be bound [within the meaning of Nos. 216A, 217A, 217B and 218 above] shall be subject to any reservation as may have been made by the Member State concerned at the time of signature of the Administrative Regulations or revision thereto, provided that it maintains the reservation when notifying the Secretary-General of its consent to be bound.

Cumpre notar, nos termos do art. 56, o sistema de solução de controvérsias, no âmbito da UIT. Logicamente o dispositivo remete aos meios tradicionalmente utilizados, para a solução de controvérsias entre estados: negociação, seja por via diplomática, ou em conformidade com os mecanismos estipulados em tratados bilaterais ou multilaterais, para a solução de controvérsias, ou qualquer outro método acordado entre as partes. Caso não tenham estes resultado, poderão as partes em conflito recorrer ao procedimento previsto na Convenção, bem como ao Protocolo adicional.[191]

Em caso de denúncia, conforme prevê o artigo 57, será considerada a totalidade dos instrumentos, abrangendo tanto a Constituição como a Convenção. Decorrido o prazo de um ano, conforme o artigo 57.2, cessarão os efeitos em relação ao estado denunciante.

A Constituição e a Convenção, conforme estipula o artigo 58, adotada na Conferência adicional dos plenipotenciários (*Additional Plenipotentiary Conference*) realizada em Genebra, em 1992, entraram em vigor em 1º de julho de 1994, e desta forma revogou e substituiu a anterior Convenção Internacional de Telecomunicações (*International Telecommunication Convention*), assinada em Nairobi, em 1982.[192]

Por sua vez, a **Convenção** da União Internacional de Telecomunicações é composta dos capítulos e dispositivos seguintes: cap. I: funcionamento da União (artigos 1 a 22); caps. II e III: disposições sobre as conferências e assembléias (arts. 23 a 32); cap. IV: outras disposições (arts. 33 a 35); cap. V: disposições relatives à operação de services de telecomunicações (arts. 36 a 40); cap. VI: arbitragem e emendas (arts. 41e 42), bem como Anexo: definições de termos utilizados. Outros textos básicos da UIT são: o Protocolo opcional sobre solução compulsória de controvérsias; o Regulamento geral das Conferências,

[191] ITU Constitution, art. 56.3 – The Optional Protocol on the Compulsory Settlement of Disputes Relating to this Constitution, to the Convention, and to the Administrative Regulations shall be applicable as between Member States parties to that Protocol.

[192] ITU Constitution, art. 58.4 – The original of this Constitution and the Convention drawn up in the Arabic, Chinese, English, French, Russian and Spanish languages shall remain deposited in the archives of the Union. The Secretary-General shall forward, in the languages requested, a certified true copy to each of the signatory Member States. / 5 In the event of any discrepancy among the various language versions of this Constitution and the Convention, the French text shall prevail.

Assembléias e Reuniões da União, bem como as Decisões, Resoluções e Recomendações (conforme versões atualizadas).

Por meio do *World Telecommunication/ICT Indicators*, a UIT é reconhecida como a principal fonte global, e internacionallmente comparável de estatísticas (*ICT/telecommunication statistics*).[193] Para coordenar e desenvolver mensurações estatísticas,[194] globalmente, a UIT, com outras organizações internacionais, criou parceria para tanto (*Partnership on Measuring ICT for Development*).[195] Alinha-se a iniciativa da UIT com as metas de desenvolvimento da ONU (o programa *UN MDG*)[196], com metas a serem atingidas, periodicamente revisadas.

193 Indicators Definitions: As the main source of global and internationally relevant ICT & telecom data, ITU plays an important role in guiding countries in collecting statistics. / The Indicators Handbook identifies and defines a range of key indicators for analysing the telecommunication/ICT sector. / The Partnership on Measuring ICT for Development's Core ICT Indicators provides definitions, model questions and methodological notes to measure the Information Society.

194 Na divulgação do trabalho institucional da UIT, são feitas diversas atividades, tais como: *Presentations* – regularly participates in and delivers presentations at international forums to measure the Information Society; e é mantido o *ICT Statistics Newslog* contendo notícias relacionadas com as telecomunicações, no âmbito da UIT (*ITU Telecommunication/ICT Statistics*). Acesse o site: *ITU's free online statistics through the ICT Eye.*

195 Iniciativa lançada em São Paulo, em junho de 2004. Vale destacar a atuação da UIT no âmbito da *Partnership on Measuring ICT for Development*: "The Partnership on Measuring ICT for Development, formally launched in Sao Paulo, Brazil in June 2004 aims to accommodate and develop further the different initiatives regarding the availability and measurement of ICT indicators at the national, regional and international levels. It provides an open framework for coordinating ongoing and future activities, and for developing a coherent and structured approach to advancing the development of ICT indicators globally, and in particular in developing countries. It includes the ITU, the OECD, UNCTAD, UNESCO Institute for Statistics (UIS), four UN Regional Commissions (ECA, ECLAC, ESCAP, and ESCWA), the UN ICT Task Force and the World Bank as partners. Some National Statistical Offices (NSOs) from advanced countries are also members and contribute to the partnership activities by providing expertise and advice to NSOs from developing countries as well as in the transfer of knowledge in areas such as methodologies and survey programs."

196 A respeito das *UN Millennium Development Goals (MDG)*: "The Millennium Development Goals (MDG) represent an international commitment to tackle poverty and hunger, lack of education, gender inequality, ill-health, and environmental degradation. The MDGs are part of the road map for implementing the Millennium Declaration, which was adopted by 189 member states at the Millennium Summit in the year 2000. / The

Este breve exame do extenso e complexo tema serve para mostrar como as telecomunicações se tornaram especialização de tempo integral, no conjunto do sistema institucional e normativo internacional. Não somente pela extensão da participação – são mais de 190 estados, no sistema – como também pela extensão da regulação material, de todo esse conjunto das atitividades internacionais de telecomunicação, bem como quaisquer outras que possam ter interferência nociva sobre as transmissões de outros países. A isto se some o extenso conjunto da regulação de procedimentos administrativos. Bem como do conjunto dos mecanismos de solução de controvérsias, no âmbito do sistema multilateral de telecomunicações.

A seguir se pode passar ao exame dos navios e aeronaves no direito internacional (cap. 19).

MDGs are framed as a compact, which recognizes the contribution that developed countries can make through trade, development assistance, debt relief, and technology transfer. To measure progress over time, eight Millennium Development Goals (MDGs), 18 targets and 48 indicators have been identified. The target date for the MDGs is the year 2015".

CAPÍTULO 19
NAVIOS E AERONAVES NO DIREITO INTERNACIONAL

a opinião comum dos doutos e dos povos adota o princípio de que os navios mercantes somente em alto mar se consideram parte integrante do território indicado pelo pavilhão que, legalmente, arvoram. É ocioso invocar autoridades, porque todas elas apóiam a mesma doutrina.

C. BEVILAQUA, *casos em que um navio mercante é considerado território flutuante* (Parecer de 17 de fevereiro de 1914)[197]

Não existe princípio de direito internacional mais universalmente reconhecido do que aquele segundo o qual os navios de comercio, em alto mar, são colocados sob a jurisdição administrativa, civil, criminal e sob a proteção do estado ao qual estes pertencem.

A. PEARCE HIGGINS (1929)[198]

197 A. P. Cachapuz de MEDEIROS (org.), **Pareceres dos consultores jurídicos do Itamaraty**: vol. II pareceres de Clóvis BEVILAQUA (1913-1934, pref. de Zuleika LINTZ, Brasília: Senado Federal, 2000, *Parecer de 17 de fevereiro de 1914* («Casos em que um navio mercante é considerado território flutuante», ed. cit., p. 44-45). BEVILAQUA voltaria a considerar questões relacionadas com o pavilhão nacional em navios em outros pareceres, tais como: *Parecer de 13 de agosto de 1914* («Impossibilidade de ser concedida autorização do governo para um navio estrangeiro navegar sob pavilhão brasileiro e assim livrar-se das ameaças da guerra marítima», ed. cit., p. 59-60); *Parecer de 13 de agosto de 1914* («Impossibilidade de ser concedida autorização do governo para um navio estrangeiro navegue com pavilhão brasileiro», ed. cit., p. 61-62); *Parecer de 21 de setembro de 1914* («Jurisdição a que estão sujeitos os navios mercantes fundeados em portos estrangeiros», ed. cit., p. 75-76), referido no item 19.1.4.

198 Alexander PEARCE HIGGINS, **Le régime juridique des navires de commerce** en haute mer en temps de paix (RCADI, 1929, t. 30, p. 1-80, chap. III 'juridiction en haute mer',

Navios e aeronaves são considerados extensões legais do estado da respectiva matrícula – atribuindo-lhes a 'nacionalidade' daquele estado, por meio do 'registro' e da 'bandeira' que arvoram. Trata-se de condição legalmente construída, na qual parte das normas decorrem de convenções internacionais, parte da jurisprudência, como de práticas costumeiras, internacionais e internas.

Temas extensos e complexos, ao menos as principais normas internacionais e a tendência de orientação da jurisprudência internacional serão aqui referidas. Sujeitos à jurisdição do estado de matrícula, o estudo dos navios e das aeronaves é feito separadamente, embora para muitos a situação jurídico-internacional dos navios seja abordada em relação ao direito do mar, e a das aeronaves sob a rubrica do espaço aéreo.[199]

Quer no caso dos navios, quer no das aeronaves, a doutrina ainda luta com dificuldades para enunciar regras gerais a respeito. No tocante à navegação marítima, existe documento fundamental a respeito, a **Convenção sobre o Direito do Mar** de 1982.

No caso das aeronaves, o documento internacional mais importante é a **Convenção da aviação civil internacional**, assinada em Chicago em 1944. Não obstante as analogias que ainda existem quanto aos navios e aeronaves, o estudo dos dois conjuntos, em separado, se impõe, dadas as evoluções verificadas nestas últimas décadas.[200]

p. 27-47, cit. p. 27): «Il n'y a pas de principe de droit international plus universellement reconnu que celui d'après lequel les navires de commerce en haute mer sont placés sous la juridiction administrative, civile, criminelle et sous la protection de l'état auquel ils appartiennent.»

[199] As regras sobre os navios públicos e privados passaram a ser aplicadas por analogia às aeronaves, depois que Santos Dumont provou a viabilidade da navegação aérea, provocando a adoção pelo *Institut de Droit International* da sua primeira resolução sobre o domínio aéreo.

[200] Dentre extensa bibliografia disponível v.: Accioly, **Tratado** (2009); Claudio Baldoni, **Les navires de guerre dans les eaux territoriales étrangères** (RCADI, 1938, t. 65, p. 185-304); Boleslaw A. Boczek, **Flags of convenience** (Leiden, 1962); M. Diez de Velasco, **Instituciones de derecho internacional público** (Madri: Tecnos, 16ª. ed., 2007, p. 479-481, 'regimen de las naves extranjeras en las águas interiores y, en especial, los puertos'); P. Fedozzi, **La condition juridique des navires de commerce** (RCADI, 1925, t. 10, p. 1-222); A. P. Higgins, **Le régime juridique des navires de commerce** (RCADI, 1929, t. 30, p. 1-80); G. E. do Nascimento e Silva, *Deserção de tripulantes* (Boletim SBDI, 1954,

Serão, a seguir, considerados os navios (19.1) e, adiante, as aeronaves no direito internacional (19.2). Ambos se inscrevem como categorias jurídicas, regidas pelo direito internacional.

19.1. Navios

Os navios devem navegar sob a bandeira de um só estado e, salvo nos casos excepcionais previstos expressamente em tratados ou na presente Convenção, devem submeter-se, no alto mar, à jurisdição exclusiva desse estado. [...]

Convenção das Nações Unidas sobre o direito do mar,
art. 92 'estatuto dos navios'

O estado tem o direito de proibir aos navios, sem distinção de pavilhões, o acesso dos portos exclusivamente militares ou sede de arsenais e instalações, destinadas à construção e ao armamento de suas forças navais.

INSTITUTO DE DIREITO INTERNACIONAL Sessão de Estocolmo (1928)[201]

p. 22); Vangah Francis WODIÉ, *La haute mer* (in **Droit international: bilan et perspectives**, Paris: Pedone / UNESCO, 1991, vol. II, p. 947-975).

[201] IDI, Sessão de Estocolmo – **Règlement sur le régime des navires de mer et de leurs équipages dans les ports étrangers en temps de paix** (28 août 1928) Relator Gilbert GIDEL : *Dispositions générales – Article premier* Les dispositions du présent Règlement sont applicables aux ports maritimes et aux mouillages compris dans les surfaces maritimes faisant partie de la mer territoriale. Sont considérés comme ports maritimes, au sens du présent règlement, les ports fréquentés normalement par les navires de mer et servant au commerce extérieur. / *Article 2* Lesdits ports et mouillages sont placés sous la souveraineté de l'Etat riverain. / *Article 3* En règle générale, l'accès des ports et des autres portions de la mer spécifiées dans l'article premier est ouvert aux navires étrangers. Exceptionnellement et pour un terme aussi limité que possible, un Etat peut suspendre cet accès par des mesures particulières ou générales qu'il serait obligé de prendre, en cas d'événements graves intéressant la sûreté de l'Etat ou la santé publique. Cette faculté n'est pas exclue par l'existence de dispositions conventionnelles garantissant, d'une manière générale, le libre accès desdits ports ou lieux de mouillage. L'entrée des ports peut encore être refusée à un pavillon en particulier, par mesure de représailles. / *Article 4* L'Etat a le droit d'interdire aux navires, sans distinction de pavillon, l'accès des ports exclusivement militaires ou sièges d'arsenaux et installations destinés à la construction et à l'armement de ses forces navales.

Os navios comportam, aqui, exame, antes de tudo, no sentido de os situar no direito internacional (19.1.1). Em seguida, examinar-se-ão a classificação e a nacionalidade dos navios (19.1.2), os navios em alto-mar (19.1.3), bem como os navios em águas estrangeiras (19.1.4). Trata-se de vasto universo, com extensa e detalhada regulação, tanto internacional, quanto nos diferentes sistemas internos, cujo exame será feito tão somente em suas grandes linhas conceituais, dada a impossibilidade de abranger todo esse universo. Ao mesmo tempo, não podem deixar de ser apontadas as grandes linhas dessa matéria, em função da relevância deste domínio, para a compreensão do conjunto do direito internacional dos espaços.

A navegação marítima, a partir da Segunda Conferência de Comunicações, reunida em Genebra, em 1923, teve, por meio de convenção, estendido regime equivalente "aos portos frequentados por navios de mar e servindo ao comércio exterior",[202] institucionalização semelhante à anteriormente ocorrida em relação aos rios internacionais.

Mesmo antes da referida convenção, o acesso aos portos não era, normalmente, restrito. Mas a Convenção de Genebra não somente codifica essa norma da liberdade 'institucional', como introduz o princípio novo da igualdade, para todos os navios, arvorando pavilhão de qualquer dos estados contratantes, quer pertençam a particulares, a entidades públicas, ou ao próprio estado, com exceção, contudo, dos navios que exerçam qualquer tipo de função pública.[203]

A igualdade de tratamento diz respeito não somente no tocante ao acesso ao porto, como a sua utilização e ao completo exercício das comodidades, tal como concedidas em matéria de navegação e às operações comerciais para os navios, suas mercadorias[204] e seus passageiros. O tratamento a ser dispensado pelo estado aos navios estrangeiros deve ser igual ao dado aos navios arvorando o pavilhão nacional, bem como aos navios de qualquer outro estado. Cada estado tem, contudo, a faculdade de se reservar, por meio de declaração, no momento da assinatura

[202] R. Laun, **Le régime international des ports** (RCADI, 1926, t. 15, p. 1-144).

[203] P. Bonassies, **Problèmes rélatifs à la loi du pavillon** (RCADI, 1969, t. 128, p. 505-630).

[204] J. F. Hostie, **Le transport de marchandises en droit international** (RCADI, 1951, t. 78, p. 211-324).

ou da ratificação da convenção, o direito de limitar o transporte de emigrantes aos navios aos quais sejam concedidas patentes.

Do princípio de igualdade de tratamento estão excluídos os direitos reconhecidos a outro estado por meio de convenção especial, em zona definida de determinado porto, no território daquele estado, visando facilitar o trânsito de mercadorias e de passageiros, com destino a ou provenientes do referido outro estado. Nenhum outro estado poderá se prevalecer de tais disposições para reivindicar a aplicação de direitos análogos.

19.1.1. Navios no direito internacional

> Contrariamente ao julgamento prolatado pela Corte permanente de justiça internacional (com igualdade de votos, mas com o voto preponderante de seu presidente) em 1927, no caso do Lótus, as Convenções de 1958 e de 1982 voltaram à regra clássica que, em caso de abordagem em alto mar, somente se aplica a lei do pavilhão. Não poderia haver, em alto mar, em tempo de paz, interferência de um pavilhão, em relação a outro pavilhão.
>
> Daniel VIGNES (2000)[205]

O direito internacional, tanto por necessidade conceitual como por conveniência operacional, reconhece a jurisdição do estado sobre os navios arvorando a sua bandeira, bem como sobre as pessoas, que nestes se encontrem, e o regime legal do navio, como propriedade de seus nacionais. A contrapartida a tal reconhecimento é que os estados não devem estabelecer discriminações entre os navios, em razão da 'nacionalidade' destes.

Uma das questões, que resulta da interpretação do art. 22 da Convenção das Nações Unidas sobre o direito do mar, é o fato desta conferir direitos específicos ao estado costeiro, com relação a navios estrangeiros exercendo o direito de passagem inocente, e não contempla as questões de navegação, que podem resultar da ação de navios,

[205] Daniel VIGNES, *La mort de la loi du pavillon, avec l'arraisonnement en haute mer des bateaux de pêche par tout navire étranger* (in **Dimensão internacional do direito** – estudos em homenagem a G.E. do NASCIMENTO E SILVA, coord. P. B. CASELLA, São Paulo: LTr, 2000, p. 513-518).

arvorando a bandeira do próprio estado costeiro. Na prática, para garantir a segurança da navegação e a eficiência de qualquer rota marítima, o estado costeiro deverá assegurar que todos os navios cumpram as regras relevantes de navegação naquela área. Isso está em conformidade com o disposto no art. 24.1.b da Convenção sobre o direito do mar, quando estipula que leis e regulamentos do estado costeiro não devem fazer qualquer discriminação em relação a navios estrangeiros.[206]

A ficção da extraterritorialidade,[207] em relação aos navios, sobretudo públicos, destinados a marinha de guerra,[208] deve ser manejada com cautela. Somente pode fazer sentido como atribuição *funcional*: ou seja, se lhe reconhece tal condição na medida da necessidade para que cumpra as suas atribuições.

Nos trabalhos preparatórios, que resultaram na **Convenção das Nações Unidas sobre o direito do mar**, de 1982, houve acordo em que as expressões *navio* e *embarcação* (*ships and vessels*) seriam consideradas equivalentes. Embora em diversas convenções internacionais possam ser encontradas definições de navio, na maioria dos casos tratar-se-á de definições para efeito nas referidas convenções. As definições propostas por internacionalistas não têm merecido aceitação.

Em suma, "não é fácil definirmos navios e mesmo as convenções internacionais, como as de Genebra tem evitado entrar no assunto",[209] mas Celso de A. Mello (2004) considerava satisfatória a definição da Lei n. 2.180, de 1954: "Considera-se *embarcação mercante toda a construção*

[206] D. R. Rothwell, *Sea Lanes* (in **Encyclopedia of public international law**, 2012, vol. IX, p. 47-53,cit. § 17).

[207] G. W. Keeton, **Extraterritoriality in international and comparative law** (RCADI, 1948, t. 72, p. 283-392).

[208] Cf. se trata no item 19.1.4.2. a seguir. A respeito do conceito de extraterritorialidade e de suas principais aplicações, v. cap. XXVI 'geografia e extraterritorialidade: projeção do poder do estado além de seus limites territoriais'; v. a respeito: P. Fedozzi, **De l'efficacité extraterritoriale des lois et des actes de droit public** (RCADI, 1929, t. 27, p. 141-242); L. Strisower, **L'exterritorialité et ses principales applications** (RCADI, 1923, t. 1, p. 229-288); a estes contraponham-se E. Wyler et A. Papaux (eds.), **L'extranéité ou le dépassement de l'ordre juridique étatique** («actes du colloque des 27 et novembre 1997, organisé par l'Institut d'études de droit international de la Faculté de droit de l'Université de Lausanne», Paris: Pedone, 1999).

[209] C. D. A. Mello, **Curso** (Rio de Janeiro: Renovar, 15ª ed., 2004, cap. XLVII 'navios', p. 1275-1293, cit. p. 1275).

utilizada como meio de transporte por água e destinada à indústria da navegação, quaisquer que sejam as suas características e lugar de tráfego".

É importante para o direito internacional saber qual a jurisdição aplicável a um navio, seja ele de guerra ou mercante,[210] quando em domínio estrangeiro ou em alto mar, bem como as regras que vigoram em tempo de paz e de guerra.[211] A doutrina procura explicar a razão de ser dessa jurisdição.

Muitos internacionalistas argumentam ser o navio parte do *domínio flutuante do estado*.[212] Outros observam que referida tese não somente suscitava diversas dificuldades práticas, como seria, ademais, desnecessária, do ponto de vista do direito internacional.[213]

No que diz respeito à jurisdição, é claro que "todos os atos que se produzem no mar territorial (*mer côtière*) mesmo quando não ocorram a bordo de um navio, são julgados segundo a lei do estado costeiro". Considerava K. Strupp ser consequência da situação especial destes, "que os navios de guerra, mesmo devendo conformar-se às leis editadas, no interesse da segurança e de polícia marítima, pelo estado costeiro, não estão submetidos à jurisdição local, mas à sua jurisdição nacional".[214] Isso no tocante aos navios de guerra.[215]

Diversamente, em relação aos navios privados:[216] "no que diz respeito aos navios de comércio, a legislação da Grã-Bretanha, que remonta ao *Territorial Waters Jurisdiction Act*, de 1878, seguida por número considerável de estados americanos, pretende ser absoluta a jurisdição do estado costeiro; essa legislação, embora atacada na literatura mais antiga, deve

[210] N. Singh, **International law problems of Merchant shipping** (RCADI, 1962, t. 107, p. 1-168).

[211] R.Sandiford, **Évolution du droit de la guerre maritime et aérienne** (RCADI, 1939, t. 68, p. 555-686).

[212] G. Diena, **Principes du droit international maritime** (RCADI, 1935, t. 51, p. 405--482); K. Strupp, **Les règles générales du droit de la paix** (RCADI, 1934, t. 47, p. 257-596).

[213] W. Schoenborn, **La nature juridique du territoire** (RCADI, 1929, t. 30, p. 81-189, cit. p. 161): «la supposition d'un *territoire flottant* qui comporte tant de difficultés systématiques, n'est pas nécessaire.»

[214] K. Strupp (op. cit., 1934, p. 551-552).

[215] V., *infra*, item 19.1.4.1. 'navios públicos'. Ver tb. C. Baldoni, **Les navires de guerre dans les eaux territoriales étrangères** (RCADI, 1938, t. 65, p. 185-304).

[216] V., *infra*, item 19.1.4.2. 'navios privados'.

ser, logicamente, considerada irretocável. Pois a soberania estatal milita em favor dela, e *é impossível demonstrar que, por meio de atitude contrária, os estados em questão tenham dado a prova de aceitação de costume internacional diferente*".[217]

À tradição britânica e interamericana, contrapunha K. STRUPP a tradição européia: "tal costume existe entre os países europeus. Suas legislações tomaram por base (e quanto a estes é seguro que reconhecem a existência de dever internacional respectivo, portanto não se trata de legislação paralela revogável unilateralmente), as decisões do Conselho de estado francês, de 1806 e de 1859, pronunciadas, é verdade, em relação a navios ancorados em portos franceses, mas interpretadas pelos estados de maneira estensiva. Estas abandonam ao capitão do navio estrangeiro a solução de todas as questões disciplinares, e de todos os atos, atinentes a questões civis e criminais, ocorridos entre tripulantes e passageiros, exceto em caso de perturbação da ordem pública do estado costeiro, ou que pedido de socorro a este seja dirigido".[218]

Segundo a doutrina da territorialidade, seriam os navios o prolongamento do domínio do estado. Nas primeiras décadas do século passado, essa teoria já era considerada por BASDEVANT como obsoleta.

Encontrou, contudo, acolhida esta concepção, na decisão da Corte Permanente de Justiça Internacional (CPJI) no caso do **navio Lótus**, em 1927. O voto da maioria foi baseado, direta ou indiretamente, no conceito da territorialidade.[219]

Em seguida, cabe considerar a classificação e a nacionalidade dos navios (19.1.2).

[217] K. STRUPP (op. cit., 1934, p. 552) os grifos constam do texto original.

[218] K. STRUPP (op. cit., 1934, loc. cit.).

[219] Justamente na ocasião a concepção 'territorialista' defendida por ANZILOTTI, presidente da Corte, àquela época, foi decisiva no julgamento do caso **Lótus**. V., de Dionisio ANZILOTTI, **Cours de droit international** (trad. para o francês de Gilbert GIDEL, 1929, avant propos de Pierre-Marie DUPUY e Charles LEBEN, Paris: LGDJ diffuseur / éd. Panthéon-Assas, 1999). Como se considera a seguir, neste capítulo, no item 19.1.3.

19.1.2. Classificação e nacionalidade dos navios

O conceito de jurisdição do estado de bandeira mudou consideravelmente no tempo, mas o estado de bandeira permanece como o elemento crucial na implementação e na execução das normas e padrões internacionais, no interesse da comunidade internacional.

D. König (2012)[220]

Os estados fixam certas normas, para conferir sua nacionalidade aos navios, e para autorizá-los a arvorar seu pavilhão. Existem, assim, vínculos estreitos entre o navio e o estado, do qual adquire a nacionalidade, e esses vínculos tem como consequência a aplicação, aos navios, da legislação do país do pavilhão.

A. Pearce Higgins (1929)[221]

Os navios mercantes, em alto mar, consideram-se partes integrantes do território do estado, cujo pavilhão legitimamente arvorem.

C. Bevilaqua, *Passageiros alemães e austríacos retirados de bordo de um navio do Loide brasileiro pelo cruzador Conde. Libertação dos mesmos mediante compromisso assinado perante o cônsul do Brasil em Bordeus* (Parecer de 1º de novembro de 1914)[222]

220 Doris König, *Flag of Ships* (in **Encyclopedia of public international law**, 2012, vol. IV, p. 98-116, cit. § 60).

221 A. Pearce Higgins, **Le régime juridique des navires de commerce** en haute mer en temps de paix (RCADI, 1929, t. 30, p. 1-80, cit. p. 18): «Les états fixent certaines règles pour conférer leur nationalité aux navires et pour les autoriser à porter leur pavillion. Il y a donc des liens étroits entre le navire et l'état dont il acquiert la nationalité, et ces liens entraînent comme conséquence l'application aux navires de la législation du payx du pavillion.»

222 A. P. Cachapuz de Medeiros (org.), **Pareceres dos consultores jurídicos do Itamaraty**: vol. II pareceres de Clóvis Bevilaqua (1913-1934, pref. de Zuleika Lintz, Brasília: Senado Federal, 2000, *Parecer de 1º de novembro de 1914* («Passageiros alemães e austríacos retirados de bordo de um navio do Loide brasileiro pelo cruzador Conde. Libertação dos mesmos mediante compromisso assinado perante o cônsul do Brasil em Bordeus», ed. cit., p. 80-83) prosseguia: "Como tais, não podem, em princípio, receber ordens de quem quer que seja que se apresente como autoridade estrangeira. Se o estado de guerra determina algumas exceções a esse princípio, em relação aos neutros, procedem elas de que a neutralidade é uma forma geral de obrigações voluntariamente assumidas por nações soberanas, que, no seu próprio interesse e no interesse da humanidade, limitaram o seu poder."

Todo estado tem o direito de estabelecer as condições para a atribuição de sua *nacionalidade* a navios que poderão em consequência arvorar o seu pavilhão.[223] A **Convenção sobre o direito do mar** estipula, no artigo 91: "todo estado deve estabelecer os requisitos necessários para a atribuição da sua nacionalidade a navios, para o registro de navios no seu território e para o direito de arvorar a sua bandeira. Os navios possuem a nacionalidade do estado cuja bandeira estejam autorizados a arvorar. Deve existir vínculo substancial entre o estado e o navio".

A identificação da *nacionalidade* dos navios decorre de normas, fixadas pelos estados, para conferir determinada condição jurídica – a 'nacionalidade' – aos navios, assim autorizados a arvorar o pavilhão do estado.[224] Existem, assim, vínculos estreitos entre o navio e o estado, do qual adquire a nacionalidade, e estes tem como consequência a aplicação aos navios da legislação do país do pavilhão.[225]

Igualmente relevante é a questão da *classificação* dos navios, dadas as consequências que têm quando se encontram em alto mar ou em domínio estrangeiro. Tradicionalmente,[226] os navios são considerados *públicos* ou *privados*, daí falar-se em marinha militar[227] e marinha mercante.[228]

[223] P. Bonassies, **Problèmes rélatifs à la loi du pavillon** (RCADI, 1969, t. 128, p. 505-630).

[224] P. Bonassies, **Problèmes rélatifs à la loi du pavillon** (RCADI, 1969, t. 128, p. 505-630).

[225] Substancialmente diverso o contexto, em relação às pessoas físicas, cf. Accioly – Nascimento e Silva – Casella, **Manual** (2021, 25ª ed., 5.3 – direito da nacionalidade, p. 498-502), e já caracterizava tb. J. L. Kunz, **L'option de nationalité** (RCADI, 1930, t. 31, p. 107-176).

[226] As **Convenções** de Bruxelas de 1910 sobre abalroamento e assistência marítima inovaram ao se referirem "aos navios de guerra e aos navios de estado exclusivamente destinados a serviço público". Em consequência, o *Instituto de direito internacional* adotou classificação e dividiu os navios em duas grandes classes: aqueles que exercem um serviço governamental e não-comercial (os navios de guerra e os empregados em um serviço público civil) e aqueles que efetuam um serviço de comércio, abrangendo os de propriedade do estado e os de propriedade privada.

[227] A divisão dos navios, segundo a sua utilização, em atividades *jure imperii* e *jure gestionis*, teve importância, com o papel desempenhado pela marinha, ao tempo da antiga URSS, porquanto tratava-se de navios de propriedade do estado soviético, mas utilizados em atividades comerciais, isto é, sem direito à imunidade jurisdicional, reconhecida aos navios públicos.

[228] N. Singh, **International law problems of Merchant shipping** (RCADI, 1962, t. 107, p. 1-168).

A **Convenção das Nações Unidas sobre o direito do mar** (1982), divide os navios em quatro classes: os navios de guerra (definidos no artigo 29), os navios de estado utilizados para fins não-comerciais, os navios de estado utilizados para fins comerciais e os navios mercantes.

A determinação da nacionalidade de determinado estado a um navio – ou aeronave – é tema complexo. A exigência de vínculo substancial (*genuine link*) entre o estado e o navio é considerada vaga, em sua formulação, e tem dado lugar a interpretações abusivas.[229]

A questão está vinculada à chamada *bandeira de conveniência*, ou de *complacência*, através da qual determinados navios, sobretudo de propriedade de pessoas jurídicas norte-americanas, são registrados em países onde as formalidades em matéria de pessoal e de segurança são permissivas, isto é, não exigem certas medidas de segurança. Diversamente, no caso das aeronaves – praticamente não se produz esse fenômeno, alegadamente porque haveria presença estatal muito mais próxima, em relação ao registro das aeronaves e às condições para que estas arvorem a bandeira de determinado estado (como se examina em 19.2).

A principal crítica à bandeira de conveniência é a de que esses navios representam a ameaça maior à segurança, pois são obsoletos e com tripulações de diversos países, comandadas por capitães que raramente possuem a nacionalidade do navio. Os navios registrados na Libéria, no Panamá e nas ilhas Marshall figuram em termos de tonelagem dentre as principais marinhas mercantes do mundo e, em consequência, com importante poder de decisão na **Organização Marítima Internacional**.[230]

[229] Quando a questão foi discutida pela Comissão de Direito Internacional, o Relator Especial, tendo em vista as respostas formuladas pelos estados-membros a questionário, lembrou que a Comissão poderia condicionar o reconhecimento da nacionalidade ao fato que o navio fosse ou de propriedade do estado, ou que mais da metade fosse de propriedade de nacionais de determinado estado ou de pessoas nele domiciliadas, ou pertencesse a pessoa jurídica, cujo capital seria composto por participações, na sua maioria de nacionais ou de residentes no país. Em 1955, a Comissão adotou um texto incorporando a sugestão, mas no ano seguinte o artigo foi abandonado.

[230] Consulte o site da **Organização Marítima Internacional** (IMO), para atualizações periódicas a respeito dos textos constitutivos, dos estados membros e das matérias, objeto de regulação pela organização.

A **Constituição federal** de 1988,[231] estabelece, em seu art. 178: "a lei disporá sobre a ordenação dos transportes aéreo, aquático e terrestre, devendo, quanto à ordenação do transporte internacional, observar os acordos firmados pela União, atendido o princípio da reciprocidade".[232] E seu parágrafo único: "na ordenação do transporte aquático, a lei estabelecerá as condições em que o transporte de mercadorias na cabotagem e a navegação interior poderão ser feitas por embarcações estrangeiras". Trata-se de dispositivo programático, com base no qual foram editadas, dentre outros diplomas legais,[233] a Lei n. 9611, de 19 de fevereiro de 1998, sobre o transporte multimodal de mercadorias e a Lei n. 10233, de 5 de junho de 2001, sobre transporte aquaviário.[234]

A **Convenção sobre o direito do mar** de 1982, como referido, estipula no seu art. 92 que os navios devem navegar sob a bandeira de um só estado. Caso o navio navegue sob a bandeira de dois ou mais estados, utilizando-as segundo a sua conveniência, não poderá reivindicar qualquer dessas nacionalidades, e poderá ser considerado como um navio sem nacionalidade.

Além da bandeira, também o nome, o domicílio, a arqueação e os papéis de bordo (*ship's papers*) servem para identificar o navio. O nome deve ser inscrito no registro de matrícula do navio e figurar neste, em

[231] A **Constituição federal** de 1988 estabelecia, em sua redação original: art. 178, § 2º, que "serão brasileiros os armadores, os proprietários, os comandan-tes e dois terços, pelo menos, dos tripulantes de embarcações nacionais". Trata-se de dispositivo, baseado nas Constituições nacionalistas anteriores, que precisava ser reconsiderado, a fim de tornar o frete brasileiro competitivo com o dos demais países, principalmente dos navios que arvoram as bandeiras de conveniência.

[232] *Caput* do art. 178, e seu parágrafo único, da CF, com a redação dada pela EC n. 7 de 15 de agosto de 1995.

[233] Dadas a frequência e a rapidez com que se produzem modificações legislativas em nosso ordenamento, consulte atualizações periódicas, para verificar alterações, eventualmente ocorridas, desde então.

[234] Nos termos do art. 246 da CF, acrescentado ao texto constitucional, por meio da EC n. 6 de 15 de agosto de 1995, e com a redação dada pela EC n. 32 de 11 de setembro de 2001, é vedada a adoção de medida provisória, sobre matéria que tenha sido objeto de regulação por meio de EC, promulgada entre 1º de janeiro de 1995 até a promulgação desta emenda, inclusive. A respeito da formação do direito internacional relativo ao transporte de mercadorias, v. J. F. Hostie, **Le transport de marchandises en droit international** (RCADI, 1951, t. 78, p. 211-324).

lugar visível. O domicílio é o lugar onde o navio foi inscrito. Os métodos de avaliação da arqueação não são uniformes, mas são, correntemente, conhecidos das autoridades marítimas. Os papéis de bordo podem variar, de um estado para outro, mas será, justamente, por meio de sua documentação que se verifica como provar a nacionalidade do navio.

A seguir, cabe considerar a condição dos navios em alto-mar (19.1.3), e, adiante, os navios em águas estrangeiras (19.1.4).

19.1.3. Navios em alto mar

> Todos os estados, quer costeiros, quer sem litoral, têm o direito de fazer navegar no alto mar navios que arvorem a sua bandeira.
>
> Convenção das Nações Unidas sobre o direito do mar, art. 90

> No fundo, todos os estados são, então, competentes para exercer a soberania sobre todos os navios e todos os eventos em alto mar, mas direitos consuetudinários internacionais e, em parte, também acordos jurídicos internacionais proibirão, geralmente, aos estados (com a exceção dos casos de pirataria, de violação de cabos submarinos, ou de delitos semelhantes) de exercer competências materiais, sobre navios de pavilhão estrangeiro, nessa esfera de competência comum local.
>
> W. SCHOENBORN (1929)[235]

Ao estipular que os navios em alto mar devem submeter-se "à jurisdição exclusiva" do estado do pavilhão, o art. 92 da **Convenção sobre o direito do mar** subordina-os às leis civis, criminais e administrativas, aos tribunais, à jurisdição dos estados sob cuja bandeira naveguem. Segundo o direito internacional consuetudinário – codificado pela

[235] W. SCHOENBORN, **La nature juridique du territoire** (RCADI, 1929, t. 30, p. 81-189, cit. p. 144): «au fond tous les états sont alors compétents pour exercer la souveraineté sur tous les navires et tous les événements en haute mer, mais des droits coutumiers internationaux et en partie aussi des accords juridiques internationaux défendront généralement aux états (à l'exception des cas de piraterie, de violation des câbles sousmarins ou de délits semblables), d'exercer des compétences matérielles sur des navires à pavillon étranger dans cette sphère de compétence commune locale.»

Convenção sobre o direito do mar, nos seus artigos 87 e 89 –, o alto mar está aberto a todos os estados, e nenhum estado pode validamente pretender sujeitar qualquer parte do alto mar à sua soberania. Em razão desse princípio fundamental do direito internacional do mar vigente, todos os estados gozam da liberdade do alto mar, tal como regulada pelo art. 87 da mesma Convenção do mar, abrangendo: liberdade de navegação, liberdade de sobrevôo, liberdade para colocar cabos e dutos submarinos, liberdade de construir ilhas artificiais e outras instalações, liberdade de pesca, liberdade de investigação científica, que devem ser exercidas por todos os estados, tendo em conta os interesses de outros estados.

Para assegurar que a liberdade de navegação seja exercida de maneira razoável, cada navio deverá estar sujeito à jurisdição do estado, que regula e controla as suas atividades: desse modo, cada navio deve ter a nacionalidade de um estado.[236] O art. 94 da Convenção sobre o direito do mar estipula os deveres do estado de bandeira. Que incluem, nos termos do art. 94.3, tomar para os navios, que arvorem a sua bandeira, as medidas necessárias para garantir a segurança no mar.

Dado que nenhum estado pode exercer a sua jurisdição sobre navios e tripulações estrangeiras no alto mar, os navios, em regra, com muito poucas exceções, estão sujeitos à jurisdição exclusiva do estado da bandeira de registro. A jurisdição do estado da bandeira de registro não significa, entretanto, que as infrações cometidas a bordo de navios mercantes,[237] na aludida situação, não possam, também excepcionalmente, ser submetidas às leis penais de outro estado, dado que a jurisdição penal de um estado – em determinadas situações de extraterritorialidade – pode exercer-se sobre fatos ocorridos em outro estado.[238]

São exceções, de ordem geral, admitidas à regra que exclui do exercício da jurisdição ou da autoridade de um estado os navios estrangeiros, no alto mar, as seguintes:

[236] Como se examinou em 19.1.2 – classificação e nacionalidade dos navios. V. tb. D. König, *Flag of Ships* (in **Encyclopedia of public international law**, 2012, vol. IV, p. 98-116); P. Bonassies, **Problèmes rélatifs à la loi du pavillon** (RCADI, 1969, t. 128, p. 505-630).

[237] N. Singh, **International law problems of Merchant shipping** (RCADI, 1962, t. 107, p. 1-168).

[238] A respeito v. cap. XXVI 'geografia e extraterritorialidade: projeção do poder do estado além de seus limites territoriais'.

1ª) o direito de visita, nos termos do art. 110 da Convenção, bem como de busca em tempo de guerra, reconhecido aos navios de guerra beligerantes para aplicação das regras sobre contrabando e bloqueio;[239]

2ª) o direito de perseguição (*hot pursuit*), nos terrmos do art. 111 da Convenção,[240] segundo o qual os navios de guerra de um estado podem perseguir em alto mar, apresar e conduzir a um porto do mesmo estado um navio mercante estrangeiro que tenha cometido alguma infração ou delito nas águas territoriais desse estado, contanto que a perseguição haja começado em tais águas e não tenha sido interrompida;

3ª) o direito de reconhecimento da identidade de navio suspeito, para obtenção da certeza de que não se trata de um pirata, direito também só reconhecido a "navios de guerra, ou aeronaves militares, ou outros navios e aeronaves que tragam sinais claros e seajm identificáveis como navios ou aeronaves a serviço de um governo e estejam para tanto autorizados", conforme determinação do art. 107 da Convenção do mar – havendo responsabilidade em caso de atuação sem motivo suficiente, conforme o art. 106 da mesma Convenção.

Com exceção do regime aplicável às águas territoriais,[241] o poder de interromper a navegação de um navio somente se aplica, normalmente, em relação aos navios arvorando a bandeira do mesmo estado. Nenhuma das hipóteses a seguir se aplica em relação a navios públicos

[239] A respeito ver: Accioly – Nascimento e Silva – Casella, **Manual** (2021, 25ª ed., parte 9 – uso da força e guerra no direito internacional, esp. 9.2.3 – guerra marítima, p. 887-902); R.Sandiford, **Évolution du droit de la guerre maritime et aérienne** (RCADI, 1939, t. 68, p. 555-686).

[240] John Paul Jones, *Ships, Diverting and Ordering into Port* (in **The Max Planck Encyclopedia of Public International Law**, 2012, vol. IX, p. 168-173, cit. § 5): "Agents of a State attempting to enforce its domestic law are entitled to continue their pursuit of a vessel under the protection of another sovereign even after she has escaped the pursuing state territorial waters. This privilege of *hot pursuit* is codified in art. 111 of the UN Convention on the Law of the Sea. The same privilege applies to pursuit in aid of a sovereign's conservation of marine resources with its Exclusive Economic Zone."

[241] Como se examina no cap. XI – mar territorial e zona contígua.

estrangeiros,[242] ou seja quaisquer navios pertencentes à marinha, à guarda costeira ou polícia marítima, ou que exerçam funções públicas.

Como exceções à liberdade de navegação tradicionalmente admitidas, que permitem a interrupção, mesmo em alto mar, de navios arvorando a bandeira de outros estados – em casos de pirataria,[243] de escravidão, de radiodifusão não autorizada (*pirate broadcasting*) e de anvio sem bandeira:

– em relação à pirataria "em alto mar ou em qualquer outro lugar que não se encontre sob a jurisdição de algum estado", nos termos do art. 100 e conforme a titpificação dos atos no art. 101, e do navio ou aeronave pirata, no art. 103, cuja nacionalidade pode ser mantida ou perdida, conforme regula o art. 104, a possibilidade de deter o curso da navegação de navio estrangeiro em alto mar é codificada pelo art. 105, todos da Convenção das Nações Unidas sobre o direito do mar;
– a proibição de transporte de escravos é regulada pelo art. 99 da Convenção do mar, obrigando todo estado a tomar medidas eficazes para impedir e punir o transporte de escravos em navios autorizados a arvorar a sua bandeira e para impedir que, com esse fim, se use ilegalmente a sua bandeira: "todo escravo que se encontre num navio, qualquer que seja a sua bandeira, ficará, *ipso facto*, livre";
– a possibilidade de deter navio suspeito de praticar radiodifusão não autorizada (*pirate broadcasting*), que interfira com sinais de rádio licenciados pelo estado é estipulada no art. 109 da Convenção das Nações Unidas sobre o direito do mar – e, nos termos do art. 109, inciso 4º: no alto mar, o estado que tenha jurisdição – conforme os critérios do art. 109, inc. 3º – poderá, nos termos do art. 110 – sobre o direito de visita, como se expõe a seguir – deter qualquer pessoa ou apresar qualquer navio que efetue transmissões não autorizadas e apreender o equipamento emissor;

[242] Conforme se examina em 19.1.4.1 – navios públicos.

[243] P. B. Casella, **Direito Internacional, Terrorismo e Aviação Civil** (São Paulo: Quartier Latin, 2006, cap. V – Fenômeno da pirataria, p. 63-78, esp. seção V – Novos contornos da pirataria nos ares); v. tb. V. Pella, **La répression de la piraterie** (RCADI, 1926, t. 15, p. 145-276).

– a possibilidade de deter navio sem bandeira é prevista pelo art. 110 da Convenção das Nações Unidas sobre o direito do mar, a respeito do 'direito de visita', em relação a "navio estrangeiro que não goze de completa imunidade", de conformidade com os artigos 95 e 96 da mesma Convenção, quando "exista motivo razoável para suspeita", (a) o navio se dedica à pirataria; (b) ao tráfico de escravos; (c) é utilizado para efetuar transmissões não autorizadas e "o estado de bandeira do navio de guerra tem jurisdição nos termos do art. 109"; (d) o navio não tem nacionalidade; ou (e) o navio tem a mesma nacionalidade do navio de guerra, "embora arvore uma bandeira estrangeira ou se recuse a içar a sua bandeira".

Além destas hipóteses, que configuram exceções tradicionais, também pode haver autoridade para deter em alto mar navio, arvorando bandeira estrangeira, quando se tratar de embargo, determinado pelo Conselho de Segurança da ONU, nos termos do art. 25 da **Carta**.

Visando fortalecer a repressão à prática de diversos delitos, tais como tráfico de pessoas, tráfico de "estupefacientes e drogas psicotrópicas" – conforme o art. 108 da Convenção do mar – bem como de armamentos, poluição e terrorismo, diversas convenções multilaterais têm acrescentado hipóteses, segundo as quais os estados voluntariamente acordam restrições à liberdade de navegação em alto mar, permitindo a interrupção de viagens de seus navios, pelas autoridades e agentes de fiscalização de outros estados, normalmente depois de consulta prévia, e por vezes somente quando um observador do estado de bandeira se encontre a bordo do navio, que efetua a interceptação.

Nessa linha, o art. 1º da Convenção internacional relativa à intervenção em alto mar em casos de poluição por acidente com petróleo – *International Convention relating to intervention on the High Seas in cases of Oil Pollution Casualties*, assinada em 29 de novembro de 1969, em vigor a partir de 6 de maio de 1975 – autoriza o estado costeiro, parte da Convenção, a adotar quaisquer medidas, que sejam necessárias, mesmo contrárias à liberdade no alto mar, quando houver grave e iminente risco ou ameaça de poluição, resultante de acidente marítimo. Mas, o art. 3º da mesma Convenção exige prévia consulta ao estado parte, sob cuja bandeira navega o navio.

Em consonância com o disposto no art. 108 da Convenção sobre o direito do mar, sobre a mesma matéria – "tráfico ilícito de estupefacientes e substâncias psicotrópicas" – também a Convenção das Nações Unidas contra o tráfico ilícito de drogas narcóticas e substâncias psicotrópicas – *United Nations Convention against Illicit Trafic in Narcotic Drugs and Psychotropic Substances,* assinada em 19 de dezembro de 1988, em vigor a partir de 11 de novembro de 1990 – nos termos do seu art. 17, permite que um estado parte, detenha, aborde e exerça direito de visita em navio arvorando a bandeira de outro estado parte da Convenção, atuando no tráfico, conforme caracterizado pela Convenção, mas somente depois de obter permissão específica do estado da bandeira do navio.

O art. 8º do Protocolo contra o tráfico de migrantes, por terra, mar ou ar, complementando a Convenção das Nações Unidas sobre o crime organizado transnacional – *United Nations Convention against transnational organized crime,* assinada em 15 de novembro de 2000, em vigor a partir de 29 de setembro de 2003 –[244] também confere a possibilidade de deter e exercer direito de visita sobre navio arvorando a bandeira de outro estado parte da Convenção, quando houver suspeita de que o navio pratique tráfico de migrantes.

O art. 8*bis* do Protocolo de 2005 à Convenção para a supressão de atos ilícitos contra a segurança da navegação marítima – *Convention for the suppression of unlawful acts against the safety of maritime navigation,*

[244] A **Convenção das Nações Unidas contra o crime organizado transnacional / United Nations Convention against Transnational Organized Crime** resultado da Conferência da ONU, realizada em Palermo, na Itália, de 12 a 15 de dezembro de 2000, foi adotada nos termos da Resolução 55/25 da AGNU, de 15 de novembro de 2000, conta com mais de 190 estados parte, é complementada por três Protocolos, voltados a áreas específicas de manifestação do crime organizado: o Protocolo para prevenir, suprimir e punir o tráfico de pessoas, especialmente mulheres e crianças, adotado pela Resolução 55/25 da AGNU, de 15 de novembro de 2000, entrou em vigor em 25 de dezembro de 2003 – é o primeiro instrumento de alcance global, com caráter legalmente vinculante, contendo definição do tráfico de pessoas. O Protocolo contra o tráfico de migrantes, por terra, mar e ar, adotado pela Resolução 55/25 da AGNU, de 15 de novembro de 2000, entrou em vigor em 28 de janeiro de 2004 – pela primeira vez, um instrumento jurídico global, contém a definição do tráfico de migrantes. E o Protocolo contra a produção ilícita e o tráfico de armas de fogo, partes, componentes e munições foi adotado pela Resolução 55/255 da AGNU, de 31 de maio de 2001, e entrou em vigor em 3 de julho de 2005.

assinada em 10 de março de 1988, em vigor a partir de 1º de março de 1992 –[245] abrange a cooperação e procedimentos a serem observados, quando um estado parte tiver a intenção de abordar navio, arvorando a bandeira de outro estado parte, em casos nos quais o estado requerente tenha motivo suficiente para suspeitar que o navio ou pessoa, a bordo do navio, tenha cometido ou esteja na iminência de cometer algum dos delitos, tipificados pela Convenção. O dispositivo permite ao estado, que exerça o apresamento, a atuar sem consulta prévia, em caso de perigo iminente à vida das pessoas a bordo do navio, objeto dessa constrição.

Além desses instrumentos multilaterais, muitos acordos bilaterais complementam essas situações, nas quais se confere a um estado a autoridade para apresamento de navio, arvorando a bandeira de outro estado, quando as circunstâncias dão base para suspeitas.[246] Por exemplo, visando limitar a disseminação de armas de destruição em massa, os Estados Unidos, sob a égide da Iniciativa de segurança, denominada *Proliferation Security Initiative*, celebraram acordos bilaterais com o Panamá, com a Libéria e com as Ilhas Marshall – países, ao amparo de cujas bandeiras de conveniência, navegam um grande número de navios de carga – nos termos dos quais cada estado parte é autorizado a deter, em alto mar, e exercer direito de visita em relação a qualquer navio, arvorando a bandeira do outro estado parte, quando exista motivo suficiente para suspeitar do transporte de armas de destruição em massa, mas

[245] Da Organização Marítima Internacional – IMO, **Convenção para a supressão de atos ilícitos contra a segurança da navegação marítima / Convention for the suppression of unlawful acts against the safety of maritime navigation**, assinada em 10 de março de 1988, em vigor a partir de 1º de março de 1992. Alterações relevantes ao texto da Convenção de 1988 e seu Protocolo foram adotadas na conferência diplomática realizada de 10 a 14 de outubro de 2005. O **Protocolo para a supressão de atos ilícitos contra a segurança de plataformas fixas situadas na plataforma continental / Protocol for the Suppression of Unlawful Acts against the Safety of Fixed Platforms located on the Continental Shelf**, assinado em 14 de outubro de 2005, entrou em vigor a partir de 28 de julho de 2010.

[246] John Paul JONES, *Ships, Diverting and Ordering into Port* (in **The Max Planck Encyclopedia of Public International Law**, 2012, vol. IX, p. 168-173, cit. § 12): "Meanwhile, the US and various Caribbean States have joined in bilateral 'shiprider' agreements that license each State Party, on suspicion of trafficking in drugs or migrants, to stop vessels in the territorial waters and exclusive economic zones of the other, but only at the direction of an agent of the other at the scene aboard the stopping vessel".

somente depois de obter permissão específica do estado da bandeira do navio.

Em relação, não propriamente ao navio, mas a algum fato delituoso nele ocorrido, admite-se igualmente uma exceção à regra da jurisdição do estado sobre os seus navios em alto mar: à do caso da renúncia do comandante do navio à competência dos tribunais do próprio país. Cabe observar: "se fosse verdade que um navio de comércio possui o caráter territorial do estado do qual é nacional, este deveria conservar tal caráter o tempo todo".[247]

Quando se trata de *abalroamento* em alto mar e os navios em causa pertencem a nacionalidades diferentes, e até na hipótese de pertencerem os navios ao mesmo pavilhão e se dirigirem ambos a um porto estrangeiro, podem surgir – e ordinariamente surgem – dificuldades no tocante à determinação do Tribunal competente para conhecer do acidente e de suas consequências, bem como relativamente à lei aplicável.

A doutrina e a jurisprudência a esse respeito são bastante variáveis. Por isto mesmo, foi objeto de acesas discussões a chamada questão do **navio Lótus**, ocorrida em agosto de 1926 e decidida pela Corte Permanente de Justiça Internacional em setembro de 1927. A própria sentença da Corte, adotada pelo voto de desempate do seu presidente, deu lugar a muitos debates.[248]

Como sustentou a Corte, "o que se passa a bordo de um navio, em alto mar, deve ser considerado como se tivesse ocorrido no território do estado cuja bandeira o navio usa. Se, pois, um ato delituoso, cometido num navio, em alto mar, produz seus efeitos sobre um navio que

[247] «S'il était vrai qu'un navire de commerce possède le caractète territorial de l'état auquel il ressortit, il devrait conserver ce caractère en tout temps.» Alexander PEARCE HIGGINS, **Le régime juridique des navires de commerce** en haute mer en temps de paix (RCADI, 1929, t. 30, p. 1-80, cit. p. 16-17) observava existirem a respeito duas linhas normativas, o sistema anglo-americano e o sistema francês, mas ambas tinham em comum a negação de reconhecer aos navios mercantes estrangeiros o privilégio da extraterritorialidade: «la fiction de la territorialité des navires de commerce n'est maintenue lorsque ces navires entrent dans les ports ou dans les eaux territoriales d'un pays.» Conclui existirem sérias razões de ordem prática, para estabelecer como norma que os navios sejam submetidos à legislação de seu respectivo país, e ser inútil, para justificar essa regra, recorrer à ficção da territorialidade.

[248] V. tb. cap. XXI 'alto mar'.

usa outra bandeira ou sobre um território estrangeiro, devem ser aplicados ao caso os mesmos princípios que se aplicariam se se tratasse de dois territórios de estados diferentes, e, portanto, deve concluir-se que nenhuma regra de direito internacional proíbe ao estado, de que depende o navio, onde os efeitos do delito se manifestaram, considerar esse delito como se tivesse sido cometido no seu território e exercer a ação penal contra o delinquente".

Em suma, a Corte concluiu que não existia regra de direito internacional em virtude da qual a competência penal, em casos de abalroamento, pertença exclusivamente ao estado do pavilhão do navio causador do dano ou por meio do qual o dano foi causado. Admitiu, portanto, a existência de jurisdições concorrentes, em casos daquela natureza.

Em matéria de abalroamentos no alto mar, há, contudo, hipótese em que todas as opiniões parecem estar acordes: é a de abalroamento em que figura como culpado do acidente um navio de guerra. Considera-se, então, que a jurisdição competente para tomar conhecimento do fato será a do estado a que pertence tal navio, pois que assim o exige a imunidade de jurisdição reconhecida aos estados e que acompanha os seus vasos de guerra.

Como quer que seja, tem-se admitido, no tocante a acidentes no mar – ou, mais precisamente, com relação a abalroamentos –, entre navios de diferentes bandeiras, que o princípio da competência penal não exclui a competência concorrente das jurisdições dos Estados de cada um dos navios em causa.

Com a Convenção de Bruxelas, de 1952, sobre a competência penal nessa matéria, a situação, entre os estados ratificantes de tal fato, ficará resolvida, no sentido de que tal competência cabe às autoridades judiciárias ou administrativas do estado cuja bandeira o navio hasteava, no momento do abalroamento (ou de qualquer outro acidente de navegação).

A jurisdição penal em caso de abalroamento ou qualquer outro acidente de navegação, conforme a **Convenção das Nações Unidas sobre o direito do mar** é tratada no art. 97: em caso de abalroamento ou de qualquer outro incidente de navegação ocorrido a um navio no alto mar que possa acarretar a responsabilidade penal ou disciplinar para o capitão ou para qualquer outra pessoa ao serviço do navio, os procedimentos penais e disciplinares contra essas pessoas só podem ser iniciados perante as autoridades judiciais ou administrativas do estado de bandeira ou perante as do estado, do qual essas pessoas sejam nacionais.[249]

Estabelecem-se, assim, como critérios para a determinação das bases para o exercício da jurisdição, no regime do direito internacional vigente, conforme estipula a Convenção, de 1982: a lei da matrícula do navio e a lei da nacionalidade do agente. Diversamente ocorrera, segundo o entendimento da Corte permanente de justiça internacional, quando do julgamento do caso do **navio Lótus**, em 1927. Naquela altura, não violara a Turquia, qualquer norma internacional, ao processar e julgar o oficial francês, perante o tribunal e segundo o direito nacional turco.[250]

Relativamente às crianças nascidas a bordo de navios mercantes,[251] não há decisão uniforme entre as legislações que prevêem o caso. Do ponto de vista da aquisição da nacionalidade de origem, o nascimento a bordo de navio mercante pode ser assimilado ao nascimento ocorrido no território do estado cuja bandeira o navio hasteia, se o fato se dá nas águas territoriais ou nalgum porto deste estado, ou em alto mar, ou, ainda, em mar territorial estrangeiro. Mas não assim na hipótese de nascimento a bordo de navio ancorado em porto estrangeiro: deve ser considerado como fato ocorrido no território do estado a que pertence o porto.

As razões que apóiam essa solução são as decorrentes do exercício da jurisdição sobre os navios mercantes. Sobre estes, exerce-se a jurisdição do estado do pavilhão,[252] em águas nacionais e no alto mar. Em águas

[249] **Convenção das Nações Unidas sobre o direito do mar** (1982), no seu art. 97.1. Prossegue o dispositivo, art. 97.2: "Em matéria disciplinar, só o estado que tenha emitido um certificado de comando, ou um certificado de competência ou licença é competente para, após o processo legal correspondente, decretar a retirada desses títulos, ainda que o titular não seja nacional desse estado". E conclui-se, art. 97.3: "Nenhum apresamento ou retenção do navio pode ser ordenado, nem mesmo como medida de investigação, por outras autoridades que não as do estado de bandeira".

[250] V. tb. cap. XXI 'alto mar'.

[251] N. Singh, **International law problems of Merchant shipping** (RCADI, 1962, t. 107, p. 1-168).

[252] P. Bonassies, **Problèmes rélatifs à la loi du pavillon** (RCADI, 1969, t. 128, p. 505-630).

estrangeiras – e mais especialmente em portos estrangeiros – eles se acham, em princípio, submetidos à jurisdição do estado costeiro. Nas águas territoriais, contudo, a soberania do estado costeiro sofre a limitação do direito de passagem inocente.[253] Por isso, neste caso, que tem suscitado algumas hesitações, parece que se deve atender a razões de ordem prática, assimilando-se o nascimento a bordo de um navio mercante de passagem no mar territorial ao nascimento em alto mar.[254]

Em seguida, se examina a condição dos navios em águas estrangeiras (19.1.4). Com considerável distinção, no tocante ao regime aplicável aos navios públicos, especialmente os navios de guerra em relação aos navios privados.

19.1.4. Navios em águas estrangeiras

> Quando um navio for apresado num lugar submetido à jurisdição de um estado e escoltado até um porto desse estado para investigação pelas autoridades competentes, não se pode pretender que seja posto em liberdade pelo simples fato de o navio e a sua escolta terem atravessado parte de uma zona econômica exclusiva ou do alto mar, se as circunstâncias a isso obrigarem.
>
> Convenção das Nações Unidas sobre o direito do mar, art. 111, inc. 7º

> Os navios mercantes, fundeados em portos estrangeiros ou atravessando águas territoriais estrangeiras, acham-se, em parte, submetidos à soberania do estado estrangeiro.
>
> Clovis Bevilaqua (1910, 1939)[255]

É princípio reconhecido pelo direito internacional que os navios mercantes fundeados em porto estrangeiro estão sujeitos à jurisdição da autoridade local em tudo o que interessa à ordem pública ou a relações, em que se possam achar comprometidos habitantes do lugar. E o Brasil,

[253] Sobre o direito de passagem inocente, ver item 11.2, *supra*.

[254] No Brasil, o Decreto-lei n. 389, de 25 de abril de 1938, adotava esta posição.

[255] Clovis Bevilaqua, **Direito público internacional: a synthese dos princípios e a contribuição do Brasil** (1ª ed., 1910; Rio de Janeiro: Freitas Bastos, 2ª ed., 1939, § 62, última parte).

como outras nações, já tem afirmado esse princípio, em muitas ocasiões, asseverava o mesmo Clovis BEVILAQUA, em Parecer prolatado, em 1914,[256] na qualidade de consultor jurídico do ministério das relações exteriores. Neste, Clovis referia doutrina estrangeira a respeito do tema, bem como o seu próprio ensinamento,[257] e aduzia: "No caso em questão, houve perturbação da tranquilidade pública, a qual, por si só, autorizaria a intervenção das autoridades locais; além disto, o auxílio destas foi pedido, pela impossibilidade em que se achou a oficialidade do *Blucher*, de conter os amotinados."

A situação dos navios, em águas estrangeiras, difere, fundamentalmente, conforme se trate de navios públicos, especialmente os navios de guerra (19.1.4.1.), em relação à situação dos navios privados (19.1.4.2.), como se passa a tratar.

19.1.4.1. Navios públicos

> Os navios de guerra no alto mar gozam de completa imunidade de jurisdição relativamente a qualquer outro estado que não seja o da sua bandeira.
>
> Convenção das Nações Unidas sobre o direito do mar, art. 95

> As disposições da presente Convenção relativas à proteção e preservação do meio marinho não se aplicam a navios de guerra, embarcações auxiliares, outras embarcações ou aeronaves pertencentes ou operadas por um estado e utilizadas, no momento considerado, unicamente em serviço governamental não comercial. Contudo, cada estado deve assegurar, através de medidas apropriadas que não dificultem as operações ou a capacidade operacional de tais embarcações ou aeronaves que lhe pertençam ou sejam por ele utilizadas, que tais embarcações ou aeronaves procedam, na medida do possível e razoável, de modo compatível com a presente Convenção.
>
> Convenção das Nações Unidas sobre o direito do mar, art. 236

[256] A. P. Cachapuz de MEDEIROS (org.), **Pareceres dos consultores jurídicos do Itamaraty**: vol. II pareceres de Clóvis BEVILAQUA (1913-1934, pref. de Z. LINTZ, Brasília: Senado Federal, 2000, *Parecer de 21 de setembro de 1914* («Jurisdição a que estão sujeitos os navios mercantes fundeados em portos estrangeiros», ed. cit., p. 75-76).
[257] C. BEVILAQUA (op. cit., 1910, ed. 1939, § 59).

No que concerne aos *navios de guerra*, considera-se que estão como que identificados com a personalidade do estado, são órgãos do poder público e, por isso, se acham investidos das prerrogativas da soberania; ao passo que os navios privados são meros bens móveis, que, em país estrangeiro, gozam apenas da assistência e proteção devidas pelos estados aos seus nacionais.[258] Assim, em relação aos navios militares, admite-se, geralmente, a ficção da *exterritorialidade*, considerando-se que se acham sob a jurisdição deste, qualquer que seja o lugar onde se encontram. Esse termo tem de ser compreendido em razão do exercício da função.[259]

Por isso mesmo, os tribunais do estado em cujas águas um desses navios se encontre consideram-se incompetentes para julgar litígios nos quais tal navio figure como parte. Destarte, por exemplo, se ocorre um abalroamento de que o mesmo seja autor, a reparação deverá ser pedida aos tribunais do país a que ele pertença. Essa incompetência também existirá em relação aos oficiais ou membros da tripulação do navio de guerra, em caso de litígio de natureza civil no qual figurem como agentes do estado do pavilhão, pouco importando que os atos determinantes do litígio tenham sido praticados no próprio navio de guerra ou fora deste.[260]

Como quer que seja, não se deve admitir a idéia da exterritorialidade em sentido absoluto. O fato é que os navios a que a mesma se aplica não estão isentos de certas obrigações a respeito do estado estrangeiro em cujas águas se encontrem. É assim, por exemplo, que, embora isentos da jurisdição local, eles devem obedecer ao cerimonial consagrado pelos usos e costumes, nos portos onde foram admitidos, e observar, estritamente, as leis e regulamentos locais, especialmente os concernentes à navegação, ao estacionamento dos navios e à polícia sanitária.

Em todo caso, os crimes e delitos cometidos a bordo, seja por membros da tripulação, seja por quaisquer outras pessoas que se encontrem ali, são subtraídos à competência dos tribunais do Estado a que pertença

[258] C. Baldoni, **Les navires de guerre dans les eaux territoriales étrangères** (RCADI, 1938, t. 65, p. 185-304).

[259] Cfr. tb. cap. XXVI, infra, a respeito da 'extraterritorialidade'.

[260] V. tb. P. Bonassies, **Problèmes rélatifs à la loi du pavillon** (RCADI, 1969, t. 128, p. 505-630).

o navio, e serão julgados de acordo com as suas leis, seja qual for a nacionalidade dos autores ou das vítimas. Entretanto, se o comandante do navio entrega o delinquente às autoridades locais, estas recobram o exercício de sua competência normal.

Relativamente aos crimes ou delitos que os membros da tripulação de um navio militar possam cometer em terra, ou em qualquer outra parte, fora do navio ou das embarcações que dele dependem, é frequente que se considerem distintamente os casos, segundo o autor do fato delituoso se ache, individualmente, em serviço ligado às próprias funções, ou se ache em grupo, sob o comando de um oficial, para realizar, por exemplo, uma parada, ou se ache em situação diversa das duas anteriores.

Nas duas primeiras hipóteses, admite-se que a infração cometida estará isenta da jurisdição local: a autoridade local poderá prender o infrator, mas deverá entregá-lo ao comandante, a pedido deste. Encontra mais ampla acolhida a segunda hipótese, pois entende-se que a primeira cai sob a jurisdição local. A dificuldade será precisar se um ato foi praticado em serviço, ou não. Pode-se sustentar que a imunidade reconhecida ao navio de guerra não se deve estender aos seus tripulantes, que se encontrem fora dele, ainda que se achem, isoladamente, em serviço; e que, se se admite a imunidade para os que venham à terra, em grupo, sob o comando de um oficial e como tropa em serviço, não é porque pertençam ao navio de guerra, mas porque gozam do privilégio geralmente concedido às tropas estrangeiras que atravessam o território de um Estado com consentimento do governo desse Estado.

No último dos três casos acima considerados, a infração cairá indiscutivelmente sob a alçada das leis e tribunais territoriais. Por cortesia, a autoridade por ordem de quem se tenha efetuado a prisão do infrator ou infratores dará conhecimento do fato ao comandante do navio.

É princípio geralmente seguido – e sancionado pela chancela do *Instituto*, em 1928, bem como pela **Convenção de Havana, sobre asilo**, concluída a 20 de fevereiro do mesmo ano[261] – o de que o

[261] V. Accioly – Nascimento e Silva – Casella, **Manual** (2021, 25ª ed., item 5.2.4, 'direito de asilo', p. 481-485); v. tb. E. Reale, **Le droit d'asile** (RCADI, 1938, t. 63, p. 469-602); J. M. Yepes, **Les problèmes fondamentaux du droit des gens en Amérique** (RCADI, 1934, t. 47, p. 1-144); J. M. Yepes, **La contribution de l'Amérique latine au développement du droit international public et privé** (RCADI, 1930, t. 32, p. 691-800).

comandante do navio de guerra não deve conceder asilo a pessoas perseguidas ou condenadas por delitos ou crimes de direito comum, nem a soldados ou marinheiros desertores.

Relativamente ao asilo a refugiados políticos, admite-se que o navio de guerra possa concedê-lo por motivos humanitários, mas excepcionalmente e dentro de limites razoáveis. Recomenda-se, geralmente, que os oficiais do navio não convidem, direta ou indiretamente, qualquer refugiado a aceitar o asilo.

Se marinheiros ou soldados desertam do navio de guerra, as autoridades locais, ao menos por cortesia, devem procurá-los, para entregá-los às autoridades de bordo, caso a deserção tenha dado lugar a um pedido imediato e durante a permanência do navio de guerra nas águas do Estado solicitado. Em circunstância nenhuma os oficiais do navio poderão proceder diretamente ou mandar que se proceda a pesquisas em terra, para a captura dos desertores.

Relativamente aos *navios públicos que não são de guerra,* isto é, os empregados nalgum serviço público civil. Ao menos nas águas territoriais do estado, cuja bandeira arvoram. Considera-se que eles não podem gozar, em águas estrangeiras, das mesmas imunidades reconhecidas aos navios de guerra.[262]

A Convenção das Nações Unidas sobre o direito do mar, no seu art. 96, regula a condição legal dos *navios utilizados unicamente em serviço oficial não-comercial*: Os navios pertencentes a um estado, ou por ele operados e utilizados unicamente em serviço oficial não-comercial gozam, no alto mar, de completa imunidade de jurisdição relativamente a qualquer estado que não seja o da sua bandeira.[263]

Admite-se, contudo, que, se são utilizados exclusivamente num serviço público civil, não podem ser objeto de sequestro, arresto ou detenção, por nenhuma medida judiciária, embora o estado a que pertença ou em cujo serviço se encontre o navio deva responder pelo fato que possa determinar tal medida. Às vezes, tais navios são isentos de taxas ou direitos que incidem sobre navios privados.

262 Ver tb. C. Baldoni, **Les navires de guerre dans les eaux territoriales étrangères** (RCADI, 1938, t. 65, p. 185-304), para o regime anterior à Convenção de 1982.

263 Compare-se com a redação da Convenção das Nações Unidas sobre o direito do mar, art. 95. Citado supra.

19.1.4.2. Navios privados

> A jurisdição penal do estado não será exercida a bordo de navio estrangeiro que passe pelo mar territorial com o fim de deter qualquer pessoa ou de realizar qualquer investigação, com relação à infração criminal cometida a bordo desse navio durante sua passagem [...]
>
> Convenção das Nações Unidas sobre o direito do mar, art. 27 *caput*

> As competências materiais do estado costeiro são muito limitadas em relação a navios de guerra em tempo de paz, mas muito menos limitadas, em relação aos navios de comércio ou navios privados estrangeiros. Contudo, importantes limitações materiais são igualmente de rigor, para esses últimos, sobretudo tanto que navios estrangeiros não afetem, por sua conduta, interesses materiais importantes do estado costeiro, nem lesem esses interesses, por ocasião de colisões, de navegação, de pesca etc., nas águas litorâneas.
>
> W. Schoenborn (1929)[264]

Os navios privados – bem como navios de estado, quando utilizados para fins comerciais – que se encontrem em águas estrangeiras acham-se sujeitos à jurisdição do estado ribeirinho e à sua fiscalização. A lógica ordenadora da regulamentação será assemelhada, com algumas especificidades de tratamento.

A **Convenção sobre o direito do mar** adota uma negativa a respeito, pois, no artigo 27, referido supra, parte do princípio de que a jurisdição penal do estado "não será exercida a bordo de navio estrangeiro que passe pelo mar territorial com o fim de deter qualquer pessoa ou de realizar qualquer investigação, com relação à infração criminal cometida a bordo desse navio durante sua passagem", a não ser em quatro hipóteses mencionadas expressamente. Em outras palavras, a proibição se aplica

[264] W. Schoenborn, **La nature juridique du territoire** (RCADI, 1929, t. 30, p. 81-189, cit. p. 144-145): «ses compétences matérielles [do estado costeiro] sont très limitées vis-à-vis de navires de guerre en temps de paix, mais beaucoup moins limitées vis-à-vis de navires de commerce ou de navires privés étrangers. Toutefois, d'importantes limitations matérielles sont également de rigueur pour ces derniers, surtout tant que les navires étrangers ne touchent point, par leur conduite, à des intérêts matériels importants de l'état côtier, ni ne lèsent ces intérêts à l'occasion de collisions, d'arpentages, de pêche etc., dans les eaux littorales.»

especificamente ao navio que passe pelo mar territorial, e, portanto, os navios, passageiros e tripulantes se acham subordinados "às leis de polícia e a todas as disposições regulamentares no porto onde foram recebidos", conforme já salientava resolução do *Instituto de direito internacional*, de 1928.

O 'direito de visita' das autoridades locais aos ditos navios é, por assim dizer, ilimitado, contanto que obedeça às prescrições legais em vigor e se exerça de boa-fé. Em compensação, os referidos navios devem ser tratados em condições iguais às estabelecidas para quaisquer outros que frequentem os mesmos portos, ressalvados certos privilégios concedidos aos navios nacionais.

A prática marítima é constante no sentido de que, se um navio privado estrangeiro desobedece às ordens das autoridades de um porto, estas têm o direito de impedir sua saída. Se o navio tenta sair, apesar das ordens em contrário, as autoridades podem usar de medidas coercitivas, a seu respeito.

Relativamente à jurisdição competente para os crimes ou delitos cometidos a bordo dos mencionados navios (em águas estrangeiras), ou em terra, por gente de sua tripulação, as opiniões não são uniformes. A maioria, porém, sustenta que, em princípio, tais fatos devem ser subordinados à jurisdição do estado ribeirinho.

As legislações internas dos estados não são uniformes, notando-se dois grandes sistemas, a esse respeito. No primeiro, todos os aludidos fatos delituosos, salvo os que só interessam à disciplina ou aos deveres profissionais da tripulação, pertencem à jurisdição territorial. No segundo, conhecido geralmente sob a denominação de *sistema francês*, os crimes ou delitos são sujeitos à jurisdição territorial quando algum dos autores ou vítimas é pessoa estranha à tripulação; mas a autoridade local terá o direito de intervir nos demais casos, se o seu auxílio é reclamado ou se a tranquilidade do porto foi comprometida.

Certos países aceitam o primeiro sistema apenas quando se trata de navio estrangeiro em algum porto nacional; mas, quando se trata de navio nacional em porto estrangeiro, sustentam a competência da lei e dos tribunais do estado do pavilhão.[265]

265 D. König, *Flag of Ships* (in **Encyclopedia of public international law**, 2012, vol. IV, p. 98-116); P. Bonassies, **Problèmes rélatifs à la loi du pavillon** (RCADI, 1969, t. 128, p. 505-630).

Ainda que o reconhecimento da competência jurisdicional ilimitada do estado ribeirinho se justifique perfeitamente, visto que o navio privado em porto estrangeiro se acha como o cidadão de um país em território de outro país, a mesma sofre, em geral, as restrições indicadas, não só por motivo de considerações de ordem prática, mas também porque as infrações ordinariamente excluídas da competência territorial não são suscetíveis de perturbar a ordem jurídica do estado ribeirinho.

Os navios privados não podem asilar pessoas acusadas de quaisquer crimes ou delitos, sejam comuns ou políticos. Por isso e também porque o estado possui jurisdição sobre todas as pessoas e coisas que se encontrem nos limites do seu território – às quais não tenham sido reconhecidas, excepcionalmente, certas imunidades –, as autoridades locais têm o direito de ir buscar a bordo de qualquer navio privado estrangeiro, estacionado em águas nacionais, qualquer indivíduo que, para se subtrair à ação penal do estado ribeirinho, tenha procurado refúgio em tal navio. Convirá, todavia, que, por cortesia para com o estado do pavilhão, as ditas autoridades comuniquem previamente a diligência ao cônsul da nação a que pertence o navio.

Em matéria de deserção de marinheiros de navio privado estrangeiro, os princípios admitidos são análogos aos geralmente aceitos quando se trata de navios militares.

No tocante a abalroamento, os que ocorram entre navios privados, num porto ou no mar territorial de qualquer país, devem submeter-se à lei dos tribunais do estado costeiro.

Os fatos de natureza civil ocorridos a bordo de navios privados ancorados em portos estrangeiros devem subordinar-se às leis e à competência territoriais, porque tais navios não gozam de imunidade de jurisdição e se acham colocados em domínio sobre o qual se exerce plenamente a soberania do estado costeiro. Entretanto, por motivos de ordem prática, as regras geralmente admitidas fazem algumas restrições à jurisdição civil territorial. É o que sucede, por exemplo, no tocante aos litígios de ordem civil entre membros da tripulação do navio em causa ou entre qualquer deles e o capitão, ou, ainda, entre oficiais ou tripulantes de diversos navios do mesmo pavilhão, estacionados no mesmo porto – litígios que, segundo declarou o IDI, em 1928, devem ser excluídos da jurisdição territorial, por se tratar de relações jurídicas concernentes exclusivamente à navegação.

Quando o próprio navio estiver em causa, admite-se, em geral, sua subordinação às leis territoriais. Se se trata de navio de propriedade de um estado estrangeiro, ou por ele fretado ou requisitado, e empregado em serviço comercial, o mesmo está sujeito a um regime jurídico idêntico ao dos navios de propriedade privada que efetuam um serviço comercial e não governamental. Admite-se, entretanto, que as cargas pertencentes a um estado e transportadas a bordo de qualquer navio mercante,[266] para um fim governamental e não comercial, possam estar isentas de sequestro, arresto ou detenção.[267]

Se um navio privado se encontra ancorado, não em algum porto, mas no mar territorial de um estado estrangeiro, é princípio corrente que as autoridades territoriais devem sobre ele exercer a mesma jurisdição que exerceriam se o navio estivesse num porto do estado costeiro. Se o navio está de passagem, isto é, se se limita a atravessar o mar territorial, admite-se que o direito do estado costeiro seja menos abrangente, seja em virtude do direito de passagem inocente,[268] como derrogação da territorialidade da jurisdição.

O mesmo pode ser entendido como consequência de ordem prática. Ao estado costeiro, quase sempre, só caberá reclamar o exercício da jurisdição sobre delitos, cometidos a bordo de tal navio, caso estes envolvam violação de direitos ou interesses de estado, ou de seus habitantes.

Casos entre o Japão e a Federação da Rússia, com relação ao navio **Tomimaru** (2007)[269] e, também, no caso do navio **Hoshinmaru** (2007),[270] são úteis para ilustrar o entendimento do Tribunal internacional para o direito do mar.

266 N. Singh, **International law problems of Merchant shipping** (RCADI, 1962, t. 107, p. 1-168).

267 Reconhecia, explicitamente, tal prerrogativa a antiga Convenção de Bruxelas, de 10 de abril de 1926, sobre a imunidade de navios do estado.

268 Cf. ref., a respeito, v. item 11.2. 'direito de passagem inocente'.

269 TRIBUNAL INTERNATIONAL DU DROIT DE LA MER, **ARRÊT**, Le 6 août 2007 N. 15 – AFFAIRE DU **«TOMIMARU»** (JAPON c. FÉDÉRATION DE RUSSIE), no qual se determinou a «PROMPTE MAINLEVÉE». La demande a été inscrite au Rôle des affaires en tant qu'Affaire No. 15 sous le nom d'*Affaire du «Tomimaru»*.

270 TIDM, **AFFAIRE DU «HOSHINMARU»** (JAPON c. FÉDÉRATION DE RUSSIE) Le 9 juillet 2007, demande de PROMPTE MAINLEVÉE.

No caso do navio **Tomimaru** (2007) a Corte de Hamburgo entendeu que a ocorrência de julgamento, emanado do Tribunal regional de Kamtchaka excluía a possibilidade de manifestação do TIDM a respeito do caso, e este, por unanimidade encerra o caso, sem julgamento de mérito, em razão da decisão nacional, prolatada sobre o mesmo.[271]

Enfatiza o Tribunal do Mar a necessidade de considerar o papel da Convenção do Mar, em seu artigo 73, na relação de equilíbrio entre as partes, em casos como os de confisco de navios e de expropriação de carga. Como este, ademais, se manifestara no caso do **monte Confurco** (2000).[272] O Tribunal considerou que o confisco de um navio de pesca não deve ser utilizado de maneira que comprometa o equilíbrio dos

[271] TIDM, **affaire Tomimaru** (2007), nos itens «efeitos do confisco» e «julgamento», parágrafos 59 até 64: Le défendeur soutient que l'arrêt du tribunal régional du Kamtchatka confirmant la confiscation du *Tomimaru* rend la demande, aux termes de l'article 292 de la Convention, sans objet. Le défendeur fait valoir que, selon l'article 292, paragraphe 3, de la Convention, le Tribunal, lorsqu'il examine des demandes de mainlevée ou de mise en liberté, n'a à connaître que de la question de la mainlevée ou de la mise en liberté, sans préjudice de la suite qui sera donnée à toute action dont le navire, son propriétaire ou son équipage peuvent être l'objet devant la juridiction nationale appropriée. Le défendeur déclare que l'affaire a déjà été examinée quant au fond par la juridiction nationale appropriée, que la décision rendue par cette juridiction est déjà entrée en vigueur et qu'elle a, en outre, été exécutée. Par conséquent, le Tribunal n'a pas compétence pour examiner une demande de prompte mainlevée. [...]
64. Le demandeur maintient que, quelle que soit la manière de qualifier la procédure dont la Cour suprême de la Fédération de Russie est saisie, l'affaire est en instance. Le demandeur souligne, se référant à cet égard à l'exposé en réponse, que la Cour suprême de la Fédération de Russie peut annuler la décision du tribunal régional du Kamtchatka datée du 24 janvier 2007.

[272] TIDM, **affaire Tomimaru** (2007), pars. 74 a 76: Comme le Tribunal l'a déjà déclaré dans l'arrêt qu'il a rendu en l'*Affaire du «Monte Confurco»* (*TIDM Recueil 2000*, p. 108, par. 70), l'article 73 de la Convention établit un équilibre entre l'intérêt que représente pour l'Etat côtier la prise de toutes les mesures qui lui sont nécessaires pour assurer le respect des lois et règlements qu'il a adoptés d'une part, et l'intérêt que représente pour l'Etat du pavillon l'obtention sans délai d'une mainlevée de l'immobilisation de ses navires et d'une libération de leurs équipages dès le dépôt d'une caution ou autre garantie raisonnable, d'autre part. Le Tribunal souhaite souligner qu'un arrêt rendu en vertu de l'article 292 de la Convention doit être sans préjudice de la suite qui sera donnée à toute action dont le navire ou son équipage peuvent être l'objet devant la juridiction nationale appropriée et que ceci est également un facteur à prendre en compte dans l'établissement d'un équilibre entre les intérêts de l'Etat côtier et ceux de l'Etat du pavillon.

interesses do estado do pavilhão e do estado costeiro, tal como são estes estipulados pela Convenção do mar, de 1982. E ressalta, ainda o Tribunal (§ 76) que uma decisão de confisco pode ter como efeito suprimir o caráter provisório da detenção do navio de tornar sem objeto o procedimento de liberação (*prompte mainlevée*).

Aponta o TIDM a necessidade de se atentar para a rapidez das medidas. E entende não teria razão o Japão em ter solicitado as medidas contra a Rússia.[273]

No caso do navio **Hoshinmaru** (2007),[274] igualmente ocorrido entre o Japão e a Federação da Rússia, tratou-se, inicialmente, em 9 de julho de 2007, de pedido cautelar, visando a liberação do navio.[275] Foi, pelo

[273] TIDM, **affaire Tomimaru** (2007) parágrafos 77 a 82: 77. Dans ce contexte, le Tribunal souligne que, compte tenu de l'objectif de l'article 292 de la Convention, il appartient à l'Etat du pavillon d'agir en temps voulu. Cet objectif ne peut être réalisé que si le propriétaire et l'Etat du pavillon interviennent dans un délai raisonnable soit pour recourir au système judiciaire national de l'Etat ayant opéré la saisie soit pour entamer la procédure de prompte mainlevée de l'immobilisation du navire ou de prompte libération de son équipage visée à l'article 292 de la Convention. [...]
80. Le Tribunal considère qu'une décision tendant à procéder à la mainlevée de l'immobilisation du navire, prise en application de l'article 292 de la Convention, contredirait la décision mettant un terme aux procédures engagées devant les instances nationales et s'immiscerait dans l'exercice de compétences nationales, contrevenant ainsi aux dispositions de l'article 292, paragraphe 3, de la Convention.
81. Pour les motifs qu'il a énoncés, le Tribunal ne considère pas nécessaire de se prononcer expressément sur les diverses conclusions des parties, sous la forme dans laquelle elles ont été présentées, et considère que la demande est sans objet.

[274] TIDM, **AFFAIRE DU «HOSHINMARU»** (JAPON c. FéDéRATION DE RUSSIE) Le 9 juillet 2007, demande de PROMPTE MAINLEVÉE.

[275] TIDM, **affaire du Hoshinmaru** (2007), onde o Presidente do Tribunal : «Vu l'article 292 de la Convention des Nations Unies sur le droit de la mer (ci-après dénommée «la Convention»), Vu l'article 112, paragraphe 3, du Règlement du Tribunal, Vu la demande soumise, en vertu de l'article 292 de la Convention, au Tribunal par le Japon et déposée le 6 juillet 2007, concernant la prompte mainlevée de l'immobilisation du navire *Hoshinmaru* et la prompte libération de son équipage, *Rend l'ordonnance suivante:* Considérant que, conformément à l'article 292 de la Convention, le Tribunal examine promptement cette demande, Considérant que, conformément à l'article 112, paragraphe 3, du Règlement du Tribunal, le Tribunal ou le Président, si le Tribunal ne siège pas, fixe la date d'une audience le plus tôt possible, dans un délai de 15 jours à compter du premier jour ouvrable qui suit la date de la réception de la demande», fixou para 19 de julho de 2007, a data da abertura do procedimento oral e «*Réserve* la suite de la procédure.»

presidente do TIDM, fixada a data de 19 de julho de 2007, para o início dos procedimentos principais.[276] A decisão do Tribunal foi prolatada em 6 de agosto de 2007.

Cabe, a seguir, passar a considerar o direito internacional relativo às aeronaves (19.2).

19.2. Aeronaves

> Engenho capaz de se sustentar na atmosfera graças às reações do ar diferentemente que pelas reações do ar contra a superfície da terra
>
> Convenção de Chicago (1944), Anexo II, cap. 1

> Muitas áreas [do direito internacional aeronáutico] foram altamente reguladas, mas os conceitos básicos, tais como a definição do termo *aeronave*, foram deixadas vagas, alegadamente visando evitar exclusões não intencionais. Nem todos os estados são parte das várias convenções e nem todas as questões foram abrangidas por acordos internacionais.
>
> L. Tomas (2012)[277]

O conceito de *aeronave* está fundamentado na capacidade de tais veículos serem capazes de se sustentar aerodinamicamente, permitindo vôo no

[276] TIDM, **affaire du Hoshinmaru** (2007) (JAPON c. FÉDÉRATION DE RUSSIE): 1. Le 6 août 2007, determinou este a «PROMPTE MAINLEVÉE», já sob a forma de decisão em relação a este tópico «ARRÊT»: Le 6 juillet 2007, une demande fondée sur l'article 292 de la Convention des Nations Unies sur le droit de la mer (ci-après dénommée «la Convention») a été déposée sous forme de courrier électronique auprès du Greffe du Tribunal par le Japon contre la Fédération de Russie, au sujet de la mainlevée de l'immobilisation du *Hoshinmaru 88* (ci-après dénommé «le *Hoshinmaru*») et de la mise en liberté de son équipage. La demande était accompagnée d'une lettre, datée du 6 juillet 2007, de M. Ichiro Komatsu, Directeur général du Bureau des affaires juridiques internationales au Ministère des affaires étrangères, transmettant une communication du Ministre des affaires étrangères du Japon, par laquelle le Greffier du Tribunal a été informé de la nomination de M. Komatsu en tant qu'agent du Japon. Par cette même lettre, le Greffier a été informé de la nomination de M. Tadakatsu Ishihara, Consul général du Japon à Hambourg, en tant que co-agent. Le texte original de la demande et de la lettre de l'agent du Japon a été remis le 9 juillet 2007. [...] 5. La demande a été inscrite au Rôle des affaires en tant qu'Affaire No. 14 sous le nom d'*Affaire du «Hoshinmaru»*.

[277] Lisa Tomas, *Air Law* (in **Encyclopedia of public international law**, 2012, vol. I, p. 233--242, cit. § 1).

espaço aéreo – nos termos da Convenção de Chicago, de 1944. Não há vinculação do termo ao objeto de sua atividade, se estatal ou comercial; será considerada aeronave todo engenho que preencher determinadas características físicas capazes de discerni-lo de outros veículos automotores.

O conceito de aeronave forma a parte principal do conteúdo da legislação aérea, tanto internacional (convenções internacionais, projetos de unificação de regras do ar etc.), quanto do ponto de vista da legislação interna em seus aspectos administrativos e civil.[278]

Neste sentido, a **Convenção** de Chicago define *aeronave*, em seu anexo II, capítulo 1, como acima referido: "engenho capaz de se sustentar na atmosfera graças às reações do ar diferentemente que pelas reações do ar contra a superfície da terra". Destarte, a um *planador* confere-se o status de *aeronave*, ao contrário do que ocorre com um *hovercraft* (ou aerodeslizador, veículo que se apóia em colchão de ar para locomoção).

Por sua vez, o artigo 106, *caput*, do Código Brasileiro de Aeronáutica – a Lei 7.565, de 19 de dezembro de 1986, com as alterações posteriores (tais como a Lei 12.432, de 2011, a Lei 12.970, de 2014, o Dec. 8.265, de 2014 e a Medida provisória 1.089, de 2021), considera *aeronave* "todo aparelho manobrável em vôo, que possa sustentar-se e circular no espaço aéreo, mediante reações aerodinâmicas, apto a transportar pessoas ou coisas". E o parágrafo 1º do mesmo art. 106 (incluído no Código pela Medida provisória 1.089, de 2021) acrescenta: a aeronave é bem móvel, registrável para o efeito de nacionalidade, de matrícula, de aeronavegabilidade, de transferência por ato entre vivos, de constituição de hipoteca, de publicidade e de cadastramento geral. Estipula, no art. 108, que a aeronave é considerada da nacionnalidade do estado em que esteja matriculada.

Toda aeronave deve possuir uma única nacionalidade, que será conferida, a exemplo do que ocorre com navios, mediante registro,

[278] Ensinava Rafael Gay de Montellà (1929) que "*El concepto de La aeronave forma la parte principal del contenido de la legislación aérea, tanto internacional (convenios internacionales, proyectos de unificación de las regras del aire etc.), como del punto de vista de la legislación interior in sus aspectos administrativos e civil*". Apud José da Silva Pacheco, **Comentários ao Código Brasileiro de Aeronáutica** (4. ed., Rio de Janeiro: Forense, 2006. p. 175).

mediante regras internas estabelecidas pelo Estado responsável.[279] Porém, chama atenção que não ocorre, no caso dos aviões, o problema – tão frequente com navios – das matrículas de 'complacência', ou de 'conveniência'. Alguns autores atribuem o fato ao "elevado grau de estatização da propriedade das companhias aéreas envolvidas no transporte internacional".[280]

Embora não se verifique, no direito aeronáutico, a prática das "bandeiras de conveniência",[281] ressalte-se que o registro de aeronaves pressupõe sempre a existência de conexões substanciais, de forma a permitir o exercício de jurisdição, pelo estado de matrícula. O teste do vínculo efetivo deverá ser utilizado, sempre que houver dúvidas sobre a nacionalidade de uma aeronave, e poderá anular a respectiva matrícula.[282]

Os critérios de nacionalidade previstos pela **Convenção** de Chicago implicam, consequentemente, que aeronaves internacionais, que estejam a serviço de organizações intergovernamentais, dependerão sempre de registro em algum estado.[283] Assim, uma aeronave a serviço das Nações Unidas pode muito bem ter nacionalidade norte-americana, de modo que neste caso, os EUA assumirão internacionalmente a responsabilidade pelo engenho. O mesmo se dá em relação a navios arvorando a bandeira das Nações Unidas, das agências especializadas das Nações Unidas e da Agência internacional de energia atômica, nos termos do art. 93 da Convenção sobre o direito do mar.

[279] Art. 17 da Convenção de Chicago, de 1944. No entanto, em 1967 o Conselho da ICAO autorizou registro conjunto para aeronaves em casos especiais.

[280] Compare-se com a situação dos navios, como se expõe em 19.1.2 – classificação e nacionalidade dos navios; v. tb. F. Rezek, **Direito Internacional Público** (11ª ed., São Paulo: Saraiva, 2007, p. 328); D. König, *Flag of Ships* (in **Encyclopedia of public international law**, 2012, vol. IV, p. 98-116).

[281] I. Brownlie, **Principles of Public International Law** (Oxford: University Press, 6th ed., 2003); v. tb. I. Brownlie, **International law at the fiftieth anniversary of the United Nations: general course on public international law** (RCADI, 1995, t. 255, p. 9-228).

[282] I. Brownlie, **Principles** (2003. p. 413).

[283] A. Meira Mattos, **Direito internacional público** (Rio de Janeiro: Renovar, 2ª ed., 2002, p. 214).

Cumpre esclarecer,[284] que "a aeronave não é nem uma pessoa, nem uma porção do território",[285] e a nacionalidade de tais engenhos não decorre de sua natureza, mas é noção fictícia ou artificial de pura técnica jurídica, criada para salvaguardar interesses nitidamente determinados.[286]

Quando em espaço aéreo internacional, exercerá jurisdição sobre a aeronave, inclusive coisas e pessoas em seu interior, o estado de sua nacionalidade, como ocorre em relação a navios em alto mar – conforme examinado (19.1).

Consequência da aceitação da soberania do estado territorial em relação ao espaço aéreo sobrejacente, bem como da integridade territorial dos estados, pode ser licitamente feito uso da força, contra aeronave, que ingresse no espaço aéreo de determinado estado, sem se identificar, nem responder a ordens de comando em terra ou aeronaves públicas do estado territorial. Referida prerrogativa deve, contudo, ser exercida somente em casos extremos, depois de diversas tentativas de contato e determinação de identificação da aeronave 'invasora'. Como ilustra o trágico **incidente** com aeronave em vôo **da Korean Air Lines**.

Em 1º de setembro de 1983, o vôo 007, de Nova York para Seul, da Korean Air Lines, logo depois de fazer escala para reabastecer em Anchorage, foi interceptado e derrubado por caças militares soviéticos, matando todos os 240 passageiros e tripulantes a bordo. O vôo começou a se desviar de sua rota autorizada, ingressando no espaço aéreo soviético, sobrevoou a península de Kamchatka, a ilha Sacalina e suas águas territoriais.

A Convenção de Chicago era omissa em relação ao uso de força contra aeronaves civis. Contudo, o Anexo II dessa Convenção prevê procedimentos a serem observados, em caso de interceptação de aeronave civil, que perdeu seu rumo, invadindo o espaço aéreo de outro estado, e particularmente menciona a necessidade de comunicação por rádio, em tais situações.Com relação à proteção da soberania, na reunião do

[284] I. STRENGER, **Responsabilidade civil no direito interno e internacional** (São Paulo: LTr, 2ª ed., 2000).

[285] F. de VISSCHER, **General Course on Private International Law** (RCADI, 1992, t. 232, p. 9-256); F. de VISSCHER, **The Antagonism between Legal Security and the search for Justice in the field of Contracts** (RCADI, 1974, t. 142, p. 1-70).

[286] I. STRENGER (op. cit., 2000, p. 260).

Conselho de Segurança da ONU, convocada para debater o incidente, de 1º a 12 de setembro de 1983, diversas delegações argumentaram que a União Soviética tinha violado o princípio da proporcionalidade no direito internacional.[287]

Em reação a este incidente, a OACI iniciou duas investigações, que levaram ao acréscimo de dispositivo à Convenção de Chicago, que "muitos acreditam, simplesmente codifica uma obrigação já existente no direito internacional, no sentido de se abster do uso de armas contra aviões civis em vôo e garantir que a segurança não seja comprometida, em caso de interceptação":[288] embora adotada por unanimidade, pela Assembleia da OACI, a emenda ao art. 3*bis* (a) da Convenção de Chicago somente entrou em vigor em 1º de janeiro de 2000.

Dentre mais de cinco dezenas dos principais instrumentos multilaterais em matéria de direito internacional do ar, sob a égide da OACI – *ICAO Aeronautical Agreements, International Registry* – além das já referidas Convenções de Varsóvia, 1929, de Chicago, 1944 com alterações, várias convenções em matéria aeronáutica, assinadas em Montreal, mas sobretudo a Convenção de 1999, cabe mencionar as Convenções de Genebra, 1948, de Roma, 1952.

Aeronaves, como bens móveis registráveis,[289] que circulam usualmente por diferentes países, tiveram os direitos reais dos respecti-

[287] Suzette V. Suarez, *Korean Air Lines Incident (1983)* (in **Encyclopedia of public international law**, 2012, vol. VI, p. 594-597, cit. § 15): "The shooting down of a civilian aircraft was considered to be in excess of the threat of attack perceived by the Soviet Union against its territorial integrity and sovereignty. The right of a state to enforce its right over its airspace is therefore not unlimited and absolute, but must respect the well established principle of proportionality."

[288] Lisa Tomas, *Air Law* (in **Encyclopedia of public international law**, 2012, vol. I, p. 233-242, cit. § 29): "One problem with the amendment is a lack of practical enforcement measures to be employed when a suspect aircraft refuses to land. A state may order an aircraft to land or retreat from its airspace but it cannot use armed force itself without warning, otherwise it will have violated international law. This leaves protest, demand of an apology, or redress through compensation from the state of aircraft registration as possible remedies, which are not necessarily satisfactory in the circumstances."

[289] Conforme o Código Brasileiro de Aeronáutica: art. 106, parágrafo 1º (cf. redação da Medida provisória 1.089, de 2021): a aeronave é bem móvel registrável para o efeito de nacionalidade, de matrícula, de aeronavegabilidade, de transferência por ato entre vivos, de constituição de hipoteca, de publicidade e de cadastramento geral. A respeito de tais

vos proprietários e seguradores garantidos internacionalmente pela **Convenção de Genebra**, de 19 de junho de 1948, em vigor desde 17 de setembro de 1953. Tal instrumento objetiva essencialmente evitar conflitos de lei entre os Estados partes, de forma a permitir o desenvolvimento do mercado aeronáutico.[290]

Em relação à responsabilidade civil do transportador aéreo,[291] o principal instrumento internacional continuava a ser a **Convenção de Varsóvia**, de 12 de outubro de 1929,[292] incluindo modificações pelo Protocolo da Haia, de 1955, que dobrou os limites originalmente estipulados na Convenção de Varsóvia; posteriormente, novas alterações foram adotadas, em 1966 e em 1995, em decorrência da percepção de que as limitações de responsabilidade não mais pareciam aceitáveis.

Até ser substituída pela Convenção de Montreal, de 1999,[293] a Convenção de Varsóvia, em seu artigo 20, dispunha que o transportador somente seria responsável em caso de culpa, de tal sorte que, caso se comprovasse ter tomado todas as providências necessárias para evitar o dano ou impossibilidade de mitigá-lo, não teria obrigação de reparar o prejuízo. Em se provando a culpa do transportador, havia limite financeiro para indenização, conforme artigo 22, não aplicável a danos causados de forma dolosa, conforme ressalva o artigo 25.

A Convenção de Montreal, de 28 de maio de 1999,[294] substituiu o sistema de Varsóvia, eliminando limites arbitrários de responsabilidade

elementos, ver: aeronavegabilidade (arts. 72, I, 109 e 114), transferência por ato inter vivos (arts. 72, II e 115, IV), constituição de hipoteca (art. 72, II e 138), publicidade (arts. 72, III e 117) e cadastramento geral (art. 72, V).

[290] Convenção de Genebra, de 19 de junho de 1948 – Convention on the International Recognition of Rights in Aircraft, em vigor desde 17 de setembro de 1953 (ICAO Doc. 7620); v. tb. I. H. Ph. Diederiks-Verschoor, **An Introduction to Air Law** (Deventer: Kluwer, 5th. ed., 1993. p. 166/169).

[291] Octanny Silveira da Mota, **Da responsabilidade contratual do transportador aéreo** (São Paulo: Edusp / Saraiva, 1966) compara os dispositivos da Convenção de Varsóvia ao então vigente Código Brasileiro do Ar.

[292] Texto da Convenção de Varsóvia de 12 de outubro de 1929, cf. Decreto n. 20.704, de 24 de novembro de 1931.

[293] I. Strenger (op. cit., 2000, p. 258-262). Ver tb. as considerações gerais no item 17.2 – liberdade dos ares vs. soberania, supra.

[294] Texto da Convenção de Montreal de 28 de maio de 1999, cf. Decreto n. 5.910, de 27 de setembro de 2006. A Convenção de Montreal, de 1999, observa L. Tomas, *Air Law* (in

civil por danos: o transportador somente poderá se eximir da reparação total, caso prove não ter sido negligente ou que terceiro foi o único responsável pelos danos.[295]

Quanto a danos causados por aeronaves na superfície, adotou-se internacionalmente um sistema de responsabilidade objetiva, sem dependência de elemento psicológico a condicionar o dever de reparar do transportador. É o que consta da **Convenção de Roma**, de 1952, bem como do **Protocolo de Montreal**, de 1978, que condicionam reparação exclusivamente à prova de que o dano foi causado por aeronave em vôo ou por pessoa ou objeto dela originária.[296] Vale lembrar também a Convenção de Montreal, de 2009 – *General Risks Convention*,[297] que poderá complementar as disposições contidas na Convenção de Roma de 1952, emendadas pelo Protocolo de Montreal de 1978.

A seguir se pode passar ao exame da questão da classificação e da nacionalidade das aeronaves (19.2.1).

Encyclopedia of public international law, 2012, vol. I, p. 233-242, cit. § 17): "gave a legal basis to unlimited passenger liability and created a two-tier system of compensation in case of death or injury: a portion awarded irrespective of carrier's fault and a further tier of unlimited fault-based liability beyond that limit. Punitive damages are specifically prohibited. Other Warsaw provisions were modified to provide clarity and to improve passenger protection."

[295] M. N. Shaw, **International Law** (ed. cit., 2003, p. 471): "The carrier may avoid liability for the full amount of damages only if it proves that it was not negligent or that a third party was solely responsible for the damages".

[296] Convenção de Roma, 1952 / Convention on damage caused by foreign aircraft to third parties on the surface, assinada em Roma, 7 de outubro de 1952, em vigor desde 4 de fevereiro de 1958 (ICAO Doc. 7364); emendada pelo Protocolo de Montreal, 1978 / Protocol to amend the Convention on damage caused by foreign aircraft to third parties on the surface signed at Rome on 7 October 1952, assinado em Montreal, em 23 de setembro de 1978, em vigor desde 25 de julho de 2002 (ICAO Doc. 9257); v. tb. M. N. Shaw (op. cit. 2003, p. 473).

[297] Convenção de Montreal, 2009 / Convention on compensation for damage caused by aircraft to third parties, assinada em Montreal, 2 de maio de 2009, ainda não vigente (ICAO Doc. 9919). Ver status no site da ICAO: icao.int – current list of parties do multilateral air treaties.

19.2.1. Classificação e nacionalidade das aeronaves

> A aeronave é considerada da nacionalidade do estado em que esteja matriculada.
>
> Código brasileiro de aeronáutica, art. 108 – lei 7.565, de 19 de dezembro de 1986, cf. Medida Provisória 1.089, de 2021

A classificação das aeronaves que se nos depara no Código brasileiro de aeronáutica corresponde, *grosso modo*, à da Convenção sobre o direito do mar em matéria de navios (cf. 19.1.2). O Código divide as aeronaves em militares e as que forem utilizadas pelo estado em serviço público; todas as demais se consideram aeronaves privadas, dentre as quais devemos incluir também as aeronaves do estado *não* utilizadas em serviço público.

A equiparação das aeronaves estatais usadas para fins comerciais com as aeronaves privadas é mais importante em matéria aeronáutica do que em marítima, visto que grande número, senão a maioria, das companhias de aviação civil são de propriedade de estados ou a maioria das ações são controladas pelo estado. Por esse motivo, como mencionado, não se produz, em matéria de aeronaves, o fenômeno das bandeiras de conveniência ou de complacência, que ocorre com frequência, em relação a navios.

As regras sobre a *nacionalidade* das aeronaves não correspondem às utilizadas quanto aos navios. Citam-se cinco critérios: 1º) o do país de matrícula; 2º) o do país de base (*port d'attache*); 3º) o do país de origem ou construção; 4º) o da nacionalidade do proprietário; e 5º) o do domicílio do proprietário.

A legislação brasileira combina o critério da matrícula com o da nacionalidade do proprietário. No fundo, a questão é bem mais complexa, pois o que se verifica na prática é que hoje em dia vigora o sistema do *leasing*, ou seja, embora as aeronaves comerciais tragam obrigatoriamente os sinais distintivos de sua nacionalidade (assim como as marcas de sua matrícula), isto não significa necessariamente que sejam de propriedade da companhia de aviação civil cujas cores ostentam, mas sim de pessoa jurídica sediada em outro país.

19.2.2. Aeronaves em espaço aéreo estrangeiro

> Os quadros especiais de nossos pensamentos foram em si transtornados, por nossas facilidades de deslocamento: 'nossos códigos, nossas ambições, nossa política, são inspiradas por noções fortemente, potentemente locais; eles são os de um homem fixado em voo, localizado. Quer se trate de indivíduos ou de nações, nossas idéias e nosso direito, nossos conflitos e nossos contratos implicam a estabilidade, o reconhecimento da propriedade e a soberania sobre um dominio... Mas essa localização e essa permanência, que foram os fundamentos de nossa vida social e política, contrastam, mais e mais, com a excitação ao movimento, que atormenta o mundo moderno, e com as facilidades, que são criadas para satisfazer seu gosto de evasão e seu estranho ideal de ambiguidade.
>
> R.-J. DUPUY (1970)[298]

O regime das aeronaves em espaço estrangeiro segue regras que se assemelham às estabelecidas para os navios (cf. 19.1.4). Estas regras aplicar-se-ão em condições análogas.

No tocante às aeronaves militares, é-lhes reconhecido o gozo de certas imunidades, que as subtraem à jurisdição do estado estrangeiro, em cuja atmosfera tenham permissão de circular, ou em cujo território tenham sido autorizadas a pousar. Assim, estão isentas da visita dos funcionários de polícia ou aduaneiros; os poderes locais não exercerão nenhuma autoridade sobre elas; as infrações praticadas a bordo não estão sujeitas à jurisdição dos tribunais locais; elas não podem ser objeto de sequestro, arresto ou detenção. Não estão isentas, porém, do dever de

[298] René-Jean DUPUY, *Regards de Valéry sur l'univers politique* (in **Mélanges offerts à Mr. le Doyen Louis Trotabas**, Paris: L.G.D.J., 1970, p. 137-153, cit. p. 152): «les cadres spéciaux de nos pensées sont eux-mêmes bouleversés par nos facilités de déplacement: 'nos codes, nos ambitions, notre politique, sont inspirés de notions fortement, puissamment locales; ils sont d'un homme fixé au vol, localisé. Qu'il s'agisse des individus ou des nations, nos idées et notre droit, nos conflits et nos contrats impliquent la stabilité, la reconnaissance de la proprieté et la souveraineté d'un domaine... Mais cette localisation et cette permanence, qui furent les fondements de notre vie sociale et politique, contrastent de plus en plus avec l'excitation au mouvement qui tourmente le monde moderne et avec les facilités qui sont créées pour satisfaire son goùt du départ et son étrange idéal d'ambiguité.»

obediência às leis e regulamentos de polícia ou de defesa militar, fiscal ou sanitária, do dito estado.

Além do constrangimento oficial para o Brasil, decorrente do abuso de confiança, o fato de que as aeronaves militares se subtraem da jurisdição do estado estrangeiro, configura ilícito internacional a utilização de aeronave militar para transporte de droga – como se deu na Espanha, no caso de avião da FAB, que transportava 37 Kg de cocaína.[299]

As regras estabelecidas para os navios públicos não militares são aplicáveis às aeronaves da mesma natureza. Pode dizer-se, também, que, em geral, as normas adotadas para os navios privados são aplicáveis às aeronaves privadas.

Entretanto, entre as disposições regulamentares que um estado pode adotar, muitas se referem, privativamente, à navegação aérea. Assim, por exemplo, pode um estado exigir que as aeronaves privadas estrangeiras não transportem explosivos, armas ou munições; não pratiquem acrobacias ou quaisquer manobras arriscadas acima de cidades etc. Além disso, pode ordenar – e não só para as aeronaves privadas, mas também e sobretudo para as militares – o estabelecimento de itinerário determinado para a travessia aérea do estado; a interdição de vôo sobre certas zonas; a proibição do transporte de aparelhos fotográficos.

Com referência à aplicação do direito de jurisdição do estado sobre as aeronaves privadas estrangeiras, pode dizer-se que, juridicamente, o princípio é perfeitamente exato, uma vez que se reconhece a soberania do estado sobre o espaço atmosférico acima do respectivo território. Na prática, porém, tal aplicação oferece, às vezes, sérias dificuldades. Daí a variedade de sistemas propostos para esse efeito.

[299] Portal G1 – Distrito Federal, *Cocaína no avião da FAB: operação contra tráfico de drogas bloqueia imóveis e dinheiro de investigado*, por Camila Bonfim e Wellington Hanna, TV Globo, 15/12/2021 06h56: "A Polícia Federal (PF) deflagrou, nesta quarta-feira (15), uma nova etapa da operação que investiga tráfico de drogas em aeronaves da Força Aérea Brasileira (FAB). Os policiais cumprem cinco mandatos de busca e apreensão em Brasília e Florianópolis (SC)." [...] "Essa é a 5ª fase da Operação Quinta Coluna, que investiga um grupo que transportou 37 Kg de cocaína em um avião da FAB, do Brasil para a Espanha, em 2019 e que resultou na prisão de um sargento brasileiro na Europa. A FAB disse que "nenhum militar foi alvo da ação". Apesar dessa declaração, foi oficialmente divulgado que o "sargento brasileiro preso com cocaína em vôo da FAB terá de cumprir pena na Espanha".

19.2.3. Aeronaves em vôo ou sobre o alto mar

> Os atos que, provenientes da aeronave, produzem efeito no Brasil, regem-se por suas leis, ainda que iniciados em território estrangeiro.
>
> Os atos que, provenientes da aeronave, tiverem início no território nacional, regem-se pelas leis brasileiras, respeitadas as leis do estado em que produzirem efeito.
>
> Código brasileiro de aeronáutica, arts. 4 e 5 – lei 7.565, de 19 de dezembro de 1986, cf. Medida Provisória 1.089, de 2021

A determinação da justiça competente em relação a ato cometido em aeronave em vôo pode ser sumamente complexa. No caso de vôo sobre o alto mar, as aeronaves só podem estar sujeitas à jurisdição e à autoridade do país cuja nacionalidade possuam.

O princípio da territorialidade da lei penal tem sido invocado, mas, embora juridicamente correto, seria desaconselhável em certas circunstâncias, pois nem sempre será fácil determinar o território sobrevoado; e possivelmente o país sobrevoado não se considere competente.

A competência do país de aterrissagem tem sido defendida; seria a lei do captor. Mas também apresenta desvantagens, inclusive a possibilidade de o local de pouso ser modificado. Existe ainda a possibilidade de as autoridades locais não se interessarem pelo caso.

O critério mais aceito é o da competência do estado cuja nacionalidade a aeronave possua. Tem a vantagem de indicar claramente a lei e a justiça competente, mas pode retirar a competência do estado que se julga normalmente competente, ou em virtude da nacionalidade da vítima ou por se tratar do estado de aterrissagem.

Em suma, a solução está na adoção de critério que permita a pluralidade de competências. A **Convenção de Tóquio sobre infrações e certos outros atos praticados a bordo de aeronaves**, de 1963, por exemplo, adota o critério da nacionalidade da aeronave, mas reconhece no artigo 4º, a competência de qualquer estado contratante de exercer a sua jurisdição penal, se a infração produzir efeito em seu território, se for cometida por ou contra um seu nacional ou pessoa que nele tenha residência permanente ou se afetar a sua segurança nacional. Na realidade, os crimes de *pirataria aérea*, como os de *pirataria* tradicional, são crimes de direito das gentes cujo julgamento e punição podem ser exercidos por qualquer país.[300]

A seguir se passa à terceira parte, dedicada ao exame dos espaços internacionais e das recorrências da espacialidade.

[300] Cf. se examina em P. B. Casella, **Direito internacional, terrorismo e aviação civil** (São Paulo: Quartier Latin, 2006, esp. cap. V – Fenômeno da pirataria, p. 63-78); v. tb. V. Pella, **La répression de la piraterie** (RCADI, 1926, t. 15, p. 145-276).

TERCEIRA PARTE
ESPAÇOS INTERNACIONAIS E RECORRÊNCIAS DA ESPACIALIDADE

A liberdade do mar, no sentido de simples negação de qualquer competência exclusiva sobre o mar, se funda, assim, no princípio geral da liberdade dos estados nos territórios não reservados, pelo direito das gentes, a outro estado.

A. Verdross (1929)[301]

A presente parte compreende o exame dos espaços internacionais e do que denomino 'recorrências da espacialidade', porquanto ao mesmo tempo em que se assiste à institucionalização do tratamento dos espaços internacionais, como percepção de interesses compartilhados e de necessidades comuns, mesmo no plano da sobrevivência da humanidade, também se põem recorrências de percepções focadas na mais estrita

[301] A.Verdross, **Règles générales du droit international de la paix** (RCADI, 1929, t. 30, p. 271-518, chap. IX 'domaines non soumis à une compétence exclusive', p. 405-409, cit. p. 405): «Dans les temps passés, et encore au commencement de l'ère nouvelle, nous trouvons, il est vrai, de la part de plusieurs états la prétention à une domination d'une partie plus ou moins vaste de la haute mer, c'est-à-dire de l'Océan au delà de la mer territoriale, prétention alors même admise par quelques autres états. / Le droit commun international pourtant n'a jamais reconnu une telle juridiction exclusive. Par conséquent, en l'absence de toute règle limitant la liberté des états à ce sujet, ceux-ci n'étaient à aucun moment de l'histoire obligés juridiquement de respecter ces prétentions. La liberté de la mer, dans le sens d'une simple négation de toute compétence exclusive sur la mer, se fonde donc sur le principe général de la liberté des états dans les territoires non réservés par le droit des gens à un autre état.»

espacialidade, no direito internacional pós-moderno. A contraposição pode ser útil para esclarecer essa relação entre espaços comuns e espaços onde se manifestam as referidas espacialidades.[302]

O **título I** é dedicado ao exame dos **espaços internacionais**.

Neste se examina a mutação ocorrida, em relação a estes, desde o tempo em que eram vistos e tratados como coisa de ninguém (*res nullius*) até a novel condição destes, reconhecidos como patrimônio comum da humanidade'[303], no capítulo 20: compreende a determinação conceitual destes 'espaços internacionais', seguida de ilustração de recorrência de espacialidade, como permite situar a distinção necessária entre espaços propriamente internacionais e espaços internacionalizados, estes últimos de caráter temporário e limitado, onde são referidos alguns dos exemplos, ocorridos no século XX: das cidades de Tanger (20.1), de Danzig (ou atualmente, Gdansk) (20.2), de Trieste (20.3), e da ilha de Irian ocidental (20.4).

No capítulo 21 se considera o 'alto mar', no capítulo 22, o 'espaço ultraterrestre', onde se consideram: o objeto e a extensão de aplicação (22.1), as origens (22.2), os cinco tratados (22.3) e o cenário atual (22.4), antes de se passar,

no capítulo 23, ao exame dos 'fundos oceânicos'; e,

no capítulo 24, ao exame dos 'domínios polares', com especificidades quanto à regulação aplicável à Antártica (24.1), com referência ao continente antártico (24.1.1) e aos arquipélagos antárticos e as respectivas zonas marítimas (24.1.2) e à região do Ártico (24.2); bem como o caso do Alaska (24.2.1), e, a seguir, se propõe considerar;

o 'direito internacional dos espaços e a emergência da proteção internacional do meio ambiente', sucintamente abordado no capítulo 25,

[302] A.VERDROSS (op. cit., 1929, loc. cit.): «La compétence exclusive sur un territoire déterminé suppose d'une part (...), l'existence d'une autorité effective et permanente. Mais d'autre part le droit international moderne n'autorise pas les états à établir leur pouvoir sur une portion quelconque du globe. Il ne leur permet d'occuper légitimement qu'une partie de la terre ferme, non encore soumise à aucun autre sujet de droit international et d'y exercer, comme sur les eaux qui se trouvent sous le pouvoir réel du continent, une compétence en principe exclusive.»

[303] Juan Antonio CARRILLO SALCEDO, *Le concept de patrimoine commun de l'humanité* (in **Ouvertures en droit international: hommage à René-Jean DUPUY**, Paris: Pedone, 1998, p. 55-66).

para ressaltar a necessidade de conceber toda esta nova dimensão do direito internacional dos espaços e remeter aos estudos setoriais específicos, que mais e mais constituem especialização, em tempo integral, no âmbito do direito internacional pós-moderno.

No **título II** se examinam as assim chamadas **recorrências da espacialidade**, e se consideram, sucessivamente:

'geografia e extraterritorialidade: projeção do poder do estado além dos seus limites' é o objeto do capítulo 26: o fenômeno tem de ser entendido como duas facetas, uma lícita e outra não, com as consequências legais daí decorrentes.

'território brasileiro e direito internacional', no capítulo 27 estuda as questões de fronteiras, enfrentadas pelo Brasil: com o Peru (27.1), com a Argentina (27.2), com a Bolívia (27.3), com a Venezuela (27.4), com a Colômbia (27.5), com o Uruguai (27.6), com o Paraguai (27.7), com a Guiana Inglesa (27.8), com a Guiana Francesa (27.9) e a questão da Ilha da Trindade (27.10), seguido do

capítulo 28, sobre as 'fases de formação do território brasileiro: algumas lições de direito internacional', porquanto o caso brasileiro ilustra, de modo paradigmático a relação entre território e direito internacional.

A seguir se considera a relação entre 'espacialidade e direitos fundamentais: dimensão humana do território', no capítulo 29, e se propõe mostrar quanto esta dimensão humana se põe tanto no plano histórico, dos passados coloniais, de várias regiões do planeta, como em relação ao atual contexto de relação com o espaço, como direito humano fundamental – e isto se exprimiria na relação 'dos impérios coloniais ao reconhecimento dos direitos dos povos indígenas' (29.1): não somente o território passa a ter normatização internacional, como pode passar a haver amparo institucional do debate, que a respeito se promove, no contexto da Organização das Nações Unidas – e, em razão dessa internacionalização consentida do fenômeno, não mais poderão os estados pretender se trate somente de questão interna, e como tal insujeita a debate e a controle internacionais, e, por isso, a seguir, se consideram: 'internacionalização dos direitos fundamentais' (29.2) e 'dimensão humana do território como expressão da relação entre espacialidade e direitos fundamentais' (29.3);

'território e ato unilateral', no capítulo 30, é dedicado ao exame de dois casos, clássicos da jurisprudência internacional: na Corte permanente de justiça internacional, o 'caso do estatuto jurídico da Groenlândia oriental' (1933) (30.1), e, na Corte Internacional de Justiça, os casos dos testes nucleares franceses (1974) (30.2); e, finalmente,

'território e identidades culturais', no capítulo 31, estuda algumas questões como: a questão da Jaworzina (31.1), a questão do território de Memel (31.2), a questão do trecho ferroviário de Landwarow-Kasiadorys (31.3), a questão das consequências da construção do muro nos territórios palestinos ocupados (31.4), bem como o laudo arbitral de Max HUBER sobre a ilha de Palmas (31.5), o laudo de Vítor Emanuel III sobre a ilha de Clipperton (31.6) e a proteção de minorias nas ilhas Aaland (31.7).

TÍTULO I
ESPAÇOS INTERNACIONAIS

A introdução do termo 'humanidade' combinado com 'patrimônio' indica que os interesses das gerações futuras tem de ser respeitados, ao se fazer uso dos bens de uso comum (*the international commons*).

R. Wolfrum (2012)[304]

A humanidade, como entidade global, quer no plano espacial, quer no temporal, é pois a referência central dos novos traços de identidade do direito internacional, superando o quadro individualista do direito internacional clássico.

J. M. Pureza (1993)[305]

[304] R. Wolfrum, *Common Heritage of Mankind* (in **Encyclopedia of public international law**, 2012, vol. II, p. 452-458, C – Content of the Principle of the Common Heritage of Mankind, cit. § 22): "More specifically, it requires that the deep seabed or outer space acitivities should avoid undue waste of resources and provides for the protection of the environment. An important part of the intertemporal dimension of the common heritage principle is the concept of sustainable development." Apesar das menções nos arts. 145 e 209 da Convenção sobre o direito do mar, que estipula a obrigação de proteção do ambiente marinho contra os efeitos nocivos da mineração nos fundos marinhos, e do art. 7º do Tratado da Lua, que obriga os estados a manterem o equilíbrio existente no ambiente do espaço exterior, estes dispositivos todavia não abrangem o conceito de desenvolvimento sustentável.

[305] José Manuel Pureza, *Globalização e direito internacional: da boa vizinhança ao patrimônio comum da humanidade* (in Lua nova, n. 30, 1993, p. 73 ss.).

O exame dos espaços internacionais, no presente título se enceta com o exame da mutação conceitual, ocorrida no direito internacional pós-moderno, no tratamento dos espaços comuns: os espaços internacionais, antes considerados *res nullius* passam a ser patrimônio comum da humanidade (cap. 20). A análise do princípio pode ser ilustrada pelo exame de alguns campos do direito internacional, nos quais já se fazem presentes elementos de gestão internacionalizada – como na Autoridade dos fundos marinhos, regulada pela Parte XI da Convenção das Nações Unidas sobre o direito do mar, ou no regime de gestão das órbitas geoestacionárias pela União Internacional de Telecomunicações.[306]

Em contraposição a tais regimes internacionais de caráter geral são lembrados alguns exemplos históricos – a cidade de Tanger (20.1), a cidade de Danzig (Gdansk) (20.2), a cidade de Trieste (20.3) e a ilha de Irian ocidental (20.4) – onde a internacionalização, ainda que temporária, foi buscada como forma de neutralizar situações de tensão e de conflitos latentes.

Muito além de mudança terminológica, trata-se de conceito valorativo que se agrega ao conjunto dos espaços internacionais, com ênfase na responsabilidade compartilhada e na necessidade de preservação, para as gerações presentes e futuras. Mesmo sem referência explícita, pode-se inferir que o conceito de desenvolvimento sustentável está subjacente e constitui um dos elementos mais importantes do patrimônio comum da humanidade.[307]

O uso pacífico do patrimônio comum é outro aspecto de grande relevância e tem, igualmente, de pautar o regime jurídico internacional desses espaços. Essa diretriz se aplica em relação ao mar, como em relação ao espaço exterior,[308] às órbitas geoestacionárias, como aos espaços polares.

Dada a relevância e o alcance da mutação conceitual em curso no direito internacional, no contexto pós-moderno, é compreensível que o princípio de patrimônio comum da humanidade – bem como seu

[306] V. *supra*, caps. IX a XVI sobre o domínio marítimo e tb. cap. XVIII – direito internacional das telecomunicações, no tocante à caracterização das ondas de rádio como "patrimônio comum da humanidade".

[307] Cfr. cap. XXV – direito internacional dos espaços e emergência da proteção internacional do meio ambiente.

[308] Ver cap. XXII – espaço ultraterrestre.

correlato, o 'interesse comum da humanidade' – ainda suscitem reparos, com relação ao seu conteúdo e à viabilidade de sua implementação no estágio atual das relações internacionais e do direito internacional. Mas é igualmente importante assinalar que ambos já existem e operam no direito internacional positivo.

CAPÍTULO 20
ESPAÇOS INTERNACIONAIS: DE *RES NULLIUS* A PATRIMÔNIO COMUM DA HUMANIDADE

O princípio do patrimônio comum, no que concerne ao uso dos espaços comuns, é parte do direito internacional costumeiro. Constitui princípio fundamental distinto, estipulando obrigações legais, de ordem geral, embora não específicas, com relação à utilização de áreas fora das jurisdições nacionais. Ele conflita com o princípio da soberania, na medida em que a este contrapõe as ideias de utilidade pública internacional e de obrigação de cooperação. Contudo, ainda cabe a cada estado decidir como assegurar que as atividades, sujeitas ao princípio, sejam desempenhadas para o benefício de toda a humanidade.

R. Wolfrum (2012)[309]

Os espaços internacionais escapam do controle de qualquer soberania e não deixam a esta se não lugar reduzido. Eles são, por definição, abertos à livre frequentação pelos nacionais dos estados, seja qual for a nacionalidade destes, como pelos própiros estados. Eles são, igualmente, em sua maior parte, afeitos a atividades pacíficas (Antártica, espaço extra-atmosférico e corpos celestes, Zona dos fundos oceânicos) bem

309 Rüdiger Wolfrum, *Common Heritage of Mankind* (in **Encyclopedia of public international law**, 2012, vol. II, p. 452-458, D – Customary International Law, cit. § 25) completa: "It remains within each state's discretion whether to attempt to achieve this objective by refraining from unilateral, in favour of joint activities, by seeking cooperation on a bilateral or multilateral basis, or by distributing revenues or information."

como atividades, tendo por finalidade o interesse da humanidade (Zona, corpos celestes).

J.-P. PANCRACIO (1997)[310]

O direito das gentes – foi muitas vezes dito e repetido – é um direito individualista, direito instituído primeiro no interesse dos estados particulares. Com efeito, o direito internacional contém grande número de regras protegendo os estados contra atos danosos, por parte de outros estados, quer sejam estes cometidos diretamente contra os próprios estados ou indiretamente contra os nacionais destes.

Ao lado dessas regras, contudo, o direito internacional moderno desenvolveu, mais e mais, princípios surgidos das idéias coletivistas, princípios estabelecidos não em favor dos estados particulares, mas no interesse do bem comum da humanidade.

A. VERDROSS (1929)[311]

A grande mutação conceitual, ocorrida entre o direito internacional clássico, onde os jogos de poder entre os estados, e a proteção dos respectivos interesses particulares eram o foco, se não único, ao menos preponderante, de todo o sistema normativo, determinavam tanto a

[310] Jean-Paul PANCRACIO, **Droit international des espaces**: air, mer, fleuves, terre, cosmos (Paris: Armand Colin/Masson, 1997, Troisième Partie 'Les espaces internationaux', p. 171-256, cit. p. 171): «Les espaces internationaux échappent à l'emprise de toute souveraineté et ne laissent à cette dernière qu'une place réduite. Ils sont ouverts par définition à une libre fréquentation des ressortissants des états, quelle que soit leur nationalité et les états eux-mêmes. Ils sont également pour la plupart affectés à des activités pacifiques (Antarctique, espace extra-atmosphérique et corps célestes, Zone) ainsi que des activités ayant pour finalité l'intérêt de l'humanité (Zone, corps célestes). »

[311] A.VERDROSS, **Règles générales du droit international de la paix** (RCADI, 1929, t. 30, p. 271-518, § 64 'fleuves internationaux', p. 455-458, cit. p. 455): «Le droit des gens – a-t-on souvent dit et répété – est un droit individualiste, droit institué d'abord dans l'intérêt des états particuliers. En effet le droit international contient un grand nombre de règles protégeant les états contre des actes dommageables de la part des autres états, qu'ils soient commis directement contre les états eux-mêmes ou indirectement contre leurs ressortissants.» / «À côté de ces règles cependant, le droit des gens moderne a développé de plus en plus des principes issus des idées collectivistes, principes non établis en faveur des états particuliers, mais dans l'intérêt du bien commun de l'humanité.»

natureza como o alcance do respectivo sistema,[312] e o direito internacional, no contexto pós-moderno, diz respeito ao reconhecimento de valores e interesses compartilhados, pelo conjunto da comunidade internacional como um todo.

Ainda há quem advogue e trabalhe com tal visão estritamente interestatal e pautada por jogos de poder e de força, como os únicos motores do sistema internacional, arrogando-se a denominação de 'realistas'. Seja-lhes reconhecida a prerrogativa de continuar com seus jogos de guerra e de poder. Mas o mundo, literalmente, é mais vasto e mais complexo que esses jogos de poder entre os estados. Sejam quais forem, uns e outros, os estados e os seus estritos interesses e prioridades nacionais.

A evolução do tratamento dos espaços pelo direito internacional pós-moderno evidencia essa mutação qualitativa, ocorrida nas últimas décadas, e que se manifesta em vários campos. Foi amplamente discutido se é adequado falar em patrimônio comum como 'princípio', ou se este é melhor descrito como 'conceito' ou como doutrina. Na medida em que é mencionado no direito internacional positivo, a respeito de espaços comuns, particularmente os fundos oceânicos, é correto falar em patrimônio comum como princípio de direito internacional, dado que este rege o regime em questão.[313]

O conjunto, contudo, como claramente se percebe, é mais vasto e mais complexo: este é o dilema do contexto da pós-modernidade, onde se vêem as limitações dos mecanismos tradicionais de criação e da aplicação das normas internacionais - que necessitam dos estados, para sua formação, quer por meio de tratados ou de costume e, portanto não deixa o sistema instucional e normativo internacional de ser

[312] A respeito do Direito internacional clássico, ver Tratado (tomo X - **Direito internacional no tempo de C. van Bynkershoek e Christian Wolff**, tomo XI - **Direito internacional no tempo do Iluminismo** e tomo XII - **Direito internacional no tempo de Vattel e von Martens**).

[313] R. Wolfrum, *Common Heritage of Mankind* (in **Encyclopedia of public international law**, 2012, vol. II, p. 452-458, cit. § 2): "It has been widely discussed whether it is appropriate to speak of the common heritage principle or whether it is better described as a concept or a doctrine. Insofar as it is referred to in international treaty law concerning common spaces, in particular the deep seabed, it is appropriate to speak of a principle since it governs the regime in question."

essencialmente interestatal. Essa é a mecânica de operação do sistema. Os demais sujeitos ainda se inscrevem, marginalmente, no contexto.

Segundo a visão tradicional, estritamente interestatal, os espaços internacionais, enquanto zonas situadas além do alcance da soberania de cada um dos estados, se equiparavam a *res nullius*. Como tais, eram considerados passíveis de apropriação e de exploração, indiscriminadas, e isso permanece, sem substanciais alterações, até o contexto pós-moderno. Somente no curso das últimas décadas se põe sentido diverso, tendente ao reconhecimento de interesses coletivos, atinentes a toda a 'humanidade', a afirmação de condição compartilhada do conjunto dos espaços, não-sujeitos à jurisdição dos estados,[314] e do interesse comum em relação a estes.

O conceito de base, relativo aos espaços comuns, inova no sentido de se reconhecer *responsabilidade*, comum a todos os estados, na condição de integrantes do sistema institucional e normativo internacional, independentemente de pretensões específicas de cada um. O que caracterizaria tais espaços, doravante, como *res communis omnium*.

Os espaços internacionais, de coisa de ninguém (*res nullius*) ou terra de ninguém (*terra nullius*) passam a ser considerados bem comum (*res communis*).[315] A mutação é relevante e não se deve menosprezar a importância da mudança da concepção, tal como trazida para o direito internacional positivo, pela Convenção das Nações Unidas sobre o

[314] P. B. CASELLA, **Areas not under national jurisdiction and the Achille Lauro Affair** (*'paper'* apresentado e discutido na sessão do Centro de Estudos da Academia de Direito Internacional, na Haia, em 1988, versando "International Legal Aspects of Terrorism", sob a coordenação de Jochen Abr. FROWEIN e J. A. CARRILLO-SALCEDO); v. tb. Anne MEYER-HEINE, *L'application par le juge du principe de l'effectivité* (in **Le juge international et l'aménagement de l'espace: la spécificité du contentieux territorial**, Paris: Pedone, 1998, p. 35-56, cit. p. 56): «Les zones sans maître sont aujourd'hui le continent antarctique, la haute mer, l'espace extra-atmosphérique et les corps célestes, mais elles échappent à toute appropriation en vertu de conventions internationales et ne peuvent devenir des éléments de territoire parce que les états se sont interdits, par traités, de formuler des prétentions à leur sujet et les ont internationalisés. Un concept nouveau est donc apparu, celui d'utilisation commune d'un espace au service de la communauté internationale dans son ensemble.»

[315] Como se examina no presente capítulo – espaços internacionais: de *res nullius* a patrimônio comum da humanidade; Sven LINDQVIST, **Terra nullius** (orig. publ. **Terra nullius – en resa genon ingens land**, 2005, trad. du suédois par Hélène HERVIEU, Paris: Les arènes, 2007).

direito do mar, de 1982: "a Área e seus recursos são patrimônio comum da humanidade".[316]

Mas, uma vez aceito o princípio, a questão se colocará no tocante aos meios e modos de fazer operar regimes eficazmente internacionais, em relação a tais espaços. Mutação conceitual e qualitativa dessa dimensão e dessa relevância não é mero ajuste técnico formal – antes configura nova concepção da ordem internacional e dos mecanismos jurídicos internacionais para a implementação desta. Por isso é compreensível que a mudança se faça gradualmente: é todo um plano do sistema institucional e normativo internacional que se encontra em construção. E isso não se faz instantaneamente, o processo está em curso.

Estas mudanças foram percebidas como necessárias em função de algumas das primeiras necessidades comuns, que vieram a ser enfrentadas pelos estados, por meio da criação de comissões internacionais. Com poderes para assegurar a eficiência da gestão do recurso compartilhado, em defesa do interesse comum.

Foram, estes, passos importantes dados, no passado, partindo de situações específicas de interesses compartilhados, por dois ou mais estados. Assim ocorreu, por exemplo, em relação aos rios internacionais,[317]

[316] Convenção das Nações Unidas sobre o direito do mar, Parte XI – A Área, seção II – Princípios que regem a Área, com as especificações trazidas pelos arts. 137 e ss. – Regime jurídico da Área e dos seus recursos, estipulando o art. 137.1 que nenhum estado pode reivindicar ou exercer soberania ou direitos de soberania sobre qualquer parte da Área ou seus recursos; nenhum estado ou pessoa física ou jurídica pode pode apropriar-se de qualquer parte da Área ou dos seus recursos. Não serão reconhecidos tal reivindicação ou exercício de soberania ou direitos de soberania nem tal apropriação.

[317] Como já apontava Ed. ENGELHARDT, **Du régime conventionnel des fleuves internationaux** (Paris: A. Cotillon, 1879, Introduction historique, p. 1-53, cit. p. 1-2): "La législation romaine assimilait l'eau courante à l'air et à la mer, c'est-à-dire à des choses qui sont communes à tous et qui ne peuvent jamais être monopolisées. Elle repoussait hautement l'idée d'une appropriation qui, en attribuant soit à l'état, soit à des particuliers, la disposition des voies fluviales, aurait privé la société d'avantages auxquels elle avait des droits incontestables. Tout cours d'eau qui s'écoulait librement et d'une manière constante entre des rives régulières, *naturalem cursus sui rigorem tenens,* faisait partie des biens publics et tout navigateur indigène pouvait l'exploiter sous la sauvegarde de l'état qui s'en réservait la surveillance, l'entretien et l'administration fiscale" e tb. ENGELHARDT, **Histoire du droit fluvial conventionnel** (Paris: L. Larose et Forcel, 1889); v. ainda A. VERDROSS (op. cit., 1929, § 64 'fleuves internationaux', cit. p. 456): «Et en 1815, dans l'article 108 de l'Acte du Congrès de Vienne, 'les puissances dont les états sont séparés ou traversés par

já a partir do final do século XVIII.[318] Mas foi, sobretudo, a partir de sucessivas tentativas de reformulação do sistema internacional, desde o Congresso deViena,[319] de 1815, ao tratado de Versalhes, de 1919,[320] e, em escala não menos considerável, depois das duas guerrras mundiais e, ainda muito mais, desde então, no que se pode configurar como o **Direito internacional no contexto pós-moderno.**[321]

"De todos os elementos do território, o rio internacional é aquele cujo regime é o mais sensível à ação dos fatores econômicos e políticos" e onde se nota a reversão da tendência, anteriormente ocorrida, no sentido de tender à "uniformização máxima dos regimes dos cursos de água navegáveis, de interesse internacional ou geral, com base no reconhecimento universal da prioridade da liberdade da navegação", anotava Charles De VISSCHER (1953):[322] "havia nessa tendência à universalização

une même rivière navigable s'engagent à régler d'un commun accord tout ce qui a rapport à la navigation de cette rivière', et reconnaissent des principes qui devront servir de bases aux commissaires chargés du règlement respectif de chaque rivière considérée. Le principe essentiel en cette matière se trouve dans l'article 109 ainsi conçu : 'La navigation dans tout le cours des rivières indiquées dans l'article précedent, du point où chacune d'elles devient navigable jusqu'à son embouchure, sera entièrement libre et ne pourra sous le rapport du commerce être intedite à personne'.»

318 A. VERDROSS (op. cit., 1929, § 64 'fleuves internationaux', cit. p. 455-456): «À la fin du XVIIIe. siècle, il est vrai, l'arrêt du Conseil exécutif français (16-20 novembro 1792) proclamant le principe qu'une nation ne saurait sans injustice prétendre au droit d'occuper exclusivement le canal d'une rivière et d'empêcher les peuples voisins qui bordent les rivages supérieurs ne jouissant du même avantage, semblait être un considérable progrès. Car à cette époque chaque état se considérait comme en droit d'interdire l'entrée de son territoire aux navires étrangers, ou de la subordonner au paiement de taxes onéreuses.»

319 A respeito, ver **Tratado** (tomo XIII – **Direito internacional no tempo do concerto europeu**); observava A.VERDROSS (op. cit., 1929, § 64 'fleuves internationaux', cit. p. 456): «quelques années plus tard on ne se contenta plus d'admettre au commerce fluvial des navires des états *riverains*. Déjà l'article 5 de traité de Paris du 30 mai 1814 déclare 'la navigation sur le Rhin libre du point où il devient navigable jusqu'à la mer, de telle sorte qu'elle ne puisse être intedite à *personne*.»

320 P. B. CASELLA, **Tratado de Versalhes na história do direito internacional** (São Paulo: Quartier Latin, 2007, esp. parte X, cap. II 'tratamento da navegação', arts. 271 a 273, p. 193-194).

321 Como se examina em P. B. CASELLA, **Fundamentos do direito internacional pós-moderno** (2008).

322 Charles De VISSCHER, **Théories et réalités en droit international public** (Paris: Pedone, 1953, 'le droit fluvial international', p. 252-257).

uma concepção, excessivamente abstrata, que desconhecia as diferenças, muitas vezes profundas, que apresentam não somente as condições geográficas e hidrográficas, mas também a função econômica dos cursos de água".

Curiosamente, a conclusão em relação aos rios internacionais, se põe no sentido de que não osbtante tentativas periódicas de unificação, o direito fluvial internacional permaneceu, em considerável medida, um direito não consolidado.[323] Se, essa concepção tradicional foi capaz de levar ao estabelecimento de regime fundado sobre a liberdade da navegação, e seu corolário, a igualdade de tratamento, a tendência mais recente se coloca em favor de tratamento mais abrangente, da percepção de "comunidade de interesses".

Essa "comunidade de interesses", entre estados ribeirinhos, fora entendida pela Corte permanente de justiça internacional, no caso da **jurisdição territorial da comissão do rio Oder** (1929)[324] como "a base de comunidade de direito, cujos traços essenciais são a perfeita igualdade de todos os estados ribeirinhos, na utilização da totalidade do curso navegável do rio, e a exclusão de qualquer privilégio de qualquer dos ribeirinhos, em relação aos demais".

A "organização internacional das vias de comunicação",[325] partiu da perspetiva clássica dos rios internacionais, como canais de circulação, no interesse se não exclusivo, ao menos predominante do ponto de vista dos estados.[326] Antes vistos como simples vias de comunicação e de navega-

[323] C. De Visscher (op. cit., 1953, p. 252-253): «largement un droit particulier.»

[324] C.P.J.I., **affaire relative à la juridiction territoriale de la Commission de l'Oder** («arrêt» n. 16, de 10 de setembro de 1929): «la base d'une communauté de droit, dont les traits essentiels sont la parfaite égalité de tous les états riverains dans l'usage de tout le parcours du fleuve et l'exclusion de tout privilège d'un riverain quelconque par rapport aux autres». A respeito do regime jurídico internacional do rio Oder, v. supra, item 8.2.5.

[325] M. Bourquin, **L'organisation internationale des voies de communication** (RCADI, 1924, t. 5, p. 159-210).

[326] V. cap. VIII 'domínio fluvial' e referências que apontam no sentido da mutação da percepção e do tratamento legal dos rios, no direito internacional pós-moderno. Os relatores da Comissão de Direito Internacional, incumbidos de adotar regras sobre a utilização dos rios internacionais, para fins diversos da navegação, têm buscado equiparar a navegação dos rios internacionalizados ao regime, por exemplo, do alto mar, ao falarem em recursos nacionais compartilhados (*shared national resources*), mas semelhante teoria não tem fundamento e vai contra os pronunciamentos dos países consultados a respeito.

ção, os rios internacionais passam a ser considerados como conjuntos de recursos vivos, que necessitam receber tratamento mais abrangente – inclusive no tocante aos 'usos não navegacionais' –, por parte do direito internacional atual.

No quadro atual, cabe enfatizar a condição e o papel dos rios, e especialmente dos rios internacionais não somente como cursos de água, mas conjuntos de recursos vivos, cuja conservação e utilização racionais são indispensáveis para a continuidade das condições de vida no planeta. Esses dados, ainda que lenta e fragmentariamente, se vêem progressivamente incorporados ao tratamento jurídico internacional da matéria. Mas refletem, também, mudança de concepção do direito internacional, que já se esboçava e que progride rumo aos conceitos basilares do "patrimônio comum da humanidade" – trazido para o direito internacional positivo pela Convenção das Nações Unidas sobre o direito do mar, e pelo "interesse comum da humanidade", trazido pelas grandes convenções multilaterais em direito internacional do meio ambiente – cuja proteção internacional obviamente impacta o direito internacional dos espaços tradicional.[327]

O direito internacional passou a se preocupar com a regulamentação dos espaços internacionais, também denominados espaços comuns, ou insuscetíveis de qualquer apropriação, ou ainda extraterritoriais – embora seja sempre necessário precisar o conteúdo que se atribui ao termo –, bem como diferenciar dos assim chamados 'espaços internacionalizados'.[328]

A construção de regime jurídico dos espaços internacionais se deu, de forma crescente, na medida em que cresce a possibilidade e a perspectiva de utilização, bem como o interesse econômico de tais espaços, antes não passíveis de utilização – como se mostrou em relação ao espaço aéreo, tanto para a atividade aeronáutica, como para as telecomunicações e, algumas décadas mais tarde, em relação ao espaço exterior ou espaço ultraterrestre – não somente para circulação, mas

[327] Como se examina no cap. XXV – direito internacional dos espaços e emergência da proteção internacional do meio ambiente.

[328] Alguns exemplos de espaços temporariamente internacionalizados são examinados neste capítulo: a cidade de Tanger (20.1), a cidade de Danzig (Gdansk) (20.2), a cidade de Trieste (20.3), a ilha de Irian ocidental (20.4).

também para a exploração de recursos nestes contidos e passíveis de serem explorados.[329]

Nos momentos iniciais da assim chamada 'conquista do espaço', chegou a ser cogitado se o espaço exterior constituiria *res nullius*, sujeito à apropriação soberana, por parte dos detentores da tecnologia, necessária para alcançá-lo.E, consequentemente, o mesmo argumento valeria para os corpos celestes, como a Lua.[330] Sintomaticamente, em discurso na Universidade de Rice, em Houston, Texas, em 12 de setembro 1962, o então presidente norte-americano John F. Kennedy (1917-1963) refere-se ao espaço exterior como "novo oceano".[331]

De tais avanços tecnológicos e progressos do regime jurídico internacional estipulado para tais domínios se dá a percepção da *interdependência* crescente entre os interesses estatais particulares, cuja mútua limitação e regulação, em favor de interesse geral, se faz indispensável. A tanto pode ser agregada a dimensão da '*humanidade*' como sujeito de direito internacional,[332] e as premissas do 'patrimônio comum da humanidade', tal como já existe e se regula no direito internacional vigente - por exemplo, nos termos da Convenção das Nações Unidas sobre o direito do mar, art. 136.

[329] Cf. se examina nos caps. XVII - domínio aéreo, XVIII - direito internacional das telecomunicações e XXII - espaço ulterrestre.

[330] A respeito da evolução do regime jurídico internacional do espaço exterior, ver adiante cap. XXII - espaço ultraterrestre.

[331] Transcrição integral disponível nos arquivos da Universidade de Rice: <http://www.rice.edu/fondren/woodson/speech.html>, acesso em 14.12.2006: "[whether space] *will become a force for good or ill depends on us, and only if the United States occupies a position of pre-eminence can we decide whether this new ocean will be a sea of peace or a new, terrifying theater of war*". V. tb. William E. Burrows, **This New Ocean** (Nova York: Modern Library, 1999, p. 332).

[332] R. Wolfrum, *Common Heritage of Mankind* (in **Encyclopedia of public international law**, 2012, vol. II, p. 452-458, E - Conclusion, cit. § 27): "It has been argued that the common heritage principle resulted in the establishment of a new subject of international law. This does not seem tenable under international treaty law." Contudo, apesar de reafirmar que "as entidades decisivas continuam a ser os estados", reconhece "The reference to mankind establishes, however, the ultimate point of reference for the regime in question and thus entails obligations for states parties as well as the ISA. The ISA is, for example, called upon not only to take into consideration the interest of the populations of states parties, but also those of all states."

A rigor, o problema não é novo, desde a clássica controvérsia, em séculos passados, sobre o conceito e a extensão da liberdade dos mares, com participação de autores do direito internacional, tais como H. Grócio, no século XVII e C. van Bynkershoek, no século XVIII. A cada época, suas questões específicas, decorrerão do contexto histórico e das circunstâncias daquele tempo.[333]

A discussão conceitual, então colocada em relação aos mares, repetir-se-á no século XX, em relação à liberdade ou soberania sobre o espaço aeronáutico, com prevalência da apropriação soberana deste, bem como da exclusão da soberania estatal e da possibilidade de apropriação pelos estados, do espaço exterior ou extra-atmosférico, da Antártica e dos fundos oceânicos.[334] Cada um destes 'espaços internacionais' ensejou consideração de teses e políticas favoráveis quer à possibilidade de apropriação, quer à impossibilidade desta, e a adoção de regime comum de proteção de patrimônio comum e de interesse comum da humanidade, como um todo[335] – apesar da observação cínica, no sentido de que qualquer um que se refira à 'humanidade' não estaria falando a sério, porque esta não pode, enquanto tal, fazer valer os seus direitos perante instâncias internacionais – e percebe-se a extensão crescente, na qual esta preocupação, mais abrangente, se impõe como necessidade, para a sobrevivência da mesma humanidade, e a continuidade da vida no planeta.

Nesse mesmo sentido se inscreve a enorme importância das normas de direito internacional ambiental: modificam o regime da soberania territorial dos estados, em favor do reconhecimento da interdependência de todos os estados e da comunidade humana, como um todo, e da

[333] A respeito v. volumes sobre H. Grócio e C. van Bynkershoek no **Tratado** (tomo VII – **Direito internacional no tempo de Hugo Grócio**; tomo X – **Direito internacional no tempo de C. van Bynkershoek e Christian Wolff**); cf. brevemente se refere tb. em Accioly – Nascimento e Silva – Casella, **Manual** (2021, 25ª ed.); v. ainda P. B. Casella, *Desenvolvimento do direito internacional na concepção de Cornelius van BYNKERSHOEK* (São Paulo: Rev. FDUSP, 2008, vol. 103, p. 563-592).

[334] F. H. Paolillo, **The institutional arrangements for the international sea-bed and their impact on the evolution of international organizations** (RCADI, 1984, t. 188, p. 135-337).

[335] Cfr. cap. XXV – direito internacional dos espaços e emergência da proteção internacional do meio ambiente.

necessidade de preservar os recursos naturais, frágeis e escassos, e cada vez mais ameaçados pela ação humana.

Mesmo em se tratando de atos não proibidos pelo direito internacional, pode ser necessário observar parâmetro mais elevado, pertinente à proteção do meio ambiente. Daí advém o conceito do 'interesse comum da humanidade' – no qual se enfatiza a necessidade de cooperação e o compartilhamento da responsabilidade. E são múltiplas as correlações deste com o 'patrimônio comum da humanidade'.[336]

Como se pode deduzir das menções, em vários campos do direito internacional, o patrimônio comum da humanidade não é definido em todos os seus aspectos, embora alguns dos seus elementos são claramente situados. E se poderia considerar o patrimônio comum como "um rótulo (*label*), que sintetiza as normas existentes, mais do que um conceito geral".[337]

Em matéria como o direito internacional do mar, o art. 2º da Convenção sobre o alto mar, de 29 de abril de 1958, em vigor em 30 de setembro de 1962, já proibia qualquer ocupação do alto mar; os artigos 136 e 137 da Convenção das Nações Unidas sobre o direito do mar vão mais adiante, na medida em que à proibição de ocupação e de apropriação se confere caráter jurídico equivalente ao *jus cogens*. Tanto mais que esses dispositivos formulam obrigação aplicável a todos os estados, independentemente da condição de ser estado parte da Convenção. Além disso, um dos objetivos do princípio do patrimônio comum é o de preservar o status jurídico atual desse patrimônio comum, não somente em relação a todos os estados, como também – tal como indicado pela menção de proibição de 'apropriação' – também a particulares.

[336] Como se examina, adiante, no cap. XXV – direito internacional dos espaços e emergência da proteção internacional do meio ambiente; v. tb. as considerações de Julio BARBOZA, **International liability for the injurious consequences of acts not prohibited by international law and protection of the environment** (RCADI, 1994, t. 247, p. 291-406) e C. A. KISS, **La notion de patrimoine commun de l'humanité** (RCADI, 1982, t. 175, p. 99-256).

[337] R. WOLFRUM, *Common Heritage of Mankind* (in **Encyclopedia of public international law**, 2012, vol. II, p. 452-458, C – Content of the Principle of the Common Heritage of Mankind, cit. § 11): "The latter interpretation is preferred where taking into consideration its historical development and the fact that it was meant to counter the idea that the sea was not a *res communis* and the seabed *res nullius* open for appropriation."

Embora sejam frequentes no direito internacional, as referências ao interesse da comunidade, por vezes o termo é utilizado indistintamente com outros termos tais como interesse comum, interesses coletivos ou valores comuns. Esses termos, contudo, não somente raramente são definidos, e muitas vezes tem significados distintos,[338] como suscitam a indagação a respeito da possível materialidade dessa almejada 'universalidade': o conteúdo e a profundidade desta tem seus limites, tanto de ponto de vista formal quanto substancial.[339]

Com a adoção de normas internacionais sobre o domínio aéreo, o direito internacional passara de *bidimensional* a ser *tridimensional*, sendo que, doravante, *outras* dimensões se acrescentam – com o regime jurídico internacional do espaço exterior e o direito internacional das telecomunicações. Convém enxergar o elo comum entre estes campos aparentemente distintos do direito internacional, no contexto pós-moderno.

Os problemas ligados ao alto mar, espaço ultraterrestre e fundos marinhos têm sido abordados como matérias estanques, quando existe a conveniência de serem identificadas as normas de direito internacional, aplicáveis aos espaços, como se busca considerar, como conjunto, neste enfoque de **Direito internacional dos espaços**. O traço comum será o caráter intrinsecamente internacional de tais espaços bem como da regulação de tais espaços. E a necessidade de construir sistema internacionalmente operacional, primeiro para regulá-los, e, em seguida, para operá-los.

[338] Isabel Feichtner, *Community Interest* (in **Encyclopedia of public international law**, 2012, vol. II, p. 477-487, cit. § 1-2), já mencionada. O elemento principal é o termo ser utilizado para referir os interesses protegidos pelo direito internacional, vinculando a totalidade ou um grupo de estados, além da delimitação de esferas soberanas de influência, da compatibilização de interesses nacionais conflitantes, ou tão somente de vantagens recíprocas entre estados soberanos.

[339] André Nollkaemper, *Universality* (in **Encyclopedia of public international law**, 2012, vol. X, p. 580-586, D – Assessment, cit. § 36 e 34): "The acceptance in positive law of formal and to a lesser extent substantive parts of universality has to some extent overcome initial problems of Western imperialism. Despite the heterogeneity of international actors, the variety of preferences and objectives they have and the differences in their cultural and historical backgrounds, a limited universal law has proved possible."

A adoção, por unanimidade, pela Assembléia Geral das Nações Unidas, em 1963, da Declaração dos princípios jurídicos que regulamentam as atividades dos estados em matéria de exploração e utilização do espaço extra-atmosférico,[340] e a adoção dos artigos da Convenção sobre o direito do mar sobre os fundos oceânicos vieram mostrar – no direito internacional positivo e, todavia, em construção – que havia outros espaços não submetidos à soberania dos estados. Estes foram 'construídos' legalmente, segundo os mecanismos existentes para a formação e a implementação do direito internacional.

O regime de utilização estipula a obrigação, para todos os estados, de cooperarem internacionalmente, tanto nos fundos oceânicos, quanto no espaço exterior e seus corpos celestes. Do princípio do patrimônio comum da humanidade, nessas áreas, decorre obrigação de cooperação que vai além do dever genérico, presente em diversas outras áreas do direito internacional.

O princípio do patrimônio comum introduz um revolucionário e inovador elemento de direito internacional positivo ao estipular que o controle e gestão dos fundos oceânicos são atribuídos à humanidade como um todo. A humanidade, para essa finalidade, é representada pela organização criada – a Autoridade internacional dos fundos marinhos, como estipulam os artigos 156 e 157 da Convenção das Nações Unidas sobre o direito do mar: "a Autoridade é a organização, por intermédio da qual os estados partes, de conformidade com a presente Parte, organizam e controlam as atividades na Área, particularmente com vista à gestão dos recursos da Área" (art. 157.1).

Aos estados partes da Convenção do mar se confere a condição de atuarem em nome da humanidade, como um todo. Isso representa notável mutação, introduzida pelo princípio do patrimônio comum, no regime jurídico internacional dos fundos oceânicos. Algo equivalente se estipula em relação à gestão das órbitas geoestacionárias pela União Internacional de Telecomunicações,[341] enquanto administração internacionalmente estipulada, por meio de tratado internacional,

[340] V., a seguir, capítulo XXII 'espaço ultraterrestre'. V. tb. G. P. Zhukov, **Tendances contemporaines du développement du droit spatial international** (RCADI, 1978, t. 161, p. 229-328).

[341] Como se examinou no cap. XVIII – direito internacional das telecomunicações.

nessa parte do espaço exterior, em extensão comparativamente mais reduzida.

Em outras áreas do direito internacional, inclusive no tocante à Antártica,[342] ou à exploração do espaço exterior e dos corpos celestes,[343] não se encontram disposições equivalentes às do direito internacional do mar, no tocante à operacionalização do princípio do patrimônio comum da humanidade, por meio de uma autoridade ou órgão gestor, internacionalmente constituído e administrado.

Quanto a 'conquista do espaço' instiga o imaginário humano, desde tempos imemoriais e, recentemente quanto esta multiplica a potência militar do homem e os projetos fantásticos dos estrategistas dão vertigem, nem precisa ser enfatizado. Apesar disso, dadas as condições materiais, para o exercício de atividades espaciais, pode parecer que "o céu tenha sido oferecido em dote, somente a alguns estados". Grande parte do conhecimento, permanece o apanágio de alguns países, e a distância aumenta entre o clube dos estados, filhos de Prometeu, que dispõem dos meios da indústria espacial e o resto do mundo. Entre os povos da terra, desigualdades e disparidades parecem assim amplificar-se, pelo dom do céu.[344]

[342] R. Wolfrum, *Common Heritage of Mankind* (in **Encyclopedia of public international law**, 2012, vol. II, p. 452-458, C – Content of the Principle of the Common Heritage of Mankind, cit. § 21): "As far as Antarctica is concerned, the distributive factor inherent in the legal regime is limited, albeit not obsolete. It is the understanding underlying the Antarctic legal regime that the findings of scientific research in Antarctica should be made public and that there should be a close co-operation amongst those undertaking research activities in Antarctica."

[343] R. Wolfrum, *Common Heritage of Mankind* (in **Encyclopedia of public international law**, 2012, vol. II, p. 452-458, cit. § 20): "The legal regime of outer space, especially that existing under the Moon Treaty, does not provide for such an ellaborate distributive system. Art. 11 (7) (d) Moon Treaty only declares that one of the main purposes of the international regime shall be the equitable sharing by all States Parties in the benefits derived from those resources, whereby the interests and needs of the developing countries, as well as the efforts of those countries which have contributed either directly or indirectly to the explotation of the Moon, shall be given special consideration."

[344] Mohammed Bedjaoui, *L'espace extra-atmosphérique: un univers en partage* (in **L'adaptation du droit de l'espace à ses nouveaux défis: mélanges en l'honneur de Simone Courteix**, dir. de A. Kerrest, Paris: Pedone, 2007, p. 7-12, cit. p. 8): «le Ciel ne paraît être donné en dot qu'à certains états» (...) «le fossé se creuse entre le club des états prométhéens disposant des moyens de l'industrie spatiale et le reste du monde.»

Não obstante tais desigualdades e tais disparidades, econômicas, militares, estratégicas e assim por diante – que são evidentes e tendem a se acentuar – ao menos cabe ressaltar a importância de se ter evitado a ocorrência de corrida desenfreada pela 'dominação' do espaço: "o tempo dos conquistadores acabou. E é o das instâncias internacionais de concertação que chegou, a tempo para evitar as derrapagens da história passada".[345] Esse dado merece ser enfatizado!

A construção do sistema institucional e normativo internacional, para a regulação do espaço extra-atmosférico, em espaço de tempo relativamente curto, e nas mais adversas condições de confrontação – em meio ao contexto da 'guerra fria' – teve e tem grande importância. Dado positivo – estes por vezes, também ocorrem – e convém seja lembrado: a "reflexão atualmente em curso, visando aderir aos outros instrumentos sobre o espaço extra-atmosférico", onde o objetivo visado consiste em participar do fortalecimento da universalidade desses instrumentos jurídicos,[346] em contexto mundializado. E aí se inscrevem as mudanças na percepção do espaço exterior, com projeções de atividades privadas (cap. 22).

E "o homem persegue a busca de mundo mais justo, orientado para o compartilhamento (*le partage*) e a solidariedade. Mas esse objetivo parece dificilmente realizável, enquanto as potências que detém o monopólio da tecnologia e da ciência continuam a tirar unilateralmente vantagem das benesses destas últimas, em detrimento do resto da humanidade". Segundo a apreciação de BEDJAOUI, se põe a necessidade

345 M. BEDJAOUI (cap. cit., 2007, p. 9 e 10): «Le droit spatial, qui tente de définir les règles et modalités régissant l'activité spatiale civile des états, n'est pas resté à l'abri des problèmes complexes que tente de résoudre le régime international de l'espace de manière générale. Les questions relatives à la souveraineté de l'état sur l'espace extérieur qui le surplombe et la définition entre espace aérien et espace extra-atmosphérique ont fait l'objet de débats d'écoles dès les premières discussions, notamment dans le cadre de l'utilisation d'orbites géostationnaires. À ce jour, le débat n'est pas encore tout à fait épuisé comme l'attestent les travaux en cours au sein du Comité sur les utilisations pacifiques de l'espace extra-atmosphérique.»

346 André NOLLKAEMPER, *Universality* (in **Encyclopedia of public international law**, 2012, vol. X, p. 580-586, A – Concept, cit. § 3): "The universality of international law in this sense is inextricably linked to the formality of international law. This formality of international law supports its universality, as it allows coexistence between entities with different values and conceptions of justice."

de contrabalançar "o *corpus* jurídico espacial, elaborado, no contexto da ONU, é intrinsecamente pertinente e válido, tanto quanto vise a liberdade do espaço e, ao mesmo tempo, a sua não apropriação exclusiva pelas grandes potências, mas este merece, contudo, ser completado, por outros textos, para regulamentar e administrar o desenvolvimento de certas atividades espaciais, que, mais e mais, se abrem às iniciativas privadas".[347] Aliás, as atividades privadas no campo espacial são as únicas novidades nessa matéria, nos últimos anos.

Sendo, por definição espaços abertos – e isso, tanto fisicamente quanto legalmente – esses espaços internacionais não passam exatamente por gestão comum dos estados, mas pela justaposição de competências nacionais que se auto-limitam, por si mesmas, no sentido de que estas dizem respeito somente aos respectivos nacionais e atividades, que frequentem essas áreas. Justamente por isso, no passado, em relação a tais espaços, como o alto mar ou o espaço exterior, se punha a noção de *res nullius*.[348] Por isso tem tanta relevância que estes espaços passem a ser vistos e legalmente tratados como *res communis omnium*.

Existe considerável diferença em relação aos espaços, submetidos a gestão comum e necessariamente mais estreitamente regulamentados, como os grandes fundos marinhos (a "Zona"), ou a Antártica. Em relação a estes é mais adequado falar em *res communis omnium*. Deixam de ser coisas de ninguém e passam a ser bens comuns a todos. Depois de aceita a idéia, cabe assegurar seja esta adequadamente implementada. E é essa mutação que se encontra em curso – e tem de ser construída, com base nos mecanismos existentes no sistema institucional e normativo internacional.

[347] M. BEDJAOUI (op. cit., 2007, p. 12). Para contrapor ao quadro anterior à segunda guerra mundial, v. R.SANDIFORD, **Évolution du droit de la guerre maritime et aérienne** (RCADI, 1939, t. 68, p. 555-686).

[348] J.-P. PANCRACIO (op. cit., 1997, Troisième Partie 'Les espaces internationaux', p. 171--256, cit. p. 171): «on évoquera la notion de *res nullius*: ils sont en même temps à personne et à tous, et ne se prêtent pas, pour l'heure, à une gestion de type communautaire. D'autres, en revanche peuvent être considérés comme étant l'objet d'une gestion internationale – ils manifestent alors l'existence d'un degré particulièrement fort d'interdépendance et de solidarité des états, et l'on évoquera plus volontiers à leur égard la notion de *res communis*.»

Espaços internacionais podem ser caracterizados como "espaços legalmente insuscetíveis de apropriação nacional".[349] Em linha semelhante, pode ser considerado o jogo de poder entre "espaços marítimos e o poder dos estados":[350] a construção do vigente Direito internacional do mar exigiu a acomodação entre interesse coletivo e os interesses dos diferentes estados. Os avanços se inscrevem em meio a controvérsias seculares e em meio à guerra fria.

Houve reconhecimento e codificação da projeção de poder e da soberania dos estados sobre determinadas faixas - sobretudo as águas interiores e o mar territorial - ou de alguns poderes estatais de fiscalização - zona contígua - e de exploração - zona econômica exclusiva e plataforma continental, com a contrapartida da instauração de regime internacionalizado - alto mar e fundos oceânicos. E do direito de passagem inocente.

A redação do texto mostra isso. O artigo 89 da **Convenção das Nações Unidas sobre o direito do mar**, de 1982, é categórico, neste sentido, ao dispor que: "nenhum estado pode legitimamente pretender submeter qualquer parte do alto mar à sua soberania". A não-apropriação nacional corresponde à liberdade de utilização dos espaços por todos os estados, inclusive os estados sem litoral, que têm como os demais "o direito de fazer navegar no alto mar navios que arvorem a sua bandeira" (art. 90).

A internacionalização dos espaços se faz acompanhar da exclusão das pretensões de asenhoramento nacional. E cabe distinguir espaços *internacionais* dos espaços temporariamente *internacionalizados*.[351]

A distinção aqui assinalada é a linha divisória entre espaço *internacional* e espaço *internacionalizado*, ou submetido a regime temporário de

[349] P. M. Dupuy, **Droit international public** (Paris: Dalloz, 8e. éd., 2006, esp. parte 4, cap. 3 'l'utilisation des espaces d'usage international et la gestion des ressources de l'humanité y compris l'environnement', p. 747 ss.).

[350] Peter Padfield, **Maritime supremacy and the opening of the Western mind:** naval campaigns that shaped the modern world 1588-1782 (Londres: Random House, © 1999, publ. 2000); M. Scerni, **Les espaces maritimes et le pouvoir des états** (RCADI, 1967, t. 102, p. 107-172).

[351] Cf. se ilustram, ainda neste capítulo, alguns casos ocorridos, no século XX, em relação às cidades de Tanger (20.1), de Danzig (20.2), de Trieste (20.3) e a ilha de Irian ocidental (20.4).

internacionalização. Estes dizem respeito a determinado território, normalmente de extensão limitada, regido por administração internacional limitada, por parte de alguns estados, ou de uma organização intergovernamental. No passado, cidades, províncias, regiões, ou ilhas foram assim administrados. Esses regimes de internacionalização tiveram caráter temporário, para neutralizar tensões, que poderiam desencadear conflitos, ou em transição para preparar a subsequente independência ou apropriação estatal.

A internacionalização, como modo de exclusão das pretensões de apropriação com intuito de exercer a soberania estatal se deu e, todavia, se encontra em curso, em relação aos espaços polares.[352] Alguns países pretenderam apresentar alegações de reivindicações sobre parcelas da Antártica,[353] paradoxalmente vários dos quais sequer são países vizinhos desta – qual fundamento podem ter tais pretensões, cabe indagar.

Mas a Antártica se considera aqui dentre os espaços internacionalizados, e a prática internacional tem se mantido em tal sentido. Revisto em 2009 o **Tratado da Antártica** de 1959 não pode voltar atrás, no sentido de acolher pretensões nacionais de apropriação de quinhões do continente gelado.

Não existe definição totalmente aceita, devido ao fato que a aplicação do princípio de patrimônio comum da humanidade varia, em diferentes regimes jurídicos, que se reportam a ou se baseiam nesta. É, contudo, possível identificar diversos aspectos comuns ou, melhor, um núcleo duro para o princípio.[354]

Convém situar os elementos do conceito de patrimônio comum da humanidade. Não são pequenas as dificuldades para alcançar conceituação adequada de tais conteúdos. Falar em 'patrimônio comum' exige também situar a 'humanidade', que aparece em instrumentos jurídicos de diversas áreas do direito internacional:

[352] Cf. se examina no cap. XXIV – domínios polares.

[353] Como se examina no item 24.1 – Antártica. Ver C.I.J., **Antártica**, casos do Reino Unido c. Chile, em 1955-1956, bem como do Reino Unido c. Argentina, em 1955-1956. Não deixam de ser relevantes como precedentes da discussão sobre as tentativas, então em curso de apropriação de parcelas do território antártico, excluídas pelo advento do Tratado de Washington, sobre a Antártica, em 1959.

[354] R. Wolfrum, *Common Heritage of Mankind* (in **Encyclopedia of public international law**, 2012, vol. II, p. 452-458, cit. § 3).

- os 'princípios de humanidade', da cláusula MARTENS, na proteção da pessoa em tempo de guerra – enunciada pela Convenção da Haia, de 1899, sobre as leis e costumes da guerra terrestre;
- regulamentação jurídica dos espaços internacionalizados – a Antártica, os corpos celestes, o espaço exterior, os fundos marinhos – regulados por convenções multilaterais, que estipulam a internacionalização, tendo como propósito evitar a militarização de tais espaços;
- o regime jurídico dos bens culturais e a proteção da diversidade cultural – como regulado em certos instrumentos internacionais da UNESCO, dentre os quais a Convenção sobre a proteção do patrimônio mundial, cultural e natural, de 1972, utiliza a terminologia "patrimônio de todos os povos do mundo" e "patrimônio cultural da humanidade";
- a Convenção UNIDROIT sobre bens culturais roubados ou ilicitamente exportados, de 24 de junho de 1995, proclama a "importância fundamental do patrimônio cultural e do intercâmbio cultural, para promover a compreensão entre os povos e a difusão da cultura para o bem estar da humanidade e o progresso da civilização.

Esses instrumentos jurídicos tem o mérito de assinalar a existência de bem comum da humanidade, ao qual os interesses particulares dos estados devem ser subordinados. O conceito de humanidade, no direito internacional, se refere aos "interesses comuns de todos os homens", ao bem comum universal das gerações presentes e futuras, e apontam a "existência de uma comunidade internacional mais solidária" e de um patrimônio comum da humanidade: "a noção de patrimônio comum da humanidade denota evolução da sociedade internacional e de sua ordem jurídica, em sentido que resulta do progresso da interdependência e que modifica a natureza do direito internacional".[355]

Daí resultam consequências jurídicas novas, tanto normativas quanto institucionais, veiculadas por concepção solidarista do direito

[355] Juan Antonio Carrillo Salcedo, *Le concept de patrimoine commun de l'humanité* (in **Ouvertures en droit international: hommage à René-Jean Dupuy**, Paris: Pedone, 1998, p. 55-66, cit. p. 56-57 e 63).

internacional – esta decorrente da crescente conscientização da interdependência, entre os povos, como entre os estados – que se vinculam ao conceito de humanidade.[356] Ainda se pode argumentar que a noção careça de conteúdo vinculante em direito internacional positivo.[357] Na medida em que a aceitação dessa noção, em direito internacional,[358] não se fez acompanhar pela colocação de todos esses espaços e recursos sob a autoridade de órgão internacional, representando a humanidade.[359]

Existe considerável diversidade no âmbito de incidência do conceito de patrimônio comum da humanidade – desde o alto mar e os fundos oceânicos, passando pelas órbitas privilegiadas, o espaço exterior,[360] o espectro de frequências de transmissão de dados, como aponta a União Internacional de Telecomunicações,[361] a herança cultural, arqueológica e artística,[362] o meio ambiente e outros campos.

[356] O conceito de patrimônio comum da humanidade deixa o campo do encantamento idealista ou dos discursos éticos, para encontrar seu lugar no campo jurídico, observa J. TOUSCOZ, **Droit international** (Paris: PUF, 1993, p. 297); e como ressalta J. A. CARRILLO SALCEDO, *Le concept de patrimoine commun de l'humanité* (cit. 1998, loc. cit.): "assim se explica o interesse de países do Terceiro mundo em ver aplicada a noção de patrimônio comum, em relação a recursos com os quais contam muito, para seu desenvolvimento".

[357] Jean COMBACAU – Serge SUR, **Droit international public** (Paris: Montchrestien, 3e éd., 1997, p. 445): "le caractère coutumier d'une telle notion est hautement improbable et n'est en tout cas pas clairement établi".

[358] André NOLLKAEMPER, *Universality* (in **Encyclopedia of public international law**, 2012, vol. X, p. 580-586, D – Assessment, cit. § 37): "As to substantive dimensions, the scope and depth of substantive universality remains extremely limited due to competing social, political, economic, and cultural agendas. [...] Substantive universality necessarily will remain thin, and must leave much room for local context and cultural diversity."

[359] Notava René-Jean DUPUY, **L'humanité dans l'imaginaire des nations** (Paris: Julliard, 1991, p. 223): "on est resté à la formule traditionnelle qui implique un patrimoine commun laissé à la gestion des états."

[360] Ver cap. XXII – espaço ultraterrestre.

[361] Cf. se examinou no cap. XVIII – direito internacional das telecomunicações.

[362] R. WOLFRUM, *Common Heritage of Mankind* (in **Encyclopedia of public international law**, 2012, vol. II, p. 452-458, 5 – Cultural Heritage, cit. § 5): "In 1945, Brazil proposed that the UN Charter should contain a clause recognizing culture as the common heritage of humankind. This proposal was rejected. However, the establishment of the United Nations Educational, Scientific and Cultural Organization (UNESCO) at least indirectly acknowledges the validity of this proposal. The international legal regime on the protection of cultural heritage has been developed through UNESCO, starting with the Hague

O bom funcionamento dos serviços internacionais de telecomunicação pode ser compreendido como dimensão de direito fundamental.[363] Essa dimensão, já brevemente mencionada na Convenção de Atlantic City, em 1947, veio a ser estipulada, no ano seguinte, na Declaração universal dos direitos do homem, de 1948, em seu art. 19: "todo indivíduo tem direito à liberdade de opinião e de expressão, que implica o direito de não ser perturbado por suas opiniões e o de procurar, receber e difundir, sem consideração de fronteiras, as informações e as idéias por qualquer meio de expressão que seja".

Cabe apontar a busca de disciplina internacional da informação como novo aspecto do conflito espaço-território, entre as potências econômicas e os poderes políticos, recentemente surgidos sobre o mapa do mundo.[364] Os conflitos, inerentes às telecomunicações espaciais e suas soluções fogem da confrontação genérica entre território (sujeito à soberania) e espaço (insujeito a esta), e se inscrevem em disciplina internacional, que pode ser considerada necessária, de regulação da informação difundida, no exterior, como no interior dos territórios e, por meio de programa de transferência de tecnologia, pode ser elemento atual e importante da política dita do desenvolvimento, entre os países industrializados e os países insuficientemente equipados, em matéria de telecomunicações.[365]

Convention for the Protection of Cultural Property in the event of armed conflict, supplemented by Protocols in 1954 and 1999."

[363] Na conferência sobre segurança e cooperação na Europa, em 1975, a delegação da Santa Sé apresentou os 'direitos humanos' como 'patrimônio comum da humanidade'. J. A. CARRILLO SALCEDO, *Le concept de patrimoine commun de l'humanité* (1998, cit. p. 58) lembra ainda: "Mohammed BEDJAOUI a suggéré de déclarer l'ensemble de ressources alimentaires mondiales de base patrimoine commun de l'humanité; plus récemment d'autres font recours à la notion à l'égard du génome humain". V. tb. René CASSIN, **La déclaration universelle et la mise en oeuvre des droits de l'homme** (RCADI, 1951, t. 79, p. 237-368); Boris MIRKINE-GUETZEVITCH, **Quelques problèmes de la mise en oeuvre de la Déclaration universelle des droits de l'homme** (RCADI, 1953, t. 83, p. 255-376); Clive PARRY, **Some considerations on the protection of individuals in international law** (RCADI, 1956, t. 90, p. 653-726).

[364] Paul de LA PRADELLE, **Notions de territoire et d'espace dans l'aménagement des rapports internationaux contemporains** (RCADI, 1977, v. 157, p. 415-484).

[365] P. de LA PRADELLE (op. cit., 1977, p. 442-443).

O **Tratado sobre princípios reguladores das atividades dos estados na exploração e uso do espaço cósmico, inclusive a lua e demais corpos celestes**, de 27 de janeiro de 1967, que obteve ampla aceitação da comunidade internacional,[366] menciona tão somente "as vastas perspectivas que a descoberta do espaço cósmico pelo homem oferece à humanidade", e que a exploração e o uso desse espaço "deveriam efetuar-se para o bem de todos os povos, qualquer que seja o estágio de seu desenvolvimento econômico e científico".[367]

Referência ao conceito de patrimônio comum é mais explícita no art. 11, inc.1 do **Acordo que regula as atividades dos estados na lua e em outros corpos celestes**, aberto à assinatura em 1979.[368] Este polêmico instrumento, o assim chamado **Tratado da Lua** contou fraca aceitação por parte da comunidade internacional. Enquanto o art. 4º, inciso 1, do mesmo tratado, menciona que a exploração e uso da lua deverão ser o apanágio de toda a humanidade, a ser desenvolvida para o bem e segundo os interesses de todos os países, sem distinção quanto ao seu grau de desenvolvimento científico ou econômico.

Como consta do Tratado da Lua, os dois termos têm ênfase distinta, embora tenham o mesmo objetivo: o art. 4.1 enfatiza a cooperação entre os estados, em todas as suas iniciativas com relação à lua e outros corpos celestes, enquanto o art. 11, combinado com o art. 5º do mesmo tratado, estipulam o princípio do patrimônio comum, com conteúdo jurídico.

Os progressos do direito internacional no contexto pós-moderno se demonstram pela consolidação e evolução da regulação das áreas comuns, declaradas 'patrimônio comum da humanidade' – no direito

[366] Assinado pelo Brasil em Moscou em 30 de janeiro de 1967 e em Londres e Washington em 2 de fevereiro de 1967; aprovado pelo Decreto Legislativo 41, de 10 de outubro de 1968; depósito dos instrumentos brasileiros de ratificação em 5 de março de 1969, junto aos governos dos EUA, da Grã-Bretanha e da URSS; promulgado pelo Decreto 64.362, de 17 de abril de 1969 – "promulga o tratado sobre exploração e uso do espaço cósmico"; publicado no DOU de 22 de abril de 1969.

[367] Não deixa de ser curiosa a afirmação do espaço *extra-atmosférico* como "patrimônio comum da humanidade" – quando se indaga qual sentido prático pode ter essa categoria, aplicada ao espaço exterior? Mas, cumpre reconhecer, teve essa orientação o mérito de evitar a militarização do espaço. Como se examina no cap. XXII – espaço ultraterrestre.

[368] Sobre o Tratado da Lua, ver: Ram JAKHU, *Twenty Years of the Moon Treaty: Space Law Challenges for Returning to the Moon* (Revista de Direito Aeronáutico e Espacial – SBDA, Rio de Janeiro, n. 88, fev.-2005).

internacional do mar,[369] no espaço exterior ou ultraterrestre e, ainda em relação aos espaços polares – com especificidades entre a região Ártica, em relação à Antártica, bem como no 'interesse comum da humanidade' no direito internacional do meio ambiente.[370]

Neste campo do direito internacional ambiental, o uso preponderante da expressão 'interesse comum da humanidade' parece se reportar antes à cooperação e ao compartilhamento equitativo dos encargos, não abrangendo o todo o espectro do princípio do 'patrimônio comum da humanidade'. Muitos instrumentos multilaterais do direito internacional ambiental, como o Protocolo de Quioto à Convenção quadro das Nações Unidas sobre o clima se referem ao 'interesse comum', denotando responsabilidade comum e cooperação, mas não chega ao patamar da cooperação institucionalizada, como no regime do patrimônio comum da humanidade.

No caso da Antártica, o princípio do patrimônio comum foi mencionado, durante debates na Assembleia geral da ONU, quando se questionou a autoridade do Conselho Consultivo do Tratado da Antártica, para negociar e concluir tratado relativo à exploração e desenvolvimento dos recursos minerais na Antártica. No mesmo sentido, fez-se referência a "não prejudicar os interesses de toda a humanidade na Antártica".[371] E o Protocolo sobre proteção ambiental enfatiza em seu preâmbulo: "o desenvolvimento de regime abrangente para a proteção do meio ambiente na Antártica, bem como nos ecossistemas associados e dependentes, deve ser feita no interesse da humanidade como um todo". Alguns elementos desse Protocolo ao tratado da Antártica refletem o princípio do patrimônio comum.

369 Como se examinou nos capítulos IX a XVI, supra.

370 Cf. cap. XXV – direito internacional dos espaços e emergência da proteção internacional do meio ambiente.

371 Como se examina no cap. XXIV – domínios polares; v. tb. R. DOLLOT, **Le droit international des espaces polaires** (RCADI, 1949, t. 75, p. 115-200); M. W. MOUTON, **The international regime of the polar regions** (RCADI, 1962, t. 107, p. 169-286); R. WOLFRUM, *Common Heritage of Mankind* (in **Encyclopedia of public international law**, 2012, vol. II, p. 452-458, cit. § 8): "As far as the legal regime of Antarctica is concerned, the common heritage principle has been invoked to a lesser extent". Na Recomendação XI-1, adotada por ocasião da 11ª Reunião consultiva do tratado da Antártica, no Parágrafo 5, letra "d".

Inteiras áreas novas, incipientes ou inexistentes, há um século, ou mesmo poucas décadas antes, encontram-se consolidadas no direito internacional pós-moderno. São enormes avanços, pontuados por algumas lacunas. São mutações qualitativas, que agregam a dimensão da humanidade, como conteúdo a ser tutelado e protegido pelo direito internacional.

Dentre essas novas áreas de atuação do direito internacional, o inteiro direito internacional ambiental passa a existir a partir de 1970. Esse campo do direito internacional, no contexto pós-moderno, inova não somente quanto ao desenvolvimento da extensão da aplicação do direito internacional e dos seus princípios e diretrizes, como de novos mecanismos internacionais de implementação, mediante cooperação, com a combinação de instituições, de normas e de procedimentos para a proteção dessas necessidades.[372]

Nesse sentido, cabe falar em mudança de perspectiva do direito internacional, em áreas de relevância e de preocupação mundial (*areas of global concern*), para reforçar os mecanismos de cooperação, por meio de organizações internacionais, em relação a tais temas e necessidades.[373]

[372] Rüdiger Wolfrum, **Means of ensuring compliance with and enforcement of international environmental law** (RCADI, 1998, t. 272, p. 9-154, cit. p. 25-27): "Environmental treaty law has developed most progressively since the beginning of 1970. The development of a new body of law is due to the fact that the industrial development, the growth of population and especially the necessity to safeguard a sustainable development for all states and for future generations requires states to co-operate more intensively. In particular, the development of new institutional forms of cooperation for the protection of the integrity and sustainability of the environment is necessary. Not only the number of international environmental agreements, but also the scope they cover has expanded significantly. Existing international environmental law contains amongst other regulations in respect of transfrontier damage to components of the environment and concerning the protection of those resources which are commonly shared by several states. It also provides for the protection and management of wildlife, the protection and management of areas beyond national jurisdiction such as the high seas and outer space, as well as the management of environmental problems of global relevance. This latter category embraces measures for the protection of the ozone layer, biodiversity and against climate changes." V. tb. Rüdiger Wolfrum (Ed.), **Law of the sea at the crossroads: the continuing search for a universally accepted regime** (Berlin: Duncker & Humblot, 1991).

[373] F. Orrego-Vicuña, *Changing perspectives of international law in areas of global concern: the oceans, Antarctica and the environment* (in **O direito internacional no terceiro milênio: estudos em homenagem ao prof. V. Marotta RANGEL**, org. L. O. Baptista e

As conquistas conceituais são relevantes, mas terão de ser asseguradas as ferramentas de implementação, e são estas sempre mais delicadas, no contexto internacional.[374]

Tenhamos discernimento para evitar a arrogância em relação às conquistas e as construções do direito internacional do passado. Estas não podem nem devem ser menosprezadas.

As mudanças, contudo, nem sempre se fazem no sentido de evolução. A crise da pós-modernidade nos ensina a cessar de reivindicar a pretensão de constante progresso e passar a reconhecer como remanescente válido apenas a mobilidade das interpretações.

A história mostra que períodos de decadência podem ser desencadeados pela incapacidade de encontrar soluções criativas e construtivas, para novas necessidades. Some-se a tal falta de desenvolvimento de mecanismos adequados de implementação das premissas do patrimônio comum da humanidade e do interesse da comunidade internacional como um todo à ocorrência de ressurgências nacionalistas exacerbadas e de negação das bases da solidariedade internacional e da reafirmação estridente e extemporânea de 'interesses nacionais' ou de soberanismo delirante, que ignora e se contrapõe às crescentes necessidades de cooperação internacional, em múltiplas áreas.

J. R. Franco da Fonseca, São Paulo: LTr, 1998, p. 903-919, cit. p. 903): "The law of areas beyond the limits of national jurisdictions has been dramatically changing in the second half of the twentieth century and still more profound modifications can be expected to mankind at the third millenium's approach. The law of the sea, the regime on antarctic cooperation and the environment law are but three examples of such evolving framework (...) There are, however, many other instances that evidence the same evolving nature where international law becomes more structured and where international organizations are called upon to perform a more active role in the development of international cooperation"; v. tb. R. Saraiva Guerreiro (in **O Itamaraty e o congresso nacional**, Brasília: Senado / MRE – Secretaria especial de relações com o Congresso, 1985, na abertura do simpósio *o Brasil na Antártida'*, Câmara dos deputados, em 23 de agosto de 1983, p. 161-195).

374 André Nollkaemper, *Universality* (in **Encyclopedia of public international law**, 2012, vol. X, p. 580-586, A – Concept, cit. § 6): "The substantive, pre-positive meaning of universality in part has been translated into positive international law. [...] This substantive focus of universality lies at the basis of the notion of an international community, of which all states are part not only by virtue of their equal independent statehood but also by the fact that they share equal values."

A mudança de paradigma do direito internacional enquanto sistema institucional e normativo internacional está em curso.[375] Esta se mostra, de modo particularmente perceptível, em relação aos espaços internacionais.

As tentativas de construção de novos parâmetros conceituais e operacionais assinalam a resposta a rupturas anteriormente verificadas, que se vêm por como conjuntos, para suprir essas lacunas verificadas com o desfazimento de modelos anteriores: a descoberta das Américas, a instauração do sistema de direito internacional clássico, a reformulação do sistema internacional pós primeira guerra mundial e sua 'repaginação', após a segunda guerra mundial, são exemplos. Sem prejuízo da relevância histórica e conceitual de outras passagens, pode-se ter o foco no modelo ensaiado pelos tratados de Versalhes e demais tratados de paz, após a primeira guerra mundial, ou todas as mudanças ocorridas no sistema institucional e normativo internacional,[376] desde o final da segunda guerra mundial.

[375] A respeito, v.: Accioly – Nascimento e Silva – Casella, **Manual** (2021, 25ª ed.); Casella, **Tratado** (tomo – **Direito internacional, história e cultura**); Casella, **Fundamentos** (2008); P. Canelas de Castro, **Recent developments in water law** (Lisboa: Luso-American Foundation, 2005); C. Chaumont, **Le droit de l'espace** (Paris: Pedone, 1970); A. do Amaral Dergint, **Nutzung von Binnengewässern und völkerrechtliche Haftung für grenzüberschreitende Umweltschäden** (Baden-Baden: Nomos, 2006); M. Diez de Velasco, **Instituciones de derecho internacional público** (16a. ed., 2007, cap. XXII, 'los espacios de interés internacional (I): el alta-mar, la zona internacional de los fondos marinos y los espacios polares', p. 538 ss.; cap XXIII, 'los espacios de interés internacional (II): los cursos de água internacionales', p. 565 ss.; cap. XXIV, 'los espacios de interés internacional (III): el espacio ultraterrestre', p. 585-605); R. Falk et al. (editors), **Reframing the international: law, culture, politics** (Nova York: Routledge, 2002); Paul de LA Pradelle, **Notions de territoire et d'espace dans l'aménagement des rapports internationaux contemporains** (RCADI, 1977, v. 157, p. 415-484); J.-P. Pancracio, **Droit international des espaces** (Paris: A. Colin/Masson, 1997); T. Treves, **Codification du droit international et pratique des états dans le droit de la mer** (RCADI, 1990, t. 223, p. 9-302); V. Francis Wodié, *La haute mer* (in **Droit international: bilan et perspectives**, Paris: Pedone / UNESCO, 1991, vol. II, p. 947-975); W. Friedmann, **The changing structure of international law** (London: Steven & Sons, 1964); W. Friedmann, **General course on public international law** (RCADI, 1969, t. 127, p. 39-246).

[376] Como se examina no **Tratado** (tomos V – **Direito internacional no tempo de Francisco de Vitória**, VI – **Direito internacional no tempo de Suárez, Gentili e Zouch**, VIII – **Direito internacional além do paradigma vestfaliano**, X – **Direito internacional**

As razões políticas para a criação de cidades livres podem ser encontradas em conflitos internacionais relativos à soberania territorial de área, na qual estão situadas. Parte de conflitos em escala maior, a criação de cidades livres tem sido forma de acomodar interesses divergentes, muitas vezes amparada por poder internacional independente, atuando como árbitro.[377]

Os casos de internacionalização de determinados espaços foram, assim, decididos visando solucionar provisoriamente situações de tensão e risco de conflito territorial, entre estados.[378]Dentre os casos, ocorridos no século XX, podem ser lembradas: as cidades de Tanger (20.1), de Danzig ou Gdansk (20.2) e de Trieste (20.3), bem como a ilha de Irian ocidental (20.4).

Aqui se passa a considerar o caso da internacionalização da cidade de Tanger (20.1).

20.1. A cidade de Tanger

Tanger foi colocada sob regime comum, de direito internacional, regulado por diversos estados europeus. [...] A dominação de Tanger e do

no tempo de C. van Bynkershoek e Christian Wolff, XI – **Direito internacional no tempo do Iluminismo**, XIII – **Direito internacional no tempo do concerto europeu**, XIV-XVII – **Direito internacional no tempo do colonialismo**). V. tb. G. Fitzmaurice, **The juridical clauses of the peace treaties** (RCADI, 1948, t. 73, p. 255-368).

377 Christian Hattenhauer, *Free Cities* (in **Encyclopedia of public international law**, 2012, vol. IV, p. 231-233, cit. § 1): "Free cities are territorial entities that do not have full national sovereignty. Based on international treaties, some sovereign rights are exercised by foreign authorities such as international organizations or states. Free cities are sometimes, although not always, regarded as states (as the Free city of Danzig), but their status as subjects of international law is beyond debate. They are distinguished from free zones or free ports by having their own political status"; v. tb. J.-P. Pancracio (op. cit., 1997, p. 172).

378 C. Hattenhauer, *Free Cities* (in **Encyclopedia of public international law**, 2012, vol. IV, p. 231-233, cit. § 13): "Free cities in the modern sense no longer exist and are unlikely to be created. In fact, free cities were always rather provisional in character, existing only until a lasting solution to the conflicts that had led to their creation could be found. One could therefore regard the creation of free cities as a means to help find peaceful interim solutions during larger-scale conflicts."

Marrocos representa exemplo tardio de colonização e exemplo precoce de descolonização.

J. SCHWIETZKE (2012)[379]

Tanger foi um entreposto comercial desde a Antiguidade. Situada no estreito de Gibraltar, foi ponto de passagem estratégica entre África e Europa desde os tempos dos fenícios. A partir do século I a.C. passou ao domínio romano, primeiro como aliada e depois como colônia romana, ao tempo do imperador CLAUDIO, em meados do século I d.C.

No século V, foi a vez dos vândalos, liderados por GENSERICO, conquistarem e ocuparem a região. Estes foram vencidos pelos bizantinos, em 534 d.C., no reinado de JUSTINIANO, que lá se mantiveram até 682, quando a região foi invadida pelos árabes, sob comando do general omíada Mussa ibn NOÇAIR. De Tanger, em 711, partiram as tropas de TARIK, para começar a invasão da península ibérica.[380]

O Marrocos era estado independente,[381] conforme o direito internacional da época, nunca tendo sido efetivamente parte do Império otomano. No século XIX e início do XX, Tanger era a capital diplomática do Marrocos, enquanto o sultão residia no interior do país, em Fez.

Naquela altura, as rivalidades europeias em relação ao controle do Marrocos, ou estabelecimento de zonas de influência e privilégios 'coloniais' tiveram em Tanger seu ponto focal:

[379] Joachim SCHWIETZKE, *Tangier* (in **Encyclopedia of public international law**, 2012, vol. IX, p. 757-763, cit. § 1): "The treatment of Tangier shows to what extent European states, for about a century, were able to cooperate in a certain region and how they made use of public international law for this purpose."

[380] Eduardo MANZANO Moreno, **Historia de las sociedades musulmanas en la Edad media** (Madri: Edtrl. Síntesis, 1992); Philippe SÉNAC, **L'Occidente médiéval face à l'Islam** – L'image de l'autre (Paris: Flammarion, 2e éd., 2000).

[381] O avanço das potências europeias e dos Estados Unidos sobre o Marrocos foi agressão injustificada contra estado soberano e até então independente, cfr. CASELLA, **Tratado** (tomo – **Direito internacional no tempo do colonialismo**, especificamente os itens 2.7 – colonização francesa do Marrocos e 6.4 – colonização espanhola do Marrocos; v. tb. **Direito internacional, história e cultura**, cap. 3 – impacto do colonialismo sobre o direito internacional, a descolonização e o desenvolvimento do direito de autodeterminação dos povos).

- em 9 de dezembro de 1856, foi assinado o Tratado geral e convenção de comércio entre o Reino Unido e o Marrocos;
- em 20 de novembro de 1861, foi assinado o Tratado de comércio e navegação entre o Marrocos e a Espanha;
- em 19 de agosto de 1863, foi assinado o *Règlement relatif à la protection à Tangier*, entre a legação francesa e o governo do Marrocos, que assegurava ao pessoal local empregado pelos franceses, por meio de pessoas e instituições francesas;
- em 3 de julho de 1880, ao término da Conferência sobre o direito de proteção no Marrocos, foi assinada a Convenção para a solução do direito de proteção no Marrocos, celebrada entre onze estados europeus, os Estados Unidos e o Marrocos.

No início do século XX, a França conseguiu a aquiescência de outras potências europeias, para o estabelecimento de protetorado sobre o Marrocos, mediante acordos:

- com o reino da Itália, porque a França reconheceu os interesses italianos na Tripolitânia, nos termos do Acordo entre a França e a Itália para encerrar as controvérsias relativas aos interesses das partes no Mediterrâneo, assinado em 1º de novembro de 1902;
- com o Reino Unido, porque a França não obstruiu a ação britânica no Egito, nos termos da Declaração entre a França e a Grã-Bretanha relativa ao Egito e ao Marrocos, assinada em 8 de abril de 1904 - data que assinala o início da *Entente cordiale*, entre as duas;
- com a Espanha, porque a França admitiu duas zonas de influência espanhola no Marrocos, nos termos da Convenção relativa ao Marrocos, entre França e a Espanha, assinada em 3 de outubro de 1904; e
- com a Alemanha, porque a França cedeu àquela territórios na África equatorial, em 1911.

A conferência sobre Tanger, realizada em Algeciras, em 1906, no outro lado do estreito de Gibraltar, foi evento relevante para a Europa: contou com a participação de onze estados europeus, os Estados Unidos e o Marrocos. A Ata geral da conferência internacional de Algeciras sobre as questões do Marrocos reconheceu a liberdade econômica e a liberdade das potências no Marrocos.

Em 30 de março de 1912, o Tratado entre a França e o Marrocos sobre a organização do protetorado foi assinado.[382] Este foi seguido pela Convenção entre a França e a Espanha relativa às relações no Marrocos, assinada em 27 de novembro de 1912, que determinou a 'zona de Tanger', com área adicional de 373 quilômetros quadrados, semi encravada pela Zona norte espanhola no Marrocos.

Tanto o Tratado de protetorado franco-marroquino, em seu art. 1º, quanto a Convenção franco-espanhola, em seu art. 7º, estipulavam que regime jurídico especial seria estipulado para Tanger. A condição 'especial' de Tanger já tinha sido mencionada no art. 9º da Convenção franco-espanhola sobre o Marrocos. Concretamente, essa condição 'especial' tinha como consequência a proibição de construção de fortificações no litoral da zona de Tanger, nos termos do art. 7º da Declaração franco-britânica e art. 6º da Convenção franco-espanhola.

Na altura do início da guerra de 1914, o estatuto internacional da zona de Tanger era tão somente um esboço de projeto: o sultão entendeu que a internacionalização todavia não tinha entrado em aplicação, de modo que Tanger continuaria sob a sua gestão, e emitiu passaportes para os representantes da Alemanha e da Áustria-Hungria, sediados em Tanger, quando a França declarou guerra à Áustria-Hungria, em 12 de agosto de 1914. Tanto a Alemanha quanto a Áustria-Hungria protestaram, em vão, por meio de potências neutras, argumentando que Tanger e a região adjacente a esta constituía zona internacional, cuja administração estava sob o controle dos representantes diplomáticos das potências signatárias da Ata geral da conferência de Algeciras, de 1906.

[382] J. Schwietzke, *Tangier* (in **Encyclopedia of public international law**, 2012, vol. IX, p. 757-763, cit. § 2-8); v. tb. Mirja Trilsch, *Protectorates and Protected States* (in **Encyclopedia of public international law**, 2012, vol. VIII, p. 551-556, D – Assessment, cit. § 25): "Relationships of dependency of the protectorate type have disappeared in the 20th century. By the end of World War II, they were no longer accepted as a legitimate form of governance because the regime of protection was typically nothing more than a disguise for Western conquest, as was demonstrated by the rise of the protectorate of the colonial type. However, legal problems, particularly in the form of land boundary disputes, may still arise based on what was formerly a protection regime. To this extent, the principles described herein continue to be relevant." O que se produziu e todavia permanece sem solução, no caso do Marrocos, como por exemplo, em relação ao Saara Ocidental.

Depois da guerra, somente em 18 de dezembro de 1923, Reino Unido, França e Espanha celebraram a Convenção sobre a organização da zona de Tanger. Esta entrou em vigor em 1º de julho de 1925.

> Com a instalação de regime especial na zona de Tanger, em 1923, as duas potências mais influentes conseguiram, em ampla extensão, alcançar as suas ambições políticas. O Reino Unido tinha excluído a soberania de outra grande potência sobre Tanger, o que poderia ter reduzido o valor de sua fortaleza de Gibraltar, nas proximidades, no acesso para as partes orientais do seu império, enquanto a França tinha conseguido assegurar a preponderância na administração na zona de Tanger, através do sultão, mediante o seu protetorado. As potências tinham internacionalizado Tanger com base em seus próprios interesses, frequentemente conflitantes, o que também seguiram na administração da cidade. Estavam dispostas a sacrificar uma efetiva administração da zona de Tanger em benefício político delas.[383]

O Anexo ao Estatuto da zona de Tanger especificava a organização da polícia naquela zona, bem como um decreto marroquino - *Dahir cherifiano* - organizava a administração da zona, bem como a criação de um tribunal internacional misto. Os códigos básicos, necessários para o funcionamento do tribunal internacional, denominado Corte mista de Tanger, foram diretamente preparados pelo Reino Unido, França e Espanha - nos termos do art. 48 do Estatuto da zona de Tanger; outras relevantes normas e regulamentos fiscais foram elaborados por comissões de especialistas, desses mesmos estados - conforme o art. 32 do Estatuto da zona de Tanger.[384]

[383] J. Schwietzke, *Tangier* (in **Encyclopedia of public international law**, 2012, vol. IX, cit. § 22): "The institutions of the international regime served the demands of representation and proportionality of the European powers and were too large for the roughly 70,000 inhabitants of the Tangier zone before World War II. The inhabitants had, however, to defray the costs of the institutions. The international administration of the Tangier zone was undemocratic, and any agitation, propaganda or conspiracy against the established order in any of the zones of Morocco or in any foreign country, was prohibited in Tangier."

[384] J. Schwietzke, *Tangier* (in **Encyclopedia of public international law**, 2012, vol. IX, cit. § 12 e 23): "Legally, the Tangier zone was a part of Morocco under the sovereignty of the Sultan. Morocco was a colonial protectorate of France, restricted by the Tangier Zone

O Estatuto da zona de Tanger, em seu art. 3º, estipulava regime de neutralidade permanente para a região, bem como a proibição de criação e manutenção de estabelecimentos militares. A administração internacional da zona de Tanger seria exercida por representantes nomeados pelo sultão bem como pelas comunidades estrangeiras: franceses, espanhóis, britânicos, italianos, bem como um belga, um holandês, um português e um americano – este último nunca compareceu, porque os Estados Unidos não ratificaram o Estatuto da zona de Tanger.

O término da segunda guerra mundial também encorajou o desejo de autodeterminação no Marrocos, mas a França não tinha intenção de abandonar o controle do seu protetorado. Em janeiro de 1944, foram suprimidas revoltas em Rabat, com perda de muitas vidas.

Em 19 de dezembro de 1952, por meio de Resolução da Assembleia geral da ONU – Res. 612-VII – se expressou a confiança de que o governo francês se empenharia em fortalecer as liberdades fundamentais no Marrocos, em conformidade com os propósitos e os princípios da Carta das Nações Unidas. Em agosto de 1953, a França chegou ao ponto de destronar o sultão Mohammed V. Durante rebelião em 30 de março de 1952, muitos marroquinos foram mortos. Nenhum incidente equivalente foi reportado em relação às zonas espanholas, durante o mesmo período.[385]

Statute. The common control and rule of the Tangier Zone by the parties to the Tangier Zone Statute and the 1928 Agreement may be qualified as a coimperium". V. tb. Fred L. Morrison, *Condominium and Coimperium* (in **Encyclopedia of public international law**, 2012, vol. II, p. 598-601, A – Definition, cit. § 1 e 2): "A condominium is a territory over which two or more states jointly exercise governmental authority. The word coimperium is also sometimes used in the context. There is no formal distinction between the two words. / Traditional condominiums involved the joint exercise of sovereign authority; modern instances frequently involve joint exercise of more limited authority. The states exercising the condominium may administer the territory jointly or they may retain common authority only over major decisions, allowing each to exercise jurisdiction over part of the territory in other matters. In some cases they may leave routine administration to some local authority."

[385] J. Schwietzke, *Tangier* (in **Encyclopedia of public international law**, 2012, vol. IX, cit. § 19).

A cidade de Tanger foi submetida a regime de gestão internacional de 1923 até 1956, quando o Marrocos alcançou retomar a sua 'independência'. A independência do Marrocos foi objeto dos Acordos de la Celle-Saint Cloud, de 6 de novembro de 1955, e confirmada por declaração conjunta, em 2 de março de 1956.

A Espanha reconheceu a independência do Marrocos por meio de declaração conjunta do Marrocos e da Espanha, sobre a independência do Marrocos, em 7 de abril de 1956. Uma conferência internacional foi realizada em Tanger, para revogar o regime internacional da zona de Tanger, com participação da Bélgica, Espanha, França, Itália, Países Baixos, Portugal, Estados Unidos e Marrocos. O escopo da conferência era estabelecer as bases para a independência do Marrocos, bem como da unidade e integridade do território. Foi abolido o regime internacional da zona de Tanger nos termos da Declaração Final da Conferência Internacional de Tanger, de 29 de outubro de 1956.

O sultão do Marrocos restabeleceu sua plena soberania sobre a província de Tanger nos termos da Carta real sobre o status econômico e financeiro de Tanger, de 26 de agosto de 1957, e confirmou a liberdade cambial e o regime fiscal de Tanger, bem como a liberdade de importação e exportação por Tanger. Essa Carta real foi abolida em 17 de outubro de 1957 e as prerrogativas internacionais de Tanger cessariam seis meses depois. A partir de então, Tanger deixou de ter qualquer estatuto internacional privilegiado.

Uma zona franca foi estabelecida no porto de Tanger, em 1962. Atualmente existe uma zona franca industrial - denominada Zona franca de Tanger - e o primeiro terminal de porto de águas profundas - denominado Tanger Méd - foi inaugurado em 2007, com a possibilidade de se tornar o maior porto do continente africano.

Deste se pode passar à consideração do caso da internacionalização da cidade de Danzig, atual Gdansk (20.2).

20.2. A cidade de Danzig ou Gdansk

A cidade livre existiu de 1920 a 1939, sob a proteção da Sociedade das Nações. Em 1º de setembro de 1939, Danzig foi anexada pelo Império alemão e, *de facto*, perdeu sua condição de cidade livre. Se e quando foi terminada, *de iure*, a sua existência, ainda é objeto de controvérsias. Como outras entidades territoriais, denominadas *cidades livres*, era um sujeito de direito internacional, embora não pudesse dispor de plenos poderes soberanos.

C. Hattenhauer (2012)[386]

O tratado de Versalhes (28 de junho de 1919) atribuiu à Polônia a Posnânia e a maior parte da Pomerania, ao longo do curso inferior do Vístula (a Prússia ocidental), dando a esta assim acesso direto, ainda que estreito, ao Báltico. Foi preciso transigir em alguns pontos: Danzig (Gdansk), porto natural histórico da Polônia, mas cuja esmagadora maioria da população era alemã, tornou-se cidade livre, regida pela Sociedade das Nações e incluída na zona aduaneira polonesa; plebiscitos decidiram o futuro da Alta Silésia e do sul da Prússia oriental.

Jerzy Lukowski e Hubert Zawadzki (2010)[387]

era igualmente árbitro permanente o Alto Comissário da Sociedade das Nações, encarregado, segundo o art. 103 do tratado de Versalhes de decidir em primeira instância sobre todas as contestações que viessem a ser suscitadas entre a Polônia e a cidade livre de Danzig.

A. Verdross (1929)[388]

No delta do rio Vístula, às margens do mar Báltico, a cidade livre de Danzig (em alemão, *Freie Stadt Danzig*, em polonês *Wolne Miasto Gdansk*), após a primeira guerra mundial, foi objeto de reivindicações de soberania, por parte da Alemanha e da Polônia. Declarada "cidade livre", em 1919, abrangendo a própria cidade de Danzig (*Gdansk*), bem como Zoppot (*Sopot*), Tiegenhof (*Nowy Dvor Gdansk*), Neuteich (*Nowy Staw*), além de outras 252 vilas e 63 vilarejos, em cerca de 1900 quilômetros quadrados, com população entre 350 e 400 mil habitantes.

[386] Christian Hattenhauer, *Danzig, Free City of* (in **Encyclopedia of public international law**, 2012, vol. II, p. 1018-1026, cit. § 1).

[387] Jerzy Lukowski e Hubert Zawadzki, **Histoire de la Pologne** (orig. publ. **A concise History of Poland**, © 2001, 2006, trad. Eric Chédaille, Paris: Perrin, 2010, ch. 6 – Une indépendance retrouvée et perdue, p. 244-303, cit. p. 252).

[388] A.Verdross, **Règles générales du droit international de la paix** (RCADI, 1929, t. 30, p. 271-518, cit. p. 312) : «Est également arbitre permanent le Haut Commissaire de la Société des Nations, chargé d'après l'article 103 du traité de Versailles de statuer en première instance sur toutes les contestations qui viendraient à s'élever entre la Pologne et la Ville libre de Danzig.»

Castelo e vilarejo eslavos – *Gyddanzyc* – foi pela primeira vez mencionada em documento do ano 997. Por volta de 1178, em meio à imigração germânica para a região – *Drang nach Osten* – desenvolveu-se um município germânico, referido como *civitas Danczik*, em 1236. No início do século XIV, recebeu sua carta de autonomia, outorgada por SWANTOPOLK II, duque de Pomerelia.

Conquistada pela Ordem dos Cavaleiros teutônicos,[389] em 1308, Danzig integrou o Estado monástico da ordem dos cavaleiros teutônicos, de 1309 – nos termos do tratado de Soldin – até 1454, sendo assim parte do Sacro império romano germânico. Danzig se tornou membro pleno da Liga Hanseática em 1361, contribuindo para o crescimento e a riqueza da cidade: sua vida econômica e cultural teve seu apogeu entre 1550 e 1650.

Danzig ingressou na Confederação prussiana, tornando-se independente da Ordem teutônica e distendendo seus laços com o Sacro império. Aceitou o protetorado da coroa polonesa, em 1454 – na verdade, uma confederação, com certos elementos federais, e poderes extremamente limitados do rei.

A independência de Danzig foi estipulada pelo *privilegium Casimirianum*, de 1457. E continuou como comunidade, dotada de autogoverno, com sua própria legislação, administração, jurisdição e política externa, e sua comunidade religiosa – um enclave protestante alemão, em meio à Polônia católica. A neutralidade de Danzig, durante a guerra de 1601-1611 entre a Polônia e a Suécia, é prova adicional de sua independência.

Depois da segunda partilha da Polônia, em 1793, sob pressão política prussiana, Danzig se juntou ao reino da Prússia. Em 1807, depois da derrota da Prússia, Danzig foi dividida, para formar estado independente, cuja integridade seria garantida pelos reis da Prússia e da Saxônia, nos termos do tratado de paz, assinado em 9 de julho de 1807, entre a França e a Prússia.[390] Na verdade, um governador francês era a

389 Henri BOGDAN, **Les chevaliers teutoniques** (© 1995, Paris: Perrin – tempus, 2009); William URBAN, **The Teutonic Knights** – a military history (London: Greenhill Books/ Mechanicsburg, PA.: Stackpole Books, 2003, chap. 7 – Territorial Rivalries with Poland, p. 109-152, esp. 'Pomerellia and Danzig', p. 109-110): "The economic importance of Danzig to the two sides is less clear".

390 Art. 19 do tratado de paz entre a França e a Prússia, de 9 de julho de 1807: "La ville de Dantzick, avec un territoire de deux lieues de rayon autour de son enceinte, sera rétablie

autoridade principal do território, assegurando a proteção dos interesses franceses, coletando tributos e servindo de base para operações militares. O *Code Napoléon* foi aplicado como fonte subsidiária do direito civil. Com a derrota de NAPOLEÃO, em 1814, Danzig foi reintegrada ao reino da Prússia, como capital da província da Prússia oriental – nos termos do art. 2º do Tratado de aliança entre a Áustria, a Prússia e a Rússia, assinado em 16 (27) de junho de 1813, bem como o art. 23 da Ata final do Congresso de Viena, de 1815. Voltou a ser aplicado, subsidiariamente, o direito prussiano – *Allgemeines Landrecht für die preussischen Staaten*, de 1794.

Em 1871, a Prússia, incluíndo Danzig, passou a integrar o Império alemão. Em 15 de novembro de 1920, a cidade livre de Danzig foi instituída por decisão das principais potências aliadas e associadas, de 27 de outubro de 1920.

Tendo cessado de existir, depois das terceira partilha, em 1795, o estado polonês foi restaurado após a primeira guerra mundial. Tanto a Polônia, quanto a Alemanha reclamaram Danzig. Ambos estados argumentavam, com base nos Quatorze pontos de WILSON, cujo Ponto 13 previa "livre e seguro acesso ao mar" para o estado polonês. Apesar da Polônia argumentar o 'caráter polonês' de Danzig, em 1918, cerca de 96% da população da cidade eram alemães. Incorporar Danzig ao estado polonês seria contradição em relação ao princípio da autodeterminação dos povos –[391] aspecto central dos Quatorze pontos.[392]

dans son indépendance, sous la protection de S.M. le Roi de Prusse et de S.M. le Roi de Saxe, et gouvernée par les lois qui la régissaient à l'époque où elle cessa de se gouverner elle-même" (C.T.S., vol. 59, p. 255).

[391] C. HATTENHAUER, *Danzig, Free City of* (in **Encyclopedia of public international law**, 2012, vol. II, p. 1018-1026, cit. § 5): "While France supported Polish interests, trying to create its own continental hegemony by weakening Germany and fostering Poland as a loyal partner, Great Britain was interested in creating a balance of power on the continent. The Commission of Polish Affairs, set up by the Supreme Council of the Allies, recommended the unrestricted Polish possession of Danzig. The Supreme Council of the Allies itself regarded such an annexation as a hindrance to stable peace and as unacceptable for Germany. Tying with Danzig's tradition of self-government, the Allied and Associated Powers constructed the Free City to deal with these clashing interests."

[392] V. tb. Marc KOROWICZ, **Une expérience de droit international: la protection des minorités de Haute-Silésie** (Paris: Pedone, 1946).

O tratado de Versalhes, de 1919, arts. 100 a 108, foi a base para o estabelecimento da cidade livre.[393] Quando este entrou em vigor, em 10 de janeiro de 1920, a soberania sobre Danzig e região, descritas no art. 100, passaram às principais potências aliadas e associadas. Foi objeto de extensa regulação específica no tratado de Versalhes, o estatuto da cidade livre de Danzig. As fronteiras foram descritas no artigo 100.[394]

A demarcação do território foi estipulada pelo art. 101, por comissão de três membros (o presidente, nomeado pelas principais potências aliadas e associadas, e outros dois nomeados pela Polônia e pela

[393] P. B. Casella, **Tratado de Versalhes na história do direito internacional** (São Paulo: Quartier Latin, 2007) contendo o texto integral do **Tratado de paz entre as potências aliadas e associadas e a Alemanha, e Protocolo anexo, assinados em Versalhes, aos 28 de junho de 1919**, parte III, 'cláusulas políticas européias', seção XI, 'cidade-livre de Danzig', artigos 100 até 108 e mais adiante, parte IX – Cláusulas financeiras, art. 254 do tratado.

[394] **Tratado de Versalhes**, art. 100: "A Alemanha renuncia, em favor das principais potências aliadas e associadas, a todos os direitos e títulos sobre o território compreendidos nos limites mais abaixo descritos: / do mar Báltico, para o sul e até o ponto de encontro dos canais de navegação principais do Nogat e do Vístula (Weichsel); / a fronteira da Prússia oriental, tal como está descrita no artigo 28 da parte ii (Fronteiras da Alemanha) do presente Tratado; / de lá, o canal principal de navegação do Vístula, rio abaixo e até a um ponto situado a cerca de 6 quilómetros e meio do norte da ponte de Dirschau; / de lá, para o noroeste e até a cota 5, situada a 1 quilómetro e meio do su[d]este da igreja de Güttland; / uma linha a determinar no terreno; / de lá para o oeste e até o saliente feito pelo limite do círculo Berent, a 8 quilómetros e meio ao norte de Schöneck; / uma linha a determinar no terreno, passando entre Mühlbanz, ao sul e Rambeltsch, ao norte; / de lá, para o oeste, o limite do círculo Berent até a reintrância que forma a 6 quilómetros ao nor-noroeste de Schöneck; / de lá, e até um ponto situado sobre a linha médida de Lonkener See; / uma linha a determinar sobre o próprio terreno, passando ao norte, de Neu Fitz e Schatarpi e ao sul, de Barenhütte e Lonken; / de lá, a linha medida de Lonkener See, até o seu extremo norte; / de lá, e até a extremidade sul de Pollenziner See; uma linha a determinar sobre o terreno; / de lá, a linha média do Pollenziner See até o seu extremo norte; / de lá, para o nordeste, e até a um ponto situado a 1 quilómetro ao sul da igreja de Koliebken, onde a via férrea de Danzig-Neustadt atravessa um ribeiro; / uma linha a determinar sobre o próprio terreno, passando a su[d]este de Kamehlen, Krissau, Fidlin, Sulmin (Richthof), Mattern, Schäferei, e ao noroeste de Neuendorf, Marschau, Czapielken, Hoch e Klein-Kelpin, Pulvermühl, Renneberg e as cidades de Oliva e Zoppot; / de lá, o curso do ribeiro, acima mencionado, até o mar Báltico. / As fronteiras acima descritas são traçadas numa carta alemã de 1/100:000, anexa ao presente Tratado, com o número 3."

Alemanha),[395] enquanto o art. 102 estipulava: as principais potências aliadas e associadas comprometem-se a constituir a cidade de Danzig, conjuntamente com o território descrito no art. 100, em cidade livre. Esta cidade será posta sob a proteção da Sociedade das Nações.

A Constituição da cidade livre de Danzig era prevista para ser objeto de convenção específica, "que entrará em vigor na mesma ocasião em que for constituída a cidade livre de Danzig", nos termos do artigo 104, e nos artigos 105 e 106, a questão da nacionalidade dos cidadãos desta cidade livre, com a possibilidade de opção pela nacionalidade alemã e a obrigação de transferir domicílio para a Alemanha, "nos doze meses que se seguirem".[396]

A cidade livre de Danzig se manteve integrada ao espaço aduaneiro polonês. A política externa e a proteção consular dos habitantes da cidade livre, no exterior, cabiam ao governo da Polônia.

Em 1º de setembro de 1939, a marinha alemã atacou as instalações polonesas no Westerplatte, marcando o início da segunda guerra mundial. No mesmo dia, dois atos legislativos, em violação da Constituição de Danzig, declaram a cidade livre como parte do Império alemão,

[395] **Tratado de Versalhes**, art. 101: "Uma Comissão, composta de três vogais compreendendo um Alto Comissário, presidente, nomeado pelas principais potências aliadas e associadas, de um vogal nomeado pela Alemanha e um pela Polônia, será constituída nos quinze dias que se seguirem à entrada em vigor do presente Tratado, para fixar no próprio local a linha fronteira do território, acima especificado, tomando em conta, tanto quanto possível, os limites comunais existentes."

[396] **Tratado de Versalhes**, art. 105: "Desde a entrada em vigor do presente Tratado, os indivíduos pertencentes à jurisdição alemã, domiciliados no território descrito no artigo 100 perderão, *ipso facto*, a nacionalidade alemã, tornando-se nacionais da cidade livre de Danzig."; e art 106: "Durante os dois anos que se seguirem à entrada em vigor do presente Tratado, os indivíduos dependentes da jurisdição alemã, com mais de 18 anos de idade e domiciliados no território descrito no artigo 100, terão a faculdade de optar pela nacionalidade alemã. / A opção do marido arrasta consigo a da mulher e a opção dos pais arrastará a dos seus filhos menores de 18 anos. As pessoas que hajam exercido o direito de opção acima previsto deverão, nos doze meses que se seguirem, transportar o seu domicílio para a Alemanha. / Terão a liberdade de conservar os bens imobiliários que possuem no território da cidade livre de Danzig. Poderão levar os seu bens móveis, de qualquer natureza. Não lhes será imposto, por esse motivo, nenhum direito, quer de saída, quer de entrada."

e os nacionais de Danzig, *ipso jure*, passavam a ser nacionais alemães. O direito alemão passou a ser aplicado, em 1º de janeiro de 1940.[397]

Depois de ser anexada pelo Terceiro Reich, em 1939, Danzig foi ocupada pelo exército soviético, em março de 1945, e deixada sob administração polonesa. Danzig voltará a ser parte do território polonês, a partir do final da segunda guerra mundial. A população alemã fugiu ou foi expulsa e os novos habitantes poloneses vieram principalmente das antigas regiões do leste, que doravante passavam a ser território soviético. Na conferência de Potsdam, em 1945, os antigos territórios alemães, a leste da linha Oder-Neisse,[398] e a antiga 'cidade livre' de Danzig foram interinamente colocadas sob administração polonesa.[399]

Várias questões, relativas à situação de Danzig, no período entre guerras, foram levadas à Corte permanente de justiça internacional e merecem ser mencionadas. Consideráveis tempo e volume de trabalho teve a Corte Permanente de Justiça Internacional, nas décadas de 1920-1930, para passar a limpo o mapa da Europa,[400] na tentativa de

[397] C. HATTENHAUER, *Danzig, Free City of* (in **Encyclopedia of public international law**, 2012, vol. II, cit. § 24): "Yet the free city only ceased to exist *de facto*, not *de iure*. A non-belligerent annexation at that time is likely to have been invalid under customary international law. In any case, the continuing hostilities prevented the legal validity of an annexation. A treaty of accession in favour of the German empire would have failed. Danzig's special international status had legal effects *erga omnes* and prevented its incorporation without the consent of the parties that had concluded its basic treaties; according to international law, Danzig was not effectively represented through [the head of the national socialist district, Albert] Forster as head of state, as his appointment was a breach of the Constitution of Danzig."

[398] Ver tb., supra, 8.2.5, sobre o regime jurídico internacional do rio Oder.

[399] C. HATTENHAUER, *Danzig, Free City of* (in **Encyclopedia of public international law**, 2012, vol. II, p. 1018-1026, cit. § 28): "The imposed territorial compromise of a free city, satisfying neither Poland nor Germany, nor the inhabitants of Danzig themselves, was doomed to fail. The adoption of Danzig's tradition of self-government could not last in the 20th century."

[400] Jean-François GUILHAUDIS, **L'Europe en transition** (Paris: Montchrestien, 1993, 'vue d'ensemble: l'Europe 1945-1993', p. 15-21, cit. p. 15): «Du point de vue de l'histoire il existe certainement un héritage commun européen composé des apports successifs de la Grèce et de Rome, de la chrétienté au Moyen-age, de la Renaissance et du siècle des lumières, mais cet héritage n'est pas limité aux peuples européens et il est couramment débattu du point de savoir si la Russie peut être considérée comme faisant partie de cette communauté. En bref, l'Europe n'existe pas; elle est, selon la formule de Régis DEBRAY,

transição dos impérios multinacionais, para a Europa das nacionalidades.[401] Cria-se jurisprudência relevante a respeito dessas questões, que seriam objeto de controvérsia e discussão ainda hoje.

A possibilidade de acordo internacional criar, diretamente, direitos e obrigações para indivíduos, ainda se viu, substancialmente, restrita pela Corte permanente de justiça internacional, no parecer de 3 de março de 1928, sobre a **competência dos tribunais de Danzig**.[402] A tese

'd'abord et toujours une idée', une virtualité politique»; v. tb. Régis Debray, **Tous azimuts** (Paris: Ed. O. Jacob, 1989, p. 31).

[401] Dentre os casos levados e pareceres solicitados à CPJI em razão desse refazimento do mapa e da reordenação da convivência entre as nacionalidades na Europa, e.g.: (i) com relação aos **interesses alemães na Alta Silésia polonesa**: A 06 (question of jurisdiction), A 07 (the merits), A 15 (Rights of the minorities in the Upper Silesia: minority schools), A/B 40 (access to German minority schools in Upper Silesia), C 09/1 (certain German interests in Polish Upper Silesia: question of jurisdiction), C 11 (certain German interests in Polish Upper Silesia), C 52 (access to German minority schools in Upper Silesia), C 14/2 (Rights of the minorities in Upper Silesia: minority schools); (ii) com relação às **questões relativas à nacionalidade polonesa**: B 06 e B 07 (questions relating to settlers of German origin in Poland), C 03/1 (question concerning the acquisition of Polish nationality), C 03/2 (question relating to settlers of German origin in Poland), também A/B 58, A/B 60 e C 71 (case concerning the Polish agrarian reform and the German minority); (iii) a respeito e em torno da então chamada **cidade-livre de Danzig**: B 11 (Polish postal service in Danzig), B 15 e C 14/1 (jurisdiction of the Courts of Danzig), B 18 e C 18/2 (Free city of Danzig and the International Labour Organzation), A/B 65 e C 77 (consistency of certain Danzig legislative decrees with the constitution of the free city), A/B 43 e C 55 (access to and anchorage in the port of Danzig, of Polish war vessels), A/B 44 e C 56 (treatment of Polish nationals and other persons of Polish origin or speech in the Danzig territory), C 08 (Advisory opinion 11 and Polish postal service in Danzig); (iv) **administração do príncipe Von Pless**: A/B 52, A/B 54, A/B 57, A/B 59, C 70 (Prince Von Pless Administration); (v) **troca de populações greco-turcas e interpretação do acordo greco-turco de 1. de dezembro de 1926**: B 10 e C 07/1 (exchange of Greek and Turkish populations), B 16 e C 15/1 (interpretation of the Greco-turkish agreement of 1 December 1926); (vi) **comunidades greco-búlgaras e interpretação do acordo greco-búlgaro de 9 de dezembro de 1927**: B 17 e C 18/1 (the Greco-Bulgarian communities), A/B 45 e C 57 (interpretation of the Greco-Bulgarian agreement of 9 December 1927, the "Caphandaris-Molloff agreement"); (vii) **interpretação do tratado de Neuilly** A 03 e A 04 (Treaty of Neuilly, article 179, Annex, par. 4 (interpretation)), C 06/1 e C 06/2; (viii) **interpretação do tratado de Lausanne** B 12 e C 10 (interpretation of article 3, par. 2 of the Treaty of Lausanne), para mencionar somente alguns.

[402] C.P.J.I., avis du 3 mars 1928, rélatif à la **compétence des tribunaux de Danzig** (série B, n. 15, 1928).

polonesa, contudo, pleiteava interpretação ainda mais restritiva que a adotada pela Corte.[403]

No parecer consultivo sobre a **competência dos tribunais de Danzig**, prolatado em 3 de março de 1928[404], a Corte permanente de justiça internacional aborda, de maneira inovadora, a *questão de determinar se tratado pode criar direitos e obrigações para particulares e em que medida poderá isso acontecer.* A questão do **efeito direto dos tratados** permanece atual e teve marco representativo nessa manifestação da CPJI.

A tese clássica, então sustentada pela Polônia, se põe no sentido de que o tratado não poderia conferir direitos, diretamente, para os agentes ferroviários de Danzig, mas somente poderia ter criado direitos e obrigações entre as partes contratantes, ou seja, entre a cidade livre[405] e a Polônia[406]. Não é este caso isolado, mas se repete, até hoje, na

[403] V. CASELLA, **Direito internacional, história e cultura** (2020); **Fundamentos** (2008, item VI, 'direito, história e cultura'). A Corte permanente inova na matéria, ao declarar seu entendimento, em dois sentidos: primeiro quanto à possibilidade de criação direta de direitos e obrigações para particulares, por meio de tratado, na medida em que tal intenção tivessem as partes contratantes no tratado. Esse elemento de motivação traz inovação; o segundo dado relevante foi a reafirmação do *écran étatique* ou 'telão estatal', ou seja, a reafirmação do paradigma clássico de que a norma internacional somente diz respeito, indiretamente, aos particulares, na medida em que o estado a edite sob forma que a torne por estes passível de ser invocada, e consequentemente aplicada pelos tribunais internos. Pode-se ter ai o limite posto pelo tempo histórico e pelo contexto cultural à inovação então afirmada. Ao mesmo tempo em que insere a Corte a reafirmação do modelo clássico, teve, contudo, o mérito de ter deixado entrever a extensão possível de inovação que viria a se desenvolver, um tanto mais já ocorrendo no contexto do sistema europeu, em certa medida também em relação ao sistema interamericano de defesa dos direitos fundamentais.

[404] Parecer consultivo sobre a **competência dos tribunais de Danzig** (série B, n. 15), prolatado em 3 de março de 1928 (jurisdiction of the Courts of Danzig) v. tb. série C, n. 14/1.

[405] P. B. CASELLA, **Tratado de Versalhes na história do direito internacional** (São Paulo: Quartier Latin, 2007, p. 120, seção XI, "cidade livre de Danzig", arts. 100-108, p. 120-123).

[406] **Tratado de paz entre as potências aliadas e associadas e a Alemanha, e Protocolo anexo, assinados em Versalhes, aos 28 de junho de 1919**, parte iii, 'cláusulas políticas européias', seção xi, 'cidade-livre de Danzig', artigos 100 até 108 e mais adiante, parte ix (Cláusulas financeiras), art. 254 do tratado. Art. 104: "Uma Convenção, cujos termos se incumbem de negociar as principais potências aliadas e associadas, e que entrará em vigor na mesma ocasião em que for constituída a cidade livre de Danzig, regulará entre o governo polaco e a referida cidade livre, no intuito: 1º. de colocar a cidade livre de Danzig dentro dos limites da fronteira alfandegária da Polônia, e de prover ao estabelecimento de uma zona franca no porto; / 2º. de assegurar para a Polònia, sem restrição alguma,

medida em que tal interpretação de tratado[407] seja da conveniência dos estados.

A inovação na matéria, pela Corte permanente de justiça internacional se deu ao declarar esta seu entendimento, em dois sentidos: primeiro, quanto à possibilidade de criação direta de direitos e obrigações para particulares, por meio de tratado, na medida em que tal intenção tivessem as partes contratantes no tratado. Esse elemento de motivação traz inovação. O segundo dado relevante foi a reafirmação do *écran étatique* ou 'telão estatal', ou seja, a reafirmação do paradigma clássico de que a norma internacional somente diz respeito, indiretamente, aos particulares, na medida em que o estado a edite sob forma que a torne por estes passível de ser invocada, e consequentemente aplicada pelos tribunais internos. Pode-se ter aí o limite posto pelo tempo histórico e pelo contexto cultural à inovação então afirmada.

Ao caracterizar o direito internacional, no contexto pós-moderno, como o da idade dos direitos humanos,[408] cabe deixar de lado o velho

a utilização das vias de água, bacias, cais e outras obras do território da cidade livre, necessárias às importações e exportações da Polônia; / 3º. de assegurar, para a Polônia, a superintendência e [a] administração do Vístula e do conjunto da rede férrea, nos limites da cidade livre, salvo os *tramways* e outras vias férreas que sirvam principalmente às necessidades da cidade livre, assim como a superintendência e administração das comunicações postais, telegráficas e telefônicas, entre a Polônia e o porto de Danzig; / 4º. de assegurar para a Polônia o direito de desenvolver e melhorar as vias de água, docas, bacias, cais, vias férreas e outros meios de comunicação, acima descritos, e de alugar ou comprar, em condições apropriadas, os terrenos e outras propriedades necessárias para este fim; / 5º. de providenciar para que nenhuma discriminação seja feita na cidade livre de Danzig, em prejuízo dos nacionais polacos e outras pessoas de origem ou de língua polaca; / 6º. de fazer assegurar pelo governo polaco a direção dos negócios exteriores da cidade livre de Danzig, assim como a proteção de seus nacionais nos países estrangeiros."

[407] L. Ehrlich, **L'interprétation des traités** (RCADI, 1928, t. 24, p. 1-146); G. Haraszti, **Treaties and the fundamental change of circumstances** (RCADI, 1975, t. 146, p. 1-93); G. E. do Nascimento e Silva, **Le facteur temps et les traités** (RCADI, 1977, t. 154, p. 215-297).

[408] Theodor Meron, **International law in the age of human rights: general course on public international law** (RCADI, 2003, t. 301, p. 9-490, 'introduction', p. 21-23, cit. p. 22): "To study the influence of human rights on general internaitonal law, we must start from the assumption, which I accept, that there is such a thing as universal human rights, and that the core of human rights is essentially the same all over the world, even though there may be rhetorical, political and sometimes even legal differences at the margin."

debate estéril, quanto a saber se os indivíduos são ou não sujeitos ou objetos de direito internacional,[409] e colocar o foco nos indivíduos como participantes do sistema de direito internacional.[410] Nesse sentido, cabe observar quanto inovou a Corte permanente de justiça internacional, ao reconhecer, no Parecer consultivo a respeito da **jurisdição dos tribunais de Danzig**,[411] que estados podem atribuir direitos a particulares, diretamente, por meio de tratado.

A questão, nesse regime especial, "prendeu-se ao propósito de modificação unilateral do estatuto de Danzig".[412] Às sucessivas medidas, que

[409] R. HIGGINS, **International law and the avoidance, containment and resolution of disputes: general course on public international law** (RCADI, 1991-V, t. 230, p. 9-342).

[410] Th. MERON (op. cit., 2003, cap. v, 'subjects of international law', conclusions, p. 369--372, cit. p. 369-370, tb. retomado p. 372): "as first authoritatively pronounced in the Advisory Opinion of the PCIJ on the **Jurisdiction of the Courts of Danzig**, states may grant individuals direct rights by treaty" [PCIJ, ser. B, no. 15, at 17.] / Responding to the developing needs of the international community, international law may create new subjects endowned with varying legal personality and various rights, obigations and attributes, a development recognized within the United Nations Organization by the ICJ in the Advisory Opinion on **Reparation for injuries suffered in the service of the United Nations** [ICJ Reports 1949, at 178-180] (...) / We have seen the immense changes that have occurred in the rights and obligations actually granted to individuals and exercised by them, as demonstrated by their access to international institutions and tribunals, their participation, albeit indirect, in norm-making, their ability to be involved in protecting their investments, their access to institutions established by treaties for the protection of the environment, their being the subject of duties under international criminal and humanitarian law, and so on. Under the influence of human rights law, rights have been granted to individuals, and more than ever before it has been recogniezed that international law exists for individuals and functions on their behalf. We have discussed the increasing access of private companies and even natural persons to decision-making bodies under various investment treaties. These developments do not necessarily stem from a human rights analysis, but from the changing realities of international business organization and investment. Nevertheless, these developments contribute to the panorama in which non--state actors, including individuals, are important and often independent participants."

[411] C.P.J.I., Parecer consultivo sobre a **competência dos tribunais de Danzig**, prolatado em 3 de março de 1928. Nesse parecer a CPJI aborda, de maneira inovadora, a questão de determinar se tratado pode criar direitos e obrigações para particulares e em que medida poderá isso acontecer. A questão do **efeito direto dos tratados** permanece atual, e teve marco representativo nessa manifestação da CPJI.

[412] Raul PEDERNEIRAS, **Direito internacional compendiado** ("rev. e aumentada" por Oscar TENÓRIO, Rio de Janeiro: Freitas Bastos, 10ª ed., 1953).

pretendia adotar a Polônia, no sentido de que os postos de administração e a direção dos portos fossem submetidos a seu controle, que a polícia polonesa tivesse livre atividade na região, bem como chamar a si o direito de voto, nas eleições para o Senado da cidade, além do direito de jurisdição sobre os bancos oficiais, reagiu a Alemanha, com a pretensão de anexar Danzig, "pretexto da segunda guerra mundial".[413]

A questão da competência do **serviço postal de Danzig** foi outra controvérsia internacional. Foi esta objeto de parecer consultivo, emanado da Corte permanente de justiça internacional (1925)[414], em relação à competência para organizar e operar o serviços de caixas postais, entre a cidade livre de Danzig e a Polônia.

Já G. F. von Martens (1788, ed. 1858)[415] esclarecia caber a cada estado estabelecer o seu serviço postal, onde os limites da competência deste serão os mesmos dos limites do território do estado. Ressalvadas servidões de direito público,[416] ou acordo internacional.[417]

A Corte decidiu que a cidade de Danzig, ao querer fazer prevalecer a coisa julgada, em relação a uma decisão do Alto Comissário, de 1922, invocava erroneamente os motivos de tal decisão. O parecer da Corte foi prolatado nos termos seguintes: "é certo que os motivos, contidos em uma decisão, ao menos na medida em que ultrapassem o alcance do dispositivo, não tem força obrigatória entre as partes interessadas".

[413] R. Pederneiras (op. cit., ed. 1953, n. 142 'Danzig', p. 161-162, e nota 55-B), cita trechos de discursos de Hitler sobre a questão de Danzig, proferidos em 20 de fevereiro de 1938, em 26 de setembro de 1938, em 20 de janeiro de 1939 e, ainda em 21 de maio de 1939, este assinalava: "o acordo teuto-polonês de 1934, nós o respeitaremos cegamente. Mais ainda, desejamos que seja constantemente prolongado, e que as relações amistosas enrte a Polônia e o Reich alemão melhorem cada vez mais".

[414] C. P. J. I., **Avis consultatif n. 11** (Recueil C.P.J.I., série B, n. 11, 1925).

[415] G. F. de Martens, **Précis du droit des gens moderne de l'Europe** (1788, ed. 1858, vol. I, livre III 'des droits réciproques des états', ch. III 'des différentes branches de la constitution et du gouvernement intérieur, et des droits qui peuvent appartenir à cet égard aux puissances étrangères et à leurs sujets', esp. §111 'du droit des postes', p. 308-312).

[416] V. tb. H. D. Reid, **Les servitudes internationales** (RCADI, 1933, t. 45, p. 1-74).

[417] G. F. de Martens (op. cit., 1788, ed. 1858, vol. I, livre III, ch. III, §111 'du droit des postes', cit. p. 309-310) : «Partout les postes sont sous la protection spéciale du droit des gens, et les principes les plus simples de la loi naturelle suffisent pour établir l'obligation de l'état».

A respeito do caso, cabe observar ser "perfeitamente exato que todas as partes de julgamento, visando pontos em litígio, se expliquem e se completem mutuamente, e devam ser tomadas em consideração, a fim de estabelecer o alcance e o sentido preciso do dispositivo".[418]

A seguir se pode considerar o caso da internacionalização da cidade de Trieste (20.3).

20.3. A cidade de Trieste

A ideia de criação do Território livre de Trieste basicamente seguia precedentes de internacionalização territorial, tal como aplicados pela Sociedade das Nações, no território do Sarre e na cidade livre de Danzig. O objetivo de referida internacionalização é a criação de entidade política independente, removendo-a da jurisdição de determinado estado e transferindo a administração ou controle para um órgão internacional. A internacionalização é assim concebida para assegurar a paz e a segurança internacionais, equilibrando os interesses conflitantes de estados em competição.

H. Tuerk (2012)[419]

Depois da segunda guerra mundial, o Tratado de paz com a Itália (assinado em 10 de fevereiro de 1947, em vigor em 15 de setembro de 1947) estipulou a internacionalização de Trieste (nos arts. 21 e 22 e Anexos VI-X do Tratado). O Tratado previa um território livre de Trieste que, contudo, jamais foi efetivamente implementado.

M. Benzing (2012)[420]

[418] J.Limburg, **L'autorité de la chose jugée des décisions des juridictions internationales** (RCADI, 1929, t. 30, p. 519-618, cit. p. 597-598).

[419] Helmut Tuerk, *Trieste* (in **Encyclopedia of public international law**, 2012, vol. X, p. 92-99, cit. *passim* e § 2): "With respect to Trieste, the plan for the establishment of the free territory, which has also been referred to as a 'state-like community under the sovereignty of the United Nations' (H. Kelsen, **The Law of the United Nations – a critical analysis of its fundamental problems**, London: Stevens & Sons, 1950, p. 832) was, however, never implemented, due to fundamental political differences between East and West."

[420] Markus Benzing, *International Administration of Territories* (in **Encyclopedia of public international law**, 2012, vol. V, p. 316-335, cit. § 48).

Colônia romana, ao tempo de JULIO CÉSAR, em 52 a.C., a cidade de Trieste, então *Tergeste*, desenvolveu-se a partir do reino de AUGUSTO, até declinar como porto, no curso da Idade média, em razão do desenvolvimento da atividade portuária pela República de Veneza. "Tendo a hegemonia de Veneza como opção indesejável, Trieste escolheu o mal menor, e passa a reconhecer", em 1382, a suzerania de LEOPOLDO III de Habsburgo. Contudo, o regime não era absoluto: "a cidade continuava a ser sujeito político independente, com poderoso governo autônomo e sujeição direta ao senhor da província". Em 1463, negociou a paz, por conta própria, com Veneza.[421]

Trieste progressivamente se tornou parte dos domínios austríacos, até 1918, com somente pequenas interrupções. Em 1717, o imperador CARLOS VI declara a liberdade de navegação no Adriático, sob protestos de Veneza, mas consistente com as aspirações de outras potências europeias. Dois anos depois, em 1719, Trieste e Rijeka tornam-se *portos francos*, importantes saídas para o mar e para o fluxo de comércio de todo o Império dos Habsburgos.[422] Não somente Trieste se torna o principal porto do Império austro-húngaro, como o terceiro maior do Mediterrâneo e o oitavo mais movimentado do mundo – sendo ao mesmo tempo cidade livre imperial e a capital da região litorânea austríaca.

Parte das Províncias da Ilíria, de 1809 a 1814, na configuração dada à região durante a hegemonia de NAPOLEÃO; a seguir Trieste volta a estar sob dominação austríaca, quando conhece século inteiro de desenvolvimento notável.

[421] Otto LUTHAR (ed. by), **The land between: a history of Slovenia** (Frankfurt: Peter Lang, 2ª ed., 2013, "Feudalism", p. 111-189, cit. p. 127): "Venetian obstruction prevented Trieste from increasing its economic significance until the early 18th century, when it finally became a 'free port' and outstripped the dwindling Venice within just a few decades."

[422] O. LUTHAR (ed. by), **The land between: a history of Slovenia** (2ª ed., 2013, "The Early Modern Period", p. 191-251, cit. p. 233-234): "The only appreciable impact was shown in the rural trade developing in the hinterland of the free ports, especially Trieste despite restrictive legal regulation (the 1737 patent). The mercantile mentality was only able to loosen the existing system to a limited extent, given that economically and structurally most of the Austrian monarchy lagged considerably behind the Western European countries. Individual peasants in the Karst region and Inner Carniola became real small businessmen through their involvement in trade and transportation."

Segundo o censo austríaco de 1910, cerca de dois terços da então população total de 229.510 habitantes falavam italiano, enquanto as áreas em torno eram predominantemente habitadas por eslovenos. Por conta dessa forte presença italiana na cidade, ao término da primeira guerra mundial, em 3 de novembro de 1918, Trieste foi ocupada por tropas italianas.

A partir da dissolução do Império austro-húngaro, Trieste passa a integrar a Itália, nos termos do Tratado de paz entre as principais potências aliadas e associadas e a Áustria, de 10 de novembro de 1919, e do Tratado de Rapallo, de 12 de novembro de 1920. Novamente, Trieste experimenta a decadência de sua atuação portuária – tendo sido cortado por fronteira política, deixava de ser o porto para o escoamento de produtos do interior centro-europeu.

Com a ascensão do fascismo na Itália, exacerbou-se o nacionalismo nessa área etnicamente mista, "com escancarado racismo, embelezando com glorificação agressiva as vítimas italianas do front de Soca (Isonzo)", corroborado com "manifestação típica do fascismo, em áreas de fronteira, levantando o sentimento de superioridade cultural, proibindo todas as expressões da cultura nacional eslovena".[423]

Historicamente, ponto de contato e de confronto entre povos latinos, germânicos e eslavos, Trieste foi objeto de reivindicações de soberania, por parte da Itália e da Iugoslávia. Ao final da guerra, os eslovenos concebiam uma Eslovênia unida, que abrangeria Trieste, Gorizia e Udine a oeste.[424]

423 O. LUTHAR (ed. by), **The land between: a history of Slovenia** (2ª ed., 2013, "From Monarchy to Kingdom", p. 367-440, cit. p. 396-397): "The Italians escalated their actions by deliberate attempts to undermine the Slovenian economy, which – not unlike the cultural and political life of the Slovenes – was frequently more prosperous than most Italian companies and organizations. / Similarly disturbing for the Slovenes was the brutality with which Italians relentlessly tried to demonstrate the superiority of Italian culture. [...] / One of the first public outburts of violence against Slovenes was the burning down of the Slovenian cultural centre in Trieste on 13 July 1920. It was followed by a series of similar actions in other locations."

424 O. LUTHAR (ed. by), **The land between: a history of Slovenia** (2ª ed., 2013, "From Monarchy to Kingdom", p. 367-440, cit. p. 436), bem como, ao norte, até Klagenfurt, Zollfeld e Völkermarkt.

Com a capitulação da Itália, em setembro de 1943, Trieste passou a ser ocupada pelas tropas alemãs. Estas se renderam às tropas neozelandesas, em 2 de maio de 1945, depois de ter sido a maior parte da cidade ocupada pela resistência iugoslava. Em razão disso, os Estados Unidos e o Reino Unido estiveram perto de desencadear reação armada contra a Iugoslávia, criando também tensões com a União Soviética – na primeira confrontação, do que viriam a ser as décadas da guerra fria.

Diante desse quadro, foi feita tentativa de diluir a controvérsia quanto à soberania sobre este porto colocando Trieste com a área em torno desta sob a autoridade direta do Conselho de Segurança das Nações Unidas. Em 10 de fevereiro de 1947, nos termos do art. 21.1 do tratado de paz com a Itália seria criado o "território livre de Trieste", neutro, cuja "integridade e independência" seriam asseguradas pelo Conselho de segurança da ONU.

A soberania italiana nessa área cessaria quando da entrada em vigor do Tratado de 1947, cujos artigos 4º e 22 fixavam as fronteiras do território livre de Trieste, tanto em relação à Itália, como à Iugoslávia. Os anexos ao tratado especificavam: o Anexo VI continha o texto do Estatuto permanente; o Anexo VII detalhava o regime de transição a ser aplicado até a entrada em vigor do Estatuto permanente; o Anexo VIII continha o regime aplicável ao porto de Trieste; e os Anexos IX e X detalhavam disposições técnicas, econômicas e financeiras.

O Estatuto permanente previa que o território deveria ser desmilitarizado e seria declarado neutro, tendo seu próprio sistema monetário, bem como a sua própria política externa, com o poder de celebrar tratados, a possibilidade de participar de organizações internacionais, em matérias econômicas, técnicas, culturais, sociais e de saúde. As línguas oficiais seriam o italiano e o esloveno. Eram assegurados os direitos humanos e a garantia das liberdades fundamentais a todos os habitantes do território livre.

Com o fim da soberania italiana, até o início do exercício das funções do Governador – que não poderia ser nacional da Iugoslávia, nem da Itália, nem originário do território, e seria nomeado pelo Conselho de Segurança da ONU, depois de consultas aos governos italiano e iugoslavo – o território livre seria administrado pelos comandos militares aliados, em suas respectivas zonas: dos EUA e Reino Unido na zona A – uma área de 222 quilômetros quadrados, com cerca de 300 mil habitantes e da Iugoslávia, na zona B – uma área de 510 quilômetros quadrados, com cerca de 68 mil habitantes.

O início da implantação do território livre coincidiu com o acirramento da guerra fria e a consolidação de dois blocos políticos e militares. O Conselho de Segurança da ONU não conseguiu acordo com relação à nomeação de um Governador. Desse modo, mesmo depois da entrada em vigor do Tratado de paz com a Itália, os comandos militares continuaram a administrar as zonas A e B.

Depois da segunda guerra mundial foram Trieste, bem como a área da península da Ístria, foco de tensão internacional: "em Trieste e na península istriana as ambições territoriais iugoslavas constituíam uma obstrução à anuência aliada a um tratado de paz com a Itália; quando, em setembro de 1947, foi finalmente assinado, o tratado deixou incerto o futuro da região de Trieste, e tropas aliadas ainda guarneciam a área, a fim de impedir uma invasão iugoslava".[425] As tensões chegaram a tal ponto que, depois de maio de 1945, era geral a crença, nos círculos militares ocidentais, que, se uma terceira guerra mundial eclodisse brevemente, seria na região de Trieste".[426]

Estabelecido regime de gestão militar internacional, o território livre, contudo, nunca chegou a ser efetivamente implementado. A situação que prevaleceu, do final da segunda guerra mundial até 1954, foi a de divisão da cidade na zona A e da região a leste na zona B.

Na Declaração sobre Trieste do Conselho de Segurança da ONU, em 20 de março de 1948, os aliados ocidentais fizeram proposta à União Soviética e à Itália para formular protocolo adicional ao tratado de paz, que traria o território livre de Trieste de volta para a soberania da Itália. Isto em razão da impossibilidade de nomeação de um governador e da evidência de que a zona iugoslava tinha sido incorporada ao território da Iugoslávia.

[425] Tony JUDT, **Pós-guerra: uma história da Europa desde 1945** (orig. publ. **Postwar: a History of Europe since 1945**, © 2007, trad. José Roberto O'SHEA, Rio de Janeiro: Objetiva, 2008, p. 155).

[426] "De acordo com a **Official British History of the Second World War**", aponta T. JUDT (2008, op. cit., p. 155): "Mas STALIN não tinha interesse em provocar a terceira guerra, e certamente não o faria por causa de um canto obscuro do nordeste da Itália. E tampouco lhe agradava ver o Partido comunista italiano constrangido pelas impopulares ambições territoriais do vizinho comunista da Itália".

As negociações bilaterais entre a Itália e a Iugoslávia, em 1951-1952, falharam. Especificamente porque a Itália se recusava a aceitar a ideia de um condomínio com a Iugoslávia.[427] O Memorando de entendimento entre os governos da Itália, do Reino Unido e dos Estados Unidos, sobre a administração da Zona A do território livre de Trieste, assinado em Londres, em 9 de maio de 1952, estipulava que a Itália passaria a participar da administração dessa área. Em 9 de outubro de 1953, os dois governos aliados anunciaram a decisão de por fim ao governo militar aliado, de retirar as suas tropas da Zona A e de entregar a administração desta à Itália, tão logo possível.

Em 1954, a antiga zona anglo-americana, que correspondia à cidade de Trieste, foi devolvida à Itália. Discretamente, se fez saber à Iugoslávia, que não haveria objeções à incorporação da antiga Zona B ao território iugoslavo. Oficialmente a União Soviética e a Iugoslávia protestaram, alegando que a devolução à Itália da cidade de Trieste constituía violação dos termos do Tratado de paz de 1947.

A situação geopolítica muda a partir de 1948, com a ruptura entre a Iugoslávia e a União Soviética, que levou ao Pacto Balcânico (1953-1954) entre a Grécia, a Iugoslávia e a Turquia: "à luz destes desenvolvimentos, o problema de Trieste, mais e mais, passava a ser visto pelos aliados ocidentais como parte de contexto mais amplo de reaproximação entre a Itália e a Iugoslávia".[428]

O Memorando de Londres, de 5 de outubro de 1954, entre a Itália, a Iugoslávia, o Reino Unido e os Estados Unidos, continha arranjos práticos (*practical arrangements*) em vista da impossibilidade de

[427] Como foi feito no caso de Tanger, cf. se examina em 20.1, supra. V. tb. Fred L. Morrison, *Condominium and Coimperium* (in **Encyclopedia of public international law**, 2012, vol. II, p. 598-601, A – Definition, cit. § 1 e 2): "A condominium is a territory over which two or more states jointly exercise governmental authority. The word coimperium is also sometimes used in the context. There is no formal distinction between the two words. / Traditional condominiums involved the joint exercise of sovereign authority; modern instances frequently involve joint exercise of more limited authority. The states exercising the condominium may administer the territory jointly or they may retain common authority only over major decisions, allowing each to exercise jurisdiction over part of the territory in other matters. In some cases they may leave routine administration to some local authority."

[428] H. Tuerk, *Trieste* (in **Encyclopedia of public international law**, 2012, vol. X, E – The London Memorandum of 1954, cit. § 14).

implementação das cláusulas pertinentes à Trieste, no Tratado de paz com a Itália: o porto livre foi mantido pela Itália – em conformidade com os dispositivos do Anexo VIII, arts. 1 a 20 do Tratado de paz com a Itália, bem como dando garantias às respectivas minorias étnicas,[429] por meio de Estatuto especial, acordado entre a Itália e a Iugoslávia, no Anexo II do Memorando de Londres. Além disso, os dois países formalizaram acordo em relação a questões sociais e econômicas, bem como ao tráfego transfronteiriço. Contudo, nem a Itália nem a Iugoslávia renunciaram às suas respectivas pretensões sobre o território livre:[430]

> O Memorando de Londres, somente rubricado, mas não assinado pelos representantes dos quatro estados partes, formalmente ratificado somente pela Iugoslávia, suscitou diversas questões jurídicas. Enquanto as principais potências e a Iugoslávia, bem como a comunidade internacional, em geral, o consideravam como um acordo definitivo, a Itália, por questões políticas internas, ressaltava o caráter provisório deste, na medida em que simplesmente estipulava a extensão da administração civil sobre as zonas A e B, sem qualquer referência a extensão de soberania, por parte da Itália ou da Iugoslávia.[431]

Em 10 de novembro de 1975, em Osimo, próximo a Ancona, a Itália e a Iugoslávia celebraram o Tratado para a delimitação da fronteira, na parte não indicada como tal, no tratado de paz de 10 de fevereiro de 1947 – *Traité pour la délimitation de la frontière pour la partie non indiquée comme telle dans le traité de paix du 10 février 1947* – bem como Acordo

[429] Como se examina no **Tratado** (tomo – **Direito internacional, história e cultura**, cap. 4, esp. o item sobre – o quadro jurídico para a proteção das minorias).

[430] H. Tuerk, *Trieste* (in **Encyclopedia of public international law**, 2012, vol. X, E – The London Memorandum of 1954, cit. § 17): "The London Memorandum was communicated to the UN Security Council ; in addition, it was distributed to all members of the UN. The London Memorandum did not meet with any objection and France and the Soviet Union expressly took note of it."

[431] H. Tuerk, *Trieste* (in **Encyclopedia of public international law**, 2012, vol. X, E – The London Memorandum of 1954, cit. § 18): The London Memorandum did not attempt to settle the question of sovereignty, but treated the Italian and Yugoslav administrations as having equal authority. In subsequent years, Italian state practice and legal doctrine consistently favored the view that there had been continuity of Italian sovereignty, at least with respect to Zone A.

para a promoção da cooperação econômica – *Accord sur la promotion de la coopération économique entre la Republique italienne et la Republique socialiste fédérative de Yougoslavie*, ambos com anexos, troca de notas e ata final. Após ratificação pelas partes, estes instrumentos entraram em vigor em 3 de abril de 1977.

O Tratado de Osimo finalmente solucionou o problema de Trieste, substancialmente confirmando a situação previamente existente e fixando, em caráter definitivo, a fronteira entre a Itália e a Iugoslávia, na área até então considerada pelo governo italiano como mera demarcação. Por motivos econômicos e geográficos, ajustes menores foram feitos por comissão mista. Pode-se dizer que esse tratado foi influenciado pela assinatura da Ata final de Helsinki, de 1975, no âmbito da Conferência sobre segurança e cooperação na Europa, de 1º de agosto de 1975: os mais importantes princípios políticos, mencionados na Ata final de Helsinki, encontram eco no preâmbulo do Tratado de Osimo.

Além da "parte da fronteira" entre a Itália e a Iugoslávia, o Tratado de Osimo também solucionou a questão da cidadania: segundo a lei iugoslava, os residentes da Zona B eram cidadãos iugolavos, enquanto para a legislação da Itália estes continuavam a ser italianos. Mediante referência à legislação do estado contratante, em cujo território tais pessoas residissem, no momento da entrada em vigor do tratado, os residentes da antiga Zona B perderam a sua nacionalidade italiana, sem qualquer indicação do momento exato, em que isso teria ocorrido. O Tratado igualmente estipulou a respeito de direitos de propriedade e compensações, seguridade social e pensões.

As pessoas pertencentes às respectivas minorias étnicas tiveram a opção de se mudarem para território italiano ou iugoslavo, ou seja, lhes foi assegurada a opção de nacionalidade. O art. 8º do Tratado de Osimo manteve vigentes as normas legais internas, a respeito da proteção de minorias, já adotadas, em relação à implementação do Estatuto especial anexado ao Memorando de Londres, visando assegurar fossem mantidos, nos respectivos direitos internos, os níveis de proteção, estipulados para membros de ambos os grupos étnicos, no extinto Estatuto especial – cuja vigência se extinguiria em relação às partes às partes, a partir da entrada em vigor do Tratado de Osimo, nos termos do art. 7º deste.

Depois da dissolução da antiga Iugoslávia, em 31 de julho de 1992, a República da Eslovênia notificou a Itália a respeito da sua sucessão ao Tratado de Osimo, com seus dez anexos e troca de notas. Disso foi, no mesmo dia, acusado recebimento, com satisfação, pelo governo da Itália.

O regime jurídico especial do porto de Trieste, estipulado pelo Anexo VIII do Tratado de paz com a Itália, foi mantido após a instauração do sistema jurídico da então Comunidade Econômica Européia, nos termos da cláusula de compatibilidade, do art. 234 do Tratado de 15 de março de 1957, em vigor em 1º de janeiro de 1958 – atualmente, o art. 307, inciso primeiro, do Tratado da União Europeia, de 6 de abril de 2003, em vigor desde 1º de maio de 2004. Os princípios estipulados no Anexo VIII do Tratado de paz com a Itália foram igualmente implementados pela Itália, por meio de acordos bilaterais, sobre o uso do porto livre, celebrados pela Itália com a Áustria, em 1955 e 1985, e com a Hungria, em 1988. Desse modo, qualquer alteração do regime legal do porto livre de Trieste, ou qualquer modificação da área de aplicação do regime internacional pela Itália configura obrigações internacionalmente estipuladas e, assim, sujeitas a prévia negociação e aceitação pelos demais estados interessados.

Em 1º de maio de 2004, a Eslovênia se tornou estado membro da União Europeia e em 21 de dezembro de 2007 passou a integrar o Espaço Schengen – uma área sem controles de fronteira. Estas mudanças também se refletem em nova situação jurídica e política para Trieste. O que pode contribuir para trazer de volta o papel do porto de Trieste como escoamento para a produção da Europa central.

E deste se pode passar ao exame do caso da ilha de Irian ocidental (20.4).

20.4. A ilha de Irian ocidental

A UNTEA foi estabelecida nos termos do Acordo sobre a Nova Guiné Ocidental (Irian ocidental) entre a Indonésia e os Países Baixos, em 15 de agosto de 1962. Negociações do acordo avançaram sem a participação da população local. O Acordo autorizava as Nações Unidas a administrar o território e, posteriormente, o poder seria transferido para a Indonésia. Foi a Assembleia Geral e não o Conselho de Segurança, quem estabeleceu a missão com base nesse tratado (Res. AGNU 1752 (XVII) de 21 de setembro de 1962).

M. BENZING (2012)[432]

> A questão de Irian não diz respeito a etnologia; tampouco a respeito de estarmos ou não prontos para administrá-la... A questão de Irian diz respeito a colonialismo ou não colonialismo, sobre colonialismo ou independência. Parte da nossa pátria ainda é colonizada pelos holandeses, essa é uma realidade, e nós não queremos isso. Queremos que toda a nossa pátria seja independente, toda a nossa pátria, 'de Sabang até Merauke', sem exceção.
>
> declaração do presidente SUKARNO, em 17 de agosto de 1950[433]

Ao ser reconhecida, em 1949, a independência da Indonésia, pelos antigos colonizadores holandeses, estes conservaram a antiga Nova Guiné ocidental, depois Irian Barat e a seguir Irian Jaya, aqui denominada Irian ocidental.

A ilha de Irian ocidental integraria, geograficamente, o arquipélago indonesiano. Reivindicada pelos Países Baixos, como potência colonial, até o início dos anos 1960, bem como pela Indonésia, desde a ocasião de sua independência, em 1949, o território foi objeto de tensão. Temporariamente colocado sob administração direta da ONU, em 1962-1963, o território permaneceu sob estatuto internacionalizado, antes de ser atribuído à Indonésia, por "ato de livre escolha", oficialmente confirmado, em 1969.

Desde então, contudo, assistiu-se a progressivo aumento de tensão na região, entre o governo central de Djakarta e a província. O Congresso da Papuásia, que contesta a transferência feita para a Indonésia, em 1969, proclamou a independência em 2000.

Esses casos de regimes de internacionalização tiveram caráter temporal e geograficamente restritos. O regime de internacionalização,

[432] Markus BENZING, *International Administration of Territories* (in **Encyclopedia of public international law**, 2012, vol. V, p. 316-335, cit. § 49).

[433] SUKARNO, *Dibawah Bendera Revolusi: Dari Sabang Sampai Merauke* – Wikisource Indonesia, retrieved 19 February 2021.

atribuído a essas cidades e ilha, teve o caráter de "gestão tampão", de modo a permitir superar momentos de tensão e de crise, com posterior atribuição à soberania de um ou outro estado.

São, estas, situações totalmente distintas dos espaços efetivamente internacionais, que, por sua natureza, não se prestam a qualquer apropriação, por parte de determinada soberania e, por conseguinte, tem o seu estatuto jurídico regulado por meio de normas internacionais – em vista de preservação de tais espaços para o conjunto da humanidade. Em relação a estes, a regulação por meio de norma internacional visa conferir estatuto específico, por meio do qual se excluem, em caráter permanente, pretensões de apropriação soberana, ou de exercício aleatoriamente determinado de jurisdição, por parte de um ou de outro estado.

No exame dos espaços internacionais, assim, se passa a considerar: o alto mar (cap. 21), o espaço ultra-terrestre (cap. 22), os fundos oceânicos (cap. 23), e os domínios polares (cap. 24).

CAPÍTULO 21
ALTO MAR

A noção de alto mar tomou forma quando pleitos de soberania sobre vastas extensões do mar, apresentadas por várias potências, do final do século XV até o século XVII, sucumbiram diante da aceitação generalizada da ideia de que a soberania do estado se limitava a uma estreita faixa de mar, adjacente à costa.

T. Treves (2012)[434]

O inteiro desenvolvimento do direito do mar foi ditado pela soberania estatal, nacionalismo, e atitude de *laissez-faire*.

A. Cassese (2005)[435]

[434] Tullio Treves, *High Seas* (in **Encyclopedia of Public International Law**, 2012, vol. IV, p. 795-804, cit. § 1).

[435] "The whole development of the law of the sea was dictated by state sovereignty, nationalism, and a *laissez-faire* attitude" – observava Antonio Cassese, **International Law** (Oxford: Univ. Press, 2nd ed., 2005, cap. 5 'the spatial dimension of state activities', p. 81-97, cit. p. 82) e prosseguia: "In the scramble for economic, scientific or military control over the new resources, almost all new notions were inspired by self-interest and geared to competition. The only area where developing countries managed to get the adoption of new concepts was the ocean floor and the subsoil thereof, beyond the limits of national jurisdiction. With respect to this area, they launched the notion of 'common heritage of mankind' they propounded the view that the mineral resources of this area should be exploited in such a way as to take into consideration the needs of poor countries. However (...) the concept proved unworkable and, to a large extent, was watered down."

> Não foi sem dificuldades nem sem efusão de sangue, que se chegou ao regime atual de liberdade, em virtude do qual o alto mar não pode ser submetido à dominação de qualquer estado.
>
> A. Pearce Higgins (1929)[436]

Se o alto mar não pode ser objeto de direito de propriedade, nem tampouco de apropriação soberana, por parte de qualquer estado, a qual regime jurídico deve ser submetido esse espaço? Essa questão foi longamente discutida e apresenta evolução no seu tratamento,[437] até se chegar ao regime de liberdade de navegação do alto mar e da impossibilidade de apropriação de parcelas deste, por parte de qualquer estado.

À enumeração das liberdades no alto mar se seguem as normas regulando a compatibilidade entre atividades e a interferência em navios estrangeiros no alto mar – "o alto mar será utilizado para fins pacíficos" – conforme os artigos 88 e 89 – "nenhum estado pode legitimamente pretender submeter qualquer parte do alto mar à sua soberania" – e demais dispositivos da Parte VII da Convenção das Nações Unidas sobre o direito do mar, que configuram o direito internacional vigente bem como refletem normas costumeiras nessa matéria: "o alto mar está aberto a todos os estados, quer costeiros, quer sem litoral" sendo a liberdade do alto mar, nos termos do art. 87, "exercida nas condições estabelecidas na presente Convenção e nas demais normas de direito internacional".

Depois de seculares controvérsias a respeito da possbilidade de 'controle' dos mares e das rotas de navegação, por esta ou aquela potência – como ilustra o célebre debate entre Hugo Grócio, em defesa do 'mar livre' (*mare liberum*), em face de Serafim de Freitas e John Selden,

436 «Ce n'est pas sans difficultés ni sans effusion de sang qu'on est parvenu au régime actuel de liberté en vertu duquel la haute mer ne peut être soumise à la domination d'aucun état.» Alexander Pearce Higgins, **Le régime juridique des navires de commerce** en haute mer en temps de paix (RCADI, 1929, t. 30, p. 1-80, cit. p. 6) prosseguia: «On peut à peine dire qu'il existait une haute mer à une époque où les navires de commerce risquaient de se voir réclamer par quelque état le paiement d'un droit de passage ou de droits de pêche, puisqu'ils étaient passibles de sa juridiction et exposés à être pris et condamnés à pour avoir pénétré sans autorisation dans une zone fermée.»

437 Como examinado no precedente cap. XX – espaços internacionais: de 'res nullius' a patrimônio comum da humanidade.

defensores do 'mar fechado' (*mare clausum*) -[438] progressivamente se consolidaria a percepção da inutilidade de tais esforços, onde o alto mar ficaria sujeito ao princípio de ser bem pertencente a todos - *res communis omnium* - no qual poderiam trafegar os navios de todos os estados, bem como utilizar os recursos naturais daquele espaço, tanto quanto não se criassem impedimentos à utilização por parte de outros estados.[439]

O mar é livre - significa não ser este "suscetível de posse nem de propriedade, em razão de sua natureza física, da mobilidade e da fluidez das suas ondas, da extensão sobre a qual dever-se-ia aplicar a sanção das ordens e das proibições, não pode ele ficar sob poder de polícia, supremacia ou império de um ou de diversos estados, em razão da igualdade jurídica dos membros da sociedade internacional".[440]

O fato de o alto mar ser considerado bem comum não deveria levar a acreditar que esse regime legal fosse motivado pela solidariedade.[441] As

[438] Ver **Tratado** (tomo III - **Direito internacional no tempo antigo**, cap. II - tempo e discurso no direito internacional, esp. 2.1 - a controvérsia entre Hugo Grócio e Serafim de Freitas). V. tb. Peter Padfield, **Maritime supremacy and the opening of the Western mind:** naval campaigns that shaped the modern world 1588-1782 (Londres: Random House, © 1999, publ. 2000).

[439] Ian Brownlie, **Legal status of natural resources in international law: some aspects** (RCADI, 1979, t. 162, p. 245-318); G. Elian, **Le principe de la souveraineté sur les resources nationales et ses incidences juridiques sur le commerce international** (RCADI, 1976, t. 149, p. 1-85).

[440] Ernest Nys, **Le droit international: les principes, les théories, les faits** (Paris: Marcel Rivière, 1912, cit. t. II, p. 171, e a seguir, t. I, p. 540) e esse dado tem de ser compreendido «entre l'affirmation d'un empire absolu et exclusif et les dénégations qu'opposaient à cette affirmation les puissances autres que les puissances riveraines». V. tb.: J. Brown Scott, **Le principe de l'égalité juridique dans les rapports internationaux** (RCADI, 1932, t. 42, p. 467-630); L. Cavaré, **Les sanctions dans le cadre de l'ONU** (RCADI, 1952, t. 80, p. 191-292); D. Liva Tehindrazanarivelo, **Les sanctions des Nations Unies et leurs effets secondaires**: assistance aux victimes et voies juridiques de prévention (avant-propos R. Ranjeva, préf. G. Abi-Saab, Paris: PUF / Publications de l'Institut universitaire de hautes études internationales, 2005).

[441] A. Cassese (op. cit., 2005, cit. p. 83): "Had a state or group of states prove strong enough to claim and enforce the exclusive right to use that area or large portions thereof, it would have had no hesitation in depriving other members of the international community of access thereto. Furthermore, the *res communis* concept means that every state is authorized to use a certain good for its own purposes and its own interest. It is not a community-oriented concept; it is geared to self-interest."

razões poderiam ser opostas a isso, mas decorreram da confrontação de interesses concorrentes, cada um dos quais impossibilitado de excluir os demais.

A validade do princípio da liberdade de navegação e da impossibilidade de apropriação do alto mar, por qualquer estado, ou grupo de estados, não decorreria somente da tese da impossibilidade de apropriação. Alegava-se então "o caráter inesgotável de tais reservas" – o que, hoje, mais e mais se sabe, era falácia que não se sustenta. Mas, sobretudo porque, mesmo que fosse possível estabelecer em alto mar uma autoridade eficaz e permanente – e não parecia impossível que tanto se fizesse por meio de uma frota – "seria igualmente proibido aos estados exercer, em alto mar, qualquer espécie de autoridade, sobre os navios públicos e privados, dos demais estados",[442] ressalvadas duas exceções, que a evolução posterior do direito internacional do mar tem confirmado:

- a primeira diz respeito à *supressão da pirataria*,[443] pela qual se autoriza aos vasos de guerra de qualquer estado a verificar o pavilhão[444] e inspecionar os navios suspeitos de tal delito, bem como capturá-los, para punir os culpados.[445] Isso se inscreve na Convenção das Nações Unidas sobre o direito do mar, de 1982, em seus artigos 100 a 107. O dever de cooperar na repressão à pirataria é estipulado no art. 100: todos os estados devem cooperar em toda a medida do possível, na repressão da pirataria no alto mar ou em qualquer outro lugar que não se encontre sob a jurisdição de qualquer estado; e,

[442] A. Verdross, **Règles générales du droit international de la paix** (RCADI, 1929, t. 30, p. 271-518, chap. IX 'domaines non soumis à une compétence exclusive', p. 405-409, § 45 'la haute mer').

[443] P. B. Casella, **Direito Internacional, Terrorismo e Aviação Civil** (São Paulo: Quartier Latin, 2006, cap. V – Fenômeno da pirataria, p. 63-78); v. tb. V. Pella, **La répression de la piraterie** (RCADI, 1926, t. 15, p. 145-276).

[444] V. tb. supra, cap. XIX – navios e aeronaves no direito internacional; P. Bonassies, **Problèmes rélatifs à la loi du pavillon** (RCADI, 1969, t. 128, p. 505-630).

[445] Daniel Vignes, *La mort de la loi du pavillon, avec l'arraisonnement em haute mer des bateaux de pêche par tout navire étranger* (in **Dimensão internacional do direito: estudos em homenagem a G. E. do Nascimento e Silva**, coord. P. B. Casella, São Paulo: LTr, 2000, p. 513-518).

– a segunda exceção legitima o estado costeiro a dar prosseguimento, em alto mar, a *perseguição*, iniciada por navio deste, em águas territoriais, e deter qualquer navio de comércio. Isso, igualmente, se inscreve na Convenção das Nações Unidas sobre o direito do mar, de 1982, artigo 111, pelo qual se regula a perseguição de um navio estrangeiro – esta pode ser empreendida quando as autoridades competentes do estado costeiro tiverem motivos fundados para acreditar que o navio infringiu as suas leis e regulamentos. A perseguição deve iniciar-se quando o navio estrangeiro ou uma das suas embarcações se encontrar nas águas interiores, nas águas arquipeçágicas, no mar territorial ou na zona contígua do estado perseguidor, e só pode continuar fora do mar territorial ou da zona contígua se a perseguição não tiver sido interrompida.[446] Cessa o direito de perseguição no momento em que o navio estrangeiro perseguido entre no mar territorial do seu próprio estado ou de terceiro estado.

Conforme a Corte permanente de justiça internacional, no julgamento do caso **Lótus** (1927), exceto em casos específicos, determinados pelo direito internacional, os navios em alto mar não estão submetidos a qualquer outra autoridade além daquela do estado do qual portam o pavilhão. Em virtude do princípio da liberdade do mar, ou seja, da ausência de qualquer soberania territorial no alto mar, nenhum estado pode aí exercer quaisquer atos de jurisdição sobre navios estrangeiros. Desse modo, se um navio de guerra se encontra em local onde se produziu uma abordagem, entre um navio arvorando seu pavilhão e um navio estrangeiro, enviasse a bordo desse último um oficial para fazer constatações, ou aí recolher testemunhos, tal ato seria, sem dúvida, contrário ao direito internacional.[447]

Desse princípio de exclusão do alto mar da competência territorial dos estados, em relação a navios estrangeiros – prosseguia a Corte permanente de justiça internacional – não decorre que um estado não possa, em seu próprio território, exercer jurisdição sobre atos que se passaram a bordo de navio estrangeiro, em alto mar. Porquanto os navios,

[446] Cfr. tb. cap. XIX – navios e aeronaves no direito internacional.

[447] C.P.J.I., **affaire du vapeur Lotus** (arrêt n. 10, du 7 septembre 1927).

mesmo no caso dos navios de comércio, em alto mar, são assimilados ao território do estado, do qual arvoram o pavilhão, visto que, no alto mar, somente o estado do pavilhão pode fazer valer a sua autoridade, com a exclusão da autoridade de qualquer outro estado. Por conseguinte, o que se passa a bordo de um navio em alto mar deve ser considerado como tendo se passado no território do estado do qual o navio arvora o pavilhão.[448]

O princípio da liberdade do mar não limita, assim, de modo algum a competência *real* dos estados no tocante ao exercício, em seu território, da jurisdição sobre fatos que se passaram em alto mar, mas "somente restringe a competência *territorial* dos estados proibindo-lhes, em princípio, praticar qualquer ato de estado sobre navio estrangeiro que se encontre em alto mar".[449] Mesmo em alto mar, caberia falar em "domínios submetidos a competência exclusiva, contudo esses domínios não são fixos do ponto de vista geográfico, mas flutuantes. Este o verdadeiro sentido da bem conhecida formulação no sentido de que o navio constitui porção flutuante do território do estado, do qual arvora o pavilhão. Diverso é o entendimento de D. Vignes (2000) ao falar em "morte da lei do pavilhão", consoante a evolução do direito internacional do mar,[450] contida na Convenção das Nações Unidas sobre o direito do mar, de 1982.

Assumiu o princípio da liberdade do mar, em decorrência dos progressos da ciência e da tecnologia, nova dimensão, a começar com a possibilidade de ser explorado o fundo do mar bem como do subsolo marinho. Nesse meio tempo, novas técnicas de pesca levaram à necessidade da regulação da atividade no alto mar,[451] já no regime convencional

[448] C.P.J.I., **affaire du vapeur Lotus** (arrêt n. 10, du 7 septembre 1927). V. tb. P. Bonassies, **Problèmes rélatifs à la loi du pavillon** (RCADI, 1969, t. 128, p. 505-630).

[449] A. Verdross, **Règles générales du droit international de la paix** (RCADI, 1929, t. 30, p. 271-518, chap. IX 'domaines non soumis à une compétence exclusive', p. 405-409, § 45 'la haute mer').

[450] Daniel Vignes, *La mort de la loi du pavillon, avec l'arraisonnement em haute mer des bateaux de pêche par tout navire étranger* (in **Dimensão internacional do direito: estudos em homenagem a G. E. do Nascimento e Silva**, coord. P. B. Casella, São Paulo: LTr, 2000, p. 513-518).

[451] A. Myrdal, *Preserving the oceans for peaceful purposes* (RCADI, 1970, t. 133, p. 1-14); A. Gros, **La convention sur la pêche et la conservation des ressources biologiques de la haute mer** (RCADI, 1959, t. 97, p. 1-90).

anterior. Dado o recrudescimento das atividades de pesca em alto mar, provocaram saudável reação destinada à proteção dos recursos vivos do mar. Por sua vez, as regras, adotadas em 1982, já exigem revisão diante dos perigos de extinção de determinadas espécies.[452]

A caracterização de alto mar tornou-se mais difícil diante da introdução, nas antigas convenções de Genebra, de 1958, de diversas novas zonas no domínio marítimo, como a zona contígua, a zona econômica exclusiva e a plataforma continental,[453] em instrumentos separados. A Convenção de Montego Bay, de 1982, soluciona definitivamente a questão, quando apresenta, no seu artigo 86, a seguinte definição por exclusão, ou seja, "todas as partes do mar não incluídas na zona econômica exclusiva, no mar territorial ou nas águas interiores de um estado, nem nas águas arquipelágicas de um estado arquipélago". Pode-se, assim, dizer que o alto mar compreende todas as águas situadas além dos limites das águas territoriais.[454]

Historicamente, verifica-se que a noção de liberdade dos mares só surgiu no início do século XVII, visto que até então o direito feudal se guiava pelo conceito de *dominium maris* do direito romano. Diversos países proclamaram a sua soberania sobre extensas áreas do mar, como Veneza sobre o Adriático, Gênova sobre o mar de Ligúria, a Dinamarca e a Suécia sobre o Báltico,[455] a Inglaterra sobre o Mar do Norte e o Mar da Irlanda, e o Canal da Mancha, até hoje é chamado *English Channel*.[456] Com as descobertas de Portugal e de Espanha no século XV, os dois países ibéricos, invocam o princípio da descoberta, e passaram a proibir a permanência de navios de outras nações nas águas sobre as quais invocavam a sua soberania.

452 V. cap. XX – espaços internacionais: de *res nullius* a patrimônio comum da humanidade; v. tb. Accioly – Nascimento e Silva – Casella, **Manual** (2021, 25ª ed., parte 7 – proteção internacional do meio ambiente, p. 667-803).

453 A. Mattine-Daftary, **Cours abrégé sur la contribution des conférences de Génève au développement progressif du droit international de la mer** (RCADI, 1961, t. 102, p. 635-674).

454 V. supra, sobre o 'domínio marítimo', os caps. IX a XVI.

455 K.-R. Pusta, **Le statut juridique de la mer Baltique à partir du XIXᵉ. siècle** (RCADI, 1935, t. 52, p. 105-190); Michel de Taube, **Le statut juridique de la mer Baltique jusqu'au XIXᵉ. siècle** (RCADI, 1935, t. 53, p. 437-530).

456 Ver 15.1.5 – canal da Mancha (*Pas de Calais*).

De uma série de bulas papais, a mais conhecida, a Bula *Inter Coetera*, do controvertido papa ALEXANDRE VI, de 4 de maio de 1493, simplesmente reconheceu esse estado de coisas. Obviamente, cabe questionar[457] a que título teria atuado o referido papa?[458] Por sua vez, o tratado de Tordesilhas, de 1494, entre Portugal e Espanha, tentaria fixar a linha de demarcação entre as possessões portuguesas e espanholas – o que se mostrou igualmente inoperante e daria lugar a nova tentativa de regulação, com o tratado de Madri, de 1750.[459]

Obviamente, "o tratado de Tordesilhas foi uma solução de compromisso que coloca, desde o início, complexos problemas jurídicos. De fato, como justificar a tomada de posse, pelos cristãos, de terras e ilhas já habitadas?"[460] Logicamente as contestações não tardam. Estas surgem, mesmo na Espanha: como aceitar essa divisão, que não leva em consideração o ponto de vista indígena, e o do direito natural? Desde a primeira metade do século XVI, a escola de Salamanca, representada pelo dominicano Francisco de VITÓRIA, redefine as bases éticas da colonização. Na Europa, ingleses, franceses e holandeses, excluídos do mundo atlântico, invocam a liberdade de navegação.[461]

O declínio naval de Portugal e de Espanha, a consolidação do poder naval da Inglaterra e da França e o surgimento da Holanda como

[457] W. SCHOENBORN, **La nature juridique du territoire** (RCADI, 1929, t. 30, p. 81-188, cit. p. 106-107): «La ligne de démarcation tracée en 1493 par le pape ALEXANDRE VI – bulle pontificale *Inter caetera divinae*, du 4 mai 1493 – entre les territoires qui devaient à l'avenir appartenir à l'Espagne et ceux qui revenaient au Portugal, ne démontre pas davantage que le pape ait été réellement autorisé à disposer des territoires nouvellement découverts.»

[458] W. SCHOENBORN (op. cit., 1929, p. 107-108) faz paralelo com o igualmente infundado ato, por meio do qual os "founding fathers" à bordo do *Mayflower*, em 11 de novembro de 1620, celebraram ato referente à criação de colônias na Virgínia: "n'établit pas davantage le bien-fondé des conceptions de droit naturel dont s'inspiraient leurs pensées et leurs actes!"

[459] Ver adiante, caps. XXVII – território brasileiro e direito internacional, b/c XXVIII – fases da formação do território brasileiro: algumas lições de direito internacional. V. tb. **Tratado** (tomo X – **Direito internacional no tempo de C. van Bynkershoek e Christian Wolff**, especialmente o item – tratado de Madri e o *uti possidetis*).

[460] Carmen BERNAND et Xavier de CASTRO, *Préface* (in **Le Voyage de Magellan (1519--1522)**: la relation d'Antonio Pigafetta & autres témoignages, édition établie par X. de CASTRO, en collab. avec Jocelyn HAMON et Luís Felipe THOMAZ, Paris: Chandeigne, 2007, 2 vols., vol I, p. 7-75, cit. p. 12).

[461] Cf. **Tratado** (tomo V – **Direito internacional no tempo de Francisco de Vitória**).

potência marítima, todas desejosas de participar do comércio com os países orientais, resultou na substituição do *dominio maris* pelo princípio da liberdade dos mares. Este princípio teve em Grócio o seu principal artífice.[462]

A publicação, em 1609, do **Mare Liberum** de Grócio provoca uma série de trabalhos, de outros autores, pró e contra, a tese da liberdade de navegação. Este texto era capítulo de obra de maior extensão, o **De jure praedae**, somente publicado, integralmente, em 1868. Esta obra foi escrita para defender a liberdade de navegação, para o comércio holandês.[463]

A resposta de John Selden, com seu **Mare clausum**, publicado em 1635, "ultrapassava em erudição a obra de Grócio, e, embora defendendo as pretensões exageradas da Inglaterra, seu estudo refletia melhor do que o de Grócio os princípios do direito internacional de então".[464]

Não se pode atribuir unicamente a Grócio o mérito de ter se insurgido contra a situação então existente, porquanto dois juristas espanhóis, De Castro e Vasquez, dando prova de considerável liberdade de espírito, já tinham sustentado ser o uso do mar comum a todos, e que as pretensões dos espanhóis como as dos portugueses não eram defensáveis, quando estes pretendiam impedir que os navios de outras nacionalidades singrassem os mares das Antilhas e das Índias ocidentais.

Grócio, em seu **De jure belli ac pacis** (1625), introduz modificações à formulação inicial de sua tese, exposta no **Mare liberum** (1609), onde se pode encontrar a origem da teoria moderna das águas territoriais.[465] Mas será outro grande internacionalista holandês, C. van Bynkershoek, quem proporá, em meados do século XVIII, a formulação que, em

[462] A respeito v. **Tratado** (tomo III – **Direito internacional no tempo antigo**, cap. II – tempo e discurso no direito internacional, esp. 2.1 – a controvérsia entre Hugo Grócio e Serafim de Freitas).

[463] A respeito v. **Tratado** (tomo VII – **Direito internacional no tempo de Grócio**, esp. 18.4 – o **Mare liberum**).

[464] A. Pearce Higgins, **Le régime juridique des navires de commerce** en haute mer en temps de paix (RCADI, 1929, t. 30, p. 1-80, cit. p. 7-8).

[465] A respeito v. **Tratado** (tomo VII – **Direito internacional no tempo de Grócio**, esp. 18.3. sistema de direito internacional no **De jure belli ac pacis** e 18.4 – o **Mare liberum**).

considerável medida, permaneceu a base da regulação da matéria,[466] ao menos até o início do século XX, se não mesmo[467] até o advento das convenções de Genebra, de 1958, e de Montego Bay, de 1982.

As pretensões de apropriação do espaço marinho se enfraqueceram, de modo irreversível, quando as confrontações entre os interesses conflitantes dos estados levam ao triunfo da concepção da liberdade de navegação no alto. O que se completa com a aceitação da soberania do estado territorial limitada a uma estreita faixa de mar, adjacente à costa.

Trata-se de problema essencialmente jurídico, ao qual foram dadas duas soluções divergentes: alguns sustentaram ser *res nullius* o alto mar, e, consequentemente, coisa que não pertence a ninguém; outros declaravam ser este *res communis*, e assim, como coisa pertencente a todos, não passível de apropriação por ninguém. Em favor da primeira tese, invocava-se a ausência de pretensão de soberania, no alto mar. Toda a história dos últimos trezentos anos contradiz essas pretensões. Em favor da segunda, sustentava-se ser o mar, necessariamente, uma coisa comum, porquanto este era instrumento indispensável para as trocas comerciais.[468]

Considerar o oceano como *res communis* significa reconhecer que este pertence, em comum, a todos os estados, como patrimônio da coletividade humana,[469] bem como considerando as gerações presentes e futuras. Mas a coletividade da propriedade normalmente não excluirá a possibilidade de divisões desta. Isso tampouco se pode pretender aplicar ao alto mar.

[466] Ver **Tratado** (tomo X – **Direito internacional no tempo de C. van Bynkershoek e Christian Wolff**); tb. A. MATTINE-DAFTARY, **Cours abrégé sur la contribution des conférences de Génève au développement progressif du droit international de la mer** (RCADI, 1961, t. 102, p. 635-674), para o regime jurídico internacional decorrente das Convenções de Genebra de 1958.

[467] V. supra, sobre o 'domínio marítimo', os caps. IX a XVI.

[468] Entendia Paul FAUCHILLE, **Traité de droit international public** (Paris: A. Rousseau, 4 vols., 1921-1926, par. 403) ser criticável o empréstimo do termo *res nullius*, proveniente do direito romano, onde este designava coisa que não pertencia a ninguém, mas passível de apropriação. Segundo FAUCHILLE, diversamente, no caso deste, não seria aplicável em relação ao alto mar.

[469] V. cap. XX – espaços internacionais: de *res nullius* a patrimônio comum da humanidade; v. tb. ACCIOLY – NASCIMENTO E SILVA – CASELLA, **Manual** (2021, 25ª ed., parte 7 – proteção internacional do meio ambiente, p. 667-803).

O resultado foi o reconhecimento da *liberdade de navegação marítima*, que pouco depois evoluiria para o princípio da *liberdade dos mares*, tido até recentemente como axiomático. Para resumir, em poucas frases, mais de trezentos anos de evolução da matéria, pode-se dizer que durante tempo considerável admitiu-se a possibilidade de apropriação de parcelas dos mares, que esta não era livremente aberta ao uso e à nevagação, por parte de todas as nações.

A análise de alguns casos concretos pode ser útil para a compreensão da evolução da matéria. Como se deu em relação às focas e às baleias.

Exemplo da recusa às tentativas de 'apropriação' de parcelas dos espaços marinhos foi o laudo arbitral sobre a **caça às focas no estreito de Bering** (1893). A pretensão dos Estados Unidos, de instaurar separação jurídica, entre o estreito de Bering, em relação ao resto do Pacífico, para naquele exercer direito de controle sobre a caça de focas, não foi admitida pelo tribunal arbitral que, em 1893, decidiu a controvérsia que se instaurara entre esse país e o Reino Unido: segundo a doutrina da liberdade em alto mar, haveria um 'direito', sem qualquer restrição, à captura desses mamíferos marinhos.[470]

Nesse caso, em razão do risco de extinção desse recurso vivo, que eram as focas da região das ilhas Pribilof, cujo controle foi atribuído aos Estados Unidos pela Convenção de cessão do Alaska, de 1867, celebrada com a Rússia, os EUA pretenderam estender sua soberania além do limite de três milhas náuticas de mar territorial – como era habitual naquela época. Medidas legislativas adotadas pelos EUA entre 1868 e 1873, com a proibição de caça às focas nas ilhas do arquipélago Pribilof "e nas águas adjacentes", salvo exceção de algumas condições específicas. A partir do momento em que entrou em vigor essa legislação, em 1886, os barcos da Guarda costeira dos EUA apreenderam três embarcações britânicas a 60 milhas náuticas de distância da terra, e desencadeiam um incidente internacional.

O tribunal arbitral prolata sua decisão, afastando parcialmente as alegações dos Estados Unidos, no sentido de que estes pretendiam garantir a proteção dos mamíferos marinnhos na região, mesmo em alto mar, e que o mar de Bering se teria tornado um mar fechado (*mare clausum*);

470 *Bering Sea Fur Seals Arbitration (United Kingdom vs. United States)* (1893) MOORE, **International Arbitrations** (vol. I, p. 755).

mas, em compensação, o tribunal publica regulamentos com interdição da caça às focas em alto mar, por nacionais de ambos os estados, até 60 milhas náuticas da costa das ilhas Pribilof, bem como a proibição de qualquer caça no mar, durante certos meses de cada ano.[471]

A percepção da fragilidade desses recursos levará a acordos de proteção, não somente em matéria de pesca, como em relação aos mamíferos marinhos. A primeira foi a **Convenção** sobre medidas para a preservação das focas no oceano Pacífico Norte, de 1911 – entre os Estados Unidos, o Reino-Unido (atuando pelo Canadá), a Rússia e o Japão, e a seguir a **Convenção** de 1957, entre esses mesmos quatro estados, cuja validade termina em 1984, quando o Senado dos EUA não ratifica o protocolo para assegurar a extensão da vigência da Convenção de 1957.[472] Essa omissão deixa, daí em diante, as focas sem um regime de proteção, em razão do fato que os esforços para restabelecer tal regime de proteção legal internacional teriam fracasssado.

Da mesma forma, a caça à baleia permaneceu prática corrente ao menos até a primeira **Convenção**, que a restringe, assinada em Genebra, em 24 de setembro de 1931, e entrou em vigor em 16 de janeiro de 1935. A seguir, o **Acordo** sobre a regulação da atividade baleeira, assinado em Londres em 8 de junho de 1937, foi completado por dois **Protocolos**, em 1938 e em 1945. Na verdade, nenhum desses instrumentos estipulava

[471] Suzanne LALONDE, *Bering Sea* (in **Encyclopedia of Public International Law**, 2012, vol. I, p. 888-894, cit. p. 892, § 24-27): "As early as the 1880s, the Bering fur seals dispute revealed the potential for disputes over the conservation of the region's marine mammal populations and the risk of open confrontation." De tal modo "the arbitration led to the relatively successful 1911 Convention respecting measures for the preservation of fur seals in the North Pacific Ocean between the US, the United Kingdom (on behalf of Canada), Japan and Russia, the first international treaty to address the conservation of wildlife. It 'banned pelagic sealing, vested responsibility for the harvest in the nation having jurisdiction over the rookeries, and shared the take with the nations that did not control the rookeries'."

[472] S. LALONDE, *Bering Sea* (in **Encyclopedia of Public International Law**, 2012, vol. I, p. 888-894, cit. p. 892, § 29-31): "Some experts fear that commercial hunting could start again at some point in the future (see the ARKive Northern Fur Seal Fact Sheet). Nor is the northern fur seal listed under the Convention on International Trade of Endangered Species of Wild Fauna and Flora and therefore international trade is not currently monitored or regulated."

limites à caça, e assim não poderiam frear o declínio no número de baleias.

Depois da segunda guerra mundial, a **Convenção** internacional para restringir a atividade baleeira foi assinada em Washington em 2 de dezembro de 1946 e entrou em vigor em 10 de novembro de 1948. Cumpre notar que os objectivos e os propósitos da **Convenção de 1946**, ao menos para a maioria dos estados que a ela aderiram, mudaram consideravelmente, desde então: inicialmente, a proteção das baleias não era considerada, enquanto tal, mas antes como meio para assegurar o desenvolvimento ordenado da "indústria baleeira", e prevenir a exploração excessiva. Desde a década de 1970, muitos estados partes passaram a ver a **Convenção de 1946** como um instrumento para a conservação e a proteção das baleias. Isso pode ser assinalado como interpretação progressiva da **Convenção de 1946** e de seus objectivos.

Desde a adoção da **Convenção de 1946**, a caça à baleia prosseguiu, mais ou menos ilegalmente. Sob o regime do art. 8º da **Convenção de 1946**, baleias podem ser capturadas para fins científicos, mediante licença concedida pelo estado parte da Convenção, com a condição de que as baleias mortas para fins científicos sejam aproveitadas "tanto quanto possível". Que essas práticas continuam a ocorrer, de maneira abusiva, é ilustrado pelo caso da atividade baleeira, entre Austrália e Japão, com intervenção da Nova Zelândia, examinado pela Corte Internacional de Justiça, em 2014.[473]

Em 2003, a Comissão baleeira internacional (IWC) adotou **Resolução** não obrigatória (*Non-binding Resolution on Whaling under Special Permit*), que representa um ato contrário ao espírito da Moratória sobre a atividade baleeira comercial, segundo a qual o art. 8º da Convenção de 1946 não tinha o escopo de permitir a exploração da carne de baleia, para fins comerciais. A **Resolução** incita ademais os estados a não conceder ou não renovar autorizações para tais atividades. Finalmente, todos os estados são instados a não utilizar métodos letais para fins científicos.[474]

[473] CIJ, **Whaling in the Antarctic** (Australia v. Japan; New Zeland intervening), judgment (I.C.J. **Reports** 2014, p. 226).

[474] Jochen Braig, *Whaling* (in **Encyclopedia of Public International Law**, 2012, vol. X, p. 881-887, § 23): "There is only a reporting obligation to the Commission; however,

Grandes parcelas dos mares eram objeto de pretensões de exercício da soberania, havendo ou não 'propriedade' efetiva, enquanto sobre outras extensões se faziam reivindicações vagas e exageradas. Para buscar explicação para a evolução do direito internacional nessa matéria deve-se levar em conta, em relação a essa pretensão de apropriação de parcelas do oceano, que a ocupação, para ser válida, deve ser efetiva.

Parece ser essa a base para a construção das pretensões de soberania sobre as águas territoriais. E quando esse princípio se alia ao direito de passagem inocente, nessas mesmas águas territoriais, se permite a conciliação dos interesses do estado territorial com os dos demais estados.

Desse modo se chegou ao princípio da liberdade do alto mar: "o oceano é a grande rota comum de todas as nações; todos os navios devem aí estar em completa igualdade".[475]

Gradualmente as pretensões mais importantes foram abandonadas, e "aqueles que as faziam valer tiveram de enfrentar outras dificuldades, e a extensão das comunicações marítimas, bem como o desenvolvimento do comércio por mar alcançaram importância excessivamente considerável, para permitir aos estados continuar a querer reservar para os navios de seu pavilhão vastas superfícies do oceano".[476]

A liberdade dos mares foi conceito progressivamente construído pelo direito internacional. Em 1928, o *Instituto de direito internacional*, na sessão de Estocolmo, adotava *projeto de regulamento relativo ao mar territorial*

no authorization is required. According to paragraph 30 ICRW Schedule the Scientific Committee shall review and comment on the proposed scientific permits. The proposals shall include the objective of the research, number, sex, size and stock of the animals to be taken, opportunities for participation of third country scientists, and possible effects on the conservation of stocks."

[475] Henry BONFILS, **Manuel de droit international public** (6e éd. «rev. et mise au courant» par P. FAUCHILLE, Paris: A. Rousseau, 1912, Livre III – La haute mer, chap. premier – Liberté de la haute mer, cit. § 572): "La haute ou pleine mer ne fait partie du territoire d'aucun état. Nul état ne peut avoir sur elle, ni droit de propriété, ni droit d'empire, ni droit de juridiction. Nul ne peut légitimement prétendre y dicter des lois."

[476] A. PEARCE HIGGINS (op. cit., 1929, loc. cit.); anteriormente, na Haia, o mesmo A. PEARCE HIGGINS, **Le droit de visite et de capture dans la guerre maritime** (RCADI, 1926, t. 11, p. 65-170); tb. P. FAUCHILLE, **Traité de droit international** (Paris: A. Rousseau, 4 vols., 1921-1926, cit. par. 483), contrapõem as restrições aplicáveis à navegação dos neutros, em tempos de guerra, passível de ser submetida a direitos de visita, de perquisição e de captura, exercidos pelos beligerantes.

em tempo de paz.[477] A matéria ainda levaria tempo para ser regulada, pelo direito internacional positivo.

A Convenção sobre o Alto mar de 1958 no artigo 2 salientava compreender a liberdade do mar, principalmente, a liberdade de navegação, a de pesca, a de nele colocar cabos e oleodutos submarinos e a de sobrevôo. O artigo 87 da Convenção de 1982 aumentou a relação, acrescentando às precedentes também a liberdade de construir ilhas artificiais e outras instalações permitidas pelo direito internacional e a liberdade de investigação científica. No caso do direito de pesca e do de colocar cabos submarinos, o novo texto salienta que a faculdade não é ilimitada.

O *direito de navegação* deixou de ter o prestígio de quando os mares eram ou mar territorial ou alto mar. Com a extensão do mar territorial para 12 milhas e a adoção da Zona Econômica Exclusiva com 200 milhas, a área de influência do princípio da liberdade dos mares diminuiu consideravelmente.[478]

Uma das primeiras preocupações do direito internacional foi a proteção da vida humana no mar. Em 20 de janeiro de 1914 foi assinada uma Convenção com este objetivo, modificada posteriormente. A primeira conferência organizada pela OMI foi dedicada à questão da segurança.

[477] Instituto de direito internacional, na sessão de Estocolmo, em 28 de agosto de 1928, adota o **Projet de règlement relatif à la mer territoriale en temps de paix** (Rapporteurs: Sir Thomas Barclay, MM. L. Oppenheim, Theodor Niemeyer, Philip Marshall Brown et Alejandro Alvarez) na qual se punha, como conceito básico, desde o artigo primeiro: «Les Etats ont la souveraineté sur une zone de la mer qui baigne leurs côtes dans l'étendue et sous les restrictions déterminées ci-après. Cette zone porte le nom de mer territoriale.» Desta se determinava a extensão de três milhas marítimas, no artigo segundo, e a seguir, a ressalva, no mesmo dispositivo: «Un usage international peut justifier la reconnaissance d'une étendue plus grande ou moins grande que trois milles.» Toda e qualquer controvérsia deveria ser submetida à apreciação da então existente jurisdição internacional, nos termos do artigo 15: «Tous les différends qui peuvent surgir à propos de l'interprétation ou de l'application du présent Règlement sont susceptibles d'être tranchés par les juridictions internationales et peuvent en conséquence être soumis à un arbitrage dans les conditions déterminées par les conventions existantes entre Parties et, à défaut de semblables conventions, chacun des Etats intéressés est en droit de porter le différend devant la Cour permanente de Justice internationale.»

[478] V. supra, sobre o 'domínio marítimo', os caps. IX a XVI, esp. cap. XI – mar territorial e zona contígua e XII – zona econômica exclusiva.

A Convenção Internacional sobre Segurança no Mar, mais conhecida por SOLAS (*Safety of Life at Sea*), entrou em vigor em 1965, mas foi substituída por outra mais ampla durante a Conferência celebrada em 1974.

A adoção de medidas destinadas a evitar o *abalroamento* em alto mar não pode ser desassociada da segurança da navegação. A convenção de 1982 se ocupa da matéria no artigo 97, mas o direito internacional a respeito deve ser buscado em outros documentos, a começar com as duas Convenções de Bruxelas, de 23 de setembro de 1910, para a unificação de certas regras em matéria de abalroamento e de assistência e salvamento marítimos. Em 1972, a OMI adotou um novo e atualizado Regulamento na Convenção sobre Regulamentos Internacionais para Prevenir Abalroamentos no Mar (Colreg 1972). Dentre as inovações deste Regulamento figura a obrigatoriedade da adoção de faixas de separação do tráfego naquelas partes do mundo em que o tráfego marítimo é muito congestionado.

A Convenção das Nações Unidas sobre o direito do mar, em 1982, retomou as regras da Convenção de 1958 sobre a pirataria e criou, para todos os estados, a obrigação de cooperar na repressão de tal delito internacional. Desde os antigos romanos, a pirataria é tipificada como crime internacional.[479] Nesse sentido, se confere aos estados o direito de apresar navio ou aeronave, capturado por piratas, e sobre este exercer, legitimamente, direito de visita. Essa mesma prerrogativa de exercício de direito de visita é igualmente reconhecida nos casos de navio empregado para o transporte de escravos. Inova, ainda a Convenção de 1982, no tocante à adoção de regras relativas ao comércio ilegal de estupefacientes e substâncias psicotrópicas.

A *liberdade de sobrevôo* é devidamente reconhecida, sendo que uma das condições exigidas pelas potências marítimas ao aceitar a ZEE foi precisamente a da confirmação do direito de passagem inocente.[480]

A Convenção de 1982 rompe com a tradicional tese da *liberdade de pesca* ao estipular que está condicionada às obrigações constantes de

[479] Ver **Tratado** (tomo III – **Direito internacional no tempo antigo**, esp. cap. VI. na formação e no desenvolvimento de Roma); P. B. Casella, **Direito Internacional, Terrorismo e Aviação Civil** (São Paulo: Quartier Latin, 2006, cap. V – Fenômeno da pirataria, p. 63-78); V. Pella, **La répression de la piraterie** (RCADI, 1926, t. 15, p. 145-276).

[480] Sobre o direito de passagem inocente v., *supra*, item 11.2.

acordos bi ou multilaterais, aos direitos e deveres dos Estados costeiros em relação às espécies altamente migratórias, bem como às espécies transzonais. Os Estados que se dediquem à pesca em alto mar têm ainda a obrigação de trocar informações científicas disponíveis, estatísticas de captura e outros dados pertinentes à conservação das populações de peixes, por intermédio das organizações internacionais competentes e com a participação de todos os Estados interessados.

Com a criação da Zona econômica exclusiva (ZEE),[481] ocorreu a correspondente e sensível diminuição do alto mar e, em consequência, das zonas de pesca das espécies mais procuradas, justamente, as de maior interesse comercial. A rigor, a pesca no alto mar passa a ser principalmente a do atum - cada vez mais escasso - e, mais remotamente, de algumas espécies de baleias - isso, tão somente, na medida em que a comunidade internacional restrinja as proibições adotadas, conforme exposto neste capítulo.

O controle pelos estados da pesca em alto mar só é aplicável aos pesqueiros que arvoram o seu pavilhão.

O direito de pesca em alto mar é reconhecido a todos os estados e, em consequência, aos Estados sem litoral.

Existe muita preocupação com a pesca excessiva das espécies altamente migratórias que ora frequentam a ZEE, onde contam com proteção, ora o alto mar. As Nações Unidas convocaram uma Conferência visando à implementação da Convenção sobre o direito do mar em relação às populações transzonais e espécies altamente migratórias.[482] Depois de negociações, de 1993 a 1995, o texto do Acordo sobre espécies altamente migratórias, foi adotado em 4 de agosto de 1995. O texto, aberto para assinaturas em 4 de dezembro de 1995, assim permaneceu até 4 de dezembro de 1996, tendo recebido 59 assinaturas de estados e outras entidades. A entrada em vigor ocorreu em 11 de novembro de 2001, trinta dias depois do depósito do trigésimo instrumento de ratificação e/ou de adesão, conforme previsto pelo art. 40.1 do Acordo.

[481] Ver, *supra*, cap. XII – zona econômica exclusiva.

[482] United Nations Conference on Straddling Fish Stocks and Highly Migratory Fish Stocks (1993-1995), b/c, Review Conference on the Agreement for the Implementation of the provisions of the United Nations Conference on the Law of the Sea of 10 December 1982 relating to the Conservation and Management of of Straddling Fish Stocks and Highly Migratory Fish Stocks (New York, 22-26 May 2006).

O Acordo para a implementação dos dispositivos da Convenção do mar, relacionados com populações transzonais e espécies altamente migratórias, estipula princípios para a conservação e gestão desses cardumes e determina que referida gestão deve ser feita com base no princípio da precaução e em conformidade com as melhores informações científicas disponíveis. O princípio fundamental, decorrente da Convenção, é que os estados devem cooperar para assegurar a conservação e promover o objetivo de otimizar a utilização dos recursos pesqueiros, tanto no interior quanto além dos limites da Zona econômica exclusiva, também na 'Área' – nos termos do art. 145, sobre a proteção do meio marinho, na Convenção do mar.

Guardadas as especificidades da condição de animais selvagens, altamente migratórias, em terra – nos termos da Convenção de Bonn, de 1979 –[483] obviamente existem algumas semelhanças, que podem ensejar comparações. Bem como outros instrumentos multilaterais correlatos.[484]

O *direito de colocação de cabos e dutos submarinos* no alto mar tem sido reconhecido desde 1854, quando um primeiro tratado, que não chegou a ser aplicado, foi assinado. Houve avanço nessa matéria com Convenção de 14 de março de 1884, da qual o Brasil foi parte, desde 1888,[485] com o propósito de proteger os cabos submarinos.

[483] A **Convenção sobre a conservação de espécies altamente migratórias de animais selvagens / Convention on the conservation of migratory species of wild animals**, assinada em Bonn, em 23 de junho de 1979, em vigor desde 1983, lista em apêndices separados: Endangered Migratory Species (Appendix I), Migratory Species to be the subject of Agreements (Appendix II). No Brasil, aprovada pelo Dec. Leg. n. 387 de 2013; depósito instrumento de adesão em 2 de junho de 2015, entrou em vigor para o Brasil "no plano jurídico externo" em 1º de outubro de 2015; promulgada pelo Dec. nº 9.080, de 16 de junho de 2017.

[484] FAO, **Agreement to promote Compliance with International Conservation and Management Measures by Fishing Vessels on the High Seas** (M-40, ISBN 92-5-004062-8, Rome: Food and Agriculture Organization of the United Nations, 1995, reprinted 1997, 1999); FAO, **Code of Conduct for Responsible Fisheries** (1 November 1995); Kyoto **Declaration** and **Preface** (9 December 1995).

[485] Dec. nº 9.843, de 14 de janeiro de 1888, "manda que se observe o Regulamento para a execução das bases adotadas pela Convenção internacional de 14 de março de 1884, com o fim de proteger os cabos submarinos". **Convention internationale du 14 mars 1884**, art. 1er: "La présente Convention s'applique, en dehors des eaux territoriales, à tous les câbles

Reafirmando o direito de todos os estados de colocarem cabos e dutos submarinos no leito do alto mar, além da plataforma continental, a Convenção do mar de 1982, no seu art. 112 c/c o art. 79.5, se ocupa da matéria. Cria para os estados a obrigação de adotar as leis e os regulamentos, necessários para que constituam infrações, passíveis de sanção, a ruptura ou a danificação, intencional ou por negligência culposa, de um cabo em alto mar, conforme estipulam os arts. 113 a 115 da mesma Convenção do mar.

Excetua-se da ilicitude a hipótese de rupturas ou danificações, "cujos autores apenas atuaram com o propósito legítimo de proteger a própria vida ou a segurança dos seus navios", isto "depois de terem tomado todas as precauções necessárias para evitar tal ruptura ou danificação" (cf. art. 113).

Caso, ao colocar ou reparar cabo ou duto submarino, ocorra ruptura ou danificação de outro cabo ou duto submarino, fica o proprietário sujeito a responder pelo custo da respectiva reparação (cf. art. 114). É ainda prevista a possibilidade de indenização por perdas ocorridas para evitar danificações a um cabo ou duto submarino (nos termos do art. 115): proprietários de navios que possam provar ter perdido uma âncora, uma rede ou qualquer outro aparelho de pesca para evitar danificações a um cabo ou um duto submarino podem pleitear indenização pelo proprietário do cabo ou duto submarino, "desde que o proprietário do navio tenha tomado previamente todas as medidas de precaução razoáveis".

A transmissão não autorizada a partir do alto mar é igualmente prevista, no art. 109 da Convenção do mar, devendo todos os estados cooperar para a repressão de transmissões não autorizadas, bem como estabelecendo várias jurisdições para processar os autores de tais delitos: do estado de bandeira do navio, do estado de registro da instalação, do estado de nacionalidade do agente, de qualquer estado onde se recebam as transmissões ou, ainda, de qualquer estado cujos serviços autorizados de radiocomunicação sofram interferências. A adoção da faixa de mar territorial de doze milhas, somada à extensão da Zona econômica exclusiva, até 200 milhas, fez com que tais transmissões, que chegaram a ser

sous-marins légalement établis et qui atterrissent sur les territoires, colonies ou possessions de l'une ou de plusieurs des Hautes Parties Contractantes."

motivo de muita preocupação e inúmeros processos na Europa, reduziu a importância deste problema.

A seguir se passa a considerar: o espaço ultra-terrestre (cap. 22), bem como, adiante, os fundos oceânicos (cap. 23), e os domínios polares (cap. 24).

CAPÍTULO 22
ESPAÇO ULTRATERRESTRE

O grande problema, para GALILEU, é a identificação, de uma vez por todas, da Terra, não mais imóvel, no centro do universo, mas em movimento e perdida no mundo celeste que a cerca.

F. BRAUDEL (1989, ed. 2007)[486]

O cosmos e o lugar do homem no universo ultrapassam e ultrapassarão sempre a nossa compreensão.

Claude LÉVI-STRAUSS (1988, ed. 1990)[487]

A consolidação dos princípios da liberdade dos mares e da navegação figura dentre as mais antigas regras de direito internacional, enquanto as normas relativas ao espaço ultraterrestre, ou espaço sideral, ou espaço extra-atmosférico, ou ainda espaço exterior, figuravam dentre as mais recentes, ao menos até o advento do direito internacional do meio ambiente.[488] Área inteira que se agrega ao conjunto do direito internacional, a partir das inovações técnicas ocorridas, o direito internacional relativo ao espaço ultraterrestre parte de princípios aplicáveis ao direito

[486] Fernand BRAUDEL, **O modelo italiano** (orig. publ. **Le modèle italien**, 1989, trad. Franklin de MATTOS, São Paulo: Companhia das Letras, 2007, p. 163).

[487] Claude LÉVI-STRAUSS e Didier ERIBON, **De perto e de longe** (orig. publ. **De prés et de loin** © 1988, trad. Léa MELLO e Julieta LEITE, Rio de Janeiro: Nova Fronteira, 1990, p. 16).

[488] Como se examina a seguir, cap. XXV – Direito internacional dos espaços e a emergência da proteção internacional do meio ambiente.

aeronáutico, mas com especificidades,[489] decorrentes do meio diverso ao qual se aplica.[490]

Até hoje se discute no Comitê das Nações Unidas sobre o uso pacífico do espaço (COPUOS) a questão da delimitação vertical da soberania, entre o âmbito de aplicação do direito aeronáutico – onde existe soberania – e o do direito aeroespacial – onde não existe soberania.[491]

[489] D. GOEDHUIS, **Conflicts of law and divergencies in the legal regimes of air space and outer space** (RCADI, 1963, t. 109, p. 257-346); I. H. Ph. DIEDERIKS-VERSCHOOR, **Similarities with and differences between Air and Space Law primarily in the field of private international law** (RCADI, 1981, t. 172, p. 317-423).

[490] P. B. CASELLA e O. de O. BITTENCOURT Neto, *Desafios do direito espacial* (in **Direito internacional, humanismo e globalidade: Guido Fernando Silva SOARES Amicorum Discipulorum Liber**, org. P. B. CASELLA et al., São Paulo: Atlas, 2008, p. 118-135); Bin CHENG, **Studies on International Space Law** (Oxford: Clarendon Press, 1998); I. H. Ph. DIEDERIKS-VERSCHOOR, **Similarities with and differences between Air and Space Law primarily in the field of private international law** (RCADI, 1981, t. 172, p. 317-423); M. DIEZ DE VELASCO, **Instituciones de derecho internacional público** (Madri: Tecnos, 16ª. ed., 2007, cap. XXIV, 'los espacios de interés internacional (III): el espacio ultraterrestre', p. 585-605); D. GOEDHUIS, **The problems of the frontiers of outer space and air space** (RCADI, 1982, t. 174, p. 367-407); S. GOROVE, **International space law in perspective: some major issues, trends and alternatives** (RCADI, 1983, t. 181, p. 349-409); M. LACHS, **The international law of outer space** (RCADI, 1964, t. 113, p. 1-116); M. LACHS, *L'espace, la lune et lês autres corps celestes* (in **Droit international: bilan et perspectives**, Paris: Pedone / UNESCO, 1991, t. II, p. 1025-1040); Valnora LEISTER, *O Comitê para o Uso Pacífico do Espaço Exterior (Copuos) da Organização das Nações Unidas* (in **Reflexões sobre os 60 Anos da ONU**, coord. Araminta MERCADANTE e J. C. de MAGALHÃES, Ijuí: Unijuí, 2005, p. 398-412); M. G. MARCOFF, **Sources du droit international de l'espace** (RCADI, 1980, t. 168, p. 9-122); A. MEIRA MATTOS, **Direito internacional público** (Rio de Janeiro: Renovar, 2ª ed., 2002, cap. 11 'direito espacial', p. 209-224); A. MEIRA MATTOS, *Direito interplanetário* (in **Estudos jurídicos em homenagem ao prof. Haroldo Valladão**, Rio de Janeiro: Freitas Bastos, 1983, p. 34-39); C. D. de Albuquerque MELLO, **Curso de direito internacional público** (Rio de Janeiro: Renovar, 15ª ed., 2004, cap. L, 'espaço exterior', p. 1323-1332); José MONSERRAT Filho, **Direito e política na era espacial: podemos ser mais justos no espaço do que na Terra?** (Rio de Janeiro: Vieira & Lent, 2007); NGUYEN Quoc Dinh *et al.*, **Droit international public** (Paris: LGDJ, 5ª. ed., 1994, 'air et espace extra-atmosphérique', p. 1138-1171); M. N. SHAW, **International law** (Cambridge: University Press, 5ª ed., 2003, cap. 10, 'air law and space law', p. 463-489); Lisa TOMAS, *Air Law* (in **Encyclopedia of public international law**, 2012, vol. I, p. 233-242); H. VALLADÃO, **Novas dimensões do direito** (São Paulo: RT, 1970, 'Espaço e corpos celestes não pertencem ao homem', p. 237-241).

[491] A. MEIRA MATTOS, *Direito interplanetário* (cit., 1983, p. 34-39, cit. p. 34-36): "Dele [o espaço exterior (cósmico, superior ou ultraterrestre)], segundo Haroldo VALLADÃO,

Existe, assim, no conjunto do direito internacional dos espaços, o que aqui se considera, dentre os aspectos, relativos ao espaço ultraterrestre, ou, também referido direito internacional espacial.[492]

Deste conjunto, serão, aqui, considerados aspectos de maior relevância, em relação ao: objeto e extensão de aplicação (22.1), origens (22.2), os cinco tratados (22.3) e o cenário atual (22.4).

22.1. Objeto e extensão de aplicação

> O direito internacional deve, com efeito, fazer a síntese das aspirações e das concepções de todos: a elaboração de novos ramos do direito, tais como a relativa à exploração dos mares ou ao espaço extra atmosférico, à proteção do meio ambiente ou, de modo geral, à implementação de uma nova ordem econômica internacional, exigem, para que possam ser efetivas, o consentimento de todos e notadamente que sejam levadas em conta as necessidades

somente se encontra em exploração o espaço interplanetário (solar), da galáctica única até agora atingida pelo homem." (...) As bases do direito interplanetário, para Haroldo VALLADÃO, em síntese, são as seguintes: universalidade; inapropriabilidade do espaço exterior; plena liberdade do espaço cósmico; uso comum da humanidade; superação do princípio ultra-individualista com relação ao espaço exterior; uso do pavilhão que fixa o lugar dos atos nos problemas de um direito para os conflitos de leis no alto-ar; repartição da responsabilidade entre todos os estados, em matéria de danos, levando em conta as necessidades do progresso científico"; v. tb. A. MEIRA MATTOS, **Direito internacional público** (Rio de Janeiro: Renovar, 2ª ed., 2002, cap. 11, 'direito espacial', p. 209-224, esp. item iv, 'espaço exterior', p. 218-224, cit. p. 218-219): "O espaço exterior ou espaço cósmico fica situado imediatamente acima do espaço aéreo. (...) Até hoje, ainda não foram especificados, em definitivo, os limites exteriores do espaço aéreo. Alguns autores aceitam 30 milhas, a partir das quais começaria o espaço exterior. Outros, cogitam de 52 milhas, como KARMAN, motivo por que sua teoria é conhecida como Linha KARMAN, onde começaria o espaço cósmico. / Para outros autores, com base na analogia, haveria um espaço contíguo. É que temos um mar territorial, onde o estado costeiro exerce soberania plena, uma zona contígua onde o estado exerce uma soberania relativa e o alto mar, onde não há exercício de soberania. Assim, também teríamos um espaço aéreo, onde o estado subjacente exerce soberania plena, um espaço contíguo, onde ele exerceria uma soberania relativa e o espaço exterior, onde também não há exercício de soberania. Não há, entretanto, uma norma jurídica sobre o assunto."

492 G. P. ZHUKOV, **Tendances contemporaines du développement du droit spatial international** (RCADI, 1978, t. 161, p. 229-328); Paul de Geouffre de LA PRADELLE, **Les frontières de l'air** (RCADI, 1954, t. 86, p. 117-202).

e as reivindicações dos novos estados, que representam mais de dois terços dos membros da comunidade internacional.

Simone COURTEIX (1984)[493]

Tem este ramo do direito internacional dos espaços por objeto o direito, relativo ao espaço ultraterrestre, a regulamentação de atividades, desenvolvidas no espaço sideral, tanto por estados (quer atuem estes diretamente ou por meio de pessoas jurídicas públicas ou privadas), ou por organizações internacionais. O conceito de atividade espacial deve ser considerado, de forma ampla, de modo a compreender todos os modos de exploração e de uso do espaço sideral, inclusive dos corpos celestes, desde o projeto de uma nave espacial até o seu efetivo lançamento, independente deste ser bem sucedido ou não.

O direito espacial é o ramo do direito internacional que "regula atividades espaciais relacionadas à Terra, para manter e garantir paz e progresso no planeta, evitando dano a qualquer estado". Tradicionalmente, "representa o direito que regula atividades estatais desenvolvidas no espaço sideral, com o objetivo de garantir paz no espaço sideral e prover possibilidade de participação equitativa, a todos os estados, em atividades espaciais. Em terceiro lugar, é o direito da humanidade, direcionado a garantir parcelas iguais, ou ao menos equitativas, de benefícios a todos os povos".[494]

[493] Simone COURTEIX, *La méthode du consensus dans le droit international de l'espace* (in **Le droit des peuples à disposer d'eux-mêmes: méthodes d'analyse du droit international** – mélanges offerts à Charles CHAUMONT, Paris: Pedone, 1984, p. 223-240): «le droit international doit, en effet, faire la synthèse des aspirations et des conceptions de tous : l'élaboration de nouvelles branches du droit, telles que celles relatives à l'exploitation des mers et à l'espace extra-atmosphérique, à la protection de l'environnement ou, d'une façon plus générale à la mise en place d'un nouvel ordre économique international, requiert, afin qu'elles puissent être effectives, l'assentiment de tous et notamment la prise en compte des besoins et des revendications des états nouveaux, qui représentent à eux seuls plus de deux tiers des membres de la communauté internationale»; v. tb. **L'adaptation du droit de l'espace à ses nouveaux défis**: Mélanges en l'honneur de Simone COURTEIX (sous la direction d'Armel KERREST, Paris: Pedone, 2007).

[494] Henri A. WASSENBERGH, **Principles of Outer Space in Hindsight** (Dordrecht: Kluwer, 1991, p. 20): "Space law, in our opinion, (...) is first of all the law governing earth-related space activities to maintain and ensure peace and progress on earth, avoiding harm to any State. Secondly, it is the law governing States activities carried out in outer space, in order

A internacionalidade deste decorre das próprias características do espaço ao qual se destina. Por constituir o meio, no qual nosso planeta se insere, qualquer atividade espacial implica consequências globais, sejam imediatas ou não, e atingem interesses de todos os estados.[495] Da mesma forma, descobertas, decorrentes da exploração do espaço sideral, podem trazer benefícios generalizados, e danos, a tal ambiente, ou produzidos a partir dele, têm potencial lesivo, de grande magnitude e não levam em consideração quaisquer fronteiras nacionais.

O desenvolvimento de normas internacionais, aplicáveis ao espaço sideral, acompanhou, diretamente, as conquistas científicas, que permitiram explorar esse novo espaço.[496] Houve quem vislumbrasse o limiar de nova era, e o alvorecer de novo direito.[497]

O dado central do direito internacional do espaço exterior: "é um espaço inapropriável e livre".[498] A partir se formularia curiosa extrapolação: "um direito interplanetário disciplinará os problemas jurídicos do espaço interplanetário, problemas que já são do presente e, depois, no futuro, um direito 'intergentes' planetárias, regulará, com os anunciados contatos com outros planetas, as possíveis relações de habitantes desses diversos astros".[499]

to ensure peace in outer space and provide the possibility of equitable participation in space activities by all States. Thirdly, it is the law of mankind, aimed at ensuring equal, or at least equitable shares of benefits for all peoples."

[495] G. OSNÍTSKAYA, *Derecho Cósmico* (in **Curso de Derecho Internacional**, coord.. G. TUNKIN, Moscou: Edtrl. Progreso, 1979, vol. II, p. 93-94): "La importancia de la exploración del Cosmos es internacional por su carácter, lo cual es comprensible, pues se trata de una esfera que abarca no sólo algunas regiones del mundo que interesan a tal o cual país o a un grupo de países, sino a los espacios infinitos del Universo, sobre los que todo el género humano desea adquirir conocimientos."

[496] G. P. ZHUKOV, **Tendances contemporaines du développement du droit spatial international** (RCADI, 1978, t. 161, p. 229-328).

[497] Haroldo VALLADÃO, *Direito Interplanetário e Direito Inter Gentes Planetárias* (RT, v. 274, São Paulo, RT, 1958, p. 18).

[498] Haroldo VALLADÃO, *O direito do espaço interplanetário* "relatório e conclusões, de 19.4.1959, à XI Conferência Interamericana de advogados, de Miami, 1959" (in **Novas dimensões do direito**, São Paulo: RT, 1970, p. 334-352, cit. p. 341).

[499] H. VALLADÃO (conf. cit., 1959, ed. cit., 1970, p. 335).

22.2. Origens

A novidade do regime que rege os objetos espaciais é devida ao ambiente legal único ao qual se destinam. O alto risco, o alto volume de trabalho voltado para a exploração e o uso do espaço exterior levou a uma miríade de soluções criativas, para lidar com as possíveis questões jurídicas daí decorrentes.

S. Hobe (2012)[500]

Será que não poderíamos prever soluções jurídicas que nossos descendentes terão de dar a todas as questões suscitadas pela utilização da camada de gases irrespiráveis e da camada de éter, na qual flutua nosso planeta? Os problemas da propriedade das ondas hertzianas se colocarão um dia. Um direito novo regerá as relações jurídicas novas. Não mais será o Direito aéreo. Qual será ele? [...] Certamente se trata do Direito do espaço.

O termo Direito do espaço será, assim, o termo genérico; o Direito do espaço seria, assim, para o Direito aéreo o que o Direito privado é para o Direito civil e o Direito comercial.

E. Laude (1910)[501]

Inquirido a respeito das consequências do lançamento do *Sputnik* disse: 'estamos criando um direito interplanetário, para regular as relações decorrentes dessa situação, da mesma maneira por que já estávamos adiantados em matéria de direito atômico'. E aditei: 'a verdade é que a cada passo técnico, a cada nova invenção ou descoberta, impõe-se logo uma nova forma jurídica'.

H. Valladão (1960)[502]

[500] Stephan Hobe, *Spacecraft, Satellites, and Space Objects* (in **Encyclopedia of public international law**, 2012, vol. IX, p. 403-406, cit. § 15).

[501] Emile Laude, *Questions pratiques* (in Revue juridique internationale de la locomotion aérienne, Paris: Pedone, 1910, n. 1, p. 16-18).

[502] Haroldo Valladão, *Do direito aéreo ao direito interplanetário* "conferência, taquigrafada na Sociedade Brasileira de Direito internacional, aos 17 de maio de 1960" (in **Novas dimensões do direito**, São Paulo: RT, 1970, p. 389-401).

O marco inicial da exploração do espaço sideral data de 4 de outubro de 1957, quando deixou a base soviética de Baikonur, no Cazaquistão, o satélite *Sputnik 1*, esfera metálica oca, munida de transmissor de rádio e antenas.[503] Embora rudimentar, o primeiro satélite artificial obteve êxito em seus propósitos, o de causar furor na opinião pública internacional,[504] principalmente entre os países ocidentais.[505] Em sua trajetória orbital, o *Sputnik 1* passou por sobre o território de inúmeros estados, a incrível velocidade, transmitindo seu '*bip-bip-bip*', facilmente rastreado até mesmo por radioamadores. Iniciava-se a assim chamada

[503] "*Sputnik*" pode ser traduzido tanto como "companheiro de viagem" quanto "satélite artificial". O Sputnik 1 possuía forma de globo com 58 cm de diâmetro, peso de 83,6 kg, e descrevia órbita elíptica ao redor do planeta a cada 90 minutos. Suas quatro antenas mediam de 2,8 m a 2,9 m. Internamente, havia nitrogênio. Em 3 de novembro do mesmo ano, a URSS lançou o Sputnik 2, pesando 508,3 kg, com a cadela Laika a bordo. Biblioteca da *National Aeronautics and Space Administration* (NASA, EUA), disponível em: <http://nssdc.gsfc.nasa.gov/database/MasterCatalog?sc=1957-001B>, acesso em 14.12.2006.

[504] J.-C. Venezia, *Logique nucléaire et paradoxes diplomatiques* (in **Mélanges offerts à Mr. le Doyen Louis Trotabas**, Paris: L.G.D.J., 1970, p. 459-478, cit. p. 459-461) aponta mutação essencial ocorrida, porquanto as questões de defesa "desde 1945 se situam em contexto de guerra nuclear". Nessa evolução sugere classificar vários períodos, dos quais: o primeiro (1945-1950) teria contado com o monopólio nuclear dos Estados Unidos, até que em 1950 a então URSS fazia explodir a sua primeira bomba nuclear; o segundo período (1950–1957) seria marcado pelo equilíbrio entre as duas potências, e, se em 1952, ambos se dotam de armas termonucleares, os EUA conservavam a sua dianteira em relação à União soviética, e isso tanto em matéria de miniaturização, em matéria de aviação estratégica, bem como pelo fato de terem circundado o território soviético por um cinturão de bases aéreas; o terceiro período se abriria com o lançamento soviético do satélite SPUTNIK: "Une troisième période s'ouvre en 1957 avec le lancement par les Soviétiques des premiers missiles intercontinentaux et du premier Spoutnik." Um quarto período se abriria, após 1960, marcado pelo considerável esforço norteamericano em assegurar-se a superioridade técnica em matéria nuclear.

[505] A respeito da exploração política da conquista do espaço, registrava a edição de 5 de novembro de 1957 do jornal *Pravda*, ao relatar o sucesso do Sputnik 1: "Satélites artificiais terrestres pavimentarão o caminho para viagens interplanetárias, e nossos contemporâneos evidentemente viverão para verificar como o trabalho dedicado e objetivo do povo de uma nova e socialista sociedade permite tornar realidade os mais fantásticos sonhos humanos" – A. S. Piradov, **International Space Law** (Honolulu: University Press of Pacific, 2000, p. 47) (tradução livre).

"era espacial",[506] em pleno contexto da guerra fria, período esse marcado pelo conflito ideológico e político, entre as duas então existentes super-potências, EUA e URSS.[507]

As origens do direito espacial existiam décadas antes dos primeiros experimentos. Em 1910, o jurista belga Emile LAUDE argumentava a respeito do termo Direito aéreo (*Droit aérien*), que "este somente se aplicaria ao direito regendo o ar propriamente dito, ou seja, a camada de gases respiráveis" e os problemas suscitados pela locomoção nova se moverão nessa camada de ar. E, indagava LAUDE, qual direito novo regerá as relações jurídicas novas. Não mais será o Direito aéreo. Qual será ele? E dava a resposta: certamente se trata do Direito do espaço.[508]

Pioneiramente LAUDE havia previsto a necessidade de criação de novo direito para reger a exploração e o uso do espaço.[509] Apesar de

[506] Joan JOHNSON-FREESE, **Space as a Strategic Asset** (Nova York: Columbia Univ. Press, 2007, p. 9.): "The history of space activity for and by humans is relatively short but, by its very nature, complicated. It is marked by mixed motivations, developmental anomalies, interdisciplinary requirements, organizational compartmentalization, and international cooperation and competition issues. Those issues have only been exacerbated over the years as space technology has matured and its wide-raging value recognized."

[507] Sobre o período da guerra fria, especialmente quanto à "corrida espacial", disputa pela supremacia do território sideral entre EUA e URSS, v.: Walter A. MCDOUGALL, **The Heavens and the Earth: A Political History of the Space Age** (Nova York: Basic Books, 1985); William E. BURROWS, **This New Ocean** (Nova York: Modern Library, 1999); Paul DICKSON, **Sputnik: the Shock of the Century** (Waterville: G. K. Hall, 2002); John Lewis GADDIS, **História da Guerra Fria** (orig. publ. **The Cold War: a new History**, 2005, trad. Gleuber Vieira, Rio de Janeiro: Nova Fronteira, 2006); Von HARDESTY e Gene EISMAN, **Epic Rivalry: the Inside Story of the Soviet and American Space Race** (Washington: National Geographic, 2007).

[508] Emile LAUDE, *Questions pratiques* (in Revue juridique internationale de la locomotion aérienne, Paris: Pedone, 1910, n. 1, p. 16-18): "Un droit nouveau régira des relations juridiques nouvelles. Ce ne sera plus du Droit aérien. Quel sera-t-il? Il serait peut-être hasardeux de le prédire, car le terme Ether lui-même ne voile que notre ignorance et nous n'oserions proposer le vocable *Droit etheré*. Mais à coup sûr il s'agit du Droit de l'espace".

[509] J. MONSERRAT FILHO. **Introdução ao Direito Espacial** (Rio de Janeiro: SBDA, 1997, p. 5); I. H. Ph. DIEDERICKS-VERSCHOOR, **An Introduction to Space Law**, 2nd ed., 1999, p. 1) lembra, dentre os pioneiros do direito espacial, além de Emile LAUDE, a contribuição de A. MAYER, que, em 1952, afirmara: "Les problèmes juridiques qui probablement seront créés avec le développement de l'exploration de l'espace peuvent être prévus déjà aujourd'hui malgré que jusqu'à maintenant aucun engin avec équipage ne soit entré dans l'espace".

esforços inovadores de Vladimir MANDL, John Cobb WEBBER e Welf HEINRICH, o Príncipe de Hanover,[510] foi somente a partir do sucesso do satélite artificial soviético *Sputnik 1*, durante o Ano Geofísico Internacional de 1957,[511] que o direito espacial passou a ser, seriamente, considerado por juristas de renome, em todo o mundo, os quais passaram a se dedicar ao estudo das regras, que deveriam pautar a exploração desse 'novo território', até então inexplorado.

Abrir-se-ia, assim, novo ramo do direito internacional. Rolando QUADRI, na academia da Haia, ministra seu curso de direito internacional cósmico (1959).[512]

A aplicação subsidiária de princípios de direito aeronáutico ao direito espacial, tais como previstos em dois instrumentos internacionais específicos – a Convenção de Paris, de 1919, e a Convenção de Chicago, de 1944 – após debates, foi afastada pelos juristas. Dispõe a Convenção de Chicago, de 1944, que os estados exercem soberania exclusiva e absoluta sobre o espaço aéreo acima de seus territórios (artigo 1.º).[513] Apesar de satélites artificiais percorrerem órbitas, que implicam na passagem sobre o território de diferentes estados, não se pode defender que o referido objeto realize "sobrevôo" através de espaços aéreos nacionais; isto porque, para se manter em órbita, o satélite independe de sustentação aerodinâmica, pois lá praticamente não existe ar, e

[510] C. Wilfred JENKS, **Space Law** (London: Stevens and Sons / Washington: F. Praeger, 1965, p. 97)

[511] O Ano Geofísico Internacional de 1957 constituiu encontro científico internacional, de 1.º de julho de 1957 a 31 de dezembro de 1958, para análise e discussão de ciências terrestres, inclusive meteorologia, sismologia e oceanografia. Negociações preliminares para planejamento da reunião, lideradas pelo cientista norte-americano James Van ALLEN (1914-2006), decidiram realizar o evento durante a fase de pico da atividade solar (*solar maximum*), que ocorreria em 1957-1958, finalizando ciclo de onze anos. Walter A. McDOUGALL, **The Heavens and the Earth: A Political History of the Space Age** (Nova York: Basic Books, 1985, p. 59-62); Paul DICKSON, **Sputnik: the Shock of the Century** (Waterville: G. K. Hall, 2002, p. 21).

[512] Rolando QUADRI, **Droit international cosmique** (RCADI, 1959, t. 98, p. 505-600).

[513] Como se examinou no cap. XVII – domínio aéreo, trata-se de princípio clássico do Direito romano, *"cuius est solum, eius est usque ad coelum et ad inferos"*, segundo o qual o direito à propriedade se estenderia verticalmente – *ad infinitum*. V. tb. Henri A. WASSENBERGH, **Principles of Outer Space in Hindsight** (Dordrecht: Kluwer, 1991, p. 20).

se rege, o seu movimento, apenas de acordo com princípios da física clássica.[514]

Além de se afastar a aplicação das normas de direito aeronáutico ao espaço sideral, concomitantemente impediram-se as pretensões ao exercício de soberania dos estados, além da atmosfera terrestre. Nesse sentido, cabe observar, não houve qualquer protesto internacional, sobre alegada invasão de espaço aéreo, por parte do *Sputnik 1*, ou pelos outros satélites artificiais, que o seguiram, o que deu origem ao primeiro costume internacional, sobre a matéria, diante do consentimento generalizado dos estados.[515]

O dado central do desenvolvimento do direito internacional relativo ao espaço ultraterrestre, desde o início, foi sua intrínseca internacionalidade. Impedindo a apropriação soberana do espaço sideral, os juristas conferiram-lhe status de espaço extraterritorial,[516] legalmente

[514] Stephan HOBE, *Spacecraft, Satellites, and Space Objects* (in **Encyclopedia of public international law**, 2012, vol. IX, p. 403-406); Ronaldo Rogério de Freitas MOURÃO, **Astronáutica: do Sonho à Realidade: História da Conquista Espacial** (Rio de Janeiro: Bertrand Brasil, 1999, p. 95-96): "O satélite descreve sua órbita sob efeitos da atração gravitacional e de certas forças físicas (...). Os satélites artificiais giram ao redor da Terra em órbitas elípticas que obedecem às leis de Kepler. Um dos focos da elipse se encontra no centro da Terra. Os elementos dessa órbita vão depender da altura e da velocidade inicial no lançamento e não da massa do satélite. Da massa vai depender o tempo de permanência do satélite no espaço."

[515] Nicolas MATEESCO MATTE. **Space Activities and Emerging International Law** (Montreal: McGill University, 1984, p. 81); Walter MCDOUGALL,... **The Heavens and the Earth: A Political History of the Space Age** (Nova York: Basic Books, 1985, p. 187), após analisar documentos oficiais norte-americanos, afirma que o governo do presidente Dwight D. EISENHOWER (1890-1969), durante a década de 1950, mesmo antes do lançamento do satélite soviético *Sputnik 1*, possuía interesse em fortalecer o princípio de "céus abertos" (*open skies*) em relação ao espaço sideral, de forma a tornar legítimo o emprego de satélites espiões: "*The principal concern of American policy was always the protection of spy satellites. But the right to launch satellites over the territory of other states was already established during the IGY* [International Geophysical Year]. *(...) Satellites had already been launched without protest, implying that formal consent to satellite overflight was either unnecessary or implicity given*".

[516] Como se examina no conjunto deste título I – espaços internacionais, caps. XX a XXV. V. tb. G. W. KEETON, **Extraterritoriality in international and comparative law** (RCADI, 1948, t. 72, p. 283-392).

insuscetível de controle estatal, como, igualmente, se atribuiu ao alto-mar, aos fundos oceânicos[517] e ao continente da Antártica.[518]

No entanto, por haver sido limitada a soberania à coluna de ar que se ergue sobre o território dos estados, abriu-se, à época, debate em torno do direito de apropriação do espaço sideral: alguns autores questionaram se estaria este aberto à livre conquista, como novo continente a ser explorado. De acordo com este entendimento, o espaço constituiria *res nullius*, sujeito à apropriação soberana, por parte dos detentores da tecnologia, necessária para alcançá-lo. O mesmo argumento valeria para os corpos celestes, como a Lua.[519]

A perspectiva de ver desencadeada uma nova onda de 'colonização', desta vez no espaço sideral pelas superpotências, tal como até pouco tempo antes ocorrera nas Américas, África, Ásia e Oceania, que emergiam dessa fase sombria, em meio às lutas da descolonização,[520]

[517] Cfr. cap. XXIII – fundos oceânicos. Ver F. H. PAOLILLO, **The institutional arrangements for the international sea-bed and their impact on the evolution of international organizations** (RCADI, 1984, t. 188, p. 135-337).

[518] V. tb. cap. XX 'espaços internacionais: de *res nullius* a patrimônio comum da humanidade'; cap. XXIV – domínios polares – embora existam reivindicações por parte de alguns estados sobre o continente Antártico, por parte de estados como Argentina, Austrália, Chile, França, Nova Zelândia, Noruega e Reino Unido. A respeito, tb. Malcolm N. SHAW, **International Law** (Cambridge: Univ. Press, 5th ed., 2003, p. 456),

[519] A respeito do conceito de *res nullius* e da evolução do regime jurídico internacional nessa matéria, ver cap. XX – espaços internacionais: de *res nullius* a patrimônio comum da humanidade. Em discurso na Universidade de Rice, em Houston, Texas, proferido em 12 de setembro 1962, o então presidente norte-americano John F. KENNEDY (1917-1963) refere-se ao espaço como "novo oceano": "[whether space] *will become a force for good or ill depends on us, and only if the United States occupies a position of preeminence can we decide whether this new ocean will be a sea of peace or a new, terrifying theater of war*". V. tb. William E. BURROWS, **This New Ocean** (Nova York: Modern Library, 1999, p. 332.). Transcrição integral disponível nos arquivos da Universidade de Rice: <http://www.rice.edu/fondren/woodson/speech.html>, acesso em 14.12.2006.

[520] Como se examina, adiante, cap. XXIX – espacialidade e direitos fundamentais: a dimensão humana do território (esp. o item 29.1 – dos impérios coloniais ao reconhecimento dos direitos dos povos indígenas); o impacto do colonialismo sobre o direito internacional é examinado no **Tratado** (tomos XIV a XVII – **Direito internacional no tempo do colonialismo**); v. tb. C. H. ALEXANDROWICZ, **The law of nations in global history** (ed. by David ARMITAGE and Jennifer PITTS, Oxford: University Press, 2017), bem como seus dois cursos na Academia de direito internacional da Haia: C. H.

obviamente não era bem vista pela comunidade internacional.[521] Felizmente não prevaleceu esse entendimento.

Existia o temor de que, caso prevalecesse a tese do espaço exterior como *res nullius*, tornar-se-ia legítimo, por exemplo, que a URSS reivindicasse soberania sobre a órbita terrestre, por conta de ter sido o primeiro país a 'conquistá-la' e, assim, restringir sobremaneira a exploração daquele território.[522] Como asseverou o internacionalista polonês Manfred Lachs, em 1966: "nenhum título, independente de sua origem ou natureza, pode justificar reivindicação de soberania sobre o espaço sideral".[523]

No fim da década de 1950 e início da década de 1960, novo regime jurídico começa a fixar-se, para regular o espaço sideral, de modo a

Alexandrowicz, **The Afro-Asian world and the law of nations: historical aspects** (RCADI, 1968, t. 123, p. 117-214); C. H. Alexandrowicz, **Treaty and diplomatic relations between European and South Asian powers in the seventeenth and eighteenth centuries** (RCADI, 1960, t. 100, 203-322).

521 A base histórica é fundamental para a compreensão do fenômeno colonial e do impacto deste sobre o direito internacional, como se examina no **Tratado** (tomos XIV a XVII – **Direito internacional no tempo do colonialismo**). V. tb.: Alfredo Bosi, **Dialética da colonização** (São Paulo: Companhia. das Letras, © 1992, 1ª reimpressão, 1992); P. B. Casella, **Direito internacional, história e cultura** (Haia, 2020, esp. cap. III – impacto do colonialismo sobre o direito internacional), e tb. **Fundamentos do direito internacional pós-moderno** (São Paulo: Quartier Latin, 2008, esp. item VI, 'direito, história e cultura', pp. 489-615); Jared Diamond, **Guns, germs and steel: the fates of Human societies** ("with a new afterword about the modern world", © 1997, New York: Norton, 1999); Marc Ferro, **História das colonizações**: das conquistas às independências – séculos XIII a XX (trad. Rosa Freire D'Aguiar, São Paulo: Companhia. das Letras, 1996), edição original, **Histoire des colonisations: des conquêtes aux indépendances XIIIe. au XXe. siècles** (Paris: Seuil, © 1994, impr. 1996); Ruggiero Romano, **Mecanismos da conquista colonial** (orig. publ. **Mécanismes de la conquête coloniale: les Conquistadores**, 1972, trad. Marilda Pedreira, rev. Vera de Campos Toledo, São Paulo: Perspectiva, 1973); Gérard Challiand (org.), **Les Conquistadors** – Mexique – Pérou (textos de Bernal Díaz del Castillo, **La conquête du Mexique**; Hernan Cortés, **La conquête du Mexique**; Pedro Pizzarro, **La conquête du Pérou**; Paris: Omnibus, 2003).

522 Em artigo publicado em 1957, Bin Cheng defendia que o espaço sideral deveria ser considerado, juridicamente, *res extra commercium*, ou seja, insuscetível de apropriação, como o alto-mar. Republicado em **Studies on International Space Law** (Oxford: Clarendon Pr, 1998, p. 19).

523 Manfred Lachs, **Space law** (op. cit., 1966, p. 50): "No title, whatever its origin and nature, may justify claim to sovereignty over outer space".

preencher o 'vácuo' até então existente. O gerenciamento dos recém--criados programas espaciais, por parte das superpotências, nos anos, que se seguiram ao lançamento dos primeiros satélites artificiais, apenas reforçou a urgência da concepção de normas, sobre a matéria. Naqueles anos, os testes de foguetes, para lançamento de objetos espaciais,[524] seguiam-se, em ritmo acelerado, tanto nos EUA, quanto na URSS; por se tratar de tecnologia pouco dominada, acidentes multiplicavam-se, em ambos os lados. Os fracassos norte-americanos, ao contrário dos soviéticos, eram divulgados, e em tempo real, para a opinião pública,[525] alarmando a comunidade internacional, sobre os riscos de lançamentos fracassados, ainda mais quando conduzidos secretamente.

O combustível, utilizado por tais foguetes lançadores, como ocorre até hoje, é extremamente inflamável e perigoso. À época, havia pouco domínio da tecnologia dos grandes motores.[526] O menor descuido causava explosões de grandes proporções, com danos materiais – e políticos – devastadores.[527]

Daí decorreu a caracterização de responsabilidade por atividades intrinsecamente perigosas (*liability for ultrahazrdous activities*): dada a

524 Stephan Hobe, *Spacecraft, Satellites, and Space Objects* (in **Encyclopedia of public international law**, 2012, vol. IX, p. 403-406, cit. §): " 'Space object' remains an undefined term of key importance on the United Nations conventions relating to outer space. In practice, 'space objet' refers to any object that is launched into outer space, including the components, launch vehicles, and parts thereof. 'Space object' thus includes spacecraft, space vehicles, satellites, space stations, installations, equipment and facilities."

525 Von Hardesty e Gene Eisman, **Epic Rivalry: the Inside Story of the Soviet and American Space Race** (Washington: National Geographic, 2007, p. 84-85).

526 Emerson Faria Cabral Paubel, **Propulsão e Controle de Veículos Aeroespaciais: uma Introdução** (Florianópolis: UFSC, 2002, p. 41): "Os sistemas convencionais de propulsão [de foguetes] empregam misturas de reagentes químicos sólidos, líquidos ou ambos simultaneamente. Isto implica que podemos ter os seguintes tipos de motor segundo a natureza dos propelentes utilizados: sólido, líquido e híbrido. A reação química de combustão é exotérmica (i. e., libera calor) e é acompanhada pela geração de grandes quantidades de gases."

527 Von Hardesty e Gene Eisman, **Epic Rivalry** (op. cit., 2007, p. 139): "Early space pioneers had to confront the inherent dangers that came with liquid-fueled rockets. These experimental rockets were never predictable, given their volatile fuel and complex array of motors and pumps. Overheating became a particularly difficult challenge. In the absence of an effective cooling system, a liquid-fueled rocket would explode violently. To fire such volatile missiles required ample spaces and strict safety measures; these requirements would persist into modern times."

natureza da atividade a responsabilidade se faz presente, independendentemente da ocorrência de dolo ou de culpa.[528]

Foi o que sucedeu no fracassado lançamento do primeiro satélite artificial norte-americano, *Vanguard 1*, em 6 de dezembro de 1957: após a ignição, o foguete subiu alguns poucos metros do solo e caiu sobre a plataforma de lançamento, explodindo em brilhante bola de fogo. Não houve vítimas, mas os prejuízos materiais se cifraram em milhões de dólares. Por ter sido acompanhado pelos meios de comunicação locais, o estrago político foi ainda maior, atestando a, ao menos aparente, defasagem tecnológica dos EUA perante a URSS.[529]

Os primeiros foguetes lançadores não passavam de variações de mísseis balísticos, potencialmente letais, em caso de falha. Os programas espaciais das superpotências, então capitaneados por militares, não camuflavam o interesse de, tão logo possível, colocar em órbita armamentos ativos, como silos de mísseis nucleares, ou passivos, como satélites espiões. O perigo da corrida armamentista, capaz de gerar guerra nuclear no espaço, parecia iminente,[530] e era reconhecido o risco, para todos os países, caso tal conflito se deflagrasse, quer alinhados a alguma das superpotências do tempo, ou não. Logo, a comunidade internacional compreendeu a necessidade de regras jurídicas, relativas à exploração do espaço sideral, para que, de forma eficaz, se impedisse a deflagração de outro conflito armado.[531]

A necessidade de regulamentação internacional do uso e da exploração do espaço levou ao resultado que, "neste campo, a grande revolução da ciência impôs a necessidade urgente de submeter as atividades dos estados ao marco da lei, em vista dos perigos e riscos que implicam".[532]

[528] C. Wilfred Jenks, **Liability for ultrahazardous activities in international law** (RCADI, 1966, t. 117, p. 99-200).

[529] Ronaldo Rogério de Freitas Mourão, **Astronáutica: do Sonho à Realidade: História da Conquista Espacial** (Rio de Janeiro: Bertrand Brasil, 1999, p. 62-65).

[530] William E. Burrows, **This New Ocean** (Nova York: Modern Library, 1999, p. 219-273).

[531] J.-C. Venezia, *Logique nucléaire et paradoxes diplomatiques* (in **Mélanges offerts à Mr. le Doyen Louis Trotabas**, Paris: L.G.D.J., 1970, p. 459-478).

[532] Manfred Lachs, **El Derecho Del Espacio Ultraterrestre** (Madri: Fondo de Cultura Econômica, 1977, p. 8.): "Además, en este campo, la gran revolución de la ciencia ha impuesto la necesidad urgente de someter las atividades de los Estados al marco de la ley, en vista de los peligros y riesgos que implican."

Daí se pode concluir ser o direito internacional do espaço exterior "necessário para manter a paz e prover segurança mediante equilíbrio de vários interesses daqueles que aspiram atuar nesta mesma área, qual seja, espaço sideral".[533]

As discussões, sobre a matéria, no âmbito da ONU, contaram com surpreendente apoio, tanto de diplomatas norte-americanos, quanto soviéticos, em plena guerra fria. Os esforços, para a regulamentação do direito espacial, assim, constituíram importante contraponto às tensões e confrontações que pautaram boa parte das quatro décadas da guerra fria: no momento em que as tensões leste-oeste atingiam patamar crítico, ambos os lados decidiram sentar e discutir, sob os auspícios das Nações Unidas, regras para a exploração pacífica do espaço, de comum acordo, e com notável velocidade, num típico exemplo do momento histórico de distensão, entre URSS e EUA, conhecido como *détente* - ou distensão.[534] A matéria foi eficazmente regulada por meio de normas internacionais, como então se estipularam. E esse arcabouço normativo internacional permanece até hoje (22.3 - os cinco tratados).

Foram fortes as razões, de caráter econômico, para motivar o diálogo EUA-URSS: "não é fácil especular, ainda hoje, o que fez as duas grandes potências tenderem a usos (mais) pacíficos do espaço sideral. Primeiramente, podemos assumir que, ao lado de considerações políticas, devem ter havido, igualmente, considerações econômicas, principalmente o custo de mover (e manter) grandes

[533] Henri A. WASSENBERGH, **Principles of Outer Space in Hindsight** (Dordrecht: Kluwer, 1991, p. 16): "The rule of law is necessary to keep the peace and provide security by balancing the various interests of those aspiring to be active in the same area, i.e. in outer space."

[534] Ao discorrer sobre o período, aponta John Lewis GADDIS, **História da Guerra Fria** (orig. publ. **The Cold War: a new History**, 2005, trad. Gleuber Vieira, Rio de Janeiro: Nova Fronteira, 2006, p. 189.): "Quando foi formulada em Washington, Moscou e outras capitais da Guerra Fria, viu-se essa estratégia [détente] como uma evolução que trazia esperança. Não livrou o mundo de crises, mas o novo espírito de cooperação parecia limitar sua frequência e gravidade: as relações entre soviéticos e americanos no final dos anos 60 e 70 foram muito menos voláteis do que durante as duas primeiras décadas da Guerra Fria, quando os confrontos surgiam quase anualmente. Isso foi um grande avanço, pois agora, com as duas superpotências dispondo, grosso modo, da mesma capacidade de destruir uma à outra, o risco de escalada era ainda maior do que no passado. A détente estava transformando uma situação perigosa num sistema previsível, visando a garantir a sobrevivência da acomodação geopolítica pós-1945, bem como da humanidade em geral".

estruturas militares no espaço sideral. Naqueles anos iniciais, os custos eram proibitivos".[535]

Na realidade, não é possível dissociar os tratados de direito espacial do momento histórico, em que foram concebidos. Como em outras épocas, a construção do direito internacional é condicionada pelo tempo (histórico) e pelo contexto (cultural). Assim, também o direito internacional do espaço ultraterrestre: "a história do direito espacial internacional (...) não pode ser compreendida à parte de suas origens, durante a guerra fria. De fato, o desenvolvimento do direito internacional do espaço sideral está, inextricavelmente, ligado a tal contexto, de política internacional".[536]

A Assembléia Geral da ONU, um mês após o lançamento do *Sputnik 1*, em 14 de novembro de 1957, por meio da **Resolução 1148 (XII)**, declarou que o lançamento de objetos espaciais deveria obedecer apenas a interesses pacíficos e científicos. Posteriormente, pela **Resolução 1721 (XVI)**, de 20 de dezembro de 1961, importante passo foi dado, no direito espacial, ao se reconhecer a aplicabilidade do direito internacional ao espaço e corpos celestes, bem como registrar que a exploração, do território espacial, estaria aberta a todos os estados, e não sujeita à apropriação nacional. Criou-se, igualmente, o registro internacional de lançamentos espaciais, no âmbito das Nações Unidas, como forma de garantir a publicidade de atividades, dessa natureza, e evitar missões secretas.[537]

535 Peter JAKOWITSCH, *A Historical Perspective of Outer Space Treaties* (International Institute for Peace, disponível em: <http://www.iip.at/publications/ps/0303jankowitsch.htm>, acesso em 27.07.2005): "It's not easy to speculate, even today, on what made the two major players turn towards more peaceful uses of Outer Space. Firstly, we might assume that next to political considerations there must have been also economic considerations, namely the cost of moving (and maintaining) large military structures in Outer Space. This was most prohibitive in those early days."

536 Nathan C. GOLDMAN, *Space Law* (in **Space Politics and Policy: An Evolutionary Perspective**, ed. by Eligar SADEH, Dordrecht: Kluwer, 2002, p. 163): "The history of international space law (...) cannot be understood apart from its origins in the Cold War. Indeed, the development of the international law of outer space is inextricably linked to this context of international politics and policy."

537 Bin CHENG. **Studies on International Space Law** (Oxford: Clarendon Pr, 1998, p. 151-152).

Em 12 de dezembro de 1959, por meio da **Resolução 1472 (XIV)**,[538] foi criado o Comitê das Nações Unidas para o Uso Pacífico do Espaço (*Committee on the Peaceful Uses of Outer Space*, ou COPUOS),[539] demonstrando, já pela sua denominação, o esforço para afastar o perigo da militarização do espaço, o que constituía a maior preocupação da época.[540] O impasse entre EUA e URSS sobre a composição do COPUOS impediu-o de funcionar, até 1961, quando se acordou que as decisões do órgão seriam tomadas, apenas, mediante consenso, de todos os estados membros, que deveriam permitir a participação do maior número possível de países, tanto do então chamado blocos dos países socialistas, como do chamado "terceiro mundo".[541] O COPUOS foi dotado de dois sub-comitês: um técnico-científico, destinado à cooperação científica, necessária para a conquista do espaço, e outro jurídico, cuja competência seria a de servir de painel, para a discussão de projetos de acordos internacionais, sobre direito espacial.[542]

O sub-comitê jurídico foi encarregado de propor normas sobre a exploração do espaço sideral. Dos trabalhos deste grupo, resultou a **Resolução 1962 (XVIII)**, adotada unanimemente pela Assembléia Geral da ONU, em 13 de dezembro de 1963, intitulada "Declaração dos princípios jurídicos reguladores das atividades dos estados na exploração e uso do espaço cósmico". Trata-se de importante marco no Direito

[538] Ver análise em Manfred Lachs, **El Derecho del Espacio Ultraterrestre** (Madri: Fondo de Cultura Econômica, 1977, p. 52-53).

[539] Com sede em Viena, Áustria, o COPUOS possui, atualmente, 95 membros, dentre os quais o Brasil (A/62/20) é um dos 18 membros originais – conforme Resolução 1348 (XIII). O *site* institucional – United Nations Committee on the Peaceful Uses of Outer Space (COPUOS) – permite visitar o conjunto da atuação, acesso em 3.2.2022. O Subcomité Científico e Técnico normalmente se reúne em fevereiro e o Subcomité jurídico normalmente em abril a cada ano.

[540] Valnora Leister, *O Comitê para o Uso Pacífico do Espaço Exterior (Copuos) da Organização das Nações Unidas* (in **Reflexões sobre os 60 Anos da ONU**, coord. Araminta de A. Mercadante e J. C. Magalhães, Ijuí: Ed. Unijuí, 2005, p. 398-412).

[541] Bin Cheng. **Studies on International Space Law** (Oxford: Clarendon Press, 1998, p. 162-166).

[542] V. Leister (art. cit., 2005, p. 401).

Internacional, pois determina os princípios norteadores dos tratados multilaterais assinados nos anos seguintes.[543]

Em 8 de junho de 1962, firmam acordo bilateral a Academia de Ciências da URSS e a Agência da administração aeronáutica e espacial estadunidense (NASA, sigla em inglês para a *National Aeronautics and Space Administration*). Por meio deste acordo, aliam-se os esforços entre os cientistas soviéticos e a então recém-criada agência espacial civil norte-americana, para a cooperação e coordenação de programas de lançamento de satélites científicos, nas áreas de meteorologia, comunicação e pesquisa do campo magnético terrestre.[544] A partir desse primeiro acordo bilateral, norte-americanos e soviéticos assinaram outros instrumentos semelhantes, entre si, e com seus parceiros.[545]

Pelo grande volume de esforços necessários, em matéria espacial, as iniciativas passaram a ter mais e mais configurações internacionais: os países que não dominavam a tecnologia necessária, para executar missões próprias, puderam se associar, entre si, e às potências espaciais, de forma a evitar defasagem tecnológica, potencialmente perigosa.

Como em outros campos do direito internacional pós-moderno, "as razões, por detrás destes acordos, são as mesmas, que motivam cooperação multilateral. De um lado, certos projetos são demasiado complicados e custosos, para serem promovidos por uma única potência espacial. De outro, para pequenas nações, a cooperação constitui exclusivo meio, para adquirir técnicas espaciais, e conduzir atividades espaciais. Não obstante, estados nem sempre são bem-sucedidos em cooperações multilaterais, e muitas vezes grandes potências espaciais tendem a restringir o seleto 'clube', dentro do qual informação e experiência são trocadas. Argumentos políticos e legais desempenham importante papel

[543] Afirma Bin Cheng, no volume **Studies on International Space Law** (op. cit., 1998, p. 153-154), constituirem as regras substantivas da Resolução 1962 (XVIII) direito *in statu nascendi* – em formação.

[544] N. Mateesco Matte, **Aerospace Law: from Scientific Exploration to Commercial Utilization** (Toronto: Carswell, 1977, p. 72-74).

[545] M. Lachs, **El Derecho Del Espacio Ultraterrestre** (Madri: Fondo de Cultura Econômica, 1977, p. 49-50).

nestas relações. Questões militares também são levadas em consideração quanto à decisão de como cooperar".[546]

Importante exemplo de tal tendência, os países da Europa ocidental, ainda em fase inicial do processo regional de integração econômica, criam a Organização Européia para Pesquisa Espacial, em 14 de junho de 1962. Esta organização foi criada, com o objetivo de desenvolver programa conjunto, tanto de investigação científica, quanto para projeto, construção e lançamento de foguetes de sondagem e satélites espaciais.[547]

Uma notável história de sucesso é a cooperação dos países europeus no âmbito da Agência Espacial Europeia - ou ESA, *European Space Agency*.[548] Separadamente, cada um dos países europeus participantes

[546] N. Mateesco Matte, **Aerospace Law** (Toronto: Carswell, 1977, p. 71): "The reasons behind these agreements are the same as those which motivate multilateral cooperation. On the one hand certain projects are too complicated and costly to be undertaken by a single space power. On the other, for small nations, cooperation is the only mean of acquiring space techniques and conducting space activities. However, States do not always succeed in cooperating on a multilateral basis, and often the major space powers tend to restrict the selective "club" in which information and experience are exchanged. Political and legal arguments play an important role in these relations. Military considerations are also taken into account in deciding how to cooperate."

[547] M. Lachs. **El Derecho Del Espacio Ultraterrestre** (Madri: Fondo de Cultura Econômica, 1977. p. 47-48); N. Mateesco Matte. **Aerospace Law** (Toronto: Carswell, 1977, p. 55-59).

[548] A Agência Espacial Europeia (ESA) é uma organização intergovernamental dedicada à exploração do espaço, com os seguintes estados membros: Alemanha, Áustria, Bélgica, Dinamarca, Espanha, Estônia, Finlândia, França, Grécia, Hungria, Itália, Irlanda, Luxemburgo, Noruega, Países Baixos, Portugal, Polônia, Reino Unido, República Tcheca, Romênia, Suécia e Suiça. O Canadá participa em alguns projetos, com base em Acordo de cooperação. Ademais, Bulgária, Eslováquia, Eslovênia, Letônia e Lituânia são "Estados Europeus Cooperantes", bem como outros países assinaram acordos de cooperação com a ESA. Fundada em 1975, com sede em Paris - a ESA tem outras importantes instalações: o ESTEC - Centro Europeu de Investigação e Tecnologia Espaciais, em Noordwijk, na Holanda, onde são desenvolvidos, em sua maioria, as atividades de desenvolvimento tecnológico e os veículos espaciais da ESA; o EAC - Centro Europeu de Astronautas, treina astronautas para missões futuras, situado em Colônia, Alemanha; o centro ESA em Redu, Bélgica; o ECSAT - Centro Europeu de Aplicações Espaciais e Telecomunicações, em Harwell, Reino Unido; o ESRIN - Instituto Europeu de Pesquisa Espacial, em Frascati, perto de Roma, Itália, para monitoramento, armazenamento e distribuição dos dados de satélites aos parceiros da ESA e também como centro de tecnologia da informação da

– bem como o Canadá, que se associa a alguns projetos da ESA – não teriam condições, nem econômicas nem científicas, para alcançar as realizações que a reunião de meios e conhecimentos científicos permitiu viabilizar.

Apesar de, oficialmente, divulgarem a inexistência de interesse imediato, em alocação de armas, em órbita da Terra, e em corpos celestes, na realidade, militares, tanto dos EUA, como da antiga URSS, desenvolviam projetos neste sentido.[549] O temor, de que o inimigo conseguisse alcançar o objetivo primeiro, somado aos altos custos decorrentes, motivou os governos, de ambos os estados, a optarem por tratativas diplomáticas, a fim de restringir a militarização do espaço.

Em 5 de agosto de 1963, representantes das duas superpotências assinavam, em Moscou, acompanhados do Reino Unido, tratado por meio do qual eram banidos os testes de armas nucleares na atmosfera, no espaço sideral e no ambiente submarino. O instrumento foi, posteriormente, assinado por diversos outros estados, inclusive pelo Brasil.[550]

A Assembléia Geral da ONU, por meio da **Resolução 1884 (XVIII)**, de 17 de outubro de 1963, reforçou o clamor generalizado, contra a utilização do espaço, como base de lançamento de armas nucleares, e

ESA; o ESOC – Centro Europeu de Operações Espaciais, responsável pelo controle dos satélites da ESA em órbita, situado em Darmstadt, Alemanha; o ESAC – Centro Europeu de Astronomia Espacial, em Villanueva de la Cañada, Madri, é o centro a partir do qual são feitas as operações científicas das missões de astronomia e planetárias da ESA, além da compilação, arquivo e distribuição de dados sobre as missões para a comunidade científica do mundo inteiro. Visite: https://www.esa.int (acesso em 2.2.2022).

[549] Sobre corrida armamentista espacial, v.: Bob PRESTON, **Space Weapons, Earth Wars** (Santa Monica: RAND, 2002) e Von HARDESTY e Gene EISMAN, **Epic Rivalry: the Inside Story of the Soviet and American Space Race** (Washington: National Geographic, 2007.)

[550] **Tratado de Proscrição das Experiências com Armas Nucleares na Atmosfera, no Espaço Cósmico e sob a Água**, aberto à assinatura em 5 de agosto de 1963, em vigor desde 10 de outubro de 1963. Aprovado no Brasil pelo Decreto Legislativo 30, de 1964. Depósito dos instrumentos de ratificação em 15.12.1964 em Moscou, Washington e Londres. Promulgado pelo Decreto 58.256, de 26 de abril de 1966. V. tb. Wolf EJZENBERG, **Desarmamento nuclear** (pref. P. B. CASELLA, apres. G. M. FERREIRA Jr., Belo Horizonte: Arraes, 2017); Joseph M. SIRACUSA, **Nuclear Weapons** – a very short introduction (Oxford: Univ. Press, 2008).

quaisquer outros tipos de armas, de destruição em massa.[551] Os esforços, no sentido de preservar o espaço ultraterrestre apenas para missões pacíficas, eram plenamente justificáveis: além de ser este estratégico, para o lançamento de mísseis nucleares, por permitir ataques imediatos e devastadores, a corrida armamentista, rumo à órbita terrestre, poderia levar o planeta à destruição total, decorrente da colocação, em órbita, de aparatos de difícil manejo, e inédito potencial destrutivo.[552]

Em meados da década de 1960, pode-se afirmar que existiu consenso, na comunidade internacional, quanto a diversos pontos importantes do direito espacial. O passo seguinte seria a negociação de tratados multilaterais internacionais, os quais, ao contrário das Resoluções da Assembléia Geral da ONU, se revestem de conteúdo vinculante, e têm caráter obrigatório, não somente para os estados signatários, enquanto tais, como também enquanto expressão de normas de direito internacional geral, como tais vinculantes, para todos os estados.

22.3. Os cinco tratados

> O direito do espaço comporta assim uma originalidade em sua técnica de elaboração.
>
> Essa originalidade parece igualmente combinar-se com autonomia verdadeira. A originalidade desse direito é certa, no plano de sua elaboração. Segue muito perto o próprio desenrolar daquilo que se chama, em perspectiva da qual não se exclui um certo orgulho de Prometeu, a conquista do espaço.
>
> C.-A. Colliard (1974)[553]

[551] Bin Cheng. **Studies on International Space Law** (Oxford: Clarendon Press, 1998, p. 152-153,)

[552] J.-C. Venezia, *Logique nucléaire et paradoxes diplomatiques* (in **Mélanges offerts à Mr. le Doyen Louis Trotabas**, Paris: L.G.D.J., 1970, p. 459-478).

[553] Claude-Albert Colliard, *Le droit de l'espace ou le ciel et la terre* (in **La communauté internationale: Mélanges offerts à Charles Rousseau**, Paris: Pedone, 1974, p. 63-74, cit. p. 65 e 64): «Le droit de l'espace comporte ainsi une originalité dans sa technique d'élaboration. / Mais cette originalité semble également se combiner avec une autonomie véritable.» (...) «L'originalité d'un tel droit est certaine sur le plan de son élaboration. Il suit de très près tout d'abord le déroulement même de ce qu'on appelle, dans une perspective de laquelle l'orgueil promethéen n'est pas exclue, la conquête de l'espace.»

Se as Resoluções da Assembléia Geral da ONU (AGNU), enquanto expressões de consenso internacional, são passíveis de progressiva densificação jurídica, e podem constituir o que, na falta de tipificação mais precisa – entre *lege lata* e *lege ferenda* –, se costuma apontar como o fenômeno de *soft law*,[554] ou seja, formulações jurídicas, de caráter meramente indicativo, em si não vinculantes, mas que podem configurar costume internacional, na medida em que sejam reiteradas, e observadas pelos estados. O descumprimento destas formulações de caráter não-vinculante, contudo, não costuma implicar em sanções internacionais,[555] a menos que se tenham consolidado como direito internacional costumeiro. Apesar dessa definição pouco precisa, as Resoluções da AGNU se revestem de inquestionável relevância, em matérias como o direito internacional espacial, bem como para outras áreas, no conjunto das relações internacionais.[556]

O dado mais relevante a ser enfatizado: "o espírito do novíssimo direito há de estar acima de estados ou de nações, pois nele a terra haverá de surgir como um todo, una e acima de cada grupo político, como federação máxima dos povos terrestres". De tal modo que "numa obra que depende e dependerá dos conhecimentos e dos recursos de todas as nações e visa o progresso da humanidade, a sua organização jurídica tem de ultrapassar os interesses de cada uma delas, há de

[554] Sobre o fenômeno da *soft law*, v. **Fundamentos** (2008); S. H. Nasser, **Fontes e normas do direito internacional: um estudo sobre a *soft law*** (pref. Guido F. S. Soares, São Paulo: Atlas, 2005).

[555] Com relação às sanções, no quadro da ONU, v.: Louis Cavaré, **Les sanctions dans le cadre de l'ONU** (RCADI, 1952, t. 80, p. 191-292); Djacoba Liva Tehindrazanarivelo, **Les sanctions des Nations Unies et leurs effets secondaires**: assistance aux victimes et voies juridiques de prévention (avant-propos de Raymond Ranjeva, préf. de G. Abi-Saab, Paris: PUF / Publications de l'Institut universitaire de hautes études internationales, 2005).

[556] Ao analisar a obrigatoriedade das Resoluções da Assembléia Geral da ONU, ponderou N. Mateesco Matte, **Space Activities and Emerging International Law** (Montreal: McGill University, 1984, p. 84-85): "from a strictly legal point of view, the resolutions of the General Assembly are no more than recommendations. However, it has been argued that such resolutions are binding in the sense that they are evidence of international customary law (...). While these resolutions do not create binding legal obligations, member states voting in their favor may be held to respect them based on the principle of good faith".

ser uma obra coletiva, com um espírito superior, do bem do gênero humano".[557]

A escolha de regulação da matéria, por meio de tratados, deu-se em razão de circunstâncias relevantes:[558] em primeiro lugar, por haver, então, acordo, entre as superpotências rivais, sobre os principais temas, tais como a proibição de apropriação soberana, e a liberdade de exploração e de uso do espaço. Ambos os dados foram de suma importância, no momento em que apenas os EUA e a URSS dominavam a tecnologia espacial. Esse fator é basilar no direito espacial, que se "assenta na combinação de negociações bilaterais" - entre as duas (então existentes) 'superpotências' -, "assistidas pela Assembléia Geral das Nações Unidas, que enuncia princípios gerais, aplicáveis nas resoluções e tratados, com vocação universal".[559]

Em segundo lugar, a experiência adquirida, até o momento, nos lançamentos de objetos espaciais, provou ser a exploração do espaço atividade perigosa e extremamente dispendiosa, o que acarretava dependência estatal, além de consumir grandes volumes de recursos dos orçamentos governamentais, norte-americano e soviético. Sem esquecer os enormes riscos intrínsecos,[560] que ensejam falar em responsabilidade por atividades especialmente perigosas (*liability for ultrahazrdous activities*).

A cooperação internacional, destarte, apresentava-se como necessária, tanto por razões estratégicas quanto financeiras.[561] Riscos repartidos

[557] Haroldo VALLADÃO, *O direito do espaço interplanetário* "relatório e conclusões, de 19.4.1959, à XI Conferência Interamericana de advogados, de Miami, 1959" (in **Novas dimensões do direito**, São Paulo: RT, 1970, p. 334-352, cit. p. 341).

[558] Bin CHENG. **Studies on International Space Law** (Oxford: Clarendon Pr, 1998, p. 215-219).

[559] NGUYEN Quoc Dinh, P. DAILLIER e A. PELLET. **Direito Internacional Público** (Lisboa: Fundação C. Gulbenkian, 1999, p. 1283).

[560] C. Wilfred JENKS, **Liability for ultrahazardous activities in international law** (RCADI, 1966, t. 117, p. 99-200).

[561] I. H. Ph. DIEDERIKS-VERSCHOOR, **An Introduction to Space Law** (Dordrecht: Kluwer, 2nd ed., 1999, p. 25): "One of the salient characteristics of space law, as it stands, is that it consists mostly of 'Convention' law (...) This stems from the fact that research and development, and the launching of space objects and their operational costs, require resourcing on such a scale that the task could only be undertaken by states or government-backed

entre diversos estados, permitem, principalmente em caso de falha, durante o lançamento, ou problemas na reentrada de objetos espaciais, mitigar os danos, mediante a divisão dos ônus; bem como, em casos de resultados positivos, reconhecer a legitimidade de acesso generalizado a benefícios decorrentes, ainda que de forma não suficientemente equitativa.

Em terceiro lugar, a compilação, das Resoluções da Assembléia Geral da ONU, em único documento permitiria a organização da matéria de forma não somente compreensível, como vinculante, além de assentar princípios, de forma mais certa e segura, seguindo a tendência de codificação do direito internacional público, proeminente, no período de 1960 a 1980.[562] A partir do tratado-base, abrir-se-ia margem para a concepção de outros instrumentos, para aprofundamento de temas relevantes, a partir dessa carta original.

Por fim, o temor quanto à utilização do espaço, como cenário de conflitos armados, exigia compromisso, de todos os estados, em especial por parte das duas então existentes superpotências, para, mediante instrumento formal, garantir o mínimo de segurança, para ambas. Como também para o conjunto da comunidade internacional.

Foram interesses, políticos e militares, que levaram o homem ao espaço, não propósitos pacifistas ou universalistas. O risco da corrida armamentista espacial existia então, e persiste até hoje, a despeito das normas de direito espacial. Porém, não se pode menosprezar a importância da previsão, por documento jurídico vinculante, assinado de

organizations, which explains the emergence of legal norms agreed upon and sanctioned on an international level."

[562] Sobre o fenômeno da codificação do direito internacional, citam-se, dentre outros exemplos, tanto o direito internacional aeronáutico, por meio da Convenção de Chicago (1944) – como examinado no cap. XVII; quanto ao direito internacional do mar, por meio da Convenção das Nações Unidas sobre o direito do mar (Montego Bay, 1982) – como examinado nos capítulos IX a XVI e XXIII; v. tb. **Manual** (2021, 25ª ed., item 2.3 – codificação do direito internacional, p. 216-238); o desenvolvimento progressivo e a codificação do direito internacional são mencionados como atribuição da Assembleia geral da ONU, nos termos do art. 13 da Carta da ONU – ver a respeito, P. B. Casella, *Artigo 13* (in **Comentário à Carta das Nações Unidas**, coord. L. N. C. Brant, Belo Horizonte: CEDIN, 2008, p. 273-304); A. Cassese, **International Law** (Oxford: University Press, 2ª. ed., 2005. p. 167-169).

comum acordo pelas partes contratantes, de normas que coíbam o uso militar do espaço.[563]

Ao todo, cinco tratados constituem o núcleo do direito internacional em matéria espacial. São estes instrumentos multilaterais, que criam normas gerais de direito internacional público e, em certa medida, 'consolidaram' no direito internacional positivo princípios e enunciados antes formulados em resoluções adotadas pela Assembleia geral da ONU.[564]

Dentre os instrumentos reguladores do direito internacional espacial, sem dúvida alguma, sobressai o assim chamado "Tratado do Espaço". Aberto à assinatura em 27 de janeiro de 1967, em Londres, Washington e Moscou, o **Tratado sobre princípios reguladores das atividades dos estados na exploração e uso do espaço cósmico, inclusive a lua e demais corpos celestes** obteve ampla recepção pela comunidade internacional.[565]

Fruto de intensas discussões no sub-comitê jurídico do COPUOS, o acordo foi alcançado rapidamente.[566] Esse texto foi concluído em menos de doze meses, após o início dos debates. O Tratado estipula pesadas obrigações para os estados, responsabilizando-os por danos, impedindo-os de reivindicar soberania sobre o novo território e, ainda, obrigando-os a atuar no espaço exterior sempre considerando a cooperação internacional.

Referido como verdadeira *Magna Carta* do direito espacial,[567] o "Tratado do espaço" consolidou princípios de direito internacional espacial, e trouxe inovações, constituindo marco de superação de

[563] Henri WASSENBERGH, **Principles of Outer Space in Hindsight** (Nova York: Springer, 1991, p. 16).

[564] Charles ROUSSEAU, **Droit International Public** (Paris: Dalloz, 11e éd., 1987, p. 24-25).

[565] Assinado pelo Brasil em Moscou em 30 de janeiro de 1967 e em Londres e Washington em 2 de fevereiro de 1967; aprovado pelo Decreto Legislativo 41, de 10 de outubro de 1968; depósito dos instrumentos brasileiros de ratificação em 5 de março de 1969, junto aos governos dos EUA, da Grã-Bretanha e da URSS; promulgado pelo Decreto 64.362, de 17 de abril de 1969; publicado no DOU de 22 de abril de 1969.

[566] Bin CHENG, **Studies on International Space Law** (Oxford: Clarendon Press, 1998, p. 219-225)

[567] Stephen GOROVE, *Sources and Principles of Space Law* (in **Space Law: Development and Scope**, ed. by Nandasiri JASENTULIYANA, Westport: Praeger Publishers, 1992, p. 46).

divergências, ocorridas durante a guerra fria.[568] Seu artigo 1º prevê que a exploração do território deve levar em conta o interesse de todos os estados. O acesso não pode ser limitado a quem quer que seja, proibindo-se qualquer tipo de discriminação, a qualquer país.

Por sua vez, o artigo 2º, do "Tratado do espaço", estabelece que o espaço sideral, inclusive a lua e os demais corpos celestes, não pode ser objeto de apropriação nacional, distinguindo-se, assim, o direito espacial do direito aeronáutico, de forma definitiva e, desta forma, caracteriza-o como espaço internacional. O conceito basilar, norteador da ordenação do espaço, é, assim, distinto em matéria de direito internacional aeronáutico e de direito internacional espacial.

No início dos debates sobre a matéria, a aplicação das normas gerais de direito internacional, inclusive a **Carta** da ONU, no que se refere à exploração do espaço sideral, foi questionada, conforme o entendimento de que todas as normas jurídicas, até então concebidas, estariam restritas à jurisdição terrestre. Tal teoria foi definitivamente afastada pelo artigo 3º do "Tratado do espaço", ao consolidar a aplicabilidade das normas de direito internacional a toda e qualquer atuação dos estados, na terra ou no espaço, corroborando a **Resolução 1721 (XVI)**.[569]

As normas gerais, então concebidas, seriam, posteriormente, aprofundadas por outros tratados multilaterais. É o que se verifica no que tange à assistência internacional a astronautas – estipulada no art. 5º – considerados "enviados da humanidade", posteriormente objeto do **Acordo de Salvamento de Astronautas**.[570]

568 José Carlos de MAGALHÃES, **Direito Econômico Internacional**: tendências e perspectivas (Curitiba: Juruá, 2005, p. 41): "Aprovada no auge da guerra fria, que opunha os países ocidentais de economia capitalista liberal, aos então liderados pela União Soviética, de economia planificada, essa Convenção [Tratado do Espaço] constitui marco de superação de divergências, em prol do interesse maior da humanidade, como um todo. É de se crer que o consenso foi alcançado diante da incerteza, naquele momento, das possibilidades de ambos os blocos então contendores, de dominar o espaço cósmico e demais corpos celestes."

569 Henri A. WASSENBERGH, **Principles of Outer Space in Hindsight** (Dordrecht: Kluwer, 1991, p. 16): "not before 1967 was (new) positive law created, partly in the form of existing law which was declared applicable to space activities, and by adoption of the 'Space Treaty', which inter alia formally extended the applicability of international law, including the Charter of the UN, to activities in outer space."

570 Ressalta G. OSNÍTSKAYA, *Derecho Cósmico* (in **Curso de Derecho Internacional**, G. TUNKIN (coord.), Moscou: Edtrl. Progreso, 1979, vol. 2, p. 91): "Los cosmonautas,

O mesmo se verifica no tocante à responsabilidade internacional dos estados, por danos decorrentes de atividades espaciais, inclusive aquelas realizadas por organismos governamentais e entidades não-governamentais - no artigo 6º -, objeto de tratado específico, em 1972.

Na preservação da exploração e do uso do espaço sideral para fins pacíficos,[571] interesse exposto nas motivações da Carta, verifica-se que o texto final do "Tratado do espaço" deixou lacuna, que permite a militarização do espaço exterior. Isto porque, em seu artigo 4.º, se prevê tão somente a desmilitarização parcial do espaço cósmico, em contraste com o previsto, em relação aos corpos celestes, inclusive a Lua, onde a desmilitarização deve ser total.[572]

De acordo com o texto do referido artigo, proíbe-se a alocação em órbita, de objetos espaciais, portadores de armas nucleares, e de destruição em massa. Outros tipos de armamentos, tais como, emissores de raios laser ou mísseis balísticos convencionais, podem ser posicionados no espaço sideral, inclusive em órbita da Terra.[573]

O "Tratado do Espaço" consolida a previsão da **Resolução 1884 (XVIII)** da Assembléia Geral da ONU, quase literalmente, inclusive em seus pontos mais controversos.[574] A redação adotada decorreu dos inte-

mensajeros de la humanidad, marchan a los espacios ignotos para enriquecerla com nuevos conocimientos sobre el Universo y aprovecharlos después para mejorar la vida em la Terra. Por esto, todos los Estados tienen el deber de prestarles la máxima ayuda cuando la necesitaran".

571 Compare-se-lhe a questão do uso pacífico dos oceanos, como examinado na segunda parte, título I - domínio marítimo, caps. IX a XVI; cf., por ex., A. MYRDAL, *Preserving the oceans for peaceful purposes* (RCADI, 1970, t. 133, p. 1-14).

572 *"Artigo 4.º Os Estados-Partes do Tratado se comprometem a não colocar em órbita qualquer objeto portador de armas nucleares ou de qualquer outro tipo de armas de destruição em massa, a não instalar tais armas sobre os corpos celestes e a não colocar tais armas, de nenhuma maneira, no espaço cósmico. Todos os Estados-Partes do Tratado utilizarão a Lua e os demais corpos celestes exclusivamente para fins pacíficos. Estarão proibidos nos corpos celestes o estabelecimento de bases, instalações ou fortificações militares, os ensaios de armas de qualquer tipo e a execução de manobras militares. Não se proíbe a utilização de pessoal militar para fins de pesquisas científicas ou para qualquer outro fim pacífico. Não se proíbe, do mesmo modo, a utilização de qualquer equipamento ou instalação necessária à exploração pacífica da Lua e demais corpos celestes."*

573 Nathan C. GOLDMAN. **Space Policy: an Introduction** (Iowa: Iowa State Univ. Press, 1992, p. 26).

574 A. S. PIRADOV. **International Space Law** (Honolulu: Univ. Press of Pacific, 2000, p. 91-94).

resses militares das duas superpotências. Tanto os EUA quanto a URSS, à época do tratado, dominavam a produção de mísseis balísticos intercontinentais, cuja tecnologia lhes permitiu alcançar o espaço exterior, uma vez que tais objetos, em sua trajetória parabólica, atingem altitudes acima das quais aeronaves podem manter sustentação aerodinâmica.[575]

O "Tratado do Espaço" tampouco proíbe a colocação em órbita de armamentos passivos, como satélites espiões – capazes de vigiar movimentos, militares ou não, no território de outros estados, bem como de realizar análise de terrenos.[576] Tais objetos espaciais eram bastante utilizados quando da assinatura do tratado e, ainda hoje, compõem importante fatia do mercado de lançamentos orbitais.[577]

A constatação de que o "Tratado do espaço" prevê tão-somente a desmilitarização parcial do território sideral parece conferir legitimidade ao desenvolvimento de projetos altamente perigosos, como a norte-americana Iniciativa de defesa estratégica (ou *Strategic Defense Initiative*), concluído em 1983, durante o governo de Ronald REAGAN (1911-2004). Conhecido popularmente como *"Projeto Guerra nas Estrelas"*, previa a colocação em órbita de diversos objetos espaciais, capazes de interceptar mísseis intercontinentais e satélites espiões inimigos.[578] Mais recente-

[575] G. OSNÍTSKAYA, *Derecho Cósmico* (in G. TUNKIN (coord.), **Curso de Derecho Internacional**, op. cit., 1979, vol 2, p. 95).

[576] Louis HAECK, *Aspects juridiques de certaines utilisations militaires de l'espace* (Annals of Air and Space Law, Toronto, 1997, vol. 21, n. 1, p. 363-368)

[577] Guido F. S. SOARES, **Curso de Direito Internacional Público** (São Paulo: Atlas, 2ª ed., 2004, p. 311), contrapunha a vertente militar à científica e à comercial, nas atividades espaciais: "O desenvolvimento das atividades ligadas ao espaço sideral teve dois nítidos aspectos, nem sempre dissociados um do outro: a vertente militar, relacionada aos aspectos do confronto Leste-Oeste, desenvolvidos no contexto da Guerra Fria, e que se configurou na denominada 'corrida espacial', onde os Estados contendores procuraram enfraquecer os adversários, por meio de uma competição por maiores avanços na dominação da técnica de 'conquistar o espaço sideral'; tal conquista representaria o domínio cada vez mais crescente da tecnologia dos mísseis balísticos e de engenhos espaciais, como os satélites, com fins militares (de observação e carregadores de armas), além de exigir investimentos cada vez mais crescentes em atividades ligadas ao espaço sideral; a vertente científica e de usos comerciais, representada sobretudo pelos satélites artificiais, dirigidos à observação para fins meteorológicos e de telecomunicações, com a emergência dos satélites geoestacionários e, modernamente, da questão das órbitas privilegiadas, que devem ser respeitadas".

[578] Nathan C. GOLDMAN, **American Space Law: International and Domestic** (Ames: Iowa State Univ. Press, 1998, p. 92): "Open space is only partially demilitarized in that

mente, o governo dos EUA, presidido pelo também republicano George W. BUSH (1946-), estudou a construção de escudo antimíssil espacial, sobre o território norte-americano, nas mesmas bases do anterior projeto de REAGAN. Tais programas, em princípio, não configurariam violação do artigo 4.º do Tratado do Espaço.[579]

O "Tratado do espaço" iniciou a assim chamada "era de ouro" do direito espacial, quando importantes convenções internacionais, de caráter normativo multilateral, foram concebidas e se tornaram parte do direito internacional espacial positivo.[580] Um ano depois da conclusão do anterior, abria-se para assinatura o "Acordo de salvamento de astronautas", igualmente bem recebido pela comunidade internacional.

O **Acordo sobre o salvamento de astronautas e restituição de astronautas e de objetos lançados ao espaço cósmico** muitas vezes simplesmente referido "Acordo de salvamento de astronautas" foi ratificado por 90 países e assinado por outros 24, inclusive, em janeiro de 2008, pelo Brasil.[581] Este Acordo aprofunda as previsões do Tratado do

the treaty only forbids nuclear weapons and weapons of mass destruction. Some scholars have argued that the general tenor of the treaty – the benefit of all mankind – requires the application of peaceful purposes to open space as well. The majority view, however, rejects this contention. The treaty is specific in the extent of the limitations on open space. New strategies and weapon systems (SDI, for instance) raise difficult questions about interpreting the treaty language and extent".

579 Em 13 de agosto de 2006, o governo norte-americano, em substituição a documento de 14 de setembro de 1996, aprovou novas diretrizes de sua política espacial que, embora façam clara referência aos tratados internacionais sobre a matéria, afastam de forma categórica a possibilidade dos EUA assinarem qualquer outro acordo que restrinja testes ou uso de equipamentos militares no espaço. Ponto mais polêmico do documento diz respeito ao fato de os EUA se reservarem o suposto direito de impedir o acesso ao espaço, por parte de países, os quais estes mesmos julguem capazes de colocar em risco a sua segurança nacional. Tal previsão, abusiva e ilegal, contraria o artigo 1.º do Tratado do Espaço. Conforme *site* institucional do Escritório Norte-Americano de Política Científica e Tecnológica (*Office of Science and Technology Policy*), disponível em: <http://www.ostp.gov>, acesso em 19.10.2006. V. tb. Joan JOHNSON-FREESE, **Space as a Strategic Asset** (Nova York: Columbia Univ. Press, 2007, p. 82-140).

580 Stephen GOROVE. *Sources and Principles of Space Law* (in **Space Law: Development and Scope**, ed. by Nandasiri JASENTULIYANA, Westport: Praeger Publishers, 1992, p. 46-48).

581 Aprovado pelo Decreto Legislativo 80, de 4 de dezembro de 1972; ratificado pelo Brasil em 31 de janeiro de 1973; instrumentos de adesão depositados em Londres, Washington e Moscou em 27 de fevereiro de 1973; entrada em vigor internacional em 3 de dezembro de

espaço, quanto ao seu objeto. Cria-se dever de cooperação internacionalmente regulada, em relação a tais profissionais e atividades correlatas.

De acordo com o artigo 2º, as partes contratantes devem prestar imediato socorro a astronautas estrangeiros que pousarem em seu território, independentemente de suas nacionalidades. Gastos médicos e de estadia correrão por conta da entidade lançadora, que deverá ser informada, imediatamente, a respeito do ocorrido, bem como o Secretário-Geral da ONU. A restituição ao estado de origem deverá ocorrer tão logo possível.

O dispositivo estipula obrigação de cooperação, em pleno contexto da guerra fria, por conta de preocupação compartilhada: naquele período, mais do que hoje, a reentrada de astronautas não era segura, podendo muitas vezes ocorrer a muitos quilômetros de distância do local planejado. Era do interesse geral que todos os astronautas, então exclusivamente militares, fossem rapidamente resgatados, e recebessem tratamento digno, não sendo, assim, considerados invasores ou espiões, mesmo quando encontrados em território inimigo.[582]

Como se verifica pelo título oficial do tratado, as previsões são aplicáveis não apenas a astronautas, como referido comumente, mas, também, a objetos espaciais, que aterrissarem em território, fora do estado de origem (artigo 5.º). Seguindo a lógica de que os astronautas não devem ser recebidos como inimigos, resguardando-os de interrogatórios, que poderiam revelar detalhes do programa espacial da entidade lançadora, o Acordo teve por objetivo, igualmente, manter a salvo os segredos industriais e estratégicos dos objetos espaciais.[583]

Nos anos que se seguiram, o "Acordo de salvamento de astronautas" foi observado e aplicado a contento pelos estados, inclusive não signatários, principalmente em momentos de elevado risco aos referidos profissionais, qualificados de enviados da humanidade, como se deu durante a mal fadada missão norte-americana, da nave *Apollo 13*, em 1970.[584] Com efeito, tanto astronautas norte-americanos, quanto seus

1968; entrada em vigor para o Brasil em 27 de fevereiro de 1973; promulgado pelo Decreto 71.989, de 26 de março de 1973; publicado no *DOU* de 27 de março de 1973.

582 M. Lachs, **Derecho del Espacio Ultraterrestre** (Madri: Fondo de Cultura Económica, 1977, p. 106-114).

583 M. Lachs (op. cit., 1977, p. 115-126).

584 Em 13 de abril de 1970, distante 329.000 km da Terra, a espaçonave sofreu forte explosão. A seguir, a missão lunar foi abandonada e iniciou-se complexa missão de salvamento,

colegas, cosmonautas soviéticos, passaram a ter a recomendação, em caso de impossibilidade de pousar em território nacional, de optarem pelo pouso em país inimigo, acreditando em resgate mais eficiente, com base no respeito ao "Acordo de salvamento de astronautas". As previsões deste tratado revelam caráter humanitário, relevante para o direito espacial e, para o direito internacional, como um todo.

Em 1972, a **Convenção sobre responsabilidade internacional por danos causados por objetos espaciais** foi aberta para assinatura. Assim como os documentos anteriores, foi ratificada pelo Brasil,[585] contando um total de 86 ratificações e 24 assinaturas, em janeiro de 2008. Constitui documento essencial para o direito espacial internacional, pois disciplina o princípio de responsabilidade internacional dos estados, previsto no Tratado do espaço, sob regime jurídico severo.

Esse instrumento dispõe serem internacionalmente responsáveis os estados que lancem ou procurem o lançamento de objetos espaciais, bem como aqueles a partir de cujo território, ou de cujas instalações, seja lançado um objeto espacial – trata-se do conceito de "estado lançador", nos termos do artigo 1º. Nesse regime legal adotado, mais de um estado pode ser responsável por atividades espaciais, decorrentes do mesmo lançamento.[586]

Em seus artigos 3º e 4º, esse mesmo tratado prevê duplo sistema de responsabilidade, segundo o local do dano: se ocorrido na superfície da

para a qual contribuíram direta ou indiretamente diversos estados, inclusive a URSS ofereceu ajuda aos controladores norte-americanos. Felizmente, os tripulantes James A. Lowell Jr., Fred W. Haise Jr. e John L. Swigert Jr. amerissaram em 17 de abril de 1970, no Oceano Pacífico. A respeito, Ronaldo Rogério de Freitas Mourão, **Astronáutica: do Sonho à Realidade: História da Conquista Espacial** (Rio de Janeiro: Bertrand Brasil, 1999, p. 309-312).

585 Aprovada pelo Decreto Legislativo 77, de 1.º de dezembro de 1972; ratificada pelo Brasil em 31 de janeiro de 1973; instrumentos de ratificação depositados em Londres, Washington e Moscou em 9 de março de 1973; entrada em vigor internacional em 1.º de setembro de 1972; entrada em vigor para o Brasil em 9 de março de 1973; promulgada pelo Decreto 71.981, de 22 de março de 1973; publicada no *DOU* de 23 de março de 1973.

586 Olavo de O. Bittencourt Neto, **Direito espacial contemporâneo – responsabilidade internacional** (Curitiba: Juruá, 2011); e **Responsabilidade internacional dos estados no direito espacial: Brasil como estado lançador** (São Paulo: Faculdade de Direito da Universidade de São Paulo, dissertação de mestrado em direito internacional, 2007).

terra ou no espaço aéreo, o causador deverá responder, objetivamente; por outro lado, caso o dano seja verificado no espaço sideral, somente se comprovada a culpa do estado lançador, este será considerado responsável.

A "Convenção de Responsabilidade", voltada para os interesses das vítimas a pronta e total reparação, prevê responsabilidade objetiva, para danos no solo ou a aeronaves em vôo, por ser potencialmente impossível a prova da culpa, de estados lançadores, no ocorrido.[587] Tanto rigor reflete-se na ausência de valor limite para a compensação, a qual tampouco foi limitada, ou excluída, em caso de danos nucleares. Este foi tema, objeto de constantes negociações, durante a redação do tratado.[588] O montante final de indenização deverá ser o suficiente, para ressarcir todos os danos experimentados; seu valor pode, assim, alcançar patamares inéditos em direito internacional.[589]

Atualmente, a maior parte dos danos, causados por atividades espaciais, decorre da colisão de objetos em órbita, o que dá origem apenas à responsabilidade subjetiva do estado lançador. Trata-se da problemática do lixo espacial (*débris spatiaux*),[590] detritos fora de controle dos estados lançadores, esses objetos permanecem em órbita ao redor do planeta, colocando em risco satélites operantes e, inclusive, astronautas.[591] Além

[587] Celso D. de ALBUQUERQUE MELLO, **Curso de Direito Internacional Público**, Rio de Janeiro: Renovar, 14ª ed., 2002, p. 529) comparava as teorias da culpa e do risco, e apontava ser esta "a melhor delas, porque dá maior segurança às relações internacionais. O ilícito será sempre reparado. Ela não faz referência ao elemento psicológico, difícil de ser verificado". No mesmo sentido, afirmava Irineu STRENGER, **Responsabilidade civil no direito interno e internacional**, São Paulo: LTr, 2ª ed., 2000, p. 313): "Cremos, [...], que o chamado risco objetivo é o mais consentâneo com a realidade atual, pois parece fora de dúvida que o estado deve suportar perante todos, nacionais e estrangeiros, os riscos de sua atividade".

[588] Bin CHENG, **Studies on International Space Law** (Oxford: Clarendon Press, 1998, p. 323-324).

[589] M. LACHS (op. cit. 1977, p. 171-173).

[590] Yves REBILLARD, *Débris spatiaux: vers une meilleure connaissanse et une maîtrise concertée du problème* (Revue française de droit aérien et spatial, Paris, n. 2, v. 170, avril-juin, 1989); C. M. REIJNEN, *Aspects juridiques de la pollution dans l'espace extra-atmosphérique: le problème des débris spatiaux* (Toulouse: Annales de l'Université des Sciences Sociales de Toulouse, n. 37, 1989).

[591] Jean-Paul PANCRACIO, **Droit international des espaces** (Paris: Armand Colin, 1997, p. 247): "Depuis le début de l'exploration du cosmos, vingt-trois mille objets spatiaux ont été lancés de la Terre, mais seulement seize mille ont été détruits, soit par l'effet de

das próprias máquinas inativas, contabiliza-se infinidade de peças, destroços, fragmentos e apetrechos de origem humana, vagando em órbitas variáveis.

Discutem-se, atualmente, no COPUOS, formas de mitigar o problema do lixo espacial, inclusive mediante revisão da "Convenção de Responsabilidade", o que encontra resistência das potências espaciais, preocupadas com potencial aumento de custos, para suas indústrias.[592] O tema deve ganhar importância, cada vez maior, nos próximos anos, devido ao crescimento do número de objetos em órbita, decorrente do aquecimento do mercado de lançamentos espaciais.

O tratado multilateral seguinte objetiva fornecer mecanismos para melhor aplicação da Convenção de Responsabilidade Internacional. Concluída em 1975, a **Convenção relativa ao registro de objetos lançados no espaço cósmico** contava, em janeiro de 2008, 51 ratificações e 4 assinaturas. Esta prevê que o estado lançador deve manter registro próprio, de todos os objetos espaciais lançados, bem como fornecer dados específicos ao Secretário-Geral da ONU sobre tais objetos (artigos 2.º a 4.º). Cumpre ressaltar que, apesar da íntima relação deste tratado com a Convenção de Responsabilidade Internacional, o Brasil apenas o ratificou em 6 de março de 2006.[593] À época de sua assinatura, diplomatas brasileiros entenderam que as informações, a serem fornecidas, quando do registro junto à ONU, seriam insuficientes, para identificar a natureza do objeto espacial. Só recentemente o governo brasileiro modificou seu entendimento sobre a matéria, de forma a inserir o País, no mercado mundial de lançamentos espaciais.[594]

O quinto tratado multilateral, de caráter normativo, em matéria de direito espacial, celebrado no âmbito do COPUOS, foi o **Acordo que**

frottement au moment de leur rentrée dans l'atmosphère, soit lors de leur retombée sur Terre, enfins, certains ont pu êntre ramenés sur la planète. Les sept mille autre sont désagrégés, soit progressivement, au gré des collisions avec d'autre débris, soit brutalement, à l'occasion de leur propre explosion."

592 J. MONSERRAT FILHO, **Direito e Política na Era Espacial** (op. cit., 2007, p. 98-99).

593 Aprovada pelo Decreto Legislativo 31, de 21 de fevereiro de 2006; ratificada pelo Governo Brasileiro em 6 de março de 2006; promulgada pelo Decreto 5.806, de 19 de junho de 2006; publicada no *DOU* de 20 de junho de 2006.

594 A respeito, Olavo de O. BITTENCOURT Neto, **Direito espacial contemporâneo - responsabilidade internacional** (Curitiba: Juruá, 2011), já citado.

regula as atividades dos estados na lua e em outros corpos celestes, aberto à assinatura em 1979.[595] Polêmico instrumento, o assim chamado "Tratado da Lua" contou fraca recepção por parte da comunidade internacional, principalmente por conta da exploração sistemática de corpos celestes parecer, no momento, distante de ser efetivamente realizada.[596] Atualmente, conta com apenas 13 ratificações e 4 assinaturas; o Brasil, bem como os EUA e a Rússia, não o ratificaram, tampouco demonstram interesse em fazê-lo, num futuro próximo.

Em seu artigo 3º, reitera a previsão do Tratado do Espaço de que a Lua e demais corpos celestes devem ser totalmente desmilitarizados, de modo equivalente ao regime jurídico da Antártica.[597] De fato, o tratamento, dado aos corpos celestes, é similar ao que foi dispensado ao continente sul-polar.[598] A exploração de recursos naturais[599] deve ser feita respeitando o interesse de todos os estados, por constituírem patrimônio comum da humanidade, estipulam os artigos 4º e 11 do Tratado da Lua.

O artigo 11 seria o dispositivo que suscitou a oposição mais acirrada, por parte da comunidade internacional. Neste se prevê deverem os estados estabelecer regime, adequado para exploração dos recursos naturais da lua, quando tal exploração tornar-se viável, com o objetivo de assegurar-lhe aproveitamento, ordenado e equitativo. Embora reforce o

[595] Sobre o Tratado da Lua, ver: Ram JAKHU, *Twenty Years of the Moon Treaty: Space Law Challenges for Returning to the Moon* (Revista de Direito Aeronáutico e Espacial – SBDA, Rio de Janeiro, n. 88, fev. 2005).

[596] Bin CHENG (op. cit., 1998, p. 357-380).

[597] Conforme o artigo 1º do Tratado da Antártida, de 1º de dezembro de 1959, ao qual o Brasil aderiu em 16 de maio de 1975, promulgado pelo Decreto 75.963, de 11 de julho de 1975: "*1. Antártida será utilizada somente para fins pacíficos. Serão proibidas, inter alia, quaisquer medidas de natureza militar, tais como o estabelecimento de bases e fortificações, a realização de manobras militares, assim como as experiências com quaisquer tipos de armas. 2. O presente Tratado não impedirá a utilização de pessoal ou equipamento militar para pesquisa científica ou para qualquer outro propósito pacífico*". V. tb. cap. XXIV 'domínios polares', item 24.1. Antártica.

[598] Cf. referido, v. tb. cap. XX – espaços internacionais: de *res nullius* a patrimônio comum da humanidade.

[599] Ian BROWNLIE, **Legal status of natural resources in international law: some aspects** (RCADI, 1979, t. 162, p. 245-318); G. ELIAN, **Le principe de la souveraineté sur les resources nationales et ses incidences juridiques sur le commerce international** (RCADI, 1976, t. 149, p. 1-85).

princípio de cooperação internacional, já antes estipulado pelo Tratado do Espaço, diversos estados questionam essa previsão legal, por entenderem que a exploração, realizada da forma prevista, seria por demais dispendiosa e, portanto, proibitiva.[600] Apesar das críticas[601], o Tratado da Lua encontra-se em vigor desde 1984, quando recebeu sua quinta adesão, conforme previsto pelo seu artigo 19.

22.4. Cenário atual

> A crescente militarização do espaço exterior, de um lado, e a comercialização do espaço exterior, de outro lado, em conjunto com as consequências jurídicas, técnicas e econômicas daí decorrentes ditarão a progressiva evolução do direito internacional espacial. Atualmente, uma questão potencialmente significativa, é a negociação de um registro de bens espaciais, que pode incluir objetos espaciais.
>
> S. Hobe (2012)[602]

> O espaço extra-atmosférico, de extensão tão desmedida, em relação a todos os outros espaços físicos, suscita, direta ou indiretamente, problemas jurídicos, que exigem soluções radicais e duradouras.
>
> M. Lachs (1991)[603]

O direito internacional espacial, depois de avanços notáveis, com destaque para os cinco tratados (22.3), desde a década de 1980, parece sofrer aparente retrocesso.[604] As negociações diplomáticas, no âmbito

[600] N. Mateesco Matte, **Space Activities and Emerging International Law** (Montreal: McGill Univ. Press, 1984, p. 107-108).

[601] I. H. Ph. Diederiks-Verschoor, **An Introduction to Space Law** (Dordrecht: Kluwer, 1999, p. 53-54).

[602] Stephan Hobe, *Spacecraft, Satellites, and Space Objects* (in **Encyclopedia of public international law**, 2012, vol. IX, p. 403-406, cit. § 15).

[603] Manfred Lachs, *L'espace, la lune et les autres corps célestes* (in **Droit international: bilan et perspectives**, red. gén. M. Bedjaoui, Paris: Pedone / UNESCO, 1991, vol. II, p. 1025-1040, cit. p. 1038): «L'espace extra-atmosphérique d'une étendue si démesurée par rapport à celle de tous les autres espaces physiques, soulève, directement ou indirectement, des problèmes juridiques qui exigent des solutions radicales et durables.»

[604] José Monserrat Filho, **Direito e política na era espacial** (op. cit., 2007, p. 34): "a sistemática e inegável oposição dos Estados Unidos e de algumas outras potências a que se

do COPUOS, demonstram não mais haver consenso, como outrora, que permitira a conclusão dos cinco tratados multilaterais, em apenas doze anos. Como o sub-comitê jurídico do referido órgão da ONU somente pode concluir projetos de tratados caso não seja levantada qualquer oposição por seus integrantes, o que se vê, desde então, é o recurso a declarações, de caráter indicativo, não obrigatórias, emanadas da Assembléia Geral.

No início da era do direito espacial, as Resoluções da Assembléia Geral da ONU passaram a regulamentar a matéria quanto a temas de grande importância. No entanto, os mesmos países, que vetaram a conclusão de tratados multilaterais, sobre tais temas, são aqueles que, reiteradamente, ignoram as disposições das recentes resoluções. Por conseguinte, não foram constituídos costumes internacionais, baseados no cumprimento voluntário e consciente, destes instrumentos, o que acarreta redução, considerável, de sua relevância.[605]

Após 1979, em sequência ao quase fracasso do Tratado da Lua, a comunidade internacional teve muito menos sucesso para acordar convenções internacionais. Em seu lugar, um elenco de princípios da Assembléia Geral da ONU, necessariamente de caráter não vinculante, por não possuir a Assembléia Geral função legislativa, contribuiu para estender o *corpus iuris spatialis*.[606]

Cabe enfatizar, várias dessas resoluções abordam temas de extrema relevância para o cenário geopolítico internacional. O principal instrumento, sem dúvida, diz respeito ao uso de satélites de sensoriamento remoto.

abra nova e rica fase de produção legislativa na história da regulamentação internacional das atividades espaciais. Essa tarefa, requerida pela própria realidade do mundo atual, está, de fato, bloqueada, como revelam as reuniões do sub-comitê jurídico do COPUOS desde os anos 1990. E as razões alegadas para tal conduta parecem obedecer a interesses nacionais e empresariais por demais estreitos e sem visão do interesse público internacional".

605 J. Monserrat Fo. (op. cit., 2007, p. 33); v. tb. José Montserrat Filho, **Direito internacional** (orig. publ., 1982, São Paulo: Brasiliense, 3ª. ed., 1986).

606 Stephan Hobe, *Current and Future Developments of Space Law* (Revista de Direito Aeronáutico e Espacial – SBDA, Rio de Janeiro, n. 88, fev.-2005, p. 51): "After 1979, following the near failure of the Moon Agreement, the international community was much less successful in framing new international conventions. Rather, a set of principles by the UN General Assembly, necessarily non-binding in character because the General Assembly does not possess a law-making function, contribute to the further *corpus iuris spatialis*."

A **Resolução 41/65** da Assembléia Geral da ONU, de 9 de dezembro de 1986, vincula o monitoramento da superfície terrestre aos princípios gerais de Direito espacial, previstos no Tratado do Espaço, em especial a colaboração mútua e o acesso, por todos os Estados, aos dados obtidos.[607] Em especial, o princípio XII da Resolução 41/65 afirma que "o estado sensoriado deverá ter acesso aos dados primários e processados relativos ao território sob sua jurisdição, assim que forem produzidos, em base não discriminatória e a um custo razoável". Trata-se de disposição geralmente ignorada pela grande maioria dos estados lançadores de satélites de sensoriamento remoto, sendo importante exceção o programa CBERS ("China-Brazil Earth Resources Satellites"), acordado entre Brasil e China, ainda em 1988, e que já deu origem a três satélites colocados em órbita.[608]

Quando de sua conclusão, a atividade de sensoriamento remoto ainda se encontrava restrita a alguns poucos estados e a utilização de objetos espaciais para fins científicos e civis, como meteorologia e identificação de recursos naturais,[609] movimentava interesse menor do que aquele decorrente da atividade de espionagem de territórios inimigos. Atualmente, diante da ausência de regras específicas obrigatórias, o mercado de sensoriamento remoto passou a ser dominado por empresas privadas que comercializam dados coletados sem respeitar qualquer balizamento, constantemente esforçando-se junto aos seus governos para evitar que qualquer tipo de regulamentação internacional possa prejudicar seus interesses comerciais.

[607] I. H. Ph. DIEDERIKS-VERSCHOOR. **An Introduction to Space Law** (2nd ed., 1999, p. 81-84).

[608] Cf. José MONSERRAT FILHO, *A Inclusão Espacial* (*Revista de Direito Aeronáutico e Espacial - SBDA*, Rio de Janeiro, n. 90, mar. 2007), o programa CBERS, ao difundir imagens de reconhecida qualidade a não apenas órgãos governamentais, mas também à iniciativa privada de ambos os países e a Estados vizinhos, por livre acesso, contribuiu para a assim chamada "inclusão espacial", pois tais fotos são "*sumamente úteis e eficientes no levantamento e monitoramento das riquezas naturais e na defesa ambiental dos países,* (...) [e] *servem igualmente ao planejamento terrestre e urbano, bem como a outras finalidades benéficas ao desenvolvimento nacional*".

[609] Ian BROWNLIE, **Legal status of natural resources in international law: some aspects** (RCADI, 1979, t. 162, p. 245-318); G. ELIAN, **Le principe de la souveraineté sur les resources nationales et ses incidences juridiques sur le commerce international** (RCADI, 1976, t. 149, p. 1-85).

Conclui-se que, apesar dessa importante resolução, a atividade de sensoriamento remoto permanece em estado de perigosa ausência de normas obrigatórias, o que abre margem para abusos. A cooperação internacional, preconizada pelo Tratado do Espaço, vê-se colocada em cheque, por falta de previsão de mecanismo específico, e países em desenvolvimento, sem a tecnologia necessária para enviar objetos espaciais para órbita terrestre, encontram-se privados de dados relevantes sobre seu próprio território, a não ser que concordem em desembolsar o valor cobrado por empresas, públicas ou privadas, das potências espaciais.[610]

Outras resoluções se viram superadas pelo avanço tecnológico. Aprovada em 1982, a **Resolução 37/92** da Assembléia Geral da ONU, sobre **Princípios reguladores do uso pelos estados de satélites artificiais da terra para transmissão direta internacional de televisão**, hoje se encontra praticamente esquecida. Concebida por pressão de países de economia fechada, ou que mantinham o controle da informação em seus territórios, como, então, se dava nos estados do então 'bloco soviético', e nas ditaduras militares latino-americanas, asiáticas e africanas, tinha por objetivo exigir que qualquer transmissão direta de televisão dependesse de prévia aprovação do estado receptor, de forma a respeitar sua soberania (letra A). Isso se tornou totalmente obsoleto e operacionalmente inviável.

Preocupações relevantes, como o processo de aculturação de comunidades nativas,[611] na realidade, estavam em segundo plano, no campo das motivações. O maior temor residia na recepção de propaganda política estrangeira.[612] Países, detentores de satélites de comunicação, nunca respeitaram a referida resolução, que nos dias de hoje, de fato, parece ultrapassada.

Temas importantes constituíram objeto de resoluções da década de 1990, a começar pelo uso de energia nuclear em objetos espaciais.

[610] J. Monserrat Filho, **Direito e Política na Era Espacial** (op. cit., 2007, p. 156).

[611] Ver cap. XXIX – espacialidade e direitos fundamentais: a dimensão humana do território; N. Mateesco Matte, **Aerospace Law: from Scientific Exploration to Commercial Utilization** (Toronto: Carswell, 1977, p. 135-137).

[612] J. B. Whitton, **Propaganda and international law** (RCADI, 1948, t. 72, p. 541-660).

A questão pode e deve ser considerada do ponto de vista dos usos pacíficos desta.[613]

A **Resolução 47/68** da Assembléia Geral da ONU, de 14 de dezembro de 1992, disciplina critérios mínimos de segurança para a utilização de combustível nuclear, em foguetes e satélites artificiais, de forma a evitar a contaminação da atmosfera e da superfície do planeta, bem como do espaço sideral. Dado o interesse geral desta e seu caráter eminentemente técnico, esse texto foi razoavelmente respeitado pela comunidade internacional.[614]

A maior participação, de países em desenvolvimento, na Assembléia Geral da ONU, manifestou-se na **Resolução 51/122**, de 13 de dezembro de 1996, que teve por objetivo chamar a atenção das potências espaciais para as disposições do Tratado do Espaço, referentes à obrigação de cooperação entre os Estados na exploração e no uso do espaço sideral. Até o momento, seu cumprimento está aquém do esperado.[615]

Dentre as maiores lacunas do direito espacial permanece a ausência de delimitação entre espaço aéreo, sujeito à soberania dos estados, e espaço sideral, território internacional por natureza. A matéria tem relevância, porquanto são dois regimes jurídicos essencialmente distintos, com afirmação da soberania do estado territorial, em relação ao espaço aéreo, e a exclusão desta, no espaço ultraterrestre, conforme se fixou desde o início do direito internacional espacial.

A respeito da possível delimitação entre os dois espaços, diversas propostas foram apresentadas ao sub-comitê jurídico do COPUOS.[616] Problemas jurídicos, teóricos e práticos constituem óbices a cada uma destas, e inviabilizaram a adoção de norma definitiva sobre a matéria.

É possível identificar duas correntes teóricas sobre a questão: a dos "espacialistas", que defendem a delimitação entre espaço aéreo

613 Hector Gros Espiell, *Una reflexión actual sobre el uso pacífico de la energia nuclear* (in **Dimensão internacional do direito: estudos em homenagem a G. E. do Nascimento e Silva**, org. P. B. Casella, São Paulo: LTr, 2000, p. 211-228); G. Arangio-Ruiz, **Some international legal problems of the civil uses of nuclear energy** (RCADI, 1962, t. 107, p. 497-638).

614 I. H. Ph. Diederiks-Verschoor, **An Introduction to Space Law** (2nd ed., 1999. p. 105-109).

615 J. Monserrat Filho, **Direito e Política na Era Espacial** (op. cit., 2007, p. 139-141).

616 A/AC.105/769.

e sideral e, do outro lado, a dos "funcionalistas", que afirmam ser isso desnecessário ou mesmo impossível. "Espacialistas" e "funcionalistas" confrontam-se há décadas, sem que se possa apontar um vencedor.

Relatório, preparado pelo Secretariado da Assembléia Geral da ONU, já em 2002, apresentava detalhado histórico dos debates. Neste se concluiu que "nenhum acordo em relação a questões legais substantivas relacionadas à definição ou delimitação do espaço são aparentes a partir dos relatórios do Sub-comitê Jurídico ou do Comitê das Nações Unidas para Uso Pacífico do Espaço".[617] O tema representa impasse que permanece, desde 1987, quando diversas delegações defenderam fosse este retirado da pauta permanente de discussões.

Tais diferenças de opinião demonstram a dificuldade de se alcançar solução definitiva. Dada a carência de regulação internacional, legislações nacionais devem desempenhar papel relevante, tal como ocorreu antes de haver norma internacional sobre a extensão do mar territorial.[618]

A Austrália, por lei interna, fixou, unilateralmente, que atividades espaciais ocorrem ou pretendem ocorrer acima de 100 km de altitude, de tal sorte que, por consequência, esta se torna a altitude máxima de alcance de sua soberania.[619] Contudo, os australianos fizeram questão de informar ao COPUOS que o critério em questão foi adotado, com fins práticos, de forma a esclarecer o objeto de sua legislação nacional, sobre exploração do espaço sideral, e enfatizaram que a norma não constituiria tentativa de definir ou delimitar tal território.[620]

Outro exemplo, para ilustrar os efeitos duvidosos da possibilidade de delimitação unilateral dos limites verticais da soberania pelos estados, foi a "Declaração de Bogotá", de 3 de dezembro de 1976, instrumento pelo qual países equatoriais reclamaram soberania sobre a órbita geoestacionária.[621] Assinada por diversos países em desenvolvimento, houve

617 *"No agreement on substantive legal issues relating to the definition and delimitation of outer space are aparent from the reports of the Subcommittee or of the Committee on the Peaceful Uses of Outer Space."* (A/AC.105/769. p. 7.)

618 Como examinado no cap. XI – mar territorial.

619 Space Activities Bill, n. 34 1998-99, de 25 de novembro de 1998.

620 A/AC.105/865/Add. 1.

621 Observa Emerson Faria Cabral Paubel, **Propulsão e Controle de Veículos Aeroespaciais: uma Introdução** (Florianópolis: UFSC, 2002, p. 135), que satélites em

participação do Brasil nas discussões, mas não foi por nós assinado o instrumento final. Esta "Declaração de Bogotá", afinal, constituiu mero protesto, não reconhecido pela comunidade internacional.[622]

Impossível de ser aplicada na prática, a referida declaração demonstra que, enquanto inexistirem regras claras sobre a fronteira entre o espaço aéreo e o espaço sideral, ou ultraterrestre, haverá margem para os mais variados exercícios de poder, por mais questionáveis que sejam.[623]

A vinculação à norma, posta por tratado internacional constituiria mecanismo mais seguro, para evitar conflitos desnecessários. Justifica-se a delimitação da fronteira entre os espaços, aéreo e sideral, para garantir estabilidade, no sistema internacional e pacificação das relações entre estados.

É relevante que exista território estável e fisicamente delimitado.[624] A competência legal dos estados e as regras para sua proteção dependem e pressupõem essa 'territorialização', como extensamente se examina, neste **Direito internacional dos espaços**. Sem clara definição de fronteiras, majoram-se os riscos de potenciais conflitos de jurisdição; contribui-se para o estabelecimento de controvérsias relativas à responsabilidade internacional dos estados, no tocante à definição do sistema aplicável ao caso concreto, de responsabilidade objetiva ou subjetiva.

órbita geoestacionária são síncronos, pois, ao serem colocados em posição oeste-leste sobre o Equador terrestre, possuem mesma velocidade angular do planeta, de tal sorte que, para um observador na superfície, pareceria permanecer "parado" sobre um ponto do céu. Por isso, a órbita geoestacionária, também conhecida como geossincrônica, é de fundamental importância para as telecomunicações.

622 Accioly – Nascimento e Silva – Casella, **Manual** (2021, 25ª ed., 6.8.2 – espaço ultraterrestre, p. 643-650, cit. p. 648); Armand D. Roth. **La prohibition de l'appropriation et les régimes d'accès aux espaces extra-terrestres** (Paris: PUF, 1992, p. 204-205).

623 Olavo de Oliveira Bittencourt Neto, **Defining the limits of outer space for regulatory purposes** (New York: Springer, 2015); b/c, **Limite vertical à soberania dos estados** – Fronteira entre espaço aéreo e ultraterrestre (tese de doutorado em direito internacional, orientador P. B. Casella, São Paulo: Faculdade de Direito da USP, 2012).

624 Ian Brownlie, **International law at the fiftieth anniversary of the United Nations: general course on public international law** (RCADI, 1995, t. 255, p. 9-228); I. Brownlie, **Principles of Public International Law** (Oxford: University Press, 6th ed., 2003, cit. p. 105). Como examina o já citado Olavo de Oliveira Bittencourt Neto, **Defining the limits of outer space for regulatory purposes** (New York: Springer, 2015).

Exemplo de cooperação internacional bem sucedida, desde seu lançamento, em 1998, a Estação Espacial Internacional - EEI, depois de mais de três décadas de funcionamento, deverá ser desativada em 2030. Quando lançada, esperava-se que a EEI operasse durante cerca de quinze anos, mas "há grande confiança de que a vida útil" possa ser prolongada, até o final da década: até aqui o prazo foi sucessivamente renovado, por meio de reparos e de investimentos. A idéia é que exista pelo menos uma estação de investigação espacial privada ativa e operando até que a EEI seja totalmente desativada.[625]

A estação, que mede 109,7 m de comprimento por 48,9 m de largura, deve entrar em combustão, quando atingir a atmosfera da terra e seus restos devem ser direcionados para cair no chamado "*Point Nemo*". Este é descrito pela Agência Espacial dos Estados Unidos, a NASA, como um "pólo oceânico de inacessibilidade" ou "área desabitada do Pacífico sul", conhecida por sua total falta de atividade humana e ser praticamente o lugar mais distante de qualquer civilização da Terra.[626]

As duas tendências apontadas - de crescente militarização e de comercialização do espaço exterior, em razão das consequências jurídicas, técnicas e econômicas daí decorrentes - inexoravelmente ditarão a progressiva evolução do direito internacional espacial.[627]

[625] Ciência: *NASA diz que Estação Espacial Internacional será desativada em 2030* (OESP, 5 de fevereiro de 2022, p. A26): "Estamos ansiosos para aumentar os retornos da estação espacial a partir de 2030, enquanto planejamos a transição para as destinações espaciais comerciais que seguirão" afirmou Robyn Gatens, diretor da EEI na sede da NASA. / Assim a transição não causaria nenhum prejuízo às pesquisas já em curso."

[626] Ciência: *NASA diz que Estação Espacial Internacional será desativada em 2030* (OESP, 5 de fevereiro de 2022, p. A26): "Segundo um relatório divulgado pela Agência na última segunda-feira, os principais objetivos da EEI pelos próximos nove anos serão: permitir a exploração do espaço profundo, conduzir pesquisas para beneficiar a humanidade, inspirar a nossa espécie, liderar e incentivar a cooperação internacional e ajudar a indústria de vôos espaciais privados dos EUA a ganhar mais impulso."

[627] A respeito do registro de bens espaciais, que pode incluir objetos espaciais, observa S. Hobe, *Spacecraft, Satellites, and Space Objects* (in **Encyclopedia of public international law**, 2012, vol. IX, p. 403-406, já cit. § 15): "The object of this registry is to keep track of space assets with a commercial value. Other issues pertaining to commercialization include the issue of private property rights and ownership over space objects, legal standards pertaining to safety in the use and deployment of space objects, and the dual-use aspects of space objects."

O "espaço sideral é a nova fronteira do mundo da tecnologia" apontam jornalistas, após as viagens quase espaciais de Jeff Bezos (Blue Origin), Richard Branson (Virgin Galactic) e Elon Musk (Space X) em primeiro vôo com civis, começa a florescer um conjunto de companhias focadas em tecnologia espacial.[628]

A crescente exploração e utilização do espaço ultraterrestre, principalmente por operadores privados, requer racional utilização deste, de forma a resguardar os interesses da comunidade internacional como um todo – ainda que atuando por meio dos estados – para preservar o sentido e o alcance do espaço exterior como patrimônio comum da humanidade.

Além do sentido formal da universalidade, como sistema vinculante para todos os estados, o termo universalidade alcançou sentido substancial, na medida em que abrange conjunto de direitos e de obrigações internacionalmente estipuladas, e reflete a convição de que existe ou deve existir um sistema compartilhado de valores fundamentais, que regem não somente a atuação internacional dos estados, como também toda a humanidade.[629] Por conta disso, o direito do espaço ultraterrestre ou sideral merece cada vez maior atenção internacionalmente, justificando o estudo aprofundado de seus cinco importantes tratados – não só para conhecer suas disposições, mas também para sugerir novas disposições, para adequar as normas às novas tendências.

Para completar a linha de exame dos espaços internacionais se passa a considerar: os fundos oceânicos (cap. 23) e os domínios polares (cap. 24).

[628] De Las Vegas, na *Consumer Electronics Show*, Guilherme Herrera, *Espaço sideral vira nova fronteira econômica após vôos de bilionários* – Na principal feira de tecnologia do mundo, setor das 'spacetechs', que abriga startups e companhias tradicionais, mostra empolgação depois do sucesso de Blue Origin e Space X (OESP, 9 de janeiro de 2022, p. B8).

[629] André Nollkaemper, *Universality* (in **Encyclopedia of public international law**, 2012, vol. X, p. 580-586, A – Concept, cit. § 5): "Next to the formal concept of universality as a system binding on all states, the term universality has acquired a more substantial meaning. It then refers to a set of substantial international rights or obligations that are binding on all states. In this meaning, universality primarily is a pre-positive concept with aspirational value. It reflects the conviction that there is or should be a common value system that governs all states and indeed all humankind."

CAPÍTULO 23
FUNDOS OCEÂNICOS

A Área e seus recursos são patrimônio comum da humanidade.

As atividades na Área devem ser realizadas, nos termos do previsto expressamente na presente Parte, em benefício da humanidade em geral [...]

Convenção das Nações Unidas sobre o direito do mar, 1982, arts. 136 e 140.1

O exercício, pelo estado costeiro, de direitos soberanos sobre a plataforma continental não prejudica a natureza das águas sobrejacentes como alto mar. [...] O fato de os fundos oceânicos, além dos limites das jurisdições nacionais, terem sido proclamados patrimônio comum da humanidade e estes, conforme a Convenção das Nações Unidas sobre o direito do mar, estarem sob o regime da 'Área internacional dos fundos marinhos', tampouco tem influência sobre o status das águas sobrejacentes como alto mar.

T. Treves (2012)[630]

A Convenção instituiu um regime jurídico para a exploração dos recursos da zona dos fundos oceânicos, que se encontra além dos limites da jurisdição nacional dos estados costeiros ('a Zona'). Ela criou, em particular, uma Autoridade internacional dos fundos oceânicos, instância

[630] Tullio Treves, *High Seas* (in **Encyclopedia of Public International Law**, 2012, vol. IV, p. 795-804, cit. § 8).

encarregada de dar efeito ao princípio segundo o qual a Zona e seus recursos constituem patrimônio comum da humanidade.

Satya N. Nandan (1991)[631]

Em 1967, o Representante de Malta, Arvid Pardo,[632] pronunciou perante a Assembléia Geral das Nações Unidas um discurso histórico em que abordou os últimos e importantes avanços verificados em relação à exploração dos mares, principalmente dos fundos dos oceanos, donde, ao que tudo indicava, seria possível extrair quantidades fantásticas de minérios, sobretudo nódulos de manganês, cobre, níquel e ferro, além do potencial do subsolo dos fundos marinhos em matéria de petróleo e de gás natural. Criou-se, à época, enorme expectativa, em relação aos assim denominados "nódulos polimetálicos". Referidos "recursos" – abrangendo "minerais sólidos, líquidos ou gasosos *in situ* na Área, no leito do mar ou no seu subsolo", depois de extraídos da Área – ou seja, os fundos oceânicos –, nos termos do art. 133 da Convenção das Nações Unidas para o direito do mar, seriam denominados "minerais".

Para os países em desenvolvimento, a possibilidade de participar na exploração e explotação desses recursos representaria importante elemento no combate à miséria e, em consequência, e aproveitando o seu poder de voto na Assembléia Geral, votaram Declaração de Princípios pela qual o leito marinho além dos limites da jurisdição nacional,[633] foi declarado 'patrimônio comum da humanidade'.[634] Nos termos da

[631] Satya N. Nandan, *Le nouveau régime juridique de la mer* (in **Droit international: bilan et perspectives**, red. gén. M. Bedjaoui, Paris: Pedone / UNESCO, 1991, vol. II, p. 895--905, cit. p. 902): «La Convention a institué un régime juridique pour l'exploration et l'exploitation des ressources de la zone des fonds marins qui se trouve au-delà des limites de la juridiction nationale des états côtiers ('la Zone'). Elle a créé, en particulier, une Autorité internationale des fonds marins instance chargée de donner effet au principe selon lequel la Zone et ses ressources sont le patrimoine commun de l'humanité.»

[632] Arvid Pardo, **The common heritage: selected papers on oceans and world order 1967-1974** (Malta: Malta Univ. Press, 1975).

[633] F. H. Paolillo, **The institutional arrangements for the international sea-bed and their impact on the evolution of international organizations** (RCADI, 1984, t. 188, p. 135-337).

[634] Como examinado no cap. XX – espaços internacionais: de *res nullius* a patrimônio comum da humanidade.

Declaração, a Área não poderia ser objeto de apropriação ou de reivindicações de soberania, os seus recursos seriam explorados e explotados através de um regime internacional, e seria firmado "um tratado internacional de caráter universal, aceito em termos gerais".

Na mesma ocasião, a Assembléia Geral decidiu convocar para 1973 uma conferência sobre o direito do mar, e desde o início verificou-se que a questão da exploração dos fundos marinhos e do respectivo subsolo seria a questão central. O tema mantém sua relevância.[635]

Em outras palavras, caberia à nova conferência reapreciar as regras adotadas em Genebra em 1958.[636] Diversamente da solução anterior, quando a Comissão de Direito Internacional foi encarregada de sub-

635 Da bibliografia, disponível sobre a matéria, lembraria alguns títulos: A. M. Past, **Deepsea mining and the law of the sea** (Leiden, 1983); A.-C. Kiss, **La notion de patrimoine commun de l'humanité** (RCADI, 1982, t. 175, p. 99-256); Calixto Armas Barea, *Patrimonio común de la humanidad: naturaleza jurídica, contenido normativo y prospectiva* (Anuário do IHLADI, 1992); Cecil Hurst, *Whose is the bed of the sea?* (BYB, 1983, p. 34); Christian Caubet, **Fundamentos político-econômicos da apropriação dos fundos marinhos** (1979); M. Diez de Velasco, **Instituciones de derecho internacional público** (Madri: Tecnos, 16a. ed., 2007, cap. XXII 'los espacios de interés internacional (I): el alta mar, la zona internacional de los fondos marinos y los espacios polares', p. 538-564); R.-J. Dupuy, **La clôture du système international: la cité terrestre** (Paris: PUF, 1989); R.-J. Dupuy e D. Vignes, **Traité du nouveau droit de la mer** (Paris / Bruxelas: Economica / Bruylant, 1985, p. 1445); Ramiro Saraiva Guerreiro, *O aproveitamento dos recursos do mar além das jurisdições nacionais* (Boletim S.B.D.I., 1969, p. 5); S. P. Jagota, *Les fonds marins au-dela des limites des juridictions nationales* (in **Droit international: bilan et perspectives**, red. gén. M. Bedjaoui, Paris : Pedone / UNESCO, 1991, vol. II, p. 977-1011); A. Meira Mattos, **O novo direito do mar** (Rio de Janeiro: Renovar, 2ª ed., 2008); Satya N. Nandan, *Le nouveau régime juridique de la mer* (in **Droit international: bilan et perspectives**, red. gén. M. Bedjaoui, Paris : Pedone / UNESCO, 1991, vol. II, p. 895-905); Daniel P. O'Connell, **The international law of the sea** (Oxford: Clarendon Press, 1984, 2 vols.); Felippe Paolillo, *Naturaleza del principio del patrimonio comun de la humanidad* (Anuário do IHLADI, 1984, p. 353); José Antonio Pastor Ridruejo, **La explotación de los fondos marinos mas alla de la jurisdicción nacional** (Valladolid: Cuadernos de la cátedra J. B. Scott – Univ. de Valladolid, 1975); M. Voelkel, *L'utilisation du fond de la mer* (AFDI, 1968, p. 719); C.D.A. Mello, **Curso de direito internacional público** (Rio de Janeiro: Renovar, 15ª ed., 2004, vol. II, livro VI 'o território e o direito internacional público', p. 1111-1365); R. Wolfrum, **Law of the sea** (Berlim: Duncker & Humblot, 1991).

636 A. Mattine-Daftary, **Cours abrégé sur la contribution des conférences de Génève au développement progressif du droit international de la mer** (RCADI, 1961, t. 102, p. 635-674).

meter projetos que foram apreciados por uma conferência, os países em desenvolvimento conseguiram que a Assembléia Geral chamasse a si a formulação de uma Convenção em que considerações políticas prevaleceriam sobre as jurídicas.

Embora a Declaração tenha sido acolhida sem nenhum voto contrário, seus termos passaram a ser interpretados de maneiras distintas. O então ainda existente bloco dos países socialistas, por exemplo, salientou que os princípios eram vagos e imprecisos, e a URSS sugeriu que o princípio do 'patrimônio comum da humanidade' deveria ser incluído no preâmbulo da futura convenção, sem nenhuma referência aos "recursos". Não cabe aqui mencionar todas as fórmulas sugeridas; basta salientar que, para os países industrializados, o princípio *first come, first served* deveria continuar a reger a matéria, ou seja, em última análise os benefícios acabariam revertendo a estes. De tal modo, o estado ou a entidade pública ou privada à qual a concessão fosse concedida gozaria de direitos exclusivos na exploração ou na explotação da área; a entidade internacional a ser criada não teria o direito de discriminadamente escolher o operador, tampouco de negociar os termos da concessão; o beneficiário não seria obrigado a transferir a tecnologia desenvolvida na exploração dos recursos. Como concessão ao conceito de patrimônio comum da humanidade, os países industrializados concordavam em que os beneficiários deveriam pagar uma taxa à entidade internacional.

O enfoque dos países em desenvolvimento era exatamente contrário; caberia à entidade internacional indicar o beneficiário, que poderia ser um grupo internacional; as condições da concessão seriam fixadas pela entidade internacional; não haveria monopólio tecnológico; os lucros auferidos com a exploração seriam distribuídos.

Ao final do governo Jimmy Carter, os Estados Unidos concordaram com uma solução de compromisso, mas o governo seguinte declarou que não aceitaria o citado texto e que estaria disposto a reabrir as negociações. Estas, contudo, não tiveram sucesso, e quando da assinatura da Convenção, em 10 de dezembro de 1982, os Estados Unidos e alguns países industrializados se recusaram a assiná-la.

A Convenção regulamenta minuciosamente as questões relativas à *Área* e *Autoridade* na Parte XI, ou seja, através dos artigos 133 a 183. Para efeito da Convenção, a *Área* "significa o leito do mar, os fundos marinhos e o seu subsolo além dos limites da jurisdição nacional". *Autoridade* significa "a Autoridade Internacional dos Fundos Marinhos" e *Atividades na Área* significa todas as atividades de exploração e aproveitamento dos recursos da Área, bem como no leito do mar ou no seu subsolo, incluindo os nódulos polimetálicos (conforme art. 1º, inciso primeiro, nº 1, 2 e 3, c/c com artigo 133 da Convenção do mar).

Nenhuma dessas disposições afeta o estabelecimento de limites exteriores da plataforma continental, conforme regulada na Parte VI da Convenção, nem a validade dos acordos relativos à delimitação entre estados com costas adjacentes ou situadas frente a frente, nos termos do art. 134.4, bem como 135 da Convenção. Ressalva-se, ademais, nem a Parte XI nem quaisquer direitos concedidos ou exercidos nos termos da mesma afetam o regime jurídico das águas sobrejacentes à Área ou do espaço aéreo acima dessas águas.

Enquanto patrimônio comum da humanidade, as atividades na Área e em relação aos seus recursos devem ser regidas em benefício da humanidade em geral, conforme os arts. 136 e 140, zelando pela proteção do meio marinho (art. 145), pela proteção da vida humana (art. 146), pela harmonização das atividades na Área e no meio marinho (art. 146), com participação dos estados em desenvolvimento nas atividades na Área (art. 148). A seção 3 da Parte XI, artigos 150 a 155 especifica as 'políticas gerais relativas às atividades na Área". Nos termos do art. 138 da Convenção do mar, o "comportamento geral dos estados em relação à Área" deve conformar-se com as disposições da Parte XI, com os princípios enunciados na Carta das Nações Unidas e com outras normas de direito internacional, "no interesse da manutenção da paz e da segurança e da promoção da cooperação internacional e da compreensão mútua" – diretrizes certamente razoáveis e meritórias, mas cuja redação parece bastante vaga...

Com o objetivo de contornar a crise criada com a não-aceitação pela grande maioria dos países industrializados da Convenção, ou, mais precisamente, da sua Parte XI, o Secretário-Geral das Nações Unidas, Javier PEREZ DE CUELLAR, iniciou novas negociações buscando solução que mantivesse intocada a própria Convenção, mas que pudesse atender as dificuldades dos países industrializados no tocante à referida Parte XI. À medida que o número de ratificações necessárias à entrada em vigor era obtido, a necessidade de solução de compromisso se acentuava.

Após quatro anos de negociações, a solução emergiu, possibilitando modificações à citada Parte XI da Convenção, que, contudo, não deveriam ser caracterizadas como emendas, o que seria inaceitável para os países, como o Brasil, que haviam ratificado a Convenção, mas que pudessem atrair os países industrializados. A solução foi finalmente aceita em resolução da Assembléia Geral, firmada em junho de 1994, segundo a qual o Acordo e a Convenção passam a constituir um documento único, e o estado que se vincular a um estará, automaticamente, vinculado ao outro.

A Parte XI bem como o respectivo "Acordo relativo à implementação da Parte XI da Convenção das Nações Unidas sobre o direito do mar, de 10 de dezembro de 1982, concuído em Nova York, em 29 de julho de 1994",[637] por meio do qual se reconhece "a importante contribuição da Convenção, para a manutenção da paz, a justiça e o progresso para todos os povos do mundo", reafirma que "o leito do mar, os fundos marinhos e o seu subsolo além dos limites da jurisdição nacional (a Área), bem como os recursos da Área são patrimônio comum da humanidade", conscientes "da importância da Convenção para a proteção e a preservação do meio ambiente marinho e da crescente preocupação com o meio ambiente global", notando "as mudanças políticas e econômicas, incluindo práticas orientadas para o mercado, que afetam a implementação da Parte XI", desejando "facilitar a participação universal na Convenção", por considerarem que "um acordo relativo à implementação da Parte XI seria o melhor meio para alcançar esse objetivo", comprometeram a implementar a Parte XI em conformidade com esse Acordo de 1994.

No plano substantivo, as soluções acolhidas têm o mérito de preservar o essencial da estrutura institucional destinada à exploração dos fundos marinhos e o conceito de patrimônio comum da humanidade bem como os dispositivos relativos à transferência de tecnologia. A cristalização desse conceito de patrimônio de todos os povos do mundo, enquanto patrimônio comum da humanidade,[638] passa a

[637] No Brasil, o Acordo relativo à implementação da Parte XI da Convenção das Nações Unidas sobre o direito do mar foi aprovado pelo Dec. nº 6.440, de 23 de abril de 2008.

[638] J. A. Carrillo Salcedo, *Le concept de patrimoine commun de l'humanité* (in **Ouvertures en droit international: hommage à René-Jean Dupuy**, Paris: Pedone, 1998, p. 55-66,

integrar o direito internacional positivo, a partir da entrada em vigor da Convenção das Nações Unidas sobre o direito do mar, em 1994, como avanço institucional relevante.[639]

O desejo, não atendido, dos Estados Unidos de disporem do direito de veto às decisões da Autoridade foi uma das razões da recusa daquele país em assinar a Convenção em 1982, idealizou-se um sistema de veto às decisões da Autoridade através das câmaras do Conselho. O objetivo dos países industrializados era atribuir apenas às suas câmaras a faculdade de veto, mas a solução finalmente acolhida em julho de 1994 reconheceu o direito de veto igualmente às câmaras ligadas aos países em desenvolvimento. Cumpre assinalar que a solução é puramente política, visto que do ponto de vista jurídico é forçoso reconhecer que o Acordo consubstanciado na resolução da Assembléia Geral constitui a rigor uma emenda, e como tal sujeita às regras de direito internacional a respeito.[640]

cit. p. 56) menciona referências à 'humanidade' em diferentes campos do direito internacional: «Le concept d'humanité figure dans certains instruments juridiques concernant plusieurs domaines, tels que: (i) la protection de la personne en temps de guerre, et voici la signification des principes d'humanité dans la clause MARTENS, énoncée pour la première fois dans la Convention II de La Haye de 1899 concernant les lois et coutumes de la guerre sur terre; (ii) la réglementation juridique des espaces internationalisés – notamment l'Antarctique, les corps célestes, l'espace extra-atmosphérique, les fonds des mers – qui font l'objet de conventions internationales qui procèdent à l'internationalisation et à la démilitarisation de ces territoires; (iii) le régime juridique des biens culturels voire immatériels, comme la diversité des cultures suivant certains instruments juridiques de l'UNESCO. La Convention sur la protection du patrimoine mondial, culturel et naturel, adoptée sous l'égide de l'UNESCO en 1972, par exemple, utilise les expressions 'patrimoine de tous les peuples du monde' et 'patrimoine commun de l'humanité'». V. tb. J. A. CARRILLO SALCEDO, **El derecho internacional en perspectiva histórica** (Madri: Tecnos, 1991).

639 Como se examina no cap. XX – espaços internacionais: de *res nullius* a patrimônio comum da humanidade. J. A. CARRILLO SALCEDO, *Le concept de patrimoine commun de l'humanité* (cap. cit., 1998, p. 55-66) ainda considerava que este pudesse ser inquinado de pouco claro, quanto ao seu conteúdo e à exata extensão de sua aplicação.

640 Para a entrada em vigor do Acordo também se fazia necessária a ratificação de 40 Estados, dos quais cinco necessariamente países industrializados. Para os países que assinaram o Acordo ou ratificarem a Convenção a partir de julho de 1994, os dois textos entrarão em vigor provisoriamente, enquanto o poder legislativo dos países não se manifestar a respeito. Como mencionado, no Brasil, o Acordo relativo à implementação da Parte XI da

As disposições do Acordo e da Parte XI devem ser interpretadas e aplicadas conjuntamente, como um único instrumento mas, "em caso de qualquer inconsistência entre este Acordo e a Parte XI, as disposições deste Acordo prevalecerão", conforme estipula o art. 2º do Acordo. As disposições da Convenção, nos seus artigos 309 a 319, aplicam-se igualmente ao Acordo, no tocante a: reservas e exceções, declarações, relação com outras convenções e acordos internacionais, emendas e denúncia, dentre outras questões procedimentais especificadas naqueles dispositivos.

Convém salientar que, além do fato de que segundo estudos técnicos e científicos, a exploração de recursos minerais dos fundos marinhos somente passaria a ser viável comercialmente depois de avanços tecnológicos todavia não disponíveis, ampliou-se a conscientização no sentido de que referidas atividades de mineração no fundo do mar podem ter impactos catastróficos sobre o meio ambiente marinho e todas as formas de vida no mar, contrariando largamente as expectativas suscitadas pelo discurso de Arvid Pardo.[641]

Especificamente em relação a objetos arqueológicos e históricos, o art. 149 da Convenção do mar estipula que devam estes ser "conservados ou deles se dispor em benefício da humanidade em geral" mas, dado ser esta uma formulação um tanto vaga, aduz o dispositivo critérios para tal conservação: "tendo particularmente em conta os direitos preferenciais do estado ou país de origem, do estado de origem cultural, ou do estado de origem histórica e arqueológica".

Agora se passa a considerar os domínios polares (cap. 24). Para completar esta breve visão do conjunto dos espaços internacionais.

Convenção das Nações Unidas sobre o direito do mar foi aprovado pelo Dec. nº 6.440, de 23 de abril de 2008.

[641] Arvid Pardo, **The common heritage: selected papers on oceans and world order 1967-1974** (Malta: Malta Univ. Press, 1975).

CAPÍTULO 24
DOMÍNIOS POLARES

A atual regulação jurídica internacional do Ártico e da Antártica foi organizada durante a segunda metade do século XX, para estabelecer poder público internacional sobre as duas regiões, o Conselho do Ártico e o Sistema do Tratado da Antártica, que se caracterizam pela dominação euro-americana. Contudo, no início do século XXI, a ascensão de países emergentes sugere uma progressiva redefinição do equilíbrio estrutural do poder internacional, em favor de estados tradicionalmente não percebidos como europeus e ocidentais.

P. B. CASELLA, M. LAGUTINA e A. R. CAPELLA GIANNATTASIO (2020)[642]

Diversamente da Antártica, um continente circundado por oceanos, o Ártico é um oceano circundado por continentes.

M. BYERS (2012)[643]

[642] P. B. CASELLA, M. LAGUTINA, A. R. CAPELLA Giannattasio, *BRICS in polar regions: Brazil's interests and prospects* (Vestnik of Saint Petersburg University International Relations, 2020, vol. 13, issue 3, p. 326-340, UDC 339.9 https://doi.org/10.21638/spbu06.2020.303, cit. p. 326).

[643] Michael BYERS, *Arctic Region* (in **Encyclopedia of public international law**, 2012, vol. I, p. 567-575, cit. § 2).

Quais são as nossas restrições geográficas, em outras palavras, o que se quer dizer com regiões polares ?

M. W. Mouton (1962)[644]

Os espaços polares são as áreas de latitudes mais elevadas do planeta,[645] nos seus extremos norte (Ártico) e sul (Antártica, ou anti-ártico, o extremo oposto a este). As regiões polares seriam as únicas fronteiras *naturais* do globo, sobretudo no caso do continente austral – o pólo sul, porquanto o pólo norte é circundado por vasta extensão marítima sem terra firme – e pode ser determinado de várias maneiras,[646] além dos territórios dos cinco estados costeiros do oceano Ártico: Canadá, Dinamarca por conta da Groenlândia, Estados Unidos, Noruega e Rússia, ainda a Finândia e a Suécia tem territórios situados ao norte do círculo ártico, bem como parte da plataforma continental da Islândia.

Com exceção, assim, do pólo sul, todos os continentes estariam fracionados entre diferentes estados, que se distinguem nos mapas geográficos, por meio de cores distintas. Linhas de fronteira, claramente determinadas, separam, nesses casos, os diversos territórios".[647]

644 M. W. Mouton, **The international regime of the polar regions** (RCADI, 1962, t. 107, p. 169-286, cit. p. 175-176): "what are our geographical restrictions, in other words what is meant by polar regions?"

645 *"Latitude 90º"* foi exposição no SESC Pompéia, de São Paulo, de 5 de junho a 3 de agosto de 2008. Nesta constavam painéis, respectivamente com informações sobre a Região Ártica e a Região Antártica, e menções aos atos internacionais aplicáveis a cada uma delas, assinado Paulo B. Casella.

646 M. Byers, *Arctic Region* (in **Encyclopedia of public international law**, 2012, vol. I, p. 567-575, cit. § 1): "The Arctic region is variously defined as the area to the north of the tree-line, north of the 10º isotherm in July, or north of the Arctic circle (66.5º latitude)."

647 Walter Schoenborn, **La nature juridique du territoire** (RCADI, 1929, t. 30, p. 81-189, esp. chap. III 'développement des idées à l'égard des frontières du territoire', p. 126-161, cit. p. 131 e 161) indaga qual impacto poderia ter a extensão de mar congelado, além do limite das águas territoriais de determinado estado e conclui no sentido de que a ocorrência de geleira, mesmo se duradoura, não deveria mudar a qualificação legal da área de mar, coberta de gelo, mas poderia justificar a mutação de qualificação, caso se fizesse permanente: «À mon avis, la frontière du territoire ne subit pas de déplacement par le seul fait qu'une couche glaciale solide couvre la mer jusqu'au delà de la frontière côtière. Au-delà de sa zone côtière, l'état côtier n'a pas plus de compétences matérielle que tout autre état, puisque selon notre terminologie, il s'y trouve dans la sphère de compétence

A delimitação[648] como o regime de utlização de ambas as regiões são questões intrinsecamente de direito internacional, pela matéria objeto da regulação ser essencialmente internacional e ter sido internacionalizada. O dado seguinte, a ser enfatizado é a diversidade intrínseca em cada uma das 'regiões polares', dado que o Ártico é extensão de mar, coberto de gelo, ao qual deve, em princípio, aplicar-se o regime estipulado pela **Convenção das Nações Unidas sobre o direito do mar**, de 1982, enquanto a Antártica é regida por sistema institucional e normativo próprio, o **Tratado da Antártica**, de 1959, e demais instrumentos multilaterais, que compõem o 'Sistema do Tratado da Antártica'.

Podem ser apontadas linhas gerais comuns, bem como questões e problemas específicos, em relação ao Pólo Norte e ao Pólo Sul.[649]

locale commune de tous les états. Il en serait autrement si, par exemple par suite d'un changement du climat, il fallait considérer les parties océaniques en question comme gélées en permanence, phénomène que je soumettrais aux règles de l'accession naturelle en matière de territoire.»

[648] C. Rousseau, **Droit international public** (Paris: Sirey, 1977, p. 203-205) distingue as teorias dos «círculos polares», dos «limites das geleiras» e dos «índices botânicos». Por sua vez, M. W. Mouton, **The international regime of the polar regions** (RCADI, 1962, t. 107, p. 169-286, cit. p. 176-177): "For our purposes, the easiest solution would be to choose the Polar circle, the parallel of 66.[12] degrees latitude, easily discernible on the map." Mas essa configuração, que pode ser aceita em relação ao Pólo norte, suscita inadequações, no caso do Pólo sul, em relação ao qual entende preferível usar a "Convergência Antártica": "the so-called Antartic Convergence generally regarded as the most acceptable boundary of South Polar conditions. It is the line where the cold Antarctic waters sink beneath the warmer water which moves to the south. The result is that over a very short distance at the surface of the oceans a sharp change of the temperature of the seawater takes place. The temperature gradient on this line is sharp. The line is not a perfect circle, like the Polar one, it varies in position between 47 and 63 degrees South latitude, but it characterizes Polar conditions and is marked on most of the charts."

[649] R. Dollot, **Le droit international des espaces polaires** (RCADI, 1949, t. 75, p. 115--200); M. W. Mouton, **The international regime of the polar regions** (RCADI, 1962, t. 107, p. 169-286); A. Meira Mattos, **Direito internacional público** (Rio de Janeiro: Renovar, ed. 2002, cap. 10, 'direito internacional das regiões polares', p. 203-208, cit. p. 205): "O interesse pelo estudo dos pólos advém de inúmeros aspectos econômicos (navegação, pesca da baleia, recursos minerais), estratégicos (bases militares) e políticos (exercício do poder). / Sibert temendo a hegemonia dos estados fortes na área, chegou a sugerir a sua internacionalização, i.e., ficaria ela subordinada à ONU ou a outra organização similar, evitando-se, assim, o exercício de soberania dos estados. / O pólo norte (Região Ártica) e o pólo sul (Região Antártica) apresentam diferentes caracteres geográficos, de

É importante ter em mente que se trata de duas situações distintas, visto que, na região ártica,[650] trata-se de oceano coberto por gelo, circundado por vários continentes e, na Antártica existe continente coberto por gelo, para a qual se criou arcabouço jurídico internacional,[651] que o transformou em patrimônio comum da humanidade, com exclusão de soberania, de militarização e de nuclearização da área.[652]

que emanaram os princípios jurídicos, contidos na Teoria dos setores, para o pólo norte, e no Tratado da Antártica, para o pólo sul."

[650] A. Meira Mattos (op. cit., 2002, cit., item I, 'região ártica', p. 205-206): "Em virtude da proximidade geográfica, a região interessa diretamente à Rússia, aos EUA, Canadá, Noruega, Finlândia e Dinamarca. / Não existe qualquer norma jurídica sobre a área. Há, apenas, uma teoria – a Teoria dos setores – que pretendeu repartir a região ártica. Esta idéia surgiu em 1906, no Clube naval de Nova Iorque e foi desenvolvida no ano seguinte pelo Sem. canadense Poirier e pelo russo Lakhtine, em 1918. / Em princípio, a Teoria dos setores reconhece aos estados com litoral sobre o oceano Ártico, direitos sobre um triângulo imaginário, cuja base seria o limite exterior dos territórios (costa ou paralelo) dos estados situados próximo ao pólo norte, cujos limites laterais seriam os próprios meridianos terrestres (orientais e ocidentais) e cujo vértice estaria no pólo. / Esse traçado triangular imaginário beneficiaria, em consequência, os países geograficamente próximos ao pólo norte, e daí adviria o exercício pleno e exclusivo de soberania, por parte desses mesmos países. Essa teoria foi adotada pelo Canadá e pela ex-URSS, porém não o foi pelos EUA e pela Noruega. / A idéia originária de Poirier apenas mencionava ilhas e terras árticas e o russo Lakhtine também se referiu a controle estatal sobre a pesca em alto mar, o que contraria os princípios do direito internacional sobre a matéria. / Não existe, porém, norma jurídica sobre a região ártica. Apenas a citada Teoria dos setores. Teoria, entretanto, não é norma ou regra jurídica, mas uma simples sistematização de princípios, sem força coercitiva e sem sanções."

[651] V. **Tratado da Antártida**, concluído em Washington, 01.12.1959; entrada em vigência, 23.06.1961; adesão do Brasil a 26.5.1975; aprovado pelo decreto-legislativo 56, de 29.06.1975 e promulgado pelo dec. 75.963, de 11.07.1975; **Convenção sobre a conservação dos recursos vivos marinhos antárticos**, assinada em Camberra, a 20.05.1980; entrada em vigor a 07.04.1982; dec-legislativo 33, de 05.12.1985; entrada em vigor para o Brasil a 28.01.1986; promulgação pelo Dec. 93.935, de 15.01.1987 (DO de 16.01.1987); **Tratado relativo a recursos minerais, com vistas à avaliação do impacto da exploração econômica no meio ambiente e à solução pacífica de controvérsias**, de 1988; e o **Protocolo proibindo a exploração de minérios na Antártica**, de 1990.

[652] Para análise do princípio jurídico internacional do 'patrimônio comum da humanidade', ver cap. XX – espaços internacionais: de *res nullius* a patrimônio comum da humanidade; ver tb. J.-C. Venezia, *Logique nucléaire et paradoxes diplomatiques* (in **Mélanges offerts à Mr. le Doyen Louis Trotabas**, Paris: L.G.D.J., 1970, p. 459-478).

No início do século XX, em contexto do direito internacional clássico, o princípio do *res nullius* poderia ser aplicado: no caso de coisa sem dono, seria esta passível de ocupação efetiva. Aí se inscreveria o chamado "período heróico",[653] ou que se pode também caracterizar como período 'selvagem' – como foram as iniciativas 'colonizadoras' em vários continentes, na mesma época.

A evolução posterior e o regime legal de internacionalização, instaurado por tratado, no caso da Antártica, excluem as pretensões de apropriação e de reivindicações de soberania. Quanto ao Ártico, ao se manifestarem contrariamente à ocupação, trilhavam caminho certo alguns internacionalistas,[654] embora tivessem em vista ambas as regiões polares.[655]

[653] Ulisses CAPOZOLI, **Antártida: a última terra** (São Paulo: EDUSP, 3ª ed., 2001, "prefácio", p. 9-10): "Exploradores como Ernest SHACKLETON mostram como a ampliação das fronteiras do mundo e da civilização exige homens apegados a um espírito de camaradagem e respeito mútuo, desinteressados da retribuição imediata."

[654] ACCIOLY, **Tratado** (2009); R. BERMEJO, **L'Antarctique et ses ressources minérales: le nouveau cadre juridique** (Paris: PUF / publications de l'Institut Universitaire de Hautes Études Internationales de Genève, 1990); S. K. N. BLAY, *New trends in the protection of the Antarctic environment: the 1991 Madrid Protocol* (AJIL, 1993, p. 377); Boleslaw Adam BOCZEK, *The Artic Ocean and the new law of the sea* (GYIL, 1986, p. 154); L. CAFLISCH, *L'Antarctique, nouvelles frontière sans frontiers?* (in **Le droit international au service de la paix, de la justice et du développement: Mélanges Michel Virally**, Paris: Pedone, 1991, p. 157); U. CAPOZOLI, **Antártida: a última terra** (São Paulo: EDUSP, 3ª ed., 2001); P. B. CASELLA, M. LAGUTINA e A. R. CAPELLA GIANNATTASIO, *Dealing with the Sorcerer's Apprentice Dilemma in Polar International Public Authorities: BRICS Interests and Brazilian Prospects for Mixed Governance Structures in the Arctic and in Antarctica* (in **Challenges and development prospects within BRICS countries**, ed. by P. B. CASELLA, E. de P. BUENO and W. S. KÜNZLI, Belo Horizonte: D'Placido, 2021, ISBN 9786555 892642, p. 43-75); Anne CHOQUET, *Contribution française à la mise en œuvre du Protocole de Madrid relatif à la protection de l'environnement en Antarctique* (Revue Generale de Droit International Public, 2003, p. 907 ss.); J. COURATIER, **Le système antarctique** (Bruxelas: Bruylant, 1991); M. DIEZ DE VELASCO, **Instituciones de derecho internacional público** (Madri: Tecnos, 16ª ed., 2007, p. 557-561); J. F. DOBELLE, *Bilan des travaux du groupe Wolfrum sur le régime de la responsabilité en cas de dommages causés à l'environnement dans l'Antarctique* (AFDI, 1997, p. 716); R. DOLLOT, **Le droit international des espaces polaires** (RCADI, 1949, t. 75, p. 115-200); R.-J. DUPUY, *Le traité sur l'Antartique* (AFDI, 1960, p. 111); Alfred van der ESSEN, *Les régions arctiques et antarctiques* (in **Traité du nouveau droit de la mer** coord. D. VIGNES e R.-J. DUPUY, Paris / Bruxelas: Economica / Bruylant, 1985, p. 463 ss.); F. FRANCIONI, **La conservation et la gestion des ressources de l'Antarctique** (RCADI, 1996, t. 260, p. 239-404); A. GANDOLFI, **Le système antarctique**

As especificidades do ambiente físico dos espaços polares levaram a colocar em dúvida a aplicabilidade desses critérios clássicos de caracterização de coisa sem dono e de efetividade da ocupação. Pela sua especial configuração geográfica, os espaços polares "suscitam problemas particulares, que requerem uma apreciação autonoma".[656]

Cabe ressaltar a relatividade da possível ocupação, em se tratando dos espaços polares.[657] O ambiente físico impõe a impossibilidade de ocupação, ao menos em caráter permanente: "em zona polar, em razão de seu clima, exclui atualmente ainda a ocupação definitiva".[658]

(Paris: PUF – Que sais-je ? n. 2511, 1989); G. Guillaume, *Le statut de l'Antarctique, réflexions sur quelquer problèmes récents* (in **Mélanges Dupuy**, Paris: Pedone, 1991, p. 171); R. E. Guyer, **The Antarctic System** (RCADI, 1973, t. 139, p. 149-226); M.-F. Labouz, *Les aspects stratégiques de la question de l'Antarctique* (Revue Generale de Droit International Public, 1986, p. 579-595); M. W. Mouton, **The international regime of the polar regions** (RCADI, 1962, t. 107, p. 169-286); F. Orrego-Vicuña, *Development of international cooperation in Antarctica and the Southern Ocean* (in **Dimensão internacional do direito: estudos em homenagem a G. E. do Nascimento e Silva**, org. P. B. Casella, São Paulo: LTr, 2000, p. 311-318); F. Orrego Vicuña e M. T. Infante, *Le droit de la mer dans l'Antartique* (Revue Generale de Droit International Public, 1980, p. 340-350); J.-P. Pancracio, **Droit international des espaces** (Paris: A. Colin, 1997, 'L'Antarctique', p. 213-231); D. Pharand, **The legal status of the Arctic regions** (RCADI, 1979, t. 163, p. 49-115); R. Puceiro Ripoll, *En busqueda de un nuevo equilibrio: 'el protocolo al tratado antartico sobre protección del medio ambiente antartico* (in **Hector Gros Espiell Amicorum Liber**, Bruxelas: Bruylant, 1997, vol. II, p. 1227-1260); J.-P. Puissochet, *Le protocole au traité sur l'Antarctique relatif à la protection de l'environnement (Madrid, 4 octobre 1991)* (AFDI, 1991, p. 755); E. J. Rey Caro, *Antartique* (in **Droit international: bilan et perspectives**, Paris: Pedone/UNESCO, 1991, vol. II, p. 1043-1054); M. Shaw, **International law** (Cambridge: Univ. Press, 5th ed., 2003, 'the polar regions', p. 455-459); D. Vignes, *La Convention sur la conservation de la faune et de la flore marines de l'Antarctique* (AFDI, 1980, p. 741); R. Waultrin, *La question de la souveraineté des terres arctiques* (RGDIP, tome XV, 1908, p.78-125 (première partie), p. 185-209 (seconde partie), p. 401-423 (troisième partie) –*La question du Spitsberg; la question de l'île des Ours; la question du passage du Nord-Est*); R. Waultrin, *Le problème de la souveraineté des pôles* (RGDIP, tome XVI, 1909, p. 649-660).

655 A. Pearce Higgins, **Le régime juridique des navires de commerce** en haute mer en temps de paix (RCADI, 1929, t. 30, p. 1-80).

656 Jorge Bacelar Gouveia, **Manual de direito internacional público** (Rio de Janeiro: Renovar, 2005, § 115 – os espaços polares do Ártico e da Antártica, p. 525-527).

657 Ernesto J. Rey Caro, *Antartique* (1991, p. 1043-1054, cit. p. 1053).

658 A. Verdross, **Règles générales du droit international de la paix** (RCADI, 1929, t. 30, p. 271-518, chap. IX 'domaines non soumis à une compétence exclusive', p. 405-409, § 46

A instalação humana, precária e totalmente dependente de abastecimento externo, até que ponto pode ser considerada 'estável' e 'permanente'? A configuração dos limites da viabilidade da ocupação humana pode ser exemplificada pelo ocorrido na Groenlândia nórdica, onde se deu o florescimento de ocupação, durante cerca de 500 anos, entre por volta de 984 AD e o final do século XV, com o desaparecimento deste "mais remoto posto avançado de civilização européia", que foi o "lugar onde escandinavos a quase 2500 quilômetros da Noruega, construíram uma catedral e várias igrejas, escreveram em latim e nórdico antigo, manejaram instrumentos de ferro, criaram animais domésticos, seguiram a última moda européia de vestuários – e, finalmente, desapareceram".[659]

Efeito das mudanças climáticas, em decorrência da ação antropogênica, nos últimos anos tem crescido o espaço agriculturável na Groenlândia, com registro de médias de temperaturas mais altas, durante a breve estação quente o suficiente para permitir plantar e colher, antes que o frio volte a impossibilitar atividade agrícola externamente desenvolvida. Se isso ocorre, mesmo na Groenlândia, o que se dirá em relação às tanto mais severas condições nos pólos, propriamente ditos, geograficamente situáveis como as áreas abrangodas pelos círculos polares, com algumas nuances de aplicação, em cada caso.

Mutação conceitual essencial, estes espaços, de terra de ninguém (*terra nullius*) passam a ser considerados patrimônio comum da humanidade. Da utilização e exploração de recursos das regiões, passa o debate às considerações a respeito de sua conservação.[660]

'territoires non occupés', cit. p. 408-409): «le droit international protège ainsi les biens dus à l'initiative et au travail de ceux qui, les premiers, dans un tel pays ont introduit la culture et la civilisation, titres qui n'ont jamais été méconnus, comme le déclare le commissaire américain dans l'affaire de la Compagnie de la baie de Hudson, en date du 10 septembre 1869, même si à l'origine ils étaient dépourvus de la sanction de la loi.»

659 Jared DIAMOND, **Colapso**: como as sociedades escolhem o fracasso ou o sucesso (orig. publ. **Collapse**, 2005, trad. A. RAPOSO, rev. técnica W. D. MAIA, Rio de Janeiro: Record, 2ª ed., 2005, cap. 7 – o florescer da Groenlândia nórdica', p. 259-301 e cap. 8 – o fim da Groenlândia nórdica, p. 303-336, cit. p. 260).

660 V., *supra*, cap. XX – espaços internacionais: de *res nullius* a patrimônio comum da humanidade. A respeito do cinismo dos 'colonizadores' em relação aos povos autóctones ver Sven LINDQVIST, **Terra nullius** (orig. publ. **Terra nullius – en resa genon ingens land**, 2005, trad. du suédois par Hélène HERVIEU, Paris: Les arènes, 2007), não somente em relação ao caso da Austrália.

As questões concernentes a um como ao outro espaço polar podem ser consideradas sob múltiplos aspectos. A compreensão destes e mesmo a sua delimitação exigirá dados não-jurídicos. Estes são relevantes para situar os dois conjuntos e as respectivas especificidades, do ponto de vista do direito internacional.

São, assim, considerados: a Antártica (24.1), respectivamente o continente antártico (24.1.1) e os arquipélagos antárticos e as respectivas zonas marítimas (24.1.2), antes de passar à questão do Ártico (24.2), com rápida menção ao caso do Alaska (24.2.1).

24.1. Antártica

> Depois de tudo, permanece a questão crucial: quais espécies de normas são do interesse de toda a humanidade? Os estados partes [no Tratado da Antártica] provavelmente concordariam que, em primeiro lugar, a proteção do meio ambiente antártico é do interesse de toda a humanidade, pelo fato de ser único e porque danos a esse ambiente podem mudar significativamente o meio ambiente global. Além disso, existem bons motivos para argumentar, em segundo lugar, que a promoção de pesquisa científica na Antártica é do interesse de toda a humanidade.
>
> S. Vöneky e S. Addison-Agyei (2012)[661]

> O que é único na Antártica é, de um lado, o papel de mútuo apoio da soberania e outros interesses nacionais, e, de outro lado, a cooperação internacional. Esta última não poderia sobreviver sem o apoio dos interesses nacionais, na retaguarda; nem estes últimos seriam factíveis sem o sucesso da cooperação internacional. O principal desafio da cooperação internacional é o de manter seu caráter genuíno nos próximos anos, e ser capaz de guiar os interesses nacionais para atitudes positivas, em oposição ao quadro de confrontações do passado.
>
> F. Orrego Vicuña (2000)[662]

[661] Silja Vöneky and Sange Addison-Agyei, *Antarctica* (in **Encyclopedia of public international law**, 2012, vol. I, p. 418-436, cit. § 98): "The reason behind such a position is that scientific research in Antarctica, in many cases, contributes to recognizing or solving global environmental problems."

[662] Francisco Orrego-Vicuña, *Development of international cooperation in Antarctica and the Southern Ocean* (in **Dimensão internacional do direito: estudos em homenagem a**

O continente antártico representa caso único de internacionalização, de modo a neutralizar as pretensões nacionais ao exercício de direitos sobre essa área, de considerável extensão territorial - cerca de 9% das terras emersas do planeta, são quase 14 milhões de quilometros quadrados, quase duas vezes a extensão do território terrestre do Brasil - sob massa considerável de gelo:[663] onde aproximadamente 98% da Antártica é coberta de gelo, com espessuras que alcançam 4.800 metros, mas a espessura média gira em torno de 2.300 metros de gelo sobre as terras austrais. As temperaturas oscilam entre 0º grau, na costa, durante o verão, até -68º no interior, durante o inverno - dependendo da estação e da localização. O assim chamado "sexto continente" tornou-se ponto nevrálgico do planeta.

Especulações sobre a existência de um "continente austral" remontam aos tempos dos gregos antigos. Para Pitágoras e para Platão, parecia inevitável a existência de uma massa continental austral, nos antípodas do mundo então conhecido, para manter o equilíbrio do globo.[664]

Em 1773, quando o explorador James Cook capitaneou a primeira viagem, da qual se conservam registros, cruzando o círculo polar

G. E. do Nascimento e Silva, org. P. B. Casella, São Paulo: LTr, 2000, p. 311-318, cit. p. 312): "What is rather unique in Antarctica is the mutually supportive role of sovereignty and other national interests, on the one hand, and international cooperation on the other hand. International cooperation could not survive without the backing of national interests in the rear; neither would the latter be feasible without the success of international cooperation. The main challenge of international cooperation is to keep its genuine character in the years ahead and to be able to guide national interest to positive attitudes as opposed to the confrontations of the past."

663 A Antártica concentra consideráveis reservas de água doce, sob a forma de gelo. Essa camada, desigualmente distribuída, pode atingir quilômetros de espessura, na parte central do continente gelado.

664 Bertrand Imbert, **Die Pole** - Expeditionen ins ewige Eis (orig. publ. **Le grand défi des pôles**, 1987, Dt. Textfassung Regina Schmidt-Ott, Wiss. Bearb. Wolf-Dieter Blümel, Ravensburg: Otto Maier, 1990, Erstes Kapitel - Die Entdeckung der Pole, p. 13-30, cit. p. 13): "Die Vorstellungen einer australischer Halbkugel scheint den Griechen unabweisbar, denn nach Pythagoras und Platon muss es auf der gegenüberliegenden Seite der bekannte Welt eine andere geben, die sie im Gleichgewicht hält und ein Überkippen verhindert. Die Griechen nennen diese andere Welt die Antichtone."

antártico, em busca da *terra australis* – a terra austral, por pouco naquela altura não foi 'descoberta'.[665]

Foi preciso esperar até o século XIX: as ilhas Shetland do sul foram 'descobertas', em fevereiro de 1819, por William SMITH, a bordo do navio *Williams*. As ilhas Orkney do sul foram 'descobertas' em dezembro de 1821, por George POWELL, a bordo do *Dove*.

A massa continental da Antártica somente foi avistada no ano seguinte, por navegadores britânicos e russos, com menos de um mês de intervalo, em 1820. A península antártica foi declarada território britânico, em fevereiro de 1832, pelo explorador John BISCOE.[666] A viagem, realizada pelo americano Charles WILKES, em 1838-1840, permitiu delinear a conformação do continente antártico.[667]

A Antártica não tem população autóctone. Ademais, nenhum povo jamais tentou lá se estabelecer em bases permanentes. Mesmo atualmente não é habitada, de modo permanente – somente as equipes de cerca de 60 estações de pesquisa vivem lá.[668]

A primeira expedição subantártica brasileira aconteceu em 1882 e reuniu cientistas para estudar a passagem do planeta Venus, diante do

[665] British Antarctic Territory – "The official website from the Government of the British Antarctic Territory, with full recognition of Article IV of the Antarctic Treaty" – britishantarcticterritory.org.uk. – A respeito da história dos territórios antárticos registra: "The explorer James COOK, capitained the first recorded ship to cross the Antarctic circle in 1773, and was incredibly unfortunate not to discover Antarctica". Acesso em 12.02.22.

[666] British Antarctic Territory – britishantarcticterritory.org.uk. "The UK's formal claim dates back to 1908 via the Falkland Island Dependencies Letters of Patent. It is the oldest formal territorial claim on the continent. The Antarctic Treaty puts all territorial claims to Antarctica in abeyance and provides a framework for international co-operation. The UK has no doubt about its sovereignty over the British Antarctic Territory in the context of Article IV of the Antarctic Treaty". Acesso em 12.02.22.

[667] Etienne TAILLEMITE, **Die Entdeckung der Südsee** – Auf der Suche nach der 'rerra incognita' (orig. publ. **Sur des mers inconnues** – Bougainville, Cook, Lapérousse, 1987, Dt. Textfassung Barbara DECKER-WIRTH, Wiss. Bearb. Birgit NEUHARDT u. Frank von BERGER, Ravensburg: Otto Maier, 1990, cit. p. 127).

[668] S. VÖNEKY and S. ADDISON-AGYEI, *Antarctica* (in **Encyclopedia of public international law**, 2012, vol. I, p. 418-436, cit. § 2): "there are around 40 permanently manned scientific stations, which means that there are 4,000 scientific and support staff in summer and 1,000 in winter. Today, some crew members live there with their families; their children attend schools at the stations."

disco solar, no dia 6 de dezembro[669]. O imperador PEDRO II assumira, em Paris, no ano anterior, o compromisso de participar, com cientistas de outros países, da medição do transito de Venus, pelo disco solar. Com a observação se poderia conhecer melhor a distância Terra-Sol.[670] A iniciativa imperial viu-se sob fogo cerrado de políticos da oposição e da imprensa da época, o que se afigura ao menos obtuso: "Essa talvez seja uma das razões para se entender que, mesmo existindo uma influência direta da Antártica em nosso ambiente, já que (*sic*) as condições meteorológicas brasileiras são definidas a partir desse continente, tenhamos demorado tanto tempo para organizar a nossa primeira expedição nacional.[671]

A corveta *Parnahyba* levantou ferros do porto do Rio, em 26 de outubro de 1882 – e "já estava atrasada em relação aos demais países que enviaram observadores para o povoado de Magalhães, atual Punta Arenas, no extremo sul do Chile".[672]

As características únicas desse espaço justificam o foco do interesse dos estados, e explicam as tentativas de regulação internacional desse espaço (24.1.1). O mesmo não ocorre em relação aos arquipélagos antárticos bem como às suas respectivas zonas marítimas. Como será especificamente considerado (24.1.2).

[669] Ulisses CAPOZOLI, **Antártida: a última terra** (op. cit., 3ª ed., 2001, p. 22-23): "Uma oportunidade que não poderia ser desperdiçada, pois este fenômeno só *voltará* [voltaria] a acontecer em 2004".

[670] U. CAPOZOLI (op. cit., 3ª ed., 2001, p. 22-23): "A corveta *Parnahyba*, da Marinha imperial, equipada com velas e quatro caldeiras, foi a escolhida para a viagem e isso por duas razões básicas: era econômica e desenvolvia boa velocidade".

[671] U. CAPOZOLI (op. cit., 3ª ed., 2001, loc. cit.): "A imprensa em muitos casos continua ainda sustentando posições pseudonacionalistas, defendendo, por exemplo, a prioridade para a pesquisa na Amazônia, como se a natureza se ocupasse em respeitar fronteiras geopolíticas."

[672] U. CAPOZOLI (op. cit., 3ª ed., 2001, p. 24-25): "Passado mais de um século, a situação dos pesquisadores científicos brasileiros não mudou muito. Os institutos de pesquisa continuam sem verbas, com baixos salários e desfalcados de equipamentos, os políticos não perderam a demagogia e a imprensa, na maior parte das vezes, é imediatista e autoritária, enquanto a Antártida ainda é algo distante para boa parte dos brasileiros."

24.1.1. O continente antártico

A Antártica deverá ser usada somente para fins pacíficos.

Tratado de Washington, de 1º de dezembro de 1959, art. 1º

[o Tratado de Washington, de 1959,] reconheceu ser de interesse de toda a humanidade que continue a Antártica sempre a ser utilizada, exclusivamente, para fins pacíficos e não constitua cena de discórdia internacional. Partindo daí, estabelece que não há soberania de nenhum estado sobre a Antártica.

H. Valladão (1960, publ. 1970)[673]

A base para o patamar normativo interrnacional e operacional foi fixada por meio de convenção internacional, o **Tratado da Antártica**, assinado em Washington, em 1º de dezembro de 1959, em vigor internacionalmente, desde 1961,[674] e outros instumentos multilaterais complementares.[675] Ao passar este sistema por revisão, caberá

673 H. Valladão, *Do direito aéreo ao direito interplanetário* "conferência, taquigrafada na Sociedade Brasileira de Direito internacional, aos 17 de maio de 1960" (in **Novas dimensões do direito**, São Paulo: RT, 1970, p. 389-401, 'o exemplo do Tratado da Antártica', p. 399-400): "Considere-se o art. 1º prescrevendo que a Antártica será utilizada para fins pacíficos, e proibindo o estabelecimento de bases militares, de fortificações, realizações de manobras militares, de experiências com armas de qualquer espécie. Esse clima do Tratado da Antártica é universal. Está no espírito do direito interplanetário e do novo direito aéreo."

674 Visite o site: Secretariat of the Antarctic Treaty – **The Antarctic Treaty**, https://www.ats.aq>antarctictreaty.

675 Dentre os quais: a **Convenção para a conservação das focas antárticas**, assinada em Londres, em 1º de junho de 1972, em vigor desde 11 de março de 1978; a **Convenção para a conservação dos recursos vivos antárticos**, assinada em Camberra, em 20 de maio de 1980, em vigor desde 7 de abril de 1982; a **Convenção para a regulamentação das atividades sobre recursos minerais antárticos**, celebrada em 2 de junho de 1988, e o **Protocolo ao tratado antártico para a proteção do meio ambiente**, adotado em Madri, em 4 de outubro de 1991, com quatro anexos, sobre "Avaliação do impacto sobre o meio ambiente", "Conservação da fauna e flora antárticas", "Eliminação e tratamento de resíduos" e "Prevenção da contaminação marinha".

determinar se haverá a definição da escolha pela manutenção ou pela mudança do *status* da região.[676]

A respeito do Tratado da Antártica, de 1959, pode ser adotada apreciação que o considere como uma "vitória dos ideais", cujo "caso assemelha-se ao do espaço interplanetário, porque se trata de região ainda não ocupada e vários países pretendiam fazê-lo, entre os quais os Estados Unidos e a Rússia".[677] E que disse o tratado? "Proclamou no preâmbulo reconhecer ser de interesse de toda a humanidade que continue a Antártica sempre a ser utilizada, exclusivamente, para fins pacíficos e não constitua cena de discórdia internacional. Partindo daí, estabelece que não há soberania de nenhum estado sobre a Antártica".[678]

Além da dimensão estratégica e científica do continente antártico, como um todo, mais e mais se cria a conscientização a respeito de possíveis danos ambientais, que podem ser agravados pelas características do meio polar, e esta deve ser a tônica para toda e qualquer tentativa futura de regulação da matéria. Como em outros campos, a percepção da dimensão ambiental leva à adoção de perspectiva mais abrangente, para o exame e o tratamento do tema. Inclusive com restrições ao uso do território por diferentes estados.[679]

[676] A revisão do **Tratado da Antártica**, de 1959 interessa sobremodo países como o Brasil, que por ter aderido ao sistema antártico, somente na década de 1970, pleiteou posteriormente a equiparação em relação aos demais participantes do sistema. A exata condição nunca ficou claramente determinada, até aqui. A respeito da posição do Brasil e suas perspectivas, em relação aos espaços polares, ver P. B. Casella, M. Lagutina, A. R. Capella Giannattasio, *BRICS in polar regions: Brazil's interests and prospects* (Vestnik of Saint Petersburg University International Relations, 2020, vol. 13, issue 3, p. 326-340, UDC 339.9 https://doi.org/10.21638/spbu06.2020.303, cit. p. 326).

[677] H. Valladão (conf. cit., 17 de maio de 1960, in op. cit., 1970, p. 389-401).

[678] H. Valladão (conf. cit., 1960, ed. cit., 1970, 'o exemplo do Tratado da Antártica', p. 399-400): "Considere-se o art. 1º prescrevendo que a Antártica será utilizada para fins pacíficos, e proibindo o estabelecimento de bases militares, de fortificações, realizações de manobras militares, de experiências com armas de qualquer espécie. Esse clima do Tratado da Antártica é universal. Está no espírito do direito interplanetário e do novo direito aéreo."

[679] V. cap. XXV – direito internacional dos espaços e emergência da proteção internacional do meio ambiente.

As reivindicações sobre a *Antártica* foram objeto de sérias discussões e pretensões baseadas nas mais diversas teorias, como a da descoberta, a da ocupação através de explorações, a da contiguidade, a da ocupação efetiva e da defrontação. Todas estas podem ser consideradas igualmente questionáveis. O governo do Reino Unido indicava, em nota, de 1929, dirigida ao dos Estados Unidos,[680] já existir título britânico "decorrente do fato da descoberta" sobre determinados territórios antárticos.[681]

Nas incursões sobre o continente austral, podem ser determinados quatro estágios, passíveis de identificação, como etapas do processo de desenvolvimento da cooperação internacional na Antártica:[682]

(i) o estágio heróico de descoberta e de exploração, no qual as expedições geográficas e científicas foram as precursoras dos interesses políticos, associados a afirmações de pretensão de soberania, ou de assertividade em relação a outros importantes interesses nacionais;

(ii) a prevalência da ciência, no regime do **Tratado da Antártica**, de 1959, estágio no qual os interesses políticos foram subordinados aos objetivos da pesquisa científica, mas sempre permaneceram subjacentes ao processo de cooperação internacional;

(iii) a preocupação com a identificação e o eventual acesso aos recursos naturais, estágio caracterizado pela prioridade atribuída à atividade científica destinada à avaliação de recursos naturais,[683] e o daí decorrente renovado conflito político, decorrente de interesses nacionais divergentes; e

680 Em 1948, os Estados Unidos, que desde 1924 se recusavam a formular qualquer reivindicação sobre áreas do Pólo Sul e a reconhecer as existentes, propôs a internacionalização da Antártica sob a tutela das Nações Unidas ou outro sistema de controle internacional. A sugestão foi rechaçada pelos países interessados, com a exceção da Grã-Bretanha, que, a rigor, poderia alegar iniciativas de exploração, para respaldar seus pretendidos direitos.

681 Nominalmente sobre os territórios de Coats, de Enderby, de Kemp, da Queen Mary, de Wikes, do Rei George V e de Oastes. V. tb. Anne Meyer-Heine, *L'application par le juge du principe de l'effectivité* (in **Le juge international et l'aménagement de l'espace: la spécificité du contentieux territorial**, Paris: Pedone, 1998, p. 35-56, cit. p. 37).

682 F. Orrego-Vicuña (cap. cit., 2000, p. 311-312).

683 G. Elian, **Le principe de la souveraineté sur les resources nationales et ses incidences juridiques sur le commerce international** (RCADI, 1976, t. 149, p. 1-85).

(iv) a preocupação com o meio ambiente, que além do tradicional tipo de conflito, na Antártica deu lugar à emergência de novas rivalidades e tensões, inclusive entre o sistema do **Tratado da Antártica** e as Nações Unidas, como também entre o papel das instituições científicas e das instituições ambientais.

Para reger as futuras atividades dos estados, no continente antártico, foi relevante o Ano geofísico internacional (1957-1958): os estados cujos cientistas tivessem participado de atividades na Antártica, ou no entorno desta, durante aquele ano serviram como argumento para determinar quais países assinariam o Tratado de Washington de 1959. Este ensejou a determinação de alguns princípios, como a liberdade de investigação e de cooperação científica e normas de conduta, dentre as quais o dever de utilização da região exclusivamente para fins pacíficos. No ano seguinte, se alcançaria a normatização internacional da condição da Antártica, com a entrada em vigor do Tratado, em 1961.

O **Tratado da Antártica** foi assinado em Washington por doze estados: África do Sul, Argentina, Austrália, Bélgica, Chile, Estados Unidos, França, Japão, Nova Zelândia, Noruega, Reino Unido e a URSS. Estes têm, originalmente, o status de membros consultivos, ou seja partes contratantes com direitos plenos, em relação ao sistema antártico. Desde então, somaram-se aos doze originais outros estados, até os 29 membros consultivos, em 2020, e no total são 54 estados partes no Tratado.[684]

O Brasil - que não foi convidado pelo governo dos Estados Unidos a participar da negociação e assinatura em Washington, em 1959 - somente aderiu[685] ao **Tratado da Antártica** em 1975,[686] e se tornou

684 Cfr. o site: Secretariat of the Antarctic Treaty - **The Antarctic Treaty**, https://www.ats.aq>antarctictreaty.

685 O **Tratado da Antártica** foi promulgado pelo Decreto n. 75.963, de 11 de julho de 1975.

686 O Brasil pleiteou a apresentação de títulos históricos e jurídicos, para justificar a sua participação nas negociações e posterior assinatura do Tratado. Alegou-se, à época, ter sido deliberadamente excluído, tanto assim que o Ministro das Relações Exteriores não teve dúvidas em declarar perante a Câmara de Deputados que "nosso País foi impedido de assinar o Tratado da Antártica pela inflexibilidade do Governo norte-americano". O que parece questionável. Parte da doutrina se alinha pela posição oficial

membro consultivo do sistema, em 1983.[687] Reporte-se alguma divergência conceitual a respeito.[688]

Em seguida, acederiam à mesma condição de membro consultivo, com direito a voto, além dos doze membros originais no sistema antártico, outros estados,[689] somando 29 membros consultivos[690] e 54 estados

687 Cf. mencionado, **Tratado da Antártida**, concluído em Washington, 01.12.1959; entrada em vigência, 23.06.1961; adesão do Brasil a 26.5.1975; aprovado pelo decreto-legislativo 56, de 29.06.1975 e promulgado pelo dec. 75.963, de 11.07.1975; **Convenção sobre a conservação dos recursos vivos marinhos antárticos**, assinada em Camberra, a 20.05.1980; entrada em vigor a 07.04.1982; dec-legislativo 33, de 05.12.1985; entrada em vigor para o Brasil a 28.01.1986; promulgação pelo Dec. 93.935, de 15.01.1987 (DO de 16.01.1987); **Tratado relativo a recursos minerais, com vistas à avaliação do impacto da exploração econômica no meio ambiente e à solução pacífica de controvérsias**, de 1988; e o **Protocolo proibindo a exploração de minérios na Antártica**, de 1990.

688 Celso D. de A. Mello, **Curso de direito internacional público** (Rio de Janeiro: Renovar, 15ª ed., 2004, cap. XLII 'regiões polares', p. 1169-1177); Francesco Francioni, **La conservation et la gestion des ressources de l'Antarctique** (RCADI, 1996, t. 260, p. 239-404); Eurípedes Cardoso de Menezes, *Os direitos do Brasil na Antártica* ("discurso pronunciado a 28 de novembro de 1970 perante o Congresso Nacional", Brasília: Imprenta, 1971); João Frank da COSTA, *A teoria dos setores polares* (Boletim SBDI, 1951, p. 87); João Frank da Costa, *Antártica: o problema político* (Revista Brasileira de Política Internacional, set. 1958, p. 41); Magdalena Londero, *O direito internacional das Regiões polares* (Boletim SBDI, 1968, p. 79); F. Orrego-Vicuña, *Development of international cooperation in Antarctica and the Southern Ocean* (in **Dimensão internacional do direito**, 2000, p. 311-318); F. Orrego Vicuña e M. T. Infante, *Le droit de la mer dans l'Antartique* (Revue Generale de Droit International Public, 1980, p. 340-350); Ricardo José da Costa Pinto, **A Antártica e a sua importância para a América do Sul** – uma análise jurídico-internacional (Recife: Fundação Antonio dos Santos Abranches – FASA, 1991); Juan Carlos Puig, **L'Antartida Argentina ante el derecho** (Buenos Aires: Roque Depalma, 1960 – published online by Cambridge University Press, 28 March 2017).

689 Além dos doze membros originais, outras 42 adesões ao **Tratado da Antártica**, ocorreram desde a entrada em vigor, em 13 de junho de 1961: contam-se algumas curiosidades como a República Checa e a Eslováquia (como estados sucessores da antiga Tchecoslováquia) desde 1962, ou a situação inversa, no caso da então existente República democrática alemã, em 1974 – com a reunificação da Alemanha, a participação no sistema da Antártica passou a ser exercida pela República federal da Alemanha.

690 São estados partes do Tratado de 1959, com status de membro consultivo, bem como estados parte do Protocolo sobre meio ambiente, este desde 14 de janeiro de 1998: África do Sul (23.06.61 e 14.01.98), Alemanha (05.02.79, 03.03.81 e 14.01.98), Argentina (23.06.61 e 14.01.98), Austrália (23.06.61 e 14.01.98), Bélgica (23.06.61 e 14.01.98), Brasil (16.05.75, membro consultivo 27.09.83, Protocolo 14.01.98), Bulgária (11.09.78, 05.06.98 e 21.05.98),

partes, em 2019. Para aceder à condição de *membro consultivo*, é preciso que o estado demonstre o interesse em relação à Antártica, por meio do desenvolvimento de atividades substanciais de pesquisa científica, tais como o estabelecimento de estação e o envio de expedições científicas. O procedimento de acesso à categoria de membro consultivo foi regulamentado por ocasião da primeira reunião consultiva especial, reunida em Londres, em 1977.[691]

Aberto à adesão de qualquer estado membro da ONU,[692] ou de qualquer estado, convidado a aderir pelos membros consultivos do sistema, nos termos do art. XIII, parágrafo 1º, do **Tratado da Antártica**, contou com adesões de numerosos estados,[693] inclusive vários estados sem qualquer contiguidade ou proximidade geográfica com a Antártica.

Chile (23.06.61 e 14.01.98), China (08.06.83 e 14.01.98), Coréia (28.11.86, 09.10.89 e 14.01.98), Equador (15.09.87 e 14.01.98), Espanha (31.03.82, 21.09.88 e 14.01.98), Estados Unidos (23.06.61 e 14.01.98), Finlândia (15.05.84, 20.10.89 e 14.01.98), França (23.06.61 e 14.01.98), Índia (19.08.83, 23.09.83 e 14.01.98), Itália (18.03.81, 05.10.87 e 14.01.98), Japão (23.06.61 e 14.01.98), Noruega (23.06.61 e 14.01.98), Nova Zelândia (23.06.61 e 14.01.98), Países Baixos (23.06.61 e 14.01.98), Peru (10.04.81, 09.10.89 e 14.01.98), Polônia (23.06.61, 29.07.77 e 14.01.98), Reino Unido (23.06.61 e 14.01.98), República Tcheca (01.01.93, 01.04.14 e 24.09.04), Rússia (23.06.61 e 14.01.98), Suécia (24.04.84, 21.09.88 e 14.01.98), Ucrânia (28.10.92, 04.06.04 e 24.06.01), Uruguai (11.01.80, 07.10.85 e 14.01.98).

691 O procedimento só pode ser alterado mediante decisão adotada por unanimidade. O candidato deve apresentar relatório, sobre as suas atividades, e os membros consultivos estão autorizados a efetuar controle destas. A admissão é declarada, no prazo de um ano, em reunião consultiva especial e o estado deve aprovar as recomendações em vigor, no momento de sua acessão ao sistema.

692 N. Feinberg, **L'admission de nouveaux membres à la Société des Nations et à l'Organisation des Nations Unies** (RCADI, 1952, t. 80, p. 293-394).

693 Além dos membros consultivos, são estados parte do **Tratado da Antártica**: Áustria (25.08.87 entrada em vigor e 14.01.98 Protocolo sobre meio ambiente), Belarus (27.12.06 e 15.08.08), Canadá (04.05.88 e 13.12.03), Cazaquistão (27.01.15), Colômbia (31.01.89 e 14.03.20), Cuba (16.08.84), Dinamarca (20.05.65), Eslováquia (01.01.93), Eslovênia (22.04.19), Estônia (17.05.01), Grécia (08.01.87 e 14.01.98), Guatemala (31.07.91), Hungria (27.01.84), Islândia (13.10.15), Malásia (31.10.11 e 14.09.16), Mônaco (31.05.08 e 31.07.09), Mongólia (23.03.15), Papua Nova-Guiné (16.03.81), Paquistão (01.03.12 e 31.03.12), Portugal (29.01.10 e 10.10.14), Rep. dem. popular da Coréia (21.01.87), Romênia (15.09.71 e 05.03.03), Suíça (15.11.90 e 01.06.17), Turquia (24.01.96 e 27.10.17), Venezuela (24.03.99 e 31.08.14).

O instrumento visa reforçar a cooperação internacional, por meio da garantia da liberdade de pesquisa científica, e da utilização da região Antártica somente para fins pacíficos, para servir às intenções e aos princípios da Carta da ONU. Para assegurar tal objetivo, tal como fora definido, por ocasião do Ano geofísico internacional (1957-1958), os estados partes se comprometeram a assegurar, na Antártica, a troca de informações, relativas aos programas científicos, intercâmbio de pessoal científico, entre as estações e as expedições, bem como de observadores e de resultados científicos. Estipula-se, ainda, o propósito de estimular a cooperação, nas relações de trabalho, com as instituições especializadas das Nações Unidas, e demais organizações internacionais para as quais a Antártica ofereça interesse científico e técnico.

O Tratado de 1959 institucionalizou a "internacionalização", a "desmilitarização"[694] e a "desnuclearização" de toda a região. Nenhum estado pode pretender exercer direitos soberanos, nem apropriar-se de qualquer parcela do continente antártico – o artigo IV reafirma a manutenção do *status quo*: nenhum ato ou atividade, enquanto estiver em vigor o tratado, pode constituir fundamento para declarar, apoiar ou denegar qualquer pretensão de soberania territorial na Antártica. Tampouco é aceitável qualquer nova pretensão, ou ampliação de reivindicação anteriormente formulada.

São, igualmente, proibidas a instalação de bases militares, as manobras militares e a utilização de armas de qualquer espécie.[695] O Tratado proíbe, igualmente, quaisquer explosões nucleares, ou o depósito de qualquer material ou resíduos (lixo) radioativo, no continente, e prevê a aplicação, na Antártica, de qualquer outro instrumento, tendo os mesmos fins e do qual participem todas as partes contratantes (artigo V).

A consecução dos objetivos do **Tratado da Antártica** é assegurada por meio da combinação de sistema de controle nacional e de realização de reuniões consultivas, entre as partes contratantes.[696] Para facilitar o

[694] Sobre o conceito, v. R. Erich, **La question des zones démilitarisées** (RCADI, 1929, t. 26, p. 587-668).

[695] Nos termos do artigo 1º do **Tratado da Antártica**, o uso de efetivo militar é permitido para a realização de atividades científicas, ou qualquer outro fim pacífico.

[696] O sistema permite designar observadores, aos quais se atribui completa liberdade de circulação, e de acesso a todas as regiões, e que podem inspecionar as estações, as instalações, e os materiais que lá se encontrem, bem como os navios e as aeronaves, em quaisquer

conhecimento e o controle, cada estado contratantes deve comunicar aos demais a existência de quaisquer expedições que se dirijam para a Antártica, ou por lá se desloquem, das quais participem navios ou nacionais daquele estado, bem como a existência de estações ocupadas por pessoas daquela nacionalidade.[697]

Ao lado do objetivo original do Tratado, de garantir que a Antártica fosse sempre utilizada somente para fins pacíficos e não se converteria em "centro de discórdia internacional", não se deve negligenciar o verdadeiro propósito, de estipular uma espécie de "moratória internacional", por prazo inicial de 30 anos, a seguir prorrogado. Esta 'prorrogação' se mantém, com marcada consistência e unidade de orientação, por parte dos integrantes do sistema antártico,[698] em relação às pretensões de apropriação territorial sobre a área.[699]

Com a assinatura do Tratado, as discussões a respeito das pretensões, de apropriação de parcelas ou quinhões, arrefeceram. Como o artigo IV

pontos ou portos de embarque e desembarque, seja de carga ou de pessoal. Os relatórios dos observadores devem circular entre as partes contratantes, por ocasião das reuniões consultivas.

697 Nos termos do artigo VII do **Tratado da Antártica**, devem ser comunicadas quaisquer intenções de deslocar e de fazer penetrar na Antártica pessoal e materiais militares, de qualquer espécie. O Tratado ainda estende a obrigação de comunicação a quaisquer pessoal e atividades, que lá estivessem instalados, por ocasião da entrada em vigor do Tratado.

698 J.-P. Pancracio (op. cit., 1997, 'L'Antarctique', p. 213-231, observa p. 218): «étant entre en vigueur le 23 juin 1991, le traité pourrait s'appliquer au demeurant inchangé au moins jusqu'en 1991. Cette écheance a été franchie sans qu'aucune demande ne soit présentée de la part d'un état partie consultative, en vue d'une révision. Il ne s'agit donc pas désormais d'une prorrogation, mais d'une validité normale du traité en sa forme initiale, au-delà de cette période trentenaire d'intangibilité absolue. / L'hypothèse de maintien du traité en ses dispositions actuelles pour une assez longue période est d'autant plus probable que l'on remarque, depuis que le traité est contesté par certains états qui y sont étrangers, une remarquable solidarité de la part des parties consultatives.»

699 Para exame dos mecanismos de aquisição e de perda do domínio do estado sobre o território, v., *supra*, o cap. VI, no qual são mencionadas e caracterizadas as modalidades, antes aceitas como válidas, e o estado atual da matéria, em relação a: ocupação (6.1), acessão (6.2), cessão (6.3), prescrição (6.4), anexação (6.5) e secessão (6.6). A este se remete, bem como ao cap. III 'legalidade e efetividades: título jurídico no contencioso territorial', para evitar retomar a discussão a respeito dos modos e títulos aquisitivos e extintivos de soberania estatal sobre o território.

poderia ser interpretado como significando "a renúncia por qualquer das Partes Contratantes a direitos previamente invocados ou a pretensões de soberania territorial na Antártica",[700] esclareceu-se no artigo quarto, parágrafo segundo que "nenhum ato ou atividade que tenha lugar, enquanto vigorar o presente Tratado, constituirá base para proclamar, apoiar ou contestar reivindicação sobre soberania territorial na Antártica, ou para criar direitos de soberania na Antártica".

Para assegurar a observância dos princípios e das intenções do Tratado de 1959, as partes têm, igualmente, a obrigação de impedir que qualquer pessoa execute, na Antártica, atos contrários aos objetivos do tratado e das demais diretrizes do sistema, nos termos do artigo X, o que configura 'poder de polícia', que as partes contratantes se arrogam, a ponto de permitir a estas controlar a atividade de terceiros estados. A base legal pode parecer questionável.

Referido dispositivo está na origem de diversas controvérsias a respeito da natureza jurídica dessa oposabilidade, contida no Tratado de 1959. Indaga E. Rey Caro (1991) se esta prerrogativa seria costume internacional, aplicado a estatuto territorial ou seria decorrente de norma cogente de direito internacional geral? Sua exata natureza e configuração jurídica ainda ainda são controvertidas e terão de ser determinadas.[701]

Embora o objetivo principal do Tratado tenha sido político, os seus redatores incluíram cláusulas pelas quais as partes se comprometeriam a garantir a preservação e conservação dos recursos vivos da Antártica. Outro dispositivo relevante é o já referido artigo V, que

[700] Em vista dos termos do que viria a ser o artigo IV, do **Tratado da Antártica**, de 1959, que o Brasil, em 30 de junho de 1958, notificara ao Departamento de Estado dos EUA, as suas pretensões a setor, situado em relação ao meridiano 53º (arroio Chuí). Cumpre notar ser este trecho também reivindicado pela Argentina e pelo Reino Unido.

[701] E. Rey Caro (cap. cit., 1991, p. 1046) para alguns autores, tratar-se-ia de regime jurídico ensejador de direito passível de ser exercido *erga omnes*, na medida em que este levou à criação de costume internacional, que teria recebido assentimento universal, enquanto outros sustentam que, por se tratar de estatuto territorial, seria, como tal, oponível a todos. Outros autores contestam que tal afirmação seja compatível com os princípios da ordem jurídica internacional em vigor, sobretudo em relação à Convenção de Viena sobre direito dos tratados, de 1969. Nota Rey Caro: «on a fait observer que le problème se complique lorsque les activités d'états non-parties au Traité de l'Antarctique risquent d'être incompatibles avec les règles établies par celui-ci.»

proíbe as explorações nucleares bem como o lançamento ali de resíduos radioativos.

Nas reuniões realizadas, verificou-se a acentuada tendência das partes contratantes, no sentido de considerar a preservação do meio ambiente o principal objetivo do **Tratado da Antártica**. Assim, é possível entender a importância da revisão do sistema do Tratado de Washington, de 1959, porquanto o estatuto internacionalizado, desmilitarizado e desnuclearizado da Antártica durará enquanto estiver vigente e for aplicável o tratado, ou, deve-se entender que as normas relativas ao continente antártico passaram a integrar o direito internacional geral e como tais seriam aplicáveis, independentemente de instrumentos normativos específicos, para respaldar tal regime? Mesmo se conceitualmente sustentável, essa interpretação pode representar base legal menos segura para a determinação exata de direitos e de obrigações, por parte dos estados lá presentes e atuantes. Esses cinquenta e poucos estados, participantes do Sistema do Tratado da Antártica poderiam pretender representar a totalidade da comunidade internacional? E falar em nome desta, em relação ao continente austral, enquanto patrimônio comum da humanidade?

Cumpre, também, determinar a exata extensão e conteúdo que se pretende assegurar para a presença e a atuação do Brasil nesse sistema institucional e normativo do continente antártico.[702] E ter consciência

[702] A. Meira Mattos (op. cit., 2002, loc.cit.): "O Brasil, logo após à adesão, criou a CONANTAR (Comissão nacional para assuntos antárticos), em 1982, para orientar a aplicação da POLANTAR (Política nacional para assuntos antárticos), efetivada pelo PROANTAR (Programa antártico brasileiro). É um modo de se zelar pela presença brasileira na área, por sua participação nas atividades ali existentes e pela formação de pessoal especializado, além da elaboração de programas de ciências de atmosfera, logística etc"; Ramiro Saraiva Guerreiro, **O Itamaraty e o congresso nacional** (Brasília: Senado / MRE – Secretaria especial de relações com o Congresso, 1985, esp. 'palestra proferida por sua excelência o senhor ministro de estado das relações exteriores, embaixador R.S.G., na abertura do simpósio *o Brasil na Antártida*', Câmara dos deputados, em 23 de agosto de 1983, p. 161-195, cit. p. 168): "*O Brasil na Antártida* é escolha feliz para o título deste simpósio, pois reflete fielmente a realidade. Não é só o governo, por seus órgãos de apoio político, administrativo, técnico e financeiro, que está na Antártida. Lá está, sobretudo, a comunidade científica nacional demonstrando, desde os universitários, até os mais graduados doutores, que nosso país já dispõe da massa crítica necessária para a condução de programas de grande complexidade. Lá está também a iniciativa privada, capaz de suprir mais e

da necessidade de consistência de conduta e de linha de argumentação, para fazer face às oposições, por parte dos demais estados, muitos dos quais vêem o Brasil, como espécie de 'intruso', que chegou atrasado e tem variado consideravelmente a sua linha de reclamações em relação ao tema. Para responder adequadamente a tais inquinações, a melhor conduta será a determinação de linha conceitual clara e não menos claro alinhamento da conduta do país, segundo os critérios que se definirem a respeito.

O papel do Brasil no Sistema do tratado da Antártica – bem como alguma eventual participação brasileira no Conselho do Ártico – pode permitir tratar de diversas questões relevantes, em ambos os espaços polares, inclusive de ordem institucional.[703]

O sistema antártico, estabelecido pelo Tratado de Washington, de 1959, foi complementado por outras convenções, assinadas em Camberra e em Wellington, destinadas à proteção do meio marinho antártico, à exploração dos recursos naturais da região, bem como pelo Protocolo de Madri de 1991.[704]

As discussões em torno da **Convenção sobre a regulamentação das atividades de recursos minerais**, aprovada em Wellington, em 1988, pode ser apontada como prova da tendência de privilegiar a conservação, dada a campanha, desenvolvida em muitos países, contrária à explotação de minérios, na Antártica. Diversos países já declararam considerar ser

mais os instrumentos e equipamentos necessários para levar adiante esta vasta empresa"; b/c os já referidos E. C. de Menezes, **Os direitos do Brasil na Antártica** (1971); J. C. Puig, **L'Antartida Argentina ante el derecho** (Buenos Aires, 1960); M. Londero, *O direito internacional das Regiões polares* (1968); R. J. da Costa Pinto, *A Antártica e a sua importância para a América do Sul* (1991).

703 P. B. Casella, M. Lagutina, A. R. Capella Giannattasio, *BRICS in polar regions: Brazil's interests and prospects* (Vestnik of Saint Petersburg University International Relations, 2020, vol. 13, issue 3, p. 326-340, UDC 339.9 https://doi.org/10.21638/spbu06.2020.303, cit. p. 326): "As a responsible country in the area of cooperation in science and technology in the oceans and polar regions in BRICS, Brazil appeals to its rich expertise in Antarctica and declares its interest in joining the Arctic cooperation. For Brazil, participation in polar cooperation is a way to increase its role in global affairs and BRICS as a negotiating platform."

704 Ver Anne Choquet, *Contribution française à la mise en œuvre du Protocole de Madrid relatif à la protection de l'environnement en Antarctique* (Revue Generale de Droit International Public, 2003, p. 907 s.).

essa Convenção inaceitável, e que o continente deve ser considerado um "parque mundial", ou então *patrimônio comum da humanidade*.[705]

A Resolução 2749 (XXV) da Assembleia geral das Nações Unidas declara os fundos marinhos, abaixo do paralelo 60º como patrimonio comum da Humanidade. Ainda que a efetivação deste desiderato, tenha de ser assegurada, representa notável avanço que tenha passado a integrar o direito internacional positivo, como parte do regime aplicável aos fundos oceânicos, nos termos da Parte XI da Convenção das Nações Unidas sobre o direito do mar.[706]

Cumpre ressaltar a complementariedade entre o tratado original de 1959 e as demais convenções celebradas, com relação ao meio ambiente e aos recursos da Antártica.[707] Estas merecem ser, ao menos brevemente, referidas.

Ao tratado de Washington, de 1959, cabe acrescentar as peças mais relevantes do quadro jurídico internacional vigente,[708] especificamente em relação à Antártica, tais como:

- a **Convenção para a conservação das focas antárticas**, assinada em Londres, em 1º de junho de 1972, em vigor desde 11 de março de 1978;

[705] Para a caracterização do conceito e da evolução deste, v. cap. XX – espaços internacionais: de *res nullius* a patrimônio comum da humanidade; v. tb. R. Bermejo, **L'Antarctique et ses ressources minérales: le nouveau cadre juridique** (Paris: PUF / publications de l'Institut Universitaire de Hautes Études Internationales de Genève, 1990).

[706] Cf. cap. XXIII – fundos oceânicos.

[707] J. Bacelar Gouveia, **Manual de direito internacional público** (Rio de Janeiro: Renovar, 2005, n. 115, p. 525-527, cit. p. 527): "a preocupação com a Antártica não terminou com o tratado de Washington" e assinala as convenções de Londres, de 11 de fevereiro de 1972, para a proteção das focas na região, bem como a de Camberra, de 20 de maio de 1980, genericamente protegendo a fauna e a flora marinhas da Antártica. V tb. R. Puceiro Ripoll, *En busqueda de un nuevo equilibrio: 'el protocolo al tratado antartico sobre protección del medio ambiente antartico* (in **Hector Gros Espiell Amicorum Liber**, Bruxelas: Bruylant, 1997, vol. II, p. 1227-1260); J. F. Dobelle, *Bilan des travaux du groupe Wolfrum sur le régime de la responsabilité en cas de dommages causés à l'environnement dans l'Antarctique* (AFDI, 1997, p. 716).

[708] A aplicação da Convenção de Camberra, de 1980, deve compatibilizar-se com a Convenção internacional para a caça de baleia, de 1946, com alterações posteriores bem como a Convenção para a conservação das focas antárticas, de 1972, referidas, supra, no cap. XXII – alto mar.

- a **Convenção para a conservação dos recursos vivos da antárticos**, assinada em Camberra, em 20 de maio de 1980, em vigor desde 7 de abril de 1982;
- a **Convenção para a regulamentação das atividades sobre recursos minerais antárticos**, celebrada em 2 de junho de 1988, e
- o **Protocolo ao tratado antártico para a proteção do meio ambiente**, adotado em Madri, em 4 de outubro de 1991, com seis anexos, sobre I – Avaliação do impacto sobre o meio ambiente, II – Conservação da fauna e flora antártica, III – Eliminação e tratamento de resíduos, IV – Prevenção de poluição marinha, V – Proteção e gestão da Área, VI – Responsabilidade decorrente de emergências ambientais,[709] vigentes tais anexos não somente entre os membros consultivos,[710] bem como

[709] A necessidade de complementar as normas de direito internacional costumeiro levou os estados a adotar instrumentos multilatarais visando questões ambientais, seja em relação a certas atividades, com riscos relevantes de causar graves danos, tais como a operação de instalações nucleares, ou o transporte de petróleo ou outras substâncias por via marítima, bem como em relação a ertas áreas particularmente sujeitas a poluição ambiental, como por exemplo, a Antártica, apontam A. Boyle and J. Harrison, *Environmental Accidents* (in **Encyclopedia of public international law**, 2012, vol. III, p. 531-540, E – Environmental accidents in Antarctica, cit. § 36-38): cf. estipula o art. 1º do Anexo VI do Protocolo Tratado da Antártica, este se aplica somente a emergências relacionadas com pesquisa científica, inclusive expedições e estações, pessoal militar, apoio logístico e turismo, independentemente de serem tais atividades desenvolvidas por agentes governamentais ou não governamentais. Mas não se aplica a atividades ilegais ou não autorizadas, tais como o alijamento ou descarte de lixo radioativo ou outros materiais, em violação ao Tratado da Antártica ou à Convenção da Basiléia sobre controle de movimentos transfronteiriços de resíduos perigosos e seu depósito (adotada em 1989, em vigor desde 1982). Tampouco se aplica a atividades não ilegais, mas não abrangidas pelo regime de licenciamento pelos estados, nos termos do Tratado da Antártica. De tal modo: "Accidents caused by fishing vessels, oil tankers, or other ships unrelated to Antarctic Treaty activities will thus remain outside the scope of Annex VI Antarctic Treaty Protocol."

[710] Dentre os estados partes do Tratado de 1959, com status de membro consultivo, que são também partes do Protocolo sobre meio ambiente, em vigor desde 14 de janeiro de 1998: África do Sul, Alemanha, Argentina, Austrália, Bélgica, Brasil, Bulgária, Chile, China, Coréia, Equador, Espanha, Estados Unidos, Finlândia, França, Índia, Itália, Japão, Noruega, Nova Zelândia, Países Baixos, Peru, Polônia, Reino Unido, República Tcheca (desde 24.09.04), Rússia, Suécia, Ucrânia (desde 24.06.01) e Uruguai.

entre vários outros estados parte do Sistema do Tratado da Antártica.[711]

Todas essas convenções tiveram como missão principal, no contexto de temas específicos, a proteção do meio ambiente antártico, buscando também em parte a regulação de aspectos econômicos, e a eventual utilização de recursos de área de características especiais. Cabe lembrar que nada a respeito dos aspectos ambientais tinha sido contemplado, quando da adoção do tratado original, em 1959.[712]

Pode-se deduzir a importância atribuída à conservação ambiental no âmbito do sistema da Antártica, onde se elaborou e se desenvolveu a proteção do meio ambiente antártico, bem como seus ecossistemas dependentes e associados, em regime jurídico que pode ser qualificado de excepcional, na comunidade internacional.[713] A extrema vulnerabilidade dos ecossistemas antárticos e o impacto prolongado de qualquer dano ambiental em razão das condições de frio extremo permanente no continente austral exigem padrão de gestão desses riscos de maneira consentânea às necessidades.

A seguir se pode passar à consideração da situação distinta da vigente em relação ao continente antártico, no caso dos arquipélagos antárticos e das respectivas zonas marítimas (24.1.2).

[711] Além dos membros consultivos, são também estados parte do **Protocolo sobre meio ambiente** ao **Tratado da Antártica**: Áustria (14.01.98), Belarus (desde 15.08.08), Canadá (desde 13.12.03), Colômbia (desde 14.03.20), Grécia (14.01.98), Malásia (desde 14.09.16), Mônaco (desde 31.07.09), Paquistão (desde 31.03.12), Portugal (desde 10.10.14), Romênia (desde 05.03.03), Suíça (desde 01.06.17), Turquia (desde 27.10.17), Venezuela (desde 31.08.14).

[712] R. Puceiro Ripoll, *En busqueda de un nuevo equilibrio: 'el protocolo al tratado antartico sobre protección del medio ambiente antartico* (in **Hector Gros Espiell Amicorum Liber**, Bruxelas: Bruylant, 1997, vol. II, cit. p. 1233-1234): "El tratado Antártico nada prevé en matéria de utilización de recursos en la Zona, por considerársela tal vez inconcebible, innecesaria o remota al momento de su negociación. No olvidemos además que el tema de los recursos está intimamente relacionado con los problemas de reclamaciones territoriales o de otro tipo, punto que ya se dijera quedara inicialmente sometido a una moratoria."

[713] V. tb. cap. XXV – direito internacional dos espaços e emergência da proteção internacional do meio ambiente.

24.1.2. Arquipélagos antárticos e as respectivas zonas marítimas

> Em relação às águas adjacentes à Antártica, os estados partes ao Tratado da Antártica, assinado em 1º de dezembro de 1959, em vigor em 23 de junho de 1961, concordaram em não formular novas reivindicações de soberania territorial, nem ampliar as existentes. Isso preclui a instauração de zonas econômicas exclusivas. Antigas reivindicações, que poderiam se estender a áreas do mar, estão suspensas, em razão do Tratado da Antártica e, de tal forma, enquanto este estiver em vigor, todas as águas adjacentes à Antártica ou são alto mar ou deveriam ser assimiladas ao alto mar.
>
> T. TREVES (2012)[714]

> São estes os únicos pontos de apoio estatais exclusivos, verdadeiramente seguros, na região, nesta fase atual.
>
> J.-P. PANCRACIO (1997)[715]

Se o regime de internacionalização e de exclusão das pretensões de soberania de qualquer estado tem sido uniformemente interpretado e aplicado, em relação ao continente antártico, a situação é diversa em relação às ilhas integrantes dos arquipélagos antárticos e das suas respectivas zonas marítimas. Em relação às partes insulares da Antártica consolidou-se estado de aceitação tácita da situação de fato, com acomodação das pretensões de soberania – ainda calcadas em afirmações de 'direitos', decorrentes de 'descobrimento', 'ocupação' e 'administração efetiva'.[716]

[714] Tullio TREVES, *High Seas* (in **Encyclopedia of Public International Law**, 2012, vol. IV, p. 795-804, cit. § 7).

[715] «Ce sont donc les seuls points d'appui étatiques exclusifs vraiment sûrs à l'heure actuelle dans cette région», J.-P. PANCRACIO (op. cit. 1997, 'L'Antarctique', p. 213-231, cit. p. 219): «Néanmoins l'existence de souveraineté sur les archipels antarctiques pose une difficulté : celle de délimitation des zones économiques exclusives autour des archipels antarctiques, en application de la Convention de Montego Bay sur le droit de la mer.»

[716] V. cap. I – evolução do conceito e do tratamento do território no direito internacional, cap. II – soberania e território do estado, cap. III – legalidade e efetividade: título jurídico em contencioso territorial e cap. IV – competências territoriais do estado; v. tb. M. KOHEN and M. HÉBIÉ, *Territory, Acqusition* (in **Encyclopedia of Public International Law**, 2012,

São exemplos de ilhas e arquipélagos[717] antárticos e subantárticos:

- as ilhas australianas Macquarie e Heard,
  A ilha Macquarie se situa na Oceania, no Pacífico sul, entre a Nova Zelândia e a Antártica, politicamente é parte da Tasmânia, Austrália, desde 1900, tornou-se *Tasmanian State Reserve*, em 1978 e integra o patrimônio mundial – *UNESCO World Heritage Site*, desde 1997, tem área total de 128 quilômetros quadrados, não tem população permanente, contando com cerca de 20 a 40 pessoas por ano, na Macquarie Island Station, mantida pela Australian Antarctic Division. Ecologicamente integra a *Antipodes Subantarctic Islands tundra ecoregion*.[718]
  A ilha Heard e as ilhas McDonald (HIMI) são arquipélago de ilhas antárticas, de origem vulcânica, predominantemente sem vegetação, sem população permanente, com área total de 372 quilômetros quadrados. Território australiano desde 1947, contém os dois únicos vulcões ativos da Austrália. São alguns dos lugares mais remotos do planeta, situadas cerca de 4.099 km a sudoeste de Perth, na Austrália, 4200 km a sudeste da África do Sul, a 3830 km a sudeste de Madagascar e a 450 km a sudeste das ilhas Kerguelen, das "terras austrais e antárticas francesas" (TAAF);
- os cinco arquipélagos das ilhas subantárticas neozelandesas – *New Zealand Subantarctic Islands*, incluindo seus respectivos mares territoriais são patrimônio mundial – *UNESCO World Heritage Site* – abrangem os cinco grupos situados mais ao sul, dentre as *New Zealand Outlying Islands*:[719] Antipodes Islands, Auckland Islands,

vol. IX, p. 887-900), M. Kohen and M. Hébié, *Territory, Discovery* (in **Encyclopedia of Public International Law**, 2012, vol. IX, p. 900-904).

717 V. tb. o item 5.4 – ilhas e cap. XVI – estados arquipélagos.

718 A *Antipodes Subantarctic Islands tundra ecoregion*, se situa no bioma tundra, e inclui além da ilha Macquarie da Austrália também vários arquipélagos remotos do Pacífico sul, ao sul da Nova Zelândia: Antipodes Islands, Auckland Islands, Bounty Islands e Campbell Islands.

719 As *New Zealand outlying islands* são nove arquipélagos, situados nas regiões subtropical e subantártica, integram a Nova Zelândia, estão além do mar territorial das costas principais, não fazem parte de qualquer região ou distrito, sendo assim denominadas *Area outside territorial authority*, excetuadas as ilhas Chattam, que constituem autoridade territorial própria – *Island Council*, e as ilhas Solander, que integram a Southland Region e o Southland

Bounty Islands, Campbell Islands e Snares Islands ou *Tini Heke*, com área total de 764,8 quilômetros quadrados.

As Antipode Islands – em maoria, *Moutere Mahue*, ou 'ilha abandonada', são ilhas vulcânicas, inóspitas e desabitadas, em águas subantárticas, ao sul e territorialmente parte da Nova Zelândia, com 21 quilômetros quadrados de área.

As Auckland Islands – em maori, *Motu Maha*, 'muitas ilhas' ou *Maungahuka*, 'montanha nevada', são arquipélago neozelandês, cuja ilha principal tem 510 quilômetros quadrados, com numerosas ilhas menores, alcançam superfície total de 626 quilômetros quadrados: Adams Island, Enderby Island, Disappointment Island, Ewing Island, Rose Island, Dundas Island e Green Island, nenhuma das quais tem habitantes humanos em caráter permanente.

As Bounty Islands – em maori, *Moutere Hauriri*, ilha do vento bravo, são pequeno arquipélago de 13 ilhotas graníticas desabitadas, com área total de 135 hectares (330 acres).

As ilhas Campbell – *Motu Ihupuku* – é a ilha principal, desabitada, com 112,68 do total de 113,31 quilômetros quadrados do arquipélago do mesmo nome – *Campbell Island Group*, com numerosas ilhotas, tais como Dent Island, Folly Islands, Isle de Jeanette-Marie e Jacquemart Island, tem o status jurídico de *Área Outside Territorial Authority*.

As ilhas Snares – *Tini Heke* – são pequeno grupo de ilhas desabitadas, com área total de 3,5 quilômetros quadrados: a principal é a North East Island, e as menores são Broughton Island e as Western Chain Islands, também parte da *Area Outside Territorial Authority*.

Além destes cinco arquipélagos, as Balleny Islands, arquipélago subantártico tecnicamente considerado como parte da Ross Dependency, são abrangidas pelo Sistema do Tratado da Antártica;

– as "terras austrais e antárticas francesas" (TAAF) –[720] territórios administrados a partir de Saint-Pierre, na ilha da Reunião – abran-

District. Diversamente dos outros oito arquipélagos, as ilhas Kermadec, situadas ao norte da Ilha norte, são as únicas que não se situam na plataforma continental da Nova Zelândia.

[720] TAAF – Terres australes et antarctiques françaises, com o estatuto de «Territoire d'outre-mer», têm população de zero habitantes e densidade demográfica de zero

gem: as ilhas Saint-Paul e Nova Amsterdã, as ilhas Kerguelen, o arquipélago Crozet - estes "três distritos históricos das terras austrais francesas" são atualmente a maior reserva natural da França e uma das maiores áreas marinhas protegidas no mundo, cujo perímetro da reserva natural foi igualmente inscrito como patrimônio mundial da UNESCO, em 5 de julho de 2019.

A estes se somam ainda as Ilhas esparsas do oceano Índico - *Îles éparses de l'océan Indien*, distrito administrativo das TAAF, são parcialmente reivindicadas também por Madagascar, as ilhas Comores e Maurício - abrangem: as ilhas Europa, Bassas da Índia e Juan de Nova, no canal de Moçambique, as ilhas Gloriosas e o recife de Tromelin, respectivamente ao norte e a leste de Madagascar.[721]

A Resolução da Assembleia geral das Nações Unidas n. 34/91 não contestou a alegação francesa de ocupação de *terra nullius*, a ocupação malgache anteriormente à tomada de posse pelos franceses não foi considerada comprovada e a contiguidade, por si só, não configura título territorial válido. Mas a Resolução AGNU 1514 (XV) de 14 de dezembro de 1960, declarou ilegal qualquer tentativa visando a ruptura total ou parcial da integridade territorial de um país, e a Declaração sobre relações amistosas, nos termos da Resolução AGNU 2625 (XXV) de 24 de outubro de 1970,

habitantes por quilômetro quadrado. "Les Terres australes et antarctiques françaises, abrégées par l'acronyme TAAF, constituent une collectivité *sui generis*, située en outre-mer, créée par une loi du 6 août 1955. Elles sont mentionnées dans l'article 72-3 de la Constitution française."

[721] Antje UNGERN-STERNBERG, *Eparses Islands* (in **Encyclopedia of public international law**, 2012, vol. III, p. 597-600, cit. § 1 and 2): "The Eparses Islands are five unpopulated West Indian Ocean islands administered and claimed by France, whose territorial sovereignty has been disputed since decolonization. Juan de Nova (5 square kilometres), Europa (30 square kilometres), Bassa da India (c. 1 square kilometre), and the Glorieuses (6 square kilometres) located in the Mozambique Channel west of Madagascar and east of Mozambique, are also claimed by Madagascar. The reef of Tromelin (1 square kilometre), situated east of Madagascar and north of Mauritius and Reunion, is claimed by Mauritius too. Since 2005, the Eparses Islands form a district of the French Southern and Antarctic Lands, after being administered by the prefect of the overseas department of Reunion."

novamente enfatizou o respeito da integridade territorial de todos os estados.[722]

As Ilhas esparsas garantem presença francesa no oeste do oceano Índico, com pequenos destacamentos militares, e permitem à França monitorar a rota de navegação pelo canal de Moçambique. As estações meteorológicas em todas as ilhas, com exceção de Bassas da Índia, desempenham papel crucial para o tráfego marítimo e aéreo. A zona econômica exclusiva das ilhas explica seu extraordinário valor econômico: por uma lei de 1976 e um decreto de 1978, a França declarou que exerceria direitos sobre área de cerca de 640.000 quilômetros quadrados, em torno das Ilhas esparsas, bem como da Reunião, Mayotte e das TAAF.[723]

Diversamente da situação de Mayotte, cujos habitantes votaram pela integração territorial com a França, em 1974 e novamente em 2009, geralmente se considera que o princípio de autodeterminação não se aplicaria em relação às desabitadas Ilhas esparsas.

O recife de Tromelin é reivindicado pelas ilhas Maurício, com base no Tratado definitivo de paz e amizade, entre a Áustria, Grã-Bretanha, Portugal, Prússia, Rússia e Suécia com a França, em 30 de maio de 1814. As ilhas Maurício, antes denominadas Isle de France, eram uma colônia francesa até 1810 e colônia britânica, a partir de então. O Tratado de 1814 estipulou que as colônias francesas conquistadas durante as guerras napoleônicas deveriam ser devolvidas à França, mas as ilhas Maurício e suas dependências Rodrigues e as Seychelles seriam cedidas para o Reino Unido.

[722] A. Ungern-Sternberg, *Eparses Islands* (in **Encyclopedia of public international law**, 2012, vol. III, p. 597-600, cit. § 7): "By charging France with an infringement upon the sovereignty and territorial integrity of Madagascar, the General Assembly effectively affirmed that state succession in cases of decolonization is governed by the principle of *uti possidetis* – and that a colonial power is barred from unilaterally carving out parts of the colonial territory in the process of decolonization."

[723] A. Ungern-Sternberg, *Eparses Islands* (in **Encyclopedia of public international law**, 2012, vol. III, p. 597-600, E – Assessment, cit. § 9): "The Eparses Islands provide a good example of the conflicting interests between a former colonial power retaining parts of the colonial territory for political and economic reasons, and its former colony invoking territorial integrity and *uti possidetis*. The French claim to the Eparses Islands, however, based on effective occupation and and implicit Malgasy recognition appears to be well founded."

Segundo as ilhas Maurício, qualquer potencial reivindicação da França ao recife de Tromelin, com base no descobrimento ou ocupação efetiva, terminou em 1814, quando o recife foi cedido para o Reino Unido, como uma dependência de Maurício. Mas essa interpretação pressupõe que Tromelin era considerada uma dependência de Maurício - o que não é corroborado nem pelo Tratado de 1814, nem pela posterior prática dos estados, considerando que o recife nunca foi reclamado pelo Reino Unido. Por sua vez, a França, além do argumento de título jurídico em razão do descobrimento, pode basear a sua pretensão de soberania, se não pela anexação em 1896 (na mesma altura em que foi estabelecido o regime colonial em Madagascar), com base na ocupação efetiva desde 1954.[724]

Com relação à terra Adélie, área reivindicada pela França no continente antártico (24.1), seu regime de gestão tem de observar os parâmetros estipulados pelo Sistema do Tratado da Antártica;

- as ilhas sul-africanas do Príncipe Eduardo (as duas pequenas ilhas receberam esse nome por homenagem ao príncipe Edward 1767-1820, duque de Kent e Strathearn) e a ilha Marion (recebeu esse nome por homenagem a Marc-Joseph Marion du Fresne), situam-se a sudeste do cabo da Boa Esperança, classificam-se como subantárticas, têm área total de 317 quilômetros quadrados, integram a província de Western Cape e são administradas pela municipalidade da Cidade do Cabo, foram declaradas *Special Nature Reserves* nos termos do *South African Environmental Management – Protected Areas Act No. 57*, de 2003, de modo que as atividades nas ilhas se restringem a pesquisa e gestão de conservação, com proteção adicional conferida, desde 2013, quando foi declarada Área de proteção marinha, os únicos habitantes humanos, em caráter temporário, são pesquisadores, biólogos e meteorologistas, na estação de pesquisa gerenciada pelo *South African National Antarctic Programme* na ilha Marion;
- a ilha norueguesa de Bouvet – *Bouvetoya*, no oceano austral, é uma das ilhas mais isoladas do mundo, tem 89% do seu território, de

[724] A. Ungern-Sternberg, *Eparses Islands* (in **Encyclopedia of public international law**, 2012, vol. III, p. 597-600, D – The Mauritius claim to the Island of Tromelin, cit. § 8).

49 quilômetros quadrados, coberto de gelo, situada a 2500 km a sudoeste do cabo da Boa Esperança, na África do Sul, 1600 km da ilha Gough e 1700 km ao norte da costa de Droning Maud Land – não é parte da Antártica, por não estar dentro do limite de latitude 60º sul, classifica-se como subantártica, descoberta em 1739, foi anexada pela Noruega em 1928, desde 1935 conta com regime legal de proteção das focas e desde 1971 tem o estatuto de reserva natural;

- as ilhas antárticas ou subantárticas controladas pelo Reino Unido, além das Falkland-Malvinas (24.1.2.1), contam-se ainda as desabitadas ilhas South Georgia-Georgia del Sur e ilhas South Sandwich-Sandwich del Sur, situadas a mais de 700 milhas a sudeste das Falklands-Malvinas e que antes a estas se integravam – como parte das *Falkland Island Dependencies* – e são, atualmente, outro Território britânico de além mar – conforme o *South Georgia and South Sandwich Islands Order* de 1985, ambas passaram a constituir *British Overseas Territory*, separado. Contudo, o 'governador' das Falkland Islands continua a ser o *Commissioner of South Georgia and South Sandwich*.

  Ademais, as ilhas Orkney do Sul, Shetland do Sul e Graham Land, que originalmente também eram parte do mesmo Território britânico de além mar – *British Overseas Territory* das *Falkland Island Dependencies* – agora compõem o Território antártico britânico – *British Antarctic Territory* –[725] este foi formalmente estabelecido por lei – *the British Antarctic Territory Order in Council 1962/400*, que entrou em vigor em 3 de março de 1962 e o define como "todas as ilhas e quaisquer territórios entre 20º de longitude oeste e 80º de longitude oeste, situados ao sul do paralelo 60º sul" – o que

[725] British Antarctic Territory – "The official website from the Government of the British Antarctic Territory, with full recognition of Article IV of the Antarctic Treaty" – britishantarcticterritory.org.uk. The British Antarctic Territory is the UK's largest Overseas Territory. It lies in Antarctica, the world's most southerly continent. / Sir Ernest SHACKLETON (1874-1922) – As part of a regular series on the meaning of place-names in the Territory, this latest edition focuses on Sir Ernest SHACKLETON. 5 January 2022 marked the centenary of Sir Ernest SHACKLETON's death. The explorer has been commemorated in place names across South Georgia and the Antarctic; there are over 250 either associated with SHACKLETON himself ... – published 20 January 2022. Acesso em 12.02.22.

> inclui as ilhas Shetland do sul, as ilhas Orkney do sul e a península Antártica, com um setor do continente, que se estende até o pólo sul".[726]

Situação totalmente diversa de 'posse mansa e pacífica' se dá no caso das Falklands-Malvinas, bem como as ilhas Georgia do sul e Sandwich do sul, cuja titularidade britânica é contestada pela Argentina.[727] Exceto nestes, em relação aos demais casos, as afirmações de soberania, feitas no curso do século XIX não suscitaram objeções, nem contestações. Mas a determinação da soberania sobre tais ilhas e arquipélagos não exclui a questão da delimitação das respectivas zonas marítimas,[728] em aplicação da Convenção das Nações Unidas sobre o direito do mar, de 1982.[729]

Trata-se de questão tanto mais específica e importante na medida em que, com exceção de tais arquipélagos, é livre o acesso à Antártica, por mar, visto não haver soberania sobre o continente, em razão do regime de internacionalização, estipulado pelo Tratado de Washington, de 1959.

[726] British Antarctic Territory – britishantarcticterritory.org.uk. "The permanent UK presence in Antarctica began with operation *Tabarin* during the Second World War: the 14-man Admiralty expedition was led by Lieutenant James MARR. They departed from the Falklands in January 1944. The mission had multiple objectives including frustrating any enemy activity in the region, strengthening British territorial claims and collecting scientific data. Bases were initially established on Deception Island, a natural harbour in the South Shetland Islands and at Port Lockroy just off the Antarctic Peninsula. After the war the bases were manned by the Falkland Islands Dependency Survey (FIDS) which subsequently became the British Antarctic Survey (BAS) in 1962". Indica como fontes adicionais sobre as explorações na Antártica: UK Antarctic Heritage Trust, Polar Museum at the Scott Polar Research Institute, Polar Gallery at the National Maritime Museum, Greenwich. Acesso em 12.02.22.

[727] Cf., a seguir, o item 24.1.2.1. 'o caso das Falklands-Malvinas'.

[728] A respeito da delimitação das zonas marítimas, v. cap. IX – domínio marítimo: evolução conceitual, cap. X – águas e mares interiores, cap. XI – mar territorial e zona contígua, cap. XII – zona econômica exclusiva, cap. XIII – plataforma continental, mas, sobretudo, cap. XVI – estados arquipélagos. É relevante lembrar que o regime especificamente aplicável a estes estados é excluido em relação a arquipélagos ditos 'não-soberanos', como seria o caso das ilhas australianas, francesas e sul-africanas na região antártica.

[729] J.-P. Pancracio (op. cit., 1997, loc. cit.): «Par le fait même supprimés tous problèmes de délimitation de ces zones, en particulier celui de la définition aléatoire de lignes de base sur une côte aux contours rendus mouvants par l'effet de l'évolution saisonnière de la glaciation.»

Se não há soberania, consequentemente não pode haver nem mar territorial, nem zona contígua, nem zona econômica exclusiva.

Estariam fora do regime convencional específico, os espaços de alto-mar, que se encontram na região antártica, tal como esta foi delimitada pelo Tratado de Washington, de 1959. Em seu artigo VI, salvaguardam-se os direitos, bem como o exercício de tais direitos, reconhecidos a todos os estados, pelo direito internacional. Aqui se faz remissão ao regime do direito internacional geral? Cabe indagar quais seriam essas normas gerais, passíveis de serem invocadas para legitimar a 'ocupação' de territórios que não permitem ocupação permanente!

Existe, assim, parte da zona antártica, abrangida pelo regime estipulado pelo Tratado de Washington, de 1959, e outra parte que escapa de tal regime internacionalizado, especificamente estipulado como aplicável ao continente antártico. A zona de alto-mar, entre o continente antártico e o paralelo 60º, escapa ao regime de exclusividade de acesso, que os membros consultivos, enquanto partes signatárias do Tratado de Washington, de 1959, se reservaram, em relação ao espaço terrestre.[730]

O alto-mar antártico é livre. Desse modo, ao fazer a distinção entre o alto-mar e o resto da região, o tratado não excluiu que outros espaços marítimos[731] pudessem, assim, existir.

A seguir se pode passar ao exame do caso das Falklands-Malvinas (24.1.2.1). Exemplo de quanto podem ser complexas as questões de determinação da soberania territorial.[732]

24.1.2.1. Caso das Falklands-Malvinas

Poucas controvérsias de soberania são tão difíceis de tratar quanto a das ilhas Falklands-Malvinas. Esforços diplomáticos sem resultados para solucionar a controvérsia de soberania sobre as ilhas se estendem por mais de 200 anos, embora a Argentina e o Reino Unido tenham negociado

[730] F. Orrego Vicuña e M. T. Infante, *Le droit de la mer dans l'Antarctique* (RGDIP, 1980, p. 340).

[731] M. Scerni, **Les espaces maritimes et le pouvoir des états** (RCADI, 1967, t. 102, p. 107-172).

[732] V. tb., *supra*, cap. III – legalidade e efetividades: título jurídico em contencioso territorial, cap. IV – competências territoriais do estado, cap. VI – modos de aquisição e de perda do domínio do estado sobre o território.

seriamente pela primeira vez somente entre 1965 e 1982. Em 1982, a tensão gerada pela acalorada controvérsia territorial levou a conflito armado de dois meses.

Michael WAIBEL (2012)[733]

"Las Malvinas son argentinas."

cartazes no caminho entre o Aeroporto de Ezeiza
e a cidade de Buenos Aires

Diverso da situação das demais ilhas antárticas, anteriormente mencionadas, no caso das Falklands-Malvinas, ocorre ser a titularidade britânica contestada pela Argentina.[734] O caso, por não comportar solução fácil, mereceria sucinto exame – e possível paralelo[735] com o caso envolvendo a ilha da Trindade (27.10).

Objeto de longa e todavia não solucionada controvérsia entre o Reino Unido e a República Argentina. A pretensão argentina de soberania sobre as ilhas se baseia no *uti possidetis*, que decorreria da aquisição territorial original,[736] com ocupação continuada pela Espanha, de 1764 a

[733] Michael WEIBEL, *Falkland Islands/Islas Malvinas* (in **Encyclopedia of public international law**, 2012, vol. III, p. 1112-1119, cit. § 1).

[734] Marcelo KOHEN, *The Malvinas Island Dispute and International Law* (lecture on 23 October 2014 at Unesco Amphitheatre, University of Nicosia, Chipre); tb. M. KOHEN e Facundo D. RODRIGUEZ, **Las Malvinas entre el derecho y la historia** (Buenos Aires: Eudeba, 2016); e ainda, M; KOHEN, **Possession contestée et souveraineté territoriale** (Paris: PUF - publ. de l'Institut de hautes études internationales, 1997), que recebeu o prêmio Paul Guggenheim, em 1997.

[735] V., *infra*, item 27.10 'questão da ilha da Trindade', para fazer paralelo com a situação contestada das ilhas Flaklands-Malvinas. Duas teses se opuseram, em torno da questão da Ilha da Trindade. Uma em favor da arbitragem, outra em favor da negociação direta. Os partidários da primeira "lembrando o caso semelhante da ocupação inglesa das Ilhas Malvinas, ao longo da costa da Patagônia, pertencentes à Argentina e que, até hoje, passaram a ser as ilhas inglesas de Falkland, apesar dos diversos protestos de nossos vizinhos, e opinando que, somente por meio de uma arbitragem, se a Inglaterra se quisesse a ela submeter, poderia haver possibilidade de recuperarmos o domínio da ilha". Submeter a questão a arbitragem significaria reconhecer a existência de dúvida, no tocante à titularidade da ilha pelo Brasil. O que foi considerado inaceitável.

[736] A respeito do *uti possidetis*, ver adiante, cap. XXVII – território brasileiro e direito internacional; v. tb. **Tratado** (tomo X – **Direito internacional no tempo de C. van**

1811, e sucessão à soberania espanhola, a partir da independência, com tomada de posse em 1820 e ocupação até 1833.

Quem primeiro teria avistado as ilhas é objeto de controvérsia entre exploradores portugueses, britânicos, espanhóis e holandeses. Para os britânicos, o descobrimento seria fator importante para determinar o título. Em 1690, o capitão John Strong teria feito o primeiro desembarque documentado nas ilhas.

Estas ilhas no Atlântico sul – abrangendo duas illhas principais, West Falkland-Gran Malvina e East Falkland-Soledad, bem como centenas de ilhotas, em superfície total de cerca de 47.000 milhas quadradas – situadas a cerca de 300 milhas a leste do continente americano, aparentemente descobertas por navegador inglês em 1592, não teriam atraído maior atenção até 1764, quando atos concorrentes, visando a afirmação da soberania, começaram a ser praticados.

Nesse ano de 1764, os franceses criaram o pequeno estabelecimento de *Port Louis*, na ilha East Falkland – *Îles Malouines*. Em 1767 os franceses venderam o seu estabelecimento para a Espanha, mediante compensação de cerca de 600.000 libras francesas. *Port Louis* passou a chamar-se *Puerto de la Soledad*.

Nesse meio tempo, em 1765, os ingleses criaram outro estabelecimento, *Port Egmont*, na ilha de Saunders. O estabelecimento britânico foi conquistado pela Espanha, em 1770. Depois de negociações, em 1771, os dois estados acordaram manter o *status quo*, anterior ao conflito, e devolveram o estabelecimento aos ingleses, sem renunciar às suas respectivas pretensões territoriais.[737]

Em 1774, o estabelecimento britânico foi abandonado, por razões econômicas, mas consta ter sido deixada placa, assinalando a soberania inglesa sobre a ilha. O argumento britânico é no sentido de que essa retirada não representou renúncia aos direitos britânicos sobre as ilhas – conforme registrado na placa deixada no local, na ocasião. E que haveria intenção de retomar a ocupação das ilhas, quando as condições fossem mais favoráveis.

Bynkershoek e Christian Wolff, item – tratado de Madri (1750) e o *uti possidetis*); Maria Teresa Infanti Caffi, *Boundary Disputes in Latin America* (in **Encyclopedia of public international law**, 2012, vol. I, p. 1017-1028).

[737] Em sentido semelhante, cabe lembrar os precedentes: arbitragem da ilha de Palmas e arbitragem da ilha de Clipperton – cf. se examinam, adiante, itens 31.5 e 31.6.

Em 1775, os espanhóis retiraram a placa deixada pelos britânicos, no ano anterior.[738] As ilhas são incorporadas ao Vice reino de Buenos Aires. Houve estabelecimento espanhol na ilha, e essa presença se manteve até quando os espanhóis, por sua vez, deixaram a ilha, em 1811. Também os espanhóis deixaram uma placa, declarando se encontrarem as ilhas sob a soberania do rei da Espanha. Nessa altura, já se desencadeara em Buenos Aires o processo que levaria à independência e ao estabelecimento de um governo nacional. Durante esses nove anos (1811-1820) as ilhas permanecem desabitadas.

Em 1816, as Províncias Unidas do Rio da Prata, a futura Argentina, declaram a independência da Espanha, e procuram assumir as antigas pretensões territoriais espanholas. Quatro anos mais tarde, em 1820, o coronel Jewett toma, formalmente, posse das ilhas, em nome da Argentina, mas sua tripulação permaneceu durante pouco tempo nas ilhas. E estas permaneceram desabitadas e sem qualquer administração.

Em 1825, a Grã-Bretanha reconheceu a independência da Argentina, e os dois estados celebraram o Tratado de amizade, comércio e navegação, em 2 de fevereiro de 1825. Este não faz qualquer menção às ilhas.

Em 1829, a Argentina nomeia um governador para as ilhas. Nesse mesmo ano, os ingleses protestam contra a pretensão argentina de se estabelecer nas ilhas, e reiteram os seus títulos, com base no descobrimento e subsequente ocupação – conforme tinham consignado na placa, deixada na ilha, em 1774.

Em 1831, o governo dos Estados Unidos protestou contra o apresamento, pela Argentina, de navios americanos, na proximidade das ilhas, alegando violação da legislação argentina em matéria de caça a baleias e focas. Nesse mesmo ano, um comando armado americano desembarca em Puerto de la Soledad, dispersa e expulsa os colonos argentinos da ilha, e declara extinta a administração argentina nas ilhas. Somente alguns soldados de Buenos Aires e poucos colonos, de várias nacionalidades, permaneceram no local.

[738] Nos termos do art. 8º da *Nootka Sound Convention* assinada em 28 de outubro de 1790 (texto reproduzido em C.T.S. vol. 51, p. 67), a Grã-Bretanha concordou em se abster de criar estabelecimentos próximos das costas ou ilhas, já ocupadas pela Espanha. Cf. observa M. Waibel (cit., 2012, vol. III, p. 1112-1119, cit. § 5) "the British position is that this agreement left existing claims to sovereignty untouched and was moreover abrogated when Spain declared war on Britain in 1795".

Imediatamente depois da incursão dos americanos, os britânicos reiteram seu protesto de 1829, e decidem retomar o controle das ilhas, temendo que os americanos lá se instalassem. Em janeiro de 1833, o capitão Onslow desembarca em Port Egmont, os ingleses recapturam as ilhas, e lá encontrando o pequeno estabelecimento argentino em Puerto de la Soledad, os argentinos se retiram sob protesto, mas sem oferecer resistência. O governo de Buenos Aires protestou, ao tomar conhecimento dessa retirada.

Os britânicos lá permanecem desde então. Estes argumentam estar amparados pelo descobrimento, pelo estabelecimento de administração efetiva, pela presença continuada – ininterrupta durante os últimos 190 anos – bem como pelo princípio da autodeterminação, ou seja que deve ser a vontade dos habitantes das ilhas a decidir à qual estado estes desejam pertencer.[739] O que é facilmente previsível, dado que a 'população', em sua quase totalidade, é composta por britânicos, declaradamente favoráveis à manutenção da presença britânica no arquipélago. São estes em torno de 3.000 habitantes bem como cerca de 500 militares britânicos.

A Argentina nega a validade desses argumentos britânicos. Sustenta ter adquirido esses antigos territórios coloniais da Espanha, com base no *uti possidetis*. Nessa linha, a Grã-Bretanha teria violado a integridade territorial da Argentina, em 1833, e o uso da força teria inquinado de nulidade os atos de administração subsequentemente praticados pelos britânicos, invalidando o título jurídico para legitimar a presença destes nas ilhas.

A Argentina também nega a validade do argumento da autodeterminação dos povos, pelo fato dos habitantes das ilhas não serem nativos da região, mas colonos ingleses para lá transplantados, e que os anteriores colonos argentinos foram expulsos, em 1833. Ademais, a Argentina reiteradamente formula notas de protesto, quando os britânicos estendem às ilhas o âmbito de aplicação de tratados, celebrados pelo Reino Unido.

[739] "The islanders have so far rejected all proposals that would give Argentina any authority over the islands" comenta M. Weibel, *Falkland Islands/Islas Malvinas* (in **Encyclopedia of public international law**, 2012, vol. III, p. 1112-1119, cit. § 8) e acrescenta: "Self-determination became increasingly important in the U.K.'s relations with its overseas territories, though its practical weight varies – it is a central factor for the Falklands and Gibraltar, but has played virtually no role for the British Indian Ocean Territory."

Nos pleitos apresentados à Comissão de limites da plataforma continental, nos termos da Convenção das Nações Unidas sobre o direito do mar, ambos os estados reafirmam a sua soberania sobre as ilhas. Em 2009, durante a 24ª sessão dessa Comissão, o representante argentino informou que a Argentina sustenta sua "legítima e imprescritível soberania sobre as Islas Malvinas, Georgias del sur, Sandwich del sur, bem como as correspondentes ilhas e áreas marítimas, como parte do território nacional". O Reino Unido firmemente rejeitou os pleitos argentinos sobre as ilhas Falkland, bem como sobre as ilhas Georgia do sul e Sandwich do sul, e enfatizou não haver qualquer dúvida sobre a sua soberania sobre as ilhas e as áreas marítimas circundantes.[740]

Tem status legal de Território britânico de além mar – *British Overseas Territory* –, com sua própria Constituição e governo interno autônomo. São também território associado à União Europeia, conforme o Anexo II, nos termos do art. 355 do Tratado sobre o funcionamento da União Europeia. O Reino Unido assegura as relações exteriores das ilhas.

Para a Argentina, a Constituição estipula que as ilhas integram a província da Terra do Fogo, Antártica e ilhas do Atlântico sul. As Nações Unidas, por sua vez, consideram as ilhas como território não dotado de governo próprio – *Non-self-governing territory* – sujeito a descolonização.

As desabitadas ilhas South Georgia-Georgia del Sur e ilhas South Sandwich-Sandwich del Sur, situadas a mais de 700 milhas a sudeste das Falklands-Malvinas e que antes a estas se integravam – como parte das *Falkland Island Dependencies* – são atualmente outro Território britânico de além mar – nos termos do *South Georgia and South Sandwich Islands Order* de 1985 ambas passaram a constituir *British Overseas Territory*, separado. O governador das Falklands Islands continua a ser o *Commissioner of South Georgia and South Sandwich.*

As ilhas Orkney do Sul, Shetland do Sul e Graham Land originalmente também eram parte do mesmo Território britânico de além mar – *British Overseas Territory* das *Falkland Island Dependencies* – mas agora compõem o Território antártico britânico – *British Antarctica Territory.*

740 Commission on the Limits of the Continental Shelf CLCS/64, § 74 e CLCS/66. Ambos os países também apresentaram *notes verbales* à Comissão, reafirmando seus pleitos: *Note verbale* from the United Kingdom on 6 August 2009; *Note verbale* from Argentina on 20 August 2009.

A Argentina e as Nações Unidas tendem a tratar as ilhas Falklands, South Georgia and South Sandwich como um conjunto de territórios que todavia não alcançaram autogoverno,[741] enquanto as autoridades britânicas enfatizam as distinções entre os vários conjuntos.

A ocupação das ilhas se conecta com pretensões de ambos os estados que se estendem ao continente Antártico: como ponto de acesso à Antártica e ao cabo Horn, e com grande potencial de recursos naturais nos mares circundantes, as ilhas tem relevância estratégica e econômica.

Sucessivas rodadas de negociação aconteceram, de maneira intermitente, com destaque para os períodos 1966-68, 1971-73 e 1977-79. Especialmente nessa última rodada foram intensas as negociações e havia a perspectiva de ser alcançado algum entendimento relativamente à soberania sobre as ilhas. Dentre as ideias então cogitadas, falou-se em congelar as pretensões de soberania, de maneira equivalente ao que foi feito em relação aos pleitos relativos à Antártica (24.1.1), bem como estipular modelo de gestão nos termos do adotado para Hong Kong (7.1.1.1). Apesar da dificuldade em alcançar entendimento relativamente à questão da soberania, tinham sido alcançados progressos em questões práticas como cooperação econômica e diversas questões técnicas.

Em 1971, ambos os países assinaram acordos relativos a comunicações marítimas e aéreas, serviços postais e assistência médica para os habitantes das Falklands na Argentina. Em 1974, diversas medidas foram adotadas, visando facilitar o comércio, inclusive com previsão de abastecimento de combustível à ilha pela companhia petrolífera estatal argentina. Naquela altura, estreita cooperação econômica com a Argentina era vista como essencial para o bem estar dos habitantes da ilha.

[741] The UN General Assembly has consistently urged Argentina and the United Kingdom to negotiate 'all aspects on the future of the Falkland Islands (Malvinas)' as the only way of ending this 'special and particular colonial situation' (UN Special Committee on Decolonization). As of 2011, the islands are one of 16 non-self-governing territories remaining worldwide for the purposes of Art. 73 UN Charter. In UNGA Resolutions 2062 (XX) of 16 December 1965 and 3160 (XXVIII) of 14 December 1973, the UNGA recognized the existence of a territorial dispute, but declined to subscribe to the current inhabitants as a 'population', rather than a 'people', whose interests needed to be borne in mind in solving the sovereignty dispute (in **Encyclopedia of public international law**, 2012, vol. III, p. 1112-1119, cit. § 12).

No início de 1982, o Reino Unido enfatizou que nenhuma solução poderia ser adotada a respeito, sem a concordância expressa dos habitantes das Falklands, assim excluindo qualquer forma de soberania compartilhada.

A desastrada campanha militar argentina de abril de 1982, enviando 1400 soldados para tomar à força as ilhas em nada contribuiu para solucionar a questão. A retomada da posse das ilhas, pelo governo britânico, logo foi seguida da queda do regime militar argentino.

O uso unilateral de força[742] teve como consequência igual tratamento: o Reino Unido para lá deslocou uma considerável força expedicionária, e depois de dez semanas, as tropas britânicas expulsaram das ilhas os militares argentinos. Os dois lados acordaram uma trégua, em junho de 1982. O governador britânico, que tinha sido expulso pelos argentinos, voltou às ilhas em junho de 1982. Os dois lados tiveram perdas significativas: os britânicos tiveram cerca de 250 soldados mortos, e perderam seis embarcações e mais de 30 aeronaves enquanto a Argentina teve mais de 650 mortos, metade dos quais quando o submarino nuclear *HMS Conqueror* afundou o navio *General Belgrano* fora da zona de exclusão marítima.

A opinião unânime da comunidade internacional foi no sentido de que a invasão e ocupação pela Argentina constituíram violação da proibição ao uso da força, conforme a Carta das Nações Unidas. Considerou-se, ademais, que este seria precedente muito perigoso e contrário à solução pacífica de controvérsias e à manutenção da paz nas relações internacionais.[743]

[742] C. H. M. Waldock, **The regulation of the use of force by individual states in international law** (RCADI, 1952, t. 81, p. 451-518); H. Wehberg, **L'interdiction du recours à la force : le principe et les problèmes qui se posent** (RCADI, 1951, t. 78, p. 1-122).

[743] Em 3 de abril de 1982, o Conselho de Segurança da ONU adotou a Resolução 502 (1982), declarando ter ocorrido quebra da paz, exigindo a imediata cessação das hostilidades, com retirada das tropas argentinas e uma solução diplomática da controvérsia entre as partes. Em 26 de maio de 1982, a Resolução 505 (1982) reiterou os termos da Res. 502, e solicitou ao Secretário-geral da ONU que prestasse assistência visando a cessação das hostilidades. Durante o conflito armado, o Secretário-geral da ONU já tinha oferecido seus *bons ofícios* às partes. Diversos estados, dentre os quais o Peru e os Estados Unidos também ofereceram assistência para a solução da controvérsia.

Este caso "ilustra bem os fatores complexos, envolvidos na solução de controvérsias a respeito de título de território", onde "parece ter sido conquista, que formou a base original do título, sem considerar a utilização de outros princípios. Isso, combinado com o amplo reconhecimento, por parte da comunidade internacional, inclusive das Nações Unidas, quanto ao *status* do território, como colônia britânica, pareceriam resolver os aspectos legais, embora a matéria não seja isenta de controvérsias".[744]

Quando houve rompimento das relações diplomáticas, em razão do conflito armado, a Suiça e o Brasil atuaram como potências protetoras – *protecting powers*. Com a eleição de Carlos MENEM, para presidente, em 1989, a Argentina formalmente declarou o fim das hostilidades.

Em 19 de outubro de 1989, a Argentina e o Reino Unido acordaram a assim chamada "Fórmula de Madri", para preparar o caminho, em passos concretos, de cooperação a respeito das ilhas, porém excluindo a questão da soberania. As relações diplomáticas foram reatadas em fevereiro de 1990. A questão da soberania foi modelada pelo art. IV do Tratado da Antártica – o que permite que um tratado seja aplicado, em área de soberania objeto de controvérsias, reservando os direitos de qualquer estado, com relação ao território contestado – o que é encontrado em todos os acordos subsequentes entre os dois estados,[745] como a

[744] M. N. SHAW, **International Law** (Cambridge: U.P. 5th ed., 2003, chap. 9 'territory', p. 409-462, item ref. 'The Falkland Islands', p. 452-453, cit. p. 453) aponta a conquista, era considerada válida, na época do ocorrido (década de 1830), como título legitimador de soberania sobre território. Desde então pode ser argumentado haver ocupação constante do espaço, com caracterização da continuidade do exercício da soberania e da administração britânicas. Cfr. tb. o item 27.10 'questão da ilha da Trindade'. Situação diversa, na qual o Brasil conseguiu o reconhecimento quase imediato de sua soberania, e, em menos de um ano, a desocupação pacífica da ilha, pelos britânicos.

[745] M. WEIBEL, *Falkland Islands/Islas Malvinas* (in **Encyclopedia of public international law**, 2012, vol. III, p. 1112-1119, E – Rapprochement and technical cooperation since 1982, cit. § 16 e 17): "Argentina and the UK entered into various joint statements with a view to normalizing relations, including a reciprocal information system concerning military movements in the area." E ainda: "On 27 September 1995, Argentina and the UK adopted the Joint Declaration on Cooperation over offshore activities in the South West Atlantic. They established a joint committee to recommend measures on the maritime environment, marine collaboration, the licensing of fishery and the development of hydrocarbon resources, and a special area of cooperation in the seas between the islands and mainland

Declaração conjunta de 27 de setembro de 1995, ou a de 14 de julho de 1999, por meio da qual os dois governos adotaram medidas adicionais de cooperação, inclusive a construção de memorial pelas vítimas do conflito armado de 1982, bem como em matéria de pesca e de limpeza de minas terrestres.

As medidas de cooperação e de reaproximação adotadas permitem a operacionalização de múltiplas atividades, inclusive a visita de argentinos às ilhas, e escalas de vôos, provenientes do Chile, mas sempre excluem a questão da soberania - conforme a aplicação da "Fórmula de Madri".[746] Em 2007, o então presidente Nestor Kirchner suspendeu unilateralmente a aplicação de diversos mecanismos de interlocução e de cooperação, alegando não haver avanço nos entendimentos relativos à soberania sobre as ilhas.

Ainda em 2022, o embaixador da Argentina em Brasília, manifestou seu protesto junto ao governo brasileiro, pelo fato deste permitir que aviões militares britânicos pousassem em território brasileiro, para reabastecimento de combustível, em rota para as Falkland-Malvinas.

A seguir se pode passar ao exame da questão do Ártico (24.2). Com as especificidades deste caso, em relação ao precedente, do continente antártico, das ilhas e arquipélagos antárticos e das respectivas zonas marítimas, na região.

24.2. Questão do Ártico

Como um todo, a comunidade ártica tem mostrado sinais de cansaço com a confrontação, bem como disposição em restaurar relações de trabalho com a Rússia. Assim parece apropriado lembrar a tese central de discurso de M. Gorbachev em Murmansk, em 1987 - quando disse "o Ártico é a zona de paz e de cooperação" e, levando em conta esse conselho, o Ártico e o Conselho do Ártico podem se tornar uma plataforma potencial

Argentina, covering more than 20,000 square kilometres. The main aim was to foster investments by oil companies."

[746] Art. 1.2 Declaration on Hydrocarbons of 1995: "No act ... shall constitute a basis for affirming, supporting or denying the position of the United Kingdom or the Argentine Republic regarding the sovereignty ... over the Falkland Islands" (in **Encyclopedia of public international law**, 2012, vol. III, p. 1112-1119, cit. § 18).

para 'relançar' as relações entre a Rússia e o Ocidente, porque na própria região não há problemas, que não possam ser solucionados pela diplomacia.

M. LAGUTINA (2019)[747]

Nenhum país jamais será 'dono' do pólo Norte geográfico, localizado cerca de 400 milhas náuticas ao norte de qualquer terra, seja a Groenlândia, a ilha de Ellesmere ou o arquipélago russo das terras Franz Josef. [...] Mesmo se a Rússia, a Dinamarca ou o Canadá pudessem cientificamente demonstrar que o fundo marinho no pólo Norte é o 'prolongamento natural' da sua plataforma continental, o país em questão teria o direito exclusivo sobre aquela área específica do fundo marinho – e nada mais. A coluna de água e o gelo marinho permaneceriam parte do alto mar.

M. BYERS (2012)[748]

A competição global por recursos deixou poucas regiões do mundo sem contestação. Uma das últimas grandes fronteiras é a região Ártica. As vastas reservas de petróleo, localizadas na região Ártica, significam que, na medida em que outras reservas começam a se reduzir e ocorrem as mudanças climáticas, a competição entre estados se tornará acirrada em relação a tais recursos.

M. O. SLOBODCHIKOFF (2019)[749]

[747] Maria LAGUTINA, **Russia'a Arctic Policy in the Twenty-first century** – National and International Dimensions (Lanhan, Md.: Lexington Books, 2019, Conclusion, p. 173-177, cit. p. 177).

[748] Michael BYERS, *Arctic Region* (in **Encyclopedia of public international law**, 2012, vol. I, p. 567-575, cit. § 29): "This is because coastal states do not possess full sovereignty beyond the 12 nautical mile territorial sea. Instead, they have certain sovereign rights out to 200 nautical miles and sometimes farther, depending on the shape and sediments of the seabed and according to the criteria set out in the United Nations Convention on the Law of the Sea. Art 76 United Nations Convention on the Law of the Sea specifies that coastal states may have right over an 'extended continental shelf' if the depth and shape of the seabed and the thickness of underlying sediments indicate a 'natural prolongation' of the shelf closer inshore."

[749] Michael O. SLOBODCHIKOFF, *The Arctic Frontier* (in Maria LAGUTINA, **Russia'a Arctic Policy in the Twenty-first century** – National and International Dimensions, Lanhan, Md.: Lexington Books, 2019, *Foreword – Series Editor – Lexington Russian, Eurasian and Eastern European Politics Book Series*, p. VII-VIII): "Global competition over resources have

Os resultados das explorações polares nos deixam, hoje em dia, ainda, em grande incerteza, no que concerne à natureza geográfica real dessas regiões. Supondo-se, contudo, que o pólo norte seja somente circundado por banquisas (embora estas se movam lentamente) cobrindo a superfície do mar, será necessário tratá-lo segundo os princípios válidos para o alto mar.

W. SCHOENBORN (1929)[750]

No caso do *Ártico*, as antigas dúvidas sobre como organizar as respectivas zonas de influência, em razão da configuração morfológica da região - há muito discutidas, como ilustra a passagem de W. SCHOENBORN, citada em epígrafe - deram lugar à percepção da fragilidade desse ecossistema bem como da transitoriedade da configuração presente: a grande calota de gelo, sobre o oceano. A mudança climática é mais evidente no Ártico do que em qualquer outro lugar na terra.[751] A camada de gelo do Ártico está mais fina e 70% do gelo desta derrete no verão ártico.[752]

left few regions of the world uncontested. One of the last great frontiers is the Arctic region. The vast oil reserves located within the Arctic region mean that as other reserves begin dwindling and as climate change occurs, that competition between states will become fierce over these reserves."

750 Walter SCHOENBORN, **La nature juridique du territoire** (RCADI, 1929, t. 30, p. 81-189, esp. chap. IV 'condition juridique particulière de certains territoires en droit international public', p. 162-185, cit. p. 163) : «les résultats des explorations polaires nous laissent aujourd'hui encore dans une grande incertitude en ce qui concerne la nature géographique réelle de ces contrées. À supposer cependant que le pôle nord ne soit entouré que de banquises (bien qu'elles se meuvent lentement) couvrant la surface de la mer, il faudra les traiter d'après les principes valables pour la haute mer.»

751 M. BYERS, *Arctic Region* (in **Encyclopedia of public international law**, 2012, vol. I, p. 567-575, cit. § 4): "In addition to rising temperatures, caused by greenhous gas emissions, change is being driven by 'feedback loops' arising out of the precarious balance between water and ice. An increase in average annual temperature of just a fraction of one degree can transform a large expanse of highly reflective sea-ice into dark, heat-absorbing open water.

752 «*Calota polar no Ártico está mais fina e 70% de seu gelo derrete no verão*» (OESP, 7 de abril de 2009, p. A-17): "O gelo no Ártico está batendo um recorde negativo: está mais fino que nunca - pelo menos desde 1979, quando começou a ser medido por satélite. Já sua extensão é a quinta mais baixa no período. As afirmações são do Centro nacional de dados sobre a neve e o gelo (NSIDC) dos Estados Unidos. / Segundo pesquisa divulgada ontem,

A configuração de área do oceano, coberta de gelo, pode mudar, substancialmente, em período muito breve. Até algum tempo falava-se em possível derretimento da calota polar ártica por volta de meados do século. Ora se diz que este fenômeno poderá ocorrer em cerca de cinco a dez anos.

Estima-se que o derretimento total dos gelos árticos possa ocorrer e assim o oceano ártico se tornar navegável durante doze meses por ano – de tal modo que se tornaria semelhante ao mar Báltico, onde navios com estrutura reforçada para enfrentar águas congeladas ou escoltados por navios quebra-gelo poderiam operar com segurança nessa região, mesmo durante o inverno.

A base legal[753] está no direito consuetudinário, tal como codificado pela Convenção das Nações Unidas sobre o direito do mar, de 1982, nos termos do art. 234, sobre "áreas cobertas de gelo": os estados têm o direito de adotar e aplicar leis e regulamentos não discriminatórios, para prevenir, reduzir e controlar a poluição do meio marinho proveniente de embarcações nas áreas cobertas de gelo, dentro dos limites da zona econômica exclusiva, quando condições de clima particularmente rigorosas e a presença de gelo sobre tais áreas na maior parte do ano criem obstruções ou perigos excepcionais para a navegação, e a poluição do meio marinho possa causar danos graves ao equilíbrio ecológico ou alterá-lo de modo irreversível. Acrescenta o dispositivo que "tais leis e regulamentos devem ter em devida conta a navegação e a proteção e preservação do meio marinho, com base nos melhores dados científicos de que se disponha".

Ademais, enquanto área de mar, coberta de gelo, rege-se pela 'liberdade de navegação', como o alto mar. Trata-se de espaço não passível de 'apropriação' por parte de qualquer estado.[754] O próprio tamanho

atualmente 70% do gelo da camada polar no Ártico é sazonal, ou seja, derrete durante o verão. Nas décadas de 1980 e 1990, essa proporção variava de 40% a 50%. / Os blocos de gelo considerados mais grossos (a partir de 2,74 metros) que sobrevivem por pelo menos dois verões, representam apenas 10% de todo o gelo de inverno, o que indica que houve uma redução entre 30% e 40% de sua ocorrência." E isto tem se acelerado nos últimos anos.

[753] D. Pharand, **The legal status of the Arctic regions** (RCADI, 1979, t. 163, p. 49-115).

[754] Ver cap. XXI – alto mar; W. Schoenborn (op. cit., 1929, loc. cit.) prosseguia, em relação ao espaço ártico, determinando, de modo consentâneo com a regulação vigente, as suas considerações, décadas antes da celebração da Convenção das Nações Unidas sobre

do oceano Ártico, conjugado com a extensão das suas costas fazem da Rússia a potencial detentora de direitos soberanos sobre extensão de fundos marinhos maior do que o conjunto da Europa ocidental. O Canadá, como o país do mundo com o mais extenso litoral, também teria argumentos para extensa plataforma continental no oceano Ártico. O art. 76 da Convenção das Nações Unidas sobre o direito do mar exige comprovação científica de que a plataforma continental se configura como o prolongamento natural da massa continental costeira. Isto se aplica também ao oceano Ártico e eventuais pleitos desses estados costeiros para exercer direitos sobre extensões adicionais da plataforma continental devem ser submetidos e reconhecidos pela Autoridade dos fundos oceânicos, na 'Área', nos termos da Parte XI da Convenção.[755]

De um lado, enquanto as pessoas ambientalmente conscientes demonstram considerável preocupação, de outro lado, retomam-se discussões sobre projeções de soberania e determinação de possíveis zonas de influência na região, para aumento da exploração de recursos fósseis no subsolo marinho, dado que se estimam em cerca de 20 a 25% das

o direito do mar, de 1982: «Cela signifie notamment, qu'à aucun état n'est donnée ici la faculté de d'opérer une occupation valable au point de vue du droit international, encore que ses ressortissants aient atteint ou survolé les premiers, par vaisseau, traîneau, ski ou aérocab, certains points géographiquement fixés. Le fait d'avoir hissé un drapeau sur une de ces banquises, dont le mouvement n'est pas douteux, ne saurait non plus à mon avis les rendre territoire de l'état du pavillon. Il faudrait en dire autant du cas où les hommes seraient capables, soit par adaptation, soit par suite de nouvelles inventions techniques, de séjourner sur ces banquises plus longtemps qu'il ne paraît possible jusqu'à présent.»

[755] Como examinado nos capítulos XXI – alto mar e XXIII – fundos oceânicos. Ver Convenção das Nações Unidas sobre o direito do mar, Parte XI – a Área, seção 4 – Autoridade, arts. 156 a 169 e M. BYERS, *Arctic Region* (in **Encyclopedia of public international law**, 2012, vol. I, p. 567-575, cit. § 32-33). A Rússia apresentou seu pleito à Autoridade em 2001 e, depois de pedido da Comissão por informações adicionais, apresentou complementação. O Canadá apresentou pleito em 2013 e a Dinamarca em 2014. Em caso de superposições, a Comissão não fará determinações, mas remeterá tais questões aos próprios estados interessados, para que negociem solução, remeterá a matéria a tribunal internacional, para julgar a controvérsia, ou simplesmente constatará a discordância e não emitirá licenças de exploração para as áreas, objeto de controvérsia. Rússia, Canadá e Dinamarca poderiam apresentar pedido conjunto à Comissão de limites da plataforma continental, ou mesmo delimitar as respectivas fronteiras na plataforma continental, antes de submeter seus pleitos à Comissão – o que exige levantamentos de dados mais precisos e completos, como tem sido feito por esses três países.

reservas mundiais de petróleo e gás as existentes na região.[756] A maior parte de tais recursos encontra-se a profundidades que não ultrapassam 500 m e, portanto podem facilmente se ver alcançadas pelas pretensões dos estados costeiros em prolongar as respectivas plataformas continentais às áreas, onde estão situadas tais reservas.[757]

A Declaração de Iulissat, de maio de 2008, divulgada ao término da Conferência dos estados costeiros do Ártico, realizada em Iulissat, na Groenlândia, os cinco estados reafirmaram seu engajamento com a solução pacífica de controvérsias, com base nas normas do Direito internacional do mar.

Além do enorme impacto climático e sobre o nível dos oceanos, o derretimento da calota polar ártica, poderá ensejar mais intensiva exploração das reservas de petróleo, existentes na região, o que, por sua vez, acarretará ainda mais aquecimento. Além do aumento da navegação de grandes embarcações e navios petroleiros, que podem aumentar a degradação ambiental: os ecossistemas árticos são extremamente vulneráveis, vazamentos de petróleo causam enormes danos e estes têm seus efeitos maximizados pelas condições climáticas da região. Lógica suicida da ganância humana, pela qual pagará a humanidade como todo, em futuro que se mostra cada vez mais próximo.

[756] M. Byers, *Arctic Region* (in **Encyclopedia of public international law**, 2012, vol. I, p. 567-575, cit. § 8): "The Arctic is rich in hydrocarbons, with the U.S. Geological Survey estimating in 2009 that the region contains 83 billion barrels of oil and 44 trillion cubic metres of natural gas."

[757] Em relação direta com a redução das camadas de gelo e da abertura de novas rotas de navegação, a riqueza em petróleo do subsolo ártico, já suscita movimentação na região. Segundo plano, aprovado pelo governo russo, em setembro de 2008, divulgado em 27 de março de 2009, haveria intenção de deslocar tropas abrangendo unidades militares e agentes de serviço de segurança civil para a região, sob a alegação de necessidade de "garantir a segurança militar", como parte de "estratégia de defesa dos interesses nacionais". Esta seria necessária para manter a defesa "à altura das ameaças e desafios do país no Ártico", e, também, aumentar o controle russo sobre as rotas marítimas na região. Aí se incluiria a nova legislação, em preparação, para impor controles mais rígidos sobre a navegação no litoral norte da Rússia, "rota cada vez mais sedutora para companhias comerciais". Caberia, ainda, à FSB, a sucessora da KGB, a vigilância do litoral. Comentava o jornal O Estado de São Paulo (em 28 de março de 2009, p. A-20) "no entanto, o Kremlin não deu indicações sobre o tipo de 'ameaça' enfrentada pela Rússia no Ártico nem quantos homens devem ser enviados à região".

As considerações teóricas em torno da região ártica cederam lugar aos imperativos da realidade depois da segunda guerra mundial, principalmente por motivos estratégicos, pela confrontação entre os países integrantes da Organização do Tratado do Atlântico Norte (OTAN ou NATO)[758] e os países do então existente Pacto de Varsóvia. Essa configuração ficou obsoleta,[759] mas o problema da configuração do espaço ártico volta a estar presente.

Com o objetivo de justificar as pretensões canadenses sobre a região polar, o Senador Pascal POIRIER apresenta, em 1907, o que veio a ser conhecido como a teoria dos setores, sob o fundamento de que "a tomada de posse varia de acordo com as condições da região". A teoria só se aplicaria aos países que atingissem o círculo Ártico, ou seja, o Canadá, os Estados Unidos (como prolongamento do litoral norte do Alasca), a Rússia (à qual corresponderia algo próximo da metade de toda a extensão do litoral ártico),[760] a Noruega, a Dinamarca, em toda a extensão do litoral da Groenlândia, e a Finlândia.

Foi bastante frequente, durante algum tempo, a invocação da teoria dos setores, por parte dos estados vizinhos,[761] da região polar norte, representando a projeção dos respectivos territórios sobre o Pólo norte, que seria o vértice comum a todos esses triangulos, sem qualquer necessidade de ocupação efetiva, ante a impossibilidade de a efetuar, como antes ocorria. Contudo, "esta teoria nunca foi aceita e dela hoje apenas se assinalam as reivindicações unilaterais de algumas das ilhas que se compreendem nas respectivas áreas, em função do princípio de contiguidade, mas nunca a afirmação genética de soberania sobre o espaço marítimo neles globalmente abrangido".[762]

[758] A. L. GOODHART, **The North Atlantic Treaty of 1949** (RCADI, 1951, t. 79, p. 183-236).

[759] Comparar com a análise de A. N. MANDELSTAM, **La politique russe d'accès à la Méditérranée au XXe. siècle** (RCADI, 1934, t. 47, p. 597-802).

[760] OESP (ed. 28 de março de 2009, p. A-20): "Em 2007, uma expedição de minissubmarinos russos fincou a bandeira do país a 4 mil metros de profundidade, no leito do oceano Ártico, ato que despertou desconfiança em outros países com interesse na região".

[761] Iftene POP, **Voisinnage et bon voisinage – en droit international** (préf. M. VIRALLY, Paris: Pedone, 1980); J. ANDRASSY, **Les relations internationales de voisinage** (RCADI, 1951, t. 79, p. 73-182).

[762] J. B. GOUVEIA, **Manual de direito internacional público** (Rio de Janeiro: Renovar, 2005, § 115 – os espaços polares do Ártico e da Antártica, p. 525-527).

Não obstante a relativa aceitação verificada, então, e as recorrências periódicas, desde então, a teoria deve ser rechaçada no tocante ao Ártico, pois fere frontalmente o princípio da liberdade dos mares, tal como consolidado na Convenção das Nações Unidas sobre o direito do mar. A Convenção de 1982, ao proclamar no artigo 87 a liberdade dos mares, não estipula qualquer exceção. Ressalva-se, no tocante às áreas cobertas de gelo, objeto do artigo 234, a possibilidade de adoção de leis e regulamentos nacionais, para "prevenir, reduzir e controlar a poluição do meio marinho", conforme estipula a Convenção do mar.[763]

A responsabilidade dos estados pela proteção e preservação do meio marinho é regida, nos termos do art. 235, pelo direito internacional.[764] Curiosamente, fica ressalvada, nos termos do art. 236, a assim chamada "imunidade soberana", em relação a navios de guerra, embarcações auxiliares, outras embarcações ou aeronaves pertencentes ou operadas por um estado e utilizadas, no momento considerado, unicamente em serviço governamental não comercial, mesmo no tocante à proteção do meio marinho.[765]

O direito internacional sempre desempenhará papel central no Ártico: para prevenir conflitos entre estados, para guardar contra ameaças não estatais, proteger o meio ambiente e promover o desenvolvimento econômico. Mas, a longo prazo, adverte M. Byers, a função de maior relevância para as normas estipuladas na região pode ser a causa das mudanças climáticas: "nunca devemos esquecer que a própria

[763] Nos termos do mencionado artigo 234 da Convenção de 1982 fica, assim, assegurado: "os estados tem o direito de adotar e aplicar leis e regulamentos não discriminatórios para prevenir, reduzir e controlar a poluição do meio marinho proveniente de embarcações nas áreas cobertas de gelo dentro dos limites da zona econômica exclusiva, quando condições de clima particularmente rigorosas e a presença de gelo sobre tais áreas durante a maior parte do ano criem obstruções ou perigos excepcionais para a navegação, e a poluição do meio marinho possa causar danos graves ao equilíbrio ecológico, ou alterá-lo de modo irreversível. Tais leis e regulamentos devem ter em devida conta a navegação e a proteção e preservação do meio marinho, com base nos melhores dados científicos de que se disponha".

[764] A complexidade da caracterização da responsabilidade internacional do estado sequer precisa ser enfatizada. A respeito ver Accioly – Nascimento e Silva – Casella, **Manual** (2021, 25ª ed., 3.9 – responsabilidade internacional do estado, p. 346-370).

[765] Como referido no item 19.1.4.1 – navios públicos.

oportunidade de acessar petróleo e gás no Ártico somente surgiu por já termos antes queimado tanto petróleo e tanto gás".[766]

Além do trabalho técnico de coligir e avaliar comprovação científica, a única questão significativa diz respeito às possíveis superposições entre áreas, sobre as quais são pleiteados direitos dos estados costeiros. Essas superposições podem ocorrer em relação a áreas sobre as quais existam controvérsias, a partir da determinação das linhas de base, porquanto todas as delimitações de zonas marítimas, nos termos da Convenção das Nações Unidas sobre o direito do mar partem dessas linhas de base, para determinação inclusive do limite externo da zona econômica exclusiva de 200 milhas. As controvérsias entre Canadá e e Estados Unidos sobre o mar de Beaufort ou entre a Noruega e a Rússia no mar de Barents são dessa natureza. Uma superposição em pleno oceano também pode ocorrer entre pretensões russas, canadenses e dinamarquesas, em relação à cadeia de montanhas submarinas de Lomonosov, que atravessa o fundo do oceano ártico, perto do pólo Norte.

No espaço polar ártico, são numerosas as questões territoriais entre os estados costeiros. Algumas destas devem ser lembradas:

- a ilha Hans, na verdade, uma pequena ilhota de 1,3 quilômetros quadrados, situada entre a Groenlândia e a ilha Ellesmere no Canadá, aparece como ponto de discórdia entre os dois, em 1973, quando estavam em curso as atividades de delimitação dos limites da plataforma continental, entre a Groenlândia e o Canadá: em lugar de atrasarem as negociações, foi simplesmente feito o traçado da fronteira no ponto da linha de base em um dos lados da ilha, e continuado a partir da linha de base do outro. Em 2005, Canadá e Groenlândia afirmaram que a controvérsia dizia respeito somente à terra, não havendo discordância em relação ao leito do mar e à coluna de água acima deste, e ambos estavam construtivamente engajados em alcançar uma solução negociada;[767]

[766] Michael Byers, *Arctic Region* (in **Encyclopedia of public international law**, 2012, vol. I, p. 567-575, cit. § 41): "Ultimately, establishing clear maritime boundaries may enable responsible governments to ensure that the carbon stays locked in the seabed, where it cannot contribute to even more, ever more dangereous climate change."

[767] M. Byers, *Arctic Region* (in **Encyclopedia of public international law**, 2012, vol. I, p. 567-575, cit. § 3 e 8).

- o arquipélago Spitsberg/Svalbard[768] foi reconhecido como território da Noruega, em 1920, pelo Tratado relativo ao arquipélago de Spitsberg, observado o direito das demais partes contratantes de exercerem atividades comerciais na área;
- em 1930, o governo da Noruega tentou obter o reconhecimento de seus direitos sobre as ilhas Sverdrup, mas veio a reconhecer a soberania do Canadá, por meio de troca de notas, antes de formular tal pedido, que foi depois recusado pelo Canadá;
- no mar de Beaufort, Canadá e Estados Unidos reclamam para suas respectivas soberanias uma área de 21.436 quilômetros quadrados, localizada diretamente a nordeste da fronteira terrestre entre o Alaska (24.2.1), nos EUA e o território de Yukon, no Canadá.

Os limites entre as possessões britânicas, atual Canadá, e o território dos Estados Unidos, no norte do continente americano foram estabelecidos pelo tratado de Washington, de 1846, por meio do qual, em seu artigo primeiro, fixou-se a linha de fronteira em 49º de latitude norte, em direção ao ocidente, até o meio do canal que separa o continente da ilha de Vancouver, e de lá, rumo ao sul, do mesmo canal e do estreito de Fuca, até o oceano Pacífico, com a condição de que a navegação do referido canal seria livre às embarcações de ambas as potências contratantes. O artigo segundo do tratado de Washington, de 1846, determinou ser livre a navegação do rio Columbia, pela companhia da baia de Hudson bem como dos súditos ingleses, engajados em atividades de comércio com a referida companhia, desde 49º de latitude norte, até a foz do referido rio. O artigo terceiro, por sua vez, garantiria os direitos de posse então existentes, tal como adquiridos pela companhia e por outros súditos ingleses, no território ao sul de 49º de latitude norte.

Nessa região do mar de Beaufort, a nordeste da fronteira terrestre entre o Alaska, nos EUA e o território de Yukon, no Canadá,

[768] Há mais de um século, já se debatia a questão do Spitsberg, cfr. R. WAULTRIN, *La question de la souveraineté des terres arctiques* (RGDIP, tome XV, 1908, p.78-125 (première partie), p. 185-209 (seconde partie), p. 401-423 (troisième partie) –*La question du Spitsberg; la question de l'île des Ours; la question du passage du Nord-Est*) ; R. WAULTRIN, *Le problème de la souveraineté des pôles* (RGDIP, tome XVI, 1909, p. 649-660).

os dois países reclamam para suas respectivas soberanias uma área de 21.436 quilômetros quadrados. "A controvérsia somente aflorou, quando Washington protestou contra a linha de fronteira, utilizada por Ottawa, ao fazer concessões para a exploração de petróleo e de gás, em 1976, aplicando tratado de 1825", celebrado entre os dois países que, naquela altura, tinham direitos sobre o Alaska e o Canadá – a Convenção entre a Rússia e o Reino Unido sobre limites de suas respectivas possessões na costa noroeste da América e navegação no oceano Pacífico – cujo art. 3º do tratado estipula como fronteira oriental do Alaska a linha do meridiano de 141º graus, em seu prolongamento até o oceano congelado. O Canadá argumenta que a fronteira marítima, como a terrestre, segue o meridiano de 141º graus, em linha reta, rumo ao norte. A posição dos Estados Unidos é no sentido de que 'seu prolongamento até o oceano congelado' significa que a fronteira segue tal meridiano somente até a costa. No mar, argumenta Washington, que o princípio de equidade determina que cada ponto da fronteira esteja a igual distância de cada uma das costas adjacentes. Dado o grau de inclinação do litoral da costa do Alaska e do Yukon, essa linha de 'equidistância' atribuiria parcela muito maior do oceano e do fundo marinho aos Estados Unidos. Há décadas, a questão tem sido tratada com contenção por ambos os estados, que chegaram a cogitar o estabelecimento de uma zona compartilhada para a exploração de petróleo.[769]

- no mar de Lincoln, situado diretamente ao norte da ilha Ellesmere e da Groenlândia, constatou-se, em 1973, a existência de controvérsia entre a Groenlândia e o Canadá: em razão desta, ficou para solução posterior a determinação do traçado da fronteira na plataforma continental de duzentas milhas. Em 1977, o Canadá pretendeu criar uma Zona de pesca no oceano Ártico, e esta seria limitada, a leste, pela fronteira do mar de Lincoln, com base no princípio da equidistância, usando a linha de base da costa e diversas ilhotas, como pontos de referência. Três anos depois, a Dinamarca assinalou as linhas de base em torno da Groenlândia.

[769] M. Byers, *Arctic Region* (in **Encyclopedia of public international law**, 2012, vol. I, p. 567-575, cit. § 14).

Mas diversamente da linha de base canadense, as linhas de base dinamarquesas se valeram da pequena ilha Beaumont, de 10 quilômetros quadrados, como ponto de referência. Isso teve como consequência empurrar a linha levemente rumo à direção oeste, acrescentando duas áreas isoladas, respectivamente medindo 115 e 110 quilômetros quadrados, para o lado da Groenlândia;[770]

- no mar de Barents, a Noruega e a Rússia tem controvérsia – que abrange 155.000 quilômetros quadrados, ou cerca de 11% da área total do mar de Barents – relativa à delimitação das suas respectivas plataformas continentais, partindo do Varangerfjord na costa continental até o oceano Ártico, ao norte do Spitsberg/Svalbard. No interior das 200 milhas náuticas, contadas a partir da costa, os dois países discordam no tocante à linha de fronteira entre as suas respectivas zonas econômicas exclusivas. A Rússia argumenta que uma fronteira marítima comum deveria ser traçada em linha de longitude 32º04'35" – com base nos arts. 74 e 83 da Convenção das Nações Unidas sobre o direito do mar, bem como a decisão da Corte Internacional de Justiça, no caso da Plataforma continental do mar do Norte, de 1969, como 'circunstâncias relevantes' envolvendo uma 'solução equitativa',[771] levando em consideração a forma e a extensão da costa russa, bem como a população relativamente significativa, que vive na região.[772] Por sua vez, a Noruega argumenta que a aplicação da equidade levaria o traçado a ser feito como uma linha mediana, a partir do Varangerfjord – onde a fronteira terrestre acordada entre as partes alcança a costa até

[770] M. Byers, *Arctic Region* (in **Encyclopedia of public international law**, 2012, vol. I, p. 567-575, cit. § 15): "The Lincoln Sea dispute has been treated with restraint by both countries and could be left unresolved. It does not affect the delimitation of the extended continental shelf boundary between Denmark and Canada more than 200 nautical miles from shore."

[771] CIJ, **North Sea Continental shelf cases** (Federal Republic of Germany v. Denmark; Federal Republic of Germany v. Netherlands) Judgment of 20 February 1969 (I.C.J. **Reports** 1969, p. 3, esp. § 101 – relevant circumstances e § 92 – equitable solution).

[772] M. Byers, *Arctic Region* (in **Encyclopedia of public international law**, 2012, vol. I, p. 567-575, cit. § 16 e 17): "Russia's fishing, shipping and other economic interests, and the fact that the Treaty concerning the Archipelago of Spitsbergen ('Svalbard Treaty') precludes points on Spitsbergen/Svalbard being used to influence a delimitation."

o extremo leste do arquipélago de Spitsberg/Svalbard; mas Oslo também se mostrou disposta a negociar, levando em consideração elementos geográficos adicionais. Nesse meio tempo, depois de Rússia e Noruega terem estipulado moratória no desenvolvimento de atividades petrolíferas na região, foi alcançada em julho de 2007 composição amigável delimitando as suas respectivas fronteiras marítimas em vinte milhas náuticas, contadas a partir das linhas de base costeiras;

- no mar de Bering e mar de Chukchi, uma linha de 1600 milhas de extensão faz a fronteira marítima entre os Estados Unidos e a União Soviética, nos termos do Tratado de 1990, estipulando a fronteira marítima ao norte de 65º30' norte, a fronteira segue o meridiano 168º58'37" oeste, no oceano Ártico, "até onde permite o direito internacional", nos termos do art. 2º, inciso 1º do Tratado de 1990. Ao sul de 65º30' norte, a fronteira é determinada por 87 pontos;[773]
- as controvérsias entre a Noruega e a Islândia sobre as fronteiras marítimas em torno da ilha de Jan Mayen foram solucionadas mediante conciliação e adjudicação: em 1980, foi instalada uma comissão, que recomendou uma fronteira marítima comum e um regime de desenvolvimento conjunto, nessa área de 45.470 quilômetros quadrados entre a costa da Islândia e da ilha norueguesa. As recomendações da comissão levaram aos termos do Tratado de 1981, que delimitou uma fronteira marítima comum e reconheceu à Noruega a participação de 25% nas atividades petrolíferas na referida zona. Em 2008, os dois estados celebraram tratado complementar, estipulando as bases para a exploração conjunta do petróleo e do gás.[774]
- visando a delimitação da fronteira marítima entre a ilha de Jan Mayen e a Groenlândia, a Dinamarca, em 1988, instaurou procedimento junto à Corte Internacional de Justiça, com relação às

[773] M. Byers, *Arctic Region* (in **Encyclopedia of public international law**, 2012, vol. I, p. 567-575, cit. § 19): "Although the treaty has not yet entered into force because of political sensitivities within Russia, both countries are abiding by its provisions."

[774] M. Byers, *Arctic Region* (in **Encyclopedia of public international law**, 2012, vol. I, p. 567-575, cit. § 20).

respectivas zonas pesqueiras e plataforma continental, nas águas a leste da costa da Groenlândia e da ilha norueguesa de Jan Mayen. A Dinamarca pleiteou o traçado de linha única de delimitação da área, em distância de 200 milhas náuticas, a partir da linha de base da Groenlândia ou, caso a Corte entendesse não ser esta possível, uma linha cujo traçado estaria em conformidade com o direito internacional. A Noruega, por sua vez, requereu à Corte determinar a linha mediana, constituída por duas linhas de separação, com o fim de delimitar duas áreas relevantes, presumindo que essas linhas coincidiriam, mas as delimitações permaneceriam conceitualmente distintas. Um dos principais argumentos da Noruega foi já ter havido delimitação entre Jan Mayen e a Groenlândia, em razão de tratados em vigor entre as partes: um tratado bilateral de 1965, bem como a Convenção de Genebra de 1958, sobre a plataforma continental – ambos estipulando o traçado da fronteira segundo a linha mediana. A Corte adotou a linha mediana como ponto de partida, antes de examinar os dois possíveis fatores, que poderiam determinar ajustes nessa delimitação: a ausência de proporção no comprimento das respectivas costas e a necessidade de assegurar acesso às zonas pesqueiras. Do total de cerca de 72.000 quilômetros quadrados da zona, objeto da controvérsia, foram atribuídos 57% para a Noruega e 43% para a Dinamarca;[775]

Ainda a respeito da região ártica, colocam-se relevantes questões de navegação em relação ao estreito de Bering e à passagem do Noroeste. Ambas rotas internacionais de navegação de extrema relevância para o comércio mundial.

O estreito de Bering é um estreito internacional, que conecta os oceanos Pacífico e Ártico: Rússia e Estados Unidos cooperam estreitamente para assegurar assistência à navegação, busca e resgate na região.[776] Embora os Estados Unidos aleguem que a rota marítima do norte, ao

[775] ICJ, **Case concerning Maritime Delimitation in the area between Greenland and Jan Mayen** (Denmark v. Norway) Judgment 14 June 1993 (I.C.J. **Reports** 1993, p. 38).

[776] Ver Suzanne LALONDE, *Bering Sea* (in **Encyclopedia of Public International Law**, 2012, vol. I, p. 888-894); Maria LAGUTINA, **Russia'a Arctic Policy in the Twenty-first century** – National and International Dimensions (Lanhan, Md.: Lexington Books, 2019); Nataliya A. VASILYEVA and Maria LAGUTINA, **The Russian Project of Eurasian**

longo da costa russa, seja um estreito internacional, "nenhuma embarcação jamais desafiou a posição russa, que considera essa rota como parte das suas águas internas".[777]

A única alternativa natural – não contado o canal do Panamá (ver 15.2.4), construído no início do século XX – para passar do Atlântico norte para o Pacífico, a tão sonhada rota de navegação rumo "as Índias" que, durante séculos, foi buscada por inúmeros navegadores e aventureiros, a passagem do Noroeste (*the Northwest Passage*) é uma rede de possíveis alternativas para a navegação, através do Alto Ártico canadense, um imenso arquipélago, com cerca de 19.000 ilhas. Na medida em que os efeitos do aquecimento global se tornam mais evidentes no Ártico e o derretimento da calota de gelo abre perspectivas de navegação comercial na região polar, o status legal da passagem do Noroeste ressurge no direito internacional. Essa rota marítima passa pelo estreito de Davis – baía de Baffin no leste e o mar de Beaufort no oeste, e oferece uma série de possíveis alternativas de saída para o oeste, tais como o McClure, o Prince of Wales, e os estreitos de Dease – Dolphin e o estreito da União.

A importância da passagem decorre do fato de sua utilização reduzir em milhares de quilômetros as distâncias para a navegação entre portos da Europa e a costa pacífica dos Estados Unidos ou em relação a portos da Ásia: esse atalho entre o o Atlântico e o Pacífico pode alterar substancialmente a dinâmica do comércio mundial.[778] A passagem do Noroeste ilustra o acirramento da competição entre estados na região do Ártico, pelos recursos naturais, como mostram os pleitos para ampliar a extensão da plataforma continental e a retomada de controvérsias a respeito de fronteiras marítimas e de soberania sobre ilhas do Ártico.

Integration – Geopolitical prospects (Lanhan, Md.: Lexington Books, 2016, esp. chap. 10 – The Strategy of Eurasian Integration: Regional and Global Dimensions, p. 149-188).

[777] M. Byers, *Arctic Region* (in **Encyclopedia of public international law**, 2012, vol. I, p. 567-575, cit. § 28).

[778] Günther Handl, *Northwest Passage (Canadian-American Controversy)* (in **Encyclopedia of public international law**, 2012, vol. VII, p. 829-834, cit. § 1): "For the near future, however, any commercial traffic through the Passage would be seasonally restricted. Moreover, the likely persistence of challenging environmental conditions during the shipping season renders the economics of polar shipping uncertain."

Tradicionalmente a passagem do Noroeste era considerada uma questão bilateral entre Canadá e os Estados Unidos – embora obviamente tenha também enorme relevância para países europeus e asiáticos e mesmo outros ainda. Indiretamente, o debate sobre o status jurídico da passagem do Noroeste pode ter significativas implicações para outra passagem, pelo mar de Barents, denominada passagem do Nordeste. Além disso, o status da passagem tem relevância e impacto sobre a vida e as atividades dos povos autóctones no direito internacional.[779]

Enquanto os Estados Unidos argumentam que se trata de estreito internacional – cuja existência é deterrminada, tão somente pela configuração geográfica – o que colocaria a área sob o regime de trânsito internacional, nos termos da Convenção das Nações Unidas sobre o direito do mar, que, aliás, os EUA não ratificaram. E constituiria tentativa abusiva de estabelecer controle sobre o alto mar, em detrimento da liberdade de navegação neste.

Por sua vez, o Canadá argumenta que se trata de águas internas, sujeitas ao total controle do estado canadense – com base no precedente da Corte Internacional de Justiça, no caso do estreito de Corfu, de 1949,[780] que estabeleceu dois critérios para caracterizar um estreito internacional: a localização geográfica e o fato de ser utilizado para a navegação internacional.[781] Uma terceira possibilidade seria considerar a Passagem do Noroeste como mar territorial, e assim sujeito ao exercício do direito de passagem inocente.

[779] G. Handl, *Northwest Passage (Canadian-American Controversy)* (in **Encyclopedia of public international law**, 2012, vol. VII, p. 829-834, cit. § 2): "Thus, its legal clarification is a matter of inherently broad international – rather than merely regional, let alone exclusively bilateral – concern."

[780] CIJ, **Affaire du Détroit de Corfou / The Corfu Channel Case** (United Kingdom v. Albania), Preliminary Exceptions, Judgment of 25 March 1948 (**I.C.J. Reports** 1948, p. 15); Merits, Judgment of 9 April 1949 (I.C.J. **Reports** 1949, p. 4); Assessment of the Amount of the Compensation due from the People's Republic of Albania to the United Kingdom of Great Britain and Northern Ireland, Jusgment of 15 December 1949 (I.C.J. **Reports** 1949, p. 244).

[781] M. Byers, *Arctic Region* (in **Encyclopedia of public international law**, 2012, vol. I, p. 567-575, cit. § 22 a 27, cit. § 24): "As of 2006, only 69 voyages had occurred through the Northwest Passage, with all but two of the foreign vessels requesting and receiving permission from Canada."

A origem da atual controvérsia bilateral remonta ao ano de 1969, quando o navio *SS Manhattan*, navio petroleiro estadunidense, com estrutura reforçada para enfrentar mares congelados (*ice-strengthened tanker*) navegou pelo arquipélago ártico canadense, para testar a viabilidade de transportar petróleo do Alaska para a costa nordeste dos Estados Unidos e talvez rumo à Europa: a viagem foi vista como desafio às crescentes afirmações canadenses, no sentido de que a passagem do Noroeste é parte do 'território nacional' do Canadá. Em resposta, o Canadá, em 1970, adotou novas leis nacionais: ampliou seu mar territorial para 12 milhas e estipulou um regime de controle de poluição marítima no Ártico, abrangendo águas até 100 milhas da costa canadense. O propósito de ambas era o de reafirmar a 'soberania funcional' do Canadá sobre os acessos à passagem do Noroeste, e permitir o controle pelo governo de todo o tráfego marítimo da passagem, sob a alegação de controlar a aplicação da legislação canadense antipoluição.[782]

Diante dos protestos americanos, o Canadá avançou no sentido de afirmar a sua plena soberania sobre as águas do arquipélago ártico. Em 1973, a passagem do Noroeste foi caracterizada como 'águas internas históricas', negando que a passagem fosse um estreito internacional.

O Canadá, visando fortalecer a sua posição, em 1986 fixou linhas de base retas, em torno do arquipélago – argumentando estar em conformidade com o precedente da Corte Internacional de Justiça, no caso das Pescarias norueguesas, de 1951,[783] mais do que na Convenção de Genebra sobre mar territorial e zona contígua, de 1958, ou na Convenção das Nações Unidas sobre o direito do mar, nenhuma das quais o Canadá tinha ratificado. Argumentou ainda que as linhas de base são de uso historicamente consolidado, bem como a ocupação da região pelos povos *Inuit* se estendem por milênios, caçando, pescando, viajando e vivendo sobre os gelos da Passagem do Noroeste, dessa forma explicitamente respaldando a posição canadense. As linhas de base, contudo, suscitaram protestos, por parte dos Estados Unidos, bem como

[782] Günther HANDL, *Northwest Passage (Canadian-American Controversy)* (in **Encyclopedia of public international law**, 2012, vol. VII, p. 829-834, cit. §).

[783] CIJ, **Fisheries case** (United Kingdom v. Norway), Judgment of 18 December 1951 (ICJ **Reports**, 1951, p. 116).

da União Europeia. Esta argumentou contra a extensão exagerada de algumas dessas linhas de base, mais do que contra as linhas de base, enquanto tais. Além dos Estados Unidos, nenhum outro país se opôs expressamente às linhas de base canadenses.

Em janeiro de 1988, Canadá e Estados Unidos celebraram Acordo de cooperação ártica, com troca de notas, a respeito do trânsito pela Passagem do Noroeste, estipulando que navios quebra-gelo da guarda costeira dos EUA solicitarão permissão do Canadá, antes de utilizar a Passagem; e que o Canadá concederá essa permissão.[784]

A controvérsia sobre a Passagem do Noroeste levou a desenvolvimento específico do direito internacional, nos termos do art. 234 da Convenção das Nações Unidas sobre o direito do mar,[785] por vezes referido como a 'exceção canadense', porque esse dispositivo foi decorrência da lei interna canadense de 1970 – *Arctic Waters Pollution Prevention Act (Canadian Legislation on Arctic Pollution and Territorial Sea and Fishing Zones)* – que estipulou exigências estritas, em termos de segurança e proteção ambiental – inclusive a proibição de alijamento – em qualquer atividade de navegação, realizada a até 100 milhas de distância da costa ártica canadense. Em 2009, o Canadá estendeu o âmbito de aplicação de sua legislação, para abranger a extensão total de 200 milhas náuticas, conforme autorizado pela Convenção das Nações Unidas sobre o direito do mar.

O *Conselho do Ártico* foi criado em 1976, como fórum intergovernamental para a promoção da cooperação, coordenação e interação

[784] M. Byers, *Arctic Region* (in **Encyclopedia of public international law**, 2012, vol. I, p. 567-575, cit. § 26): "The Agreement is explicitly an agreement-to-disagree which specifies that it does not affect the two countries' respective positions 'on the Law of the Sea in this or other maritime areas' (at 143)."

[785] Nos termos do já mencionado artigo 234 da Convenção de 1982: "os estados tem o direito de adotar e aplicar leis e regulamentos não discriminatórios para prevenir, reduzir e controlar a poluição do meio marinho proveniente de embarcações nas áreas cobertas de gelo dentro dos limites da zona econômica exclusiva, quando condições de clima particularmente rigorosas e a presença de gelo sobre tais áreas durante a maior parte do ano criem obstruções ou perigos excepcionais para a navegação, e a poluição do meio marinho possa causar danos graves ao equilíbrio ecológico, ou alterá-lo de modo irreversível. Tais leis e regulamentos devem ter em devida conta a navegação e a proteção e preservação do meio marinho, com base nos melhores dados científicos de que se disponha."

entre os estados árticos. Além dos oito estados membros – Canadá, Dinamarca, Estados Unidos, Finlândia, Islândia, Noruega, Rússia e Suécia – inclui organizações dos povos autóctones do Ártico, como "participantes permanentes", com atuação focada no desenvolvimento sustentável e na proteção ambiental,[786] e como acordado entre os estados membros, não se ocupa de questões militares e de segurança na região.

A inclusão dos povos autóctones no Conselho do Ártico de um lado reflete o importante papel histórico dessas populações, que há milênios habitam as extensões geladas da região ártica, bem como a crescente atuação de organizações não governamentais em organizações internacionais, na diplomacia e no processo normativo internacional. Os povos autóctones celebraram diversos acordos com governos dos estados costeiros do Ártico.[787] Vários povos autóctones do Ártico são transnacionais – ou seja, deslocam-se além das fronteiras dos estados nacionais – tais como o *Conselho Circumpolar Inuit*, que reúne populações *Inuit* da Groenlândia, do Canadá, do Alaska e da Rússia. Em 2009, o Conselho adotou *Declaração circumpolar Inuit sobre a soberania no Ártico*. Esta pleiteia a participação dos *Inuit* em quaisquer negociações interestatais envolvendo controvérsias territoriais, aponta preocupação específica com a

[786] M. Byers, *Arctic Region* (in **Encyclopedia of public international law**, 2012, vol. I, p. 567-575, cit. § 38): "The Arctic is in crisis. The ice and the permafrost – the foundations of its highly specialized ecosystems – are literally melting away, and with them the traditional way of life of Arctic indigenous peoples. A vast, ice-bound, impenetrable ocean is being transformed into a new Mediterranean Sea, a 'middle sea' over which the world's powers will trade."

[787] Tais como o *Alaska Native Claims Settlement Act*, de 1971 e o *Nunavut Land Claims Agreement*, de 1993. Cabe lembrar que 85% da população total de Nunavut são autóctones, e conta com sistema de governo majoritário que assegura o autogoverno *Inuit*. A Groenlândia, que conta com 88% da sua população etnicamente *Inuit*, passou ao regime de autogestão – ou *home rule* – a partir de 1979. Os groenlandenses, em 1985, votaram pela saída da Comunidade Econômica Europeia e, em 2008, pela assunção de poderes adicionais de governo, de tal forma que a Dinamarca conserva, em relação à Groenlândia, tão somente a responsabilidade pela defesa, pelas relações exteriores, política financeira e uma transferência anual de fundos de assistência. M. Byers, *Arctic Region* (in **Encyclopedia of public international law**, 2012, vol. I, p. 567-575, cit. § 36): "Today, their traditional way of life is threatened by rapid cultural and technological change, climate change, shipping and resource exploitation."

exclusão dos *Inuit* da Declaração de Iulissat, de 2008, e argumenta que o direito de participação dos *Inuit* decorre de instrumentos internacionais tais como a *Declaração de direitos dos povos indígenas*, de 2007, contida na Resolução 61/295 da Assembleia geral da ONU.

Propostas de desenvolver um regime internacional para o Ártico, focado na proteção do meio ambiente, poderiam ter como base o Sistema do Tratado da Antártica, bem como na criação de zona livre de armas nucleares.[788] São matérias complexas, de difícil negociação, em razão dos interesses estratégicos dos estados costeiros do Ártico, notadamente da Rússia e dos Estados Unidos, porém de grande relevância, não somente para a própria região, bem como pelo impacto das mudanças climáticas e da poluição sobre o conjunto do planeta.

A seguir se pode passar à consideração do caso do Alaska (24.2.1), como exemplo de relevante transferência territorial, mediante acordo internacional. Bem como os desdobramentos, em questão recente, envolvendo o Canadá e os Estados Unidos, a respeito das respectivas soberanias em área de 21.436 quilômetros quadrados no mar de Beaufort, na qual teve relevância o conteúdo de tratado de 1825, celebrado entre a Rússia imperial e o Reino Unido sobre as respectivas possessões naquela área.

24.2.1. Alaska

> Muitas vezes por conta própria, às vezes com patrocínio público, os americanos participaram de múltiplas atividades em terras distantes. Completado o mapeamento da América do norte, os aventureiros se lançaram na exploração da nova fronteira no Alaska. O governo patrocinou expedições na região ártica.
>
> G. C. Herring (2008)[789]

[788] M. Byers, *Arctic Region* (in **Encyclopedia of public international law**, 2012, vol. I, p. 567-575, cit. § 39): "Achieving multilateral treaties on these matters will not be easy".

[789] George C. Herring, **From Colony to Superpower** – U.S. Foreign Relations since 1776 (Oxford: Univ. Press, 2008, chap. 7 – 'A good enough England': Foreign relations in the Gilded age, 1877-1893, p. 265-298, cit. p. 273).

> Pode-se citar como exemplos bastante recentes de extensão, por meio de compra, a aquisição das possessões russo-americanas pelos Estados Unidos, ao preço de 7,200,000 *dólares.*
>
> F. de MARTENS (1883)[790]

Explorado a partir de 1741, a partir da passagem do estreito de Bering, o Alaska começa a ter presença russa, ao lado das populações autóctones de esquimós – atualmente se utiliza a denominação *Inuit* – e ameríndios Haidas, Tingits, Athapascans.[791] Alguns estabelecimentos são criados, sobretudo ao longo das costas.

Por meio de decreto (*ukaze*) do czar ALEXANDRE, em 4/16 de setembro de 1821, declarava o governo russo ter direito territorial exclusivo sobre a costa do Pacífico da América do norte, desde o estreito de Bering até 51º graus de latitude – o que, basicamente corresponde ao atual Alaska – bem como às ilhas Aleutas, na costa oriental da Sibéria, e às ilhas Kurileas, desde o mesmo estreito de Bering, até o cabo sul da ilha de Oozoop, em 15º 51' de latitude norte. O czar então concedeu à *Companhia Russo-americana* o monopólio de comércio, que se estendia, rumo ao sul, até 55º norte. A Companhia estabeleceu alguns entrepostos de comércio ao longo da costa do Alaska, mas as atividades se ressentiam da falta de apoio governamental, bem como enfrentavam a concorrência de exploradores dos Estados Unidos.

O *ukaze* suscitou sérias preocupações nos Estados Unidos. As aspirações territoriais da Rússia não colocavam qualquer ameaça direta, porquanto os Estados Unidos nunca tinham pretendido exercer controle sobre territórios ao norte de 49º. A reação hostil refletiu antes as pretensões dos EUA do que as da Rússia. Contudo, as restrições costeiras desafiavam o princípio da liberdade de navegação dos mares e ameaçavam um dos mais rentáveis empreendimentos dos eleitores de ADAMS

[790] Fiodor de MARTENS, **Traité de droit international** (1882, trad. du russe par Alfred LÉO, Paris : Librairie Marescq, 1883, 3 vols., vol. I, partie générale, chap. III 'le territoire de l'état', p. 451-509, III 'des moyens d'acquérir des territoires', p. 459-473, cit. p. 468) : «On peut citer comme exemples assez récents d'extension par voie d'achat, l'acquisition des possessions russo-américaines par les États-Unis au prix de 7,200,000 *dollars*».

[791] RODRIGO OCTÁVIO [LANGGAARD MENEZES], **Les sauvages américains devant le droit** (RCADI, 1930, t. 31, p. 177-292).

na Nova Inglaterra. Congressistas se mobilizaram para alcançar composição a respeito da bacia do Columbia e instaram MONROE a defender os interesses dos EUA.Exatamente nessa altura, tinha sido confiada ao czar a arbitragem anglo-americana, relativa ao transporte de escravos, durante a guerra de 1812-1814. Por isso, o presidente MONROE atuou com cautela. Mas, na primeira oportunidade, ADAMS informou ao ministro russo: "devemos contestar o direito da Rússia a *qualquer* estabelecimento neste continente, e devemos assumir claramente o princípio de que o continente americano não mais está sujeito a quaisquer novos estabelecimentos coloniais".[792]

Em decorrência de tal decreto, a navegação e a pesca eram proibidas a qualquer outra nação, nas ilhas e portos contidos dentro de referidos limites. Era, igualmente, proibido a qualquer embarcação estrangeira abordar nos estabelecimentos russos ou aproximar-se a menos de 100 milhas, sob pena de confisco das mercadorias.

O governo britânico protestou contra o conteúdo e as consequências do decreto russo de 1821, tão logo este foi promulgado, como também levou o tema ao Congresso de Verona, realizado de 20 de outubro a 14 de dezembro de 1822, pela Santa Aliança. A controvérsia entre os dois governos foi encerrada por meio da convenção, celebrada em São Petersburgo, em 16/28 de fevereiro de 1825, que estabeleceu a fronteira definitiva, entre as possessões dos dois governos na América setentrional: a linha de fronteira deveria começar na extremidade meriodinal da ilha do Príncipe de Gales, em 54º e 40' e assim prolongar-se até o estreito de Portland, 56º de latitude, e a partir de lá, ao longo da costa, até o monte Santo Elias, e então defletir, rumo ao norte, seguindo o

[792] George C. HERRING, **From Colony to Superpower** – U.S. Foreign Relations since 1776 (Oxford: Univ. Press, 2008, chap. 4 – 'Leave the rest to us' – The Assertive Republic, 1815-1837, p. 134-175, cit. p. 152): "Further alarmed by talks of American settlements in the Northwest, the Russian American Company secured ALEXANDER's assistance. Apparently without much thought, he issued on September 4, 1821, another *ukase* granting Russians exclusive rights for trading, whaling and fishing in the area of Alaska and the Bering Sea and south along the coast to 51º (far south of Russia's main settlement neat the present site of Sitka, Alaska). Under threat of confiscation and capture, the *ukase* also forbade foreign ships from approaching within 100 Italian miles (115 English miles) of Russian claims". V. tb. Norman E. SAUL, **Distant Friends: The United States and Russia** 1763-1867 (Lawrence: Univ. Press of Kansas, 1991, p. 96-98).

meridiano de 141º graus, a partir do meridiano de Greenwich, até o oceano ártico.[793]

Os direitos da Rússia a referido território, repousavam, segundo esse decreto de 1821, sobre os três princípios segundo os quais, no direito das gentes, se consolidava qualquer direito de propriedade: sobre a prioridade da *descoberta*, sobre a prioridade da *ocupação* e sobre a *posse* mansa e pacífica, exercitada *sem contestação*, durante cerca de meio século. Estipulava-se, ainda, que todas as condições aplicáveis aos mares fechados deveriam estender-se às águas que banham as possessões russas, nos continentes da Ásia e da América, e, por conseguinte, o governo russo poderia exercer, em seus mares, os direitos da soberania, e sobretudo o de proibir o acesso a estes, por parte de quaisquer estrangeiros. Contentar-se-ia, contudo, com o exercício de seus direitos essenciais, para impedir o contrabando, nos limites da companhia russo-americana.

Todos esses princípios, alegados pela Rússia, tanto em direito, como em matéria de fato teriam sido contestados, pelo governo dos Estados Unidos, afirmava Henry WHEATON (1836, ed., 1858).[794] O então Secretário de estado para questões externas, John Quincy ADAMS, em sua resposta à comunicação, enviada pelo ministro russo M. POLETICAR, em Washington, declarava que desde que os Estados Unidos existiam como nação independente, suas embarcações tinham livremente navegado nesses mares, e que o direito de aí navegar era conferido pelo fato dessa mesma independência, bem como o direito para os seus cidadãos, de estabelecer relações de comércio com os nativos do país, que não se encontravam submetidos à jurisdição de outro estado. Negava que os russos tivessem direito a qualquer porção da América, ao sul de 55º de latitude, fundando-se sobre o que, na carta constitutiva da companhia russo-americana, essa linha era o limite meridional das descobertas feitas pelos russos, na América, até 1799, e que desde essa época não se fizera nenhuma nova descoberta.

Com relação à pretensão do governo russo de considerar como mar fechado (*mare clausum*), todas as águas compreendidas entre as

[793] A respeito da controvérsia, nas décadas de 1970-1980, sobre o mar de Beaufort, entre Canadá e Estados Unidos, ver supra, 24.2 – questão do Ártico.

[794] Henry WHEATON, **Elements de droit international** (orig. publ. 1836, Leipzig: Brockhaus, 1858, 2 vols., vol. 1, chap. IV – des droits de propriété, p. 164-168).

possessões russas na América e na Ásia, ADAMS se limitava a observar que a distância entre esses dois continentes, no paralelo de 51º graus não era menor do que quatro mil milhas marítimas, e encerrava a sua nota manifestando a expectativa de que os cidadãos dos Estados Unidos pudessem continuar a livremente exercer na região as suas atividades comerciais.

As negociações sobre a matéria terminaram com a celebração do tratado de São Petersburgo de 5/17 de abril de 1821, por meio do qual foram acordadas as cláusulas seguintes: que em todas as partes do oceano Pacífico os cidadãos dos Estados Unidos e os súditos da Rússia poderiam navegar livremente e aí praticar a pesca, observando, contudo, as restrições, então estipuladas, no sentido de que os cidadãos americanos não poderiam abordar um estabelecimento russo sem a autorização do governador ou comandante de referido estabelecimento, e da mesma forma, os súditos russos não poderiam dirigir-se, sem permissão a qualquer estabelecimento americano, nas costas noroeste. Foi, ainda, estipulado que não seria fechado qualquer estabelecimento americano ao norte de 54º 40' de latitude, e nenhum estabelecimento russo ao sul de referida linha. Foi, enfim, acordado que durante dez anos, contados da data da assinatura da referida convenção, os navios de ambas as potências poderiam livremente navegar, praticar a pesca, em todos os mares, compreendidos entre referidas costas.

Não renovado esse tratado, deu-se período de indefinição com relação ao estatuto futuro da região. O que poderia ter se tornado problema estratégico e militar, mas alcançou-se solução negociada.

A atuação do secretário William Henry SEWARD foi crucial na negociação, que levou à compra do Alaska – que, na ocasião, foi denominada 'loucura' (*his folly*), passou a ser considerada uma realização por um dos melhores secretários de estado da história dos EUA.A compra do Alaska em 1867 foi a única aquisição importante pelos Estados Unidos, nesse período.[795]

[795] G. C. Herring, **From Colony to Superpower** – U.S. Foreign Relations since 1776 (2008, chap. 6 – 'Last best hope': The Union, the Confederacy, and Civil war diplomacy, 1861-1877, p. 224-264, cit. p. 251 e 227-228): "At the start of the Civil war, only tsarist Russia, among the European powers, stood squarely with the Union. This curious entente between autocratic Russia and the world's leading democracy was deeply rooted in recent

Com 1.518.700 quilometros quadrados, tornou-se, em 1959, o 49º e o maior estado da União americana. O estado federado[796] detém cerca de 60% do total do território.

Esse território russo há tempos era considerado como estação potencialmente vital rumo ao domínio do comércio com o leste da Ásia. Devastadores ataques confederados a navios da União, nas ilhas Aleutas, ao final da guerra civil em 1865, tinham reforçado a convicção de sua importância estratégica, no Pacífico norte. "O Alaska também era visto como forma de pressionar o Canadá para se juntar aos Estados Unidos". Para a Rússia, nessa altura, o vasto território gelado tinha se tornado um encargo financeiro e estratégico. Alguns russos, com boas razões, temiam que os Estados Unidos simplesmente tomassem o Alaska e consideravam que seria melhor conseguir alguma coisa em troca, enquanto podiam. Estava enfraquecido o controle da *Companhia Russo-Americana* sobre a região. A perspectiva do negócio se tornou mais viável diante da aquisição pela Rússia, nessa altura, de novos territórios, mais facilmente defensáveis, na Ásia central e oriental.[797] Receios eram suscitados pelo possível expansionismo russo no Alaska e territórios no noroeste da América do Norte.[798]

A respeito de porções do território do estado, mesmo quando inocupados, não passíveis de caracterização como *res nullius*, mas devam ser entendidas como "pertencentes, antes de tudo, à soberania territorial, que fixa, a seu critério, as condições nas quais as pode ceder a

history. In the 1840's, the two nations had followed non-conflicting expansionist courses. Each saw the other as a potential check against Britain."

[796] W. B., Cowles, **International law as applied between subdivisions of federations** (RCADI, 1949, t. 74, p. 655-756).

[797] G. C. Herring, **From colony to superpower** (2008, chap. 6, cit. p. 257-258): "Some Russians also believed that the sale of Alaska would be a good way to solidify friendship with the United States, a proper ending for a period of good relations." Causa certa surpresa comentário tão ingênuo na obra desse historiador. Que prossegue: "Scorned by many at the time, the purchase became SEWARD's greatest triumph. Eager for something to offset the administration's domestic failure, he jumped at the chance to purchase Alaska." O preço de USD 7,2 milhões era 2 milhões mais do que os EUA desejavam pagar e do que os russos tinham originalmente pleiteado.

[798] Edwin Williamson, **The Penguin History of Latin America** (orig. publ. 1992, London: Penguin, 2009, chap. 9 – Nationalism and Development: an overview, p. 313-377, esp. 'The Rise of U.S. Imperialism', cit. p. 322).

particulares", Fiodor de MARTENS (1883)[799] talvez traga eco de tal solução da anterior controvérsia, solucionada mediante a venda do Alaska, quando refere: "esse princípio tem importância prática enorme, para países como os Estados Unidos da América do Norte, cujo território é tão vasto, cuja ocupação somente se poderá perfazer em muitos anos", onde este governo, segundo de MARTENS, "tendo adotado como regra considerar todas as terras que compõem a América do norte como dependentes dos Estados Unidos, o governo de Washington estende, pouco a pouco, a sua dominação, sobre aquelas que ocupam os índios. Às vezes ele adquire as terras, às vezes ele as toma, sem indenizar os proprietários".[800]

Não é somente especulação desse grande internacionalista russo, na medida em que na década de 1850, seguindo a *Guano Law*, os Estados Unidos passaram a se permitir ocupar ilhas desabitadas do Pacífico. Nessa linha de atuação, a ilha Midway foi ocupada pelos EUA,[801] em 1867. Inicialmente, estrategistas ficaram desapontados, quando se constatou a inadequação do local, para a instalação de porto de águas profundas; somente muitos anos depois, se descobriria quão estratégica era a localização para instalação de aeroporto.

A ser reportado aos modos de aquisição e de perda de domínio do estado sobre o território,[802] o caso do Alaska foi exemplo de solução internacionalmente negociada de questão territorial. Logo depois, em 1868, os Estados Unidos, igualmente, para superar a questão dita das *Danish Islands*, adquiririam as ilhas dinamarquesas de São Tomás e de São João, pagando à Dinamarca a importância de 7 milhões e meio de dólares.[803]

[799] Fiodor de MARTENS, **Traité de droit international** (1882, trad. du russe par Alfred LÉO, Paris : Librairie Marescq, 1883, 3 vols., vol. I – partie générale, chap. III – le territoire de l'état, p. 451-509).

[800] F. de MARTENS (op. cit., 1882, trad. fr. 1883, vol. I, chap. III, cit. p. 453-454).

[801] G. C. HERRING, **From Colony to Superpower** – U.S. Foreign Relations since 1776 (2008, chap. 6 – 'Last best hope': The Union, the Confederacy, and Civil war diplomacy, 1861-1877, p. 224-264, cit. p. 257).

[802] V., *supra*, cap. VII e os itens deste.

[803] Fiodor de MARTENS, **Traité de droit international** (1882, trad. du russe par Alfred LÉO, Paris : Librairie Marescq, 1883, 3 vols., vol. I, partie générale, chap. III 'le territoire de l'état', p. 451-509, III 'des moyens d'acquérir des territoires', p. 459-473, cit. p. 468)

A seguir se passa a considerar o direito internacional dos espaços à luz da emergência da proteção internacional do meio ambiente (cap. 25).

depois de referir o caso do Alaska, menciona : «et celle des îles danoises de Saint-Thomas et de Saint-Jean en 1868, par les mêmes États-Unis, au prix de 7,500,000 *dollars*» e, em nota, acrescentava : «Le gouvernement de Washington, contrairement aux lois des États-Unis et aux principes du droit international n'a pas encore trouvé nécessaire jusqu'ici de présenter la convention conclue [1869] à la ratification du Sénat.»

CAPÍTULO 25
DIREITO INTERNACIONAL DOS ESPAÇOS E EMERGÊNCIA DA PROTEÇÃO INTERNACIONAL DO MEIO AMBIENTE

De um modo geral, os ambientalistas tendem a pintar as coisas com cores sombrias a fim de alertar a opinião pública e os governantes para as agressões e as ameaças ao ecossistema. Esta política tem surtido efeito. Embora ainda haja muito que fazer, alguns resultados altamente positivos podem ser apontados, e dentre estes, o mais importante é a conscientização cada vez maior da população para a necessidade de proteger o meio ambiente.

G. E. do Nascimento e Silva (1990, ed. 2017)[804]

Os estados e suas sociedades humanas estão diante de múltiplos problemas ambientais globais, acima de tudo, as mudanças climáticas. Esses problemas degradam o ecossistema da terra, a ponto de ameaçar a qualidade de vida da atual e das gerações futuras. Apesar da crescente disposição dos estados em aceitar que a proteção dos bens ambientais globais, tais como o clima ou a diversidade biológica, são interesses comuns da humanidade, eles não consituem uma comunidade, atuando de modo concertado, tanto quanto necessário para alcançar esses fins.

U. Beyerlin e J. G. Stoutenberg (2012)[805]

[804] P. B. Casella – R. C. de Vasconcellos – E. C. Xavier Jr., **Direito ambiental – o legado de G. E, do Nascimento e Silva** (cit. *A preservação dos mares*, orig. publ. no Jornal do Brasil, 10 de dezembro de 1990, primeiro caderno, p. 9, Brasília: Funag, 2017, p. 237-241).

[805] Ulrich Beyerlin and Jenny Grote Stoutenburg, *Environment, International Protection* (in **Encyclopedia of public international law**, 2012, vol. III, p. 461-484, cit. § 88)

> Qualquer atividade humana está sujeita a produzir impactos no meio ambiente, sejam benéficos ou prejudiciais.
>
> L. E. BORGES (2003)[806]

> Face ao perigo ecológico, às ameaças da poluição, e dos desequilíbrios climáticos, a noção de limite é derisória. Face aos grandes problemas do mundo de amanhã – evitar o desperdício de água ou de oxigênio, lutar contra a desertificação – nossas modernas muralhas da China e as sutis querelas, que estas suscitam nas chancelarias, do ponto de vista dos juristas da coroa, podem parecer ultrapassadas. (...) E, apesar de tudo, a ideia de fronteira é extraordinariamente tenaz e esta talvez jamais tenha estado tão viva como atualmente.
>
> D. BARDONNET (1976)[807]

completam a passagem: "Humankind is still divided into prosperous industrialized societies, on the one hand, and marginalized societies in the Third World on the other. Correspondingly, inter-state cooperation in environmental and developmental matters continues to suffer from the so-called 'North-South-divide'."

[806] Leonardo Estrela BORGES, *Os impactos do terrorismo no meio ambiente* (in **Terrorismo e direito**, coord. L. BRANT, Rio de Janeiro: Forense, 2003, p. 479-509, cit. p. 479-480) prossegue: "Com o terrorismo não podia ser diferente." (...) "De fato, tanto o meio ambiente quanto o terrorismo são assuntos que estão em pauta nas discussões internacionais. O que deve ser feito é uma conjugação entre os dois, pois as atividades terroristas, como pudemos verificar nos atentados nos Estados Unidos, estão cada vez mais audaciosas, representando sérios riscos à preservação ambiental. Os princípios do direito ambiental internacional devem ser levados em consideração para qualquer atividade de combate ao terrorismo, do mesmo modo que o são em casos de guerra, devendo-se, sempre, respeitar o meio ambiente, para que casos como os do Vietnã ou da Guerra do Golfo não voltem a ocorrer."

[807] Daniel BARDONNET, **Les frontières terrestres et la rélativité de leur tracé (problèmes juridiques choisis)** (RCADI, 1976, t. 153, p. 9-166, cit. p. 17): «Face au péril écologique, aux menaces de la pollution, et des deséquilibres climatiques, la notion de limite est dérisoire. Face aux grands problèmes du monde de demain – éviter le gaspillage de l'eau ou de l'oxygène, lutter contre la désertification – nos modernes murailles de Chine et les subtiles querelles qu'elles suscitent dans les chancelleries, du point de vue des juristes de la Couronne, peuvent sembler surannées.» Observava BARDONNET, no parágrafo seguinte ao trecho referido: «Et cependant l'idée de frontière est extraordinairement tenace et elle n'a peut-être jamais été aussi vivante qu'aujourd'hui.»

O **direito internacional dos espaços** não pode deixar de levar em conta o desenvolvimento da proteção internacional do meio ambiente. Esta configura nova dimensão do direito internacional. E a atuação, nacional e internacional, voltada à proteção e à conservação do meio ambiente, interfere e interage com os espaços e os poderes dos estados sobre tais domínios. A soberania do estado, mais e mais, tem de se acomodar com os imperativos da convivência e respeitar os princípios e normas do direito internacional do meio ambiente.

Em razão da necessidade de proteção de bens ambientais globais, tais como a mudança climática e a diversidade biológica, os estados não somente podem enfrentar, como já enfrentam, e enfrentarão ainda maiores restrições ao exercício supostamente irrestrito das suas soberanias e das suas jurisdições sobre seus respectivos territórios 'nacionais' – abrangendo os domínios terrestre, fluvial, marítimo e aéreo –, bem como no uso compartilhado dos espaços comuns e espaços internacionais. Essa é enorme e irreversível mudança do regime jurídico internacional dos espaços. Daí o presente capítulo, voltado para essa intersecção entre os dois campos do direito internacional no contexto pós-moderno.[808]

[808] Sem prejuízo de remissão a menções anteriormente feitas, no corpo do presente **Direito internacional dos espaços**, tais como, no cap. VIII sobre o 'domínio fluvial', o item 8.6. 'proteção do meio ambiente', a repercussão da matéria em todo o conjunto do direito internacional do mar, cf. capítulos IX a XVI, XXI e XXIII, bem como: ACCIOLY – NASCIMENTO E SILVA – CASELLA, **Manual** (2021, 25ª ed.), o conjunto da parte 7 – proteção internacional do meio ambiente, para remissões a fontes específicas; P. B. CASELLA, *Geraldo Eulálio do Nascimento e Silva (1917-2003)* (no volume **Direito internacional no Brasil – pensamento e tradição**, org. George R. B. GALINDO, Rio de Janeiro: Lumen Juris, 2021, p. 217-277); P. B. CASELLA, *Some environmental aspects of the U.N. Convention on the Law of the Sea* (in **Prospects of the evolution of the law of the sea, environmental law and the practice of ITLOS** – New challenges and emerging regimes, ed. by Tafsir Malick NDIAYE and R. F. MORE, Rio de Janeiro: Sagserv, 2018, p. 142-171); P. B. CASELLA, Raphael C. de VASCONCELOS e Ely C. XAVIER Júnior (org.), **O legado de Geraldo Eulálio do Nascimento e Silva para o direito ambiental** (Brasília: Funag, 2017); Helita Barreira CUSTÓDIO, *Princípios indispensáveis ao cumprimento da lei da política nacional do meio ambiente* (in **Política nacional do meio ambiente: 25 anos da Lei n. 6938/1981**, org. J. C. de C. ROCHA, T. H. P. HENRIQUES Filho e U. CAZETTA, Belo Horizonte: Del Rey, 2007, p. 1-38); Cristiane DERANI, **Direito ambiental econômico** (São Paulo: Max Limonad, 1997); Sandra Akemi Shimada KISHI, *Política nacional do meio ambiente e o desenvolvimento sustentado, a intervenção obrigatória do estado e o acesso ao bem ambiental* (in **Política nacional do meio ambiente: 25**

É fácil ver quanto evoluiu a proteção internacional do meio ambiente, a partir do final do século XIX e início do XX, desde acordos pontuais, muitas vezes bilaterais, a respeito da gestão de recursos naturais marinhos vivos – como focas e baleias –, ou cursos d'água internacionais, de escopo muito mais utilitário, no sentido de organizar a exploração daquele recurso, do que visando a preservação ambiental, de modo a acomodar interesses conflitantes de utilização, entre estados vizinhos – e nos quais a proteção ambiental, porventura resultante, era antes efeito colateral do que o escopo principal de tais acordos. A partir desses primeiros acordos, de caráter instrumental ambiental, começam a ser celebrados acordos multilaterais, mais genuinamente focados na conservação de recursos naturais, mas trazendo a marca de estreita relação "entre o conservacionismo da natureza e o colonialismo, nos primeiros estágios dos esforços de proteção ambiental".[809] Mas a multilateralização não assegurou a melhoria dos propósitos e dos mecanismos, como mostra a perniciosa combinação de colonialismo[810] com propósitos conservacionistas.

Exemplos dessa atitude conservacionista-colonialista são, por exemplo: a **Convenção para assegurar a conservação de várias espécies de animais selvagens na África, que são inofensivos ou úteis para o homem**, de 1900, bem como a **Convenção para a preservação da fauna e da flora em seu estado natural**, de 1933, regulando a proteção da fauna e da flora na África. Ambas foram celebradas pelas potências coloniais, em razão da degradação de recursos naturais, resultante da exploração colonial europeia, mas tiveram impacto brutal sobre as vidas

anos da Lei n. 6938/1981, org. J. C. de C. Rocha, T. H. P. Henriques Filho e U. Cazetta, Belo Horizonte: Del Rey, 2007, p. 39-63); José Manuel Pureza, **O estatuto do ambiente na encruzilhada de três rupturas** (Coimbra: Centro de Estudos Sociais, n. 102, dez. 1997); José Affonso da Silva, **Direito ambiental constitucional** (São Paulo: Malheiros, 1994); Guido F. S. Soares, **Direito internacional do meio ambiente: emergência, obrigações e responsabilidades** (São Paulo: Atlas, 2001); C. Wilfred Jenks, **Liability for ultrahazardous activities in international law** (RCADI, 1966, t. 117, p. 99-200).

809 U. Beyerlin and J. Grote Stoutenburg, *Environment, International Protection* (in **Encyclopedia of public international law**, 2012, vol. III, p. 461-484, cit. § 4).

810 A respeito, ver **Tratado** (tomos XIV-XVII – **Direito internacional no tempo do colonialismo** e tb. tomo XX – **Direito internacional, história e cultura**, esp. cap. III – Impacto do colonialismo sobre o direito internacional, a descolonização e o desenvolvimento do direito de autodeterminação dos povos).

dos africanos, que não tinham substancialmente contribuído para tais resultados, nem tiveram qualquer possibilidade de influenciar como esse conservacionismo deveria ser feito.

O direito internacional do meio ambiente coloca-se como o mais novo ramo, de desenvolvimento "recente e dinâmico, do velho tronco do *corpus juris gentium*" –[811] o conjunto do direito internacional. Princípios relevantes consolidam-se nesta disciplina: não somente os tradicionais, como o princípio da cooperação internacional, voltado para a proteção do meio ambiente, ou a boa vizinhança, que se exprime como o princípio de prevenção do dano ambiental transfronteiriço, mas também pelo desenvolvimento de princípios específicos do direito internacional ambiental, tais como o princípio da sustentabilidade ou desenvolvimento sustentável, o princípio de responsabilidade comum porém diferenciada, o princípio da precaução e do poluidor-pagador, que se conjuga como dever de reparação de danos ambientais, bem como outros, todavia em consolidação, como o princípio de avaliação do dano ambiental e o princípio da participação cidadã.[812]

Cabe mencionar que recentes instrumentos multilaterais em matéria de proteção internacional ambiental exigem complexa atuação conjunta e coordenação de esforços entre estados, por meio de mecanismos regionais ou mesmo globais, de cooperação entre estados, com prioridades e capacidades altamente diferenciadas. Estes têm elementos

[811] J. Barboza, **International liability for the injurious consequences of acts not prohibited by international law and protection of the environment** (RCADI, 1994, t. 247, p. 291-406); José Juste Ruiz, *Los princípios fundamentales del derecho internacional ambiental* (in **Dimensão internacional do direito: estudos em homenagem a G. E. do Nascimento e Silva**, org. P. B. Casella, São Paulo: LTr, 2000, p. 243-264) observava: "Numerosos autores han percibido la importância de este nuevo sector especializado del ordenamiento juridico internacional y han dedicado a él su atención". Dentre os quais apontava o papel pioneiro de G. E. do Nascimento e Silva, **Direito ambiental internacional**: meio ambiente, desenvolvimento sustentável e os desafios da nova ordem mundial (Rio de Janeiro: Thex, 1995); b/c a coletânea, já ref., P. B. Casella, Raphael C. de Vasconcelos e Ely C. Xavier Júnior (org.), **O legado de Geraldo Eulálio do Nascimento e Silva para o direito ambiental** (Brasília: Funag, 2017).

[812] A respeito, v. Accioly – Nascimento e Silva – Casella, **Manual** (2021, 25ª ed.), o conjunto da parte 7 – proteção internacional do meio ambiente, para exame desses princípios e remissões a fontes; J. Juste Ruiz, *Los princípios fundamentales del derecho internacional ambiental* (art. cit., 2000).

que os distinguem de outras questões internacionais. Inclusive o fato de que os mais danosos impactos da atividade humana sobre o meio ambiente físico são produzidos ou aumentados pelo desenvolvimento tecnológico.[813]

Inclusive as organizações não governamentais têm papel de ainda maior relevância, no campo do direito internacional do meio ambiente,[814] por atuarem como agentes institucionais de monitoramento e de fiscalização da implementação de obrigações internacionalmente assumidas pelos estados.[815] Em extensão não contemplada em outras subáreas do direito internacional, no contexto pós-moderno.

Curiosamente, em lugar de remissões ao princípio do 'patrimônio comum da humanidade', que poderia ter sido mencionado, tem sido enfatizada a possibilidade de alcançar seus objetivos mediante intensificação da cooperação entre estados, sem a criação de instituições internacionais, para a gestão de tais iniciativas, ou de obrigações que extrapolem o necessário para as finalidades de tais acordos.[816]

[813] Jutta Brunnée, *Environment, Multilateral Agreements* (in **Encyclopedia of public international law**, 2012, vol. III, p. 484-499, cit. § 1).

[814] G. E. do Nascimento e Silva, *O direito ambiental e o papel das ONGs* (orig. publ. no Jornal do Brasil, 10 de junho de 1991, primeiro caderno, p. 9, no volume **Direito ambiental – o legado de G. E, do Nascimento e Silva**, Brasília: Funag, 2017, p. 63-67).

[815] Christine Fuchs, *Environment, Role of Non-Governmental Organizations* (in **Encyclopedia of public international law**, 2012, vol. III, p. 519-531, cit. § 1 e 2): "Traditionally, only states were actors in international relations. They negotiated, accepted and enforced international agreements. This, however, is not true any more. The current international society encompasses various non-state actors, with non-governmental organizations (NGO's) being among the most dynamic and influential." E acrescenta: "Together with international human rights law, international environmental law is the field of law with the most significant NGO impact." Ver tb. Jonas Ebbesson, *Public Participation in Environmental Matters* (in **Encyclopedia of public international law**, 2012, vol. VIII, p. 574-581, cit. § 1): "Public participation in environmental matters refers to the right and opportunity of members of the public to be part of decision-making that affects the environment, including health and natural resources. Thus it concerns the possibilities and means of members of the public to contribute to and influence the decision-making, and to strengthen the implementation of environmental laws."

[816] Cf. examinado no cap. XX – espaços internacionais: de *res nullius* a patrimônio comum da humanidade; v. tb. R. Wolfrum, *Common Heritage of Mankind* (in **Encyclopedia of public international law**, 2012, vol. II, p. 452-458, E – Conclusion, cit. § 28): "One has to acknowledge that the notion has gone out of fashion recently."

Este ramo do direito internacional pós-moderno se situa dentre os desenvolvimentos mais significativos da disciplina, nas últimas décadas. Praticamente inexistente até 1972, torna-se parte central do direito internacional, no contexto pós-moderno, e se impõe, como tema recorrente, das negociações e esforços de regulamentações, de caráter interno, como inexoravelmente em âmbito internacional. Estão presentes e reiteradamente terão de ser encaminhadas para medidas efetivas de implementação e de controle, nas mais diversas subáreas do direito internacional do meio ambiente. Exemplificativamente, podem ser lembradas todas as discussões a respeito das mudanças climáticas, do aquecimento global, da preservação das florestas, dos recursos vivos dos oceanos, dos usos não navegacionais dos cursos d'água internacionais, ou na relação entre livre comércio e proteção do meio ambiente, como pode ser acompanhada pelos desenvolvimentos específicos no âmbito da Organização Mundial do Comércio.

A Conferência das Nações Unidas, sobre o meio ambiente humano, reunida em Estocolmo, de 5 a 16 de junho de 1972 – convocada pela Assembleia geral da ONU, nos termos da Resolução 2398 (XXIII), de 5 de dezembro de 1968, contou com a participação de representantes de 113 estados – marca a entrada definitiva do tema ambiental na agenda multilateral e a determinação das prioridades das futuras negociações sobre meio ambiente; a criação do Programa das Nações Unidas para o Meio Ambiente – PNUMA; o estímulo à criação de órgãos nacionais dedicados à questão do meio ambiente, em dezenas de países, que ainda não os tinham; o fortalecimento das organizações não governamentais e a maior participação da sociedade civil nas questões ambientais.[817]

Foi lembrado na Conferência de Estocolmo, de 1972, que somente dispomos deste nosso único planeta: "só temos esta única Terra". Esta

[817] André Aranha Corrêa do Lago, **Estocolmo, Rio, Joanesburgo** – O Brasil e as três conferências ambientais das Nações Unidas (Brasília: Instituto Rio Branco / FUNAG, 2007, Principais conquistas e críticas à Conferência, p. 47-52): "As Nações Unidas, para muitos observadores, teriam saído fortalecidas de Estocolmo, não só porque o sucesso do modelo de conferência acabou gerando uma série de outras importantes conferências nos anos seguintes – como a de População, em Bucareste (1974); a de Mulheres, no México (1975); e a Habitat, em Vancouver (1976) –, mas também porque, de certa maneira, o meio ambiente dava uma nova *raison d'être* a uma organização acusada de não acompanhar as rápidas mudanças do mundo moderno."

tem recursos limitados e tais recursos podem esgotar-se, como se tem verificado, em todos os casos em que a falta de gestão adequada e o desgaste sejam feitos em patamares atentatórios à conservação, que impeçam a regeneração e a conservação natural.

É interessante constatar como se mostrou válida a recomendação que o *Instituto de direito internacional*, na sessão de Luxemburgo, de 1937,[818] adotava em resolução sobre os fundamentos jurídicos para a preservação das riquezas do mar – ao apontar a "necessidade que esse direito seja regulado por acordo internacional e eventualmente por autoridade internacional".[819] É exatamente o que aconteceu, décadas depois.[820]

A matéria teve relevantes desenvolvimentos, desde momentos anteriores,[821] até o tema[822] ser consolidado na **Convenção das Nações Unidas sobre o direito do mar**, de 1982. Cabem reparos ao ulterior 'ajuste', alcançado em 1994, com relação à Parte XI da Convenção, e

818 Instituto de direito internacional, Sessão de Luxemburgo, em 3 de setembro de 1937, adota resolução sobre **Les fondements juridiques de la conservation des richesses de la mer** *(Rapporteurs: M. G. Grafton Wilson et Sir John Fischer Williams)* na qual se apontava que as riquezas do mar oferecem grande utilidade para as necessidades humanas, e que as riquezas marinhas foram, algumas vezes, dissipadas de modo abusivo, e que a sua conservação e a sua proteção se impõem, sem tardar, à atenção geral.

819 IDI, Resolução sobre os fundamentos jurídicos da proteção das riquezas marinhas, adotada na Sessão de Luxemburgo (1937) (preâmbulo): "Considérant qu'à l'heure actuelle il n'existe pas de protection suffisante pour empêcher la diminution, voire l'anéantissement de quelques espèces, et que les mesures adoptées paraissent inadéquates, que pour la conservation et l'exploitation du droit de pêche en haute mer et de l'utilisation des produits marins, héritage commun de tous les hommes, il est nécessaire que ce droit soit réglementé par accord international et éventuellement par autorité internationale."

820 A **Convenção das Nações Unidas sobre o direito do mar**, de 1982, foi extensamente tratada, *supra*, nos capítulos IX a XVI, bem como capítulos XXI e XXIII. Aos quais se remete.

821 P. C. Jessup, **L'exploitation des richesses de la mer** (RCADI, 1929, t. 29, p. 401-514); S. Oda, **International law of the resources of the sea** (RCADI, 1969, t. 127, p. 355-484).

822 B. Conforti, **The law and practice of the United Nations** (Haia: Kluwer, 1996); B. Conforti, **International law and the role of domestic legal systems** (translated by René Provost with Shauna van Praagh, Haia: Kluwer, 1993, "updated version of author's general course on public international law, given at the Hague Academy of International Law in 1988", **Cours général de droit international public** (RCADI 1988, t. 212, pp. 9-210); v. tb. B. Conforti, **Il regime giuridico dei mari: contributo alla ricostruzione dei principi generali** (Napoli: Eugenio Jovene, 1957).

que não foi possível evitar, como concessão dos princípios, diante de interesses econômicos e alegação de interesses nacionais, para permitir a entrada em vigor da codificação.

Nas sucessivas Conferências mundiais sobre o clima, desde a reunida sob os auspícios da Organização Marítima Mundial, em 1979, tem sido apontado que "a máquina atmosférica" é uma, e que esta opera, em escala planetária, sem cuidar das fronteiras políticas entre os países. Essa percepção somente se acentuou nas últimas décadas, como mostraram as Conferências internacionais sobre o clima, em Paris, em 2015, e em Glasgow, em 2021.[823] Ao meio tempo em que se acentuam os impactos das mudanças climáticas, parecem todavia resistir os estados em assumir compromissos efetivos e metas realistas, para minimizar os impactos da ação humana sobre o planeta.

Percebe-se a crescente preocupação com as consequências de qualquer atividade humana[824] sobre o conjunto da vida e da saúde dos próprios seres humanos, como dos animais e das plantas, e também sobre os rios, os lagos, o mar, e o patrimônio natural e cultural da humanidade. A visão e o tratamento abrangentes do problema se fazem mais e mais necessários.

No sentido da conscientização do impacto ambiental, e da consideração deste impacto pelo direito internacional e por tribunal internacional, cabe lembrar, dentre outros, o parecer da Corte Internacional de Justiça a respeito da **legalidade da ameaça ou uso de armas nucleares** (1996), no qual a Corte enfatiza não ser o meio

[823] A Convenção quadro das Nações Unidas sobre a mudança do clima – *United Nations Framework Convention on Climate Change*, foi assinada em Nova York, em 9 de maio de 1992, entrou em vigor em 21 de março de 1994, nos termos do seu art. 23.1. Conta 197 estados parte, cf. United Nations Treaty Collection. Acesso em 19.02.22. Texto em U.N.T.S. vol. 1771, p. 107. A 26ª Conferência das Partes – *2021 United Nations Climate Change Conference*, foi realizada em Glasgow, de 31 de outubro a 12 de novembro de 2021. V. tb. **Convenção sobre mudança de clima** (coord. Fabio Feldman, apresentação José Goldemberg, São Paulo: SMA – Secretaria do Meio Ambiente, do Governo do Estado de São Paulo, Coleção Entendendo o Meio Ambiente, vol. VI, 1997).

[824] Como se procurou mostrar, acima, no item 8.4, a respeito do 'aproveitamento inudstrial e agrícola das águas', questões como a do aproveitamento industrial e agrícola das águas podem se tornar, em nossos dias, ainda mais controvertidas do que as questões clássicas, como a da navegação, e passam a ter, mais e mais, dimensão e impacto ambientais a serem levados em conta.

ambiente uma abstração, mas representar o espaço vivo, a qualidade de vida e a própria saúde dos seres humanos, incluindo as futuras gerações.[825] Qualquer uso de armas nucleares constituiria violação do direito internacional já existente,[826] relacionado com a proteção do meio ambiente, em vista da importância essencial desta.

Sucintamente, a Corte expõe a fundamental importância de meio ambiente intacto, ou seja, a integridade do ar, do clima, da água, do solo, da flora, da fauna, dos ecossistemas naturais para o bem estar da espécie humana. Ainda que essa linha de raciocínio seja uma justificativa vinculante para a sua proteção, o meio ambiente também merece ser protegido, por seu valor intrínseco, independentemente de qualquer justificativa de ordem utilitária, espiritual, estética ou outra, pelo valor que possa ter para a espécie humana – como questão de ética ambiental.[827]

Cabe lembrar, igualmente na Corte Internacional de Justiça, o caso da Hungria contra a Eslováquia, em relação ao projeto **Gabcikovo-Nagymaros** (após o julgamento de 25 de setembro de 1997, a Esvoláquia ingressa com pedido de julgamento suplementar, em 1998),[828] bem como a controvérsia entre a Argentina e o Uruguai, a respeito da utilização das águas do Rio da Prata, em razão da **construção**

[825] CIJ, **Legality of the threat or use of nuclear weapons**, Advisory Opinion of 8 July 1996 (I.C.J. **Reports**, 1996, p. 226).

[826] CIJ, **Legality of the threat or use of nuclear weapons**, Advisory Opinion of 8 July 1996 (I.C.J. **Reports**, 1996, p. 226, esp. § 27, p. 241 e §) "In both their written and oral statements, some states furthermore argued that any use of nuclear weapons would be unlawful by reference to existing norms relating to the safeguard and protection of the environment, in view of their essential importance."

[827] Ver tb. Karl Bosselmann, *Environmental Ethics* (in **Encyclopedia of public international law**, 2012, vol. III, p. 572-580, cit. § 51): "From its beginning, environmental law – at municipal and international level – has been influenced by environmental ethics. Governments have always interpreted the ethical dimensions of the environment and sustainability in certain ways and acted accordingly. The question, therefore, is not whether but what kind of environmental ethics best inform decision-making. Finding the appropriate answer will not only determine the success of international law and governance, but the future of humanity."

[828] CIJ, **Case concerning the Gabcikovo-Nagymaros Project** (Hungary v. Slovakia) Judgment of 25 September 1997 (**I.C.J. Reports** 1997, p. 7). Depois do julgamento de 25 de setembro de 1997, em 3 de setembro de 1998 a Eslováquia ingressa com pedido de julgamento suplementar.

das fábricas de papel (2010),[829] no lado uruguaio do rio, na chamada crise das *papeleras*.[830] Caso que se inscreve na evolução do tratamento dos rios internacionais, pelo direito internacional,[831] ao longo de mais de dois séculos.

A necessidade de visão e de tratamento abrangentes da proteção ambiental se põem não somente em relação ao impacto direto de grandes obras, como a construção de barragens ou usinas hidrelétricas de grande porte, como também os impactos ambientais da construção de fábricas e seus inevitáveis rejeitos e efluentes, no conjunto dos assim chamados usos não navegacionais de cursos d'água internacionais. Tudo isso se faz ainda mais premente dada a grande importância que a água potável assume em determinadas regiões do globo, onde o consumo de água já supera e ameaça a existência das reservas de água potável.[832]

Outros casos perante a Corte Internacional de Justiça mostram quanto são atuais e candentes as questões relacionadas ao meio ambiente e as repercussões dessa matéria no direito internacional pós-moderno: como o caso sobre **pulverização aérea de herbicidas**

[829] CIJ, **Case concerning Pulp Mills on the river Uruguay / Usines de pâte à papier sur le fleuve Uruguay** (Argentina v. Uruguay), Judgment of 20 April 2010 (ICJ **Reports** 2010, p. 14), em 4 de maio de 2006, a Argentina enceta o caso, e solicita à Corte a determinação de medidas cautelares, contra o Uruguai; posteriormente, em 29 de novembro de 2006, o Uruguai pleiteia medidas cautelares, contra a Argentina. Em resposta a ambos os pedidos, em 23 de janeiro de 2007, a Corte entende que «les circonstances, telles qu'elles se présentent actuellement à elle, ne sont pas de nature à exiger l'exercice de son pouvoir d'indiquer des mesures conservatoires».

[830] C.I.J., **Case concerning Pulp Mills on the river Uruguay** (Argentina v. Uruguay), Judgment of 20 April 2010, I.C.J. Reports 2010, p. 14). Por treze votos contra um, a Corte entendeu que o Uruguai tinha violado suas obrigações procedimentais, nos termos dos artigos 7 a 12 do Estatuto do rio Uruguai, de 1975, e que a declaração de referida violação pela Corte constituía satisfação adequada; por doze votos a três, entendeu a Corte que o Uruguai não tinha violado as suas obrigações substanciais, nos termos dos artigos 35, 36 e 41 do Estatuto do Rio Uruguai, de 1975; bem como a Corte, por unanimidade, rejeitou todos os demais pedidos de ambas as partes (Judgment of 20 April 2010, I.C.J. Reports 2010, p. 14, cit. § 282).

[831] L.Caflisch, **Règles générales du droit des cours d'eau internationaux** (RCADI, 1989, t. 219, p. 9-226).

[832] Cf. já referido, supra, no item 8.2.2, a respeito da controvérsia entre a Argentina e o Brasil, em razão da construção da **hidrelétrica de Itaipu** entre Brasil e Paraguai.

tóxicos, encetado pelo Equador contra a Colômbia (2013).[833] Encetado em 2008, foi encerrado mediante acordo entre as partes. Os desdobramentos poderão ser relevantes em relação a vários tópicos, relacionados aos limites, que poderiam ser ditos 'operacionais' da soberania de um estado, em relação a estado vizinho[834], em questões como a dispersão de herbicidas tóxicos.

Em 13 de setembro de 2013, o presidente da Corte Internacional de Justiça emitiu ordem na qual determinava o arquivamento deste caso, entre Equador e Colômbia, porquanto as partes tinham alcançaram acordo, em 9 de setembro de 2013, nos termos do qual "ficou estabelecida uma zona de exclusão, no interior da qual a Colômbia se comprometeu a não mais efetuar operações de pulverização aérea", bem como a "criação de uma Comissão mista, encarregada de zelar que tais operações de pulverização, realizadas fora dessa zona de exclusão, não acarretem, por fenômeno de deriva, o depósito de herbicidas em território equatoriano", e prevendo, "na ausência de tais depósitos, a redução escalonada da largura de referida zona" e ainda, que esse acordo "prevê as modalidades operacionais do programa de pulverização da Colômbia", bem como o compromisso, assumido pelos dois governos, de proceder à "troca contínua de informações a respeito dessa matéria e estabelece um mecanismo de solução de controvérsias".[835]

A poluição transfronteiriça do ar foi objeto de Resoluções do *Instituto de direito internacional*, tais como a adotada na sessão do Cairo, em 1987, e teve como relator G. E. do Nascimento e Silva[836], bem como outras,

[833] CIJ, **Case concerning aerial herbicide spraying / Épandages aériens d'herbicides** (Ecuador v. Colombia), order of 13 September 2013 (I.C.J. **Reports**, 2013, p. 278). Em 1º de abril de 2008, o Equador apresentava petição inicial contra a Colômbia, a respeito da pulverização aérea pela Colômbia de herbicidas tóxicos, em território equatoriano.

[834] J. Andrassy, **Les relations internationales de voisinage** (RCADI, 1951, t. 79, p. 73-182).

[835] C.I.J., **Case concerning aerial herbicide spraying** (Ecuador v. Colombia), order of 13 September 2013 (I.C.J. **Reports**, 2013, p. 278, cit. p. 279).

[836] IDI, Sessão do Cairo (1987), **La pollution transfrontière de l'air**, Vigésima Comissão, Relator G. E. do Nascimento e Silva. Lembrava o IDI a anterior Resolução de Atenas de 1979 sobre a poluição dos rios e dos lagos e o direito internacional, e considerava que a poluição transfronteiriça do ar assume proporções, mais e mais, alarmantes e extensas, como no caso de chuvas ácidas e de contaminação nuclear, mostrava-se profundamente preocupado com os efeitos da poluição transfronteiriça do ar, sobre o meio ambiente

sobre o "meio ambiente"[837], adotadas, na Sessão de Estrasburgo, em 1997.[838] O *Instituto* considerou os problemas suscitados pela gestão do meio ambiente, tanto no nível do direito internacional, como, igualmente, em matéria de conflitos de leis e da harmonização dos sistemas de direito interno, levando em conta que qualquer nova regulamentação deve alinhar-se pelos princípios da prevenção e da precaução, vinculados às exigências do desenvolvimento sustentável das coletividades humanas, tais como determinados pelos poderes públicos, que governem tais coletividades, por meio de políticas públicas, em matéria ambiental.[839]

O conceito de meio ambiente engloba os recursos naturais, vivos e não-vivos, tais como o ar, a água, o solo, a fauna e a flora, bem como a interação entre esses mesmos fatores.[840] Compreende, igualmente, aspectos característicos da paisagem.[841] Todo ser humano tem o direito

e sobre a saúde humana, sobre o solo, a agricultura e a produtividade desta, como sobre as florestas, a vida nos lagos, nos rios e no mar, bem como sobre a camada de ozônio, e se mostrava igualmente preocupado com os danos irreparáveis causados aos edifícios, monumentos e sítios históricos, dos quais muitos integram o patrimônio cultural e natural da humanidade.

837 I.D.I., Sessão de Estrasburgo (1997), **L'environnement** (Huitième Commission, Rapporteur Luigi Ferrari Bravo) *(Le texte français fait foi, le texte anglais est une traduction.).*

838 IDI, Sessão de Estrasburgo (1997), sobre o meio ambiente: menciona as Resoluções, adotadas em Atenas, em 1979, e no Cairo, em 1987, resoluções estas, respectivamente a respeito da "poluição dos rios e dos lagos no direito internacional" e da "poluição transfronteiriça do ar", dentre outras.

839 I.D.I., **L'environnement** (1997): « *Rappelant* que l'Institut s'est déjà prononcé sur des questions d'environnement avec les Résolutions adoptées à Athènes en 1979 et au Caire en 1987, Résolutions traitant respectivement de la "pollution des fleuves et des lacs et le droit international" et de "la pollution transfrontière de l'air"; / *Rappelant* le souci de l'Institut de contribuer à la décennie des Nations Unies pour le droit international; / *Ayant à l'esprit* que la présente Résolution ne touche que certains aspects de l'architecture générale du droit international de l'environnement et considérant, en conséquence, que l'environnement en tant que thème général doit rester présent dans les travaux futurs de l'Institut, tant sur le plan du droit international public que sur le plan du droit international privé.»

840 G. Elian, **Le principe de la souveraineté sur les resources nationales et ses incidences juridiques sur le commerce international** (RCADI, 1976, t. 149, p. 1-85).

841 I.D.I., **L'environnement** (1997), art. premier : «Aux fins de la présente Résolution, le concept d' "environnement" englobe les ressources naturelles abiotiques et biotiques, notamment l'air, l'eau, le sol, la faune et la flore ainsi que l'interaction entre ces mêmes facteurs. Il comprend aussi les aspects caractéristiques du paysage.»

de viver em meio ambiente saudável, e a realizção efetiva do direito de viver em meio ambiente saudável deve ser integrada aos objetivos do desenvolvimento sustentável.

Interessante o dispositivo previsto no art. 4º da Resolução do *Instituto*, de 1997, segundo o qual "caberá ao direito internacional determinar os princípios fundamentais e as normas mínimas, para a proteção do meio ambiente", e este estipulará as normas necessárias, quando a regulamentação nacional mostrar-se insuficiente ou inadequada. Desse modo, além da esfera de competência e de aplicação das normas nacionais, estipula-se papel supletivo – e também corretivo – atribuído à normativa internacional, em matéria ambiental.

A avaliação dos efeitos sobre o meio ambiente, de qualquer projeto, suscetível de ter tais efeitos, quer seja este internacional, nacional ou local, deve levar em conta as condições de vida e as perspectivas de desenvolvimento das coletividades humanas, às quais diz respeito tal projeto, e isso deve fazer-se segundo critérios que sejam comparáveis aos de outros países, e isso segundo espírito de cooperação internacional. De tal modo que qualquer estado, quando este intervém nas decisões, tomadas no exercício de sua soberania, em campos de atividade, nos quais os efeitos das decisões sobre o meio ambiente sejam evidentes, tem o dever de o fazer de tal modo que as atividades, exercidas nos limites de sua jurisdição ou sob seu controle não causem danos, que possam afetar a vida das gerações presentes ou futuras.

Com tal propósito, as atividades devem ser decididas e exercidas à luz dos dados científicos disponíveis – a melhor informação e tecnologia disponíveis. E, logicamente, caso tais atividades, visadas pelo estado, contenham risco de dano significativo (*dommage significatif*) ao meio ambiente, esse estado deverá prevenir, com antecedência suficiente, os demais estados, passíveis de serem afetados. E se põe, igualmente, como obrigação comum a de advertir a respeito de quaisquer riscos.[842]

[842] I.D.I., **L'environnement** (1997), art. 7: «Lorsqu'un Etat dispose d'un système d'observation susceptible de l'avertir de tout risque d'atteinte à l'environnement découlant d'activités conduites sur son territoire, il doit mettre immédiatement toute observation recueillie à la disposition des pays où un tel risque peut se réaliser et, si besoin en est, de la communauté internationale.» / «Lorsqu'un Etat dispose d'un système d'observation susceptible de l'avertir de tout risque d'attente à l'environnement découlant d'activités conduites en dehors de ses frontières, il doit mettre immédiatement toute observation

Qualquer estado que tenha receio de que atividades, exercidas por outro estado, nos limites de sua própria jurisdição, ou sob seu controle, causem dano a seus direitos, pode fazer verificar, de modo imparcial, as consequências de tais atividades. E compete ao estado, cujas atividades sejam questionadas, o dever de facilitar tais verificações.

Os estados, as administrações regionais ou locais, as pessoas jurídicas de direito privado interno, como também as pessoas físicas devem, na medida do possível, fazer de tal modo que as suas atividades não causem danos ao meio ambiente, danos esses que sejam suscetíveis de reduzir, de modo apreciável a possibilidade de uso e gozo desses mesmos direitos, por outros sujeitos de direito, e para tal fim, devem exercer toda a vigilância necessária.

É dado central a ser institucionalizado como norteador de sistema normativo internacional de proteção do meio ambiente a compreensão de que a obrigação de prevenir danos existe, independentemente de qualquer obrigação de indenização. A obrigação de preservar o meio ambiente existe como dever geral e oponível em relação a todos, sejam estados, como agentes privados nacionais.

A avaliação das circunstâncias, que deram lugar a dano, em razão do qual se pleiteia indenização, bem como qualquer elemento de prova, que diga respeito ao meio ambiente, deve ser feita de maneira fiável, quer a questão se coloque no plano da ordem jurídica internacional, ou no plano de determinada ordem jurídica interna, competente para o caso. Para tal fim, faz-se necessário que qualquer investigação seja conduzida por autoridades imparciais, e que os resultados, aos quais estas possam chegar sejam aceitáveis, tanto no plano interno, como no plano internacional. Para tanto, recomenda o *Instituto* que organizações internacionais competentes colaborem e aportem ajuda especializada nessa matéria.

Finalmente, considera o *Instituto* que os procedimentos internacionais de solução de controvérsias, relativas a questões ambientais devem permitir a qualquer parte interessada poder fazer valer seu ponto de vista, mesmo sem que esta revista a condição de sujeito de

recueillie à la disposition du pays où le danger pour l'environnement peut trouver sa source ainsi que, si besoin en est, de la communauté internationale.» / «Dans ce domaine, la coopération internationale à travers des institutions appropriées est hautement recommandée.»

direito internacional. O que tem sido extensamente feito por meio de participação de organizações não governamentais[843] e outras formas de participação pública e da sociedade civil em matéria de proteção do meio ambiente.[844]

Nessa mesma sessão de Estrasburgo, em 1997, o *Instituto* adotou, igualmente, resolução[845] sobre a responsabilidade em direito internacional por danos causados ao meio ambiente. Nesta, lembra o *Instituto* a "Declaração relativa a um programa de ação, para a proteção do meio ambiental mundial" adotada na Basiléia (65ª sessão), e ressalta a conscientização do aumento das atividades que comportam riscos de danos para o meio ambiente, passíveis de terem efeitos transfronteiriços ou mesmo de alcance mundial.

Segundo o entendimento do *Instituto*, a evolução dos princípios e dos critérios que regem, tanto em direito internacional, como nos distintos direitos internos, a responsabilidade dos estados, por fato ilícito, a responsabilidade sem culpa, e a responsabilidade civil, devem ser examinados, especificamente, à luz do princípio 21 da Declaração de Estocolomo, e do princípio 2 da Declaração do Rio, sobre a responsabilidade dos estados, em zelar para que as atividades, desenvolvidas sob sua jurisdição ou sob seu controle, não causem danos ao meio ambiente, em outros estados, ou, igualmente, em regiões, situadas fora dos limites da jurisdição nacional.

Desse modo, seja qual for a modalidade de responsabilidade internacional, esta responsabilidade, além de sua função tradicional de garantir

[843] G. E. do NASCIMENTO E SILVA, *O direito ambiental e o papel das ONGs* (orig. publ. no Jornal do Brasil, 10 de junho de 1991, primeiro caderno, p. 9, no volume **Direito ambiental – o legado de G. E, do Nascimento e Silva**, Brasília: Funag, 2017, p. 63-67).

[844] Jonas EBBESSON, *Public Participation in Environmental Matters* (in **Encyclopedia of public international law**, 2012, vol. VIII, p. 574-581). V. tb. Christine FUCHS, *Environment, Role of Non-Governmental Organizations* (in **Encyclopedia of public international law**, 2012, vol. III, p. 519-531, cit. § 93): "It can be expected that NGOs will continue to provide facts and ideas to the international debate and will enrich international environmental law in the 21st century. Given the prominent NGO position within international environmental law compared to other fields of law, environmental law seems a useful indicator for the future NGO position within the institutional structure of international law."

[845] I.D.I., **La responsabilité en droit international en cas de dommages causés à l'environnement** (Huitième Commission, Relator Francisco ORREGO VICUÑA) *(Le texte anglais fait foi. Le texte français est une traduction.)*

a reposição ao *status quo ante* ou por meio de indenização, destina-se a assegurar a prevenção de danos ao meio ambiente. Caberá, assim, a todos, identificar, harmonizar e na medida necessária, desenvolver os princípios de direito internacional, aplicáveis às diferentes modalidades de responsabilidade, em caso de danos, causados ao meio ambiente.

Em matéria de meio ambiente, enfatiza o *Instituto* a criação de regimes em matéria ambiental (*régimes en matière d'environnement*), e a consciência de que o direito internacional ambiental desenvolve importantes laços inovadores, por meio de princípios, tais como o dever de proteção entre gerações, de precaução, de desenvolvimento sustentável, de segurança do meio ambiente, e também como direito fundamental, bem como o princípio da responsabilidade comum, porém diferenciada, e que todos estes tem impacto sobre as questões de responsabilidade.

O *Instituto* enfatiza a distinção fundamental entre a responsabilidade internacional e a responsabilidade civil: o descumprimento de obrigação de proteção do meio ambiente, estipulada em direito internacional, acarreta a responsabilidade internacional do estado, esta terá como consequência a obrigação de reparar (seja mediante restituição ao estado anterior, ou mediante indenização). Essa obrigação de reparar, em qualquer de suas modalidades, pode resultar de normas de direito internacional, que prevejam pagamento, a título de indenização, em razão da ocorrência do prejuízo, ou seja responsabilidade objetiva, sobretudo quando se tratar de atividades que tenham caráter de alta periculosidade.

A responsabilidade civil dos operadores pode ser acionada, a título do direito interno como das normas pertinentes de direito internacional, independentemente da licitude da atividade em questão, caso esta acarrete danos ao meio ambiente. Essas diretrizes, de ordem internacional, não prejudicarão a caracterização nem a incidência da responsabilidade penal de pessoas físicas ou pessoas jurídicas, de direito privado interno.

Os princípios do direito internacional, que regem a responsabilidade internacional por ato ilícito aplicar-se-ão, igualmente, às obrigações de proteção do meio ambiente. Quando a obrigação de exercer a vigilância (*due diligence*) servir de critério, para determinar a caracterização da responsabilidade por ato ilícito, esta deverá ser mensurada segundo normas objetivas, regulando a conduta que se deve esperar de qualquer governo, e ser destacada de qualquer dado subjetivo: as normas e procedimentos internacionais, geralmente aceitos, constituem, além disso, elementos objetivos, para apreciar o conteúdo da obrigação de vigilância.

Normas de direito internacional podem, igualmente, prever a responsabilidade objetiva do estado. Essa modalidade de responsabilidade é particularmente adequada, em casos de atividades que se revestem de caráter de alta periculosidade ou de atividades que implicam risco ou apresentem outras características similares.

O fato que determinado estado não adote normas e não institua os controles apropriados, prescritos pelos regimes em matéria ambiental, mesmo se tal omissão não equivalha ao descumprimento de uma obrigação, esta pode acarretar o acionamento da responsabilidade objetiva do estado, caso resultem danos, e, sobretudo, danos provocados por operadores, que exerçam suas atividades naquela jurisdição, ou sob o controle daquele estado. Além disso, tais regimes deverão prever o emprego de métodos que facilitem a obtenção e a administração das provas, exigidas para promover ação de reparação, por danos causados ao meio ambiente.

Mesmo quando a legislação nacional preveja regime diverso, a regulação, aplicável em matéria de danos ambientais, deverá, preferencialmente, adotar como critério a responsabilidade objetiva dos operadores, como norma ordinária, aplicável segundo seus dispositivos, fundada, assim, no dado de fato, da ocorrência do dano, embora prevendo as exceções e os limites, apropriados à responsabilidade civil. Tal solução não prejulga nem deve limitar a função de harmonização das leis nacionais, nem tampouco a aplicação, em tal contexto, das normas geralmente aplicáveis, em razão das legislações nacionais.

Os regimes em matéria de meio ambiente devem, normalmente, imputar a responsabilidade principal aos operadores. Estados que desenvolvam atividades, na qualidade de operadores, deverão ser submetidos à mesma regra. Isso sem que tal dispositivo prejulgue a questão do acionamento da responsabilidade internacional do estado, por fato ilícito, quando este não se tenha conformado à obrigação de instituir e de fazer operar, em direito interno, os mecanismos de responsabilidade civil, e sobretudo, sistemas de seguro, fundos de indenização, bem como outros recursos e garantias, tais como previstos nos regimes em questão.

Os regimes em matéria de meio ambiente podem exonerar da responsabilidade civil, em caso de danos causados ao meio ambiente, no caso de operador que se tenha integralmente conformado às normas e procedimentos aplicáveis em direito interno e que se tenha submetido aos controles oficiais. Em tal caso, as normas sobre a responsabilidade internacional do estado, por fato ilícito, e sobre a responsabilidade objetiva podem ser aplicadas.

Os regimes em matéria ambiental devem, normalmente, exigir nexo causal entre a atividade desenvolvida, e os danos daí resultantes. Esse dispositivo não prejulga a questão da determinação de presunções, em matéria de causalidade, relativas a atividades perigosas, ou a danos cumulativos ou duráveis, imputáveis não a uma única entidade, mas a um setor, ou tipo de atividade.

Os regimes em matéria ambiental devem prever, no caso de operador, responsável a título principal, que esteja incapacitado de pagar as indenizações exigidas, o recurso a sistemas de responsabilidade complementar, a saber a responsabilidade subsidiária do estado, o pagamento, pelo estado, de contribuições a fundos internacionais, e outras formas de participação do estado, em fundos de indenização. Isso se deve dar sem prejulgar a questão do reembolso que o estado possa obter dos operadores, no contexto do respectivo direito interno.

Considera-se consentâneo com as normas de direito internacional, e apropriado, que os regimes em matéria ambiental fixem limites razoáveis para os montantes das indenizações devidas a título de responsabilidade objetiva, ou a título de responsabilidade civil, em função do objetivo de alcançar proteção eficaz do meio ambiente e de garantir reparação adequada, bem como o cuidado de não desestimular investimentos. Referidos limites deverão ser periodicamente revisados.

Considera-se, ainda, oportuno e adequado que os estados zelem para que os operadores tenham capacidade financeira suficiente para pagar indenizações, que se tornem devidas, em decorrência de suas responsabilidades e estejam em condições de obter e de manter seguros, bem como outras garantias financeiras adequadas, conforme estipulem as legislações nacionais respectivas. Se a cobertura de seguros se mostrar impossível ou insuficiente, a criação de fundos de resseguro nacionais pode ser considerada para tal fim. A previsibilidade de danos, em termos gerais de riscos, não deve afetar nem compromenter a possibilidade de contratar cobertura de seguro.

É, ainda, importante, segundo entendimento do *Instituto* a divisão de responsabilidades, conforme os regimes em matéria de meio ambiente, de modo a englobar todas as entidades, que podem legitimamente se ver obrigadas a participar do pagamento de indenizações, de maneira a garantir a reparação integral dos danos. Para tal fim, considera-se adequado prever, adicionalmente à responsabilidade principal e à responsabilidade subsidiária, outras formas de responsabilidade solidária, notadamente para operações conduzidas por grandes consórcios internacionais.

Os regimes em matéria ambiental devem, igualmente, prever, na medida em que seja aplicável, a responsabilidade do produtor, de modo a alcançar a entidade legal, que seja, a responsável última pela emissão de poluição, ou outras formas de danos ao meio ambiente.

Os regimes em matéria ambiental devem, ainda, assegurar que, caso a fonte do dano ambiental não seja passível de ser identificada, ou caso não possa ser obtida qualquer indenização, da entidade responsável, ou de sistemas complementares de seguros, que os danos não fiquem sem reparação: pode ser imaginado o recurso a fundos especiais de indenização ou a outros mecanismos de reparação coletiva, e quando necessário, que se tomem as medidas legais e administrativas nacionais, necessárias para a implementação de tais mecanismos. As entidades, que exerçam atividades, suscetíveis de causar danos ao meio ambiente, conforme modalidades, consideradas segundo regimes determinados, podem se ver obrigadas a contribuir em fundo especial ou em outro mecanismo de reparação coletiva, instituído pelo regime em questão.

Os regimes em matéria ambiental devem estabelecer vínculos apropriados entre a função preventiva da responsabilidade e outros mecanismos preventivos, tais como notificações ou consultas, a troca regular de informações e recurso às avaliações dos efeitos sobre o meio ambiente, bem como levar em consideração as implicações dos princípios da precaução, do "poluidor pagador" e da responsabilidade comum, porém diferenciada.

No que concerne às ações corretivas, entende o *Instituto* que os regimes em matéria ambiental devem instituir mecanismos suplementares, destinados a garantir que os operadores desenvolvam a tempo ações corretivas eficazes, sobretudo por meio de dispositivos de intervenção,[846]

[846] A respeito da intervenção no direito internacional, anterior à Carta da ONU: P. B. Potter, **L'intervention en droit international moderne** (RCADI, 1930, t. 32,

necessários para a execução de medidas, destinadas a repor em situação adequada, de modo a prevenir quaisquer novos danos a controlar, reduzir e eliminar, em relação a danos já causados anteriormente.[847] Em caso de urgência, as ações corretivas e as medidas destinadas a repor em situação adequada devem ser tomadas, igualmente, na medida do necessário, pelos estados, pelos órgãos técnicos, criados pelos regimes em questão e pelas entidades privadas, outras que o operador.

O descumprimento das obrigações de ação corretiva e de repor em situação adequada devem acarretar a responsabilidade civil dos operadores, de modo a fazer intervir mecanismos complementares de responsabilidade e, eventualmente, acarretar a responsabilidade internacional por ato ilícito. A observância das obrigações em questão nao deveria impedir o acionamento da responsabilidade objetiva, ou mesmo da responsabilidade civil, exceto na medida em que tenha sido possível eliminar ou reduzir, de modo significativo, os danos causados.

Os estados e outras entidades, que adotem medidas de caráter corretivo ou medidas para repor em situação adequada deverão ter legalmente assegurado o direito de ação contra a entidade, responsável pelas despesas feitas em consequência da execução de tais obrigações. Referidas ações, destinadas ao ressarcimento de tais despesas, poderão ser apresentadas, independentemente da responsabilidade objetiva, ou responsabilidade civil, e poderão, igualmente, ser cumuladas com outras demandas, destinadas à reparação dos danos causados ao meio ambiente.

No tocante às atividades que acarretem responsabilidade sem culpa, ou responsabilidade civil objetiva, cabe considerar que os regimes em matéria ambiental deveriam definir, levando em conta a natureza dos

p. 607-690); E. C. Stowell, **La théorie et la pratique de l'intervention** (RCADI, 1932, t. 40, p. 87-152); A. da Veiga Simões, **Crise et intervention** (RCADI, 1934, t. 50, p. 749-842).

[847] Em sentido diverso, a situação da intervenção militar no direito internacional, cfr.: G. Arangio-Ruiz, **Human rights and non-intervention in the Helsinki Final Act** (RCADI, 1977, t. 157, p. 195-331); J. E. S. Fawcett, **Intervention in international law: a study of some recent cases** (RCADI, 1961, t. 103, p. 343-424); N. A. Ouchakov, **La compétence interne des états et la non-intervention dans le droit international contemporain** (RCADI, 1974, t. 141, p. 1-86); L. Preuss, **Article 2, paragraph 7 of the Charter of the United Nations and matters of domestic jurisdiction** (RCADI, 1949, t. 74, p. 547-654).

riscos implícitos e das consequências financeiras de tal definição, as atividades perigosas para o meio ambiente, suscetíveis de desencadear a responsabilidade sem culpa, ou a responsabilidade civil objetiva. Tal definição poderia incluir setores de atividade específica, listas de substâncias e de atividades perigosas ou atividades desenvolvidas em zonas especialmente suscetíveis de causar danos ao meio ambiente.

Caso determinada atividade abranja mais de um regime em matéria de responsabilidade, o regime previsto em data ulterior deverá prever os critérios, para a fixação de ordens de prioridade. A norma mais favorável ao meio ambiente, ou à indenização das vítimas deverá ser adotada, para tal fim.

No tocante à determinação da extensão do dano, os regimes em matéria ambiental deverão prever a reparação dos danos e o pagamento de indenizações, cada vez que ocorra o descumprimento de obrigação. Em caso de regime, comportando previsão de responsabilidade sem culpa, o patamar acima do qual se dará a obrigação de indenizar o dano causado deverá ser claramente fixada.

O fato de que os regimes em matéria ambiental submetam determinada atividade a avaliação dos efeitos sobre o meio ambiente não poderá acarretar a exoneração automática de responsabilidade sem culpa, bem como de qualquer responsabilidade civil, caso os efeitos desta ultrapassem o limite, considerado admissível. A avaliação poderá ser acompanhada de exigência de garantia específica, que assegure a cobertura, se necessário, de reparação adequada.

No tocante à exclusão da responsabilidade internacional, decorrente de ato ilícito, esta deverá ser determinada em conformidade com os princípios e as normas de direito internacional. Os regimes em matéria ambiental podem prever, na medida em que tal seja compatível com os seus objetivos, limitações da responsabilidade sem culpa, ou da responsabilidade civil, segundo o caso aplicável. O simples fato que os efeitos sejam imprevisíveis não deverá, por si só, ser admitido como apto a justificar a isenção de responsabilidade.

Sem prejuízo das normas de direito internacional, aplicáveis aos conflitos armados, os regimes em matiéria ambiental podem considerar, como apto a justificar uma isenção de responsabilidade, em caso de conflito, ou de ato terrorista, uma catástrofe natural ou decorrente de força maior, bem como outras situações análogas, normalmente previstas nas convenções sobre a responsabilitdade civil, sob reserva do princípio, segundo o qual ninguém pode fazer prevalecer a sua própria falta.

A preocupação com a proteção do meio ambiente resultou, nas últimas décadas, na adoção de numerosos instrumentos internacionais multilaterais. Dado o inevitável impacto negativo de conflitos armados sobre o meio ambiente, consequentemente foram feitas tentativas para limitar tais impactos, por meio da elaboração de normas especificamente aplicáveis à condução das hostilidades. O instrumento internacional mais específico nesse sentido é a **Convenção sobre a proibição de uso militar ou qualquer outro uso hostil de técnicas de modificação do meio ambiente** – *ENMOD* – adotada em 1976 pela Assembleia geral das Nações Unidas, proíbe o uso militar ou qualquer uso hostil de técnicas de modificação ambiental, com efeitos amplos, severos e de longa duração, como meios de destruir ou de causar dano a qualquer outro estado. A ENMOD foi ratificada por 78 estados,[848] dentre os quais se contam a Alemanha, a Argentina, Brasil, Chile, Cuba, os Estados Unidos, o Reino Unido, a Rússia, a República da Coreia, a República democrática popular da Coréia, mas não a França, nem tampouco a Arábia Saudita, a Jordânia, Irã, Iraque, Israel, Sérvia ou Turquia. Assim, a extensão das ratificações não permite afirmar que as disposições da Convenção ENMOD possam ser consideradas como normas gerais de direito internacional.

Constata-se que o direito internacional costumeiro todavia não consolidou normas para a adequada proteção do meio ambiente em meio à condução de conflitos armados.[849] Os tratados vigentes na matéria mos-

[848] AGNU, **United Nations Convention on the Prohibition of Military or any other Hostile Use of Environmental Modification Techniques (ENMOD Convention)**, adotada em Nova York, em 10 de dezembro de 1976, entrou em vigor em 5 de outubro de 1978, nos termos do seu art. IX.3. Conforme estipula o art. VII, a Convenção tem duração de validade ilimitada. Ver **UNTC treaties.un.org** – vol. 1108, p. 151. Foi assinada pelo Brasil, em 9 de novembro de 1977 e ratificada em 12 de outubro de 1984. Acesso em 17.2.22.

[849] Rüdiger WOLFRUM and Silja VÖNEKY, *Environment, Protection in Armed Conflict* (in **Encyclopedia of public international law**, 2012, vol. III, p. 509-519, cit. § 50): "When considering which conditions must be fulfilled in order to guarantee an effective protection of the environment, one has to conclude the following: first, an absolute protection against damages would have to be established for certain important areas of the environment. States should not be allowed to legitimately destroy core areas of the environment in international armed conflicts. Furthermore, the protection of the environment should

tram-se limitados em seu alcance e âmbito de aplicação.[850] Estes podem ser completados, caso a caso, mediante decisões tais como a Resolução 687 do Conselho de Segurança da ONU, adotada em 3 de abril de 1991, reafirmando a responsabilidade do Iraque em relação a danos causados pela invasão do Kuwait. Contudo, a recente utilização de armas químicas na Síria, no curso do conflito, em parte guerra civil, parte guerra irregular internacionalizada, que se estende há mais de dez anos, desde 2011, mostra que a efetiva observância e implementação de tais dispositivos de contenção em tempos de guerra – *tempore belli* – sempre fica condicionada pela aceitação dos membros permanentes com direito de veto no Conselho de Segurança da ONU.

Os atos intencionais, os atos devidos a negligência grave, ou as omissões, que decorram de terceiros justificam, normalmente, a isenção de responsabilidade, onde o terceiro deverá ser considerado responsável, para fins de reparação dos danos causados. Os danos, resultantes de atividades humanitárias poderão, igualmente, ensejar a isenção da responsabilidade, caso as circunstâncias assim o justifiquem.

Os regimes em matéria ambiental devem, ainda, prever a reparação de danos ao meio ambiente, enquanto tal, independentemente

not be limited to the territory of the adverse party. The international laws of war need to be detached from the requirement of a (potential) occurrence of damage, so that even potential threats to the environment have to be avoided by the warring states."

[850] R. Wolfrum and S. Vöneky, *Environment, Protection in Armed Conflict* (in **Encyclopedia of public international law**, 2012, vol. III, p. 509-519) além da Convenção ENMOD (1976, em vigor desde 1978) mencionam também o Protocolo de Genebra de 1925 sobre a proibição de uso na guerra de gases asfixiantes e venenosos – **Geneva Protocol for the Prohibition of the Use in War of Asphyxiating, Poisonous or other gases**, de 17 de junho de 1925, entrou em vigor em 8 de fevereiro de 1928, proíbe o uso de armas químicas e biológicas, pelos estados parte, em conflitos armados internacionais, bem como a Convenção sobre armas químicas e métodos bacteriológicos de guerra – **Bacteriological Methods of Warfare and Chemical Weapons Convention**, de 15 de fevereiro de 1993, que tem âmbito de aplicação mais restrito do que o Protocolo de Genebra de 1925, na medida em que herbicidas que não causem dano direto a seres humanos ou animais não são expressamente proibidos pela Convenção de 1993, nos termos de seu art. II, inciso 2º. E comentam (§43): "it should be mentioned that the Chemical Weapons Convention refers to the prohibition of the use of herbicides as a matter of warfare indicating that such use was prohibited in 'pertinent agreements and relevant principles of international law'. One can and should read this preambulatory paragraph as a reference to customary international law."

ou complementarmente à reparação de danos causadores de mortes, de lesões corporais, ou de perdas de bens ou prejuízos econômicos. A modalidade específica de reparação estipulada dependerá do fim e da natureza do regime em questão.

O direito internacional relativo a desastres ambientais abrange ampla gama de questões, desde medidas preventivas e planos de contingência, a medidas a serem adotadas pelos estados quando ocorre um incidente. Dadas as lacunas da codificação nesse campo, muitas dessas questões são regidas por normas de direito internacional costumeiro.[851]

Os regimes em matéria ambiental devem adotar a mais abrangente concepção em matéria de reparação, de modo a incluir os lucros cessantes da atividade em questão, a reposição em espécie, a indenização, e caso necessário, a mais ampla satisfação legal. As indenizações, concedidas sob tais regimes, deverão cobrir tanto as perdas econômicas como o custo de medidas de reabilitação e destinadas à reposição da situação anterior. Nesse sentido, deve-se, igualmente levar em conta a necessidade de avaliação equitativa, bem como de outros critérios, conforme estipulam as convenções internacionais e as decisões jurisdicionais.

O fato que determinado dano ambiental seja irreparável ou não seja passível de quantificação não pode acarretar a exoneração da obrigação de reparar. A entidade que causa dano ambiental, de caráter irreparável, não poderá se encontrar, ao fim e ao cabo, em situação eventualmente mais favorável que outras entidades, que tenham causado danos quantificáveis. Quando os danos sejam irreparáveis, em razão de condições físicas, técnicas ou econômicas determinadas, será conveniente recorrer a outros critérios para as avaliar. A degradação da possibilidade de uso de tais bens, de sua qualidade estética, e de outros valores, não ligados ao uso, deverão ser consideradas como critérios subsidiários, para a fixação de indenizações, conforme as linhas diretrizes nacionais

[851] Alan BOYLE and James HARRISON, *Environmental Accidents* (in **Encyclopedia of public international law**, 2012, vol. III, p. 531-540, cit. § 39): "The ILC – International Law Commission of the United Nations – has helpfully codified some of the basic principles in this area through its work on the prevention of transboundary damage from hazardous activities. However, by their very nature, the ILC Draft Articles on Prevention of Transboundary Harm from Hazardous Activities are general and they provide little guidance on precisely what measures a state should take to prevent or respond to environmental accidents."

ou internacionais existentes, bem como levando em consideração o dever de equidade entre as gerações, além de avaliação que seja, como um todo, equitativa. A reparação integral dos danos causados ao meio ambiente não deve dar lugar à imposição de indenizações excessivas, ou que se revistam de caráter punitivo.[852]

No tocante ao acesso a mecanismos de prevenção de litígios e mecanismos recursais, os regimes em matéria ambiental devem prever o acesso dos estados, das organizações internacionais, bem como de particulares, ao conjunto de mecanismos que facilitem o respeito de suas disposições, e especialmente o recurso a mecanismos de consultas, de negociações e outros meios de prevenção de litígios. Em caso de insucesso dos mecanismos de prevenção, deverá ser igualmente possível aceder rapidamente aos meios legais de instaurar demandas de reparação a título de danos, causados ao meio ambiente.

Os regimes em matéria ambiental devem facilitar aos demandantes, segundo modalidades flexíveis, a possibilidade de acionar judicialmente, especialmente no que diga respeito a ações concernentes ao próprio meio ambiente, ou aos danos, causados em regiões situadas além dos limites da jurisdição nacional. Essa disposição deve ser viável sem prejuízo da exigência de interesse jurídico direto da parte lesada, ou potencialmente lesada, para acionar procedimento em matéria ambiental, em conformidade com o direito internacional.

Os regimes em matéria ambiental devem determinar que as entidades, aptas a acionar judicialmente ou a receber indenizações, na ausência de interesse jurídico direto, quando isso for apropriado. As instituições,

[852] A. Boyle and J. Harrison, *Environmental Accidents* (in **Encyclopedia of public international law**, 2012, vol. III, p. 531-540, cit. § 40): "To complement the customary international law rules, States have also developed several treaty regimes relating to environmental accidents. Treaty regimes exist in relation to certain activities which pose a significant risk of causing serious accidents, for example the operation of nuclear installations, and the carriage of oil and other hazardous substances by sea, as well as in relation to certain areas which are particularly sensitive to environmental pollution, for example Antarctica. The advantage of those treaty regimes is that the rules and procedures for preventing and responding to an accident can be drafted in much more detail. In addition, the treaty regimes often promote the establishment of permanent mechanisms or procedures for co-operation between States to respond rapidly and effectively to environmental emergencies."

criadas por tais regimes, especialmente mediadores e fundos, podem ser especificamente habilitados, para tal fim. A nomeação de um alto-comissário em matéria ambiental, encarregado de agir em nome, ou no interesse da comunidade internacional, poderia ser, igualmente, considerada como oportuna e válida.

A prevenção de litígios poderá ser igualmente facilitada, com participação de estados e de entidades qualificadas, no processo de planejamento de grandes projetos de outro estado, no âmbito de mecanismos de cooperação internacional. A avaliação, nacional e regional, dos efeitos sobre o meio ambiente deveria ser exigível, para atividades suscetíveis de ter efeitos transfronteiriços, ou de afetar regiões situadas além dos limites da jurisdição nacional.

Em matéria de meios legais, à disposição dos interessados em propor ações nacionais ou transnacionais, os regimes em matéria ambiental devem prever igual acesso, assegurado em bases não-discriminatórias, às jurisdições e vias recursais internas para as entidades nacionais e estrangeiras, bem como quaisquer outras pessoas interessadas. Os regimes em matéria ambiental devem prever a não-aplicabilidade da imunidade de jurisdição de estados, em relação a ações judiciais, nos casos apropriados. As sentenças arbitrais, e as demais decisões, prolatadas por jurisdições internacionais, em aplicação de tais regimes deverão ter a mesma executoriedade, no plano interno, que as decisões, emanadas dos tribunais nacionais.

Nos casos que comportem aspectos multinacionais, os regimes em matéria ambiental deverão levar em consideração as normas existentes, em matéria de competência jurisdcional e de direito aplicável, e se for o caso, de estipular tais normas.

Na mesma sessão de Estrasburgo, em 4 de setembro de 1997,[853] o *Instituto de direito internacional* propôs resolução comportando **Procedimentos de adoção e de implementação de normas em matéria ambiental** em atenção ao fato apontado, de que nas últimas décadas o direito internacional do meio ambiente se transformou em vasto *corpus* jurídico, que se compõe de grande número e de grande diversidade de

[853] I.D.I., **Procédures d'adoption et de mise en œuvre des règles en matière d'environnement** sessão de Estrasburgo, 4 de setembro de 1997 *(Huitième Commission, Rapporteur Felipe Paolillo) (Le texte anglais fait foi, le texte français est une traduction.)*

princípios e de normas de valor jurídico variável. Desse modo, aponta que o desenvolvimento do direito internacional do meio ambiente se fez de maneira não coordenada, o que se traduz em duplicação de tarefas, em incoerências e lacunas, onde a implementação desse direito foi desigual, e em muitas regiões, esta se mostra francamente insatisfatória.

O desenvolvimento e a implementação efetiva do direito internacional do meio ambiente são essenciais para responder aos graves problemas, relacionados com a degradação do meio ambiente, e o *Instituto* se declara consciente de que tratados e decisões, adotadas no âmbito das organizações internacionais, aparecem como os instrumentos mais adequados para promover o desenvolvimento do direito internacional em matéria de proteção ambiental. Dado o fato de que os procedimentos existentes, no tocante à adoção de normas internacionais nessa matéria, bem como os mecanismos, destinados a garantir a implementação de tais normas, tem necessidade de serem adaptados para melhor responder à gravidade dos problemas, relacionados ao meio ambiente, propõe duas frentes de ação: de um lado a adoção de normas em matéria ambiental e, de outro, que estas se conjuguem com os mecanismos de implementação de tais normas.

No tocante à adoção das normas em matéria ambiental, considera o *Instituto* deverem os tratados multilaterais, em matéria ambiental, bem como outros instrumentos internacionais, definidores dos quadros legais gerais, prever procedimentos rápidos para a adoção, por meio de instrumentos distintos, de normas, regulamentos e legislação complementar, bem como sua revisão e atualização periódicas, a fim de assegurar rápida entrada em vigor e a correspondente atualização permanente.

Quando da negociação e da adoção de tratados multilaterais e de decisões, emanadas das organizações internacionais, em matéria ambiental, seria conveniente, a fim de aumentar as chances de serem estas amplamente aceitas e aplicadas, de buscar a mais ampla participação possível de estados, particularmente aqueles com interesse específico ou responsabilidade especialmente relevante, no tocante à matéria, em curso de regulamentação. Para tanto, cabe apontar a conveniência de se colocar à disposição dos países em desenvolvimento, visando assegurar a participação efetiva destes, nos processos normativos em matéria ambiental, adequada assistência técnica e financeira, e, sobretudo, assistência que lhes permita implementar infraestrutura institucional apropriada e adquirir conhecimentos em direito internacional do meio ambiente.

Cabe considerar, ainda, que os tratados multilaterais em matéria de meio ambiente, bem como os demais instrumentos internacionais, nessa mesma temática, ao prescreverem a adoção de medidas de proteção do meio ambiente devem, com base em diferenças existentes, no tocante à capacitação financeira e tecnológica dos estados, bem como em razão da contribuição destes, ao problema do meio ambiente, prever incitações econômicas, assistência técnica, transferência de tecnologia, bem como tratamento diferenciado, nos casos apropriados. Para alcançar a mais ampla aceitação das normas internacionais, em matéria ambiental, bem como para assegurar a aplicação efetiva destas, aponta-se a conveniência de se utilizar todos os meios possíveis, para a consecução de consenso, visando a adoção de tais normas, antes de se fazerem votações. Os esforços, empreendidos para chegar a tal consenso não deveriam acarretar o enfraquecimento significativo do conteúdo de tais normas.

Tanto os estados, como as organizações internacionais deveriam assegurar às organizações não-governamentais interessadas a possibilidade de contribuir, de maneira eficaz, ao desenvolvimento e à aplicação do direito internacional do meio ambiente, por meio, dentre outros, de participação apropriada no processo normativo, por meio de conselhos técnicos, dados tanto aos estados como às organizações internacionais, em vista de sensibilização do público, para os problemas do meio ambiente e de apoio do público à regulamentação, bem como de controle de observância desta, por parte dos estados e dos atores não-estatais, que tem obrigações em matéria ambiental.[854]

Os estados e as organizações internacionais deverão, igualmente, permitir que a comunidade científica, os meios industriais, o mundo do trabalho e outras entidades não-estatais, de participarem, quando

[854] "One central question in connection with NGOs concerns their representativeness. Who are the constituencies whose interests NGOs represent?" indaga Christine Fuchs, *Environment, Role of Non-Governmental Organizations* (in **Encyclopedia of public international law**, 2012, vol. III, p. 519-531, cit. § 74 e 75) e aduz: "The question of representativeness becomes particularly acute when the NGOs are not only considered as supportive towards states, but to be themselves stakeholders as representatives of the diverse citizen interests of the global civil society. Agenda 21 points in this direction when ir refers to NGOs as 'Partners for sustainable development' (Agenda 21, chapter 27)."

apropriado, no processo jurídico de adoção das normas, destinadas a reger as questões relativas ao meio ambiente, bem como à aplicação de tais normas e ao controle destas.[855] Desse modo, fixados os conceitos legais adequados, se poderá passar ao estágio seguinte, relativo à implementação das normas em matéria ambiental.

Os regimes de proteção ambiental devem comportar a obrigação, para os estados participantes, de apresentar, periodicamente, à organização internacional competente, os relatórios sobre a aplicação das normas internacionais, em matéria ambiental, em vista de assegurar o exame público destas. Tanto os tratados multilaterais em matéria de meio ambiente, como as decisões das organizações internacionais, instituíndo obrigações, em matéria ambiental devem prever procedimentos para: (a) a adoção, a revisão e a modificação, segundo procedimentos céleres, das normas, regulamentos e portarias, relativas à implementação de tais obrigações; (b) o exame e a avaliação dos relatórios, apresentados pelos estados, sobre a implementação das suas obrigações; e (c) o controle da aplicação e do respeito dos dispositivos em questão – os mecanismos de tal controle deveriam incluir, entre outros, a apresentação de relatórios, a averiguação de fatos e a execução de inspeções.

Se, de um lado, as organizações internacionais em matéria ambiental, investidas de poder regulamentar, devem prever procedimentos destinados a assegurar que as normas, por estas adotadas, não estejam em contradição, ou sejam incompatíveis com o quadro jurídico, que rege suas atividades, por outro lado, os estados, que votem a favor da adoção de instrumentos não-vinculantes, contendo normas claras e precisas sobre proteção ambiental, ou que com estas aquiesceram, deverão agir em conformidade com tais normas. Com o intuito de prevenir quaisquer litígios, e de facilitar o respeito das obrigações nessa matéria, os tratados

[855] Jonas Ebbesson, *Public Participation in Environmental Matters* (in **Encyclopedia of public international law**, 2012, vol. VIII, p. 574-581, cit. § 32): "The notion of public participation in international environmental law shows that this area of law is not limited to regulating activities affecting a specific media or recipient, such as the water basin or the air, or to defining preventive measures to be ensured by states. It is also concerned with issues of policy and governance. The expanding participation of non-state actors does not mean that states have lost their power. It is not a zero-sum game, and public participation may help to make governmental decisions more effective by enhancing the legitimacy and, thus, the acceptance level of decisions taken."

multilaterais em matéria de meio ambiente e as decisões, emanadas das organizações internacionais, instituindo regimes de proteção ambiental, deveriam prever procedimentos informais, não-contraditórios, abertos aos estados e, quando for o caso, a outras entidades ou pessoas.

A fim de garantir, nos sistemas jurídicos internos, a execução das obrigações internacionais, em matéria ambiental, os estados devem colocar à disposição, de qualquer interessado, os procedimentos judiciais e extrajudiciais para a solução de litígios, decorrentes de violações de tais obrigações.

Os tratados multilaterais em matéria ambiental, bem como as decisões das organizações internacionais, prescrevendo a adoção de legislação interna ou outras medidas de implementação, por parte dos estados-partes de tais tratados, ou pelos estados-membros de organizações internacionais, devem estipular prazos, nos quais os estados se comprometam a tomar as medidas prescritas.[856]

Os estados obrigados a adotar legislação interna ou outras medidas de implementação das obrigações em matéria ambiental, contidas em tratado, do qual sejam partes, ou contidas em decisão, emanada de organizações internacionais, das quais sejam membros, devem adotar tais medidas em prazo razoável, quando referido tratado ou a decisão em questão não contiver especificação de prazo determinado. Quando um estado, obrigado, em razão de um tratado ou de decisão de organização internacional, a adotar legislação interna ou outras medidas de implementação das obrigações em matéria ambiental, não o fizer, no prazo estipulado, ou se nenhum prazo tiver sido estabelecido, em prazo razoável, este estado deverá comunicar a circunstância à conferência das partes contratantes, às demais autoridades internacionais competentes, ou às demais partes no tratado ou membros da organização internacional, as razões, pelas quais este não tomou as medidas prescritas.

[856] Jutta Brunnée, *Environment, Multilateral Agreements* (in **Encyclopedia of public international law**, 2012, vol. III, p. 484-499, cit. § 2): "Treaties are normally concluded in written form. The negotiation of explicit terms, through the formal treaty-making process set out in the Vienna Convention on the Law of Treaties – VCLT (1969) allows parties to exercise control over the scope, conditions, and timing of their legal commitments. Treaties can also be altered in a deliberate manner, using the amendment procedures set out in the VCLT, as well as by more flexible law-making methods that facilitate the adaptation of a treaty to evolving circumstances."

Com o propósito de encorajar a participação de todos os interessados no debate sobre questões relativas ao meio ambiente, os estados devem cooperar com as organizações não-governamentais interessadas, em vista da difusão de informações, tão completas quanto possível, sobre os problemas e as questões que se colocam, em matéria ambiental, e sobre as normas nacionais e internacionais, que se relacionem com estas.

Ao adotarem as disposições necessárias, para que as autoridades competentes sejam designadas, para tratar das questões, relativas à aplicação das normas internacionais, em matéria ambiental, os estados, nos limites de suas jurisdições, deverão assegurar o controle da observância de tais normas.

Os estados e as organizações internacionais, competentes em matéria de meio ambiente, devem assegurar a publicidade desejável aos procedimentos de implementação, aí compreendidas a publicação e a difusão dos relatórios apresentados pelos estados e relatórios dos órgãos das organizações internacionais, sobre o respeito, por parte dos estados, de suas obrigações, em matéria ambiental. As atividades de implementação, conduzidas pelas organizações internacionais, competentes em matéria ambiental, devem ser conduzidas de modo aberto, nos casos apropriados, inclusive em relação a organizações não-governamentais, bem como outros governos interessados. As organizações internacionais, competentes em matéria ambiental, devem informar, em caráter regular e permanente, os governos, as organizações não-governamentais interessadas, bem como o público, em geral, a respeito de suas atividades e de seus programas.

A obrigação de prevenção no direito internacional do meio ambiente mostra a necessidade do tratamento e da compreenão abrangentes das questões, como se pode depreender do exame[857] da Resolução do Cairo, de 1987.

Desnecessário frisar o papel crucial deste direito internacional do meio ambiente, papel esse crucial, desde que se lhe assegure a efetividade institucional e normativa, visando a sobrevivência da vida no planeta. Para a construção desse arcabouço institucional e normativo,

[857] Christian Dominicé, *Obligation de prévention et droit international de l'environnement* (in **Dimensão internacional do direito: estudos em homenagem a G. E. do Nascimento e Silva**, org. P. B. Casella, São Paulo: LTr, 2000, p. 187-199).

voltado para a proteção internacional do meio ambiente, logicamente serão colocados limites às competências e à livre atuação dos estados.

Para compreender o direito internacional do meio ambiente, e seu impacto em relação ao direito internacional como todo, e especificamente em relação ao que aqui se tratou como o direito internacional dos espaços, cabe remeter ao exame das principais etapas da evolução deste novo ramo do direito internacional, no contexto pós-moderno, bem como dos seus mecanismos de controle e de implementação. No conjunto, pode-se apontar que as necessidades específicas, em matéria de direito internacional do meio ambiente e seus mecanismos de controle e de implementação levam não somente ao desenvolvimento de novos princípios jurídicos, mas também nova atitude no seio da comunidade internacional, bem como entre governos - ao menos em relação à maioria dos governos - bem como da sociedade civil, em nível nacional, diante da gestão (*governance*) da resposta global aos desfios ambientais.[858]

A **Carta** da ONU, de 1945, ainda era totalmente silente em relação a questões ambientais. Diversas outras conferências aconteceram desde então, para tratar de questões específicas de direito internacional do meio ambiente, promovidas por agências especializadas da ONU, tais como a FAO - a Organização das Nações Unidas para alimentação e agricultura e a UNESCO - a Organização das Nações Unidas para educação, ciência e cultura, bem como pelo ECOSOC - o Conselho Econômico e Social das Nações Unidas.

Exame do desenvolvimento histórico do que se veio a denominar o direito internacional do meio ambiente - apesar das lacunas, das tergiversações e dos atrasos, que podem ser apontados em diversos campos específicos - terá como marcos inarredáveis a constatação de

[858] Malgosia FITZMAURICE, **International protection of the environment** (RCADI, 2001, t. 293, p. 9 ss.); b/c Malgosia FITZMAURICE, *Environmental Compliance Control* (in **Encyclopedia of public international law**, 2012, vol. III, p. 541-561, cit. § 1) aponta "a particular aspect of compliance, i.e. within international environmental law" - "as with other forms of compliance, it is linked with several theoretical problems, such as the role of countermeasures, state responsibility and compliance with binding and non-binding legal instruments. Overall, the concept of environmental compliance control may be said to involve not just the development of new legal principles, but also a new attitude within the international community, as well as among governments and civil society at the national level, towards the governance of the global response to environmental challenges."

seu considerável desenvolvimento, em exato meio século, transcorrido desde o momento, em que acontece a conferência de Estocolmo sobre meio ambiente humano, de 5 a 16 de junho de 1972, convocada pela Assembleia geral da ONU, nos termos da Resolução 2398 (XXIII), de 5 de dezembro de 1968, contou com a participação de representantes de 113 estados, inclusive muitos países em desenvolvimento. Com essa iniciativa, a AGNU deu sua resposta à crescente conscientização da opinião pública quanto à necessidade de combater a poluição e a degradação do meio ambiente.

Exatamente vinte anos depois de Estocolmo, 1972, teve lugar a Conferência das Nações Unidas sobre meio ambiente e desenvolvimento, no Rio de Janeiro, de 3 a 14 de junho de 1992, nos termos da convocação feita pela Resolução da AGNU n. 44/228, de 22 de dezembro de 1989, visando "elaborar estratégias e medidas para deter e reverter os efeitos da degradação ambiental, no contexto de crescentes esforços, nacionais e internacionais, para promover desenvolvimento sustentável e ambientalmente consistente, em todos os países". Nessa altura já é possível apontar os princípios do direito internacional do meio ambiente, que se conservam, como seus paradigmas: desenvolvimento sustentável, precaução, poluidor-pagador, a responsabilidade comum, porém diferenciada.

A Conferência sobre meio ambiente e desenvolvimento do Rio de Janeiro (1992) teve alcance mundial, "o maior evento organizado pelas Nações Unidas até aquele momento": não somente pelo número de estados participantes – delegações de 172 países estiveram presentes, dentre os quais 108 chefes de estado ou de governo – além de extensa participação de 1.400 organizações não governamentais, fixando novos parâmetros para a atuação da sociedade civil e de entidades profissionais,[859] como também pela relevância e abrangência dos temas

[859] Jürgen Friedrich, *Environment, Private Standard Setting* (in **Encyclopedia of public international law**, 2012, vol. III, p. 499-509, cit. § 49): "Effective environmental governance requires the interplay of various forms of instruments and actors. Private initiatives and self-regulation can initiate processes of international reform, trigger normative developments, and stimulate business efforts in ways that lie beyond the influence of the legal sphere. Nonetheless, one should not lose sight of the necessity to strengthen regulatory, judicial and enforcement capacities of states and international institutions to address the enormous environmental and social challenges that lie ahead."

tratados. Segundo dados da ONU, foram credenciados cerca de 10.000 jornalistas, ao mesmo tempo em que o Fórum Global, evento paralelo, reunia 7.000 ONG's.[860]

Marcos regulatórios, como os adotados na conferência do Rio de Janeiro (1992) e mais tarde, na conferência de Joanesburgo (2002) são relevantes. A Cúpula mundial para o desenvolvimento sustentável, realizada em Joanesburgo, de 26 de agosto a 4 de setembro de 2002 foi a terceira reunião abrangente da ONU em matéria de meio ambiente, convocada pela AGNU, nos termos da Resolução 55/199, de 20 de dezembro de 2000, intitulada "Revisão decenal do progresso alcançado na implementação dos resultados da Conferência das Nações Unidas sobre Meio Ambiente e Desenvolvimento", visando fortalecer – dez anos depois da Conferência do Rio 1992 – a implementação dos instrumentos adotados naquela ocasião.

Podem ser apontadas a partir dos resultados dessas grandes conferências as características da formação do direito internacional do meio ambiente, do processo decisório e das instituições internacionais específicas, bem como as formas de implementação e de execução do direito internacional ambiental. Já por ocasião da Conferência de Joanesburgo, em 2002, e mais ainda na Rio + 20, em 2012, diversamente das duas grandes conferências anteriores, não se adotaram nas duas seguintes Agendas, princípios e novos instrumentos multilaterais vinculantes e relevantes, mas somente declarações de intenções e aspirações, vagamente formuladas.[861]

[860] UNITED NATIONS, doc. A/RES/44/228 – "United Nations Conference on Environment and Development". Como observa André Aranha Corrêa do Lago, **Estocolmo, Rio, Joanesburgo** – O Brasil e as três conferências ambientais das Nações Unidas (Brasília: Instituto Rio Branco / FUNAG, 2007, B – A Conferência do Rio, p. 52-86, cit. p. 53): "Do ponto de vista da percepção pela opinião pública, os dados acima mostraram, antes de tudo, que a questão do meio ambiente, vinte anos após Estocolmo, havia se tornado suficientemente importante na agenda internacional para justificar o deslocamento de um número inédito de chefes de estado e de governo para uma única reunião. Outro fator que, de imediato, marca uma sensível diferença com relação a 1972 é a realização da Conferência em um país em desenvolvimento – país que chegou a ser considerado a *bête noire* de Estocolmo – indicação de que o tema não era mais considerado um 'luxo' de países ricos e, sim, uma questão que exigia engajamento coletivo da comunidade internacional."

[861] A. A. Corrêa do Lago, **Estocolmo, Rio, Joanesburgo** – O Brasil e as três conferências ambientais das Nações Unidas (op. cit. 2007, Principais conquistas e críticas à cúpula,

Ainda, em Joanesburgo, em 2002, os estados concordaram, nos termos do parágrafo 5º da *Declaração de Joanesburgo*, em: "assumir a responsabilidade coletiva para fazer avançar e mutuamente fortalecer os pilares interdependentes do desenvolvimento sustentável – abrangendo o desenvolvimento econômico, o desenvolvimento social e a proteção ambiental – em níveis local, nacional, regional e global".

Não se pode dizer o mesmo a respeito dos resultados alcançados pela conferência do Rio de Janeiro (2012), também chamada Rio+20. A Conferência das Nações Unidas sobre o desenvolvimento sustentável, realizada no Rio de Janeiro, de 13 a 22 de junho de 2012, teve como objetivo discutir a renovação do compromisso sobre o desenvolvimento sustentável. O principal documento, emanado dessa Conferência, *O futuro que queremos* –não corresponde ao voto formulado pelo então Secretário geral da ONU, BAN Ki-moon:

> "A RIO+20 será uma das mais importantes reuniões globais sobre o desenvolvimento sustentável de nosso tempo. No Rio, nossa visão deve ser clara: uma economia verde sustentável que proteja a saúde do meio ambiente e apoie o alcance dos Objetivos de desenvolvimento do milênio através do crescimento da renda, do trabalho decente e da erradicação da pobreza".[862]

Nesta altura, além do arrefecimento do entusiasmo generalizado e de mudanças de atitude de diversos governos, deu-se o desencontro diante de uma agenda, talvez excessivamente ampla, e a preparação porventura incipiente, conjunção de elementos que comprometeram o alcance e a possibilidade de efetivação dos temas então lá abordados. Mas os esforços em setores específicos, desde então, continuaram, com destaque para as conferências do clima, de Paris (2015) e de Glasgow (2021).

p. 110-112): "As críticas à Cúpula sobre Desenvolvimento Sustentável foram infinitamente mais numerosas do que as menções às suas conquistas. Os resultados demonstraram, no entanto, que persiste considerável consistência no tratamento das questões ligadas ao meio ambiente, e não se pode minimizar a importância da manutenção da continuidade do caminho traçado no Rio, apesar dos obstáculos econômicos e políticos da década que separa as duas Conferências."

[862] RIO + 20 Conferência das Nações Unidas sobre desenvolvimento sustentável, *O futuro que queremos* – www.rio20.info – www.uncsd2012.org.

Campos inteiros de normatização internacional ambiental foram assim instaurados. No direito internacional, em razão da percepção da extensão dos danos ambientais, torna-se a matéria objeto de "preocupantes advertências e denúncias notadamente da Organização das Nações Unidas e da comunidade científica mundial sobre os elevados níveis perigosos de poluição no ar, nas águas, na terra, nos seres vivos em geral, sobre a destruição e o esgotamento de recursos insubstituíveis", dado que "os problemas ambientais globais, pondo em risco a sobrevivência no planeta terra, constituem inegáveis desafios às inteligências mundiais".[863]

O direito internacional do meio ambiente, em algumas décadas, sobretudo a partir da conferência de Estocolmo, de 1972, demonstra quanto os esforços de proteção ambiental avançaram desde a gestão, localmente restrita, de recursos naturais, para sofisticados regimes legais quase universais, dedicados aos problemas ambientais mundiais. Muito embora o direito internacional do meio ambiente constitua, atualmente, uma subárea do direito internacional, "seus mecanismos regulatórios e institucionais ainda são demasiadamente fragmentários e incoerentes para proporcionar uma cura holística para os fenômenos interrelacionados e interdependentes da deterioração ambiental global".[864] Nesse desenvolvimento, não se pode esquecer o conjunto de conceitos de grande relevância, que estruturam os vários enfoques da proteção ambiental.

Para referir somente os principais, dentro do direito internacional, novas áreas se desenvolvem, com um enfoque ambientalista - porque "é necessário que o jurista tenha essa consciência ecológica":[865]

[863] Helita B. Custódio (art. cit. 2007, p. 3-4): "no sentido de prevenir os riscos da poluição ambiental e reduzir ou eliminar seus efeitos danosos, com base em nosso sistema jurídico, impõe-se a obediência aos princípios jurídicos preventivos, notadamente sobre o direito à informação ambiental, o direito à educação ambiental e à conscientização pública, princípios esses vinculados ao princípio do desenvolvimento sustentável, ou da conciliação do desenvolvimento socioeconômico com a proteção do patrimônio ambiental saudável, todos indispensáveis ao adequado cumprimento da Política Nacional do Meio Ambiente (Lei n. 6938, de 31.8.1981) em todos os âmbitos governamentais, em permanente defesa e preservação do meio ambiente saudável ao legítimo bem estar de todos e ao equilibrado desenvolvimento do País."

[864] U. Beyerlin and J. Grote Stoutenburg, *Environment, International Protection* (in **Encyclopedia of public international law**, 2012, vol. III, p. 461-484, cit. § 19).

[865] G. E. do Nascimento e Silva, *Pending problems on International Law of the Environment* (in P. B. Casella - R. C. de Vasconcellos - E. C. Xavier Jr., **Direito ambiental - o**

- em relação à poluição atmosférica transfronteiriça,[866] com danosos efeitos de alterações climáticas, de destruição da camada de ozonio, de efeito estufa, de chuva ácida, de riscos contra a biodiversidade, por exemplo, serão sucessivamente construídas as bases normativas, por meio das principais convenções nessa matéria: a Convenção de Genebra sobre poluição transfronteiriça de longa distância (1979), a Convenção de Viena sobre proteção da camada de ozônio (1985) e seu Protocolo de Montreal sobre substâncias que destroem a camada de ozônio (1987),[867] bem como a Convenção-quadro das Nações Unidas sobre a mudança de clima;[868]
- em relação à poluição transfronteiriça dos solos,[869] por todos os tipos de poluição ambiental global do ar, das águas, por atividades

legado de G. E, do Nascimento e Silva (Brasília: Funag, 2017, p. 77-93; cit. supra, *O direito que nasce da poluição*, p. 321-327).

[866] G. E. do Nascimento e Silva, *Terra envenenada* (no volume **Direito ambiental – o legado de G. E, do Nascimento e Silva**, Brasília: Funag, 2017, p. 377-380).

[867] A Convenção foi celebrada em Viena, em 22 de março de 1985. UNEP – United Nations Environmental Program, **Handbook for the Vienna Convention for the Protection of the Ozone Layer** (Nairobi: UNEP – Ozone Secretariat, 12th ed., 2019, ISBN 978-9966-076-67-0 / ozone.unep.org / mea-ozoneinfo@un.org inclui além do texto da Convenção as Decisões adotadas pelas Conferências das Partes – *Decisions of the Conference of the Parties to the Vienna Convention*; e **Montreal Protocol on Substances that deplete the Ozone layer (with Annex)**, concluded at Montreal on 16 September 1987 in http://treaties.un.org > unts – U.N.T.S., vol. 1522, No. I-26369; v. tb. **Convenção de Viena para a proteção da camada de ozônio e Protocolo de Montreal sobre substâncias que destroem a camada de ozônio** (coord. Fabio Feldman, apresentação Roberto Peixoto e Sueli Carvalho, São Paulo: SMA – Secretaria do Meio Ambiente, do Governo do Estado de São Paulo, Coleção Entendendo o Meio Ambiente, vol. V, 1997).

[868] A Convenção quadro das Nações Unidas sobre a mudança do clima – *United Nations Framework Convention on Climate Change*, foi assinada em Nova York, em 9 de maio de 1992, entrou em vigor em 21 de março de 1994, nos termos do seu art. 23.1. Conta 197 estados parte, cf. United Nations Treaty Collection. Acesso em 19.02.22. Texto em U.N.T.S. vol. 1771, p. 107. A 26ª Conferência das Partes – *2021 United Nations Climate Change Conference*, foi realizada em Glasgow, de 31 de outubro a 12 de novembro de 2021. V. tb. **Convenção sobre mudança de clima** (coord. Fabio Feldman, apresentação José Goldemberg, São Paulo: SMA – Secretaria do Meio Ambiente, do Governo do Estado de São Paulo, Coleção Entendendo o Meio Ambiente, vol. VI, 1997).

[869] G. E. do Nascimento e Silva, *The International Law relating to transborder air pollution* (no volume **Direito ambiental – o legado de G. E, do Nascimento e Silva**, Brasília: Funag, 2017, p. 345-358).

perigosas, aí incluídas as atividades nucleares, por resíduos, agrotóxicos, desmatamentos, cultivo excessivo dos solos;

- a degradação vertiginosa das cidades, notadamente nos países em desenvolvimento, pela explosão demográfica, pelo êxodo rural para os centros urbanos, pela falta de planejamento e de saneamento básico, pela urbanização desordenada e irracional, pelas excessivas concentrações populacionais, com o aumento de todos os tipos lesivos de poluição;[870]
- em relação à poluição transfronteiriça das águas,[871] em iminentes riscos contra a vida em geral, e especificamente contra a vida marinha, onde em relação ao mar e seus recursos são bases normativas, em relação a mares e oceanos: a Convenção sobre prevenção da poluição marinha por alijamento de resíduos e outras matérias (1972)[872], MARPOL (1973, 1978), Programa de mares regionais (UNEP - 1974).[873]

Cabe apontar a relação entre aspectos de direito internacional dos tratados entre a Convenção das Nações Unidas sobre o direito do mar (1982) e os tratados sobre segurança e o combate à poluição,

[870] G. E. do Nascimento e Silva, *Pending problems on International Law of the Environment* (in **Direito ambiental - o legado de G. E, do Nascimento e Silva**, Brasília: Funag, 2017, p. 77-93, cit. p. 87): "Even though the importance to halt further damage to the environment was fully recognized, the priority of the majority of the world's population lies in a substantial betterment of their living conditions in order to enjoy certain fundamental human rights, such as means to buy food and clothes, to have a home, medical care, social assistance, education and work. To people lacking these elementary rights, the protection of the human environment is an issue of minimal importance."

[871] Vários textos de G. E. do Nascimento E Silva, na seção *O meio ambiente e as aguas* (no volume **Direito ambiental - o legado de G. E, do Nascimento e Silva**, Brasília: Funag, 2017, p. 235-318).

[872] Pouco antes da adoção da Convenção de 1972, o *Instituto de direito internacional*, na sessão de Edimburgo, em 12 de setembro de 1969, adotava a resolução sobre **Mesures concernant la pollution accidentelle des milieux marins** (Douzième Commission, Rapporteur: Juraj Andrassy) *(Le texte français fait foi. Le texte anglais est une traduction.)* com disposições relativas à prevenção de acidentes (A), bem como medidas em caso de acidente (B). Aí se reconhecia ser a prevenção de tais acidentes interesse geral da comunidade internacionale, porquanto qualquer estado pode ser vítima de poluição dos meios marinhos.

[873] A respeito, v. tb. J. A. de Yturriaga, **Regional conventions on the protection of marine environment** (RCADI, 1979, t. 172, p. 319-450).

adotados sob os auspícios da Organização Marítima Internacional (IMO).[874] Considerar especificamente as consequências de menções, contidas na Convenção de 1982, a respeito de parâmetros adotados por normas da IMO, mostra o "caráter constitucional" (*constitutional character*) da Convenção das Nações Unidas sobre o direito do mar, de 1982.[875]

A Convenção das Nações Unidas sobre o direito do mar (1982) é monumento normativo de extensa repercussão. Além dos aspectos considerados em relação à configuração do direito internacional dos espaços esta tem grande relevância no tocante ao direito internacional do meio ambiente, bem como em relação aos recursos marinhos vivos. Foco específico é colocado por instrumentos como a Convenção internacional para a regulação da pesca da baleia (1946) e a evolução na interpretação da Convenção, desde a sua adoção, bem como na construção dos procedimentos de controle e proteção das espécies de baleias.[876]

Ao lado da Convenção das Nações Unidas sobre o direito do mar (1982), o direito internacional dos espaços permite levar em conta, alguns outros instrumentos normativos internacionais, tais como: o Acordo da FAO para promover cumprimento de medidas internacionais de conservação e manejo por embarcações pesqueiras no alto mar (1993), e o Acordo das Nações Unidas sobre espécies de peixes altamente migratórias (1995). Todos esses instrumentos criam parâmetros de atuação, de controle e de monitoramento – em suma, criam obrigações para os estados, que devem incorporar essas normas e procedimentos nos seus respectivos sistemas jurídicos internos.

Quando se estipulam as bases para um "programa global de ação para a proteção do meio ambiente marinho", se conclui pela necessidade de

[874] Agustín Blanco-Bazan, *Treaty law aspects of the relationship between the 1982 UN Convention on the Law of the Sea (UNCLOS) and the safety and antipollution treaties adopted under the auspices of the International Maritime Organization* (in **Dimensão internacional do direito: estudos em homenagem a G. E. do Nascimento e Silva**, org. P. B. Casella, São Paulo: LTr, 2000, p. 49-68).

[875] A. Blanco-Bazan (cap. cit., 2000, esp. item IV 'legal implications of the references to IMO rules and standards contained in UNCLOS', p. 59-67), tais como o que denomina "caráter constitucional" (*constitutional character*) da Convenção de 1982.

[876] Como se examinou, *supra*, no cap. XXI – alto mar.

ação conjunta, para ensejar a adequada proteção do meio marinho.[877] O mesmo vale para praticamente todos os campos de atuação do direito internacional do meio ambiente, que exigem atuação conjunta e – tanto quanto possível – coordenada entre os estados, para tornar viável alcançar resultados. Por isso, o direito ambiental é essencialmente direito internacional.

Em relação às águas comuns internas são relevantes instrumentos normativos internacionais e devem ser examinados os efeitos destes sobre a utilização do território e dos seus recursos pelos estados, em matérias tais como: a Convenção sobre o direito dos usos não navegacionais dos cursos d'água internacionais (1997), a Convenção sobre a proteção e uso de cursos d'água transfronteiriços e lagos internacionais (1992), bem como rios,[878] lagos e bacias, com menção específica do Tratado de cooperação amazônica (1978) e do Tratado da bacia do Prata (1969). A situação atual do planeta vem ressaltar a crescente importância estratégica da água potável[879] e a crescente interdependência entre os estados.

O mesmo se pode dizer, em relação à biodiversidade, fauna, flora, solo e desertificação, quando se considera, desse vasto e complexo universo, respectivamente, quanto à biodiversidade, fauna e flora:

- a Convenção sobre zonas úmidas de importância internacional, especialmente como habitat para aves aquáticas, mais conhecida como Convenção de Ramsar, adotada na cidade de Ramsar, no Irã, em 1971, em vigor desde 1975 – tem por objeto proteger

[877] Siân Pullen, *A global program of action for the protection of the marine environment* (in **Dimensão internacional do direito: estudos em homenagem a G. E. do Nascimento e Silva**, org. P. B. Casella, São Paulo: LTr, 2000, p. 319-328, cit. p. 328): "Together we can protect the marine environment."

[878] Como se examinou na primeira parte, título II – domínio fluvial, cap VIII, esp. 8.6 – proteção do meio ambiente.

[879] Enfatizava G. E. do Nascimento e Silva quanto lhe parecia que a importância estratégica da água, neste século, superaria a do petróleo, em futuro não muito distante. O tempo passado desde que este se foi, em 2003, tem mostrado quanto a percepção estava correta! E o problema de acesso à água potável se torna mais e mais presente e premente, para milhões de indivíduos, em todo o planeta, e mesmo em país, com consideráveis reservas de água potável – mas com carências de suprimento e de tratamento da água – como o Brasil.

os habitats aquáticos importantes para a conservação de aves migratórias, mas, desde a sua adoção, ampliou-se a interpretação e o âmbito de aplicação do instrumento para abranger as demais áreas úmidas, de modo a promover sua conservação e uso sustentável, bem como o bem estar das populações humanas, que delas dependem – Ramsar estipula marcos para ações nacionais e para a cooperação entre países, com o objetivo de promover a conservação e o uso racional de áreas úmidas do planeta, mediante ações fundamentadas no reconhecimento, pelos estados parte da Convenção, da relevância ecológica e do valor social, econômico, cultural, científico e recreativo dessas áreas;[880]

- a Convenção para a proteção do patrimônio mundial, cultural e natural – mais conhecida como *Recomendação de Paris*, foi adotada na décima sétima sessão da Conferência geral da Organização das Nações Unidas para a educação, a ciência e a cultura, realizada em Paris de 17 de outubro a 21 de novembro de 1972, e ratificada pelo Brasil em 1978 – tem por escopo criar um sistema eficaz de proteção coletiva do patrimônio cultural e natural de valor universal excepcional, organizado de modo permanente e observando critérios científicos modernos – ressaltando a interdependência, assinala, no preâmbulo, que "a degradação ou o desaparecimento de um bem do patrimônio cultural e natural constitui um empobrecimento efetivo do patrimônio de todos os povos do mundo", e se completa com formas de proteção dessa porção imaterial da herança cultural, conforme a Convenção para a salvaguarda do patrimônio cultural imaterial, adotada pela UNESCO, em sua 32ª sessão, em Paris, em 17 de outubro de 2003;[881]

[880] A Convenção sobre zonas úmidas de importância internacional, especialmente como habitat para aves aquáticas, mais conhecida como Convenção de Ramsar, adotada em fevereiro de 1971, em vigor desde 21 de dezembro de 1975, ratificada pelo Brasil, em 1996, foi promulgada pelo Dec. 1.905, de 1996. Site https://www.ramsar.org Acesso em 18.02.22. V. tb. **Convenção de RAMSAR – sobre zonas úmidas de importância internacional, especialmente como habitat de aves aquáticas** (coord. Fabio FELDMAN, apresentação do Alm. Ibsen Gusmão CÂMARA, São Paulo: SMA – Secretaria do Meio Ambiente, do Governo do Estado de São Paulo, Coleção Entendendo o Meio Ambiente, vol. III, 1997).

[881] No Brasil, o Dec. 3.551, de 4 de agosto de 2000 instituiu o Programa Nacional do Patrimônio Imaterial (PNPI) e o Registro de bens culturais de natureza imaterial. ver:

- a Convenção internacional sobre comércio internacional das espécies da flora e da fauna selvagens em perigo de extinção – *Convention on International Trade in Endangered Species of Wild Fauna and Flora* (CITES), celebrada em Washington, aos 13 de março de 1973, entrou em vigor em 1975, teve a 74ª sessão do Comité permanente reunida em 11 de fevereiro de 2022, atualmente abrange cerca de 5.950 espécies de animais e 32.800 espécies de plantas de todo o mundo, protegidas pela Convenção, incluídos nos três anexos da CITES, de acordo com o grau de ameaça: no Anexo I – espécies ameaçadas de extinção, no Anexo II – espécies que atualmente não se encontram em perigo de extinção, mas podem chegar a essa situação, a menos que o comércio esteja sujeito a regulamentação rigorosa e no Anexo III – espécies incluídas na lista por solicitação de algum estado parte, onde sua exploração necessita ser restrita ou impedida e requer cooperação em seu controle internacional. Assinada a CITES pelo Brasil em 1975, o Dec. 3.607, de 21 de setembro de 2000, implementa a Convenção no país, e a Instrução normativa IBAMA n. 4, de 19 de agosto de 2020, atualiza a classificação das espécies CITES no Brasil.[882]
- a Convenção de Bonn sobre Espécies Migratórias, assinada em 6 de novembro de 1979, em Bonn, entrou em vigor em 1º de novembro de 1983,[883]
- a Convenção sobre Madeiras Tropicais (ITTA), depois das precedentes (1983 e 1994), a atual Convenção de 2006 – em vigor

http://portal.iphan.gov.br Acesso em 18.2.22.

882 CITES – cites.org – Seventy-fourth meeting of the Standing Committee, 11 February 2022. Acesso em 18.02.22. Site ibama.gov.br a respeito da Convenção CITES traz como última atualização de 24.05.2021. Acesso em 18.02.22. V. tb. **Convenção sobre o comércio internacional das espécies da fauna e flora selvagens em perigo de extinção** (coord. Fabio FELDMAN, apresentação do Alm. Ibsen Gusmão CÂMARA, São Paulo: SMA – Secretaria do Meio Ambiente, do Governo do Estado de São Paulo, Coleção Entendendo o Meio Ambiente, vol. IV, 1997).

883 https://www;cms.int Ver tb. Grandhinagar Declaration on CMS and the Post-2020 Global Biodiversity Framework. The **Convention on Migratory Species** (CMS) also known as the Bonn Convention, is an environmental treaty of the United Nations that provides a global platform for the conservation and sustainable use of terrestrial, aquatic and avian migratory animals and their habitats. CMS Secretariat © 2020. Conta 130 estados partes mais a União Europeia. Acesso 20.02.22.

desde 7 de dezembro de 2011,[884] a Declaração de Princípios sobre as Florestas (1992) e seus desenvolvimentos subsequentes,[885] bem como a regulação normativa internacional, sobre solo e desertificação.[886]

- a Convenção sobre diversidade biológica (CBD), de 22 de maio de 1992, em Nairobi,[887] o Protocolo de Cartagena sobre bio-segurança, o Protocolo de Nagoya sobre acesso a recursos genéticos, bem como o Protocolo suplementar de Kuala Lumpur; [888]

[884] https://www.itto.int > itta International Tropical Timber Agreement – This is the international treaty under which ITTO operates. It entered into force on 7 December 2011, superseding the International Tropical Timber Agreement 1994. United Nations Conference for the Negotiation of a Successor Agreement to the International Tropical Timber Agreement 1994, Geneva 16-27 January 2006 TD Timber.3/12 – 1 February 2006.

[885] The Statement of Principles on Forests, aimed at preserving the world's rapidly vanishing tropical rainforests, is a nonbinding statement recommending that nations monitor and assess the impact of development on their forest resources and take steps to limit the damage done to them. https://unfccc.int > publications **The Rio Conventions – Action on Forests**, Convention on Biological Diversity, United Nations Convention to Combat Desertification, United Nations Framework Convention on Climate Change © 2012

[886] https://www.unccd.int The United Nations Convention to Combat Desertification (UNCCD) adopted in 1994 is the sole legally binding international agreement linking environment and development to sustainable land management. A 15ª Conferência das Partes deve ser realizada de 9 a 20 de maio de 2022 em Abidjan, na Costa do Marfim.

[887] https://www.cbd.int – The Convention was opened for signature on 5 June 1992 at the United Nations Conference on Environment and Development (the Rio 'Earth Summit'), it remained open for signature until 4 June 1993, by which time it had received 168 signatures. The Convention entered into force on 29 December 1993, which was 90 days after the 30th ratification. Cf. List of Parties cbd.int – Convention on Biological Diversity: 196 parties. Acesso em 20.02.22. Assinada pelo Brasil em 5 de junho de 1992, foi ratificada em 28 de fevereiro de 1994, e o Brasil se tornou parte em 29 de maio de 1994. V. tb. **Convenção da biodiversidade** (coord. Fabio Feldman, apresentação do Alm. Ibsen Gusmão Câmara, São Paulo: SMA – Secretaria do Meio Ambiente, do Governo do Estado de São Paulo, Coleção Entendendo o Meio Ambiente, vol. II, 1997).

[888] Convention on biological diversity cbd.int – UN Biodiversity Conference (COP15/COP-MOP10/COP-MOP4) "Ecological Civilization – building a shared future for all life on earth", Kunming, China, 11-15 Oct. 2021 – The UN Biodiversity Conference (fifteenth meeting of the Conference of the Parties (COP-15) to the Convention on Biological Diversity (CBD)), tenth meeting of the Conference of the Parties serving as the Meeting of the Parties to the Cartagena Protocol on Biosafety (COP-MOP 10) and the fourth meeting

Em relação a resíduos e substâncias perigosas terão relevância e devem ser consideradas:

- a Convenção de Basiléia sobre movimento transfronteiriço de resíduos perigosos e seu depósito – *Basel Convention on the control of transboundary movements of hazardous wastes and their disposal*, adotada na conferência da Basiléia, em 22 de março de 1989, bem como o Protocolo sobre responsabilidade e compensação por danos resultantes do movimento transfronteiriço de resíduos perigosos e seu depósito – *Protocol on liability and compensation for damage resulting from transbundary movements of hazardous wastes and their disposal*, estipulam obrigações para reduzir os movimentos transfronteiriços de resíduos perigosos, com manejo eficiente e ambientalmente seguro,[889] inicialmente não proíbe tais movimentações, mas estabelece mecanismos para o controle e acompanhamento desse tráfego, traz em seu Anexo I – Categorias de resíduos a serem controlados, Anexo II – Categorias de resíduos que exigem consideração especial e Anexo III – Lista de características perigosas;
- bem como a Convenção de Roterdam sobre o procedimento de consentimento prévio, adotada em 10 de setembro de 1998, em vigor desde 24 de fevereiro de 2004;[890] e a Convenção de

of Conference of the Paries serving as the Meeting of the Parties to the Nagoya Protocol on Access to Genetic Resources and the Fair and Equitable Sharing of Benefits arising from their Utilization (NP-MOP 4). List of Parties – CBD – Cartagena Protocol – Nagoya Protocol – Nagoya Kuala-Lumpur Supplementary Protocol. © CBD Secretariat – UN Environmental Programme 50 – 1972-2022.

889 Site http://www.basel.int Acesso em 18.02.22. **Basel Convention on the control of transboundary movements of hazardous wastes and their disposal,** and **Protocol on liability and compensation for damage resulting from transbundary movements of hazardous wastes and their disposal** – Texts and Annexes – UNEP – Basel Convention – http://www.basel.int > text PDF. Acesso em 18.02.22. Ratificada pelo Brasil em 1993, publicada pelo Dec. 875, de 18 de julho de 1993. V. tb. **Convenção da Basiléia sobre o controle de movimentos transfronteiriços de resíduos perigosos e seu depósito** (coord. Fabio Feldman, apresentação Marília Marreco, São Paulo: SMA – Secretaria do Meio Ambiente, do Governo do Estado de São Paulo, Coleção Entendendo o Meio Ambiente, vol. VII, 1997).

890 http://www.pic.int Rotterdan Convention Home Page. Conta 72 Signatories. Acesso em 20.02.22. O Brasil assinou em 11 de setembro de 1998, ratificou em 16 de junho de

Estocolmo sobre poluentes orgânicos persistentes – POPs, de 22 de maio de 2001, entrou em vigor em 17 de maio de 2004.[891]

A caracterização do 'dano relevante' pode ser dado significativo em matéria de direito internacional do meio ambiente.[892] Na proteção do meio ambiente persiste a controvérsia a respeito do que seja dano relevante (*dommage significatif*) e deste decorrerá a caracterização da responsabilidade e a extensão da obrigação de indenizar.[893]

Como se pode constatar, os instrumentos e mecanismos existentes em matéria de direito internacional do meio ambiente compõem conjunto extenso, complexo, em constante mutação e atualização, de enorme relevância para o conjunto da comunidade internacional. O escopo do presente capítulo não foi o direito internacional do meio ambiente como objetivo específico, nem exaustivo, visto comportar consideráveis desenvolvimentos setoriais, mas tão somente para situar as interações entre território e proteção ambiental. Alguns dos elementos principais foram tambem referidos, para ulteriores consultas, leituras e aprofundamento.

Fazia-se, contudo, indispensável apontar ao menos os itens principais, tal como acima referidos, sem prejuízo de consultas às fontes de atualização eletrônica, para acompanhamento dos desenvolvimentos mais recentes. Boa parte do direito internacional do meio ambiente,

2004, e entrou em vigor para o Brasil em 14 de setembro de 2004. V. tb. https://www.state.gov > rotterdam-c **Rotterdam Convention on the Prior Informed Consent Procedure for certain hazardous Chemicals and Pesticides in International Trade** – Office of Environmental Quality – US Department of State.

891 Stockholm Convention "protecting human health and the environment from persistent organic polluants". Adopted 22 May 2001, entered into force on 17 May 2004. Number of Parties 185 Acesso em 20.02.22. O Brasil assinou em 23 de maio de 2001, ratificou em 16 de junho de 2004, e entrou em vigor para o Brasil em 14 de setembro de 2004, v. http://www.pic.int Rotterdan Convention Home Page – Basel – Rotterdam – Stockholm Conventions.

892 Jean SALMON, *À propos du dommage significatif dans le domaine de la protection de l'environnement* (in **Dimensão internacional do direito: estudos em homenagem a G. E. do NASCIMENTO E SILVA**, org. P. B. CASELLA, São Paulo: LTr, 2000, p. 411-434).

893 Enfatiza J. SALMON a importância da contribuição de G. E. do NASCIMENTO E SILVA, tanto no debate em torno da Resolução do *Instituto de direito internacional,* adotada na sessão de Atenas, em 1979, como na relatoria, da qual resultou a adoção da Resolução do *Instituto,* adotada na sessão do Cairo, em 1987, sobre poluição transfronteiriça do ar.

criando obrigações internacionalmente estipuladas para os estados, tem relação direta e impacto relevante sobre o direito internacional dos espaços. Mais e mais, o uso do espaço, pelo estado territorial, deve ser norteado pelo interesse comum e pela dimensão de proteção ambiental, não somente em relação a outros estados, como também em relação às gerações presentes e futuras. Estas restrições à discricionariedade dos estados, em relação ao uso do território, passam a ser correntes e tendem a se ampliar, em decorrência da implementação do direito internacional do meio ambiente, como também se deu em relação à proteção internacional dos direitos fundamentais,[894] criando obrigações internacionalmente estipuladas – e, por vezes, também internacionalmente controladas – em relação às quais os estados não podem invocar, como excludentes, nem a soberania, nem a jurisdição estatal.

Cabe, a seguir, passar a considerar, no título II, as recorrências da espacialidade, e dentre estas a interação entre geografia e extraterritorialidade, que se manifesta na projeção do poder do estado, além dos seus limites territoriais (cap. 26).

[894] Ver tb.cap. XXIX – espacialidade e direitos fundamentais: a dimensão humana do território.

TÍTULO II
RECORRÊNCIAS DA ESPACIALIDADE

A integridade territorial e a independência política são dois elementos centrais da estatalidade. [...] Os dois conceitos de integridade territorial e independência política estão interligados como fundamentos do estado soberano. Eles conferem a base para a afirmação externa da soberania do estado pela comunidade internacional e a legitimidade da ocupação e uso do território, livre de qualquer ameaça ou interferência externa, e o direito do estado de tomar decisões a respeito de seu território, como jurisdição do estado.

Samuel K. N. Blay (2012)[895]

A base espacial, ou territorial, foi determinante no surgimento e na consolidação da noção de estado.

J. A. Pastor Ridruejo (1998)[896]

Os estados, uma vez estabelecidos, privilegiaram o território na construção da soberania. Sua visão da soberania é antes territorial que popular.

M. Benchikh (1998)[897]

[895] Samuel K. N. Blay, *Territorial Integrity and Political Independence* (in **Encyclopedia of public international law**, 2012, vol. IX, p. 859-871, cit. § 1).

[896] José Antonio Pastor Ridruejo, **Le droit international à la veille du vingt et unième siècle: normes, faits et valeurs: cours général de droit international public** (RCADI, 1998, t. 274, p. 9-308).

[897] Madjid Benchikh, então diretor honorário da Faculdade de Direito de Argel, *Introduction* (in **Le juge international et l'aménagement de l'espace: la spécificité du**

Enfatizar o papel dos espaços, no direito internacional, se manifesta tanto em relação aos espaços 'nacionais' como ao surgimento e ao desenvolvimento dos espaços 'internacionais', por absoluta necessidade, para a atuação coordenada dos estados. Mas, os estados, outrora exclusivos e sempre preponderantes, enquanto sujeitos de direito internacional, não se deixam afastar do cerne da regulação das questões de seu interesse e, assim,[898] percebe-se a considerável medida na qual mesmo o direito internacional pós-moderno permanece, todavia, sistema institucional e normativo fortemente ancorado nos estados, para a determinação de normas, para a instauração de procedimentos e para a orientação das linhas principais de atuação das relações internacionais. E, inexoravelmente, a efetividade do exercício da soberania, sobre determinado território, remete à necessidade de tratamento constante do espaço.[899]

Esta visão antes territorialista que humana, por parte dos estados, na caracterização da soberania, está em tempo para ser mudada. Cabe perceber a primazia a ser atribuida ao dado humano,[900] em toda a construção do direito internacional pós-moderno.

Dentre as assim chamadas "recorrências da espacialidade", a seguir se consideram:

'geografia e extraterritorialidade: a projeção do poder do estado além dos seus limites' (cap. 26), onde o fenômeno há de ser entendido em suas duas facetas, uma lícita e outra não, com as consequências legais daí decorrentes;

'território brasileiro e direito internacional' (cap. 27) estuda as questões de fronteiras, enfrentadas pelo Brasil: com o Peru (27.1), com a Argentina (27.2), com a Bolívia (27.3), com a Venezuela (27.4), com a

contentieux territorial, direction de Philippe WECKEL, Paris: Pedone, 1998, p. 29-33, cit. p. 30): «les états une fois établis ont privilégié le territoire dans la construction de la souveraineté. Leur vision de la souveraineté est plus territoriale que populaire.»

898 J. A. PASTOR RIDRUEJO (op. cit., 1998, chap. III, 'les espaces en droit international', p. 215-293, cit.p. 215).

899 M. BENCHIKH (pref. cit., 1998, p. 30-31): «aujourd'hui l'effectivité de l'exercice de la souveraineté sur un territoire renvoie à la nécessité de l'aménagement constant de l'espace.»

900 Ver tb. cap. XXIX – espacialidade e direitos fundamentais: a dimensão humana do território.

Colômbia (27.5), com o Uruguai (27.6), com o Paraguai (27.7), com a Guiana Inglesa (27.8), com a Guiana Francesa (27.9), a questão da Ilha da Trindade (27.10), e a questão da colônia de Descalvados (27.11); seguido do capítulo 28, sobre as 'fases de formação do território brasileiro: algumas lições de direito internacional'; a seguir se examina a correlação entre

'espacialidade e direitos fundamentais: dimensão humana do território' (cap. 29), para enfatizar a dimensão humana, que não se pode olvidar ao considerar o tratamento legal dos espaços, o que se põe tanto no plano histórico, dos passados coloniais, de várias regiões do planeta, como em relação ao atual contexto de relação com o espaço, como direito humano fundamental – e se exprime na relação 'dos impérios coloniais ao reconhecimento dos direitos dos povos indígenas' (29.1), onde o território passa a ter normatização internacional, com amparo institucional no debate, no contexto da Organização das Nações Unidas – e, em razão dessa internacionalização consentida do fenômeno, estimo, não mais poderão os estados pretender se trate, em matéria de território, somente de questão interna, e como tal insujeita a debate e a controle internacionais, e, por isso, a seguir, se consideram: a 'internacionalização dos direitos fundamentais' (29.2) e a 'dimensão humana do território como expressão da relação entre espacialidade e direitos fundamentais' (29.3);

'território e ato unilateral' (cap. 30), dedica-se ao exame de dois casos clássicos da jurisprudência internacional, o primeiro na Corte permanente de justiça internacional, o 'caso do estatuto jurídico da Groenlândia oriental' (1933) (30.1), e, o segundo, na Corte Internacional de Justiça, os casos dos testes nucleares franceses (1974) (30.2); e,

finalmente, 'território e identidades culturais' (cap. 31), estuda algumas questões como: a questão da Jaworzina (31.1), a questão do território de Memel (31.2), a questão do trecho ferroviário de Landwarow-Kasiadorys (31.3), a questão das consequências da construção do muro nos territórios palestinos ocupados (31.4), bem como o laudo arbitral de Max Huber sobre a ilha de Palmas (31.5), o laudo arbitral de Vítor-Emanuel III sobre a ilha de Clipperton (31.6) e a proteção de minorias nas ilhas Aaland (31.7).

Após o tratamento dos espaços internacionais, o presente título, desta terceira parte, é dedicado ao exame do que denominei as "recorrências da espacialidade". Estas se manifestam, por exemplo, na assim chamada extraterritorialidade – até que ponto, por exemplo, podem dar-se, licitamente, as projeções do poder do estado, além de seus limites territoriais ? Como se passa a considerar (cap. 26).

CAPÍTULO 26
GEOGRAFIA E EXTRATERRITORIALIDADE: PROJEÇÃO DO PODER DO ESTADO ALÉM DOS SEUS LIMITES TERRITORIAIS

O tempo pode estar maduro para uma codificação de normas gerais e princípios aplicáveis ao exercício da jurisdição extraterritorial. Essa codificação poderia por exemplo estipular, que para validamente exercer extraterritorialmente sua jurisdição sobre pessoas, bens ou eventos, um estado deve ter grau suficiente de conexão com aquelas pessoas, bens ou eventos. [...] A codificação também pode distinguir entre modalidades de jurisdição extraterritorial, que sejam menos invasivas e desse modo menos sujeitas a conflito com a estipulação de normas de conduta por outros estados, em relação a formas mais problemáticas, tais como procedimentos de execução. A codificação poderia, ainda, estipular que o exercício da jurisdição extraterritorial fica sujeito a certas limitações. Desse modo, pode não ser incompatível com a proibição de ingerência nos assuntos internos e na integridade territorial de outros estados.

Menno T. KAMMINGA (2012)[901]

A segurança comum é de duas espécies. A primeira é interna, em virtude da qual cada cidadão é posto a salvo dos atentados de outro. A segunda é externa, onde o estado inteiro é defendido da violência, e das agressões dos inimigos. Assim ocorre que também em duas espécies se distinguam os direitos da majestade, outros dos quais competem ao rei, em

[901] Menno T. KAMMINGA, *Extraterritoriality* (in **Encyclopedia of public international law**, 2012, vol. III, p. 1070-1077, cit. § 28).

razão dos cidadãos, e se dizem direitos imanentes. Outros que podem pelo soberano ser exercitados, em relação aos que estão fora do território, e se dizem direitos transeuntes.

J. G. EINNECIUS (1737, ed. 1828)[902]

Considerar, neste capítulo, geografia[903] e extraterritorialidade significa entender o princípio geral da territorialidade das normas e a exceção, que pode caracterizar a sua incidência ou a sua aplicação, além de tais limites. As múltiplas hipóteses de incidência da extraterritorialidade[904] podem ser consentidas e estar revestidas de caráter lícito, tal como regulado em múltiplas hipóteses de cooperação internacional, por meio de instrumentos bilaterais ou multilaterais, como em decorrência de direito internacional consuetudinário ou mesmo de *comitas gentium*, assim como podem ocorrer de maneira abusiva, contrária ao direito internacional, configurando violação de normas e princípios internacionais de boa convivência e boa vizinhança entre estados nas relações internacionais, regra geral norteadora da conduta das relações entre estados, mesmo em casos de ausência de regulação.

A liberdade que o direito internacional deixa aos estados tem como consequência o fato de que diferentes estados, ao regular matérias de competência concorrente, podem adotar princípios diversos. Do ponto de vista do direito internacional dos espaços, cabe considerar

[902] Johann Gottlieb EINNECIUS (1681-1741), **Grundlagen des Natur- und Völkerrechts** (orig. publ. 1737) / **Elementi del diritto di natura e delle genti** ("versione italiana e correzione" del sacerdote Andrea Cantore AMATO, Napoli: dalla tipografia di Domenico Sangiacomo, ed. seconda, "riveduta e ricorretta dal Vertitore", 1828, t. II, par. CXXXIII 'diritti della sovranità, interni e esterni', p. 216-217).

[903] P. B. CASELLA, **Introdução ao estudo do direito: ensaios didáticos** (São Paulo: Editora dos editores, 3ª ed., 2019, esp. 'geograficamente situado', p. 83-94, cit. p. 84): "Toda construção humana tem de se reportar ao mundo e ao conceito de mundo (entendido como conceito físico e cultural) no qual se inscreva."

[904] Ver tb. **Tratado** (tomo XX – **Direito internacional, história e cultura**, cap II – Territorialidade e extraterritorialidade: o espaço no direito internacional pós-moderno, itens A. Territorialidade e extraterritorialidade e B. Os avatares da noção de extraterritorialidade no direito internacional pós-moderno).

as consequências de tais situações,[905] conforme os critérios legais adotados.[906]

A extraterritorialidade é termo muitas vezes utilizado com conteúdos distintos.[907] A prática dos estados difere consideravelmente em relação à extraterritorialidade – sobretudo quando esta é exercida pelo estado, ou que este receba os efeitos da 'prática' extraterritorial de outro estado. Daí também a dificuldade em determinar parâmetros amplamente aceitáveis para todas as possíveis projeções extraterritoriais.

Suas múltiplas hipóteses de incidência são tema extenso e complexo. Obviamente, aqui se trata tão somente de situar todas as configurações possíveis da extraterritorialidade, em relação ao direito internacional dos espaços. Por isso, se faz tanto mais necessário seja este manejado com precisão, tanto no direito internacional como no direito comparado.[908]

[905] N. Politis, **Le problème des limitations de la souveraineté et la théorie de l'abus des droits dans les rapports internationaux** (RCADI, 1925, t. 6, p. 1-122) distingue o campo de incidência da liberdade limitada do domínio reservado (*liberté limitée du domaine réservé*) do domínio da liberdade em princípio ilimitada (*liberté en principe illimitée*).

[906] Considerava A.Verdross, **Règles générales du droit international de la paix** (RCADI, 1929, t. 30, p. 271-518, par. 35 'compétences concurrentes des états', p. 357-358): «des concurrences de compétence ne peuvent être résolues en tant que la liberté que le droit international laisse actuellement aux états n'est pas limitée par le développement de règles de fond du droit des gens applicable en la matière.»

[907] Exemplificativamente refiram-se: Prospero Fedozzi, **De l'efficacité extraterritoriale des lois et des actes de droit public** (RCADI, 1929, t. 27, p. 141-242); Marcio Garcia e Antenor P. Madruga Fo. (coord.), **A imunidade de jurisdição e o judiciário brasileiro** (Brasília: CEDI – Centro de estudos de direito internacional, 2002); A. Heyking, **L'exterritorialité et ses applications en Extrême-Orient** (RCADI, 1925, t. 7, p. 237-340); S. Messina, **Les tribunaux mixtes et les rapports interjuridictionnels en Egypte** (RCADI, 1932, t. 41, p. 363-500); G. G. Phillimore, **Immunité des états au point de vue de la juridiction ou de l'éxecution forcée** (RCADI, 1925, t. 8, p. 413-484); Isabelle Pingel-Lenuzza, **Les immunités des états en droit international** (préf. D. Carreau, Bruxelles: Bruylant, 1997); L. Strisower, **L'exterritorialité et ses principales applications** (RCADI, 1923, t. 1, p. 229-288); Eric Wyler et Alain Papaux (eds.), **L'extranéité ou le dépassement de l'ordre juridique étatique** («actes du colloque des 27 et novembre 1997, organisé par l'Institut d'études de droit international de la Faculté de droit de l'Université de Lausanne», Paris: Pedone, 1999).

[908] G. W. Keeton, **Extraterritoriality in international and comparative law** (RCADI, 1948, t. 72, p. 283-392); M. T. Kamminga, *Extraterritoriality* (in **Encyclopedia of public**

Basicamente a extraterritorialidade pode se manifestar em três dimensões:

- enquanto âmbito de aplicação da norma – extraterritorialidade normativa – por exemplo em matéria de legislação antitruste, ou na regulação do transporte e depósito de resíduos e substâncias tóxicas e perigosas,[909] matéria abrangida pelas Convenções da Basiléia,[910] de Roterdam[911] e de Estocolmo –[912] de tal modo que a internacionalização do regime jurídico permite evitar hipóteses de conflito entre legislações nacionais;

international law, 2012, vol. III, p. 1070-1077, cit. § 29) depois de apontar as perspectivas de possível codificação, no trecho referido em epígrafe, observa: "It is doubtful, however, whether the time is really ripe for such an ambitious general codification applicable to the entire field of extraterritorial jurisdiction. Indeed, it is doubtful whether meaningful rules can be conjured up at all. Instead, it may be necessary for some time to come to attempt to pursue accomodation on a sectoral basis and to formulate rules and principles applicable to certain fields of international law only."

[909] Como examinado no precedente cap. XXV – direito internacional dos espaços e emergência da proteção internacional do meio ambiente.

[910] Site http://www.basel.int Acesso em 18.02.22. **Basel Convention on the control of transboundary movements of hazardous wastes and their disposal,** and **Protocol on liability and compensation for damage resulting from transbundary movements of hazardous wastes and their disposal** – Texts and Annexes – UNEP – Basel Convention – http://www.basel.int > text PDF. Acesso em 18.02.22. Ratificada pelo Brasil em 1993, publicada pelo Dec. 875, de 18 de julho de 1993. V. tb. **Convenção da Basiléia sobre o controle de movimentos transfronteiriços de resíduos perigosos e seu depósito** (coord. Fabio Feldman, apresentação Marília Marreco, São Paulo: SMA – Secretaria do Meio Ambiente, do Governo do Estado de São Paulo, Coleção Entendendo o Meio Ambiente, vol. VII, 1997).

[911] http://www.pic.int Rotterdan Convention Home Page. Conta 72 Signatories. Acesso em 20.02.22. O Brasil assinou em 11 de setembro de 1998, ratificou em 16 de junho de 2004, e entrou em vigor para o Brasil em 14 de setembro de 2004. V. tb. https://www.state.gov > rotterdam-c **Rotterdam Convention on the Prior Informed Consent Procedure for certain hazardous Chemicals and Pesticides in International Trade** – Office of Environmental Quality – US Department of State.

[912] Stockholm Convention "protecting human health and the environment from persistent organic polluants". Adopted 22 May 2001, entered into force on 17 May 2004. Number of Parties 185 Acesso em 20.02.22. O Brasil assinou em 23 de maio de 2001, ratificou em 16 de junho de 2004, e entrou em vigor para o Brasil em 14 de setembro de 2004, v. http://www.pic.int Rotterdan Convention Home Page – Basel – Rotterdam – Stockholm Conventions.

- enquanto âmbito de exercício da jurisdição - extraterritorialidade jurisdicional - se manifesta nas hipóteses de submissão de determinadas matérias ao julgamento pelos tribunais de determinado estado, em relação a pessoas, bens e eventos, ocorridos fora do território, por exemplo em matéria tributária, na determinação da condição de contribuinte, mesmo quando se trate de rendimentos auferidos fora do território do estado - também aí a regulação por meio de acordos multilaterais ou bilaterais visando evitar a bitributação e a evasão fiscal,[913] bem como regimes internacionalmente estipulados de imunidade de jurisdição (e de execução), tal como se encontram nas Convenções de Viena sobre relações diplomáticas[914] e sobre relações consulares, podem e visam reduzir as hipóteses de conflito entre jurisdições; e ainda,
- enquanto extensão da incidência de procedimentos de execução - extraterritorialidade executória - pode suscitar desentendimentos entre estados na determinação dos meios e modos de assegurar o exercício do poder de fazer cumprir a legislação nacional, mesmo além das fronteiras daquele estado.

Apesar do tempo passado desde então, dada a escassez de jurisprudência internacional na matéria, permanece relevante o clássico precedente da Corte permanente de justiça internacional, no caso do **navio Lótus**, de 7 de setembro de 1927:[915] "a limitação primordial que o direito internacional impõe ao estado é a de excluir, ressalvada a existência de norma permissiva, em sentido contrário, qualquer exercício de seu poder (*puissance*) no território de outro estado".[916] No mesmo sentido,

[913] É imensa a literatura especializada, disponível a respeito. Por exemplo: P. B. Casella, **Direito internacional tributário brasileiro** (São Paulo: LTr, 1ª ed., 1995, 2ª rev. e atualizada, 2005).

[914] Cfr. G. E. do Nascimento e Silva - P. B. Casella - O. de O. Bittencourt Neto, **Direito internacional diplomático** - Convenção de Viena sobre relações diplomáticas na teoria e na prática (São Paulo: Saraiva, 4ª ed., 2012).

[915] C.P.J.I., **caso do navio Lótus**, França c. Turquia, julgamento de 7 de setembro de 1927: "Les règles de droit international liant les rapports entre états indépendants procèdent de la volonté de ceux-ci" (...) e "se manifeste dans les conventions ou dans les usages acceptés généralement comme consacrant des principes de droit."

[916] C.P.J.I., **affaire du Lotus** (série A, n. 9, p. 18).

os julgamentos, emanados da Corte Internacional de Justiça, no caso do **estreito de Corfu**, 11 de abril de 1949,[917] no caso do **direito de asilo**, ou caso HAYA DE LA TORRE, de 20 de novembro de 1950 e 13 de maio de 1951,[918] ou no caso da **plataforma continental do Mar Egeu**[919], julgado em 19 de dezembro de 1978.[920]

No caso do **navio Lótus** se tratou de determinar se um estado, no caso, a Turquia, poderia julgar em seus tribunais um nacional de outro estado, no caso, um oficial francês da Marinha, por responsabilidade penal, pela colisão em alto mar, ao norte da ilha de Mitilene, entre um navio turco, o S. S. Bozkourt, e o navio francês S.S. Lótus, da qual resultou a morte de nacionais turcos, que se encontravam a bordo do navio turco.[921] Deste caso podem ser extraídos três princípios, que ainda regem a legalidade do exercício extraterritorial da jurisdição e execução:

- o primeiro princípio é determinar se um estado pode legalmente exercer a sua jurisdição em matéria de direito internacional –e isso não é objeto de controvérsia. Faz sentido que os estados não possam decidir unilateralmente sobre os limites da sua competência, para exercer jurisdição, além dos limites dos seus respectivos territórios;[922]

[917] C.I.J., **détroit de Corfou** (Reino Unido c. Albânia, exceções preliminares, 25 de março de 1948; mérito, 9 de abril de 1949; fixação do montante das indenizações, 15 de dezembro de 1949).

[918] C.I.J., **Haya de la Torre** (Colômbia c. Peru, julgamentos de mérito, 20-27 de novembro de 1950 e 13 de maio de 1951).

[919] C.I.J., **affaire du plateau continental de la mer Egée** (arrêt du 19 décembre 1978). A Corte, depois de observar que a questão se coloca, em termos equivalentes, quer se trate de fronteiras terrestres, como de delimitação da plataforma continental, dispõe: "estabelecer limites entre estados vizinhos" é "traçar a linha exata (...) de encontro dos espaços onde se exercem, respectivamente, poderes e direitos soberanos".

[920] C.I.J., **Recueil** (1978, p. 35, par. 85) ; v. tb. os trabalhos da Comissão das Nações Unidas para o direito internacional (Anuário da CDI, 1980, vol. II, segunda parte, p. 80, par. 5).

[921] M. T. KAMMINGA, *Extraterritoriality* (in **Encyclopedia of public international law**, 2012, vol. III, p. 1070-1077, cit. § 6-10): "The *Lotus Case* is rather peculiar because of its subject matter (a maritime accident on the high seas), the narrow majority by which it was adopted (casting vote of the President of the PCIJ), and the long time which has passed since it was adopted."

[922] Ilias BANTEKAS, *Criminal Jurisdiction of States under International Law* (in **Encyclopedia of public international law**, 2012, vol. II, p. 861-870, cit. § 2): "Conflicts of inter-state

- o segundo princípio é a regra geral de proibição, pelo direito internacional, do exercício extraterritorial de execução, decorrente de determinação jurisdicional de determinado estado, exceto se especificamente autorizado - e, como apontado na decisão do caso Lótus: "a limitação primordial que o direito internacional impõe ao estado é no sentido de excluir, ressalvada a existência de norma permissiva, em sentido contrário, qualquer exercício de seu poder, no território de outro estado. Nesse sentido, a jurisdição é, certamente, territorial; não pode ser exercida por um estado, fora de seu território, exceto com base em norma que o permita, decorrente de costume internacional ou de tratado " -[923] e, cabe notar, a Corte aí tinha em vista especificamente o juízo de execução;[924] e
- o terceiro princípio é ser o exercício extraterritorial da jurisdição somente permitido quando há conexão suficiente entre o estado que a exerce e o evento em questão. O que foi expresso de maneira menos clara[925] pela CPJI.[926]

A determinação do que seja essa 'conexão suficiente' suscitou e ainda suscita múltiplas controvérsias internacionais. Podem ser apontados

criminal jurisdiction arise where criminal conduct has an extraterritorial element, that is, implicates in some way more than one state (as in extraterritoriality)."

[923] C.P.J.I., **affaire du Lotus** (série A, n. 9, cit. § 18).

[924] M. T. Kamminga, *Extraterritoriality* (in **Encyclopedia of public international law**, 2012, vol. III, p. 1070-1077, cit. § 8): "Note that this principle refers specifically to the exercise of enforcement jurisdiction and not to prescriptive or adjudicative jurisdiction. The principle is again not controversial and reflects the law as it stands."

[925] M. T. Kamminga, *Extraterritoriality* (in **Encyclopedia of public international law**, 2012, vol. III, p. 1070-1077, cit. § 9): "While it is perfectly understandable that the PCIJ wished to point out that the exercise of extraterritorial jurisdiction by way of prescription and adjudication is less objectionable than by way of enforcement, state practice does not support the view that the exercise of any form of prescriptive and adjudicative jurisdiction beyond a state's borders is permitted as long as there is no specific rule of international law prohibiting it."

[926] "Longe de expressar uma proibição geral no tocante a estados não poderem estender a aplicação de suas leis e a jurisdição de seus tribunais a pessoas, bens ou eventos, fora de seu território" - o direito internacional - "a respeito, faculta ampla gama de medidas discricionárias, somente limitadas em certas áreas, quando existam normas em sentido contrário; com relação às demais hipóteses, cada estado permanece livre para adotar os princípios que considere melhores e mais adequados" (C.P.J.I., **affaire du Lotus**, série A, n. 9, cit. § 19).

alguns critérios – por vezes também apontados como 'princípios', relativos ao exercício da jurisdição. Mas estes têm de ser aplicados com cautela.[927] São estes:

- o princípio da nacionalidade ativa – regula o exercício extraterritorial da jurisdição do estado, com base na nacionalidade do agente, não somente em relação a pessoas físicas, como também pessoas jurídicas, navios e aeronaves, que tenham a nacionalidade do estado –[928] consolidado há séculos, amplamente considerado como aceitável e se encontra estipulado em relevantes instrumentos internacionais, tais como: na Convenção contra a tortura e outros tratamentos ou penas cruéis, desumanos ou degradantes,[929] de 10 de dezembro de 1984, em vigor desde 26 de junho de 1987, em seu art. 5º, inciso 1º; na Convenção internacional para a supressão do financiamento do terrorismo,[930] de 9 de dezembro de 1999, em vigor desde 10 de abril de 2002, em seu art. 7º, inciso 1º. O princípio da nacionalidade do agente também tem sido adotado por estados para reprimir certos delitos graves, tais como pedofilia e tráfico de pessoas, quando praticado por seus nacionais, mesmo no exterior;

[927] M. T. Kamminga, *Extraterritoriality* (in **Encyclopedia of public international law**, 2012, vol. III, p. 1070-1077, cit. § 10): "The suggestion sometimes made is that any exercise of extraterritorial jurisdiction that is in conformity with one of these principles is automatically lawful under international law. This would be far too simplistic. The principles differ considerably in the extent to which they offer a legitimate basis for exercising jurisdiction."

[928] A respeito da 'nacionalidade' de navios e aeronaves, ver *supra*, cap XIX – navios e aeronaves no direito internacional, respectivamente 19.1 – navios e 19.2 – aeronaves.

[929] **Convenção contra a tortura e outros tratamentos ou penas cruéis, desumanos ou degradantes**, de 10 de dezembro de 1984, em vigor desde 26 de junho de 1987, no Brasil foi aprovada pelo DL n. 4 de 23 de maio de 1989, instrumento de ratificação depositado em 28 de setembro de 1989, entrou em vigor para o Brasil, em 28 de outubro de 1989, nos termos do seu art. 27, inciso 2º, e promulgada pelo Dec. n. 40, de 15 de fevereiro de 1991.

[930] **Convenção internacional para a supressão do financiamento do terrorismo**, de 9 de dezembro de 1999, em vigor desde 10 de abril de 2002, assinada pelo Brasil em 10 de novembro de 2001, aprovada pelo DL n. 769 de 30 de junho de 2005, instrumento de ratificação depositado em 16 de setembro de 2005, promulgada pelo Dec. n. 5640, de 26 de dezembro de 2005.

- o princípio da nacionalidade passiva - regula o exercício extraterritorial da jurisdição do estado, por atos praticados fora do seu território, com base na nacionalidade da vítima - e é considerado altamente controvertido. Apesar disso, foi aceito no 'voto conjunto em separado', no julgamento do caso da **ordem de prisão de 11 de abril de 2000**, emitida pela Bélgica, contra Abdulaye Yerodia NDOMBASI. O caso foi decidido pela Corte Internacional de Justiça em 14 de fevereiro de 2002, e foi então asseverado que esse princípio, "no contexto atual, encontra relativamente pouca oposição" -[931] ao menos em relação a delitos tipificados como crimes internacionais. Exemplos de extraterritorialidade com base na nacionalidade da vítima são a Convenção contra a tortura, no seu art. 5º, inciso 1º, letra "b" bem como a Convenção para a supressão de atentados terroristas a bomba,[932] de 15 de dezembro de 1997, em vigor desde 23 de maio de 2001, no seu art. 6º, inciso 2º.

É ainda interessante notar que ambos os instrumentos igualmente estipulam base legal para o exercício da jurisdição em relação a nacionais de estados não parte nessas Convenções. Daí se deduz que esses dispositivos são considerados como codificação de direito internacional consuetudinário.

- o princípio da proteção - regula o exercício extraterritorial da jurisdição criminal do estado, em relação a pessoas, bens ou eventos, situados fora do seu território, com base em ameaça ou risco aos interesses e à segurança pública do estado, tais como golpes de estado, atos terroristas, falsificação de moeda, emissão

[931] Ver "Joint Separate Opinion" dos juízes HIGGINS, KOOIJMANS and BUERGENTHAL in CIJ, *Arrest warrant 11 April 2000 (Democratic Republic of Congo v. Belgium), Judgment 14 February 2002 (ICJ Reports* 2002, p. 3, cit. § 77): "The Court sees no need for any further remedy: in particular, the Court cannot, in a judgment ruling on a dispute between the Congo and Belgium, indicate what the judgment's implications might be for third states, and the Court cannot therefore accept the Congo's submissions on this point".

[932] **Convenção para a supressão de atentados terroristas a bomba**,de 15 de dezembro de 1997, em vigor desde 23 de maio de 2001, no Brasil foi aprovada pelo DL n. 116, de 12 de junho de 2002, em vigor para o Brasil em 22 de setembro de 2002, nos termos de seu art. 22, parágrafo 2º, e promulgada pelo Dec. 4394, de 26 de setembro de 2002.

de passaportes falsos – embora não tenha sua validade contestada, esse princípio configura base bastante incerta para o exercício da jurisdição territorial, em razão da incipiente determinação das condições, nas quais pode ser invocado;[933]

- o princípio da universalidade – se refere à jurisdição (criminal) que o estado pode ou deve exercer, em relação a certos delitos graves, independentemente do local onde ocorreu o crime, sem levar em conta a nacionalidade do agente ou da vítima – este é aplicável somente em relação a determinados delitos, tipificados pelo direito internacional, seja mediante costume, como ocorreu na repressão ao crime de pirataria, desde o direito romano antigo, até ser este codificado nos arts. 100 a 105 da Convenção das Nações Unidas sobre o direito do mar, de 1982, em vigor desde 1994, seja por meio de instrumento multilateral, tais como o crime de genocídio, crimes de guerra, crimes contra a humanidade, tais como tipificados pela Convenção para a prevenção e repressão do crime de genocídio, de 1948, em vigor 1951,[934] e no Estatuto de Roma do Tribunal Penal Internacional de 1998, em vigor desde 2002.[935]

Enquanto, no princípio da proteção, o interesse protegido diz respeito ao estado, que exerce extraterritorialmente a sua jurisdição, no caso do princípio da universalidade, o foco é o interesse da comunidade

[933] Iain Cameron, *International Criminal Jurisdiction. Protective Principle* (in **Encyclopedia of public international law**, 2012, vol. V, p. 712-717, cit. § 1): "The term 'protective principle' (*Staatsschutzprinzip*) is generally used to denote the principle of international criminal jurisdiction permitting a state to grant extraterritorial effect to legislation criminalizing conduct damaging to national security or other central state interests."

[934] **Convenção para a prevenção e repressão do crime de genocídio**, de 11 de dezembro de 1948, em vigor desde 12 de janeiro de 1951, no Brasil foi aprovada pelo DL n. 2, de 11 de abril de 1951, ratificada pelo Brasil em 15 de abril de 1952, e promulgada pelo Dec. 30.822, de 6 de maio de 1952.

[935] **Estatuto de Roma do Tribunal Penal Internacional** de 1998, em vigor desde 1º de julho de 2002, no Brasil foi aprovado pelo DL n. 112, de 6 de junho de 2002, em vigor para o Brasil em 1º de setembro de 2002, e promulgado pelo Dec. 4.388, de 25 de setembro de 2002. A respeito da inserção do Estatuto de Roma no direito brasileiro, ver P. B. Casella, *Constituição e direito internacional* (in **Direito da integração**, coord. P. B. Casella e V. L. V. Liquidato, S. Paulo: Quartier Latin, 2006, p. 31-55).

internacional como um todo.[936] Como estipulado, em relação a crimes de guerra, nas quatro Convenções de Genebra, de 1949, em vigor desde 1950.[937]

- o princípio dos efeitos - se refere à jurisdição (civil), que o estado pode exercer, quando atos praticados fora de seu território produzem efeitos substanciais no território do estado.[938] Costuma ser aplicado, mais do que em matéria penal, no exercício de jurisdição extraterritorial em matéria civil e comercial, sobretudo em questões antitruste - não somente nos Estados Unidos, como também em países da União Europeia.[939] Mas o princípio dos efeitos não pode ser considerado como base universalmente aceitável para o exercício extraterritorial da jurisdição.

Esses princípios não trazem base coerente e clara, para determinar se o exercício extraterritorial da jurisdição pode validamente ser invocado

[936] Como observa M. T. Kamminga, *Extraterritoriality* (in **Encyclopedia of public international law**, 2012, vol. III, p. 1070-1077, cit. § 14): "Perhaps for this reason the universality principle long remained a theoretical concept only. It was contained in widely ratified treaties - with respect to war crimes [...] but not applied in practice. The emergence of international criminal tribunals, demonstrating that war crimes could be successfully prosecuted, and sustained campaigning by human rights groups has changed this state of affairs."

[937] I **Convenção de Genebra para a proteção de soldados feridos e enfermos durante a guerra terrestre**, de 12 de agosto de 1949, em vigor desde 21 de outubro de 1950, art. 49; II **Convenção de Genebra para a proteção de soldados feridos, enfermos e náufragos, durante a guerra marítima**, de 12 de agosto de 1949, em vigor desde 21 de outubro de 1950, art. 50; III **Convenção de Genebra para a proteção de prisioneiros de guerra**, de 12 de agosto de 1949, em vigor desde 21 de outubro de 1950, art. 129; IV **Convenção de Genebra para a proteção aos civis durante a guerra, inclusive em território ocupado**, de 12 de agosto de 1949, em vigor desde 21 de outubro de 1950, art. 146.

[938] No caso **United States v. Aluminium Co. of America** (148 F 2d 416 [2nd Cir. 1945] at 443) a Corte federal observou: "it is settled law [...] that any state may impose liabilities, even upon persons not within its allegiance, for conducts outside its borders that has consequences within its borders which the state reprehends."

[939] M. T. Kamminga, *Extraterritoriality* (in **Encyclopedia of public international law**, 2012, vol. III, p. 1070-1077, cit. § 15): "In spite of its US origins, the effects principle has also been relied upon by European states, such as the Federal Republic of Germany and the French Republic, and by the European Union, as a justification for their exercise of extraterritorial jurisdiction in antitrust cases, for example with regard to Microsoft."

em situações específicas.[940] De tal modo, não se poderia, neste direito internacional dos espaços, deixar de considerar as relações entre território e vigência espacial das normas.[941] Estas considerações, contudo, nem podem nem pretendem ter caráter exaustivo. Tanto mais, em se tratando de matéria todavia não integralmente regulada pelo direito internacional positivo, carente de definição universalmente aceita, e cujos desdobramentos podem causar e causam incidentes entre os estados, como reação a práticas consideradas abusivas ou que interferem com a soberania e a jurisdição do estado territorial.

Em geral, historicamente, a extraterritorialidade deveria ser admitida somente em circunstâncias excepcionais. No ano seguinte ao julgamento do caso Lótus, essa formulação foi adotada, em 1928, por Max HUBER, na arbitragem sobre a ilha de Palmas:[942] os estados gozam de plenos poderes soberanos sobre seus territórios e qualquer exercício de jurisdição, em território de outro estado, obviamente pode infringir os direitos soberanos daquele outro estado. Foi então apontado que "o princípio da competência exclusiva do estado sobre seu território" como "o ponto de partida para determinar a maioria das questões atinentes às relações internacionais".[943]

Apesar de ainda suscitar controvérsias, quer quanto à sua própria natureza, como aos seus desdobramentos, algumas premissas estão consolidadas, desde longa data. Tais como: "o estrangeiro admitido no estado está sob a proteção das leis e do governo; este deve a eles obediência" considerava G. F. von MARTENS (1788, ed. 1858) com ênfase no

[940] M. T. KAMMINGA, *Extraterritoriality* (in **Encyclopedia of public international law**, 2012, vol. III, p. 1070-1077, cit. § 16): "There is also considerable overlap between them. In practice, states pick and choose from the principles in order to justify the policies they wish to adopt. The US, for example, favors application of the effects principle, because this generally supports its commercial policies. But it is very critical of the universality principle, apparently because it may be relied upon as a legal basis for bringing US officials and members of its armed forces to justice before foreign courts."

[941] V. tb. cap. XXIX – espacialidade e direitos fundamentais: dimensão humana do território e cap. XXX – território e ato unilateral.

[942] Como se examina, adiante, no item 31.5 – laudo arbitral sobre a ilha de Palmas.

[943] Corte Permanente de Arbitragem. Estados Unidos da América contra Reino dos Países Baixos. Árbitro Max HUBER. **Ilha de Palmas**. Laudo arbitral de 4 de abril de 1928. Nações Unidas, **Recueil de sentences arbitrales** (Cour permanente d'arbitrage, 1928, vol. II, cit. § 838).

domínio da lei local.[944] Bem como "o poder legislativo – no sentido de poder das leis, a vigência territorial das normas – se estende a todas as pessoas e todos os bens, que se encontram no território do estado"; desse modo, "o estrangeiro aí se submete, a partir de sua entrada".[945]

A contrapartida de tal princípio é explicitada a seguir: "em regra, as leis não surtem efeito exceto nos estados para o qual foram editadas, e não se estende nem a outros estados nem aos súditos destes".[946] Ou seja, a territorialidade das normas e do exercício da jurisdição são a regra geral. O mesmo vale para o exercício de procedimentos de execução. Em suma, em geral, a territorialidade é a norma; enquanto a extraterritorialidade é a exceção.

Com alguns pequenos ajustes terminológicos, passados mais de duzentos e trinta anos, pode-se acompanhar a enumeração de von MARTENS (1788, ed. 1858)[947], ao especificar as situações nas quais a lei pode ter assim chamados 'efeitos extraterritoriais':

(i) o autor de ação judicial deve se deixar julgar segundo a lei do país no qual instaura a ação;

[944] G. F. de MARTENS, **Précis du droit des gens moderne de l'Europe** (1788, ed, 1858, vol. I, livre III 'des droits réciproques des états', ch. III 'des différentes branches de la constitution et du gouvernement intérieur, et des droits qui peuvent appartenir à cet égard aux puissances étrangères et à leurs sujets', esp. §85 'du pouvoir législatif', p. 238-239).

[945] G. F. de MARTENS (op. cit., 1788, ed, 1858, vol. I, livre III, ch. III, §85 'du pouvoir législatif', p. 238-239).

[946] G. F. de MARTENS (op. cit., 1788, ed, 1858, vol. I, livre III, ch. III, §86 'de l'effet des lois dans les pays étrangers', p. 239-243, e §87 'de l'effet des privilèges par rapport aux étrangers', p. 243-245, cit. p. 243) : «le droit d'accorder des privilèges en faveur de certaines personnes, physiques ou morales, ou de certaines choses. Tout privilège de ce genre renferme un droit accordé au privilégié, et une obligation imposée à d'autres de le respecter.»

[947] G. F. de MARTENS (op. cit., 1788, ed, 1858, vol. I, livre III, ch. III, §86 'de l'effet des lois dans les pays étrangers', p. 239-243, cit. p. 240-241) : «Ces cas exceptés, les puissances étrangères ne sauraient être obligées par les lois et les ordonnances d'un autre état ; elles ne sont pas non plus tenues de les publier, ou d'en permettre la publication chez elles, quoique, à la requistion d'une puissance amie, ces publications ne se refusent que lorsque la teneur de l'ordonnance empêche d'y consentir.»

(ii) a validade de um ato deve sempre ser julgada segundo as leis do país onde este teve lugar –[948] *locus regit actum*, que a forma dos atos seja regida pela lei local é amplamente aceito, há muito tempo, em relação a múltipas áreas do direito;

(iii) há casos nos quais os particulares validademente se sujeitaram à regência da lei estrangeira;

(iv) outros casos, nos quais a lei estrangeira adquire o caráter de foro subsidiário;[949] mas, além disso,

(v) outras vezes, privilégios, tratados, ou mesmo o costume, permitem que determinados estrangeiros, ou mesmo todos os de determinada nacionalidade, sejam tratados segundo as suas próprias leis – conforme estipulavam o antigo regime das capitulações, e os tratados ditos 'desiguais', comportando a cláusula de extraterritorialidade de jurisdição civil e penal, para os estrangeiros (sobretudo europeus) residentes naquele estado (sobretudo países muçulmanos e da Ásia), durante o período colonialista;[950]

(vi) como também costume geral estende o efeito das leis que fixam a condição, a dignidade e outras prerrogativas de autoridades de um estado,[951] no território de outro –[952] tais como as exceções ao exercício da jurisdição territorial em relação a chefes de estado e de governo, bem como representantes diplomáticos e consulares no exterior;[953]

948 O que se exprime pelo princípio *locus regit actum* – a lei local determina os requisitos formais do ato.

949 P. B. Casella e R. E. Sanchez, **Cooperação judiciária internacional** (Rio de Janeiro: Renovar, 2002).

950 A respeito, ver **Tratado** (tomos XIV a XVII – **Direito internacional no tempo do colonialismo**).

951 Nesta rubrica igualmente se enfeixam questões de imunidade de jurisdição e de execução, bem como as prerrogativas de representantes diplomáticos e consulares. Atualmente também se aplicam tais imunidades de jurisdição e de execução em relação a funcionários de organizações internacionais.

952 G. F. de Martens (op. cit., 1788, ed, 1858, vol. I, livre III, ch. III, §108 'de la reconnaissance des titres, dignités etc.', p. 298-301): «ces dispositions domestiques ne sortiraient d'effets que dans les juridictions où elles auraient été faites, et non pour les états étrangers.»

953 Para exame da evolução histórica e estado atual da matéria, ver G. E. do Nascimento e Silva – P. B. Casella – O. de O. Bittencourt Neto, **Direito internacional diplomático**

Referidas questões são, normalmente, tratadas nos manuais de direito internacional privado. Aos quais, dada a impossibilidade de tratar cada um dos quais *in extenso*, se remete.[954] Aqui se trata de situar o conjunto de tais fenômenos, mais do que revisar cada uma das situações específicas.

Todas essas questões, contudo, eram e ainda se consideram parte da normalidade das relações interestatais. Mas, a seguir, já von MARTENS considerava a hipótese de "atos de jurisdição criminal sobre um território estrangeiro" - e ressaltava a necessidade de obervar estritos limites - "cada estado tendo exclusivamente o poder criminal nos limites de seu território, qualquer ato de jurisdição criminal, exercido em território estrangeiro, deve ser consderado, via de regra, como grave violação do direito das gentes".[955]

Nominalmente eram mencionadas como violações do direito internacional, especialmente graves, a prática de perseguição armada e detenção de criminoso, seguida de sua subtração do território do outro estado (*sa transportation armée par le territoire*).[956] A prática já então considerada ilícita e abusiva, continua a ocorrer.

- Convenção de Viena sobre relações diplomáticas na teoria e na prática (São Paulo: Saraiva, 4ª ed., 2012).

954 Para mencionar somente alguns manuais, brasileiros, recentes, de uso corrente: Jacob DOLINGER, **Direito internacional privado: parte geral** (Rio de Janeiro: Renovar, 9ª ed. atualizada, 2008); Nadia de ARAUJO, **Direito internacional privado: teoria e prática brasileira** (Rio de Janeiro: Renovar, 2003); Maristela BASSO, **Curso de direito internacional privado** (São Paulo: Atlas, 2009); João Grandino RODAS, **Direito internacional privado brasileiro** (São Paulo: RT, 1993); Irineu STRENGER, **Direito internacional privado** (São Paulo: LTr, 4ª ed., 2000); Oscar TENÓRIO, **Direito internacional privado** (Rio de Janeiro: Freitas Bastos, 11ª ed. "rev. e atualizada por J. DOLINGER", 1976, 2 vols.); Carmen TIBÚRCIO, **Temas de direito internacional privado** (Rio de Janeiro: Renovar, 2006); Haroldo VALLADÃO, **Direito internacional privado** (Rio de Janeiro: Freitas Bastos, vol. I, 5ª ed., 1980; vol. II, 2ª ed., 1977; vol. III, 1978).

955 G. F. de MARTENS (op. cit., 1788, ed, 1858, vol. I, livre III, ch. III, §103 'des actes de juridiction criminelle sur un territoire étranger', p. 291-292).

956 G. F. de MARTENS (op. cit., 1788, ed, 1858, vol. I, livre III, ch. III, §103 'des actes de juridiction criminelle sur un territoire étranger', p. 291-292) : «ne peuvent donc se justifier qu'en vertu d'une permission spéciale, d'une convention, ou d'une servitude de droit public.»

A subtração ilícita de pessoas era e continua a ser considerada como delito internacional. Embora, por vezes, praticada por alguns estados, sem observância de qualquer procedimento formal de extradição ou de cooperação judiciária entre estados, como por exemplo, pelos Estados Unidos – no caso do médico Humberto **Alvarez-Machain**, levado à força do México, em 1990, para responder a processo nos Estados Unidos.[957] A mesma prática, ilegal e abusiva, de subtração ilícita de pessoas também foi cometida pelos EUA em território de outros estados. Dentre muitos outros, o general panamenho Manuel **Noriega**, foi capturado por forças armadas estadunidenses, no Panamá, em 1989, e foi levado para ser julgado, condenado e preso nos Estados Unidos.

A mesma prática abusiva e ilegal, de subtração ilícita de pessoas, também foi adotada pelo estado de Israel, em pelo menos duas ocasiões: no caso Adolf **Eichmann**,[958] capturado na Argentina, em 1960, por agentes israelenses e levado para ser processado, condenado e executado em Israel. E também no caso Mordechai **Vanunu**, capturado por agentes israelenses, na Itália, em 1986.

As operações de subtração ilícita de pessoas, sem o consentimento do estado territorial suscitam o questionamento se a violação da integridade territorial e da soberania do outro estado representa obstáculo

[957] UNITED STATES v. Alvarez-Machain: 504 US 655 (1992). Certiorari to the United States Court of Appeals for the Ninth Circuit No. 91-712. Argued April 1, 1992-Decided June 15, 1992. Respondent, a citizen and resident of Mexico, was forcibly kidnaped from his home and flown by private plane to Texas, where he was arrested for his participation in the kidnaping and murder of a Drug Enforcement Administration (DEA) agent and the agent's pilot. After concluding that DEA agents were responsible for the abduction, the District Court dismissed the indictment on the ground that it violated the Extradition Treaty between the United States and Mexico, and ordered respondent's repatriation. The Court of Appeals affirmed. Based on one of its prior decisions, the court found that, since the United States had authorized the abduction and since the Mexican government had protested the Treaty violation, jurisdiction was improper. HELD: The fact of respondent's forcible abduction does not prohibit his trial in a United States court for violation of this country's criminal laws. Pp. 659-670.

[958] Criminoso de guerra nazista, foi detido por comando israelense, agindo de maneira ilegal e abusiva, em território da República Argentina. Levado para Israel, foi julgado e condenado à morte por corte de Jerusalém. A respeito, v. Hannah Arendt, **Eichmann em Jerusalém – um relato sobre a banalidade do mal** (trad. Sônia Orieta Heinrich, apres. Tércio Sampaio Ferraz Jr., São Paulo: Diagrama & Texto, 1983).

ao julgamento das vítimas, em razão da violação de direitos humanos fundamentais. Contudo, em cada um desses casos, os tribunais internos rejeitaram argumentos da defesa, com base em tais violações, e se basearam na doutrina *male captus, bene detentus* - ou seja, ainda que capturado, de maneira ilegal e abusiva, depois de detido, mantém-se a detenção, para levar a cabo a instrução penal e o julgamento. Essa doutrina, desacreditada na imensa maioria dos estados, ainda é aceita perante tribunais estadunidenses, onde costuma ser referida como a doutrina Ker-Frisbie.[959]

Mesmo se internamente consideradas aceitáveis, perante os tribunais nacionais de alguns estados, referidas práticas de 'extraterritorialidade selvagem' são abusivas e constituem ilícito internacional, que pode ensejar a caracterização da responsabilidade internacional do estado. Isso já era entendido e explicado faz séculos: "assim todas as potências da Europa estão de acordo em considerar como grave injúria qualquer ato desse gênero, ressalvadas as exceções, tenha sido cometido ou intentado".[960]

No atual direito internacional consuetudinário considera-se que um tribunal tem de atentar para as circunstâncias da captura de um acusado e pode ou até mesmo deve declinar do exercício da jurisdição, em razão da ilegalidade dos meios utilizados para a captura - em função de avaliação de direitos internacionalmente reconhecidos e dos interesses em causa, no caso específico. Esse é desenvolvimento recente, não somente oportuno como necessário. Representa renúncia a essa prática antiga, e

[959] https://definitions.uslegal.com > ker - *Ker-Frisbie Law and Legal Definition*. "Frisbie Doctrine refers to a principle applied in the context of extradition and generally holds that criminal defendants may be prosecuted in U.S. Courts regardless of whether their presence has been obtained through the use of applicable extradition treaties. The principle was developed through two cases. / 1. Ker v. Illinois, 119 U.S. 436 (U.S. 1886), the U.S. Supreme Court held that "such forcible abduction is no sufficient reason why the party should not answer when brought within the jurisdiction of the court which has the right to try him for such an offence, and presents no valid objection to his trial in such court". / 2. Frisbie v. Collins, 342 U.S. 519 (U.S. 1952), the Supreme Court upheld the conviction over challenges based on due process and federal kidnapping laws."

[960] G. F. de Martens (op. cit., 1788, ed, 1858, vol. I, livre III, ch. III, §103 'des actes de juridiction criminelle sur un territoire étranger', p. 291-292).

alguns precedentes cínicos, com base nos quais os fins, mais ou menos, justificavam os meios utilizados.[961]

Da mesma forma, os efeitos de sentença criminal não podem se estender além dos limites da jurisdição, pela qual foi esta sentença prolatada, sobre a pessoa como sobre os bens daquele que foi condenado.[962] Exceto mediante cumprimento de referida sentença pela autoridade judiciária do outro estado.

"Não é necessário demonstrar quanto importa que as fronteiras de um estado sejam exatamente estabelecidas. A fronteira marca o limite até onde se estende a ação da soberania territorial e das leis. Ela indica o local, no qual se detém a potência de um estado, e começa a autoridade do estado vizinho", enfatizava Fiodor de MARTENS (1883)[963]: "por conseguinte, mesmo que somente do ponto de vista da administração interna, deve-se desejar que as fronteiras não sejam o objeto da menor contestação. Isso importa ainda mais para a boa harmonia das relações exteriores".[964]

Como entendeu a Corte permanente de justiça internacional, por ocasião do parecer consultivo sobre os **decretos de nacionalidade promulgados na Tunísia e no Marrocos** (1923),[965] bem como no julga-

[961] Stephan WILSKE, *Abduction, Transboundary* (in **Encyclopedia of public international law**, 2012, vol. I, p. 4-9, cit. § 23) comenta: "this recent development avoids inconsistencies within public international law while preserving adequate flexibility".

[962] G. F. de MARTENS (op. cit., 1788, ed, 1858, vol. I, livre III, ch. III, §104 'de l'effet des sentences criminelles', p. 292-293).

[963] Fiodor de MARTENS, **Traité de droit international** (1882, trad. du russe par Alfred LÉO, Paris : Librairie Marescq, 1883, 3 vols., vol. I, partie générale, chap. III 'le territoire de l'état', p. 451-509).

[964] F. de MARTENS (op. cit., 1882, trad. fr. 1883, vol. I, chap. III, p. 454) : «les différends à l'occasion des questions de frontières ont l'inconvénient de gêner les transactions entre les territoires limitrophes.» V. tb. J. ANDRASSY, **Les relations internationales de voisinage** (RCADI, 1951, t. 79, p. 73-182).

[965] C.P.J.I., **affaire des décrets de nationalité promulguées en Tunisie et au Maroc** (avis n. 4, Série B, du 7 février 1923, p. 22-25): «la compétence d'un état est exclusive dans les limites tracées par le droit international.» (...) «Les mots 'compétence exclusive' semblent plutôt envisager certaines matières qui, bien que pouvant toucher de très près aux intérêts de plus d'un état, ne sont pas, en principe, réglées par lui.» (...) «Il faut bien souligner le mot 'exclusive': Il ne s'agit pas d'examiner si l'une des Parties en cause est ou pas compétente en droit pour faire ou ne pas faire telle ou telle chose, mais bien si la compétence qu'elle revendique est exclusive.»

mento do já mencionado caso **Lótus** (1927):[966] tudo o que se pode exigir de um estado é que este não ultrapasse os limites que o direito internacional atribui à sua competência.

Da variedade de princípios adotados por diferentes estados resultarão competências concorrentes. Dois exemplos correntes.[967]

Um estado pode exercer sua jurisdição contra determinado indivíduo, por atos cometidos no exterior, com base no princípio da *nacionalidade*, enquanto o estado territorial estará igualmente titulado a processar o mesmo indivíduo, com base no domicílio – partindo do princípio da *territorialidade*. Ambos estariam, por assim dizer, 'legitimados' para fundamentar o exercício jurisdicional, sob os respectivos critérios.

De modo equivalente, dois estados podem considerar o mesmo indivíduo como seu cidadão, um em virtude do *jus soli*, e o outro em razão do *jus sanguinis*. E, novamente, aqui, os dois estados tem respaldo em critérios de uso corrente e de aplicação constante, nos diferentes direitos internos, como no direito internacional.

Assim, a configuração dos espaços sujeitos e dos não-sujeitos aos limites territoriais da soberania do estado, como até aqui se tratou, enseja considerar quais sejam o conteúdo e os limites da extraterritorialidade, ou seja, considerar até que ponto e sob quais parâmetros legais pode ocorrer projeção do poder do estado, além dos seus limites territoriais. Pode-se perceber que a extraterritorialidade é conceito complexo e de múltiplos desdobramentos, já apontavam autores mais antigos,[968] como também mais recentes.[969] Trata-se de tema que se pode tratar sob diversas facetas, mesmo em relação ao direito internacional, no contexto

[966] C.P.J.I., **affaire du vapeur Lotus / the case of the S.S. 'Lotus'** (França c. Turquia), judgment of 7 September 1927 (PCIJ, Séries A, No. 10, p. 19).

[967] Ver P. B. Casella, *Nacionalidade, Plurinacionalidade, Supranacionalidade: reflexões em homenagem a Rui Moura Ramos* (in **Direito internacional e comparado: trajetória e perspectivas** – Homenagem aos 70 anos do professor catedrático Rui Moura Ramos, coord. Gustavo F. C. Monaco e M. Rosa Loula, São Paulo: Quartier Latin, 2021, vol. II, p. 415-430); P. B. Casella, *Nacionalidade – Direito fundamental, direito público interno e direito internacional* (São Paulo: Revista da Faculdade de Direito da USP, 2016, vol. 111, p. 301-309).

[968] L. Strisower, **L'exterritorialité et ses principales applications** (RCADI, 1923, t. 1, p. 229-288); W. Keeton, **Extraterritoriality in international and comparative law** (RCADI, 1948, t. 72, p. 283-392).

[969] Eric Wyler et Alain Papaux (eds.), **L'extranéité ou le dépassement de l'ordre juridique étatique** («actes du colloque des 27 et novembre 1997, organisé par l'Institut d'études

pós-moderno. Que leva a reavaliação de dados antes considerados fora de controvérsia: lição de humildade e de flexibilidade.

Na caracterização do conteúdo e da extensão da extraterritorialidade, cabe considerar os termos de tratado, por meio do qual as partes estabeleceram as condições para o exercício de tais prerrogativas, e saber se estas pretenderam estipular direito estritamente territorial ou simples obrigação. A primeira solução pode ser admitida, segundo este, não somente se o estado estrangeiro estiver titulado a demandar ao estado territorial determinada ação ou omissão, mas mesmo se estiver este legitimado a exercer diretamente o seu poder público sobre determinada parcela do território do outro estado, nas questões que a este foram submetidas. Tal direito real poderia ser concedido por período de tempo determinado.[970] Mas, tal limitação temporal deveria ser expressamente mencionada "porquanto, em princípio, os direitos territoriais não são limitados por tempo previamente determinado".[971]

O efeito de tal distinção não seria meramente de ordem teórica e conceitual, mas revestia-se de consequências práticas, na medida em que para caso com conteúdo de direito real, os direitos territoriais sobreviveriam ao desaparecimento do estado gravado pelo ônus da servidão.[972] Será, assim, o entendimento no sentido da sobrevivência destes gravames, se se reconhecem terem estes o caráter de direitos territoriais válidos, em relação a qualquer estado e que, uma vez estabelecidos, existem independentemente da vontade do estado territorial.

Nesse sentido, o tratado de 18 de novembro de 1903, entre os Estados Unidos da América e a República do Panamá, cujo art. 24, § 2º estipulava: "caso a República do Panamá passe a integrar, como elemento de outro governo, ou de união ou confederação de estados, de maneira a fundir a sua soberania ou a sua independência nos tais governo, união

de droit international de la Faculté de droit de l'Université de Lausanne», Paris: Pedone, 1999).

970 Como por exemplo em casos de arrendamento de território. A respeito ver Accioly –Nascimento e Silva – Casella, **Manual** (25ª ed., 2021, 3.8.2 – arrendamento de território, p. 338-341); L. Strisower (op. cit., 1923).

971 A. Verdross, **Règles générales du droit international de la paix** (RCADI, 1929, t. 30, p. 271-518, cit. p. 383-384): «Ils survivent à celui-ci de la même manière que le droit de pleine souveraineté, conféré à l'état cessionnaire, survit à l'état cédant.»

972 H. D. Reid, **Les servitudes internationales** (RCADI, 1933, t. 45, p. 1-74).

ou confederação, os Estados Unidos, nos termos da presente convenção, não deverão sofrer, em hipótese alguma, diminuição ou restrição de qualquer ordem".[973]

O Panamá, por meio do tratado HAY-BUNAU-VARILLA, de 1903, tinha concedido, em caráter perpétuo aos Estados Unidos, "o uso, a ocupação e o controle da zona do canal". O regime passou por várias revisões, a partir de 1936. Foi revogado, nos termos dos acordos de 7 de setembro de 1977, mediante o qual cessaram os efeitos a partir de 2000, conservando-se acordo operacional entre os dois estados, com relação à utilização daquela área.[974]

Em 1888, o *Instituto de direito internacional* teria chegado a propor extinguir o uso do termo 'extraterritorialidade', e depois de prolongados debates, entendeu-se conservá-lo, porém com extensão limitada, quanto à sua utilização. Por sua vez, parece aceitável "restringir o uso do termo extraterritorialidade para designar, sob forma concisa, os privilégios, concedidos aos agentes diplomáticos, e a ficção não mais serve como ponto de partida para raciocínios dedutivos".[975]

W. SCHOENBORN (1929)[976] considerava a questão da extraterritorialidade e sua construção, com base na "teoria da competência" tal como esta se formulara, inicialmente, em Ernst E. RADNITZKY (1907, 1906)[977]

[973] Sobre a relação entre direito internacional e estados federados, v. W. B., COWLES, **International law as applied between subdivisions of federations** (RCADI, 1949, t. 74, p. 655-756).

[974] Cfr., *supra*, item 15.2.4 – canal do Panamá.

[975] A respeito das imunidades de execução e de jurisdição ver ACCIOLY – NASCIMENTO E SILVA – CASELLA, **Manual** (2021, 25ª ed., item 3.8.3, p. 341-344). Como observava Alexander PEARCE HIGGINS, **Le régime juridique des navires de commerce** en haute mer en temps de paix (RCADI, 1929, t. 30, p. 1-80, cit. p. 17) da mesma forma, com relação à ficção de territorialidade, aplicada aos navios de comércio, em alto mar: essa ficção somente tem efeito relativo, sua significação é determinada pelas causas reais, pelas quais o navio é subtraído do exercício de qualquer jurisdição, que não seja a do estado, do qual tem a nacionalidade.

[976] W. SCHOENBORN, **La nature juridique du territoire** (RCADI, 1929, t. 30, p. 81-188).

[977] Ernst RADNITZKY, *Meeresfreiheit und Meeresgemeinschaft* (Archiv für öffentliches Recht, v. 22, n. 3/4, 1907); E. RADNITZKY, *Zur Lehre von der Treupflicht im Dientverhältnisse* (Archiv für öffentliches Recht, v. 20, n. 1, 1906); E. RADNITZKY, *Die rechtliche Natur des Staatsgebiets* (Archiv für öffentliches Recht, v. 20, n. 3, 1906; arts. cits., tb publ. no *Oesterreichische Zeitschrift für öffentliches Recht*, III, 1917, p. 452 ss.). V. tb. W. SCHOENBORN (op. cit., 1929,

e, especificamente em relação ao direito internacional[978], por H. KELSEN, na sua teoria geral do estado (1925)[979]. O critério da 'competência' pode ser considerado.

A. VERDROSS (1929) distinguia a competência real, determinada por elemento pessoal ou territorial:[980] "a competência dita pessoal é, igualmente, um tipo de competência real. Se se entende por tal competência a faculdade de regular determinada matéria, as pessoas às quais as normas jurídicas determinam se faça tal ou tal ato ou de abster-se, formam elemento do fato a ser regulado".

A norma que declare o estado competente para obrigar qualquer pessoa que se encontre no território daquele estado, em relação a qualquer matéria, parece determinar a competência unicamente em razão do elemento territorial. Mas, na verdade, os outros elementos estão igualmente presentes: as pessoas e as condutas destas, aí estão igualmente. Entende VERDROSS, assim, ser legítimo falar-se, para ser breve, em "competência real, determinada por elemento territorial".[981] De modo equivalente, o estado competente para regular as ações ou omissões de seus cidadãos, em qualquer lugar, em que estes se encontrem, parece determinar a competência somente por um elemento pessoal. Esta pode,

p. 117): «La compétence *locale* correspond au contenu de l'expression : souveraineté territoriale.»

[978] W. SCHOENBORN (op. cit., 1929), e A. VERDROSS (op. cit., 1929, p. 379-380) referem quanto foi inovadora a contribuição de Ernst RADNITZKY, citado por numerosos outros autores, como, entre nós, tb. refere C. D. A. MELLO, **Curso de direito internacional público** (Rio de Janeiro: Renovar, 15ª ed., 2004, p. 1116) a respeito da teoria do *território-competência*: "Foi elaborada em 1905 por RADNITZKY e através da escola austríaca (KELSEN) penetrou no direito internacional".

[979] H. KELSEN, **Allgemeine Staatslehre** (1925, Berlim / Zurique : Gehlen, reimpressão 1966).

[980] A. von VERDROSS, **Règles générales du droit international de la paix** (RCADI, 1929, t. 30, p. 271-517, esp. deuxième partie 'compétence internationale', caps. IV a IX, p. 351--409, cit. § 32 'compétence réelle déterminée par un élément personnel ou territorial', p. 353) observa «Toute conduite humaine, il est vrai, à laquelle une conséquence juridique est liée, se compose toujours – abstraction faite de l'élément de temps pendant lequel l'acte se produit – de trois éléments nécessaires, à savoir: 1°. d'une ou de plusieurs personnes; 2°. d'une certaine action ou omission; 3°. du lieu où cette conduite doit se dérouler. Mais l'un ou l'autre de ces éléments peut être tellement prépondérant que seul il semble déterminer la compétence réelle.»

[981] A. VERDROSS (op. cit., 1929, chap. VI 'compétence territoriale', p. 365-378).

assim, ser denominada, igualmente para ser breve, "competência real, determinada por um elemento pessoal".[982]

Para Kelsen (1925)[983], considerar "território do estado" o espaço no qual "a validade do regime do estado é limitada" choca-se, na prática, com dificuldades de definição, porquanto ocorrem numerosas situações, nas quais, atos de soberania estatal podem ser exercidos, mesmo fora do território, no sentido estrito do termo. Enumerava exemplos, de atos praticados, no alto mar, ou atos de guerra no território de estado ocupado, bem como atos diplomáticos. E prosseguia: "o domínio local de aplicação do regime de estado específico é, assim, muito mais amplo que o território do estado, em sentido estrito, circunscrito no que se chamam as fronteiras". Assim, "a fronteira do estado constitui limite regulador, mas este não é exclusivo dessa validade. Esta abrange somente o território do estado, no sentido estrito do termo".[984] De tal modo, "se se opõe ao território do estado, em sentido estrito, o território do estado, em sentido lato, ou seja, o território do estado, como constituindo a plena extensão de validade possível do regime jurídico de cada estado, então se deve constatar que esses territórios dos diferentes estados se compenetram uns aos outros".

Ao se distinguir o território do estado, em sentido estrito, e o território do estado, em sentido lato, resulta claro que, no direito internacional, a expressão "território do estado" é constantemente empregada no sentido estrito, para designar o território circonscrito no interior das fronteiras do estado: "para escapar das dificuldades indicadas, será, assim, conveniente designar o território do estado, no sentido da 'teoria da competência', como a 'esfera de competência local regular ou normal do estado'."[985] Frisa, ademais, que a teoria da competência se atém a conceitos jurídicos, diversamente do que ocorre no caso das teorias espaciais: "estimo estar esta em condições de explicar, de forma natural, as situações de direito internacional, das quais a teoria do estado deve se ocupar, e que essa vantagem pode ser considerada, em certa medida, como a pedra de toque da exatidão dessa teoria".

[982] A. Verdross (op. cit., 1929, chap. V 'compétence réelle', p. 354-364).

[983] H. Kelsen (op. cit., 1925, impr. 1966, p. 138).

[984] H. Kelsen (op. cit., 1925, impr. 1966, p. 139).

[985] W. Schoenborn (op. cit., 1929, p. 123-124).

Caracteriza-se, logicamente, esse fenômeno jurídico da *extraterritorialidade* como o "deslocamento de competência que se efetua entre os estados interessados, repousando sobre a base de relações de poderes respectivos". Questionava SCHOENBORN como deduzir claramente se se trata de deslocamento da competência local, da competência de fato, ou se nesta se congregariam elementos de ambas.[986]

Por sua vez, para VERDROSS, "o princípio da competência territorial exclusiva do estado territorial não o é sem exceções, estabelecidas, de um lado, com base no direito das gentes geral, e, de outro lado, em virtude de tratados especiais":[987] e isso ocorre com muita frequência, como a simples a presença, no território do estado, de agentes diplomáticos estrangeiros, como de navios de guerra estrangeiros, faz que o estado territorial seja obrigado a permitir a estes exercer, em seu território, a função pública, necessariamente vinculada à missão destes, quer agentes diplomáticos, como vasos de guerra estrangeiros.

Os agentes diplomáticos tem o direito de praticar, no território do estado, junto ao qual estão acreditados, todos os atos de estado que se inscrevem no quadro de suas funções: representação, observação, negociação e proteção, conforme estipula a **Convenção de Viena sobre relações diplomáticas**, de 1961, o instrumento internacional básico, na regulação da matéria.[988] Acertadamente a própria convenção expressamente salienta "as normas do direito internacional consuetudinário

[986] W. SCHOENBORN (op. cit., 1929, loc. cit.).

[987] A. VERDROSS (op. cit., 1929, chap. VII 'territoire de l'état', p. 379-395, §40 'compétence des états sur un territoire étranger', p. 380-385).

[988] **Convenção de Viena sobre relações diplomáticas**, assinada a 18 de abril de 1961, entrada em vigor a 24 de abril de 1964, no Brasil aprovada pelo Dec.-leg. n. 1003, de 1964, e ratificada a 23 de fevereiro de 1965, com depósito do instrumento de ratificação, em 25 de março de 1965, tendo entrado em vigor, para o Brasil, a 4 de abril de 1965. Promulgada pelo Dec. 56435, de 8 de junho de 1965, foi publicada no DOU de 11 de junho de 1965. Como estipula o Art. 3º – "as funções de uma missão diplomática consistem, entre outras, em: (a) representar o estado acreditante perante o estado acreditado; (b) proteger no estado acreditado os interesses do estado acreditante e de seus nacionais, dentro dos limites permitidos pelo direito internacional; (c) negociar com o governo do estado acreditado; (d) inteirar-se por todos os meios lícitos das condições existentes e da evolução dos acontecimentos no estado acreditado e informar a este respeito o governo do estado acreditante; (e) promover relações amistosas e desenvolver as relações econômicas, culturais e científicas entre o estado acreditante e o estado acreditado". / § 2º "Nenhuma disposição

devem continuar regendo as questões que não tenham sido expressamente reguladas" e também acertadamente evitou-se nesta de fazer enumeração detalhada, de cada uma das possíveis atribuições – conforme o suposto padrão anglo-saxônico de redação de textos normativos – porquanto inevitavelmente ocorreriam lapsos nesta. E aí poderiam surgir dúvidas quanto a ter a lista caráter taxativo ou enumerativo. Tem, igualmente, o poder de exercer, na sede da missão diplomática,[989] o poder disciplinar sobre o pessoal da missão, e de aí tomar todas as medidas provisórias, necessárias para assegurar o julgamento de tais pessoas na pátria.

O direito de tropas, vasos de guerra e de aeronaves militares estrangeiras, no território do estado, ao qual são enviados, com o consentimento deste, é ainda mais extenso, porquanto para assegurar ao seu estado a plena e inteira disposição de tais forças, é necessário reconhecer-lhes, mesmo no território estrangeiro, o direito de dar comandos e de os fazer respeitar, por seus próprios meios e órgãos. Da mesma forma, a prática internacional reconhecia, e foi adotado o mesmo critério pelo direito internacional vigente, conforme reconhece, ressalvadas alguns limites, nos termos do art. 27 da **Convenção das Nações Unidas sobre o direito do mar**, de 1982,[990] ao estado do pavilhão, o direito de exercer

da presente convenção poderá ser interpretada como impedindo o exercício de funções consulares pela missão diplomática."

[989] G. E. do Nascimento e Silva, **A missão diplomática** (Rio de Janeiro: Cia. Ed. Americana, 1971); G. E. do Nascimento e Silva, **Diplomacia e protocolo** (Rio de Janeiro: Cia. Ed. Americana, 1969).

[990] **Convenção das Nações Unidas sobre o direito do mar**, assinada a 10 de dezembro de 1982 em Montego Bay, Jamaica, entrou em vigor internacionalmente a 16 de novembro de 1994. No Brasil, foi aprovada pelo Dec.-Leg. 5 de 9 de novembro de 1987 e ratificada a 22 de dezembro de 1988, foi promulgada pelo Decreto 1530 de 22 de junho de 1995. Art. 27 "A jurisdição penal do estado costeiro não será exercida a bordo de navio estrangeiro que passe pelo mar territorial com o fim de deter qualquer pessoa ou de realizar qualquer investigação, com relação a infração criminal cometida a bordo desse navio durante a sua passagem, salvo nos seguintes casos: (a) se a infração criminal tiver consequências para o estado costeiro; (b) se a infração criminal for de tal natureza que possa perturbar a paz do país ou a ordem no mar territorial; (c) se a assistência das autoridades locais tiver sido solicitada pelo capitão do navio ou pelo representante diplomático ou funcionário consular do estado de bandeira, ou (d) se essas medidas forem necessárias para a repressão do tráfico ilícito de estupefacientes ou de substâncias psicotrópicas." / "2. As disposições precedentes

a sua jurisdição penal a bordo de um navio, mesmo de comércio, de passagem no mar territorial de outro estado.

Em virtude de tratados especiais, a competência dos estados em território estrangeiro pode ir muito mais longe. Como se dava nos antigos casos de cessão ou de arrendamento de território[991], onde cessava o exercício da competência territorial do estado sobre aquela porção determinada de seu território, como ocorreu nos casos de concessões extraterritoriais na China, dos quais os últimos remanescentes foram Hong Kong (até 1997) e Macau (até 1999)[992], ou como durante longo tempo foi também o caso da zona do canal, conforme os tratados de 18 de novembro de 1903, de 28 de julho de 1926, entre os Estados Unidos e o Panamá,[993] com as alterações subsequentes. Então se falava em 'nua-soberania', por parte da República do Panamá, e de exercício de competências soberanas por parte dos EUA.

O estado territorial pode, ainda, ceder tão somente alguns dos direitos territoriais, sobre determinada parcela do território, que permanece sob a soberania do estado territorial. É assim, antes por norma consuetudinária, e atualmente, nos termos do direito internacional codificado pela **Convenção das Nações Unidas sobre o direito do mar**, de 1982, que os estados detém o direito de *passagem inocente*, mesmo em relação a navios de guerra, pelo mar territorial de outros estados.[994]

De modo semelhante, se podem considerar direitos de passagem de tropas, ou outras obrigações internacionais, sendo objeto de controvérsia na doutrina[995] até que ponto podem tais obrigações ser caracterizadas

não afetam o direito do estado costeiro de tomar as medidas autorizadas pelo seu direito interno, a fim de proceder a apresamento e de investigação a bordo de navio estrangeiro que passe pelo seu mar territorial, procedente de águas interiores."

[991] V., *supra*, no cap. VI – modos de aquisição e de perda do domínio do estado sobre o território, especialmente o item 6.3 – cessão.

[992] V., *supra*, no cap. VII – conceito e extensão do domínio terrestre, em relação à China, os itens 7.1.1.1 – Hong Kong e 7.1.1.2 – Macau.

[993] V. item 15.2.4, sobre o canal do Panamá.

[994] V. item 11.2 – direito de passagem inocente.

[995] A. VERDROSS (op. cit., 1929, chap. VII 'territoire de l'état', p. 379-395, §40 'compétence des états sur un territoire étranger', p. 380-385, cit. p. 382) : «Ici cependant s'élève la grande question de savoir si de tels droits sont des simples obligations ou de véritables servitudes, question fort discutée par la doctrine moderne.» / «En droit international – dit

como servidões de passagem,[996] sobre determinado território.[997] Conforme examinou a Corte Internacional de Justiça, no caso do **direito de passagem sobre território indiano**, em 1960,[998] em algumas situações, foi preciso considerar regimes territoriais particulares, seja como resíduos de sistemas territoriais, hoje praticamente extintos, tais como regime feudal, protetorados, concessão de *jagir* ou de *saranjan* em território indiano, como também de regimes estabelecidos em decorrência do funcionamento de organizações internacionais, tais como regimes de mandato e de tutela, como ainda situações específicas, tais como *terra nullius*, condomínio (*condominium*) e enclaves.[999]

Outros casos de extraterritorialidade se configuram nos acordos para o estacionamento de forças militares no exterior, bem como no direito de construir e de manter bases militares em território de outros estados. Conforme o direito internacional consuetudinário, que se consolidou até o final da segunda guerra mundial, três situações podem ser apontadas:

- a admissão de forças militares do exterior, em determinado território, em tempos de paz, exigia o consentimento do estado territorial;

la doctrine – il ne peut s'agir que d'obligations établies entre des états, donc de rapports entre des *personnes* et non pas des relations de territoire à territoire.»

[996] H. D. Reid, **Les servitudes internationales** (RCADI, 1933, t. 45, p. 1-74).

[997] A. Verdross (op. cit., 1929, §40 'compétence des états sur un territoire étranger', p. 380-385, cit. p. 383) : «Or, cette critique a bien raison de prétendre qu'en droit international il n'y a pas de droits en faveur d'un territoire dominant. Néanmoins des droits d'un caractère *réel* peuvent exister dans le sens de droits non seulement valables vis-à-vis de l'autre partie contractante, mais vis-à-vis de tout état.» / «En effet, la pratique internationale a toujours admis que les droits territoriaux dérivant d'un traité de cession, bien qu'ils se basent sur un traité *bilatéral*, doivent être respectés par *toute* autorité.»

[998] C.I.J., **caso do direito de passagem sobre território indiano** (Portugal c. Índia), julgado pela Corte Internacional de Justiça em 12 de abril de 1960. A respeito deste caso v., *infra*, cap. XXXI – território e questão de identidades culturais, no final daquele capítulo.

[999] A respeito, v. cap. IV – competências territoriais do estado. Merece ser mencionado o **caso das ilhotas e dos rochedos dos Minquiers e dos Ecréhous**, entre a França e o Reino Unido, de 1953 (cf. se examina no cap. IV, acima).

- forças militares no exterior sempre permaneciam sujeitas às suas próprias normas e regulamentos disciplinares, onde quer que estivessem; e
- isenções e imunidades, em relação ao direito do estado, em cujo território estavam as forças armadas do exterior, especificamente em relação à jurisdição criminal do estado territorial, deveriam ser acordadas mediante instrumento específico, regulando a presença das forças militares do exterior. Na falta de estipulação específica, não se poderia presumir que a simples presença de tropas provenientes do exterior devessem ser interpretadas como exclusão da jurisdição do estado territorial.[1000]

Depois da segunda guerra mundial, notadamente durante as quatro décadas da guerra fria (1949-1989), a interdependência militar se desenvolveu com novos contornos. As alianças do tempo de guerra e de ocupação beligerante, foram transformadas em alianças de de defesa e acordos de estacionamento de tropas por longo prazo, em tempo de paz. Com a criação da OTAN – Organização do Tratado do Atlântico Norte (NATO), entre Estados Unidos e as potências ocidentais e, de outro lado, do extinto Pacto de Varsóvia, ou Organização do Tratado de Varsóvia, entre a finada União Soviética e seus países satélites, forças militares passaram a estar permanentemente estacionadas ou fazer visitas temporárias, no território de outros estados da mesma aliança, para fins de defesa comum, incluindo exercícios conjuntos e assistência militar.[1001]

Os estados membros da OTAN desenvolveram três modalidades de acordos multilaterais para regular a condição de três categorias distintas de entidades e de pessoal: um Acordo (com Anexo) entre as partes da

[1000] Thomas Desch, *Military Forces abroad* (in **Encyclopedia of public international law**, 2012, vol. VII, p. 183-192, cit. § 7 e 38): "The purpose of privileges and immunities provided in Status of Forces Agreements (SOFAs) is to ensure the proper fulfilment of their tasks by the military force abroad (MFA) concerned. Generally, the privileges and immunities accorded to MFA are less far-reaching than diplomatic privileges and immunities."

[1001] T. Desch, *Military Forces abroad* (in **Encyclopedia of public international law**, 2012, vol. VII, p. 183-192, cit. § 8): "Military personnel, often accompanied by civilian personnel and dependants, were sent to the territories of other alliance members to serve in alliance headquarters or in common military structures."

OTAN, com relação ao status das suas forças (o assim chamado 'NATO SOFA'), outro Acordo sobre o status da Organização do Tratado do Atlântico Norte, representantes nacionais e o *staff* internacional (o assim chamado 'Acordo de Ottawa') e um Protocolo (com Declaração) sobre o status de postos de comando militares (*military headquarters*), estipulados em conformidade com o Tratado do Atlântico Norte (o assim chamado 'Protocolo de Paris').[1002]

Com o benefício da extraterritorialidade,[1003] se pode destacar a análise tópica das limitações concretas de determinação dos meios e modos de exercício do poder, em contexto concreto humano, de tempo e de lugar, no qual se vá exercer.[1004] Mas referida utilização terá de ser norteada por critérios jurídicos adequados. Já VATTEL (1758)[1005] ponderava: "nada impede que a nação ou o soberano, se autorizados pelas leis, concedam vários direitos em seu território para outra Nação, ou para estrangeiros em geral, de modo que cada qual possa dispor de seu bem como achar melhor".[1006]

[1002] T. DESCH, *Military Forces abroad* (in **Encyclopedia of public international law**, 2012, vol. VII, p. 183-192, cit. § 9-10): "Most influential on the development of the modern law on MFA was the NATO SOFA. In contrast to bilateral *ad hoc* wartime agreements, which reflected the different needs and interests of states involved in a specific situation as either sending State or receiving State, the NATO SOFA was conceived as a multilateral standing peacetime agreement, establishing a uniform legal framework for any potential presence of force of one NATO member state in the territory of another, reflecting their possible roles as both sending and receiving States. Although being mainly developed for peacetime use, the NATO SOFA is, in principle, also applicable in the event of hostilities to which the North Atlantic Treaty applies."

[1003] G. W. KEETON, **Extraterritoriality in international and comparative law** (RCADI, 1948, t. 72, p. 283-392).

[1004] V. **Fundamentos** (2008, esp. cap. III – direito internacional pós-moderno: entre técnica, espírito e utopia, p. 291-374); Paul RICOEUR, **L'idéologie et l'utopie** (orig. publ. **Lectures on ideology and utopia**, 1986, trad. francesa de Myriam Revault D'ALLONES et Joel ROMAN, Paris: Seuil-Essais, 2005, p. 37): «la pathologie de l'idéologie est la dissimulation, tandis que celle de l'utopie est la fuite.»

[1005] Emer de VATTEL, **Direito das gentes** (1758, trad. V. M. RANGEL, Brasília: UnB / IPRI, 2004).

[1006] E. de VATTEL (ed. cit., 2004, livro II, cap. VII, § 89 – direitos concedidos a outra Nação, p. 240): "Assim, certos soberanos das Índias tem concedido a certas nações comerciantes da Europa o direito de ter estabelecimentos, portos e mesmo fortalezas e guarnições, em certos locais de seus estados. Pode-se conceber direito de pesca num rio ou ao longo da

A extraterritorialidade da jurisdição é possível, conforme examinado, mas precisa ter seus "elementos de conexão" estipulados com clareza. A extraterritorialidade pressupõe a existência de critérios e a estipulação de nexo causal, no tocante às hipóteses em que esta poderá incidir.[1007]

O termo *competência* pode ser considerado mais adequado do que *jurisdição*, entendia Charles ROUSSEAU (1977, 1948). Assim, *competência territorial* designará a "competência do estado em relação aos homens que vivem em seu território, às coisas que nele se encontram e aos fatos que ai ocorrem".[1008] A distinção é útil, e tecnicamente mais neutra.

A utilização do termo *competência* do estado, para caracterizar o conjunto de relações que outros preferem denominar *jurisdição* neutraliza carga político-valorativa, para apresentar o fenômeno em seu aspecto funcional: será a extensão do necessário para poder funcionar, de modo adequado, seja do ponto de vista do interesse do cidadão como do estado, seja no âmbito interno destes como no âmbito relacional dos estados, reciprocamente considerados[1009]. Não se veja como algo miticamente imbuído de prerrogativas soberanas e intocáveis, mas como a necessidade operacional e viável para que o estado assegure o adequado exercício de tais funções, sobre determinada extensão territorial, nos moldes definidos, em decorrência de compromissos internacionalmente assumidos, por meio de tratados e também por lei interna – inclusive constitucional.

A *competência* designa aspecto legal e administrativo do poder de governar o estado, que legitime a pretensão deste, no sentido de estender, ao plano internacional, o alcance e aplicação de seu direito interno

costa, ou o direito de caça nas florestas, etc. E desde que esses direitos foram concedidos de forma válida, eles passaram a fazer parte dos bens do adquirente e devem ser respeitados tanto quanto os bens anteriormente possuídos."

[1007] Karl M. MEESSEN (ed.), **Extraterritorial jurisdiction in theory and practice** (Londres / Haia: Kluwer Law Int'l., 1996, "this book contains the edited transcript of a symposium held in Dresden, between 8 and 10 October 1993, on extraterritorial jurisdiction"); v. esp. capítulo de Karl M. MEESSEN, *Drafting rules on extraterritorial jurisdiction* (in K. MEESEN, op. cit., 1996, p. 225-252).

[1008] Charles ROUSSEAU, **Droit international public** (Paris: Sirey, vol. III, 1977, p. 8); v. tb. C. ROUSSEAU, **L'indépendance de l'état dans l'ordre international** (RCADI, 1948, t. 73, p. 167-254).

[1009] Cfr., *supra*, cap. VII – conceito e extensão do domínio terrestre, para a discussão das várias teorias e a apresentação dos dados básicos da 'teoria da competência'.

onde esta. Corresponde ao fato,[1010] do estado estar autorizado, pelo direito internacional, a aplicar normas materiais de seu direito interno, em matéria de ordem pública, a toda e qualquer pessoa física ou jurídica, com relação às quais esteja habilitado a exercer sua competência coercitiva,[1011] caracterizando aspecto legislativo ou regulamentar dessa competência.[1012]

Além da extraterritorialidade, todo o capítulo da cooperação judiciária entre os estados, visa justamente permitir a regulação e funcionamento desses canais de comunicação e desenvolvimento de trabalho conjunto, entre as administrações e sistemas judiciários nacionais, quer visando interesses recíprocos, quer abrangendo interesses da comunidade internacional, respeitados os limites da jurisdição de cada estado. As necessidades operacionais levam os estados a estabelecer, manter e desenvolver os canais, quer bilaterais,[1013] quer multilaterais,[1014] em caminhos de processamento de medidas e procedimentos judiciais, bem como de homologação e execução de sentenças estrangeiras[1015], entre os ordenamentos[1016].

[1010] Covey T. Oliver, *La compétence des états* (in **Droit international: bilan et perspectives**, Paris: Pedone / UNESCO, 1991, vol. I, p. 323-345).

[1011] A coercitividade da competência, por sua vez, há de ser definida quando visa a execução forçada de toda uma série de mecanismos jurídicos, que vão desde inquéritos até a execução de decisões emanadas dos tribunais ou de órgãos administrativos do estado.

[1012] O internacionalista norteamericano Covey T. Oliver, *La compétence des états* (in **Droit international: bilan et perspectives**, Paris: Pedone / UNESCO, 1991, vol. I, p. 323-345, cit. p. 325-327) enfatizava a "exclusividade da competência coercitiva do estado, nos limites do seu território" e observava: "il faut parfois, pour que l'un des états puisse effectivement exercer cette compétence législative, que l'autre état le tolère ou lui apporte sa coopération".

[1013] V. P. B. Casella e R. E. Sanchez (orgs.), **Cooperação judiciária internacional** (Rio de Janeiro: Renovar, 2002).

[1014] V. Paulo B. Casella e Nadia de Araujo (coords.), **Integração jurídica interamericana**: as Convenções interamericanas de direito internacional privado (CIDIPs) e o direito brasileiro (apres. G. E. do Nascimento e Silva, São Paulo: LTr, 1998).

[1015] Nesse sentido, P. B. Casella, capítulo "Brazil" no **Enforcement against judgment debtors** (Dennis Campbell, editor, Dobbs Ferry: Oceana, "updated edition", 2021).

[1016] A mudança de nome não lhes muda a natureza, como se tem observado. P. B. Casella (coord.), **Arbitragem: lei brasileira e praxe internacional** (apres. Marco Maciel, pref. Fábio Nusdeo, São Paulo: LTr; 1ª ed, 1997, 2ª ed., rev. e ampliada, 1999), com destaque para laudos, ou como prefere a Lei 9307/96, as 'sentenças' arbitrais.

As matérias da *jurisdição* e *competência* do estado não podem ser vistas somente pela sua faceta interna, enquanto emanações do estado soberano, e, como tais, restritas ao poder e vontade deste, mas têm de ser estudadas e entendidas como decorrência da combinação dessas duas facetas, interna e internacional, do mesmo fenômeno: cabe ao estado exercer a sua *jurisdição*, cabe ao estado determinar os meios e modos adequados, em seu conjunto de competências, territoriais, funcionais, as mais variadas, como afirmam as ordens internas e como reconhece e preserva o direito internacional.

É, contudo, fundamental, que todo esse conjunto de *competências* se tem de situar não somente como poder do estado, mas também como dever (moral) e obrigação (legal) deste, simultaneamente em vários planos, que cumpre destacar: inicialmente, em relação aos seus cidadãos e estrangeiros, quer residentes quer de passagem, como, igualmente, em relação aos demais estados – tendo a comunidade internacional como sujeito de direito[1017] – e, assim, ter o equilíbrio entre o conjunto de poderes do estado, no exercício de sua jurisdição e competências, ao mesmo tempo em que tem a obrigação este em zelar pela consistência na aplicação das regras internas e internacionais.

Não se pode deixar somente a cargo da esfera interna de atuação e tomada de decisões dos estados a determinação dos conteúdos mínimos de proteção do ser humano e da dignidade deste. Este foi todo o processo de construção da proteção internacional dos direitos fundamentais, nos planos interno e internacional. Não se pode negligenciar esse legado, nem deixar de conservar e desenvolver as garantias e os sistemas de controle e repressão às violações que sejam cometidas.

O paradoxo inerente a qualquer tentativa de construção de ordem internacional novamente se faz presente,[1018] na medida em que mesmo no caso da comunidade internacional não poder ser considerada como a simples adição daqueles sujeitos do direito internacional, esta se acha desprovida dos meios de ação próprios e permanece tributária da atuação dos estados e das organizações internacionais (interestatais). Além

[1017] Nguyen Quoc Dinh *et al.*, **Droit international public** (Paris: LGDJ, 5ª ed., 1994, p. 395).

[1018] Nguyen Quoc Dinh (op. cit., ed. cit., loc. cit.).

disso, os interesses coletivos, que esta 'comunidade internacional'[1019] encarna, são amplamente suplantados pelos interesses específicos e muitas vezes egoistas, desses outros sujeitos de direito, na primeira linha dos quais, se colocam os estados.[1020] O direito vive de categorias jurídicas e estas nem sempre se acoplam perfeitamente à realidade. Os espaços, enquanto categorias jurídicas, geram, por seu turno outras ficções legais.[1021]

Cabe enfatizar a relação entre a extraterritorialidade e o papel dos espaços, no direito internacional: "a base espacial, ou territorial, foi determinante no surgimento e na consolidação da noção de estado".[1022] Como sujeito por excelência desse sistema jurídico e o protagonista mais ativo das relações internacionais, as competências estatais mais importantes são, justamente, de ordem espacial.

A tais considerações cabe acrescentar que, em relação às competências, os espaços são submetidos a regimes jurídicos diferentes, conforme o estado que destes seja 'titular' de poderes soberanos. Os poderes do

[1019] Sob reserva do reparo, no sentido de ser ou não, e, em caso afirmativo, em qual medida, seria cabível falar em 'comunidade' a respeito do contexto internacional? Pela tantas vezes demonstrada falta de coesão entre os seus elementos componentes, quanto se permitiria falar em *comunidade*, ou se tornaria preferível falar em *sociedade* internacional, porquanto pode esta ter existência, de fato ou de direito, sem que se tenha de determinar os elementos de conexão, que a caracterizem como tal. A *sociedade* internacional é fato; a *comunidade* internacional é algo que se gostaria poder dizer que exista. Ou pode vir a ser construído?

[1020] Esse o sentido e papel do direito internacional pós-moderno, como também já se percebia e afirmava em outras eras: o de contrapor, mediante mecanismos legais, mutuamente acordados e reciprocamente aplicados, os direitos e garantias, não somente de uns estados em relação aos outros e aos demais sujeitos de direito e agentes no plano internacional, mas sobretudo dos estados em relação aos indivíduos, quer sejam os cidadãos daquele estado, quer sejam os estrangeiros, residentes, em caráter estável, ou de passagem, pelo território daquele estado, de qualquer modo, abrangidos ou que possam ser 'atingidos', pela jurisdição daquele estado. Ou emanações da pretensão de exercício da jurisdição por aquele estado, especificamente considerado. Justamente é preciso ampliar o foco, no sentido de se situar a 'comunidade internacional' como sujeito de direito internacional.

[1021] Como exemplifica a teoria da extraterritorialidade do navio, esse pedaço flutuante do território: "morceau flottant du territoire", cf. caso do **navio Lótus**, julgado pela CPJI (Rec., série A 10 e C 13/2), examinado no presente capítulo.

[1022] José Antonio Pastor Ridruejo, **Le droit international à la veille du vingt et unième siècle: normes, faits et valeurs: cours général de droit international public** (RCADI, 1998, t. 274, p. 9-308, chap. III – les espaces en droit international, p. 215-293, cit. p. 215).

estado podem variar em função do espaço em questão, e ai podem ser estabelecidas três categorias de espaços:

(i) espaços submetidos aos poderes mais fortes e mais intensos do estado: a soberania estatal;
(ii) os espaços submetidos a poderes menos fortes e menos intensos, sob uma das formas da jurisdição do estado;
(iii) os espaços juridicamente excluídos dos poderes do estado, por constituírem o que se chama de "patrimônio comum da humanidade" (*patrimoine commun de l'humanité* ou *global commons*, segundo expressão de língua inglesa, de uso corrente nas Nações Unidas).[1023]

O meio ambiente, enquanto tal, escaparia de tal classificação, pois integrado por zonas submetidas a regimes espaciais distintos, mas estreitamente ligados, uns aos outros, do ponto de vista de sua preservação – conforme a idéia da unidade do meio ambiente – pode-se dizer, constitua categoria diferente: "poderíamos caracterizar como o espaço de interesse geral para a comunidade internacional, ou de preocupação global da humanidade, não somente para as gerações atuais, mas também para as gerações futuras".[1024]

Depois do exame da relação entre território e extraterritorialidade se pode passar à consideração da relação entre território brasileiro e direito internacional (cap. 27). No exame das questões de fronteiras do Brasil com os seus vizinhos – cumpre lembrar, que estas tiveram o mérito de conseguir manter boas relações de vizinhança.[1025] Contudo, podem

[1023] Cfr. cap. XX – espaços internacionais: de *res nullius* a patrimônio comum da humanidade; v. tb. J. A. Carrillo Salcedo, considera a questão em seu *Le concept de patrimoine commun de l'humanité* (in **Ouvertures en droit international: hommage à René-Jean Dupuy**, Paris: Pedone, 1998, p. 55-66).

[1024] J. A. Pastor Ridruejo (op. cit., loc. cit.); v. tb., *supra*, cap. XX – espaços internacionais: de *res nullius* a patrimônio comum da humanidade e cap. XXV – direito internacional dos espaços e emergência da proteção internacional do meio ambiente.

[1025] J. Andrassy, **Les relations internationales de voisinage** (RCADI, 1951, t. 79, p. 73-182); Friedrich A. von der Heydte, *Le principe du bon voisinage en droit international* (Rev. Fac. Direito da Univ. de Lisboa, 1961-1962, vol. XV, p. 279-292); Iftene POP, **Voisinnage et bon voisinage – en droit international** (préf. M. Virally, Paris: Pedone, 1980).

também ser casos instrutivos, para compreender como a interpretação dos tratados e dos princípios pode ficar sujeita a variações, conforme a conjuntura política, ou o lado da fronteira, no qual se coloque cada um dos interlocutores.

CAPÍTULO 27
TERRITÓRIO BRASILEIRO E DIREITO INTERNACIONAL

Na América Latina, as controvérsias territoriais e fronteiriças inicialmente mostraram características peculiares, na medida em que os primeiros estados independentes tinham sido colônias ou dependências da Espanha. Essa singularidade foi enriquecida pelas opiniões do Brasil a respeito do papel da posse efetiva, bem como do Reino Unido e da França a respeito das suas respectivas dependências e colônias. A regra do *uti possidetis*, em ambas variantes, quer como elementos puramente jurídicos, quer como controle efetivo ou posse, emergiram como resposta para tratar de situações derivadas de diferentes formações jurídicas, a respeito da extensão e limites dos territórios dos estados.

M. T. Infanti Caffi (2012)[1026]

A unidade na diversificação é um dos resultados maiores da acidentada trajetória nacional.

F. Iglesias (1993, ed. 2001)[1027]

[1026] Obviamente é preciso também mencionar a 'antiga colônia de Portugal' – em relação ao Brasil, que representa praticamente a metade do território sulamericano – o que omite Maria Teresa Infanti Caffi, *Boundary Disputes in Latin America* (in **Encyclopedia of public international law**, 2012, vol. I, p. 1017-1028, H – Conclusive Remarks, cit. § 65) e completa a passagem: "On the other hand, territorial disputes in Latin America have not been exempted from the impact of concepts such as effective possession irrespective of any predecessor's title and self-determination. Situations related to arbitrations in the 19th century and in the first half of the 20th century show no significant differences as to the role of international law in comparison to recent cases held by the ICJ."

[1027] Francisco Iglesias (1923-1999), **Trajetória política do Brasil 1500-1964** (São Paulo: Companhia das Letras, 1993, 4ª reimpr. 2001, 'perspectiva final', p. 295-297).

> Posto que o capitão-mor desta vossa frota e também os outros capitães escreveram a Vossa Alteza sobre a nova do achamento desta vossa terra nova, que agora nesta navegação se achou, não deixarei de dar minhas notícias disso a Vossa Alteza, e o farei o melhor possível, ainda que, para bem contar e falar, eu saiba pior que todos fazer.
>
> Pero Vaz de Caminha (1450?-1500),
> **Carta de achamento do Brasil** (1500)[1028]

O Brasil tem se pautado historicamente pelo direito internacional e pela observância da legalidade na ordem internacional, com adoção de soluções pacíficas de controvérsias. Trata-se de legado relevante, e este se mostra, de modo destacado, em relação à formação e evolução do território nacional.[1029]

A lição permanece relevante. Deveria haver o cuidado em preservar esse legado, pelo seu conteúdo específico – a igualdade jurídica dos estados,[1030] como critério e não a força das armas,[1031] a busca de solução pacífica de controvérsias – pois nada pode substituir esse critério, se não a força das armas – e como conteúdo moral, que pode permitir ao Brasil cabedal para se fazer ouvir com mais propriedade e mais repercussão, no contexto internacional.[1032]

[1028] Pero Vaz de Caminha, **Carta de achamento do Brasil** (edição comentada por Sheila HUE, Campinas: Ed. da Unicamp, 2021, cit. p. 57-58) aduzia, logo a seguir: "Entretanto, tome Vossa Alteza a minha ignorância por boa vontade e por certo creia que, sem aformosear ou afear, não contarei aqui mais do que aquilo que vi e me pareceu".

[1029] V. tb., *supra*, item 8.2.1 – o Brasil e a navegação dos rios internacionais.

[1030] James Brown Scott, **Le principe de l'égalité juridique dans les rapports internationaux** (RCADI, 1932, t. 42, p. 467-630). Por mais que esta referida 'igualdade jurídica' seja relativa, mesmo no âmbito das organizações internacionais cfr. Claude-Albert Colliard, *Égalité ou spécificité des états dans le droit international public actuel* (in **Mélanges offerts à Mr. le Doyen Louis Trotabas**, Paris: L.G.D.J., 1970, p. 529-558).

[1031] C. H. M. Waldock, **The regulation of the use of force by individual states in international law** (RCADI, 1952, t. 81, p. 451-518); H. Wehberg, **L'interdiction du recours à la force : le principe et les problèmes qui se posent** (RCADI, 1951, t. 78, p. 1-122).

[1032] O cabedal de credibilidade internacional do Brasil, reunido ao longo de décadas tem sido desastradamente malbaratado nos últimos anos. A respeito, já apontava sintomas em P. B. Casella, **Fundamentos do direito internacional pós-moderno** (2008, esp. XIII – boa tradição e a que se deve evitar, p. 959-1095). A situação se deteriorou consideravelmente nos últimos anos (2019-2022).

Embora sejamos, no plano interno, uma das sociedades mais injustas social e economicamente, bem como mais violentas do planeta, com índices de mortalidade que se aproximam de países em situação de conflito armado, especialmente em relação à população negra jovem, como a povos autóctones e contra minorias – o país que mais mata LGBTQIA+ no mundo –, externamente "o Brasil é um país que tem, na paz, o valor ordenador dos demais valores da vida internacional, e nela vê o elemento básico para a promoção de nosso maior objetivo, o desenvolvimento. Esse binômio, paz e desenvolvimento, constitui o tema fundamental da política externa brasileira. É preciso que haja paz, para haver desenvolvimento".[1033] Obviamente, somente o desenvolvimento sustentado, capaz de eliminar a exclusão, pode garantir a paz. De tal modo, a permanente manutenção da paz, como valor ordenador e do desenvolvimento como meta-síntese, seria efetiva garantia de uma organização mundial.[1034]

As graves mazelas e os sérios desafios do plano interno vão além do que seria cabível tratar neste Direito internacional dos espaços. Aqui se trata de considerar esse legado de solução pacífica de controvérsias, em matéria de fronteiras.

Há quem pretenda que esse legado nem sempre se pautou por absoluta consistência,[1035] mas indubitavelmente foi conduzido com considerável eficiência, durante o Império e a República velha. Há

[1033] *Palavras do ministro de estado das relações exteriores, professor* Celso LAFER (in **CPLP: oportunidades e perspectivas**, org. Carlos Henrique CARDIM e João Batista CRUZ (Brasília: IPRI / FUNAG, 2002, p. 17-20).

[1034] C. LAFER (2002, cit., p. 20).

[1035] Em matéria de solução pacífica de controvérsias dá visão menos idílica da atuação do Brasil Julio A. BARBERIS em seu cuidadosamente fundamentado estudo sobre *"La concepción brasileña del **uti possidetis**"* (in **Dimensão internacional do direito: estudos em homenagem a G. E. do NASCIMENTO E SILVA**, São Paulo: LTr, 2000, p. 33-48, cit. p. 33-34): "dichos limites serian los de las antiguas divisiones administrativas de la época colonial (...) y tomó el nombre de *uti possidetis*" / "el Brasil invocó también el *uti possidetis*, aunque otorgó a esta regla un contenido diferente". O mesmo estudo foi igualmente publicado por BARBERIS, *"La conception brésilienne de **l'uti possidetis**"* (no **Liber amicorum Judge Mohammed Bedjaoui**, ed. by E. YAKPO e T. BOUMEDRA, 1999). V. tb. J. BARBERIS, **Les règles spécifiques du droit international en Amérique latine** (RCADI, 1992, t. 235, p. 81-230); J. M. YEPES, **Les problèmes fondamentaux du droit des gens en Amérique** (RCADI, 1934, t. 47, p. 1-144).

vozes quem fogem à habitual resenha laudatória,[1036] ao analisar como foram acordados critérios de delimitação e celebrados acordos de demarcação,[1037] que resultaram na definição de fronteiras entre o Brasil e seus vizinhos.[1038]

Relações entre vizinhos – quer entre indivíduos, como entre estados – podem suscitar controvérsias. Muitas vezes a animosidade estratégica entre dois ou mais países faz que conflitos de fronteira apareçam à sua verdadeira luz, "como sintomas mais do que causas de conflitos".[1039] O que pode ser mais frequente do que se suporia.

[1036] Fora do padrão da literatura quase hagiográfica a respeito do barão PARANHOS do RIO BRANCO, a violenta diatribe de Gabriel de PIZA [Gabriel de Toledo PIZA E ALMEIDA], **Altruisme contre egoïsme** – pour la paix du Brésil et particulièrement pour la paix de l'état de Saint Paul (Paris: Alcan-Levy, 1912, 'Avant-propos', p. IX-XII) dá o tom do volume: "M. de PIZA, ministre du Brésil à Paris, se trouve dans cette ville en 1890 avec le baron PARANHOS DE RIO BRANCO, consul général à Liverpool et séjournant en France de façon irrégulière. Il connaît le témperament de RIO BRANCO, séducteur, artiste, enthousiaste, mais sans principes ni méthode, et livré à tous les excès d'une imagination romantique. / Ce déséquilibre mental est augmenté par une vie désordonnée. Néanmoins, M. de PIZA pense pouvoir utiliser les qualités de M. PARANHOS dans le débat de l'Oyapock, ardue question de frontière discutée en 1893 entre le Brésil et la France. C'est en tant qu'excellent géographe, que M. RIO BRANCO participe à ce débat. Le succès le grise. Il en fait un trépied pour sa gloire. Nommé ministre des Affaires étrangères au Brésil, il part appelé par la confiance nationale (1902). Deux présidents de la République se succèdent, M. RIO BRANCO reste malgré tout au pouvoir, où il se maintient par tous les moyens. Le président PENNA mort, et pendant que gouverne le vice-président, il exerce une véritable dictature et, avec ses collègues, se livre à toutes sortes d'excès qui mécontentent un grand nombre de Brésiliens, plus spécialement les citoyens de l'état de Saint-Paul, compatriotes de M. de PIZA. M. PARANHOS appuie la candidature du maréchal HERMES DE FONSECA, qui reste dans l'ignorance de l'état du premier ministre, et dont celui-ci compte en faire son instrument (mars 1910)."

[1037] A respeito, ver cap. V – demarcação e delimitação do território no direito internacional.

[1038] Cf. os já referidos J. ANDRASSY, **Les relations internationales de voisinage** (RCADI, 1951, t. 79, p. 73-182); Friedrich A. von der HEYDTE, *Le principe du bon voisinage en droit international* (Rev. Fac. Direito da Univ. de Lisboa, 1961-1962, vol. XV, p. 279-292); Iftene POP, **Voisinnage et bon voisinage – en droit international** (préf. M. VIRALLY, Paris: Pedone, 1980).

[1039] Andrew J. NATHAN and Robert S. ROSS, **The Great Wall and the empty fortress**: China's search for security (New York: Norton, 1997, cit. p. 52): "as symptons rather than as causes of conflict."

O Brasil sempre insistiu em interpretar o *uti possidetis* no sentido de posse efetiva[1040] - e, literalmente, cabe indagar qual outro sentido poderia ter a expressão -[1041] enquanto os vizinhos sulamericanos se atinham a concepção diversa,[1042] que decorreria das fronteiras administrativas

[1040] Luis Ignacio SÁNCHEZ RODRÍGUEZ, **L'uti possidetis et les effectivités dans les contentieux territoriaux et frontaliers** (RCADI, 1997, t. 263, p. 149-381, 'conclusions générales', p. 370-372), menciona quanto a solução de conflitos territoriais, por via jurisdicional, pode oscilar, essencialmente, entre a existência de título jurídico ("soit l'*uti possidetis juris,* soit un traité de frontières, colonial ou non"), e a presença de ocupação efetiva de território *nullius* enquanto modos de aquisição de título de soberania territorial. Aí caberia falar em distinção entre conflitos de aquisição e conflitos de delimitação de território, distinção esta que tenderia a ser menos levada em conta, atualmente. E encerra: "Eu égard à tout ce qui précède, on doit tenir compte de deux autres éléments. D'une part, le facteur temps, étant donné qu'il peut être d'une influence considérable non seulement au sujet de la validité des titres invoqués, mais encore dans le domaine de l'appréciation de la preuve. D'autre part, le rôle de l'equité *infra legem* dans le processus d'adaptation des principes et des normes internationales abstraites aux situations concrètes." SÁNCHEZ RODRÍGUEZ não exclui a interpretação que confere ao termo a prática histórica do Brasil.

[1041] V. *supra,* cap. VII - conceito e extensão do domínio terrestre, e, a seguir, cap. XXVIII - fases da formação do território brasileiro: algumas lições de direito internacional; ver tb. **Tratado** (tomo X - **Direito internacional no tempo de C. van Bynkershoek e Christian Wolff**, item - tratado de Madri (1750) e o *uti possidetis*); Maria Teresa INFANTI CAFFI, *Boundary Disputes in Latin America* (in **Encyclopedia of public international law**, 2012, vol. I, p. 1017-1028). Cfr. ACCIOLY - NASCIMENTO E SILVA - CASELLA, **Manual** (25ª ed., 2021, parte sexta - território, esp. item 6.2 - domínio terrestre, p. 566-571, cit. p. 567-568): "enquanto, no Brasil, se dava ao *uti possidetis* o único sentido que este poderia razoavelmente ter, isto é, de posse real e efetiva, herdada pelos países americanos, ao tempo de sua independência, vários autores e governos hispano-americanos sustentaram conceito diferente, adotando o chamado *uti possidetis juris,* ou o direito à posse, independentemente da ocupação efetiva."

[1042] Na verdade, a significação jurídica do princípio não pode ser diferente da que sempre lhe foi dada no Brasil. Com efeito, segundo observou Paul de La PRADELLE, o *uti possidetis juris* repousa sobre uma afirmação contraditória: funda-se no *título* e não no *fato* da posse. Ora, em seu verdadeiro sentido, o *uti possidetis* significa a posse continua e prolongada, tranquila e pacífica, independentemente de qualquer outro título; é, para um estado, conforme se deduz do que Andrés BELLO escrevia em 1857, o que tal estado tem possuído real e efetivamente com qualquer título ou sem título algum, e não o que ele tinha direito de possuir e não possuía. V. tb. Antonio CUSSEN, **BELLO y BOLIVAR** (orig. publ. **BELLO and BOLÍVAR: poetry and politics in the Spanish American revolution**, 1992, prim. ed. em espanhol, Caracas: La casa de BELLO, 1995, segunda edição em esp., México: FCE, 1998); cumpre observar, na jurisprudência da Corte Internacional de Justiça, ter sido aplicado o

herdadas do tempo da dominação pela coroa espanhola.[1043] As antigas divisões administrativas seriam passíveis de adoção como critério de determinação das novas fronteiras,[1044] entre os estados que teriam acedido à condição de sujeitos de direito internacional.[1045]

A diferença de interpretação pode decorrer de circunstância muito simples: enquanto se tratava de limites administrativos internos entre as antigas colônias espanholas, que se tornavam países independentes,

uti possidetis antes no sentido de legado das fronteiras coloniais, portanto o *uti possidetis juris* do que no sentido do *uti possidetis* de fato.

1043 Edward MCWHINNEY, **Self-determination of peoples and plural-ethnic states (secession and state succession and the alternative federal option)** (RCADI, 2002, t. 294, p. 167-264, chap. IV – The United Nations Charter principle of territorial integrity of states. the *uti possidetis* doctrine as element in state succession', p. 229-235, cit. 233): "Within Latin America itself, there is some tendency today to restrict the application of the *uti possidetis* doctrine to its special historical fact-context in Latin America, as the moment from independence from the European imperial power (Spain or Portugal, as the case may be). Thus it is pointed out that Brazilian state practice limited application of the *uti possidetis* doctrine to invocation against Hispanic-American countries; and, in particular, that it was never mentioned in Brazilian controversies with third states (France, Great Britain), which might try to rely on the fact of possession. It is further argued that, in controversies with Hispanic-American states, Brazil uses *uti possidetis* as a synonym for possession – *effective* possession – *uti possidetis facto*, as opposed to a *uti possidetis juris* claimed to be derived from the old Spanish Crown documents. While treaties are to be given primacy over possession, *uti possidetis* (possession) is invoked as a supplementary title in the absence of treaties in force. In giving primacy, in its disputes with its Spanish-American neighbours, to *uti possidetis facto* – to *possession* – Brazil was able to claim large tracts of land well beyond the borders set in documents between Spain and Portugal (strictly *uti possidetis juris*)."

1044 Maria Teresa INFANTI CAFFI, *Boundary Disputes in Latin America* (in **Encyclopedia of public international law**, 2012, vol. I, p. 1017-1028, A – Introduction and Historical Background, cit. § 2): "In Hispanic America, the *uti possidetis* doctrine according to which the new independent States had the right to keep what the preceding colony had possessed – was first advanced as a fundamental rule in the determination and mapping of borders. Consequently, existing inherited administrative boundaries from the colonial period became international frontiers. This was the general law in South America first, and then in Central America."

1045 No **caso da disputa de fronteira entre Benin e Níger**, julgado em 12 de julho de 2005, a Corte Internacional de Justiça se refere a diversos casos que versaram questões territoriais e assevera a necessidade de conferir a maior estabilidade e previsibilidade possíveis às fronteiras, no interesse da segurança internacional. Daí se pode deduzir a preferência dada ao princípio do *uti possidetis juris*, com ênfase nos títulos jurídicos, elementos de índole formal, constituindo preeminência probatória, em lugar da simples posse.

doravante estes passavam a ser 'fronteiras internacionais'. Nas relações entre a antiga colônia portuguesa – o Brasil – e seus vizinhos latinoamericanos, desde antes da independência, eram necessariamente fronteiras internacionais. E estas foram objeto de constantes controvérsias.

Compreensivelmente, meras divisões administrativas internas haveriam de suscitar menos atenção e menos controvérsias, do que limites internacionais entre dois países que se guerrearam múltiplas vezes, e sempre tiveram incidentes territoriais a solucionar. Onde a inovadora concepção do *uti possidetis*, proposta por Alexandre de GUSMÃO, trouxe critério norteador para solucionar as controvérsias territoriais luso-espanholas, no tratado de Madri de 1750.[1046]

Ilustrativo do modo como o *uti possidetis* tem sido interpretado e aplicado, ao longo do tempo, o exame da jurisprudência internacional e arbitral pode ser sobremodo instrutivo. Foi este, inclusive, considerado como 'princípio constitucional', na **arbitragem entre Colômbia e Venezuela, julgada pelo Conselho federal suiço, no laudo de 24 de março de 1922.**[1047]

O Conselho federal suíço, no laudo de 1922, assim se referiu ao *uti possidetis*: "princípio geral que oferece a vantagem de colocar norma absoluta, no sentido de não haver, na América hispânica, território sem dono (*territoires sans maître*)", de tal forma que quaisquer tentativas intempestivas de colonização "tornavam-se destituídas de alcance e sem consequências jurídicas". Não importaria, assim, a efetiva ocupação ao tempo colonial, as novas repúblicas "sucederiam nos direitos de posse e de domínio",[1048] detidos pelas antigas coroa espanhola – e portuguesa, caberia acrescentar –, sobre o conjunto do continente.

[1046] Cfr. **Tratado** (tomo X – **Direito internacional no tempo de C. van Bynkershoek e Christian Wolff**, especificamente o item – Tratado de Madri (1750) e o uti possidetis).

[1047] CONSEIL FÉDÉRAL SUISSE, **Affaire des frontières colombo-Vénézueliennes** (Colombie c. Vénézuela) sentence arbitrale: Berne, 24 mars 1922 (United Nations, **Reports of International Arbitral Awards / Recueil des sentences arbitrales** 24 mars 1922, vol. I, p. 223-298; bibliographie, index et tables, vol. III).

[1048] Como assinalava o Conselho federal suíço, no laudo de 24 de março de 1922, existiam, à época da independência «nombreuses régions qui n'avaient pas été occupées par les Espagnols et de nombreuses régions inexplorées ou habitées par des indigènes non civilisés».

O *uti possidetis* foi o conceito defendido e o critério adotado, nas questões de fronteiras, entre Brasil e seus vizinhos. Sempre de modo bastante consistente e com resultados notavelmente favoráveis.

Respectivamente, serão examinados os casos das fronteiras brasileiras: com o Peru (27.1), com a Argentina (27.2), com a Bolívia (27.3), com a Venezuela (27.4), com a Colômbia (27.5), com o Uruguai (27.6), com o Paraguai (27.7), com relação à Guiana inglesa (27.8), à Guiana francesa (27.9), a questão da Ilha da Trindade (27.10), e a questão da colônia de Descalvados (27.11).

Inicialmente serão consideradas as fronteiras com o Peru (27.1).

27.1. Fronteiras brasileiras com o Peru

Independentes a República do Peru e o Império do Brasil, estes encetam relações diplomáticas, em 1827. Ao primeiro encarregado de negócios do Brasil em Lima, Duarte da Ponte Ribeiro, depois Barão da Ponte Ribeiro, coube, depois da dissolução da Confederação peruano-boliviana, coube negociar tratado de paz, amizade, comércio e navegação, e também de limites e extradição, assinado a 8 de julho de 1841.

O Peru foi um dos primeiros países com os quais o Império subscreveu acordo de limites[1049], no primeiro dos quais (1841), não obstante as vicissitudes do acordo – que, não chega a entrar em vigor, por não ter recebido aprovação do governo imperial – no qual se estipulava[1050] seria o limite, entre os dois países, determinado segundo o *uti possidetis*[1051] de

[1049] J. Barberis (est. cit., item 2, "Peru", p. 38-39): "En el 8 de julio de 1841, el encargado de negócios de Brasil Duarte Da Ponte Ribeiro y el Ministerio de Relaciones Exteriores peruano firmaron un tratado en Lima, que finalmente no entró en vigor pues no recibió la aprobación del Gobierno imperial."

[1050] Conforme artigo 14 do Tratado de Lima de 8 de julho de 1841, entre Brasil e Peru: "Conhecendo as altas partes contratantes o muito que lhes interessa proceder quanto antes à demarcação dos limites fixos e precisos que hão de dividir o território do Império do Brasil do da República Peruana, comprometem-se ambos a levá-la a efeito o mais pronto que for possível, pelos meios mais conciliatórios, pacíficos, amigáveis e conforme ao *uti possidetis* de 1821, em que começou a existir a República Peruana, procedendo de comum acordo, em caso de convir-lhes, à troca de alguns terrenos, ou outras indenizações, para fixar a linha divisória da maneira mais exata, mais natural e mais conforme aos interesses de ambos os povos."

[1051] L. I. Sánchez Rodríguez, **L'uti possidetis et les effectivités dans les contentieux territoriaux et frontaliers** (RCADI, 1997, t. 263, p. 149-382) efantiza em sua conclusão

1821, data de origem da República peruana. Dez anos mais tarde, em 23 de outubro de 1851, novo tratado – a **Convenção especial de comércio, navegação fluvial, extradição e limites** – foi subscrito[1052] e aprovado pelos dois governos, com troca dos instrumentos de ratificação, em 18 de outubro de 1852.

Quanto aos limites com o Brasil determinava o art. 7º do tratado de 1851: "Para prevenir dúvidas a respeito da fronteira aludida nas estipulações da presente Convenção, concordam as altas partes contratantes em que os limites do Império do Brasil com a República do Peru sejam regulados em conformidade do princípio *uti possidetis*; por conseguinte, reconhecem, respectivamente, como fronteira, a povoação de Tabatinga; e daí para o norte, em linha reta, para encontrar o rio Iaporá (Japurá), defronte da foz do Apapóris, e, de Tabatinga para o sul, o rio Javari, desde a sua confluência com o Amazonas".[1053]

O Peru sustentara que a linha divisória deveria ser determinada pelo Tratado de Santo Ildefonso (1777), tal como subscrito entre Espanha e Portugal.[1054] O Brasil argumentou o caráter preliminar desse tratado,

a convergência entre os conceitos: "décisions recentes, comme l'affaire du *Différend frontalier terrestre, insulaire et marttime*, sont un excellent banc d'essai pour l'analyse de certains aspects, telles les interrelations entre les effectivités et l'*uti possidetis juris*, pour l'examen de moyens de preuve fort divers dudit principe et pour des recherches sur des larges catalogues d'éventuelles effectivités réelles." Desse modo a jurisprudência mais recente da CIJ não invalida a interpretação historicamente dispensada ao conceito, nos casos envolvendo interesses do Brasil, em matéria de fronteiras e limites.

1052 J. Barberis (est. cit., 2000, loc. cit.): "El mismo diplomático del Império, que era entonces Ministro plenipotenciario en Lima".

1053 Prosseguia o dispositivo do tratado Brasil-Peru de 23 de outubro de 1851: "Uma Comissão mista, nomeada por ambos os governos, reconhecerá, conforme o princípio *uti possidetis*, a fronteira, e proporá a troca dos territórios que julgar a propósito para fixar os limites que sejam mais naturais e convenientes a uma e outra nação."

1054 Tratado de limites na América, entre a Rainha, D. Maria I, de Portugal, e Carlos III, rei de Espanha, assinado em Santo Ildefonso, em 1º de outubro de 1777, e ratificado por parte de Portugal, em 10 e por parte de Espanha em 11 do mesmo mês e ano, reproduzido em Antonio Pereira Pinto, **Apontamentos para o direito internacional** – ou Colecção completa dos tratados celebrados pelo Brazil com differentes nações estrangeiras, acompanhada de uma notícia história documentada sobre as convenções mais importantes (orig. publ. 1864-1869, intr. A. A. Cançado Trindade, Brasília: Ministério da Justiça em co-ed. com a Ed. UnB, 2ª ed., 1980, vol. III, p. 358-370), onde efetivamente o primeiro dos "artigos separados" (e secretos) desse tratado estipulava: "O tratado preliminar de limites concluído neste dia servirá de base e fundamento a outros três, que os dois altos contratantes tem

alegou que este teria sido anulado pela superveniente guerra entre as duas coroas, e que suas cláusulas não teriam sido recolocadas em vigor, pela Paz de Badajoz (1801).[1055]

A mesma linha de argumentação seria sistematicamente utilizada pelo Brasil. O Barão do Rio Branco analisa esta negociação e ao referir-se às propostas peruanas sobre a vigência do Tratado de Santo Ildefonso (1777) expressa-se: "o plenipotenciário brasileiro recusou ambas as propostas, dizendo que não podia convir em outras fronteiras que não fossem as determinadas pelo *uti possidetis* efetivo ou real, e declarou que, sobre a base do Tratado preliminar de 1777, sem vigor desde a guerra de 1801 e do Tratado de paz de Badajoz, que o não restabelecera, era impossível para o Brasil aceitar negociação alguma".[1056]

O Peru aceitou a tese brasileira e o limite fixado na Convenção de 1851 coincide com o da posse exercida pelas partes. O Peru reconheceu igualmente que o *uti possidetis*, a que se refere o Tratado de 1851, é o da posse efetiva. As tentativas de demarcação estenderam-se de 1861 a 1902: outras negociações foram feitas em 1853. Uma nova convenção especial foi assinada, entre os dois países, em Lima, em 1858. Surgiram conflitos em 1862, que deram motivo a novos entendimentos, de que resultou outro acordo de reciprocidade de direitos de navegação, firmado em 1863.[1057]

convindo, e ajustado na forma seguinte: / "Em primeiro lugar, um Tratado de perpétua, e indissolúvel aliança entre as duas Coroas, em cujos artigos se especificarão as respectivas obrigações de cada uma, devendo promover-se no termo de dois meses seguintes à ratificação destes artigos separados, ou antes de fazer-se pode. Em segundo lugar, um Tratado de comércio entre as duas Nações, no qual serão também promovidas e facilitadas as vantagens de ambas, e se estenderá dentro do mesmo termo. Em terceiro lugar, um Tratado definitivo de limites para uns, e outros domínios de Portugal e Espanha na América meridional, logo que tenham vindo todas as notícias, e se tenham praticado as operações necessárias para especificá-los."

[1055] J. Barberis (est. cit., 2000, loc. cit.): "La tesis brasileña era que, como consecuencia de ello, en el momento de la independencia, no habia ninguna norma convencional vigente en materia limitrofe y que, por lo tanto, la única regra a que se debia recurrir era la possesión efectiva, que los diplomaticos del Imperio denominaban *uti possidetis*."

[1056] Barão do Rio Branco, **Obras** (vol. V, "Questões de limites", Rio de Janeiro: MRE, 1947, p. 78).

[1057] H. Vianna, **História diplomática do Brasil** (São Paulo: Melhoramentos, 1958 – publ. on line by Cambridge Univ. Press: 11 December 2015, cap. XXIII – Limites com o Peru,

O Tratado de 1851 foi complementado por outro, subscrito em 8 de setembro de 1909, relativo aos limites, na região situada a leste e ao sul das nascentes do rio Yavary.[1058] O então chanceler, RIO BRANCO, na mensagem que apresenta o tratado ao Presidente da República, para ser encaminhado ao Congresso, acompanhado de detalhado estudo de antecedentes,[1059] manifesta que se tomou, para o convênio de 1909, a posse como base, e a denomina *uti possidetis* atual.[1060]

A seguir se pode passar ao exame das fronteiras com a Argentina (27.2).

27.2. Fronteiras brasileiras com a Argentina

A fronteira entre Portugal e Espanha, no tempo colonial, fora determinada pelo Tratado de Madri (1750),[1061] cujo artigo I tinha aliás redação

p. 180-188, cit. item 3, 'tentativas de demarcação da linha divisória (1861-1902)', p. 183--185); v. tb. H. VIANNA, **História do Brasil** ("12ª ed., rev. e atualizada por Américo J. LACOMBE", São Paulo: Melhoramentos / Edusp, 1975).

1058 Como assinala Euclydes da CUNHA (1866-1909),em seu livro **Peru vs Bolívia** (orig. publ. 1907, Rio de Janeiro: Record, 3ª ed., "com dois mapas e um estudo de Oliveira Lima", s/d, cit. p. 16): "no tocante ao Brasil, ambas as nações litigantes, desde 1851 e 1867, até 1903, pleitearam à saciedade por vezes, a situação e grandeza das extremas setentrionais e ocidentais daquelas terras."

1059 Barão do RIO BRANCO, **Obras** (vol. V, "Questões de limites", Rio de Janeiro: MRE, 1947, p. 75 ss., cit. p. 80-81, e tb. p. 107): "Na negociação do Tratado de 8 de setembro último, os dois Governos, como em 1851, tomaram por base o *uti possidetis* atual, de acôrdo com as verificações feitas pelos seus Comissários técnicos de 1905."

1060 J. BARBERIS (est. cit., 2000, p. 39): "Introduce, sin embargo, alguna modificación en su argumentación jurídica: reconoce que existen algunos tratados que no son anulados por una guerra posterior como, por ej., un tratado definitivo de limites. Pero afirma que ello no ocurrió con el Tratado de San Ildefonso, porque se trataba solo de un tratado preliminar."

1061 "Tratado de limites na América, entre D. João V, rei de Portugal, e D. Fernando VI, rei de Espanha, assinado em Madri, em 13 de janeiro de 1750, e ratificado por parte de Portugal, em 26 do dito mês, e pela de Espanha em 8 de fevereiro do mesmo ano" (reproduzido em Antonio Pereira PINTO, **Apontamentos para o direito internacional** (intr. Antonio Augusto CANÇADO TRINDADE, Brasília: Ministério da Justiça em co-ed. com a Ed. UnB, 2ª ed., 1980, 3 vols., vol. III, p. 346-357). Diversamente do ocorrido no Tratado de Santo Ildefonso (1777), do qual se enfatizava o caráter preliminar e que deveria ser substituído por três tratados definitivos. O Tratado de Madri (1750) continha cláusula expressa, no artigo XXVI, para ressalvar a validade deste, mesmo em caso de conflagração armada entre as partes contratantes: "Este tratado, com todas as suas cláusulas, determinações, será de perpétuo vigor entre as duas Coroas, de tal sorte que, ainda em caso (que Deus

bastante abrangente: "o presente tratado será o único fundamento e regra, que adiante se deverá seguir, para a divisão e limites dos dois domínios em toda a América e na Ásia; e, em virtude disso, ficará qualquer direito e ação, que possam alegar as duas Coroas, por motivo da Bula do Papa Alexandre VI, e de feliz memória e dos tratados de Tordesilhas, de Lisboa e Utrecht[1062], da Escritura de venda, outorgada em Saragoça, e de outros quaisquer tratados, convenções e promessas; o que tudo, enquanto trata da linha da demarcação, será de nenhum valor e efeito, como se não houvera sido determinado, ficando em tudo o mais na sua força e vigor; e para o futuro não se tratará mais da dita linha, nem se poderá usar deste meio, para decisão de qualquer dificuldade que ocorra sobre limites, senão unicamente da fronteira, que se prescreve nos presentes artigos, como regra invariável e muito menos sujeita a controvérsia". Há todo um programa de ação neste.

A tentativa de fixação de fronteiras entre domínio espanhol e português, no tratado de Madri, de 1750, determinava nos artigos VII e VIII, quanto à extremidade oeste do território brasileiro, onde este deveria encontrar-se com o então vice-reino do Peru: "desde o lugar, que na margem austral do Guaporé for assinalado para termo da raia, (...) baixará a fronteira por todo o curso do rio Guaporé, até mais abaixo da sua união com o rio Mamoré, que nasce na província de Santa Cruz de la Sierra, atravessa a missão dos Moxos, e formam juntos o rio chamado de Madeira, que entra no das Amazonas ou Marañon, pela sua margem austral"; "baixará pelo álveo destes dois rios, já unidos, até a paragem situada em igual distância do dito rio das Amazonas, ou Marañon, e da boca do dito Mamoré; e desde aquela paragem continuará por uma linha, leste-oeste até encontrar com a margem oriental do Javari, que entra no rio das Amazonas pela sua margem austral; e baixando pelo

não permita) que se declarem guerra, ficará firme e invariável durante a mesma guerra, e depois dela, sem que nunca se possa reputar interrompido, nem necessite de revalidar-se. E presentemente se aprovará, confirmará e ratificará pelos dois Sereníssimos Reis, e se fará a troca das ratificações no termo de um mês, depois de sua data, ou antes se for possível". V. Jaime Cortesão, **O Tratado de Madri** (edição fac-similar, apres. Emb. Álvaro da Costa Franco, Brasília: Senado Federal, 2001, 2 vols.); v. **Tratado** (tomo X – **Direito internacional no tempo de C. van Bynkershoek e Christian Wolff**, Tratado de Madri (1750) e o *uti possidetis*).

1062 Tratado de Utrecht, assinado em 11 de abril de 1713.

álveo do Javari, que entra no das Amazonas ou Marañon, prosseguirá por este rio abaixo até a boca mais ocidental do Japuri, que deságua nele pela margem setentrional".[1063]

A intenção de substituir vários documentos e critérios por norma 'consolidada' faria sentido, mas não teve o condão de resolver todas as controvérsias possíveis, porquanto a fluidez de base veio a perpetuar-se. Já João Capistrano de Abreu assinalava[1064] a respeito do acordo de Tordesilhas: "o convênio assinado em 7 de junho de 1494, manteve o princípio enunciado pelo Papa: a divisão do mundo em dois hemisférios, pertencentes um a Portugal, outro à Espanha; modificou, porém, o número de léguas, elevando-as de cem a trezentas e setenta, e o ponto de partida para a contagem, que seria uma ilha, não especificado então nem depois, do arquipélago do Cabo Verde. O arreglo foi meramente formal e teórico: ninguém sabia o que dava ou recebia, e se ganhava ou perderia com ele, no ajuste das contas".[1065]

Depois do período de união das Coroas (1580-1640), decresceu a importância dos limites meridionais e se concentrou a atenção na

[1063] Tratado de Madri, 1750, arts. VII e VIII. Anulado o tratado de Madri pelo tratado do Pardo, de 1761, restabeleceu aquelas mesmas disposições, com insignificantes alterações, o tratado preliminar de Santo Ildefonso, de 1777, em seus artigos X e XI. Sobrevindo a guerra de 1801, entre Espanha e Portugal, quando ainda não se achavam encerradas as aludidas demarcações, pelo subsequente tratado de Badajoz, do mesmo ano, ficou anulado o de Santo Ildefonso, que aquele não revalidou. Cfr. edição Jaime Cortesão, **O Tratado de Madri** (edição fac-similar, apres. Emb. Álvaro da Costa Franco, Brasília: Senado Federal, 2001, 2 vols.). Observa Hélio Vianna, **História diplomática do Brasil** (São Paulo: Melhoramentos, 1958, cap. XXIII, 'limites com o Peru', p. 180-188, cit. p. 180-181): "Determinadas as condições em que deveriam ser determinadas as demarcações consequentes desse tratado, ficou esclarecido que uma das três partidas incumbidas de fazê-lo no setor norte seria encarregada da referida linha leste-oeste. Mas, como se sabe, não chegaram a encontrar-se, então, os comissários espanhol e português, motivo pelo qual nada se fez a respeito." (...) "Quanto às respectivas demarcações se não tiveram andamento na parte referente à citada linha leste-oeste, entre o Madeira e o Javari, tiveram-no trecho entre a foz deste último rio e as bocas do Japurá (...) e quanto ao rio Javari, propriamente, chegaram apenas até a latitude de 5º30' sul, em 1787."

[1064] João Capistrano de Abreu, **Capítulos de história colonial (1500-1800) & Os caminhos antigos e o povoamento do Brasil** (Brasília: Ed UnB, 5ª ed., rev. prefaciada e anotada por José Honório Rodrigues, 1963).

[1065] J. Capistrano de Abreu (op. cit., cap. 10 "formação dos limites", p. 192-206, cit., p. 192).

Amazônia,[1066] ante as incursões de flamengos e ingleses.[1067] Pouca atenção se deu ao sul, e o movimento de ocupação se operou muito lentamente, por parte de Portugal, acompanhando o litoral, do Amapá[1068] até Santa Catarina.

Foi mantida a separação entre as colônias espanholas e portuguesa nas Américas, mesmo durante as seis décadas do período de união das Coroas. Apontava Charles R. Boxer (1952, ed. 1973): "embora comumente se diga o contrário, os reis espanhóis respeitaram escrupulosamente esse compromisso durante as primeiras décadas do regime, não raro em detrimento de seus primitivos súditos, a cujos clamores se mantinham indiferentes".[1069] Isso porque funcionários das colônias sul-americanas queixavam-se, com frequência, de que, enquanto os portugueses não toleravam a presença de castelhanos em seus territórios ultramarinos, comerciantes portugueses, e até colonos, enxameavam por toda parte nos vice-reinos do México e do Peru. "Não obstante, a união das duas coroas não era nada popular no país menor, onde mais tarde se clamaria contra os 'sessenta anos de cativeiro', fazendo alusão ao tempo durante o qual os judeus estiveram exilados na Babilônia".[1070]

[1066] Nelson de Figueiredo Ribeiro, **A questão geopolítica da Amazônia: da soberania difusa à soberania restrita** (Brasília: Senado Federal, 2005, esp. primeira parte 'A Amazônia espanhola e a Amazônia portuguesa do tratado de Tordesilhas (1494) ao tratado de Madri (1750)', p. 1-113).

[1067] J. Capistrano de Abreu (op. cit., cap. cit., p. 193-194): "pareceu acertado confiar as novas conquistas à guarda dos portugueses, mais próximos e melhor preparados para defendê-las; a criação do governos separado do Maranhão representou um primeiro passo nesse sentido. Ainda mais decisiva foi a criação de duas capitanias hereditárias, sujeitas ambas à Coroa portuguesa, em terreno indiscutivelmente espanhol pelo espírito e pela letra de Tordesilhas: a de Cametá, concedida a Feliciano Coelho de Carvalho, limitada a oeste pelo Xingu, na margem direita, a do cabo do Norte, na margem esquerda do Amazonas, concedida a Bento Maciel Parente, limitada a oeste pelo Paru. Em 1639, Pedro Teixeira, voltando de Quito, tomou posse em nome del rei de Portugal, das terras situadas entre o rio Aguarico, afluente do Napo, e o mar; faltava-lhe autoridade para tanto; mas este ato foi mais tarde e muitas vezes invocado e aceito como título de posse."

[1068] José Sarney e Pedro Costa, **Amapá: a terra onde o Brasil começa** (Brasil: Senado Federal, 2ª ed., 1999).

[1069] Charles Ralph Boxer, **Salvador de Sá e a luta pelo Brasil e Angola, 1602-1686** (orig. publ. **Salvador de Sá and the struggle for Brazil and Angola, 1602-1686**, 1952 trad. Olivério M. de Oliveira Pinto, São Paulo: Ed. Nacional / EDUSP, 1973).

[1070] C. R. Boxer (op. cit., 1952, ed., 1973, p. 17-18).

Avalia Aziz Nacib AB'SÁBER (2005):[1071] "o preparo da defesa do território português, herdado do tratado de Tordesilhas envolveu um levantamento prático e cartográfico pioneiro da costa tropical e subtropical da América meridional. Os sítios escolhidos para a instalação de fortalezas foram estrategicamente selecionados. A construção dos fortes de defesa na costa brasileira, nos séculos XVI e XVII, realizou-se de forma sistemática pela Coroa portuguesa, por meio do uso da mão-de-obra mesclada de índios, escravos africanos e colonos lusitanos. Uma odisséia construtiva, que pelas dimensões, se rivalizava com os velhos castelos medievais europeus. A coleção de fortes litorâneos se estende desde o Amapá até Santa Catarina, quando termina a série de portos seguros identificados pelos portugueses".[1072]

Do Paraná e de Santa Catarina, continuou do mesmo modo a ocupação do litoral, ainda depois de 1640: "por sua parte, os espanhóis não curaram de ocupar a margem esquerda do Prata, descuido verdadeiramente inexplicável, se não duvidavam de seus direitos, a menos que se não explique pela certeza de sua intangibilidade".[1073]

Assinada a paz que reconheceu a sua independência, o monarca português outorga uma capitania a um dos netos de SALVADOR CORREIA, balizando-a pelo estuário platino. Em 1680 os portugueses fundam, na margem setentrional do Prata, a dez léguas de Buenos Aires, a colônia do Sacramento[1074].

[1071] Extenso e variado em sua configuração geomorfológica, o litoral brasileiro teve esforço de visão e de tratamento conjunto em Aziz Nacib AB'SÁBER, **Litoral do Brasil** (versão para o inglês/ English version Charles HOLMQUIST, São Paulo: Metalivros, 2005, cit. p. 26-27).

[1072] Considerava, na Haia, RODRIGO OCTÁVIO [LANGGAARD MENEZES], a questão **Les sauvages américains devant le droit** (RCADI, 1930, t. 31, p. 177-292).

[1073] J. CAPISTRANO DE ABREU (op. cit., loc. cit.).

[1074] J. CAPISTRANO DE ABREU (op. cit., loc. cit.): "Apenas certificou-se de sua existência, o governador espanhol atacou-a e tomou-a. A notícia transmitida à Europa quase desencadeou nova guerra. Procurou-se, ainda uma vez, e agora com mais veras, apurar o verdadeiro alcance da linha de Tordesilhas. Não se conseguiu. A Espanha condescendeu em reconstruir a fortaleza e restituir provisionalmente o território, para fastar qualquer motivo de irritação do debate, que deveria continuar no terreno científico. / "Ao rebentar a guerra de sucessão da Espanha, el-rei de Portugal esposou a causa do Duque de ANJOU, que por isso lhe cedeu o território disputado no Prata. Mais tarde mudou de partido e aliou-se à Inglaterra, a favor do pretendente austríaco. Daí resultou novo ataque e nova tomada da colônia do Sacramento, que permaneceu em mãos do inimigo, de 1706 a 1715".

Nessa mesma época, havia "plano francês para a conquista de Buenos Aires" (1660-1693) de autoria de Barthélemy De MASSIAC, ou mais exatamente **Memória sobre o estabelecimento de uma colônia em Buenos Aires ou na margem oposta do rio da Prata**, pelo senhor de Ste.-Colombe (1664).[1075] Esse engenheiro militar francês, chega a Buenos Aires, em 1660, procedente da África, de passagem para Lisboa. Permanece De MASSIAC dois anos na cidade às margens do rio da Prata, durante os quais ocultaria a sua identidade, e em segredo, traça planos da cidade e seus arredores. Enviado preso à Espanha, termina a redação de seu memorial, com seu irmão Pierre, e o envia, de Madri, em 1664, a COLBERT, o grande ministro de LUIS XIV.

Naquela altura, COLBERT faz série de perguntas a respeito da cidade de Buenos Aires, respondidas detalhadamente por MASSIAC. Embora o assunto não prospere na ocasião, cinco anos depois, COLBERT menciona ao rei que havia lido informe a respeito da possibilidade de invadir Buenos Aires. A idéia ainda ressurgirá fugazmente, muitos anos mais tarde, em 1693.[1076]

Nesse meio tempo, a colônia do Sacramento muda de mão várias vezes, entre Espanha e Portugal. O tratado de Utrecht (1713),[1077] manda restituir a colônia a Portugal, e restitui-la com seu território. Qual o seu território? Indagava CAPISTRANO DE ABREU: "Toda a margem esquerda do Prata, pretenderam os portugueses; o espaço alcançado por um canhão da fortaleza, entendiam os espanhóis; triunfaram estes. Aqueles tentaram estabelecer-se em Montevidéu, mas seus esforços foram

1075 MASSIAC, Barthélemy De, **Plan francés de conquista de Buenos Aires 1660-1693** (orig. publ. **Mémoire touchant l'établissement d'une colonie à Buenos Ayres ou sur la rive opposée du Rio de la Plata**, 1664, investigación, introdución y trad. de Maud De Ridder de ZEMBORAIN, Buenos Aires: Emecé, 1ª ed., 1999).

1076 M. De Ridder de ZEMBORAIN (est. cit., 1999, cit. p. 11): "De todos los testimonios conocidos sobre el Buenos Aires del siglo XVII el más cautivante es, sin duda alguna, la **Memoria** de Barthélemy De MASSIAC. Escrita durante su estada en este puerto, entre 1660 y 1662, esta **Memoria** presenta, además de las descripciones físicas del lugar, un estudiado proyecto de conquista del Rio de la Plata hasta las minas del Potosi por LUIS XIV, rey de Francia. Fue enviada a su ministro COLBERT desde Madrid en 1664 y firmada por su hermano Pierre De MASSIAC, Sieur de Ste.-Colombe. Se publicó por primera vez en 1933 en el *Journal de la Société des Américanistes*, tomo XXV, Paris, com prólogo de Paul ROUSSIER."

1077 Tratado de Utrecht, assinado em 11 de abril de 1713.

perdidos".[1078] Fontes argentinas, por exemplo Félix LUNA (2000),[1079] parecem esquecer-se ter sido a colônia do Sacramento fundada e mantida durante tempo considerável pelos portugueses.[1080]

"No século XVII, um acontecimento transcendental, que sobreleva aos demais: é a corrida para o interior, a avançada para a região misteriosa dos sertões" – considera J. G. de LEMOS BRITO (1923, ed. 1980) – de início como "iniciativas vacilantes dos primeiros tempos tomam,

[1078] J. CAPISTRANO DE ABREU (op. cit., p. 195-196): "A fundação da colônia do Sacramento devia servir de ponto de partida para um povoamento que, partindo do Prata, iria ter à beira-mar. Este plano falhara; restava o plano contrário: estabelecer-se na marinha, estender-se pelo interior, até chegar às águas platinas, em outros termos, povoar o rio de São Pedro, mais tarde chamado Rio Grande do Sul."

[1079] Félix LUNA, **Breve história de los argentinos** (Buenos Aires: Planeta, © 1993, sexta edición, 2000)

[1080] F. LUNA (op. cit., 6ª ed., 2000, 'guerra contra el Brasil', p. 83-85): "Si bien la Banda oriental estuvo en su momento bajo la hegemonía de ARTIGAS, los portugueses, que siempre la habían codiciado, empezaron una invasión lenta, pero progresiva y firme, que terminó en 1820 con la ocupación de Montevideo. Un año después se proclamaba a la Banda oriental, Provincia Cisplatina; es decir, una província más del imperio portugués – y, a partir de la independencia, una província más del imperio del Brasil –. Esto era inaceptable. / La Banda oriental habia pertenecido siempre a la Corona española y no olvidemos que una de las nociones jurídicas se mantuvo durante los gobiernos patrios fue el princípio de que las nuevas naciones conservarían las mismas fronteras de las jurisdicciones coloniales. Es decir que así como el Virreinato del Río de la Plata llegaba hasta el desaguadero en el Perú, Bolívia, ya convertida en república, no pretendió pasar mas allá del Desaguadero. Del mismo modo, la Banda oriental habia pertenecido siempre a la corona española y su ocupación por los portugueses era una usurpación. (...) Después de una guerra casi empatada con Brasil (en Ituzaingó se ganó la guerra terrestre, pero el bloqueo brasileño fue muy duro y asfixió económicamente a las Províncias unidas), se logró un tratado de paz, por el cual la Banda oriental se constituiría en república independiente. Asi se completó la fragmentación del antiguo Virreinato: Bolívia se habia declarado independiente con el asentimiento del Congreso, Paraguay seguia en estado de neutralidad y de encerramiento y la Banda oriental se convertió en República oriental del Uruguay. / A partir de ese momento quedaron definidas las fonteras de lo que después sería la República argentina, pero la guerra con el Brasil y los intentos utópicos de RIVADAVIA terminaron con el régimen presidencial: el experimento unitario se frustró con la renuncia de RIVADAVIA y el país regresó a su anterior situación. Es decir, la de trece províncias que se gobernaban cada una por sus instituciones, pero que confiaban a Buenos Aires el manejo de las relaciones exteriores."

agora, uma força, uma intensidade, uma violência extraordinária",[1081] de tal modo que "quando este século se aproxima do seu ocaso, já o Brasil tem as suas fronteiras dilatadas, alargadas, postas no confim de terras que o famoso tratado de Tordesilhas havia adjudicado à coroa de Espanha. E é precisamente por essa época que se começa a deslocar o eixo da prosperidade econômica do norte para o sul da colônia".[1082]

"Além do pavor do ignoto, da impressão produzida pelos desastres das primeiras expedições, da míngua de recursos, da falta de apoio da parte da coroa, havia o receio de que essas incursões acabassem por criar uma situação tensa entre Portugal e Espanha, em face do tratado de Tordesilhas, vindo a coroa a inutilizar o hercúleo esforço despendido, senão entregar a este último país as terras desbravadas", aduz Lemos Brito: "de repente, porém, ai pelos meados do século XVII, todos esses receios, todos esses temores, todos esses escrúpulos, cedem a uma ânsia insofrida de desbravamento e de riquezas. O que se fazia a passo lento, e a longa distância, vai agora fazer-se rápida, desabaladamente".[1083]

A rápida expansão do Brasil pelo Amazonas, até o Javari, no Mato Grosso, até o Guaporé e agora no Sul, urgiu a necessidade,[1084] de atacar de frente a questão de limites entre possessões portuguesas e espanho-

[1081] José Gabriel de Lemos Brito, **Pontos de partida para a história econômica do Brasil** (orig. publ. 1923, São Paulo / Brasília: Nacional / INL, 3ª ed., 1980, col Brasiliana, vol. 155).

[1082] J. G. de Lemos Brito (op. cit., 1923, ed. 1980, 'o desbravamento dos sertões e a obra realizada durante o século XVII', p. 77-86; a seguir 'século XVIII – o norte, o centro e o sul em face do estrangeiro', p. 87-96; e 'século XVIII – o norte, o centro e o sul em face dos problemas internos', p. 97-101, cit. p. 77-78 e prossegue): "A tentação do ouro chega ao paroxismo. As grandes bandeiras, substituindo as tímidas entradas, arremessam-se com estrondo pelas regiões ignotas, misteriosas e fechadas ao *ousio* humano; para vencê--las, transpô-las, dominá-las, têm que abrir estradas sobre pântanos, rasgar extensíssimas picadas nas florestas virgens, atravessar rios vertiginosos, dominar cachoeiras fulminantes, pendurar-se à crista dos abismos, fazer ascensões maravilhosas de alpinistas ao liso das montanhas graníticas, enfrentar feras e reptis, sofrer o insulto da malária, padecer a ação torturante dos insetos, curtir muita vez a fome e a sede, ou sustentar a cada passo luta feroz, tenaz, diabólica, com o selvagem."

[1083] J. G. de Lemos Brito (op. cit., ed. cit., p. 79-80).

[1084] J. Capistrano de Abreu (op. cit., loc. cit.).

las, no velho e no novo mundo, sempre adiada, sempre renascente, interpretando autenticamente o convênio de 1494. Com este fim, os dois monarcas da península assinaram um tratado em Madri, a 13 de janeiro de 1750.

Pelo Tratado de Madri (1750),[1085] Espanha e Portugal neste reconhecem ter violado os dispositivos de Tordesilhas (1494), uma na Ásia, outra na América. Começaram portanto, abolindo a "demarcação acordada em Tordesilhas, assim porque se não declarou de qual das ilhas do Cabo Verde se havia de começar a conta das trezentas e setenta léguas, como pela dificuldade de assinalar nas costas da América meridional os dois pontos ao sul e ao norte, donde havia de principiar a linha, como também pela impossibilidade moral de estabelecer com certeza pelo meio da mesma América uma linha meridiana." Abolem, igualmente, quaisquer outros atos referentes a limites.

O Tratado de Madri (1750) evidencia mudança substancial de paradigma – da linha meridiana, até então ao menos nominalmente vigente, nos documentos oficiais, passam a limites naturais, "tomando por balizas as passsagens mais conhecidas para que em tempo nem um se confundam, nem dêem ocasiões a disputas, como são a origem e curso dos rios e os montes mais notáveis".

Salvo mútuas concessões inspiradas por conveniências comuns, para os confins ficarem menos sujeitos a controvérsia,[1086] ficaria cada parte

[1085] V. **Tratado** (tomo X – **Direito internacional no tempo de C. van Bynkershoek e Christian Wolff**, Tratado de Madri (1750) e o *uti possidetis*); J. Cortesão, **O Tratado de Madri** (edição 2001, 2 vols.).

[1086] J. Capistrano de Abreu (op. cit., p. 196-197): "Maior importância que às terras prestou-se ao aproveitamento dos rios. Estabeleceu-se que a navegação seria comum quando cada um dos reinos tivesse estabelecimentos ribeirinhos; se pertencessem à mesma nação ambas as margens, só ela poderia navegar pelo canal. Para ficar com a navegação exclusiva do Prata, a Espanha trocou a colônia do Sacramento pelas missões do Uruguai. Encarregadas de assentar os limites iriam duas tropas de comissários, uma pelo Amazonas, outra pelo Prata." E prossegue (p. 198): "Em troca da colônia do Sacramento e navegação exclusiva do Prata, a Espanha cedera a Portugal a navegação exclusiva do Uruguai com os sete povos das missões jesuíticas: São Nicolau, São Miguel, São Luís Gonzaga, São Borja, São Lourenço, São João e Santo Angelo, fundados entre 1687 e 1707, alguns com os restos de reduções que escaparam à sanha dos mamalucos. Ceder terras com habitantes é amputação dolorosa, ainda hoje praticada; entregar as terras, deixando os bens de raiz, levando os moradores apenas os móveis e semoventes reporta à crueza dos Assírios. Entretanto,

com o que atualmente possuísse –[1087] e esta é a formulação original do *uti possidetis*, à qual se ateve o Brasil nas suas negociações territoriais. Esse critério, da efetividade da posse, nortearia as soluções das questões de fronteiras, em quase todas as controvérsias entre o Brasil e os seus vizinhos, exceto no caso do Paraguai.

As dificuldades para a aplicação do Tratado de Madri (1750), por meio do qual as fronteiras do Brasil se estipulavam com base no *uti possidetis*, serviram então como pretexto para que seus signatários o considerassem nulo, dados os descontentamentos e as desconfianças que suscitou. Esse legado pode ser criticamente avaliado.[1088]

Falecido FERNANDO VI e subindo ao trono CARLOS III, foi anulado o tratado de Madri (1750) pelo Pacto firmado em El Pardo, em 12 de

as duas Cortes julgaram consumar facilmente este ultraje à humanidade se os jesuítas as ajudassem, pesando sobre o espírito dos índios. Os jesuítas acreditaram-se poderosos para tanto e bem caro pagaram este acesso de fraqueza ou de vaidade: quando os índios se levantaram, desmentindo ou antes engrandecendo seu padres, mostrando que a catequese não fôra mera domesticação e a vida interior vibrava-lhes na consciência, aos jesuítas foi atribuída a responsabilidade exclusiva em um movimento natural, humano e por isso mesmo irresistível."

[1087] V. **Tratado** (tomo X – **Direito internacional no tempo de C. van Bynkershoek e Christian Wolff**, Tratado de Madri (1750) e o *uti possidetis*). Ainda J. CAPISTRANO DE ABREU (op. cit., loc. cit.): "Depois de tantos anos e de tantas canseiras nem um passo se dera para realizar o ideal afagado pelo Tratado de Madri.Para os interesses de Portugal, a solução não foi desvantajosa: estribado no *uti possidetis*, dando-lhe uma extensão inconciliável com o Tratado de Madri, pôde agora satisfazer a sua avidez de terras." V. tb. J. CORTESÃO, **O Tratado de Madri** (edição fac-similar, 2001, 2 vols.).

[1088] Luiz Alberto MONIZ BANDEIRA, **La formación de los Estados en la cuenca del Plata: Argentina, Brasil, Uruguay, Paraguay** (© 2006, trad. de Miguel GRINBERG, Buenos Aires: Grupo Editorial Norma, 2006, cap. III, "Fundación de la colônia del Sacramento – teoria de las fronteras naturales – Portugal y Inglaterra en el siglo XVIII – Tratado de Madrid y configuración territorial de Brasil", p. 63-76, cit. p. 68-69): "Si la soberania de España sobre el territorio de las misiones era, como se sabe, nominal, la toma, *ipso facto*, no sería fácil para Portugal. Los indígenas, bajo el comando de los jesuitas, se rebelaron y, negándose a abandonarlo, resistieron con armas en las manos a las fuerzas conjuntas de España y Portugal, que los acometieron para desalojarlos. La guerra duró varios años y las tropas regulares de los dos países, que en ella se involucraron, experimentaron serios reveses frente a la tenacidad y la bravura con que combatían los guaraníes."

fevereiro de 1761.[1089] Este tratado deveria ser "de perpétuo vigor entre as duas Coroas",[1090] mal durou uma década!

Sucedendo a José I, pela primeira vez, uma rainha no trono de Portugal, vem a ser celebrado o Tratado de Santo Ildefonso, de 1º de outubro de 1777, "em quase tudo semelhante ao de Madri, e mais humano e generoso que este, pois não impunha êxodos cruentos".[1091] Assim, "o *uti possidetis*, reconhecido em 1750, anulado em 1761, veio outra vez a prevalecer. Se não se explicasse pela superioridade relativa das posições portuguesas nas zonas litigiosas, seria uma das ironias da história averiguar que do mero apego à posse das Filipinas procederam todas as concessões por parte da Espanha."

As modificações mais notáveis apanharam a fronteira meridional: a Espanha não mais concordou que Portugal tivesse direito a navegar no rio Uruguai, e por isso impôs uma fronteira tal que as possessões portuguesas só abeirassem o rio ao oriente do Pepiri-guaçu.[1092] As previsões

[1089] Do "Preâmbulo" do Tratado d'El Pardo, de 12 de fevereiro de 1761: "estipulado substancial e positivamente para estabelecer uma perfeita harmonia entre as duas Coroas e uma inalterável união entre os vassalos delas, se viu pelo contrário que desde o ano de 1752 tem dado e daria no futuro muitos e muito frequentes motivos de controvérsias e contestações opostas a tão louváveis fins". Tb. reproduzido pelo Barão do Rio Branco, **Questão de limites brasileira-argentina** (Nova York, 1894, vol. IV, p. 71-72); v. tb. Jaime Cortesão (intr., notas e sumário), **Do tratado de Madri à conquista dos sete povos (1750-1802)** (Manuscritos da Coleção De Angelis, vol. VII, Rio de Janeiro: Biblioteca nacional / Divisão de publicações e divulgação, 1969, esp. parte III, 'tratado do Pardo e guerra do Pacto de família', cit. 'introdução', p. 10): "evocam-se muito rapidamente os fatos que anularam o tratado de Madri e a boa paz reinante entre as duas coroas peninsulares" (...) "deve, no entanto, assinalar-se o documento de n. xx, pelo qual se fica sabendo quanto fora profunda a penetração luso-brasileira até às margens dos rios Jejuí e Iguatemi, onde os espanhóis, encarregados de demolir os marcos, erigidos a quando os trabalhos da demarcação, encontraram muitos ranchos, restos de povoações, abandonadas ou semi-destruídas."

[1090] J. Capistrano de Abreu (op. cit., p. 199): "O Tratado de Madri, exatamente porque resolvia uma questão secular, fôra atacado com violência em ambas as cortes, e a cordialidade dos dois monarcas que o assinaram não teve eco nos respectivos povos."

[1091] J. Capistrano de Abreu (op. cit., p. 201).

[1092] Tratado de Santo Ildefonso (1777), art. VI: "ficará também reservado no restante da linha divisória, tanto até a entrada no Uruguai do rio Pepiri-guaçu, quanto no progresso que se especificará nos seguintes artigos, um espaço suficiente entre os limites de ambas as nações, ainda que não seja de igual largura à das referidas lagoas, no qual não possam

de demarcação de fronteiras se arrastaram durante longos anos, sem alcançar resultados.

A eclosão de outra guerra entre Portugal e Espanha tornou caduco o Tratado de Santo Ildefonso e "os debates inanes das demarcações ainda continuavam em 1801, ao rebentar a guerra entre Portugal e Espanha. *Ipso facto* caducaram os tratados".[1093]

O período "do tratado de Madri à conquista dos sete povos",[1094] em 1802, se inscreve no "longo processo histórico, iniciado pelos bandeirantes paulistas em 1627, com a primeira bandeira de Raposo TAVARES ao Guairá, repelida pelos índios, armados de espingardas, sob o comando dos jesuítas,[1095] seguida pela saída destes últimos daquela missão – continuada com as bandeiras ao Itatim e ao Tape, – ação prolongada por aquele grande bandeirante até ao Madeira e ao delta do Amazonas, e completada pela fundação da colônia do Sacramento. Logo sancionada pelo tratado de Madri, de curta duração, para dar lugar aos múltiplos esforços dos espanhóis, através da guerra do Pacto de família e do tratado de Santo Ildefonso, no sentido de reduzir o mais possível a expansão do Brasil na direção do

edificar-se povoações por nenhuma das duas partes, nem construir-se fortalezas, guardas ou postos de tropas, de modo que os tais espaços sejam neutros, pondo-se marcos e sinais seguros, que façam constar aos vassalos de cada nação o sítio de que não deverá passar; a cujo fim se buscarão os lagos e rios, que possam servir de limite fixo e inalterável, e em sua falta os cumes dos montes mais sinalados, ficando estes e as suas faldas por termo neutral e divisório, em que não se possa entrar, povoar, edificar nem fortificar por alguma das duas nações."

1093 J. CAPISTRANO DE ABREU (op. cit., p. 204-205).

1094 Jaime CORTESÃO, **Do tratado de Madri à conquista dos sete povos (1750-1802)** (Manuscritos da Coleção De ANGELIS, intr., notas e sumário de J. CORTESÃO, vol. VII, Rio de Janeiro: Biblioteca nacional / Divisão de publicações e divulgação, 1969); v. tb. J. CORTESÃO, **O Tratado de Madri** (edição 2001, 2 vols.); **Tratado** (tomo X – **Direito internacional no tempo de C. van Bynkershoek e Christian Wolff**, Tratado de Madri (1750) e o *uti possidetis*).

1095 Sítio arqueológico considerado patrimônio cultural mundial, v. Manrique ZAGO (dir. edtrl.) y Prof. Arq. Jorge O. GAZANEO (dir. cient.), **Las misiones jesuíticas del Guayrá** (fotografías Carlos MORDO, textos de Salvador CABRAL, Aníbal G. AMAT, Liliana ROJAS, Graciela CAMBAS, Martín M. MORALES S.J., Jorge O. GAZANEO, Alberto De PAULA, Bozidar D. SUSTERSIC, Roberto Di STEFANO, Buenos Aires / Verona, Italia: UNESCO / ICOMOS, 2ª ed., 1995).

Prata, terminada, enfim com a conquista, pelos luso-brasileiros, dos Sete povos".[1096]

A conquista dos Sete povos das missões orientais foi feita com missão de José Borges do CANTO, que recebe do tenente-coronel Patrício José Correia da CÂMARA pólvora e balas para quarenta homens e com o auxílio de índios amigos surpreendentemente conseguiu,[1097] "graças à suposição de que dispunha de maiores forças, à ajuda de outros indígenas, que com tratamento generoso soube captar à aliança portuguesa e sobretudo graças à própria audáciae aos novos recursos fornecidos pelas autoridades, inclusive o levado pelo capitão Manuel dos Santos PEDROSO, e que desautorizaram a antiga versão de ter sido principalmente de iniciativa particular essa ação militar".[1098]

1096 J. CORTESÃO (op. cit., 1969, 'introdução', p. 7-12, cit. p. 7 e 9): "Para todos esses fatos a Coleção DE ANGELIS trouxe novas fontes e luzes, que permitem uma interpretação mais exata deste longo período de capital importância na história do Brasil." (...) "Duma grande importância para fomentar o espírito de animosidade criada entre os missionários foi o parecer dos Mestres jesuítas de Córdova, cabeça da Ordem, nas províncias do Prata e do Paraguai, que haviam decidido, em seu alto juízo, que os preceitos do padre geral não obrigavam aos missionários, pois bastava conhecer a doutrina cristã para concluir que o tratado de 1750 era injusto, no que respeitava ao traçado da linha divisória entre a América portuguesa e a América espanhola. Este parecer foi divulgado entre os seus colegas dos Sete povos pelo padre CARDIEL. Igual importância teve a opinião do padre RAVAGO, confessor do rei, o qual depois de ter aprovado, com o seu voto e influência junto do monarca, o tratado, agora o condenava e comunicava a sua condenação aos padres da Missão dos Sete povos." V. tb. RODRIGO OCTÁVIO [LANGGAARD MENEZES], **Les sauvages américains devant le droit** (RCADI, 1930, t. 31, p. 177-292).

1097 Hélio VIANNA, **História do Brasil** (São Paulo: Melhoramentos / EDUSP, 12ª ed., 1975, esp. caps. XXXI – Povoamento do Rio grande de são Pedro, XXXII – 'Tratado de Madrid, de 1750', XXXIV – Lutas contra os espanhóis ao sul e oeste do Brasil (1762-1777)', XXXV – Tratado de santo Ildefonso' e XL – Política exterior da regência de D. João em Portugal e repercussões no Brasil, p. 295-346); tb. H. VIANNA, **História diplomática do Brasil** (São Paulo: Melhoramentos, 1958).

1098 H. VIANNA (op. cit., 12ª ed., 1975, 'conquista dos Sete povos das missões orientais do Uruguai', p. 344-345), prossegue: "Capitulando em São Miguel o tenente-coronel Francisco RODRIGO e submetendo-se São Borja aos luso-brasileiros, chegaram estes a incursionar até mesmo na margem direita do rio Uruguai, quando já governava os conquistados Sete povos o sargento-mor Joaquim Felix da Fonseca MANSO. Era esta a situação, quando chegou a notícia da paz de Badajoz".

A conquista dos Sete povos pelos luso-brasileiros, aponta com base em documentos da época, mostra quanto era "necessário fomentar por meios adequados o povoamento e organização das regiões fronteiriças, assim como regulamentar o comércio com os portugueses, de modo a contê-los em seus limites".[1099] E conclui Jaime CORTESÃO (1969): "esse fato, a nosso ver, lucidamente compreendido, faz avultar as acertadas providências de Alexandre de GUSMÃO, ao promover o povoamento do Rio grande de São Pedro por açorianos e a sua organização em companhias de milícias. Essa, uma das grandes vantagens dos luso-brasileiros, que tão facilmente conquistaram os Sete povos aos espanhóis, e, mais particularmente, aos índios, sobre os quais pesava ainda a ação dos jesuítas do Paraguai".[1100]

[1099] J. CORTESÃO (op. cit., 1969, parte V, 'a conquista dos Sete povos', e cit. 'introdução', p. 11-12) refere "mais notável de todos os documentos desta seção é a **Memória de d. Felix de AZARA sobre a necessidade e meios de defender a fronteira do sul contra os luso-brasileiros.** O célebre geógrafo e naturalista, figura primacial das comissões demarcadoras, quer espanholas, quer portuguesas, naquela época, deixou nesse documento um valiosíssimo testemunho sobre o gênero e estilo de vida das populações do Prata, as condições econômicas do seu desenvolvimento e, muito em particular, nas relações com os seus vizinhos de fronteira, os luso-brasileiros do Rio grande do sul. A sua **Memória** constitui, por esse motivo, um documento de base para o estudo da formação econômica e social, quer da atual República do Uruguai, quer do estado do Rio grande do sul. / Ora advoga a necessidade de introduzirem muitos portugueses no território do atual Uruguai, justificando largamente essa proposta e referindo-se às razões do fracasso de D. Pedro CEVALLOS, quando fundou com eles a povoação de São Carlos, junto de Maldonado; ora menciona os muitos que subsistiram no Paraguai, em Mendoza e outras partes daquelas províncias, porque lhes foi possível adquirir fazendas, e eram, então, 'os moradores mais úteis, industriosos, ricos e asseados'. / Como D. Pedro CEVALLOS, AZARA mostra-se extremamente preocupado com a capacidade de expansão dos luso-brasileiros, que já se haviam apoderado do comércio do território de Misiones, e em parte do de Corrientes, Paraguai, Santa Fé, mas ameaçavam ainda ocupar as terras respectivas. Em seu entender, era necessário fomentar por meios adequados, o povoamento e organização das regiões fronteiriças, assim como regulamentar o comércio com os portugueses, de modo a contê-los nos seus limites. / Finalmente, uma memória dum espanhol anônimo refere ao Vice-rei do Prata, as causas da conquista dos Sete povos pelos portugueses, entre as quais a desorganização das tropas espanholas, a incompetência do comando, e, mais que tudo, a submissão dos índios à comunidade dos seus respectivos povos, que os abate e descontenta, o que torna impossível organizá-los, por maneira eficaz, em companhias de naturais."

[1100] J. CORTESÃO (op. cit., 1969, loc. cit.).

No tratado de Badajoz, em 1801, foi omitida cláusula que pudesse assegurar efeito repristinatório[1101] ao tratado de Santo Ildefonso, de 1777, observava o Visconde do RIO BRANCO, na Memória apresentada ao governo argentino, em 26 de novembro de 1857.[1102] Dessa forma, "a Espanha conservou a praça de Olivença, que tinha conquistado pelo direito de guerra, e Portugal todo o território pertencente à Espanha, que em virtude do mesmo direito, ocupara na América".

Todavia, embora não especificasse o referido tratado a restituição das terras conquistadas, pretendeu o Vice-rei do rio da Prata obter que se voltasse ao *statu quo*, que era a situação estabelecida no convênio de Santo Ildefonso, conquanto não tivessem chegado a termo as respectivas demarcações. Opôs-se a essas pretensões o brigadeiro Francisco João ROSCIO, novo governador do Rio grande de são Pedro, assim permanecendo definitivamente brasileiro o território dos Sete povos das missões.[1103]

Depois disto não houve mais questões sobre limites americanos entre as duas metrópoles peninsulares. O conhecimento do passado é fundamental, como diz Fernand BRAUDEL e retoma Ana VICENTE, para abordar os desafios do presente.[1104] As questões remanescentes teriam de ser enfrentadas pelos países da região, após acederem às respectivas independências e condição de sujeitos de direito internacional.

Do ponto de vista das unidades territoriais, os dois países provinham de construções jurídicas tardias: "o território herdado pelo Brasil resultara do tratado de Madri, de 1750; o da futura Argentina da criação do vice-reino do rio da Prata, em 1778".[1105] Mas deu-se evolução inversa nos

1101 J. M. Othon SIDOU, **Dicionário jurídico** (Rio de Janeiro: Forense univ., 3ª. ed., 1995, cit. p. 674): **repristinamento** – "retomada de vigor de um preceito legal em razão da perda de vigência da lei que o revogara; princípio, em regra, não adotado pelo direito brasileiro, a não ser que a nova lei expressamente restaure o preceito afastado".

1102 cit. H. VIANNA (op. cit., ed. 1975, p. 346).

1103 H. VIANNA (op. cit., ed. 1975), tb. H. VIANNA, **História das fronteiras do Brasil** (Rio de Janeiro: Biblioteca Militar – Ministério da Guerra, vols. 132-133, 1948).

1104 Ana VICENTE, **Portugal visto pela Espanha** (prólogo Fernando MORÁN, Lisboa: Assírio & Alvim, 1992).

1105 Boris FAUSTO e Fernando J. DEVOTO, **Brasil e Argentina: um ensaio de história comparada (1850-2002)** (trad. dos textos em castelhano Sérgio MOLINA, São Paulo: Ed. 34, 2004).

dois casos, ao menos sob o ponto de vista territorial, porquanto o Brasil conta área três vezes maior que a da Argentina (8,5 milhões de Km^2 contra 2,8 milhões de Km^2), mas o vice-reinado do Prata contava, em 1810, com 5 milhões de Km^2. A pergunta – "por que a Argentina, ao contrário do Brasil, não conservou a precedente unidade territorial tem suscitado muitas opiniões nas respectivas historiografias".[1106]

Na negociação visando a solução da controvérsia territorial, a Argentina invocou a **sucessão de estados** em relação a tratados internacionais, onde sucederia aos direitos da Espanha, estipulados pelo Tratado de Santo Ildefonso (1777), última convenção a respeito de limites, subscrita entre Espanha e Portugal. O Brasil sustentou que o Tratado de Santo Ildefonso teria caducado quando da guerra superveniente entre as antigas metrópoles, e não teria sido recolocado em vigor, por ocasião da Paz de Badajoz (1801), entre Espanha e Portugal.

Ante a inexistência de títulos jurídicos válidos, na época da independência dos países da região, não havendo tratado vigente, fixando os limites, entre Espanha e Portugal, caberia aplicar o *uti possidetis*, no sentido de determinar a posse exercida pelos respectivos países:[1107] "estes

[1106] B. FAUSTO e F. J. DEVOTO (op. cit., 2004, cap. 1 – a herança do passado e a construção nacional, p. 29-145, esp. 'território, unidade, desagregação', p. 29-40): "O tratado de Madri ampliara o território reconhecido como pertencente a Portugal para regiões, em sua maioria, muito pouco povoadas – com exceção do Sul –, não dominadas e sobre as quais nenhuma outra potência colonial exercia efetiva jurisdição. O vice-reinado fora criado por meio da reorganização de jurisdições preexistentes do império espanhol e era uma unidade nova, sobrepondo-se em alguns pontos a territórios densos e administrativamente coesos (como o do alto Peru ou do Paraguai), que, ou funcionavam com razoável autonomia, ou dependiam de outros centros do poder espanhol. Isso fazia da nova jurisdição uma unidade muito mais superficial."

[1107] O Império apresenta esta tese em 26 de novembro de 1857, por meio do representante diplomático, José Maria da Silva PARANHOS, mais tarde Visconde do RIO BRANCO, em nota ao Governo argentino: "As Convenções com que as duas Coroas de Portugal e Hespanha procuraram dividir entre si as terras ainda não descobertas, ou conquistadas na América, e extremar suas possessões já estabelecidas no mesmo continente, nunca surtiram o desejado effeito. / "As dúvidas e incertezas de tais estipulações, os embaraços emergentes de uma e outra parte, e por fim a guerra, successivamente inutilizaram todos os ajustes, e consagraram o direito do *uti possidetis* como o único título e a única barreira contra as usurpações de uma e outra nação, e de suas colônias na América meridional. / "As últimas estipulações ajustadas e concluidas entre as duas Coroas para a demarcação de seus domínios no novo mundo são as do Tratado preliminar de 1º de outubro de 1777, disposições em grande parte

princípios têm por si o assenso da razão e da justiça, e estão consagrados no direito público universal".[1108]

A questão argentino-brasileira de limites se estenderia até o final do Império: em 7 de setembro de 1889 foi assinado tratado, ratificado a 4 de novembro do mesmo ano, concordando Brasil e Argentina em submeter a arbitragem a questão de limites, se dentro de prazo de noventa dias, contados da conclusão do reconhecimento e exploração dos rios litigiosos pela Comissão mista brasileiro-argentina, os dois governos não tivessem alcançado composição amigável.

Proclamada a república, Quintino Bocaiúva assume o posto de ministro das relações exteriores. Tendeu o novo regime a aceitar a pretensão Argentina, no sentido de se proceder à divisão do território de Palmas. Em 25 de janeiro de 1890 é assinado, em Montevidéu, o tratado que dividia o território litigioso entre as duas partes contratantes: "sob os auspícios da unidade institucional da América e em nome dos sentimentos de fraternidade que devem subsistir entre todos os povos deste continente", conforme o preâmbulo do tratado.[1109] O exato conteúdo

copiadas do Tratado de 13 de janeiro de 1750, que aquelle teve por fim modificar e esclarecer. / "O Tratado de 1777 foi roto e annullado pela guerra superveniente em 1801 entre Portugal e Hespanha, e assim ficou para sempre, não sendo restaurado pelo Tratado de Paz, assinado em Badajoz, aos seis dias de junho do mesmo anno (...) / "É pois incontestável que nem mesmo a Hespanha ou Portugal poderia hoje invocar o Tratado de 1777, porque contra semelhante pretensão protestaria a evidência do direito internacional. / "O Governo de sua Magestade o Imperador do Brazil, reconhecendo a falta de direito escripto para a demarcação de suas raias com os estados vizinhos, tem adoptado e proposto as únicas bases razoáveis e equitativas que podem ser invocadas: *uti possidetis*, onde este existe e as estipulações do Tratado de 1777, onde ellas se conformam ou não vão de encontro às possessões actuaes de uma e outra parte contractante."

[1108] Nos termos da Nota do império brasileiro ao governo argentino, de 26 de novembro de 1857 (cit., supra).

[1109] Hélio Vianna, **História diplomática do Brasil** (São Paulo: Melhoramentos, 1958, cap. XVIII, 'limites com a república Argentina', p. 142-147, item 3, 'tentativa de divisão da zona de Palmas, pelo governo provisório da república (1890-1891)', p. 145-146, cit. p. 145): "Este território que formava a maior parte da comarca de Palmas, no estado do Paraná, confinando a oeste com o território argentino de Misiones e ao sul com o estado do Rio grande do sul, media cerca de 30.621 quilómetros quadrados, com uma população, segundo o recenseamento de 30 de dezembro de 1890, de 5.793 habitantes, dos quais 5.763 brasileiros e 30 estrangeiros, entre os quais não se contava um só cidadão argentino."

desta 'fraternidade' não é facilmente determinável,[1110] especialmente entre estados!

Quando a matéria foi divulgada pela imprensa suscitou repercussão pouco habitual entre nós em relação a questões internacionais: não havia antecedente na história das relações internacionais do Brasil, com participação de toda a imprensa, ministros de estado, plenipotenciários, geógrafos, publicistas, demarcadores de fronteiras e todos quantos nos últimos anos haviam intervido na política externa brasileira, inclusive homens eminentes, do antigo e do novo regimes, conhecedores da questão, tais como o almirante barão de LADÁRIO, o barão de CAPANEMA, o conselheiro NASCENTES DE AZAMBUJA, o dr. SERZEDELO CORREIA e muitos outros, além da voz de Eduardo PRADO, escrevendo de Paris.[1111]

Como resultado de tal mobilização, "por 142 votos contra 5, o Congresso nacional, em sessão secreta de 10 de agosto de 1891, aprovou o parecer da Comissão especial, redigido pelo general Dionísio CERQUEIRA, que propunha a rejeição do tratado de Montevidéu e propunha o arbitramento" – relata A. G. de ARAÚJO JORGE (1945).[1112]

Em razão da rejeição, pelo Congresso brasileiro, do tratado de Montevidéu de 1890, visando solucionar a controvérsia territorial relativa ao território de Palmas, impropriamente chamado de Missões,[1113]

[1110] Régis DEBRAY, **Le moment fraternité** (Paris: Gallimard, 2009).

[1111] Eduardo PRADO, em artigo então publicado na *Revista de Portugal*, depois transcrito no livro **Fastos da ditadura militar no Brasil**, o "território de Missões, segundo o tratado do Sr. BOCAIUVA, é uma verdadeira cunha entrando pelo Brasil a dentro" (op. cit., 1890, p. 142); a nova divisa consistiria numa linha reta, ligando as embocaduras dos rios Chopim e Chapecó, ficando para o Brasil a região a leste da mesma, e para a Argentina a zona oeste, até os rios Pepiri-guaçu e santo Antonio. Disponível on line: Eduardo [Paulo da Silva] PRADO, **Fastos da ditadura militar no Brasil** (s/l., s/ed., 1890, Senado Federal, Biblioteca digital: http://www2.senado.leg.br/bdsf/handle/id/518725 nome 000087402.pdf).

[1112] A. G. de ARAUJO JORGE, **Introdução às obras do Barão do Rio Branco** (Rio de Janeiro: ed. MRE, 1945, p. 12-16): "A notícia da partilha, acolhida com júbilo no país vizinho, levantou entre nós um clamor intenso".

[1113] Julio BARBERIS (est. cit., 2000, II – "Las controversias territoriales del Brasil con estados hispanoamericanos", item 1 "Argentina", p. 34-38, cit. p. 34): "El limite entre la Argentina y el Brasil está dado, casi en su totalidad, por cuatro ríos: el Iguazú, el Uruguay, el Pepiri Guazú y el San Antonio. El litigio se debia a que las partes no coincidian en cuáles eran los ríos Pepiri Guazú y San Antonio. En los reconocimientos y demarcaciones efectuados en el período colonial hubo distintos critérios acerca de cuáles eran aquellos ríos."

Brasil e Argentina levaram a questão a solução por arbitragem. A questão foi decidida pelo presidente dos Estados Unidos da América, Grover Cleveland, que prolatou laudo, em 5 de fevereiro de 1895, laudo este totalmente favorável ao Brasil.[1114]

A seguir se pode passar ao exame das fronteiras com a Bolívia (27.3).

27.3. Fronteiras brasileiras com a Bolívia

Na questão de fronteiras com a Bolívia,[1115] os argumentos apresentados foram semelhantes aos adotados nas questões com o Peru e com a

[1114] Observa Julio Barberis (est. cit., 2000, p. 38): "La sentencia del Presidente Cleveland no contiene considerandos, se limita simplemente a fallar a favor del Brasil y a decidir que los ríos que constituyen el limite entre ambos Estados son los reconocidos en la demarcación habida en 1759. Por ello, resulta dificil analizar cual fué el razonamiento del árbitro que lo llevó a adoptar esta decisión, sobre todo si se tiene en cuenta que la demarcación de 1759 habia sido dejada sin effecto por el Tratado de El Pardo."

[1115] José De Mesa, Teresa Gisberti e Carlos D. Mesa Gisberti, **História de Bolívia** (La Paz : Edtrl. Gisberti y Cia., 3ª ed. atualizada, 1999, libro VII – '1880-1952', cap. II – '1899--1920. los liberales, el signo del estaño y el drama de la goma', p. 491-519, esp. 'la guerra del Acre 1899-1903', p. 498-500): "El conflicto militar del Acre tuvo su punto más álgido entre 1902 y 1903, pero comenzó realmente en 1899 con el primer levantamiento secesionista en Puerto Acre, mientras el país vivía la guerra civil en altiplano y valles. / El origen de esta guerra está en las diferencias de límites con el Brasil y la importancia económica de la goma en la región. El antecedente más crítico fue el tratado de 1867 firmado por Melgarejo, que marcó los límites binacionales entre la confluencia del Mamoré y el Beni (cediendo soberania sobre el rio Madera que es nuestro principal acceso al Atlántico en el norte) y una línea hasta las desconocidas nacientes del rio Yavarí. El mencionado tratado fue una cesión del territorio que teníamos cuando nacimos a la independencia. En 1896 el propio Pando firmó un acuerdo con Brasil en el límite de los rios Purus y Acre. Pero el detonante fue, otra vez, una cuestión económica. La fundación de Puerto Alonso, en 1899 (Puerto Alonso se conoció luego como Puerto Acre, capital del territorio de colonias a orillas del rio Acre, hoy en territorio brasileño) se hizo para instalar un puesto aduanero de recaudación de impuesto sobre exportaciones de goma. Esto molestó a los aventureros que explotabam goma y la contrabandeaban sin rubor a los estados vecinos de Pará y Amazonas. Brasil veia asi reducidos sus ingresos por 'tránsito' de la goma boliviana por sus puertos. / El 1º de marzo de 1899 el español Luis Gálvez se sublevó y declaró el estado independiente del Acre, tomando Puerto Acre. Sorpresivamente Luis Salinas Vega representante boliviano, pidió el apoyo brasileño para conjurar el levantamiento. La respuesta inicial fue positiva, pero muy pronto Brasil se desentendió del problema para luego declarar el territorio del Acre en litigio. / Entre 1899 y 1900 Bolivia envió tres expediciones: la de Andrés Muñoz, la de Lucio Perez Velasco y la de Ismael Montes. En valientes acciones de armas en

Argentina. Um ano depois do tratado de Madri, de 1750, era instalada a nova capitania geral do Mato grosso, cuja sede, como refere H. VIANNA (1958) foi propositalmente levada para perto da fronteira,[1116] em 1752, quando se criou à margem direita do rio Guaporé, a Vila bela da santíssima trindade, depois Cidade de Mato Grosso.[1117] Anulado o Tratado de 1750 pelo Tratado do Pardo, de 1761, com isso não se alterou a situação

Capueiro, Riosinho, Bagé y Puerto Acre, Bolivia restauró su soberanía y recuperó Puerto Acre. Alli se destacó Maximiliano PAREDES que murió en el combate de Riosinho. / La excusa para la intervención brasileña se dio en 1902 con la propuesta de Félix AVELINO ARAMAYO de crear una sociedad anglonorteamericana, el Bolivian Syndicate que arrendaria la totalidad del Acre a Bolívia y lo explotaría de manera privda. El Barón de RIO BRANCO, ministro de [relaciones] exteriores de Brasil, protestó y acusó a Bolivia de romper las reglas de la soberanía en el continente. Casi simultaneamente se levantó en el Acre Plácido de CASTRO declarando otra vez la secesión, pero esta vez Brasil intervino Puerto Acre con un contigente armado tomándolo por segunda vez. El presidente PANDO apremiado por el peligro para la soberania nacional se trasladó con un destacamento militar a la zona del conflicto. Hacerlo demandó un penoso viaje de varias semanas desde los Andes hasta el llano amazónico. PANDO combatió y venció a CASTRO en el rio Orton (Puerto Rico). En tanto, la columna Porvenir organizada y financiada por Nicolás SUAREZ combatió heroicamente en Bahia (hoy Cobija), venciendo a los filibusteros y defendiendo esa región de nuestro territorio. / Las acciones militares no estaban decididas, pero era evidente que Brasil estaba dispuesta a una escalada militar que, por su clara superioridad en todo los órdenes, podía inclinar facilmente la balanza en su favor. En La Paz las autoridades preferieron la negociación diplomática. El 21 de marzo de 1903 se declaró un *modus vivendi* que era el preámbulo de la cesión. El 17 de noviembre de 1903 Fernando GUACHALLA y Claudio PINILLA firmaron por Bolívia el tratado de Petrópolis por el que cedían el territorio del Acre a cambio de una compensación pecuniaria de 2.000.000 de libras esterlinas, el compromiso de construcción de un ferrocarril en la zona de las cachuelas (rápidos de los ríos que impedían o dificultaban la navegación) y aspectos relativos al status y derechos de los habitantes de la región en cuestión. Asi Bolívia perdió alrededor de 190.000 Km^2 de territorio."

[1116] Hélio VIANNA, **História diplomática do Brasil** (São Paulo: Melhoramentos, 1958, cap. XX – limites com a Bolívia, p. 155-163).

[1117] H. VIANNA (op. cit., 1958, cap. XX, p. 155 e 156): "Embora não possam ser agora precisamente determinadas as zonas de trijunção de fronteiras em que, sob o regime colonial, começavam e terminavam nossos limites com a atual república da Bolívia, devidos às variações que desde então sofreram as divisórias dos antigos domínios hispano-americanos", eram estes especificados pelos artigos IV, VII e VIII do Tratado de Madri, de 1750. V. Jaime CORTESÃO, **O Tratado de Madri** (edição 2001, 2 vols.); **Tratado** (tomo X – **Direito internacional no tempo de C. van Bynkershoek e Christian Wolff**, Tratado de Madri (1750) e o *uti possidetis*).

fronteiriça de Mato grosso, apesar das consequências da nova guerra hispano-portuguesa, porquanto pelos artigos IX, X e XI do tratado de Santo Ildefonso, de 1777, foi restabelecida a linha divisória no de Madri, no trecho.[1118]

Constituído o novo país, a Bolívia, com esta se iniciam relações diplomáticas, em 1831. Em 1834, coube ao encarregado de negócios no Brasil, general Mariano ARMAZA, tentar, sem resultado, os primeiros entendimentos relativos à fixação de limites com o Império.

Igualmente falharam nossas tentativas, na Bolívia, no mesmo sentido, em 1851-1852, com Duarte da PONTE RIBEIRO, em 1860, com João da Costa REGO MONTEIRO, em 1863, com Antonio da Costa REGO MONTEIRO, e seu sucessor Antonio Pedro de CARVALHO BORGES, depois Barão de CARVALHO BORGES.

Diante da tentativa do representante da Bolívia, Dr. Rafael BUSTILLO, na reunião realizada em Oruro, em 17 de julho de 1863, de sustentar que o limite entre os dois estados deveria ser a linha divisória fixada pelo Tratado de Santo Ildefonso, de 1777, entre Espanha e Portugal, o ministro brasileiro REGO MONTEIRO expôs a tese da nulidade dos tratados celebrados durante o período colonial, e pela aplicação do *uti possidetis* na falta de tratados regulando a questão de limites entre os dois países. No dia seguinte, o Ministro do Império enviou nota ao chanceler boliviano, na qual reitera os argumentos já expendidos, e agrega novidade do

[1118] H. VIANNA (op. cit., 1958, loc. cit.): "Novas fundações ai balizaram melhor a nossa nova fronteira: Vila Maria, hoje São Luís de Cáceres, no rio Paraguai, em 1778; Casalvasco, em 1783. Quanto às demarcações previstas no convênio, apesar de todas as providências portuguesas, a elas não concorreriam os espanhóis nesse setor." Reporta a seguir incidente curioso: "Ao terminar, para a Bolívia, o período colonial, um curioso episódio fronteiriço ocorreu, sem consequências, graças à leal atitude do governo de D. PEDRO I. Derrotados os espanhóis em Ayacucho, a 9 de dezembro de 1824, pelos hispanoamericanos comandados por Antonio José de SUCRE, viram-se perdidos, depois da morte do general OLAÑETA, em abril seguinte, os remanescentes do poder castelhano, no centro da América do Sul! Um deles, o governador de Chiquitos, D. Sebastián RAMOS, teve então a bizarra idéia de solicitar do governo de Mato grosso a transitória incorporação ao Brasil de sua província, até que fossem vencidos os 'sediciosos' BOLÍVAR e SUCRE. Imprudentemente aceita a proposta em Vila Bela, por uma maioria ocasional e que aliás não tinha autoridade para fazê-lo, tropas brasileiras entraram por algumas semanas em Chiquitos, retirando-se logo, antes mesmo de receber a junta mato-grossense a cabal reprovação do governo do Rio de Janeiro, ao impensado ato."

ponto de vista jurídico: o Tratado de 1777 teria caducado não somente em razão da superveniente guerra, de 1801, entre os estados contratantes, mas também por falta de cumprimento da condição essencial da demarcação, que a Espanha nunca teria mandado efetuar.[1119] Dois dias depois, o governo da Bolívia responde e refuta os argumentos da nota do Império brasileiro. O assunto parece não ter tido continuidade!

Em 27 de março de 1867 se subscreve em La Paz o Tratado de amizade, limites, navegação, comércio e extradição entre Bolívia, representada pelo ministro das relações exteriores Mariano Donato de Muñoz e o Império do Brasil, representado pelo deputado Filipe Lopes Neto, depois Barão de Lopes Neto, plenipotenciário em missão especial.[1120]

O artigo segundo, deste tratado, descreve o limite entre ambos os estados, e contém a frase na qual estava "contido um grave mas involuntário erro, que muito contribuiu para a posterior questão do Acre": "a República da Bolívia e sua Majestade, o Imperador do Brasil, acordam reconhecer como base para a determinação da fronteira entre seus respectivos territórios, o *uti possidetis*, e em conformidade com este princípio, declaram e definem referida fronteira do modo seguinte":

> A fronteira entre o império do Brasil e a república da Bolívia partirá do rio Paraguai, na latitude do 20º10' onde deságua a Baía Negra, seguirá pelo meio desta até o seu fundo, e daí em linha reta à lagoa de Cáceres, cortando-a pelo seu meio, irá daqui à lagoa Mandioré, cortando-a pelo seu meio, bem como as lagoas Gaíba e Uberaba, em tantas retas quantas forem

[1119] H. Vianna (op. cit., 1958, cap. xx, p. 156): "Demarcado no ano seguinte [1753] o trecho fronteiriço do rio Paraguai, até a foz do Jauru, ai foi colocado um marco. Não tiveram prosseguimento, entretanto, as demarcações que daí por diante deveriam ser feitas. Todavia, tomando posse de outro trecho do Guaporé, que nos havia sido adjudicado pelo convênio de Madri, no local da antiga aldeia jesuítica espanhola de Santa Rosa, estabeleceu uma guarda o governador D. Antonio Rolim de Moura Tavares."

[1120] H. Vianna (op. cit., 1958, p. 157): "Embora ratificado no mesmo ano, foi ainda submetido ao Congresso constituinte da Bolívia e por ele aprovado no ano seguinte, para que fosse promulgado como lei da república"; J. Barberis (est. cit., p. 40-41): "La expresión *uti possidetis* que figura en el tratado está tomada en el sentido brasileño, o sea como *uti possidetis de facto*".

necessárias, de modo que fiquem do lado do Brasil as terras altas das Pedras de amolar e da Insua.

Do extremo norte da lagoa Uberaba irá em linha reta ao extremo sul da Corixa grande, salvando as populações brasileiras e bolivianas, que ficarão respectivamente do lado do Brasil ou da Bolívia; do extremo sul da Corixa grande irá em linhas retas ao morro da Boa Vista e aos Quatro irmãos; destes, também em linha reta, até as nascentes do rio Verde; baixará por este rio, até a sua confluência com o Guaporé, e pelo meio deste e do Mamoré, até o Beni, onde principia o rio Madeira. Deste rio, para oeste, seguirá a fronteira por uma paralela, tirada da sua margem esquerda na latitude sul 10º20' até encontrar o rio Javari. / Se o Javari tiver as suas nascentes ao norte daquela linha leste-oeste, seguirá a fronteira desde a mesma latitude, por uma reta, a buscar a origem principal do Javari.[1121]

A falta de demarcação,[1122] depois dos tratados de Madri e Santo Ildefonso, da imensa região situada entre os rios Jauru e Javari, fez com que permanecesse desconhecido o trecho entre este e o Madeira.[1123]

[1121] Tratado Brasil –Bolívia, de amizade, limites, navegação, comércio e extradição, de La Paz, em 27 de março de 1867, art. 2º.

[1122] V. *supra*, cap. V – demarcação e delimitação de território no direito internacional; observava H. VIANNA (op. cit., 1958, cap. XX, item 2, cit. p. 157): "o rio Javari, como verificou em 1874 o demarcador, capitão de fragata Antonio Luís von HOONHOLTZ, depois almirante Barão de TEFÉ, não nasce a 'oeste' da confluência do Beni com o Mamoré, ou seja onde este toma o nome de Madeira, a 10º20' de latitude sul, porém muito a noroeste do referido ponto, de modo a tornar impossível a referida 'paralela', como aliás prevenia o parágrafo seguinte do tratado, que a transformou simplesmente numa 'reta', para o caso, que se verificou mais verdadeiro, de ter o Javari as suas nascentes 'ao norte daquela linha leste-oeste'. A origem da dúvida estava em uma carta geográfica manuscrita de 1860, o célebre 'mapa da linha verde', que traçado por Duarte da PONTE RIBEIRO e pelo major Isaltino José MENDONÇA DE CARVALHO, servira para acompanhar as negociações de que então esteve encarregado João da Costa REGO MONTEIRO, ministro residente em La Paz, como posteriormente, as de Filipe LOPES Neto. Nele eram apresentadas três hipóteses para a localização da referida nascente, daí partindo a dúvida incluída no mencionado texto."

[1123] H. VIANNA (op. cit., 1958, cap. XX, item 3 – povoamento do Acre, p. 158-159): "Zona de florestas ainda dominadas pelos indígenas, figurava nos mapas como verdadeiros desertos, imprecisamente cortados pelos cursos de grandes rios, como o Purus e o Juruá. Documentando-o, basta lembrar que no **Atlas do Império do Brasil**, o melhor de seu tempo, de Cândido MENDES DE ALMEIDA, publicado em 1868, não figuravam o rio Acre e seus principais afluentes e vizinhos. Entretanto, desde 1852, havia sido descoberto pelo

Retomada a exploração,[1124] em 1874, achou-se a fonte principal do Javari, a 7º1'17" de latitude sul e 74º8'27" de latitude oeste de Greenwich, o que teria profunda significação para os limites do Brasil com o Peru, nos termos do tratado de 1851, ou com a Bolívia, de acordo com o tratado de 1867.

Pouco depois daquela exploração, e naturalmente desconhecendo-a em suas consequências políticas – acrescentava H. VIANNA (1958)[1125] – em 1877 começaram a chegar às margens do rio Acre os povoadores espontâneos da nova região, brasileiros de todas as procedências, mas principalmente nordestinos, inclusive cearenses acossados pela grande seca daquele ano, que "ai se estabeleceram sem encontrar dificuldades que não fossem as da própria floresta, dando início à extração da borracha de seringueira, cujo valor começava a ser apreciado nos mercados internacionais. Nenhuma intervenção oficial foi registrada nessa localização, que logo se estendeu para oeste, atingingo os rios Yaco, Purus, Tarauacá e Juruá, assim formando, em fins do século, uma população avaliada em 60.000 habitantes".

Ao ser efetivada a demarcação, em 1898, confirmou-se a anterior, que fixara a nascente do Javari, em 1874, com pequena diferença, tornando-se inevitável a conclusão de que à vista dos termos do tratado de 1867, pertencia o Acre à Bolívia, apesar de desconhecer esse país, até então, o que fossem e o que valessem aquelas terras, à sua inteira

prático brasileiro Manuel Urbano da ENCARNAÇÃO, que saindo de Manaus subiu o Purus e dele passou ao seu maior afluente. O mesmo fizeram, em 1875 e 1861 (*sic*), outros brasileiros, João Rodrigues CAMETÁ e João da Cunha CORREIA, certamente sem que suas penetrações chegassem ao conhecimento do notável geógrafo. Fazendo-as, em regiões exclusivamente habitadas pelos selvagens, não podiam saber se exploravam terras pertencentes ao Brasil, ao Peru ou à Bolívia, alheios que eram às questões de limites, então ainda envolvidas nas imprecisões deixadas pelo período colonial". Ver Cândido Mendes de ALMEIDA (org.), **Atlas do Império do Brasil** – compreendendo as respectivas divisões administrativas, eclesiásticas, eleitorais e judiciárias... (Rio de Janeiro: Litographia do Instituto Philomatico, 1868, on line: http://bibliotecadigital.tse.jus.br/xmlui/handle/bdtse/4933).

[1124] Depois de tentativas frustradas, em 1861 e 1864, finalmente em 1866 subiram aquele rio as partidas peruana e brasileira, mas foram atacadas pelos índios maiorunas, que mataram o chefe brasileiro capitão-tenente João Soares PINTO e feriram gravemente o peruano, Manuel ROUAD y PAZ Soldán, forçando-as à retirada.

[1125] H. VIANNA (op. cit., 1958, p. 159).

revelia exploradas e povoadas por brasileiros.[1126] Logo passaria o governo boliviano a pretender controlar a área, causando revoltas da população brasileira e vários incidentes, que se prolongaram de 1899 até 1903.

Por rmeio do Tratado de Petrópolis de 17 de novembro de 1903, o Brasil, representado pelo Barão do Rio Branco e Assis Brasil, e a Bolívia, representada pelo dr. Fernando Guachala e Cláudio Pinilla, vem modificar a Convenção de 1867, e se formaliza a aquisição do então território, hoje estado do Acre, pela República do Brasil, dentre outras cláusulas. Este território, antes do tratado de Petrópolis, ainda suscitara a aventura de "estado independente do Acre", de José Plácido de Castro (1873-1908),[1127] de efêmera duração.[1128]

J. Craveiro Costa[1129] desmancha-se em laudatórios comentários ao feito do Barão do Rio Branco: "o tratado de Petrópolis, se, pelo lado das

1126 H. Vianna (op. cit., 1958, cap. XX, item 4, 'das revoltas acreanas à intervenção brasileira', p. 159-162): "Mudando de atitude, a fim de fazer valer o seu direito, mandou que José Paravicini, seu ministro no Rio de Janeiro, partindo de Belém do Pará, onde fretou um navio brasileiro, o *Rio Tapajós*, fosse fundar a 2 de janeiro de 1899, a 4 ½ milhas de Caquetá, no rio Acre, a povoação de Puerto Alonso, onde estabeleceu alfândega e governo. / Com isso não se conformaram, porém, os moradores da zona que se lançaram à revolta, que com intervalos duraria quatro anos, até 1903."

1127 V. a respeito o estudo de Genésio de Castro, **O estado independente do Acre e J. Plácido de Castro** (1ª ed., 1930, Brasília: Senado Federal, 2005).

1128 O depoimento do irmão, Genésio de Castro (op. cit., 1930, ed. 2005, p. 46): "O bosquejo histórico do Acre e terras circunjacentes, que encontrei no arquivo de Plácido e que constitui um capítulo desta obra, bem como a carta que ele em 1900 escreveu ao Cel. Joaquim Victor da Silva sugerindo-lhe algumas providências políticas tendentes ao reconhecimento do 'estado independente do Acre' (ver adeante), então interinamente presidido por aquele senhor – mostram que Plácido sabia bem quais os direitos que cada um dos interessados na posse daquela região podia invocar para defender a sua pretensão." / "Esse conhecimento justifica plenamente o plano que traçou para anexar o Acre ao Brasil, sem que sua pátria pudesse tornar-se passível de acusação de haver feito uma conquista territorial de um país mais fraco. / (...) / "Assim, também, ao comunicar-me a decisão que tomara, Plácido disse que pretendia desligar da Bolívia toda a região habitada por brasileiros, proclamando-a independente, e mais tarde anexá-la ao Brasil."

1129 João Craveiro Costa (1874-1934), **A conquista do deserto ocidental: subsídios para a história do território do Acre** (prefácio de Artur Cezar Ferreira Reis, São Paulo: Ed. Nacional / Brasília: INL, 2ª ed., 1973, cap. 12, p. 100-108, cit. p. 104-106): "O resultado a que chegaram as negociações propostas e sabiamente conduzidas a bom termo pelo Barão do Rio Branco, não visou a fim algum de interesse material e muito menos à dilatação da nossa fronteira, o que seria deslustrar com uma flagrante inconstitucionalidade o maior

nossas relações internacionais, representam (*sic*) uma conquista da nossa política exterior, pelo lado econômico e financeiro foi uma operação felicíssima, porque as ricas terras adquiridas ao norte do paralelo 10º20', em plena e vantajosa produção e que formam hoje o território federal (hoje, *estado*) do Acre, já libertaram sobejamente o Brasil do grande ônus que a sua aquisição acarretou ao Tesouro nacional".[1130]

Coloca-se de modo totalmente diverso, com relação à questão do Acre, G. de CASTRO (1930, ed., 2005).[1131] Também fontes bolivia-

feito político da nossa diplomacia. (...) Ortodoxos do constitucionalismo, increparam de inconstitucional o arranjo de 1903; mas esse arranjo foi uma consequência jurídica, sustentaram os mais abalizados comentadores, do tratado de 1867, que a Constituição federal não revogou. Aquele tratado estipulava que a execução do acordo então celebrado, dependia da demarcação, que se mandaria proceder conjuntamente, a qual várias vezes se tentou, não se chegando nunca a uma solução, suspendendo-a, por fim, o governo brasileiro, em 1898, conforme a nota de 23 de abril. Estabelecia mais aquele tratado que, se parecesse vantajosa a troca de territórios, esta poderia ter lugar, abrindo-se novas negociações. Essa troca era a medida a tomar, na situação a que se chegara. E, como não era justo que a Bolívia abrisse mão de 191.000 quilómetros quadrados por 2.296, deram-se-lhe outras compensações, pecuniárias e materiais, interessando estas muito diretamente o desenvolvimento das nossas relações comerciais com a vizinha República. O remate, pois, a que chegou o Barão do RIO BRANCO, contendo-se no tratado de 1867, não podia ser atentatório da Constituição federal."

1130 Encerra J. Craveiro COSTA (op. cit., 2ª. ed., 1973, o cap 12, cit. p. 108) com loas adicionais: "A grandeza patriótica dos acreanos só é comparável à sua heróica tenacidade em defender o território que eles supunham ser incontestavelmente nacional, enquanto o governo do Brasil dava ao da Bolívia todos os meios de ocupação e de utilização. Foi ainda essa tenacidade que levou a Bolívia a amparar-se aos Estados Unidos, arrendando o território ao *Bolivian Syndicate*, como antes havia arrendado a sua alfândega de Puerto Alonso. / Foi essa resistência de quatro anos à dominação boliviana, para que povo estranho não colhesse a riqueza que não semeara, a causa única do rumo dado à questão pelo Barão do RIO BRANCO."

1131 G. de CASTRO (op. cit., 1930, ed. 2005, "em conclusão", p. 327-330, cit. p. 329): "A coerência fez com que o Brasil *comprasse* o Acre à Bolívia, por dois milhões de libras esterlinas e outras vantagens mais, não obstante esse pedaço da América do Sul já existir como estado independente, quando o Brasil o ocupou militarmente. A Bolívia fez pois um ótimo negócio, porque vendeu uma coisa que não lhe pertencia, e o Brasil uma excelente transação, porque obrigou imediatamente o Acre a pagar a liberalidade do tratado de Petrópolis, obrigando os acreanos a um tributo de 23% sobre sua produção; de modo que, em menos de dez anos a opulente indústria acreana da borracha estava inteiramente aniquilada." / "O nosso grande chanceler, o Barão do RIO BRANCO, teve mais uma oportunidade de revelar as suas

nas, conforme ilustram J. De Mesa, T. Gisberti e C. Mesa Gisberti (1999).[1132]

Teve ocasião de manifestar-se a respeito da ilha Raza, "formada pelos rios Paraguai e Paraguai-mirim, braço orienal daquele", o então consultor jurídico do Itamaraty, Clovis Bevilaqua (1934),[1133] e observava "não se trata de ilha que se tenha vindo a formar no leito do rio federal, caso em que, segundo o disposto no art. 537 do Código civil (1916), pertenceria à União. A ilha Raza é formada pelo desenvolvimento de um dos braços do rio Paraguai. Pertencerá, portanto, a quem tiver título sobre o seu terreno". De tal modo, entendia Bevilaqua, "a ilha Raza, formada pelo Paraguai mirim, que afastando-se do rio principal, nele, de novo, entra alguns quilometros ao sul, está afastada da fronteira do país. Não se limita com país estrangeiro, nem se formou dentro do leito do rio Paraguai, e sim à margem esquerda desse rio".[1134]

As fronteiras entre Brasil e Bolívia foram acordadas, por meio do tratado de Petrópolis, de 17 de novembro de 1903, nos seguintes termos:

excelsas qualidades de estadista – atingindo o zenith de sua justa fama; os Acreanos continuaram sob um regime militar, cada vez mais opressivo e Plácido foi condenado à morte por haver protestado contra o segregado cativeiro a que foi reduzido o Acre."

1132 Cfr. José De Mesa, Teresa Gisberti e Carlos D. Mesa Gisberti, **História de Bolívia** (La Paz: Edtrl. Gisberti y Cia., 3ª ed. atualizada, 1999, libro VII – 1880-1952, cap. II – 1899--1920: los liberales, el signo del estaño y el drama de la goma, p. 491-519, esp. 'la guerra del Acre 1899-1903', p. 498-500) refs. supra.

1133 Antonio Paulo Cachapuz de Medeiros (org.), **Pareceres dos consultores jurídicos do Itamaraty**: vol. II pareceres de Clóvis Bevilaqua (1913-1934, pref. de Zuleika Lintz, Brasília: Senado Federal, 2000).

1134 Clóvis Bevilaqua, *Parecer de 8 de janeiro de 1934* («Situação da ilha Raza») (ed. cit., 2000, p. 615-616): "Há dois pontos a examinar: um de ordem geográfica e outro, de ordem constitucional. / O de ordem geográfica refere-se à linha divisória do Brasil, nos limites com a Bolívia. Basta lançar a vista para um mapa do nosso país, no lugar em que se acha a mencionada ilha Raza, para se reconhecer que ela se acha afastada da linha fronteiriça, que nesse ponto, passa a alguns quilometros a oeste, do rio Paraguai. Está, indiscutivelmente dentro do território brasileiro. / O ponto de ordem constitucional diz com a interpretação do artigo 64 da Constituição, na parte em que preceitua: 'Cabendo à União, somente, a porção de território que for indispensável para a defesa das fronteiras, fortificações, construções militares e estradas de ferro federais.' A Constituição, nesse trecho, não separou uma faixa de terra, na fronteira, para a União. Deu-lhe, apenas, a faculdade de se apropriar da porção de terra devoluta, que julgue necessária à defesa das fronteiras."

(i) ambos acordaram seriam estes os limites definitivos entre os dois países;
(ii) a criação de um tribunal arbitral para resolver sobre as reclamações provenientes de atos administrativos e de fatos ocorridos nos territórios permutados;
(iii) uma indenização à Bolívia de dois milhões de libras esterlinas;
(iv) providências sobre a demarcação descrita no artigo primeiro, determinando qualquer desacordo entre as comissões brasileira e boliviana, porventura surgido por ocasião da demarcação, seria submetido a decisão arbitral de membro da *Royal Geographical Society*, de Londres;
(v) prazo de oito meses para a conclusão de tratado de navegação e comércio, baseado no princípio da mais ampla liberdade de trânsito terrestre e navegação fluvial;
(vi) obrigação, por parte do Brasil, de assegurar a construção de estrada de ferro desde o porto de Santo Antônio, no Madeira, até Guajará-mirim, no Mamoré, com um ramal que, passando por Vila Murtinho, em Mato grosso, chegasse até Vila Bela, na Bolívia, na confluência do Beni com o Mamoré;
(vii) ventilação direta pelo Brasil dos limites com o Peru, referente à zona estabelecida no artigo primeiro;
(viii) solução, finalmente, por juiz arbitral, de todas as dúvidas que surgissem por ocasião da execução do tratado.

O tratado de Petrópolis, de 1903, fazia, ainda, à Bolívia, as seguintes concessões:

(ix) 723 quilómetros quadrados sobre a margem direita do Paraguai, dentro dos terrenos alagados, conhecidos por Baia Negra;
(x) 116 quilómetros quadrados sobre a lagoa de Cáceres, compreendendo nesga de terra firme (49,6 quilómetros quadrados) que permite o estabelecimento de um ancoradouro mais favorável ao comércio, em comparação ao cedido à Bolívia, em 1867;
(x) 20,3 quilómetros quadrados, nas mesmas condições, sobre a lagoa Mandioré;
(xi) 8,2 quilómetros quadrados sobre a margem meridional da lagoa Gaiba;

(xii) liberdade de trânsito pela estrada Madeira-Mamoré e pelos rios até o oceano, com as correspondentes facilidades aduaneiras, o que já lhe era facultado por anteriores tratados.

O tratado de Petrópolis "dirime secular contenda de limites com a Bolívia":[1135] "conflito que tomara as proporções de uma guerra, a cuja gravidade o governo do Brasil, no interesse da paz continental, não poderia ser indiferente".[1136]

Se o Brasil poderia acreditar ter sanado as pendências com a república vizinha, por meio de solução, tanto quanto possível, equitativa em relação aos bolivianos, viu-se quantos ressentimentos puderam aflorar e manifestar-se da forma mais provocatória possível! Além da desapropriação/nacionalização dos ativos/investimentos da PETROBRÁS na Bolívia, acrescentaram-se-lhe alegadas violações da soberania, da legalidade e da ordem institucional do país vizinho, bem como descaradas distorções da verdade histórica.[1137] Que deveria ser feito?

[1135] João Craveiro COSTA (1874-1934), **A conquista do deserto ocidental: subsídios para a história do território do Acre** (prefácio de Artur Cezar Ferreira REIS, São Paulo: Ed. Nacional / Brasília: INL, 2ª ed., 1973).

[1136] J. Craveiro COSTA (op. cit., 2ª. ed., 1973, cap. 12, p. 100-107, cit. p. 100): "A gravidade da situação decorria dos múlitplos interesses em jogo e da situação que se criara ante a indiferença do próprio governo federal. Não eram as pretensões bolivianas, autorizadas e garantidas na sua efetivação pelo Brasil; não era a atitude da população acreana, em plena beligerância, ameaçada pela tropa regular da vizinha República, em preparativos ruidosos e à frente da qual se pusera o próprio chefe da nação, o que mais engravecia a situação, ensombrando os horizontes das relações políticas das duas potências colindantes. O ponto central da disputa, agora, o seu ponto inquietante, por ferir interesses que se haviam deslocado da Bolívia para os Estados Unidos, era, sem dúvida, o arrendamento feito ao *Bolivian Syndicate of New York*, do chamado *território de colônias*, na expressão da legislação boliviana, em cuja vastidão estava a zona mais rica, mais próspera e mais produtiva, que o destemor do homem do nordeste brasileiro povoava, civilizava, explorava, mansa e pacificamente, há mais de trinta anos, imprimindo a essa obra formidável de colonização os característicos da nacionalidade e fincando por toda parte os marcos irrecusáveis da posse brasileira."

[1137] Foi abusiva e distorcidamente dito e declarado pelo primeiro mandatário da nação boliviana que o "território do Acre fora trocado por um cavalo": mesmo fontes bolivianas referem os dois milhões de libras esterlinas pagas à Bolívia em 1903, nos termos do tratado de Petrópolis! Com as críticas que pudessem ser feitas na ocasião aos meios e modos de gestão do Barão RIO BRANCO, causa vergonha a tergiversação e a falta de conteúdo da

Imediatamente deveria ter sido chamado à Brasília, "para consultas", o embaixador brasileiro em La Paz, seguindo-se-lhe, ante a formulação de recusa na devolução e na indenização pelos prejuízos causados, pelo governo boliviano, o rompimento de relações diplomáticas e a instauração de procedimento contencioso junto à Corte Internacional de Justiça, para pleitear, se não a reversão, caso viesse esta a configurar-se como impossível, ao menos a indenização pelas expropriações cometidas[1138]. Em lugar disso, nada de concreto se fez, além das negociações para o reajuste da tarifa de fornecimento de gás.[1139]

Diversamente, nas relações com outros vizinhos, teve a Bolívia conflitos armados com o Chile – na guerra do Pacífico, de 1879 a 1894, que levou a Bolívia perder as suas províncias com acesso ao mar.[1140] E com o Paraguai, na guerra do Chaco, em 1932-1935.[1141]

argumentação do governo brasileiro na crise com a Bolívia em 2006! Foi pífia a gestão dos interesses nacionais pelos então detentores do poder!

1138 Precedente julgado pela C.P.J.I., Alemanha contra Polônia, caso da **fábrica de Chorzow**, competência, fixação de indenizações e mérito (26 de julho de 1927, 16 de dezembro de 1927 e 13 de setembro de 1928): "la réparation doit, autant que possible, effacer toutes les conséquences de l'acte illicite et rétablir l'état qui aurait vraissemblablement existé si ledit acte n'avait pas été commis. Restitution en nature, ou si elle n'est pas possible, paiement d'une somme correspondant à la valeur qu'aurait la restitution en nature ; allocation, s'il y a lieu, de dommages-intérêts pour les pertes subies qui ne seraient pas couvertes par la restitution en nature ou le paiement qui en prend la place ; tels sont les principes desquels doit s'inspirer la détermination du montant de l'indemnité due à cause d'un fait contraire au droit international."

1139 Seria, talvez, oportuno e necessário fosse amplamente debatido qual o modo de atender aos interesses nacionais, na sua acepção mais abrangente, porquanto, ao mesmo tempo, o governo federal brasileiro alegava falta de fundos, para financiamento de projetos nacionais, financiava a construção de estradas no Peru, parte das obras do metrô de Caracas, e novos investimentos do BNDES na Bolívia – isso apenas dois meses depois da desapropriação dos ativos da PETROBRÀS, ocorrida em 1º de maio de 2006! Estariam, tais decisões amparadas em critérios técnicos e pautadas pela responsabilidade, que deve pautar a gestão de fundos e do interesse públicos e pelas necessidades da república?

1140 Sérgio CARRASCO D., **Historia de las relaciones chileno-bolivianas** (Santiago: Edtrl. Universitária / Universidad de Concepción, 1ª ed., 1991, cap. tercero – la guerra del Pacífico, p. 73-118).

1141 Como observa Helio VERA, em seu curioso ensaio, **En busca del hueso perdido – Tratado de Paraguayología** (Asunción: Servi Libro, 15ª ed., 2011, cit. p. 106): "A la distancia de los mercados se sumó el hecho adicional de la mediterraneidad, consolidada por bosques impenetrables o por hostiles desiertos como el del Chaco. El aislamiento

As relações chileno-bolivianas estão marcadas pela questão da reivindicação de acesso boliviano ao mar,[1142] até nossos dias. Essa reivindicação de acesso ao mar permanece em suspenso e, periodicamente, é suscitada pelo governo boliviano.[1143]

Os dois países se mantém "separados por mútuos ressentimentos, por tradições, costumes, geografia, estruturas políticas e econômicas, caracteres e também por vida distinta e em perpétuo conflito, para

geográfico creó, junto con otros factores que no olvidaremos, esa impronta de insularidad que ha llevado un escritor a hablar de 'la isla sin mar' y a otro de 'la isla rodeada de tierra'. O, mejor aún, la China sudamericana, como se llamó al Paraguay durante buena parte del siglo XIX."

[1142] S. Carrasco D. (op. cit., 1991, cap. cuarto – el tratado de paz de 1904, p. 119-139, cit. p. 139): "Si bien que Chile era obligado a cuantiosos desembolsos de tipo económico, recuperaba su situación anterior al tratado de 1866, es decir, volvía a ser el soberano indiscutido de la zona del litoral, materia en la que no podía transigir más que por razones surgidas de títulos coloniales o de derechos de guerra por el hecho decidor de que la población de esa zona era predominantemente chilena. Los gobernantes chilenos no podían abandonar en beneficio de Bolívia los territorios que eran la cuna de nacionales del país y que se desarrollaban gracias a éstos. El clamor popular, que nadie podía desoír impunemente, y que se volveria a repetir en ocasiones posteriores, estuvo conteste en esta exigencia desde el comienzo del conflicto chileno-boliviano. Las compensaciones acordadas a Bolívia se mirarian en Chile como un esperado sacrificio, justificable, porque pondría punto final a la vieja rencilla entre ambos países. / La historia de los acontecimientos posteriores diría a las claras que no ocurrió lo deseado. Años más tarde, Bolívia insistiria en su aspiración portuaria. En respuesta, Chile invocaría el cumplimiento del tratado de paz y amistad que, si bien no hizo cesar los sentimientos bolivianos, ha sido hasta hoy la norma juridica inamovible que ha regido las relaciones entre Bolívia y Chile."

[1143] CIJ, **Obligation to negotiate Access to the Pacific Ocean** (Bolivia v. Chile), Judgment 24 September 2015 (ICJ Reports 2015, p. 592, § 56), por quatorze votos a dois – a Corte rejeitou a exceção de incompetência, suscitada pelo Chile; e – também por quatorze votos a dois – se declarou competente, com base no art. XXXI do Pacto de Bogotá, para conhecer o pedido depositado em 24 de abril de 2013, pelo Estado plurinacional da Bolívia. Este foi seguido, um ano depois, CIJ, **Obligation to negotiate Access to the Pacific Ocean** (Bolivia v. Chile), Order of 21 September 2016 (ICJ Reports 2016, p. 252), fixou prazos para depósito dos memoriais do Chile e da Bolívia. Mais um ano depois, CIJ, **Obligation to negotiate Access to the Pacific Ocean** (Bolivia v. Chile), Judgment 1 October 2018 (ICJ Reports 2018, p. 507, § 177), por doze votos a três – a Corte entendeu que a República do Chile não se comprometeu juridicamente a negociar um acesso soberano ao oceano Pacífico para o Estado plurinacional da Bolívia e, consequentemente, a Corte rejeitou as demais conclusões finais, apresentadas pelo Estado plurinacional da Bolívia.

que possam favorecer melhor relação entre ambos e o imperativo de solidariedade entre as nações".[1144] Diante desse quadro, "pouco poderá realizar-se em comum e é difícil que vínculos duradouros de solidariedade possam estabelecer-se se se pretender continuar vivendo com as lembranças de antigas querelas e aspirações. Somente buscando futuro de melhores relações, considerando a urgência de atender às verdadeiras necessidades espirituais, culturais, sociais e econômicas de seus povos e cumprindo com o imperativo histórico de seu desenvolvimento, poderão chegar, Chile e Bolívia, a superar os problemas de suas relações e estabelecer sólida amizade".[1145]

Por mais que tenha sido explorada a questão do acesso boliviano ao mar, como foco central de conflito e de tensão com o Chile, VILLALOBOS et al. (1999)[1146] generica e eufemisticamente – do ponto de vista chileno, obviamente – referem esta como "a ampliação do ecumene", descrevendo como se deu, rumo ao norte e rumo ao sul, antes de passar a expor ter sido historicamente mediterrânea a vocação e a atuação das províncias altoperuanas, "que deram origem, em 1825, à república da Bolívia", o que seria "explicável por razões geográficas e também por motivos econômico-políticos"; considerando, na região, a passagem no curso do século XVIII, "do tráfico comercial americano, que levou ao fortalecimento de Buenos Aires em detrimento de Lima, e, em 1776, à criação do Vice-reino do Prata, ao qual se incorporaram as províncias de Potosi, Santa Cruz e Charcas".[1147]

Durante tempo considerável, desde a independência até a descoberta de jazidas de cobre e o início da exploração comercialmente rentável do "guano", como já se colocava à altura do tratado de 1866, não tinha sido central o interesse em relação ao "despovoado de Atacama", nem por parte da Bolívia, nem por parte do Chile. Quando mudaram as

[1144] S. CARRASCO D. (op. cit., 1991, cap. séptimo – recapitulación y conclusiones, p. 375-404, cit. p. 404).

[1145] S. CARRASCO D. (op. cit., 1991, loc. cit., p. 404).

[1146] Sergio VILLALOBOS R., Osvaldo SILVA G., Fernando SILVA V. e Patrício ESTELLE M., **Historia de Chile** (Santiago: Edtrl. Universitaria, 1999).

[1147] S. VILLALOBOS R. et al (op. cit., 1999, 'expansión y crisis nacional: 1861-1924', p. 563-750, 'los conflictos limitrofes en el norte', p. 567-571, cit. p. 567): "Rotas las vinculaciones de estos territorios con Lima, el flujo comercial se encauzaría por Tucumán y Salta en dirección al Rio de la Plata."

circunstâncias, a região passou a ser alvo de interesses de ambos os estados.

O resultado foi a guerra do Pacífico.[1148] VILLALOBOS et al (1999)[1149] falam a respeito de "laboriosas gestões, complicadas por discrepâncias a respeito dos limites meridionais com a Argentina, postergaram até 1904 a conclusão de tratado de paz entre Bolívia e Chile. Nesse instrumento, além de se estipularem diversas obrigações do Chile em favor da Bolívia,

[1148] S. VILLALOBOS R. et al. (op. cit., 1999, 'la guerra del Pacífico', p. 571-575, cit. p. 571, a seguir. p. 573 e finalmente, p. 575): "Perú intervino en el naciente conflicto en el carácter de mediador amistoso, mientras con premura se armaba en Europa. Las gestiones se prolongaron hasta el momento en que se hizo pública la existencia del tratado secreto de 1873. Chile, entonces, pidió al Perú que declarara su neutralidad. El Perú se negó a ello, precisamente en virtud del acuerdo que lo ligaba a Bolivia. El gobierno de Chile, como respuesta, declaró, en abril, la guerra a Bolívia y al Perú." (...) Depois de embates navais e terrestres, "desde la declaración de guerra, el reducido ejército chileno comenzó a aumentar su personal y su material. Se lograron improvisar servicios de intendencia, sanidad, transporte y material de guerra. Con esto y la confianza generalizada en una victoria sobre ambos adversarios, un cuerpo de ejército chileno desembarcó en Pisagua, batió a las fuerzas contrarias y, en noviembre de 1879, se apoderó de toda la provincia de Tarapacá. A comienzos del año siguiente el ejército chileno derrotó en Tacna y Arica a las tropas aliadas. Después de la batalla de Tacna, Bolivia no prosiguió la guerra, y los restos de su ejército volvieran al altiplano. Nicolás de PIÉROLA, dictador peruano, previendo los pasos futuros de Chile, organizó la resistencia y solo las sangrientas batallas de Chorrillos y Miraflores, en las afueras de Lima (13 y 15 de enero de 1881), abrieron las puertas de esa ciudad. Con todo, la existencia de fuerzas irregulares en la sierra obligaron a un continuado esfuerzo bélico, en que no faltaron reveses como el sufrido en La Concepción (1882). La *compaña de la sierra* sólo llegó a su término con la destrucción de los núcleos hostiles en la batalla de Huamachuco (1883). / Reconocido el general Miguel IGLESIAS como presidente del Perú y luego de gestiones diplomáticas gravemente dificultadas por la intervención de los Estados Unidos, Chile pudo firmar en octubre de 1883, el tratado de paz que puso término al conflicto. En virtud de este tratado, el Perú cedió a Chile, perpetua e incondicionalmente, el territorio de la provincia de Tarapacá. Las provincias de Tacna y Arica continuarían poseídas por Chile y sujetas a su legislación durante diez años, al término de los cuales un plebiscito – que nunca llegó a realizarse – decidiria el definitivo domínio de ellas. En cuanto a Bolivia, diversas negociaciones condujeron a la firma de un pacto de trégua, en abril de 1884. Con el pacto se dio por concluido el estado de guerra, se declaró que continuaria gobernado según el régimen politico y administrativo chileno el territorio comprendido entre el paralelo 23 y el río Loa, y se restablecieron las relaciones comerciales entre ambos países.

[1149] S. VILLALOBOS R. *et al.* (op. cit. 1999, loc. cit.).

se consagrou o domínio absoluto e perpétuo do Chile sobre o território ocupado em virtude do pacto de trégua".

Depois deste, outro conflito armado ocorreu entre a Bolívia e o Paraguai – na guerra do Chaco, de 1932 a 1935 – guerra deplorável e sangrenta, entre dois países sem acesso ao mar e dentre mais pobres da América latina.[1150] O Tratado de paz, amizade e fronteiras, foi assinado em Buenos Aires, em 21 de julho de 1938. Nos termos do art. 5º do Tratado de Buenos Aires, foi criada uma comissão mista, composta de cinco membros – dois nomeados pela Bolívia, dois pelo Paraguai e o presidente designado mediante consenso pelos seis governos, que tinham atuado na mediação do conflito (Argentina, Brasil, Chile, Estados Unidos, Peru e Uruguai) – incumbida de proceder à demarcação da fronteira entre os dois estados. Na verdade, a Comissão foi presidida pelo representante da Argentina, atuando os outros cinco estados como garantidores do tratado. Somente 74 anos mais tarde essa Comissão concluiu sua tarefa: em 8 de dezembro de 2009 a então presidente Cristina FERNÁNDEZ de Kirchner entregou aos presidentes Evo MORALES da Bolívia e Fernando LUGO do Paraguai o Relatório final sobre a demarcação da fronteira internacional entre os dois estados.

Cabe lembrar que, diante da alegada instabilidade crônica da Bolívia, chega a ser considerado plano para a assim chamada "polonização da Bolívia", ou seja o fracionamento de seu território entre os vizinhos. Em análise da "história das relações chileno-bolivianas", Sérgio CARRASCO D. (1991)[1151] atribui tal intento ao Peru,[1152] enquanto fonte

[1150] Vicente Marotta RANGEL, *Gran Chaco Conflict* (in **Encyclopedia of public international law**, 2012, vol. IV, p. 575-579, § 15-16).

[1151] Sérgio CARRASCO D., **Historia de las relaciones chileno-bolivianas** (Santiago: Edtrl. Universitária / Universidad de Concepción, 1ª ed., 1991, cap. tercero – la guerra del Pacífico, p. 73-118).

[1152] Sérgio CARRASCO D., **Historia de las relaciones chileno-bolivianas** (Santiago: Edtrl. Universitária / Universidad de Concepción, 1ª ed., 1991, cap. tercero – la guerra del Pacífico, p. 73-118, esp. § 81 – tentativa de polonizar Bolívia, p. 117-118): "El año 1898, el Presidente del Perú, Nicolás de PIÉROLA, preocupado, al parecer, por la crónica inestabilidad política de Bolívia, en conferencia sostenida con el Ministro plenipotenciario de Chile, Domingo AMUNÁTEGUI, le propuso repartir Bolívia entre Argentina, Chile y Perú, en razón de los intereses de esos países. Así, los departamentos sureños entrarían a formar parte de la Confederación argentina; Oruro y Potosí pasarian a Chile, en tanto que los departamentos de La Paz y el Beni ingresarían al Perú. / La proposición del Presidente

boliviana, como Carlos A. SALINAS B. (1938),[1153] imputa ao Chile o projeto.[1154]

A seguir se pode passar ao exame das fronteiras com a Venezuela (27.4).

27.4. Fronteiras brasileiras com a Venezuela

> O território nacional é o que correspondia à Capitania geral de Venezuela, antes da transformação política, iniciada em 1810, com as modificações resultantes dos tratados celebrados validamente pela República.
>
> Constituição da República da Venezuela,
> de 23 de janeiro de 1961, cap II, art. 7º[1155]

PIÉROLA no encontró, por cierto, acogida en el gobierno de ERRÁZURIZ ECHAURREN. / En 1902, PIÉROLA, que habia dejado la presidencia del Perú, en conversación sostenida con Ángel CUSTODIO VICUÑA, insistia en su idea de polonizar Bolívia excluyendo ahora a Argentina de la repartición y dividiéndola únicamente entre Chile y Perú. Esta vez su planteamiento tampoco fue acogido."

1153 Carlos Alberto SALINAS B., **Historia diplomatica de Bolívia** (Sucre Edtrl. Charcas, 1938).

1154 S. CARRASCO D. (op. cit., 1991, cap. tercero - la guerra del Pacífico, p. 73-118, § 81, 'tentativa de polonizar Bolívia', p. 118): "El catedrático boliviano Carlos A. SALINAS plantea en forma muy distinta la situación, expresando que fue Chile el que en 1901, propuso al Perú la polonización de Bolívia y que esta idea habria fracasado por la circular de ese año dirigida por el canciller del Perú, Felipe OSMA, en la que habría denunciado a las cancillerias de América los plane chilenos respecto a Bolívia. *'El canciller del Peú don Felipe OSMA, en circular de 26 de mayo de 1901, denunció ante las cancillerias de América los planes de Chile con respecto a Bolívia. El Perú, quizás como ningun otro pais de América, conocia profundamente a Bolivia, sabia que la polonización de boliviana era imposible y que si se hubiera realizado habría sido el germen de grandes convulsiones y de una inacabable guerra a muerte de los altoperuanos contra los esclavizadores de su soberanía'.* / En todo caso la peregrina idea mal podría haber prosperado; pues, como puede apreciarse de inmediato, era una idea contraria a todo derecho, principio y lógica."

1155 "El territorio nacional es el que correspondía a la Capitania General de Venezuela, antes de la transformación política iniciada en 1810, con las modificaciones resultantes de los tratados celebrados validamente por la República" (texto reproduzido in Fernando AREA e Elke Nieschulz de STOCKHAUSEN, **El golfo de Venezuela**: documentación y cronologia, Caracas: Instituto de Estudios Políticos / Facultad de Ciencias Jurídicas y Políticas / Universidad Central de Venezuela, 1984). Antes desta, acima referida, a **Constituição dos Estados Unidos da Venezuela**, promulgada em 29 de março de 1901, estipulava no tít. I, art. 1º: "El territorio de los Estados Unidos de Venezuela es el mismo que en el año de 1810 correspondía a la Capitania General de Venezuela, con las modificaciones que resulten de tratados públicos."

Com a Venezuela, igualmente, alcançou o Império do Brasil celebrar convenção de limites. Ainda integrando a Gran Colombia, esta tinha acenado ao Império, no sentido de buscar acordo sobre os limites comuns. Depois que Venezuela desta se separa,[1156] solicita ao Brasil, a partir de 1843, a concertação de convenção de limites. Em 1852, o Império envia a Caracas o plenipotenciário Miguel M. LISBOA, para encetar as negociações.

Em 25 de novembro de 1852 celebra-se tratado de limites, cujo artigo segundo estipula: "a República da Venezuela e sua Majestade o Imperador do Brasil acordam reconhecer como base para a determinação da fronteira entre seus respectivos territórios o *uti possidetis*, e em conformidade com este princípio declaram e definem a linha divisória da maneira seguinte". Este tratado foi rejeitado pelo Congresso venezuelano.[1157]

A Constituição anterior, com alterações, foi substituída pela Constituição bolivariana, com várias alterações, desde o início da era Hugo CHAVEZ, e novamente em 2009, para acolher a possibilidade de reeleições ilimitadas, o que tem sido mantido por Nicolas MADURO, com mão de ferro, mas servem as Constituições anteriormente vigentes como registros da base histórica, para o reconhecimento do território venezuelano, tal como se inscrevera, praticamente nos mesmos exatos termos, nas Constituições de 1901 e de 1961.

1156 V. tb. *supra*, cap. VII – conceito e extensão do domínio terrestre, esp. 7.1 – questões recentes de sucessão de estado. A respeito, esclarece Malcolm DEAS, *A Venezuela, a Colômbia e o Equador: o primeiro meio século de independência* (in **História da América Latina**, vol. III – **Da independência até 1870**, org. Leslie BETHELL, orig. publ. **The Cambridge History of Latin America** © 1984, trad. Maria Clara CESCATO, São Paulo: Edusp, 4ª reimpr., 2018, p. 505-539, cit. p. 505): "Quando da independência, necessidades militares e diplomáticas levaram o Vice-reino de Nova Granada, a Capitania geral da Venezuela e a *Audiencia* de Quito a formar uma unidade política: a República da Gran Colômbia. No entanto, tão logo foi cumprida a finalidade, bem antes da morte de BOLÍVAR, em dezembro de 1830, a transitoriedade da nova república manifestou-se claramente. As antigas divisões administrativas do Império não foram bem definidas, nem tiveram coerência em todas as esferas de atividade, mas foram preservadas tanto pelo senso comum quanto por um sentimento local. As distâncias eram grandes demais e a identidade de cada província era demasiado forte para que um governo localizado em Bogotá pudesse durar muito tempo depois da vitória definitiva sobre as forças espanholas. Entre as três províncias não havia vínculos econômicos mais estreitos."

1157 J. BARBERIS (est. cit., 2000, p. 41): "Este convenio fué sometido al Congreso venezolano, que no lo aprobó. La Cámara de representantes del Congreso constituyó una Comissión que elaboró un informe en el que se afirma que el *uti possidetis* a que se refiere el convenio no puede ser otro que el que se derivaba de los tratados entre España y Portugal,

Venezuela e o Império do Brasil vêm a celebrar novo tratado, em 5 de maio de 1859, cujo artigo segundo determina a fronteira em termos análogos aos do Tratado de 1852, mas sem fazer qualquer menção ao *uti possidetis*. Ao ser retomado o assunto, prevalece a tese brasileira, embora não tenha ocorrido menção ao *uti possidetis*.[1158]

A seguir se pode passar ao exame das fronteiras com a Colômbia (27.5).

27.5. Fronteiras brasileiras com a Colômbia

A questão dos limites do Brasil com a Colômbia exigiu mais de meio século de negociações. Em 25 de março de 1853 o Império e a então República de Nova Granada[1159] haviam subscrito acordo, cujo artigo 7º fazia menção ao princípio do *uti possidetis*,[1160] e o tratado não foi aceito pelo Congresso granadino.[1161]

al tiempo de la independencia de Venezuela. Recuerda también que el articulo 5 de la Constitución venezolana (1830) declara que el territorio del estado es el que antes de 1810 correspondia a la Capitania general de Venezuela. El motivo principal del rechazo era que la linea descripta en el articulo 2 del tratado correspondia a la posesión existente y no al *uti possidetis* tal como era interpretado por las autoridades venezolanas."

1158 A respeito do *uti possidetis*, ver acima, as considerações no início deste cap. XXVII; v. tb. **Tratado** (tomo X – **Direito internacional no tempo de C. van Bynkershoek e Christian Wolff**, item – tratado de Madri (1750) e o *uti possidetis*); b/c Maria Teresa INFANTI CAFFI, *Boundary Disputes in Latin America* (in **Encyclopedia of public international law**, 2012, vol. I, p. 1017-1028, § 30-35 e § 41-47) menciona as célebres e longevas controvérsias territoriais da Venezuela, respectivamente com a Colômbia e com a Guiana.

1159 Várias vezes mudou de nome a Colômbia – e também a cidade de Bogotá –, nos dois séculos desde a independência, como expõem e.g.: David BUSHNELL, **Colômbia – una nación a pesar de sí misma** (orig. publ. **The making of modern Colombia – a nation in spite of itself**, 1994, trad. Claudia MONTILLA V., Bogotá: Crítica, 2021): Luís Enrique RODRIGUEZ Baquero, Ana Luz RODRIGUEZ González, Jaime Humberto BORJA Gómez, Diana L. CEBALLOS Gómez, Carlos URIBE Celis, Amparo MURILLO Posada, Ricardo ARIAS Trujillo, **Historia de Colombia** (orig. publ. 2017, Bogotá: Penguin Random House, 7ª reimpr., 2021, cit. p. 147) como observa, no seu capítulo, J. H. BORJA Gómez: "construir la nación no ha sido, al menos hasta hoy, una tarea fácil".

1160 A respeito do *uti possidetis*, ver acima, as considerações no início deste cap. XXVII; v. tb. **Tratado** (tomo X – **Direito internacional no tempo de C. van Bynkershoek e Christian Wolff**, item – tratado de Madri (1750) e o *uti possidetis*).

1161 J. BARBERIS (est. cit., 2000, p. 42-43): "En realidad, la expresión habia sido empleada en el tratado en el sentido brasileño y ello no resultaba satisfactorio a aquella República,

Em 1867, após ser acreditado, como representante do Brasil, em Bogotá, o conselheiro Joaquim M. N. de AZAMBUJA, são retomadas as negociações e expostos os fundamentos das respectivas posições. A discussão a respeito da caracterização do *uti possidetis* foi, uma vez mais, objeto de discussão entre os representantes dos governos dos dois estados.[1162]

A questão de limites veio a ser resolvida pelo Tratado de Bogotá, de 24 de abril de 1907.[1163] No preâmbulo deste tratado as parte reconhecem ter sido acordado como critério para a delimitação o exercício da posse: "a República dos Estados Unidos do Brasil e a República da Colômbia (...) resolveram celebrar o seguinte tratado, tendo em consideração, para um acordo amistoso, o estado das suas posses e direitos respectivos". Em suma, não obstante a ausência de remissão expressa ao *uti possidetis*, tal como o entende o Brasil, foi este como tal interpretado e aplicado.

A seguir se pode passar ao exame das fronteiras com o Uruguai (27.6).

27.6. Fronteiras brasileiras com o Uruguai

A questão das fronteiras do Brasil com o Uruguai nos traz de volta aos desenvolvimentos históricos, já apontados, desde as conturbadas

quien sostenia ser succesora de España respecto de las fronteras pactadas en San Ildefonso en 1777."

1162 J. BARBERIS (est. cit., 2000, loc. cit.): "El 26 de enero de 1868 AZAMBUJA expuso el punto de vista brasileño (...): la nulidad del tratado de San Ildefonso (1777), que la paz de Badajoz no renovó los anteriores acuerdos sobre limites, la inexistencia de normas convencionales sobre limites entre España y Portugal en el momento de la independencia de los países sudamericanos y la aplicación, como única regla, de lo que el llama *uti possidetis*. El 27 de marzo el Canciller colombiano MARTIN respondió la nota brasileña afirmando que el único *uti possidetis* reconocido por su país era el *uti possidetis* de derecho de 1810 emergente de los tratados públicos celebrados entre España y Portugal. A su vez, MARTIN preparó un informe más detallado sobre el tema, que presentó al Congreso de su país."

1163 O então chanceler, Barão do RIO BRANCO, na mensagem de 30 de setembro de 1907, pela qual encaminha ao Presidente da República o tratado celebrado com a Colombia, para que este o apresente ao Congresso, indica o critério seguido pelo tratado para a fixação dos limites: "No tratado de 24 de abril último, ao contrário de antigas pretensões baseadas pelos nossos vizinhos no insubsistente Tratado preliminar, ou preparatório, de 1777, o Brasil e a Colombia adotaram como critério para a fixação dos seus limites a posse atual e os direitos dela decorrentes."

relações entre representantes das Coroas portuguesa e espanhola, passando pela fundação da colônia do Sacramento.[1164] Várias vezes esta muda de mãos, até ser parte das Provincias Unidas del Rio de la Plata, em 1810.

Em 1821, o Uruguai se incorpora ao Brasil, como Província Cisplatina. Quatro anos depois, eclode a guerra entre o Império e Buenos Aires, cujo fim leva ao tratado preliminar de paz, firmado por representantes dos governos argentino e brasileiro, em 27 de agosto de 1828, pelo qual se cria a República Oriental do Uruguai como estado independente.[1165]

Em 7 de março de 1827, em meio à guerra entre a Argentina e o Brasil, pelo controle do território (1825-1828), que viria a ser o Uruguai independente, acontece o maior vexame da história naval brasileira, em Carmen de Patagones,[1166] às margens do rio Negro, na região da

1164 Moacyr DOMINGUES, **A colônia do Sacramento e o sul do Brasil** (Porto Alegre: Sulina, 1973).

1165 Convención preliminar de paz firmada por los representantes de los Gobiernos argentino y brasileño, en Rio de Janeiro, el dia 27 de agosto de 1828 y firmada por DORREGO el 29 de setiembre del mismo año, en Buenos Aires: 1. "Su Magestad el Imperador del Brasil, declara la Provincia de Montevideo, llamada hoy Cisplatina, separada del territorio del Imperio del Brasil, para que pueda constituirse en estado libre e independiente de toda y cualquier nación, bajo la forma de Gobierno que juzgare conveniente a sus intereses, necesidades y recursos. / 2. "El gobierno de la República de las Provincias Unidas, concuerda en declarar por su parte la independencia de la Provincia de Montevideo, llamada hoy Cisplatina, y en que se constituya en estado libre e independiente en la forma declarada en el articulo antecedente. / 3. "Ambas partes contratantes se obligan a defender la independencia y integridad de la provincia de Montevideo, por el tiempo y en el modo que se ajustare en el tratado definitivo de Paz." (...) (texto do Tratado de Paz con el Brasil, reproduzido por Martha B. ETCHART e Martha C. DOUZON, **Documentos de historia argentina (selección)** incluye la documentación sobre nuestra soberania territorial (Buenos Aires: Cesarini Hnos. Editores, 10ª ed., 1983, p. 65-66).

1166 O naturalista Alcide Dessalines D'ORBIGNY (1802-1857), **Voyage dans l'Amérique méridionale** : Pampas – Patagonie (La Rochelle : Découvrance Éd., 2007, "avant propos" de Philippe de LABORDE PÉDELAHORE, p. I-II) fora encarregado pelo *Muséum d'Histoire naturelle* de Paris de completar o trabalho, realizado por Alexander von HUMBOLDT, para a América equatorial. D'ORBIGNY parte da França, em 1826, em viagem que deveria durar 7 anos e 7 meses. Depois de descrever o que era a Argentina, àquela época, no primeiro, no segundo volume da sua **Viagem pela América meridional**, D'ORBIGNY percorre e deixa registro da região dos Pampas, e depois parte à descoberta da Patagônia, limite

Patagônia:[1167] uma força tarefa, a serviço do Império brasileiro, formada por quatro navios de guerra e 650 homens foi derrotada por um bando de corsários, de várias nacionalidades. Dispondo de poucos navios de combate, os argentinos arregimentaram esses aventureiros para seu esforço de guerra. Sua missão era apreender e saquear navios mercantes brasileiros. Essa ação causou prejuízos colossais ao Brasil. E não menores foram os prejuízos para a já abalada imagem de D. PEDRO I.[1168]

extremo dos territórios controlados pela República Argentina. No 'prefácio' de Philippe de LABORDE PÉDELAHORE este registra notícia sobre Carmen de Patagones: «La gravure de couverture représente un paisible village, en apparence un lieu indéterminé puisqu'il pourrait s'agir de la lointaine Asie, peut-être même de la Sibérie extrême-orientale. Or, Carmen de Patagones c'est son nom, était un fort avancé de l'Europe, ou plus exactement de l'Amérique aux confins de l'Argentine 'blanche'. Les anciens cartographes auraient représenté le fortin stylisé, en marge d'un espace vide, zébré de l'habituelle inscription latine: «Ici sont les lions». Ce qui se passe dans ce second volume du voyage orbignynien, c'est, justement le travail de comblement du vide, d'abord par un arpenteur patenté, Narcisse PARCHAPPE, dont Alcide D'ORBIGNY emprunte sur plus d'une centaine de pages le récit, tout en lui reconnaissant très explicitement la paternité. Cet 'agrimensor' avait été requis par le gouvernement d'une république toute neuve, ayant en vue de contenir les Indiens, puis de les réduire, en même temps qu'il s'agissait de relever les richesses de la terre que l'on s'apprêtait à conquérir puis livrer à des colons venus d'Europe. Mais le plan de carte prend une dimension nouvelle, la quatrième (celle du Temps, qui s'ajoute à la longueur, la largeur, puis le relief) quand il ne s'agit pas d'une cinquième, encore à définir, mais dont on devine la nature.» / «Parce que les Lions sont justement ceux par qui l'espace est nommé, ou plus exactement renommé par eux, pour nous.»

1167 OESP, "Uma página rasgada dos livros" (7 de março de 2009, "História", p. A-12): "Carmen de Patagones é uma cidade da Argentina desconhecida até mesmo para a maioria dos argentinos. Que também desconhecem o fato mais importante ocorrido lá, há exatos 182 anos. / Surgida na segunda metade do século XVIII e hoje com cerca de 18 mil habitantes, é uma cidadezinha simpática, a mil quilômetros de Buenos Aires, que escorre por uma ladeira até encontrar-se com o rio Negro, na Patagônia. Possui centro histórico conservado e a sua catedral, dedicada à Virgem do Carmo, expõe duas bandeiras – do império do Brasil." / "Essas bandeiras explicam o que ocorreu ali em 7 de março de 1827 – e que constitui o maior vexame naval da história brasileira."

1168 OESP, "Uma página rasgada dos livros" (7 de março de 2009, "História", p. A-12): "Bloquear o porto de Buenos Aires era crucial para os propósitos brasileiros, mas a tarefa era difícil. Apesar da superioridade sobre os argentinos, os veleiros brasileiros eram para alto-mar e inadequados para aquele cenário. E tudo o que não poderia ter ocorrido aconteceu: planejamento deficiente, desconhecimento das armadilhas do rio, tempo traiçoeiro e a determinação do comandante de cumprir as ordens a ferro e fogo. Por fim, após um desembarque não planejado, um guia pouco confiável conduziu marinheiros e soldados,

Este episódio contribuiu para o fim da guerra, entre a Argentina e o Brasil. E levaria ao reconhecimento da independência do Uruguai.[1169]

Em 1851, em meio aos conflitos armados, com Montevidéu sitiada por tropas do General ORIBE, apoiado pelo General ROSAS, governador de Buenos Aires, o Uruguai faz aliança com o Império do Brasil e com a província de Entre-Rios e Corrientes.[1170] para enfrentar ROSAS e ORIBE. Obteve êxito a aliança.

O Império a seguir celebra Tratado de limites com o Uruguai, assinado em 12 de outubro de 1851, no Rio de Janeiro. Neste tratado, o artigo segundo declara que "as altas partes contratantes reconhecem como base que deve regular seus limites o *uti possidetis*" e a expressão reaparece no artigo quarto do tratado, enquanto o artigo terceiro admite que algumas pequenas derrogações à efetividade da posse estavam sendo inseridas.[1171]

sem água, alongando penosamente o trajeto numa noite de calor exasperante. Quando estavam extenuados e o dia amanhecia, o adversário lançou-se sobre eles e se impôs facilmente. Não restou alternativa que não a rendição." / "Carmen de Patagones comemora o 7 de março por 15 dias. O Brasil nem sequer registra o episódio em sua historiografia oficial. Já as bandeiras expostas na catedral de Carmen pertenciam à corveta Itaparica."

1169 Gerardo CAETANO e José RILLA, **Historia contemporánea del Uruguay** – de la colonia al siglo XXI (Montevideo: Claech – Edtrl. Fin de siglo, 2010, primera parte – De la colonia a la independencia (1500-1830), esp. – la crisis de la independencia, p. 33-50); Benjamín NAHUM, **Breve Historia del Uruguay independiente** (orig. publ. 1999, Montevideo: Ed. de la Banda Oriental, 8ª ed., 2011, cap. 4 – la independencia, p. 21-23, cit. p. 22): "La idea de la independencia absoluta habia ganado también a la mayoria de los orientales, los que 'no eran y no serian jamás argentinos ni brasileños'. Esa solución fue la que se adoptó en definitiva por la Convención preliminar de paz de 27 de agosto de 1828, que tenia serios defectos, pues no establecia los límites del nuevo estado (fuente de conflictos futuros con el fronterizo Brasil) ni reconocia la voluntad independentista del pueblo oriental."

1170 Susana I. RATO DE SAMBUCCETTI, **Urquiza y Mauá: el MERCOSUR del siglo XIX** (Buenos Aires: edtrl. Macchi, 1999, 'prólogo' de Beatriz BOSCH, p. iii-iv): "Ligado a la marcha política de su país, de la República oriental del Uruguay e de la República Argentina, MAUÁ interviene en decisiones fundamentales de dichos países. Propicia ante URQUIZA un arreglo pacifico para reincorporar a la provincia de Buenos Aires y emplea todos sus esfuerzos para evitar la guerra de la Triple Alianza. Afiliado a la Masonería azul, simpatiza con los partidarios del régimen republicano y se opone a la vigencia de la esclavitud".

1171 "Deseando las altas partes contratantes (...) corregir al mismo tiempo algunas irregularidades de la linea que perjudican a su polícia y seguridad, y que son susceptibles de ser corregidas sin alteración importante de la base de *uti possidetis*".

A ratificação deste tratado foi rejeitada pelas autoridades uruguaias e se instaura mediação argentina, que leva a aditamento do instrumento original de 1851, e o tratado foi aprovado com a modificação acordada em 15 de maio de 1852.[1172]

A situação prejudicial para o Uruguai, que se viu imposta fronteira seca no rio Jaguarão e Lagoa Mirim, em decorrência do Tratado de 1851, veio a ser alterada,[1173] pelo Tratado de 30 de outubro de 1909, negociado e assinado pelo então Chanceler, o Barão do Rio Branco.[1174] Passa a fronteira a ser situada na linha mediana do Rio Jaguarão.[1175]

A seguir se pode passar ao exame das fronteiras com o Paraguai (27.7).

27.7. Fronteiras brasileiras com o Paraguai

Com o Paraguai, diversamente do que fizera em todos os demais casos, o Império celebrou tratado com o Paraguai, em 8 de outubro de 1844, por meio do qual se adotou como limite a linha estipulada pelo Tratado de Santo Ildefonso (1777).[1176] Este Tratado, não chegara a ser ratificado, e

[1172] J. Barberis (est. cit., 2000, p. 44): "La expresión *uti possidetis* empleada en el texto del tratado de 1851 y en el acuerdo complementario de 1852 está utilizada en el sentido brasileño, o sea, como equivalente de la posesión efectiva"; v. tb. Hélio Vianna, **História diplomática do Brasil** (São Paulo: Melhoramentos, 1958, cap. XII – intervenções brasileiras contra Oribe e Rosas, p. 110-113; cap. XIII – limites com o Uruguai, p. 114-116; cap. XIV – intervenção brasileira contra o governo de Aguirre, p. 117-120).

[1173] J. Barberis (est. cit., 2000, loc. cit.): "El tratado fija un limite en la laguna Merim y en el rio Yaguarón que otorga águas a los dos estados. En su articulo 2 el convenio hace referencia a la 'cesión de los derechos de soberania del Brasil, basados, al principio, en la posesión que él adquirió y mantuvo, desde 1801'."

[1174] A mensagem pela qual Rio Branco encaminha o tratado ao Presidente da República, para ser encaminhado ao Congresso faz menção às questões de limites com o Uruguai, a nulidade do tratado de Santo Ildefonso, de 1777, o caráter preliminar deste, não revalidado pelo Tratado de Paz de Badajoz, de 1801, e a ausência de demarcação, nunca concluída. Recorda, ainda que a zona da Lagoa Mirim tinha sido adquirida por conquista, em 1801, em decorrência da guerra entre Portugal e Espanha. Textos em Rio Branco, **Obras** (vol V, p. 138, 145 ss.).

[1175] Accioly – Nascimento e Silva – Casella, **Manual** (2021, 25ª ed., 6.1.1.2 – rios, p. 537): "entre o Brasil e o Uruguai: o caso do rio Jaguarão, que até o tratado de 30 de outubro de 1909 pertenceu integralmente ao Brasil".

[1176] Artigo 35 do tratado de 8 de outubro de 1844: "Las altas partes contratantes se comprometen también a nombrar comisários que examinen y reconozcan los limites indicados

sempre foi rejeitado como base para a determinação das fronteiras brasileiras, com os demais vizinhos.[1177]

As negociações tiveram lugar, em 1865, entre José Maria da Silva PARANHOS, mais tarde Visconde do RIO BRANCO, e o representante paraguaio, José BERGES, para poder alcançar termos mutuamente aceitáveis.[1178] Tais negociações não chegaram a dar resultados, em razão da eclosão da guerra.

Em 1º de maio de 1865 Argentina, Brasil e Uruguai firmam o Tratado da Tríplice Aliança e tem início a guerra contra o Paraguai.[1179] Depois de

por el Tratado de San Ildefonso de 1 de octubre de 1777, para que se establezcan los limites definitivos de ambos países".

1177 J. ANDRASSY, **Les relations internationales de voisinage** (RCADI, 1951, t. 79, p. 73-182); Friedrich A. von der HEYDTE, *Le principe du bon voisinage en droit international* (Rev. Fac. Direito da Univ. de Lisboa, 1961-1962, vol. XV, p. 279-292); Iftene POP, **Voisinnage et bon voisinage – en droit international** (préf. M. VIRALLY, Paris: Pedone, 1980).

1178 J. BARBERIS (est. cit., 2000, p. 45): "La cuestión entre el Brasil y el Paraguay, por el contrario, ofrece alguna característica particular." (...) ocurría que en varios sectores del limite, la posesión favorecia al Paraguay. En última instancia, este país se rehusó a aceptar la linea reclamada por el Imperio pués esta iba más alla de la que surgía de la posesión efectiva. Los representantes de ambos estados no pudieron llegar a un acuerdo y, por último, suscribieron uma convención el 6 de abril de 1856, en la que acordaron que en el termino de seis años designarían plenipotenciarios para que ajusten definitivamente los límites. En el articulo 2 de ese convenio las partes estipularón también que mientras no se celebrara el acuerdo definitivo de límites, respetarían y harían respetar el *uti possidetis* actual".

1179 Miguel Angel Santiago de MARCO, **La guerra del Paraguay** (Buenos Aires: Planeta, 1995, 'prologo', p. 9-13, cit. p. 9-10): "las enseñanzas militares que esa gran sangría americana de cinco años arrojó para las naciones que, aquende y allende los mares, las analizaron y aprovecharon; el entramado diplomático que ha ido clarificándose recién en los últimos años por sobre las conclusiones simplistas o interesadas, han originado notables y cuántiosos aportes eruditos." (...) "notables estudiosos de las naciones otrora en pugna – como el ilustre paraguayo Efraim CARDOSO, que desentrañó en dos libros de recia arquitectura las seculares rivalidades entre el Brasil y el Rio de la Plata y mostró como, inexorablemente, ellas desembocaron en una guerra en la que se invirtieron las *alianzas naturales*"; Hélio VIANNA, **História diplomática do Brasil** (São Paulo: Melhoramentos, 1958, cap. XV – guerra da tríplice aliança contra o governo do Paraguai, p. 121-125, cit. p. 125): "Não cabe aquí recordar os seus aspectos propriamente militares. Basta-nos assinalar que a difícil campanha serviu de dura prova à política exterior do Império, que da luta saiu prestigiado como sempre, visto que não se aproveitou da vitória para exigir quaisquer compensações territoriais ou outras."

cinco anos de luta, o país foi derrotado na guerra. Logo depois, assina o Paraguai, com os demais, o tratado preliminar de paz, de 20 de junho de 1870.[1180]

Restava, entretanto, a questão dos limites, em que o Brasil discordava da aplicação literal do tratado da Tríplice Aliança, que beneficiava a Argentina, com prejuízo do Paraguai. Mostrando o interesse do Brasil em resolver a questão, José Maria da Silva PARANHOS, pouco depois Visconde do RIO BRANCO, manifestou ter sido reiterada a autorização que lhe tinha sido dada, em 1869, de ceder ao Paraguai a faixa de terra entre o Igureí e as Sete Quedas, desde que o governo de Buenos Aires também se mostrasse generoso, quanto ao trecho do Chaco a que não tinha direito. Falharam, porém, os entendimentos dos aliados, relativamente ao definitivo tratado de paz, com o Paraguai.

Acentuadas as divergências entre os pontos de vista do Brasil e da Argentina, não teve o Barão de COTEGIPE outra alternativa senão a de negociar separadamente com o Paraguai, com o qual assinou, em 9 de janeiro de 1872, os tratados de paz e amizade perpétua e de limites, com o Império do Brasil. Convém examinar as diferenças de enfoque em relação à matéria, conforme a nacionalidade do analista.

Diversamente do que assevera J. BARBERIS, cumpre ressaltar que o Brasil "não se aproveitou da vitória para exigir quaisquer compensações territoriais ou outras" – como sustenta H. VIANNA.[1181] Ainda a respeito do tratado de limites Brasil Paraguai de 1872:

> Neste, foi felizmente encerrada a secular questão de limites, generosamente cedendo o Brasil a linha do Igureí, a que tinha direito pelos convêncios anteriores, mas não pelo *uti possidetis*, e reivindicando a divisa pela margem direita do rio Apa, de acordo com a nossa anterior ocupação efetiva.[1182]

[1180] H. VIANNA, **História diplomática do Brasil** (São Paulo: Melhoramentos, 1958, cit. cap. XV, p. 125 e cap. XVI, 'limites com o Paraguai', p. 126-132).

[1181] H. VIANNA (op. cit., 1958, cap. XVI, item 4 – tratado de limites de 1872, p. 130-131).

[1182] Nestes termos ficou assim constituída a fronteira brasileiro-paraguaia: "o território do império do Brasil divide-se com o da república do Paraguai pelo álveo do rio Paraná, desde onde começam as possessões brasileiras na foz do Iguaçu, até o Salto grande das Sete quedas do mesmo rio Paraná; / do Salto grande das Sete quedas continua a linha divisória pelo mais alto da serra de Maracaju, até onde ela finda; / daí segue em linha reta, ou mais que se lhe aproxime, pelos terrenos mais elevados, a encontrar a serra Amambaí; / prossegue

De acordo com as determinações do tratado de 1872, pouco depois foi iniciada a demarcação da fronteira paraguaio-brasileira, desde a foz do rio Iguaçu e a confluência dos rios Apa e Paraguai. A comissão mista colocou seis marcos nos pontos mais notáveis da fronteira e terminou sua incumbência em 1874.

Trecho da fronteira brasileiro-paraguaia, permaneceu não precisado no tratado de 1872, entre a foz do rio Apa e o desaguadouro da Baia Negra, no rio Paraguai, em razão do fato de ser esse trecho reclamado, por não menos do que três países: a Argentina, a Bolívia e o próprio Paraguai. Afastadas as pretensões argentinas, desde 1878, mantiveram-se as pretensões bolivianas, até resolvê-las depois da chamada guerra do Chaco.[1183] Ao Brasil, a que ninguém contestava a posse da margem esquerda, apenas competia esperar que os interessados resolvessem as suas divergências, fazendo e reiterando ressalvas quanto aos eventuais direitos da Bolívia.

Convindo, entretanto, que independentemente dessa condição fosse definitivamente traçada a linha fronteiriça, entre a foz do rio Apa e a Baía negra, aponta H. Vianna (1958)[1184] várias vezes ter tentado o governo brasileiro estabelecê-la com o Paraguai, em 1911, 1922 e 1924. Conseguiu-o, finalmente, em 27 de maio de 1927, por meio do tratado complementar de limites.[1185]

pelo mais alto desta serra até a nascente principal do rio Apa, e baixa pelo álveo deste até a sua foz, na margem oriental do rio Paraguai; / todas as vertentes que correm para o norte e leste pertencem ao Brasil, e as que correm para sul e oeste pertencem ao Paraguai; / a ilha do Fecho dos morros é domínio do Brasil."

1183 H. Vianna (op. cit., 1958, cap. XVI, item 5, 'tratado complementar de limites, de 1927', p. 131-132); v. tb. V. Marotta Rangel, *Gran Chaco Conflict* (in **Encyclopedia of public international law**, 2012, vol. IV, p. 575-579).

1184 H. Vianna (op. cit., 1958, loc. cit.).

1185 De acordo com os termos do tratado complementar de limites, de 27 de maio de 1927, assinado por Otávio Mangabeira, então ministro das relações exteriores do Brasil, e Rogelio Ibarra, como representante paraguaio, a divisória segue, no referido trecho, o álveo do rio Paraguai, declarando pertencer a margem direita à república do Paraguai, a margem esquerda ao Brasil. Quanto às ilhas, a sua atribuição, aos dois países, é a vigente no caso dos rios navegáveis: separa-as, para um e outro lado, o meio do canal principal ou de maior profundidade; cfr. H. Vianna (op. cit., 1958, loc. cit.); Hildebrando Accioly, **Limites do Brasil – A fronteira com o Paraguay** (São Paulo: Companhia Ed. Nacional – Col. Brasiliana, vol. 131, 1938, cap. – Comprovação cartográfica da existência do rio Igureí, p. 19-29 e 145-146).

A seguir se pode passar ao exame das fronteiras com a Guiana Inglesa (27.8).

27.8. Fronteiras brasileiras com a Guiana Inglesa

Com relação à Guiana Inglesa, o critério que prevaleceu para o ajuste da fronteira entre o Brasil e o Reino Unido, fora deliberado, de comum acordo, em 1891, no sentido de se fixar uma "linha geral de fronteiras". O então ministro das relações exteriores, Carlos de Carvalho entendeu mais adequado não desenvolver as negociações com o Reino Unido, com base nas deliberações de 1891, mas em conformidade com o tratado, entre os dois países, de 1859.[1186]

O acordo sobre a nossa fronteira comum, com o Reino Unido, foi levado a efeito mediante troca de notas, feitas em Londres, em 27 de outubro e 1º de novembro de 1932. De acordo com a proposta brasileira, o governo britânico concordou em que, nos rios limítrofes, "a água e não o leito do rio, será o limite", e que se qualquer dos rios sofrer completa deslocação, em consequência de fenômeno natural repentino, a fronteira continuará a ser o canal navegável (*Thalweg*) do curso de água.[1187]

A seguir se pode passar ao exame das fronteiras com a Guiana Francesa (27.9).

27.9. Fronteiras brasileiras com a Guiana Francesa

Com relação à Guiana Francesa,[1188] "quando Portugal firmou com a França os tratados de Lisboa, de 1700 e de Utrecht, de 1713, nenhuma

[1186] Virgílio Caixeta Arraes, *A presença britânica na ilha da Trindade: a reação do Parlamento brasileiro* (Brasília: Rev. de Informação Legislativa, ano 38, n. 153, jan.-mar. 2002, p. 241-253, cit. p. 250-251): "Carvalho relacionou a ligação entre a Guiana e Trindade, visto que 'linha geral de fronteira' significava o desejo da Grã-Bretanha de delimitar seus territórios no Atlântico. / Carvalho procedeu de modo que paralisaria as negociações sobre a Guiana".

[1187] Accioly – Nascimento e Silva – Casella, **Manual** (2021, 25ª ed., p. 538).

[1188] Jean-Claude Giacottino, **Les Guyanes (Guyana, Surinam, Guyane française)** (Paris : PUF, 1a. ed., 1984, 2a. ed., «corrigée», 1995, 'introduction', p. 3-4, cit. p. 3) aponta como «la région naturelle des Guyanes», que se estenderia cerca de 1,5 milhão de quilômetros quadrados, no centro norte da América do sul, «politiquement elle est partagée entre le Brésil qui en occupe 620.000 Km2, le Venezuela, dont les territoires guyannais s'étendent sur 415.000 Km2, la Guyana, ex-Guyane britannique, devenue indépendante en 1966 (214.000 Km2), le Surinam, ex-Guyane néerlandaise, devenue indépendante en

dúvida permaneceu, quanto à identificação do rio divisório, chamado de Vicente Pinzón, como o Japoc ou Oiapoque".[1189] A ocupação da região,

1975 (163.265 Km2) et enfin la Guyane française qui n'occupe que 4% de la superficie totale (90.000 Km2) et a, depuis 1946, le statut de département d'outre-mer» Após esta descrição do quadro natural, na mesma página : «Pendant longtemps le partage politique des Guyanes a été incertain en raison de la méconaissance de l'intérieur et des prétentions des uns et des autres. Divers accords et arbitrages ont fixé les frontières. Pour la Guyanae française le traité d'Utrecht, de 1713, fixait ses frontières sur le Maroni, or le tracé du fleuve est compliqué et il a plusieurs formateurs, d'où les contestations entre la France et les Pays-Bas. Celles-ci ont été règlées par un arbitrage du tsar en 1898 et en 1915, une convention en 1977 avec le Surinam. Avec le Brésil il existait une contestation à propos de l'Amapá; un arbirtage de la Confédération helvétique en 1900, donne l'Amapé au Brésil et fixe la frontière sur la ligne médiane de l'Oyapok. En 1938, une convention a fixé le point de tri-jonction entre le Brésil, le Surinam et la Guyane française, l'Itani étant reconnu comme frontière entre la Guyane française et le Surinam. En 1957 on a procédé au bornage de la frontière méridionale de la Guyane française. Entre le Surinam et la Guyana, il existe une contestation importante sur le cours supérieur de la Corentyne, portant sur environ 16.000 Km2, dont l'origine tient au répérage du cours principal du fleuve. Les deux pays ont décidé en 1970 de règler le problème à l'amiable. La contestation la plus grave existe entre le Venezuela et la Guayna, le premier revendiquant toute la partie occidentale de celle-ci jusqu'à l'Essequibo, c'est-à-dire, plus de la moitié de son territoire. Le Venezuela ne reconnaît plus depuis 1963 l'arbitrage de Paris qui en 1899 avait fixé les frontières occidentales entre la colonie britannique et lui-même, alors que son gouvernement de l'époque l'avait accepté. Très vive, la tension entre les deux pays s'est apaisé à la suite de la décision prise en 1970, sous les auspices de Trinidad, de maintenir le *statu quo* et de 'geler', la revendication du Venezuela pendant douze ans.» ; v. tb. Alain CHAUMET e Jean De WENGER, **La Guyane: plaidoyer pour Cendrillon** (s.i.l.: s.i.ed., 2001).

1189 Hélio VIANNA, **História do Brasil** (São Paulo: Melhoramentos / Edusp, 12ª ed., 1975, cap. XL – política exterior da regência de D. João em Portugal e repercussões no Brasil, item 1, letra (a), 'tentativas francesas de modificação da fronteira do Oiapoque', p. 342-344): "Somente depois de 1725 começaram os franceses da Caiena a situá-lo mais para o sul, de modo a incluir na Guiana terras do atual (...) Amapá. Com esse objetivo quis o governador CHARANVILLE considerar como o rio de Vicente Pinzón o Maiacaré. Aumentando a confusão de seus patrícios, em 1745, sustentou La CONDAMINE que aquele e o Oiapoque eram dois cursos d'água diferentes. De acordo com essa corrente de idéias, estabeleceram-se precários postos e missões religiosas francesas às margens, sucessivamente, do Maiacaré e do Cunani, do rio e do lago de Macari, chegando as suas pretensões até ao Araguari. / Inutilizou, porém, todos esses esforços, o Governador do Grão-Pará, D. Francisco Maurício de SOUSA COUTINHO, que em 1791 mandou que se fizesse um reconhecimento até ao Oiapoque, fundando-se na região três novas povoações luso-brasileiras. / Era essa a situação no local, quando, a partir do tratado de Paris, de 1797, procuraram

começara em 1637, com a criação da capitania hereditária do Cabo do norte,[1190] que corresponde,mais ou menos, ao atual Amapá.[1191]

Sucessivas tentativas de ocupação da área, dita do cabo do Norte, que correspondia ao conjunto das Guianas, do Amazonas ao Orinoco, foram efêmeras: "a colônia de *Principium* que Charles Leigh fundou, em 1604, na margem esquerda do Oiapoque durou dois anos. A que Robert Harcourt fundou, no mesmo lugar, em 1608, também não passou disto; em 1617 foi a vez de Edward Harvey".[1192] Tampouco conseguiram permanecer de modo estável na região os holandeses.[1193]

Como os ingleses e os holandeses, tampouco os franceses conseguiram se manter por períodos prolongados: o explorador La Ravardière, depois do brilhante episódio do Maranhão, não conseguiu nem usar a patente, renovada em 27 de novembro de 1624. Em 1626, alguns comerciantes de Ruão (Rouen) conseguiram manter por algum tempo uma colônia de 26 homens na margem do rio Sinamari, a 50 léguas do Oiapoque. Em 1628, os franceses se instalaram mais demoradamente

vários governos franceses conseguir aquele aumento territorial mediante imposições diplomáticas. / Assim, pelo referido convênio ficaria assentado que os 'limites entre as duas Guianas, francesa e portuguesa, seriam determinados pelo rio chamado pelos portugueses Calcuenne (*sic*) e pelos franceses de Vicente Pinzón, que se lança no oceano acima do Cabo do Norte, mais ou menos a dois graus e meio de latitude setentrional.' Seguiria pelo dito rio até suas nascentes, de onde uma linha reta, dirigida para oeste, alcançaria o Rio Branco. Apesar de confirmado pelo Diretório, não obteve a necessária aprovação do governo português, motivo pelo qual foi declarado nulo, no mesmo ano de 1797." No período napoleônico, houve nova tentativa de regulação, por novo tratado, entre França e Portugal, pelo qual "passou a fronteira guianense a ser traçada pelo rio Araguari, desde a sua foz mais distante do Cabo do Norte até às nascentes, e daí por uma reta ao Rio Branco".

1190 José Sarney e Pedro Costa, **Amapá: a terra onde o Brasil começa** (Brasil: Senado Federal, 2ª ed., 1999, p. 36): "O cabo Norte, ou cabo do Norte, é o limite norte da boca do Amazonas, e marca essa grande massa de terra molhada que é o extremo leste do Amapá. Seu nome definiu a região, mas durante muito tempo serviu a mais de um senhor: foi dado também ao atual cabo Raso do Norte, ao norte da ilha de Maracá".

1191 Hélio Vianna, **História diplomática do Brasil** (São Paulo: Melhoramentos, 1958, cap. XIX – limites com a Guiana francesa, p. 148-154).

1192 J. Sarney e P. COSTA (op. cit., 1999, p. 95-97).

1193 J. Sarney e P. COSTA (op. cit., 1999, p. 97): "Em 1627, os 46 holandeses escapados dos ataques de Pedro Teixeira no Amazonas foram encontrados pelo Almirante Lucifer instalados na margem esquerda do Oiapoque."

em Conanama, perto do Sinamari: primeiro com 14 homens. Em 1630, chegavam a mais de 50, e em 1633, mais 66 homens.[1194]

Em 1633 foi dada, por LUIS XIII e pelo Cardeal de RICHELIEU, a permissão a comerciantes normandos para criarem a Companhia do cabo do Norte – *Compagnie du Cap Nord*. A concessão se estendia do Oiapoque ao Maroni.

Como a concessão anterior, feita a La RAVARDIÈRE, esta tampouco chega a sair do papel. Em 26 de maio de 1640 foi estabelecida outra companhia, com o mesmo nome. Os limites desta se estendiam das margens do Amazonas às do Orinoco. Em 1643, Poncet De BRETIGNY chegou a Caiena com 300 homens. Estes somente encontram, das outras colônias e aventuras: "seis franceses em Caiena, quatro no Maroni e sete no Suriname, sem nenhumas provisões ou comodidades da França, e todos reduzidos a viver bestialmente entre os selvagens, sem comparação mais caridosos que a Companhia".[1195]

Depois de várias idas e vindas, também envolvendo ocupação holandesa, na região, além de escaramuças entre franceses e portugueses, o tratado de Utrecht, em 1713, em seu artigo VIII,[1196] estipulou que a França desistia de qualquer pretensão à navegação no Amazonas, e às terras nas suas duas margens, e enquanto os habitantes de Caiena ficavam proibidos de comerciar na foz do Amazonas ou no Maranhão, bem

[1194] J. SARNEY e P. COSTA (op. cit., 1999, loc. cit.).

[1195] Barão do RIO BRANCO, **Obras, vol. III Questões de limites: Guiana francesa, 1ª. Memória** (Rio de Janeiro: MRE, 1945, p. 80).

[1196] Tratado de Utrecht, de 11 de abril de 1713, artigo VIII: "A fim de prevenir toda ocasião de discórdia que poderia haver entre os vassalos da Coroa de França e os da Coroa de Portugal, sua majestade cristianíssima desistirá para sempre, como presentemente desiste por este tratado, pelos termos mais fortes e mais autênticos, e com todas as cláusulas que se requerem, como se elas fossem aqui declaradas, assim em seu nome como de seus descendentes, sucessores e herdeiros, de todo e qualquer direito e pretensão que pode ou poderá ter sobre a propriedade das terras chamadas do cabo do Norte, e situadas entre os rios das Amazonas e o de Japoc, ou Vicente Pinzón, sem reservar ou reter porção alguma das ditas terras, para que elas sejam possuídas daqui em diante por sua majestade portuguesa, seus descendentes, sucessores e herdeiros, com todos os direitos e soberania, poder absoluto e inteiro domínio, como parte de seus estados, e lhe fiquem perpetuamente, sem que sua majestade portuguesa, seus descendentes, sucessores e herdeiros possam jamais ser perturbados na dita posse por sua majestade cristianíssima, seus descendentes, sucessores e herdeiros."

como comprar escravos nas terras do cabo do Norte, os portugueses, por sua vez, ficavam proibidos de comerciar em Caiena.

Décadas mais tarde, cláusula do tratado de Badajoz, de 1801, que pôs termo à guerra da Espanha e França contra Portugal estabelecia a fronteira da Guiana, começando pelo rio Araguari e atingindo o Rio Branco, foi, pouco depois, modificada e a seguir anulada. O traçado, feito de acordo com o tratado de Badajoz, de 1801,[1197] foi confirmado pelo tratado de Amiens, de 1802, entre a França e a Inglaterra, de cujas negociações não participou Portugal, nem a este depois aderiu.

Ante a conflagração na Europa, primeiro tentou Portugal obter de Napoleão, já imperador dos franceses, a sua neutralidade,[1198] "tendo em vista os prejuízos que lhe poderiam advir de qualquer atitude

[1197] H. Vianna (op. cit., ed. 1975, 'tratado de Badajoz', p. 345-346) prossegue: "Quanto, porém, aos domínios espanhóis e portugueses na América do sul, o convênio não estipulou o *statu quo ante bellum*,nem revalidou o de limites de 1777. / Para que este último, o de Santo Ildefonso, continuasse em vigor, seria preciso, "de acordo com os princípios que dominavam naquela época e com a regra observada uniformemente nas negociações de paz entre Portugal e Espanha", que o novo tratado o revalidasse, mesmo parcialmente. "Examinando os tratados de paz entre estas duas coroas depois da restauração de Portugal" – escreveu o Barão do Rio Branco – "ver-se-á que a revalidação expressa de todas as convenções *ante bellum*, e muito especialmente das que versavam sobre limites, era condição indispensável para que elas readquirissem a anterior vigência. Assim é que o art. 13 do tratado de Utrecht, de 6 de fevereiro de 1715 (?, 1713), revalidou os tratados de 13 de fevereiro de 1668 e de 18 de junho de 1701; que pelo art. 2º do tratado de Paris, de 10 de fevereiro de 1763, foram revalidados os de 1668 e 1715 e o de 12 de fevereiro de 1761; e pelo art. 1º do tratado de Santo Ildefonso, em 1777, foram ratificados os de 13 de fevereiro de 1668, 6 de fevereiro de 1715 e 10 de fevereiro de 1763 em tudo aquilo que expressamente não fosse derrogado pelas disposições do novo tratado"; ver Barão do Rio Branco, **Obras: I. questões de limites: República argentina** (Rio de Janeiro: MRE, reedição 1945, p. 7 e 10-11).

[1198] Desde a referência clássica do tratado sobre a neutralidade, de Johan Wilhelm Newmayr Von Ramsla, **Von der Neutralitet und Assistenz oder Unpartheyligkeit vnd Partheyligkeit in KriegsZeiten sonderbarer Tractat oder Handlung** (Erfurt: J. Birckner, 1620) – a respeito ver **Tratado** (tomo VIII – **Direito internacional além do paradigma vestfaliano**, esp. construção da neutralidade no direito internacional moderno e o tratado de Newmayr Von Ramsla (1620)), tb. Jean-François Chanet et Christian Windler (dir. de), **Les ressources des faibles** – Neutralités, sauvegardes, accommodements en temps de guerre (XVIe-XVIIIe siècle) (Rennes: Presses Univ. de Rennes, 2009, cit. p. 59): "la neutralité fut le résultat d'un processus d'apprentissage et d'adaptation". Até o contexto posterior ao advento do sistema da ONU, cf. D. Schindler, **Aspects contemporains de la neutralité** (RCADI, 1967, t. 121 p. 221-322); T. Komarnicki, **The place of**

parcial".[1199] Essa contemporização não mais pôde ser mantida, a partir de 1807, quando NAPOLEÃO determinou a extensão a Portugal do *bloqueio continental*, exigindo deste não somente o fechamento de seus portos aos navios ingleses, como o confisco dos bens e a prisão dos súditos dessa nacionalidade. Não concordando o imperador dos franceses com as evasivas portuguesas, ordenou a invasão e a divisão do reino de Portugal, em três partes, declarando deposta a dinastia de Bragança, ficando o Brasil e as demais colônias lusitanas para serem posteriormente partilhadas entre a França e a Espanha, conforme dispunha o tratado de Fontainebleau, assinado em 27 de outubro de 1807.

O Manifesto do príncipe-regente D. JOÃO, datado de 1º de maio de 1808, do Rio de Janeiro, declarando guerra ao império francês, foi a resposta dada à determinação napoleônica da deposição da dinastia de Bragança e da pretensão de divisão das colônias de Portugal, inclusive o Brasil, para objeto de ulterior divisão entre França e Espanha. Conquistada, no ano seguinte, "pelas armas luso-brasileiras, com pequeno auxílio inglês", a Guiana francesa, confirmou aquela resolução reivindicatória, ao restitui-la ao governo de LUÍS XVIII, o tratado de paz, firmado em Paris, em 1814.[1200]

Ao ser assinado o tratado de Paris, de 1814, entre França e Portugal, dubiamente determinava o instrumento que o respectivo território teria os mesmos limites de 1º. de janeiro de 1792, isto é, de antes do rompimento de relações com Portugal. Por ocasião da assinatura do referido convênio, fez ressalva o representante português, Conde de FUNCHAL, declarando que a citação daquela data não importava na desistência da

neutrality in the modern system of international law (RCADI, 1952, t. 80, p. 395-510); Charles CHAUMONT, **Nations Unies et neutralité** (RCADI, 1956, t. 89, p. 1-60).

1199 H. VIANNA (op. cit., 1975, loc. cit.).

1200 H. VIANNA (op. cit., 1975, loc. cit.); VARNHAGEN, Visconde de PORTO SEGURO, **História geral do Brasil** (São Paulo: Melhoramentos, 1956, "terceira edição integral", tomo V, p. 3/8, inclusive notas de Rodolfo GARCIA); Barão do RIO BRANCO, **Obras: III. questões de limites: Guiana francesa**, 1ª. Memória (Rio de Janeiro: MRE, reedição 1945, p. 178-189); Artur C. F. REIS, **Limites e demarcações na Amazônia brasileira – 1. "A fronteira colonial com a Guiana francesa"** (Rio de Janeiro: Comissão brasileira demarcadora de limites, 1947, *passim*); Luciano de CASTRO, **A questão do Amazonas nos tratados de Paris e de Madri (1797 e 1801)** (Porto: Portucalense ed. – Coleção histórica, 1945, *passim* – digitalizado pela Universidade do Texas. 10 de junho de 2008).

fronteira pelo Oiapoque, fixada no tratado de Utrecht.[1201] No congresso de Viena, então reunido para estabelecer a nova situação mundial, conseguiram dois dos plenipotenciários portugueses, o Conde de PALMELA e Antonio de SALDANHA DA GAMA, assinar com o mesmo representante francês uma convenção, ajustada por troca de notas, ocorrida a 11 e 12 de maio de 1815, segundo a qual a restituição da Guiana seria feita de acordo com o artigo viii do aludido tratado de 1713.[1202]

De 1809 até 1817 permanecera luso-brasileira a região:[1203] restituída a Guiana, no mesmo ano de 1817, não foi cumprida, pelos sucessivos governos da França, LUIS XVIII e CARLOS X, e de Portugal e Brasil, D. JOÃO VI e D. PEDRO I, a disposição referente à criação daquela Comissão mista.

Nova investida francesa, na região do Amapá, ocorre durante o governo de LUIS FILIPE, "quando nos encontrávamos a braços com as dificuldades políticas do período regencial".[1204] Na fase de expansão

1201 H. VIANNA (op. cit., 1958, p. 149): "Para maior garantia da integridade dos domínios portugueses na região do Amapá, deixou D. JOÃO de ratificar o capcioso tratado de 1814, obtido pela habilidade de TALLEYRAND, príncipe de Benevento."

1202 H. VIANNA (op. cit., 1958, p. 149): Confimando-o, esclareceu o Ato final do Congresso de Viena, que a embocadura do referido rio ficava "situada entre o quarto e o quinto grau de latitude norte, limite que Portugal sempre considerou como o fixado pelo tratado de Utrecht". / Estabelecendo o modo por que seria restituída Caiena, outra convenção foi assinada em Paris, a 28 de agosto de 1817, pelo Conselheiro Francisco José Maria de BRITO, ministro plenipotenciário do Reino unido de Portugal, Brasil e Algarve, e o Duque de RICHELIEU. De acordo com os seus termos, far-se-ia a devolução até o rio Oiapoque, a leste e ao sul, até o paralelo de 2º24' de latitude norte, desde o Oiapoque até 22º de longitude oeste da ilha do Ferro. Nomear-se-ia também uma Comissão mista, encarregada da definitiva fixação dos limites, sempre de conformidade com o tratado de 1713 e o Ato final do Congresso de Viena. No caso de não chegarem a acordo os dois reinos, seria solicitada a mediação da Inglaterra."

1203 Hélio VIANNA, **História diplomática do Brasil** (1958, cap. XIX, p. 148-149): "a reação luso-brasileira consistiu na conquista e ocupação de Caiena, entre 1809 e 1817, até sua restituição a um representante do novo soberano francês, LUIS XVIII." (...) "Com a abdicação de NAPOLEÃO em Fontainebleau, e a primeira restauração dos BOURBONS no trono da França, em 1814, não teve dúvida o governo português do príncipe-regente D. JOÃO, então sediado no Rio de Janeiro, em celebrar a paz com esse pais, ao mesmo tempo em que concordava com a restituição de Caiena aos franceses".

1204 H. VIANNA (op. cit., 1958, p. 149-150): "valendo-se do pretexto fornecido pelas agitações da *cabanagem*, no Pará, determinou o governo de LUIS FILIPE, em 1835, o

colonialista dos europeus,[1205] "não faltaram opiniões na França, que aconselhassem a obtenção do aumento territorial da Guiana, à custa do Brasil". Nesse sentido procuraram reviver as antigas questões de limites, apesar dos peremptórios termos do tratado de Utrecht, revalidados no Congresso de Viena e na Convenção de 1817.

Para discutir a questão do Amapá, com a França, foram entabuladas negociações, no Rio de Janeiro, em 1841-1842, e em Paris, 1846 e 1854, todas, porém, sem resultados definitivos.[1206] Não chegou a constituir problema nas relações entre os dois estados, "a fantasiosa organização do governo de uma República do Cunani, fruto da imaginação de esperto aventureiro, cujos planos, entretanto falharam", em 1887. A matéria era cogitada como objeto de solução, pelos governos do Brasil e da França, quando se deu a queda do Império e o advento da República, em 1889.

A situação da região da Guiana se torna candente, quando, por volta, de 1894, são descobertas jazidas de ouro, nas cabeceiras do rio Calsoenne, "atraira milhares de aventureiros, que ali se estabeleceram vivendo num regime da mais completa anarquia".[1207] Depois de vários

estabelecimento de um posto à margem direita do Oiapoque, portanto em terras do Brasil, o que foi feito no ano seguinte, porém ainda mais adiante, na região do lago Amapá."

1205 V. **Tratado** (tomos XIV a XVII – **Direito internacional no tempo do colonialismo**).

1206 H. VIANNA (op. cit., ed. 1975, cap. LXII – política exterior do segundo reinado, p. 519-525, item 3, 'questões fronteiriças', cit. p. 524-525): "Quanto à zona do Pirara, desde 1843 concordou o Império em sua neutralização, relegando para tempos melhores a solução desse dissídio com a Inglaterra. / Com os países sul-americanos, a base para todos os estabelecimentos de linhas divisórias, durante o segundo reinado, foi a anterior ocupação efetiva. Assim se fez no tratado celebrado com o Uruguai, em 1851; nos acordos com o Peru, nesse mesmo ano e em 1874; no tratado com a então república de Nova Granada (depois Colômbia), em 1853; no tratado firmado com a Venezuela, em 1859; noutro assinado com a Bolívia, em 1867. Uma questão mais delicada, a do território de Palmas, impropriamente chamado das Missões, com a Argentina, deixou-a o Império encaminhada para o arbitramento, em 1889. / Entre os especialistas em quesões de fronteiras, com que contou o segundo reinado, distinguiu-se o Barão da PONTE RIBEIRO, autor de numerosas *Memórias* a respeito. / Completando essa política, tiveram cuidadosos encarregados as demarcações de limites, distinguindo-se, entre estes abnegados servidores do país, os Barões de CAPANEMA, LADÁRIO, TEFÉ e PARIMA, e o Visconde de MARACAJU"; v. tb. H. VIANNA, **História diplomática do Brasil** (São Paulo: Melhoramentos, 1958, *ipsis verbis*, p. 108-109).

1207 A. G. de ARAÚJO JORGE, **Introdução às obras do Barão do RIO BRANCO** (Rio de Janeiro: MRE, ed. 1945).

incidentes na região, "os governos da França e do Brasil aproximaram-se mais uma vez, depois de quase duzentos anos de entendimentos improfícuos, com o propósito deliberado de liquidar definitivamente a questão de limites e por termo ao regime de ódios, rivalidades e conflitos no território litigioso".[1208]

Desde 1890 haviam França e Brasil concordado em entregar a questão à solução por arbitragem, caso se mostrasse inviável composição direta entre as partes. Os acontecimentos de 1895 mostraram a urgência de solução. Em 1896, na *Mensagem ao congresso nacional*, o Presidente Prudente de Moraes anunciava aquela intenção, consubstanciada em compromisso arbitral, firmado a 10 de abril de 1897, no Rio de Janeiro, pelo qual foi escolhido como árbitro o governo da Confederação Helvética.

De acordo com os termos do compromisso de 1897 dividia-se a fronteira a ser estabelecida:

(i) a linha chamada *marítima*, deveria constituir a parte marítima do território contestado, linha essa partindo do litoral, seguiria o curso do "rio Japoc ou Vicente Pinzón", determinado pelo artigo VIII do tratado de Utrecht;

(ii) o limite *interno*, partindo do "Japoc ou Vicente Pinzón", deveria dirigir-se para oeste, a fim de completar a fronteira entre o Brasil e a colônia francesa.

O árbitro, segundo estipulava o compromisso de 1897, deveria decidir qual fosse o "rio Japoc ou Vicente Pinzón" e fixar o limite interno do território.[1209] Calculou-se que a região em litígio teria superfície de 260.000 quilômetros quadrados.

Escolhido o Conselho federal suíço como árbitro, foi nomeado, em 22 de novembro de 1898, o Barão do Rio Branco, como enviado

[1208] A. G. de Araújo Jorge (op. cit., ed. 1945, p. 81-83).

[1209] Compromisso arbitral França-Brasil, de 10 de abril de 1897, especificava, nos artigos seguintes que o Brasil identificava o aludido rio como o Oiapoque e pretendia que a fronteira, a partir dele, deveria procurar a nossa divisa com a Guiana holandesa. A França sustentava que aquele rio era o Araguari, a partir de cuja nascente deveria partir uma linha, paralelamente ao rio Amazonas, rumo ao Rio Branco, deste ponto indo encontrar o paralelo que passa pela extremidade da Serra de Acarai.

plenipotenciário e ministro plenipotenciário em missão especial, em Berna.[1210]

O laudo arbitral de 1º de dezembro de 1900, conta 838 páginas, e foi integralmente favorável ao Brasil, com a respectiva "exposição de motivos", redigida pelo Conselheiro federal coronel Eduardo MÜLLER, mas assinado pelo então presidente do Conselho, Dr. Walter HAUSER. Sintomaticamente, fontes de língua francesa apresentam as coisas de modo substancialmente diverso.[1211]

[1210] H. VIANNA, **História diplomática do Brasil** (op. cit., 1958, cap. XIX, p. 154): "Com o habitual devotamento ao trabalho, [RIO BRANCO] prontamente concluiu a *1ª. Memória*, justificativa de nossos direitos, entregando-a, acompanhada de dois tomos de documentos, mais dois contendo a redação do livro *L'Oyapoc et l'Amazone*, de Joaquim Caetano da SILVA, e dois Atlas, a 5 de abril de 1899. Havendo réplica, em oito meses preparou a *2ª. Memória*, acompanhada de mais dois tomos de documentos, um de textos originais, um álbum de fac-similes e outro Atlas, entregando-a a 6 de dezembro do mesmo ano."

[1211] J.-C. GIACOTTINO (op. cit., chap. II, 'éléments de l'histoire des Guyanes', p. 25-53); Alain CHAUMET e Jean De WENGER, **La Guyane: plaidoyer pour Cendrillon** (op. cit., 2001, 'histoire de la Guyane', p. 15-28, cit. p. 22): «En 1700 un accord important fut signé entre les deux couronnes de France et du Portugal, asignant comme frontière entre les deux colonies les bouches de l 'Amazone. Le 11 avril 1713, le traité d'Utrecht entérina ces dispositions ainsi précisées: 'sa majesté-très-chrétienne se désiste de tous droits... sur la propriété des terres... entre la rivière des Amazones et celle de Japoc (*sic*, cf. texto francês)... sans se réserver ou retenir aucune portion des dites terres...'. / Or, tout le contentieux futur découle d'erreurs sur les noms locaux. Il semble bien en effet que c'est le fleuve Arauoari, ou Araguari, qui devait servir de frontières. L'idée étant cependant d'assigner au Portugal les deux rives de l'Amazone, la rive gauche étant élargie à vingt lieues de territoire (80 Km). Cette hypothèse, sans doute conforme aux pourparlers préalables au Traité d'Utrecht eût doublé la surface actuelle de la Guyane française en incluant la majeure partie de l'Amapá. Une longue controverse juridique et géographique commençait ; elle devait durer trois siècles. (...) / On sait que le traité d'Utrecht désignait le Maroni somme frontière nord de la Guyane avec l'actuel Surinam. IL fut impossible de s'entendre, en raison du véritable écheveau acquatique du Haut Maroni, jamais cartographié sérieusement. Au tournant du siècle, les deux parties s'en étant remises au tsar NICOLAS II afin qu'il rendit un arbitrage, permirent de régler la question une bonne fois. / En revanche, la contestation avec le Brésil traînait sur les bureaux des chancelleries empoisonnant le climat entre les deux pays qui décidèrent de s'en remettre aux bons offices de la Conféderation helvétique. L'incurie des représentants de la France pouvait faire croire à de la haute trahison, tant ils furent incompétents. / Et la Suisse trancha en faveur du Brésil ; la vaste région de l'Amapá lui fut attribuée. La frontière suivait le milieu du lit de l'Oyapock..»

Desde então, a Guiana, antiga Guiana inglesa, se tornou independente em 26 de maio de 1966, e a antiga Guiana holandesa, o Suriname, se torna independente em 25 de novembro de 1975.[1212] Nesse meio tempo, a Guiana francesa passou por sucessivas modificações de seu status jurídico: inicialmente "departamento de além-mar" – *Département d'outre-mer* ou D.O.M., seguindo votação unânime da Assembléia nacional francesa em 19 de março de 1946, nos termos da lei que transformou as antigas colônias, dentre as quais a Guiana, em "departamentos ultramarinos" da República francesa. A seguir, a Guiana francesa se tornou 'região', em 1982 e, a seguir, coletividade territorial – *collectivité territoriale*, que integra um departemento mais uma região, desde 2015, na assim chamada 'região natural' das Guianas – *région naturelle des Guyanes*.[1213]

[1212] Sob a denominação das 'três Guianas', trata-se de considerar: a Guiana – antiga Guiana Inglesa, o Suriname – antiga Guiana Holandesa e a Guiana Francesa. Situadas na região norte da América do Sul, suas costas já tinham sido avistadas por Cristovão COLOMBO, em 1498, e atraíram, desde o século XVI, aventureiros de diversos países: ingleses, franceses e holandeses dividiram entre si esse território, cuja superfície ultrapassa 1 milhão de Km², em 1814, e os conservam até a segunda metade do século XX.

[1213] Agradeço ao meu amigo, prof. Marc PAVÉ, da Universidade da Guiana, em Caiena, as precisões a respeito da evolução do regime legal da Guiana, no direito admistrativo francês. Comentavam J.-C. GIACOTTINO (op. cit., chap. II, 'éléments de l'histoire des Guyanes', p. 25-53, cit. p. 51): «Dans les faits cette réserve joua beaucoup, ne serait-ce que pour tenir compte des acquis du passé et du décalage entre la situation économique et sociale, les mentalités et les comportements de la métropole et de chacun des D.O.M. Dans le cas de la Guyane, on tint compte de nombreuses particularités, en particulier dans le domaine fiscal.»; e por sua vez, Alain CHAUMET e Jean De WENGER, **La Guyane: plaidoyer pour Cendrillon** (op. cit., 2001, 'avant-propos', p. 7-12, cit. p. 7-8): «Bien qu'appariées dans les faits depuis 1946, la France et la Guyane n'ont pas grand chose en commun (...) D'ailleurs, la Guyane fait-elle vraiment partie de la République et peut-elle se prévaloir de la glorieuse devise qui fait sa réputation dans le monde ? Les leçons de démocratie et de droits de l'homme qu'elle prodigue à tout propos auraient plus de force, si ne subsistaient sur quelques terres françaises des zones de sous-développement tout à fit choquantes et des situations sans ambiguité de fiefs coloniaux déguisés en départements. Peut-on suggérer le terme d'apartheid économique ? (...) la Guyane,c'est un record des chiffres du chômage; de manque d'équipements, notamment d'écoles et de lits d'hôpitaux ; record de logements insalubres, record en pourcentage de Rmistes ; record du coût de la vie : indice des prix (100 en métropole), 120,5 en Guyane, 145 pour les produits alimentaires ; record de la criminalité (le triple de la métropole) ; record de la natalité (natalité de 12,4% pour la

Cabe, finalmente, neste enfoque do território brasileiro e direito internacional, considerar a questão da Ilha da Trindade (27.10). Este episódio, relativo ao território brasileiro, ocorrido em 1895, teve desfacho inteiramente satisfatório para os interesses brasileiros.

27.10. Questão da Ilha da Trindade

> Sustentando o governo brasileiro a doutrina exposta, conseguiu solução favorável ao Brasil na questão da ocupação desta ilha (que faz parte do território nacional) pelo governo inglês, em 1895, cujos trâmites vem relatados em BEVILAQUA.
>
> José MENDES (1913)[1214]

Além e ao lado das questões habitualmente apontadas, em matéria de formação do território brasileiro, cabe recordar o caso da Ilha da Trindade.[1215] Sobretudo por ter sido solucionado de modo pacífico, mediante eficaz atuação política e diplomática brasileira.[1216]

A Ilha da Trindade foi descoberta "ao que parece a 18 de maio de 1502, por Estevão da GAMA, companheiro de Vasco da GAMA, na segunda expedição à Índia",[1217] e "a história dessa ilha, que hoje nos per-

métropole de 30,4% en Guyane) mais la natalité très forte constatée ici devient, hélas, un lourd handicap face au non-développement endémique.»

[1214] José MENDES, **Direito internacional público**: preleções (São Paulo: Duprat & Cia., 1913, "These XVII. da aquisição e perda da soberania territorial", par. 127, n. 7, cit. p. 250, "o caso da ilha da Trindade"); v. tb. Heitor LYRA, *A soberania brasileira nas ilhas do Atlântico* (Boletim SBDI, vol. 1, 1945, p. 37).

[1215] Eduardo Marques PEIXOTO, **Memória histórica sobre a Ilha da Trindade** (Rio de Janeiro: Publicações do Arquivo Nacional, vol. XXVIII, 1932, 667 páginas), contém toda a correspondência e documentos diplomáticos sobre a ocupação da Ilha da Trindade, com "reprodução de um folheto hoje muito raro publicado em 1896 pelo Ministério das Relações Exteriores"; Virgílio Caixeta ARRAES, *A presença britânica na ilha da Trindade: a reação do Parlamento brasileiro* (Brasília: Rev. de Informação Legislativa, a.38, n. 153, jan.-mar. 2002, p. 241-253).

[1216] V., *supra*, item 24.1.2 – arquipélagos antárticos e as respectivas zonas marítimas, no tocante à situação aplicável às ilhas e aos arquipélagos antárticos, com refereência específica 24.1.2.1 – ao caso das Falklands-Malvinas.

[1217] Alcides BEZERRA prefacia a **Memória histórica sobre a Ilha da Trindade** (1932, p. V-XV, cit. p. VI) de Eduardo Marques PEIXOTO. Observa (p. XI) a respeito do nome

tence, é por demais obscura até 1700, quando a ocupou o capitão inglês Edmundo HALLEY. Pode-se dizer que, até aquela data, se cifra na pura e simples indicação nos mapas com o seu primitivo nome, acompanhado do de Trindade".[1218]

Em 1782, a Inglaterra já ocupara a Ilha da Trindade, o que ensejou em reação uma enérgica nota do ministro português em Londres, Luís PINTO DE SOUZA, ao governo britânico. Daí resultou ordem do Almirantado inglês, em 22 de agosto de 1782, por meio da qual se determinava, por ordem do rei, a desocupação da ilha.[1219]

Mencionava-se a Ilha da Trindade, como parte do território brasileiro, por ocasião do tratado de Lisboa, de 1825, por meio do qual com a intermediação da Inglaterra, reconhecera Portugal a independência do Brasil. Essa informação é relevante – e foi justamente com base nessa menção que se encaminhou a solução pacífica dessa controvérsia.

Até então parte do território brasileiro, foram as ilhas da Trindade e de Martim Vaz ocupadas, pela Inglaterra, em janeiro de 1895. Ante a notícia da ocupação, foi lembrado que já, um século antes, o fizera a Inglaterra[1220]. E que fora então repelida pelos portugueses, que tinham

da ilha: "A Páscoa de 1502, ano da viagem de Estevão da GAMA, caiu mais cedo, a 27 de março, devendo a aludida festa ser também mais cedo e o foi a 5 de maio. (Domingo da Trindade, 22)."

1218 A. BEZERRA (texto cit., 1932, p. XIII) e a seguir: "A história de 1722 em diante, até aos nossos dias nesta Memória a tendes minuciosa, pormenorizada, interessante."

1219 E. Marques PEIXOTO, **Memória histórica sobre a Ilha da Trindade** (op. cit., 1932, p. 37-38) reproduz a carta do almirantado: "By the commissioner for executing the Office of Lord High Admiral of Great Britain and Ireland, etc. / In pursuance of the King's pleasure, signified to us by Lord GRANTHAM, one of His Majesty's Principal Secretaries of State, you are hereby required and directed to evacuate the island of Trinidada and to embark, together with such of His Majesty's Subjects and Effects as many as be remaining there, on board the vessel by with this will be conveyed to you, in order to yours their wering brought to Lisbon, or to England as shall be most convenient to the court of Portugal. / Given under our lands the 22 August 1782 / KEPPEL / Ch. BRETT / J. J. PRATT"

1220 E. Marques PEIXOTO, **Memória histórica sobre a Ilha da Trindade** (op. cit., 1932, p. 91): (...) "Já uma vez, no século passado, a Inglaterra, então em guerra com a Hespanha, ocupou essa mesma ilha da Trindade, de onde a repeliram os nossos heróicos antepassados, os portugueses, porque aquela ilha pertencia aos domínios portugueses na América meridional, segundo os atos oficiais e os mapas daquela época. Estou certo, Sr. Presidente, de que o governo da Inglaterra não será surdo ao clamor da consciência nacional, nem será cedo à luz do nosso direito; mas, se o for, o Brasil de hoje será digno do Brasil de outrora,

feito valer os seus direitos, como descobridores da ilha. Com a consequente desocupação da ilha pelos britânicos.

Em 1892, há ainda outra tentativa de ocupação, que se considera "necessário citar, a título de curiosidade":o Barão Harden HICKEY, americano, distribuira a essa altura, na América do Norte, prospectos "com o fim de engajar voluntários, a fim de seguirem para o nosso rochedo e aí fundarem um principado. O governo da República fez notar que se oporia a qualquer movimento nesse sentido".[1221]

Em 1895, pela última vez, a Inglaterra ocuparia a ilha da Trindade.[1222] E se desencadearia o incidente. Até a desocupação, nos meses seguintes.

Na ocasião, Carlos de CARVALHO, então ministro das relações exteriores, manifestou-se em fundamentada memória, "a ocupação é modo legítimo de adquirir domínio somente com relação às cousas que não têm dono – *res nullius* – e são tais as que não estão no domínio alheio ou porque nunca pertenceram a pessoa alguma ou porque foram abandonadas por seu antigo dono" – mas ressalvava – "quando a cousa, cujo abandono se invoca, para legitimar a ocupação, é do domínio de uma nação, mais rigorosa se faz a necessidade de apoiá-la em manifestação positiva e expressa de vontade de não querer continuar a possuir, por isso que no domínio territorial não se prescreve o abandono; a presunção não é a de ser *res nullius*".[1223]

que soube repelir da terra sagrada da pátria o invasor holandês ! (...) S.R. – Sala das Sessões, 22 de julho de 1895 – BELISARIO DE SOUZA – BRÍCIO FILHO – Erico COELHO – COELHO LISBOA"

1221 E. M. PEIXOTO (op. cit., 1932, p. 286).

1222 E. M. PEIXOTO (op. cit., 1932, p. 286-288): "Como teve o Governo conhecimento do fato? Diz-se que a 18 de junho à noite, por uma transcrição que o *Rio News* fizera do *Financial News*, de Londres. / Convém talvez registrar um episódio pouco conhecido": Luiz AGOTE, professor da Faculdade de Medicina de Buenos Aires, em 1895 sendo diretor da Saúde Pública, teve de examinar os papéis de um navio que chegara a essa cidade, tendo antes tocado em Montevidéu. Pesquisando sobre o porto de origem, verificou que viera da Trindade, com documentos passados por autoridades inglesas. Estranhando o fato, denunciou-o à Legação brasileira na Argentina, a qual, ato contínuo, telegrafou nesse sentido ao Governo da República: "Assegura o professor AGOTE ter sido esta a primeira notícia dada ao Brasil sobre a ocupação inglesa".

1223 Secretaria de Estado das Relações Exteriores, 23 de julho de 1895, reproduzido em E. Marques PEIXOTO, **Memória histórica sobre a Ilha da Trindade** (op. cit., 1932, p. 97-101, cit. p. 99-100).

Inicialmente o governo britânico ensaia argumentar, no sentido de presença militar britânica, que estaria, sem contestação, desde longa data, na Trindade e em Martim Vaz. Um ano depois, por meio de notas, oficialmente reconhecia o governo inglês a soberania brasileira sobre esta.[1224] Pacifica e prontamente foi esta controvérsia solucionada. E de modo eficiente, pelo Brasil. Lição a ser meditada, face aos desmandos e tergiversações da prática recente da política externa brasileira!

A matéria foi objeto de vivo debate, à época. Rodrigo Octávio de Langgaard Menezes (1934, ed. 1978)[1225] considera este "talvez o mais brilhante triunfo de nossa diplomacia": "esta ilha é constituída por uns desabitados rochedos, de difícil acesso, perdidos no meio do oceano longe da costa. Com ela jamais o Brasil se havia preocupado seriamente e, sob fundamento de que era coisa sem dono, a Inglaterra se lembrou um dia de dela se apossar e, fincando ali o padrão de seu domínio, passou a considerá-la incorporada ao seu patrimônio".[1226]

[1224] A. Bezerra (1932, cit., p. XIV-XV): "Ficou do incidente diplomático com a Inglaterra, felizmente, dignamente solucionado sem a mais leve quebra das nossas boas relações com a rainha dos mares, uma lição de energia e de amor ao direito, para as novas gerações. / Um povo que vibrou de entusiasmo para defender um rochedo deserto que lhe pertencia no meio do Atlântico Austral saberá sempre fazer valer os seus direitos de nação soberana na sociedade internacional, jamais deixando sejam espezinhados." E conclui, em tom talvez excessivamente otimista: "O episódio da restituição daquela ilha ao seu legítimo dono pela poderosa Inglaterra é desses que anunciam o reinado talvez próximo do direito nas relações entre as nações. Venceram na contenda os princípios jurídicos, aplicados a provas fornecidas pela geografia e pela história."

[1225] Rodrigo Octávio [de Langgard Menezes], **Minhas memórias dos outros**: primeira série (orig. publ. 1934, Rio de Janeiro: Civilização brasileira / Brasília: INL, 1978, "o caso da Ilha da Trindade", p. 101-106); e tb. Eduardo Marques Peixoto, **Memória histórica sobre a Ilha da Trindade** (1932, cit.).

[1226] E. Marques Peixoto, **Memória histórica sobre a Ilha da Trindade** (op. cit., 1932, p. 92): "Que a ilha da Trindade nunca foi abandonada (publicou a Gazeta de 24 de julho [de 1895]) provam as viagens constantes dos navios aquela porção territorial". Rodrigo Octávio (op. cit., 1934, ed., 1978, p. 101-102): "Tudo isso ocorrera no segredo das coisas misteriosas, em janeiro de 1895. Em seu número de 16 de junho do ano seguinte, o *Rio News*, jornal inglês que então se publicava no Rio de Janeiro, transcreveu uma local, de três linhas, do *Financial News*, de Londres, de 4 do mesmo mês, noticiando a incorporação da ilha ao domínio do Império Britânico. / A notícia caiu como uma bomba em nossos meios políticos e militares, e o titular da pasta das Relações Exteriores desenvolveu,

Duas teses se opuseram, em torno da questão da Ilha da Trindade. Uma em favor da *arbitragem*, outra em favor da *negociação direta*.[1227] Os partidários da primeira "lembrando o caso semelhante da ocupação inglesa das Ilhas Malvinas, ao longo da costa da Patagônia, pertencentes à Argentina e que, até hoje, passaram a ser as ilhas inglesas de Falkland,[1228] apesar dos diversos protestos de nossos vizinhos, e opinando que, somente por meio de uma arbitragem, se a Inglaterra se quisesse a ela submeter, poderia haver possibilidade de recuperarmos o domínio da ilha". Submeter a questão a arbitragem significaria reconhecer a existência de dúvida, no tocante à titularidade da ilha pelo Brasil. O que foi considerado inaceitável.

Felizmente, prevaleceu a tese favorável à negociação direta, com a intermediação de Portugal – exatamente no mesmo sentido em que se dera a negociação do tratado de Lisboa, de 1825, porquanto neste se pusera a Inglaterra como garantidora do acordo, entre Brasil e Portugal, cujo conteúdo não poderia pretender, agora, violar, apropriando-se de parcela do território que nominalmente reconhecera Portugal terem sido transferidos ao Brasil, por ocasião da independência.

O governo brasileiro apresentou[1229] enérgico protesto em Londres, exbindo provas concludentes do exercício de sua soberania sobre a ilha, desde a data da independência. Recusou-se a submeter o caso à arbitragem internacional, visto considerar incontestáveis os seus títulos

desde logo, tal atividade e agiu de modo tão inteligente e acertado que, em nota de 5 de agosto seguinte, ou em pouco mais de um mês de negociações, era comunicado ao nosso Governo que o Governo inglês reconhecia a soberania brasileira sobre a ilha, cientificando-nos a Legião britânica nesta cidade, por nota de 21 do mesmo mês, que o navio de guerra *Barracouta* havia partido para a Trindade, a fim de retirar os marcos de ocupação que ali haviam sido colocados."

[1227] V. Accioly – Nascimento e Silva – Casella, **Manual** (2021, 25ª ed., parte 8 – solução de controvérsias no direito internacional, especificamente 8.1.1.1 – negociações diretas, p. 810-811 e 8.1.2.4 – arbitragem, p. 842-849).

[1228] V., *supra*, item 24.1.2 – arquipélagos antárticos e as respectivas zonas marítimas, com referência 24.1.2.1 – ao caso das Falklands-Malvinas.

[1229] José Calvet de Magalhães, **Relance histórico das relações diplomáticas luso-brasileiras** (Lisboa: Quetzal Eds., 1997, "Bons ofícios de Portugal na solução do diferendo entre o Brasil e a Grã-Bretanha em virtude da ocupação britânica da ilha da Trindade", p. 52).

de soberania, mas aceitou os bons ofícios[1230] do rei Dom CARLOS, para conseguir uma solução pacífica do diferendo.[1231]

Carlos de CARVALHO, então ministro de estado das relações exteriores, "desde o primeiro momento, agindo com uma presteza e uma perspicácia admiráveis, fizera recolher do Arquivo Público e da Biblioteca Nacional todos os documentos, de qualquer natureza, e de todos os tempos, referentes à ilha. E viu, desde logo, que deles ressaltava evidente o nosso direito".[1232]

Determinou Carlos de CARVALHO o levantamento dos dados históricos a respeito da Ilha da Trindade. "Em poucos dias, na posse desses documentos, convenceu-se que eram absolutas as provas do nosso domínio, entre as quais não eram menores, para o caso, e altamente significativas, as correspondentes ao esforço do próprio Governo inglês para o reconhecimento da independência do Império do Brasil, por parte de Portugal, com todo seu território, no qual estava assinalada, com expressa menção a Ilha da Trindade".

Com base em tais evidências documentais, "de tais circunstâncias resultava que se era evidente que essa ilha fazia parte do Brasil, era certo que para tal domínio havia contribuído a própria Inglaterra, de cujas mãos pode-se dizer que a recebemos". De tal modo, "na base de tais argumentos pensava CARVALHO que não era possível que a honrada Inglaterra deixasse de fazer prontamente *amende honorable*, sem necessidade de se ter de lançar mão do custoso e complicado expediente do arbitramento".[1233]

A tese favorável à arbitragem contava, em princípio, com o apoio do então presidente da República, Prudente José de MORAIS Barros. A Carlos de CARVALHO, porém, que tinha em mãos todos os elementos para a defesa imediata e insofismável do nosso direito, o caso parecia

1230 V. ACCIOLY – NASCIMENTO E SILVA – CASELLA, **Manual** (2021, 25ª ed., parte 8 – solução de controvérsias no direito internacional, especificamente 8.1.1.3 – bons ofícios, p. 811).

1231 J. Calvet de MAGALHÃES (op. cit., 1997, loc. cit.). Em 1 de maio de 1896 o governo português dirigiu uma nota à legação britânica em Lisboa, propondo uma solução amigável para a questão da ocupação da ilha da Trindade. Consultados ambos os governos em disputa, mostraram-se dispostos a aceitar os bons ofícios de Portugal.

1232 R. OCTÁVIO (op. cit., 1934, ed., 1978, p. 102-103).

1233 R. OCTÁVIO (op. cit., 1934, ed., 1978, p. 102-103).

líquido e, por isso mesmo, "repugnava-lhe encarar a solução do arbitramento que pressupõe dúvida".[1234]

Alguns dias mais tarde, Portugal propunha-se a intervir no litígio como mediador,[1235] proposta que as partes aceitaram. A respeito da mediação portuguesa, para a solução da questão da Trindade, manifestou-se no Parlamento brasileiro Francisco GLICÉRIO: "a mediação é um fato normal, é um dos meios lícitos e geralmente aceitos para a solução das mais graves pendências internacionais".[1236]

O representante brasileiro em Londres, João Artur de Sousa CORREIA, com a ajuda do Marquês de SOVERAL,[1237] iniciou negociações com o governo britânico, que acabou por reconhecer os direitos do Brasil sobre aquela ilha.

Em 20 de julho de 1896, Portugal terminaria a sua nota, na qual se reconheciam os direitos brasileiros sobre a ilha, ao tempo em que solicitava ao governo britânico a confirmação desse estado de direito. Dias depois, o rei de Portugal, CARLOS I, comunicaria, de modo oficial, aos dois países, o entendimento português da questão, que, por ambos, seria reconhecido e aceito.[1238]

1234 R. OCTÁVIO (op. cit., 1934, ed. 1978, p. 104): "Na hipótese, o Brasil não podia vacilar na afirmação do seu direito: não podia entregá-lo aos azares de uma arbitragem; cabia-lhe, imperiosamente, reclamar a entrega do que não podia pôr em dúvida que era seu. / Mantinha-se, pois, decididamente contrário à solução do arbitramento. O Presidente, porém, que se havia filiado à corrente oposta, nela cada vez se reafirmava mais."

1235 V. ACCIOLY – NASCIMENTO E SILVA – CASELLA, **Manual** (2021, 25ª ed., parte 8 – solução de controvérsias no direito internacional, especificamente 8.1.1.4 – mediação, p. 812-814).

1236 F. GLICÉRIO: "Nosso direito nada perdeu de sua integridade e de sua grandeza por ter sido exposto e tratado pela mediação de uma potência que, de mais a mais, não levava para defendê-lo o prestígio da força militar, se não a autoridade moral de seu leal patrocínio, junto à justiça da causa do Brasil" (...) "Eu sempre pensei que a mediação oferecida ao Brasil não teve, de parte do governo português, outro intuito se não o de demonstrar, antes de tudo, sua especial estima pelo povo brasileiro e a mais perfeita compatibilidade com a jovem República." Fls. 95-96, **Anaes da Câmara dos Deputados**, vol. 3-4 (1896) (reproduzido por E. Marques PEIXOTO, **Memória histórica sobre a Ilha da Trindade** (op. cit., 1932, p. 143).

1237 Aduz J. Calvet de MAGALHÃES (op. cit., 1997, loc. cit.), "cuja influência junto da Corte britânica era considerável".

1238 V. C. ARRAES (art. cit., 2002, p. 249).

O encarregado de negócios de Portugal no Rio de Janeiro, João de Sá Camelo LAMPREIA, por nota de 5 de agosto de 1896, comunicou ao governo brasileiro ter o governo português recebido do governo britânico uma nota pela qual era a soberania brasileira naquele pedaço de solo expressamente reconhecida, pela Inglaterra.[1239]

Nesse mesmo mês de agosto de 1896, foi votado, na Câmara dos Deputados, projeto de lei, segundo o qual Trindade e Fernando de Noronha eram retirados das respectivas órbitas estaduais do Espírito Santo e de Pernambuco, por considerações estratégicas, militares, comerciais e de comunicação.[1240] Ambas passaram a ter estatuto próprio. E importância estratégica reconhecidamente aumentada, em razão da extensão que viria a ter a zona econômica exclusiva.[1241]

Soube o Brasil evitar que se prolongasse esta controvérsia, e solucionou-se prontamente o incidente, mediante meios pacíficos e eficazes. A solução obtida pelo Brasil, na questão, suscitada com a Inglaterra, sobre a Ilha da Trindade, com mediação de Portugal, foi alcançada de modo adequado.

Não se pode deixar de fazer paralelo entre o caso da Ilha da Trindade e as Ilhas Falkland-Malvinas, objeto de longa e todavia não solucionada controvérsia entre o Reino Unido e a República Argentina.[1242] A situação é distinta, e as consequências igualmente diversas. A desastrada e

[1239] Hélio VIANNA, **História diplomática do Brasil** (São Paulo: Melhoramentos, 1958, cap. XVII 'política exterior da República', item 4. 'ocupação inglesa da ilha da Trindade', p. 139); Hélio VIANNA, **História do Brasil** (São Paulo: Melhoramentos / Edusp, 12ª ed., 1975, p. 582-583) menciona que em Portugal "também existiam documentos a respeito do descobrimento e posse da Trindade pelos portugueses".

[1240] **Anaes da Câmara dos Deputados**, vol. 3-4 (1896) 11 de agosto: artigo 1º. "Pertencem à jurisdição privativa da União os territórios (...) de Fernando de Noronha e Trindade, bem como o das pequenas ilhas que as cercam, constituindo todas uma só circunscrição." Em janeiro de 1897 colocou-se uma haste de bronze, com a marca "BRASIL", com cerca de três metros de altura, tendo, na parte superior, a seguinte inscrição: "Este marco foi colocado pelo cruzador *Benjamin Constant*, sob o comando do capitão de fragata RODRIGUES TORRES, em viagem de instrução da turma G.G.M.M. de 1896-janeiro de 1897" (cfr. E. Marques PEIXOTO, 1932, p. 215-216).

[1241] V., *supra*, cap. XII – zona econômica exclusiva.

[1242] V., *supra*, item 24.1.2. 'arquipélagos antárticos e as respectivas zonas marítimas', no tocante à situação aplicável às ilhas e aos arquipélagos antárticos, com refereência específica ao caso das ilhas Falklands-Malvinas.

malfadada utilização de força armada pela ditadura militar argentina, em 1982, para retomar as ilhas, além de fracassar, diante da forte reação militar do Reino Unido, em nada contribuiu para qualquer futura tentativa de solução pacífica do conflito.[1243]

A seguir se passa a considerar a questão da colônia de Descalvados (27.11). Que comporta paralelo com a antes abordada questão do Acre, considerada em relação às fronteiras do Brasil com a Bolívia (27.3).

27.11. Questão da colônia de Descalvados

> O oeste brasileiro, que já havia sido disputado por portugueses e espanhóis, despertou a cobiça dos belgas, por sua localização estratégica - entre as bacias amazônica e platina, de onde seria possível partir para outras conquistas no continente, no futuro. O governo brasileiro demorou a perceber a ameaça.
>
> Roberta PENNAFORT (2009)[1244]

A questão da colônia de Descalvados, município de Cáceres, MT, fronteira do Brasil com a Bolívia, entre o final do século XIX e os primeiros anos do século XX, poderia ter se transformado em séria questão territorial internacional entre o país e a Bélgica. Mas isso chegou a ser evitado.

Em 1895, a *Compagnie des Produits Cibils*, com sede em Antuérpia, adquire um empreendimento, encetado por um argentino, para produzir derivados de carne, na região de Descalvados, munícipio de Cáceres, MT. Esta obteve autorização do governo brasileiro, para funcionar no país.[1245]

1243 Quiçá caiba justamente enfatizar o papel dos mecanismos pacíficos de solução de controvérsias entre estados, porquanto a adoção de atos de força acirra as tensões e o agravamento da situação, destes decorrente acarreta 'preclusão' da subsequente possibilidade de diálogo entre as partes.

1244 Roberta PENNAFORT, *Bélgica planejava colônia no Brasil* O.E.S.P. (Domingo 10 de maio de 2009, pág. A-12): "Mas um homem alertou para o perigo o Barão do Rio Branco, que assumiu o Ministério das Relações Exteriores em 1902. / Figura central da diplomacia brasileira, conhecido como homem que consolidou as fronteiras do país, o Barão, sabe-se agora, com as revelações do livro *Os belgas na fronteira oeste do Brasil* foi mais importante do que se imaginava."

1245 BRASIL Dec. nº 2007, de 18 de abril de 1895, publicado no D.O.U. de 31 de dezembro de 1895, "concede autorização à Sociedade Anonyma Compagnie des Produits Cibils para funccionar no Brazil".

Esse ponto de partida conhece inflexão a partir de então, com a compra crescente de terrenos, para o oeste, para o sul, e para o norte: em Descalvados são adquiridos mais de um milhão de hectares, enquanto ao sul, mais 500 mil hectares, e, ao norte, a aquisição de concessões em áreas de extração de borracha chegam a dois terços do atual estado de Rondônia. No total, as áreas adquiridas chegam a alcançar algo entre 5 e 8 milhões de hectares (corresponde a 80.000 quilometros quadrados).

Chegou a ser considerado o maior feito do Barão do RIO BRANCO, a solução da questão do Acre,[1246] mas a concomitante contenção da incursão dos "belgas na fronteira oeste do Brasil",[1247] pode levar a considerar a colônia de Descalvados como a maior realização do titular da pasta das relações exteriores do Brasil, durante sua atuação como ministro de estado das relações exteriores, de 1902 até 1912: "o Barão teve a exata compreensão dos atores que estavam em jogo, sabia que os interesses eram fortes. Ao desatar a questão do Acre, por tabela desmontou a tática dos belgas".[1248]

Na esteira de pesquisas de Eddy STOLS, professor da Universidade de Louvain, se tende à conclusão de que o interesse dos belgas ia muito além da exploração da borracha, da pecuária e da rentável atividade da moderna fábrica de Descalvados. A indústria, hoje em ruínas, produzia extrato de carne bovina e derivados, exportados para o mercado europeu.

Quando da solução da disputa com relação ao então território, hoje estado do Acre,[1249] em 1903, a partir desse marco, nova mutação, desta

[1246] Embaixador Jerônimo MOSCARDO, *Prefácio* (2009): "Achava-se que seu maior feito tinha sido a resolução da questão do Acre, mas agora ficou provado que foi, na verdade, desmontar uma colônia belga no coração do país."

[1247] Domingos Sávio da Cunha GARCIA, **Os belgas na fronteira oeste do Brasil** (Brasília: FUNAG, 2009).

[1248] Roberta PENNAFORT, *Bélgica planejava colônia no Brasil* O.E.S.P. (Domingo 10 de maio de 2009, pág. A-12): "Prova disto foi a despropositada solicitação, feita em 1897, de instalação de um Consulado da Bélgica em Descalvados (havia representações no Rio e em São Paulo) – uma forma de resguardar os seus interesses por lá. O pedido foi negado pelo Brasil, mas um vice-consulado acabou sendo aberto. Enquanto isso, toda a área era devidamente guardada por militares belgas que atuaram no Congo."

[1249] V., *supra*, item 27.3. 'fronteiras brasileiras com a Bolívia'.

vez descrecente, inflete nos rumos dos empreendimentos. A partir desse marco, os belgas começam a se desmobilizar, e progressivamente deixam o oeste brasileiro. Isso se dá, a partir de 1904, apesar da então lucrativa atuação da fábrica de derivados de carne e dos demais empreendimentos na região.

Não chegou a haver comprometimento das relações entre os dois países, nem tampouco houve necessidade de intervenção diplomática. Mas a questão, praticamente nunca referida, merece constar do elenco das questões de fronteiras do Brasil, como solução pacífica alcançada, além de demonstração de habilidade negocial e visão estratégica, na proteção dos maiores interesses nacionais.

Como se apontou, além da possível questão entre a Bélgica e o Brasil, pela colônia de Descalvados, como chegou a ser evitado, na primeira década do século XX, também as questões com a Inglaterra, em torno da Guiana inglesa como da ilha da Trindade,[1250] em 1895-96, e as longas negociações do Brasil com a França, na questão do Amapá,[1251] somente resolvida, mediante arbitragem, no início do século XX. Estas servem para mostrar que, diversamente do que normalmente apontam os estudos mais perfunctórios a respeito da formação e da consolidação do território nacional,[1252] não somente se correram riscos entre o período colonial, o Império e os primeiros anos da República – mas cabe por em destaque também os primeiros anos do século XX. Sintomaticamente, o período de máxima expansão das políticas colonialistas das potências europeias, na África e na Ásia –[1253] quiçá intentando reverberar repristinações extemporâneas no continente americano?

Ao considerar o conceito e extensão do domínio terrestre, em matéria de contenciosos internacionais, versando questões de território, será o comportamento das partes, elemento crucial a ser considerado pela Corte Internacional de Justiça, como se deu em casos, como a controvérsia entre Cambodja e Tailândia, a respeito do **templo de Preah Vihear**,

[1250] V., *supra*, item 27.8. 'fronteiras brasileiras com a Guiana inglesa', bem como o item 27.10. 'questão da ilha da Trindade'.

[1251] V., *supra*, item 27.9. 'fronteiras brasileiras com a Guiana francesa'.

[1252] V., *infra*, cap. XXVIII 'fases da formação do território brasileiro: algumas lições de direito internacional'.

[1253] Ver **Tratado** (tomos XIV a XVII – **Direito internacional no tempo do colonialismo**).

1962, retomado em 2013,[1254] bem como na **controvérsia de fronteiras terrestre, insular e marítima**, entre El Salvador e Honduras, com intervenção da Nicarágua, cujo mérito foi julgado pela CIJ em 1992, com intervenção da Nicarágua – por possuir esta interesse na questão da soberania das ilhas do Golfo de Fonseca.[1255]

A questão do comportamento das partes, na medida em que traduz a existência de aquiecescência implícita, pode ser o argumento central de decisão. Cumpre esclarecer[1256] o alcance e o sentido dos títulos, que

[1254] CIJ, **Case concerning the Temple of Preah Vihéar** (Cambodia v. Thailand), Judgment 15 June 1962 (**ICJ Report** 1962, p. 6) e **Request for Interpretation of the Judgment of 15 June 1962 in the case concerning the Temple of Preah Vihear** (Cambodia v. Thailand), Judgment (I.C.J. **Reports** 2013, p. 281).

[1255] CIJ, **Case concerning the land, island and maritime frontier dispute** (El Salvador v. Honduras) Application to Intervene, Judgment (I.C.J. Reports 1990, p. 92) e Land, Island and Maritime Frontier Dispute (El Salvador v. Honnduras, Nicaragua intervening), Judgment 11 September 1992 (I.C.J. Reports 1992, p. 351). A decisão da CIJ abrangeu: *controvérsias terrestres*, em relação às quais a Corte dividiu seis setores, e prolatou decisões para cada setor; as ilhas do Golfo de Fonseca, em relação às quais a Corte determina quais são as ilhas objeto de controvérsias, daí resultando ser atribuída à soberania de Honduras a ilha El Tigre e à El Salvador as ilhas de Meanguera e Meanguerita; finalmente, com relação às *controvérsias acerca do espaço marítimo*, depois de aceita a intervenção da Nicarágua, a Corte mantém a situação anteriormente vigente entre os três estados, enfatizando a condição histórica das águas no Golfo de Fonseca, no sentido de prevalecer o condomínio dos três estados, na utilização das águas, a partir do limite de três milhas marítimas. Qualquer modificação no regime das águas internas ou externas deveria ser acordada entre os três estados. Em 2002 El Salvador postulou revisão da decisão da CIJ. Para ser aceita revisão, esta deve configurar os requisitos estipulados no *caput* e parágrafos do art. 61 do Estatuto CIJ, "em razão do descobrimento de algum fato suscetível de exercer influência decisiva, o qual, na ocasião de ser proferida a sentença, era desconhecido da Corte e também da parte que solicita a revisão, contanto que tal desconhecimento não tenha sido devido a negligência." Pedido de revisão, cf. o art. 61, par. 4, deverá ser feito "no prazo máximo de seis meses a partir do descobrimento do fato novo", e o art. 61, par. 5, estipula nenhum pedido de revisão poderá ser feito após o limite temporal de dez anos da data da sentença. Para justificar o pedido de revisão El Savaldor argumentou como fatos novos a transposição do rio Goascorán e novas cópias da carta esférica e do relatório de 1794 da expedição El Activo. A Corte rejeitou os argumentos salvadorenhos, afirmando que tais 'descobrimentos' não seriam relevantes nem levariam a mudar a decisão proferida anteriormente.

[1256] V. tb. L. I. Sánchez Rodríguez, **L'uti possidetis et les effectivités dans les contentieux territoriaux et frontaliers** (RCADI, 1997, t. 263, p. 149-381, cit. p. 372): «Le comportement manifestant l'existence de l'acquiescement, par rapport au principe de la

provem o *uti possidetis juris*, e, igualmente – no caso da ocupação efetiva – de completar títulos insuficientes (o que normalmente se refere como *inchoate title*) ou mesmo deslocar outros títulos contraditórios, como se deu no caso da **Ilha de Palmas**,[1257] conforme o laudo arbitral, prolatado pelo árbitro único, Max HUBER,em 1928.[1258]

Do exame das questões de fronteiras se pode passar à consideração das fases da formação do território brasileiro (cap. 28). De modo a ensejar algumas lições práticas de direito internacional.

bonne foi, peut rester la clef de voûte dans le processus de décision d'un tribunal, qu'il s'agisse de contentieux qualifiés a priori de délimitation ou d'acquisition de la souveraineté territoriale.»

[1257] Como se examina, adiante, no item 31.5 – laudo arbitral sobre a ilha de Palmas. Para o laudo da Corte Permanente de Arbitragem, Ilha de Palmas (ou Pulau Miangas), entre Estados Unidos da América e Reino dos Países Baixos, decidido em 4 de abril de 1928, teve Max HUBER como árbitro único (Cour permanente d'arbitrage, 1928, cit. § 838).

[1258] Corte Permanente de Arbitragem. Estados Unidos da América contra Reino dos Países Baixos. Árbitro Max HUBER. **Ilha de Palmas**. Sentença arbitral de 4 de abril de 1928, declara o árbitro: "Il semble en outre évident que les traités conclus par l'Espagne avec les tierces puissances et qui reconnaissaient sa souveraineté sur les Philippines ne pourraient lier les Pays-Bas". Deste caso destacam-se três princípios aplicáveis em diversas outras decisões em matéria territorial: a plenitude e a exclusividade da competência estatal, a regra da ocupação efetiva e a inoposabilidade de disposição contida em tratado em relação a terceiros. O princípio do efeito relativo dos tratados, figura, atualmente, no art. 38 da **Convenção de Viena sobre direito dos tratados**: nada impede que regra prevista em tratado se torne obrigatória para terceiros estados, como regra consuetudinária de direito internacional, reconhecida como tal. Sobre a Ilha de Palmas, v. item 31.5, infra. Sobre o laudo de Max HUBER e sua concepção da soberania territorial do estado, v. tb. cap. XXVI – geografia e extraterritorialidade: projeção do poder do estado além dos seus limites territoriais.

CAPÍTULO 28
FASES DA FORMAÇÃO DO TERRITÓRIO BRASILEIRO: ALGUMAS LIÇÕES DE DIREITO INTERNACIONAL

O Brasil sempre teve significados diferentes, em momentos diferentes, para pessoas diferentes.

Stuart B. SCHWARCZ (2000)[1259]

Os limites do estado são sempre marcados, de maneira precisa, por aqueles do estado vizinho; cada um se detém onde cessam de agir suas leis e as instituições políticas, que o constituem, aquelas da nacionalidade são, por assim dizer, ideais e flutuantes. Como a nacionalidade se compõe de conjunto de indivíduos, que possuem a mesma cultura geral de sentimentos e de pensamento, esta não tem outros limites se não aqueles do círculo da atração intelectual que exerça espontaneamente, em torno dela. (...) A nacionalidade representa, assim, na evolução das sociedades, grau bem superior àquele do estado.

Eugène VERON (1886)[1260]

1259 Stuart B. SCHWARCZ, *"Gente da terra braziliense da nasção". Pensando o Brasil: a construção de um povo* (in Carlos Guilherme MOTA (org.), **Viagem incompleta. A experiência brasileira: 1500-2000** – Formação: histórias, São Paulo: Senac Ed., 2ª ed., 2000, p. 103-125, cit. p 112-113).

1260 Eugène VERON, "introduction" a J. NOVICOW, **La politique internationale** (Paris: Felix Alcan, 1886, p. XII): «Les limites de l'état sont toujours marquées d'une manière précise par celles de l'état voisin ; chacun s'arrête là où cessent d'agir ses lois et les institutions politiques qui le constituent, celles de la nationalité sont pour ainsi dire idéales et flottantes. Comme la nationalité se compose de l'ensemble des individus qui possèdent la même culture générale de sentiments et de pensée, elle n'a d'autres limites que celles du cercle

A vitória de modelos e processos ibéricos ou hispânicos para a formação e o desenvolvimento, em áreas tropicais, de sociedades e culturas predominantemente européias e cristãs, com uma considerável utilização de valores nativos, e uma considerável tolerância com etiquetas, substâncias e crenças não-católicas, vieram contribuir para um novo sentimento de unidade entre os ibéricos, e também para um novo conceito de tropicalismo entre os europeus. Entre os europeus havia um preconceito bastante disseminado de que os trópicos não eram adequados para a aclimatação ou a sobrevivência das chamadas civilizações superiores em oposição aos povos tropicais não-europeus, 'primitivos' ou 'bárbaros'.

Gilberto FREYRE (década de 1960 ?, ed. 2003)[1261]

Renunciando a especular sobre os períodos, dos quais não temos registro de história escrita, começa com o Tratado de Tordesilhas, em 1494, passando pelo período de União das coroas ibéricas (1580-1640), sob a égide da qual se fez o avanço para oeste da colonização lusófona, corroborada pelo Tratado de Madri, em 1750 – que traz o *uti possidetis*, ou seja, ficar cada parte com o que àquela altura possuísse,[1262] a formulação original, à qual se ateria depois o Brasil nas suas negociações

de l'attraction intellectuelle qu'elle exerce spontanément autour d'elle. (...) La nationalité représente, donc, dans l'évolution des sociétés, un degré bien supérieur à celui de l'état.»

1261 Gilberto FREYRE, *Uma visão quase apologética do comportamento hispânico ou ibérico nos trópicos* (trad. Roberto H. GALVÃO, in **Palavras repatriadas**: "textos reunidos, anotados e prefaciados" por Edson Nery da FONSECA, Brasília: Ed. UnB / São Paulo: Imprensa oficial do estado, 2003, p. 427-462, cit. p. 428) ao final, a "Nota do organizador" observa: "Apesar de este trabalho fazer parte de um conjunto de textos de origem e datas que não puderam ser identificadas, há indícios, entretanto, de que o mesmo foi escrito na década de 1960, pois Gilberto FREYRE originalmente escrevera que 'atualmente no Brasil 70 milhões falam o português', atualizado posteriormente pelo autor, de forma manuscrita, nas entrelinhas, para 'cerca de 120 milhões de pessoas'. A população brasileira era de 70.070.457 em 1960 e de 93.139.037 em 1970. Texto traduzido especialmente para ser incluído em *Palavras repatriadas*."

1262 V. **Tratado** (tomo X – **Direito internacional no tempo de C. van Bynkershoek e Christian Wolff**, Tratado de Madri (1750) e o *uti possidetis*). Ainda J. CAPISTRANO DE ABREU (op. cit., loc. cit.): "Depois de tantos anos e de tantas canseiras nem um passo se dera para realizar o ideal afagado pelo Tratado de Madri. Para os interesses de Portugal, a solução não foi desvantajosa: estribado no *uti possidetis*, dando-lhe uma extensão inconciliável com o Tratado de Madri, pôde agora satisfazer a sua avidez de terras." V. tb. J. CORTESÃO, **O Tratado de Madri** (edição fac-similar, 2001, 2 vols.).

territoriais com os vizinhos - depois avança com o impacto das guerras napoleônicas que, da Europa, fazem aportar no Rio de Janeiro o centro administrativo do império português, prosseguindo com as questões de fronteiras, solucionadas entre a segunda metade do século XIX e o início do século XX, e vem até a entrada em vigor, em 1994, da Convenção das Nações Unidas sobre o direito do mar, de 1982 - instaurando o regime internacional vigente para a zona econômica exclusiva e a plataforma continental, de imensa relevância para o Brasil -[1263] estendem-se por exatos cinco séculos as fases da formação do território brasileiro.

São estas exemplos marcantes do papel da política e do direito internacional. As lições práticas de direito internacional podem ser assinaladas em algumas grandes fases, para traçar o conjunto dessa evolução, até a configuração atual.

Simultaneamente ao processo de formação e de consolidação do território deu-se processo equivalente, este, contudo, intangível, de formação e de consolidação da identidade nacional,[1264] de construção

[1263] Ver, *supra*, cap. XII - zona econômica exclusiva e XIV - plataforma continental. V. tb. Marcelo RAFFAELLI, **Guerras europeias, revoluções americanas** - Europa, Estados Unidos e a independência do Brasil e da América espanhola (São Paulo: Três estrelas, 2018).

[1264] Vasto e controvertido tema, em relação é temerário pretender afirmações categóricas. André BOTELHO e Lília Moritz SCHWARCZ (org.), **Um enigma chamado Brasil** - 29 intérpretes e um país (São Paulo: Companhia das Letras, 2009) colocam como epígrafe do volume a célebre frase de Antonio Carlos JOBIM: "o Brasil não é para principiantes". Dentre outros, v.: Paulo Mendes CAMPOS (1922-1991), **O mais estranho dos países** - crônicas e perfis (seleção e apres. Flávio PINHEIRO, posfácio Sérgio AUGUSTO, São Paulo: Companhia das Letras, 2013); José Murilo de CARVALHO e Lúcia M. B. P. das NEVES (org.), **Repensando o Brasil do oitocentos** - cidadania, política e liberdade (Rio de Janeiro: Civilização Brasileira, 2009); Carlos Guilherme MOTA (org.), **Viagem incompleta. A experiência brasileira: 1500-2000** - Formação: histórias (São Paulo: Senac Ed., 2ª ed., 2000); Lourenço Dantas MOTA, **Introdução ao Brasil** - um banquete no trópico (São Paulo: Senac Ed., 2ª ed., 1999); Manuel de OLIVEIRA LIMA (1867-1928), **Formação histórica da nacionalidade brasileira** (originalmente palestras na França, em 1908, Rio de Janeiro: Expressão e Cultura, 2001); ___, **O movimento da independência: o Império brasileiro** (1821-1889) (São Paulo: Melhoramentos, 3ª ed., 1959); Silviano SANTIAGO (coord.), **Intérpretes do Brasil** (introdução geral S. SANTIAGO, vol. I - introduções críticas Francisco IGLESIAS, Roberto VENTURA, Flora SÜSSEKIND, José M. de CARVALHO, Laura de MELLO E SOUZA, com os livros **O abolicionismo** de Joaquim NABUCO, **Os sertões** de Euclides da CUNHA, **A América latina** de Manuel BONFIM, **Populações meridionais do**

de um povo, onde "é preciso considerar também a dimensão geográfica desse processo":

> O Brasil não era, em realidade, apenas um, mas era constituído por uma série de colônias. Os ingleses tinham razão, quando falavam, nos séculos XVII e XVIII, dos 'Brasis', pois havia de fato mais de uma colônia.
>
> Na costa entre Pernambuco e Rio de Janeiro, onde haviam sido criadas colônias de exportação, o estabelecimento de colonos europeus era intenso, as instituições reais e o governo local estavam presentes [...]. Nessas áreas, os modelos culturais e os estilos europeus predominavam. Em meados do século XVII, essas áreas pretendiam ser uma réplica da Europa. [...]
>
> No interior e nas periferias da colônia, a composição da sociedade e a estrutura de governo eram diferentes, ou pelo menos a cronologia separava essas regiões do resto do Brasil.

Brasil de OLIVEIRA VIANA e **Vida e morte do bandeirante** de ALCÂNTARA MACHADO, Rio de Janeiro: Ed. Nova Aguilar, 2002; vol. II – **Retrato do Brasil** de Paulo PRADO, **Introdução à história da sociedade patriarcal no Brasil: 1. Casa grande e senzala / 2. Sobrados e mucambos** de Gilberto FREYRE, introduções críticas de Ronaldo VAINFAS e Eduardo PORTELLA, Rio de Janeiro: Ed. Nova Aguilar, 2002; vol. III – **Introdução à história da sociedade patriarcal no Brasil: 3. Ordem e progresso** de Gilberto FREYRE, **Raízes do Brasil** de Sérgio Buarque de Holanda, **Formação do Brasil contemporâneo** de Caio PRADO Jr. e **A revolução burguesa no Brasil** de Florestan FERNANDES, introduções críticas de Maria Odila L. da S. DIAS, Fernando NOVAES e Fernando Henrique CARDOSO, Rio de Janeiro: Ed. Nova Aguilar, 2002); Milton SANTOS e María Laura SILVEIRA, **O Brasil** – território e sociedade no início do século XXI (Rio de Janeiro e São Paulo: Record, 2001); Lilia M. SCHWARCZ (dir.), **História do Brasil nação: 1808-2010** (vol. 1 – **Crise colonial e independência: 1808-1830**, coord. Alberto da COSTA E SILVA, Rio de Janeiro: Objetiva / Madri: Fund. Mapfre, 2011; vol. 2 – **A construção nacional: 1830-1889** (coord. José Murilo de CARVALHO, Rio de Janeiro: Objetiva / Madri: Fund. Mapfre, 2012; vol. 3 – **Abertura para o mundo: 1889-1930** (coord. Lília M. SCHWARCZ, Rio de Janeiro: Objetiva / Madri: Fund. Mapfre, 2012); vol. 4 – **Olhando para dentro: 1930-1964** (coord. Ângela de Castro GOMES, Rio de Janeiro: Objetiva / Madri: Fund. Mapfre, 2013); vol. 5 – **Modernização, ditadura e democracia** (coord. Daniel Aarão REIS, Rio de Janeiro: Objetiva / Madri: Fund. Mapfre, 2014); Flora SÜSSEKIND, **O Brasil não é longe daqui** – o narrador, a viagem (São Paulo: Companhia das Letras, 1990), sem esquecer o clássico Francisco A. de VARNHAGEN, Visconde de PORTO SEGURO, **História geral do Brasil** (revisão e notas de Rodolfo GARCIA, São Paulo: Melhoramentos, "sexta edição integral", em cinco tomos, 1959); e ___, **História da independência do Brasil** (anotada pelo Barão do RIO BRANCO e por uma Comissão do IHGB, São Paulo: Melhoramentos, quarta edição "rev. e anotada pelo Prof. H. VIANNA", 1959).

O estado do Maranhão era, essencialmente, uma colônia independente (1621-1777) com seu governador e seu bispo se reportando diretamente a Lisboa, em vez de Salvador. Em meados do século XVIII, sob Francisco Xavier MENDONÇA FURTADO, o meio-irmão do marquês de POMBAL, se tornou um vice-reinado virtualmente separado; isolado, distante do resto do Brasil e mais próximo de Lisboa de navio do que do Rio de Janeiro.

As capitanias do Sul também haviam sido tratadas como uma região separada e, embora as tentativas formais de se criar um governo à parte, do Rio de Janeiro para o sul, tivessem fracassado (1573-1578, 1608--1612), os governadores residentes na Bahia tinham pouco controle sobre o Sul. São Paulo permaneceu uma área rústica até bem avançado o século XVIII. [...] Essas periferias desenvolveram uma reputação de obstinada independência.[1265]

Cabe compreender o exame das fases da formação do território brasileiro como a expressão tangível de processo que, nesse meio tempo, modelou a alma nacional, e fez o Brasil, na sua expressão física, como no seu conteúdo. As duas dimensões desse processo formativo são complementares: a territorialidade e a identidade nacional se interrelacionam de múltiplas maneiras. Como mostra o processo, lento e gradativo, de imenso impacto, do avanço para o centro e oeste do continente: a colonização lusófona se expande consideravelmente – desde os incertos parâmetros, lançados pelo Tratado de Tordesilhas – ao longo dos séculos, com a união das coroas, com o Tratado de Madri, com as fronteiras progressivamente determinadas até sua configuração atual, e a expansão para a assim chamada "Amazônia azul", sob a égide da Convenção do mar, a partir de sua entrada em vigor em 1994. Obviamente a imensa tarefa vai muito além do que se pode pretender abarcar no presente estudo, que se atém à luz do direito internacional.

A regulação internacional foi dado diuturnamente presente, desde antes da "descoberta" oficial do Brasil, em 1500, por meio do tratado de Tordesilhas, em 1494 que, em bases estritamente cronológicas, teria por

[1265] Stuart B. SCHWARCZ, *"Gente da terra braziliense da nasção". Pensando o Brasil: a construção de um povo* (in Carlos Guilherme MOTA (org.), **Viagem incompleta. A experiência brasileira: 1500-2000** – Formação: histórias, São Paulo: Senac Ed., 2ª ed., 2000, p. 103-125, cit. p 112-113).

objeto regular coisa que até então não se conhecia – o que faz dar razão às teses que contestam a "descoberta" do Brasil, oficialmente registrada em 1500, por Pedro Álvares CABRAL,[1266] como nos ensinam os manuais escolares.[1267] Sintomaticamente essa intencionalidade ou acaso há muito são debatidas.[1268]

A morte d'el rei D. SEBASTIÃO, em 1578, além de despertar o fantasma do sebastianismo, foi a circunstância que leva à união das coroas, portuguesa e espanhola, que se estenderia por sessenta anos.[1269] Embora devessem permanecer separadamente governadas as respectivas colônias, no período de 1580 até 1640, quando se dá a "restauração" de Portugal,[1270] essa fase permitiu fluidez de circulação das populações entre as diversas colônias na América do Sul.

1266 Charles Ralph BOXER, **Salvador de Sá e a luta pelo Brasil e Angola, 1602-1686** (orig. publ. **Salvador de Sá and the struggle for Brazil and Angola, 1602-1686**, 1952 trad. Olivério M. de Oliveira PINTO, São Paulo: Ed. Nacional / EDUSP, 1973, p. 18): "Os historiadores não entraram até hoje em acordo sobre se a descoberta do Brasil, pelos portugueses, em maio de 1500, foi ou não acidental, e se eles haviam sido precedidos pelos espanhóis."

1267 De história, sim, esta com "h" minúsculo mesmo, porquanto se mostra antes relato direcionado à acomodação de verdades oficiais, mais do que balizada pela intransigente busca da verdade.

1268 M. de OLIVEIRA LIMA, **Formação histórica da nacionalidade brasileira** (1908, ed. 2001, cap. I, p. 9-39, cit. p. 10) encetava seu curso na Sorbonne com a indagação: "Entre pessoas estudiosas, discute-se sempre no Brasil a fim de saber se o descobrimento foi obra do acaso ou resultado de um plano – no sentido, bem entendido de que as caravelas de Álvares CABRAL iam, como muitas outras, à procura de terras desconhecidas, ou, melhor, mal conhecidas, desde que vagas tradições, profecias sempre interpretadas como vindo ao encontro do nosso desejo, e mesmo exposições cartográficas, mais ou menos fantasistas, se harmonizavam em colocar ilhas misteriosas na altura do duplo continente americano."

1269 Antes mesmo desse período de união das coroas ibéricas, já registrava tal sentimento Luís de CAMÕES, **Os Lusíadas** (com ilustrações de LIMA DE FREITAS, prefácio e notas de Hernani CIDADE, "edição comemorativa do quarto centenário da publicação dos Lusíadas 1572-1972", Lisboa: Círculo de Leitores, canto I, estrofe 25): *"Já lhe foi (bem o vistes) concedido, / C'um poder tão singelo e tão pequeno, / Tomar ao Mouro forte e guarnecido / Toda a terra que rega o Tejo ameno. / Pois contra o Castelhano tão temido / Sempre alcançou favor do céu sereno. / Assim que sempre, enfim, com fama e glória / Teve os troféus pendentes da vitória."*

1270 Relevante porém não diretamente relacionado ao tema aqui expendido, pode-se remeter a bons estudos a respeito da tantas vezes conturbada relação entre Espanha e Portugal, tais como, de C. R. BOXER, **Salvador de Sá e a luta pelo Brasil e Angola, 1602-1686** (op. cit., 1952, ed. 1973); de Rafael VALLADARES, **A independência de Portugal: guerra e restauração 1640-1680** (pref. de Joaquim R. MAGALHÃES, trad. de Pedro CARDIM, do original

De tal modo, Gabriel Soares de SOUSA dirigia ao rei de Espanha o **Tratado descritivo do Brasil** (1587, ed. 1971) "do que os reis passados tanto se descuidaram, a el-rei nosso senhor convém, e ao bem do seu serviço, que lhe mostre, por estas lembranças, os grandes merecimentos deste seu estado, as qualidades e estranhezas dele",[1271] porquanto, estimava,

> em reparo e acrescentamento estará bem empregado todo o cuidado que sua majestade mandar ter deste novo reino, pois está capaz de se edificar nele um grande império, o qual com pouca despesa destes reinos se fará tão soberano que seja um dos estados do mundo porque terá de costa mais de mil léguas, como se verá por este tratado no tocante à cosmografia dele, cuja terra é quase toda muito fértil, mui sadia, fresca e lavada de bons ares e regada de frescas e frias águas. Pela qual costa tem muitos, mui seguros e grandes portos, para nele entrarem grandes armadas, com muita facilidade, para as quais têm mais quantidade de madeira que nenhuma parte do mundo, e outros muitos aparelhos para se poderem fazer.[1272]

Quando do Tratado de Madri, de 1750, a determinação da fronteira segundo a existência de posse efetiva – *uti possidetis* – ante a extensão ocorrida de colonização de língua portuguesa, praticamente triplica a extensão territorial, inicialmente contemplada, para a colônia de língua portuguesa. Este instrumento, de 1750, apontado pela historiografia oficial, como vitória diplomática, conduzida por Alexandre de GUSMÃO, e traduzida em demarcações confiadas, pela Coroa portuguesa, ao arquiteto bolonhês Antonio José LANDI, que permanece décadas na região.[1273]

La rebelión de Portugal © 1998, Lisboa: A esfera dos livros, 2006). Interessante comparar com a análise desenvolvida por Ana VICENTE, **Portugal visto pela Espanha: correspondência diplomática 1939-1960** (prólogo de Fernando MORÁN, Lisboa: Assírio & Alvim, 1992).

1271 Gabriel Soares de SOUSA, **Tratado descritivo do Brasil** em 1587 ("edição castigada pelo estudo e exame de muitos códices manuscritos existentes no Brasil, em Portugal, Espanha e França, e acrescentada de alguns comentários" por Francisco Adolfo de VARNHAGEN, São Paulo: Ed. Nacional / EDUSP, 4ª ed., 1971).

1272 Gabriel Soares de SOUSA (op. cit., 1587, ed., 1971, "proêmio", p. 39-40).

1273 Antonio José LANDI, **Amazônia felsínea**: itinerário artístico e científico de um arquiteto bolonhês na Amazônia do século XVIII (Lisboa: Comissão nacional para as

O governador Francisco Xavier de Mendonça Furtado,[1274] em documento de 20 de setembro de 1754, recomenda aos astrônomos e geógrafos que irão para o rio Negro:

> depois que saírem dessa cidade farão todo o possível por irem configurando os rios por onde navegarem, os rumos a que correm, os que acharem que neles se metem, explicando todos pelos nomes, para cujo efeito levarão práticos nas canoas, e na hora do descanso conferirão as observações que tiverem feito, para voltarem alguma dúvida que haja, e formarão um mapa exato.[1275]

O tratado de Madri, de 1750, mal teve, se o teve, tempo de surtir efeitos, soçobrando em meio aos ulteriores conflitos armados, entre Portugal e Espanha, que leva à substituição do tratado de Madri pelo

comemorações dos descobrimentos portugueses, 1999, esp. "a expedição das demarcações: notas de viagem", p. 153-171, cit. p. 153-154): "o tratado de Madri, de janeiro de 1750, apenas confirmara uma situação de fato, reconhecendo pelo princípio do *uti possidetis* a posse real por parte de Portugal das terras conquistadas por missionários, 'droguistas do sertão' e bandeirantes. Permanecera entretanto um sério problema demarcatório na Amazônia, que exigiria um grande esforço de Portugal, no sentido de reunir uma comissão de técnicos e engenheiros no vale do rio Negro, à qual se vai integrar o arquiteto Antonio José Landi. Esta tarefa permaneceria inconclusa, pela ausência dos espanhóis e só bem mais tarde os tratados Del Pardo (1761) e de Santo Ildefonso (1777) iriam equacionar a questão, envolvendo sempre a vida de Landi."

[1274] Marcus Carneiro de Mendonça, **A Amazônia na era pombalina**: "a correspondência do governador e capitão-general do estado do Grão-Pará e Maranhão, Francisco Xavier de Mendonça Furtado 1751-1759" (Brasília: Senado Federal, 2005, 3 vols.).

[1275] São reproduzidas as minuciosas recomendações e instruções do governador do Grão-Pará, Francisco Xavier de Mendonça Furtado, aos integrantes da missão portuguesa de demarcação amazônica, de 20 de setembro de 1754, in M. Carneiro de Mendonça (op. cit., 2005) b/c A. J. Landi (op. cit., ed. 1999, p. 161-162): "Para que possa o sobredito mapa ser formado com a exatidão possível, os astrônomos e geógrafos tomarão ao meio dia a altura do sol, apontando a variação da agulha e de noite, quando o tempo e as circunstâncias permitirem farão as observações astronômicas que são próprias para determinar as longitudes." / "Também nessa viagem observarão as qualidades naturais dos países e habitantes que nele vivem e seus costumes, os animais, aves, plantas, rios, lagoas, montes e outras semelhantes coisas dignas de se saber; fazendo todo o possível para que as suas observações e diligências sejam exatas e para que possam também servir para o adiantamento das ciências."

tratado de El Pardo, em 1761, pelo de Santo Ildefonso, de 1777, e depois de novo conflito, pela assim chamada Paz de Badajoz, em 1801.[1276] Em boa medida se fez de modo empírico e não planejada a ocupação progressiva da Amazônia, antes portuguesa e depois brasileira.[1277]

Momento seguinte, de ponto de vista cronológico, serão as soluções de controvérsias, em matéria de fronteiras, conduzidas entre o final do século XIX e início do século XX. Como se examinou no capítulo precedente.[1278]

As fases da formação do território brasileiro suscitam, assim, algumas lições práticas de direito internacional. Se as verdades oficiais tantas vezes serão antes oficiais que verdades, nem por isso deixa de ser necessário e oportuno considerar a formação do território nacional, acoplada à formação da identidade nacional, e de ambas dimensões do ponto de vista do direito internacional. Este foi com a política internacional dado para a cristalização da base física, sobre a qual se construiu o que veio a ser a identidade brasileira, e o conteúdo desta.

Ao mesmo tempo em que se fixaram as fronteiras fixou-se o conteúdo destas. Sem pretender apontar relação determinista de causa e efeito, trata-se de processos concomitantes, um tangível, outro intangível, mas ambos tiveram influência direta do direito internacional. E deste nos dão algumas lições práticas.

Examinar a "expansão geográfica do Brasil colonial" mostra a grande trajetória desenvolvida, desde a "descoberta a América em 1492, por Cristóvão COLOMBO, a serviço de ISABEL de Castela, a coroa lusitana, apoiada em investiduras do poder pontifício (o qual, pela inexistência de um código das gentes, só mais tarde surto graças à obra monumental de GRÓCIO, era o árbitro supremo das questões internacionais) julgou-se com direito a um quinhão das terras do novo mundo, e tão justa era a sua

[1276] V. o precedente cap. XXVII – território brasileiro e direito internacional, bem como o cap. V – demarcação e delimitação do território.

[1277] Apontada como obra fundamental para o conhecimento da Amazônia e do oeste brasileiro, no período de 1783 a 1792, de Alexandre Rodrigues FERREIRA, **Viagem ao Brasil**: «a expedição philosophica pelas capitanias do Pará, Rio Negro, Mato Grosso e Cuyabá» (documentos do Museu BOCAGE de Lisboa, intr. Carlos ALMAÇA, notícia sobre A. R. FERREIRA e sua obra por José Pereira da SILVA, transcr. e comentários Dante Martins TEIXEIRA e Nelson PAPAVERO, São Paulo: Kapa Edtrl. / Fund. VITAE, 2002, 2 vols.).

[1278] Mais uma vez se remete ao cap. XXVII – território brasileiro e direito internacional.

pretensão, que, interferindo ALEXANDRE VI no litígio, celebraram enfim Portugal e Espanha, a 7 de junho de 1494, o tratado de Tordesilhas, aprovado pela bula de 24 de janeiro de 1506, de JÚLIO II".[1279]

Normalmente se vê referida somente a Bula '*inter coetera*' – que, na verdade foram duas – deixando de lado diversos outros instrumentos pontifícios, com o propósito de solucionar questões de direito internacional e de relações internacionais, entre Espanha e Portugal. Com reparos a alguns detalhes,[1280] cabe elencar as várias bulas papais que regularam a divisão dessas zonas de interesse, entre as duas coroas ibéricas: de SISTO IV, a bula "Aeterni Regis", de 31 de agosto de 1481; de ALEXANDRE VI, as bulas "Eximiae Devotionis", de datada de 3 de maio de 1492, porém redigida somente em julho do mesmo ano, "Inter Coetera I", redigida em abril, datada porém de 3 de maio de 1493, "Inter Coetera II", datada de 4 de maio de 1493, mas somente concluida a 28 de junho, "Piis fidelium" de 25 de junho de 1493 e a bula "Dudum Siquidem" datada de 25 de setembro de 1493, porém redigida em outubro (ou talvez em dezembro); de JÚLIO II, a bula "Ea quae pro bono pacis", de 24 de janeiro de 1506, configuraria a aprovação papal ao tratado de Tordesilhas, de 7 de junho de 1494. Este foi ratificado por ISABEL e FERNANDO em 2 de julho e por JOÃO II de Portugal, em 5 de setembro, do mesmo ano de 1494.

O Tratado de Tordesilhas pode ter sido tão arbitrário no seu desenho quanto na sua fundamentação. Mas representou vitória política considerável: "por esse pacto, conquista admirável da diplomacia lusa, toda a extensa faixa xerográfica da nossa terra, então sem nome, limitada entre o Atlântico e uma reta traçada de pólo a pólo, a 370 léguas do arquipélago de Cabo Verde (isto é, pouco mais ou menos desde Belém do Pará, ao norte, até Laguna, ao sul), ficou integrada na soberania da casa de Aviz".[1281]

[1279] Basílio de MAGALHÃES, **Expansão geográfica do Brasil colonial** (orig, publ. 1915, São Paulo: Ed. Nacional / Brasília: INL, 4ª ed, 1978).

[1280] Cfr. Jorge COUTO, **Construção do Brasil** (Lisboa: Cosmos, 1998, esp. p. 122-136); Nelson de F. RIBEIRO, **A questão geopolítica da Amazônia**: da soberania difusa à soberania restrita (Brasília: Senado Federal, 2005, I parte, tít. I, cap. 2 – a geopolítica do oceano Atlântico no final do século XV e primórdios do século XVI, p. 8-16)

[1281] B. de MAGALHÃES (op. cit., ed. 1978, 'causas gerais da expansão geográfica do Brasil e razão de ordem do presente estudo', p. 9-13, cit. p. 9, e a seguir, p. 10): "Preocupado com

"Tornou-se imprescindível defender a região contra os intrusos que, levantando redutos em vários pontos, para o mesmo fim mercantil das raras feitorias lusas, pretendiam assenhorear-se dela, como de uma *res nullius*, que, por força do princípio do direito romano, nisso ainda então vigorante, devesse ceder ao primeiro ocupador; daí os conflitos, as reclamações internacionais em pura perda, e, por fim, as expedições guarda-costas.[1282] Daí se passará às capitanias hereditárias, no conjunto pouco eficazes, mas com resultados em Pernambuco e São Paulo.

As circunstâncias referidas para considerar, no conjunto, ineficaz o sistema das capitanias hereditárias, vão desde "a descoordenação e a anarquia dessas células iniciais do organismo político da nossa terra impuseram ao monarca a providência salutar de um governo-geral,

a miragem do Oriente, D. Manuel I (o venturoso) limitou-se a mandar reconhecer, em 1501, o relevo da costa da sua possessão ocidental, por uma armada de três velas, a qual percorreu 2500 milhas, dando nomes a cabos, rios e baías, desde São Roque até Cananéia; depois arrendou a terra a um consórcio mercantil, dirigido por Fernão de Noronha, por um triênio, e, nesse período, isto é, em 1503, aqui veio ter uma segunda frota de seis embarcações, de cuja exploração pouco se sabe; em 1506 e 1509 foi renovada a locação trienal, sempre com a mira de exploração do pau-brasil, e ao último período é que pertence a vinda da nau **Bretoa**, em 1511. Dois anos depois, uma frota de dois navios, devassando cerca de 700 léguas de terras novas, chegou provavelmente ao Rio da Prata, nome esse que 'ainda hoje proclama a primazia dos portugueses ao sul, como o das Amazonas perpetua a passagem dos espanhóis ao norte' [cita Capistrano de Abreu, **Noções de história do Brasil até 1800**, que refere como tese de 1883 e diz preferir na edição de 1907]. Esta expedição se fez quando 'o trato do Brasil' passou a ter como arrendatário, desde 1512, Jorge Lopes Bixorda".

1282 Como refere B. de Magalhães (op. cit., ed. 1978, cap. cit., p. 11-12) ante a ineficácia destas expedições pontuais, "D. João III a fim de que a sua conquista ultramarina do ocidente não ficasse em abandono, não caísse em comisso, chegou a cercear a própria autoridade da coroa, para aqui por em prática um regime de *enfiteuse*, o das *capitanias hereditárias*, revivescênica de uma tradição feudal, que, entanto não se radicara no reino de Afonso Henriques, porém vingara frutuosa nas largas ilhas férteis da África portuguesa" / "Dos quinze quinhões, distribuídos, dentro da linha de Tordesilhas, a treze fidalgos lusitanos, poucos lucraram eficazmente com a forma a que foram então vinculados" (...) "nos três primeiros lustros desse regime (1534-1549), começou, contudo, a repontar a base geral da nacionalidade futura, isto é a atividade agrária, em vez da dissoluta e desordenada exploração dos burgos mineiros da América espanhola. Pernambuco e São Paulo têm os seus fundamentos mais remotos nesse período de colonato desagregado, que, por pior e anacrônico que fosse, contribuiu, indiscutivelmente, a salvar o Brasil de males maiores e irremediáveis."

aqui estabelecido em 1549, depois que D. João III, por uma previdente medida, resgatara a Bahia, com a qual começa a organização das 'capitanias da coroa', depois em grande número".[1283]

Dentre as várias tentativas de implantação em partes da costa brasileira, uma das mais duradouras foi a presença holandesa, no século XVII.[1284] Com registro importante de contribuições desta resultante.[1285]

A formação do território brasileiro é apontada por Pedro Dallari (2004)[1286] como fruto de quatro grandes eventos, ao qual cumpre acrescentar o mar territorial: o primeiro, o tratado de Tordesilhas, de 1494, antes mesmo da data a que se atribui oficialmente a descoberta do Brasil, estabeleceu para Portugal a maior parte da costa atlântica da América

[1283] B. de Magalhães (op. cit., ed. 1978, loc. cit.): "Ali principia a segunda fase do colonato, que se estende até o reinado de D. José, ou, melhor, do marquês de Pombal, que foi quando, após a fixação jurídica das fronteiras do Brasil, quase iguais às de hoje – levada à cabo pelo tratado de Madri, de 1750 – não só as donatarias particulares se reintegraram totalmente no domínio da coroa portuguesa, como também em seguida se unificavam os dois distintos governos da colônia (*estado do Brasil* e *estado do Maranhão*, este criado em 1621), possibilitando-nos assim, em vez de vários reinículos desunidos e fracos, o império uno, a pátria grande e preparada para melhores destinos, que os nossos antepassados, ao influxo dos antecedentes históricos, emanciparam e fundaram em 1822."

[1284] Mário Neme, **Fórmulas políticas no Brasil holandês** (São Paulo: EDUSP / Difel, 1971) aponta a generalização da convicção relativa à forma de governo introduzida pelos holandeses em Pernambuco e nas demais capitanias conquistadas – no chamado Brasil holandês – como equivalentes à inaugração de um regime de liberdade, em confronto naturalmente com a forma que provinha da legislação portuguesa e luso-espanhola, em vigor no resto do Brasil. Isso desde Joaquim Nabuco e Oliveira Lima, falavam em espírito de tolerância e liberdade de consciência e de comércio, enquanto João Ribeiro em um espírito de liberdade, em formulação mais genérica, e o próprio Gilberto Freyre, cerca de meio século depois, admite para os pernambucos, ao tempo do domínio holandês, "um primeiro gosto de governo democrático e largamente representativo" – no prefácio ao livro de José Antonio Gonçalves de Mello Neto, **Tempo dos flamengos** (Rio de Janeiro: José Olympio / Col. 'Documentos brasileiros', 1949, p. 11).

[1285] Caspar Schmalkalden, **Diário de viagem ao novo mundo (1642-1645) de Amsterdã para Pernambuco no Brasil** (transcr. e trad. dos manuscritos originais Álvaro Alfredo Bragança, intr. e org. cient. Dante Martins Teixeira, Rio de Janeiro: Ed. Index, 1998, 2 vols.): os relatos contidos nesse diário se conservam na *Landesbibliothek* da cidade de Gotha, onde o autor morou.

[1286] Pedro B. de Abreu Dallari, *"Aspectos jurídicos da formação e da gestão do território nacional: o caso brasileiro"* (no volume **Relações internacionais: múltiplas dimensões**, coord. Pedro B. de Abreu Dallari, São Paulo: Aduaneiras, 2004, p. 12-18).

do Sul; o segundo evento, a extrapolação da linha de Tordesilhas, no século XVII, criando situação pautada pelo princípio do *uti possidetis;* o terceiro evento, foi a preservação da unidade territorial, quando do processo de independência, em 1822, gerado em grande parte pela adoção, com a monarquia e o governo da casa portuguesa de Bragança, de certo padrão de continuidade em relação à ordem política e jurídica vigente no período colonial; quarto evento, a consolidação das fronteiras com os processos de negociação e arbitragem, realizados na passagem do século XIX para o século XX;[1287] a estes deve acrescentar-se, somente, a extensão do mar territorial para 200 milhas marítimas, inicialmente de modo unilateral[1288] e, posteriormente, com fundamento na Convenção das Nações Unidas sobre o direito do mar, celebrada em Montego Bay, na Jamaica, em 1982, que estabeleceu o mar territorial de 12 milhas e uma zona econômica exclusiva de 200 milhas.[1289]Ao que se soma a área da plataforma continental.

Conjugaram-se fenômenos, pelos quais se daria essa considerável extensão do território, mais que dobrado, em relação à projeção inicial, afere B. de MAGALHÃES: de pesos desiguais, combinando as iniciativas oficiais (*entradas*), o "ciclo oficial da expansão geográfica, operada quase toda dentro de linha de Tordesilhas" (1504-1696); com as iniciativas privadas (*bandeiras*), "isto é o ciclo espontâneo da expansão geográfica, realizada quase toda além da linha de Tordesilhas, o qual teve por origem e cenário o interior, desbravando-o, revelando-lhe as portentosas opulências, e, finalmente, ocupando-o, no espaço de tempo que vem de meados do século XVI até ao ano final do XVII".[1290]

[1287] P. DALLARI, *Aspectos jurídicos da formação e da gestão do território nacional: o caso brasileiro* (in **Relações internacionais: múltiplas dimensões**, 2004, p. 12-18).

[1288] Vicente MAROTTA RANGEL, **Natureza jurídica e delimitação do mar territorial** (São Paulo: RT, 2ª ed., revista, 1970, 'prefácio à segunda edição'): "A Constituição brasileira passou a mencionar, entre os bens da União, 'o mar territorial' (art. 4º, n. VI, da Emenda constitucional n. 1, de 17 de outubro de 1969). Bem o fez. A legislação ordinária – no tocante à superfície desse mar – três vezes se modificou, para contemplar, finalmente, a regra das duzentas milhas marítimas. Estamos a sentir o influxo do chamado processo revolucionário sobre as regras do direito do mar."

[1289] Pedro DALLARI (op. cit., p. 15-16).

[1290] B. de MAGALHÃES (op. cit., ed. 1978, cap. 5, item (f) 'influência da expansão na política da metrópole e no desenvolvimento do Brasil', p. 220-230).

Depois vem "a avançada feita do litoral para o interior, pelos criadores de gado, notadamente no centênio compreendido entre 1590 e 1690, ajudados em grande parte pelos bandeirantes paulistas", complementada por "serviços dos missionários católicos, aos quais principalmente se deveu, no século XVIII, o povoamento do vale do Amazonas".

Ao mesmo tempo "a expansão operada desde antes do século XVIII até começos do XIX", compreende a conquista e o povoamento de Mato Grosso, a conquista e o povoamento de Goiás, com as viagens de Francisco de Melo PALHETA (1722-1723) e de Manuel Félix de LIMA (1742-1743), pelo rio Madeira, os novos descobrimentos, em Minas Gerais, e no *Hinterland* da Bahia e do Espírito Santo, somado à nova expansão paulista para o sul e para o oeste, para mostrar a "influência da expansão na política da metrópole e no desenvolvimento do Brasil".[1291]

É fora de dúvida, que foi a expansão espontânea dos bandeirantes paulistas para o sul que levou, no reinado de PEDRO II de Portugal, à "política imperialista de tentar estabelecer no rio da Prata os limites do Brasil, pela fundação da colônia do Sacramento, em 1680". Por outro lado, a irradiação paulista para o ocidente, acrescida das viagens de exploração dos rios daquele mesmo longínquo setor, possibilitou à metrópole o cogitar de um ainda maior aumento da sua possessão americana. E a isto se aliançou a penetração operada pelos criadores de gado no vale do São Francisco e no Nordeste, bem como a dos missionários – jesuítas, carmelitas e merceários – nas duas margens do Amazonas, adicionada da integração, no antigo estado do Maranhão, da capitania do Cabo do norte (criada em 1637), isto é da Guiana brasileira, cujo limite setentrional era o rio Oiapoque ou Vicente Pinzón.[1292]

1291 B. de MAGALHÃES (op. cit., ed. 1978, cap. cit., item cit., p. 220-230).

1292 B. de MAGALHÃES (op. cit., ed. 1978, loc. cit.): "Graças a tudo isso, pôde ser triplicada a área do Brasil de Tordesilhas, pelo tratado de Madri de 1750, o qual constituirá, *ad perpetuam rei memoriam*, o maior padrão de glória do genial Alexandre de GUSMÃO, que foi não somente quem o redigiu, como até quem o defendeu, na sua admirável carta (uma carta de 66 páginas!) ao brigadeiro Antonio Pedro de VASCONCELOS, ex-governador da colônia do Sacramento (**Coleção de vários escritos inéditos**, Porto, 1841, p. 147-213). Anulando o pacto de Tordesilhas, que nem os espanhóis haviam respeitado no oriente, nem os portugueses na América do Sul, – o tratado de Madri, assentado na base lógica do *uri possidetis de facto*, foi o primeiro que deu, com pequena diferença, a configuração atual do Brasil, ou, melhor dito, foi a homologação da conquista dos bandeirantes e a sanção diplomática da

A fundação da colônia do Sacramento, acalentada pelo estado português,[1293] como modo de efetivar sua presença na bacia do Prata,[1294] se faz acompanhar pelos desdobramentos de esforços luso-brasileiros, por meio das *bandeiras*, ao menos desde 1636, esforços esses intensificados a seguir, com as rebeliões contra a Espanha[1295]. Dessa presença e atuação, prosseguirá o avanço sobre o resto da região.[1296]

Combinados aos ataques litorâneos às costas do Brasil, pelos inimigos da Espanha,[1297] a união das coroas ibéricas teve consequências consideráveis para a formação das fronteiras terrestres do Brasil:"sendo os mesmos os soberanos daquele país e de Portugal, embora teoricamente continuassem separados os respectivos domínios ultramarinos verificou-se, por motivo dessa união pessoal, verdadeira suspensão temporária dos efeitos do tratado de Tordesilhas, pela natural tolerância com que as

ocupação também efetuada ao nordeste e ao norte pelos criadores de gado e pelos missionários católicos. Declarado sem valor pelo tratado de El-Pardo, de 1761, e substituído pelo de Santo Ildefonso, de 1777, ficou, todavia, respeitado nas suas linhas gerais."

1293 Apontava J. Capistrano de Abreu, **Capítulos de história colonial (1500-1800) & Os caminhos antigos e o povoamento do Brasil** (Brasília: Ed UnB, 5ª ed., rev. por J. H. Rodrigues, 1963, cit. p. 195-196): "A fundação da colônia do Sacramento devia servir de ponto de partida para um povoamento que, partindo do Prata, iria ter à beira-mar. Este plano falhara; restava o plano contrário: estabelecer-se na marinha, estender-se pelo interior, até chegar às águas platinas, em outros termos, povoar o rio de São Pedro, mais tarde chamado Rio Grande do Sul."

1294 Moacyr Domingues, **A colônia do Sacramento e o sul do Brasil** (Porto Alegre: Sulina, 1973). Ver o precedente cap. XXVII.

1295 Luiz Alberto Moniz Bandeira, **La formación de los Estados en la cuenca del Plata: Argentina, Brasil, Uruguay, Paraguay** (© 2006, trad. de Miguel Grinberg, Buenos Aires: Grupo Ed. Norma, 2006, cap. III, "Fundación de la colônia del Sacramento – teoria de las fronteras naturales – Portugal y Inglaterra en el siglo XVIII – Tratado de Madrid y configuración territorial de Brasil", p. 63-76, cit. p. 63).

1296 L. A. Moniz Bandeira (op. cit., 2006, cap. III cit., p. 68): "Por el Tratado de Madrid, con el cual Brasil ganó prácticamente sus contornos definitivos, España cedió el territorio de las misiones orientales del Uruguay a Portugal, que, en compensación, abandonó y le entregó la Colonia del Sacramento. Por lo que parece, el gobierno de Madrid consideró muy ventajoso ese acuerdo, pues le posibilitaba atender los reclamos de los mercadores de Sevilla, perjudicados por el contrabando que fluía a través de la Colonia del Sacramento, a cambio de un territorio sobre el cual su soberania era, por así decirlo, nominal."

1297 Ver **Tratado** (tomo VII – **Direito internacional no tempo de Grócio**, especificamente 18.1. conflitos metropolitanos e aventuras coloniais holandesas: interlúdio no Brasil).

autoridades encaravam as infrações no que fora convencionado quando as duas monarquias peninsulares eram concorrentes na mesma obra de expansão territorial".[1298] Assim, "enquanto muitos espanhóis com facilidade se estabeleciam em povoações brasileiras, o que antes lhes era defeso, por seu lado muitos luso-brasileiros, em *entradas* e *bandeiras*, também penetravam em regiões anteriormente atribuídas à Espanha, com isso obtendo títulos de prioridade e posse que seriam respeitados pela diplomacia posterior. Atingiam, dessa forma, as futuras fronteiras terrestres do Brasil".[1299]

Pela orla marítima, fixaram-se os portugueses, durante o período de união das coroas, até 1640, da Baía de Paranaguá ao rio Oiapoque. Basta lembrar que, até 1580, apenas estavam contidos entre Cananéia e Itamaracá os estabelecimentos luso-brasileiros. Enorme extensão dessa presença, não somente no litoral brasileiro, como também rumo ao interior.

Efetivou-se, portanto, dentro desse período de sessenta anos de união das coroas peninsulares, não só a *conquista do nordeste e do norte*, da Paraíba ao Grão-Pará, como de quase toda a *Amazônia*, de Cametá, no Tocantins, ao rio Napo, em território da atual república do Equador, com a entrada fluvial do capitão Pedro Teixeira, em 1637-1639. Para o *Sul*, pelo interior, avançaram as bandeiras da caça ao índio, destruindo as reduções jesuíticas espanholas do *Guairá*, no atual oeste paranaense,[1300] e do *Itatim*, no sudoeste matogrossense de hoje, poderosamente con-

[1298] H. Vianna, **História diplomática do Brasil** (São Paulo: Melhoramentos, 1958, cap. III – a união das monarquias ibéricas e suas consequências para o Brasil, p. 34-47, cit. p. 41-47).

[1299] H. Vianna (op. cit., 1958, loc. cit.).

[1300] Luiz Alberto Moniz Bandeira, **La formación de los Estados en la cuenca del Plata: Argentina, Brasil, Uruguay, Paraguay** (© 2006, trad. de Miguel Grinberg, Buenos Aires: Grupo Ed. Norma, 2006, cap. III – Fundación de la colônia del Sacramento – teoria de las fronteras naturales – Portugal y Inglaterra en el siglo XVIII – Tratado de Madrid y configuración territorial de Brasil, p. 63-76, cit. p. 68-69): "Si la soberania de España sobre el territorio de las misiones era, como se sabe, nominal, la toma, *ipso facto*, no sería fácil para Portugal. Los indígenas, bajo el comando de los jesuitas, se rebelaron y, negándose a abandonarlo, resistieron con armas en las manos a las fuerzas conjuntas de España y Portugal, que los acometieron para desalojarlos. La guerra duró varios años y las tropas regulares de los dos países, que en ella se involucraron, experimentaron serios reveses frente a la tenacidad y la bravura con que combatían los guaraníes." Cf. examinado no precedente cap. XXVII.

tribuindo para a definitiva incorporação dessas regiões fronteiriças no conjunto nacional brasileiro.[1301]

Passa H. VIANNA em revista as grandes linhas de tais avanços territoriais:

(a) **conquista do Ceará**, depois de ultimada a do Rio grande (do norte), no final do século XVI, somente em 1611 consegue estabelecer-se no Ceará o seu definitivo conquistador, Martim Soares MORENO, fundando pequena fortificação junto à foz do rio Ceará, perto da atual Fortaleza;

(b) **conquista do Maranhão**, onde desde 1612 havia chegado expedição francesa, comandada por Daniel de La TOUCHE, senhor de La RAVARDIÈRE, que acaba por ser repelida e render-se, abandonando a povoação e a fortaleza, retirando-se para a Europa;

(c) **conquista do Grão-Pará**, encetada com expedição de Francisco Caldeira de CASTELO BRANCO, que no início de 1616 lança os fundamentos do forte do Presépio e da povoação de Nossa Senhora de Belém, à margem da Baía de Guajará, no rio Pará:[1302] para solidificar a posse luso-brasileira, na região ao sul do rio de Vicente Pinzón ou Oiapoque (no atual território do Amapá),

[1301] V. tb. Nelson de Figueiredo RIBEIRO, **A questão geopolítica da Amazônia: da soberania difusa à soberania restrita** (Brasília: Senado Federal, 2005, cap. 11 – o governo português na Amazônia e sua estratégia de ocupação, p. 56-60, cit. p. 56) avalia o modelo político adotado, de criação, na Amazônia, de entidade política – que denomina, a meu ver impropriamente, de *'estado'* – subordinado diretamente à Coroa portuguesa, por meio de carta régia de 2 de agosto de 1654, o *Estado do Maranhão e Grão-Pará*: "Em seu sentido geopolítico, o novo estado, desvinculado do restante do Brasil, indicava com evidência que o governo portugues pretendia adotar uma estratégia de ação especial e direta, objetivando ocupar as terras amazônicas, situadas a oeste do meridiano que indicava as 370 léguas objeto do tratado de Tordesilhas. Era claro que o acesso do novo estado à coroa portuguesa, era, geograficamente mais próximo, e o processo decisório mais rápido do que se tivesse de passar pela capital do Brasil, situada em Salvador e depois no Rio de Janeiro. A estratégia de ação do novo estado era escolher pontos especiais da região, onde deveriam ser implantados povoados, vilas cidades, colônias, administradas pelo governo de Portugal, através de seus prepostos no *Estado do Maranhão e Grão-Pará*."

[1302] Documento de inegável contribuição para aqueles que estudam a história da capital do Pará, v. José Ribeiro do AMARAL, **Fundação de Belém do Pará**: jornada de Francisco Caldeira de CASTELO BRANCO em 1616 (original de 1915, Brasília: Senado Federal, 2004).

criou-se, em 1637, a capitania hereditária do cabo do Norte,[1303] doada a Bento Maciel PARENTE, "um dos bons soldados e administradores dessa conquista";

(d) **conquista da Amazônia**: "em 1637-1639, foi realizada a máxima progressão pelo interior da Amazônia, através da expedição fluvial do capitão Pedro TEIXEIRA, que, partindo de Cametá, no Tocantins, alcançou o rio Napo, onde junto à embocadura do Aguarico, em terras hoje pertencentes à república do Equador, tomou posse, para Portugal, das imensas regiões que ficavam a leste do referido ponto, conforme ata então lavrada, posteriormente registrada nos livros da Provedoria e da Câmara municipal de Belém";[1304] na expansão foram relevantes as *entradas* ou deslocamentos, feitos pelas *tropas de resgate*, "que subiam os rios, com o objetivo de apresar indígenas, destinados à escravidão", apesar da oposição dos missionários, sobretudo jesuítas, bem como os *droguistas*, na busca de produtos tais como algodão e funo, além das chamadas *drogas do sertão*, cacau, urucu, cravo, canela, baunilha, sementes oleaginosas, raízes aromáticas";

(e) **conquista do Sul e do Sudeste**: "com o povoamento, no litoral vicentino, de Nossa Senhora da Conceição de Itanhaém, Iguape e Cananéia, aproximavam-se os luso-brasileiros das terras da capitania de Santana, situada entre as baías de Paranaguá e Laguna, que durante todo o século XVI haviam permanecido abandonadas"; foi Paranaguá elevada à categoria de vila, em 1648 e Curitiba, em 1693; do território agora paranaense, passaram os paulistas ao de Santa Catarina, na segunda metade do século XVII: em 1658 foi Manuel Lourenço de ANDRADE povoar São Francisco do Sul; Francisco Dias VELHO foi explorar a ilha de Santa Catarina, lá fundando Nossa Senhora do Desterro, atual Florianópolis; em 1688, Domingos de Brito PEIXOTO estabeleceu-se em Santo Antonio dos Anjos da Laguna, "ponto extremo das capitanias hereditárias doadas por D. JOÃO III";

1303 J. SARNEY e Pedro COSTA, **Amapá: a terra onde o Brasil começa** (Brasília: Senado Federal, 1999).

1304 J. Ribeiro do AMARAL (op. cit., 1915, ed., 2004) consigna J. SARNEY no prefácio tratar-se de "livro que ficou inédito por quase um século" – escrito em vista do terceiro centenário da cidade de Belém do Pará.

(f) além disso, foram os bandeirantes vicentinos responsáveis pela destruição das povoações e reduções jesuíticas espanholas do **Guairá, Tape e Itatim**: "o nome de Manoel PRETO, como cabo dessas incursões, foi sucedido pelo de Antonio RAPOSO TAVARES, cujas ações foram tais, que, para resumi-las, basta registrar que terminaram pela destruição total, não só daquelas reduções jesuíticas como das próprias povoações espanholas, entre 1628 e 1631"; o mesmo se deu com a redução espanhola na região do Tape, no centro do atual Rio Grande do Sul, e Itatim, em terras do sudoeste matogrossense de hoje, "destruiu-as, já em 1648, Antonio RAPOSO TAVARES, o mesmo fazendo na serra de Maracaju, um de seus auxiliares".

Logicamente os interesses de política de estado nem sempre exatameente se alinharão à juridicidadde, mas amoldam esta àqueles: desde que se possa manter grau mínimo de razoabilidade e consistência, pode-se pretender sustentar a coerência de política nacional, juridicamente organizada. Desde que se alcance certo grau de distanciamento.

Em análise do conjunto da trajetória política brasileira, F. IGLESIAS (1993, ed. 2001)[1305] aponta, sem deixar de recorrer a alguns chavões habituais e condicionantes de viés ideológico, com lúcidas percepções, entremeadas a estes rompantes:

(i) os três primeiros séculos sob dominação portuguesa foram na lina do pacto colonial, característica da época mercantilista, onde o conquistador devassou território que lhe cabia pelo tratado de Tordesilhas, indo muito além, na ocupação de áreas espanholas. Se conheceu parte do que possuiu, não fez sua ocupação: a terra era dilatada e o português não contava com população disponível.[1306] Entregou-se a lutas pela defesa, contra pretensões espanholas, francesas, inglesas, holandesas. Alargou

[1305] Francisco IGLESIAS, **Trajetória política do Brasil 1500-1964** (São Paulo: Compnhia das Letras, 1993, 4ª reimpr. 2001).

[1306] Curioso cotejar com as observações de Edgar ROQUETTE-PINTO, **Ensaios de antropologia brasiliana** (orig. publ. 1933, São Paulo: Nacional / Brasília: INL, 2ª ed., 1978, col. Brasiliana, vol. 22, 'ensaio 15', p. 75-107, cit. p. 107): "A antropologia prova que o homem, no Brasil, precisa ser *educado* e não *substituído*. / O processo geral de adaptação das

o domínio, conseguindo vê-lo reconhecido pela Espanha, através de disputas e tratados. Já "no fim do período colonial, o mapa brasileiro estava quase definido";

(ii) a vinda da família real, provocada por vicissitudes da política européia, no expansionismo de NAPOLEÃO, representa o princípio da independência, verificada em 1822, de modo original no continente: "daí a monarquia que se impõe, durante 67 anos". Se a política foi marcada, ainda na colônia, pela dicotomia centralização-descentralização, o processo é mantido no império, apesar do caráter unitário da carta de 1824. A questão ganha vivacidade na república, em 1889, com a adoção do federalismo: "há uma dialética na alternância do predomínio do centro sobre o todo ou em concessões por vezes bem determinadas às várias partes. A centralização corrige os possíveis excessos da descentralização, como esta é exigida para evitar ou diminuir os daquela";

(iii) no século [XX] "conhece-se impulso em todas as áreas e em todos os sentidos", sobretudo depois de 1930: a população cresce, a economia se diversifica, o país tenta a plena afirmação de suas virtualidades. Confirma-o, sobretudo, o labor industrial. Há não só crescimento, mas também desenvolvimento econômico. O regime democrático, expresso nas constituições, nem sempre é verificado, pois há ameaças de contestações e golpes, às vezes consumados, como se deu em 1930, 1937, 1954, 1961, 1964." Há desigualdes de renda, concentração latifundiária da terra, amplos setores de população desassistidos em matéria educacional e sanitária, centenas de núcleos urbanos não contando sequer um médico, mas "ao lado dessas insuficiências, há um surto científico e artístico considerável, com dezenas de universidades e centenas de escolas isoladas, algumas de alto nível. A arte conhece expressões admiráveis na literatura, na escultura, na pintura, na arquitetura, na música".

Na busca da compreensão da rica experiência social em país quase continente, "a unidade na diversificação é um dos resultados maiores da

raças aos diferentes meios brasilianos segue de acordo com o que a ciência pode desejar. A antropologia do Brasil desmente e desmoraliza os pessimistas."

acidentada trajetória nacional" avaliava IGLESIAS: com 8,5 milhões de quilómetros quadrados e cerca de [então] 180 milhões [atualmente 213 milhões] de habitantes, onde "a realidade política necessita de ajustes, para desaparecer ou diminuir o hiato entre o poder político e o corpo da sociedade no seu todo. Falar da atualidade implica em riscos de subjetividade, a serem evitados".[1307]

A concatenação entre os planos, interno e internacional, seria uma das tarefas todavia em aberto, para esta nação. Não se fala em risco de fragmentação política, mas de isolamento de realidades regionais, com visões setorizadas de quais possam e devam ser as prioridades nacionais. Isso acarreta a indefinição destas prioridades, quando o estado encontra tempo de cuidar dos interesses sociais, além de seus próprios custos, prerrogativas e benefícios. Ao lado da busca da inserção internacional competitiva,[1308] a integração nacional continua a ser necessária e configura desafio, parcamente enfrentado por sucessivos governos.

Os estados, enquanto emanações de vontades humanas, não terão comportamentos essencialmente diversos do que teriam os humanos, considerados como indivíduos ou grupos humanos privados, ou considerados seja em função de atividade econômico-empresarial (sociedade de pessoas), ou grupamento familiar. Nem sempre pautados pela lógica, tais comportamentos.

O que eu chamaria de 'boa tradição' – na observância das regras jurídicas, o que, por sua vez, traz mais presente o paradoxo de sermos país legalista, na ordem internacional, ao mesmo tempo em que a adoção dos princípios e regras de estado de direito substancialmente é, antes formal que material, na ordem interna. Mas este seria tema antes para teses de sociologia do direito ou antropologia social, que de direito internacional.[1309]

[1307] F. Iglesias (op. cit., 1993, ed. 2001, 'perspectiva final', p. 295-297).

[1308] P. B. Casella, **BRIC – à l'heure d'un nouvel ordre juridique international** (Paris: Pedone, 2011, Introduction: Intégration internationale et perspectives de coopération dans le monde contemporain, p. 7-10); ___, **BRIC** – Brasil, Rússia, Índia, China e África do Sul – uma perspectiva de cooperação internacional (São Paulo: Atlas, 2011, Introdução: busca de inserção internacional e perspectivas de cooperação no mundo pós-moderno, p. 1-3).

[1309] Fascinante o tema e mereceria ser estudado, mas aqui se remete aos **Fundamentos** (2008, esp. item XIII – boa tradição e a que se deve evitar, p. 959-1095).

Em oposição à anterior, o que eu chamaria de 'tradição que se deve evitar' tem várias facetas, e se exprimiria na proliferação dos casuísmos e exceções – as relações internacionais estão longe de ser uma ciência exata, sendo antes regidas pelas relações de força e de interesses, que de princípios – as exceções e a multiplicação destas tornam menos claros os enunciados dos princípios e mais difíceis de clara aplicação das regras. Há necessidade de se estudar e conhecer o direito internacional e de assegurar a sua interpretação e aplicação consistentes.[1310]

Pode ser passível de crítica a omissão quase sistemática em várias frentes internacionais, porquanto o Brasil muitas vezes se faz menos presente e atuante do que poderia ser na ordem internacional – o que deve ser visto e entendido não como ataque, mas como lição a ser levada em conta: quantas vezes, em quantos assuntos pauta-se o Brasil pela participação em negociações e assinaturas de vários tratados, que depois passam muitas vezes anos a fio esperando para ser ratificados – parece não haver pressão específica em relação aos tratados para serem estes postos em vigor na ordem interna. Até certo ponto poderia ser alegada a questão do tamanho e da importância estratégica, que imporiam limites à ação: sim, até certo ponto pode ser isto alegado, contudo, muito existe e se pode fazer com o que já existe disponível e possível de ser cuidado.

Logicamente não ocorrem tais mazelas em relação à consistente interpretação e aplicação do direito internacional pós-moderno somente no Brasil, mas devem igualmente ser lembrados e condenados o oportunismo ou os interesses de momento, interferindo ou comprometendo posições de princípio – risco sempre existente e sempre renovado, em relação ao qual se terá de assegurar controle, verdadeiro "controle de qualidade" mediante consulta à sociedade civil e outros meios institucionais adequados, sejam formais ou informais. Para país como o Brasil, a defesa da legalidade internacional e o engajamento pelo respeito estrito

[1310] Exemplo a ser levado em conta pelo Brasil, seria a aceitação da assim chamada "Claúsula facultativa de jurisdição obrigatória", regulada pelo art. 36, pars. 2º a 5º, do **Estatuto** da Corte Internacional de Justiça, tanto mais por ter sido este dispositivo resultante de proposta brasileira, que se deveu à iniciativa de Raul Fernandes. Isso pode ser feito mediante depósito de *Declaração da aceitação* pelo Brasil, integrando o grupo de cerca de sessenta estados que se alinham pela aceitação da jurisdição do principal tribunal internacional – por questão de coerência e consistência em relação ao direito internacional pós-moderno, pelo qual o Brasil sistematicamente se declara alinhado.

dos compromissos internacionais são historicamente consistentes, porquanto consentâneos com a nossa política externa, desde os alvores da vida independente do Brasil, e estrategicamente relevantes, na medida em que com o uso do direito internacional e a estrita observância da legalidade tem o Brasil a autoridade moral, que lhe falta em poderio militar para fazer valer as suas razões pela força[1311] – o que ademais somente limitadamente empregou o país, nesses quase dois séculos de vida independente.

Alguns recentes exemplos dos anos do regime, encetado em 2019, podem ser sobremodo eloquentes. E substancialmente lamentáveis. Todos se inserem na mesma linha de oportunismo de curto prazo, que compromete posições estratégicas em horizonte um pouco mais amplo.

De modo flagrante a ação do oportunismo ou dos interesses de momento – como a tentativa de buscar a reeleição a qualquer preço, interferem ou comprometem posições de princípio das relações exteriores do Brasil. Ilustra tais ações inoportunas, açodadas e criticáveis a visita do presidente brasileiro à Rússia, às vésperas da invasão da Ucrânia, em 24 de fevereiro de 2022. Na ocasião, declarando-se solidário com a Rússia de V. V. Putin, e omitindo qualquer referência equivalente à Ucrânia, isolou-se o Brasil, em relação à grande maioria da comunidade internacional.

Depois de desencadeada a invasão russa da Ucrânia, prosseguiu o dirigente brasileiro em sua trajetória de descolamento com a realidade, abstendo-se de apontar críticas, sob alegação da necessidade de garantir a continuidade do fornecimento de insumos para fertilizantes. Felizmente, a diplomacia brasileira votou corretamente, tanto no Conselho de Segurança da ONU, quanto na reunião extraordinária da Assembleia geral da ONU, condenando a invasão.[1312] Contudo, o des-

[1311] De modo, aliás, consentâneo com o direito internacional vigente, cf. examinam: C. H. M. Waldock, **The regulation of the use of force by individual states in international law** (RCADI, 1952, t. 81, p. 451-518); H. Wehberg, **L'interdiction du recours à la force: le principe et les problèmes qui se posent** (RCADI, 1951, t. 78, p. 1-122).

[1312] Em 2 de março de 2022, a Assembleia geral da ONU adotou a Resolução, reafirmando a soberania, a independência e a integridade territorial da Ucrânia e exigindo (*demanding*) que a Rússia imediata, completa e incondicionalmente retire todas as suas forças militares da Ucrânia, em suas fronteiras internacionalmente reconhecidas – *immediately, completely and unconditionally withdraw all of its military forces from the territory of Ukraine within its*

compasso entre o discurso do chefe do Executivo e a atuação da nossa diplomacia não deixou de ser apontado, por representantes de outros estados.

A política externa não deixa de ser política, mas a relação entre sujeitos de direito internacional não se há de pautar pela mesma volatilidade que caracteriza a dimensão interna desta. Nas relações entre estados há que se pensar um pouco mais adiante que o resultado das próximas eleições. Nem sempre é o caso.[1313]

Muito já se tratou da linha divisória entre o direito internacional e as relações internacionais[1314]. Cabe aqui apontar as bases da política externa em sua relação direta e impacto sobre o direito internacional. Cabe relembrar algumas especificidades que caracterizam o Brasil.[1315]

internationally recognized borders. Referida resolução foi aprovada por 141 votos contra 5 e 35 abstenções. Os cinco que votaram contra foram: Belarus, Eritréia, República democrática popular da Coréia, Rússia e Síria.

1313 Ricardo Antonio Silva SEITENFUSS, **Para uma nova política externa brasileira** (Porto Alegre: Livraria do Advogado, 1994, "conclusão", p. 226-228) aponta: "A política externa é o braço do estado no cenário internacional. Administrada pelo aparelho de estado, através de órgãos e agentes públicos, não pode escapar ao processo de democratização política de um país. / "As verdadeiras democracias representativas têm, na discussão pública de sua atuação externa, uma grande referência. Pode-se mesmo dizer que a opinião pública nacional de certos países influenciou notáveis episódios da história mundial. / "Quanto ao Brasil, vimos neste livro que a preocupação de manter uma ordem internacional e a decorrente segurança para os membros do sistema condicionou sua política externa, permitindo a independência política e a integridade territorial."

1314 V. **Fundamentos** (2008, item XII – direito e relações internacionais: coexistência pacífica?, p. 877-958).

1315 Ramiro Saraiva GUERREIRO, **O Itamaraty e o congresso nacional** (Brasília: Senado / MRE – Secretaria especial de relações com o Congresso, 1985, esp. 'palestra proferida por sua excelência o senhor ministro de estado das relações exteriores, embaixador R.S.G., na abertura do simpósio *o Brasil na Antártida*', Câmara dos deputados, em 23 de agosto de 1983, p. 161-195, cit. p. 169): "ao examinarmos a questão da atitude do Brasil com relação ao ocidente e ao terceiro mundo, o primeiro dado a considerar é o da multiplicidade das dimensões brasileiras. É truísmo afirmar que somos um país de contrastes. Será fácil apontá-los. Menos fácil, porém, é tirar as consequências para efeito de política externa que estes contrastes e a multiplicidade das dimensões brasileiras sugerem ou impõem. Seria de todo irrealista procurar, diante da dificuldade da tarefa, omitir ou negar essa compexidade, essa variedade de dimensões.As opções excludentes poderiam, no curto prazo, trazer, talvez, maior tranquilidade psicológica aos que as propõem, mas, por estarem separadas da

Passado o período amorfo do Brasil colônia, no qual, por definição, enquanto "colônia", não poderia o Brasil pretender ter identidade nacional nem tampouco poder afirmá-la, quer interna como externamente, estando sujeito e sendo administrado (em maior ou menor medida) por Portugal. Contudo, mesmo antes da independência já começa a se esboçar algo novo, a partir da transferência da corte portuguesa e a fixação desta no Rio de Janeiro, com a formação do "Reino Unido de Portugal, Brasil e Algarve". E, caso único no continente americano, como tal participou do Congresso de Viena, em 1814-1815, no qual se redesenharia o mapa do mundo, com repercussões não somente na Europa, mas também extensas e relevantes mutações entre os países da América latina.

A partir da transferência da corte portuguesa e a fixação desta no Rio de Janeiro começam a delinear instituições basilares do novo país, que em boa medida permaneceram após a independência. Exemplo dessa transposição, está na base da Biblioteca Nacional, no Rio de Janeiro, a partir da mudança da biblioteca real portuguesa, para este lado do Atlântico.[1316] Essa biblioteca foi objeto de negociação e compensação específicas, na mediação britânica, que levou ao reconhecimento[1317] da independência do Brasil por Portugal, e início da dívida externa nacional, além da Casa da Moeda do Brasil, do Jardim Botânico, e tantas outras.

A partir da independência começa a ter lugar a formulação de política externa nacional, política externa essa, logicamente voltada para a afirmação da identidade nacional, e reconhecimento desta pelos demais estados, pois naquela época tratava-se de conquistar os direitos que a soberania política confere. A independência e soberania nacionais

própria realidade brasileira e do mundo, só teriam consequências políticas e econômicas desastrosas para o País a médio e longo prazo".

1316 Lilia Moritz Schwarcz, com Paulo César de Azevedo e Angela Marques da Costa, **A longa viagem da biblioteca dos reis**: do terremoto de Lisboa à independência do Brasil (São Paulo, Companhia das Letras, 2002).

1317 Em lugar de retomar considerações a respeito do caráter 'constitutivo' ou 'declaratório' do reconhecimento de estado e de governo, *brevitatis causae* remeto a P. B. Casella "Reconhecimento de estado e de governo" (in **Direito internacional no terceiro milênio: estudos em homenagem a V.M. Rangel** org. L. O. Baptista e J.R. Franco da Fonseca, SP, LTr Ed., 1998, p. 287/318), tb para bibliografia específica a respeito.

permanecem no texto constitucional,[1318] como princípios do ordenamento e regentes das relações internacionais do Brasil. Em que medida passíveis de serem conciliados com a igualmente afirmada busca da construção de "integração econômica, política, social e cultural dos povos da América Latina, visando à formação de comunidade latino-americana de nações" é controvérsia já abordada.[1319]

A solução pacífica de controvérsias, como demonstrado pelas questões de fronteiras e indenizações, resolvidas mediante aplicação dos meios pacíficos de solução de controvérsias, regulados pelo direito internacional, com destaque para a aplicação da arbitragem, consolidando relevante legado de juridicidade e pacifismo das relações externas brasileiras, do qual podemos deixar registro, que permite honrosa comparação com outras tradições nacionais, no continente americano e fora deste. A atuação internacional do Brasil pautou-se pelo respeito ao direito internacional e observância dos meios pacíficos de solução de controvérsias.

Não se pode deixar de mencionar a destacada atuação de PEDRO II em questões internacionais. Mesmo havendo razão para não concordar,

[1318] **Constituição** da República (1988), art. 1º dentre os fundamentos da República, inciso primeiro, "a soberania", e mais adiante, no art. 4º, afirma-se "a República rege-se nas suas relações internacionais pelos seguintes princípios", destacando no inciso primeiro, a "independência nacional".

[1319] P. B. CASELLA, **MERCOSUL: exigências e perspectivas** – integração e consolidação de espaço econômico (São Paulo: LTr Ed., 1996, esp. caps. II – integração na perspectiva dos modelos constitucionais e dos ordenamentos jurídicos nacionais, p. 49-71, esp. p. 65 e III – nacionalismo político e econômico, soberania e sua definição enquanto conceito jurídico, p. 72-93, esp. p. 74. Igualmente coube indagar se à luz da redação escolhida para o dispositivo constitucional, enfatizando "povos da América Latina" e "comunidade latino-americana de nações" seria intencionalmente posta em segundo plano qualquer integração com os demais povos da América? Especificamente os Estados Unidos, Canadá e países do Caribe? A questão da diversidade cultural entre *latinoamericanos* -- onde, por seu turno, cabe distinguir entre *hispanoamericanos* e os brasileiros – e de outro lado, Canadá e Estados Unidos como barreira para a efetiva integração e desenvolvimento de projetos comuns é considerada por Lawrence E. HARRISON, em seu terceiro livro, **El sueño panamericano** (orig. publ. **The Panamerican dream**, 1997, trad. Liliana VALIANTE, Buenos Aires: Espasa-Calpe Argentina / Ariel, 1999); muitas referências já se encontravam no mesmo L. E. HARRISON, **Underdevelopment is a state of mind: the Latin-American case** (Boston: The Center for international affairs, Harvard University and Madison Books, 1985).

declarava D. PEDRO II "não se dever misturar a honra do Brasil, com questões de dinheiro".

A República e a política externa, a partir de 1889, tem se caracterizado, no setor americano, pela manutenção, em suas linhas gerais, das mesmas diretrizes do período imperial, que por sua vez se influenciou em diretrizes já consubstanciadas durante o período colonial, como paradigmaticamente ilustram as questões de defesa do território. O território foi considerado valor permanente e todos os esforços foram válidos para a proteção e promoção desse interesse nacional, às custas dos vizinhos. Tal continuidade se põe nas questões de limites e na orientação pacifista, apesar da participação brasileira nas duas guerras mundiais.[1320]

A atuação do Barão do RIO BRANCO e pais da República, prosseguindo a atuação da elite formada no tempo do Império, pautou-se pela defesa estrita do interesse e do território nacional – *terra é poder* – e permitiu ao Brasil ter as questões territoriais resolvidas na altura em que finda a gestão de RIO BRANCO à frente do Ministério das Relações Exteriores, em 1912. E, desde então, "sua influência passou a constituir, com os precedentes imperiais, a tradição pacifista do Itamaraty, essencialmente preservadora do patrimônio territorial e moral da nação, exercida através do conjunto de normas que enforma, até hoje, toda a política exterior do Brasil".[1321]

De tal modo, "inspirado por princípios de boa vizinhança e engajamento com o direito internacional, as bem sucedidas negociações das questões de fronteira por RIO BRANCO não somente determinaram a configuração definitiva do território brasileiro, como também padrão regional e hemisférico, com consequências positivas para a comunidade internacional, por fortalecerem princípios e valores, contribuindo para

[1320] Hélio VIANNA, **História diplomática do Brasil** (São Paulo: Melhoramentos, 1958, cap. XVII - política exterior da república, p. 133-141, cit. p. 133): "Quanto à participação em conflagrações mundiais, constitui este fato inevitável imposição da época em que vivemos, em que já não existe a possibilidade de isolamento entre os povos, resolvidas, como estão, as dificuldades outrora vigentes quanto às distâncias e tempo de comunicações".

[1321] H. VIANNA (op. cit., 1958, cap. XVII, item 3 – o Barão do RIO BRANCO e as questões de limites, p. 134-135, cit. p. 135).

a consolidação da diplomacia, do direito das gentes (*jus gentium*) e do estado de direito".[1322]

A seguir se pode passar a considerar a questão da espacialidade e direitos fundamentais: a dimensão humana do território (cap. 29).

[1322] José Vicente de Sá PIMENTEL (ed. by), **Brazilian Diplomatic Thought** – Policymakers and Agents of Foreign Policy (1750-1964) (Brasília: Fundação Alexandre de Gusmão, 2016, 3 vols., Foreword to the English Edition by Sérgio Eduardo MOREIRA LIMA, p. 5-8, cit. p. 7). V. tb. Rubens RICUPERO, **A diplomacia na construção do Brasil** 1750-2016 (Rio de Janeiro: Versal, 2017); Afonso ARINOS Filho, **Diplomacia independente** – um legado de Afonso ARINOS (São Paulo: Paz e terra, 2001); Fernando de Mello BARRETO, **Os sucessores do Barão** 1912-1964 Relações exteriores do Brasil (pref. Celso LAFER, São Paulo: Paz e terra, 2001); ___, **Os sucessores do Barão** 1964-1985 Relações exteriores do Brasil (pref. Rubens RICUPERO, São Paulo: Paz e terra, 2006).

CAPÍTULO 29

ESPACIALIDADE E DIREITOS FUNDAMENTAIS: A DIMENSÃO HUMANA DO TERRITÓRIO

> Todo relato sobre as origens do estado parte da premissa de que 'nós' – não nós leitores, mas algum nós genérico, tão amplo a ponto de não excluir ninguém – participamos de seu nascimento. Mas o fato é que o único 'nós', que nós conhecemos – nós mesmos e as pessoas próximas a nós – nascem dentro do estado e nossos antepassados também nasceram dentro do estado, até onde possamos situar. O estado existe sempre antes de nós.
>
> J. M. Coetzee, Da origem do estado (2007, ed. bras. 2008)[1323]

> As populações indígenas e suas comunidades têm uma relação histórica com suas terras.
>
> **Agenda 21**, capítulo 26, item 26.1[1324]

[1323] J. M. Coetzee, **Diário de um ano ruim** (do original **Diary of a bad year**, © 2007, trad. José Rubens Siqueira, São Paulo: Companhia das Letras, 2008, 01 – Da origem do estado, p. 7-16, cit. p. 7) prossegue: "Até onde no passado conseguimos situar? No pensamento africano, o consenso é que depois de sete gerações, não conseguimos mais distinguir entre história e mito. / Se, apesar das provas dos nossos sentidos, aceitamos a premissa de que nós ou nossos antepassados criaram o estado, então temos de atentar também suas implicações, que nós ou nossos antepassados poderíamos ter criado o estado de alguma outra forma, se tivéssemos escolhido, e também que poderíamos transformá-lo, se assim decidíssemos coletivamente. Mas o fato é que, mesmo coletivamente, aqueles que estão 'sob' o estado, que 'pertencem' ao estado acharão muito difícil mesmo mudar sua forma: eles – nós – são com certeza impotentes para aboli-lo."

[1324] O.N.U., **Agenda 21** (adotada em 14 de junho de 1992) – sustainabledevelopment.un.org – "is a comprehensive plan of action to be taken globally, nationally and locally by

A compreensão das várias facetas do território, no direito internacional dos espaços, não pode deixar de considerar a dimensão humana deste, como ora se considera sob a presente rubrica da espacialidade e direitos fundamentais. Se, de um lado, se reconhece ao estado a prerrogativa do exercício espacialmente determinado de sua soberania, esse feixe de competências deverá ser compreendido e exercitado à luz da observância e da aplicação dos direitos fundamentais do ser humano, conjugadas com o reconhecimento da essencialidade desses direitos pelo direito internacional pós-moderno.

Nesse sentido se inscreve a humanização do direito internacional pós-moderno: como reconhecimento da centralidade da condição do ser humano, como sujeito de direito interno e de direito internacional, e que esta condição e os direitos a ela imanentes não possam ser arbitrariamente restringidos ou suprimidos, a critério do estado, alegando as suas razões 'de estado', de 'ordem pública', de segurança e de contingências nacionais, mas que se submeta a parâmetros conceituais e operacionais consistentes, regidos estes por instituições e por normas de direito internacional. Aí se inscreve mutação da natureza e dos mecanismos de funcionamento do direito internacional no tempo presente.

A internacionalização da afirmação e da proteção dos direitos fundamentais, aceita como premissa norteadora do sistema institucional e normativo internacional, com o desenvolvimento de mecanismos internacionais de proteção e de implementação destes mesmos direitos, representam mutação essencial do direito internacional pós-moderno e do conjunto das instituições internacionais. Ao mesmo tempo em que esse dado internacionalizado, integrado aos sistemas internos, acarreta redução substancial do que cada estado pode alegar como domínio reservado, ou seja, o conjunto de questões ditas de ordem 'interna', em relação às quais não aceite interferência 'externa', ou obrigação de prestar internacionalmente contas a respeito do que se faz, no plano das instituições e das normas internas.

Essa relação, tanto extensa quanto complexa, entre o ser humano e a espacialidade, estatalmente organizada, em maior ou menor grau, na qual se inscreve o indivíduo, enquanto tal, ou enquanto coletividade,

organizations of the United Nations System, Governments, and Major groups in every area in which human impacts the environment."

pode ser considerada sob múltiplos aspectos. Inevitavelmente se constata a mutação essencial ocorrida: passou-se de percepção histórica, baseada em relação entre estados, considerados se não iguais, ao menos equivalentes, em relação a outros, considerados não estados, ou somente incipientes, na sua estatal condição, que tinham de ser, mediante o exercício do 'dever de civilização', trazidos para patamares aptos a serem comparados aos 'elevados padrões' dos colonizadores, como se considerava, ainda em meados do século XX,[1325] em contraste com o enfoque dado a partir da criação da ONU,[1326] e como se apresenta em seus desenvolvimentos, desde então.[1327]

Às fronteiras ditas naturais e às artificiais, Fiodor de MARTENS (1883) aduzia a categoria do que denominava "fronteiras sociais".[1328] Entendia a importância de se considerar essa dimensão no momento de definir fronteiras, sob pena de causar prejuízos humanos, econômicos e ter consequências nefastas mesmo do ponto de vista das fronteiras, enquanto

[1325] Frederik M. van ASBECK, **Le statut actuel des pays non-autonomes d'outremer** (RCADI, 1947, t. 71, p. 345-476) ; F. M. van ASBECK, **Le régime des étrangers dans les colonies** (RCADI, 1937, t. 61, p. 1-96).

[1326] F. van LANGENHOVE, **Le problème de la protection des populations aborigènes aux Nations Unies** (RCADI, 1956, t. 90, p. 321-436).

[1327] Vide **Tratado** (tomos XIV a XVII – **Direito internacional no tempo do colonialismo**); v. tb. Martti KOSKENNIEMI, **The gentle civilizer of nations: the rise and fall of international law (1870-1960)** ("Hersch Lauterpacht Memorial Lectures", Cambridge: Univ. Press, orig. publ. 2001, reprinted 2005); A. A. CANÇADO TRINDADE, **Évolution du droit international au droit des gens** (Paris: Pedone, 2008); A. A. C. TRINDADE, **A humanização do direito internacional** (Belo Horizonte: Del Rey, 2006).

[1328] Fiodor de MARTENS, **Traité de droit international** (1882, trad. du russe par Alfred LÉO, Paris : Librairie Marescq, 1883, 3 vols., vol. I, partie générale, chap. III 'le territoire de l'état', p. 451-509, cit. p. 459): «Dans ces derniers temps des écrivains ont indiqué des frontières d'une espèce particulière, dites 'frontières sociales'. Ils ont démontré qu'en traçant une frontière entre deux pays, il est indispensable de tenir compte des conditions économiques et sociales de la province qu'on divise. Il ne faut pas séparer d'un état une partie d'une circonscription dont l'ensemble forme un tout économique. Une séparation de ce genre a pour conséquence naturelle la destruction de la prospérité de toute cette région. Ce n'est point d'une sage politique. En outre, les territoires séparés par la force tendront toujours à se réunir et pourront être l'occasion de conflits très peu souhaitables et très dangereux pour la paix générale.» E aduzia «On peut fournir à l'appui de la théorie des 'frontières sociales' beaucoup d'excellentes raisons qui méritent l'attention sérieuse des gouvernements.»

tais, destinadas a serem estáveis, e permitirem o estabelecimento de relações pacíficas entre os estados e as respectivas populações.

Enfatizava de MARTENS ser o objeto do direito internacional "as normas próprias às relações entre os povos" –[1329] e vale atentar que este fala em normas "entre povos" (*inter gentes*) não entre os estados, como predominava à época e ainda existe quem assim sustente – bem como a existência de vínculo entre o regime interior e as relações exteriores de cada país, em todas as épocas da história: "cheguei à conclusão de que todas as vezes que, em um estado, os direitos civis e políticos tem por fundamento o respeito dos direitos da pessoa humana, e de suas inalienáveis prerrogativas, a política exterior do governo, por consequência natural, buscará satisfazer as aspirações legítimas da nação, no campo das relações exteriores, sustentando a ordem e o direito no exterior, e encorajando difundir as benesses da civilização no mundo inteiro". Nisso, "uma política exterior assim compreendida poderá ter, em geral, como resultado, relações pacíficas solidamente estabelecidas e a segurança dos direitos adquiridos, pertencentes a outrem".[1330]

As distorções começam a partir do ponto em que "mesmo se cada um dos elementos constitutivos do estado (povo – território – governo) aparece como condição necessária, os estados, uma vez estabelecidos,

[1329] F. de MARTENS (op. cit., 1882, trad. fr. 1883, vol. I, 'introduction' / 'le fondement du droit international', §1, p. 1, e adiante, p. 6): «on peut dire que la science du droit international a pour fondement la vie internationale et qu'elle est l'expression des lois communes aux nations civilisées.» Esta se funda sobre valores humanos compartilhados: «Ces manifestations de la vie internationale et beaucoup d'autres n'ont rien de commun avec le règne de la force physique. / Elles ne peuvent être expliquées par l'école qui n'admet que cette force. Elles ne se justifient que par le sens commun, la raison, l'avantage véritable qu'elles procurent, par les idées de justice et de vérité qui doivent toujours constituer le criterium du droit». Citava C. van BYNKERSHOEK, **Quaestiones juris publici** (1737, lib. I, cap. II): «ratio ipsa, inquam ratio est juris gentium anima.»

[1330] F. de MARTENS (op. cit., 1882, trad. fr. 1883, vol. I, préface, p. III): «Au contraire les relations avec les états où la personne humaine ne jouit d'aucuns droits, où elle est opprimée, livrée aux caprices de l'arbitraire et soumise à la force brutale, ne peuvent ni s'établir sur un fondement solide, ni se développer.» Sobre a questão dos direitos adquiridos e a proteção destes no direito internacional, v. tb. G. KAECKENBEECK, **La protection internationale des droits acquis** (RCADI, 1937, t. 59, p. 317-420); H. LEWALD, **Questions de droit international des successions** (RCADI, 1925, t. 9, p. 1-126); Antoine PILLET, **Théorie générale des droits acquis** (RCADI, 1925, t. 8, p. 485-538).

privilegiaram o território na construção da soberania".[1331] Por isso, se considera a necessidade de enfatizar a dimensão humana.

Desse modo, na visão territorialista da soberania, que os estados privilegiaram e privilegiam, tende-se a enfatizar um dos elementos (o território), em detrimento do dado principal (o povo), o todo coroado pelo governo - a máquina do estado enxergando a si mesma e atuando para si mesma, sob a égide da 'soberania' - onde se parece esquecer que são, justamente, as pessoas que imprimem caráter a determinado espaço e o transformam em quadro de vida, onde se inscreve determinada civilização, com as suas características, e base para o desenvolvimento econômico e social - em conjunto organizado como estado, mas não tendo o estado como fim em si mesmo.

Para viver e se desenvolverem, as populações tem necessidade de território delimitado. Mas, sem cooperação, na busca da ordenação do espaço, as fronteiras podem ser fonte constante de tensões e de conflitos internacionais. Daí resulta o caráter ambivalente das fronteiras: podem estas ser fator de paz, ao separarem as visões e darem a cada um o espaço de terra para desenvolverem as suas capacidades, fator de guerra, quando a dominação e o expansionismo predominam nas políticas dos estados.

Será, assim, justamente quando os povos conseguiram organizar seu espaço, em determinado momento de sua história, que estes se transformam em nações, e decidem viver juntos e salvaguardar seus laços e a sua cultura. O direito de autodeterminação dos povos é, antes de tudo, o direito de dispor de espaço onde seus habitantes possam organizar a sua vida, e dar livre curso ao seu gênio. Ou seja, atrás dos títulos de aquisição do território, como a averiguação da efetividade,[1332] para dar

[1331] À época diretor honorário da Faculdade de Direito de Argel, Madjid BENCHIKH, *Introduction* (in **Le juge international et l'aménagement de l'espace: la spécificité du contentieux territorial**, direction de Philippe WECKEL, Paris: Pedone, 1998, p. 29-33, cit. p. 30): «L'une des constantes des politiques des états est de veiller à protéger le territoire et parfois à l'étendre. Les rapports entre l'état et les populations sont par contre souvent conflictuels. L'emprise de l'état sur les populations, notamment dans les états autoritaires, a tendance à vider de son contenu le droit des peuples à disposer d'eux-mêmes, spécialement en ce qui concerne les droits de l'homme.»

[1332] V., *supra*, cap. III - legalidade e efetividades: título jurídico em contencioso territorial; observa M. BENCIKH (cit., 1998, p. 30): «Dans cette optique, la notion d'aménagement de

sustentação a tais pretensões, se inscreve o trabalho e a atividade das populações, sobre aquele espaço físico determinado.

Primeiro será apontado breve registro histórico da matéria (29.1) dos impérios coloniais ao reconhecimento dos direitos dos povos indígenas, para se chegar à (29.2) internacionalização dos direitos fundamentais. A internacionalização da proteção dos direitos fundamentais é vasta matéria que pode ser ilustrada, *i.a.*, em algumas recentes resoluções do *Instituto de direito internacional*. A seguir, se poderá considerar a dimensão humana do território como expressão da relação entre espacialidade e direitos fundamentais (29.3).

29.1. Dos impérios coloniais ao reconhecimento dos direitos dos povos indígenas

> O direito internacional continua a ser o direito dos estados. E é, sem dúvida, necessário que assim seja, em uma sociedade fundamentalmente conflitual, onde nenhuma instância poderia ter a autoridade indispensável, para impor aos estados quelquar norma de conduta que seja. Por isso, os progressos do direito internacional não consistem unicamente no aperfeiçoamento das modalidades de relações entre os estados. A coexistência pacífica permite, às vezes, ir além desse quadro, e estabelecer direitos dos quais os estados não sejam os únicos beneficiários : direitos do homem, direitos dos povos, constituem, assim, os progressos mais espetaculares de um direito, cuja criação permanece da competência exclusiva dos estados.
>
> F. Batailler-Demichel (1984)[1333]

l'espace, au plan international, débouche sur une vision dynamique de la souveraineté, celle-ci signifie que les états se donnent pour mission de dépasser les conflits territoriaux par la coopération et le redéploiement de l'activité des populations.»

1333 Francine Batailler-Demichel, *Droits de l'homme et droits des peuples dans l'ordre international* (in **Le droit des peuples à disposer d'eux-mêmes: méthodes d'analyse du droit international** – mélanges offerts à Charles Chaumont, Paris: Pedone, 1984, p. 23-34): «Le droit international demeure le droit des états. Et il est sans doute nécessaire qu'il en soit ainsi, dans une société fondamentalement conflictuelle où nulle instance ne saurait avoir l'autorité indispensable pour imposer aux états quelque règle de conduite que ce soit. Pour autant les progrès du droit international ne consistent pas uniquement dans l'amélioration des modalités de relations entre états. La coexistence pacifique permet parfois de dépasser ce cadre et d'établir des droits dont les états ne soient pas les seuls bénéficiaires : droits de

Toda a terra habitada foi, em nossos dias, reconhecida, mapeada, dividida entre as nações. A era dos terrenos baldios, dos territórios livres, dos lugares que não são de ninguém, em suma, a era de livre expansão se fechou... O tempo do mundo finito começa.

R.-J. DUPUY (1970)[1334]

O registro histórico da matéria nos traz quadro, todavia incipiente nas críticas aos abusos cometidos, em nome da 'colonização', mas no qual consideráveis desenvolvimentos históricos podem ser apontados, em relação às últimas décadas. O direito internacional vinculado ao passado colonial, vigente até meados do século passado, se torna obsoleto, após 1960. A proteção dos povos indígenas passa a ser tema da agenda da ONU:[1335] é inegável o avanço, conceitual e institucional, o que não significa que todas as questões tenham sido abordadas nem tampouco superadas.

A ruptura do modelo colonial para o direito internacional pós-moderno se dá nessa altura.[1336] O registro das premisas válidas na era anterior parece algo vindo de muito mais longe no tempo. Contudo, mesmo no quadro atual, apontem-se recorrências de caráter poder-se-ia dizer 'neocolonial'.

As "relações de direito público entre a metrópole, as colônias, os domínios e outros territórios de além-mar", ainda em 1936, eram o conteúdo de curso de Emanuel MORESCO na Haia.[1337] Situava o exame com

l'homme, droits des peuples constituent ainsi les progrès les plus spetaculaires d'un droit dont la création demeure de la compétence exclusive des états.»

1334 René-Jean DUPUY, *Regards de Valéry sur l'univers politique* (in **Mélanges offerts à Mr. le Doyen Louis Trotabas**, Paris: L.G.D.J., 1970, p. 137-153, cit. p. 149): «Toute la terre habitée a été de nos jours reconnue, rélevée, partagée entre les nations. L'ère des terrains vagues, des territoires libres, des lieux qui ne sont à personne, donc l'ère de libre expansion est close... Le temps du monde fini commence.»

1335 F. van LANGENHOVE, **Le problème de la protection des populations aborigènes aux Nations Unies** (RCADI, 1956, t. 90, p. 321-436).

1336 Ver **Tratado** (tomos XIV a XVII – **Direito internacional no tempo do colonialismo** e tomo XX – **Direito internacional, história e cultura**, cap. III, item D – descolonização e desenvolvimento do direito de autodeterminação dos povos).

1337 Emanuel MORESCO, **Les rapports de droit public entre la métropole et les colonies, dominions et autres territoires d'outre-mer** (RCADI, 1936, t. 55, p. 507-593).

ponderação quanto à possibilidade de extrair linhas gerais de análise do tema: "a evolução das relações de direito público, entre as metrópoles e os territórios ultramarinos não tem outra tendência, se não aquela das relações humanas, em geral, porquanto dizem respeito à vida de coletividades organizadas. Essas relações se estabelecem além da esfera jurídica, regidas pela lei do mais forte. Ao se estabilizarem, assumem a forma de direito público, inicialmente imposto, de modo unilateral, mas logo, e progressivamente, reformado e transformado, pela colaboração entre a metrópole e a colônia. O resultado final, ou o termo ideal dessa relação, não será outro se não a realização do direito que se chama liberdade".[1338] Somente faltou ao autor esclarecer a liberdade de quem tinha ele em mente, ao ter escrito esta frase. Certamente não se tratava da liberdade dos povos colonizados!

Encetara a sua exposição com o conceito: "as metrópoles e as colônias, de que se tratará neste curso são coletividades de direito público, que habitam territórios não-contíguos, fazem parte de único e mesmo estado, mas se encontram sob regimes governamentais diferentes e desiguais, onde a metrópole exerce a autoridade suprema no império inteiro. Seu caráter especial decorre, assim, de três elementos: a distância, a especialidade do regime e a subordinação".[1339] Naquela altura,

[1338] E. Moresco (op. cit., 1936, p. 589): «Liberté sous la forme d'états souverains et séparés, sous celle de provinces de la métropole, ou enfin sous celle d'entités complètement autonomes, mais librement associées dans quelque société d'états d'un caractère nouveau. / Le rythme de ces développements dépendra partout des circonstances extrêmement différentes, mais leur tendance est partout la même.»

[1339] E. moresco (op. cit., 1936, p. 511) prosseguia: «Tous ces éléments sont sujets à l'évolution. La distance, qu'il faut comprendre dans le sens de distance physique et mentale, des territoires et des habitants, peut changer par les progrès de la technique des moyens de communication, ainsi que par l'influence mutuelle des deux civilisations en cause. / La spécialité du régime peut s'atténuer ou s'accentuer. Poursuivi jusqu'au bout, ce développement fait que les colonies deviennent, si les liens ne sont pas rompus, soit des provinces ordinaires, soit des entités autonomes, des *dominions* en terminologie anglaise. Dans les deux cas, la subordination aura disparu.» O mesmo moresco (op. cit., 1936, p. 553-570) dedicava inteiro capítulo à caracterização dos *dominions*: "La formule est nette. Sans l'intervention d'aucun texte législatif, elle établit le gouvernement responsable, qui, pour le moment, ne devait s'appliquer qu'aux affaires intérieures, mais allait graduellement, en passant par des nombreuses étapes intermédiaires, comprendre la gestion de toutes les affaires publiques sans exception."

todavia, se contemplava essa categoria: "alguns territórios de além-mar são designados, oficialmente, como 'protetorados', seja por existirem instituições, de caráter estatal, próprias ao país, seja porque a atividade governamental aí é exercida, em ampla medida, por meio de chefes indígenas".

Esses 'protetorados', frequentemente chamados 'protetorados coloniais', 'protetorados internos' ou 'pseudo-protetorados', deviam ser distinguidos dos 'protetorados' a título internacional, onde a autoridade indígena não era afetada (*entamée*) senão para certas matérias, que dizem respeito, de perto, às relações exteriores.[1340] Aqui cabia distinguir entre os territórios ditos coloniais,[1341] e os territórios sob mandato,[1342] com estatuto internacionalmente determinado. Muito sutil a argumentação, embora fosse pouco clara a exata configuração jurídica e política de uns e outros: até que ponto não consistia, o território sob mandato,[1343] uma anexação, mais ou menos disfarçada?

Protetorado é noção que nunca teve clara delimitação, nem, tampouco, definição oficial, em direito internacional.[1344] Basicamente se tratava

[1340] E. MORESCO (op. cit., 1936, p. 511-512): «Colonie, dominion, protectorat, voilà donc les types principaux du régime que nous allons étudier.» E ressalvava do que não se cuidaria : «L'espace nous manque pour nous occuper des formes plus ou moins exceptionnelles de régimes d'outre-mer : territoires cédés à bail, condominia, zones internationales.»

[1341] E. MORESCO (op. cit., 1936, p. 512): «Quant aux territoires sous mandat, il faut les exclure – en dépit de certains auteurs éminents qui les comprennent dans l'énumeration des parties de l'empire dont ils traitent – ne fut-ce que pour éviter de paraître donner raison à ceux qui considérent le régime mandataire comme une annexion plus ou moins déguisée.»

[1342] N. BENTVICH, **Le système des mandats** (RCADI, 1929, t. 29, p. 115-186); C. CARDAHI, **Le mandat de la France sur la Syrie et le Liban (son application en droit international public et privé)** (RCADI, 1933, t. 43, p. 659-794); H. ROLIN, **La pratique des mandats internationaux** (RCADI, 1927, t. 19, p. 493-628).

[1343] Cfr. Henri ROLIN (1891-1973) foi professor de "Colonização e política colonial" na Universidade de Bruxelas, autor dentre outros, de **La question coloniale** – à propos d'un livre récent (orig. publ. 1906, Classic Reprint, forgottenbooks.com – Fb&c Limited, 2018, ISBN 0364343303, 9780364343302).

[1344] Para Henry JENKYNS, **British rule and jurisdiction beyond the seas** (ed. by Courtenay ILBERT, Oxford: Clarendon Press, 1902, digitalizado pela Harvard Univ., 22 nov. 2008), *protetorado* britânico seria qualquer país, que não faça parte do território britânico (*British dominions*), mas, no que diz respeito às suas relações exteriores, encontra-se sob autoridade exclusiva da Coroa [britânica], de tal forma que seu governo não pode se

de regime jurídico, estabelecido mediante tratado ou alguma espécie de acordo internacional, segundo o qual um estado (protetor) exercia controle sobre outro estado (protegido), especialmente em matéria de relações exteriores e segurança. Na prática, tornava o país protegido submetido ao controle de outro.

Isso se prestou a dubiedades no emprego do termo e na interpretação dos poderes e do modo de os exercer, por parte do estado, incumbido de tal 'missão civilizadora'.[1345] Toda essa relação era viciada por preconceitos e concepções apriorísticas, a respeito de cultura e de civilização. Com os correspondentes reflexos sobre os modelos jurídicos.[1346]

Na adoção dos 'modelos' aparecia claramente a falácia: "os impérios, cujos territórios de além-mar se encontram, exclusivamente ou principalmente, na África, e que, por conseguinte, tem geralmente de tratar com povos primitivos, não puderam lá criar se não instituições autoritárias, correspondentes ao grau de desenvolvimento dos habitantes".

comunicar diretamente, com qualquer potência estrangeira. Observava E. MORESCO (op. cit., 1936, p. 539): "La notion de protetorat n'a pas reçu de définition officielle. Comme partout, elle est assez vague" [...] "Comme ailleurs, le terme *protetorat colonial* est employé par plusieurs auteurs anglais, pour ces contrées". A linha divisória entre a competência para o exercício das relações exteriores e os assuntos internos, seria, assim, dado relevante para a caracterização de protetorado, ao menos do ponto de vista do direito internacional. Tal definição, contudo, aplicar-se-ia aos protetorados reais, mas existia, à época, grande número de regiões, oficialmente designadas como protetorados, onde a autoridade governamental se exercia nos termos do *Foreign Jurisdiction Act*, mas que eram, não somente no que diz respeito às relações exteriores, mas para todas as matérias governamentais, tratados como colônias.

1345 Martti KOSKENNIEMI, **The gentle civilizer of nations: the rise and fall of international law (1870-1960)** ("Hersch Lauterpacht Memorial Lectures", Cambridge: Univ. Press, 1st published 2001, reprinted 2005) desenvolve análise contextual da política colonialista e do direito internacional, vigente, na segunda metade do século XIX e primeira metade do século XX, até a mudança de paradigma, ocorrida por volta de 1960, em decorrência da descolonização e da aceitação da auto-determinação dos povos, como princípio cogente do direito internacional geral.

1346 C. H. ALEXANDROWICZ, **The law of nations in global history**, (ed. by D. Armitage and J. Pitts, Oxford: University Press, 2017); ___, **The Afro-Asian world and the law of nations: historical aspects** (RCADI, 1968, t. 123, p. 117-214); ___, **Treaty and diplomatic relations between European and South Asian powers in the seventeenth and eighteenth centuries** (RCADI, 1960, t. 100, p. 203-322).

E. MORESCO (1936)[1347] chegava ao ponto de afirmar: "as relações entre metrópole e colônia são, assim, extremamente simples.[1348]

A especialidade da legislação colonial é reconhecida em todas as partes. Esta se mostra sobretudo na distinção entre cidadãos metropolitanos e súditos coloniais, "expressa em termos diferentes, segundo os países".[1349] A questão da distância geográfica, como da proximidade cultural, poderia levar a distinções, em relação, por exemplo, às então existentes colônias japonesas, como, por exemplo, na Manchúria ocupada.[1350]

[1347] Emanuel MORESCO, **Les rapports de droit public entre la métropole et les colonies, dominions et autres territoires d'outre-mer** (RCADI, 1936, t. 55, p. 507-593, titre premier – les régimes essentiellement autoritaires, p. 513-514): «Ces institutions se ressemblent, malgré les différences des régimes métropolitains: le gouverneur exerce en fait un pouvoir presque illimité dans la colonie, mais il est tenu d'obéir aux ordres du ministre des colonies ; tous deux sont assistés de conseils purement consultatifs ; les réglementations emanant en fait presque entièrement du Gouvernement métropolitain, le Parlement (où il y en a) se bornant à une délegation générale de ses pouvoirs, sous réserve de quelques principes fondamentaux et d'un droit de regard.»

[1348] Observava, contudo, o mesmo E. MORESCO (op. cit., 1936, no título II – l'empire français, cap. primeiro, p. 515-518) o quadro seguinte, que não tinha nada de 'extremamente simples': «La terminologie française, officielle et autre, fait une distinction entre les colonies proprement dites, dont l'administration métropolitaine se trouve entre les mains du Ministère des colonies (crée en 1894), et les territoires de l'Afrique du Nord : l'Algérie, sous le contrôle du Ministère de l'Intérieur ; la Tunisie et le Maroc, sous celui du Ministère des Affaires étrangères.» A Tunísia e o Marrocos, designados oficialmente como protetorados, eram governados formalmente por príncipes indígenas, o Bey e o Sultão, em estreita colaboração com os representantes da República francesa e sob o controle destes. Observava MORESCO a respeito da Tunísia e do Marrocos, no contexto do império colonial francês: «L'organisation étatique de ces pays et les pouvoirs propres de leurs chefs ont été respectés, du moins dans la forme, à un degré supérieur à ceux des états indigènes faisant partie de l'Union indochinoise.»

[1349] E. MORESCO (op. cit., 1936, p. 513-514) apresentava as diferenças de tratamento entre, de um lado, os cidadãos metropolitanos portugueses, em relação aos locais, de Angola e Moçambique; de um lado, os líbios, em relação aos italianos; e a "Carta colonial" belga de 1908, por meio da qual se estabelecia a diferença de tratamento entre, de um lado, os belgas, os pouco numerosos congoleses registrados (*les Congolais immatriculés*), os demais estrangeiros e, de outro lado, os demais indígenas não matriculados.

[1350] E. MORESCO (op. cit., 1936, p. 514): «Les observations générales qui ont été faites au sujet des colonies africaines s'appliquent aussi aux colonies *japonaises*, qui d'ailleurs présentent un caractère différent en ce qu'elles se trouvent à proximité (rélative) de la métropole;

No processo de expansão dos territórios colonizados, os estados colonizadores celebraram numerosos tratados com povos autóctones, ou mesmo com os estados sucessores, após o término da colonização. Isso se deu, notadamente, nos territórios que atualmente compõem os Estados Unidos, o Canadá e a Nova Zelândia.

Atualmente, a expressão tratados com povos autóctones (*treaties with indigenous peoples*) pode abranger situações, nas quais o povo autóctone em questão habita o território original ou território metropolitano de um estado.[1351] Tratados com povos autóctones também foram amplamente utilizados para estipular protetorados ou colônias de além mar – e neste sentido, a jurisprudência internacional teve papel decisivo, com o parecer sobre o **Saara ocidental** (1975): "foi solicitado à Corte um parecer consultivo, que a Assembleia geral da ONU considera útil, para poder exercer, como convém, suas funções, relativamente à descolonização do território".[1352]

A Corte Internacional de Justiça firmou entendimento no sentido de que acordos, entre estados colonizadores e dirigentes locais de povos social e politicamente organizados, deveriam ser considerados como elementos acessórios para a caracterização de título sobre o território – e não como título original, decorrente de ocupação de *terra nullius*: "a expressão *terra nullius* era o termo técnico jurídico, empregado a propósito de ocupação, enquanto uma das modalidades de aquisição de soberania sobre determinado território". Contudo, entende a Corte, que não se poderia falar em terra de ninguém – *terra nullius* – em relação ao Saara ocidental, no momento em que a Espanha iniciou a colonização daquela região:

> Sejam quais forem as divergências de opinião entre os juristas, decorre da prática estatal do período considerado, que os territórios, habitados por tribos ou povos, dotados de organização social e política, não eram considerados como *terra nullius*. Estimava-se, em geral, que a soberania, em relação a estes, não poderia ser adquirida unilateralmente, mediante ocupação da

l'expansion japonaise pourrait même être considérée comme contiguë. À ces circonstances correspond la tendance à l'assimilation pour ce qui regarde le droit civil et commercial.»

[1351] Gudmundur Alfredsson, *Indigenous peoples, Treaties with* (in **Encyclopedia of public international law**, 2012, vol. V, p. 133-136)

[1352] CIJ, **Western Sahara**, Order 22 May 1975; **Western Sahara**, Advisory Opinion of 16 October 1975 (I.C.J. **Reports** 1975, p. 12, cit. § 39).

terra nullius, como título originário, mas por meio de acordos, celebrados com os chefes locais. [...] Tais acordos, com os chefes locais, interpretados ou não como operando cessão efetiva do território, enquanto modo de aquisição derivado e não títulos originários, adquiridos mediante ocupação de uma *terra nullius*.[1353]

Nessa vasta empreitada de conquista e colonização, desenvolvida principal, mas não exclusivamente por potências européias, era curioso observar as flutuações terminológicas, para designar os territórios 'colonizados'.[1354] Sintomaticamente isso passa por distintas fases.

As colônias do império holandês,[1355] após a revisão constitucional de 1922, passaram a ser denominadas "Índias holandesas, Suriname e Curaçao" –[1356] sem categoria própria, muitas vezes mencionadas nominalmente:[1357] "o uso ainda não se fixou quanto ao uso de novo

1353 CIJ, **Western Sahara**, Advisory Opinion of 16 October 1975 (I.C.J. **Reports** 1975, p. 12, cit. § 79 e 80).

1354 Ver **Tratado** (tomos XIV a XVII – **Direito internacional no tempo do colonialismo** e tomo XX – **Direito internacional, história e cultura**). V. tb. cap. XX – espaços internacionais: de *res nullius* a patrimônio comum da humanidade; e Sven LINDQVIST, **Terra nullius** (orig. publ. **Terra nullius – en resa genon ingens land**, 2005, trad. du suédois par Hélène HERVIEU, Paris: Les arènes, 2007).

1355 Ver **Tratado** (tomo VII – **Direito internacional no tempo de Grócio**, esp. 18.1 – conflitos metropolitanos e aventuras coloniais holandesas: interlúdio no Brasil, e tb. tomos XIV a XVII – **Direito internacional no tempo do colonialismo**, cap. 3 – a colonização holandesa).

1356 Jean-Claude GIACOTTINO, **Les Guyanes (Guyana, Surinam, Guyane française)** (Paris: PUF, orig. publ. 1984, 2e ed., «corrigée», 1995, 'introduction', p. 3-4, cit. p. 3) aponta «la région naturelle des Guyanes», com extensão de cerca de 1,5 milhão de quilômetros quadrados, no centro norte da América do sul, «politiquement elle est partagée entre le Brésil qui en occupe 620.000 Km2, le Venezuela, dont les territoires guyannais s'étendent sur 415.000 Km2, la Guyana, ex-Guyane britannique, devenue indépendante en 1966 (214.000 Km2), le Surinam, ex-Guyane néerlandaise, devenue indépendante en 1975 (163.265 Km2) et enfin la Guyane française qui n'occupe que 4% de la superficie totale (90.000 Km2).»

1357 E. MORESCO (op. cit., 1936, titre III – l'empire néerlandais, chap. premier – composition de l'empire et organisation des territoires d'outre-mer, p. 526-529, cit. p. 526): «Désignés avant la dernière révision (1922) dans la Constitution comme 'colonies et possessions dans les autres parties du monde', les trois territoires sont à présent sans dénomination commune officielle dans la législation néerlandaise, qui, partout où cela est nécessaire, les énumère par leurs noms propres.»

termo, e se mantém, o mais frequentemente, como o de colônia, embora exista a tendência a substituir este pelo de 'territórios de além-mar', ou ainda, as Índias (subentendendo-se "orientais" e "ocidentais")".[1358] Se, formalmente, a Constituição do reino dos Países Baixos não mais falava em colônias, a partir da revisão de 1922, a prática, contudo, mantinha o uso corrente de tais termos.[1359]

A expressão "império britânico" (*British Empire*)[1360] abrangia conjunto de coletividades organizadas em entidades políticas distintas, ligadas entre elas, por meio de laços de ordem econômica, psicológica e política, bem como por único elo jurídico, o rei, chefe supremo e comum.[1361] Uma lei de 1927 fixava o título oficial real,[1362] o que determinava a extensão do império.[1363]

[1358] E. Moresco (op. cit., 1936, loc. cit.) prosseguia: "Quoi qu'il en soit, en langage juridique international, on peut se contenter du terme de colonie parce que, même là où des collectivités indigènes ont conservé leur organisation politique propre, ainsi qu'une autonomie plus ou moins étendue, il n'y a pas de protectorat d'un autre caractère que celui de 'protectorat colonial' ou pseudo-protectorat, dont nous avons parlé en étudiant la composition de l'empire français.»

[1359] E. Moresco (op. cit., titre III, chapitre II. 'les rapports entre la métropole et les territoires d'outre-mer', p. 530-534): «La seule construction qu'on puisse dériver de sa terminologie actuelle est celui d'un état au sens international, appelé 'royaume des Pays-Bas', occupant quatre territoires distincts, qui sont désignés par leurs noms propres : Nederland, Nederlandsch-Indië, Suriname et Curaçao, noms propres qui reviennent également à des collectivités distinctes, organisés sur ces territoires. Le législateur s'en tient là et s'abstient rigoureusement d'en faire de la théorie.»

[1360] Ver **Tratado** (tomos XIV a XVII – **Direito internacional no tempo do colonialismo**, cap. 1 – a colonização britânica).

[1361] Emanuel Moresco, **Les rapports de droit public entre la métropole et les colonies, dominions et autres territoires d'outre-mer** (RCADI, 1936, t. 55, p. 507-593, titre IV – l'empire britannique, chap. premier – composition de l'empire, p. 535-539) onde a Irlanda deveria ser entendida, em sentido geográfico, de modo a abranger tanto o estado livre (atualmente a República da Irlanda) como a Irlanda do Norte, enquanto na rubrica "Dominions beyond the seas" estariam abrangidos todos os territórios de além-mar sob a soberania da coroa – com a exceção da Índia britânica –, o que, segundo a concepção inglesa, não compreendia os protetorados.

[1362] *"George V, by the grace of God of Great Britain, Ireland and the British dominions beyond the seas, King, defender of the faith, Emperor of India".*

[1363] E. Moresco (op. cit., 1936, cap. cit., nota 2) observava que *dominions* deveria ser traduzido como *territórios*, embora o termo sirva para designar entidades completamente autônomas, enumeradas no Estatuto de Westminster, aí compreendido o Estado livre da

A partir de 1921, em lugar de "Império britânico", se passou a utilizar, preferencialmente, a expressão "*Commonwealth* britânico". Por exemplo, o tratado anglo-irlandês, de 6 de dezembro de 1921, em seu artigo 4º, estipulava: "*the group of nations forming the British Commonwealth of nations*".[1364]

O uso desta expressão faria ressaltar que se dava o reconhecimento das nacionalidades, que se formaram, no Canadá, na África do Sul, na Austrália, bem como a antiga nação, que sobreviveu à longa e conturbada história, para ressurgir como a República da Irlanda.[1365] É clara a diferença de tratamento entre as assim chamadas 'colônias brancas' e as demais: "parece difícil encontrar lugar, nesse *commonwealth*, para os povos africanos e asiáticos".[1366]

Irlanda, que seria *dominion*, mas não de além-mar. Na expressão *Dominion of Canada*, o sentido seria ainda mais restrito. Vê-se, assim, ser o termo empregado em pelo menos três sentidos diferentes: do qual somente um deles pode ser traduzido como *território*, enquanto para os outros é preciso utilizar o termo em inglês, porquanto inexiste equivalente em vernáculo. Apontava MORESCO que, em holandês, se poderia designar, oficialmente, pelo uso da expressão "*afrikaans vrijgewest*".

1364 V. Jean-Jacques CHEVALLIER, **La société des nations britanniques** (RCADI, 1938, t. 64, p. 233-346).

1365 GERALD OF WALES (c. 1146-1223), **The history and topography of Ireland** (translated with an Introduction by John J. O'MEARA, London: Penguin, 1982) a este registro se deve quase tudo o que é conhecido a respeito da Irlanda, na Idade média. O autor Giraldus Cambrensis, de Cambria, no País de Gales, deve ter ido para a Irlanda, pela primeira vez, por volta de 1183, e pela segunda, em 1185, intelectual, em meio à tropa, enviado pelo rei Henrique II, para estudar e conhecer o país que invadiam os ingleses. O resultado dessa estadia de três ou quatro anos foi o primeiro relato da Irlanda e sua primitiva história.

1366 MORESCO (op. cit., 1936, p. 536) suscitava a questão da exata delimitação entre o *Commonwealth* e o Império Britânico: "Il vaut mieux dès lors, pour un exposé juridique, s'en tenir au terme '*empire britannique*', quoique ce terme ne se trouve pas dans le titre du roi et qu'il n'en ait pas été donné une définition officielle d'une portée générale. Qu'il réponde néanmoins à une notion juridique, c'est ce qui est prouvé par son emploi dans la formule de signature des traités internationaux, adoptée à la Conférence impériale de 1926: '*pour la Grande Bretagne et l'Irlande du Nord et toutes les parties de l'Empire britannique qui ne sont pas membres séparés de la Société des Nations*', formule qui a un sens juridique tant en droit interne qu'en droit international". Hoje, se pode dizer, que tenha desaparecido, totalmente, a pretensão ao 'Império', mas, se conserva o uso da expressão '*Commonwealth*' e esta permanece, ao menos como conceito, um tanto vago, mas sobrevive a idéia de uma '*Comunidade Britânica de Nações*' - visite o site desta!

O uso do termo 'império' revestir-se-ia de sentido diverso[1367] dos, então, equivalentes 'império francês' ou 'império holandês', por meio dos quais se designava um estado, no plano internacional – tal como a República francesa, ou o Reino dos Países Baixos. Por sua vez, a associação das coletividades britânicas – *British Commonwealth of nations* – não era 'estado'. No sentido do direito internacional, o termo adequar-se-ia, antes, ao Reino Unido, com suas colônias, protetorados e outras dependências, como também à Austrália e à Nova Zelândia, cada uma das quais, por sua vez, contava com as suas respectivas colônias.[1368]

Em 1950, a Comunidade britânica de nações – *British Commonwealth of nations* – incluía "grandes extensões de terra na África, no sul da Ásia e nas Américas, muitas das quais ainda se encontravam em mãos britânicas".[1369] A Grã-Bretanha, então, fazia parte da Europa, mas também integrava uma comunidade imperial anglófona, que se espalhava por todo o mundo. E tinha com os Estados Unidos uma ligação bastante peculiar".[1370]

[1367] Ver P. B. CASELLA, *Empires, hegemony and cooperation* (in **Pravovie Aspecti BRICS – Aspetti giuridici del BRICS – Legal aspects of BRICS**, ed. by T. A. ALEXEEVA & P. CATALANO, St. Petersburg: National Research University, 2011, p. 27-48); tb. **Tratado** (tomo III – **Direito internacional no tempo antigo**, esp. cap. III – civilizações antigas entre hegemonia e relações internacionais, cap. IV – império persa, cap. VI – na formação e no desenvolvimento de Roma).

[1368] E. MORESCO (op. cit., 1936, p. 537) esses três impérios, como a Austrália em relação à Papua, formariam, à época, com os quatro estados unitários (Canadá, África do Sul, Estado livre da Irlanda e Terra Nova) um conglomerado político, e este, "étant un phénomène *sui generis*, ne saurait être rangé dans une catégorie générale".

[1369] Tony JUDT, **Pós-guerra: uma história da Europa desde 1945** (do original **Postwar: a History of Europe since 1945**, 2007, trad. José Roberto O'SHEA, Rio de Janeiro: Objetiva, 2008, cit. p. 173): "Territórios coloniais, da Malásia à Costa do Ouro (Gana), possuíam reservas em dólares e mantinham depósitos elevados em Londres – os notórios 'saldos em libras esterlinas'. A Comunidade (ou Império, termo ainda empregado pela maioria das pessoas) era grande fonte de matérias-primas e alimentos, e fazia parte da identidade nacional britânica, ou assim parecia à época."

[1370] T. JUDT (op. cit., 2008, cit. p. 173 e 175): "Em julho de 1950, às vésperas da Guerra da Coréia – i.e., antes que as despesas com defesa, após o início da guerra aumentassem –, a Grã-Bretanha tinha uma esquadra completa no Atlântico, outra no Mediterrâneo, e uma terceira no Oceano Índico, além de uma 'Estação China' permanente. O país mantinha 120 esquadrões da Real Força Aérea pelo mundo inteiro e dispunha de exércitos ou setores de

No caso do império dos Estados Unidos da América,[1371] desde a Constituição de 1787, se previa, nos termos do art. 4º, seção 3ª, a possibilidade de o Congresso adotar normas e editar regulamentos relativos a "território ou outra propriedade, pertencente aos Estados Unidos".[1372] De antigos colonizados, os estadunidenses - como também se deu com os holandeses - se mostraram ferrenhos colonizadores.[1373]

O tratado de paz de 1898, celebrado com a Espanha, por meio do qual as Filipinas e Porto Rico passavam aos Estados Unidos, estipulava: "os direitos civis e a condição política dos habitantes, nativos desses territórios cedidos, serão determinados pelo Congresso". Várias decisões, emanadas da Corte suprema, a partir desse marco, deixavam claro que, do ponto de vista constitucional, as Filipinas e Porto Rico não mais constituíam estados independentes, sujeitos de direito internacional, embora tampouco se tivessem tornado parte do território dos Estados Unidos, o que, então os colocava na condição de possessões ultramarinas - o que estaria enfeixado como o império americano: *the American Empire*, na

exércitos lotados em bases permanentes em Hong Kong, na Malásia, no Golfo Pérsico e no norte da África, em Trieste e na Áustria, na Alemanha Ocidental e no próprio Reino Unido. Além do mais, havia uma extensa e dispendiosa rede diplomática, consular e de inteligência, espalhada mundo afora, aliada ao serviço público que operava junto às colônias, o que, por si só, já constituía um peso burocrático e administrativo, ainda que tivesse sido recentemente reduzido, em decorrência da saída britânica da Índia."

1371 Ver **Tratado** (tomos XIV a XVII - **Direito internacional no tempo do colonialismo**, cap. 9 - a colonização pelos Estados Unidos, com exame: 9.1 - Filipinas, 9.2 - Cuba, 9.3 - Porto Rico, 9.4 - territórios e estados associados dos EUA no oceano Pacífico e 9.5 - Ilhas Virgens e outras possessões territoriais no Caribe).

1372 E. Moresco, **Les rapports de droit public entre la métropole et les colonies, dominions et autres territoires d'outre-mer** (RCADI, 1936, t. 55, p. 507-593, titre V - l'empire des États-Unis d'Amérique, p. 583-588, cit. p. 583): «Il est donc exact de dire que les États-Unis sont envisagés par la Constitution comme la métropole d'un Empire.» V. tb. C. H. Alexandrowicz, **Treaty and diplomatic relations between European and South Asian powers in the seventeenth and eighteenth centuries** (RCADI, 1960, t. 100, 203-322).

1373 *'Nenhuma instância de ampliação ou ganância por território manchou nossos anais'* ufanava-se O'Sullivan, em 1844, exprimindo um dos mitos mais caros e mais duráveis da nação. Duvidosa quando foi escrita, a afirmação de O'Sullivan logo se comprovaria estar completamente errada. Ver George C. Herring, **From colony to superpower** - U.S. Foreign relations since 1776 (Oxford: Oxford Univ. Press, 2008, chap. 5 - '*Slavery, Expansion and the Road to Disunion, 1837-1861*, p. 176-223, cit. p. 194).

formulação do juiz MARSHALL, da Corte suprema dos EUA.[1374] Evolução diversa estaria reservada a cada desses casos.

As Filipinas passam, nos termos dos regimes instaurados em 1916 e em 1935, de *colônia autônoma*, nos termos do JONES Act, a *protetorado*, nos termos do TYDINGS Act e da Constituição filipina de 1935. Nessa altura, já não se poderia negar às Filipinas a condição de estado.[1375] Posteriormente, o país será invadido pelo Japão, em 1941, até serem estes expulsos pelos americanos, em 1945. As Filipinas alcançarão a independência, em 1946, com Manuel ROXAS, na Presidência, não sem conservarem relação próxima e considerável interferência dos EUA, na sua política interna.

Pouco claro o estatuto de Porto Rico, porquanto este e as ilhas Marianas do Norte formam a chamada *Commonwealth* dos Estados Unidos da América, com autonomia interna, e embora, alegadamente, com *status* de estados da federação,[1376] não contam com representação no Congresso norte-americano.

Muitas ambiguidades, até hoje, pautam o regime jurídico das ilhas do Pacífico, tais como a ilha de Guam, a Samoa americana, na Polinésia, as Marianas do Norte, na Micronésia, as Ilhas Virgens, no Caribe, mais ou menos diretamente dominadas pelos Estados Unidos.[1377] Além de Porto Rico e das ilhas Marianas do Norte, tem a condição de territórios coloniais não-incorporados à União: Atol Johnston,[1378]

[1374] E. MORESCO (op. cit., 1936, cap. cit., p. 583-584): "En d'autres termes, ce sont des parties de l'Empire, dont les États-Unis sont la métropole. Le terme de colonie n'est pas d'usage en Amérique, où l'on se sert de préférence de ceux de *dependency*, possession ou territoire insulaire."

[1375] Sobre o contexto da época, v. tb. A. E. HINDMARSH, **Le Japon et la paix en Asie** (RCADI, 1936, t. 57, p. 97-200).

[1376] W. B., COWLES, **International law as applied between subdivisions of federations** (RCADI, 1949, t. 74, p. 655-756).

[1377] Renan LE MESTRE, *Des îles dans les plis de la bannière étoilée: les territoires et états associés de l'Océan Pacifique dépendant des États-Unis* (Journal du droit international, 2018, juillet-août--septembre, t. 145, n. 3, p. 801-822, cit. p. 805).

[1378] Atol estrategicamente situado junto ao Havaí, no Oceano Pacífico, conjuntamente administrado pelos Departamento de Defesa e Departamento do Interior, Pesca e Vida selvagem, dos EUA, esse território já foi usado para teste de armas nucleares, e por abrigar depósitos de armas químicas tem acesso vedado à visitação pública.

Guam,[1379] Ilhas Wake,[1380] Ilhas Midway,[1381] Ilhas Virgens Americanas[1382] e Samoa Americana.[1383]

A materialidade de determinada ordenação do mundo sempre partirá de concepção, segundo a qual tal 'ordem' se faça, como expressão de escolha, considerada preferível a outra, que seria considerada 'desordem' – a ordem que não nos convém, em contraposição àquela, considerada desejável. Assim, toda concepção de ordenação do mundo traz implícito quadro, segundo o qual esta se faça. Importa, assim, conhecer esse quadro[1384].

As viagens de 'descobrimento' proporcionaram o necessário reconhecimento às imagens de mundo novo: pouco a pouco, peça por peça, o quebra-cabeças do mundo foi colocado.[1385] Com o avanço dos 'descobri-

[1379] No noroeste da Oceania e ao sul das Ilhas Marianas do Norte, foi usada como base militar pelos EUA, para atacar o Iraque. Nos anos 1990 começa a receber (ilegalmente) imigrantes, provenientes da China. Em 1997 é criada a Comissão para a Descolonização de Guam.

[1380] Atol formado pelas Ilhas Wake, Wilkes e Peale, a oeste do Havaí, no Oceano Pacífico, administrado pelo Departamento de Defesa dos Estados Unidos. O local é considerado sagrado, pelas nações indígenas, que ali realizam cultos dos ancestrais, e é objeto de reivindicação de soberania, pelas Ilhas Marshall. O anúncio, em 1998, da intenção dos EUA, de lá estocarem lixo atômico, suscitou protestos.

[1381] Situadas no Oceano Pacífico, a noroeste do Havaí, estas ilhas, sob administração do Departamento do Interior, Pesca e Vida selvagem, dos EUA, antes área de defesa naval, foram, limitadamente abertas ao turismo, a partir de 1996, ante o risco iminente de se tornarem totalmente desabitadas: ao mesmo tempo em que o território abriga relevante reserva nacional de animais selvagens, sobretudo pássaros, a população que se contava à ordem de duas mil pessoas, no início dos anos 1980, decresceu para cerca de uma dezena, na década de 1990.

[1382] As Ilhas Virgens Americanas, estrategicamente situadas no mar do Caribe, próximas ao Canal do Panamá, são compostas pelas ilhas Saint Thomas, Sainte Croix, Saint John (da qual dois terços do território constituem parque nacional).

[1383] Samoa Americana é um arquipélago de sete ilhas, no centro da Oceania, que formulou protestos, e restringiu, no ano seguinte, o acesso dos habitantes de Samoa ocidental, desde que esta última passou a denominar-se Samoa, em 1997.

[1384] Nesse sentido se inscrevem muitas das considerações desenvolvidas no título preliminar, esp. cap. I – evolução do conceito e do tratamento do território no direito internacional.

[1385] Jayan Nayar, *Orders of inhumanity* (in **Reframing the international: law, culture, politics**, edited by R. Falk, L. E. J. Ruiz and R. B. J. Walker, Nova York: Routledge, 2002, p. 107-135, cit. p. 111): "The idea of a single world in need of order was followed by

dores', dos colonizadores, dos invasores, foi atribuído sentido aos novos territórios, dentro da construção interpretativa que constituiu esse mundo novo.

De tal maneira, a base histórica é fundamental para a compreensão do fenômeno colonial.[1386] O significado da evolução do mundo, a partir da ótica dos descobridores, não se limita, contudo, à mera aquisição de sentido, ou de riqueza, ou de poder, ou de imposição de modelo. Não é simplesmente determinada idéia do mundo, que foi trazida à preeminência, por meio de atos de colonização. A construção desse 'cenário' do mundo também ocorreu, embora em meio à apresentação de drama violento neste palco.

Por meio do colonialismo – como ideologia norteadora da empreitada de colonização –, a base material das trocas, que determina os relacionamentos entre grupos humanos, foi reformulada: a própria concepção do que seja 'humano' foi refundida, pelo sistema de valores, imposto no processo 'civilizatório', que foi o ciclo colonial. Eliminam-se ou reformam-se todas as estruturas sociais e humanas que não estejam em conformidade com os 'modelos', emanados dos colonizadores.[1387]

a succession of chained and brutalized bodies of the other. The embodied world that has been in creation from the colonial times to the present could not, and does not, accommodate plurality. The very idea of 'one world' contains the necessary impetus for the absorption, assimilation, if not destruction of existing worlds, and the genocide of existing socialities. This violence of order within the historical epoch of colonialism is now plainly visible."

[1386] Ver **Tratado** (tomos XIV a XVII – **Direito internacional no tempo do colonialismo**). Dentre tantos, novamente referiria: Alfredo Bosi, **Dialética da colonização** (São Paulo: Compnhia das Letras, 1992); **Fundamentos** (2008, esp. item VI – direito, história e cultura, p. 489-615); Jared Diamond, **Guns, germs and steel: the fates of Human societies** ("with a new afterword about the modern world", © 1997, New York: Norton, 1999); Marc Ferro, **História das colonizações**: das conquistas às independências – séculos XIII a XX (orig. publ. **Histoire des colonisations: des conquêtes aux indépendances XIIIe au XXe siècles** © 1994, trad. Rosa Freire D'Aguiar, São Paulo: Cia. das Letras, 1996); Ruggiero Romano, **Mecanismos da conquista colonial** (orig. publ. **Mécanismes de la conquête coloniale: les Conquistadores**, © 1972, trad. Marilda Pedreira, rev. Vera de Campos Toledo, São Paulo: Perspectiva, 1973).

[1387] J. Nayar (op. cit., 2002, loc. cit.): "To be human, to live and to relate to others, thus, both lost and gained meaning. Lost were many precolonial and indigenous conceptions of human dignity, of subsistence, production, consumption, wealth and poverty. Gained was

Consequência da transformação da materialidade da economia política do colonizado, ou ordenado segundo o modelo do colonialismo, este trouxe o estado como o modelo, a instituição política, simbolizadora dessa concepção de mundo, para a ordenação das sociedades e da vida dos homens, em sociedades. Notório efeito dessa colonização cultural foi a reprodução da forma político-econômica de organização social, o 'estado', universalizado como o dado comum, se não natural, resultando na homogeneização da linguagem e do imaginário da política.[1388]

Se, assim, a diversidade foi unificada, ao mesmo tempo, a unidade foi diversificada. De tal modo que as especificidades e os inconvenientes da diversidade humana – culturas, tradições – foram subordinados ao discurso 'civilizado' uniformizador, por meio de mitos seculares, dos quais o estado de direito e a regência da sociedade pela lei são dados centrais, enquanto, concomitantemente, a humanidade foi formalmente segregada em estados artificiais, enclaves de solidariedades míticas e destinos comuns forjados.

A colonização, como processo histórico, nos oferece alguns dos exemplos mais gritantes de violências cometidas contra a diversidade e a dignidade humanas. E as mais explícitas lições de violência na ordenação do mundo.[1389]

Da história da colonização se depreende o perfil que prevalece no processo de ordenação do mundo: o mundo daqueles que ordenam traz a destruição dos mundos daqueles que são ordenados. Assim, tantas ideologias de negação e de re-criação serviram para justificar o suposto início – a *terra nullius*, os nativos selvagens, a missão civilizatória do homem branco – e tudo isso era aceito como moeda corrente, e esta, como toda moeda, somente cumpre as suas funções como meio de troca, e como reserva de valor, porque se acreditava que continham verdades,

the advent of the human self as an objective economic agent and, with it, the universals of commodification as the basis for human relations."

1388 F. van LANGENHOVE, **Le problème de la protection des populations aborigènes aux Nations Unies** (RCADI, 1956, t. 90, p. 321-436).

1389 V. **Tratado** (tomos XIV a XVII – **Direito internacional no tempo do colonialismo**), b/c, *supra*, no título preliminar, cap. I – evolução do conceito e do tratamento do território no direito internacional, cap. IV – competências territoriais do estado, e cap. VI – modos de aquisição e de perda do domínio do estado sobre o território, esp. item 6.1 – ocupação.

e partiam de premissas válidas, sobre as quais estavam respaldadas.[1390] Houve engajamento de gerações nessa tarefa, e apesar da gravidade e da extensão da destruição e da desumanidade no tratamento dos povos e das culturas autóctones, nem todos os 'colonizadores' podem ser tachados de oportunistas sem escrúpulos.

O mundo, criado e formatado, segundo modelos políticos e econômicos, como também eram modelos culturais e confessionais, estes se punham a partir da natureza informe, dos pagãos resgatados, das trevas para a luz, da civilização, que trazia consigo as conquistas como os males concomitantes a esta. E tudo isso se fazia em nome do bem comum da sociedade humana universal.

A colonização como ordem político formal de ordenação do mundo e das relações entre sociedades não mais pode ser sustentada. A mutação de patarmar político e cultural traz conceitos como a autodeterminação dos povos para a base do direito internacional pós-moderno, mas nem por isso os condicionamentos foram resolvidos e estariam eliminados.

A violência da colonização é dado persistente e esta continua a fazer parte da realidade.[1391] Dado recorrente da ordenação histórica do mundo foi e é a confiança com a qual esse quadro do mundo foi projetado sobre a imaginação humana.

A colonização não foi processo de ensaio e erro. O 'direito' à colonização se exprimia como convicção da superioridade de modelo, em detrimento de outros, da imposição, pela força das armas e pela dominação das mentes, de umas receitas de mundo, ao custo do afastamento de outros povos e mesmo da aniquilação de outras culturas: e, tudo isso, em nome da 'civilização'?!

[1390] V., *supra*, cap. XX – espaços internacionais: de *res nullius* a patrimônio comum da humanidade. A respeito do cinismo dos 'colonizadores' em relação aos povos autóctones, na apropriação sistemática dos territórios tradicionais, sob alegação de tratar-se de 'terra de ninguém', especialmente em relação ao caso da Austrália, ver Sven LINDQVIST, **Terra nullius** (orig. publ. **Terra nullius – en resa genon ingens land**, 2005, trad. du suédois par Hélène HERVIEU, Paris: Les arènes, 2007).

[1391] V. **Tratado** (tomos XIV a XVII – **Direito internacional no tempo do colonialismo**, b/c tomo XX – **Direito internacional, história e cultura**, cap. III – Impacto do colonialismo sobre o direito internacional, a descolonização e o desenvolvimento do direito de autodeterminação dos povos).

O direito da colonização era visto tanto como direito do colonizador, como a coisa certa a ser feita por este, foi apaixonadamente acreditada e defendida. Assim, em sua maior extensão, tanto temporal quanto geográfica, esse suposto direito da colonização não foi objeto de contestação.

Em nosso tempo, a afirmação de ordem mundial ecoa essa mesma convicção, sem questionar se as premissas, sobre as quais se construa tal modelo, podem ser consideradas universalmente válidas. As ordenações contemporâneas do mundo são surpreendentemente consistentes com aquelas do passado. São implementadas utilizando vasta gama de mecanismos de legitimação civilizacional.

Com o advento da ideologia da humanidade, uma concessão pós-colonial à dignidade humana exigiu, de parte dos previamente colonizados, novas linguagens para o projeto civilizacional, de tal modo que neste pudessem se irmanar as distintas sociedades humanas organizadas segundo esse mesmo modelo colonizador do passado. Com pequenas adaptações, a realidade não difere essencialmente do quadro dos séculos passados.

Livre das brutalidades da ordem, imposta pelo colonialismo histórico, os colonizados, agora ordenados, ficam, doravante, sujeitos à força colonizadora do discurso pós-colonial, mais e mais inspirada pelos jargões do discurso inspirado na globalização do mundo, da economia, das culturas e das sociedades, pelo discurso desenvolvimentista e pela busca da segurança. Ainda visível a legitimação da ordem, como mandamento de caráter coercitivo, por meio da retórica da ordem como elemento integrante, se não crucial, de estruturas evolutivas.

A promessa de novos começos é uma constante da história humana. Esta ainda é uma constante, na retórica pós-colonial da ordem mundial - "pois novos começos tem certo encanto" -[1392] e isto se mostra como

[1392] J. Nayar (op. cit., 2002, p. 112-113): "Since the demise of the colonial legitimization of the civilizing mission, 'development' has come to express the contemporary challenge of bringing the benefits of civilization and human progress to the population of the world. It is, it appears, the primary purpose of human endeavor to be collectively undertaken by all and sundry within the context of a humanity embracing new post-colonial world order - another new beginning"; Boutros-Boutros Ghali, *Global Development Cooperation* (Emory International Law Review, vol. 7, n. 1, 1993, p. 11): "Through many ups and downs, through many failures abd to few successes, the spirit of development as a great human cause has

anseio pela liberação do velho, e este anseio se manifesta em múltiplas fórmulas: a independência, a paz, a segurança, a construção do estado-nação, a democracia, o desenvolvimento, a prosperidade, e estas ocorrem tanto em solenidades e festividades nacionais anuais, como também na ONU, e nas conferências internacionais.[1393]

> Como um ritual social, executado com regularidade consistente, nos familiarizamos com esses encontros de desenvolvimentistas, nos quais administram doses saudáveis de admoestações, pelos erros do passado, e de encorajamento, pelas realizações futuras. Como qualquer ritual, processos de rememoração, que são a face pública de tais eventos, são acompanhados pelos igualmente importantes processos de esquecimento. Repetidas e relembradas são as falhas, como o compromisso com a humanidade, as condições de sofrimento, consideradas insuportáveis, e as articulações de esperança para com a ação futura. Ignoradas e esquecidas são a viollência dos fracassos, o caráter fraudulento de tais compromissos, os processos de infligir sofrimento, considerados necessários, e as articulações desesperadas a respeito das ações do passado. Assim, o ritual desempenha propósito regenerativo. Põe em nova forma o projeto de desenvolvimento, com toda a sua importância civilizacional, e reconfirma os praticantes em sua missão histórica de ordenar a sociedade.[1394]

been kept alive. Now we must do everything we can to turn that spirit into practical, visible progress for people in Africa, and people everywhere. Development is everyone's job. No more fundamental cause exists today. I believe that we can stand at the start of a time of unique achievement."

1393 Para alguns autores, dentre os quais o já mencionado Emmanuel Todd, caminhar-se-ia perigosamente para regimes situados **Après la démocratie** (Paris: Gallimard, 2008). Para outros, esses dados permanecem contraditórios, como aponta Jean-Franois Kervegan, em seu ensaio, *Souveraineté, état de droit, supra-nationalité : un rapport contradictoire ?* (in **L'architecture du droit – Mélanges en l'honneur de Michel Troper** – Études coordonnés par D. de Béchillon, P. Brunet, V. Champeil-Desplats e E. Millard, Paris: Economica, 2006, pp. 553-567). Interessante a perspectiva de se ver inserido o 'estado de direito' no âmbito do direito internacional, como examina Jacques-Yvan Morin, **L'état de droit**: émergence d'un principe du droit international (RCADI, 1995, t. 254, pp. 9-462).

1394 J. Nayar (op. cit., 2002, p. 113-114).

Com o fim dos criticados impérios coloniais e o término dos modelos, herdados de outras eras, se inaugura novo tempo, se instauram novos modelos, ainda que sejam os mesmos estados, que antes atuaram como potências coloniais, que agora se apresentam como os paladinos dos novos tempos. O discurso tem alguns chavões recorrentes. Novos governos nacionais, as Nações Unidas, o Banco Mundial e o FMI, e mesmo aqueles países que, tanto individual como conjuntamente, brutalizaram e pilharam os antes 'selvagens' não civilizados, agora parecem querer engajar-se no ato de criação de era de cooperação para todas as sociedades, entre as quais se divide o gênero humano.

Novos começos e outros mais novos começos se sucedem e se aglutinam: a (antes) nova Organização das Nações Unidas, sucede à velha e falida Sociedade das Nações – mas esta foi a base sobre a qual se concebeu e se experimentou o sistema, sobre o qual se construiria a nova estrutura; a agora extinta nova ordem econômica mundial; o natimorto novo desenvolvimento sustentável; a (velha) nova ordem multipolar; cada uma dessas grandes promessas para o amanhã, anunciada, proclamada e descartada, logo a seguir, mas acompanhada de solenes pronunciamentos e espetaculares manifestações de crença em futuro melhor. Tudo isso para cair de volta no mesmo marasmo, do que já antes se conhecia – *nihil sub sole novum* – nada de novo sob o sol?[1395]

Enfatizar a dimensão humana do território significa que o estado não pode nem deve ser considerado fim em si mesmo, nem devem as comunidades humanas ser tratadas em função deste, mas compete ao estado assegurar o reconhecimento e a aplicação dos direitos fundamentais, no plano legal interno, como também mediante a engajamento nacional nos instrumentos legais internacionais de proteção dos direitos fundamentais. Nesse sentido, desenvolvimentos consideráveis foram alcançados nas últimas décadas, em termos de consecução de instrumentos normativos internacionais, por meio de tratados e convenções, bem como diretrizes não vinculantes, no que se configura o fenômeno da mais ampla espacialidade na proteção dos direitos fundamentais.

[1395] **Biblia sacra** iuxta Vulgatam Clementinam (nova editio, logicis partionibus aliisque subsidiis ornata a Alberto COLUNGA et Laurentio TURRADO, Madrid: Biblioteca de autores cristianos, 1977, *Líber Ecclesiastes*, p. 605-613, cit. 1.10).

Dentre muitos desenvolvimentos possíveis dessa ampla e complexa temática cabe, assim, lembrar a **Agenda 21** (1992).[1396] Logo no seu primeiro parágrafo lembra encontrar-se a humanidade em momento decisivo, *"confrontados com a perpetuação das disparidades entre nações, bem como dentro delas, aumento da pobreza, da fome, da insalubridade e do analfabetismo, e a continuação da deteriorização do ecossistema do qual dependemos para o nosso bem-estar"*.[1397]

Em sentido semelhante ao que se expôs, cabe passar a considerar a mutação conceitual e operacional considerável, ocorrida no direito internacional pós-moderno, em decorrência da internacionalização da proteção dos direitos fundamentais (29.2). O que também pode ser considerado como a expressão de modismo de nosso contexto pós-moderno.

29.2. Internacionalização dos direitos fundamentais

> Não se pode assim duvidar que os princípios, que estão na base dos tratados de minorias, militam em favor de uma norma jurídica internacional, que limite a liberdade dos estados, mesmo em relação a seus próprios nacionais, embora a extensão dessas obrigações ainda não esteja claramente determinada pelo direito internacional positivo.
>
> A. Verdross (1929)[1398]

[1396] O.N.U., **Agenda 21** (adotada em 14 de junho de 1992) – sustainabledevelopment.un.org – "is a comprehensive plan of action to be taken globally, nationally and locally by organizations of the United Nations System, Governments, and Major groups in every area in which human impacts the environment."

[1397] A relutância dos países mais ricos em se comprometer a arcar com recursos financeiros novos e adicionais foi sentida não só na conferência de 1992, mas também em todas as reuniões internacionais posteriores. Não se pode ignorar que os países que no passado mais contribuíram em matéria de assistência técnica e financeira estão cansados, estão *aid weary:* em alguns casos, enfrentam dificuldades financeiras internas, em outros, frustração, ao verificar que os recursos foram malbaratados.

[1398] A.Verdross, **Règles générales du droit international de la paix** (RCADI, 1929, t. 30, p. 271-518, § 63 'protection des droits de l'homme et du citoyen', p. 452-454, cit. p. 454): «On ne peut donc douter que les principes qui sont à la base des traités de minorités militent en faveur d'une règle du droit des gens qui limite la liberté des états même à l'égard de leurs propres ressortissants, bien que l'étendue de ces obligations ne soit pas encore clairement déterminée par le droit international positif.»

A internacionalização da proteção dos direitos fundamentais representa mutação essencial da lógica do sistema institucional e normativo internacional, e das bases para o funcionamento deste.[1399] Esse dado da proteção internacional dos direitos fundamentais, já percebido e apontado por Alfred VERDROSS (1929), é por vezes, criticado como "experimento falido".[1400] É mais fácil condenar esforços, inovadores à época em que foram adotados, suplantados pela evolução subsequente, do que avaliar e compreender quanto estes então representaram!

A comunidade internacional[1401] não pode permanecer indiferente ao tratamento dispensado a determinados segmentos de cada sociedade, como no caso das minorias.[1402] Ao mesmo tempo, se reconhece a dificuldade em assegurar adequada proteção.[1403] E até hoje ainda existem

1399 Como se examina no **Tratado** (tomo - **Direito internacional, história e cultura**, cap. 4 - papel da proteção internacional dos direitos fundamentais como fator de renovação e de transformação do direito internacional, item A - o direito internacional dos direitos humanos como eixo de orientação do sistema institucional e normativo internacional).

1400 Leandro RUBIO GARCIA, *Recuerdo de un experimento fallido en el proceso de humanización del derecho internacional: el fracaso del sistema internacional de protección de las minorias* (in **Hector Gros Espiell Amicorum Liber**, Bruxelas: Bruylant, 1997, vol. II, p. 1329-1350, cit. p. 1349): "Interés tanto más elogiable cuanto el mundo deshumanizado contemporáneo haga acucientemente necesaria una aprehensión real del fenómeno de los grupos minoritarios."

1401 Y. BEN-ACHOUR, **Souveraineté étatique et protection internationale des minorités** (RCADI, 1994. t. 245, p. 321-464).

1402 Como se examina no **Tratado** (tomo - **Direito internacional, história e cultura**, cap. 4, esp. o item sobre - o quadro jurídico para a proteção das minorias); P. B. CASELLA, *Proteção das minorias no direito internacional pós-moderno* (in **Direito no século XXI**: em homenagem ao professor Werter FARIA, coord. Elizabeth ACCIOLY, Curitiba: Juruá, 2008, p. 541-595).

1403 F. ERMACORA, **The protection of minorities before the United Nations** (RCADI, 1983, t. 182, p. 247-370); N. FEINBERG, **La juridiction et la jurisprudence de la Cour permanente de justice internationale en matière de mandats et de minorités** (RCADI, 1937, t. 59, p. 587-708); Marc KOROWICZ, **Une expérience de droit international: la protection des minorités de Haute-Silésie** (Paris: Pedone, 1946); Louis PETTITI, *La protection des minorités en cas de conflit interne* (in **Hector Gros Espiell Amicorum Liber**, Bruxelas: Bruylant, 1997, vol. II, p. 1115-1137); A. von VERDROSS, **Règles générales du droit international de la paix** (RCADI, 1929, t. 30, p. 271-518, § 62 - protection des minorités, p. 449-452); Leandro RUBIO GARCIA, *Recuerdo de un experimento fallido en el proceso de humanización del derecho internacional: el fracaso del sistema internacional de protección de las minorias* (in **Hector Gros Espiell Amicorum Liber**, Bruxelas: Bruylant, 1997, vol. II, p. 1329-1350).

lacunas no sistema internacional vigente para a proteção de minorias e grupos vulneráveis.

É preciso, contudo, compreender a considerável extensão e a não menor profundidade dessa mutação em curso no direito internacional pós-moderno.[1404] Essas mudanças tiveram impacto direto sobre o fim dos regimes da Europa central e, em certa medida, também da União soviética. O fim do período da guerra fria nos traz às perplexidades do tempo presente.

O reconhecimento de dimensões institucionais do direito internacional no contexto pós-moderno levou à afirmação da existência e conteúdo de normas inderrogáveis – *jus cogens* – e de obrigações *erga omnes*.[1405] A existência e a extensão destas, em direito internacional pós-moderno, está entre as mais relevantes e as mais controvertidas evoluções recentes do cenário jurídico internacional, porquanto tem de ser assegurada a sua implementação.

Estas normas inderrogáveis, destinam-se a "proteger interesses compartilhados pelos estados e valores morais fundamentais".[1406] Reconhecido o conceito e o conteúdo deste, resta assegurar os mecanismos de implementação das obrigações *erga omnes* no direito internacional.[1407]

Integrantes do núcleo irredutível dos direitos do homem, os direitos e obrigações garantidos por instrumentos internacionais tais como a **Declaração universal dos direitos do homem**[1408] e a **Convenção para a prevenção e a repressão ao crime de genocídio**, ambas de 1948, e

[1404] Como se desenvolve extensamente em P. B. Casella, **Fundamentos do direito internacional pós-moderno** (São Paulo: Quartier Latin, 2008).

[1405] Cfr. P. B. Casella, **Fundamentos do direito internacional pós-moderno** (São Paulo: Quartier Latin, 2008).

[1406] Cfr. P. B. Casella, **Fundamentos do direito internacional pós-moderno** (São Paulo: Quartier Latin, 2008); C. J. Tams, **Enforcing obligations *erga omnes* in international law** (Cambridge: Univ. Press, 2005); Maurizio Ragazzi, **The concept of international obligations *erga omnes*** (Oxford: Clarendon Press, 1997, cit. p. 72): "are meant to protect the common interests of states and basic moral values."

[1407] Como examina o já citado C. J. Tams, **Enforcing obligations *erga omnes* in international law** (Cambridge: University Press, 2005).

[1408] René Cassin, **La déclaration universelle et la mise en oeuvre des droits de l'homme** (RCADI, 1951, t. 79, p. 237-368); Boris Mirkine-Guetzevitch, **Quelques problèmes de la mise en oeuvre de la Déclaration universelle des droits de l'homme**

outros instrumentos subsequentes de proteção internacional de direitos fundamentais, não são suscetíveis de derrogação: não somente obrigam os estados a não cometer o delito de genocídio, como os obrigam a prevenir e a reprimir os atos de genocídio. Claramente a territorialidade da soberania e da jurisdição do estado, em seu plano interno de aplicação, ficam coarctados pelos conteúdos internacionalmente pactuados.

Nenhum 'estado sucessor' pode juridicamente eximir-se de tais obrigações de proteção de direitos fundamentais, que foram conferidas de modo irrevogável. A espacialidade das competências estatais e a temporalidade do exercício da soberania se vêem limitados por esse núcleo de direitos fundamentais, internacionalmente tutelados, cuja observância deve ser assegurada, por todos os estados a qualquer tempo.

Na linha dos instrumentos internacionais de proteção dos direitos fundamentais, a **Ata final** de Helsinki, de 1975, acarretou dupla consequência: de um lado a consolidação do *status quo*, em matéria territorial, mas também a inserção da proteção dos direitos fundamentais, nesse mesmo instrumento. Estes dois dados teriam considerável impacto sobre o momento histórico, levando à emergência ou ressurgimento do que se poderia chamar de 'sociedade civil' nos países da Europa central, bem como da percepção do que poderia vir a ser uma 'sociedade civil internacional', além das divisões leste-oeste na Europa, e fora desta, no conjunto do mundo.

Campos inteiros do direito internacional surgiram e se consolidaram, no conturbado século XX, não somente em razão de progressos técnicos, como mostram a codificação do direito internacional do mar[1409] ou a evolução do tratamento, no direito internacional, do domínio aéreo, ou a extensão alcançada pelo direito internacional das telecomunicações.[1410] O direito internacional dos direitos humanos mostra essa dimensão do indivíduo em relação ao direito internacional pós-moderno.[1411]

(RCADI, 1953, t. 83, p. 255-376); Clive PARRY, **Some considerations on the protection of individuals in international law** (RCADI, 1956, t. 90, p. 653-726).

[1409] V., *supra*, caps IX a XVI.

[1410] V. cap. XVII – domínio aéreo e cap. XVIII – direito internacional das telecomunicações.

[1411] Leonardo BOFF, **Ethos mundial**: um consenso mínimo entre os humanos (Rio de Janeiro: Sextante, 2003); Leonardo BOFF, **Civilização planetária**: desafios à sociedade e ao cristianismo (Rio de Janeiro: Sextante, 2003); Robert CASTEL, **Les metamorphoses de la question sociale** (Paris: Fayard, 1995); H. GROS ESPIELL, *La Corte interamericana y* *la Corte europea de derechos humanos* (in **O direito internacional no terceiro milênio: estudos em homenagem ao professor Vicente Marotta Rangel**, coord. L. O. Baptista e J. R. Franco da Fonseca, São Paulo: LTr, 1998, p. 593-603); destaque para o conjunto dos estudos em homenagem a Héctor Gros Espiell, nos dois tomos do **Persona humana y derecho internacional / personne humaine et droit international / human person and international law: Héctor Gros Espiell amicorum liber** (Bruxelas: Bruylant, 1997, 2 vols.); H. Gros Espiell, *Les droits à vocation communautaire: introduction* (in **Droit international: bilan et perspectives**, M. Bedjaoui (red. gen.), Paris: Pedone / UNESCO, 1991, vol. II, p. 1237-1245); Mary Kaldor, *The ideas of 1989: the origins of the concept of global civil society* (in **Reframing the international: law, culture, politics**, ed. by R. Falk, L. E. J. Ruiz and R. B. J. Walker, Nova York: Routledge, 2002, cap. 1, p. 70-82); Franz Matscher, **Quarante ans d'activité de la Cour européenne des droits de l'homme** (RCADI, 1997, t. 270, p. 237-398); José Antonio PASTOR Ridruejo, **Les procédures publiques spéciales de la Commission des droits de l'homme des Nations Unies** (RCADI, 1991, t. 228, p. 183-272); J. A. Pastor Ridruejo, **Le droit international à la veille du vingt et unième siècle: normes, faits et valeurs: cours général de droit international public** (RCADI, 1998, t. 274, p. 9-308, esp. cap. II, seção 6 – la subjectivité active de l'individu en droit international, p. 112-136); André de Carvalho Ramos, **Direitos humanos na integração econômica**: análise comparativa da proteção de direitos humanos e conflitos jurisdicionais na União Européia e no Mercosul (Rio de Janeiro: Renovar, 2008); Márcio Monteiro Reis, *Moral e direito: a fundamentação dos direitos humanos nas visões de HART, PECES-BARBA e DWORKIN* (in **Teoria dos direitos fundamentais**, org. R. L. Torres, Rio de Janeiro: Renovar, 1999, p. 117-152); Maurício A. Rodrigues, *Os tratados internacionais de proteção dos direitos humanos e a Constituição* (in **Teoria dos direitos fundamentais**, org. Ricardo L. Torres, Rio de Janeiro: Renovar, 1999, p. 153-191); Ricardo Lobo Torres, *A cidadania multidimensional na era dos direitos* (in **Teoria dos direitos fundamentais**, org. R. L. Torres, Rio de Janeiro: Renovar, 1999, p. 239-335); Antonio Augusto Cançado Trindade, **Évolution du droit international au droit des gens: l'accès à la justice internationale – le regard d'un juge** (Paris: Pedone, 2008); A. A. C. Trindade, **O direito internacional em um mundo em transformação: ensaios 1976-2001** (prefácio Celso D. de Albuquerque Mello, Rio de Janeiro: Renovar, 2002); A. A. C. Trindade, *Las clausulas pétreas de la protección internacional del ser humano: el acceso directo de los individuos a la justicia a nivel internacional y la intangibilidad de la jurisdicción obligatoria de los tribunales internacionales de derechos humanos* (in **El sistema interamericano de protección de los derechos humanos en el umbral del siglo XXI: memoria del seminario** (nov. 1999) (San José de Costa Rica: Corte Interamericana de Derechos Humanos, 2001, p. 3-68); A. A. C. Trindade, *O sistema interamericano de direitos humanos no limiar do nov século: recomendações para o fortalecimento de seu mecanismo de proteção* (in **O sistema interamericano de proteção dos direitos humanos e o direito brasileiro**, coord. L. F. Gomes e F. Piovesan, São Paulo: RT, 2000, p. 103-151); A. A. C. Trindade, **Tratado de direito internacional dos direitos humanos**

Cabe assinalar a modificação da natureza do direito internacional: este permanece sistema predominantemente interestatal, mas o ser humano neste se insere, na medida que, em matéria de direitos fundamentais, as relações entre poder público e os indivíduos passam a ser regidas pelo direito internacional.[1412] Essa mutação essencial do direito internacional pós-moderno configura limite ao exercício da soberania pelos estados. Fica para trás a pretensão da soberania estatal absoluta – que, aliás, nunca existiu na prática, embora argumentada em teorias jurídicas absolutistas –[1413] e instaura-se a relativização necessária do con-

(Porto Alegre: S. A. Fabris, 1999); A. A. C. TRINDADE, *Memorial em prol de uma nova mentalidade quanto à proteção dos direitos humanos nos planos internacional e nacional* (in **Arquivos de direitos humanos**, diretores Celso de Albuquerque MELLO e Ricardo L. TORRES, Rio de Janeiro: Renovar, 1999, p. 3-55; tb. publ. in **Os direitos humanos e o direito internacional** org. por Nadia de ARAUJO e Carlos E. de Abreu BOUCAULT, Rio de Janeiro: Renovar, 1999, p. 7-62); A. A. C. TRINDADE, *Aproximações ou convergências entre os direitos humanos e o direito dos refugiados* (in **O direito internacional no terceiro milênio: estudos em homenagem ao professor Vicente Marotta Rangel**, coord. L. O. BAPTISTA e J. R. FRANCO DA FONSECA, São Paulo: LTr, 1998, p. 680-705); A. A. C. TRINDADE (editor), **A incorporação das normas internacionais de proteção dos direitos humanos no direito brasileiro** (San José de Costa Rica / Brasília: Instituto Interamericano de Direitos Humanos / Comitê Internacional da Cruz Vermelha / Alto-comissariado das Nações Unidas para os Refugiados / Comissão da União Européia / Governo da Suécia (ASDI), 1996); A. A. C. TRINDADE, **A proteção internacional dos direitos humanos: fundamentos jurídicos e instrumentos básicos** (São Paulo: Saraiva, 1991).

[1412] Juan-Antonio CARRILLO SALCEDO, **Droit international et souveraineté des états: cours général de droit international public** (RCADI, 1996, t. 257, p. 35-221, esp. cap. preliminar, item 3 – limitations apportés à la souveraineté dans le droit international contemporain, item 'a' – droits de l'homme et souveraineté des états', p. 64-67, cit. p. 67): «malgré les faiblesses de la protection internationale des droits de l'homme, par ailleurs habituelles en droit international, il me semble incontestable que cet élargissement du droit international renferme aussi une modification de la nature du droit international: celui-ci reste un système interétatique, *mais les rapports entre la puissance publique et les particuliers qui dépendent de son autorité sont régis par le droit international.*»

[1413] V. **Tratado** (tomo – **Direito internacional, história e cultura**, cap. 1 – Direito internacional no tempo e seu papel na história, esp. o item A. O Leviatã e suas transformações); István MESZÁROS (1930-2017), **Para além do Leviatã** – Crítica do estado (orig. publ. **Beyond Leviathan** – Critique of the state, org., prefácio e notas John B. FORSTER, trad. Nélio SCHNEIDER, São Paulo: Boitempo, 2021, cap. 1 – O anacronismo histórico e a necessária superação do estado, p. 63-88, cit. p. 63): "O estado, como o conhecemos, foi constituído no decurso de muitos séculos. Em sua realidade atual, ele nos confronta

ceito, cujo caráter é e deve permanecer instrumental, não se prestando a tornar-se fim em si mesmo.

Expressões do contexto pós-moderno, consequência direta do colapso dos blocos, a distinção entre interno e externo, a linha divisória entre paz e direitos humanos, estão em rápida erosão. As novas guerras, ocorridas nos Balcãs e na África central são, ao mesmo tempo, violações maciças dos direitos fundamentais. A guerra na Ucrânia, invadida e massacrada pelo exército da Rússia, traz de volta, em 2022, cenários de barbárie e de destruição, em escala que não se via na Europa, desde a segunda guerra mundial. Mentalidade de conquista, dos séculos XVIII e XIX, em pleno século XXI, com consequências desastrosas para todos!

A mutação ocorrida se manifesta no plano dos conceitos legais internacionais, como também no plano da espacialidade e da regulação desta pelo direito. Esses dados obrigam a mudar as premissas, segundo as quais possam tais situações ser analisadas.

Os conflitos atuais, mais do que guerras *entre* estados, configuram-se como guerras *no* estado, deste ou de grupos privados, contra cidadãos. Mas seria errôneo caracterizá-las como guerras internas. Tais conflitos se esparramam, por suas consequências, além do território dos estados, criando refugiados, contingentes humanos arrancados de seus meios sociais, culturais e territoriais, e tendem a se expandir.

Essas guerras irregulares[1414] trazem o recrudescimento de atividades de criminalidade organizada, ao mesmo tempo em que novas ferramen-

com as determinações historicamente específicas do sistema do capital, como um modo estruturalmente articulado e integrado de tomada de decisão global, com seus poderes fundamentais e com suas necessárias limitações. / A despeito de todas as tentativas – e dos correspondentes interesses estabelecidos – empenhadas na eternização desse modo de tomada de decisão social global, para o qual dizem que 'não pode haver alternativa', o estado é *inerentemente histórico*, não só no que se refere ao *passado*, a sua base de determinação e articulação objetiva, mas também com relação ao *futuro*, que circunscreve sua viabilidade histórica, ou a ausência dela, nos termos das necessidades e dos desenvolvimentos que daí se desdobram."

1414 Gérard CHALLIAND, **Les guerres irrégulières** – XXe–XXIe siècle – guérillas et terrorismes (Paris: Gallimard – Folio Actuel, 2008); Mary KALDOR, *The ideas of 1989: the origins of the concept of global civil society* (in **Reframing the international: law, culture, politics**, edited by R. FALK, L. E. J. RUIZ and R. B. J. WALKER, Nova York: Routledge, 2002, cap. 1, p. 70-82, cit. p. 80): "Today we face a stark choice: between a global civil society (by which I do not mean world government but rather a global peace and a global rule of law,

tas legais são buscadas, para coibir esse tipo de atividade violenta. O que faz parte da obssessão estatal com a repressão ao terrorismo internacional.[1415] Vale frisar a necessária distinção: "se o direito à resistência é punível em seus excessos, o ato terrorista é intolerável em si mesmo".[1416]

Não se está, aqui, diante de limitação à soberania dos estados, mas em face de direitos, que pertencem ao indivíduo, e em relação aos quais a *sucessão automática* é necessária, "reconhecendo que em todos os períodos da história o genocídio causou grandes perdas à humanidade" e "convencidas de que, para libertar a humanidade de flagelo tão odioso, a cooperação internacional é necessária" – nos termos do preâmbulo da **Convenção para a prevenção e a repressão do crime de genocídio** (Nova York, 1948): "a Assembléia geral da Organização das Nações Unidas, em sua Resolução n. 96 (I), de 11 de dezembro de 1946,

underpinned by an active and alert transnational citizenry) and a reversion to some kind of premodern patterns of violence even more pervasive than in the premodern period."

[1415] Luigi Bonanate, **Terrorismo internazionale** (Firenze: Giunti Grupo Ed. Casterman, 1994); Leonardo N. C. Brant (coord.), **Terrorismo e direito** (Rio de Janeiro: Forense, 2003); P. B. Casella, **Direito internacional, terrorismo e aviação civil** (São Paulo: Quartier Latin, 2006); Noam Chomsky, **Poder e terrorismo** (orig. publ. **Power and terror**, 2003, trad. Vera Ribeiro, Rio de Janeiro: Record, 2005); Geoffrey M. Levitt, *Intervention to combat terrorism and drug trafficking* (in **Law and force in the new international order**, ed. by L. F. Damrosch & D. J. Scheffer, Boulder / San Francisco: Westview Press / American Society of International Law, 1991, p. 224-232); Yuri M. Kolosov, *Limiting the use of force: self-defense, terrorism and drug trafficking* (op. cit., 1991, p. 233-236); Jane E. Stromseth, *Commentary on the use of force against terrorism and drug trafficking* (op. cit., 1991, p. 237-240); John F. Murphy, *Commentary on intervention to combat terrorism and drug trafficking* (op. cit., 1991, p. 241-243); Denis L. Rosenfeld e Jean-François Mattéi (editores), **O terror** (Rio de Janeiro: Jorge Zahar, 2002) dentre extensa bibliografia disponível sobre o tema.

[1416] Márcio L. de Oliveira, *O direito à resistência armada e o terrorismo: distinções* (in **Terrorismo e direito**, coord. L. Brant, Rio de Janeiro: Forense, 2003, p. 447-460, cit. p. 458) prossegue: "O direito, como ciência da viabilização da convivência humana em sua diversidade e coletividade, deve se aperfeiçoar para adequar-se a um mundo de interdependência de fatores econômicos, políticos, sociais, culturais, religiosos, científicos e tecnológicos. Isto é, o direito, e em especial o direito internacional público, tem que sofrer reformas estruturais importantes para permitir que as diferenças humanas sejam preservadas, sem quebra da harmonia nas relações nacionais e internacionais. O atual direito internacional público ainda carece de mecanismos efetivos de controle da violência e, em certas ocasiões, padece até mesmo de legitimidade."

declarou que o genocídio é um crime contra o direito internacional, contrário ao espírito e aos fins das Nações Unidas e que o mundo civilizado condena".

Na doutrina do direito internacional opõem-se, desde o início, duas concepções fundamentais: "uma *solidarista*, cujo ponto de partida é a existência de comunidade internacional, concebida como axioma, que mais ou menos negligencia a existência de suas partes componentes; a segunda *voluntarista*, que pretende ser todo o direito mero produto de vontade estatal, onde o direito interno é criação de único estado e o direito internacional a do poder soberano de dois, de muitos, ou de todos os estados".[1417]

A primeira concepção – a solidarista – põe a ênfase na existência de direito internacional geral e objetivo, que os estados, agindo isolada ou conjuntamente não podem facilmente por em causa. Contrariamente, a concepção voluntarista praticamente não consegue conceber o aparecimento e a existência de normas de direito internacional geral, limitadoras da soberania dos estados, sem o consentimento destes. Quase não reconhece a existência de comunidade internacional, enquanto fator de criação e de manutenção de ordem jurídica internacional.[1418]

A fundamentação do conjunto de princípios é basilar para justificar a existência de normas de direito internacional geral: como espécie de direito internacional, objetivo e superior, cuja observância e aplicação são indispensáveis para as relações internacionais, harmoniosas e pacíficas, e manutenção da paz e da segurança internacionais.

A Comissão de direitos humanos (CDH) da ONU, em relação ao caso da ex-Iugoslávia, enfatizou a necessidade, por meio da adoção da Resolução 1994/16, de 25 de fevereiro de 1994, de "reiterar sua conclamação para que estados sucessores, que todavia não o tenham feito, assegurar aos depositários adequados que continuam vinculados, pelas obrigações decorrentes de tratados internacionais em matéria

[1417] Vladimir-Djuro DEGAN, **Création et disparition de l'état (à la lumière du démembrement de trois fédérations multiethniques en Europe)** (RCADI, 1999, t. 279, p. 195-375).

[1418] V.-D. DEGAN (op. cit., 1999, chap. I – introduction: l'état souverain dans la communauté internationale, p. 205-211, cit. p. 205).

de direitos humanos", e "enfatiza a natureza especial dos tratados de direitos humanos, destinados à proteção dos direitos e liberdades fundamentais". Além disso, a Comissão reforçou a "necessidade de que os organismos responsáveis pelos tratados de direitos humanos assegurem a continuidade da aplicação dos respectivos tratados em matéria de proteção dos direitos humanos, em relação aos estados sucessores", e "ao Secretário-geral para que encoraje os estados sucessores a confirmarem as suas obrigações, decorrentes de tratados internacionais em matéria de direitos humanos, dos quais seus predecessores eram parte, a partir da data da independência".[1419]

Em suma, trata-se de assegurar que estados decorrentes de processos de sucessão de estados[1420] estejam automaticamente vinculados pelas obrigações decorrentes dos instrumentos internacionais em matéria de proteção dos direitos fundamentais, independentemente de declaração ou manifestação de consentimento em vincular-se pelo conteúdo e pela aplicação de tais instrumentos, desde a data da respectiva independência. A observância de tais obrigações não pode ficar condicionada a declaração ou confirmação feita pelo governo do estado sucessor.

A Corte Internacional de Justiça, ao examinar a **questão de sucessão de estados**, em 1996 e em 2007, no caso concernente **à aplicação da Convenção para a prevenção e a repressão ao crime de genocídio**, entre, de um lado, Bósnia-Herzegovina e, de outro lado, Sérvia e Montenegro,[1421] entendeu não ser necessário determinar a questão da sucessão, visto serem ambos os estados partes em referida Convenção, de um modo ou de outro, na data da apresentação dos respectivos memoriais. No julgamento das objeções preliminares, em 1996, tendo determinado sua jurisdição, com base no art. IX da Convenção do genocídio, a Corte rejeitou as objeções preliminares da Sérvia e, por treze votos contra dois, concluiu que poderia prosseguir, com o exame

1419 V. tb. a Resolução 1995/18 da CDH, adotada em 24 de fevereiro de 1995.

1420 V., *supra*, cap. VII - conceito e extensão do domínio terrestre, esp. item 7.1 - questões recentes de sucessão de estado.

1421 CIJ, **Application of the Convention on the Prevention and Punishment of the Crime of Genocide** (Bosnia and Herzegovina v. Serbia and Montenegro) - Preliminary Objections, Judgment of 11 July 1996 (ICJ **Reports** 1996, p. 595, cit. § 47, p. 623-624), and Judgment of 26 February 2007 (ICJ **Reports** 2007, p. 43).

do mérito do caso, conforme pedido apresentado pela República da Bósnia-Herzegovina.

A questão central contudo, foi objeto de dois votos declarados separadamente:

(i) pelo Juiz SHAHABUDDEEN, ao declarar este que "para cumprir seu objeto e propósito, a Convenção [do genocídio] teria de ser interpretada como implicando a expressão de compromisso unilateralmente formulado, por parte de cada estado subscritor da Convenção, de tratar estados sucessores como continuadores desta, desde a independência, em relação a qualquer condição, que o estado predecessor tivesse como parte na Convenção".

Foi sugerido que se poderia estender esse objetivo e argumento teleológico em relação a todo e qualquer tratado em matéria de direitos humanos, em geral.

(ii) pelo juiz WEERAMANTRY, após empreender cuidadoso exame dos princípios subjacentes, concluindo no sentido de ser "princípio do direito internacional atual de que ocorra automática sucessão de estados em caso de convenção de direitos humanos, tão vital quanto a Convenção em matéria de genocídio.

Uma das razões principais para tanto seria o perigo de surgirem lacunas no sistema de proteção dos direitos humanos, entre a dissolução do estado predecessor e a aceitação das obrigações decorrentes de tratados em matéria de direitos humanos, pelo estado ou pelos estados sucessores. Da mesma forma, cumpre assegurar a aplicação continuada dos tratados em matéria de direitos humanos, no território de estado predecessor, independentemente de ser claramente contemplada hipótese de sucessão de estado.

No tocante ao mérito, a Corte Internacional de Justiça, em seu julgamento de 26 de fevereiro de 2007, decidiu:[1422]

[1422] CIJ, **Application of the Convention on the Prevention and Punishment of the Crime of Genocide** (Bosnia and Herzegovina v. Serbia and Montenegro) – Preliminary Objections, Judgment of 11 July 1996 (ICJ **Reports** 1996, p. 595), and Judgment of 26 February 2007 (ICJ **Reports** 2007, p. 43, cit. § 471, p. 237-240).

(i) por dez votos contra cinco, rejeitar as exceções de incompetência, reiteradas pela Sérvia, confirmando o entendimento de ter a Corte competência, com base no art. IX da Convenção do genocídio, para decidir sobre a controvérsia apresentada à Corte, pela Bósnia-Herzegovina, em 20 de março de 1993;

(ii) por treze votos contra dois, decide que a Sérvia não cometeu genocídio, por meio de seus órgãos ou pessoas cujos atos caracterizem sua responsabilidade segundo o direito internacional costumeiro, violando obrigações que lhe incumbem, em razão da Convenção do genocídio;

(iii) por treze votos contra dois, decide que a Sérvia não participou de conluio em vista do cometimento do crime de genocídio, nem incitou a cometer genocídio, violando obrigações que lhe incumbem, em razão da Convenção do genocídio;

(iv) por onze votos contra quatro, a Corte decidiu que a Sérvia não foi cúmplice no crime de genocídio, violando obrigações que lhe incumbem, em razão da Convenção do genocídio;

(v) por doze votos contra três, a Corte decidiu que a Sérvia violou obrigações de prevenir o crime de genocídio, nos termos da Convenção do genocídio, em relação ao genocídio ocorrido em Srebrenica, em julho de 1995;

(vi) por quatorze votos contra um, a Corte decidiu que a Sérvia violou as suas obrigações, nos termos da Convenção do genocídio, por ter se omitido em transferir Ratko MLADIC, indiciado por genocídio e cumplicidade no crime de genocídio, ao Tribunal penal internacional para a antiga Iugoslávia, para lá ser julgado, e assim não cooperando plenamente com referido Tribunal;

(vii) por treze votos contra dois, a Corte decidiu que a Sérvia violou as obrigações que lhe incumbem, de observar as medidas cautelares, determinadas pela Corte em 8 de abril e 13 de setembro de 1993, no presente caso, não tomando todas as medidas a seu alcance, para prevenir o genocídio, cometido em Srebrenica, em julho de 1995;

(viii) por quatorze votos contra um, a Corte decidiu que a Sérvia deve adotar imediatamente medidas efetivas para cumprir plenamente a obrigação que lhe incumbe, em razão da Convenção do genocídio, para punir os atos de genocídio, definidos no art. II da Convenção, ou os demais atos, proibidos pelo art. III da Convenção, de transferir os acusados de genocídio ou de qualquer outro dos demais atos ao Tribunal penal internacional para a antiga Iugoslávia, e de cooperar plenamente com referido Tribunal;

(ix) por treze votos contra dois, a Corte declara que, em se tratando de violações às obrigações, visadas nos itens (v) e (vii) supra, as conclusões, formuladas pela Corte, sobre tais pontos, constituem satisfação adequada, e que não é cabível, no caso, determinar o pagamento de indenizações, nem tampouco, no que diz respeito à violação visada no item (v) que sejam dadas garantias de não repetição.[1423]

Os tratados, que protegem os direitos humanos fundamentais, tratam de valores, reconhecidos aos indivíduos, na sua qualidade de seres humanos, onde quer que se encontrem, e seja qual for o detentor de poderes soberanos. O foco central não são os estados, mas os homens. Tais tratados não são acordos, por meio dos quais se conferem vantagens patrimoniais, representando intercâmbio de interesses e de vantagens entre estados, enquanto partes contratantes. Aqui se deparam os estados com valores maiores, que estes têm a obrigação de preservar.

Pode ser feito paralelo entre duas categorias de tratados: tratado de natureza territorial vincula o estado sucessor, em razão da ligação com o próprio território e o estabelecimento de regime próprio, que transcende o tratado, enquanto instrumento, sem atingir o tratado, enquanto conteúdo estipulado, e que se conserve, mesmo em caso de término da vigência do instrumento que continha as estipulações em questão. A partir desse dado, se pode indagar se – e em que medida – se poderia dizer que tratados em matéria de direitos humanos sejam análogos e possam ensejar 'vínculo' com os habitantes de determinado território do estado predecessor, e assim continuar em vigor, no estado sucessor? "Não há dúvida de que os tratados em matéria de direitos humanos constituem categoria muito específica de tratados (*a rather specific*

[1423] CIJ, **Application of the Convention on the Prevention and Punishment of the Crime of Genocide** (Bosnia and Herzegovina v. Serbia and Montenegro) Judgment of 26 February 2007 (ICJ **Reports** 2007, p. 43, cit. § 471, p. 237-240).

category of treaties). Estipulam que obrigações são diretamente devidas aos indivíduos e frequentemente ensejam acesso direto de indivíduos a tribunais e mecanismos internacionais. A própria natureza dos tratados em matéria de direitos humanos é distinta dos tradicionais acordos internacionais".[1424]

É também o caso de se considerar ser a interpretação dos tratados, em matéria de proteção de direitos fundamentais, consideravelmente mais dinâmica, do que em relação aos demais acordos internacionais. Os tratados em matéria de direitos humanos não criam somente direitos subjetivos e recíprocos entre estados, mas trata-se de ordenamentos jurídicos particulares, acarretando obrigação objetiva de proteção dos direitos humanos.[1425]

Nesse sentido, a Corte Internacional de Justiça, no parecer sobre **reservas à Convenção para a prevenção e a repressão do crime de genocídio** (1951) já enfatizara:[1426] (i) que "os princípios, que estão na base na Convenção, são princípios reconhecidos pelas nações civilizadas, como obrigando os estados mesmo fora de qualquer vínculo convencional", (ii) o caráter universal, tanto da condenação do genocídio, quanto da cooperação necessária para "liberar a humanidade de flagelo tão odioso" - conforme os termos do Preâmbulo da Convenção. A Convenção sobre o genocídio foi assim desejada (*intended / voulue*) pela Assembleia geral e pelas Partes contratantes como uma convenção de alcance claramente universal - tendo sido aprovada, em 9 de dezembro de 1948, por meio de Resolução votada unanimemente por cinquenta e seis estados.[1427]

> Deve-se atentar para os fins de uma convenção como esta: a Convenção foi manifestamente adotada com fim puramente humano e civilizador.

[1424] Malcolm N. SHAW, **International law** (Cambridge: UP, 5th. ed., 2003, cap. 17, 'state succession', p. 861-913, cit. p. 885-886).

[1425] M. SHAW (op. cit., 2003, p. 889) depois de expender seu raciocínio, pondera: "Whether such a principle has been clearly established is at the present moment unclear."

[1426] CIJ, **Reservations to the Convention on the Prevention and Punishment of the Crime of Genocide** - Advisory Opinion of 28 May 1951 (ICJ Reports 1951, p. 15, cit. p. 23).

[1427] CIJ, **Reservations to the Convention on the Prevention and Punishment of the Crime of Genocide** - Advisory Opinion of 28 May 1951 (ICJ Reports 1951, p. 15, cit. p. 23) - ou seja a totalidade dos estados membros da ONU naquela altura.

> [...] Em Convenção como esta não têm os estados contratantes quaisquer interesses próprios; eles têm somente, todos e cada um, o interesse comum, de preservar os altos propósitos, que constituem a razão de ser da Convenção.[1428]

De maneira semelhante, no julgamento do caso **Barcelona Traction** (1970), a Corte Internacional de Justiça diferenciou[1429] entre obrigações de estado, para com a comunidade dos estados, como todo e aquelas resultantes de vínculo com outro estado, onde as primeiras são obrigações que derivam "da proibição da agressão e do genocídio, bem como dos princípios e normas, reguladores dos direitos fundamentais do homem, incluindo a proteção contra a escravidão e a discriminação racial".[1430] Em razão da importância de tais direitos, "todos os estados podem se considerar como titulados de interesse jurídico em sua proteção; são estas obrigações *erga omnes*".[1431]

[1428] CIJ, **Reservations to the Convention on the Prevention and Punishment of the Crime of Genocide** - Advisory Opinion of 28 May 1951 (ICJ Reports 1951, p. 15, cit. p. 23): "in a convention of this type one cannot speak of individual advantages or disadvantages to states, or to the maintenance of a perfect contractual balance between rights and duties.The high ideals which inspired the Convention provide, by virtue of the common will of the parties, the foundation and measure of all its provisions."

[1429] ICJ, **Case concerning the Barcelona Traction, Light and Power Company Limited**, Judgment 5 February 1970 (ICJ Report 1970, p. 3) and **Barcelona Traction, Light and Power Company Limited**, Preliminary Objections, Judgment 24 July 1964 (ICJ Report 1964, p. 6).

[1430] Sobre a definição de agressão, v. Bengt BROMS, **The definition of aggression** (RCADI, 1977, t. 154, p. 299-400); Yoran DINSTEIN, **Guerra, agressão e legítima defesa** (do original **War, aggression and self-defence** © 1988, trad. Mauro Raposo de MELLO, rev. "científica" de Guilherme de Assis ALMEIDA, Barueri: Manole, 3ª ed., 2004); Lori F. DAMROSCH & David J. SCHEFFER (ed. by), **Law and force in the new international order** (Boulder / Oxford: Westview Press, 1991); Lori Fisler DAMROSCH, **Enforcing international law through non-forcible measures** (RCADI, 1997, t. 269, p. 9-250); J. ZOUREK, **La définition de l'agression et le droit international: développements récents de la question** (RCADI, 1957, t. 92, p. 755-860).

[1431] James CRAWFORD, **Multilateral rights and obligations in international law** (RCADI, 2006, t. 319, p. 325-482, cit. p. 467 e a seguir, p. 470) enfatizava a importância do passo dado pela Corte Internacional de Justiça no julgamento do caso **Barcelona Traction** (1970): "It must be stressed that international law does recognize criminal responsibility and it does say things about the ways in which criminality is to be determined, at least in

Em se tratando de situação na qual estado, parte de determinados tratados em matéria de proteção de direitos humanos, se desintegre completamente, ou a partir do qual novos estados sejam criados, poderia haver risco de situação na qual pessoas antes protegidas por tais tratados se vissem privadas de tal proteção, em consequência direta ou como efeito colateral da sucessão de estado.

Desse vasto universo serão, aqui, consideradas algumas relevantes facetas desse processo de internacionalização da proteção dos direitos fundamentais, sob a ótica da ação do *Instituto de direito internacional*, por meio de algumas de suas Resoluções.

Em lugar de sempre enfatizar o caráter fragmentário e disperso do sistema internacional, pode-se ver quanto este ganha em precisão e dados mais 'positivos', por meio de normas e precedentes judiciais. No sistema internacional, dada a sua natureza e a sua configuração, tem papel importante a consolidação de normas e parâmetros de atuação por meio da jurisprudência.[1432] Como também de consolidações de caráter doutrinário, como ilustram as Resoluções do *Instituto de direito internacional.*

O *Instituto de direito internacional*, na sessão de Lausanne, em 1888, ensaiava resolução a respeito da expulsão de estrangeiros.[1433] Em 1892

the context of crimes committed by natural persons. It has a developing notion of due process". E a seguir: "State responsibility can no longer be seen as exclusively bilateral, as the Court stressed in **Barcelona Traction.**"

[1432] Suzanne Bastid, em três momentos na Haia, **Les problèmes territoriaux dans la jurisprudence de la C.I.J.** (RCADI, 1962, t. 107, p. 361-495); **Les tribunaux administratifs internationaux et leur jurisprudence** (RCADI, 1957, t. 92, p. 343-518) e **La jurisprudence de la CIJ** (RCADI, 1951, t. 78, p. 579-686).

[1433] Instituto de direito internacional, Sessão de Lausanne, em 8 de setembro de 1888, adota **Projet de Déclaration internationale relative au droit d'expulsion des étrangers** – Relator: Gustave Rolin-Jaequemyns, na qual se observava ser a expulsão, como também a admissão de estrangeiros, «une mesure de haute police à laquelle aucun Etat ne peut renoncer, mais qui, selon les circonstances, tombe parfois dans l'oubli et parfois s'impose subitement». Em relação à matéria, se propunha «formuler, d'une manière générale, quelques principes constants qui, tout en laissant aux gouvernements les moyens de remplir leur tâche difficile, garantissent à la fois, dans la mesure du possible, la sécurité des Etats, le droit et la liberté des individus». Basicamente propugnava o *Instituto* que «l'admission et l'expulsion des étrangers devraient être soumises à certaines règles, et propose, en attendant un projet complet qui pourrait être ultérieurement discuté, les dispositions suivantes:

ensaiaria o *Institut* regular a questão da admissão[1434] de estrangeiros.[1435] Essas podem ser vertentes nas quais confluam a soberania territorial do estado e a questão da extensão da proteção dos direitos fundamentais do ser humano.[1436]

/ *Article premier* En principe, tout Etat souverain peut régler l'admission et l'expulsion des étrangers de la manière qu'il juge convenable; mais il est conforme à la foi publique que les étrangers soient avisés, au préalable, des règles générales que l'Etat entend suivre dans l'exercice de ce droit. / *Article 2* En dehors des cas d'urgence, tels que ceux de guerre ou de troubles graves, il y a lieu de distinguer entre l'expulsion ordinaire, s'appliquant à des individus déterminés, et l'expulsion extraordinaire s'appliquant à des catégories d'individus. / *Article 3* L'expulsion pour cause d'urgence ne sera que temporaire. Elle n'excédera pas la durée de la guerre ou un délai déterminé d'avance, à l'expiration duquel elle pourra être convertie, sans nouveau délai, en expulsion ordinaire ou extraordinaire. / *Article 4* L'expulsion extraordinaire se fera par une loi spéciale ou, tout au moins, par une ordonnance publiée préalablement. L'ordonnance générale devra, avant d'être mise à exécution, être publiée à l'avance dans un délai convenable. / *Article 5* Pour l'expulsion ordinaire, il faut distinguer, au point de vue des garanties, les individus domiciliés ou ayant un établissement de commerce de ceux qui ne se trouvent dans aucun de ces deux cas. / *Article 6* La décision prononçant une expulsion ordinaire et indiquant les dispositions sur lesquelles elle se fonde devra être signifiée à l'intéressé avant d'être mise à exécution.

1434 Instituto de direito internacional, na Sessão de Genebra, adota, em 9 de setembro de 1892, as **Règles internationales sur l'admission et l'expulsion des étrangers** – Relatores: L.-J.-D. Féraud-Giraud et Ludwig von Bar. O *Instituto* considera que, "para cada estado, o direito de admitir ou não admitir estrangeiros, em seu território, ou somente admiti-los condicionalmente, ou de expulsá-los, é consequencia lógica e necessária da soberania e da independencia do estado", mas considera, igualmente "que a humanidade e a justiça obrigam os estados a não exercerem tal direito sem respeitar, na medida compatível com a sua própria segurança, o direito e a liberdade dos estrangeiros, desejosos de ingressar no referido território, ou que neste já se encontrem". Desse modo, sustentava o IDI, que do ponto de vista do direito internacional, poderia ser útil formular, de maneira geral, e voltados para o futuro, alguns princípios constantes, dos quais a aceitação não configuraria qualquer apreciação, em relação a atos praticados no passado, e propunha, assim, para a admissão e a expulsão de estrangeiros, a observância internacional das normas então esboçadas.

1435 A. von Verdross, **Règles générales du droit international de la paix** (RCADI, 1929, t. 30, p. 271-518, cap. XII – devoirs internationaux des états à l'égard des étrangers, p. 438--448, § 60 – admission des étrangers, p. 438-439): «L'état, il est vrai, a bien le droit de régler l'admission des étrangers. Mais, pour être légitime, le refus de l'admission doit se baser sur un titre reconnu *raisonnable* par l'opinion publique internationale.» Como se dê a aferição de tal razoabilidade é ulteriormente especificado.

1436 A. Verdross (op. cit., 1929, § 61 – condition des étrangers admis sur le territoire d'un état, p. 440-448, cit. p. 447): «suivant la pratique constante de la jurisprudence arbitrale,

Na relação entre soberania e territorialidade, qualquer violação de norma internacional, no tocante ao tratamento de estrangeiros, constitui violação de direito do estado do qual este estrangeiro lesado é nacional. Assim, tratar-se-á sempre de ato contrário ao estado, na pessoa de um de seus nacionais.

No direito internacional clássico, como ordenamento regulador das relações entre estados, ante a falta de personalidade do indivíduo, perante esse mesmo ordenamento internacional, encontrava a sua contrapartida na responsabilidade do estado, quando a esse estado fosse imputável dano, causado a estrangeiros: em razão da ofensa indireta, que tal dano causava ao estado, caracterizava-se o nexo causal, em nome do qual era possível ao estado atuar em nome do seu nacional, como prerrogativa do estado, e não do particular interessado[1437]. Já assim se manifestara E. de VATTEL (1758).[1438]

A Corte permanente de justiça internacional, por sua vez, no julgamento do caso das **concessões MAVROMMATIS na Palestina** (1924) declarou: "segundo princípio elementar do direito internacional, o estado está autorizado a proteger seus nacionais lesados por atos contrários ao direito internacional, cometidos por outro estado, do qual estes não puderam obter satisfação, pelas vias ordinárias. Ao assumir a reclamação (*en prenant fait et cause*) de um dos seus, e colocar em

toute mesure d'expulsion pour être légitime, doit se baser d'abord sur un titre *raisonnable*, c'est-à-dire sur un titre reconnu par le standard international des nations civilisées.» / «Un tel titre peut résider dans la personne de l'étranger, s'il existe contre lui quelques griefs sérieux.» (...) «Toutefois, même si un titre pour l'expulsion existe, l'usage de cette faculté doit être exempt de toute rigueur inutile. Le minimum requis en cette matière se détermine également d'après le standard international.»

1437 Cfr. tb. Michael C. PRYLES, **Tort and related obligations in private international law** (RCADI, 1991, t. 227, p. 9-206).

1438 Emer de VATTEL, **O direito das gentes** (1758, prefácio e tradução de Vicente Marotta RANGEL, Brasília: Ed. UnB / IPRI, 2004), tb. na ed. **The law of nations or the principles of natural law**: applied to the conduct and to the affairs of nations and of sovereigns (translation of the edition of 1758, by Charles G. FENWICK, with an intr. by Albert de LAPRADELLE, Washington: Carnegie Institution, 1916, p. 309): *"Quiconque maltraite un citoyen offense indirectement l'état, qui doit protéger ce citoyen. Le souverain de celui-ci doit venger son injure, obliger, s'il le peut, l'aggresseur à une entière réparation, ou le punir."* Ver **Tratado** (tomo XII - **Direito internacional no tempo de Vattel e Von Martens**, cap. XXIV - Emer DE VATTEL (1714-1767)).

movimento em favor deste a ação diplomática, ou ação judiciária internacional, esse estado faz, na verdade, valer o seu *direito próprio*, o direito que este tem de fazer respeitar, na pessoa de seus nacionais, o direito internacional".[1439]

Há de se buscar sempre o equilíbrio entre o poder do estado territorial e a necessidade de atentar para a condição humana, dos sujeitos, tanto dos nacionais como dos estrangeiros, que se encontrem no território daquele estado, e sobre os quais o estado – cada um dos estados – exerça a sua soberania.

As sociedades se mantêm ordenadas graças a sistemas normativos, enquanto reguladores de conduta. A convivência entre estas igualmente se faz mediante conjunto de princípios e normas, no direito internacional, ou mediante relações de força e poder,[1440] nas relações internacionais.

Diversamente do que ocorre, nos estados de direito contemporâneo, e no âmbito interno de considerável parte destes – nos quais se respeitam os assim chamados direitos fundamentais, garantias individuais, direitos políticos e direitos sociais –[1441] nas relações entre os estados, no âmbito internacional, pode-se dizer, comparativamente falando, estarmos em época, em torno do ano 500 a.D., na altura e contexto em que o então *homo liber* começará o percurso de cerca de mil anos, até atingir a condição do cidadão nos estados de bem estar social.[1442]

[1439] CPJI, **Concessões MAVROMMATIS na Palestina** (arrêt no. 2, 1924, série A, no. 2, p. 11).

[1440] C. H. M. WALDOCK, **The regulation of the use of force by individual states in international law** (RCADI, 1952, t. 81, p. 451-518); H. WEHBERG, **L'interdiction du recours à la force : le principe et les problèmes qui se posent** (RCADI, 1951, t. 78, p. 1-122).

[1441] Ivan JABLONKA, **Homens justos** – do patriarcado às novas masculinidades (orig. publ. **Des hommes justes** – du patriarcat aux nouvelles masculinités, 2019, trad. Julia da Rosa SIMÕES, São Paulo: Todavia, 2021, cit. p. 122): "A igualdade de direitos abarca a igualdade dos sexos. [...] Mas numa sociedade de ordens, em que ninguém detém direitos, em que até os poderosos gozam apenas de posições e títulos, as reivindicações só poderiam permanecer num plano abstrato. Por isso os direitos das mulheres são indissociáveis da primeira modernidade – autonomia individual, reino da lei, sociedade civil; a 'saída do estado de menoridade', como disse KANT."

[1442] Bryan WARD-PERKINS, **La caduta di Roma e la fine della civiltà** (orig. publ. **The fall of Rome and the end of civilization**, 2005, trad. Mario CARPITELLA, Roma-Bari: Laterza,

O contexto histórico do estado, no mundo atual, pode ser equiparado como cópia surpreendentemente fiel da condição do *homo liber* há mais de mil e quinhentos anos. Essa constatação se impõe, no sentido de termos clareza quanto a ser a sociedade internacional consideravelmente mais 'primitiva', no sentido de politicamente menos estruturada e organizada, que a maioria dos estados atualmente existentes, explanava Maarten Bos na "metodologia do direito internacional" (1984).[1443]

A determinação da posição histórica do estado permite reconhecer o estado como fenômeno de poder. Este se manifesta, pode-se dizer, antes, e, sobretudo, na ordem interna ou nacional – que, em considerável medida, escapa às considerações do direito internacional – mas também na ordem externa ou internacional.

Pode-se argumentar ter ocorrido considerável redução da extensão na qual pode o estado alegar a 'não-ingerência em assuntos internos' para afastar interferências externas:[1444] podem estas chegar ao ponto de se afirmarem como '*dever de ingerência*', sob a rubrica, aparentemente inocente, da '*assistência humanitária*', o que pode levar de extremo a outro.[1445]

2008, *Un 'tardoantico' per un'era nuova*, p. 213-219, cit. p. 213 e 215): "La visione della tarda antichità come luogo di conquiste culturali ha anche radici negli atteggiamenti moderni verso il mondo. Non sorprende, ad esempio, che l'impero romano non goda di particolare favore nel momento attuale, e quindi che non si compianga troppo la sua scomparsa." [...] "Io non intendo difendere l'imperialismo nel XXI secolo – gli imperi, a me pare, hanno fatto il loro tempo – ma è un errore trattare tutti gli imperi del passato come universalmente condannabili senza distinzioni." V. tb. Jean-François Chanet et Christian Windler (dir. de), **Les ressources des faibles** – Neutralités, sauvegardes, accommodements en temps de guerre (XVIe-XVIIIe siècle) (Rennes: Presses Univ. de Rennes, 2009).

1443 Maarten Bos, **A methodology of international law** (Amsterdam – New York – Oxford: North Holland, 1984, cit. p. 19): "the historical background of the State in international relations is one totally different from the historical background of the citizen in, say, the modern welfare state." V. tb., do mesmo Maarten BOS, a respeito, *Old Germanic Law analogies in International Law, or: the state as* ***homo liber*** (Netherlands International Law Review, 1978, p. 51-62).

1444 L. Preuss, **Article 2, paragraph 7 of the Charter of the United Nations and matters of domestic jurisdiction** (RCADI, 1949, t. 74, p. 547-654).

1445 T. J. Farer, **The regulation of foreign intervention in civil armed conflict** (RCADI, 1974, t. 142, p. 291-406).

A capacidade do estado de resistir a tal tipo de pressão somente remete e reforça o argumento de que o estado, na ordem internacional, tem de ser compreendido como fenômeno de poder. E também de força,[1446] para dar respaldo material à vontade de expressão desse poder.

A antiga "visão compartimentada do direito dos refugiados e dos direitos humanos encontra-se, hoje, definitivamente superada".[1447] A doutrina e a prática contemporâneas admitem, por exemplo, a aplicação simultânea ou concomitante de normas de proteção, seja do direito internacional dos direitos humanos, seja do direito internacional dos refugiados. Passamos da compartimentação à convergência, alimentada pela identidade do propósito comum de proteção do ser humano em todas e quaisquer circunstâncias.[1448]

Em matéria de direito internacional humanitário, a contribuição do *Instituto de direito internacional*, sempre oportuna e relevante, se faz presente por meio de Resoluções, adotadas nas sessões de Santiago de Compostela (1989), de Berlim (1999) e, em relação à assistência humanitária, na sessão de Bruges (2003). Na Resolução, adotada na sessão de Cracóvia (2005), a questão da jurisdição universal, na represssão de

[1446] C. H. M. Waldock, **The regulation of the use of force by individual states in international law** (RCADI, 1952, t. 81, p. 451-518); H. Wehberg, **L'interdiction du recours à la force : le principe et les problèmes qui se posent** (RCADI, 1951, t. 78, p. 1-122).

[1447] Antonio Augusto Cançado Trindade, *Aproximações ou convergências entre os direitos humanos e o direito dos refugiados* (in **O direito internacional no terceiro milênio: estudos em homenagem ao professor Vicente Marotta Rangel**, coord. L. O. Baptista e J. R. Franco da Fonseca, São Paulo: LTr, 1998, p. 680-705).

[1448] A. A. C. Trindade (art. cit., 1998, p. 704); v. tb. A. A. C. Trindade, **Tratado de direito internacional dos direitos humanos** (Porto Alegre: S. A. Fabris, 1999); Nadia de Araujo e Guilherme A. de Almeida (coords.), **Direito internacional dos refugiados: uma perspectiva brasileira** (Rio de Janeiro: Renovar, 2001); G. E. do Nascimento e Silva, *Os refugiados políticos e o asilo territorial* (in **Direito internacional dos refugiados**, Rio de Janeiro: Renovar, 2001, p. 11-15); P. B. Casella, *Refugiados: conceito e extensão* (in **Direito internacional dos refugiados**, Rio de Janeiro: Renovar, 2001, p. 17-26); Monique Chemillier-Gendreau, *Droit des peuples à disposer d'eux-mêmes et refugies* (in **Le droit des peuples à disposer d'eux-mêmes: méthodes d'analyse du droit international** – mélanges offerts à Charles Chaumont, Paris: Pedone, 1984, p. 161-177); E. Reut-Nicolussi, **Displaced persons and international law** (RCADI, 1948, t. 73, p. 1-68).

crimes contra a humanidade,[1449] genocídio[1450] e crimes de guerra, se norteia por preocupações humanitárias.[1451]

Na Resolução, adotada na sessão de Santiago de Compostela (1989),[1452] ressalta o *Instituto* considerar que a proteção dos direitos do homem, enquanto garantia da integridade física e moral de cada pessoa, e de suas liberdades fundamentais, encontra sua expressão, tanto na ordem constitucional dos estados, como na ordem jurídica internacional, e especialmente nas cartas e nos atos das organizações internacionais: na medida em que os membros das Nações Unidas se comprometeram a garantir, em cooperação com a Organização, o respeito, universal e efetivo, dos direitos do homem e das liberdades fundamentais, e que a Assembléia geral, reconhecendo que tal concepção comum de tais direi-

1449 J. Graven, **Les crimes contre l'humanité** (RCADI, 1950, t. 76, p. 427-608).

1450 P. B. Casella, *Genocídio Armênio* (in **100 anos do Genocídio armênio – negacionismo, silêncio e direitos humanos**, ed. by M. L. Tucci Carneiro, C. A. Abreu Boucault and H. de A. C. Loureiro, São Paulo: Humanitas, 2019, p. 51-112); ___, *O genocídio armênio* (in **Direito internacional na Constituição** – estudos em homenagem a Francisco Rezek, ed. by A. J. Cicco Filho, A. F. P. Velloso and M. E. G. T. Rocha, São Paulo: Saraiva, 2014, p. 565-606); Dalmo de Abreu Dallari, *O genocídio repensado* (in **Direito e comércio internacional: tendências e perspectivas: estudos em homenagem ao prof. Irineu Strenger**, org. L.O. Baptista, H. M. Huck e P. B. Casella, São Paulo: LTr, 1994, p. 463-477, cit.p. 463): "O genocídio é uma agressão da máxima gravidade aos direitos humanos fundamentais. Mesmo os povos não integrados no sistema de direito internacional positivo sofrem uma perda enquanto parte da humanidade, quando em qualquer lugar do mundo se comete o genocídio. A evolução do direito internacional nas últimas décadas tem sido marcada, entre outros pontos, pelo reconhecimento de direitos que são de toda a humanidade e, coerentemente, pela afirmação de que as ações criminosas ofendendo esses direitos devem ser caracterizadas como crimes contra a humanidade."

1451 A respeito desta Resolução IDI, Cracóvia (2005), ver **Fundamentos do direito internacional pós-moderno** (2008, item II – precisões terminológicas e valorativas, p. 181-296).

1452 *Instituto de direito internacional*, Resolução sobre **Proteção dos direitos do homem e o princípio da não-intervenção nos assuntos internos dos estados**, adotada na sessão de Santiago de Compostela, em 13 de setembro de 1989, 8ª Comissão / Relator Giuseppe Sperduti (**La protection des droits de l'homme et le principe de non-intervention dans les affaires intérieures des Etats**) *(Le texte français fait foi. Le texte anglais est une traduction.)*, na qual o *Instituto de direito internacional,* remete às anteriormente adotadas Declarações de Nova York (1929) sobre "os direitos internacionais do homem" e de Lausanne (1947) sobre "os direitos fundamentaisx do homem, como base de restauração do direito internacional", bem como as suas Resoluções de Oslo (1932) e de Aix-en-Provence (1954) sobre "a determinação do domínio reservado e seus efeitos".

tos e liberdades é da mais alta importância, para atender, plenamente, esse compromisso, adotou e proclamou, em 10 de dezembro de 1948, a **Declaração universal dos direitos do homem.**[1453]

As violações, graves e frequentes, dos direitos fundamentais do homem, lá compreendidas as que afetam as minorias[1454] étnicas, religiosas e linguísticas,[1455] suscitam – ou, ao menos, deveriam suscitar – a legítima e crescente indignação da opinião pública, e levam muitos estados e organizações internacionais[1456] a recorrer a medidas diversas, para assegurar o respeito aos direitos do homem.[1457] O conhecimento

[1453] René CASSIN, **La déclaration universelle et la mise en oeuvre des droits de l'homme** (RCADI, 1951, t. 79, p. 237-368) ; Boris MIRKINE-GUETZEVITCH, **Quelques problèmes de la mise en oeuvre de la Déclaration universelle des droits de l'homme** (RCADI, 1953, t. 83, p. 255-376) ; Clive PARRY, **Some considerations on the protection of individuals in international law** (RCADI, 1956, t. 90, p. 653-726).

[1454] Como se examina no **Tratado** (tomo – **Direito internacional, história e cultura**, cap. 4, esp. o item sobre – o quadro jurídico para a proteção das minorias); P. B. CASELLA, *Proteção das minorias no direito internacional pós-moderno* (in **Direito no século XXI**: em homenagem ao professor Werter FARIA, coord. Elizabeth ACCIOLY, Curitiba: Juruá, 2008, p. 541-595).

[1455] B. VUKAS, **States, peoples and minorities** (RCADI, 1991, t. 231, p. 263-524, cap i, item (g) 'minorities', p. 329-363, cit. p. 358): "International as well as national instruments for the protection of minorities sometimes grant minorities rights only on condition that they reach a 'substantial percentage', or a 'sufficient representativeness', or a determined percentage in a region or of the total population of a state. A determined number or percentage, or the mentioned vague standards, should not be conditions for any of the fundamental rights of minorities. They could only be a requirement for specific rights of minorities in some states or in parts thereof, such as special rights of participation in the central government, regional autonomy or self-administration, etc."; v. tb. L. RUBIO GARCIA, *Recuerdo de un experimento fallido en el proceso de humanización del derecho internacional: el fracaso del sistema internacional de protección de las minorias* (in **Hector Gros Espiell Amicorum Liber**, Bruxelas: Bruylant, 1997, vol. II, p. 1329-1350).

[1456] Y. BEN-ACHOUR, **Souveraineté étatique et protection internationale des minorités** (RCADI, 1994. t. 245, p. 321-464).

[1457] A. N. MANDELSTAM, **La protection des minorités** (RCADI, 1923, t. 1, p. 363-520) ; Y. BEN-ACHOUR, **Souveraineté étatique et protection internationale des minorités** (RCADI, 1994, t. 245, p. 321-464) ; Louis PETTITI, *La protection des minorités en cas de conflit interne* (in **Hector Gros Espiell Amicorum Liber**, Bruxelas: Bruylant, 1997, vol. II, p. 1115-1137) ; Oliveiros L. LITRENTO, **O princípio da autodeterminação dos povos : síntese da soberania e o homem** (Rio de Janeiro: Freitas Bastos, 1964, esp. cap. iii, 'a

dos textos é indispensável para prevenir violações em caso de conflito armado, bem como para a salvaguarda dos direitos, após a cessação do conflito: além da **Declaração universal**, de 1948, dos dois **Pactos** e protocolos das Nações Unidas, de 1966, das Convenções de Genebra de 1949, da Convenção das Nações Unidas relativa ao estatuto dos refugiados, de 1951, da Convenção internacional para a eliminação de todas as formas de discriminação racial, de 1966, em vigor desde 4 de janeiro de 1969; a Convenção internacional para a eliminação e a repressão do crime de *apartheid*, de 1973, em vigor desde 18 de julho de 1976; a Convenção da UNESCO para a luta contra a discriminação em matéria de ensino, de 1960; a Convenção (n. 111) da O.I.T. sobre a discriminação em matéria de emprego e exercício profissional; a Convenção internacional contra o *apartheid* nos esportes, a Convenção (revisada) (n. 169) da O.I.T. sobre os povos indígenas e tribais nos estados independentes, de 1989; e demais textos de proteção internacional dos direitos fundamentais, desde então.

Ao lado destes instrumentos de caráter positivo, a obra doutrinária e de explicitação de conteúdos continua necessária. Nesse sentido, entende o *Instituto de direito internacional* que as reações da opinião pública, assim como a doutrina e a jurisprudência internacionais, dão testemunho do fato de que os direitos humanos fundamentais se beneficiam, doravante, de proteção internacional, cessando de pertencer à categoria das questões que decorrem, essencialmente, da competência nacional dos estados, mas que importa, contudo, tanto no interesse da manutenção da paz e das relações amistosas entre estados soberanos, como no interesse da proteção dos direitos do homem, definir, com o máximo de precisão, as condições e os limites, impostos pelo direito internacional, às medidas que os estados e as organizações

autodeterminação como teoria política', itens 12, 'a autodeterminação como teoria política', e 13, 'relações entre o princípio da autodeterminação dos povos e os das nacionalidades e não-intervenção', p. 71-82); A.Verdross, **Règles générales du droit international de la paix** (RCADI, 1929, t. 30, p. 271-518, § 62 'protection des minorités', p. 449-452, cit. p. 450): "il nous suffit de signaler que l'institution internationale de la protection des minorités, bien qu'il s'agisse d'une branche encore nouvelle du droit des gens, montre une tendance de plus en plus accusée à devenir une partie du droit international universel."

internacionais podem adotar, em resposta às violações dos direitos humanos.

Os direitos humanos fundamentais, na formulação do *Instituto de direito internacional* (Santiago de Compostela, 1989), são a expressão direta da dignidade e da personalidade humana: daí a obrigação, para os estados, de assegurar o respeito, decorre do próprio reconhecimento dessa dignidade, já proclamada pela **Carta** das Nações Unidas, e pela **Declaração universal dos direitos do homem**. Essa obrigação internacional é, segundo a formulação, utilizada pela Corte Internacional de Justiça, obrigação que se reveste de caráter *erga omnes* – e, como tal, incumbe a todos e a cada um dos estados, perante o conjunto da sociedade internacional, como um todo, e todos os estados tem interesse jurídico, na proteção dos direitos humanos fundamentais. Essa obrigação implica, ademais, o dever de solidariedade entre todos os estados,[1458] visando assegurar, o mais rapidamente possível, a proteção, universal e eficaz, dos direitos humanos fundamentais.

No entendimento do *Instituto*, qualquer estado, agindo em violação dessa obrigação internacional de proteção, não pode se eximir de sua responsabilidade internacional, pretendendo que tal domínio constitua, essencialmente, matéria de sua competência nacional, ou do domínio reservado do estado. Sem prejuízo das funções e dos poderes, que a Carta atribui aos órgãos das Nações Unidas, em caso de violação, das obrigações assumidas pelos membros da Organização, os estados, agindo individual ou coletivamente, tem o direito de adotar, com relação a qualquer outro estado, que tenha infringido as obrigações de proteção dos direitos fundamentais, medidas diplomáticas, econômicas e outras, admitidas pelo direito internacional, desde que não comportem o uso de força armada,[1459] de modo a constituir violação da **Carta das Nações**

[1458] Gilberto Bercovici, **Desigualdades regionais, estado e constituição** (São Paulo: Max Limonad, 2003) desenvolve análise na perspectiva de direito interno, mas permite a contraposição para contexto de relações internacionais.

[1459] C. H. M. Waldock, **The regulation of the use of force by individual states in international law** (RCADI, 1952, t. 81, p. 451-518); H. Wehberg, **L'interdiction du recours à la force : le principe et les problèmes qui se posent** (RCADI, 1951, t. 78, p. 1-122).

Unidas. Tais medidas não podem ser consideradas como intervenção ilícita[1460] nos assuntos internos[1461] de qualquer estado.[1462]

As violações, de natureza suficiente para justificar o recurso a tais medidas, deverão ser apreciadas, levando em consideração a gravidade das violações denunciadas, e avaliadas de modo consistente.[1463] Deve ser enfatizada a internacionalidade do interesse e do tratamento da matéria, como dimensão adicional de garantia desses direitos humanos fundamentais.[1464]

Qualquer medida, individual ou coletiva, destinada a assegurar a proteção de direitos humanos fundamentais, deverá observar as condições seguintes: (i) exceto em casos de extrema urgência, o estado, responsável pela violação, deverá ser notificado, para a fazer cessar; (ii) as medidas adotadas deverão ser proporcionais à gravidade da violação; (iii) a medida será limitada ao estado, autor da violação; (iv) o estado, que adota as medidas, levará em conta os interesses dos particulares e do outro estado, bem como da incidência de tais medidas sobre o nível de vida das populações visadas. As manifestações diplomáticas,

[1460] Sobre a intervenção no direito internacional: J. E. S. FAWCETT, **Intervention in international law: a study of some recent cases** (RCADI, 1961, t. 103, p. 343-424); P. B. POTTER, **L'intervention en droit international moderne** (RCADI, 1930, t. 32, p. 607-690); E. C. STOWELL, **La théorie et la pratique de l'intervention** (RCADI, 1932, t. 40, p. 87-152); A. da VEIGA SIMÕES, **Crise et intervention** (RCADI, 1934, t. 50, p. 749-842). Compare-se G. ARANGIO-RUIZ, **Human rights and non-intervention in the Helsinki Final Act** (RCADI, 1977, t. 157, p. 195-331).

[1461] N. A. OUCHAKOV, **La compétence interne des états et la non-intervention dans le droit international contemporain** (RCADI, 1974, t. 141, p. 1-86); L. PREUSS, **Article 2, paragraph 7 of the Charter of the United Nations and matters of domestic jurisdiction** (RCADI, 1949, t. 74, p. 547-654).

[1462] V., a respeito, dois estudos clássicos, já referidos: P. B. POTTER (1930); E. C. STOWELL (1932), no regime anterior ao advento da Carta da ONU.

[1463] I.D.I., Resolução de Santiago de Compostela, adotada em 13 de setembro de 1989, *Artigo 6º*: Os dispositivos da presente Resolução se aplicam, sem prejuízo dos procedimentos instituídos em matéria de direitos do homem, nos termos ou em virtude de instrumentos constitutivos e das convenções da Organização das Nações Unidas e das instituições especializadas ou regionais.

[1464] I.D.I., Resolução de Santiago de Compostela, adotada em 13 de setembro de 1989, *Artigo 7º*: O reforço dos métodos e procedimentos internacionais, especialmente dos métodos e dos procedimentos das organizações internacionais, visando prevenir, reprimir e eliminar as violações dos direitos do homem, é altamente desejável.

bem como a expressão, puramente verbal, de preocupação ou de desaprovação, em razão de quaisquer violações de direitos do homem, serão consideradas lícitas, em quaisquer circunstâncias.

A oferta, por parte de um estado, ou grupo de estados, organizações internacionais ou organismos humanitários imparciais, tal como o Comité internacional da Cruz-Vermelha, no sentido de prestar socorro, oferecendo alimentos ou colaboração, em matéria sanitária, a estado, cuja população[1465] esteja gravemente ameaçada em sua vida ou sua saúde, não pode ser considerada intervenção ilícita nos assuntos internos desse estado.[1466] Contudo, referidas ofertas de socorro, especialmente pelos meios operacionais, não podem se revestir da aparência de ameaça de intervenção armada, ou qualquer outra medida de caráter de intimidação ou de ameaça.

Os socorros deverão ser prestados e distribuídos sem que se faça discriminação, de qualquer natureza, e os estados, em cujos territórios existam tais situações de calamidade, não deverão recusar, de modo arbitrário, tais ofertas de socorro e de ajuda humanitária.

Na Resolução, sobre **aplicação do direito internacional humanitário e dos direitos fundamentais do homem, nos conflitos armados, nos quais participem entidades não-estatais**, adotada na sessão de Berlim (1999),[1467] o *Instituto de direito internacional*, considerando que

[1465] Edgar ROQUETTE-PINTO, **Ensaios de antropologia brasiliana** (orig. publ. 1933, São Paulo: Nacional / Brasília: INL, 2ª ed., 1978, col. Brasiliana, vol. 22, *Ensaio 1*, p. 1-7, cit. p. 1): "certo é que, nas condições atuais, o mundo caminha para a superpopulação. Esse é o fato que impressiona certos sociólogos e antropologistas."

[1466] A intervenção no direito internacional suscita a questão da determinação de sua oportunidade e de seus limites, cf. analisam: G. ARANGIO-RUIZ, **Human rights and non-intervention in the Helsinki Final Act** (RCADI, 1977, t. 157, p. 195-331); J. E. S. FAWCETT, **Intervention in international law: a study of some recent cases** (RCADI, 1961, t. 103, p. 343-424); P. B. POTTER, **L'intervention en droit international moderne** (RCADI, 1930, t. 32, p. 607-690); E. C. STOWELL, **La théorie et la pratique de l'intervention** (RCADI, 1932, t. 40, p. 87-152); A. da VEIGA SIMÕES, **Crise et intervention** (RCADI, 1934, t. 50, p. 749-842).

[1467] *Instituto de direito internacional*, Resolução sobre aplicação do direito internacional humanitário e dos direitos fundamentais do homem, nos conflitos armados, nos quais participem entidades não-estatais, adotada na sessão de Berlim, em 25 de agosto de 1999, 14ª Comissão, teve como Relator Milan Šahoviæ *(Le texte français fait foi. Le texte anglais est une traduction)*, na qual se remete às anteriormente adotadas Resoluções sobre os "*Droits et*

os conflitos armados, nos quais participam entidades não-estatais, são mais e mais numerosos, e são, ademais, mais e mais frequentemente, motivados por causas étnicas, religiosas ou raciais, e, notando que, desse modo, populações civis são afetadas de maneira crescente pelos conflitos armados internos, e estas acabam por suportar a maior parcela das violências, resultantes de tais conflitos, causando grandes sofrimentos, mortes e graves privações.

Partindo da constatação de que os conflitos armados, dos quais participam entidades não-estatais, também constituem crimes de guerra, pode-se dar sustentação ao argumento legal no tocante a serem processados e condenados, pelas jurisdições nacionais, os responsáveis por crimes de guerra, crimes contra a humanidade, crime de genocídio[1468] e outras violações graves do direito internacional humanitário, bem

devoirs des Puissances étrangères, au cas de mouvement insurrectionnel envers les gouvernements établis et reconnus qui sont aux prises avec l'insurrection" (Session de Neuchâtel, 1900), "*Le principe de non-intervention dans les guerres civiles*" (Session de Wiesbaden, 1975) et "*La protection des droits de l'homme et le principe de non-intervention dans les affaires intérieures des Etats*" (Session de Saint-Jacquesde-Compostelle, 1989), bem como se referem as Resoluções sobre "*Les conditions d'application des règles humanitaires relatives aux conflits armés aux hostilités dans lesquelles les Forces des Nations Unies peuvent être engagées*" (Session de Zagreb, 1971) e sobre "*Les conditions d'application des règles, autres que les règles humanitaires, relatives aux hostilités dans lesquelles les Forces des Nations Unies peuvent être engagées*" (Session de Wiesbaden, 1975). Esta Resolução é analisada nos **Fundamentos do direito internacional pós-moderno** (item XV – contingência e uso da força no direito internacional, p. 1137-1215).

1468 Dalmo de Abreu DALLARI, *O genocídio repensado* (in **Direito e comércio internacional: tendências e perspectivas: estudos em homenagem ao prof. Irineu STRENGER**, org. L.O. BAPTISTA, H. M. HUCK e P. B. CASELLA, São Paulo: LTr, 1994, p. 463-477, cit.p. 463): "A tipificação dos crimes contra a humanidade já foi estabelecida no **Estatuto** do Tribunal Militar Internacional de Nuremberg, em seu art. 6º. Naquele momento havia o objetivo imediato de punir práticas de extrema violência física, psíquica e moral praticadas contra seres humanos em circunstâncias de guerra ou de pré-guerra e por esse motivo tais circunstâncias são expressamente referidas. Mais tarde, ampliando essa conceituação, outros documentos internacionais reafirmaram a existência de crimes contra a humanidade, independentemente de conflito armado entre dois ou mais povos e mesmo nas relações entre pessoas vinculadas a um mesmo estado. / A **Convenção para a prevenção e a repressão do crime de genocídio**, aprovada pela ONU em 1948, também resultou da guerra, pois, embora em várias ocasiões a humanidade já tivesse vivido a tragédia de ações violentas visando a eliminação de grupos humanos, só depois da segunda guerra mundial foi que se tomou a iniciativa de definir essa prática como crime, num documento com força jurídica que significasse um compromisso entre os estados signatários."

como o estabelecimento de jurisdições internacionais, encarregadas de julgar tais delitos. Reconhece-se, nos termos do artigo 7º, do **Estatuto de Roma**, do Tribunal penal internacional, que os crimes contra a humanidade podem ser cometidos por indivíduos, agindo por conta de determinado estado, bem como em nome de entidades não-estatais.[1469]

Ações empreendidas, pelo Conselho de segurança, com base no capítulo VII da **Carta** da ONU, em conflitos armados, nos quais tomavam parte entidades não estatais, demonstram que o respeito do direito internacional humanitário faz parte essencial do sistema de segurança da Organização mundial.[1470] Que estas nem sempre sejam decididas da mesma forma, em relação a situações equivalentes, pode ser questionado.

[1469] X. Pacreau et J. Fernandez (dir. de), **Statut de Rome de la Cour pénale internationale** - Commentaire article par article (Paris: Pedone, 2012, 2 vols.); Victoria Abellán Honrubia, **La responsabilité internationale de l'individu** (RCADI, 1999, t. 280, p. 135--428, chap. II, item 1.1 - l'évolution du système de Nuremberg, cit. p. 179): "Le texte qui marque le début de la tâche entamée par les Nations Unies afin de déterminer la responsabilité internationale de l'individu remonte à sa première période de sessions. Il s'agit de la résolution 95 (I) en vertu de laquelle l'Assemblée générale, se fondant sur l'autorité que lui confère la Charte pour promouvoir la codification et le développement progressif du droit international, 'confirme les principes de droit international reconnus par le **Statut** du Tribunal de Nuremberg et par l'arrêt dudit tribunal'. Ce texte met clairement l'accent sur la dimension juridique - en obviant à tout contenu de caractère politique - et fait référence de façon expresse et réitérée au droit international."

[1470] Théodore Christakis, **L'ONU, le chapitre VII et la crise yougoslave** (avant-propos d'Yves Daudet, préface de Mohammed Bedjaoui, Paris: Montchrestien / CEDIN - Paris I - Perspectives internationales n. 11, 1996); Consignava com satisfação, o *Instituto,* a Decisão do Secretário-geral das Nações Unidas, datada de 6 de agosto de 1999, sobre a obrigação de respeito do direito internacional humanitário, pelas forças das Nações Unidas, que reitera a obrigação destas forças em respeitar, estritamente, esse direito, visando, notadamente, proteger a população civil, e que prevê a possibilidade de processar, penalmente, os membros do pessoal militar, de tais forças, que sejam responsáveis por violações do direito humanitário, igualmente nas situações de conflitos armados internos. Igualmente se consigna, com satisfação, o papel importate, desempenhado pelo Comité internacional da Cruz Vermelha, em conflitos recentes, nos quais participavam entidades não-estatais, para o fim de assegurar a proteção humanitária, de todas as vítimas, bem como incitando, as partes nos conflitos, a respeitar os princípios elementares de humanidade, especialmente no sentido de proteger a população civil contra os efeitos da violência e das devastações.

Desse modo, considerou o *Instituto*, seria desejável proceder ao reexame e à adaptação do direito internacional humanitário às novas situações, visando reforçar o respeito desse direito, e melhor proteger as vítimas desses conflitos armados, nos quais participem entidades não-estatais, visto dizerem respeito não somente aos estados, nos quais estes conflitos tenham lugar, mas que afetam os interesses do conjunto da comunidade internacional, e ressaltou, quanto, durante os últimos sessenta anos, tanto os princípios da **Carta** das Nações Unidas como do direito internacional dos direitos do homem influenciaram, de modo substancial, o desenvolvimento e a aplicação do direito internacional humanitário.

Em sentido semelhante, a Corte Internacional de Justiça se pronunciou, a respeito da obrigação, consagrada no artigo 1º, comum às **Convenções de Genebra de 1949**, no sentido de "respeitar e fazer respeitar" essas Convenções, "em quaisquer circunstâncias", como decorrência dos princípios gerais do direito internacional humanitário, de tal modo que estas adquiriram a condição de direito internacional geral, de caráter consuetudinário[1471]. Igualmente, se pronunciou a Corte Internacional de Justiça, no sentido de que o artigo 3º, também comum às **Convenções de Genebra de 1949** reflete "considerações elementares de humanidade" e, segundo o qual, as normas fundamentais do direito internacional humanitário, aplicáveis nos conflitos armados "se impõem... porque constituem princípios intransgressíveis do direito internacional geral, de caráter consuetudinário".

[1471] C.I.J., parecer, de 28 de maio de 1951, sobre as **reservas à Convenção para a prevenção e a repressão do crime de genocídio** (Nova York, 1948), já referido supra; Resolução do *Instituto de direito internacional* adotada na sessão de Cracóvia, em 26 de agosto de 2005, sobre **La compétence universelle en matière pénale à l'égard du crime de génocide, des crimes contre l'humanité et des crimes de guerre / *Universal criminal jurisdiction with regard to the crime of genocide, crimes against humanity and war crimes*** (Le texte anglais fait foi. Le texte français est une traduction.) 17e Commission / *17th Commission* – Relator: Christian Tomuschat; tb. a respeito da Convenção para a prevenção e a repressão ao crime de genocídio, de 9 de dezembro de 1948, Dalmo de Abreu Dallari, *O genocídio repensado* (in **Direito e comércio internacional: tendências e perspectivas: estudos em homenagem ao prof. Irineu Strenger**, org. L.O. Baptista, H. M. Huck e P. B. Casella, São Paulo: LTr, 1994, p. 463-477); Victoria Abellán Honrubia, **La responsabilité internationale de l'individu** (RCADI, 1999, t. 280, p. 135-428).

Por sua vez, o Tribunal penal internacional para a ex-Iugoslávia declarou que grande número de princípios e das normas, precedentemente aplicáveis somente aos conflitos armados internacionais, doravante se aplicam também aos conflitos armados internos e, desse modo, violações graves do direito internacional humanitário, cometidas durante conflitos armados internos, passam a ser regidos, e, enquanto tais podem ser punidos, mediante aplicação das normas do direito internacional dos direitos humanos e do direito internacional humanitário, seja no tocante à aplicação por tribunal internacional, ou seja por tribunal interno, na medida em que se trata de tutelar direitos de interesse da comunidade internacional, considerada como todo.

O *Instituto*, na sessão de Bruges (2003),[1472] adota Resolução a respeito da **assistência humanitária**, na qual se reporta a Resoluções conexas, anteriormente adotadas, bem como aos princípios e normas de direito internacional,[1473] e estabelece definições,[1474] bases operacionais e crité-

[1472] *Instituto de direito internacional*, Resolução sobre **L'assistance humanitaire**, adotada na sessão de Bruges, em 2 de setembro de 2003, 16ª Comissão – Relator: Budislav Vukas.

[1473] O *Instituto de direito internacional* remete a suas anteriormente adotadas resoluções sobre **princípio de não-intervenção nas guerras civis** «Le principe de non-intervention dans les guerres civiles» (sessão de Wiesbaden, 1975) e **proteção dos direitos do homem e o princípio de não-intervenção nos assuntos internos dos estados** «La protection des droits de l'homme et le principe de non-intervention dans les affaires intérieures des États» (sessão de Santiago de Compostela, 1989), bem como ressalta, expressamente, em relação a outras normas de direito internacional, que a presente Resolução não afeta a validade, nem a aplicação dos princípios e normas de direito internacional humanitário aplicáveis em caso de conflito armado, especialmente as Convenções de Genebra de 1949 sobre a proteção das vítimas de guerra e do Protocolos adicionais de 1977, bem como das normas de direito internacional regendo a assistência humanitária em situações específicas.

[1474] São assim definidas: «*assistência humanitária*» designando o conjunto de atos, atividades e meios, humanos e materiais, relativos ao fornecimento de bens e de serviços de ordem exclusivamente humanitária, indispensáveis para a sobrevivência e a satisfação de necessidades essenciais das vítimas de catástrofes, onde (a) «*bens*» designa, sobretudo, produtos alimentícios, água potável, os fornecimentos e o equipamento médicos, os abrigos, as rroupas, os sacos de dormir, os veículos, bem como todos os bens necessários à sovrevivência e à satisfação das necessidades essenciais das vítimas – esse termo não inclui, em hipótese alguma, quaisquer armas, ou munições ou outro material militar; (b) «*serviços*» designa, sobretudo, os meios de transporte, os serviços de pesquisa, os serviços medicos, a assistência religiosa, espitirtual e psicológica, os serviços de reconstrução, de remoção de minas, de descontaminação, de ajuda para o retorno voluntário dos refugiados e das pessoas

rios para a oferta e a aceitação da assistência humanitária. Estipula-se a aplicação integrada das normas de diversos ramos do direito internacional pós-moderno.[1475]

Considerava o Instituto de direito internacional[1476] que situações de urgência e de catástrofes, que põem em perigo os direitos humanos fundamentais e o bem-estar de número importante de pessoas, são mais e mais frequentemente provocados por catástrofes naturais ou tecnológicas, por conflitos armados internos ou internacionais, por revoluções ou por violências internas, ou por atividades terroristas; que, muitas vezes,

deslocadas, bem como qualquer outro serviço indispensável à sobrevivência e à satisfação das necessidades essenciais das vítumas; «*catástrofe*» designa as calamidades que põem em perigo a vida, a saúde, a integridade física, o direito de não ser submetido a tratamento cruel, deshumano ou degradante, e outros direitos fundamentais da pessoa humana, ou as necessidades essenciais da população, que tais calamidades sejam de origem natural (como os tremores de terra, as erupções vulcânicas, as tempestades, as chuvas torrenciais, as inundações, os deslizamentos de terra, a seca, os incêndios, a fome ou as epidemias), de origem tecnológica ou provocadas pelo homem (como as catástrofes químicas ou as explosões nucleares), ou causadas pela violência ou por conflios armados (sejam conflitos armados internacionais ou internos, as rebeliões ou as violências internas, as atividades terroristas); «*vítimas*» designa os grupos de pessoas cujos direitos humanos fundamentais estão ameaçados ou a satisfação das necessidades essenciais não está assegurada em situações de catástrofe; «*estado afetado*» designa o estado ou a entidade territorial onde a assistência humanitária é necessária; «*estado ou organização assistente*» designa o estado ou a organização intergovernamental, ou a organização não governamental nacional ou internacional imparcial, que organize, forneça ou distribua a assistência humanitária.

1475 IDI, Resolução sobre **assistência humanitária** (adotada na sessão de Bruges, 2003), artigo X – Rapport avec d'autres règles du droit international / La présente Résolution est sans préjudice: / (a) des principes et règles du droit international humanitaire applicables en cas de conflit armé, et notamment des conventions de Genève de 1949 sur la protection des victimes de guerre et des protocoles additionnels de 1977; et / (b) des règles du droit international régissant l'assistance humanitaire dans des situations particulières.
V. tb.: A. A. C. TRINDADE, **Tratado de direito internacional dos direitos humanos** (Porto Alegre: S. A. Fabris, 1999); Nadia de ARAUJO e Guilherme A. de ALMEIDA (coords.), **Direito internacional dos refugiados: uma perspectiva brasileira** (Rio de Janeiro: Renovar, 2001); G. E. do NASCIMENTO E SILVA, *Os refugiados políticos e o asilo territorial* (in **Direito internacional dos refugiados**, 2001, p. 11-15); P. B. CASELLA, *Refugiados: conceito e extensão* (in **Direito internacional dos refugiados**, 2001, p. 17-26); E. REUT-NICOLUSSI, **Displaced persons and international law** (RCADI, 1948, t. 73, p. 1-68).

1476 *Instituto de direito internacional*, na Resolução sobre **L'assistance humanitaire**, adotada na sessão de Bruges, em 2 de setembro de 2003, 16ª Comissão – Relator: Budislav VUKAS.

as catástrofes de grande amplitude não afetam somente um estado, mas diversos estados ou mesmo regiões inteiras, e constituem fonte de preocupação para a comunidade internacional como um todo; que os estados e as organizações internacionais competentes deveriam tomar medidas afim de melhorar a tomada de consciência públicam quanto à necessidade de prevenir as catástrofes de origem natural ou humana, e melhorar o estado de preparação coletiva, por meio da educação, da formação e de outros meios; que é imperativo oferecer assistência rápida e eficaz às vítimas de catástrofes e que, em numerosas ocasiões, a assistência humanitária constitui somente a primeira etapa necessária para a rehabilitação, o restabelecimento e o desenvolvimento a longo prazo; tendo em vista o papel essencial que as Nações Unidas, as organizações intergovernamentais, o Comité internacional da Cruz-Vermelha e as organizações não-governamentais desempenham na organização, no fornecimento e na distribuição da assistência humanitária; notando serem as Resoluções adotadas pela Assembléia geral das Nações Unidas sobre a 'nova ordem internacional humanitária' e o 'fortalecimento da coordenação da assistência humanitária de urgência das Nações Unidas', e, particularmente, a Resolução 46/182 de 19 de setembro de 1991, bem como os diversos instrumentos adotados por outras organizações intergovernamentais universais e regionais, o Movimento da Cruz-Vermelha e do Crescente-Vermelho, e outras organizações não-governamentais.

O *Instituto de direito internacional* aponta, na resolução sobre **assistência humanitária**, adotada na sessão de Bruges, em 2003,[1477] serem as normas específicas do direito internacional humanitário aplicáveis em caso de conflito armado, e considera ser desejável que o direito internacional dos direitos do homem e o direito internacional humanitário continuem a ser desenvolvidos, para o fim de prevenir ou de atenuar os sofrimentos humanos que engendram as catástrofes em tempo de paz e em tempo de guerra. Algumas inovações conceituais podem ser apontadas.

Falar em **direito à assistência humanitária** como desenvolve o *Instituto de direito internacional*, caracteriza conjunto de ações e obrigações, de natureza internacional (ou local), onde o fato de deixar as

[1477] *Instituto de direito internacional*, Resolução sobre **L'assistance humanitaire**, adotada na sessão de Bruges, em 2 de setembro de 2003, 16ª Comissão – Relator: Budislav VUKAS.

vítimas de catástrofes sem assistêcnia humanitária constitui ameaça à vida e atenta contra a dignidade humana e, por conseguinte, configura violação dos direitos humanos fundamentais, onde as vítimas de catástrofes têm o direito de pedir e de receber assistência humanitária. A assistência pode ser solicitada, em nome das vítimas, por membros do grupo, por autoridades locais e regionais, pelo governo do estado afetado e por organizações nacionais ou internacionais. A assistência humanitária deve ser oferecida e, em caso de aceitação, distribuida sem discriminação, decorrente de motivos proibidos, levando em consideração, sobretudo, as necessidades dos grupos mais vulneráveis.

Não se esquece nem poderia deixar de ser ressaltada a responsabilidade principal do estado afetado, onde este tem o dever de tomar sob seus cuidados as vítimas de catástrofes, em seu território e exercer, desse modo, a responsabilidade principal na organização, no fornecimento e na distribuição da assistência humanitária. Cabe ao estado territorial, assim, tomar as medidas necessárias para prevenir os descaminhos da assistência humanitária, bem como coibir outros abusos. Qualquer outra autoridade, que exerça jurisdição ou tenha controle, de fato, sobre as vítimas de catástrofes – por exemplo, em caso de desestruturação da autoridade governamental –, tem o dever de fornecer assistência humanitária necessária, igualmente investida de todos os outros direitos e deveres, incumbentes ao estado afetado, de tal modo que quando o estado afetado, não estiver em condições de garantir assistência humanitária, suficiente para as vítimas sob a sua jurisdição, ou submetidas a seu controle de fato, deve este solicitar a assistência das organizações internacionaiss competentes ou de terceiros estados.

Regula, ainda o *Instituto de direito internacional* o que denomina 'direito de oferecer e de fornecer' assistência humanitária, onde os estados e as organizações têm essa prerrogativa de oferecer assistência humanitária ao estado afetado, sem que tal oferta seja considerada ingerência ilícita nos assuntos internos desse estado,[1478] desde que esta tenha caráter exclusivamente humanitário.[1479] Os estados e as organiza-

[1478] L. Preuss, **Article 2, paragraph 7 of the Charter of the United Nations and matters of domestic jurisdiction** (RCADI, 1949, t. 74, p. 547-654).

[1479] T. J. Farer, **The regulation of foreign intervention in civil armed conflict** (RCADI, 1974, t. 142, p. 291-406).

ções têm o direito de fornecer assistência humanitária às vítimas, que se encontrem no território dos estados afetados, sob reserva do consentimento destes mesmos estados afetados.

Desse modo, o limite da aceitação do estado afetado deve ser observado. Presume-se, por outro lado, que este não seja omitido, sem motivo relevante, que justifique privar as vítimas, que se encontram no território do estado afetado, da assistência humanitária da qual tenham necessidade e que está sendo oferecida por estados e organizações internacionais.

O exercício da assistência humanitária comporta a formulação de alguns 'deveres' relativos à assistência humanitária, onde todo estado deveria, em toda a extensão possível, oferecer assistência humanitária às vítimas, situadas em estados afetados por catástrofes, exceto quando a oferta de tal assistência equivalesse a comprometer gravemente sua própria situação econômica, social ou política. As catástrofes, que afetem os estados vizinhos,[1480] deveriam ser objeto de especial atenção.

As organizações intergovernamentais devem oferecer assistência humanitária às vítimas de catástrofes, respeitando os seus mandatos e as suas normas constitutivas e o estado ou organização assistentes não podem se imiscuir de qualquer maneira nos assuntos internos do estado afetado. Além disso, os estados e as organizações assistentes, particularmente as organizações não governamentais, devem levar em consideração as disposições necessárias para impedir o descaminho de bens ou outros abusos graves (tais como o tráfico de pessoas, de armas ou de drogas proibidas) pelo pessoal colocado sob sua responsabilidade.

O engajamento ativo se exprime, no plano internacional, como 'dever de cooperar', onde os estados e as organizações assistentes devem atuar de maneira coordenada com as autoridades do ou dos estados afetados, na organização, no fornecimento e na distribuição da assistência humanitária. Em caso de catástrofe que ameace o território e a população de mais de um estado, ou que sobrevenha em um estado e ameace o

[1480] J. ANDRASSY, **Les relations internationales de voisinage** (RCADI, 1951, t. 79, p. 73-182); Friedrich A. von der HEYDTE, *Le principe du bon voisinage en droit international* (Rev. Fac. Direito da Univ. de Lisboa, 1961-1962, vol. XV, p. 279-292); Iftene POP, **Voisinnage et bon voisinage – en droit international** (préf. M. VIRALLY, Paris: Pedone, 1980).

território e a população de outro estado, tais estados devem cooperar, visando minimizar as consequências.

Ao dever de cooperar se contrapõe, para o estado receptor, o 'dever de facilitar' a assistência humanitária, que se especifica como a obrigação, para os estados de tornar mais fluida a organização, o fornecimento e a distribuição da assistência humanitária, outorgada por outros estados e organizações. Devem conceder a estes sobretudo os direitos de sobrevôo e de aterrissagem, bem como os meios de telecomunicação e as imunidades necessárias, para tal propósito.

As missões de assistência humanitária devem ficar isentas de qualquer medida de requisição, de restrição nas importações, nas exportações e no trânsito, bem como de tarifas alfandegárias sobre os bens e os serviços, objeto da assistência humanitária. Quando vistos ou outras autorizações administrativas forem necessários, estes deverão ser fornecidos rápida e gratuitamente.

Os estados devem adotar as leis e regulamentos e concluir tratados bilaterais e multilaterais necessários para assegurar a disponibilidade das facilidades necessárias, no que concerne à assistência humanitária. Os estados afetados, por sua vez, devem permitir ao pessoal, engajado na ação humanitária, ter acesso pleno e livre a todas as vítimas, de modo a assegurar a liberdade de circulação e a proteção do pessoal, dos bens e dos serviços fornecidos.

Consolidar-se-ia mediante a aplicação estrita e completa desta Resolução do *Instituto de direito internacional* novo patamar na regulação internacional da assistência humanitária, inclusive com relação ao 'dever dos estados afetados de não rejeitar arbitrariamente a assistência humanitária', oferecida de boa fé, o que caracteriza, para estes, a obrigação de não recusar, de modo arbitrário e injustificado, a oferta, feita de boa fé,[1481] exclusivamente destinada a fornecer assistência humanitária, ou o acesso às vítimas. Não podem estes, especificamente, recusar tal oferta ou tal acesso, se tal recusa for suscetível de colocar em perigo os direitos

[1481] Paralelo pode ser feito entre a extesnão e o conteúdo da noção de boa fé, no direito internacional pós-moderno – tal como estipula o art. 26 da Convenção de Viena sobre direito dos tratados: "*Todo tratado em vigor obriga as partes e deve ser cumprido por elas de boa fé*" – em relação ao plano dos direitos internos, sob a ótica constitucional: cfr. Teresa Negreiros, **Fundamentos para uma interpretação constitcional do princípio da boa-fé** (prefácio M. C. B. de Moraes, Rio de Janeiro: Renovar / bilbioteca de teses, 1998).

humanos fundamentais das vítimas, ou se esse comportamento acarretar violação da proibição de fazer populações civis passarem fome, como método de guerra.

Em caso de recusa da oferta de assistência humanitária, ou de acesso às vítimas, os estados ou as organizações, que oferecem a assistência, podem, se estimarem que tal recusa pode acarretar catástrofe humanitária mais grave, pedir aos órgãos das Nações Unidas que tratam dos problemas humanitários, bem como a outras organizações internacionais, universais ou regionais, competentes para determinar que sejam tomadas as medidas apropriadas, em conformidade com o direito internacional e seus respectivos atos constitutivos, a fim de levar o estado afetado a aceitar as suas obrigações. Caso a recusa na aceitação de oferta de assistência humanitária, feita de boa fé, ou no sentido de permitir o acesso às vítimas acarrete ameaça à paz e à segurança internacionais, o Conselho de Segurança pode tomar as medidas necessárias em virtude do disposto no capítulo vii da Carta das Nações Unidas.

Impõe-se, ainda, o dever de proteção do pessoal e das instalações, utilizadas na prestação da assistência humanitária, onde o fato de intencionalmente fazer ataques, contra o pessoal, as instalações, os bens ou os veículos, implicados em ação de prestação de assistência humanitária, constitui violação grave dos princípios fundamentais do direito internacional. Se tais violações graves forem cometidas, os acusados deverão ser conduzidos perante qualquer jurisdição, nacional ou internacional, competente.

Passo relevante para a tipificação do delito de genocídio foi a adoção da **Convenção para a prevenção e a repressão do crime de genocídio** (1948),[1482] cujo preâmbulo remete à Resolução 96 (I), de 11 de dezembro de 1946, da Assembléia geral das Nações Unidas, na qual se "declarou que o genocídio é um crime contra o direito internacional, contrário ao espírito e aos fins das Nações Unidas e que o mundo civilizado condena".[1483]

[1482] Dentre muitos outros estados, também ratificada pelo Brasil: aprovada pelo Dec. Leg. nº 2, de 11 de abril de 1951, promulgada pelo Dec. nº 30.822, de 6 de maio de 1952.

[1483] Jacob Dolinger e Denise de Souza Soares, **Direito internacional penal: tratados e convenções** (Rio de Janeiro: Renovar, 2006, reproduzem a **Convenção para a prevenção e a repressão do crime de genocídio** p. 123-126, cit. p. 2): "Seguiu-se, em 1948, a Convenção sobre o genocídio – cujo artigo VI já previa uma corte penal internacional – e

Esta se completa com outros desenvolvimentos recentes, como a caracterização da jurisdição universal em matéria penal, para determinados crimes mais graves, tais como: genocídio, crimes contra a humanidade e crimes de guerra, tal como estipulados pelo Estatuto de Roma, do Tribunal Penal Internacional.[1484] Papel relevante também desempenham instrumentos regionais, tais como a Convenção interamericana contra o racismo, a discriminação racial e formas correlatas de intolerância.[1485]

Na sessão de Cracóvia (2005)[1486] o *Instituto de direito internacional* adota Resolução sobre **competência universal em matéria penal, com relação aos crimes de genocídio, de crimes contra a humanidade e de crimes de guerra.**[1487] Nesta se enfatiza a dimensão humanitária, a

as quatro Convenções de Genebra, de 1949, sobre conflitos armados, bem como o longo trabalho da Comissão de Direito Internacional das Nações Unidas para a elaboração de um projeto de código de ofensas contra a paz e a segurança da humanidade, que ocupou esse órgão ao longo de várias décadas até a aprovação de um projeto, em 1996."

1484 Adotado em Roma, em 17 de julho de 1998, em vigor internacionalmente em 1º de julho de 2002. Também ratificado pelo Brasil, em 20 de junho de 2002, foi aprovado pelo Dec. Leg. nº 112, de 6 de junho de 2002, promulgado pelo Dec. nº 4.388 de 25 de setembro de 2002. A respeito da inserção do Estatuto de Roma no direito brasileiro, v. P. B. Casella, *Constituição e direito internacional* (in **Direito da integração**, coord. P. B. Casella e V. L. V. Liquidato, S. Paulo: Quartier Latin, 2006, p. 31-55). Texto e comentários em X. Pacreau et J. Fernandez (dir. de), **Statut de Rome de la Cour pénale internationale** – Commentaire article par article (Paris: Pedone, 2012, 2 vols.).

1485 No Brasil, foi aprovada pelo Dec. Leg. nº 1 de 18 de fevereiro de 2021, instrumento de ratificação depositado pelo Brasil, junto à Secretaria geral da Organização dos Estados Americanos, em 28 de maio de 2021, em vigor para o Brasil, "no plano jurídico externo", em 27 de junho de 2021, foi promulgada pelo Dec. nº 10.932, de 10 de janeiro de 2022 – promulga a Convenção interamericana contra o racismo, a discriminação racial e formas correlatas de intolerância, firmado pela República Federativa do Brasil, na Guatemala, em 5 de junho de 2013.

1486 O *Instituto de direito internacional*, adota em 26 de agosto de 2005, Resolução sobre **Competência universal em matéria penal, com relação aos crimes de genocídio, de crimes contra a humanidade e de crimes de guerra** (***Universal criminal jurisdiction with regard to the crime of genocide, crimes against humanity and war crimes*** / Le texte anglais fait foi. Le texte français est une traduction.), 17ª Comissão, teve como Relator Christian Tomuschat.

1487 Na qual se enfatiza serem valores fundamentais da comunidade internacional violados pela ocorrência de crimes internacionais graves, tais como são estes definidos pelo direito internacional. Assinala o Instituto que a competência universal tem por objeto proteger

ser preservada, mesmo quando "valores fundamentais da comunidade internacional" são violados pela ocorrência de crimes internacionais graves. Que tem de ser acompanhada da correspondente tipificação dos crimes de guerra.[1488]

A ação do Conselho de Segurança, em matéria humanitária, constitui evolução dentre as mais relevantes, na atuação deste, desde o início dos anos 1990. Juridicamente tornou-esta possível mediante a ampliação da noção de 'ameça contra a paz' e de interpretação flexível,[1489] dos termos da Carta da ONU.

Com base em "referências ao capítulo VII da Carta das Nações Unidas nas resoluções de caráter humanitário do Conselho de Segurança",[1490] não mais se trata de considerar a legalidade desses procedi-

tais valores, particularmente a vida e a dignidade humanas e a integridade física, ao permitir sejam processados tais crimes internacionais, e, desejando, assim, contribuir para a prevenção e para a repressão de tais crimes, visando por fim à impunidade, que pode especificamente resultar da falta de vontade ou da incapacidade de autoridades estatais, em tomar as medidas repressivas necessárias, lembra terem todos os estados a responsabilidade principal de processar, de modo efetivo, os crimes internacionais no âmbito de suas respectivas jurisdições ou cometidos por pessoas sob seu controle. Ressalta o *Institut* a importância das instituições judiciárias internacionais, encarregadas da repressão de crimes internacionais que não sejam, ou pelo menos não de modo adequado, processados pelas autoridades judiciárias nacionais competentes, ressalta ser a competência universal meio adicional efetivo, visando prevenir a impunidade dos crimes internacionais, e assinala que a competência dos estados para processar crimes cometidos no território de outro estado, por pessoas que não tenham a nacionalidade deste, deve ser regida por normas claras, com o intuito de assegurar a segurança jurídica e a utilização razoável dessa competência. V. análise desta Resolução in CASELLA, **Fundamentos do direito internacional pós-moderno** (2008, item II, 'precisões terminológicas e valorativas', p. 181-296).

1488 Roy GUTMAN, David RIEFF and Anthony DWORKIN (edited by), **Crimes of war** (New York: Norton, © 1999, "revised and updated edition", 2007).

1489 Serge SUR, **L'interprétation en droit international public** (Paris : L.G.D.J., 1974); S. SUR, *Système juridique international et utopie* (**Le droit international**, Archives de philosophie du droit, tome 32, Paris: Sirey, 1987, p. 35-45); S. SUR, **La coutume internationale** (Paris: Litec, 1990); S. SUR, **Vérification en matière de désarmement** (RCADI, 1998, t. 273, p. 9-102); S. SUR, **Relations internationales** (Paris: Montchrestien, 1a. ed., 1995 ; 3a. ed., 2004).

1490 Yann KERBRAT, **La référence au chapitre VII de la Charte des Nations Unies dans les résolutions à caractère humanitaire du Conseil de sécurité** (préface de Mario BETTATI, Paris: LGDJ, 1995, 'conclusion', p. 101-103): «Devant l'incapacité des organisations humanitaires à faire face à des tragédies humaines d'une telle ampleur, l'intervention

mentos – amplamente aceitos como legais e seus desenvolvimentos passam a integrar o direito internacional pós-moderno. Cuida-se, sobretudo, de examinar a eficácia e o funcionamento de tais operações, que se vêem ameaçadas sobretudo por três ordens de riscos:

(i) a ação do CSNU se vê, sobretudo, inquietada por sua relativa ineficácia, e desamparada, diante de crises de grande complexidade, onde este busca influir no comportamento das partes por meio de medidas de efeito limitado (zonas de segurança, tribunal internacional, etc.), e tais medidas, mais e mais vistas antes como advertências do que como verdadeiras ações coercitivas, correm o risco de comprometer a credibilidade do Conselho e o efeito persuasório de sua ação. Se a chave do sucesso de operação adotada pelo CSNU reside essencialmente na boa vontade dos destinatários de tais medidas, este poderia utilmente melhorar os resultados de suas ações, por meio de maior coesão e vontade unânime, afirmada e mantida por seus membros, bem como por melhor coordenação da atuação dos diversos intervenientes, no campo de operações, não somente entre os órgãos e as organizações do sistemas das Nações Unidas, mas igualmente entre estes e as organizações não governamentais;

(ii) a ação humanitária é vítima de certo grau de incompreensão, por parcela da opinião pública, sensível pela crítica violenta das organizações humanitárias a respeito destas ações, por exemplo, denunciando a parcialidade do CSNU na escolha dos destinatários de tais ações, e, sobretudo, a 'politização' da ação humanitária.[1491]

du Conseil de sécurité en Somalie, en ex-Yougoslavie, au Rwanda et dans d'autres situations similaires a été un réconfort pour tous. Elle n'a pas mis fin aux combats ni à la violence, mais a évité bien des morts et apaisé bien de souffrances. Elle a empêché que le désastre ne tourne au cauchemar.»

1491 Yann Kerbrat (op. cit., 1995, loc. cit.): «la politisation de l'humanitaire constitue un fléau pour les organisations humanitaires. Toute atteinte à la neutralité et au principe de non-discrimination ne peut être qu'une entrave à leur action. Pour palier à ces critiques, le Conseil devrait s'orienter dans deux directions : chercher, d'une part, les moyens d'assurer l'impartialité et la neutralité de son action et s'efforcer, d'autre part, d'asseoir la popularité de son oeuvre.»

(iii) finalmente o CSNU se vê ameaçado de marginalização: diante de aumento considerável de seu campo de ação, deve este se empenhar em garantir base de amplo consenso[1492], para a ampliação de sua atuação; na falta desta, corre o risco de ver suas intervenções continuamente questionadas. Para que a sua atuação não seja percebida como fruto de sua exclusiva vontade, mas como a ação de todos, refletindo a opinião do conjunto da comunidade internacional, seria desejável que o CSNU buscasse, tanto quanto possível, à AGNU na tomada de decisões, bem como assegurar mais transparência em suas atividades.[1493]

É possível concluir que o campo de ação da segurança coletiva não teve somente desenvolvimentos 'horizontais', passando a incluir domínios antes excluídos, mas conheceu, igualmente, progressão 'vertical', e isso autorizando sanções, não mais somente com relação aos estados, mas igualmente em relação a particulares que não respeitem a legalidade definida pelo Conselho de Segurança.[1494]

Essa tendência se manifestou na criação de tribunais, encarregados de julgar as pessoas presumidas responsáveis, por violações graves do direito humanitário,[1495] cometidas em Ruanda e na ex-Iugoslávia. Um dos aspectos mais relevantes e mais positivos do julgamento do **caso TADIC** foi o reconhecimento de que violações graves do direito internacional pós-moderno, mesmo se cometidas durante conflito armado interno, constituem crimes internacionais.[1496]

[1492] Nelson F. de Carvalho, *Arqueologia do consenso* (in **Direito e comércio internacional: tendências e perspectivas: estudos em homenagem ao prof. Irineu Strenger**, org. L. O. Baptista, H. M Huck e P. B. Casella, São Paulo: LTr, 1994, p. 353-406).

[1493] Yann Kerbrat (op. cit., loc. cit.).

[1494] Louis Cavaré, **Les sanctions dans le cadre de l'ONU** (RCADI, 1952, t. 80, p. 191--292); Djacoba Liva Tehindrazanarivelo, **Les sanctions des Nations Unies et leurs effets secondaires**: assistance aux victimes et voies juridiques de prévention (avant-propos de Raymond Ranjeva, préf. de Georges Abi-Saab, Paris: PUF / Publications de l'Institut universitaire de hautes études internationales, 2005).

[1495] Djamchid Momtaz, dedica inteiro curso na Haia ao direito internacional humanitário aplicável aos conflitos armados não internacionais, **Le droit international humanitaire applicable aux conflits armés non internationaux** (RCADI, 2001, t. 292, p. 9-145).

[1496] Raúl Emilio Vinuesa, *La jurisdicción del Tribunal penal internacional para la ex-Yugoslavia según la decisión de la camara de apelaciones en el caso TADIC (sobre competencia)* (in **Persona**

É indispensável assegurar base legal adequada, para a construção desses desenvolvimentos relevantes do direito internacional pós-moderno. Algumas vezes bastante específicos terão de ser tais desenvolvimentos. Como se pode considerar o direito humanitário aplicável aos conflitos armados no mar.[1497]

A inovação da atuação do Conselho de Segurança das Nações Unidas, em matéria de proteção do direito internacional humanitário, muito embora não contasse clara base jurídica, constitui desenvolvimento relevante do direito internacional pós-moderno. Desse modo, o Conselho de Segurança das Nações Unidas se comporta como legislador de 'direito comum',[1498] que, por preocupação de justiça, não se pode satisfazer com a obscuridade de sua formulação.

A coletivização das sanções, por meio da atuação do CSNU, poderia eliminar parte da subjetividade na interpretação e na aplicação das sanções, por parte dos estados, separadamente considerados.[1499] Contudo, a subjetividade pode, igualmente, ocorrer no contexto do CSNU, no sentido de serem tratadas de modo desigual situações equivalentes.[1500]

Decorrência lógica e necessária de toda essa concepção, se põe a proteção do pessoal e das instalações engajadas na ação de assistência humanitária onde o fato de fazer, intencionalmente, ataques contra o pessoal, as instalações, os bens ou os veículos implicados em ação de assistência humanitária constitui violação grave dos princípios

humana y derecho internacional / personne humaine et droit international / human person and international law: Héctor Gros Espiell amicorum liber, Bruxelas: Bruylant, 1997, vol. II, p. 1801-1848; esp. item v – jurisdicción del tribunal internacional en razón de la materia, p. 1824-1846, sub-item 6 – la responsabilidad criminal individual en los conflictos armados internos, p. 1841-1844, e 'conclusiones', p. 1846-1848).

[1497] N. Ronzitti, **Le droit humanitaire applicable aux conflits armés en mer** (RCADI, 1993, t. 242, p. 9-196).

[1498] Mireille Delmas-Marty, **Pour un droit commun** (Paris: Seuil, 1994, cit. p. 204): «un 'droit commun' est, d'abord un droit accessible, et, autant que possible, accessible à tous.»

[1499] V. tb. **Fundamentos** (2008, item XV – contingência e uso da força no direito internacional, p. 1137-1215); Djacoba Liva Tehindrazanarivelo, **Les sanctions des Nations-Unies et leurs effets secondaires: assistance aux victimes et voies juridiques de prévention** (op. cit., 2005).

[1500] Mohammed Bennouna, **Le droit international entre la lettre et l'esprit** (RCADI, 2017, t. 383; publ. Livres de poche de l'Académie de droit international de La Haye, 2017); v. tb. Bennouna, **Les sanctions économiques de l'ONU** (RCADI, 2002, t. 300, p. 9-78).

fundamentais do direito internacional. Caso ocorram tais violações graves, as pessoas acusadas devem ser processadas, e responder perante jurisdição interna ou internacional competente, criando, assim a responsabilidade do indivíduo, perante o direito internacional pós-moderno.

Aqui se vê proposta pelo *Instituto de direito internacional* a instauração de configuração que modifica, ao menos em matéria de assistência humanitária, a relação de *coexistência*, que passa ao patamar da *cooperação* entre estados. O que não é pouco, mas encontra, todavia, considerável resistência dos estados.

A relação entre a espacialidade e os direitos fundamentais permite situar a assim chamada dimensão humana do território. O direito internacional, sob o ângulo da regulação dos espaços, não configura somente dados técnicos. Esta dimensão espacial do direito internacional se configura como essencial, na determinação da condição do ser humano, enquanto sujeito do direito internacional pós-moderno.

29.3. Dimensão humana do território como expressão da relação entre espacialidade e direitos fundamentais

> A Corte considera que a Ucrânia tem direito plausível de não ficar sujeita a operações militares pela Federação Russa com o propósito de prevenir e punir um alegado genocídio no território da Ucrânia.
>
> CORTE INTERNACIONAL DE JUSTIÇA (2022)[1501]

Não se pode consentir em reedição contemporanea da *Operação Condor*, que se materializaria, em nossos dias, por redes de prisões clandestinas e de campos de concentração, em Guantánamo, em Abu Ghraib, recentemente

[1501] CIJ, **Allegations of Genocide under the Convention on the Prevention and Punishment of the Crime of Genocide** (Ukraine v. Russian Federation) Order of 16 March 2022 – Request for the indication of provisional measures – Procedure(s) – Provisional Measures (ICJ Reports 2022, General List No. 182, Order 16 March 2022, cit. § 60 e 63-64): "The Court has already found that Ukraine is asserting a right that is plausible under the Genocide Convention (see paragraphs 50-60)" [...] "The Court concludes, therefore, that a link exists between the right of Ukraine that the Court has found to be plausible and the requested provisional measures."

denunciados e condenados, pela União européia e pela Assembléia parlamentar do Conselho da Europa.

A. A. C. TRINDADE (2008)[1502]

Quem se beneficiou das vantagens da ordem pública deve, de certo modo, responder pelos males criados pelo estado, do qual faz parte.

Paul RICOEUR (2000)[1503]

A dimensão humana do território exprime a relação entre as noções de espacialidade e de âmbito de proteção dos direitos fundamentais. Não obstante todas as tentativas dos (empedernidos) defensores da soberania, em sua expressão ilimitada (ou quase), apregoada pelos autores do direito internacional tradicional,[1504] mais e mais se mostra passível de redução à expressão de modos consentâneos com os imperativos da convivência interestatal.

Felizmente, contrariamente a tal concepção obsoleta, se põe a crescente pressão da sociedade civil internacional, em favor de conjunto de

[1502] Antonio Augusto Cançado TRINDADE, **Évolution du droit international au droit des gens: l'accès à la justice internationale – le regard d'un juge** (Paris: Pedone, 2008, p. 137-138): «On ne peut pas consentir à une réedition contemporaine de l'Opération Condor, qui se matérialiserait de nos jours par des réseaux de prisons clandestines et des camps de concentration, à Guantánamo, à Abu Ghraib, récemment dénoncés et condamnés par l'Union européenne et par l'Assemblée parlementaire du Conseil de l'Europe.»

[1503] Paul RICOEUR, **La mémoire, l'histoire, l'oubli** (Paris: Seuil, 2000, p. 615): «Qui a bénéficié des bienfaits de l'ordre public doit d'une certaine façon répondre des maux crées par l'état dont il fait partie» e prosseguia: «il s'agit toujours d'une relation de pouvoir, de domination, ne serait-ce que celle de la majorité sur la minorité. Quant aux effets, ils se distribuent entre les sanctions punitives, prononcées par des cours de justice au nom d'une politique d'épuration, et les obligations de réparation à long terme, assumées par l'état issu du nouveau rapport de forces. Mais plus importante que la punition – et même que la réparation – reste la parole de justice qui établit publiquement les responsabilités de chacun des protagonistes et désigne les places respectives de l'agresseur et de la victime dans un rapport de juste distance.»

[1504] NGUYEN Quoc Dinh – P. DAILLIER – A. PELLET, **Droit international public** (Paris: LGDJ, 5e éd., 1994, 'l'état', p. 398-550, cit p. 410): «L'indépendance de l'état n'est rien compromise, ni sa souveraineté atteinte, par l'existence d'obligations internationales de l'état».

princípios, de normas e de mecanismos de implementação da proteção internacional dos direitos fundamentais, o que traz, mais e mais, a pessoalidade como sujeito central do direito internacional pós-moderno. Aí se inscreve a expressão do conteúdo evolutivo[1505] das normas cogentes de direito internacional geral (*jus cogens*).[1506]

Esta mutação essencial não se faz isenta de controvérsias. Mas somente cabe festejar que venha o ser humano ocupar o lugar que lhe cabe no sistema internacional pós-moderno.

Esse processo de centralização humana do direito internacional pós-moderno se, de um lado, como se espera, é irreversível, não se pode contestar quanto ainda terá de vencer focos de resistência de nacionalismos exacerbados, que propugnam o estado como 'valor' (*sic*) a ser preservado, em detrimento da condição central do ser humano como sujeito do direito internacional pós-moderno. A estes juntam-se visões políticas tendentes à redução dos conceitos e conteúdos internacionais ao mero jogo de equilíbrio entre poderes estatais concorrentes, como

[1505] V. **Tratado** (tomo – **Direito internacional, história e cultura**, esp. cap. IV – Papel da proteção internacional dos direitos fundamentais como fator de renovação e de transformação do direito internacional); P. de LA PRADELLE, *Sur quelques résurgences du droit naturel* (in **Mélanges offerts à Mr. le Doyen Louis Trotabas**, Paris: L.G.D.J., 1970, p. 317-335, *passim* e p. 334-335) apontava dentre as manifestações de normas cogentes de direito internacional geral, à época em que o artigo foi publicado: (i) a operação jurisdicional de Nuremberg, com a dai decorrente tipificação dos crimes contra a paz e dos crimes de guerra, (ii) as Convenções de Genebra de 12 de agosto de 1949 (e os respectivos protocolos, que seriam acrescidos posteriormente), (iii) a diplomacia do secretário geral da ONU e (iv) a Convenção de 29 de novembro de 1968, sobre a imprescritibilidade dos crimes de guerra. Desde então, outros marcos relevantes poderiam ser acrescentados a tal elenco. Vale, este, sobretudo pela observação final: «C'est dans le domaine de la protection des droits de l'homme que la recherche d'un droit impératif suprême, tiré des sources profondes du droit international, est susceptible d'aboutir à la découverte des éléments de définition d'un *jus cogens* qui serait préservé contre les captures des puissances de souveraineté.»

[1506] A respeito das normas cogentes (*jus cogens*) de direito internacional geral v. **Fundamentos do direito internacional pós-moderno** (2008, esp. item IX – fundamento e norma cogente de direito internacional, p. 721-776, tb. para referências bibliográficas nesta matéria); dentre extensa bibliografia sobre o tema, recomendo: Antonio GOMEZ ROBLEDO, **Le *jus cogens* international: sa génèse, sa nature, ses fonctions** (RCADI, 1981, t. 172, pp. 9-217); Giorgio GAJA, ***Jus cogens* beyond the Vienna Convention** (RCADI, 1981, t. 172, pp. 271-316).

tendem a fazer predominar as visões ditas 'realistas' em matéria de relações internacionais.

A construção de conjunto de direitos e obrigações do estado – e, às vezes sem que tenha ocorrido manifestação do estado, ou mesmo contra a vontade deste,[1507] tal como regulado pelo direito internacional,[1508] será acrescentada a essa dimensão primária, de fenômeno de poder, que se irradia em determinada extensão geográfica.[1509] Pode variar tal extensão. Pode ser bilateral ou multilateralmente instaurada, pode ter os conteúdos os mais variados, pode ter as fortunas as mais variadas, quanto à sua efetiva aplicação e duração, mas, enquanto fenômeno de poder, estará determinada a extensão da vinculação pela expressão da vontade do estado.

O século XX levou ao primeiro plano a culpabilidade penal, em relação a crimes que se inscrevem na categoria de injustificáveis.[1510] O julgamento de tais crimes suscitou legislação criminal especial de direito internacional e de direito interno, definindo crimes contra a humanidade, distintos de crimes de guerra,[1511] e dentre estes, o crime

[1507] Christian TOMUSCHAT, **Obligations arising for states without or against their will** (RCADI, 1993, t. 241, p. 195-374); Chr. TOMUSCHAT, **International law: ensuring the survival of mankind in the eve of a new century: general course on public international law** (RCADI, 1999, t. 281, p. 9-438).

[1508] Com todos os corolários da configuração do estado como sujeito de direito internacional, desde a configuração de seu território, nos âmbitos terrestre, marítimo e aéreo, as relações do estado com os indivíduos que denomine seus nacionais e os estrangeiros residentes ou passageiramente vinculados a este estado, e todo o conjunto de competências e atribuições enfeixadas sob a rubrica da soberania do estado.

[1509] A extensão extraterritorial das leis e da atuação do estado segue a mesma lógica do fenômeno de poder: a aplicação extraterritorial da lei estatal ou adoção de medidas (legais ou ilegais), determinadas pelo estado, estarão em relação direta e necessária com o estado como fenômeno de poder: a aplicação da lei e das medidas irão até onde o estado se considerar dotado ou revestido de poderes para assegurar tal exercício. Ressalvadas as normas de direito internacional e os limites práticos, a partir dos quais qualquer outro estado poderá responder a atuação que considere abusiva. V. tb., *supra*, cap. XXVI 'geografia e extraterritorialidade: projeção do poder do estado além de seus limites territoriais'.

[1510] Paul RICOEUR, **La mémoire, l'histoire, l'oubli** (Paris: Seuil, 2000, 'la culpabilité criminelle et l'imprescriptible', p. 609-614, cit. p. 609).

[1511] Roy GUTMAN, David RIEFF and Anthony DWORKIN (edited by), **Crimes of war** (New York: Norton, © 1999, "revised and updated edition", 2007).

de genocídio: "é pela questão da imprescritibilidade que essa disposição legal toca o nosso problema do perdão".[1512]

Na construção da relação entre o tempo e o direito,[1513] o dado cultural se inscreve entre os dois elementos.[1514] Alguns valores são considerados paradigmáticos. A estes se vai conferir a condição legal da imprescritibilidade.

Reiteradamente somos confrontados[1515] com evidências de ser o estado capaz de cometer crimes internacionais e que a criminalidade internacional seria a de maior periculosidade e a mais difícil de se combater, enquanto criminalidade organizada, quando esta se vê sob a

1512 A questão da imprescritibilidade se coloca porque a prescrição existe em direito para todos os delitos, sem exceção, o prazo de prescrição variando segundo a natureza dos delitos, P. RICOEUR (op. cit., 2000, loc. cit.): «C'est, d'une part, une législation de droit civil qui revêt elle-même une doublé forme, acquisitive et libératoire; sous la première forme, elle statue que, passé un certain délai, une prétention à la propriété des choses ne peut être opposée à celui qui la détient de fait (...) sous la deuxième forme, elle libère d'une obligation, d'une créance, en l'éteignant. La prescription est, d'autre part, une disposition de droit pénal: elle consiste en une extinction de l'action en justice; elle interdit au demandeur, passé un délai, de saisir le tribunal compétent ; une fois le tribunal saisi, elle empêche toute continuation de poursuites».

1513 Camille JAUFFRET-SPINOSI, *Le temps et le droit* (conferência em Montréal, 11 de maio de 2006, publicada **Le temps et le droit** «conférence inaugurale et autres textes entourant le lancement de la Chaire Jean-Louis BAUDOUIN en droit civil de l'Université de Montréal», Montreal: Éd. Thémis / Fac. de Droit – Univ. de Montreal, 2007, p. 31-59, cit. p. 34): «Comme les civilisations, le droit disparaît, couve sous le feu du temps, pour parfois renaître de ses cendres. Les historiens du droit et les comparatistes nous apprennent la fortune ou l'infortune des systèmes de droit.»

1514 A respeito v. **Tratado** (tomo – **Direito internacional, história e cultura**, esp. introdução e cap I – Direito internacional no tempo e seu papel na história).

1515 Vespasiano V. PELLA, **Criminalité collective des états et le droit pénal de l'avenir** (Bucareste: Imprimerie de l'état, 1925, p. 20-22). Como analisa A. A. C. TRINDADE (op. cit., 2008, p. 136, nota 36): pour lui [V. PELLA] la guerre (d'agression) était un «cas typique de criminalité collective»: «la guerre, jusqu'ici a été considéré comme un acte licite dans les rapports internationaux. Très peu nombreux ont été ceux qui ont pensé à l'étudier au point de vue de l'idée de criminalité collective. (...) Tous les crimes internationaux ne sont que le résultat de l'inspiration directe des classes dirigeantes, qui, par leur action, tendent à provoquer l'apparition, au sein des grandes masses populaires, de cette volonté inconsciente, génératrice de toutes les actions violentes qui ont troublé au cours des siècles l'ordre international».

égide do poder estatal.[1516] O estado criminoso não deixa de ser estado, e invoca as suas prerrogativas de sujeito de direito internacional, soberano e independente; mesmo quando viola valores basilares do sistema institucional e normativo internacional. Daí vêm os esforços[1517] pela criação de justiça internacional, para coibir e combater políticas criminosas dos estados.

Houve quem[1518] propugnasse pela "repartição da competência criminal entre os estados", em busca de direito universal, destinado a reprimir as violações graves de direitos. O mesmo se poderia[1519] enfatizar em relação às esferas de ação pública e de ação civil, em matéria de direito internacional penal e, após a experiência da segunda guerra mundial, o processo de Nuremberg, à luz dos princípios modernos do direito internacional penal.[1520]

Pode-se igualmente assinalar a necessidade de caracterizar a responsabilidade internacional do estado, em decorrência de violações graves de direitos, por este cometidas, o que a este parecia arbitrário e limitador da ação da justiça, no plano internacional: "a violação de direito pode ser de tal ordem que necessite, no interesse

[1516] V. PELLA (op. cit., 1925, p. 13): «Les théoriciens du droit international public admettront eux-mêmes que, du jour où sera reconnu le caractère criminel de la guerre d'agression, et en dehors de la disparition du droit de guerre comme objet de leur discipline juridique, ils seront obligés de modifier les méthodes mêmes d'investigation scientifique qu'ils employaient jusqu'à l'heure actuelle. / Au lieu de cet empirisme diplomatique consistant quelquefois à étudier la guerre au seul point de vue de la materialité des faits historiques, il sera nécessaire de procéder à des recherches approfondies dans le domaine de la criminalité internationale.»

[1517] V. PELLA (op. cit., 1925); V. V. PELLA, **La répression de la piraterie** (RCADI, 1926, t. 15, p. 145-276); V. PELLA, **La répression des crimes contre la personnalité de l'état** (RCADI, 1930, t. 33, p. 671-838). V. tb. análise deste em P. B. CASELLA, **Direito internacional, terrorismo e aviação civil** (São Paulo: Quartier Latin, 2006, cap. V 'fenômeno da pirataria', seção II 'definição de Vespasiano Pella', p. 64).

[1518] Henri DONNEDIEU DE VABRES, **Les principes modernes de droit international pénal** (Paris: Rec. Sirey, 1928, p. 451).

[1519] Henri DONNEDIEU DE VABRES, **L'action publique et l'action civile dans les rapports de droit pénal international** (RCADI, 1929, t. 26, p. 207-310).

[1520] Henri DONNEDIEU DE VABRES, **Le procès de Nuremberg devant les principes modernes du droit pénal international** (RCADI, 1947, t. 70, p. 477-582).

da justiça, a expressão de desaprovação que vá além da reparação material".[1521]

De tal modo, "a personificação corrente do estado, ao implicar em distinção artificial entre a associação e os membros que a compõem, contribuiu para sugerir esse princípio anárquico de irresponsabilidade moral e jurídica", de tal modo que "quase não poderá haver esperança para o direito internacional e a moral se o indivíduo, agindo como órgão do estado pode, violando o direito internacional, abrigar-se efetivamente atrás do estado, impessoal e metafísico; e se o estado, em tal capacidade, pode evitar a punição, invocando a injustiça da punição coletiva".[1522]

Tanto mais expressivas essas lições sobre a necessidade de uma justiça penal internacional, se consideramos terem sido estas proferidas antes que se cometessem os horrores da segunda guerra mundial, cuja gravidade e extensão somente vieram confirmar a necessidade de não se comportarem no direito internacional pós-moderno limites dos quais se possa valer qualquer estado, alegando 'assuntos internos',[1523] seu 'domínio reservado', ou qualquer outra fórmula equivalente, para afastar a incidência da norma internacional, que tipifique e puna condutas ilícitas. Aceita a idéia, será outra tarefa enorme assegurar-lhe a adequada implementação.

Em conclusão, a dimensão humana do território pode ser considerada como a expressão, do ponto de vista central do direito internacional pós-moderno, da relação entre espacialidade e direitos fundamentais: aí se constata a necessidade de não-ocorrência de 'limites espaciais'

[1521] Hersch LAUTERPACHT, **Règles générales du droit de la paix** (RCADI, 1937, t. 62, p. 95-422, cit. p. 349-350): «Limiter la responsabilité à l'intérieur de l'état à la *restitutio in integrum* serait abolir le droit criminel et une partie importante de la loi en matière de tort. Abolir ces aspects de la responsabilité entre les états serait adopté, du fait de leur souveraineté, un principe qui repugne à la justice et qui porte en lui-même un encouragement à l'illégalité. Ce serait permettre aux individus, associés sous la forme d'état, d'acquérir, quant aux actes criminels commis (...), un degré d'immunité qu'ils ne possèdent pas agissant isolément ; c'est une immunité couvrant des actes qui, parce qu'ils sont collectifs et aidés par la puissance presque infinie de l'état moderne, jouissent d'un pouvoir de destruction virtuellement illimité.»

[1522] H. LAUTERPACHT (op. cit., 1937, loc. cit.).

[1523] L. PREUSS, **Article 2, paragraph 7 of the Charter of the United Nations and matters of domestic jurisdiction** (RCADI, 1949, t. 74, p. 547-654).

à proteção internacional dos direitos fundamentais. Tanto será esta necessária como frequentes serão as hipóteses de exclusão, pretendidas pelos estados, sob alegações as mais diversas, de necessidades 'operacionais', como de 'prerrogativas soberanas' de um ou de outro estado.

A pretensão de exclusão de normas, quer internacionais, quer por meio de garantias (constitucionais) internas, se viu alegada, no passado, por regimes autoritários e totalitários dos matizes os mais variados, e se retoma em contextos presentes, como o da suposta 'guerra contra o terrorismo', pelos Estados Unidos, a partir dos atentados de 11 de setembro, sobretudo com os presidentes republicanos, George BUSH Jr. e Donald TRUMP, ou na malfadada busca de 'segurança' e 'equilíbrio', pela Rússia de Vladimir PUTIN, atacando a Ucrânia, em 2022.

Pode ser construída paz e mundo mais seguro a partir de ataque militar e destruição generalizada de um povo e de um país? Cada estado poderá pretender ter as razões para excluir da regra geral de boa vizinhança o caso que a este interesse, tirando aquela situação das normas gerais de limitação do uso unilateral da força, mas a cada vez, isso conduz ao fracionamento do sistema institucional e normativo internacional.

Não se pode dizer que a visão totalitária seja uma novidade. De certo modo, não fez mais que sistematizar e dar concretude a tradição bastante antiga. Como emblematicamente denotam fórmulas tais como, em PLAUTO, "o homem é o lobo do homem"[1524] – frase retomada e difundida por HOBBES, que acrescentou – "a guerra de todos contra todos",[1525] ou

1524 Titus Maccius PLAUTUS (254-184 a.C.), **Asinaria** (versión de J. Ricardo MARTIN Fernandez, Beatriz MARTIN Gonzalez, Raúl DOVAL Salgado, Madri: Clásicas Ediciones, 2008); PLAUTUS, **Amphitryon – The Comedy of Asses – The pot of gold – The two Bacchises – The Captives** (ed. and translated by Wolfgang de MELO, Cambridge, Ma. – London: Harvard Univ. Press – Loeb Classical Library, vol. 60 – PLAUTUS, vol. I, 2011, cit. **Asinaria** linha 495): "lupus est homo homini, non homo, quom qualis sit non nouit".

1525 Thomas HOBBES, **Leviathan** (1651, ed. by Richard TUCK, Cambridge: Univ. Press – col. Cambridge Texts in the History of Political Thought, 1991, chap. XIII – of the naturall condition of mankind, as concerning their felicity and misery, p. 86-90, cit. p. 88/89): "during the time men live without a common power to keep them all in awe, they are in that

mesmo a deturpação da lição contida nos **Evangelhos**, "quem não está comigo está contra mim".[1526]

Esta atitude parece negligenciar a clara e salutar separação entre as esferas de atuação divina e humana.[1527] Misturar política e religião nunca deu certo. A propaganda[1528] comunista não fez uso frequente de vocabulário moral, mas este reaparece no discurso dos presidentes norte-americanos, o que lhes permite especular sobre as convicções religiosas de seus eleitores, quando estes se propõem lutar contra o "império do mal" ou contra o "eixo do mal".

Falar em 'guerra' em contextos como estes leva – como levou – a escolhas e a estratégias contestáveis. Como mostrou a desnorteada "guerra contra o terror", promovida pelos EUA, que deixou muitos milhares de vítimas afegãs e iraquianas, enorme destruição, e danos graves à imagem dos Estados Unidos, por conta das violações ao direito internacional, invadindo e ocupando dois países, o Afeganistão e o Iraque, com desculpas e alegações – como a suposta existência de armas de destruição em massa, que nunca foram encontradas.

condition which is called warre; and such a warre, as is of every man, against every man. For warre consisteth not in battell onely, or the act of fighting; but in a tract of time, wherein the will to contend by battell is sufficiently known; (...) So the nature of war, consisteth not in actuall fighting, but in the known disposition thereto, during all the time there is no assurance to the contrary. All other time is peace" (tb. disponível em ed. brasileira, **Leviatã**, trad. de João Paulo Monteiro et Maria Beatriz Nizza da Silva, São Paulo: Abril cult., 1974).

1526 Biblia Sacra – iuxta **Vulgatam Clementinam** (nova editio, logicis partionibus aliisque subsidiis ornata a A. Colunga et L. Turrado, Madrid: Biblioteca de autores cristianos, 1977, *Evangelium secundum Matthaeum*, p. 963-991, *Evangelium secundum Lucam*, p. 1011--1041) Mateus 12.30: "Qui non est mecum, contra me est; et qui non congregat mecum, spargit"; Lucas 11.23: "Qui non est mecum, contra me est; et qui non colligit mecum, dispergit".

1527 Como exprimiria o preceito evangélico no sentido de se «dar a César o que cabe a César e a Deus o que é de Deus». Cfr. Biblia Sacra – iuxta **Vulgatam Clementinam** (ed. 1977, *Evangelium secundum Matthaeum*, p. 963-991, *Evangelium secundum Marcum*, p. 992-1010) Mateus 22.20-21: "Et ait illis Iesus: Cuius est imago haec, et superscriptio? Dicunt ei: Caesaris. Tunc ait illis: Reddite ergo quae sunt Caesaris, Caesari: et quae sunt Dei, Deo"; Marcos 12.17: "Respondens autem Iesus dixit illis: Reddite igitur quae sunt Caesaris, Caesari: et quae sunt Dei, Deo."

1528 Tratava da matéria, sob o ponto de vista do direito internacional, J. B. Whitton, **Propaganda and international law** (RCADI, 1948, t. 72, p. 541-660).

Na sequência das agressões russas contra as tentativas de independência da Chechênia,[1529] contra a Geórgia, em 2008,[1530] passando pela

[1529] P. B. CASELLA, *Chechênia independente?* (in **Direito internacional: vertente jurídica da globalização**, Porto Alegre: Síntese, 2000, p. 325-326) comentava àquela altura: "Resta ver como avançarão as negociações do projeto de tratado, encaminhado pelo líder checheno Aslan MASKHADOV ao Presidente russo, cuja condição fundamental para a paz na região importa no reconhecimento da autonomia política da Chechênia. Ora, grandes mudanças ocorreram em relação ao passado, quando se vê Boris YELTSIN observar não mais fazer sentido 'resistir e opor-se' à independência da pequena república". Logo depois de Vladimir V. PUTIN chegar à presidência da Rússia, mudaria substancialmente essa situação. O atual líder fundamentalista islâmico da Chechênia, Ramzan KADYROV, filho de combatente da guerra contra a União Soviética, somando novos crimes internacionais às sistemáticas violações de direitos humanos e perseguição de minorias e vulneráveis em território checheno (onde os LGBTQIA+ são literalmente caçados como animais), tornou-se estreito aliado de PUTIN, e concordou em enviar tropas chechenas para lutar na Ucrânia, ao lado dos invasores russos. V. tb. Thomas GRANT, *Chechnya* (in **Encyclopedia of public international law**, 2012, vol. II, p. 97-108, D - Conclusion, cit. § 52): "Like other separatist conflicts, the conflict in Chechnya has given rise to matters of territorial integrity, self-determination, third-party involvement, humanitarian law and human rights. [...] In Chechnya, for a time, the separatist claim presented immediate issues of status, from the unilateral declaration of independence in 1991 to the mid 1990s, the territory was effectively outside the effective control of Russia, and the separatist administration claimed to have constituted an independent State. The initial attempt at settlement of the conflict in August 1996, took place in a Russian constitutional framework, which the Chechen State contended to have established new international legal relations. But issues of status even at that time did not concern third parties to any great degree. There was nothing like the multilateral intervention, international administration and eventual recognition of Kosovo."

[1530] Angelika NUSSBERGER, *Russia* (in **Encyclopedia of public international law**, 2012, vol. VIII, p. 1029-1062, Russia and the war in Georgia in August 2008, cit. § 30): "The military confrontation between Georgia and Russia in August 2008 has had strong repercussions on Russia's position in international relations. According to the Report of the Independent Fact-Finding Mission on the Conflict in Georgia, Russia had the right to defend the peacekeepers attacked by Georgian military forces, 'but violated international law as the defensive action went far beyond the reasonable limits of defense'. Neither the question of the exact circumstances of the outbreak of the war nor the question of responsibility has been settled. Russia's recognition of the independence of South Ossetia and Abkhazia as a consequence of the war was seen as a violation of international law by the Council of Europe (COE Resolution No. 1633/2008: The Consequences of the War between Georgia and Russia) as well as by the US and many European States. Russia interpreted it as justified in accordance with the precedent set by the recognition of the Kosovo as an independent State in 2007 by many States."

anexação da Crimeia, em 2014,[1531] ora se encontra em curso a ilegal e abusiva invasão da Ucrânia, por tropas da Rússia, iniciada em 24 de fevereiro de 2022. Existe padrão que se repete, num crescendo de violência e destruição:

- depois de literalmente arrasar a capital chechena, Grozny – núcleo urbano que se desenvolveu a partir de fortificação russa, construída no início do século XIX – para depois celebrar acordos 'internacionais', que permitiram retomar o controle do território checheno, em contexto 'constitucional' russo, até transformar a Chechênia em aliado de Moscou na invasão da Ucrânia;
- depois de ultrapassar os limites do que seria aceitável como 'defesa' na Geórgia, tomando o controle de cerca de 20% do território georgiano, valendo-se do expediente de 'reconhecimento da independência' da Ossétia do Sul e da Abkhazia, em consequência da guerra, o que foi visto como violação do direito internacional, em 2008, e teve consequências graves para a imagem da Rússia nas relações internacionais, e gerou sanções contra esta;
- alguns anos mais tarde seguiu-se a encenação de atos: referendo – declaração de independência – anexação, no caso da Crimeia, em 2014, suscitando nova onda de sanções contra a Rússia; e
- agora, em 22 de fevereiro de 2022, o reconhecimento pela Rússia da 'declaração de independência' da República popular de Donetsk e da República popular de Luhansk, se deu dois dias antes de ser desencadeada a invasão da Ucrânia, em grande escala – ainda que com desastrosos resultados, para ambos os lados, até aqui.

Curiosa e contraditoriamente, a Rússia utilizou como argumento, para o reconhecimento da Ossétia do Sul e da Abkhazia, em 2008, como da Crimeia, em 2014 e ora das 'Repúblicas' de Donetsk e Luhansk, o precedente da declaração de independência do Kosovo, em 2007--2008.[1532] A Rússia – e, furiosamente, também a Sérvia – se opõem ao

[1531] Felipe Nicolau Pimentel Alamino, **Anexação da Crimeia** – o conceito de agressão no Direito internacional (prefácio P. B. Casella, Curitiba: Instituto Memória Ed., 2021).

[1532] CIJ, **Accordance with International Law of the Unilateral declaration of independence in Respect of Kosovo**, Advisory opinion (ICJ Reports 2010, p. 403).

reconhecimento da independência do Kosovo. Já aceito por mais de uma centena de estados.

A Federação Russa utiliza o precedente do reconhecimento da independência do Kosovo, para legitimar as suas agressões e conquistas territoriais, travestindo-as de 'referendo', 'declaração de independência', 'reconhecimento' e 'anexação' – que resultam em ampliações territoriais para a Federação Russa, mediante uso da força. Em clara e flagrante violação do direito internacional vigente. Conforme entendimento manifestado pela Corte Internacional de Justiça, no sentido de que o uso de força não cria título sobre território, no parecer sobre a construção do muro em território palestino ocupado, em 2004.[1533]

Esta mais recente invasão russa e a guerra, ademais, dentro da Rússia, jornais e meios de comunicação, sob censura, sob pena de sofrer condenação e cominação de penas de prisão por até quinze anos, estão proibidos chamar pelo nome essa 'guerra' e essa 'invasão', que só pode ser referida como "operação militar especial", para o suposto 'apaziguamento' da zona russófona de Donbass – no leste da Ucrània, as regiões (*oblasts*) de Donetsk e Luhansk. Segundo o discurso oficial de Moscou, a intervenção russa visaria coibir o 'genocídio' em curso contra a população russófona daquela área.

A Corte Internacional de Justiça, por sua vez, aponta o impacto dessa "operação militar especial"[1534] e cita a Resolução adotada pela

[1533] CIJ, **Legal Consequences of the construction of a Wall in the Occupied Palestinian Territory**, Advisory opinion, 9 July 2004 (ICJ Reports 2004, p. 136).

[1534] CIJ, **Allegations of Genocide under the Convention on the Prevention and Punishment of the Crime of Genocide** (Ukraine v. Russian Federation) Order of 16 March 2022 – Request for the indication of provisional measures – Procedure(s) – Provisional Measures (ICJ Reports 2022, General List No. 182, Order 16 March 2022, cit. § 75): "The Court considers that the civilian population affected by the present conflict is extremely vulnerable. The 'special military operation' being conducted by the Russian Federation has resulted in numerous civilian deaths and injuries. It has also caused significant material damage, including the destruction of buildings and infrastructure. Attacks are ongoing and are creating increasingly difficult living conditions for the civilian population. Many persons have no access to the most basic foodstuffs, potable water, electricity, essential medicines or heating. A very large number of people are trying to flee from the most affected cities under extremely insecure conditions."

Assembleia geral da ONU em 2 de março de 2022.[1535] A Corte considera que a premência da situação e a rápida deterioração das condições de sobrevivência para milhões de pessoas justificariam a concessão de medidas provisórias.[1536]

A falsificação intencional e institucional da verdade, manipulando as fontes de informação às quais a população da Rússia tem acesso, com o intuito de colocar o agressor no papel de vítima, remete às piores fases do período soviético! Inclusive pela violência da repressão aos manifestantes contra a guerra, bem como dos opositores em geral.[1537]

[1535] CIJ, **Allegations of Genocide under the Convention on the Prevention and Punishment of the Crime of Genocide** (Ukraine v. Russian Federation) Order of 16 March 2022 – Request for the indication of provisional measures – Procedure(s) – Provisional Measures (ICJ Reports 2022, General List No. 182, Order 16 March 2022, cit. § 76): "In this regard, the Court takes note of resolution A/RES/ES-11/1 of 2 March 2022, of the General Assembly of the United Nations, which, *inter alia*, '*expresses grave concern* at reports of attacks on civilian facilities such as residences, schools and hospitals, and of civilian casualties, including women, older persons, persons with disabilities and children', '*recognizes* that the military operations of the Russian Federation inside the sovereign territory of Ukraine are on a scale that the international community has not seen in Europe in decades and urgent action is needed to save this generation from the scourge of war', '*condemns* the decision of the Russian Federation to increase the readiness of its nuclear forces', and '*expresses grave concern* at the deteriorating humanitarian situation in and around Ukraine, with an increased number of internally displaced persons and refugees in need of humanitarian assistance'."

[1536] CIJ, **Allegations of Genocide under the Convention on the Prevention and Punishment of the Crime of Genocide** (Ukraine v. Russian Federation) Order of 16 March 2022 – Request for the indication of provisional measures – Procedure(s) – Provisional Measures (ICJ Reports 2022, General List No. 182, Order 16 March 2022, cit. § 77): "In light of these circumstances, the Court concludes that disregard of the right deemed plausible by the Court (see paragraph 60 above) could cause irreparable prejudice to this right and that there is urgency, in the sense that there is a real and imminent risk that such prejudice will be caused before the Court makes a final decision in the case."

[1537] Dentre imensa bibliografia disponível, destaco o historiador inglês, especialista em Rússia, Orlando FIGES, autor de várias obras de referência, tais como: **A people's tragedy: the Russian revolution 1891-1924** (orig. publ. 1996, London: Bodley Head, 2014); **Revolutionary Russia, 1891-1991** (London: Pelican, 2014); **Natasha's dance: a cultural history of Russia** (orig. publ. 2001, London: Penguin, 2002); **The Whisperers: Private life in Stalin's Russia** (orig. publ. 2007, London: Penguin, 2008); **Just send me word** – A true story of love and survival in the Gulag (New York: a Metropolitan book – Henry Holt and Co., 2012); **Crimea – the last crusade** (orig. publ. 2010, Londres: Penguin, 2011).

A Rússia de PUTIN alegava[1538] a necessidade de "proteger" as minorias russófonas do leste da Ucrânia – nas regiões de Donetsk e Luhansk – que supostamente seriam vítimas de genocídio, por parte da Ucrânia. De tal modo, a Ucrânia submeteu a questão à Corte Internacional de Justiça, para que o tribunal se manifestasse a respeito dessa alegação de prática do crime de genocídio. Pondera a respeito a Corte:

> A Ucrânia argumenta que a controvérsia entre as partes diz respeito a saber se, em razão da afirmação unilateral da Federação Russa quanto a estar em curso um genocídio, teria a Federação Russa base legal para tomar medidas militares contra a Ucrânia, para prevenir e punir o genocídio, nos termos do art. I da Convenção do genocídio. A Ucrânia considera que a Federação Russa 'virou de ponta cabeça a Convenção do genocídio' (*has turned the Genocide Convention on its head*), fazendo falsa alegação de genocídio, como base para suas ações, que constituem graves violações dos direitos humanos de milhões de pessoas em toda a Ucrânia. E assevera que, em lugar de tomar medidas militares para prevenir e punir o genocídio, a Federação Russa deveria ter se dirigido aos órgãos das Nações Unidas, nos termos do art. VIII da Convenção do genocídio, ou se dirigido à Corte, nos termos do art. IX da Convenção. A Ucrânia declara veementemente discordar da interpretação, aplicação e execução da Convenção, pela Federação Russa. Menciona, dentre outras, Declaração do ministério das relações

[1538] É o título do livro da jornalista Anna POLITKOVSKAYA (1958-2006), assassinada a tiros no elevador do prédio em que morava em Moscou, por seu jornalismo investigativo, que expunha crimes e mazelas do sistema: ser jornalista de oposição não é nada bom para a saúde – e para a sobrevivência – na 'Rússia de Putin'! V. Anna POLITKOVSKAJA, **La Russia di Putin** (trad. Claudia ZONGHETTI, Milano: Adelphi, 7ª ed., 2009, cit. p. 56-57): "L'uomo russo d'oggi, l'uomo dell'era Putin, ha il cervello offuscato dalla propaganda e per una buona parte è tornato a pensare da bolscevico." A reunião de V. V. PUTIN, com 'apoiadores', em estádio de Moscou, em 18 de março de 2022, transmitida pela TV, foi escandalosamente falsa e inquietante: não lembrava somente os piores momentos da era soviética, mas fez pensar nos comícios de A. HITLER, no Terceiro Reich (1932-1945)! O mais contraditório era o uso do slogan "*Mir bez nazisma*" – Paz (ou Mundo) sem nazismo. O termo '*mir*' em russo tem ambos os sentidos. O contexto pode se prestar a diversificadas interpretações! Inquietante: usam-se técnicas de convencimento das multidões, usa-se a manipulação da verdade, usa-se até mesmo a estética nazista, de bandeiras e agitação popular – manipulada, em ambiente estritamente monitorado e controlado – para anunciar a campanha de luta contra o suposto nazismo, em território de outro estado, vítima da agressão russa!

exteriores da Ucrânia, em 26 de fevereiro de 2022, na qual a Ucrânia afirma que a Federação Russa 'não poderia deixar de estar ciente de que suas visões são *positivamente opostas*' pela Ucrânia.[1539]

Sofrendo agressão injustificada, com invasão de seu território, e sob pesados ataques das forças armadas russas, inclusive contra população civil, bombardeando hospitais, escolas, bairros residenciais e infraestrutura, foi admirável e oportuna a iniciativa do governo Volodmir ZELENSKI da Ucrânia, em levar a questão, apresentada às 9:30 da manhã do dia 26 de fevereiro, à Corte Internacional de Justiça, a respeito de "controvérsia [...] relacionada com a interpretação, aplicação e cumprimento da Convenção para a prevenção e punição do crime de genocídio, de 1948", requerendo à Corte:

(a) julgar e declarar se, contrariamente ao alegado pela Federação Russa, nenhum ato de genocídio, como definido pelo art. III da Convenção de genocídio, tinha sido praticado nas regiões (*oblasts*) de Luhansk e Donetsk da Ucrânia;
(b) julgar e declarar que a Federação Russa não pode legalmente tomar quaisquer medidas, nos termos da Convenção do genocídio, na ou contra a Ucrânia, visando evitar ou punir alegado genocídio, com base em suas falsas alegações de genocídio nas regiões (*oblasts*) de Luhansk e Donetsk da Ucrânia;
(c) julgar e declarar que o reconhecimento, pela Federação Russa, da independência das assim chamadas 'República popular de

1539 CIJ, **Allegations of Genocide under the Convention on the Prevention and Punishment of the Crime of Genocide** (Ukraine v. Russian Federation) Order of 16 March 2022 – Request for the indication of provisional measures – Procedure(s) – Provisional Measures (ICJ Reports 2022, General List No. 182, Order 16 March 2022, cit. § 31 e 32, *in fine*): "The Russian Federation asserts that, in reality, its 'special military operation' on the territory of Ukraine is based on Article 51 of the United Nations Charter and customary international law and that the [Genocide] Convention cannot provide a legal basis for a military operation, which is beyond the scope of the Convention." A Federação Russa conclui (§ 33-34) afirmando que o pedido da Ucrânia foge ao escopo da Convenção e, assim, escapa à jurisdição da Corte, pedindo que a Corte remova o caso da lista. A invocação do art. 51 da Carta da ONU – sobre 'legítima defesa' – para a pretendida justificação da agressão contra a Ucrânia é tão absurda, legal e conceitualmente, quanto descolada da realidade!

Donetsk' e 'República popular de Luhansk', em 22 de fevereiro de 2022, está baseada em falsa alegação de genocídio, e não tem assim base na Convenção de genocídio;

(d) julgar e declarar que a 'operação militar especial', declarada e desencadeada pela Federação Russa em e a partir de 24 de fevereiro de 2022, está baseada em falsa alegação de genocídio, e não tem assim base na Convenção de genocídio;

(e) exigir que a Federação Russa se comprometa e dê garantias de não-repetição, e que não adotará quaisquer medidas ilegais na ou contra a Ucrânia, incluindo o uso da força, com base em sua falsa alegação de genocídio;

(f) determinar integral reparação por todos os danos causados pela Federação Russa em consequência de quaisquer ações tomadas com base nas falsas alegações de genocídio pela Rússia.[1540]

Foram, pela Ucrânia, igualmente requeridas medidas provisórias, nos termos do art. 41 do **Estatuto** e dos artigos 73, 74 e 75 do **Regimento interno** da Corte Internacional de Justiça:

(a) que a Federação Russa suspenda imediatamente as operações militares, iniciadas em 24 de fevereiro de 2022, que têm como propósito declarado e objetivo a prevenção e a punição do alegado genocídio nas regiões (*oblasts*) de Luhansk e Donetsk da Ucrânia;

(b) que a Federação Russa imediatamente assegure que quaisquer unidades armadas, militares ou irregulares, que possam ser dirigidas ou apoiadas por ela, bem como quaisquer organizações e pessoas, que possam estar sujeitas a seu controle, comando ou influência, não tomem quaisquer medidas de ulterior avanço das operações militares, que tem como propósito declarado e objetivo prevenir ou punir a Ucrânia pela prática de genocídio;

[1540] CIJ, **Allegations of Genocide under the Convention on the Prevention and Punishment of the Crime of Genocide** (Ukraine v. Russian Federation) Order of 16 March 2022 – Request for the indication of provisional measures – Procedure(s) – Provisional Measures (ICJ Reports 2022, General List No. 182, Order 16 March 2022, cit. § 2 e 3): "In its Application, Ukraine seeks to found the Court's jurisdiction on Article 36, paragraph 1, of the Statute of the Court and on Article IX, of the Genocide Convention."

(c) que a Federação Russa se abstenha de qualquer ação e dê garantias que nenhuma ação será tomada, que possa agravar ou ampliar a controvérsia, objeto do presente pedido, ou tornar essa controvérsia mais difícil de ser solucionada.
(d) que a Federação Russa apresente relatório à Corte, sobre as medidas tomadas para implementar a ordem de medidas provisórias, no prazo de uma semana depois dessa ordem, e a partir daí, em bases regulares, conforme seja determinado pela Corte.[1541]

Em sede de medidas provisórias, o pedido da Ucrânia suscitou a manifestação da Corte Internacional de Justiça, em 16 de março de 2022, reafirmando que as ordens de medidas provisórias (*orders on provisional measures*), nos termos do art. 41 do **Estatuto** da Corte, "têm efeito vinculante e criam obrigações jurídicas internacionais, em relação a qualquer parte, a quem tais medidas sejam dirigidas":[1542]

(i) por treze votos a dois, a Corte entendeu que a Federação Russa deve imediatamente suspender as operações militares, iniciadas em 24 de fevereiro no território da Ucrânia;
(ii) por treze votos a dois, a Federação Russa deve assegurar que quaisquer unidades armadas, militares ou irregulares, que possam ser dirigidas ou apoiadas por ela, bem como quaisquer organizações e pessoas, que possam estar sujeitas a seu controle

[1541] CIJ, **Allegations of Genocide under the Convention on the Prevention and Punishment of the Crime of Genocide** (Ukraine v. Russian Federation) Order of 16 March 2022 – Request for the indication of provisional measures – Procedure(s) – Provisional Measures (ICJ Reports 2022, General List No. 182, Order 16 March 2022, cit. § 4-5 e 6): Ukraine also requested the President of the Court "pursuant to Article 74 (4) of the Rules of the Court [...] to call upon the Russian Federation t immediately halt all military actions in Ukraine pending the holding of a hearing, to enable any order the Court may make on the request for provisional measures to have its appropriate effects".

[1542] CIJ, **Allegations of Genocide under the Convention on the Prevention and Punishment of the Crime of Genocide** (Ukraine v. Russian Federation) Order of 16 March 2022 – Request for the indication of provisional measures – Procedure(s) – Provisional Measures (ICJ Reports 2022, General List No. 182, Order 16 March 2022, cit. § 84-86 e 71): "Ukraine submits that the seriousness of the situation unambiguously satisfies the conditions of irreparable harm and urgency necessary for the imposition of provisional measures".

> ou comando, não tomar quaisquer medidas de ulterior avanço das operações militares, referidas no item (i), acima;
> (iii) por unanimidade, que ambas as partes devem se abster de qualquer ação que possa agravar ou ampliar a controvérsia perante a Corte, ou torná-la mais difícil de ser solucionada.[1543]

A Corte recapitula o histórico do caso, apontando que, desde 2014, vários órgãos de estado e altos representantes da Federação Russa mencionaram, em manifestações oficiais, a prática de atos de genocídio pela Ucrânia, nas regiões de Donetsk e Luhansk, incluindo a instauração de procedimentos criminais, para a averiguação da prática de tais atos, bem como declaração do presidente russo, Vladimir PUTIN, em 21 de fevereiro de 2022, na qual descreveu a situação em Donbass como "horror e genocídio, que quase quatro milhões estão enfrentando".[1544] Infelizmente, horror e genocídio estão em curso na Ucrânia: mas é o que pratica a Rússia no território do país vizinho e povo eslavo irmão!

A Corte considerou que, com base em declarações feitas por órgãos e representantes de estado, de ambas as partes

> indicam uma divergência de opiniões, quanto a determinar se certos atos, cometidos pela Ucrânia, nas regiões de Donetsk e Luhansk, configuram genocídio, em violação de suas obrigações, nos termos da Convenção do genocídio, bem como se o uso da força, pela Federação Russa, com o declarado propósito de prevenir e punir o alegado genocídio, é medida que pode

[1543] CIJ, **Allegations of Genocide under the Convention on the Prevention and Punishment of the Crime of Genocide** (Ukraine v. Russian Federation) Order of 16 March 2022 – Request for the indication of provisional measures – Procedure(s) – Provisional Measures (ICJ Reports 2022, Order 16 March 2022, cit. § 86 e a seguir 85): "The Court further reaffirms that the decision given in the present proceedings in no way prejudges the question of the jurisdiction of the Court to deal with the merits of the case or any questions relating to the admissibility of the Application or to the merits themselves. It leaves unaffected the right of the Government of Ukraine and of the Russian Federation to submit arguments in respect of these questions".

[1544] CIJ, **Allegations of Genocide under the Convention on the Prevention and Punishment of the Crime of Genocide** (Ukraine v. Russian Federation) Order of 16 March 2022 – Request for the indication of provisional measures – Procedure(s) – Provisional Measures (ICJ Reports 2022, General List No. 182, Order 16 March 2022, cit. § 37 e 38).

ser tomada em cumprimento das obrigações de prevenir e punir o genocídio, nos termos do art. I da Convenção. No entendimento da Corte, os atos apontados pela Requerente parecem suficientes para serem abrangidos pelos dispositivos da Convenção do genocídio.[1545]

Cabe paralelo com incursões igualmente injustificadas, além das reiteradamente cometidas pelos Estados Unidos, em Cuba, na Nicarágua,[1546] no Panamá e em outros países do continente americano,[1547] também as invasões em grande escala e ocupações de longa duração no Afeganistão e no Iraque: também estas 'operações militares especiais' foram ilegais e abusivas e tiveram consequências catastróficas.

Mas estas violações anteriores em nada justificam o que a Rússia ora pratica na Ucrânia: em três semanas, já são mais de 3 milhões de refugiados ucranianos, que deixaram o país, além das vítimas, civis e militares, e da imensa destruição de parte considerável do território da Ucrânia. Notável a resistência ucraniana, diante do peso esmagador da invasão russa.

E além disso, mais uma vez, além de ilegais e abusivas, tais operações de força, mesmo quando bem conduzidas militarmente – o que não

[1545] CIJ, **Allegations of Genocide under the Convention on the Prevention and Punishment of the Crime of Genocide** (Ukraine v. Russian Federation) Order of 16 March 2022 – Request for the indication of provisional measures – Procedure(s) – Provisional Measures (ICJ Reports 2022, General List No. 182, Order 16 March 2022, cit. § 45 e 46): "The Court recalls the Russian Federation's assertion that its 'special military operation' is based on Article 51 of the United Nations Charter and customary international law (see paragraphs 32-33). [...] The above-referenced assertion of the Russian Federation does not therefore preclude a prima facie finding by the Court that the dispute presented in the Application relates to the interpretation, application or fulfilment of the Genocide Convention".

[1546] CIJ, **Military and Paramilitary activities in and against Nicaragua** (Nicarágua v. United States of America) Jurisdiction of the Court and Admissibility of the Application (Jugdment of 26 November 1984) e Merits (Judgment of 27 June 1986) (**I.C.J. Reports** 1986, p. 14).

[1547] David Herrera, **El siglo del Americanismo** – Una interpretación histórica y geoestratégica de la hegemonía de los E.U. (México: Univ. Nacional Autónoma de México – Ed. Akal, 2020); Francisco A. Ortega – Rafael E. Acevedo P. – Pablo Casanova Castañeda (eds.), **Horizontes de la historia conceptual en Iberoamérica** – Trayectorias e incursiones (Bogotá: Univ. Nacional de Colombia / Santander: Genueve Eds., 2021).

parece ser o caso – estão fadadas ao fracasso e são maiores os prejuízos do que os ganhos, não somente para as vítimas da agressão, como para os agressores. Além de ilegal, a guerra é burra e suas consequências são imprevisíveis.[1548]

No caso da Ucrânia é, no mínimo, contraditório e duvidoso pretenda agora a Federação Russa argumentar que a Ucrânia não é um verdadeiro estado e que sequer existiria um povo propriamente ucraniano – tanto que, como tem repetido vozes de Moscou, a primeira língua do presidente ucraniano seria o russo. Efetivamente, parcela considerável dos ucranianos também é fluente em russo – quer ainda herança do período soviético, em que o russo era a língua franca e predominante no conjunto da extinta URSS, ou em decorrência de vínculos familiares, dado que grande número de pessoas tem família de ambos os lados da fronteira – mas daí negar a identidade nacional própria dos ucranianos se trata de desvairada distorção da realidade.

Quanto a existir um povo ucraniano[1549] e dever existir ou não um estado ucraniano, como manifestação da identidade política do povo ucraniano, acredito, deveria ser perguntado antes aos ucranianos; do que aos russos, que ora se engajam em negar o que aceitaram e com o que conviveram durante vários séculos. A resposta tem sido dada de maneira cristalinamente clara pelo heroísmo da resistência ucraniana; e ainda, quando cinicamente a Rússia permitiu a abertura de corredores humanitários para deslocar refugiados direcionados para a Rússia e para Belarus, os ucranianos mostraram preferir enfrentar bombas e condições precárias pelo caminho, mas voltar-se à busca de refúgio nos vizinhos ocidentais: sobretudo a Polônia, mas também a Romênia, a Eslováquia, a Moldávia.

[1548] "Os eventos da guerra são imprevisíveis" advertia Tucídides (ca. 460-400 a.C.), **História da guerra do Peloponeso** (trad. do grego, intr. e notas, Mário da Gama Kury, Brasília: Ed. UnB, © 1982, 3ª ed., 1987, livro II, 11): "os ataques são geralmente súbitos e furiosos; muitas vezes, uma força menor, por estar temerosa, vence adversários mais numerosos, despreparados por subestimar o inimigo. Em terra hostil deve-se sempre ser ousado em pensamento, mas cauteloso na ação e, portanto, estar preparado, pois assim os homens serão mais valorosos no ataque e mais firmes na defesa."

[1549] Como examina o historiador canadense Serhy Yekeltchuk, em seu **Istoriia Ukraini** – Stanovlenie sovremennoi nacii (orig. publ. **Ukraine** – Birth of a Modern Nation, Oxford Univ. Press, 2007, trad. do inglês Nicolau Klimtchuk, Kiev: Isdatelstvo K.I.S., 2010).

Historicamente, nota-se a contradição entre a atitude da Rússia, pretendendo se apresentar como a protetora dos povos eslavos – para coibir, por exemplo, as atrocidades contra estes cometidas, em diversos momentos da História, pelos otomanos – mas cai por terra essa pretensão paneslavista, tendo a própria Rússia sistematicamente oprimido dois povos eslavos – os ucranianos e os poloneses – quando estes se viram, total ou parcialmente, sob controle da Rússia, ao longo dos séculos.

É fácil apontar numerosas ocasiões e atos internacionais, nos quais a Rússia reconheceu a existência do estado ucraniano e os limites do território deste. Sem estender muito essa recapitulação do reconhecimento russo da identidade e do povo ucraniano no passado, cabe lembrar que, depois do fim do Império russo e dos anos de guerra civil, quando, em 30 de dezembro de 1922, foi formada a nova federação, denominada 'União das repúblicas socialistas', com base no **Tratado para o estabelecimento da União das Repúblicas Socialistas Soviéticas**, ratificado pela República socialista soviética federativa da Rússia, bem como pelas Repúblicas socialistas soviéticas da Ucrânia e da Bielo-rússia, bem como pelas Repúblicas socialistas soviéticas federadas Transcaucasianas, como repúblicas constituintes da União. O texto do Tratado permaneceu válido e foi incorporado à Constituição da URSS de 1924.[1550]

Ao lado da União das Repúblicas Socialistas Soviéticas (URSS), também compareceram e assinaram, como membros fundadores da Organização das Nações Unidas, a Carta de San Francisco, para a criação da ONU, em 1945, também a Ucrânia e Belarus.

Ao término da URSS, com base no *uti possidetis*, as fronteiras entre a Federação Russa e a Ucrânia, Belarus e demais repúblicas, que compunham a antiga União Soviética, foram reafirmadas pelo **Acordo de Minsk**, de 8 de dezembro de 1991.[1551] Com base no **Protocolo que**

[1550] A. Nussberger, *Russia* (in **Encyclopedia of public international law**, 2012, vol. VIII, p. 1029-1062, C – Historical development of Russia as a subject of International Law, cit. § 79): "Since then Russia has been formally defined as a 'federal republic' (the RSFSR) within the federal USSR."

[1551] A. Nussberger, *Russia* (in **Encyclopedia of public international law**, 2012, vol. VIII, p. 1029-1062, cit. § 83): "The final step in the process of disintegration was the Minsk Agreement of 8 December 1991 concluded between the heads of state of the RSFSR, the Ukrainian SSR, and the Byelorussian SSR. In the Preamble to the Minsk Agreement it was stated that 'the Union of Soviet Socialist Republics as a subject of international law and a

estabeleceu a Comunidade de estados independentes (CEI), assinado em Minsk, em 8 de dezembro de 1991, pela República de Belarus, a Federação Russa e a Ucrânia, essa garantia da integridade e inviolabilidade territorial se aplicava também às demais repúblicas, participantes da CEI, nas respectivas fronteiras com a Rússia: Cazaquistão, Georgia e Azerbaijão.

Da **Declaração** de Alma Ata, que confirma o término da existência da URSS, assinada, em 21 de dezembro de 1991, por 11 das 15 ex-repúblicas – as três Bálticas permaneceram fora desses procedimentos, e a Georgia aderiu somente em 9 de dezembro de 1993 – é relevante lembrar esta passagem do texto – na qual a Ucrânia é referida como 'estado independente', ao lado da Federação Russa e das demais co-contratantes:

> Os estados independentes, a República do Azerbaijão, a República da Armênia, a República de Belarus, a República do Cazaquistão, a República do Kirguistão, a República da Moldávia, a Federação Russa, a República do Tadjikistão, o Turcomenistão, a República do Uzbequistão, e a Ucrânia [...] declaram que [...] com o estabelecimento da Comunidade de estados independentes, a União das Repúblicas Socialistas Soviéticas deixou de existir.[1552]

Nos termos do **Memorando de Budapeste**, assinado em 5 de dezembro de 1994, com participação da Federação Russa, da Ucrânia, bem como do Reino Unido e dos Estados Unidos,[1553] relativo às garantias de segurança, no contexto da adesão da Ucrânia ao Tratado de não-proli-

geopolitical reality no longer exists' (*'Soius SSSR kak sub'ekt mezhdunarodnogo prava I geopoliticheskaya real'nost prekrashchaet svoe sushchestovanie'*) and in Art. 14 (2) that the activities of the organs of the former Union of Soviet Socialist Republics in the territory of the States members of the Commonwealth are hereby terminated'. At the same time, the CIS was established. The Minsk Agreement entered into force for each contracting party from the moment of its ratification. The Russian Parliament ratified it on 12 December 1991."

1552 Alma Ata Agreements – Alma Ata Declaration; Minutes of the Meeting of Heads of Independent States; Agreement on Coordinating Bodies of the Commonwealth of Independent States; Decisions by the Council of Heads of State of the Community of Independent States; Agreement on Joint Measures with respect to Nuclear Weapons (done 21 December 1991) (in International Legal Materials, 1992, vol. 31, p. 148-153).

1553 UNTC – Registration Number 52241 – "Memorandum on security assurances in connection with Ukraine's accession to the Treaty on the Non-Proliferation of Nuclear

feração de armas nucleares, a Ucrânia se comprometeu a eliminar todas as armas nucleares de seu território, no tempo estipulado, enquanto a Rússia, o Reino Unido e os Estados Unidos reafirmaram seu compromisso com a Ucrânia:

(1) no tocante à manutenção das fronteiras, em conformidade com os princípios da Ata Final de Helsinki, de 1975, "para respeitar a independência, a soberania e as fronteiras existentes da Ucrânia";
(2) reafirmaram a obrigação de se eximirem de qualquer ameaça ou uso da força contra a integridade territorial e a independência política da Ucrânia, e que nenhuma das suas armas jamais será usada contra a Ucrânia, exceto em legítima defesa ou outro meio em conformidade com a Carta das Nações Unidas;
(3) reafirmaram seu compromisso com a Ucrânia, em conformidade com os Princípios da Ata Final de Helsinki, de 1975, de se absterem de coerção econômica destinada a subordinar aos seus interesses o exercício, pela Ucrânia, dos direitos inerentes à sua soberania, e assim garantir as vantagens de toda e qualquer espécie;
(4) reafirmaram seu compromisso em buscar imediata ação do Conselho de Segurança da ONU para prover assistência à Ucrânia, como estado livre de armas nucleares, parte do Tratado de não-proliferação de armas nucleares, caso a Ucrânia se torne vítima de ato de agressão, ou de ameaça de agressão, no qual armas nucleares sejam utilizadas;
(5) reafirmam, em relação à Ucrânia, seu compromisso em não utilizar armas nucleares contra qualquer estado livre de armas nucleares, parte do Tratado de não-proliferação de armas nucleares, exceto em caso de ataque contra estes mesmos, seus territórios e territórios dependentes, suas forças armadas, ou seus aliados, por um estado em associação ou aliança com estado dotado de armas nucleares;
(6) procederão a consultas, caso ocorra situação suscitando questão concernente a qualquer destes compromissos.

Weapons", 5 December 1994, UNTS vol. 3007-I-52241.pdf – registration date: Ukraine 2 October 2014.

A redação do Memorando de Budapeste, de 1994, é bastante clara e direta: a Ucrânia se desnuclearizou totalmente e, em contrapartida, os demais estados co-contratantes, Federação Russa, o Reino Unido e os Estados Unidos se comprometeram a cumprir e fazer cumprir os compromissos acima estipulados. Assim, não somente a Rússia, como também o Reino Unido e os Estados Unidos livremente se engajaram com a Ucrânia, no sentido de garantir a integridade territorial e a soberania da Ucrânia. Será que essas promessas valem alguma coisa, diante do quadro, que ora se nos apresenta?

A inviolabilidade das fronteiras, então existentes, foi confirmada pelo Preâmbulo da **Declaração sobre o respeito à soberania, à integridade territorial e inviolabilidade das fronteiras dos estados membros da CEI**, de 1994. Apesar disso, ocorreram diversas controvérsias territoriais, desde então, entre os referidos estados.

A República da Ucrânia e a Federação Russa reconheceram mutuamente a respectiva integridade territorial, segundo as fronteiras então existentes, por meio do **Tratado de amizade, boa vizinhança e cooperação**, assinado em 19 de novembro de 1990, em vigor desde 14 de junho de 1991.[1554] Isso foi confirmado pelo **Tratado sobre relações interestatais**, entre a Rússia e a Ucrânia, de 25 de junho de 1992. Embora estes acordos não tenham solucionado a controvérsia sobre a Crimeia.

A República socialista soviética autônoma da Crimeia como parte da Rússia soviética fora estipulada, por meio de decreto, em 1921. Depois da deportação dos tártaros da Crimeia, o status desta tinha sido modificado para o de uma região (*oblast*) da República socialista soviética da Rússia, em 1945. Em 1954, a Crimeia foi destacada da Rússia e incorporada ao território da República socialista soviética da Ucrânia, em comemoração aos trezentos anos do Acordo de Pereyslav, decisão que o Soviete Supremo da Federação Russa tentou anular em 1992.

A declaração de Sebastopol como cidade russa, em 1993, foi denunciada pelo Conselho de Segurança das Nações Unidas, em 1993.[1555]

[1554] Ukraine – Russian Federation, Treaty on Friendship, Good Neighbourliness and Cooperation [signed 19 November 1990; entered into force 14 June 1991] (UNTS vol. 1641, p. 227).

[1555] UNSC – "Note by the President of the Security Council", 20 July 1993, UN Doc S/26118.

Depois de negociações tensas, foi alcançada composição amigável, reiterando a manutenção do *status quo*, nos termos do **Tratado de amizade, parceria e cooperação**, entre a República da Ucrânia e a Federação Russa, de 31 de maio de 1997, pelo qual a Rússia e a Ucrânia concordaram em respeitar as respectivas integridades territoriais, e a inviolabilidade das fronteiras existentes entre ambas. Nessa mesma rodada de negociação foi também acordada a questão da divisão da frota do mar Negro, por meio de três acordos, assinados em 28 de maio de 1997.

Outro **Tratado de fronteiras** entre a Federação Russa e a Ucrânia, foi assinado em 28 de janeiro de 2003, embora questões concernentes ao mar territorial tivessem sido deixadas fora do âmbito deste tratado. Para serem solucionadas mediante ulterior negociação.

Negar a identidade nacional ucraniana tem se mostrado discurso inócuo – embora reiteradamente manifestado pelo governo de Moscou e, mesmo por acadêmicos e instituições universitárias russas – diante da decidida resistência ucraniana contra o 'invasor' estrangeiro. Os ucranianos tem se mostrado dispostos a morrer em defesa da sua pátria, da sua liberdade e da identidade do seu povo! Isso fala mais alto que a argumentação tendenciosa, que visa justificar a ocupação – e aí se pode fazer o paralelo com as igualmente descabidas vozes extremistas que alegam tampouco existiria um 'povo' palestino e uma identidade nacional deste, na tentativa de justificar a ocupação israelense.

Para qualquer potência, a qualquer tempo, pode dar-se a tentação de fazer valer a força, de se pretender exercer o poder, como efetividade – com "golpes de força" –, e não somente como potencialidade – com "belas palavras e golpes astuciosos de política" – já ponderava TUCÍDIDES,[1556] em lugar de fazer valer o convencimento e a conjugação de vontades, por meio de acordo. Por isso, representou avanço considerável a configuração possível de um sistema institucional e normativo internacional, entre a pretensão de exercício de hegemonias e a construção de sistemas de relações internacionais. Não sem acolher também dados de realismo, que até hoje permanecem, tais

[1556] TUCÍDIDES, **História da guerra do Peloponeso** (trad. do grego, intr. e notas, Mário da Gama KURY, Brasília: Ed. UnB, © 1982, 3ª ed., 1987, livro III, 11).

como: "quem pode usar a força não tem necessidade de apelar para o direito".[1557]

Pouco importa a época, o risco existe e o fenômeno é recorrente, porquanto tal tentação parece estar presente na alma humana, e, como tal, se reflete, em todas as civilizações, desde que reunidas condições materiais, suficientes para se pretender o exercício do poder hegemônico: por definição, a configuração de exercício deste, a partir de centro de poder, por definição, também, exclui a configuração de sistema coordenado de interação entre unidades.

Tais distorções não parecem ter sido ocasionais, mas desejadas e trabalhadas,[1558] ora perante a opinião pública russa, como perante a opinião pública interna americana, no passado. O controle da informação se torna cada vez mais difícil, diante da proliferação de canais independentes de informação, apesar da censura.

Como se vê, agora, pelo governo de PUTIN, que tem enfrentado oposição interna e se noticiam reiterados protestos contra a guerra, em mais de 150 cidades, com prisão de muitos milhares de manifestantes. E aí parece se tornar secundário o dado de quão desastrosamente mal repercutiram essas mesmas alegações, distorcidas e descabidas, perante a opinião pública mundial.

Cumpre assinalar o paralelo com a alegada guerra contra o terrorismo, promovida pelos Estados Unidos, na esteira dos atentados de 11 de setembro de 2001. Quanta cautela é necessária em relação a essa que nem é verdadeiramente uma guerra, nem o é contra o terrorismo:[1559] a

1557 TUCÍDIDES, **História da guerra do Peloponeso** (ed. cit., I.77): "Os homens parecem revoltar-se mais com a injustiça que com a violência, pois sentem que a primeira, vinda de um igual, é vista como uma usurpação, mas a segunda, vinda de um mais forte, é considerada obra da necessidade". [...] "o domínio presente sempre parece mais pesado aos súditos que o passado" [....] "as instituições vigentes em vossa cidade são incompatíveis com as de outros povos e, além disso, nenhum de vós, quando vai a outros lugares, se pauta por elas ou por aquelas às quais os demais helenos estão acostumados."

1558 Parece atualíssima a lição de TUCÍDIDES (III.82): "A significação normal das palavras, em relação aos atos, muda segundo os caprichos dos homens."

1559 Tzvetan TODOROV, **La peur des barbares**: au-delà du choc de civilisations (Paris: Robert Laffont, 2008, cit. p. 25) analisa as relações entre sociedades e países, a partir de comentário a livro bem conhecido do falecido Samuel HUNTINGTON, e pondera: «Il ne faut pas camoufler les conflits politiques et sociaux en guerre de religion ou choc des civilisations. La 'guerre contre le terrorisme' n'est ni tout à fait une guerre, ni vraiment contre le

tortura que esta (pretende) tornar lícita, é uma gangrena da democracia. Sejam quais forem as razões alegadas, a suposta legitimação da tortura, das prisões clandestinas e da 'suspensão' de garantias, decorrentes de normas internacionais e internas, em relação aos detentos, aos quais se negam quer a condição (internacionalmente protegida) de beligerante, como as garantias (que decorreriam do direito constitucional) são irrítas e nulas, além de desumanas.[1560]

Ademais, mostram-se não somente ineficazes, como francamente contraproducentes: em lugar de coibir, foram celeiros de vocações extremistas, e ensejaram fazer calar as vozes moderadas, que poderiam se opor a tais extremos, nas respectivas sociedades, ante a absurda deturpação de direitos e garantias, perpetrada pela coalização militar, chefiada pelos Estados Unidos, nas situações catastróficas desencadeadas pelas invasões do Afeganistão, desde 2001 até terminar de maneira catastrófica, em 2021, com a retomada do poder pelos Talibãs, ou não menos condenável e francamente duvidosa, a invasão do Iraque, em 2003.[1561] No Afeganistão, depois de saírem derrotados, no passado, os britânicos e, décadas mais tarde, os soviéticos – cuja derrota contribuiu para a desmoralização, que levou ao fim da União Soviética – em 2021, depois de vinte anos de ocupação, saíram derrotados os estadunidenses.

Estas seriam expressões de regimes que se põem "após a democracia". O quadro era analisado, em relação ao caso francês, de modo lúcido

terrorisme. La torture, qu'elle rend licite, est une gangrène de la démocratie.» ; refere-se Todorov ao livro de Samuel Huntington, **O choque de civilizações** e a recomposição da ordem mundial (do original **The clash of civilizations and the remaking of world order** © 1996, trad. M. H. C. CORTES, Rio de Janeiro: Objetiva, 1997).

1560 T. Todorov (op. cit., 2008, parte 3 – la guerre des mondes, p. 129-186).

1561 T. Todorov (op. cit., 2008, la guerre contre le terrorisme, p. 159-164): «Comme toute vision manichéenne qui exlcut les positions tierces, la répartition exclusive en amis et ennemis simplifie excessivement le monde des relations humaines. Elle a pour but de transformer le groupe humain adverse en bouc émissaire, responsable de tous les maux. / La politique engagée par le gouvernement américain à la suite des attentats du 11 septembre 2001 illustre cette situation. Une expression comme 'guerre contre le terrorisme', utilisée par le président des États-Unis pour désigner la situation actuelle, a plusieurs inconvénients. Il est clair d'emblée qu'il s'agit là d'une guerre métaphorique, comme la 'guerre contre la pauvreté' ou la 'guerre contre la drogue', en ce sens que à la différence d'une guerre classique, on ne combat pas un ennemi humain, mais une plaie qui risque de ne jamais être définitivement refermée.»

e virulento.[1562] Mas estes se repetem. Esses perigos são atuais e a disseminação destes pode ser destrutiva para a coerência e o funcionamento do sistema institucional e normativo internacional.

Em suma, o patamar de efetividade e de independência (humanamente possível) de controle de tais violações, que podem ser cometidas pelos estados, podem encontrar guarida mediante princípios, normas e procedimentos de implementação de direito internacional. Isso exige correspondente adequação ou redefinição da expressão territorial da soberania dos estados.

O processo é lento e tem se desenvolvido progressivamente, sobretudo a partir da adoção do conjunto de instrumentos institucionais e normativos internacionais, desde o término da segunda guerra mundial. Nesse quadro de estruturação progressiva de sistema internacional de proteção dos direitos fundamentais, barreiras de ordem interna devem ceder lugar a sistemas internacionalmente instaurados de padronização e de proteção dos direitos fundamentais, como expressão maior e mais relevante da mutação em curso no direito internacional pós-moderno: para que o ser humano tenha a sua condição de sujeito de direito internacional e possa exercitar essa condição, não somente como prerrogativa, outorgada pelos estados, mas enquanto ser e sujeito da ordem internacional. Isso pode, todavia, parecer utópico e objeto de críticas, por parte dos mais renitentes nacionalistas, mas a realidade mudou consideravelmente, nas últimas décadas e essas mutações somente tendem a acentuar esse novo quadro de inserção do ser humano, em direito internacional, que da sua anterior configuração de estrita se não exclusiva estatalidade, mais e mais se exprima e se configure como verdadeiro e pleno 'direito das gentes'.

A seguir se pode passar à questão da relação entre território e ato unilateral (cap. 30): dentre as várias categorias de atos unilaterais, a matéria pode ser ilustrada pela análise dos casos do Estatuto jurídico da Groenlândia oriental e dos testes nucleares franceses, para, a seguir,

1562 Emmanuel TODD, **Après la démocratie** (Paris: Gallimard, 2008); de E. TODD, o anterior não menos virulento ataque aos desmandos dos Estados Unidos, na era BUSH (2000-2008), no seu **Après l'empire**: essai sur la décomposition du système américain (2002, «nouvelle édition avec une posface inédite de l'auteur», Paris: Gallimard-Folio actuel, 2004).

considerar a por vezes difícil e conturbada relação entre território e identidade cultural (cap. 31). A matéria é rica de exemplos e complexa em seus desdobramentos, e dentre os casos possíveis serão referidos somente alguns notórios, destinados a exprimir a relação entre o poder do estado e o âmbito geográfico de expressão deste, propósito do exame contido neste volume dedicado ao exame do direito internacional dos espaços.

CAPÍTULO 30
TERRITÓRIO E ATO UNILATERAL

O comportamento dos estados pode produzir efeitos jurídicos na esfera internacional, mas a codificação de tais condutas e de suas consequências não é possível atualmente. [...] Tribunais internacionais preferiram fazer referência às situações envolvidas, o contexto, bem como a todos os fatos relativos ao caso, em lugar de utilizar categorias formais.

V. RODRIGUEZ Cedeño e M. I. TORRES Cazorla (2012)[1563]

Como qualquer sistema, o sistema jurídico se compõe, na verdade, de unidades em interação, às quais incumbre estruturar as relações. O estudo de seu modo de organização se revela, por esse motivo, indispensável.

Mathias FORTEAU (2006)[1564]

Os atos unilaterais compreendem seja simples declarações de vontade, seja manifestações de vontade ligadas a um fato determinado, como por exemplo a ocupação originária, que pressupõe além da vontade do

[1563] Victor RODRIGUEZ Cedeño e Maria Isabel TORRES Cazorla, *Unilateral Acts of States in International Law* (in **Encyclopedia of public international law**, 2012, vol. X, p. 163-172, cit. § 40).

[1564] Mathias FORTEAU, **Droit de la sécurité collective et droit de la responsabilité internationale de l'état** (Paris: Pedone, 2006, 'introduction', p. 1-45, cit. p. 1): «Comme tout système, le système juridique se compose en effet d'unités en interaction, dont il lui appartient de structurer les relations. L'étude de son mode d'organisation d'avère pour cette raison indispensable.»

ocupante de possuir, um território em nome próprio, a existência de uma autoridade não somente proclamada, mas efetiva.

A. Verdross (1929)[1565]

Como expressão da vontade de um ou mais estados, o ato unilateral pode produzir efeitos no direito internacional. Apesar de não elencado no artigo 38 do Estatuto da Corte Internacional de Justiça, dentre as fontes, o ato unilateral pode e deve ser considerado como 'fonte' do direito internacional, na medida em que produz efeitos, inclusive sobre território.

Ato unilateral, segundo as conclusões a Comissão de direito internacional da ONU (CDI), em 2006, é declaração formal, formulada por um estado, com a intenção de produzir efeitos no direito internacional. A CDI aí manteve a mesma linha, adotada em anterior Relatório, sobre princípios aplicáveis a atos unilaterais, aptos a criar obrigações jurídicas, este em 2000. Nesse sentido, a CDI não exclui a possibilidade de outros sujeitos de direito internacional, como as organizações internacionais, igualmente produzirem efeitos jurídicos internacionais, mediante ato unilateral.[1566]

Amplo espectro de comportamento dos estados pode ser abrangido sob a denominação de 'ato unilateral', quer como ação, que expressa manifestação da vontade em se vincular, por parte do estado, que o pratica; ou, como qualquer comportamento unilateral, que produza efeitos jurídicos, no plano internacional. Exemplos relevantes, emanados da jurisprudência, os efeitos de ato unilateral foram examinados, pela Corte permanente de justiça internacional, no caso da **Groenlândia oriental**,

[1565] A. von Verdross, **Règles générales du droit international de la paix** (RCADI, 1929, t. 30, p. 271-518, § 59 'actes unilatéraux', p. 435-437): «Les actes unilatéraux comprennent soit de simples déclarations de volonté, soit des manifestations de volonté liées à un fait déterminé, comme par exemple l'occupation originaire qui suppose outre la volonté de l'occupant de posséder un territoire en propre, l'existence d'une autorité non seulement proclamée, mais effective.»

[1566] COMISSÃO DE DIREITO INTERNACIONAL DA ONU, *Unilateral Acts of States: Report of the Working Group: Conclusions of the ILC Relating to Unilateral Acts of States* (20 July 2006); ____, Guiding Principles Applicable to Unilateral Declarations of States Capable of Creating Legal Obligations (1 May-9 June and 3 July-11 August 2000).

em 1933,[1567] como pela Corte Internacional de Justiça, nos **testes nucleares franceses**, em 1974.[1568] Como apontado pela CIJ – e também adotado pela CDI –, a linha diretriz, em ambos os casos é: o caráter vinculante de tais declarações decorre da boa fé. Estes dois casos serão a seguir especificamente considerados (30.1 e 30.2).

Cabe ainda lembrar, que em decisão de 2006, sobre **atividades armadas**, entre a República democrática do Congo e Ruanda, na qual a R. D. do Congo pleiteava o reconhecimento da responsabilidade de Ruanda, por violações graves de direitos humanos, cometidas em território congolês, por quinze votos a dois, a Corte entendeu "não ter jurisdição para acolher o pedido", formulado em 28 de maio de 2002. Em sua fundamentação da decisão, determina a CIJ[1569] quais possam ser os efeitos de atos unilaterais: "visando determinar o efeito jurídico de tal declaração, a Corte deve, contudo, examinar seu conteúdo efetivo, bem como as circunstâncias, nas quais foi feito".[1570]

Em outro caso das **atividades armadas**, este entre a República democrática do Congo e Uganda, em cumprimento do julgamento de 19 de dezembro de 2005, a CIJ determinou, em seu julgamento sobre 'Reparações', de 9 de fevereiro de 2022, o pagamento pela República de Uganda, para a República democrática do Congo, de "reparações por danos causados em violação de obrigações internacionais": (por doze votos a dois) USD 225 milhões, por danos a pessoas; (por doze votos a

[1567] C.P.J.I., **estatuto jurídico da Groenlândia oriental**, Dinamarca c. Noruega (julgamento de 5 de abril de 1933, série A/B, n. 18, n. 53, n. 55; série C, n. 62, n. 63, n. 64, n. 65, n. 66, n. 67, n. 69).

[1568] CIJ, **Nuclear Tests Case** (Australia v. France) (1974, ICJ, Recueil, 253) / **Nuclear Tests Case** (New Zealand v. France) (1974, ICJ, Recueil, 457) / **Essais nucléaires français** (France c. Australie et Nouvelle-Zélande, ordonnance en mesures conservatoires, rêquete Fidji pour intervention et fond, 22 juin 1973 et 20 décembre 1974).

[1569] CIJ, **Armed Activities on the Territory of the Congo** (New Application, 2002) (Democratic Republic of Congo v. Rwanda) Judgment 3 Feb. 2006 – Jurisdiction and Admissibility (ICJ **Reports** 2006, p. 6, cit. § 128).

[1570] CIJ, **Armed Activities** (New Application, 2002) (Rep. Dem. do Congo c. Ruanda), Judgment 3 Feb. 2006 – Jurisdiction and Admissibility (ICJ **Reports** 2006, p. 6, § 49): "In order to determine the legal effects of that statement, the Court must, however, examine its actual content as well as the circumstances in which it was made", cita a CIJ além do seu precedente dos **testes nucleares franceses**, também o caso CIJ, **Frontier dispute** (Burkina Faso v. Republic of Mali) Judgment (ICJ Reports 1986, p. 573-574, § 39-40).

dois) USD 40 milhões por danos causados a propriedades; bem como (por unanimidade), USD 60 milhões por danos relacionados a recursos naturais.[1571] Sobremodo interessante a condenação por dano ambiental, destacando a Corte Internacional de Justiça a específica cominação por danos a recursos naturais, além das condenações por danos causados a pessoas e a bens.

Dentre múltiplas situações, deve ser considerado o assim chamado 'silêncio eloquente', ou seja, "a ausência de manifestação, quando um estado deva reagir, ou quando seus direitos se encontrem ameaçados, pela ação de outro estado" – como assinalado na arbitragem sobre as **fronteiras entre Dubai e Sharjah**, em 1981.[1572]

O silêncio do estado pode ser entendido como aquiescência[1573] e, consequentemente, produzir efeitos jurídicos, como entendeu a CIJ em casos, como as **pescarias norueguesas**, entre o Reino Unido e a Noruega, em 1951,[1574] e também no caso do **templo de Preah Vihear**, entre Cambodja e Tailândia, em 1962, retomado pela Corte em 2013: "claramente, as circunstâncias ensejavam alguma reação, em período razoável, por parte das autoridades do Sião, caso quisessem discordar do mapa, ou tivessem objeções relevantes a levantar contra este. Ao não o fazerem, nem naquele momento, nem por muitos anos, desse modo tem de se considerar terem dado aquiescência".[1575]

Quando da assinatura ou da vinculação jurídica a um tratado (ratificação ou adesão), um estado pode apresentar *reservas* ao documento. A reserva é um ato unilateral de estado, por meio do qual este afasta

[1571] CIJ, **Armed Activities on the Territory of the Congo** (Democratic Republic of Congo v. Uganda), Judgment 19 Dec. 2005 (ICJ **Reports** 2005, p. 168) / **Armed Activities on the Territory of the Congo** (Democratic Republic of Congo v. Uganda), Judgment 9 February 2022 – Reparations (ICJ **Reports** 2022, General List No. 116, cit. p. 107-108, § 409).

[1572] Corte arbitral, **Dubai-Sharjah Border Arbitration** (Award) (19 Oct. 1981; 1981, ILR vol. 91, p. 543, § 623).

[1573] Cfr. Accioly – Nascimento e Silva – Casella, **Manual** (2021, 25ª ed., 8.1.1 – negociações diretas, especificamente 8.1.1.1.2 – aquiescência, p. 810-811).

[1574] CIJ, **Fisheries case** (United Kingdom v. Norway) (ICJ **Reports**, 1951, p. 116, § 138).

[1575] CIJ, **Case concerning the Temple of Preah Vihéar** (Cambodia v. Thailand), Judgment 15 June 1962 (**ICJ Report** 1962, p. 6) e **Request for Interpretation of the Judgment of 15 June 1962 in the case concerning the Temple of Preah Vihear** (Cambodia v. Thailand), Judgment (I.C.J. **Reports** 2013, p. 281).

ou modifica a aplicação de disposição de um tratado em relação a ele mesmo: o estado se reserva o direito de não se vincular a determinado trecho do tratado.

Outra modalidade de ato unilateral é o *reconhecimento* de estado ou de governo.[1576] Feito, em geral, sem condições, pode ser considerado como irrevogável. Quando subordinado a condições, a inexecução ou desrespeito, por parte do novo estado, da condição ou condições estipuladas pode determinar a suspensão ou anulação do reconhecimento. Por outro lado, o reconhecimento de um estado, que cessa de existir ou perde definitivamente qualquer dos elementos essenciais, cuja reunião determina o ato de reconhecimento, torna-se caduco.

A respeito do reconhecimento de estado, a dicotomia já estava e permanece presente: trata-se de ato unilateral ou bilateral? Este também foi tópico[1577] para a ponderação da CIJ no **parecer consultivo sobre o Kosovo**, em 2010.[1578] A matéria se mostra passível de questionamento, diante de recentes - e questionáveis - iniciativas do governo da Sérvia, pressionando alguns pequenos Estados no sentido de 'retirarem' o reconhecimento que tinham dado ao Kosovo, como sujeito de direito internacional. O que se afigura inviável e descabido, pela natureza unilateral do ato de reconhecimento, exceto se este tivesse sido originalmente formulado com condições.

A análise da prática internacional, da jurisprudência da CIJ bem como de laudos arbitrais internacionais confirmam a relevância de atos unilaterais dos estados como fonte de obrigações no plano do direito internacional. Permanece, contudo, a dificuldade de formular definição

[1576] Cfr. P. B. Casella, *Reconhecimento de estado e de governo no direito internacional contemporâneo* (in **O direito internacional no terceiro milênio: estudos em homenagem ao prof. V. Marotta Rangel**, org. L. O. Baptista e J. R. Franco da Fonseca São Paulo: LTr, 1998, p. 287-318); Accioly - Nascimento e Silva - Casella, **Manual** (2021, 25ª ed., 3.3 - nascimento e reconhecimento de estado, esp. 3.3.2 - reconhecimento de estado, p. 263-271); Joe Verhoeven, *La reconnaissance internationale: déclin ou renouveau ?* (AFDI, 1993, t. XXXIX, p. 7-40); ___, **La reconnaissance internationale dans la pratique contemporaine** (Paris: Pédone, 1975).

[1577] P. B. Casella, *Secessão no direito internacional e o Parecer consultivo da Corte Internacional de Justiça sobre o Kosovo de 22 de julho de 2010* (Boletim da Sociedade Brasileira de Direito internacional, ano XCVIII, ago.-dez. 2013, n. 119-124, p. 111-126).

[1578] CIJ, **Accordance with International Law of the Unilateral declaration of independence in Respect of Kosovo**, Advisory opinion (22 July 2010) (ICJ Reports 2010, p. 403).

abrangente, bem como elencar todos os aspectos, que seriam relevantes, para caracterizar o ato unilateral como fonte de direito internacional.

Significativo referir, ainda que de forma sucinta, o papel e alcance de algumas categorias de atos unilaterais.[1579] Desse vasto conjunto, interessa aqui a posssível obrigatoriedade de tais atos unilaterais em direito internacional,[1580] em relação à questão do território e da configuração de título jurídico territorial. Dentre as modalidades de atos unilaterais, conhecidos e praticados no direito internacional,[1581] podem ser referidos: a notificação, a renúncia, o reconhecimento e o protesto.

A *notificação*, por meio da qual um estado leva ao conhecimento de outro determinado fato, pode ser obrigatória ou facultativa. As consequências jurídicas da notificação podem ser diversas: em caso de notificação de estado de beligerância a potências neutras, por exemplo, esta tem por efeito tornar imediatamente aplicáveis as normas em matéria de neutralidade.[1582]

[1579] Dada a natureza do direito internacional e o processo de formação de suas regras, torna-se relevante abordar várias faces dos atos jurídicos unilaterais, seus critérios de validade e quando são efetivamente internacionais. Diversas interpretações são possíveis quanto ao ato unilateral e especificamente em relação à promessa no direito internacional.

[1580] A respeito dos atos unilaterais e seus efeitos, no direito internacional: Giuseppe Biscottini, **Contributo alla teoria degli atti unilaterali nel diritto internazionale** (Milão: Giuffrè, 1951); Jacques Dehaussy, *Les actes juridiques unilatéraux en droit international public: à propos d'une théorie restrictive* (JDI, 1.1965, p. 41-60); Eric Suy, *Sur la définition du droit des gens* (RGDIP, 1.1960, p. 762-770); G. Venturini, **La portée et les effets juridiques des attitudes et des actes unilatéraux des états** (RCADI, 1964, t. 112, p. 363-468); E. Zoller, **La bonne foi en droit international public** (Paris: Pedone, 1977).

[1581] A. Verdross (op. cit., 1929, § 59 'actes unilatéraux', p. 435): «Dans la première catégorie rentrent la notification, la renonciation, la reconnaissance et la protestation.»

[1582] Jean-François Chanet et Christian Windler (dir. de), **Les ressources des faibles** – Neutralités, sauvegardes, accommodements en temps de guerre (XVIe-XVIIIe siècle) (Rennes: Presses Univ. de Rennes, 2009); C. Chaumont, **Nations Unies et neutralité** (RCADI, 1956, t. 89, p. 1-60); T. Komarnicki, **The place of neutrality in the modern system of international law** (RCADI, 1952, t. 80, p. 395-510); D. Schindler, **Aspects contemporains de la neutralité** (RCADI, 1967, t. 121 p. 221-322). Para a referência clássica, na matéria: Johan Wilhelm Newmayr Von Ramsla, **Von der Neutralitet und Assistenz oder Unpartheyligkeit vnd Partheyligkeit in KriegsZeiten sonderbarer Tractat oder Handlung** (Erfurt: J. Birckner, 1620). A respeito ver **Tratado** (tomo VIII – **Direito internacional além do paradigma vestfaliano**, esp. construção da neutralidade no direito internacional moderno e o tratado de Newmayr VON Ramsla (1620)).

A notificação de ocupação originária, por sua vez, no contexto colonialista, regido pela Ata geral de Berlim, de 26 de fevereiro de 1885, nos termos de seu art. 34, obrigava os estados, ao ocuparem territórios a partir da costa, no continente africano, a notificar tal fato às demais potências signatárias.[1583] Referida notificação, além da ciência aos demais possíveis interessados, destinava-se a ensejar a oportunidade de fazer valer, se fosse o caso, as possíveis reclamações, por parte dos demais estados. No primeiro caso, o recebimento da notificação obrigaria o destinatário a determinada atividade, enquanto, no segundo, poderia simplesmente ser a mesma acolhida em silêncio. Isso, teria, contudo, o efeito de inibir quaisquer posteriores reclamações.

A declaração de guerra poderia, igualmente, ser inscrita na categoria de notificações, porquanto por meio dela um estado leva ao conhecimento de outro a sua intenção de contra o primeiro encetar hostilidades.[1584] Tratar-se-ia de notificação relativa a evento futuro.

De modo equivalente, a notificação de denúncia de tratado, constitui ciência de evento futuro: a intenção de fazer cessar os efeitos daquela obrigação internacionalmente contratada.

A *renúncia*, enquanto ato por meio do qual um estado abandona direito subjetivo, é, igualmente, unilateral.[1585] A consequência jurídica de tal modalidade, que pode ser expressa, ou pode ser deduzida de conjunto de atos, que conduzam a tal conclusão, consiste, assim, na extinção de direito previamente estabelecido, que pode ser de natureza territorial ou obrigacional. Um estado pode, por exemplo, renunciar à soberania sobre determinada parcela de território, pelo abandono definitivo daquela região.

O *reconhecimento* e o *protesto* são atos unilaterais opostos entre si. Por meio do *reconhecimento*, um estado aceita determinada pretensão jurídica ou a existência de determinado fato, onde o estado, depois de o formular, não mais poderá se opor à situação por ele reconhecida.

1583 Como se examina no **Tratado** (tomos XIV a XVII – **Direito internacional no tempo do colonialismo**).

1584 Cfr. Accioly – Nascimento e Silva – Casella, **Manual** (2021, 25ª ed., 8.2.6 – ruptura de relações diplomáticas, p. 854-855 e parte 9 – uso da força e guerra no direito internacional, p. 857-940).

1585 Cfr. Accioly – Nascimento e Silva – Casella, **Manual** (2021, 25ª ed., 8.1.1 – negociações diretas, especificamente 8.1.1.1.1 – desistência, p. 810-811).

Diversamente, por meio do *protesto* se caracteriza a oposição, formulada pelo estado, em relação à legitimidade de determinado estado de coisas. Justamente tem como propósito que o estado, ao formular tal manifestação, se reserva, precisamente, a possibilidade de fazer valer eventuais ulteriores reclamações, em sentido contrário ao ato ou fato, em relação ao qual foi formulada.

O *protesto*, em princípio facultativo, pode ser necessário ao estado para conservar direitos, onde o silêncio poderia ser interpretado como equivalente à aquiescência. Nos casos em que o direito internacional exige, por parte de determinado estado, de certa atividade, o silêncio poderia ser interpretado como equivalente ao reconhecimento da pretensão da parte adversa, mesmo que resultante de encadeamento de atos, não diretamente relacionados ao motor inicial da questão.

Cabe distinguir o reconhecimento, de um lado, enquanto ato unilateral, e, de outro lado, da aceitação de proposição proveniente de outro estado, da oferta que seja feita, de reconhecer determinada situação. Tais atos podem ser denominados 'reconhecimento' mas, normalmente, para serem considerados válidos, deverão ser completados por declarações, emanadas do outro estado.[1586]

A fundamentação pode ser intangível, mas não pode ser metafísica nem meta-jurídica: haverá de ser encontrada, no campo do direito, a partir do reconhecimento da existência de um novo estado: há de se fazer operar o direito; e deste extrair, validade e eficácia, de modo que se sustente, não obstante diferenças culturais e políticas, e possa sobreviver ao mais desagregador de todos os fatores: a inexorável passagem do tempo, como ilustraria a intervenção da *prescrição liberatória*, em direito internacional, no contexto pós-moderno.[1587]

[1586] O reconhecimento de estado ou de governo propriamente dito, seria antes ato bilateral, porquanto deve ser, quer solicitado, quer aceito pelo novo estado. A forma pode ser fiel, sem ser fiel em espírito. Literalmente fiel será quando seus termos refletirem exatamente o sentido, segundo a natureza das coisas. Este não é problema novo, nem em suas formulações, nem em suas tentativas de resposta. A respeito, ver P. B. Casella, *Reconhecimento de estado e de governo no direito internacional* (in **O direito internacional no terceiro milênio: estudos em homenagem ao prof. V. Marotta Rangel**, org. L. O. Baptista e J. R. Franco da Fonseca São Paulo: LTr, 1998, p. 287-318).

[1587] A respeito da *prescrição*, em relação ao território, no direito internacional, v. item 6.4, bem como Casella, **Fundamentos** (2008, item IX – fundamento e norma cogente de

As *declarações unilaterais de vontade*, por sua vez, provenientes do órgão competente para o exercício das relações exteriores, dirigidas ao órgão correspondente do outro estado são válidas, a partir do momento em que alcancem o destinatário, mesmo que este recuse a aceitação. Tais atos, assim, podem requerer caracterização do recebimento (*empfangsbedürftig*), mesmo que não comportem a caracterização da aceitação (*annahmebedürftig*).[1588]

A partir de ato unilateral pode dar-se a criação, a modificação ou a extinção de direitos e obrigações, na ordem internacional.[1589] Por vezes, não somente 'atos' formalmente considerados, mas simples 'atitudes' podem ter efeitos legais, tanto em relação ao estado que os pratica, como em relação ao(s) estado(s) em relação ao(s) qual(is) é(são) praticado(s), nas modalidades de manifestações, acima referidas.

Dentre outros, para ilustrar a matéria, são a seguir apontados dois casos clássicos da jurisprudência internacional, sobre efeitos de ato unilateral em relação a território: o primeiro, o caso do **Estatuto jurídico da Groenlândia oriental** (1933),[1590] na Corte permanente de justiça internacional. A questão dos efeitos de ato unilateral, em direito internacional, ensejará a retomada deste caso, de 1933, quando da

direito internacional, p. 721-776); cfr. tb. a Resolução IDI, sobre a **prescrição liberatória em direito internacional público** (adotada na Sessão da Haia, 1925, teve como Relatores Nicolas Politis e Charles De Visscher), e antes se fizera, no *Instituto*, em relação aos **conflitos de leis em matéria de prescrição liberatória** (na sessão de Viena, 1924, que tivera como Relator Albéric Rolin); na mesma vertente privatista, o curso de Fayez Hague-Chahine, **La prescription extinctive em droit international privé** (RCADI, 1995, t. 255, p. 229-338).

1588 A. Verdross (op. cit., 1929, § 59 'actes unilatéraux', p. 437).

1589 G. Venturini, **La portée et les effets juridiques des attitudes et des actes unilatéraux des états** (RCADI, 1964, t. 112, p. 363-468).

1590 C.P.J.I., **estatuto jurídico da Groenlândia oriental**, Dinamarca c. Noruega (julgamento de 5 de abril de 1933, série A/B, n. 18, n. 53, n. 55; série C, n. 62, n. 63, n. 64, n. 65, n. 66, n. 67, n. 69) (A/B 53, par. 26): «Le Groënland, qui s'étend du 59º 46′ au 83º 39′ de latitude nord et du 73º au 10º 33′ de longitud ouest, et dont la pointe sud se trouve à environ 63º de longitud ouest de Greenwich, s'étend sur une superficie totale de 2.300.000 Km2, dont les cinq sixièmes sont couverts par le glacier intérieur, de sorte que seule une bande étroite de dimensions variables, le long des côtes, demeure libre de glaces. Il y a lieu d'ajouter que c'est seulement au cours des dernières années du xix.e siècle qu'a été définitivement établie l'absence d'une contiguité territoriale entre le Groënland et les autres parties du continent américain, c'est-à-dire le caractère insulaire du Groënland.»

ocorrência do caso dos **testes nucleares franceses** (1974),[1591] na Corte Internacional de Justiça. Este, por sua vez, ensejará rediscutir conceitos basilares para as relações internacionais como a 'boa fé'.[1592]

A diversificação dos sujeitos de direito acarreta, como consequência inesperada, na medida em que se tornam mais numerosos e mais variados os interlocutores, que os procedimentos de concertação desempenhem papel cada vez mais importante: "embora o recurso ao ato unilateral continue preponderante em direito administrativo, e que o próprio procedimento contratual continue, em ampla medida, a dar lugar ao exercício de prerrogativas administrativas (direito de modificação unilateral, por exemplo), os métodos de concertação tendem a se desenvolver".[1593] Guardadas as proporções e as especificidades de cada área, evolução paralela tocaria ao direito internacional nesse momento.[1594]

Dado a ser enfatizado, em relação ao primeiro, será o impacto de declaração unilateral, na determinação judicial de titularidade sobre território, por simples entendimentos entre funcionários governamentais dos dois estados em questão: a Noruega e a Dinamarca. Enquanto, no segundo caso, a unilateralidade da declaração se põe como fonte de direitos e obrigações, em relação ao conjunto da comunidade internacional, bem como permitiu à Corte Internacional de Justiça declarar extintos os dois processos, encetados pela Austrália e pela Nova

[1591] CIJ, **Essais nucléaires français** (France c. Australie et Nouvelle-Zélande, ordonnance en mesures conservatoires, rêquete Fidji pour intervention et fond, 22 juin 1973 et 20 décembre 1974).

[1592] E. Zoller, **La bonne foi en droit international public** (Paris: Pedone, 1977); R. Kolb, **La bonne foi en droit international public: contribution à l'étude des principes généraux de droit** (Paris: PUF / publications de l'IUHEI de Génève, 2000); A. Verdross (op. cit., 1929, §56 'principe fondamental des rapports internationaux', p. 427): «Le principe fondamental des rapports internationaux est celui de la bonne foi.» (...) «En effet, il s'agit d'un principe gouvernant tous les rapports réciproques des états membres de la communauté internationale.»

[1593] Prosper Weil, *Droit international public et droit administratif* (in **Mélanges offerts à Mr. le Doyen Louis Trotabas**, Paris: L.G.D.J., 1970, p. 511-528, cit. p. 519).

[1594] P. Weil (art. cit., 1970, loc. cit.): «l'apparition, à coté du droit international classique, d'un droit international de la coopération et du développement, qui associe états, organisations internationales et personnes privées à la réalisation d'objectifs communs: n'y a-t-il pas là un embryon de droit concerté, d'un type nouveau dans les relations internationales?»

Zelândia, contra a França, em decorrência da declaração à imprensa, por um ministro de estado, de que o governo francês decidira não mais realizar testes nucleares, na atmosfera.

Em ambos os casos, a tônica será o fato de que a utilização do território não pode ser considerada discricionariamente pelo estado. Mais e mais o imperativo da convivência impõe deveres aos estados, com relação ao uso do território.[1595] Há de se levar em conta a interação entre as unidades políticas que compõem o sistema internacional, sob pena de se caracterizar a responsabilidade internacional do estado.[1596]

Basta ver quanto evoluiu, no plano internacional, a concepção vigente a respeito do estado-nação,[1597] desde o modelo clássico deste, soberano e independente, vinculado pontualmente, com seus pares, na medida em que tenha assentido em obrigar-se ou se possa, em determinados e limitados casos, ver caracterizada a responsabilidade internacional do estado.[1598] Da caracterização de responsabilidade internacional do

[1595] Como se examinou, *supra*, cap. XXV – direito internacional dos espaços e emergência da proteção internacional do meio ambiente.

[1596] M. FORTEAU (op. cit., 2006, *passim*); Hildebrando ACCIOLY, **Principes généraux de la responsabilité internationale d'après la doctrine et la jurisprudence** (RCADI, 1959, t. 96, p. 349-442).

[1597] Paulo BONAVIDES, **Ciência política** (Rio de Janeiro: Forense, 3ª ed., 1976, cap. 3 – a sociedade e o estado, p. 41-56, cit., p. 56), depois de rejeitar o conceito de estado de Leon DUGUIT traz o formulado por Georg JELLINEK [**Allgemeine Staatslehre**, Berlim, 3ª ed., 1922, p. 180-182]: "o estado é a coporação de um povo, assentado num determinado território e dotado de um poder originário de mando". E arremata: "Conceito este irrepreensível". Paulo BONAVIDES, no volume, **Reflexões: política e direito** (Rio de Janeiro: Forense, 2a. ed., 1978, esp. IV – estado, ideologia e regionalismo, p. 32-44, cit. p. 34): "O estado que se estuda no domínio dos fatos e da realidade, com a sua gênese, a sua evolução, os seus momentos de apogeu, o seu ocaso, a sua extinção, esse estado que constitui enfim tema para juristas, historiadores e sociólogos, do outro estado que pertence à reflexão filosófica, ao plano metafísico, à ordem puramente racional".
Por sua vez Dalmo DALLARI, **Elementos de teoria geral do estado** (São Paulo : Saraiva, 4a. ed., 1977, 'conceito de estado', p. 101-104, cit. p. 104) aponta conceito de estado como "a ordem jurídica soberana que tem por fim o bem comum de um povo situado em determinado território". Poucos dos exemplares existentes passariam nesse teste de controle da qualidade da atuação.

[1598] Christian TOMUSCHAT, *Gegenwartsprobleme der Staatenverantwortlichkeit in der Arbeit der Völkerrechtskommission der Vereinten Nationen* („Vortrag vor dem Europa-Institut der Universität des Saarlandes, Saarbrücken, den 26. April 1994", Vorträge, Reden u. Berichte

estado, decorreria a consequente obrigação de reparar o dano causado, como ilustra o marco na jurisprudência, emanada da Corte permanente de justiça internacional, no caso da **fábrica de Chorzow** (1928).[1599]

A respeito da decisão da Corte permanente de justiça internacional, no caso da **fábrica de Chorzow**, "uma das partes invocou o fato que a questão, discutida perante a Corte fora, simultaneamente, submetida a um tribunal arbitral (a Corte, aliás, decidiu que as partes não eram as mesmas). Assim, não foi para preconizar a tese de que a Corte está, em geral, vinculada por decisão, emanada de um tribunal arbitral misto, mas para ressaltar que, no caso, segundo a convenção internacional que a regia, era este da competência do tribunal arbitral misto em lugar daquela da Corte".[1600]

A caracterização da responsabilidade internacional do estado é a contrapartida e a outra face da condição soberana deste, em suas

aus dem Europa-Institut – Sektion Rechtswissenschaft, vol. 311, p. 1-20); Fernando GAMBOA SERAZZI ("com la colaboración de sus ayudantes"), **Derecho internacional público** (Talca: Edtrl. Univ. de Talca, 1998, esp. 'responsabilidad internacional', p. 345--386, cit. p. 345-346): "A veces las teorías se han empeñado en buscar una justificación a la inexistencia de este princípio fundamental, en la mayoria de los casos, han creído hallar esa justificación en la existencia misma de un orden jurídico internacional y en el carácter jurídico de las obligaciones que dicho orden impone a los sujetos."

1599 CPJI, Alemanha contra Polônia, caso da **fábrica de Chorzow**, competência, fixação de indenizações e mérito (26 de julho de 1927, 16 de dezembro de 1927 e 13 de setembro de 1928): "la réparation doit, autant que possible, effacer toutes les conséquences de l'acte illicite et rétablir l'état qui aurait vraissemblablement existé si ledit acte n'avait pas été commis. Restitution en nature, ou si elle n'est pas possible, paiement d'une somme correspondant à la valeur qu'aurait la restitution en nature; allocation, s'il y a lieu, de dommages-intérêts pour les pertes subies qui ne seraient pas couvertes par la restitution en nature ou le paiement qui en prend la place; tels sont les principes desquels doit s'inspirer la détermination du montant de l'indemnité due à cause d'un fait contraire au droit international."

1600 J. LIMBURG, **L'autorité de la chose jugée des décisions des juridictions internationales** (RCADI, 1929, t. 30, p. 519-618, cit. p. 605): «Lorsque le développement de la juridiction internationale aura fait des progrès tels que tous les états y prennent part d'une manière qui englobe généralement tous les différends, on devra examiner la question de savoir de quelle manière on pourrait assurer l'unité de la jurisprudence internationale. Alors il y aura tout lieu de faire de la Cour permanente de justice internationale la Cour régulatrice pour le droit international.»

prerrogativas como sujeito de direito internacional.[1601] A responsabilidade do estado será engajada por violação de obrigações de direito internacional, resultantes de comportamentos individuais, passíveis de serem interpretados como comportamentos de estado.[1602] Não se trata aqui de retomar todos os aspectos da responsabilidade internacional do estado –[1603] mas de apontar que ato unilateral pode engajar essa responsabilidade, quer em relação a outros estados, como também perante organizações internacionais.

Ainda no conjunto dos atos unilaterais, é preciso que o comportamento de determinados indivíduos possa ser imputado ao estado. E engajar a responsabilidade internacional deste. São tais atos habitualmente denominados atos de estado, pelo que se entendem quer as ações como as omissões de atos prescritos pelo direito internacional.

O indivíduo cujo ato é imputável ao estado age na qualidade de órgão do estado. É a ordem jurídica nacional que determina em quais condições um indivíduo age na qualidade de órgão do estado, uma vez que o poder de determinar tais condições é delegado pela ordem jurídica internacional ao direito nacional, na medida em que se trate de atos prescritos ou autorizados pelo direito internacional, ou seja de execução das obrigações impostas ao estado pelo direito internacional ou do exercício dos direitos subjetivos que lhe são conferidos por esse direito.

É consequência da condição soberana no plano internacional, que o estado não reconheça senão seus iguais, aos quais ao menos formalmente não se subordina e de nenhum dos quais aceite ao menos nominalmente interferência em sua esfera peculiar de interesses, também chamada a obrigação de não ingerência[1604] nos assuntos

[1601] Cfr. Accioly – Nascimento e Silva – Casella, **Manual** (2021, 25ª ed., 3.9 – responsabilidade internacional do estado, p. 346-370).

[1602] H. Kelsen, **Théorie générale du droit international public** (RCADI, 1952, t. 42, p. 117-352, p. 87-88): "L'affirmation que le droit international impose des obligations aux États signifie aussi qu'instituant les sanctions de la guerre et des représailles ce droit établi pour le cas où il serait violé une responsabilité collective des sujets de l'État ou des membres de ses forces armées."

[1603] Para o exame dos principais aspectos da responsabilidade internacional do estado ver Accioly – Nascimento e Silva – Casella, **Manual** (2021, 25ª ed., 3.9, p. 346-370).

[1604] T. J. Farer, **The regulation of foreign intervention in civil armed conflict** (RCADI, 1974, t. 142, p. 291-406).

internos.[1605] Isto pode ser aceito como norma do direito internacional geral, mas a esta prerrogativa contrapõe-se, necessariamente e como consequência lógica, a responsabilidade internacional do estado,[1606] por suas ações e também por suas omissões. E esta responsabilidade internacional se pode caracterizar também como consequência por danos, sofridos por estrangeiros, em seu território.[1607]

A complexidade da matéria é demonstrada pelo tempo que se discute a questão, sem que se tenha, até hoje, alcançado plenamente a regulação desta. Se tal pode ser almejado. Como ilustra a tentativa de codificação da prática das medidas de retaliação (*contre-mesures* ou *counter-measures*), no contexto do projeto de convenção sobre "responsabilidade internacional do estado por fato internacionalmente ilícito".[1608]

Confundem-se as esferas de interesses do estado, entre as esferas econômica, política e militar: até que ponto será viável pretender separá-las? As lições de diferentes autores[1609] parecem apontar rumos distintos.[1610]

[1605] L. Preuss, **Article 2, paragraph 7 of the Charter of the United Nations and matters of domestic jurisdiction** (RCADI, 1949, t. 74, p. 547-654).

[1606] Após a caracterização da responsabilidade internacional do estado, passa-se a levar em conta o contexto econômico em relação ao direito internacional. Sinal do tempo presente, o contexto econômico, em boa medida assume a primazia em relação às antigas 'questões' ditas 'de estado', de ordem política e militar.

[1607] D. Anzilotti, *La responsabilité internationale des États à raison des dommages soufferts par des étrangers* (Revue Générale de Droit International Public, 1906, p. 5 ss.).

[1608] CDI, **Rapport de la cinquante-troisième session,** AG, suplemento n. 10 (A/56/10) 2001.

[1609] J.-P. Dupuy, **Le sacrifice et l'envie: le libéralisme aux prises avec la justice sociale** (Paris: Calmann-Lévy, "avant propos", 1990), retomando formulação de 1979, deste e de P. Dumouchel: "Observant l'inondation du monde par la nationalité marchande (...) nos sociétés industrielles (...) sont des sociétés économiques. L'économie est la forme essentielle du monde moderne, et les problèmes économiques sont nos préoccupations principales. Pourtant, le sens de la vie est ailleurs. Tous le savent. Tous l'oublient. Pourquoi?"

[1610] Gérard Farjat, **Pour un droit économique** (Paris: PUF, 2004): "les attentats du 11 septembre, l'intervention en Irak sur un pretexte inventé comme autrefois, sans parler des conflits à l'allure coloniale, montrent que l'histoire est toujours là, et sous ses aspects parfois les plus archaïques. Apparemment nos sociétés ne sont pas si économiques que ça! Et on peut même regretter qu'elles ne le soient pas davantage! (...) Ces événements qui

Será, a seguir, considerado o caso do Estatuto jurídico da Groenlândia oriental (30.1). Ainda neste capítulo, o item seguinte é dedicado ao exame do caso dos testes nucleares franceses (30.2).

30.1. O caso do Estatuto jurídico da Groenlândia oriental

> Existem palavras terríveis, que não devem ser empregadas – especialmente quando se trata da de estados – se não com particular circunspecção: o termo 'boa fé', tantas vezes pronunciado, do outro lado do tribunal, pertence a estes. Tenho a impressão que, por parte da Dinamarca, não se mediu exatamente quanto de injustiça pode existir em se servir de tal termo, de certos modos, e quantos duradoutos inconvenientes o uso apressado de termos desse gênero pode fazer pesar sobre as relações internacionais, especialmente quando se trata de dois povos, entre os quais uma história comum confere, a qualquer malentendido, caráter tão doloroso. Nossos honoráveis adversários se dão conta de quantas reclamações poderiam, facilmente, ser formuladas, do lado norueguês, e que se prestariam a palavras amargas, se não existisse, de nosso lado, uma vontade, deliberada, de deixar esse litígio se desenrolar, na atmosfera que convém a este lugar?
>
> G. GIDEL, em 12 de dezembro de 1932, perante a Corte permanente de justiça internacional, na qualidade de advogado da Noruega, no caso do Estatuto jurídico da Groenlândia Oriental[1611]

troublent le cours d'une mondialisation économique heureuse ou perçue comme telle, favorisent le retour de l'état, que l'on croyait éliminé".

[1611] C.P.J.I., **estatuto jurídico da Groenlândia oriental**, Dinamarca c. Noruega (julgamento de 5 de abril de 1933, série C, n. 66): «il y a des mots redoutables qu'il ne faut employer – spécialement lorsqu'il s'agit d'états – qu'avec une particulière circonspection: le mot de 'bonne foi' qui a été si souvent prononcé de l'autre côté de la barre, est du nombre. J'ai l'impression que, du côté du Danemark, on n'a pas toujours mesuré assez exactement quelle injustice il peut y avoir à se servir d'un mot pareil de certaines façons, et quels inconvénients durables l'emploi hâtif de termes de ce genre peut faire peser sur les rapports internationaux, spécialement lorsqu'il s'agit de deux peuples entre lesquels une histoire commune donne à tout malentendu un caractère si douloureux. Nos honorables adversaires se rendent-ils compte que bien des griefs pourraient être aisément formulés du côté norvégien et qui prêterait à des paroles amères, s'il n'existait pas de notre côté une volonté délibérée de laisser ce litige se dérouler dans l'atmosphère qui convient à ce lieu?»

No caso do **estatuto jurídico da Groenlândia oriental** (1933)[1612] a Dinamarca, em oposição à pretensão norueguesa de ocupar a faixa costeira do litoral oriental da Groenlândia, argumenta a soberania exercida, de longa data, pela Dinamarca, e manifestada, de diversos modos, inclusive com expressa aceitação, em declaração do ministro norueguês IHLEN, em 22 de julho de 1919. Tendo a Noruega interesse em consolidar sua posição de soberana em relação ao arquipélago do Spitsberg,[1613] em abril de 1919, obtém declaração, do gverno dinamarquês, no sentido de que este não manifestaria objeção nem se oporia às aspirações norueguesas, a Dinamarca não tendo, no Spitsberg, qualquer interesse conflitante com a Noruega.[1614]

Em julho de 1919, na altura em que Comissão da Conferência de Paz iria examinar a questão relativa ao Spitsberg, a Dinamarca reitera não ter qualquer objeção às pretensões norueguesas. Fazendo conhecer tal

[1612] C.P.J.I., **estatuto jurídico da Groenlândia oriental**, Dinamarca c. Noruega (julgamento de 5 de abril de 1933) requerimento para a instauração do caso, apresentado em 12 de julho de 1931, com fundamento no art. 40 do **Estatuto** da Corte, e artigo 35 do Regulamento, e fazendo menção à disposição facultativa do art. 36, par. 2, o governo da Dinamarca introduz, perante a Corte permanente de justiça internacional procedimento contra o governo da Noruega, em razão da edição de lei norueguesa, publicada em 10 de julho do mesmo ano, proclamação por meio da qual referido governo declara ter procedido à ocupação de certos territórios da Groenlândia oriental, territórios esses que, segundo o governo dinamarquês, estariam submetidos à soberania da coroa dinamarquesa. Tendo, assim, indicado o objeto da controvérsia, o requerimento concluía dirigindo à Corte pedido no sentido de, sob reserva de quaisquer memoriais, contra-memoriais e meios de prova, a serem ulteriormente apresentados, "dizer e julgar que a promulgação da ocupação referida, bem como qualquer medida tomada em relação a essa ocupação, pelo governo norueguês, constituem infração ao estado jurídico existente, e, por conseguinte, são ilegais e inválidas" (arrêt du 5 avril 1933, par. 23).

[1613] A controvérsia relativa ao arquipélago Spitsberg foi referida, *supra*, no item 24.2 – questão do Ártico; v. tb. R. WAULTRIN, *La question de la souveraineté des terres arctiques* (RGDIP, tome XV, 1908, p.78-125 (première partie), p. 185-209 (seconde partie), p. 401-423 (troisième partie) –*La question du Spitsberg; la question de l'île des Ours; la question du passage du Nord-Est*; R. WAULTRIN, *Le problème de la souveraineté des pôles* (RGDIP, tome XVI, 1909, p. 649-660).

[1614] Walter SCHOENBORN, **La nature juridique du territoire** (RCADI, 1929, t. 30, p. 81-189, esp. chap. IV 'condition juridique particulière de certains territoires en droit international public', p. 162-185, cit. p. 165): «Dans la zone arctique, au Spitzberg, on extrait par exemple du charbon.»

declaração ao ministro das relações exteriores da Noruega, Sr. IHLEN, em Cristiânia, atual Oslo, o ministro dinamarquês deveria assinalar:

(i) "que o governo dinamarquês, desde certo tempo, buscava obter o reconhecimento, pelo conjunto das potências interessadas, da soberania da Dinamarca sobre toda a Groenlândia e da intenção de colocar tal questão, perante a referida comissão" (da Conferência de Paz, em Paris);
(ii) "que o governo dos Estados Unidos da América tinha feito declaração, segundo a qual este não se oporia a que o governo dinamarquês estendesse a sua soberania, bem como seus interesses políticos e econômicos ao conjunto da Groenlândia";
(iii) que entendimentos visando declarações semelhantes estavam sendo buscados pela Dinamarca junto às quatro principais potências aliadas e associadas; e, enfim,
(iv) "que o governo dinamarquês acreditava poder contar que tal extensão tampouco encontraria dificuldades por parte do governo norueguês".[1615]

Em memorando de 18 de janeiro de 1921, dirigido pelo governo dinamarquês ao governo norueguês, pela legação dinamarquesa, em Cristiânia, além de retomar a questão do Spitsberg, e das garantias dadas, em 1919, pela Dinamarca, de que esta não se oporia às pretensões norueguesas sobre tal região, e quanto ao fato de que a Dinamarca buscava assegurar que a extensão da soberania dinamarquesa, sobre o

[1615] C.P.J.I. (série A/B, n. 53, pars. 57 e 58, parcialmente repr.): «Lorsque, à la date du 14 juillet 1919, le ministre du Danemark eut un entretien avec Mr. IHLEN, ministre des affaires étrangères de Norvège, ce dernier se borna a répondre 'que la question serait examinée'. Le ministre des affaires étrangères de Norvège consigna son entretien avec le représentant du Danemark dans une minute dont l'exactitude n'a pas été contestée par le Gouvernement danois. Le 22 juillet suivant, le ministre des affaires étrangères, après avoir informé ses collègues du Cabinet norvégien, déclara au ministre du Danemark 'que le gouvernement norvégien ne ferait pas de difficultés au règlement de cette affaire' (c'est-à-dire l'affaire mentionée le 14 juillet par le gouvernement danois). Tels sont les mots qui figurent dans la minute rédigée de la main de Mr. IHLEN. Selon le rapport adressé à son gouvernement par le ministre de Danemark, les mots dont s'était servi Mr. IHLEN étaient que 'les projets du gouvernement royal [danois] relatifs à la souveraineté du Danemark sur l'ensemble du Groënland... ne rencontreront pas de difficultés de la part de la Norvège.»

conjunto da Groenlândia não encontraria dificuldades por parte da Noruega. O memorando contém referência à declaração IHLEN, mas indica que esta declaração tendo sido puramente verbal, a Dinamarca desejaria receber confirmação por escrito. O documento concluía pedindo declaração escrita, constatando que o governo norueguês reconhecia a soberania dinamarquesa sobre toda a Groenlândia.

Os advogados dinamarqueses invocaram a declaração IHLEN para alegar teria ocorrido reconhecimento da soberania dinamarquesa, existente sobre a Groenlândia. A Corte declara não poder aceitar essa interpretação,[1616] sem levar em conta as circunstâncias e o contexto no qual estariam inscritos os entendimentos em curso entre os dois governos. Mais adiante, a Corte permanente de justiça internacional deduz o que considera ser o caráter incondicional e definitivo desta declaração[1617] e, por conseguinte declara: "decorre do compromisso implicado na declaração IHLEN de 22 de julho de 1919, encontrar-se a Noruega na obrigação de não contestar a soberania dinamarquesa sobre o conjunto da Groenlândia, e, *a fortiori*, de abster-se de ocupar parte da Groenlândia".[1618]

1616 C.P.J.I. (série A/B, n. 53, par. 69) : «La Cour ne peut pas se rallier à cette manière de voir. Un examen attentif des termes dont on s'est servi, et des circonstances dans lesquelles ils furent employés, ainsi que des événements ultérieurs, montre que Mr. IHLEN ne peut avoir eu l'intention de donner à ce moment une reconnaissance définitive de la souveraineté danoise sur le Groënland, et, en outre, que le gouvernement danois ne peut, à l'époque, avoir attribué cette signification à la déclaration. Selon le texte de la minute de Mr. IHLEN, tel qu'il a été produit devant la Cour, par le gouvernement norvégien, et qui n'a pas été contesté par le gouvernement danois, la phrase dont s'est servi Mr. IHLEN est au futur : 'Il ne fera pas de difficultés' ; il avait été informé que c'était à la Conférence de la Paix, que le gouvernement danois entendait soulever la question, et, deux ans plus tard, -- lorsque des assurances eurent été obtenues des principales puissances alliées, - le gouvernement danois s'adressa de nouveau du gouvernement norvégien, afin d'obtenir la reconnaissance désirée par lui de la souveraineté danoise sur le Groënland tout entier.»

1617 C.P.J.I. (série A/B, n. 53, par. 72, e a seguir, par. 73) : «Il ressort de ce qui précède que la Cour ne peut envisager la déclaration IHLEN du 22 juillet 1919 que comme inconditionnée et définitive.»

1618 C.P.J.I. (série A/B, n. 53, par. 75) : «Par ces motifs / La Cour, stuant par douze voix contre deux : / 1. décide que la déclaration d'occupation promulguée par le gouvernement norvégien en date du 10 juillet 1931, ainsi que toutes mesures prises à cet égard, par ce même gouvernement, constituent une infraction à l'état juridique existant, et, par conséquent, sont illégales et non valables.» (...)

Pouco mais de quatro décadas depois da ocorrência e do julgamento do caso do Estatuto jurídico da Groenlândia oriental, a questão do território e ato unilateral pode ser analisada à luz de outro caso, este ocorrido em 1974, quando das controvérsias em torno da realização dos testes nucleares franceses (30.2), como se passa a considerar.

30.2. Os testes nucleares franceses

O uso pacífico da energia nuclear, encarado inicialmente, como contrapartida vital e esperançosa, de desenvolvimento paralelo, de equilíbrio e reivindicação, ao perigo de extinção e morte, pelo uso militar dessa energia, iniciou importantíssimo progresso científico e tecnológico e desenvolvimento normativo, internacional e interno, destinado a assinalar juridicamente o relativo a este emprego pacífico da energia atomica.

H. GROS ESPIELL (2000)[1619]

O caso dos testes nucleares franceses é outro exemplo relevante da relação entre direito internacional e ato unilateral: mesmo em razão de declaração unilateralmente formulada, entendida esta, pela Corte Internacional de Justiça, como 'promessa', ou 'compromisso' do estado, em decorrência de declarações, feitas publicamente, foi este considerado impossibilitado de desconsiderar, no futuro, o conteúdo das declarações, que, justamente, constituíam o objeto de dois casos em andamento, perante a mesma instituição.

A questão tem outras facetas, que podem ser consideradas relevantes, do ponto de vista do direito internacional pós-moderno. Mas, cabe considerar como ilustrativa de desenvolvimento, no contexto

[1619] Hector GROS-ESPIELL, *Una reflexión sobre el uso pacífico de la energia nuclear* (in **Dimensão internacional do direito: estudos em homenagem a G. E. do NASCIMENTO E SILVA**, coord. P. B. CASELLA, São Paulo: LTr Ed., 2000, p. 211-228, cit. p. 213): "El uso pacífico de la energia nuclear, encarado inicialmente como uma contrapartida vital y esperanzadora, un desarrolo paralelo, de equilíbrio y reivindicación, al peligro de extinción y muerte por el uso militar de esa energia, inició un importantisimo progreso cientifico y tecnologico y un desenvolvimiento normativo, internacional y interno, destinado a enmarcar juridicamente lo relativo a este empleo pacífico de la energia atómica."; v. tb. G. ARANGIO-RUIZ, **Some international legal problems of the civil uses of nuclear energy** (RCADI, 1962, t. 107, p. 497-638).

contemporâneo, de que o estado não pode se arrogar extensões ilimitadas para o exercício do que considere seus 'direitos', como se deu em relação à questão dos testes nucleares.

A reflexão sobre a teoria dos atos jurídicos nunca encontrou grande repercussão em direito internacional: "mais inspirados pelo estudo de atos considerados individualmente, e sobretudo dos tratados, os autores negligenciaram examinar os traços comuns aos diversos atos jurídicos".[1620] Daí decorre o fato de que sistemas que não incorporaram a noção de ato jurídico mal percebem a utilidade desse conceito, especificamente em direito internacional.[1621]

A decisão da Corte Internacional de Justiça, no caso dos **Testes nucleares franceses** (1974)[1622], não foi apta a ensejar retomada de atenção para os atos jurídicos unilaterais estatais e o estudo dos atos das organizações internacionais não foi situado, exceto por raros autores, em contexto mais amplo, que o âmbito específico daquelas organizações.[1623] Contudo, a controvérsia sobre o valor jurídico das resoluções das organizações internacionais, ou as discussões sobre as diferenças entre

[1620] Jean-Paul JACQUÉ, **Acte et norme en droit international public** (RCADI, 1991, t. 227, p. 357-417, 'introduction', p. 367-371, cit. p. 367): «Mais celle-ci [une réflexion plus vaste sur la théorie des actes juridique en droit international public] n'a pas encore été menée à son terme, et si la plupart des manuels continentaux saluent d'un coup de chapeau la théorie des actes juridiques, c'est pour passer rapidement à l'étude des catégories distinctes d'actes sans vraiment s'attacher à une approche globale.»

[1621] J.-P. JACQUÉ (op. cit., 1991, loc. cit.): «On peut s'interroger sur les raisons de cette attitude. Tout d'abord, le concept d'acte reste encore largement étranger à la doctrine anglo-saxonne et il est significatif que l'on trouve difficilement un terme pour désigner l'acte, les traductions comme *juridical act* ou *legal act* n'ayant de sens que pour le traducteur. En effet, la théorie des actes est largement impregnée des conceptions nationales et procède, souvent à tort, parce que la structure même de l'ordre juridique est différente, d'une transposition. Il en découle que les systèmes qui n'ont pas incorporé la notion d'acte juridique ne perçoivent guère son utilité en droit international.»

[1622] C.I.J., **testes nucleares franceses** (Austrália c. França e Nova Zelândia c. França), julgamento de 20 de dezembro de 1974.

[1623] J.-P. JACQUÉ (op. cit., 1991, loc. cit.): «La situation évolue et l'on perçoit mieux l'intérêt qu'il peut y avoir à mener une analyse de la catégorie d''acte juridique' dans son ensemble. La Cour internationale de justice a, elle-même, donné l'exemple dans l'affaire des **Essais nucléaires** en empruntant au droit des traités la théorie du changement fondamental de circonstances pour tempérer ses considérations quant à la force obligatoire de la promesse unilatérale.»

resoluções e convenções amplamente abriram o caminho para reflexão mais ampla.

Em se tratando do ordenamento jurídico internacional, no qual a vontade do estado tem papel primordial, a reflexão sobre o ato jurídico é determinante, porquanto o estudo dos atos é a análise dos instrumentos por meio dos quais o direito positivo permite à vontade dos sujeitos de direito internacional ser criadora, e produzir efeitos jurídicos. Assim, desenvolver uma teoria dos atos seria buscar os meios de isolar, em meio à massa de comportamentos imputáveis aos sujeitos de direito internacional, quais se inscrevem no direito internacional e podem produzir efeitos jurídicos.[1624]

Para a determinação do conteúdo e da possibilidade de criação de norma vinculante da conduta de sujeito de direito internacional será necessário considerar a intenção de vincular-se por aquela declaração, permitindo caracterizar a declaração como compromisso jurídico. Esse é todo o dilema e a controvérsia em torno do conceito e do conteúdo da *soft law*.

O fenômeno pode ser ilustrado pela **Ata final de Helsinki**. Constitui ou não um tratado? Sabe-se que a resposta negativa resulta, ainda neste caso, da ausência de vontade das partes em se vincularem, ao menos no plano jurídico, tal como esta se manifestou por diversos indícios, dentre os quais a recusa em fazer registrar a Ata final.

A teoria dos atos jurídicos em direito internacional permitiria determinar, com maior clareza, o que se inscreve no âmbito jurídico e o que escapa deste, bem como pode contribuir para responder às questões, frequentemente colocadas a respeito da pertinência jurídica dessas noções vagas e imprecisas, que estão em voga no direito internacional

[1624] Ao se retomar o caso dos **testes nucleares franceses**, e particularmente as declarações francesas a respeito da renúncia aos testes na atmosfera, somente análise *a posteriori* permitiu estabelecer que se tratava de declarações que vinculavam juridicamente a sua autora, e constituíam promessa unilateral. Poderiam ter sido consideradas declarações puramente políticas, e, como tais destituídas de qualquer conteúdo legal? Assim, para J.-P. JACQUÉ (op. cit., 1991, p. 368): "La question de l'exacte portée des déclarations dans l'esprit des autorités françaises reste ouverte. C'est par une interprétation que la Cour leur a conféré force obligatoire. Ceci montre qu'un acte juridique a avant tout pour objet un texte et que la norme est la signification donnée à ce texte"; v. tb. D. KENNEDY, **International legal structures** (Baden-Baden: Nomos, 1987, p. 54 ss).

pós-moderno, tal como a controvertida e pouco precisa categoria de *soft law*. Podem ser necessárias, mas continuam pouco claras, quer quanto ao conteúdo, como quanto aos efeitos: podem ser justificadas enquanto tentativas de explicações, que tentam sistematizar a realidade.

Cabe enfatizar "não ser o direito somente produto da vida social, mas igualmente o fruto de esforço de reflexão, onde se trata de ordenar os dados assim recolhidos, em conjunto coerente e tão lógico quanto possível. É o aspecto sistemático do direito internacional, simultaneamente mais importante e mais delicado que o dos direitos nacionais".[1625]

A teoria do ato jurídico, mesmo em se tratando de noção comum aos diferentes sistemas jurídicos, não pode ser captada *in abstracto*, mas se insere em determinada ordem jurídica.[1626] As normas de *jus cogens* vieram mostrar, como parece evidente, que mesmo a vontade dos estados tem de encontrar limites, e que os estados não podem atribuir quaisquer efeitos a determinado tratado. Esse é problema de validade: "para que determinado ato jurídico possa cumprir a sua função, é preciso que tire sua validade formal e material da ordem jurídica existente. Não existe teoria dos atos, sem teoria da validade".[1627] Mas passa-se insensivelmente

1625 Paul Reuter, **Principes de droit international public** (RCADI, 1961, t. 103, p. 425--656, cit. p. 459): «Il est plus important parce que les sociétés nationales, du fait qu'elles sont profondément centralisées par l'autorité étatique, engendrent un droit déjà systematisé par ses conditions d'élaboration. Au contraire, la 'décentralisation du pouvoir politique', qui règne dans la société internationale rejette sur le juriste un fardeau plus lourd. / Il est plus délicat parce que le désordre de la société internationale n'est pas tant désordre de la pensée que désordre du pouvoir ; certes le juriste peut se laisser aller à la systématisation, mais s'agit-il de systématiser seulement ses pensées ou de systématiser aussi la réalité? Certes, de par sa nature même, le droit est avide d'ordre, mais à quoi servirait-il, par excès de rigueur dans la pensée, de poursuivre une systématisation en dehors du cadre des solutions admises?»

1626 Se uma manifestação de vontade pode acarretar consequências jurídicas não se trata, exceto se for isso inscrito no subjetivismo total, em razão das suas características próprias, mas porque a ordem jurídica lhe atribui essa faculdade: para tomar o exemplo do tratado, o encontro de vontades somente produz efeitos jurídicos porque a norma *pacta sunt servanda* lhe reconhece essa aptidão para criar tais efeitos. Isso muitas vezes é esquecido em direito internacional, na medida em que o voluntarismo reinante contribui a reverenciar a vontade estatal.

1627 Jean-Paul Jacqué, **Acte et norme en droit international public** (RCADI, 1991, t. 227, p. 357-417, esp. p. 369-370): «Si la doctrine distingue souvent mal la norme de l'acte qui l'a créée, cela ne signifie pas que la théorie des normes suscite la même indifférence que

do ato à norma e é difícil evitar esse deslize, em razão do próprio vocabulário utilizado: "o termo tratado é simultaneamente utilizado para designar o documento redigido no curso de negociações e o objeto do documento, que é a norma por este criada".[1628]

É necessário colocar com clareza a distinção entre ato e norma: "quando dizemos do tratado ser este fonte de direito, temos em vista o ato criador do direito, o procedimento segundo o qual as normas convencionais são criadas". Mas quando dizemos que tratado foi celebrado, ou então, que em razão de um tratado tal estado têm tais obrigações ou tais direitos, temos em vista as normas criadas por procedimento cujo elemento essencial é o estabelecimento de acordo de vontades. É, assim, "importante distinguir claramente entre o tratado designando ato criador de direito e o tratado designando a norma criada por tal ato, pois a confusão dos dois significados da palavra tratado é

celle des actes. Au contraire, la réflexion sur les sources du droit international rencontre inévitablement le problème des normes et de leur définition. Il en va de même de la théorie de la responsabilité qui impose, pour ses fins propres, de définir ce qu'est une obligation et quels sont les divers types d'obligations. Enfin, l'apparition de la notion de *jus cogens* rend plus actuelle la question de la hiérarchie des normes qui avait déjà retenu l'attention lors des travaux de codification du droit des traités à propos des traités successifs ou contradictoires. / Si l'on définit, tout à fait provisoirement, la norme comme un ensemble de droits et d'obligations, pourquoi s'interroger sur les rapports qui peuvent s'établir entre l'acte et la norme ? Il paraît assez évident de dire que l'acte est l'instrument de création de normes, mais qu'il n'a pas l'exclusivité de cette fonction qui peut être également celle de la coutume. Mais, la fonction de l'acte s'épuise-t-elle dans son aspect normateur ? Les actes ne créent-ils que des normes et un acte qui ne donnerait pas naissance à une norme ne serait-il pas un acte juridique ?»

[1628] Assim, em matéria de nulidades, confunde-se a nulidade do tratado, atingido por vício de consentimento, que é, essencialmente, a nulidade do acordo de vontades, que dá origem à norma, com a nulidade da própria norma, decorrente de conflito com norma de direito internacional geral. No primeiro caso, o instrumento 'tratado' não pôde validamente aceder ao plano da existência, para todas as partes, enquanto ato criador de normas, em razão da ausência de um de seus elementos constitutivos; no segundo caso, o direito positivo recusa qualquer existência à norma que este criou. Em um caso, somente o consentimento viciado é inoperante, o instrumento podendo continuar a existir validamente, em relação às demais partes, cujo consentimento não foi viciado; no segundo caso, a norma não pôde ser criada, porque o direito positivo recusava à vontade das partes a possibilidade de se dotar de tal objeto.

a fonte de numerosos erros e mal entendidos, na teoria tradicional do tratado".[1629]

Em matéria de controle de testes nucleares, a regulação da convivência internacional, no contexto da confrontação direta do tempo da guerra fria,[1630] suscitou numerosas questões jurídicas.[1631] Esforços como a não-proliferação nuclear, no auge da guerra fria, nos parecem hoje mais remotos que a história antiga:[1632] "o registro das negociações de banimento dos testes nucleares também tem importância para as questões, há muito debatidas, entre a distribuição de poder e a realização de acordos".[1633]

[1629] Hans KELSEN, **Théorie du droit international public** (RCADI, 1953, t. 84, p. 1-204, cit. p. 136): «traité désignant un acte créateur de droit» et «traité désignant la norme créée par un tel acte».

[1630] Nesse sentido, curioso examinar a exposição do mesmo tema, sob dois pontos de vista: L. N. ORLOV, *Soviet joint enterprises with capitalist firms and other joint ventures between east and west* (RCADI, 1990, t. 221, p. 371-414) e Russell H. CARPENTER Jr., **Soviet joint enterprises with capitalist firms and other joint ventures between east and west: the western point of view** (RCADI, 1990, t. 222, p. 365-421, 'conclusion', p. 421): "Joint ventures between capitalist firms and socialist enterprises have been designed as bridges between incompatible legal and economic systems. The Socialist shores to which these bridges are built are undergoing significant change at an uncertain pace and to an uncertain end. In the final analysis, the success of the joint venture experiments in these countries will depend much more on the progress toward fundamental change in the host country's economic system than on the specific provisions of the applicable joint venture law."

[1631] Por exemplo: J.-C. VENEZIA, *Logique nucléaire et paradoxes diplomatiques* (in **Mélanges offerts à Mr. le Doyen Louis Trotabas**, Paris: L.G.D.J., 1970, p. 459-478); R. E. CHARLIER, **Questions juridiques soulevées par l'évolution de la science atomique** (RCADI, 1957, t. 91, p. 213-382).

[1632] Como representou a consolidação de regulação internacional de proscrição de testes nucleares entre EUA e URSS, durante a guerra fria, como examinam Harold Karan JACOBSON e Eric STEIN, **Diplomats, scientists, and politicians: The United States and the Nuclear Test Ban Negotiations** (Ann Arbor: Univ of Michigan Press, © e impr. 1966, 'preface', p. V-VI): "a limited attempt to assess the impact of science and modern technology on the negotiating process and concepts of international organization, using the test ban negotiations then in progress as a case study. When the Moscow Treaty was signed, however, it seemed wise to broaden the focus and to capture as many of the details as we could which might help to explain this first formal arms control agreement between East and West in the nuclear age."

[1633] H. K. JACOBSON e E. STEIN (op. cit., cap. XIV – the test ban negotiations and treay in retrospect, p. 469-503, cit. p. 498 e a seguir p. 499): "In sum, with respect to military

Visões mais recentes do fenômeno e do estado atual da regulamentação internacional ainda procuram mostrar alguma esperança.[1634] O progresso tecnológico e o aumento da capacidade de destruição tornaram inexorável a necessidade da regulação do uso da tecnologia e da capacidade de aplicação das armas nucleares.[1635]

Além do caso dos **testes nucleares franceses** (1974),[1636] a questão dos testes nucleares passa pela Corte Internacional de Justiça também no parecer sobre a **licitude da ameaça e do uso de armas nucleares** (1996).[1637]

A CIJ, no parecer consultivo a respeito da **licitude da ameaça ou do uso de armas nucleares** (ONU e OMS), prolatado em 8 de julho de 1996, depois de enfatizar a necessidade da **dissuasão nuclear**, questão

power, in 1963 there were reasons for both sides to have greater confidence in their own abilities to achieve the missions than they might assign to their military establishments than they had in 1958. This bears on the question of whether in an arms race an increase in one side's security necessarily decreases that of the other side, and also on the degree of confidence necessary to achieve arms control agreements."

1634 Wolf Ejzenberg, **Desarmamento nuclear** (pref. P. B. Casella, apres. G. M. Ferreira Jr., Belo Horizonte: Arraes, 2017); Jozef Goldblat, **The nuclear non-proliferation regime: assessment and prospects** (RCADI, 1995, t. 256, p. 9-191); Hector Gros Espiell, *Una reflexión actual sobre el uso pacífico de la energia nuclear* (in **Dimensão internacional do direito: estudos em homenagem a G. E. do Nascimento e Silva**, coord. P. B. Casella, São Paulo: LTr, 2000, p. 211-228).

1635 H. K. Jacobson e E. Stein (op. cit., cap. cit., p. 503): "It is obviously impossible to give a definitive answer at this stage to the crucial question of whether or not the signature of the Moscow Treaty marked a turning point in the nuclear era. What can be said, though, is that the Treaty represented an attempt to create a turning point; that the attempt has been made is important and it has had an impact on international atmosphere. Furthermore, what has been learned in the process of making the attempt may have been as important as the actual Treaty, for mankind now knows a good bit more about how to proceed in efforts to create a more peaceful world. Finally, the record of the test of the test ban negotiations also shows that the growth of technology may contain within itself important potentialities for control."

1636 CIJ, **Essais nucléaires français** (France c. Australie et Nouvelle-Zélande, ordonnance en mesures conservatoires, rêquete Fidji pour intervention et fond, 22 juin 1973 et 20 décembre 1974); considerável parte do volume E. Zoller, **La bonne foi en droit international public** (Paris: Pedone, 1977) é dedicado à análise do caso dos **testes nucleares franceses** na CIJ.

1637 CIJ, **Legality of the threat or use of nuclear weapons**, Advisory Opinion of 8 July 1996 (I.C.J. **Reports**, 1996, p. 226).

chave da resposta da Corte, a respeito do direito que teriam ou não os estados de utilizar armas nucleares, a Corte reconhece o **direito fundamental à sobrevivência** de todo e qualquer estado, e, portanto, o direito deste recorrer à **legítima defesa**, conforme artigo 51 da Carta da ONU. Parte considerável da sociedade internacional acredita na assim chamada **'política de dissuasão'**. No estado atual do direito internacional, considerado como conjunto, a Corte entende não poder decidir,[1638] de modo definitivo, a respeito da licitude ou ilicitude da utilização de armas nucleares por determinado estado, em circunstâncias extremas de legítima defesa, onde a sobrevivência do estado estaria arriscada (Rec. CIJ, parecer 8 de julho de 1996, par. 63).

A Corte enfatiza os limites: as normas essenciais do direito internacional (os estados, detentores de tal tecnologia, que se apresentaream à Corte, reconhecem haver regras e limites para a utilização das armas nucleares), onde a liberdade de agir estava efetivamente restrita por princípios e regras de direito internacional (par. 22). Essas regras fundamentais se impõem a todos os estados, independentemente do fato de terem ou não ratificado instrumentos convencionais específicos, que os exprimam, por constituírem princípios não passíveis de derrogação, do direito internacional geral ou consuetudinário –[1639] nesse sentido, o voto

[1638] Cfr. precedente CPJI, parecer consultivo a respeito do **estatuto da Carélia oriental** prolatado em 23 de julho de 1923, ao inteiro teor do qual se remete. A partir do caso da Carélia oriental, são oportunas as considerações de A. Verdross, **Règles générales du droit international de la paix** (RCADI, 1929, t. 30, p. 271-518, par. 34 'deux sphères de compétence étatique', p. 356-357): «Ce principe de la liberté des états dans les matières non réglées par des normes internationales de fond est reconnu maintenant» (...) «On doit par conséquent distinguer nettement les matières réglées par le droit international au point de vue *matériel*, de celles qu'il comprend seulement du point de vue *formel*, disant à qui revient le soin de les règler.»

[1639] A respeito observa Blaise Tchikaya, **Memento de la jurisprudence du droit international public** (Paris: Hachette, 2000, p. 136-138, cit. p. 136): «À vrai dire, la question n'était pas tout à fait nouvelle. La célèbre décision *SCHIMODA et consorts c. État japonais*, 7 décembre 1963, avait déjà conclu que l'arme nucléaire était contraire au droit international. Le tribunal constitutionnel fédéral d'Allemagne, saisi de la même question, avait par contre décidé, le 16 décembre 1983, qui ni le déploiement ni l'utilisation de l'arme nucléaire n'étaient contraires au droit international. La Cour, sans doute consciente de ces deux précédents contradictoires, fait preuve d'une remarquable originalité dans sa réponse. Divers éclairages sont en outre apportés sur des questions connexes.»

em separado de Mohammed BEDJAOUI, sustenta terem esses princípios o conteúdo de *jus cogens* – normas gerais de direito internacional. Enfatiza, ainda, a Corte a dimensão **humanitária**, na medida em que grande número de regras aplicáveis aos conflitos armados são fundamentais para o respeito da pessoa humana e por 'considerações elementares de humanidade'; a dimensão **ambiental**, na medida em que o meio ambiente não é uma abstração, e o respeito ao meio ambiente é uma das formas de medir se determinada ação é ou não conforme aos princípios de **necessidade** e **proporcionalidade** (par. 30). Em suma, embora seja a **não-proliferação nuclear** um objetivo fundamental do direito internacional, admite a Corte, contudo, a utilização soberana da ameaça ou mesmo do uso de armas nucleares, em determinadas condições.

A matéria, sobremodo controvertida,[1640] continua a ser literalmente explosiva.[1641]

O *Instituto de direito internacional*, por sua vez, menciona questões nucleares:

- na Resolução sobre **assistência humanitária** (adotada na sessão de Bruges, em 2 de setembro de 2003)[1642], dentre as situações que podem ensejar a prestação de assistência humanitária inclui catástrofes naturais ou fabricadas pelo homem, dentre as quais as resultantes de armas químicas ou de armas nucleares;
- na Resolução sobre **poluição transfronteiriça do ar** (adotada na Sessão do Cairo, em 1987)[1643] faz-se menção, no preâmbulo, às

1640 H. WEHBERG, **L'interdiction du recours à la force: le principe et les problèmes qui se posent** (RCADI, 1951, t. 78, p. 1-122).

1641 Em relação às assim chamadas "crises nucleares" em relação a países como o Irã, há décadas, e também Israel – que tem armas nucleares e rejeita qualquer fiscalização ou controle, e permanecem ambos com troca de acusações e de ameaças, sem solução adequada, nem previsão desta.

1642 *Instituto de direito internacional*, Resolução sobre **L'assistance humanitaire**, adotada na sessão de Bruges, em 2 de setembro de 2003, 16a. Comissão / Relator: Budislav VUKAS.

1643 *Instituto de direito internacional*, Resolução sobre **La pollution transfrontière de l'air**, adotada na Sessão do Cairo (1987), 20a. Comissão, teve como Relator Geraldo Eulálio do NASCIMENTO E SILVA *(Le texte anglais fait foi. Le texte français est une traduction.)*, menciona a Résolution **sur la pollution des fleuves et des lacs et le droit international** (adotada na Sessão de Atenas, em 1979): "ressalta estar a poluição transfronteiriça do ar tomando proporções mais e mais alarmantes e extensas, como no caso das chuvas ácidas e da

chuvas ácidas e à contaminação nuclear, e se regula, a ocorrência da poluição e a determinação das características daquela espécie de poluição, com referência às normas ambientais, estabelecidas por meio de acordo, ou por meio de organizações ou comissões internacionais competentes, nos termos do art. 1º, parágrafo 2º,[1644] bem como especificamente da questão nuclear, no art. 10;[1645]

– na Resolução sobre as **armas de destruição em massa** (adotada na Sessão de Edimburgo, em 1969)[1646] adverte, no preâmbulo, o

contaminação nuclear, e externa profunda preocupação com os efeitos da poluição transfronteiriça do ar sobre o meio ambiente e a saúde humana, sobre o solo, sobre a agricultura e sua produção, as florestas, a vida dos lagos, dos rios e dos oceanos, bem como sobre a camada de ozônio, bem como o fato de estar igualmente preocupado pelos danos irreparáveis causados a prédios, monumentos e sítios arqueológicos, dos quais muitos fazem parte do patrimônio cultural e natural da humanidade; lembrando o *IDI* a obrigação de respeitar a soberania de cada estado, sobre o seu território, da qual resulta caber a cada estado proibir e prevenir toda e qualquer utilização de seu território, suscetível de causar danos sobre o território de outro estado; tendo em mente a necessidade de proteger as zonas situadas além dos limites das jurisdições nacionais."

1644 *Article premier*: par. 2. Dans un cas concret, l'existence de la pollution et ses caractéristiques sont, autant que possible, déterminées par référence aux normes d'environnement établies par voie d'accord ou par l'intermédiaire d'organisations ou commissions internationales compétentes.

1645 *Article 10* : 1. Sans préjudice de leurs autres obligations relatives aux explosions nucléaires, les Etats doivent interdire, prévenir et s'abstenir d'exécuter tout type d'explosion nucléaire qui risque d'entraîner une pollution transfrontière de l'air ayant une nature radioactive. / 2. Afin que soit assurée la conformité aux normes sanitaires et de sécurité applicables, les Etats devraient ouvrir les centrales nucléaires sur leur territoire à l'inspection internationale.

1646 *Instituto de direito internacional*, adota Resolução sobre **La distinction entre les objets militaires et non militaires en général et notamment les problèmes que pose l'existence des armes de destruction massive** em 9 de setembro de 1969, na Sessão de Edimburgo, 5ª Comissão, teve como Relator o Barão Friedrich A. von der HEYDTE, reafirmando as normas vigentes de direito internacional concernentes à proibição do uso da força, nas relações internacionais; considerando, quando ocorre conflito armado, apesar dessas normas, a proteção das populações civis é uma dentre as obrigações essenciais das partes; lembrando que os princípios gerais do direito internacional, as normas consuetudinárias e as convenções e acordos internacionais limitam claramente a medida na qual as partes engajadas em conflito podem causar danos ao inimigo; lembrando, igualmente que as normas, que têm recebido aplicação pelas jurisdições internacionais e nacionais, foram confirmadas, em diversas ocasiões, e de maneira solene, por numerosas organizações internacionais, e especialmente pela Organização das Nações Unidas; estimando que tais

que a utilização de "armas nucleares, químicas e bacteriológicas, pode acarretar para as populações civis e para a humanidade inteira" e passa a regular a matéria, ressaltando a aplicabilidade dessas normas como fazendo "parte dos princípios a serem observados, em ocasiões de conflitos armados, por qualquer governo, *de jure* ou *de facto*, ou qualquer outra autoridade com responsabilidade na condução das hostilidades";[1647]

normas conservam todo o seu valor, não obstatnte as violações que possam ter sofrido; lembrando, ainda, tudo o que as consequências da conduta indiscriminada das hostilidades e particularmente o emprego de armas nucleares, químicas e bacteriológicas, pode acarretar para as populações civis e para a humanidade inteira; constata que as normas seguintes fazem parte dos princípios a serem observados, em ocasiões de conflitos armados, por qualquer governo, *de jure* ou *de facto*, ou qualquer outra autoridade com responsabilidade na condução das hostilidades."

[1647] Adota o IDI os artigos seguintes:
1. L'obligation de respecter la distinction entre objectifs militaires et objets non militaires, ainsi que celle entre les personnes qui prennent part aux hostilités et les membres de la population civile, demeure un principe fondamental du droit international en vigueur;
2. Peuvent seuls être considérés comme objectifs militaires ceux qui, par leur nature même, leur destination ou leur utilisation militaire, contribuent effectivement à l'action militaire ou présentent un intérêt militaire généralement reconnu, de telle sorte que leur destruction totale ou partielle procure, dans les circonstances du moment, un avantage militaire substantiel, concret et immédiat à ceux qui sont amenés à les détruire;
3. Ne peuvent être considéré comme objectifs militaires, non seulement la population civile comme telle et les objets protégés expressément par convention ou accord, mais aussi:
a) en aucune circonstance, les moyens indispensables à la survivance de la population civile;
b) les objets qui, de par leur nature, ou en vertu de leur utilisation, servent principalement à des fins secourables ou pacifiques, tels que les besoins religieux ou culturels;
4. Il est interdit par le droit international en vigueur d'attaquer, au moyen d'armes, la population civile comme telle, ainsi que tous objets non militaires, notamment les habitations ou autres constructions qui abritent la population civile, à moins qu'ils ne soient employés à des fins militaires assez importantes pour justifier une action d'après la règle relative aux objectifs militaires énoncée au paragraphe 2;
5. L'application des règles existantes du droit international qui interdisent d'exposer les populations civiles et les objets non militaires aux effets destructeurs des moyens de combat n'est pas affectée par les dispositions des paragraphes précédents;
6. Sont interdites par le droit international en vigueur, sans préjuger la nature de l'arme utilisée, toutes les actions qui, à quelque titre que ce soit, sont destinées à semer la terreur dans la population civile;

– na Resolução sobre o **regime jurídico do espaço** (adotada na Sessão de Bruxelas, em 1963)[1648], consigna as "anteriores resoluções sobre a cooperação internacional relativa aos usos pacíficos do espaço, adotadas por unanimidade, pela Assembléia geral das Nacções Unidas, em 20 de dezembro de 1961 e 14 de dezembro de 1962, e o **Tratado proibindo as experiências com armas nucleares na atmosfera, no espaço e sob as águas**, assinado em Moscou, em 6 de agosto de 1963";[1649]

Pode-se questionar a efetividade de tais instrumentos de regulação, mas a afirmação da internacionalidade intrínseca da ameaça ou uso de armas nucleares e da impossibilidade de proteção do espaço comum do planeta e do espaço exterior e do uso pacífico deste, no interesse da

7. Est interdit par le droit international en vigueur l'emploi de toutes les armes qui, par leur nature, frappent sans distinction objectifs militaires et objets non militaires, forces armées et populations civiles. Est interdit notamment l'emploi des armes dont l'effet destructeur est trop grand pour pouvoir être limité à des objectifs militaires déterminés ou dont l'effet est incontrôlable (armes "autogénératrices"), ainsi que des armes aveugles;
8. Sont interdites par le droit international en vigueur toutes les attaques menées à quelque titre que ce soit et par n'importe quel moyen et destinées à l'anéantissement d'un groupe humain, d'une région ou d'un centre urbain sans distinction possible entre forces armées et populations civiles ou entre objectifs militaires et objets non militaires.

[1648] *Instituto de direito internacional*, adota Resolução sobre **Le régime juridique de l'espace**, em 11 de setembro de 1963, na Sessão de Bruxelas, 2a. Comissão, teve como Relator C. Wilfred Jenks *(Le texte français fait foi. Le texte anglais est une traduction.)*: constatando que o regime jurídico de qualquer exploração e utilização do espaço, bem como dos corpos celestes deve se inspirar por espírito de universalidade; reconhecendo ser do interesse de toda a humanidade que o espaço seja consagrado exclusivamente a fins pacíficos, em conformidade com a Carta das Nações Unidas; nota as anteriores resoluções sobre a cooperação internacional relativa aos usos pacíficos do espaço, adotadas por unanimidade, pela Assembléia geral das Nacções Unidas, em 20 de dezembro de 1961 e 14 de dezembro de 1962, e o Tratado proibindo as experiências com armas nucleares na atmosfera, no espaço e sob as águas, assinado em Moscou, em 6 de agosto de 1963; considerando a urgência de regulamentação internacional da matéria, em razão da rapidez dos progressos da ciência e da tecnologia; reconhece o valor dos princípios a seguir expostos e deseja a incorporação destes em tratado ou declaração de aceitação generalizada, sobre o regime jurídico do espaço."

[1649] **Tratado proibindo as experiências com armas nucleares na atmosfera, no espaço e sob as águas**, assinado em Moscou, em 6 de agosto de 1963.

humanidade, como um todo, ao menos conceitualmente, instaura princípios válidos de regulação.[1650]

A adoção das normas internacionais, pelos estados, em boa medida, se pauta pela avaliação da conveniência e oportunidade destas.[1651] Segundo análises 'realistas',[1652] o direito internacional não teria desenvolvido critério para distinguir, de modo objetivo, entre as que sejam e as que pareçam ser regras válidas de direito internacional; às quais análises 'idealistas' contrapõem[1653] as bases éticas para o direito e a sociedade.

Quanto lutaram os estados, em nome da soberania,[1654] da independência, da não ingerência nos assuntos internos,[1655] para não falar das mais cruentas e tantas vezes efêmeras empreitadas,[1656] em nome de conquista e manutenção de território e recursos os mais variados, de cursos d'água a jazidas minerais e petróleo, ao longo da história, tudo isso em

1650 A respeito, v. **Fundamentos** (2008, esp. item III – direito internacional pós-moderno: entre técnica, espírito e utopia, p. 297-379). Em todas as questões centrais, fundamentais ou vitais, como se prefira denominá-las, o acordo geral sobre os princípios é indispensável, na falta do que as mais belas regras jurídicas não passarão de enunciados destituídos de eficácia. Aí se põem os limites entre 'técnica', 'espírito' e 'utopia' no direito internacional pós-moderno.

1651 Como ilustraria a frase, atribuída ao General De Gaulle, de que os tratados seriam como as virgens e as rosas: duram enquanto duram...

1652 Hans J. Morgenthau, **Dilemmas of politics** (Chicago: University Press, 1958) observa que o direito internacional, para existir, se apóia nas "muletas que as ordens jurídicas internas lhe emprestam" e, ademais, na medida em que o direito internacional pretenda se impor aos indivíduos, com base no direito interno, tais relações perdem o seu caráter internacional (**La réalité des normes en particulier des normes du droit international** Paris: Felix Alcan, 1934, p. 242).

1653 Aga Khan, *Les bases éthiques pour le droit et la société: perspectives de la Commission indépendante sur les questions humanitaires internationales* (RCADI, 1985, t. 193, p. 389-403).

1654 J. K. Bleimaier, *The future of sovereignty in the XXIst century* (Hague YIL, 1993, vol. 6, p. 17-27).

1655 L. Preuss, **Article 2, paragraph 7 of the Charter of the United Nations and matters of domestic jurisdiction** (RCADI, 1949, t. 74, p. 547-654).

1656 Amadou Hampaté Bâ, **Vie et enseignement de Tierno Bokar**: le sage de Bandiagara (orig. publ. 1980, Paris: Seuil, 2004, cit. p. 16): "Avec ses développements souvent inattendus, l'Histoire semble vouloir nous apprendre qu'à une conquête guerrière succéde généralement une autre, toute pacifique, au cours de laquelle l'occupant est à son tour absorbé par sa conquête. Et c'est sans doute bien ainsi. Dans les cas où ce phénomène ne se produit pas, le conquérant se trouve rapidement isolé, écarté du système, enkysté, réduit en sa tour d'ivoire, d'où il ne voit plus rien et ne conduit plus rien."

nome de pretensões hegemônicas, mais ou menos superadas? Boa parte da história é a história dos estados e esta não prima pela beleza, nem pelo equilíbrio. Mas, à humanidade como um todo, sempre cabe pagar pelos desmandos cometidos pelos estados.

A seguir se pode passar ao exame da questão do território e identidade cultural (cap. 31). Alguns casos paradigmáticos serão, aí, considerados, para ilustrar a relação entre ambos os dados.

CAPÍTULO 31
TERRITÓRIO E IDENTIDADE CULTURAL

Ninguém pode negar as persistentes continuidades de longas tradições, como moradas consolidadas, línguas nacionais e geografias culturais, mas parece não haver razão, exceto o medo e o preconceito, para se continuar a insistir na separação e distinção, como se fosse este o dado central da vida humana. Sobrevivência, na verdade, diz respeito, antes, às conexões entre as coisas.

Edward SAID (1993)[1657]

A fronteira não se estuda isoladamente. Conta menos o quadro, do que a vida que se agita no interior.

J. ANCEL (1936)[1658]

Na perspectiva do Direito internacional dos espaços, a questão das identidades culturais se põe como dado a ser levado em conta, na construção

[1657] Edward SAID, **Cultures and Imperialism** (Londres: Chatto & Windus, 1993, cit. p. 408): "No one can deny the persisting continuities of long traditions, sustained habitations, national languages and cultural geographies, but there seems no reason except fear and prejudice to keep insisting on their separation and distinctiveness, as if that was all human life was about. Survival in fact is about the connections between things."

[1658] Jacques ANCEL, **Les frontières: étude de géographie politique** (RCADI, 1936, t. 55, p. 203-297, ch. II – la recherche de l'équilibre / l'Allemagne: état et nation, cit. p. 225): «la frontière ne s'étudiera pas isolément. C'est moins le cadre même qui compte que la vie qui s'agite au dedans» e prossegue: «Pour se faire une idée juste des frontières allemandes, il importe de connaître la conception que les Allemands ont de l'Allemagne.»

de fronteiras, enquanto quadro, que delimite determinado conjunto nacional, mas sobretudo em relação ao conteúdo, que neste se agite no interior. Algo nessa linha já exprimia J. ANCEL (1936) ao expor na Haia que "a fronteira não se estuda isoladamente", porquanto menos do que o quadro, conta "a vida que se agita no seu interior" no seu curso de direito internacional sobre "fronteiras", como "estudo de geografia política".

Logicamente a questão é complexa e suscita inúmeros desdobramentos, inclusive em relação a situações presentes no globo, hoje, e não somente todavia não resolvidas, como conservam potencial de tensão e de conflito, que não deve nem pode ser minimizado. Embora sejam somente o 'quadro', as fronteiras podem dar origem a tensões e conflitos – e, por vezes, mesmo matar a vida que se agitava no interior destas.

As atuais discussões sobre o papel da cultura no direito internacional pós-moderno se inscrevem justamente nessa vertente.[1659] Cabe indagar qual seja a relevância da cultura, na configuração da ordem mundial, que pode resultar dos processos de transformação, em curso.

Nesse sentido, "culturas nem são dadas, nem são orgânicas, nem, tampouco, são espontâneas, mas são molduras socialmente construídas de interpretação" advertia Edward SAID (1993).[1660] São baseadas na história, mas sempre dependem de construção, culturalmente seletiva, de representações, de si mesmo e dos outros, no passado e no presente. Esse processo é altamente político. A seleção de uma representação, em lugar de outras, pode levar a retratar uma como mais autêntica e legítima, enquanto outras são marginalizadas. A política cultural pode, assim, ser altamente significativa na formação de interesses e identidades políticas.

Identidades culturais, como expressão de identidade civilizacional serão, assim, sempre complexas e, em certa medida, contingentes, em relação ao meio no qual foram erigidas e com os dados a partir dos quais foram articuladas. Inclusive no que diz respeito à expressão de identidades culturais, em relação ao espaço, como aqui se considera.

[1659] A respeito v. **Tratado** (tomo – **Direito internacional, história e cultura**, esp. introdução e cap I – Direito internacional no tempo e seu papel na história).

[1660] Edward SAID, **Cultures and Imperialism** (Londres: Chatto & Windus, 1993, p. 16, e 408, cf. ref.) por esse motivo enfatizava a necessidade de "em lugar de insistir na separação e distinção, dar ênfase, antes, às conexões entre as coisas".

A cultura pode ser transformada em arma política e, a partir daí, utilizada como foco de tensão e de conflito, que se espalhe pelo território. "Cultura parece ser dado prevalecente nos comentários políticos e análises contemporâneas": "em muitos contextos a identidade cultural é percebida como o dado definidor das partes em conflito".[1661]

A relevância da cultura como dado a ser levado em conta na política mundial é vista em função de processos mais amplos de mudança na política mundial: "mais proximidade pode gerar animosidade, medo e ressentimento, por parte daqueles que são diferentes".[1662] Claramente a globalização pode ser vista como caminho de dominação, de modo a facilitar a projeção de uma cultura (dominante) sobre outras (menos em evidência), mas também pode ensejar processo que facilite o intercâmbio, reduza as diferenças entre culturas e dê base para um denominador cultural comum. E, ainda, se pode ver o crescimento das comunicações e a proximidade como ensejadores de oportunidade para que as pessoas aprendam a apreciar a alteridade, e possam aprender com as culturas de outros povos. Desse modo, a identidade cultural não pode ser somente foco de tensão e de conflito, mas também de convergência, e de possível coexistência. Pode ou não ter relação direta com a territorialidade do estado soberano.[1663]

[1661] Jacinta O'HAGAN, *Conflict, convergence or coexistence ? The relevance of culture in reframing world order* (in **Reframing the international: law, culture, politics**, edited by R. FALK, L. E. J. RUIZ and R. B. J. WALKER, Nova York: Routledge, 2002, p. 187-217). V. tb. outros dois livros, aos quais cabe faço remissão, com reparos: Samuel HUNTINGTON, **O choque de civilizações** e a recomposição da ordem mundial (orig. publ. **The clash of civilizations and the remaking of world order** 1996, trad. M. H. C. CORTES, Rio de Janeiro: Objetiva, 1997) e Francis FUKUYAMA, **The end of history and the last man** (Londres: Penguin, 1992).

[1662] J. O'HAGAN (cit., 2002, p. 187-188): "The forces of globalization are enhancing the speed and level of contact between diverse societies around the world. Increasingly rapid exchange of goods and ideas are being generated by developments in communications and other technologies. For some, the compression of time and space induced by globalization enhances the sense of difference between people from other cultures. The closer proximity heightens animosity, fear and resentment of those who are different."

[1663] J. O'HAGAN (cit., 2002, p. 188): "Ethnic, tribal, religious and civilizational identities are increasingly called upon to distinguish communities and explain their political interaction. This highlights a further complextity in the concept of culture. It is a concept that is applied to the practices and norms of groups formed at many different levels in societies. It

Apesar da significação da percepção de identidades culturais para as interações políticas, esse dado parece pouco ter sido levado em conta, até recentemente. A partir dessa percepção, cabe indagar: qual o impacto da consciência cultural nas análises de política internacional? E como a percepção de identidade cultural pode enquadrar a nossa compreensão da ordem mundial?

Se a relevância da cultura e do papel desta na ordem mundial são objeto de vivas controvérsias, o primeiro dado é a necessidade de situar o conceito, com o qual se trabalha, e de que modo a 'cultura' pode ser dado a ser levado em conta, nas relações internacionais e no direito internacional pós-moderno. Para tanto será preciso, primeiro, conceituar cultura,[1664] e, a seguir, caracterizar a dimensão desta, com a qual se opera, neste capítulo, ao se tratar da interação entre 'território e identidade cultural'.

Basicamente, caberia considerar duas dimensões do conceito: a primeira é o uso do termo 'cultura', para resumir o modo como determinado grupo se distingue de outros grupos; a segunda é o uso da cultura, para definir certas características, dentro de certo grupo, de caráter 'superestrutural', em relação à base, ou o dado simbólico, em relação ao dado material.[1665] Nesse sentido, o conceito é utilizado para referir as qualidades artísticas ou filosóficas de determinado grupo. Pode-se entender que os dois sentidos convergem na distinta arte ou herança intelectual de determinada sociedade, que ajuda a definir a especificidade da identidade de um grupo. Mas, é sobretudo no primeiro sentido que se dá o uso da cultura como elemento da política internacional de nosso tempo.

can be used to refer to something very local, such as the culture of the local neighborhood; to something transnational, such as youth culture or pop culture; or to distinguish a particular geographic, linguistic or ethnic community. In other words, the group referred to can be very narrow or broad in temporal or geographical scope. It may be related but not necessarily confined to the territorial, sovereign state."

1664 Cf. **Tratado** (tomo – **Direito internacional, história e cultura**, esp. introdução e cap I – Direito internacional no tempo e seu papel na história).

1665 Immanuel Wallerstein, *Culture as the ideological battleground of the modern world system* (no volume **Geopolitics and geoculture: essays on the changing world system**, Cambridge: Univ. Press, 1991, p. 158-159).

Cultura, como civilização, são conceitos complexos e carregados de múltiplos significados. Subjacente a seu uso, encontra-se complexa gama de dados a serem considerados.[1666]

A consideração do papel das civilizações[1667] nas relações internacionais contemporâneas não tem sido suficientemente ampla para aferir seus amplos desdobramentos. Nesse sentido, a atual política chinesa, empunhada por XI Jin Ping, no sentido da revalorização das formas tradicionais chinesas de cultura e de civilização, e de certo distanciamento crítico, em relação ao 'Ocidente' e seus modelos culturais não é obviamente somente uma questão 'cultural', mas claramente orientação política e programa de ação ideológico partidário.

A atual tendência de revalorização cultural chinesa, em detrimento da aceitação das influências do 'Ocidente' se inscreve em marcado contraste, aliás, com os maciços ataques contra essa mesma tradição cultural chinesa, levada a cabo durante a chamada "revolução cultural" de MAO Ze Dong - oficialmente, a "Grande revolução cultural proletária", na China, entre 1966 e 1976. Em nome dela, quanto patrimônio histórico foi sumariamente eliminado; quantos intelectuais e professores universitários foram eliminados - estimam-se em cerca de 400 mil mortes - ou forçadamente deslocados, para transportar baldes de excrementos no campo, sob a rubrica de promover a reeducação, para combater a suposta influência de valores burgueses e falta de espírito revolucionário.

[1666] Cf. **Tratado** (tomo - **Direito internacional, história e cultura**); Kenneth CLARK, **Civilização: uma visão pessoal** (orig. publ. **Civilization: a personal view** © 1979, trad. Madalena NICOL, São Paulo: Martins Fontes, 2ª ed., 1995); Fernand BRAUDEL, **Les ambitions de l'Histoire** (préf. de Maurice AYMARD, éd. établie et présentée par Roselyne de AYALA et Paule BRAUDEL, Paris: Éd. de Fallois, 1997, esp. chap. III - Géohistoire: la société, l'espace et le temps, p. 68-114); J. BRONOWSKI e Bruce MAZLISCH, **A tradição intelectual do Ocidente** (orig. publ. **The Western intellectual tradition** © 1960, trad. Joaquim João Braga Coelho ROSA, Lisboa: Edições 70, 1998).

[1667] No sentido de 'civilizações', tal como considerado por Oswald SPENGLER, **Der Untergang des Abendlandes**: Umrisse eine Morphologie der Weltgeschichte (reimpressão da edição original definitiva 1923, Düsseldorf: Albatroz, 2007) e Arnold TOYNBEE, **Um estudo da História** (orig. publ. **A Study of History** © 1972, edição revisada e condensada por A. TOYNBEE e Jane CAPLAN, trad. Isa Silveira LEAL e Miroel SILVEIRA, Brasília: Ed. UnB / São Paulo: Martins Fontes, 1987).

A percepção do impacto das formas culturais se dá, em algo maior extensão, no direito internacional pós-moderno.[1668] A indagação pertinente seria formulada no sentido de se averiguar se e em qual extensão a ordem mundial, em contexto de globalização, tende a convergir ou a divergir, em razão de se levar em conta o dado das identidades culturais.[1669] Como se pode indagar igualmente em relação a processos regionais de integração: fortalecem estes a convergência ou são sinais de fragmentação? Ou mesmo em relação ao modelo e à extensão da proteção internacional dos direitos fundamentais.[1670]

O estudo de alguns casos históricos pode permitir o exame desapaixonado da matéria, para ensejar determinar os seus elementos mais significativos, sem os inconvenientes, dos que poderiam ser denominados "efeitos colaterais indesejáveis", decorrentes do tratamento de

[1668] Daqui se remete aos **Fundamentos** (2008, esp. item VI – direito, história e cultura, p. 491-614) e às considerações sobre o tema lá desenvolvidas. Para J. O'Hagan (cit., 2002, p. 191-192) a negligência das civilizações, nas análises de relações internacionais dever-se-ia à complexidade de caracterização destas: "Perhaps the prior neglect of cvilizations in analyses of world politics is not surprising. Discussing their role can be challenging and sensitive for a variety of reasons. Factors that have militated against the treatment of civilizations as significant forces in world politics include their breadth and their somewhat intangible nature. Civilizational identities are fluid conceptions."

[1669] J. O'Hagan (cit., 2002, p. 206): "How might perceptions of cultural world order frame positions in this debate ? An image of world order that assumes the 'convergence' of different civilizational identities perceives globalization as enhancing communication and interdependency between different civilizational groups, facilitating institutional and normative homogenization toward the dominant model of modernization. Societies become more similar. While basic cultural differences may remain, these do not impede political, economic, and some measure of normative homogenization. In contrast, an image that perceives the cultural world order as innately conflictual would view the processes of globalization as raising the level of intercivilizational contact, exacerbating tensions between societies from different civilizational identities and enhancing the cohesion within."

[1670] Cf. **Tratado** (tomo – **Direito internacional, história e cultura**, esp. cap. IV – Papel da proteção internacional dos direitos fundamentais como fator de renovação e de transformação do direito internacional); J. O'Hagan (cit., 2002, p. 208): "While there is now widespread commitment amongst states to the U.N. conventions on human rights, there is a lack of consensus on how the concepts of human rights should be interpreted and applied. For some, human rights represent the basic, universal principles that protect and respect the dignity and welfare of all humans, regardless of their culture. For others, the human rights regime as it is currently structured reflect the priorities and norms of a dominant culture, the West."

situações presentes, mais sujeitas a se tornarem focos de tensão e de conflito. Logicamente, o paralelo se entende, e não deve ser evitado conceitualmente. Mas, as situações presentes ensejarão paixões e controvérsias, estranhas e quiçá nocivas à configuração da matéria, enquanto objeto de estudo e de análise.

Os parâmetros poderão ser deduzidos, a partir da configuração do instrumental, como aqui se esboça. Vale, sempre, recordar Wilfred JENKS (1973): "o estado existe para o homem e não o homem para o estado".[1671] E, de forma consentânea com tal premissa, que a ordenação legal do estado, como a ordenação das relações entre estados, tenha sempre o ser humano como o parâmetro de destino e de propósito da norma.

Dentre tantos outros possíveis, serão, assim, aqui referidos os casos: a questão da Jaworzina (31.1), a questão do estatuto do território de Memel (31.2), a questão relativa ao setor ferroviário de Landwárow-Kasiadorys (31.3), e as consequências da construção do muro, nos territórios palestinos ocupados (31.4).

Ao longo deste **Direito internacional dos espaços**, enfatizou-se o dado quanto a ser o espaço sempre dado central, nas relações interestatais, e no direito internacional. E quanto o tratamento jurídico deste faz aparecer a sua essencial heterogeneidade:o espaço é quantitativa e qualitativamente diversificado, é portador de valores e de significados variáveis.

Ao mesmo tempo em que não existe questão mais antiga que o território,[1672] para todos os estados, ou mesmo muito tempo antes de existirem estados, como tais, para quaisquer comunidades humanas em relação a outras comunidades humanas, e mesmo em relação a grupos de animais, desde a mais remota pré-história, como para todas as entidades políticas soberanas, desde a Antiguidade, a questão do território e do espaço continuam presentes no direito internacional pós-moderno.

[1671] C. Wilfred JENKS, **Economic and social change and the law of nations** (RCADI, 1973, t. 138, p. 455-502, cit. p. 495): "the state exists for man and not man for the state".

[1672] Denis ALLAND, *Les représentations de l'espace en droit international public* (in **Le droit international**, Archives de philosophie du droit, vol. 32, Paris: Sirey, 1987, p. 163-178, cit. p. 163): «Il n'est pas d'interrogation plus ancienne que celle entreprise à propos de l'espace.»

A relação entre 'território' e 'espaço',[1673] na acomodação das relações internacionais, se fez e se faz, diuturnamente, entre estados, como internamente, desde as menores células organizadas, da convivência humana, até os maiores conjuntos organizados do planeta. A expressão de que a natureza abomina o vazio é tanto física quanto culturalmente verdadeira, como se vê, em toda a apreensão e ocupação de espaço, pelos seres humanos. Ou pelos conjuntos destes, sob a forma de comunidades e de estados. E entre estes.

Considerado do ponto de vista da política espacial dos estados, ou do ponto de vista da análise teórica das regras, revela-se, com frequência a dissociação, entre o espaço sensível e o espaço jurídico. Não é tanto o fato da ocorrência dessa dissociação, que deve atrair a atenção, mas, sobretudo, as modalidades segundo as quais esta opera, reveladora das tensões, que percorrem o direito internacional pós-moderno, como um todo.[1674]

Exemplo histórico, cujos efeitos continuam a repercutir nas relações internacionais e na vida das pessoas e das comunidades humanas, a tentativa de construção de nova configuração política da Europa, baseada nas nacionalidades, e na ordenação de estados conforme identidade nacional, após 1918, com o fim da guerra e dos impérios centrais, leva a consideráveis conflitos, e ao recrudescimento do problema das minorias,[1675] pela condição de grupos étnicos diversos, no interior dos territórios desses novos estados. A matéria das minorias e dos possíveis regimes jurídicos internacionais para a sua proteção continuam a ser

[1673] P. de Geouffre de la Pradelle, **Notions de territoire et d'espace dans l'aménagement des rapports internationaux contemporains** (RCADI, 1977, t. 157, p. 415-484).

[1674] D. Alland (art. cit., p. 171): "La véritable définition des espaces doit conduire, en droit international public, au renversement de la perspective jusqu'ici retenue : pure *distribution d'aptitudes légales*, elle fait de l'espace une réalité seconde, un être dérivé, dont on cherche parfois à se débarrasser. La définition des espaces dépend donc des compétences qui s'y exercent, même si les états ne renoncent pas facilement à toute approche zonale."

[1675] Como se examina no **Tratado** (tomo – **Direito internacional, história e cultura**, cap. 4, esp. o item sobre – o quadro jurídico para a proteção das minorias); P. B. Casella, *Proteção das minorias no direito internacional pós-moderno* (in **Direito no século XXI**: em homenagem ao professor Werter Faria, coord. Elizabeth Accioly, Curitiba: Juruá, 2008, p. 541-595).

temas explosivamente pertinentes e atuais.[1676] Uma guerra devastadora de toda a Ucrânia encontra-se em curso – desde 24 de fevereiro e tem se intensificado em março de 2022 – sob a alegação da necessidade de proteger a minoria étnica russa na região leste de Donetsk e Luhansk.

Muitas dentre essas questões territoriais com dimensão cultural foram levadas para julgamento ou para serem prolatados pareceres pela Corte permanente de justiça internacional. Bem ilustram essas novas situações os casos da Jaworzina (31.1), o estatuto da região de Memel (31.2), ou a questão relativa ao setor ferroviário de Landwárow-Kasiadorys (31.3). Mais recentemente, continuam a surgir questões de ordem semelhante, como teve de enfrentar a Corte Internacional de Justiça para prolatar parecer sobre as consequências da construção do

[1676] Como ilustra o trabalho, já desenvolvido desde 2017, pelo GEPIM – Grupo de estudos sobre a proteção internacional de minorias da Universidade de São Paulo, sob minha coordenação – visite a página gepim.usp. V. tb., Y. BEN-ACHOUR, **Souveraineté étatique et protection internationale des minorités** (RCADI, 1994. t. 245, p. 321-464); Leandro RUBIO GARCIA, *Recuerdo de un experimento fallido en el proceso de humanización del derecho internacional: el fracaso del sistema internacional de protección de las minorias* (in **Hector Gros Espiell Amicorum Liber**, Bruxelas: Bruylant, 1997, vol. II, p. 1329-1350); Kristin HENRARD, *Minorities, International Protection* (in **Encyclopedia of public international law**, 2012, vol. VII, p. 253-270); Rainer HOFMANN, *Minorities, European Protection* (in **Encyclopedia of public international law**, 2012, vol. VII, p. 240-253); Anna MEIJKNECHT, *Minority Protection System between World War I and World War II* (in **Encyclopedia of public international law**, 2012, vol. VII, p. 279-277); B. VUKAS, **States, peoples and minorities** (RCADI, 1991, t. 231, p. 263-524, publ. 1999, chap I (g) – minorities, p. 329-363, e 'concluding remarks', p. 509-511, cit. p. 511) reporta-se aos 51 estados que subscrevem a Carta da ONU em 1945 e os 185 membros desta organização, em 1998 – atualmente 193 estados: "This increase in the number of states members is primarily due to the decolonization, which although not planned by the leading states, can be qualified as a result of the decisions and general attitude of the United Nations itself. More impressive were the developments almost at the eve of the third millenium. In the period 1991-1993 the United Nations had to accept the existence of 26 new states and to admit them to its membership. It is an understatement to say that these events were neither wished nor encouraged by the United Nations, the majority of states or any of the major powers. Whatever the existing states wish, try and do, whatever the United Nations predicts or proclaims, they cannot decisively influence the path of history, mainly determined by individuals, human beings, grouped on the basis of different criteria, ethnic and religious features being the most relevant. By ignoring this reality, and constantly omitting these subjects from the development of international law, states only contrbute to their own vulnerability and to the fragility of international peace and security."

muro, nos territórios palestinos ocupados (31.4). Também será mencionado um clássico da jurisprudência arbitral internacional, o laudo de Max HUBER, a respeito da Ilha de Palmas (31.5), bem como o laudo arbitral sobre a ilha de Clipperton (31.6) e, contrariamente às críticas fáceis contra o suposto fracasso da gestão das questões atinentes a minorias pela Sociedade das Nações, a solução adotada para a proteção de minorias nas ilhas Aaland (31.7).

Muitos outros casos poderiam ser lembrados. Podem ser feitos novos estudos temáticos da jurisprudência internacional, tão somente em matéria de questões territoriais –[1677] além de muitos já existentes. Ao considerar a jurisprudência internacional, cabe lembrar tanto as decisões emanadas de tribunais permanentes, como decorrentes de laudos arbitrais, dentre os quais avultam dois casos clássicos, o julgamento da questão da ilha de Palmas, em 1928 (31.5)[1678], por Max HUBER, o laudo arbitral sobre a ilha de Clipperton, em 1931, por Vítor Emanuel III (31.6). E, ainda, a proteção de minorias nas ilhas Aaland (31.7).

Depois destas breves considerações conceituais, se pode passar ao exame da questão da Jaworzina (31.1).

31.1. Questão da Jaworzina

A região silesiana de Teschen, que, antes de 1918, fazia parte da Áustria-Hungria, era disputada pela Polônia e pela Tchecoslováquia, desde 1918. De total de 426.000 habitantes, contavam-se 55% de poloneses, 27% de checos, 18% de alemães. As minas de hulha, da bacia do Ostrawa, tornavam muito importante esse exíguo território. Primeiros os poloneses o ocuparam. Em julho de 1920, a conferência dos embaixadores decidiu dividi-lo,

[1677] Dentre outros, alguns dos quais referidos ao longo deste trabalho, Suzanne BASTID, **Les problèmes territoriaux dans la jurisprudence de la Cour internationale de Justice** (RCADI, 1962, t. 107, p. 361-495, cit. p. 366): «On étudiera successivement les affaires dans lesquelles a été définie la portée de la souveraineté territoriale de l'état, puis celles dans lesquelles la Cour a eu à connaître de conditions territoriales spéciales. On terminera en considérant les cas dans lesquels la Cour a eu à se prononcer sur une contestation rélative à l'attribution de la souveraineté territoriale et à la détermination de la frontière.»

[1678] Laudo arbitral, **Ilha de Palmas** (Estados Unidos c. Países Baixos), de 4 de abril de 1928.

deixando para a Tchecoslováquia as principais minas, e a estrada de ferro, que ligava a Bohêmia à Eslováquia. Lá permanecia importante população polonesa, com altas taxas de natalidade. Este foi, entre os dois países, o germe de conflito duradouro.

J.-B. Duroselle e A. Kaspi (2001)[1679]

O conflito conhecido como a questão da **Jaworzina** foi levado à Corte permanente de justiça internacional, para ser prolatado parecer consultivo, em 1923.[1680] Este conflito tem início entre Polônia e Tchecoslováquia, quando da tentativa de demarcação da fronteira entre ambas, após a primeira guerra mundial: embora, em sua mais considerável extensão, tal demarcação não devesse representar problema, em razão dos fatores étnicos e históricos, que haviam norteado a construção dos dois estados, concretamente se pôs como motivo de controvérsia,[1681] em relação a qual dos dois estados pertenceriam os três distritos de Teschen, Orava e Spisz, considerados separadamente.

Da conferência de paz se determinara, em 27 de setembro de 1919, que a região de Spisz faria plebiscito, para determinar a qual estado pertenceria. Em 10 de julho de 1920 os dois países assinaram acordo

[1679] Jean-Baptiste Duroselle e André Kaspi, **Histoire des relations internationales : de 1919 à 1945** (Paris : Armand Colin / Dalloz, 12a. ed., 2001, i. part. 'la paix illusoire (1919-1933)', cap. i, 'les premières conséquences des traités de paix', p. 3-54, 'Teschen', cit. p. 8) : «la région silésienne de Teschen, qui, avant 1918, faisait partie de l'Autriche-Hongrie, était disputée entre la Pologne et la Tchécoslovaquie depuis 1918. Sur 426.000 habitants, on comptait 55% de Polonais, 27% de Tchéques, 18% d'Allemands. Les mines de houille du bassin d'Ostrawa rendaient très important ce petit territoire. Les Polonais l'occupèrent d'abord. En juillet 1920, la conférence des ambassadeurs décida de le partager en laissant à la Tchécoslovaquie les principales mines et la voie ferrée qui reliait la Bohême à la Slovaquie. Il y restait une importante population polonaise, de forte natalité. C'était, entre les deux pays, le germe d'un conflit durable.» b/c, dos mesmos, **Histoire des relations internationales : de 1945 à nos jours** (Paris : Armand Colin / Dalloz, 14a. ed., mise à jour, 2004).

[1680] C.P.J.I., **Delimitation of the Polish-Czechoslovakian frontier (Jaworzina)**, série B. no. 08.

[1681] Jean-Baptiste Duroselle e André Kaspi, **Histoire des relations internationales: de 1919 à 1945** (Paris: Armand Colin / Dalloz, 12e ed., 2001, Iere part – la paix illusoire (1919-1933), chap. I – les premières conséquences des traités de paix, p. 3-54, 'Teschen', cit. acima).

em Spa, no qual se decidia ficar suspenso o plebiscito, e a delimitação da fronteira se faria segundo determinação das potências aliadas, de modo a tomar as medidas necessárias para encerrar a controvérsia. Segundo resolução de 11 de julho de 1920, o Conselho das potências aliadas designa a Conferência dos embaixadores, como incumbida de fazer a delimitação.

A Conferência dos embaixadores, por meio de decisão de 28 de julho de 1920, atribui à Polônia a parte nordeste do distrito de Orava e a parte noroeste do distrito de Spisz. A linha divisória entre os países, nos termos do art. I, par. 3º da decisão de 28 de julho de 1920, passaria no ponto da antiga fronteira entre Hungria e Galícia, situado a aproximadamente 500 m da vila de Brzegi. Jaworzina, na região de Spisz, localizada ao sul da linha, passaria a ficar com a Tchecoslováquia.

A decisão foi contrária às expectativas da Polônia, com relação à região da Jaworzina, pertencente ao distrito de Spisz, contestando o fato de ter sido esta atribuída à Tchecoslováquia, enquanto cinco outras comunidades do distrito de Spisz haviam sido atribuídas à Polônia, mas dependiam economicamente da Jaworzina. A questão se estende até 1923, sem solução.

Depois de diversas tentativas e procedimentos visando à solução da questão, foi considerada e aceita pelos governos interessados, que o Conselho da Liga das Nações pedisse parecer consultivo à Corte permanente de justiça internacional a respeito da questão legal: o pedido colocava a questão quanto a saber se a delimitação da fronteira entre a Polônia e a Tchecoslováquia ainda estaria em aberto e, em caso afirmativo, em qual extensão, ou se deveria esta ser considerada já definida, por decisão definitiva.

Em 6 de dezembro de 1923, a Corte permanente de justiça internacional, depois de considerar a matéria, considera que o objeto principal da disputa não se reportava a questões econômicas, mas, antes, se cingia a questões políticas e militares; que as decisões de 27 de setembro de 1919 e de 28 de julho de 1920 não haviam deixado grandes dúvidas, com relação à delimitação da fronteira; que não haveria consideração válida, para justificar a pretensão da Polônia, no sentido de alterar a fronteira em Teschen e Orava. Entendeu a Corte que a determinação da fronteira entre a Polônia e a Tchecoslováquia tinha sido determinada pela decisão da conferência dos embaixadores, em 28 de julho de

1920, de forma definitiva, e que tal decisão precisaria ser integralmente aplicada.

Nenhum acordo posterior teria acarretado qualquer alteração daquela decisão. O Tratado de Spa, de 10 de julho de 1920, havia atribuído às potências aliadas o poder de definir a fronteira entre os dois países e suspendera o plebiscito, anteriormente previsto, para a determinação do futuro da região.

O parecer consultivo da Corte permanente de justiça internacional afirmou[1682] a existência, a validade e a eficácia da Decisão de 28 de julho de 1920. E deu caráter definitivo à delimitação da fronteira entre Polônia e Tchecoslováquia, na região da Jaworzina.

Desta se pode passar ao caso do Estatuto do território de Memel (31.2).

31.2. Estatuto do território de Memel

> A Alemanha renuncia, em favor das principais potências aliadas e associadas, a todos os direitos e títulos sobre os territórios compreendidos entre o mar Báltico, a fronteira nordeste da Prússia oriental, descrita no artigo 28 da parte II (Fronteiras da Alemanha) do presente Tratado e as antigas fronteiras entre a Alemanha e a Rússia.
>
> A Alemanha compromete-se a aceitar as disposições que as principais potências aliadas e associadas adoptarem relativamente a esses territórios, particularmente no que respeita à nacionalidade dos habitantes.

Tratado de paz entre as potências aliadas e associadas e a Alemanha, e Protocolo anexo, assinados em Versailles, aos 28 de junho de 1919, parte III – cláusulas políticas européias, seção X – Memel, art. 99

[1682] C.P.J.I., **Jaworzina** (CPJI **Recueil**, 1923, p. 16): "The Polish and Czechoslovak governments agreed (10 July 1920) to accept a settlement of the dispute by the Principal Allied and Associated Powers. The Supreme Council then instructed (11 July 1920) the Conference of Ambassadors to divide the three territories. The Conference took (28 July 1920) a decision on this subject and set up a Delimitation Commission, the powers of which it defined." E deixou clara a fundamentação para o parecer: "In the absence of an express agreement between the parties, the arbitrator is not competent to interpret, still less to modify his award, by revising same" (...) "it is an established principle that the right of giving an authoritative interpretation of a legal rule belongs solely to the person or body who has power to modify or suppress it."

A região de **Memel** foi objeto de regulação específica, no artigo 99 do tratado de Versalhes.[1683] A aplicação do dispositivo, contudo, veio a suscitar controvérsia, a respeito do exato conteúdo e consequências de seu estatuto internacional, perante a Corte permanente de justiça internacional.

Após a primeira guerra mundial, a região, no extremo leste da Prússia oriental, na margem direita do rio Niémen, contando 130.000 habitantes, em 150 quilômetros de extensão e 20 quilômetros de largura, tinha pouco mais da metade da população de língua lituana, estes predominantemente habitantes da zona rural, enquanto nas cidades predominava população de língua alemã, mais ricos e mais instruídos, que a média dos lituanos. A Lituânia desejava um porto e reivindicou Memel. Os burgueses e grandes proprietários pediam para ser vinculados à Alemanha, que representaria mercado mais importante para os produtos da região.

Nos termos do artigo 99 do tratado de Versalhes, já referido, o território tinha sido separado da Alemanha, sem plebiscito, e colocado sob administração internacional, dirigida por Alto-comissário francês, que assegurava provisioriamente a administração do território. Este deveria, a partir de 1923, receber estatuto equivalente ao de Danzig, hoje Gdansk. Nessa altura, os lituanos deram golpe de força, que a Sociedade das Nações sanciona, a partir de 16 de fevereiro desse mesmo ano, com a condição de ser mantido o território, sob estatuto internacional.

Começavam a ser plantadas as sementes que gerariam a segunda guerra mundial. É possível, com relativa facilidade, avaliar os efeitos:[1684] "no total, a Alemanha perdeu 1/7 de seu território e 1/10 de sua população".[1685]

[1683] P. B. Casella, **Tratado de Versalhes na história do direito internacional** (São Paulo: Quartier Latin, 2007, p. 120, seção X – Memel, art. 99, acima ref.).

[1684] Jean-Baptiste Duroselle e André Kaspi (colab. de), **Histoire des relations internationales: de 1919 à 1945** (Paris: Armand Colin / Dalloz, 12e ed., 2001, 'Memel', p. 8-9); J.-B. Duroselle, **Histoire diplomatique de 1919 à nos jours** (Paris: Dalloz, 7e ed., 1978, 'Memel', p. 16-17).

[1685] J.-B. Duroselle e André Kaspi (op. cit., 2001, loc. cit.): «Si les amputations à l'ouest et au nord (Sarre exceptée) pouvaient lui paraître tolérables, elle [l'Allemagne] se considérait comme sérieusement lésée par les pertes subies à l'est, d'autant plus que celles-ci se

O Estatuto internacional da região de Memel foi estabelecido, por meio da Convenção de Paris, celebrada em 8 de maio de 1924, com a participação de Grã-Bretanha, Japão, Itália, França e Lituânia, prevendo regime internacional para o porto e ampla autonomia administrativa para o território. O Estatuto estabelecia cidade-estado, com poder tripartite e governo parlamentarista, tutela constitucional das liberdades políticas, e ênfase no respeito à diversidade combinado com a obrigação de não discriminação étnica.

Não obstante o regime, estipulado pelo Estatuto internacional, logo a seguir começa sistemática '*lituanização*' do território, que passa a ser chamado Klaipèda; por sua vez, a Alemanha enviava professores, que além da língua, teriam, também a incumbência de propagar a ideologia (nazista), estimulando preconceitos e ódios raciais. Várias tensões foram criadas, entre a Alemanha e a Lituânia, em razão da região de Memel.

Raul PEDERNEIRAS (1953) manifestava seu entendimento, no sentido de que, assim incorporado à Lituânia, não tinha o território de Memel personalidade internacional.[1686] Em sentido diverso, Marcelo KOHEN (2012) considera que o caso tem relevância, não somente como precedente histórico, mas também no contexto contemporâneo:

> A Corte permanente de justiça internacional teve de tratar do problema relativo à conduta relacionada com uma unidade territorial no interior de um estado, cujo estatuto interno era determinado por um acordo internacional. Nessas circunstâncias, contrariamente à situação comum, as relações entre o governo central e a unidade territorial não são somente de interesse doméstico.
>
> Uma situação semelhante ocorreu com relação à Eritréia e, mais recentemente, em relação às entidades componentes da Bósnia-Herzegovina, depois da celebração dos Acordos de Dayton, em 1995.

trouvaient en général assez mal justifiées par le principe des nationalités, et répondaient surtout à des considérations stratégiques ou économiques.»

1686 Raul PEDERNEIRAS, **Direito internacional compendiado** ("rev. e aumentada" por Oscar TENÓRIO, Rio de Janeiro: Freitas Bastos, 10ª ed., 1953, cit. n. 143 - Memel, p. 162-163): "A referida convenção deu, porém, ao território plena autonomia legislativa, judiciária, administrativa e financeira. Esta situação, naturalmente, teria provocado dissídios entre o governador, indicado pela Lituânia, e as autoridades autônomas do território".

Enquanto o estado conserva a sua soberania sobre o conjunto do seu território, a autonomia, concedida àquela entidade determinada permanece uma questão de interesse internacional.

A inclusão de cláusula de jurisdição nesses acordos, como foi o caso da Convenção de Paris, de 8 de maio de 1924, ilustra o modo apropriado de assegurar o respeito e o escrutínio a nível internacional.[1687]

Em 1931, o Sr. BÖTTCHER, presidente do Diretório de Memel, chefe do poder executivo autônomo, vai à Alemanha, para negociar acordos de comércio. Inteirado do fato, o governador lituano pede a remoção do presidente do Diretório à Câmara de representantes de Memel. Esta rejeita o pedido.

O governador lituano exonera o Sr. BÖTTCHER em 6 de fevereiro de 1931; em 23 de fevereiro, este pede a sua demissão. Sem definição da Câmara, o governador lituano nomeia novo presidente para o Diretório, sr. SIMAITIS. O novo nomeado negocia postos na Câmara. Sem consenso, a Câmara rejeita o novo nomeado. Este, na mesma sessão, lê mensagem do governador lituano, declarando dissolvida a Câmara de Memel.

Os quatro outros co-signatários do Estatuto internacional de 8 de maio de 1924, Itália, Japão, Grã-Bretanha e França, protestam junto ao governo da Lituânia, que se exime de responsabilidade, alegando trabalhar para que fosse constituido Diretório, com a confiança da Câmara. Ante a impossibilidade de solução negociada, a questão é levada à Corte permanente de justiça internacional.[1688]

Em preliminar, suscitada pelo governador lituano, a Corte teve de pronunciar-se a respeito da interpretação do art. 17 do Estatuto de Memel, estipulado na Convenção de Paris, de 8 de maio de 1924. A Corte descarta as objeções da Lituânia, e interpreta o dispositivo da Convenção no sentido de que as dúvidas de fato ou de direito deveriam ser levadas à Corte, enquanto atos, que infringissem a Convenção, deveriam ser levados, igualmente, à Corte e ao Conselho da Liga das Nações.

[1687] Marcelo KOHEN, *Memel Territory Statute, Interpretation of Case* (in **Encyclopedia of public international law**, 2012, vol. VII, p. 87-89, D – Contemporary Relevance, cit. § 7).

[1688] C.P.J.I., **Interpretação do Estatuto do território de Memel** (série A/B n. 49 (1932), p. 300-312).

Afirma a Corte a existência de base legal, para o exercício de sua jurisdição.[1689] Com isso prossegue o caso.

O cerne do questionamento dirigido à Corte permanente de justiça internacional continha seis pedidos, analisados e respondidos pela Corte:

(i) se o governador lituano do território de Memel tem o direito de demitir o presidente do Diretório? A Corte, interpreta os artigos 10, 17 e 18 do Estatuto e conclui serem os poderes das autoridades autônomas de Memel restritas ao Estatuto;[1690]

(ii) caso seja afirmativa a decisão ao primeiro pedido, se o direito de demitir o presidente somente existe em certas condições ou determinadas circunstâncias, e quais podem ser tais condições ou circunstâncias;[1691]

(iii) se o direito de demitir o presidente é admitido, se tal demissão acarreta o término do mandato dos demais membros do Diretório: em relação a este pedido a Corte responde negativamente, argumentando haveria extensão excessiva da norma,

[1689] C.P.J.I., **Interpretação do Estatuto do território de Memel** (série A/B n. 47 (1932), p. 245-258); o Barão Rolin-Jacquemyns formula voto dissidente ao julgamento da preliminar, argumentando que o art. 17 da Convenção de Paris de 8 de maio de 1924 prescrevia a intervenção do Conselho da Liga, antes da Corte permanente de justiça internacional. Com isso, entendia demonstrar não haver controvérsia legal, em sentido estrito, mas somente opiniões divergentes, entre os aliados, co-signatários da Convenção de Paris. Entendia, assim, deveria a questão ser levada ao Conselho da Liga das Nações.

[1690] Foi alegado, não se poderia admitir a exoneração do presidente do Diretório, pelo governador lituano, quando este tivesse a confiança da Câmara. Nesse sentido, o artigo 17 do Estatuto dispõe que o presidente permaneceria no exercício de suas funções, enquanto gozasse da confiança da Câmara. A Corte entende ser base para o Estatuto de Memel, o respeito à *soberania* da Lituânia. A razão de ser do artigo 17 seria somente a de permitir o exercício do poder, e esta deveria ser interpretada de maneira consistente com os objetivos da Convenção de Paris de 8 de maio de 1924, de modo a assegurar o respeito à *autonomia* de Memel e à soberania da Lituânia. Entendeu a Corte que o governador lituano teria poderes para demitir o presidente do Diretório, em caso excepcional, quando este causasse dano à soberania da Lituânia. v. C.P.J.I., **Interpretação do Estatuto do território de Memel** (série A/B n. 49 (1932), p. 319).

[1691] A Corte entendeu que as circunstâncias gerais passíveis de ensejar a demissão do presidente do Diretório já tinham sido respondidas em relação ao primeiro pedido, e outras condições somente poderiam ser avaliadas em relação a casos concretos.

que regula a competência do presidente, caso fosse esta igualmente aplicada aos demais integrantes do Diretório. Além disso, a Corte parte do pressuposto de que, ao assumir o cargo, o presidente escolhe seus subordinados visando cooperação e eficiência. Não aceito o argumento no sentido de que, caso fosse destituído o presidente, todos os assessores deste deveriam, igualmente, ser removidos. Entende a Corte seria mais razoável mantê-los, até o momento da devida substituição.

(iv) se o direito de demitir o presidente do Diretório existe somente observadas certas condições e determinadas circunstâncias, se a demissão do Sr. BÖTTCHER, tal como feita em 6 de fevereiro de 1932 foi feita em ordem, à luz das circunstâncias, em que ocorreu. A Corte já havia delineado a possibilidade de demissão do presidente do Diretório, em caso de dano à soberania da Lituânia. Seria, portanto, preciso demonstrar ter ocorrido conduta de tal natureza, para tornar justificada a demissão.[1692] A Corte observa que a viagem teve conotação política internacional, e as matérias nesta tratadas recaiam na esfera de competência dos poderes soberanos da Lituânia. Dado o quadro de tensões germano-lituanas existente, este somente tenderia a agravar-se, em razão da ida do Sr. BÖTTCHER, para negociar com a Alemanha, sem autorização da Lituânia, o que caracterizava clara afronta à soberania da Lituânia. A Corte tomou em consideração a carta do governador lituano à Câmara de Memel, pedindo a retirada do presidente, depois da viagem em questão, como meio mais brando, para solucionar a questão. Somente em razão do fato desta não ter sido atendida, haviam sido adotados meios mais drásticos. A Corte, assim, decidiu que a demissão dos Sr. BÖTTCHER e os meio utilizados para tanto tinham sido corretamente empregados.

[1692] C.P.J.I., **Interpretação do Estatuto do território de Memel** (série A/B n. 49 (1932), p. 325). A viagem à Alemanha teria, alegadamente, sido realizada pelo Sr. BÖTTCHER como representante de entidades ligadas à agricultura e não no exercício da função de presidente do Diretório de Memel. Contudo, achava-se documentado nos autos ter sido a viagem custeada com fundos públicos de Memel, e também ter havido acordo com o Consulado da Alemanha, para simplificar os procedimentos necessários para a viagem.

(v) se, nas circunstâncias em que se deu o caso, estaria correta a nomeação do Sr. SIMAITIS, como presidente do Diretório? O artigo 17 do Estatuto de Memel é claro e a Corte direta ao afirmar que ao governador lituano cabe a função de nomear o presidente do Diretório, observado esse limite, porquanto os demais membros do diretório devem ser escolhidos pelo presidente, tendo como único requisito serem cidadãos de Memel. Foi considerada a questão da confiança da Câmara, para a manutenção do presidente, como norma política: somente depois de indicado, o presidente poderia ser aceito ou não pela Câmara. Não mais havendo dúvida quanto à legalidade da exoneração do predecessor, decidiu a Corte, em relação ao sucessor, que o Sr. SIMAITIS era qualificado, e a nomeação deste, pelo governador lituano fora feita de forma correta, e, portanto, válida.[1693]

(vi) se a dissolução do Diretório, feita pelo governador de Memel, em 22 de março de 1932, quando o novo presidente do Diretório, Sr. SIMAITIS todavia não tinha recebido a manifestação de confiança do Diretório, estaria em ordem? A dissolução da Câmara estava prevista no artigo 12, par. 5º, do Estatuto de Memel: "a Câmara pode ser dissolvida pelo governador, em concordância com o Diretório. As eleições para a nova Câmara deverão ter lugar em seis semanas da data da dissolução". A Corte interpreta o dispositivo de modo coerente: este impede o governador de dissolver, sózinho, a Câmara, devendo ter a concordância do Diretório para tanto. A dissolução, decretada pelo governador, e lida pelo Sr. SIMAITIS estaria correta, se houvesse Diretório estabelecido, e contasse este com a confiança da Câmara. Se o presidente, recém nomeado, não obtém a manifestação da confiança da Câmara, e mesmo assim a dissolve, chega-se a situação na qual o governador decide sózinho sobre a dissolução do órgão colegiado.[1694] A Corte decide ter sido irregular a dissolução da Câmara pelo governador, pois ainda que contasse com a aceitação do Diretório, não havia recebido a confiança da Câmara.

[1693] C.P.J.I., **Interpretação do Estatuto do território de Memel** (série A/B n. 49 (1932), p. 333).

[1694] C.P.J.I., **Interpretação do Estatuto do território de Memel** (série A/B n. 49 (1932), p. 337).

Teve o caso votos dissidentes.[1695] Os desdobramentos do caso mostraram que a influência alemã logo se faria sentir, de modo decisivo.

Do ponto de vista do direito internacional, as duas bases, para o Estatuto de Memel, eram a *autonomia* do território e o respeito à *soberania* da Lituânia.[1696] A definição dos limites para o exercício do poder,

[1695] C.P.J.I., **Interpretação do Estatuto do território de Memel** (série A/B n. 49 (1932), p. 339-342, e 356): o juiz URRATIA discorda da opinião majoritária da Corte, em relação aos pedidos (i) e (iii), e argumenta que o direito do governador de exonerar o presidente do Diretório não pode ser inferido do Estatuto, sendo muito claros os limites da soberania da Lituânia sobre Memel, bem como as atribuições do governo autônomo de Memel; o juiz RÖMER discorda em relação ao pedido (vi), e argumenta que o Estatuto não previa diferenciação entre Diretório com ou sem a confiança da Câmara, e, portanto, a dissolução teria sido legítima; os juízes BUSTAMANTE, ALTAMIRA, SCHÜCKING e Van EYSINGA discordam da opinião majoritária da Corte, em relação aos pedidos (i) e (v), e argumentam que a permanência ou não do Diretório estaria na esfera de exercício de poder da Câmara, conforme artigo 17 do Estatuto. Afirmam não ser apenas questão de comparação com o funcionamento habitual dos sistemas parlamentaristas, mas o artigo 17 seria regra orgânica, segundo a qual somente a Câmara poderia demitir o presidente do Diretório, como meio de manter a autonomia de Memel. Reportam-se aos *travaux préparatoires*, nos quais se evidenciava que, durante as negociações para o Estatuto de Memel, a Lituânia sistematicamente tentara restringir ao mínimo tal autonomia, e exigira que a nomeação do presidente do Diretório fosse atribuição sua. De tal modo, a responsabilidade quanto ao Diretório recairia à Câmara, resguardando a autonomia do território, em conformidade com o sistema parlamentarista, instaurado pelo Estatuto. Paralelamente reconhecem a soberania da Lituânia, mas a admitem em forma restrita, sem poder chegar a caracterizar controle sobre o Diretório; e, o juiz ANZILOTTI aponta grave erro na petição inicial, porquanto esta fora feita em forma de questões, sem, contudo, tivesse sido pedido parecer (*advisory opinion*). Assim, tratando-se de caso baseado em perguntas, e não em pedidos de um país contra outro, teria sido, no entender deste, impossível prosseguir com a ação. Além disso, os quatro co-signatários haviam pedido coisas diferentes das perguntas, nos memoriais. Aponta que os memoriais não mais faziam menção aos pedidos (ii) e (iv), mas referiam-se a pedido geral, quanto ao entendimento da Corte sobre a exoneração do presidente do Diretório. Entende, outrossim, não ter sido determinado, de modo adequado, a quem competia o ônus da prova da atuação do Sr. BÖTTCHER ter ferido a soberania lituana, e terem sido insuficientes as provas trazidas. Em suma, a Corte não deveria ter aceitado decidir sobre instrumentos com tantas irregularidades processuais e de conteúdo, e diante dos pedidos alternativos, formulados pelos quatro co-signatários, deveria a Corte ter considerado inadmissíveis todos os pedidos, dado que não poderiam ser conciliados.

[1696] Por meio de carta ao governo da Lituânia, os representantes das potências, co-signatárias da Convenção de Paris, de 8 de maio de 1924, acabaram por manifestar a aceitação da situação instaurada no território de Memel, e formulavam voto pela melhoria das relações

deveria ser interpretada de maneira consistente com os objetivos da Convenção de Paris de 8 de maio de 1924, e seu propósito estaria em assegurar – simultaneamente – o respeito à *autonomia* de Memel e à *soberania* da Lituânia.[1697]

Deste se pode passar ao exame do caso do trecho ferroviário de Landwárow-Kasiadorys (31.3).

31.3. Setor ferroviário de Landwárow-Kasiadorys

> Todas as nações poderiam considerar-se irremediavelmente condenadas pelo testemunho de seus vizinhos para toda a eternidade. Pois o juízo de uma nação a respeito dos que vivem junto às suas fronteiras permanece sempre particularmente constante e sempre é indefectivelmente desfavorável. (...) Quanto mais estreita a relação, mais suscetível a reação.
>
> J. HUIZINGA (1926, ed., 2005)[1698]

entre a Lituânia e a Alemanha (League of Nations Official Journal, *Letter dated 27 September 1935, from the representatives of France, The United Kingdom to the Secretary General,* vol. 16, 1935, p. 1657). Nessa altura, HITLER já manifestara a intenção de "reanexar" não somente a região de Memel, mas toda a Lituânia.

1697 A Lituânia teria interpretado a decisão da Corte permanente de justiça internacional como favorável à sua política de 'lituanização' e interveio de modo bastante violento nas eleições de 1935, prendendo mais de cem pessoas, acusadas de traição e de ligações com o partido nacional socialista dos trabalhadores alemães. Muitos foram condenados à morte, mas tiveram as penas comutadas em prisão. Os nazistas negaram qualquer envolvimento. Nas eleições gerais, apenas seis dentre os vinte e nove integrantes da Câmara eram lituanos. O presidente SIMAITIS caiu, e sucederam-se vários presidentes do Diretório, até ser declarada nova dissolução da Câmara, pelo governador da Lituânia. Novas eleições foram realizadas. No início de 1939 venceu o partido alemão, favorável à reunificação do território. Em 22 de março de 1939, veio discurso de HITLER favorável à reunificação.

1698 Johan HUIZINGA, *La influencia de Alemania en la cultura holandesa* ("conferencia pronunciada en Erlangen en la Asamblea de filólogos alemanes, y publicada en el Archiv für Kulturgeschichte, t. XVI, 1926", in **El concepto de la historia y otros ensayos**, trad. Wenceslao ROCES, México: FCE, 1946, 5ª reimpr., 2005, p. 371-406, cit. p. 404) considera as relações entre holandeses e alemães, mas a percepção pode ser aplicada ao caso presente, bem como prossegue, para formular crítica ao nacionalismo: "Isso somente demonstra até que ponto esse fator, que é o mais irredutível de todos os fatores espirituais que conhecemos, a nacionalidade, incapacita a seus filhos para fazer juízo preciso sobre o caráter e o modo de ser daqueles mais afins a esta, os seus vizinhos. (...) É precisamente naqueles pontos onde se alojam as antíteses mais vagas e mais difíceis de definir que soem chocar-se entre si as nações."

A controvérsia, envolvendo os governos da Polônia e da Lituânia, a respeito da utilização do **setor ferroviário de Landwárow-Kasiadorys**, ante a impossibilidade de solução diretamente negociada, fez com que a matéria fosse submetida, como pedido de parecer consultivo, à Corte permanente de justiça internacional, pelo Secretário-geral do Conselho da Liga das Nações, em 24 de janeiro de 1931, sob a forma seguinte: "os vínculos internacionais em vigor obrigam a Lituânia, nas circunstâncias presentes, e, em caso afirmativo, de que maneira, a tomar as medidas necessárias para abrir o setor ferroviário de Landwárow-Kasiadorys para o tráfego ou para certas categorias de tráfego?"

Esse setor ferroviário, situado em território lituano, era estratégico para a ligação ferroviária da Polônia, não somente com a vizinha Lituânia, mas a partir desta, com outros países da Europa central. A Polônia, com base em tratados,[1699] pleiteava o restabelecimento do tráfego ferroviário, enquanto a Lituânia se negava a fazê-lo.

Após análise das informações apresentadas pelos interessados no caso, a Corte permanente de justiça internacional considerou a situação do setor ferroviário de Landwárow-Kasiadorys, como parte do sistema de transporte de Vilna até Libau. Destruído durante a guerra de 1914-1918, esse setor ferroviário de Landwárow-Kasiadorys, naquela altura se encontrava em território pertencente à Rússia, e passou à Lituânia, após a independência desta, em 1918.

O estabelecimento das fronteiras entre Alemanha, Polônia e Lituânia gerou várias situações de tensão e alguns conflitos. Em 15 de novembro de 1927 a Lituânia levara ao Conselho da Liga das Nações nova controvérsia entre estes dois últimos governos, com relação ao território de Vilna. O Conselho da Liga, em 10 de dezembro de 1927, manifestou, através de Resolução, o voto de que "os dois governos encetassem negociações diretas".[1700]

[1699] Acompanhando o pedido, do Conselho da Liga à Corte, seguiam cópias autenticadas do Pacto da Liga das Nações, do Estatuto da liberdade de trânsito, assinado em Barcelona, em 20 de abril de 1921, bem como cópia da Convenção de Paris, de 8 de maio de 1924, estabelecendo o Estatuto do território e do porto de Memel. A seguir, foram encaminhadas cópias do Tratado germano-lituano de navegação de outubro de 1928.

[1700] Resolução do Conselho da Liga das Nações, em 10 de dezembro de 1927, com a concorrência da Lituânia e da Polônia: (...) "recommends the two Governments to enter into direct negotiations as soon as possible, in order to establish such relations between the two

As negociações diretas resultaram em acordos relativos a transportes e comunicações ferroviárias. O Conselho da Liga, adota, em 14 de dezembro de 1928, nova Resolução, na qual se consigna a informação de terem os dois governos assinado acordo provisório, relativo a tráfego e transportes locais.

Acordaram Lituânia e Polônia continuar as negociações, bem como submeter a Comitê consultivo e técnico para comunicações e trânsito a questão dos obstáculos à liberdade de comunicação e trânsito. Este, por sua vez, em 4 de setembro de 1930, encaminha, ao Conselho da Liga das Nações, recomendação de meios para o restabelecimento das ferrovias entre Kovno e Vilna, passando por Landwárow-Kasiadorys, visando satisfazer as exigências operacionais do comércio e do trânsito na região. O setor ferroviário de Landwárow-Kasiadorys, no entendimento do Comitê consultivo, deveria ser reconstruído, para servir ao trânsito internacional de bens, provenientes de ou destinados aos distritos de Grocho e Vilna, bem como Königsberg, Memel, Libau e Riga. O Comitê ainda formula recomendações a respeito do transporte de madeira, pelo rio Niemen, conforme estipulado nos artigos 332 e 337 do Tratado de Versalhes.

Nenhum dos dois governos aceita a recomendação. O setor ferroviário de Landwárow-Kasiadorys permanece fechado pela Lituânia.

Nessa altura, o Conselho da Liga decide apresentar a questão à Corte permanente de justiça internacional, para que esta se pronuncie a respeito da existência ou não de compromisso internacional que obrigasse a Lituânia a abrir ao tráfego ferroviário o setor de Landwárow-Kasiadorys, com base no Pacto da Liga, artigo 23, alínea "e",[1701] bem como da

neighbouring states as will ensure 'the good understanding between nations upon which peace depends';" (...) "The Council declares that the present Resolution in no way affects questions on which the two Governments have differences of opinion."

[1701] Pacto da Liga das Nações, artigo 23: Sob a reserva e na conformidade das disposições das convenções internacionais atualmente existentes ou que forem ulteriormente celebradas, os membros da sociedade: (...) e) adotarãoas disposições necessárias para assegurar e manter a liberdade das comunicações e do trânsito, bem como tratamento equitativo do comércio de todos os membros da sociedade, ficando entendido que as necessidades especiais das regiões devastadas durante a guerra de 1914-1918 deverão ser tomadas em consideração." Texto integral em P. B. CASELLA, **Tratado de Versalhes na história do direito internacional** (São Paulo: Quartier Latin, 2007).

Convenção de Paris, de 8 de maio de 1924, contendo o Estatuto de Memel, cujo artigo 3º, do Anexo III, estipulava para a Lituânia o dever de garantir a liberdade de trânsito por água, por mar ou por trem, destinado a ou proveniente do território de Memel, ou em trânsito por este. Isso se deveria cumprir, observando as normas estipuladas pelo Estatuto e Convenção sobre a liberdade de trânsito, adotada em Barcelona, cujo artigo 2º, por sua vez, determinava que a Lituânia deveria facilitar o trânsito livre, por trem, por vias aquáticas, ou por caminhos convenientes para o trânsito internacional.

No entender da Lituânia, o setor ferroviário de Landwárow-Kasiadorys apresentava poucas possibilidades de uso conveniente para trânsito internacional, indo para ou vindo de Memel. Além disso, argumentava que, por força da Convenção de Paris, de 8 de maio de 1924, estava obrigado somente a permitir o trânsito de mercadorias,[1702] por via fluvial, estando excluída a obrigação de livre trânsito ferroviário, estipulada pela Convenção de Barcelona.

Para a determinação de direitos e de obrigações relativos ao setor ferroviário de Landwárow-Kasiadorys, a Corte permanente de justiça internacional analisou os já referidos Resolução do Conselho da Liga, de 10 de dezembro de 1927, o artigo 23 do Pacto da Liga, e a Convenção de Paris, de 8 de maio de 1924, contendo o Estatuto do território de Memel.

A Corte entendeu que a obrigação das partes, em decorrência da Resolução de 1927, muito embora as comprometesse a mais do que simplesmente negociar, não poderia ir tão longe como pretendia a Polônia: a vinculação ultrapassaria a simples obrigação de negociar, de tal sorte que Lituânia e Polônia estariam obrigadas a insistir nas negociações, e a conduzi-las de modo a poder efetivamente chegar a acordo. De nada adiantaria o simples dever de negociar, caso esta não contivesse mais do que a formalização de decisão anteriormente adotada de nada acordar. Assim, para alcançar a máxima efetividade, a cláusula deve ser interpretada, segundo a Corte, de modo a estabelecer dever de negociar visando chegar a acordo.

A construção da Corte permanente de justiça internacional se fundamenta na obrigação de negociar de boa-fé, presente nos ordenamentos

[1702] J. F. Hostie, **Le transport de marchandises en droit international** (RCADI, 1951, t. 78, p. 211-324).

jurídicos internos de diversos países, e se correlaciona ao equivalente dever e princípio análogo, no direito internacional, onde à boa-fé deve ser assegurada extensão de aplicação ainda maior, dada a sua natureza de norma consuetudinária internacional. A obrigação de negociar, de boa-fé, contudo, não se poderia traduzir como obrigação de chegar a acordo. A Resolução do Conselho da Liga não poderia obrigar a Polônia e a Lituânia a chegarem a acordo em qualquer situação, o que seria descabido e poderia conduzir a injustiças.

Não poderiam as partes ser obrigadas a chegar a acordo, em geral, nem tampouco teria fundamento a alegação de obrigação, no caso, para a Lituânia, de reparar e reabrir ao tráfego internacional o eixo ferroviário de Landwárow-Kasiadorys. Não furtar-se às negociações não poderia acarretar a consequência de acordo de tal natureza técnica e com tão considerável repercussão em relação às administrações dos dois estados. Da mesma forma, no direito privado, não se pode admitir a criação de obrigação sem a correspondente manifestação de consentimento, sendo acordo de vontades necessário para, mediante contrato, ficar alguém obrigado. No direito internacional, além da fundamentação equivalente, ainda se haveria de levar em consideração da soberania do estado, e a consequente impossibilidade de obrigar um estado sem a manifestação do consentimento deste. Desse modo, conclui a Corte permanente de justiça internacional, não haveria na Resolução do Conselho nenhuma obrigação para a Lituânia abrir o setor ferroviário de Landwárow--Kasiadorys ao tráfego internacional.

Com relação ao artigo 23 do Pacto da Liga das Nações, com as obrigações de liberdade de trânsito e de comunicação entre os países integrantes da Liga, em conformidade com os propósitos da organização de garantir a paz, seria decorrência lógica o papel da livre comunicação e do livre comércio, para evitar conflitos. A esta obrigação genérica, segundo argumentava a Polônia, deveria ser acrescida a recomendação do Comitê Técnico e Consultivo, para obrigar a Lituânia a reformar e colocar em operação as linhas internacionais de trem, que passassem pelo seu território, inclusive o eixo ferroviário de Landwárow-Kasiadorys.

A obrigação, estipulada no artigo 23 do Pacto da Liga, bem como a recomendação do Comitê, contudo, não poderiam comportar obrigação para país, membro da Liga, onde a interrupção do trânsito internacional se dera no contexto da primeira guerra mundial, antes mesmo da existência desse estado, como sujeito de direito internacional. Não poderia haver, desse modo, obrigação diretamente imputável à Lituânia: as obrigações, no direito interno como no internacional, dependem da manifestação do consentimento da parte, em assumir direitos e obrigações, resultantes de tal contratação. Ante a inexistência de obrigação, especificamente imputável à Lituânia, não se poderia, em relação a esta, invocar a obrigação de *pacta sunt servanda*.

O terceiro fundamento alegado, para a obrigação que incumbiria à Lituânia, dizia respeito ao conteúdo da Convenção de Paris, de 8 de maio de 1924, já referida, entre Itália, Japão, França, Grã-Bretanha e Lituânia, da qual estipulava o artigo 2º, a obrigação, para esta última, de garantir acesso, pelas rotas marítimas, fluviais ou ferroviárias em uso, para quem tivesse como destino ou partida o porto de Memel. Tal garantia deveria ser cumprida em conformidade com as normas estipuladas pela Convenção de Barcelona.

No caso, como o eixo ferroviário de Landwárow-Kasiadorys estava fora de uso, desde a primeira guerra mundial, não poderia ser considerado "via férrea em uso", porquanto, não obstante a argumentação da Polônia, no sentido de que a inteira ferrovia encontrava-se em utilização, como o trecho ferroviário de Landwárow-Kasiadorys não o estava, não poderia, em relação à Lituânia, ser quanto a este invocada a obrigação. Não como ferrovia em uso, e portanto excluída da obrigação.

Finalmente, com relação à interpretação da Convenção de Barcelona, a Corte entendeu estar a garantia de trânsito livre assegurada por via fluvial, assim caracterizando o cumprimento da norma internacional pela Lituânia. Tampouco este argumento, suscitado pela Polônia, foi aceito como válido pela Corte permanente de justiça internacional para obrigar a Lituânia a reconstruir e recolocar em funcionamento o eixo ferroviário de Landwárow-Kasiadorys.

A decisão da Corte permanente de justiça internacional foi proferida em 15 de outubro de 1931: entendeu o tribunal que, nas circunstâncias presentes, não existia, para a Lituânia, obrigação de reabrir o eixo ferroviário de Landwárow-Kasiadorys ao tráfego.

Deste se pode passar ao parecer consultivo, prolatado pela Corte Internacional de Justiça, em 2004, a respeito das consequências da construção do muro no território palestino ocupado (31.4).

31.4. Consequências da construção do muro no território palestino ocupado

Novos assentamentos, o muro, demolições e o fechamento de instituições palestinas fragilizam a comunidade palestina e separam Jerusalém oriental do restante da Cisjordânia.

Relatório sobre Jerusalém oriental dos chefes de missão da União Européia (2008)[1703]

Justa solução para o problema dos refugiados é, para os estados árabes, sua reinstalação em sua terra natal, em seus lares. Isso não implica, sem dúvida, para Israel, se não a indenização e a reinstalação dos refugiados nos países árabes vizinhos. O problema poderia encontrar solução no contexto de reacomodação das fronteiras, que permitisse o estabelecimento de um estado palestino, associado a Israel. Isso permanece no campo da conjectura. No estado, as posições respectivas são inconciliáveis.

Roger PINTO, *Aspectos jurídicos do conflito entre os estados árabes e Israel* (1970)[1704]

1703 **Relatório sobre Jerusalém oriental dos chefes de missão da União Européia**, datado de 15 de dezembro de 2008 (publicado OESP, 7 de março de 2009, p. A23): "A construção de novos assentamentos e do muro, políticas habitacionais discriminatórias, demolições de casas, um regime de autorizações restritivo e o contínuo fechamento de instituições palestinas aumentam a presença israelense em Jerusalém oriental, fragilizam a comunidade palestina na cidade, impedem o desenvolvimento urbano palestino e separam Jerusalém oriental do restante da Cisjordânia". Registra, ainda, a mesma matéria: nos territórios ocupados vivem hoje 470 mil colonos judeus, incluindo 190 mil em Jerusalém oriental. Israel emite menos de 200 alvarás por ano para construção de casas palestinas. Cerca de 400 residências foram demolidas desde 2004 e outras mil ordens de demolição aguardam para também serem cumpridas.

1704 Roger PINTO, *Aspects juridiques du conflit entre les états arabes et Israël* (in **Mélanges offerts à Mr. le Doyen Louis Trotabas**, Paris: L.G.D.J., 1970, p. 401-422, cit. p. 419): «Un juste règlement du problème des réfugiés est pour les états arabes leur reinstallation sur leur terre natale, dans leurs foyers. Il n'implique sans doute pour Israël que l'indemnisation et la réinstallation des réfugiés dans les pays arabes voisins. Le problème peut-il trouver sa solution dans le cadre d'un réamenagement des frontières qui permettrait l'établissement d'un état palestinien associé à Israël. Ceci est du domaine de la conjecture. En l'état, les positions respectives sont inconciliables.»

O estado de Israel tem o direito de existir. Tem, também, o direito de defesa. Mas este não pode se valer de circunstâncias a que deu causa – a ocupação de território palestino, por meio de uso da força,[1705] contrariamente ao direito internacional vigente –[1706] para invocar a necessidade de defesa, consistente na repressão à resistência palestina a essa mesma invasão.

A Corte Internacional de Justiça bem caracterizou,[1707] no parecer consultivo de 2004, as **consequências legais da construção do muro**, por Israel, no território palestino ocupado:

a) ser contrária ao direito internacional a construção do muro no território palestino ocupado, inclusive em e em torno de Jerusalém oriental;[1708]
b) ter Israel obrigação de interromper as violações do direito internacional – ficando obrigado Israel a fazer cessar imediatamente

[1705] C. H. M. Waldock, **The regulation of the use of force by individual states in international law** (RCADI, 1952, t. 81, p. 451-518).

[1706] H. Wehberg, **L'interdiction du recours à la force: le principe et les problèmes qui se posent** (RCADI, 1951, t. 78, p. 1-122).

[1707] C.I.J., **Consequências jurídicas da construção do muro no território palestino ocupado** (parecer consultivo de 9 de julho de 2004, parágrafo 163): Unanimemente entende a Corte ter jurisdição para prolatar o parecer, nos termos solicitados pela AGNU; por quatorze votos a um, decide atender ao pedido de parecer consultivo; e decide, igualmente por quatorze votos a um em relação aos itens a), b) e c) e por treze votos a um, em relação ao item d), e igualmente por quatorze votos a um em relação ao item e).

[1708] V. Marotta Rangel, *L'avis consultatif du 9 juillet 2004 et l'antinomie entre volontarisme et solidarisme* (in **International law and the use of force at the turn of centuries: essays in honour of V. Djuro Degan**, Rijeka: Faculty of Law, Univ of Rijeka, 2005, cap. 10, p. 199--205): «il [l'avis consultatif du 9 juillet 2004] concourt non seulement à l'éclaircissement des questions posées mais aussi à servir d'orientation dans le cadre complexe des problèmes actuels connexes à ces questions. / Ayant admis sa compétence et décidé de donner suite à la demande, la Cour a fini pour juger que l'édification du mur en cause, et le régime à lui associé, sont contraires au droit international ; qu'Israël est tenu de cesser immédiatement les travaux de l'édification de ce mur et dans l'obligation de réparer les dommages causés par cette édification ; que tous les états parties à la quatrième convention de Genève relative à la protection des personnes civiles en temps de guerre, du 12 août 1949, 'ont en outre l'obligation, dans le respect de la Charte des Nations Unies et du droit international, de faire respecter par Israël le droit international humanitaire incorporé dans cette convention.»

os trabalhos de construção do muro, em curso no território palestino ocupado, inclusive em e em torno de Jerusalém oriental;[1709] demolir imediatamente as estruturas já levantadas e revogar ou tornar inaplicável as medidas de caráter legislativo e administrativo que com tal assunto estejam relacionadas;[1710]

c) ter Israel obrigação de reparar todos os danos causados pela construção do muro no território palestino ocupado, inclusive em e em torno de Jerusalém oriental;

d) todos os estados ficam obrigados a não reconhecer a situação ilegal, resultante da construção do muro e de não conceder ajuda ou assistência na manutenção da situação criada por tal construção; todos os estados-partes, aplicando o disposto na quarta Convenção de Genebra relativa à proteção de civis em tempo de guerra, de 12 de agosto de 1949, tem ainda a obrigação de, observado o disposto na Carta da ONU e no direito internacional, de assegurar o cumprimento por Israel do direito internacional humanitário, tal como estipulado naquela Convenção;[1711] e

e) as Nações Unidas, especialmente a Assembléia Geral e o Conselho de Segurança, devem considerar quais as ações adicionais necessárias para por fim à situação ilegal resultante da

[1709] C.I.J., **Conséquences juridiques de l'édification d'un mur dans le territoire palestinien occupé** (Avis consultatif du 9 juillet 2004, CIJ Recueil 2004, p. 136, § 162): La Cour a abouti à la conclusion que la construction du mur par Israël dans le territoire palestinien occupé est contraire au droit international et a précisé les conséquences juridiques qu'il convient de tirer de cette illicéité. [...] La Cour relèvera qu'aussi bien Israël que la Palestine ont l'obligation de respecter de manière scrupuleuse le droit international humanitaire, dont l'un des buts principaux est de protéger la vie des personnes civiles.

[1710] C.I.J., **Consequências jurídicas da construção do muro no território palestino ocupado** (parecer consultivo de 9 de julho de 2004, parágrafo 151).

[1711] C.I.J., **Conséquences juridiques de l'édification d'un mur dans le territoire palestinien occupé** (Avis consultatif du 9 juillet 2004, CIJ Recueil 2004, p. 136, § 161): La Cour, soucieuse d'apporter son soutien aux buts et principes inscrits dans la Charte de l'ONU, en particulier le maintien de la paix et de la sécurité internationales et le règlement pacifique des différends, tient à souligner la nécessité urgente que l'ONU dans son ensemble redouble ses efforts en vue de mettre rapidement un terme au conflit israélo-palestinien, qui continue de poser une menace à la paix et à la sécurité internationales, et d'établir ainsi une paix juste et durable dans la région.

construção do muro e regime associado, levando em conta o Parecer consultivo da Corte Internacional de Justiça.[1712]

Relevante ter a Corte expressamente consignado o **princípio da impossibilidade de aquisição de território mediante uso da força**:[1713] representa mudança de paradigma, em relação ao direito internacional antigo,[1714] excluindo a legalidade de conquista militar para adquirir territórios. Esse dado[1715] não pode ser negligenciado, em qualquer análise deste caso.

Certas práticas podem bem ilustrar a mudança de tempo e de contexto: a 'ocupação', durante muito tempo considerada como modo válido de aquisição territorial, a tal ponto que se falava outrora em um 'direito de ocupação',[1716] é exemplo de prática doravante obsoleta e condenada pelo direito internacional vigente – como bem assinalou a Corte Internacional de Justiça no parecer sobre as consequências jurídicas da construção do muro no território palestino ocupado.[1717]

1712 C.I.J., **Consequências jurídicas da construção do muro no território palestino ocupado** (parecer consultivo de 9 de julho de 2004) como consigna em seu voto, o Juiz El-Araby, o pedido desse parecer assume importância considerável: "represents the first time ever that the International Court of Justice has been consulted by a United Nations organ with respect to any aspect regarding Palestine".

1713 Válido e oportuno ver afirmado o princípio da ilegalidade de aquisição de território, mediante uso de força armada: resta assegurar seja este consistemente aplicado! C.I.J., **Consequências jurídicas da construção do muro no território palestino ocupado** (parecer consultivo de 9 de julho de 2004), v. "separate opinion" do Juiz Koroma.

1714 H. Wehberg, **L'interdiction du recours à la force: le principe et les problèmes qui se posent** (RCADI, 1951, t. 78, p. 1-122).

1715 C. H. M. Waldock, **The regulation of the use of force by individual states in international law** (RCADI, 1952, t. 81, p. 451-518).

1716 Vaios Koutroulis, **Le début et la fin de l'application du droit de l'occupation** (Paris: Pedone, 2010); A. Decenciere-Ferrandiere, *Essai historique et critique sur l'occupation comme mode d'acquérir les territoires en droit international* (RDILC, 1937, p. 72); J. P. A. François, *Réflexions sur l'occupation* (in **Recueil d'études de droit international en hommage à P. Guggenheim**, Genebra: Iuhei, 1968, p. 793); v. tb. IDI, **Projet de déclaration internationale relative aux occupations de territoires** (Rapporteurs: MM. Ferdinand von Martitz et Edouard Engelhardt, Sessão de Lausanne, 7 de setembro de 1888).

1717 C.I.J., *Conséquences juridiques de l'édification d'un mur dans le territoire palestinien occupé* (Avis consultatif du 9 juillet 2004, C.I.J. Recueil 2004, p. 136). Ver tb. as considerações sobre os principais aspectos desse importante parecer da CIJ, no **Tratado** (tomo – **Direito**

Para a possível solução do problema da região nada foi facilitado com a construção do muro, em territórios palestinos ocupados, por Israel: deve ser consignada a recusa em aceitar a consolidação de tal ocupação, mediante uso da força, à qual se quer conferir durabilidade, mediante a consolidação física da apropriação indevida de tais parcelas do território palestino. Que ocupação militar não possa criar título para detenção de território é dado crucial a ser levado em consideração, em qualquer análise da matéria.

Tanto a sensação de progressivo agravamento da negligência em cuidar do caso palestino como a insistência de Israel na retidão moral de suas ações foram impedimentos gêmeos para a solução de seu problema comum - avaliava Tony JUDT (2008)[1718] - dado que nenhum dos dois lados parece ser capaz de enxergar o outro, embora exista "conscientização crescente de que judeus e árabes ocupam o mesmo espaço e continuarão a fazê-lo em futuro previsível. Os seus destinos estão conjuminados sem qualquer esperança (*hopelessly entangled*). Com muro ou sem muro, o território ora administrado por Israel somente poderá ser 'limpo' (*'cleansed'*) de seus residentes árabes (ou judeus) por meio de ato de força,[1719] que a comunidade internacional não poderia aceitar".[1720]

Cumpre destacar, no parecer da Corte Internacional de Justiça a respeito da construção do muro no território palestino ocupado, a

internacional, história e cultura, cap. III - sobre o direito de autodeterminação dos povos.

1718 Tony JUDT, *Dark Victory: Israel's Six Day War* (orig. publ. 2002, in **Reappraisals: Reflections on the forgotten XXth century**, New York: Penguin Press, 2008, p. 267-285); T. JUDT, *Edward SAID: the rootless cosmopolitan* (orig. publ. 2004, in **Reappraisals**, 2008, p. 163-177, cit. p. 174): "the public impression of Israel has steadily darkened. Today it presents a ghastly image" (...) "the Jewish state today is widely regarded as a - *the* - leading threat to world peace. After thirty-seven years of military occupation, Israel has gained nothing in security; it has lost everything in domestic civility and international respectability; and it has forfeited the moral high ground forever."

1719 C. H. M. WALDOCK, **The regulation of the use of force by individual states in international law** (RCADI, 1952, t. 81, p. 451-518); H. WEHBERG, **L'interdiction du recours à la force : le principe et les problèmes qui se posent** (RCADI, 1951, t. 78, p. 1-122).

1720 T. JUDT (op. cit., 2008, ensaio de 2004, p. 175) : «'historic Palestine' is now a lost case - but, so far, for the same reasons, 'historic Israel'. Somehow or other, a single institutional entity capable of accommodating and respecting both communities will have to emerge, though when and in what form is still obscure.»

gravidade da obrigação multilateral, incumbente aos demais estados, no sentido de não se reconhecerem como legais os efeitos de situação, alcançada mediante grave violação de norma cogente.[1721] E este seria justamente paradigma a ser observado, na "importante matéria das mudanças territoriais" (*the important area of territorial change*).[1722]

Claramente, "o muro torna irreversível a situação das (ilegais) colônias e assentamentos, até agora sujeitos à possibilidade de desmantelamento, a ser negociado em acordos de paz. O muro não é só uma estrutura física, é um regime inteiro de sistema de 'permissões' (em geral, negadas), para acesso a áreas 'enclavadas' declaradas 'zonas fechadas'," onde "o resultado mais perigoso do muro é que ele destrói o potencial de uma coexistência pacífica, ao destruir o potencial de um estado palestino independente e da 'solução de dois estados'."[1723]

Na ocasião em que a questão foi levada à apreciação pela Corte Internacional de Justiça, "Israel resolveu boicotar essa etapa dos procedimentos [orais públicos]. Israel não tinha maneira de defender o muro, dentro dos parâmetros da legalidade internacional. Escapou da Corte porque não tinha condições de defender o caso. Quando decidiu manter-se fora da Corte, decidiu manter-se fora da legitimidade internacional. Aqueles que opuseram-se a que a Corte analisasse o assunto foram precisamente os que tentaram politizar a lei internacional".[1724]

[1721] James CRAWFORD, **Multilateral rights and obligations in international law** (RCADI, 2006, t. 319, p. 325-482, cit. p. 477): "States are obliged not to recognize as lawful a situation reached by a serious breach of a peremptory rule."

[1722] J. CRAWFORD (op. cit., 2006, p. 465): "the obligation of non recognition has not been attached to the category of state crime (e.g., the crime of aggression) but has been extended to acquisition of territory by war. No doubt the special difficulties of the Middle East crisis and the 1967 War have been influential. But the general law on territorial acquisition has emphasized the resolution of disputes by agreement (cession rather than conquest) and has sought to maintain the territorial *status quo* pending a peace settlement, independently of the controversial question whether the conduct of one or other party was unlawful, still less whether it constituted a state crime."

[1723] Juliana JOHANN, *Percepções e prioridades externas no mundo árabe: visões a partir do terceiro setor* (in **Diálogo América do Sul – Países árabes**, org. Heloísa Vilhena de ARAUJO, prefácio Celso AMORIM, Brasília: Fundação Alexandre de Gusmão / IPRI, 2005, p. 385-468, cit. p. 414-415).

[1724] J. JOHANN (art. cit., p. 417): "Israel anunciou que não reconhecerá a sentença" – na verdade, trata-se de Parecer consultivo da Corte Internacional de Justiça. "Os desdobramentos

O parecer consultivo da CIJ declarou que a sua competência para julgar o caso estava fundamentada e declarou o muro incompatível com a legalidade internacional, pediu que se ponha fim à 'situação ilegal' provocada pela construção do muro, exigiu o desmantelamento das partes do muro que se desviam da linha de armistício, bem como a compensação e reparação dos danos causados (terras agrícolas devastadas, redes de estradas destruídas, campos de oliveiras milenares arrancados, etc.). A Corte conferiu caráter *erga omens* ao parecer, obrigando a comunidade internacional a garantir seu cumprimento.[1725]

Na avaliação das circunstâncias do caso, "o direito não se faz dispensável, mas, pelo contrário, faz-se absolutamente necessário. Neste caso particular, o direito não é lacunoso, mas pelo contrário, tem o que dizer e é quase cristalino. Neste caso, a justiça está melhor servida pelo direito que pelos jogos da política, e o direito inequívoco que expressa a Corte no essencial de seu parecer consultivo deveria ser usado por políticos e juristas como instrumento e como guia para uma solução definitiva, mais justa, para um conflito que traz tanto sofrimento e risco ao mundo. Dizer que ao direito que aplica a Corte não cabe um papel neste conflito fortalece aquele que viola o direito, deslegitima o principal órgão judicial das Nações Unidas e subordina o direito a aplicação casuística, ditada pelos interesses. Nenhuma dessas coisas convém ao jurista".[1726]

do assunto deverão incluir a provável solicitação de sanções da ONU contra Israel. O episódio da Corte aconteceu num momento esperado há muito por palestinos. Por muito tempo se tem proposto/reivindicado o caráter político do conflito palestino-israelense, o que faz com que a solução deva ser uma solução política. Entretanto, o que os palestinos têm testemunhado, desde 1967, é a expropriação territorial e a expansão dos assentamentos, feitas por meios 'legais'. A opinião (*sic*, parecer) da Corte reverte tal processo."

1725 J. JOHANN (art. cit., loc. cit.) prossegue: "o fato de o muro ser debatido no Tribunal produz exatamente o que tem sido o mais necessário e ausente: a substituição da política pela lei. A sentença (*sic*, parecer) do Tribunal é uma declaração autorizada sobre questões jurídicas básicas que desde há muito tem sido disputadas por Israel e que auxiliam no apoio ao papel da legalidade internacional, em um conflito onde esta tem estado ausente ou submersa por reivindicações políticas".

1726 Salem H. NASSER, "Consequências jurídicas da edificação de um muro no território palestino ocupado (parecer consultivo da Corte Internacional de Justiça de 9 de julho de 2004)" no volume organizado por Araminta MERCADANTE e José Carlos de MAGALHÃES, **Reflexões sobre os 60 anos da ONU** (Ijuí: Ed. Unijuí, 2005, p. 164-192, cit. p. 190-191):

O quadro perdura inalterado, mostrando que "os muros não isolam o problema": "os muros são eficazes no curto prazo para manter muitas (não todas) pessoas fora, e manter muitas (não todas) pessoas dentro. Mas no médio prazo, os muros são politicamente desgastantes e aumentam a injustiça, e, portanto, tendem a forçar novas negociações. A única coisa que podemos dizer sobre os muros é que eles claramente não são amistosos, nem caridosos, nem sinal de liberdade."[1727]

A contribuição da Corte Internacional de Justiça, nesse Parecer de 2004, tem de ser situada no contexto regional específico: em razão do regime jurídico desse território, sobre o qual o Conselho de Segurança e a Assembléia geral da ONU se manifestarem em numerosos ocasiões, compreende-se a atenção consagrada pela Corte às decisões tomadas a respeito por esses dois órgãos, a partir da Resolução 181 (II) da Assembléia geral, de 29 de novembro de 1947, e da Resolução 62 do

"Não se pode imaginar que o direito internacional regula sozinho as relações internacionais e nelas ocupa todos os espaços, assim como não é possível pensar que o direito regula todos os campos da vida. Há situações em que faltam respostas ao direito e há aquelas outras em que a aplicação estrita do direito é afastada para dar lugar a um acordo entre as partes. No direito internacional, a possibilidade de que dois estados soberanos ou que dois atores que se opõem num conflito cheguem a uma solução negociada e satisfatória é não somente preservada, como encorajada. Entre palestinos e israelenses há processos negociadores contínuos ou sucessivos, envolvendo em medidas diferentes outros atores e outros interessados no conflito e em sua solução. Qualquer negociação, processo político por excelência, não pode perder de vista demandas básicas do direito, internacional neste caso. É verdade que as partes podem abrir mãos de direitos que o direito lhe assegura, ou assumir obrigações que antes não tinha, mas permanece a exigência de que tanto o processo negociador quanto o seu resultado preservem o equilíbrio entre as partes. / "Ora, parece evidente que no conflito que opõe Palestina e Israel há um desequilíbrio gritante entre as forças em oposição e que um acordo que resultasse apenas do saldo do jogo de poder seria desbalanceado e injusto para a parte mais fraca, os palestinos. O mundo, mais ansioso por uma solução que por uma solução justa, e também confrontado aos jogos de poder em escala mundial, não parece disposto ou capaz de remediar esse desequilíbrio e pesar em favor de uma solução negociada, mas justa."

1727 Immanuel Wallerstein (1930-2019), *Os muros não resolvem o problema* (OESP, 16 de maio de 2006, p. A-10); ___, **The decline of American power: the United States in a chaotic world** (New York: The New Press, 2003); ___, **Geopolitics and geoculture: essays on the changing world system** (Cambridge: Univ. Press, 1991).

Conselho de segurança, de 16 de novembro de 1948, que dizem respeito ao estabelecimento desse regime.[1728]

Forças israelenses ocuparam, no conflito armado de 1967, o conjunto dos territórios que tinham constituído a **Palestina sob mandato britânico**,[1729] compreendendo os territórios designados sob nome de Cisjordânia, situados a leste da denominada 'linha verde'.[1730] A **Resolução 242 (1967)** do Conselho de Segurança, já tinha assinalado a **inadmissibilidade da aquisição de território pela guerra** e chamado à "cessação de todas as assertivas de beligerância e de todos os estados de beligerância". Segundo o Parecer consultivo de 9 de julho de 2004, "o conjunto de tais territórios (inclusive Jerusalém oriental) permanecem territórios ocupados e Israel conservou a condição de potência ocupante".[1731]

A Corte Internacional de Justiça acompanhou o Conselho de Segurança e a Assembleia geral da ONU no sentido da aplicabilidade

[1728] V. Marotta RANGEL, *L'avis consultatif du 9 juillet 2004 et l'antinomie entre volontarisme et solidarisme* (in **International law and the use of force at the turn of centuries: essays in honour of Vladimir Djuro DEGAN**, Rijeka: Faculty of Law, Univ of Rijeka, 2005, cap. 10, p. 199-205, cit. p. 200): «À la fin de l'étude sur la Révolution française et en particulier sur le *Projet de la déclaration de droit des gens* de l'abbé GRÉGOIRE, le professeur DEGAN établit un parallélisme entre le droit naturel et le droit positif, pour en dégager la supériorité du premier à l'égard du deuxième. En nous prévenant du danger du rationalisme, il nous signale ensuite: 'en ce qui concerne les principes du droit naturel pur, bien qu'ils ne soient protégés comme tels par une sanction, les conséquences néfastes de leur infraction sont inévitables dans quelques conditions qu'elles sont atteintes ou voulues'.»

[1729] Frederik M. van ASBECK, **Le statut actuel des pays non-autonomes d'outremer** (RCADI, 1947, t. 71, p. 345-476); v. tb. N. BENTVICH, **Le système des mandats** (RCADI, 1929, t. 29, p. 115-186); H. ROLIN, **La pratique des mandats internationaux** (RCADI, 1927, t. 19, p. 493-628).

[1730] Albert HOURANI, **Uma história dos povos árabes** (do original **A history of the arab peoples** © 1991, trad. Marcos SANTARRITA, São Paulo: Companhia das Letras, 2006, esp. Parte III – A era otomana, p. 278-349, cit. p. 349): "O estímulo dado pelo governo britânico à criação de um lar nacional judeu na Palestina gerou uma situação que ia afetar a opinião nacionalista em todos os países de língua árabe."

[1731] C.I.J., **Consequências jurídicas da construção do muro nos territórios palestinos ocupados** (parecer consultivo de 9 de julho de 2004, parágrafos 74-78, mais adiante, par. 88) invoca a Corte a Resolução 2625 (XXV) da AGNU lembrando «tout état a le devoir de s'abstenir de toute mesure de coercion qui priverait de leur droit à l'autodétermination (...) les peuples mentionnés (dans la dite résolution).»

de jure da IV Convenção de Genebra relativa à proteção de civis em tempo de guerra, de 12 de agosto de 1949, aos territórios ocupados, desde 1967.[1732] Cabe considerar os tratados aplicáveis, onde o **Parecer** faz frequentemente menção: ao art. 2º, par. 4º da Carta da ONU, no tocante à obrigação para todos os estados membros da organização se absterem "nas suas relações internacionais, de recorrer à ameaça ou ao uso da força,[1733] seja contra a integridade territorial, seja contra a independência política de qualquer estado, ou qualquer outra ação incompatível com os propósitos das Nações Unidas.[1734]

Em relação ao art. 51 da Carta, a Corte decidiu que Israel não poderia invocar tal dispositivo como fundamento jurídico, porquanto "a ameaça que invoca para justificar a construção do muro tem origem no interior desse território (ocupado) e não fora dele";[1735] às convenções gerais de armistício, concluídas em 1949, sob a égide e graças à mediação da ONU, entre Israel e os países vizinhos,[1736] dentre as quais, a Convenção de Rodes, entre Israel e a Jordânia, nos seus artigos V e VI fixava a linha verde de demarcação entre as forças israelenses e árabes, e o art. III, par. 2º da mesma, por sua vez, precisava: "nenhum elemento das forças militares ou para-militares de uma ou de outra parte" poderia ultrapassar "por qualquer ordem de motivo, a linha de demarcação". A Corte

[1732] C.I.J., **Consequências jurídicas da construção do muro nos territórios palestinos ocupados** (parecer consultivo de 9 de julho de 2004, pars. 98 a 101); v. tb. V. M. Rangel (cap. cit., 2005, p. 202).

[1733] Uma vez mais, importante e oportuno deixar claro parâmetro do direito internacional vigente, cf. analisam, por ex.: C. H. M. Waldock, **The regulation of the use of force by individual states in international law** (RCADI, 1952, t. 81, p. 451-518); H. Wehberg, **L'interdiction du recours à la force: le principe et les problèmes qui se posent** (RCADI, 1951, t. 78, p. 1-122).

[1734] C.I.J., **Consequências jurídicas da construção do muro nos territórios palestinos ocupados** (parecer consultivo de 9 de julho de 2004, par. 87); v. tb. H. Wehberg, **L'interdiction du recours à la force: le principe et les problèmes qui se posent** (RCADI, 1951, t. 78, p. 1-122).

[1735] C.I.J., **Consequências jurídicas da construção do muro nos territórios palestinos ocupados** (parecer consultivo de 9 de julho de 2004, par. 139).

[1736] J. Andrassy, **Les relations internationales de voisinage** (RCADI, 1951, t. 79, p. 73-182); Friedrich A. von der Heydte, *Le principe du bon voisinage en droit international* (Rev. Fac. Direito da Univ. de Lisboa, 1961-1962, vol. XV, p. 279-292); Iftene POP, **Voisinnage et bon voisinage – en droit international** (préf. M. Virally, Paris: Pedone, 1980).

igualmente lembra que "a IV Convenção de Genebra foi ratificada por Israel, em julho de 1951 e Israel é parte desta, da mesma forma que a Jordânia e a Palestina",[1737] e nos termos do art. 2º das quatro Convenções de Genebra estas se aplicam "igualmente em todos os casos de ocupação do todo ou de parte de território de uma Alta parte contratante, mesmo quando tal ocupação não encontre qualquer resistência militar".[1738]

A Corte Internacional de Justiça ainda constatou ter Israel ratificado, em 3 de outubro de 1991, os pactos internacionais relativos aos direitos econômicos, sociais e culturais e os relativos aos direitos civis e políticos de 19 de dezembro de 1966, bem como a Convenção sobre os direitos da criança, de 20 de novembro de 1989. Rejeitando a tese que instauraria a distinção de tratamento entre o direito internacional dos direitos do homem e o direito internacional humanitário, a Corte reconheceu a aplicabilidade dessas três convenções aos territórios palestinos ocupados. Os problemas suscitados pela construção do muro, com relação aos dispositivos pertinentes desses tratados são analisados pela Corte, que chega à conclusão: "a construção desse muro constitui violação, por parte de Israel, de diversas obrigações a este imputáveis, decorrentes dos instrumentos aplicáveis de direito internacional humanitário e dos direitos do homem".[1739]

Em relação ao direito internacional consuetudinário, a Corte identificou as normas gerais relativas ao **direito de autodeterminação dos povos** e a **inadmissibilidade de aquisição de território, por meio da guerra.**[1740] A Resolução 242 (1967) do Conselho de Segurança, adotada por unanimidade, já declarara a inadmissibilidade de aquisição de território, por meio da guerra.

1737 C.I.J., **Consequências jurídicas da construção do muro nos territórios palestinos ocupados** (parecer consultivo de 9 de julho de 2004, par. 91).

1738 C.I.J., **Consequências jurídicas da construção do muro nos territórios palestinos ocupados** (parecer consultivo de 9 de julho de 2004, par. 92); v. tb. Márcio L. de Oliveira, *O direito à resistência armada e o terrorismo: distinções* (in **Terrorismo e direito**, coord. L. Brant, Rio de Janeiro: Forense, 2003, p. 447-460): "Se o direito à resistência é punível em seus excessos, o ato terrorista é intolerável em si mesmo."

1739 C.I.J., **Consequências jurídicas da construção do muro nos territórios palestinos ocupados** (parecer consultivo de 9 de julho de 2004, pars. 123 ss. e conclusão par. 137).

1740 C.I.J., **Consequências jurídicas da construção do muro nos territórios palestinos ocupados** (parecer consultivo de 9 de julho de 2004, respectivamente pars. 115, 117 e quanto à menção à Res. 242 (1967) do CSNU, par. 74).

No tocante ao direito de **autodeterminação dos povos**, este, além das fontes do direito internacional consuetudinário, conta, igualmente, menção na Carta da ONU, art. 1º, par. 2º, de maneira a justificar e promover a instituição do Conselho de tutela,[1741] nos termos do cap. XIII da Carta, bem como da já mencionada Resolução 2625(XXV) da Assembléia geral, segundo a qual "todo estado tem o dever de favorecer, conjuntamente com outros, ou separadamente, a realização do princípio da igualdade dos direitos dos povos e do direito destes de dispor de si mesmos".

O caráter evolutivo do direito internacional e o desenvolvimento progressivo deste, se mostram em relação à caracterização de ilícitos internacionais da maior gravidade, por meio dos quais se exprime "a existência de obrigações internacionais essenciais para a salvaguarda dos interesses fundamentais da comunidade internacional".[1742] Podem estas ser caracterizadas como as "obrigações que tem, na convicção dos estados, uma importância maior, e são, essencialmente, as decorrentes do artigo 2º, parágrafo 4º da Carta da ONU. São estas que tem o caráter de obrigação 'frente à comunidade internacional' como um todo, e cujas violações merecem ser qualificadas de crimes internacionais".[1743] Logicamente se coloca a dificuldade de aferição do consenso internacional de todos os estados, em relação à qualificação de crimes internacionais – o que já exemplificava, à época, o crime de genocídio e o de *apartheid* – "de modo a recolher o consentimento da comunidade internacional como um todo".[1744]

[1741] V., a respeito, G. Vedovato, **Les accords de tutelle** (RCADI, 1950, t. 76, p. 609-700).

[1742] Vincenzo Starace, **La responsabilité résultant de la violation des obligations à l'égard de la communauté internationale** (RCADI, 1976, t. 153, p. 263-317, cit. p. 272 e 282) enfatizava, ao lado da **Carta** e da Resolução 2625 (XXV): déjà la résolution de l'Assemblée générale 2160 (XXI) du 30 novembre 1966 intitulée **Stricte observation de l'interdiction de recourir à la menace et à l'emploi de la force dans les relations internationales et du droit des peuples à l'autodétermination** avait rapporté aux états en général l'interdiction renfermée dans l'article 2 par. 4 de la Charte et avait affirmé que: une attaque armée d'un état contre un autre ou l'emploi de la force sous toute autre forme contraire à la Charte des Nations Unies constitue une violation du droit international qui engage la responsabilité internationale.

[1743] V. Starace (op. cit., 1976, p. 297).

[1744] V. Starace (op. cit., 1976, p. 306).

No tocante às relações entre o costume e as demais fontes do direito internacional, convém lembrar o reconhecimento pela Corte quanto ao fato de 'Israel não ser parte da IV Convenção da Haia, de 1907', à qual foi anexado o **Regulamento** que tinha por objeto 'revisar as leis e os costumes de guerra'.[1745] Mencionando a decisão do Tribunal militar internacional de Nuremberg, de 30 de setembro e de 1º de outubro de 1946, bem como o Parecer consultivo de 8 de julho de 1996, sobre a **licitude da ameaça ou do uso de armas nucleares**,[1746] a Corte estimou integrarem os dispositivos do **Regulamento** da Haia de 1907 o "caráter de direito internacional consuetudinário".

Constata, ainda a Corte, o direito internacional consuetudinário, tal como este se reflete no art. 42 do **Regulamento** sobre as leis e os costumes da guerra terrestre', que "território é considerado ocupado quando se encontra, de fato, colocado sob a autoridade de exército inimigo, e a ocupação se estende somente aos territórios nos quais essa autoridade está estabelecida e em condições de exercer seu controle", dessa forma observando a Corte estar o conjunto dos territórios situados entre a linha verde e "a antiga fronteira oriental da Palestina, sob mandato britânico ocupados por Israel desde 1967". Esse estado conservou a condição de "potência ocupante" e, nessas condições, a sua responsabilidade não pode ser eximida.

Os princípios enunciados na Carta da ONU, art. 2º, par. 4º, com relação ao **uso da força**,[1747] bem como na **Resolução 2625 (XXV)** da AGNU, são lembrados pela Corte, reportando-se ao caso das **atividades militares e paramilitares na Nicarágua e contra esta** (1986),[1748] para

[1745] V. MAROTTA RANGEL (cap. cit., 2005, p. 203) ; (C.I.J., **licitude da ameaça ou do uso de armas nucleares**, parecer consultivo de 8 de julho de 1996, **Recueil**, 1996, t. I, p. 256, par. 75).

[1746] CIJ, **Legality of the threat or use of nuclear weapons**, Advisory Opinion of 8 July 1996 (I.C.J. **Reports**, 1996, p. 226).

[1747] C. H. M. WALDOCK, **The regulation of the use of force by individual states in international law** (RCADI, 1952, t. 81, p. 451-518); H. WEHBERG, **L'interdiction du recours à la force : le principe et les problèmes qui se posent** (RCADI, 1951, t. 78, p. 1-122).

[1748] CIJ, **Military and Paramilitary activities in and against Nicaragua** (Nicarágua v. United States of America) Jurisdiction of the Court and Admissibility of the Application (Jugdment of 26 November 1984) e Merits (Judgment of 27 June 1986) (**I.C.J. Reports** 1986, p. 14).

concluir que os princípios enunciados, com relação ao uso da força, lá são afirmados como integrantes e refletindo o direito internacional consuetudinário.[1749] E acrescenta valer isso, igualmente, em relação ao corolário consistente na ilicitude de qualquer aquisição territorial resultante de ameaça ou de uso da força.

A aproximação entre diversas fontes do direito internacional, como o caso **Barcelona Traction** (1970),[1750] leva ao reconhecimento de diversas obrigações *erga omnes*, que no caso, segundo a Corte, foram violadas: são estas as obrigações, que "dizem respeito a todos os estados" e, dada "a importância dos direitos em questão, todos os estados podem se considerar como tendo interesse jurídico em que tais direitos sejam assegurados". Identifica a Corte, no caso do Parecer (2004) duas ordens de obrigações *erga omnes* que teriam sido violadas: "respeitar o direito à autodeterminação do povo palestino" e a de determinadas obrigações específicas, tal como estipuladas pelo direito internacional humanitário.[1751]

Em matéria de direito internacional humanitário desempenhou a Corte Internacional de Justiça papel primordial, como ilustra o julgamento no caso do **estreito de Corfu** (1949).[1752] Dentre as obrigações incumbentes às autoridades albanesas, existiam aquelas consistentes

[1749] CIJ, **atividades militares e paramilitares na Nicarágua e contra esta**, Nicarágua c. Estados Unidos (ordonnance en mesures conservatoires, 10 mai 1984; déclaration d'intervention de la République de El Salvador, ordonnance, 4 octobre 1984; compétence et recevabilité, ordonnance, 26 novembre 1984; fond, arrêt, 27 juin 1986; CIJ **Recueil**, 1986, p. 98-101, pars. 187-190). Remete-se, uma vez mais, aos estudos de V. MAROTTA RANGEL (cap. cit., 2005, p. 204) e H. WEHBERG, **L'interdiction du recours à la force: le principe et les problèmes qui se posent** (RCADI, 1951, t. 78, p. 1-122).

[1750] ICJ, **Case concerning the Barcelona Traction, Light and Power Company Limited**, Judgment 5 February 1970 (ICJ Report 1970, p. 3, cit. § 33, p. 32) and **Barcelona Traction, Light and Power Company Limited**, Preliminary Objections, Judgment 24 July 1964 (ICJ Report 1964, p. 6).

[1751] CIJ, **Consequências jurídicas da construção do muro nos territórios palestinos ocupados** (parecer consultivo de 9 de julho de 2004, par. 155); V. MAROTTA RANGEL (cap. cit., 2005, p. 204-205): "La mention au droit international humanitaire nous fait rejoindre un domaine du droit des gens où la Cour joue encore un rôle primordial."

[1752] CIJ, **estreito de Corfu**, Reino Unido c. Albânia (exceções preliminares, 25 de março de 1948; julgamento do mérito, 9 de abril de 1949; fixação do montante das reparações, 15 de dezembro de 1949).

'em fazer conhecer, no interesse da navegação em geral, a existência de campo minado, nas águas territoriais albanesas, bem como advertir os navios de guerra britânicos, no momento em que estes se aproximavam, do perigo iminente ao qual os expunha esse campo de minas'. Tais obrigações foram fundadas, esclareceu então a Corte, não sobre a Convenção VIII da Haia, de 1907, aplicável em tempo de guerra, mas sobre certos princípios gerais, bem reconhecidos, tais como considerações elementares de humanidade, mais absolutas ainda em tempo de paz que de guerra, o princípio da liberdade das comunicações marítimas e a obrigação, para todos os estados, de não utilizar seu território para fins de atos contrários aos direitos de outros estados.[1753] A tais princípios gerais reportou-se novamente a Corte Internacional de Justiça em pelo menos duas outras ocasiões, também referidas: a propósito das **atividades militares e paramilitares na Nicarágua e contra esta** (1986),[1754] bem como no Parecer consultivo de 8 de julho de 1996, sobre a **licitude da ameaça ou do uso de armas nucleares** (1996).[1755]

Além do contexto específico, paradigmático é este caso, como expressão da antinomia entre duas concepções *solidarista* e *voluntarista* do direito internacional.[1756] Para a antiga concepção *voluntarista*, as normas de direito internacional somente podem ser decorrência da vontade

[1753] V. MAROTTA RANGEL (cap. cit., 2005, p. 205).

[1754] CIJ, **Military and Paramilitary activities in and against Nicaragua** (Nicarágua v. United States of America) Jurisdiction of the Court and Admissibility of the Application (Jugdment of 26 November 1984) e Merits (Judgment of 27 June 1986) (**I.C.J. Reports** 1986, p. 14).

[1755] CIJ, **Legality of the threat or use of nuclear weapons**, Advisory Opinion of 8 July 1996 (I.C.J. **Reports**, 1996, p. 226).

[1756] Vladimir-Djuro DEGAN: *Some objective features in international law* (in **Essays in honour of Krystof SKUBISZEWSKI**, ed. by Gerzy MAKARCZYK, Haia: Kluwer, 1996, p. 123-146); v. tb. V.-D. DEGAN, *On state succession* (in **Dimensão internacional do direito: estudos em homenagem a G. E. do NASCIMENTO E SILVA**, org. P. B. CASELLA, São Paulo: LTr, 2000, p. 118-140); V.-D. DEGAN, **Création et disparition de l'état (à la lumière du démembrement de trois fédérations multiethniques en Europe)** (RCADI, 1999, t. 279, p. 195-375); V.-D. DEGAN, *Traité et coutume dans le droit de la mer* (in **O direito internacional no terceiro milênio: estudos em homenagem ao prof. V. Marotta RANGEL**, org. L. O. BAPTISTA e J. R. FRANCO DA FONSECA, São Paulo: LTr, 1998, p. 407-434); V.-D. DEGAN, *La succession d'états en matière de traités et les états nouveaux* (AFDI, 1996); V.-D. DEGAN, *L'affirmation des principes du droit naturel par la Révolution française* (AFDI, 1989, vol. XXV, p. 99-116).

dos estados.[1757] Para a hodierna concepção *solidarista*, a existência da comunidade internacional é um fato: as normas de direito internacional são decorrência das exigências dessa comunidade e visam alcançar objetivos reconhecidos pela humanidade. Enfatiza DEGAN a existência e o conteúdo de "princípios relacionados à responsabilidade dos estados que limitam a liberdade dos estados soberanos. Estes proscrevem a conduta irresponsável dos governos, nas suas relações recíprocas".[1758] O mesmo efeito resulta dos artigos 53 e 64 da Convenção de Viena sobre direito dos tratados, artigos que decorrem da aceitação das normas sobre o *jus cogens*.

As normas de *jus cogens* devem ser consideradas como emanação da consciência dos povos da terra, e, mais precisamente, enquanto normas que fazem parte do sistema de direito internacional, como efeito de processo que se chama *reconhecimento normativo das exigências da consciência pública*.[1759]

Sem contestar o papel da vontade soberana dos estados, como o principal fator da criação ou do término das normas de direito positivo, ocorre que essa vontade seja as vezes dependente de determinadas normas de caráter objetivo (*dependent on some objective norms*), enquanto normas de direito internacional cogente: "as normas objetivas de direito internacional determinam ou ao menos restringem a capacidade de criação de normas pelos estados" e a tendência seria no sentido de que estas

1757 V.-D. Degan (cap. cit., 1996, p. 123): "The voluntarist concept strictly takes all legal rules as a product of the will of sovereign states."

1758 V.-D. Degan (cap. cit., 1996, p. 129): "some legal principles relating to state responsibility which really affect the freedom of sovereign states. They in fact out-law irresponsible conduct of governments in their mutual relations."

1759 G. Sperduti, **Le principe de souveraineté et le problème des rapports entre le droit international et le droit interne** (RCADI, 1976, t. 153, p. 319-410, cit. p. 386): «le processus en question résulte d'une duplicité d'éléments à savoir: l'inscription spontané dans la conscience publique de principes attenant à la vie internationale; la reconnaissance de ces principes par les états comme règles 'impératives' et ce à travers une série de manifestations, notamment de comportements pratiques, et avec la participation d'un nombre d'états assez large pour imprimer à la reconnaissance même une valeur générale. Il s'agit de principes moraux à leur origine, et qui assument historiquement le caractère de principes exprimant des exigences de la conscience publique, d'où leur tendance à s'affirmer comme règles de *jus cogens*.»

se expandam no século XXI, em função da consecução dos objetivos comuns da humanidade.[1760]

Na contraposição entre as teses *voluntarista* e *solidarista*,[1761] saber-se quão claramente foi a primeira majoritária, na origem da Corte permanente de justiça internacional, como paradigmaticamente ilustra o julgamento desta, no caso do **navio Lótus** (1927):[1762] "as normas de direito internacional, vinculando as relações entre estados independentes, procedem da vontade destes", e tal vontade "se manifesta nas convenções ou nos usos geralmente aceitos como consagrando princípios de direito", onde "referido posicionamento em sentido claramente voluntarista não representava surpresa, porquanto fora este precedido por decisões arbitrais, não obstante oposições doutrinais".[1763] Contudo, o positivismo, ao qual se filiava também a então existente doutrina soviética, ainda hoje "merece o apoio de parcela altamente representativa da doutrina, mas enfrenta a firme oposição de corrente composta por juristas igualmente ilustres", como Christian TOMUSCHAT (1993, 1999),[1764] e também, cumpre assinalar, pela jurisprudência contemporânea da Corte Internacional de Justiça, tal como no Parecer de 9 de julho de 2004.

Nesse sentido, dada a importância dos direitos em questão e as diferentes fontes em jogo, de modo a ultrapassar quadro de dimensão simplesmente consuetudinária ou regional, poderia ser compreendida

1760 V.-D. DEGAN (cap. cit., 1996, p. 145-146): "In some situations of the operations of *jus cogens*, these objective norms even determine or at least restrain the law-creating power of sovereign states. (...) What can be expected in the 21st century is a continued expansion of rules of this kind, deduced from the goals of mankind."

1761 V. MAROTTA RANGEL (cap. cit., 2005, par. 8, p. 205, b/c notas 10 e 11).

1762 C.P.J.I., **Lótus**, França c. Turquia, julgamento de 7 de setembro de 1927: "Les règles de droit international liant les rapports entre états indépendants procèdent de la volonté de ceux-ci" (...) e tal vontade "se manifeste dans les conventions ou dans les usages acceptés généralement comme consacrant des principes de droit."

1763 Marcel SIBERT, **Traité de droit international public** (Paris: Dalloz, 1951, t. I, p. 15): «Comment pourrait-on nier, devant ces citations, que le point de vue positiviste l'emporte, dans la jurisprudence, sur celui du droit naturel? Doit-on s'en féliciter, sans réserves? On en peut douter."

1764 Christian TOMUSCHAT, **Obligations arising for states without or against their will** (RCADI, 1993, t. 241, p. 195-374), e consideravelmente mais enfático em seu posterior curso geral, **International law: ensuring the survival of mankind in the eve of a new century: general course on public international law** (RCADI, 1999, t. 281, p. 9-438).

a qualificação *erga omnes*, conferida a tais obrigações[1765]: "dado o grande alcance dessa qualificação, seríamos tentados a estabelecer assimilação entre a noção de *erga omnes*, à outra, mais conhecida, de *jus cogens*, tal como a menciona o art. 53 da Convenção de Viena sobre direito dos tratados. Tal assimilação poderia, eventualmente, se destinar a suplementar as obscuridades que, todavia, circundam a primeira dessas noções, e que encontraria, apesar de tudo, a sua razão de ser no fato de, dentre outros motivos, que ambos os conceitos destinam-se a proteger interesses comuns dos estados e valores morais fundamentais".[1766]

O direito internacional, no contexto pós-moderno, reflete a complexidade e a diversidade do mundo sobre o qual tem de validamente atuar e assegurar a ordenção teleologicamente humana do mundo. Isso se manifesta de um lado com a afirmação das obrigações *erga omnes*, tal como exposto, em relação à Corte Internacional de Justiça, no referido Parecer (2004),ou como deliberou o *Instituto de direito internacional*, em Resolução adotada na Sessão de Cracóvia, em 2005.[1767]

[1765] C.I.J., **Consequências jurídicas da construção do muro nos territórios palestinos ocupados** (parecer consultivo de 9 de julho de 2004, em sentido contrário, o voto da Juíza R. Higgins, pars. 37-39).

[1766] V. Marotta Rangel (cap. cit., 2005, p. 204, b/c notas 7 e 8); tb. Antonio Cassese, na trad. francesa, **Le droit international dans un monde divisé** (Paris: Berger-Levrault, 1986, p. 176); Maurizio Ragazzi, **The concept of international obligations *erga omnes*** (Oxford: Clarendon Press, 1997, p. 72). INSTITUTO DE DIREITO INTERNACIONAL, **La compétence universelle en matière pénale à l'égard du crime de génocide, des crimes contre l'humanité et des crimes de guerre** / *Universal criminal jurisdiction with regard to the crime of genocide, crimes against humanity and war crimes* (adotada na sessão de Cracóvia, em 25 de agosto de 2005), teve como relator Christian Tomuschat.

[1767] *Instituto de direito internacional,* **Les obligations et les droits erga omnes en droit international / *Obligations and rights* erga omnes *in international law*** («Le texte anglais fait foi. Le texte français est une traduction.» Adotada em 27 de agosto de 2005. Relator Giorgio Gaja), segundo o qual a "obrigação *erga omnes* é: (a) obrigação decorrente do direito internacional geral, em relação à qual o estado, em qualquer circunstância, tem a obrigação de observar, em relação à comunidade internacional, com base em valores comuns e no próprio interesse do estado, que tal obrigação seja respeitada, de tal modo que a sua violação autoriza todos os estados a reagir contra tal violação; ou (b) obrigação decorrente de tratado multilateral, em relação à qual estado parte nesse tratado tem a obrigação de observar, em qualquer circunstância, em relação a todos os estados partes no tratado, em razão de valores comuns, e do interesse de todos que tal obrigação seja respeitada, de tal modo que a sua violação autoriza todos os estados a reagir."

Não obstante a permanência do estado de guerra e de ocupação, seria desejável[1768] uma progressiva 'acomodação', com o reconhecimento, ainda que implícito, da OLP por Israel e do estado de Israel pelos palestinos: "processo que deve chegar à autodeterminação interna da Cisjordânia e de Gaza. Se este processo prosseguir favoravelmente, uma negociação será iniciada tendo em vista a criação de um estatuto definitivo".[1769] Infelizmente nada nesse sentido ocorreu até o presente, e são longínquas as perspectivas para tanto.

Deste relevante parecer consultivo, prolatado pela Corte Internacional de Justiça, se pode passar a breve exame do clássico laudo arbitral, prolatado sobre a Ilha de Palmas (31.5.)

31.5. Laudo arbitral sobre a Ilha de Palmas

> Seja por meio de assim chamadas fronteiras naturais, tal como reconhecidas pelo direito internacional, ou por sinais externos de delimitação, que sejam incontroversos, ou ainda, por meio de compromissos legais, celebrados entre os vizinhos interessados, como tratados de fronteiras, ou por reconhecimento de estados, dentro de fronteiras fixas.
>
> Max HUBER, laudo arbitral sobre a Ilha de Palmas, de 8 de abril de 1928[1770]

Em 4 de abril de 1928, no âmbito da Corte Permanente de Arbitragem (CPA), Max HUBER prolatou o seu célebre laudo sobre a Ilha de

[1768] V. *supra*, item 2.2 – Hezbollah no Líbano.

[1769] Gilbert GUILLAUME, *O estado de Israel e a questão palestina* (in **Terrorismo e direito**, coord. L. N. C. BRANT, Rio de Janeiro: Forense, 2003, p. 69-102, cit. p. 101): "O futuro dependerá da capacidade de cada uma das partes em respeitar os acordos e da vontade de se chegar a uma solução aceitável para ambas as partes. Dependerá também da atitude da comunidade internacional e dos países vizinhos, em particular da Jordânia". A conclusão não poderia ser diversa: "Todavia, como já reconheceram os dois protagonistas, as dificuldades ainda existem sobre o caminho que resta percorrer."

[1770] Corte Permanente de Arbitragem. Estados Unidos da América contra Reino dos Países Baixos. Árbitro Max HUBER. **Ilha de Palmas**. Laudo arbitral de 4 de abril de 1928. Nações Unidas, **Recueil de sentences arbitrales** (vol. II, § 838): "either by so-called natural frontiers as recognised by international law, or by outward signs of delimitation that are undisputed, or else by legal engagements entered into between interested neighbours, such as frontier conventions, or by acts of recognition of states within fixed boundaries."

Palmas.[1771] A questão envolveu Estados Unidos contra os Países Baixos, e versou a questão da determinação da soberania sobre a Ilha de Palmas – ou, em indonésio, Pulau Miangas – que foi declarada parte das Índias orientais holandesas, atualmente integrada à Indonésia.

Ante a ocorrência e a permanência do litígio os dois estados, por meio de seus representantes, assinam compromisso arbitral, em 23 de janeiro de 1925. A ilha de Palmas, ou Pulau Miangas, se situa, entre as atuais Indonésia e as Filipinas, a 50 milhas marítimas ao sudeste do Cabo de Santo Agostinho.[1772]

No caso da **Ilha de Palmas**, conforme laudo arbitral, prolatado por Max Huber, em 1928. declara o árbitro parecer evidente que tratados celebrados pela Espanha, com terceiras potências, que reconheciam a soberania desta, sobre as Filipinas, não poderiam vincular os Países Baixos[1773]. Aí se inscreve o conceito da *res inter alios acta*, ou seja, o acordo celebrado entre terceiros não pode criar nem direitos nem obrigações para quem deste não foi parte.

Base de orientação de todo o direito dos tratados: em princípio dizem estes respeito, e terão efeito entre as partes contratantes; os efeitos de tratado, em relação a terceiros será exceção. O princípio do efeito relativo dos tratados, figura, atualmente, no art. 38 da **Convenção de Viena sobre direito dos tratados** (1969): nada impede que regra prevista em tratado se torne obrigatória para terceiros estados, como regra consuetudinária de direito internacional, reconhecida como tal.

O representante dos Estados Unidos argumentou, por ocasião da arbitragem relativa à ilha de Palmas ser a "descoberta, enquanto tal, ou

[1771] Corte Permanente de Arbitragem. Estados Unidos da América contra Reino dos Países Baixos. Árbitro Max Huber. **Ilha de Palmas**. Laudo arbitral de 4 de abril de 1928 (publ. cit., e a seguir, § 839) Max Huber considera que a soberania territorial: «serves to divide betweens nations the space upon which human activities are employed, in order to assure them at all points the minimum of protection of which international law is the guardian.»

[1772] B. Tchkaya, **Mémento de la jurisprudence du droit international public** (Paris : Hachette, 2000, p. 36-38) : «Un remarquable juriste suisse de l'époque, Max Huber, est désigné comme arbitre unique. La sentence qu'il rend le 4 avril 1928 va connaître une grande notoriété.»

[1773] Max Huber, laudo arbitral de 4 de abril de 1928 : "*Il semble en outre évident que les traités conclus par l'Espagne avec les tierces puissances et qui reconnaissaient sa souveraineté sur les Philippines ne pourraient lier les Pays-Bas*".

seja o simples fato de ter visto o país, sem aí praticar qualquer ato, ainda que simbólico, de tomada de posse, acarretaria *ipso jure*, por seu próprio direito, a soberania territorial, e não simplesmente título imperfeito, *jus ad rem*, que deveria, eventualmente, completar-se, por meio de tomada de posse efetiva, em prazo razoável".[1774]

Deste caso da Ilha de Palmas destacam-se três princípios, aplicáveis em diversas outras decisões, em matéria territorial: a plenitude e a exclusividade da competência estatal, a regra da ocupação efetiva, e a inoposabilidade de disposição, contida em tratado, em relação a terceiros.

Declara Max HUBER, no seu laudo sobre a Ilha de Palmas, a necessidade de se determinar o que se entenda por *soberania territorial*: a soberania, nas relações entre estados, significa a independência. A independência, relativamente, a determinada parcela do globo, consiste no direito de aí exercer, com a exclusão de qualquer outro estado, as funções estatais.

A plenitude e a exclusividade da competência estatal é o corolário das afirmações precedentes. Por 'plenitude' e 'exclusividade' se há de entender o direito que tem o estado, de exercer, sobre seu território, todas as competências e todas as funções pertinentes. Entende Max HUBER, nesse laudo, de 1928, que "a soberania territorial não poderia ser limitada a seus aspectos negativos", nem tampouco somente por estes ser compreendida: esta define a obrigação, que incumbe ao estado, de fazer funcionar, por meios próprios, e de esclarecer o que se passa sobre seu território, e o que é contrário ao direito internacional, como também a obrigação de fazer conhecer o resultado e mesmo as modalidades de tal investigação. Essa obrigação se situa, no plano do direito internacional, como consequência do controle exercido sobre o território, existe assim, em relação a todos que podem invocar o direito internacional, tanto o estado, lesado pela prática de ato que cause dano, como também enquanto órgão internacional interessado.[1775]

[1774] Cour permanente d'arbitrage, **affaire de l'île de Palmas** (4 avril 1928, **Recueil de sentences arbitrales**, vol. II, p. 832); v. tb. Anne MEYER-HEINE, *L'application par le juge du principe de l'effectivité* (in **Le juge international et l'aménagement de l'espace: la spécificité du contentieux territorial**, Paris: Pedone, 1998, p. 35-56, cit. p. 37) menciona o caso da ilha de Palmas.

[1775] Suzanne BASTID, **Les problèmes territoriaux dans la jurisprudence de la Cour internationale de Justice** (RCADI, 1962, t. 107, p. 361-495, p. 384) contrapõe este laudo

Dificuldade deste caso consistiu no fato de não haver instrumentos internacionais, reconhecidos como válidos, por ambas as partes. Daí enceta o árbitro o exame dos argumentos das partes: entendiam os Estados Unidos o título, segundo o qual a Espanha lhes cedera as Filipinas e, segundo os EUA sustentavam, Palmas integraria as Filipinas, com base no princípio da contiguidade; por sua vez, os Países Baixos faziam repousar a sua pretensão de soberania sobre o fato de que, desde a constituição da Companhia das Índias Orientais, tinham estes exercido a posse e o conjunto das prerrogativas soberanas sobre a ilha, e isso desde 1677, e que, depois da descoberta, acordos tinham sido celebrados com os príncipes autóctones.[1776]

O laudo arbitral, cuidadosamente, apresenta o desenvolvimento da organização nacional dos estados, durante os últimos séculos, e, como consequência, o desenvolvimento do direito internacional. Ambos os desenvolvimentos levam ao princípio da competência exclusiva do estado, em relação ao seu próprio território.

A soberania territorial é, em geral, situação reconhecida em relação a determinada delimitação espacial. A soberania é poder político, cuja extensão se determina no espaço. O espaço compõe o âmbito territorial de exercício da soberania do estado.

A soberania implica no direito exclusivo do exercício das atividades estatais. A exclusividade deve ser compreendida como consequência lógica da igualdade soberana dos estados.[1777]

A efetividade da ocupação é dado examinado,[1778] com igual cuidado, pelo laudo arbitral de 1928. O conflito em torno da Ilha de Palmas dizia

arbitral, de 1928, ao julgamento do caso do **estreito de Corfu** (Reino Unido c. Albânia) pela Corte Internacional de Justiça, conforme julgamento de 15 de dezembro de 1949.

1776 V. Gudmundur ALFREDSSON, *Indigenous peoples, Treaties with* (in **Encyclopedia of public international law**, 2012, vol. V, p. 133-136); contexto diverso, mas contraposição que pode ser considerada, v. RODRIGO OCTÁVIO [LANGGAARD MENEZES], **Les sauvages américains devant le droit** (RCADI, 1930, t. 31, p. 177-292).

1777 V., supra, caps. VI – modos de aquisição e de perda do domínio do estado sobre o território e VII – conceito e extensão do domínio terrestre.

1778 A respeito da questão da efetividade (*effectivités*) e do título jurídico da ocupação de território v. tb. cap. V – demarcação e delimitação de território, no exame da contraposição entre título jurídico e efetividade de posse, pela Corte Internacional de Justiça, no **caso de fronteiras entre Benin e Níger**, julgado em 12 de julho de 2005.

respeito aos títulos de aquisição de soberania sobre extensão territorial, não organizada como estado. Esses títulos, no direito internacional, durante longo tempo, tiveram, por exemplo, por base a conquista colonial e a ocupação de território.[1779] Referidos títulos aquisitivos encontram-se obsoletos, no direito internacional pós-moderno.

A posse efetiva, como título subsidiário, foi reconhecida e confirmada pelo laudo arbitral de M. Huber, 1928, como título, que se depreende do princípio de efetividade, princípio esse regente da ocupação originária:[1780] assim, quadro de independência e de segurança na ordem política o território tornou-se, na ordem jurídica, "o ponto de partida da solução da maioria dos problemas, colocados pelas relações internacionais".[1781]

Deste se pode passar ao exame do caso da ilha de Clipperton (31.6).

31.6. Laudo arbitral sobre a Ilha de Clipperton

Se determinado território, pelo fato de que este era totalmente desabitado, achava-se, desde o primeiro momento no qual o estado ocupante aí faz a sua aparição, à disposição absoluta e incontestada desse estado, a tomada de posse deve ser considerada, a partir desse momento, como tendo ocorrido e a ocupação se perfaz por esse mesmo dado.

caso da **ilha de Clipperton**
(sentença arbitral de 28 de janeiro de 1931)[1782]

1779 A respeito, v. cap. VI – modos de aquisição e de perda do domínio do estado sobre o território, bem como os capítulos relativos ao caso brasileiro: XXVII – território brasileiro e direito internacional e XXVIII – fases da formação do território brasileiro: algumas lições de direito internacional'.

1780 V., *supra*, item 6.1 'ocupação'; A. Decenciere-Ferrandiere, *Essai historique et critique sur l'occupation comme mode d'acquérir les territoires en droit international* (RDILC, 1937, p. 72); J. P. A. François, *Réflexions sur l'occupation* (in **Recueil d'études de droit international en hommage à P. Guggenheim**, Genebra: Iuhei, 1968, p. 793); IDI, **Projet de déclaration internationale relative aux occupations de territoires** (Rapporteurs: MM. Ferdinand von Martitz et Edouard Engelhardt, Sessão de Lausanne, 7 de setembro de 1888); Vaios Koutroulis, **Le début et la fin de l'application du droit de l'occupation** (Paris: Pedone, 2010); tb. A.Verdross, **Règles générales du droit international de la paix** (RCADI, 1929, t. 30, p. 271-518, cit. p. 386).

1781 Max Huber, laudo arbitral de 4 de abril de 1928, **ilha de Palmas**.

1782 **Affaire de l'île de Clipperton** (sentence arbitrale, 28 janvier 1931, **Recueil des sentences arbitrales**, II, p. 1108): «si un territoire, par le fait qu'il était complètement

Em 28 de janeiro de 1931, o rei da Itália, Vitor Emanuel III, prolatou o seu laudo sobre a Ilha de Clipperton. Nesse caso, a regularidade da ocupação pela França fora questionada pelo México, pelo fato de não ter sido esta notificada, pela França, às demais potências.

Observou Vitor Emanuel III que a obrigação de notificação, exigência para a caracterização do título de ocupação colonial, estipulada nos arts. 34 e 35 da Ata geral de Berlim, de 26 de fevereiro de 1885, não era aplicável a este caso, porquanto nunca se aceitara esta exigência fora do contexto da ocupação colonial das costas da África, bem como por tal obrigação somente dizer respeito às relações entre estados europeus, signatários da referida Ata,[1783] dentre os quais não se contava o México.[1784] Ademais, esta – felizmente – nunca teria chegado a adquirir o caráter de norma consuetudinária.[1785]

Em se tratando de lugares dificilmente acessíveis, a efetividade da ocupação pode ser interpretada de modo, por assim dizer, flexível. Isso se deu em relação à ilha de Clipperton, *terra nullius*[1786] situada em pleno oceano Pacífico, porquanto, neste caso, o rei da Itália considerou satisfatória a 'tomada de posse' feita pela França, sem sequer ter sido efetuado desembarque, naquele território, mediante ato praticado a bordo de navio de guerra, nas proximidades da ilha, acompanhada de

inhabité, est, dès le premier moment où l'état occupant y fait son apparition, à la disposition absolue et incontestée de cet état, la prise de possession doit être considérée, à partir de ce moment, comme accomplie et l'occupation est achevée par cela même.»

1783 A respeito, v. cap. XXX – território e ato unilateral, especificamente sobre a notificação, como requisito formal de validação de conquista colonial, no século XIX, b/c cap. XXIX – espacialidade e direitos fundamentais: a dimensão humana do território, especificamente 29.1 – dos impérios coloniais ao reconhecimento dos direitos dos povos indígenas.

1784 **Affaire de l'île de Clipperton** (sentence arbitrale, 28 janvier 1931, **Recueil des sentences arbitrales**, II, p. 1110): «ne concernant que les territoires des côtes d'Afrique et ne liant que les états signataires de dont le Mexique [n'était] pas».

1785 A regra da publicidade como condição de validade de ocupação foi expressamente abandonada, em decorrência de estipulação contida no tratado de Saint-Germain, de 10 de setembro de 1919. Cf. se observou no cap. IV – competências territoriais do estado, o conjunto da evolução posterior do direito internacional, no contexto pós-moderno, veio em sentido contrário a tais formulações, antes aceitas como correntes.

1786 V. cap. XX – espaços internacionais: de *res nullius* a patrimônio comum da humanidade; Sven Lindqvist, **Terra nullius** (orig. publ. **Terra nullius – en resa genon ingens land**, 2005, trad. du suédois par Hélène Hervieu, Paris: Les arènes, 2007).

levantamentos cartográficos e de exercício de atos de vigilância. Assim caracterizar-se-ia, por meio de inspeções regulares, a vontade da França de não abandonar aquele local: "essa solução consistia em dizer que as inspeções valeriam como ocupação efetiva".[1787]

No caso da ilha de Clipperton pode ter sido considerado como o 'momento decisivo' ou a 'data crítica' para a configuração de título, a partir do qual se deduziria a possível 'soberania' francesa sobre a ilha, o dia 17 de novembro de 1858, quando o *Lieutenant de vaisseau* francês, Victor Le Coat De Kerveguen descobriu a ilha e redigiu a Ata, por meio da qual declarava que, a partir daquela data, a soberania sobre a referida ilha passava a pertencer ao Imperador Napoleão III, bem como a seus herdeiros e sucessores.[1788]

No laudo arbitral da **ilha de Clipperton** de 1931, emanado do rei da Itália, "o fato material atinge o seu máximo de efetividade".[1789] Normalmente se exigiria que ao ato nominal de tomada de posse se seguisse a efetividade da ocupação.

Neste laudo arbitral, à intenção se conferiu o máximo de efetividade, porquanto a manifestação da vontade se confere equiparação ao fato material de ocupação e de caracterização do exercício desta. Tal consolidação se dera em função do exercício de atos de autoridade, por parte da potência ocupante. No caso do **estatuto jurídico da Groenlândia oriental**, a Corte permanente de justiça internacional entende, no julgamento de 5 de abril de 1933, considerar a relatividade de tal exigência, sujeita a variações, conforme a natureza do território e a sua situação geográfica.[1790]

1787 Anne Meyer-Heine, *L'application par le juge du principe de l'effectivité* (in **Le juge international et l'aménagement de l'espace : la spécificité du contentieux territorial**, Paris : Pedone, 1998, p. 35-56, cit. p. 43): «L'arbitre a donc considéré qu'il était inutile de débarquer, l'acte de possession du territoire en l'espèce ayant été réalisé à bord d'un navire en raison de la difficulté pour accoster.»

1788 V. *supra*, item 24.1.2 – arquipélagos antárticos e as respectivas zonas marítimas, tb. a respeito das ilhas Kerguelen, bem como das demais "terras austrais e antárticas francesas" (TAAF).

1789 Charles De Visscher, **Les effectivités du droit international public** (Paris: Pedone, 1967, cit. p. 103) entende, neste caso da **ilha de Clipperton**: «le fait matériel atteint son maximun d'effectivité. Très généralement il en est autrement : un acte isolé d'appréhension physique ne suffit pas à conférer la souveraineté territoriale.»

1790 V. item 30.1. 'o caso do estatuto jurídico da Groenlândia oriental'.

No mesmo sentido, dos dois laudos arbitrais acima referidos, sobre a **Ilha de Palmas**, e sobre a **Ilha de Clipperton**, no sentido do reconhecimento do direito de exercício das competências estatais, com exclusão de outro poder estatal concorrente, apontem-se, dentre outros: o julgamento da Corte permanente de justiça internacional, no caso do **navio Lótus**, de 7 de setembro de 1927 – "a limitação primordial que o direito internacional impõe ao estado é a de excluir, ressalvada a existência de norma permissiva, em sentido contrário, qualquer exercício de seu poder (*puissance*) no território de outro estado".[1791]

No mesmo sentido, os julgamentos, emanados da Corte Internacional de Justiça, no caso do **estreito de Corfu**, 11 de abril de 1949,[1792] no caso do **direito de asilo**, de 20 de novembro de 1950 e 13 de maio de 1951 (ou caso HAYA DE LA TORRE),[1793] bem como no caso da **plataforma continental do Mar Egeu**,[1794] de 19 de dezembro de 1978.[1795]

Também oportuna a menção ao caso do **direito de passagem sobre território indiano**, de 12 de abril de 1960.[1796] Após a independência da Índia, este direito consuetudinário de passagem, para acesso aos enclaves portugueses, em território indiano, se construiu a partir do que se aplicava, ainda ao tempo da colonização britânica.[1797] Cabe

[1791] C.P.J.I., **affaire du Lotus** (série A, n. 9, p. 18).

[1792] C.I.J., **détroit de Corfou** (Reino Unido c. Albânia, exceções preliminares, 25 de março de 1948 ; mérito, 9 de abril de 1949; fixação do montante das indenizações, 15 de dezembro de 1949).

[1793] C.I.J., **Haya de la Torre** (Colômbia c. Peru, julgamentos de mérito, 20-27 de novembro de 1950 e 13 de maio de 1951).

[1794] C.I.J., **affaire du plateau continental de la mer Egée** (arrêt du 19 décembre 1978). A Corte, depois de observar que a questão se coloca, em termos equivalentes, quer se trate de fronteiras terrestres, como de delimitação da plataforma continental, dispõe: "estabelecer limites entre estados vizinhos" é "traçar a linha exata (...) de encontro dos espaços onde se exercem, respectivamente, poderes e direitos soberanos".

[1795] C.I.J., **Recueil** (1978, p. 35, par. 85); v. tb. os trabalhos da Comissão das Nações Unidas para o direito internacional (Anuário da CDI, 1980, vol. II, segunda parte, p. 80, par. 5).

[1796] Ver, também, *supra*, cap. IV – competências territoriais do estado, em relação ao exame do caso **dos Minquiers e dos Ecréhous** (França c. Reino Unido), julgado pela Corte Internacional de Justiça em 1953.

[1797] Emanuel MORESCO, **Les rapports de droit public entre la métropole et les colonies, dominions et autres territoires d'outre-mer** (RCADI, 1936, t. 55, p. 507-593, cit. p. 571--582) dedicava inteiro capítulo à análise do regime político então vigente, entre o Reino Unido e a Índia, conforme estabeleciam o *Government of India Act* de 1919 e o de 1935.

observar:[1798] "o princípio, segundo o qual o estado possui a competência legislativa e regulamentar, em relação a estrangeiros, em matéria de admissão como de condição destes sobre o seu território, foi reconhecido pela Corte no caso do **direito de passagem sobre território indiano**. Portugal pretendia o direito de transitar pelo território indiano, na medida necessária para o exercício de sua soberania, sobre os enclaves da Dadra e de Nagar-Aveli, mas não pedia qualquer imunidade para as pessoas ou os bens em trânsito, e admitia que o trânsito fosse submetido à regulamentação e ao controle da Índia".[1799]

O julgamento da Corte faz predominar a competência territorial da Índia, seu poder de regulamentação, em função das condições existentes sobre o seu território, sobre o direito de passagem que esta reconhecia a Portugal, com o risco de atentar contra as necessidades da soberania de Portugal, sobre os enclaves.[1800] A Corte, ao considerar a competência territorial da Índia, se satisfaz quanto à apreciação, feita por esse governo, a respeito das condições reinando sobre o território, submetido à sua soberania, e das medidas que tais condições exigem, sem buscar, como fez Sir Percy SPENDER, em seu voto dissidente, "se se tratava, de fato, de controle e de regulamentação, enquanto tais, ou se a medida visava o direito de passagem em si, de maneira a se contrapor a este".[1801]

A precisão no uso dos termos jurídicos, na construção do direito internacional, pela Corte Internacional de Justiça, tem importância fundamental, adverte M. BEDJAOUI.[1802] Com influência direta e relevante da

1798 Suzanne BASTID, **Les problèmes territoriaux dans la jurisprudence de la Cour internationale de Justice** (RCADI, 1962, t. 107, p. 361-495).

1799 C.I. J., **direito de passagem sobre território indiano** (Portugal c. Índia) **Recueil** (1960, p. 12); S. BASTID (op. cit., 1962, p. 367-368) : «La Cour a reconnu que le droit de passage entre Damao et les enclaves existait au profit du Portugal, pour les personnes privées, les fonctionnaires civils et les marchandises en général.»

1800 S. BASTID (op. cit., 1962, loc. cit.): «le souci de concilier l'exercice des deux souverainetés territoriales de l'Inde et du Portugal qu'ont manifesté certains juges [Jules BASDEVANT, Wellington Koo, Sir Percy SPENDER] n'apparaît pas dans l'arrêt.»

1801 C.I. J., **direito de passagem sobre território indiano** (Portugal c. Índia) **Recueil** (1960, p. 114).

1802 Mohammed BEDJAOUI, "Préface" (à primeira edição do livro de Moncef KDHIR, **Dictionnaire juridique de la Cour Internationale de Justice** Bruxelles: Bruylant, 1997; 2e ed., 2000 – das anteriores 235, o livro passou a 527 páginas, e desaparece o prefácio de BEDJAOUI): "Les termes juridiques revêtent, pour la pratique de la Cour, une importance

jurisprudência no esclarecimento e detalhamento do alcance e sentido dos termos do direito internacional.

A ação concreta dos estados tem relevância para a formação das normas de direito internacional, como parâmetro e expressão concreta da ação destes. Seja em contexto multilateral como bilateral.[1803] Será relevante que exista a correlação direito-dever, ou seja de que a determinada prerrogativa de um estado, seja possível contrapor a obrigação de outro estado, no sentido de adotar o comportamento correspondente.[1804]

Da mesma forma, a ação concreta dos estados tem relevância para a erosão das normas. Faz-se na sucessão de atos reiterados, com uniformidade e consistência, refletindo padrões aceitos como válidos, no comportamento[1805] internacional dos estados.

Em suma, o direito vive de categorias, mas as configurações jurídicas, como dito e repetido, nem sempre se acoplam perfeitamente à realidade. A dissociação entre o direito e a realidade deve, sempre, ser evitada, porquanto este, dissociado da vida, torna-se esquizofrênico, no sentido técnico do termo, de perda de contato vital com a realidade. Os espaços, enquanto categorias jurídicas, geram, por seu turno outras ficções legais.[1806] A questão da acomodação das identidades culturais pode ser

cardinale" onde "sans parler d'un vocabulaire juridique propre à la Cour", "les notions de droit international baignent dans sa jurisprudence".

1803 No **caso do direito de passagem sobre território indiano** (1960) entre Portugal e a Índia, a CIJ admite a possibilidade de costume bilateral, que formaria "obrigações e direitos mútuos".

1804 No **caso Haya de la Torre** (1951), entre a Colômbia e o Peru, a respeito do **direito de asilo**, a CIJ, para que a norma exista, a prática deve expressar "direito pertencente ao estado que concede asilo e dever imposto ao estado territorial".

1805 João Grandino Rodas, **Sociedade comercial e estado** (São Paulo: UNESP / Saraiva, 1995) enfatiza a atribuição de 'vontade' à sociedade comercial como de 'sentimentos' aos estados somente poder ser entendida em sentido figurado. No mesmo sentido, Fábio Konder Comparato (no "prefácio" ao livro, op. cit., 1995, de Rodas) enfatiza "essa hipostáse antropomórfica das sociedades privadas não pode ser levada às suas últimas consequências, sob pena de graves desvios normativos".

1806 Como exemplificaria a teoria da extraterritorialidade do navio, por meio da qual seria este equiparado a pedaço flutuante do território: "morceau flottant du territoire", cf. caso do **navio Lótus**, julgado, em 7 de setembro de 1927, pela CORTE PERMANENTE DE JUSTIÇA INTERNACIONAL, **Recueil** (série A-10 e C 13/2). A respeito, v. tb. *supra*, cap. XIX – navios e aeronaves no direito internacional, item 19.1 – navios.

exemplo eloquente e complexo dessa dimensão. Sobretudo na expressão dessa acomodação em relação ao território. A linha divisória entre o dado jurídico e o dado político aí somente poderá ser feita enquanto conceito teórico, porquanto na prática ambas as dimensões estarão necessaria e irrevogavelmente imbricadas.

Deste se pode passar à proteção de minorias nas ilhas Aaland (31.7).

31.7. Proteção de minorias nas ilhas Aaland

As ilhas Aaland[1807] são uma província finlandesa - *Ahvenanmaan makunta* em finlandês, ou *Landskabet Aaland* em sueco - a menor região da Finlândia, com 0,51% da área total do território e 0,54% da população. Situadas na entrada do golfo de Bótnia, no mar Báltico,[1808] abrangem 6.757 ilhas e ilhotas, a meio caminho entre cerca de quarenta quilometros da costa da Suécia e vinte e cinco quilometros da costa da Finlândia, em área total de 13.517 quilômetros quadrados, dos quais 1527 quilômetros quadrados de terras. Situada na ilha Fasta Aaland, a principal cidade, Mariehamn, capital das Aaland, fundada em 1861, sedia o Parlamento provincial e o Governo provincial das ilhas autônomas.

O arquipélago é habitado por população de língua sueca (30.129 habitantes em 2020), espalhados por cerca de 60 ilhas. Desse total, aproximadamente 1200 habitantes dessas ilhas têm o finlandês como o primeiro idioma.[1809] Embora o sueco seja um dos dois idiomas oficiais da Finlândia (como prevê o art. 17.1 da Constituição da República da Finlândia), o sueco é, contudo, a única língua oficial nas ilhas Aaland - como prevê o Estatuto de autonomia das Aaland, *Självstyrelselag för Aaland*, de 1991.

Para compreender o quadro atual é preciso ter algumas referências históricas.[1810] Por sua posição geográfica, na entrada do golfo de Bótnia,

[1807] Em sueco, as ilhas Aaland são chamadas *'Aaland'* ou *'Aalandsörna'*, enquanto em finlandês o nome da província é *'Ahvenanmaa'*.

[1808] Michel de TAUBE, **Le statut juridique de la mer Baltique jusqu'au XIXe. siècle** (RCADI, 1935, vol. 53, pp. 437-530); K.-R. PUSTA, **Le statut juridique de la mer Baltique à partir du XIXe. siècle** (RCADI, 1935, vol. 52, pp. 105-190).

[1809] Sten HARCK, *Aaland Islands* (in **Encyclopedia for Public International Law**, 2012, vol. I, p. 279-285).

[1810] Neil KENT, **A concise History of Sweden** (Cambridge: Univ. Press, orig. publ. 2008, reprinted 2010); David KIRBY, **A concise History of Finland** (Cambridge: Univ. Press,

as ilhas sempre tiveram considerável importância estratégica. Em 1809, quando foi celebrado o tratado de Frederikshamm,[1811] depois de a Suécia ter sido derrotada pela Rússia, teve de ceder a Finlândia e as ilhas Aaland aos russos: desse modo, as ilhas que estavam no meio do reino da Suécia passaram a ser o ponto mais avançado de presença russa, no coração da Suécia.[1812] Por conseguinte, as ilhas foram extensamente fortificadas, tendo Bormarsund como a fortaleza mais importante, que chegou a abrigar cerca de dez mil soldados russos.

Durante a guerra da Crimeia (1853-1856),[1813] forças navais francesas e britânicas, operando no mar Báltico, capturaram a fortaleza de Bormarsund. O tratado de paz de Paris, em 1856, incluiu a Convenção entre a França, a Grã-Bretanha e a Rússia, sobre a desmilitarização das ilhas Aaland. Estas, doravante, não mais deveriam ter qualquer fortificação, nem tampouco qualquer base naval ou militar, poderia ser erguida lá.

Em 6 de dezembro de 1917, a Finlândia declarou-se independente. Isso foi confirmado pelo tratado de Brest-Litovski, em 1918, entre a Alemanha, a Áustria-Hungria, a Bulgária, a Rússia e a Turquia. Nos termos desse tratado, a Finlândia e as ilhas Aaland deveriam ser totalmente desocupadas pelas tropas russas e pela Guarda vermelha da Rússia.

Nos anos que se seguiram à primeira guerra mundial, o movimento separatista das ilhas Aaland exprimiu o desejo de se reunificarem estas com a Suécia. Em junho de 1919, o plebiscito realizado nas ilhas Aaland mostrou que 95% da população eram favoráveis a essa reunificação. A Suécia apoiou o movimento de independência, com base no princípio da

orig. publ. 2006, 5th printing, 2011); Matti Klinge, **A brief History of Finland** (Keuruu: Otava Printing, 1994); Herman Lindqvist, **A History of Sweden** (transl. by Roy Bradbury, Stockholm: Norstedts, 2002).

1811 Ver **Tratado** (tomo XI – **Direito internacional no tempo do Iluminismo**, esp. contexto europeu (1792-1815) e suas repercussões mundiais).

1812 A. S. Orlov, A. I. Polunov, I. I. Tereshenko, **Osnovi Kursa Istorii Rossii** (Moscou: Prospekt, 2015); Peter Kenez, **A History of the Soviet Union from the beginning to the end** (Cambridge: Univ. Press, 1st publ., 1999, new edition 2006, 6th printing 2010); Nicholas V. Riasanovsky and Mark D. Steinberg, **A History of Russia** (Oxford: Oxford Univ. Press, 7th ed., 2005); Robert Service, **A History of modern Russia – from Nicholas II to Putin** (first published, 1997, Londres: Penguin, "published with revisions under the current title", 2003).

1813 Orlando Figes, **Crimea** – The last Crusade (orig. publ. 2010, London: Penguin, 2011).

autodeterminação dos povos, que considerou deveria ser aplicado às ilhas Aaland, bem como à Finlândia. A posição da Finlândia a respeito era no sentido de que um regime de autonomia para as ilhas deveria ser tratado como questão interna, submetida à jurisdição nacional finlandesa.

A questão foi encaminhada à apreciação da Sociedade das Nações pelo Reino Unido. A primeira dentre as questões a ser respondida era se o Conselho da Sociedade das Nações tinha competência para decidir a questão. Uma Comissão de juristas, integrada por F. Larnaude, A. Struycken e Max Huber concluiu que "embora o princípio da autodeterminação dos povos tivesse desempenhado papel importante no pensamento político, posterior à primeira guerra mundial, e que o princípio tinha sido adotado em certo número de tratados, este não estava baseado em norma positivada de direito das gentes". O direito de dispor de território nacional somente poderia ser decidido por um estado soberano. Segundo o direito internacional positivo, nenhum grupo nacional teria direito de pleitear a separação de determinado estado, simplesmente por exprimir a sua vontade nesse sentido.

No caso das ilhas Aaland, a Comissão entendeu que o Conselho da Liga seria competente para decidir a questão, porque, embora a soberania pertencesse à Finlândia esta, todavia, ainda não se apresentava como estado definitivamente constituído.[1814] Caracterizada a competência do Conselho da Liga para decidir a matéria, foi estabelecida em setembro de 1920 uma Comissão de Relatores, constituída por F. Calonder, E. Beyens e E. Nielsen, para analisar a questão e fazer recomendações ao Conselho da Liga.

Em análise da soberania finlandesa, na perspectiva histórica e geográfica, a Comissão de Relatores assinalou que, ao menos desde 1634, as ilhas Aaland tinham estado sob a administração de Abo, ou em finlandês, Turku, a anterior capital da Finlândia. A Comissão também apontou que, até alcançar a independência da Rússia, a Finlândia tinha se mantido como estado autônomo, dotado de constituição própria, no regime dos czares.[1815]

[1814] Report of the International Committee of Jurists entrusted by the Council of the League of Nations with the Task of giving an Advisory Opinion upon the legal aspects of the Aaland Islands (esp. 'Question 14').

[1815] S. Harck, *Aaland Islands* (in **Encyclopedia for Public International Law**, 2012, vol. I, p. 279-285 § 6).

A questão das ilhas Aaland não era, contudo, questão puramente doméstica, como observou a Comissão de Relatores, porquanto os seus habitantes tinham se manifestado em favor da reunificação com a Suécia e se consideravam como população de origem sueca. Essa vontade era, contudo, principalmente no sentido de preservar a identidade cultural própria das ilhas Aaland, sem necessariamente fazer parte da Suécia. Desse modo, não se trataria de questão de auto determinação, mas questão de proteção de direitos das minorias.[1816] A identidade cultural das ilhas Aaland deveria, assim, ser preservada por meio de estatuto de autonomia.

Em 24 de junho de 1921, o Conselho da Liga decidiu que a soberania sobre as ilhas Aaland pertencia à Finlândia. A Finlândia, contudo, deveria tomar as medidas necessárias para assegurar a proteção dos habitantes, especialmente para preservar a língua sueca e a titularidade e a transferência de direitos de propriedade.[1817]

A questão das ilhas Aaland pode ser contada dentre os casos bem sucedidos, tratados pela Sociedade das Nações. As duas questões centrais, decididas na reunião de 24 de junho de 1921, pela Liga foram, de um lado, que "a soberania das ilhas Aaland era reconhecida como sendo da Finlândia", mas, por outro lado, caberia à Finlândia tomar as medidas necessárias para assegurar a proteção dos habitantes. Ao mesmo tempo, o Conselho da Liga manifestou o entendimento de que um novo acordo internacional deveria assegurar a substituição da antiga convenção, celebrada entre a França, a Grã-Bretanha e a Rússia, a respeito da desmilitarização das ilhas Aaland, garantindo-se nesse novo instrumento a neutralidade das ilhas e a proibição de construção de fortificações.

Em 27 de junho de 1921 o assim chamado Acordo das Aaland foi aprovado pelas delegações da Finlândia e da Suécia. Nos termos deste, a Finlândia se comprometeu que a língua de ensino nas escolas das ilhas seria o sueco; que os habitantes teriam direito de preferência para a aquisição de imóveis; que somente aqueles que tivessem imigrado e lá

[1816] Como se examina no **Tratado** (tomo – **Direito internacional, história e cultura**, cap. 4, esp. o item sobre – o quadro jurídico para a proteção das minorias); P. B. Casella, *Proteção das minorias no direito internacional pós-moderno* (in **Direito no século XXI**: em homenagem ao professor Werter FARIA, coord. Elizabeth Accioly, Curitiba: Juruá, 2008, p. 541-595).

[1817] [1921] League of Nations Official Journal 699.

vivido por ao menos cinco anos poderiam votar nas eleições municipais e para o parlamento regional.[1818]

O Ato de autonomia das Aaland, foi adotado pelo Parlamento finlandês em 1920. Este foi renovado em 1951, e novamente em 1991. O mais importante dado, neste estipulado, foi o estabelecimento de Parlamento provincial e de Governo provincial nas Aaland.

Em 1939, depois de a União Soviética atacar a Finlândia, tropas finlandesas ocuparam as ilhas Aaland, sem qualquer protesto, por parte de outras potências. Depois da chamada 'guerra do inverno', o tratado de Moscou, de 11 de outubro de 1940, entre a URSS e a Finlândia, obrigava a Finlândia a desmilitarizar as ilhas Aaland, e lá não construir qualquer fortificação. A neutralidade das ilhas deveria ser mantida e nem a Finlândia, nem qualquer outra potência, poderia utilizar as ilhas como base militar.

Essas obrigações foram reiteradas no Armistício entre, de um lado, a União Soviética e o Reino Unido, atuando em nome de todas as Nações Unidas em guerra com a Finlândia, e de outro lado a Finlândia, depois da continuação da guerra de 1941 até 1944.

O tratado de paz com a Finlândia, assinado em 1947, em seu art. 5º, estipula que as ilhas Aaland deveriam continuar desmilitarizadas. Parece ser o entendimento da corrente predominante da doutrina de que a Convenção de neutralização das Aaland, de 1921, bem como o tratado de Moscou de 1940 e o tratado de paz com a Finlândia, de 1947, continuam em vigor.[1819] Isso significa que as ilhas Aaland são território neutro e desmilitarizado. Incluindo a dispensa de prestação de serviço militar pelos habitantes das ilhas Aaland.

A autonomia das ilhas Aaland é garantida pela Constituição finlandesa (seção 120 e seção 75). O Ato de autonomia de 1991, entrou em vigor em 1993, e garante o perfil sueco das ilhas, e reforça o papel da língua sueca, em geral. O sueco é a língua de ensino nas ilhas. Toda comunicação oficial entre as autoridades das ilhas e as demais

[1818] S. Harck, *Aaland Islands* (in **Encyclopedia for Public International Law**, 2012, vol. I, p. 279-285, § 8) comenta se se poderia considerar ter havido engajamento bilateral de Finlândia e Suécia, ou se somente a Finlândia se teria comprometido perante a Sociedade das Nações. Não sendo parte, a Suécia não poderia intervir em favor dos Aalanders.

[1819] Nesse sentido, S. Harck, *Aaland Islands* (in **Encyclopedia for Public International Law**, 2012, vol. I, p. 279-285, cit. § 14).

autoridades finlandesas tem de ser feita em sueco. O uso do sueco, como língua oficial, também se aplica a todas as autoridades judiciárias nas ilhas Aaland.

Somente em suas relações entre si podem os habitantes das ilhas Aaland, cuja primeira língua é o finlandês, utilizar o finlandês como veículo de comunicação. E somente estes podem usar o finlandês para comunicação com quaisquer autoridades das ilhas Aaland. Conhecimento adequado da língua sueca é pré-requisito para o direito de domicílio nas ilhas. Isso foi estipulado e se mantém desde o Ato de autonomia de 1951.

Em suma, pode-se considerar que a solução pacífica da controvérsia a respeito das ilhas Aaland, com a proteção da identidade sueca dos habitantes das ilhas, foi um modelo para a solução de questões de proteção internacional de minorias. Claramente, neste caso, desde a independência da Finlândia, em 1917, houve disposição em assegurar abrangente proteção das diferentes facetas da identidade sueca dos moradores das ilhas, e o grupo humano tem grande homogeneidade.

O fato do caso das ilhas Aaland ter atraído atenção de várias grandes potências, interessadas em manter a estabilidade e a paz na região do mar Báltico também foi elemento que favorecereu o encaminhamento pacífico da questão.

Interessa, sobretudo, a contraposição feita há mais de um século entre os princípios da proteção internacional de minorias e da autodeterminação dos povos. Uma hierarquia parece ter sido então estabelecida entre os dois princípios. Que, até certo ponto, ainda se aplica à relação entre maiorias e minorias.

No caso das ilhas Aaland, ainda existe dado adicional, que torna o exemplo ainda mais complexo e interessante: a adoção pela Finlândia dos mecanismos legais e institucionais de proteção da identidade e do idioma sueco, em relação aos habitantes do arquipélago não deixou – como não poderia deixar de contemplar igualmente – a existência da minoria finlandesa (cerca de mil habitantes) dentre os habitantes das ilhas Aaland. Assim, esta se apresenta como uma minoria (finlandesa) dentro de outra minoria (sueca), protegida pela Finlândia e pelos acordos internacionais, que estabeleceram o regime vigente nas ilhas Aaland.

A seguir se pode passar à conclusão deste direito internacional dos espaços.

CONCLUSÃO

> Tornar desnecessárias as mudanças de fronteiras, tornando-as sem sentido, por meio de continuado desenvolvimento de atividades comuns e interesses indo além delas.
>
> D. Mitrany (1943)[1820]

O direito internacional dos espaços se põe como a dimensão física, para a construção da territorialidade e da expressão da soberania do estado. E, sobretudo, como a base estável, para a construção da interação entre os estados. Territorialidade e soberania do estado ainda são componentes vitais do sistema internacional, que permanece, em considerável extensão, interestatal e territorializado. Mas não será somente dado físico: o direito internacional dos espaços trata de dimensão humana e cultural – se constrói como interação do homem com o espaço, por meio de instituições e de normas internacionais. E traz a percepção das mutações dos modelos culturais, norteadores dessas mesmas instituições e normas.

[1820] D. Mitrany, **A working peace system** (London: The Royal Institute of International Affairs, 1943, p. 26; tb. publicado Chicago: Quadrangle Books, 1966, p. 62): "To make changes of frontiers unnecessary by making frontiers meaningless, through the continuous development of common actitivities and interests across them"; v. tb. D. Mitrany, **The functional theory of politics** (London: London School of Economics and Political Science, 1975, p. 169-170); Raymond Aron, **Paz e guerra entre as nações** (orig. publ. **Paix et guerre entre les nations**, 1962, trad. Sérgio Bath, Brasília: Ed. UnB / col. pensamento político, vol. 7, 1979).

A relação entre soberania e territorialidade foi colocada, desde o início, como dimensão que permitiu, depois, a esta contrapor geografia e extraterritorialidade, enquanto projeções do poder do estado, além de seus limites territoriais. Existe dicotomia e dissociação essencial entre a afirmação da soberania e dos pressupostos desta, ao mesmo tempo em que se vive e se reconhecem os imperativos da cooperação: a soberania permanece presente, e se exprime a partir da base territorialmente determinada do estado, nos vários campos de manifestação desta.

Logo se dará conta o leitor que a dimensão física das diferentes categorias de território, de tipificação legal dos espaços nunca será tão somente *física*, mas se desdobra em dimensões culturais, políticas, históricas, sociais, e tantas outras facetas, que poderiam ser lembradas. Assim, aqui, coube considerar o direito internacional pós-moderno, na perspectiva dos espaços, e na interação entre estes dados, com os vários desdobramentos, aplicáveis aos domínios terrestre, fluvial, marítimo, aéreo, como em relação aos espaços comuns: o alto mar, os espaços polares – com as especificidades em relação ao Ártico e à Antártica, e em relação ao espaço extra-atmosférico, com novas frentes de atuação privada – inclusive turismo – e de outros interesses, além dos estados, no espaço exterior. Todas estas são categorias jurídicas, são projeções humanas sobre a base física do mundo. E além.

O direito internacional mostra ser o tratamento dos espaços algo dinâmico, no contexto histórico e cultural, muito embora os espaços sejam, em si, estáticos, mesmo quando se fala em cursos de água, e nos oceanos. O território é, por definição, a base fixa, sobre a qual se estrutura essa entidade sedentária, que é o estado. Mudam as categorias humanas e os conceitos ligados à apropriação do espaço e da gestão deste. A sedentarização institucionalizada normalmente é equiparada ou ao menos apontada como um dos indícios da civilização, ao menos nos moldes do modelo levantino e europeu. Este modelo se põe como o parâmetro do direito internacional clássico, e da Europa emana, durante tempo considerável, para outras partes do mundo, até que se lhe contraponha a emergência de outros possíveis modelos, no contexto pós-moderno – como no parecer sobre o **Saara ocidental**, de 1975, quando a Corte Internacional de Justiça afirma que o fato de um povo ser nômade não o priva de laços com a terra, que o legitima como titular desse espaço. No presente, o ultrapassado eurocentrismo se vê questionado e, embora não relegado a papel secundário, pode no máximo ser somente um dos sistemas, ao lado de concorrentes, de, pelo menos, igual monta e equivalente extensão de aplicação no mundo.

As mutações culturais e históricas interagem e alteram o tratamento legal e político que a estas dimensões, ditas físicas, se confira. Desse modo, se pretendeu construir meios de fazer irrelevantes as fronteiras, mediante a ordenação transfronteiriça das atividades humanas. Ao mesmo tempo se vê a retração dessa transcendência das fronteiras e a recorrência da mais tacanha compreensão da espacialidade, que se vale de preconceitos e de fechamento sobre si mesmo, para excluir a alteridade, e pretender impor barreiras ao espaço.

Na medida em que possam se tornar irrelevantes economicamente, as fronteiras políticas deixariam de ser foco de tensão, entre os estados. A idéia pode parecer atraente, mas, permanece, todavia, se não utópica, ao menos de alcance limitado, exceto em situação muito específica, como se poderia ter acreditado no caso da experiência, em curso na União Européia. Fascinante internamente, embora tanto se batam por detalhes, esquecendo o alcance e a repercussão do todo, mas se multiplicam as iniquidades, em relação à percepção e ao tratamento do outro, do estrangeiro, do não-cidadão da união.

Mesmo no contexto de aprofundada cooperação e integração regional ressurgem a xenofobia e a discriminação. Põem-se barreiras à entrada e à permanência dos estrangeiros. Cogitam-se inomináveis medidas de segregação, inclusive nas escolas. Ao se renegarem os valores basilares e estruturantes dessas mesmas sociedades no passado não se renega somente a humanidade e a dignidade do outro, mas sobretudo a própria. A pior traição.

Estado se constrói, de dentro para fora, enquanto conjunto de povo, território e governo, para compor unidade política soberana, expressão de *concentração* de poder, no plano interno, e de ordenação das competências políticas, determinadas em relação àquele sistema, àquela população e àquele território. Por meio da vinculação entre povo e governo, a soberania se expressa numa realidade, de determinado espaço territorial. Internamente, esta se configura como *concentração* de poder. Ao mesmo tempo, se põe a soberania, no plano externo, como *divisão* de poder, como atribuição de parcelas deste, às distintas unidades políticas, que compõem o que, *faute de mieux*, se convenciona chamar de sistema internacional.

No direito internacional a soberania se entende e se exprime como divisão de poder, entre as unidades, que componham o sistema. Este, por definição, enquanto modelo interestatal, se faz como interação entre soberanias e limitação de cada uma destas, em função da estruturação do sistema. Em função das limitações à soberania de cada um dos estados, se constrói o direito internacional, enquanto sistema normativo e institucional.

A este conjunto de limites, mais uma vez, justamente, *limites*, se constrói um sistema institucional e normativo, na medida em que se lhe agreguem os *valores* compartilhados, considerados basilares para a construção do direito internacional pós-moderno. A relação se põe na percepção e no tratamento do espaço, mas também no respeito à humanidade do outro, para que perceba e preserve também a minha humanidade. E na relação de todos com o planeta e com os recursos deste.

O direito internacional dos espaços põe e superpõe as dimensões territoriais de expressão da condição de estado, a partir do domínio terrestre, para abranger os domínios marítimo, aéreo, e os espaços não sujeitos a jurisdição nacional, o alto mar, o espaço polar, o espaço exterior. São construções legais internacionais, que norteiam a identificação de tais espaços e as diferenças de tratamento entre estes. Combinam-se elementos dos direitos internos de diferentes estados, aos elementos do sistema institucional e normativo internacional. E se dão os rumos da evolução, de cada uma de tais dimensões.

Sobremodo relevante perceber quanto mudou a construção jurídica internacional dos espaços, nos últimos cem anos, o que em termos de tempo histórico, é apenas um momento. Mas, nesse mesmo tempo, se fez a expansão do sistema internacional, pelo aumento do número dos seus componentes tradicionais, os estados, que passam de conjunto de cerca de 50 estados, no início do século – nunca passou disso o número de integrantes da Sociedade das Nações –, para mais de 200 ao término do anterior e início deste século. Montenegro, em 2006, o Kosovo, em 2008,[1821] e

[1821] P. B. Casella, *Secessão no direito internacional e o Parecer consultivo da Corte Internacional de Justiça sobre o Kosovo de 22 de julho de 2010* (Boletim da Sociedade Brasileira de Direito internacional, ano XCVIII, ago.-dez. 2013, n. 119-124, p. 111-126).

o Sudão do Sul, em 2011,[1822] se colocam dentre casos recentes de novas formações estatais. Mas não serão os últimos.

Referidas mudanças não somente numéricas, mas, sobretudo, históricas e culturais, se refletem em todas as dimensões do território, porquanto se estendem da terra, propriamente dita, para as projeções a partir desta, com a consolidação do conceito, e a fixação da extensão, do mar territorial e dos corolários deste, a zona contígua, a zona econômica exclusiva, e a plataforma continental. Como também em relação à soberania sobre a coluna de ar, sobrejacente ao domínio terrrestre e ao mar territorial. A delimitação, espacialmente configurada, da soberania do estado exige limites, para viabilizar a convivência e a circulação das pessoas, dos navios, das aeronaves, das ondas de rádio e das telecomunicações.

Mudanças consideráveis ocorreram, igualmente, em relação aos espaços não-sujeitos à jurisdição estatal, onde em relação à caracterização destes se foi da categoria de coisa sem dono – *res nullius* – para a configuração de espaços, qualificados como patrimônio comum da humanidade. Aos espaços comuns se somam as expressões de interesse comum da humanidade. E as consequências da ação, sobre tais áreas, como questões de interesse comum da humanidade e que esse *common concern of mankind*, espera-se, não seja apenas nominal... e isso tanto em relação ao alto mar, como aos espaços oceânicos, aos domínios polares, e ao espaço ultraterrestre. Como também as ondas de rádio e todo o

[1822] A independência da República do Sudão do Sul, oficialmente proclamada em 9 de julho de 2011, após a realização de referendo, no qual prevaleceu a autodeterminação, foi saudada pela comunidade internacional. O novo estado foi rapidamente reconhecido, inclusive pelo Sudão, e também aceito como estado membro da ONU e da União Africana. O processo de secessão, pelo qual o Sudão do Sul se destacou do Sudão, «peu encadré par le droit international et l'apparition d'un nouvel état est toujours un phénomène unique, en l'espèce négocié à la suite d'une longue guerre civile. L'engouement que le résultat de ce processus a suscité tranche néanmoins avec les difficultés rencontrées dans la construction du Soudan du Sud. Celles-ci tiennent aux relations conflictuelles que celui-ci entretien avec le Soudan» analisa Geraldine GIRAUDEAU, *La naissance du Soudan du Sud: la paix impossible?* (in Annuaire français de droit international, 2012, vol. 58, p. 61-82), notadamente em relação à região de Abyei e dos recursos petrolíferos, mas também em razão de seus graves problemas internos: «L'existence, au sens du droit international, du Soudan du Sud, ainsi que la paix et la sécurité internationales, sont de ce fait menacés, et la situation humanitaire de la région reste particulièrement préoccupante.»

meio físico no qual se estabelecem e circulam as telecomunicações, por meio de satélites. De todos os dias, com telefones celulares e sistemas de monitoramento de deslocamento (GPS) aos mais recentes meios de comunicação.

O direito internacional dos espaços deve levar a refletir sobre as dimensões indispensáveis do direito internacional do meio ambiente: questão de sobrevivência da vida, no planeta. E da responsabilidade da espécie humana, pelas práticas e ações predatórias, que exerce, na utilização do espaço comum do planeta, e da devastação que causa a ação do ser humano, sobre o conjunto do planeta, dos recursos vivos deste e da vida e sobrevivência das demais espécies, nesses mesmos espaços. Não são somente detalhes: é o conjunto da vida na terra, que se inscreve sob o conceito de sustentabilidade.

O exame do direito internacional dos espaços compreenderá, necessariamente, o exame do regime aplicável aos navios, como às aeronaves, porquanto a ambas as categorias se aplicam normas, por meio das quais são equiparados, em determinadas funções e sentidos, à configuração física do território. Não obstante algumas especificidades entre uns e outros, navios e aeronaves, públicos e privados, compreendem-se, legalmente, como espaços. Carregam, consigo, a atribuição de determinada nacionalidade, e os critérios de determinação da incidência de aplicação de normas, em relação ao objeto em si, como às pessoas que neste se encontrem. Daí estarem aqui tratados, embora de forma sumária.

Não somente em relação a navios e aeronaves pode haver deslocamentos e projeções de elementos de soberania e de jurisdição, estatalmente ou internacionalmente determinada. Mas também no conjunto de hipóteses, enfeixadas sob a denominação da 'extraterritorialidade'. Com desdobramentos variados desta, no direito internacional pós-moderno. Positiva e negativamente consideradas.

As considerações em torno do impacto da geografia se põem, também, em relação às emanações extraterritoriais: compreender a *extraterritorialidade* pressupõe a compreensão, antes, da base territorial. A *territorialidade* norteará os dados básicos, de funcionamento de cada sistema institucional e normativo nacional, como do conjunto do equivalente internacional. E a partir da interação, entre uns e o outro, se dá a compreensão do que possa ser e como atuem as projeções extraterritoriais, tema complexo e abrangente, do qual se põem bases para a compreensão do fenômeno – ficção legal à qual, em alguns casos determinados, se confere legalidade a tais exercícios, extraterritorialmente projetados. Enquanto outras hipóteses são consideradas abusivas.

Da mesma forma, a espacialidade pode ensejar a compreensão da dimensão da proteção internacional dos direitos fundamentais, onde estes se inscrevam, em relação à base física, sobre a qual se constrói a efetividade, para o seu exercício. Como também as limitações, e as exceções, em relação aos não-nacionais. Este tema pode e deve suscitar a atenção e comportará consideráveis desenvolvimentos, em relação aos desmandos em curso, por parte de quem vê os interesses de curto prazo, determinados pelas condicionantes eleitorais da política partidária, e não enxerga a dimensão humana, mais fundamental, como tampouco os interesses da coletividade, em relação à qual pretendem atuar, em dimensão pouco além dos efeitos das próximas eleições. A renovação e a movimentação de contingentes humanos, sobre a superfície do planeta são dados históricos, e devem ser compreendidos, em sua dimensão maior, e não somente sujeitos às flutuações de políticas momentâneas de estímulo ou de restrição à imigração.

A análise do caso brasileiro permite ver o papel do direito internacional, na formação e na consolidação do território nacional, depois do fato da ocupação, ao longo do tempo, pela posterior utilização da solução pacífica de controvérsias, nas questões de fronteiras, com os países vizinhos. Ao mesmo tempo, o exame das fases da formação do território brasileiro permite extrair algumas lições práticas de direito internacional: como foi este vivido e praticado, em relação às questões concretas, que tiveram de ser enfrentadas pelo país. E a centralidade destas questões territoriais, em relação ao Brasil de hoje, não somente como registro histórico destas experiências, mas como dado cultural central, porquanto salvo reparos menores, terá sido positivo, no sentido do alinhamento do Brasil, segundo os ditames do direito internacional, bem como pela solução pacífica de controvérsias. Será mera coincidência temporal e causal que ao refluxo, decorrente dos percalços da relação do Brasil com os vizinhos do continente se projete a expansão da ação territorial em relação à exploração de petróleo em profundidas nunca antes experimentadas na plataforma continental?

Estudo de caso de projeções legais, em relação a fenômenos territoriais, considera-se a configuração de território, em relação a atos unilaterais, com o exame de alguns casos célebres, nessa matéria: o estatuto jurídico da Groenlândia oriental, na década de 1930, e os testes nucleares franceses, na década de 1970. Algumas lições conceituais podem ser extraídas a partir destes casos concretos: mesmo dimensão, como o território, pode ser afetada pela prática de atos unilaterais.

A manifestação da vontade dos estados é elemento crucial para o estabelecimento de normas de direito internacional. Esse dado permanece presente, apesar do reconhecimento progressivo de normas de *jus cogens*, como expressão de normas inderrogáveis de direito internacional geral. E de interesses coletivos, que têm de ser internacionalmente tutelados. O que ainda suscita controvérsias e resistências culturais.

As lições da interação entre território e estado poderia colocar-se no sentido de perceber a relação direta, e por vezes, complexa, entre o território e a questão das identidades culturais, onde se põem exemplos trágicos, como também se expressam compromissos, que permitam manter a convivência entre distintos grupos humanos. Também se exprimem a renúncia às relações entre as comunidades humanas por meio de muros de incompreensão, literalmente postos como barreiras à circulação dos homens, de modo a parecer querer contrariar os imperativos categóricos da história e do mundo, como todo. Inúteis, porém frequentes. E que, infelizmente, se renovam: quanto foi considerado significativa a destruição do muro de Berlim, em 1989, mas, não menos significativas e lamentáveis a construção do muro no território palestino ocupado, a construção de barreiras físicas e o recrudescimento de restrições aos imigrantes, nos Estados Unidos, com Donald Trump, e da Europa dita unida, paradoxal e tristemente, a partir do Brexit – a retirada do Reino Unido e a rebelião contra os valores comuns e as liberdades do estado de direito, pela Polônia e Hungria! Mesmo contra a opinião da maioria das respectivas populações. Esses desvios de rumo são inquietantes.

Mais ameaçadores seriam os fantasmas internos do que as ameaças externas: teriam tal poder desagregador sobre sociedades civis secularmente consolidadas alguns milhões de imigrantes pobres? Menos cultos, menos ricos, menos socialmente integrados do que o cidadão médio, mas dispostos a fazer trabalho pesado, que muitos dentre estes 'cidadãos' não querem nem ver nem saber que é necessário, somente para não conviver com os imigrantes, mas, tampouco, se dispõem a fazer tais trabalhos 'pesados', muitas vezes em condições subhumanas – o paradoxo dos bolsões de pobreza, de exploração e, mesmo, de miséria e de violação dos direitos fundamentais, em meio a essas sociedades ricas, estáveis, pós-industriais e pós-modernas, que tremem nas bases, com medo de suas quimeras. Estimam-se 'pobres', atualmente, 37 milhões de cidadãos dos Estados Unidos, que representam mais de dez por cento da população total nacional. Enquanto isso seriam talvez oito ou dez milhões de imigrantes ilegais: onde está o verdadeiro problema?

A questão da relação entre território e identidade cultural projeta a dimensão do território além e acima do dado físico: são dados históricos, também, mas sobretudo, culturais. A relação com o território é relação humana, com todas as variáveis e as condicionantes desta. Não por acaso, encerra-se o volume com o exame de alguns casos, ilustrativos, quiçá, paradigmáticos dessa relação entre espaço territorial e identidade cultural: alguns clássicos, como o caso da ilha de Palmas, da ilha de Clipperton e das ilhas Aaland, ou simplesmente, registros históricos, como a questão da Jaworzina, do estatuto do território de Memel, ou do trecho ferroviário de Landwarow-Kasiadorys. Ficaram no passado os regimes internacionalizados das cidades de Tanger, de Danzig (Gdansk) ou de Trieste, enquanto outros se revestem de caráter controvertido e explosivo, em razão das tensões não-solucionadas, como se dá em relação às consequências da construção do muro, no território palestino ocupado. Os modelos são claros: basta querer analisá-los, para a partir destes aceder à compreensão de dimensão presente e permanente no ser humano e na interação entre estes.

A compreensão do conjunto, que emana deste direito internacional dos espaços, será, justamente, a percepção de que não se trate de dados inertes, mas vivos. O espaço não é dado morto, nem estático, mas sujeito a variações. O espaço é vivo e se altera. Não somente fisicamente como mostram as degradações impostas pela ação humana, como também pelas percepções culturais deste, e pelo daí decorrente tratamento jurídico diversificado, que a este se confira, ao longo do tempo.

Quanto custou, até deixar de ser dogma, reconhecer que a terra, como tal, embora gire sobre si mesma, como orbite em torno do sol, em meio aos demais componentes do sistema dito solar, é base física estável, mas mudam os homens acima desta, e por vezes, de modo repentino e violento, como os cursos de água, na superfície e no subsolo da terra.

Vulcões e terremotos exprimem o dado de que a base física do território é estável, mas não inerte. A movimentação dos mares, não somente por força das marés, mas também como movimentação e acomodação de forças, em relação ao equilíbrio do planeta: a recepção de poluentes, provenientes da terra e dos cursos de água doce, a pesca predatória, além de limites de reposição possível, caracteriza o fenômeno da sobre-pesca, destruidor do equilíbrio de ecossistemas e autodestruidor para a humanidade, pode acarretar e já acarreta danos irreversíveis ao ambiente marinho.

Estes conjuntos complexos e frágeis, que são os ecossistemas, têm de ser, primeiro, conhecidos, depois, controlados e, quem sabe, coibidos os abusos, para que não se ultrapassem limites, além dos quais os danos não mais são passíveis de serem absorvidos, e se tornam irreversíveis. Os limites da capacidade do planeta sobreviver a tais impactos, e nós nele, é dado crucial, para o futuro da vida inteligente no planeta, da humanidade como todo, e do conjunto dos sistemas naturais.

A movimentação, também, se dá no planeta, por meio de navios, de aeronaves, de transmissões de telecomunicações, sejam na atmosfera, como por meio de satélites, assim, cada uma em diferentes espaços, sujeitos a diferentes regimes. E todas as telecomunicações se desenvolvem entre estados, acima e adiante destes, com uso de sistemas convencionais ou mediante transmissão por satélites, cada vez que se aciona um 'simples' telefone celular, ou se põe em movimento um sistema de orientação, por meio de satélites.

O direito internacional dos espaços começa com os dados físicos mais elementares, mas não se limita a estes. Mostra todo esse conjunto algo da evolução ocorrida, nas várias dimensões do território, ao longo das últimas décadas. E se encerra, lançando o dado da multiculturalidade e dos desafios da convivência, apesar de diferenças culturais, históricas e humanas, relacionados à compreensão, como à utilização do espaço físico, pela espécie humana, e pelas demais espécies do planeta. Interagem entre si as espécies, como o fazem em relação ao espaço, no qual estão insertas.

A imperatividade da convivência e da interdependência, decorrentes da situação de fato, não nos ensinam, contudo, a ordenar, de modo razoável, estável, e por que não dizer, de modo 'sustentável', a convivência. Esta se faz, mais e mais, necessária, como 'imperativo categórico', no sentido kantiano do termo: é indispensável, não podemos fugir da convivência, mas esta precisa de normas, e de limites, como também de parâmetros, para ser viável.

O direito internacional dos espaços se põe, tautologicamente, como dado da espacialidade. Esta materialidade do direito internacional se constrói, do ponto de vista institucional e normativo, no contexto espacialmente internacional, ao lado das normas internas, e se projeta, além desses dados estáticos, para algo vivo, que se movimenta, no que se vê e no que vai além de nossa compreensão, para poder, quem sabe, chegar à percepção da necessidade, de preservar o equilíbrio do planeta. Este planeta se constrói e se modifica, sob a ação de agentes naturais, como também pelo impacto da ação humana. E se degrada, de modo irreversível, como também pode ser preservado, se ainda não for tarde demais, para conseguir reverter alguns dos danos causados, de modo inconsequente.

O conjunto não somente é vivo, como é dinâmico: encontra-se em mutação! Mudou consideravelmente, nas últimas décadas, desde a constituição da Organização das Nações Unidas, e o advento da assim chamada família de organizações internacionais, que confluem e interagem, no plano mundial, com esta, bem como também atuam as de âmbito regional e sub-regional, com as especializações as mais variadas, inclusive papel crescente às organizações não-governamentais. Muitas dessas organizações não-governamentais têm espaço de atuação relevante, em matéria de controle e de preservação ambiental. O direito internacional dos espaços, assim, não se põe, somente, como conjunto inerte, de dados físicos, mas se lhe agregam dimensões vivas, se sobrepõem a dimensão da história, e a dimensão humana, demasiadamente humana, da cultura, como expressões da condição de sobrevivência da espécie humana, ao lado de todos os ecossistemas do planeta.

O direito internacional dos espaços põe alguns elementos das bases de regulação do espaço físico do planeta. Essa base normativa se construiu à escala humana. E se reforça ou se esvai, conforme as condicionantes humanas. Os dados da política e da economia, os dados da história e da cultura, enquanto expressões da vida social, das pessoas e dos grupos humanos. O direito internacional dos espaços parte de bases físicas, para encontrar, no meio do caminho de nossa vida, a selva escura, e dura e forte, da política e da economia, como da história e da cultura, para chegar ao dado central do sistema institucional e normativo internacional: o ser humano.

A base pode ser física, o conteúdo terá elementos culturais, dados adicionais, a esta base física, agregados. Como aqui se examinaram, em suas linhas principais.

A percepção da dimensão de culturalidade será, assim, inerente ao conteúdo e indispensável para a compreensão do espaço: não somente no direito internacional pós-moderno, como nos vários direitos internos – a compreensão da relação entre espaço e poder, sob a rubrica 'soberania', sob a rubrica 'jurisdição', sob a rubrica 'competências territorialmente determinadas' não são nem serão dados neutros, nem passíveis de compreensão, desligados de modelo histórico e cultural, pelo qual estejam informados, do qual estejam formados, e no qual estejam inscritos. As relações não são unívocas, mas se interpenetram e se reproduzem, de forma múltipla.

A relação se constrói, e se desdobra, entre o poder e o espaço: o estado soberano é a delimitação do espaço, sobre o qual se exerce esse mesmo poder, ao mesmo tempo sobre e por aquele povo, naquele determinado território – nos sistemas internos, como concentração de poder, e entre unidades distintas – no sistema internacional, como divisão de poder, desde o início se apontava e mais e melhor se há de poder perceber ao término do percurso deste direito internacional dos espaços, o que também se exprime como conteúdo de espacialidade, como *trajeto*: este percurso intelectual da leitura, se põe como o desdobramento da *trajetória*, da construção da espacialidade como fundamento do direito e do poder, como campo de incidência e de aplicação destes, como delimitação, entre esferas de vigência e de aplicação do direito e do poder, entre os estados soberanos, que convivem e delimitam, reciprocamente, esferas de competência, de exercício de jurisdição, de âmbito espacialmente delimitado de prerrogativas, sejam estas territorialmente, como extraterritorialmente situadas.

Existe a competência interna do estado, em relação ao 'seu' povo, 'seu' território, 'seu' governo, como a faceta do que externamente se projeta, na convivência entre estados, na interação necessária, porém nem sempre tranquila, entre as diferentes espacialidades, soberanamente vigentes, e cujas espacialidades se intercruzam, por vezes segundo modalidades previamente estabelecidas e consideradas 'lícitas' e 'legítimas': as imunidades diplomáticas e consulares exprimem categorias 'civilizadas', aceitas como válidas e reciprocamente consentidas, o que as torna, em nome da expressão de interesses comuns, passíveis de interpretação e de aplicação uniformizadas, em quase todos os casos pertinentes. Outras matérias foram ou são igualmente passíveis de regulação, tais como exprimem a cooperação judiciária, em matérias civis e penais, e os mecanismos de extradição, de refugiados, de proteção de minorias, dentre outros mecanismos equivalentes. A subtração forçada de pessoas do território de um estado, por agentes de outro, por sua vez, é ilícito internacional, porquanto turba esse quadro de convivência ordenada pelo respeito mútuo das competências estatais territorialmente organizadas.

Em determinadas situações, imputa-se carga de gravidade, que permitiria rotular determinadas práticas como ilícitos de caráter 'internacional' o que facultaria exercício de punibilidade por parte de qualquer estado, como classicamente, desde remota Antiguidade, se tipifica o crime de pirataria,[1823] ação de inimigo do gênero humano – *hostes humani generis* – ou, determinadas práticas, consideradas ilícitos internacionais, como o crime de genocídio, os crimes de guerra, os crimes contra a humanidade, ou de modo substancialmente mais controvertido em relação ao terrorismo internacional. Nem sempre as categorizações são unívocas, porquanto o terrorista, de um lado, pode ser o herói da resistência, de outro lado. E as incompreensões se multiplicam.

Se, de um lado, a internacionalidade da tipificação do delito caracterizaria a expressão de consenso comum, ou ao menos comumente aceito como indesejável, ilícito, passível de repúdio, por todos os estados, todas as comunidades humanas, por outro lado exige consenso quanto ao conteúdo e à extensão do lícito e do ilícito. O que nem sempre é tão simples assim.

A construção da espacialidade e a nominação desta se põem como operações tipicamente humanas: o homem se põe no espaço e põe para si o espaço. Constrói-se a 'humanização' do espaço físico, e este passa a ser espaço, culturalmente determinado e delimitado.

[1823] P. B. Casella, **Direito Internacional, Terrorismo e Aviação Civil** (São Paulo: Quartier Latin, 2006, cap. V – Fenômeno da pirataria, p. 63-78).

O espaço físico se constrói como espaço cultural: neste se põe a vigência e a aplicação do direito, da esfera de exercício do poder, da vigência da norma, da titularidade do direito de punir, de exercer a soberania, como conjunto de prerrogativas. A construção da espacialidade direciona o conjunto das prerrogativas do estado sobre o território: a soberania exprimiria essa espacialização, culturalmente determinada.

Cultura e espacialidade também se põem como limites: a espacialização, como outras categorias, antes consideradas se não estáticas, ao menos estáveis, se vê modificada, estendida, acrescida de outras dimensões e desdobramentos, e, na mesma medida e extensão, na qual se prolonga, se aumenta a sua permeabilidade, a sua conjunturalidade, porquanto se faz dependente, de normas e de procedimentos, por meio dos quais, reciprocamente, se assegurem os estados as suas respectivas extensões de espacialidade. Aumenta a pretensão do estado, quanto à extensão de faixa de mar, dito 'territorial' ou denominado 'zona econômica exclusiva', e mesmo além, na 'plataforma continental', onde o dado físico deveria orientar a pretensão de extensão do poder do estado territorial.

Às extensões 'territoriais' marítimas se agrega a dimensão, pertinente ao espaço aéreo, subordinado ao poder e ao exercício da jurisdição do estado: a espacialidade se projeta no ar, pelo ar e se põe a indagação, quanto à extensão vertical, dessa territorialidade. Quanto e como e até onde se estenda, não foi, até hoje, determinado.

Permanece a questão quanto à delimitação da extensão vertical da soberania do estado. Porquanto a partir desse limite, se não imaginário, ao menos não tão facilmente determinável, se põe o espaço exterior, ou extra-atmosférico, onde termina a pretensão de qualquer soberania territorial, e se põe o estatuto de espaço comum, não passível de apropriação por qualquer estado, e de uso comum, pacífico, voltado para a pesquisa científica, não-militarizado. Pode ser precário o estatuto do 'espaço exterior', mas a lua e todos os demais corpos celestes foram declarados 'patrimônio comum da humanidade': existe alguma verossimilhança em tal atribuição? Tal pretensão não careceria de toda e qualquer exequibilidade? E, contudo, encontra-se inscrita em textos internacionalmente 'vigentes' e de aplicação reconhecida, como a expressão de normas de direito internacional geral, de caráter vinculante, para todos os estados.

Nos mitos primais de várias civilizações se põem as operações de concepção da formação do espaço e a respectiva nominação do espaço, como operações paralelas: não caberá dizer concomitantes, nem temporalmente, nem quanto ao conteúdo, mas exprimem a apropriação cultural do espaço, por meio da atribuição de nomes. A nominação cria *denominações*, sobre as quais se exercerão 'títulos', aos quais se confere o atributo de jurídicos. E estes se somam aos dados de fato.

A espacialidade não se faz de forma neutra, mas se constrói, como conjunto, culturalmente determinado e determinável. Dentre várias tradições, para o ocidente tem peso considerável, de ordem cultural, a tradição antiga grega. Sem as conotações de fé e dogma, nem tampouco as controvérsias religiosas, que marcam a tradição judaico-cristã, porquanto a tradição grega antiga se põe como dado da história comum do Ocidente, e legado cultural compartilhado deste. É histórica. Os terraplanistas ainda se encontram entre nós, mas os gregos antigos já sabiam que a terra é redonda e que deveria existir um continente austral – embora ainda não o conhecessem – para manter o equilíbrio do planeta.

Esse legado grego antigo nos permite deixar de lado controvérsias como o todavia recorrente falacioso enfrentamento entre criacionistas e evolucionistas, que pretende recolocar dogmas no lugar da ciência. Por isso, em relação aos espaços, deixar-se-á de considerar a tradição judaico-cristã e se faz referência à helênica como, neste ponto e tempo, para nós, hoje, isenta de carga de religiosidade e de sentido transcendental, para ser vista, como fenômeno cultural e dado historicamente situável, como concepção imagética e modelo cultural, para a construção da idéia de mundo, e a compreensão deste.

Na tradição grega antiga, ao *caos*, forma primeva, indistinta, indeterminada, inominada, se contrapõe o momento seguinte, no qual *gea*, a terra e *ouranos*, o céu, se sobrepõem e se acasalam continuamente. Amor primal leva à passagem da indeterminação do caos, para o surgimento do espaço humanizado, e passível de apropriação.

A terra deixa de ser esse espaço de queda, de forma obscura, ilimitada, indefinida. A terra possui forma distinta, separada, precisa. À confusão, ao tenebroso caráter indiferenciado do caos, se opõe a limpidez, a firmeza, a estabilidade da terra. Sobre a terra as coisas se encontram desenhadas, visíveis e sólidas. Sobre esta se delimitam esferas de competência e de ação.

À terra se contrapõe o céu, *ouranos*, literalmente céu, ou mesmo céu estrelado. Terra e céu constituem dois planos superpostos do universo. O céu estrelado se põe, como réplica da terra, sólido, firme e do mesmo tamanho que esta. O céu se estende sobre a terra. Ambos se põem como dois planos superpostos do universo. Uma é a base e o outro uma abóboda, uma está abaixo e o outro está acima, e ambos se recobrem completa e perfeitamente.

Quando a terra engendra *pontos*, o mar primordial, este se mescla e se insere em meio a esta, se insinua no interior dela. Limita-a sob a forma de vastas extensões líquidas. O mar oceano representa, como o céu, o oposto da terra. Se a terra é sólida, compacta e as coisas aí não se podem misturar, o fluxo marinho é somente liquidez, fluidez, nem tem forma nem pode ser capturado: suas águas se misturam indistintamente e se confundem. Na superfície, o fluxo marinho é luminosa claridade, mas nas suas profundezas é absolutamente obscuro, o que o vincula, como a terra, a uma parcela caótica.

Para os gregos antigos, o mundo se constrói a partir de três entidades primordiais: *caos*, *gea*, e o *eros* primitivo. Destas três derivarão outras duas, criadas a partir da terra: *ouranos* ou o céu, e *pontos*, o fluxo marinho. São estas, ao mesmo tempo, potências naturais e divindades. *Gea* é a terra sobre a qual todos caminham, mas é, simultaneamente, uma divindade. *Pontos* representa o fluxo marinho, mas constitui, também, potência divina, à qual poderia ser prestado culto.

Do acasalamento entre *gea* e *ouranos* surge prole de formas, todavia indistintas e primitivas: seis titãs machos e seis titãs fêmeas. Além destes, nascem outros seres monstruosos, dois trios deles: o primeiro trio são os cíclopes – *Brontés*, *Steropés* e *Argés* – personagens subterrâneos, que designam potências tectônicas, e forças da natureza, o rumor do trovão, o brilho do raio. O segundo trio é formado pelos assim chamados *Hekantokires*, os cem-braços, são estes: *Cotós*, *Briarés* e *Giés*. Seres monstruosos, de tamanho gigantesco, com cinquenta cabeças e cem braços, cada braço dotado de potência terrível. Assim se explica a violência das forças tectônicas, que por vezes se fazem sentir, sobre o planeta e sobre as formas de vida neste existentes.

A construção da espacialidade se faz a partir da diferenciação. E da determinação de categorias. A separação entre céu e terra, entre *ouranos* e *gea*, se faz a partir do momento em que intervém o tempo, *kronos*, que castra o próprio pai, *ouranos* e este, com grito de dor, lança maldição contra a própria descendência, no momento em que se descola da terra.

A intervenção do tempo faz surgir o mundo, enquanto ordenação cultural e legal. Este espaço passa da indiferenciação primeva para a caracterização de conteúdo e de extensão temporalmente determinada, como o surgimento do dia e da noite e a sucessão das estações. Instaurar-se-á a história, como construção humana, para gerenciamento da percepção da passagem do tempo e dos efeitos desta, sobre o mundo e sobre os feitos dos homens.

A instauração de ordem humana, se fará a partir do mundo primevo, indistinto e indiferenciado, do antigo *Caos* amorfo. *Kronos* realiza, pela violência, a etapa fundamental no nascimento do *kosmos*. Separa o céu e a terra. Cria-se espaço livre entre o céu e a terra. Aí se instaurará o espaço dos homens.

O afastamento entre *ouranos* e *gea*, decorrente da intervenção de *kronos* permite o surgimento e o encadeamento de sucessivas gerações de seres. O tempo faz surgir a percepção e a compreensão do mundo. Mas, todavia, não se instaurou ordem soberana, na regência deste espaço cósmico.

No teatro do mundo, o espaço se abriu, o tempo transcorre, as gerações se vão suceder. *Kronos* se fez presente, de forma violenta: castra o próprio pai, instaura a sucessão temporal, no mundo, e abre o espaço, para o surgimento e desenvolvimento de outras formas de vida. *Kronos*, por sua vez, se unirá a uma das Titãs, *Rhea*, e com esta gerará novos filhos, que, por sua vez, gerarão outros filhos. Estes formarão nova geração de divindades, a segunda geração de deuses individualizados.

Dessa geração de filhos de *Kronos* e *Rhea*, nascerão filhos que serão cada um devorados pelo pai, para evitar que estes viessem a repetir o que este pai fizera ao avô, ao castrá-lo e destroná-lo. Exceto o caçula, *Zeus*, que a mãe consegue subtrair do apetite devorador do pai. *Zeus* será o instaurador da ordem soberana, sobre a qual se construirá o panteão grego, onde lhe cabe o primeiro lugar, como reinante sobre o mundo, enquanto ao irmão *Poseidon*, atribui-se o domínio das águas e, ao terceiro irmão, *Hades*, o domínio do mundo inferior.

A simbologia dessa ordenação dita 'olímpica' do mundo é muito rica: a construção da ordem nem nega nem suprime as forças primais, e estas sempre podem ter surtos recorrentes. A ordem se põe, assim, como 'superestrutura' sobre o mundo natural. Mas este permanece, sob camada de 'civilização'.

Aí se constrói mundo divino, como modelo ideal, em relação ao qual se espelharão os homens. Ao mesmo tempo em que se instaura essa idéia de ordem olímpica do mundo, as forças tectônicas primitivas continuam vivas, e têm de ser mantidas sob controle: as construções culturais não excluem as forças primais, que continuam vivas e podem aflorar, de tempos em tempos, como o fazem, sob formas avassaladoras e destrutivas.

O papel dos mitos fundadores se põe em relação a qualquer civilização ou comunidade cultural. Isso se menciona e se estuda, também em relação ao direito internacional, no contexto pós-moderno.[1824] Este conjunto de grande riqueza e complexidade pode contribuir para a compreensão do mundo, como artefato culturalmente determinado.

O papel considerável dos mitos fundadores para qualquer sociedade, nos é apresentado por muitos estudiosos, desde mais antigos e até certo ponto obsoletos,[1825] nem por isso menos instigantes, até enfoques mais recentes e mais consentâneos com a percepção da multiculturalidade, com diferenças de tratamento, entre autores distintos,[1826] em relação a

[1824] P. B. Casella, o conjunto do **Tratado de direito internacional** (2022- especialmente **Direito internacional, história e cultura**) bem como **Fundamentos do direito internacional pós-moderno** (2008, cit., esp. item VI 'direito, história e cultura') aos quais se remete.

[1825] Do influente antropólogo inglês, James George Frazer (1854-1941), seu imenso estudo de mitologia e religião comparada, **The golden bough: a study in magic and religion** (orig. publ. 1913, London: Macmillan, reprinted 1990, treze volumes).

[1826] Dentre tantos: do belga Marcel Detienne (1935-2019), **L'invention de la mythologie** (orig. publ. 1981, Paris: Gallimard – NRF, 1987); do francês Georges Dumezil (1898-1986), **Mythe et épopée I** (orig. publ. 1968, Paris: Gallimard – NRF, 5ª ed., 1986, reimpr. 1989); **Mythe et épopée II** (orig. publ. 1971, Paris: Gallimard – NRF, 4ª ed., 1986, reimpr. 1988); **Mythe et épopée III** (orig. publ. 1973, Paris: Gallimard – NRF, 3ª ed., 1981, reimpr. 1986); **L'oubli de l'homme et l'honneur des dieux: esquisses de mythologie** (Paris: Gallimard – NRF, 1985); **Les dieux souverains des indo-européens** (orig. publ. 1977, Paris: Gallimard – NRF, 3ª. ed., 1986, reimpr. 1988); **Mythes et dieux des indo-européens** textes réunis et présentés par Hervé Coutou-Bégarie (orig. publ. 1992, Paris: Flammarion – Champs, 1994); do romeno Mircea Eliade (1907-1986), dentre tantos títulos, destaque para **History of religious ideas and beliefs I. from the stone age to the Eleusinian mysteries** (orig. publ. **Histoire des croyances et des idées religieuses**, Paris: Payot, © 1976, transl. W. R. Trask, Chicago: Univ. Press, 1978), **II. From Gautama Buddha to the triumph of Christianity** (orig. publ. Paris: Payot, 1978, transl.

contextos culturais, facilmente passíveis de transposição para contextos de mitos internacionais.

A sociedade internacional, inexoravelmente, também tem os seus mitos. Deve ser apontado o papel do mito na vida internacional,[1827] o lugar do imaginário na vida internacional, cuja compreensão exigiria considerar o mito em sua tripla acepção: primeiro, relato, tal como apresenta a mitologia grega, de ilustração exemplar; segundo, em sentido pejorativo, idéia sumária, simplificada – "a respeito do erro do outro, que nos surpreende que este, tão inteligente, o possa conservar" – e, enfim, o mito pode ser idéia força, corrente de pensamento, animador e criador, que engendra brutalmente o desejo de se realizar na História. No direito

W. R. Trask, Chicago: Univ. Press, 1st. publ., 1982, reprint 1984), **III. From Muhammad to the age of reforms** (orig. publ. Paris: Payot, 1983, transl. A. Hiltebeitel and D. Apostolos-Cappadona, Chicago: Univ. Press, publ. 1985); **Aspects du mythe** (orig. publ. 1963, Paris: Gallimard – Folio, 1989); **La nostalgie des origines: méthodologie et histoire des religions** (orig. publ. **The Quest**, Chicago: Univ. Press, 1969; ed. francesa, Paris: Gallimard – Folio – Essais, © 1971, reimpr. 1991); do suiço Carl Gustav Jung (1875-1961) e do húngaro Karoly Kerényi (1897-1973), **Essays on a science of mythology** (orig. publ. 1949, translated by R. F. C. Hull, New York: Bollingen Foundation / Princeton: University Press, 1973); K. Kerényi, **Die Mythologie der Griechen I. Die Götter- und Menschheitsgeschichten** (orig. publ. 1966, Munique: DTV, 6. Auflage, 1983), **II. Die Heroengeschichten** (orig. publ. 1966, Munique: DTV, 6. Auflage, 1983); da francesa Jacqueline Worms de Romilly (1913-2010), **La tragédie grecque** (orig. ʹpubl. 1982, Paris: PUF – Quadrige, 2014), **Le temps dans la tragédie grecque: Eschyle, Sophocle, Euripide** (Paris: Vrin, 2010), **Sur la tragédie grecque** (Paris: Les belles lettres, 1995), **Pourquoi la Grèce ?** (Paris: De Fallois, 1992), **La Grèce antique à la découverte de la liberté** (Paris: De Fallois, 1989) e ainda, do francês Jean-Pierre Vernant (1914-2007), **La volonté de comprendre** (entretiens, préface de Antoine Spire, Paris: Éd. de l'Aube, 1999); **Les ruses de l'intelligence: la *métis* des grecs** (avec M. Detienne, Paris: Flammarion, 1974, nouvelle éd., 1978); **Mythe et pensée chez les grecs: études de psychologie historique** (orig. publ. 1965, Paris: La Découverte, 1985; ed. bras., **Mito e pensamento entre os gregos**, trad. Haiganuch Sarian, São Paulo: Difel / Edusp, 1973); **Oedipe et ses mythes** (avec Pierre-Vidal Naquet, © 1986, Paris: Ed. Complexe, 1988); **Nascita di imagini**: e altri scriti su religione, storia, ragione (orig. publ. 1979, trad. Angela Montagna, Milão: Il Saggiatore, 1982).

[1827] René-Jean Dupuy, *Le mythe dans la vie internationale* (le texte est la transcription littérale de l'enregistrement de la conférence faite par Mr. le Prof. René-Jean Dupuy, le 14 décembre 1987, à Nice, préface de Claude Nigoul e Maurice Torrelli, Cycle de conférences portant sur 'La diplomatie nouvelle', Nice: Institut du droit de la paix et du développement / Institut européen des hautes études internationales, 1988).

internacional pós-moderno as três dimensões se põem e se superpõem, de modo recorrente.

O direito internacional dos espaços vem retomar parte dessa trajetória: a construção do mundo, além do dado físico, se põe enquanto espaço cultural, historicamente construído e determinado, enquanto atributo conferido pelos homens, ao mundo da natureza, mais uma vez, 'superestrutura' cultural, imposta a mundo de forças, em boa medida não reguladas, e não passíveis de regulação, exaustivamente ordenada. Sempre podem aflorar forças, que permanecem fora de controle.

O mundo se constrói, como espaço, culturalmente determinado, além e ao lado dos dados físicos. Plano de intervenção dos homens, sobre o mundo, ao mesmo tempo em que estes se põem no mundo. São parte do mundo, mas interagem com este, o transformam, por vezes de modo ordenador, traçando estados, estradas, rotas marítimas, espaços de cultivo agrário, por vezes como traços de destruição, e reflexo humano, demasiadamente humano, das destrutivas forças primitivas, sob a forma de guerras, bombas, destruição de vidas, de cidades, de patrimônio histórico e cultural, em conflitos armados, como de destruição de outras formas de vida animal, vegetal, depredam e empobrecem eco-sistemas. Agem como se não fossem parte do mundo, no qual estão inscritos e do qual são parte integrante: todo o mal que fazem repercutirá sobre os mesmos homens que o praticam, quer imediatamente, ou sobre as gerações futuras. E este ciclo se repete e se estende ao longo do tempo.

A retomada dos mitos helênicos da criação do mundo e da nominação do espaço, mediante diferenciação de categorias deste se põe como ilustração exemplar do atributo humano. Outras tradições da criação do mundo, africanas, asiáticas ou americanas poderiam ser invocadas.

O dado central, em Direito internacional dos espaços, é que depois da criação das ordens internas, se construirão as normas de relação entre as ordens normativas e políticas soberanas. Como se deu na Antiguidade e se dá, em nossos dias, na ordenação do *oikomenos*, do espaço onde vivem os homens, no planeta.

O direito internacional se agrega às dimensões de percepção e de regulação do mundo. Como atributo cultural, contextual e historicamente determinado. Sobre o qual se inscreveu a reflexão aqui desenvolvida neste Direito internacional dos espaços.

Toda a construção de espaços e de categorias jurídicas distintas, para a regulação destes, se põem como expressões de culturalidade humana. E estas podem oscilar ao longo dos tempos, como substancialmente aconteceu.

Assim, paradigmaticamente, se mostra a mutação do tratamento dos espaços comuns, antes considerados coisa de ninguém – *res nullius* – passam a ser reconhecidos como patrimônio comum da humanidade, e como objeto de interesse comum da humanidade. Resta fazer passar essa percepção à implementação das normas e dos procedimentos, que assegurem a efetividade da mutação dos conceitos legais, aplicados aos diferentes espaços.

Não menos marcante e relevante a mudança de percepção e de tratamento dos espaços, em relação aos territórios ditos 'coloniais': da ocupação pela potência estrangeira, que se auto-arrogava o suposto 'dever de civilização', sob a égide do direito internacional da época, até se chegar ao repúdio desse modelo desumanizador, que estabelece dicotomias e hierarquias infundadas entre povos 'colonizadores' e 'colonizados'. Muito tempo, muita luta e muitas perdas foram cometidas sob o manto acobertador da 'colonização' e da sua ideologia norteadora, o 'colonialismo', até se chegar à denegação, tanto prática como conceitual deste, depois da aceitação da autodeterminação dos povos, como critério ordenador dos espaços físicos, e dos sistemas institucionais e normativos, que sobre estes seriam implantados.

Quantas iniquidades foram cometidas, antes do acolhimento do princípio da dignidade intrínseca ao ser humano, que, como tal, tem de ser reconhecido e tratado, com a consequente recusa da ideia e da prática da 'colonização', de uns por outros. Enquanto produto cultural, do seu tempo e do seu meio, o direito internacional, gerado nessa época, traz a marca dessas condicionantes, como seria inexorável, em qualquer produto cultural, marcado por seu tempo e seu meio de origem.

Mais do que, agora, renegar o passado, primeiro porque assim foi, e segundo por ser passado, e não pode ser mudado, cabe a advertência, quanto à renovação e à perpetuação de tais distorções, justamente na relação dos homens, entre si, e destes, com o espaço: no movimento pendular da história e das tensões humanas, as potências, antes coloniais, agora se vêem no refluxo de serem estas espaços aos quais confluem outros homens, de outras etnias. Todo o tempo, toda a evolução cultural, que, se esperava, pudesse ter servido para ampliar e para aprimorar a percepção da condição humana, una em sua diversidade, se mostra, contudo, tão tacanha, como em outras eras: renova-se a recusa do outro, reafirma-se a negação da unidade da dignidade humana, proclama-se a obtusidade em perceber a humanidade intrínseca do outro, sob forma distinta de falar, de comportar-se, de vestir-se, ressurge o ultrapassado nacionalismo, e reflorescem as tentativas vergonhosas, além de ineficazes, de construção de muros, não somente de cimento e concreto, mas muros abstratos, de barreiras ditas 'legais' e escoradas em 'procedimentos': colima-se a exclusão do outro, a recusa do diálogo, o afastamento da diversidade. Discrimina-se, porque a alteridade do outro põe em dúvida a minha fragilizada identidade. Excluo o outro, no espaço, para não o ter presente na minha mente. Meu mundo interior ficará, assim, menos ameaçado?

Esse momento ora vivido pela humanidade merece atenção: deve ser cuidado de maneira específica, porquanto traz cargas de ingredientes intocados de passados longínquos, agravados pelas condicionantes do nosso tempo. O problema humano permanece o mesmo: deixar de lado a humanidade, e conformar-se ao desumano. Cubro os meus temores de normas e de procedimentos. Escondo-me do ser humano, atrás do que chamo de 'direito', de 'política pública', de 'defesa de interesses nacionais', de 'proteção de identidade nacional' e quantas outras retumbantes fórmulas vazias podem ser lembradas?

O fechamento sobre si mesmo não é somente míope; é doentio. Priva-se a vida de dimensão inerente ao progresso desta. Que se faz mediante a interação com o mundo e com outros seres.

No momento em que nos acomete a dúvida e a incerteza sobre quem somos e o que somos, cada um exerce sobre si um trabalho interior, para rejeitar sobre o estrangeiro a imagem da alteridade, que recuso, porque não compreendo, nem quero compreender, atribuo ao outro, distinto de mim, que sou humano, a configuração da bestialidade, da fala diversa ou incompreensível, dos valores, que não se compreendem, cuja aceitação ou sentido se rejeita, por serem diversos dos meus. Ao recusar-se ao outro a sua humanidade, consequentemente se recusa a esse outro com ele compartilhar o *meu* espaço. Torna-se preciso manter o outro longe, para que eu possa saber, e possa manter a ilusão, de quem sou eu.

Este Direito internacional dos espaços não é somente manual técnico sobre as categorias de ocupação e de gestão do espaço pelo direito e pela política, no teatro do mundo. O direito internacional, como todo, não pode ser estudado e compreendido somente como conjunto de normas e de procedimentos, mas, sobretudo, como conjunto de princípios.

Esse dado de humanidade está presente, no exame das categorias jurídicas internacionais, de atribuição e de tratamento de categoriais espaciais, de território físico, e de suas configurações legais, mas é, sobretudo, libelo humanista, em favor do reconhecimento da humanidade intrínseca de todos os seres humanos, colocados no planeta e obrigados à convivência, cada vez mais próxima, dado o aumento dos números de população do planeta. Somos parte de todo mais amplo.

Esta reflexão deve ser ampliada para compreender, não somente as relações entre os seres humanos, mas destes com o espaço do planeta, no qual todos estamos, também a necessidade, premente, de considerar o conjunto mais amplo, que abranja as demais formas de vida, animal e vegetal, do todo ao qual se atribui a denominação de ecossistema do planeta. Um *ethos* mundial não somente é possível como necessário. Pode-se aceder a uma compreensão global do planeta? Somos todos parte deste. A necessidade de controlar e de coibir a capacidade humana de esgotar e de destruir os recursos do planeta, porquanto estes são limitados e não podem ser renovados, além de limites que se tornam cada vez mais próximos e mais presentes, mesmo para os mais obstinados e os mais indiferentes.

O mundo, não diria como vontade e representação,[1828] mas como percepção da projeção da culturalidade sobre o espaço físico. Enquanto construção, humanamente agregada ao mundo físico, como espaço e como dimensão culturalmente determinada deste, somente por meio do homem, e da cultura humana, a ordenação do espaço se constrói e fará sentido.

[1828] Arthur SCHOPENHAUER, **Die Welt als Wille und Vorstellung** (orig. publ. 1818, „textkritisch bearbeitet und herausgegeben“ von Wolfgang Frhr. von LÖHNEYSEN, Frankfurt: Suhrkamp, 1986, reimpressão 2001, dois tomos).

A construção de todo o percurso deste Direito internacional dos espaços pode, aqui, deter-se com SÊNECA[1829], invocado no início do livro, desta vez com a estrofe final do coro, que celebra as navegações de Jasão.

> ... *Venient annis saecula seris quibus Oceanus uincula rerum laxet et ingens pateat tellus Thetysque nouos detegat orbes nec sit terris ultima Thule...*[1830].

1829 SÉNÈQUE, **Entretiens / Lettres à Lucilius** (trads. établies par R. WALTZ, A. BOURGERY, F. PRÉCHAC, et H. NOBLOT, «pour la collection des universités de France aux Belles Lettres», éd. établie par Paul VEYNE, prof. au Collège de France, Paris: Robert Laffont, 1993).

1830 Chegará tempo, nos últimos anos do mundo, em que o oceano varrerá a terra, e grande espaço será aberto, e marinheiro semelhante a Jasão, de nome Typhis, descobrirá um novo mundo, e então a ilha de Thule não mais será o ponto mais longínquo da terra. Além da dimensão poética, há quem argumente que a mítica ilha de Thule seria a Groenlândia. O cubano de origem franco-suiça, Alejo CARPENTIER (1904-1980), em seu romance, **O século das luzes** (orig. publicado **El siglo de las luces**, 1962, trad. Sérgio MOLINA, São Paulo: Companhia das Letras, 2004, p. 265-266) dialoga com esta passagem de SÊNECA (4 a.C. – 65 d.C.): "Eram chegados os 'anos tardios' anunciados por SÊNECA 'em que o Mar oceano afrouxaria os liames das coisas e se abriria uma grande terra, e um novo marinheiro, como aquele que fora guia de Jasão, descobriria um novo mundo; e então não mais seria a ilha de Thule a mais postrema das terras'. De súbito, o Descobrimento adquiria uma gigantesca dimensão teológica. Esta viagem ao golfo das Pérolas da Terra de Graça estava escrita, com iluminado destaque, no livro das profecias de Isaías. Confirmava-se o anúncio do abade Joaquim Calabrês, afirmando que da Espanha haveria de sair o reedificador da Casa do Monte Sião."

REFERÊNCIAS

O que importa é a obra
O resto soçobra.

Ledo Ivo, **Confissões de um poeta** (1924)

Abi-Saab, Georges, *préface* (in G. Distefano, **L'ordre international entre légalité et effectivité : le titre juridique dans le contentieux international**, Paris: Pedone / Genève: Institut universitaire des hautes études internationales, 2002)

___, *Du règlement pacifique des différends internationaux* (in **O direito internacional no terceiro milênio**, coord. L. O. Baptista e J. R. Franco da Fonseca, São Paulo: LTr, 1998, p. 737-749)

___, *La souveraineté permamente sur les ressources naturelles et les activités économiques* (in **Droit international: bilan et perspectives**, red. gén. M. Bedjaoui, Paris: Pedone / UNESCO, 1991, vol. II, p. 639-661)

___, **Les exceptions préliminaires dans la procédure de la Cour internationale: étude des notions fondamentales de procédure et des moyens de leur mise en oeuvre** (Paris: Pedone, 1967)

Abreu, João Capistrano de – ver Capistrano de Abreu, João

Ab'Sáber, Aziz Nacib, **Litoral do Brasil** (versão para o inglês/ English version Charles Holmquist, São Paulo: Metalivros, 2005)

ACADEMIA DE DIREITO INTERNACIONAL, **Droits et obligations des pays riverains des fleuves internationaux** (colóquio, Haia, Centre d'études et de recherche de droit international, Dordrecht: M. Nijhoff, 1991)

Accioly, Hildebrando, G. E. do Nascimento e Silva, P. B. Casella, **Manual de direito internacional público** (São Paulo: Saraiva, 25ª edição, 2021)

ACCIOLY, H., **Tratado de direito internacional público** (3ª ed. histórica, com prefácio P. B. CASELLA, São Paulo: Quartier Latin / Brasília: FUNAG, 2009, 3 vols.)

___, **Principes généraux de la responsabilité internationale d'après la doctrine et la jurisprudence** (RCADI, 1959, t. 96, p. 349-442)

___, **Limites do Brasil – A fronteira com o Paraguay** (São Paulo: Companhia Ed. Nacional – Col. Brasiliana, vol. 131, 1938)

ACEVEDO P., Rafael E. – Francisco A. ORTEGA – Pablo CASANOVA Castañeda (eds.), **Horizontes de la historia conceptual en Iberoamérica** – Trayectorias e incursiones (Bogotá: Univ. Nacional de Colombia / Santander: Genueve Eds., 2021)

ADALBERTO, W. Príncipe da Prússia, **Brasil: Amazonas-Xingu** (1848, tradução de Eduardo de Lima e CASTRO, Brasília: Senado Federal – Conselho Editorial, 2002)

AFONSO ARINOS [de Melo Franco] Filho, **Diplomacia independente, um legado de Afonso Arinos** (São Paulo: Paz e Terra, 2001)

AGÊNCIA NACIONAL DO PETRÓLEO, GÁS NATURAL E BIOCOMBUSTÍVEIS, *Painel dinâmico de produção de petróleo e gás natural*, 2021. Disponível em: <https://www.gov.br/anp/pt-br/assuntos/exploracao-e-producao-de-oleo-e-gas/paineis-dinamicos-de-producao-de-petroleo-e-gas-natural>. Acesso em 24 de outubro de 2021

___, *Pré-sal tem recorde de produção e de participação no total em setembro*, 2021. Disponível em: <https://www.gov.br/anp/pt-br/canais_atendimento/imprensa/noticias-comunicados/pre-sal-tem-recorde-de-producao-e-de-participacao-no-total-nacional-em-setembro>. Acesso em 24 de outubro de 2021.

AGO, SCHIEDERMAIR, RIPHAGEN, TRUYOL Y SERRA, FEENSTRA, **Commémoration du quatrième centenaire de la naissance de Hugo Grotius / Commemoration of the fourth centenary of the birth of Grotius** (RCADI, 1983, t. 182, p. 371-469)

AGOSTINHO (santo), **Confissões** (in **Obras de San Agustin**: texto bilingue, vol. II: Las confesiones, "ed. crítica y anotada" Angel Custódio VEIGA, O.S.A., Madri: Biblioteca de autores cristianos, 7ª ed., 1979)

ALAMINO, Felipe Nicolau Pimentel, **Anexação da Crimeia** – o conceito de agressão no Direito internacional (prefácio Paulo Borba CASELLA, Curitiba: Instituto Memória Ed., 2021)

ALBINE, Gaël, *De l'indépendance du Timor-Oriental* (Revue Générale de Droit International Public, 2003, p. 349 ss.)

ALEXANDROWICZ, C. H., **The law of nations in global history**, (ed. by D. Armitage and J. Pitts, Oxford: University Press, 2017)

___, **The Afro-Asian world and the law of nations: historical aspects** (RCADI, 1968, t. 123, p. 117-214)

___, **Treaty and diplomatic relations between European and South Asian powers in the seventeenth and eighteenth centuries** (RCADI, 1960, t. 100, p. 203-322)

Alfredsson, Gudmundur, *Indigenous peoples, Treaties with* (in **Encyclopedia of public international law**, 2012, vol. V, p. 133-136)

Alland, Denis (dir. de), **Droit international public** (Paris: PUF, 2000)

___, *Les représentations de l'espace en droit international public* (in **Le droit international**, Paris: Archives de philosophie du droit, 1987, v. 32, p. 163-178)

Almeida, Cândido Mendes de (org.), **Atlas do Império do Brasil** – compreendendo as respectivas divisões administrativas, eclesiásticas, eleitorais e judiciárias... (Rio de Janeiro: Litographia do Instituto Philomatico, 1868, on line: http://bibliotecadigital.tse.jus.br/xmlui/handle/bdtse/4933)

Almeida, Guilherme Assis de, **Direitos humanos e não-violência** (São Paulo: Atlas, 2001)

Amaral, José Ribeiro do, **Fundação de Belém do Pará**: jornada de Francisco Caldeira de Castelo Branco em 1616 (original de 1915, Brasília: Senado Federal, 2004)

Amorim, João Alberto Alves, **Direito das águas**: o regime jurídico da água doce no direito internacional e no direito brasileiro (pref. Pedro B. de A. Dallari, São Paulo: Lex, 2009)

Anand, R. P., **Studies in International Law and history** – an Asian perspective, Leiden: Brill Academic Publ. – M. Nijhoff, 2004)

Ancel, J., **Les frontières, étude de géographie politique** (RCADI, 1936, v. 55, p. 203-298)

Anderson, David Heywood, *Dover, Strait of* (in **Encyclopedia of public international law**, 2012, vol. III, p. 229-234)

Andrade, Israel de Oliveira, Antonio Jorge Ramalho da Rocha, Luiz Gustavo Aversa Franco, **Sistema de gerenciamento da Amazônia Azul: soberania, vigilância e defesa das águas jurisdicionais brasileiras** (Brasília / Rio de Janeiro: IPEA, 2019) disponível em: <https://www.ipea.gov.br/portal/images/stories/PDFs/TDs/td_2452.pdf>. Acesso em 2 de novembro de 2021

Angelini, D., *Le caractère indivisible des accords du Latran* (Revue Générale de Droit International Public, 1932, p. 512-521)

Anand, R.P., **Sovereign equality of states in international law** (RCADI, 1986, t. 197, p. 9-228)

Andrassy, J., **Les relations internationales de voisinage** (RCADI, 1951, t. 79, p. 73-182)

Aragão, Selma Regina, **Direitos humanos: do mundo antigo ao Brasil de todos** (Rio de Janeiro: Forense, 2ª ed., 1990)

ARANGIO-RUIZ, G., **Le domaine réservé** : l'organisation internationale et le rapport entre droit international et droit interne (RCADI, 1990, t. 225, p. 9--484)

___, **Human rights and non-intervention in the Helsinki Final Act** (RCADI, 1977, t. 157, p. 195-331)

___, **Some internationaal legal problems of the civil uses of nuclear energy** (RCADI, 1962, t. 107, p. 497-638)

ARAUJO, Nadia de, **Direito internacional privado: teoria e prática brasileira** (Rio de Janeiro: Renovar, 2003)

___ e C. E. de A. BOUCAULT (orgs.), **Os direitos humanos e o direito internacional** (Rio de Janeiro: Renovar, 1999)

ARAUJO CASTRO, Luiz Augusto de, **O Brasil e o novo direito do mar: mar territorial e zona econômica exclusiva** (Brasília: Funag, 1989)

ARCARI, Maurizio, *Canals* (in **Encyclopedia of public international law**, 2012, vol. I, p. 1109-113)

ARDELEANU, Constantin, **The European Commission of the Danube 1856--1948** – An Experiment in International Administration (Leiden: Brill, 2020)

AREA, Fernando e Elke NIESCHULZ de STOCKHAUSEN, **El golfo de Venezuela**: documentación y cronologia (Caracas: Instituto de Estudios Políticos / Facultad de Ciencias Jurídicas y Políticas / Universidad Central de Venezuela, 1984)

ARENDT, Hannah, **Eichmann em Jerusalém – um relato sobre a banalidade do mal** (trad. Sônia Orieta HEINRICH, apres. Tércio Sampaio FERRAZ Jr., São Paulo: Diagrama & Texto, 1983)

ARINOS Filho, Afonso, **Diplomacia independente** – um legado de Afonso ARINOS (São Paulo: Paz e terra, 2001)

ARISTOTELES, **On interpretation** (ed. and translated by Harold P. COOKE, Harvard: Loeb Classical Library, 1st publ. 1938, reimpr. 2002, Obra completa em 23 vols., vol. I, p. 111-179)

___, **Organon II: De l'interprétation** (trad. nouvelle et notes par J. TRICOT, Paris: Vrin, 1984)

___, **Ética a Nicômaco** (trad. de Leonel VALLANDRO e Gerd BORNHEIM, a partir da versão inglesa de W. D. ROSÁ, São Paulo: Abril, 1973, p. 245-436)

___, **Política** (trad. Nestor Silveira CHAVES, Bauru: Edipro, 1995)

ARTZROUNI, Ashot, **História do povo armênio** (apres. Eurípides Simões de PAULA, trad. Hagop KECHICHIAN, São Paulo: Comunidade da Igreja Católica Apostólica Armênia do Brasil, 1976)

ASBECK, Frederik M. van, **Le statut actuel des pays non-autonomes d'outremer** (RCADI, 1947, t. 71, p. 345-476)

___, **Le régime des étrangers dans les colonies** (RCADI, 1937, t. 61, p. 1-96)

ATTAR, Frank, *Le nouveau catéchisme de l'Église catholique et le droit international* (AFDI, 1993, p. 480-493)

ATTINA, Fulvio, *Secessão* (no **Dicionário de política**, Norberto BOBBIO, Nicola MATTEUCCI e Gianfranco PASQUINO, © 1983, trad. L.G. PINTO CACAIS, J. FERREIRA, G. LO MÔNACO, R. DINI e C. C. VARRIALLE, rev. geral J. FERREIRA e L. G. PINTO CACAIS, Brasília: Ed. UnB, 1986, p. 1141-1142)

AZCARRAGA, J.-L. de, *La sentencia del Tribunal Internacional de Justicia sobre los casos de la plataforma continental del mar del norte* (Rev. esp. der. int'l., 1969, vol. 22, p. 569)

BAKER, P. N., **Le statut juridique actuel des Dominions britanniques dans le domaine du droit international** (RCADI, 1927, t. 19, p. 247-492)

BALDINI, Antonio, **L'impero romano e la sua fine** (Bolonha : Il Mulino, 2008)

BALDONI, C., **Les navires de guerre dans les eaux territoriales étrangères** (RCADI, 1938, t. 65, p. 185-304)

BALLET, Maurice, **L'air et le droit** (Lyon: Imprimerie Bosc frères et Rion, 1927)

BANTEKAS, Ilias, *Criminal Jurisdiction of States under International Law* (in **Encyclopedia of public international law**, 2012, vol. II, p. 861-870)

BARBERIS, Julio A., *"La concepción brasileña del **uti possidetis**"* (in **Dimensão internacional do direito: estudos em homenagem a G. E. do NASCIMENTO E SILVA**, São Paulo: LTr, 2000, p. 33-48)

___, *Le régime juridique international des eaux souterraines* (AFDI, 1987, p. 129-162)

___, **Los recursos naturales compartidos entre estados y el derecho internacional** (Madri: Tecnos, 1979)

BARBERO, Alessandro, **Barbares – immigrés, réfugiés et déportés dans l'Empire romain** (orig. publ. **Barbari – Immigrati, profughi, deportati nell'impero romano**, 2006, trad. Pérette-Cécile BUFFARIA, Paris: Tallandier, 2009)

BARBOSA, Rubens, *Eclusas para Itaipu* (OESP, 14 de dezembro de 2021, p. A 6)

BARBOSA, Ruy, *Problemas de direito internacional* (conferência proferida na Faculdade de direito de Buenos Aires, em 14 de julho de 1916, originalmente publicado in Londres: Jas Truscott & Son. Ltda., 1916, reproduzido in Ruy BARBOSA, **A grande guerra**, Rio de Janeiro: Guanabara, 1932, tb. publ. Ruy BARBOSA, **Escritos e discursos seletos**, seleção, organização e notas de Virgínia C. de LACERDA, intr. geral Américo J. LACOMBE, João MANGABEIRA, Oswald de ANDRADE e Carlos CHIACCHIO, Rio de Janeiro: Aguilar, 1966, p. 81-123)

___, *La nouvelle Cour permanente d'arbitrage* (discurso proferido na segunda conferência de paz, na Haia, em 9 de outubro de 1907, originalmente publicado in Mário de Lima BARBOSA, **Ruy Barbosa na política e na história**, Rio de Janeiro: Briguiet, 1916, tb. publ. Ruy BARBOSA, **Escritos e discursos seletos**, seleção, organização e notas de Virgínia C. de LACERDA, intr. geral Américo J.

LACOMBE, João MANGABEIRA, Oswald de ANDRADE e Carlos CHIACCHIO, Rio de Janeiro: Aguilar, 1966)

BARBOZA, J., **International liability for the injurious consequences of acts not prohibited by international law and protection of the environment** (RCADI, 1994, t. 247, p. 291-406)

BARCIA-TRELLES, C., **La doctrine de Monroe dans son développement historique, particulièrement en ce qui concerne les relations interaméricaines** (RCADI, 1930, t. 32, p. 391-606)

___, **Francisco de Vitoria et l'école moderne du droit international** (RCADI, 1927, t. 17, p. 109-342)

BARDONNET, Daniel, **Les frontières terrestres et la relativité de leur tracé : problèmes juridiques choisis** (RCADI, 1976, v. 153, p. 9-166)

BARICCO, Alessandro, **Constellations: MOZART, ROSSINI, BENJAMIN, ADORNO** (traduit de l'italien par Frank LA BRASCA, Paris: Gallimard, 1999, impr. 2002)

___, **City** (2000, Milano: BUR, 11ª ed., 2006)

BARKER, Ernest, **Teoria política grega: Platão e seus predecessores** (do original **Greek political theory: Plato and his predecessors**, trad. Sérgio BATH, Brasília: Ed. UnB, 1978)

BARR, James, **A line in the sand: Britain, France and the struggle that shaped the Middle East** (London- New York: Simon & Schuster, 2011)

BARRETO, Fernando de Mello, **Os sucessores do Barão** 1964-1985 Relações exteriores do Brasil (pref. Rubens RICUPERO, São Paulo: Paz e terra, 2006)

___, **Os sucessores do Barão** 1912-1964 Relações exteriores do Brasil (pref. Celso LAFER, São Paulo: Paz e terra, 2001)

BARRETO, Luís Filipe, **Macau: poder e saber – séculos XVI e XVII** (Lisboa: Presença, 2006)

BARTELSON, Jens, **A genealogy of sovereignty** (orig. publ. 1995, Cambridge: Univ. Press, reprinted 1996, Cambridge Studies in International Relations, vol. 39)

BARTHÉLEMY, J., *François de Vitoria* (in **Les fondateurs du droit international: leurs oeuvres, leurs doctrines**, «avec une introduction de» A. PILLET, Paris : V. Giard & E. Brière, 1904, p. 1-36)

BASDEVANT, J., *Hugo Grotius* (in **Les fondateurs du droit international public: leurs oeuvres, leurs doctrines** «avec une introduction de» A. PILLET, Paris: V. Giard & E. Brière, 1904, p. 125-267)

BASKIN, J. J., *Questions de droit international relatives à la pollution des eaux* (Revue Générale de Droit International Public, 1969, p. 421 ss.)

BASSO, Maristela, **Curso de direito internacional privado** (São Paulo: Atlas, 2009)

BASTID, Suzanne, *Mutations politiques et traités: le cas de la Chine* (in **La communauté internationale: mélanges offerts à Charles ROUSSEAU**, Paris: Pedone, 1974, p. 1-15)

___, **Les problèmes territoriaux dans la jurisprudence de la Cour internationale de Justice** (RCADI, 1962, t. 107, p. 361-495)

___, **Les tribunaux administratifs internationaux et leur jurisprudence** (RCADI, 1957, t. 92, p. 343-518)

___, **La jurisprudence de la Cour internationale de justice** (RCADI, 1951, t. 78, p. 575-686)

BATAKOVIC, Dusan T., **Les sources françaises de la démocratie serbe** (préf. G.-H. SOUTOU, Paris: CNRS Édtions, 2013)

BAXTER, R. R., **The law of international waterways. Interoceanic Canals** (Cambridge, Ma.: Harvard Univ. Press, 1964)

BECKETT, W. E., **Les questions d'intérêt général au point de vue juridique dans la jurisprudence de la Cour permanente de justice internationale (juillet 1932-juillet 1934)** (RCADI, 1934, t. 50, p. 189-310)

___, **Les questions d'intérêt général au point de vue juridique dans la jurisprudence de la Cour permanente de justice internationale** (RCADI, 1932, t. 39, p. 131-272)

BEDJAOUI, Mohammed, *Les TWAIL et le sort des études juridiques postcoloniales* (in **Droit international et nouvelles approches sur le tiers monde: entre répetition et renouveau / International law and new approaches to the third world: between repetition and renewal**, ed. by M. TOUFAYAN, E. TOURME-JOUANNET and H. RUIZ-FABRI, Paris: Société de législation comparée, 2013, p. 59-60)

___, *L'espace extra-atmosphérique: un univers en partage* (in **L'adaptation du droit de l'espace à ses nouveaux défis: mélanges en l'honneur de Simone COURTEIX**, sous la dir. de A. KERREST, Paris: Pedone, 2007, p. 7-12)

___, *Les organisations internationales devant la Cour internationale de justice: bilan et perspectives* (in **O direito internacional no terceiro milênio**, coord. L. O. BAPTISTA e J. R. FRANCO DA FONSECA, São Paulo: LTr, 1998, p. 721-736)

___, *Le cinquantième anniversaire de la Cour internationale de justice: communication du Président de la Cour internationale de justice à la soixante-sixième session de droit international public de l'Académie de droit international de La Haye, le mardi 23 juillet 1996* (RCADI, 1996, t. 257, p. 9-34)

___ (redacteur général), **Droit international: bilan et perspectives** (Paris: Pedone/UNESCO, 1991, 2 vols.)

___, **Problèmes récents de succession d'états dans les états nouveaux** (RCADI, 1970, t. 130, p. 455-586)

BELLUZZO, Ana Maria de Moraes, **O Brasil dos viajantes** (São Paulo: Metalivros, 1ª ed., 1994; 2ª ed., 1999)

BEN-ACHOUR,Y., **Souveraineté étatique et protection internationale des minorités** (RCADI, 1994. t. 245, p. 321-464)

BENCHIKH, Madjid, *Introduction* (in Le juge international et l'aménagement de l'espace : la spécificité du contentieux territorial, sous la direction de Philippe WECKEL, Paris : Pedone, 1998, p. 29-33)

BENNOUNA, Mohammed, **Le droit international entre la lettre et l'esprit** (RCADI, 2017, t. 383; publ. Livres de poche de l'Académie de droit international de La Haye, 2017)

___, **Les sanctions économiques de l'ONU** (RCADI, 2002, t. 300, p. 9-78)

BENTVICH, N., **Le système des mandats** (RCADI, 1929, t. 29, p. 115-186)

BENZING, Markus, *International Administration of Territories* (in **Encyclopedia of public international law**, 2012, vol. V, p. 316-335)

BERCOVICI, Gilberto, **Soberania e constituição: para uma crítica do constitucionalismo** (São Paulo: Quartier Latin, 2008)

___, **Desigualdades regionais, estado e constituição** (São Paulo: Max Limonad, 2003)

BEREZOWSKI, C., **Le développement progressif du droit aérien** (RCADI, 1969, t. 128, p. 1-94)

BERLIA, G., **Jurisprudence des tribunaux internationaux en ce qui concerne leur compétence** (RCADI, 1955, t. 88, p. 105-158)

BERMEJO, R., **L'Antarctique et ses ressources minérales: le nouveau cadre juridique** (Paris: PUF / publications de l'Institut Universitaire de Hautes Études Internationales de Genève, 1990)

BERNAD Y ALVAREZ DE EULATE, M., **La coopération transfrontalière régionale et locale** (RCADI, 1993, t. 243, p. 293-408)

BERNHARDT, Rudolf, **Custom and treaty in the law of the sea** (RCADI, 1987, t. 205, p. 247-330)

BERSTEIN, Serge e Pierre MILZA (dir.), **História do século XX** – de 1973 aos dias atuais: a caminho da globalização e do século XXI (orig. publ. **Histoire du XXe siècle**, 2005, trad. F. SANTOS, São Paulo: Companhia Ed. Nacional, 2007)

BESSA-LUÍS Agustina, **A quinta essência** (Lisboa: Guimarães Eds., © 1999, 5ª ed., 2004)

BETHELL, Leslie (org.), **História da América Latina**, vol. III – **Da independência até 1870** (orig. publ. **The Cambridge History of Latin America** © 1984, trad. Maria Clara CESCATO, São Paulo: Edusp, 4ª reimpr., 2018)

___ (org.), **História da América Latina**, vol. V – **De 1870 a 1930** (orig. publ. **The Cambridge History of Latin America** © 1984, trad. Geraldo Gerson de SOUZA, São Paulo: Edusp, 2ª reimpr., 2013)

BEVILAQUA, Clovis, **Direito público internacional: a synthese dos princípios e a contribuição do Brasil** (orig. publ. 1910, Rio de Janeiro: Freitas Bastos, 2ª ed., 1939)

___, **Projet d'organisation d'une Cour permanente de justice internationale** (Rio de Janeiro: Bernard Frères, 1921)

BEYERLIN, Ulrich and Jenny Grote STOUTENBURG, *Environment, International Protection* (in **Encyclopedia of public international law**, 2012, vol. III, p. 461-484)

BIBLIA SACRA – iuxta **Vulgatam Clementinam** (nova editio, logicis partionibus aliisque subsidiis ornata a A. Colunga et L. Turrado, Madrid: Biblioteca de autores cristianos, 1977)

BICUDO, Hélio, **Direitos humanos e sua proteção** (São Paulo: FTD, 1997)

BIDAR, Abdennour, **Histoire de l'humanisme en Occident** (Paris: A. Colin – le temps des idées, 2014)

BIENER, Christian Gottlob, **De natura et índole dominii in territoriis Germaniae** (Halle, 1780)

BIRNIE, BOYLE & REDGWELL'S, **International Law and the Environment** (Oxford: Univ. Press, 4th. ed., 2021)

BITTENCOURT Neto, Olavo de Oliveira, **Defining the limits of outer space for regulatory purposes** (New York: Springer, 2015)

___, **Limite vertical à soberania dos estados** – Fronteira entre espaço aéreo e ultraterrestre (tese de doutorado em direito internacional, orientador P. B. CASELLA, São Paulo: Faculdade de Direito da USP, 2012)

___, G. E. do NASCIMENTO E SILVA – P. B. CASELLA, **Direito internacional diplomático** – Convenção de Viena sobre relações diplomáticas na teoria e na prática (São Paulo: Saraiva, 4ª ed., "revista, atualizada e ampliada", 2012)

___, **Direito espacial contemporâneo – responsabilidade internacional** (Curitiba: Juruá, 2011)

___ e P. B. CASELLA, *Desafios do direito espacial* (in **Direito internacional, humanismo e globalidade: Guido Fernando Silva SOARES Amicorum Discipulorum Liber**, org. P. B. CASELLA et al., São Paulo: Atlas, 2008, p. 118-135)

___, **Responsabilidade internacional dos estados no direito espacial: Brasil como estado lançador** (São Paulo: Faculdade de Direito da Universidade de São Paulo, dissertação de mestrado em direito internacional, 2007)

BLACK, Henry C., **Law Dictionary** (St. Paul, Mn.: West Publ. Co., 6th ed., 1990)

BLECHER, M. D., *Equitable delimitation of continental shelf* (AJIL, 1979, vol. 73, p. 60)

BLAY, Samuel K. N., *Territorial Integrity and Political Independence* (in **Encyclopedia of public international law**, 2012, vol. IX, p. 859-871)

___, *New trends in the protection of the Antarctic environment: the 1991 Madrid Protocol* (AJIL, 1993, p. 377)

BLEIMAIER, J. K., *The future of sovereignty in the XXIst century* (Hague YIL, 1993, vol. 6, p. 17-27)

BLIX, H. M., **Contemporary aspects of recognition** (RCADI, 1970, t. 130, p. 587-704)

BLOCISZWESKI, J., **Le régime international du Danube** (RCADI, 1926, t. 11, p. 253-340)

BLOOM, Harold, **Onde encontrar a sabedoria?** (do original **Where shall wisdom be found?** © 2004, trad. José Roberto O'SHEA e revisão de Marta Miranda O'SHEA, Rio de Janeiro: Objetiva, 2005)

BLUNTSCHLI, Johann Kaspar, **Le droit international codifié** (trad. de l'allemand par M. C. LARDY, Paris: Guillaumin, 3e éd., 1881)

BOARDMAN, John, **The Greeks overseas** – their early colonies and trade (© 1964, Londres: Thames & Hudson, new ed., 1980, reprinted 1988)

BOBBIO, Norberto, Nicola MATTEUCCI e Gianfranco PASQUINO, **Dicionário de política** (© 1983, trad. L.G. PINTO CACAIS, J. FERREIRA, G. LO MÔNACO, R. DINI e C. C. VARRIALLE, rev. geral J. FERREIRA e L. G. PINTO CACAIS, Brasília: Ed. UnB, 1986)

BOCZEK, Boleslaw Adam, *The Artic Ocean and the new law of the sea* (GYIL, 1986, p. 154)

BODIN, Jean, **Les six livres de la République** (ed. orig. Paris: Jacques Du Puys, 1576, cf. 10a ed., publ. Lyon: Gabriel Cartier, 1593, reimpr. 1594, Corpus des oeuvres de philosophie en langue française, Paris: Fayard, 1986, 6 vols.)

BODMER, Frederick, **O homem e as línguas** (orig. publ. **The loom of language**, 1943, trad. Aires da Mata MACHADO Filho, Paulo RÓNAI, Marcello Marques MAGALHÃES, Campinas: Kirion, 2021)

BOGDAN, Henri, **Les chevaliers teutoniques** (© 1995, Paris: Perrin – tempus, 2009)

BONANATE, Luigi, **Terrorismo internazionale** (Firenze: Giunti Grupo Ed. Casterman, 1994)

BONASSIES, P., **Problèmes rélatifs à la loi du pavillon** (RCADI, 1969, t. 128, p. 505-630)

BONAVIDES, Paulo, **Reflexões: política e direito** (Rio de Janeiro: Forense, 2ª ed., 1978)

___, **Ciência política** (Rio de Janeiro: Forense, 3ª ed., 1976)

BONFILS, Henry, **Manuel de droit international public** (6e éd. rev. et mise au courant par P. FAUCHILLE, Paris: A. Rousseau, 1912)

BORGES, Jorge Luís, **Ficciones** (in **Obras completas**, 1923-1972, Buenos Aires: Emece Ed., 1974)

BORGES, Leonardo Estrela, *Os impactos do terrorismo no meio ambiente* (in **Terrorismo e direito**, coord. L. BRANT, Rio de Janeiro: Forense, 2003, p. 479-509)

BOSI, Alfredo, **Dialética da colonização** (São Paulo: Companhia das Letras, 1992)

BOSI, Roberto, **Les cités grecques d'Occident** – Espagne, France, Italie, Yougoslavie, Albanie (préf. Filippo COARELLI, orig. publ., **Le città greche**

d'Occidente, 1980, trad. et adaptation par Marthe GAUTHIER, Paris: Fernand Nathan, 1982)

BOSSELMANN, Karl, *Environmental Ethics* (in **Encyclopedia of public international law**, 2012, vol. III, p. 572-580)

BOTELHO, André e Lília Moritz SCHWARCZ (org.), **Um enigma chamado Brasil** - 29 intérpretes e um país (São Paulo: Companhia das Letras, 2009)

BOURQUIN, M., **L'organisation internationale des voies de communication** (RCADI, 1924, t. 5, p. 159-210)

BOXER, Charles Ralph, **Salvador de Sá e a luta pelo Brasil e Angola, 1602-1686** (orig. publ. **Salvador de Sá and the struggle for Brazil and Angola, 1602-1686**, © 1952 trad. O. M. de Oliveira PINTO, São Paulo: Ed. Nacional / EDUSP, 1973)

BOYLE, Alan and James HARRISON, *Environmental Accidents* (in **Encyclopedia of public international law**, 2012, vol. III, p. 531-540)

BRAIG, Jochen, *Whaling* (in **Encyclopedia of Public International Law**, 2012, vol. X, p. 881-887)

BRANDÃO, Adelino (org.), **Os direitos humanos: antologia de textos históricos** (São Paulo: Landy, 2001)

BRANT, L. N . C. et al., **A Corte internacional de justiça e a construção do direito internacional** (Belo Horizonte: O Lutador, 2005)

___ (coord.), **Terrorismo e direito** (Rio de Janeiro: Forense, 2003)

BRASIL. **Pareceres dos Consultores do Ministério dos Negócios Estrangeiros (1859-1864)** (Rio de Janeiro: Centro de História e Documentação Diplomática / Brasília: FUNAG, 2006)

BRASIL. Secretaria de Estado dos Negócios do Império e Estrangeiros, **O Conselho de estado e a política exterior do Império**: Consultas da Seção dos Negócios Estrangeiros (1858-1862) (Rio de Janeiro: Centro de História e Documentação Diplomática / Brasília: FUNAG, 2005)

BRAUDEL, Fernand, **O modelo italiano** (orig. publ. **Le modèle italien**, 1989, trad. Franklin de MATTOS, São Paulo: Companhia das Letras, 2007)

___, **Les ambitions de l'Histoire** (préf. de Maurice AYMARD, éd. établie et présentée par Roselyne de AYALA et Paule BRAUDEL, Paris : Éd. de Fallois, 1997)

___, **La Méditerranée et le monde méditerranéen à l'époque de Philippe II** (Paris : Armand Colin, © 1966, impr. 1987, 2 vols.)

BRIÈRE, Y. De la, **Le droit concordataire dans la nouvelle Europe** (RCADI, 1938, t. 63, p. 367-468)

___, **La condition juridique de la Cité du Vatican** (RCADI, 1930, t. 33, p. 113-166)

BRIGGS, H. W., **Reservations to the acceptance of compulsory jurisdiction of the International Court of Justice** (RCADI, 1958, t. 93, p. 223-368)

BROMS, Bengt, **The definition of aggression** (RCADI, 1977, t. 154, p. 299-400)

BRONOWSKI, J. e Bruce MAZLISCH, **A tradição intelectual do Ocidente** (do original **The Western intellectual tradition** © 1960, trad. Joaquim João Braga Coelho ROSA, Lisboa: Edições 70, 1998)

BROWNLIE, Ian, **International law at the fiftieth anniversary of the United Nations: general course on public international law** (RCADI, 1995, t. 255, p. 9-228)

___, **Principles of public international law** (Oxford: Clarendon Press, 4th ed., 1980, reprinted with corrections, 1995)

___, **Legal status of natural resources in international law: some aspects** (RCADI, 1979, t. 162, p. 245-308)

BRUNNÉE, Jutta, *Environment, Multilateral Agreements* (in **Encyclopedia of public international law**, 2012, vol. III, p. 484-499)

BRUNS, V., **La Cour permanente de justice internationale, son organisation et sa compétence** (RCADI, 1937, t. 62, p. 547-672)

BUARQUE DE HOLANDA, Sérgio, **Visão do paraíso: os motivos edênicos no descobrimento e colonização do Brasil** (originalmente tese de titularidade em história na USP, 1958, orig. publ. 1959, São Paulo: Ed. Nacional / Secretaria da cultura, ciência e tecnologia, 3ª ed., 1977)

BUIRETTE, P., Gênese d'un droit fluvial international général (RGDIP, 1991, v. 95-1, p. 5-70)

BURMESTER, H., The Torres Strait Treaty: Ocean Boundary Delimitation by Agreement (AJIL, 1982, vol. 76, p. 321-349)

BURROWS, William E., **This New Ocean** (Nova York: Modern Library, 1999)

BUSHNELL, David, **Colômbia – una nación a pesar de sí misma** (orig. publ. **The making of modern Colombia – a nation in spite of itself**, 1994, trad. Claudia MONTILLA V., Bogotá: Crítica, 2021)

BUTTLAR, C. von e T. STEIN, **Völkerrecht** (Colonia / Munique: Carl Heymann, 12a. ed., 2009)

BYERS, Michael, *Arctic Region* (in **Encyclopedia of public international law**, 2012, vol. I, p. 567-575)

CACHAPUZ de MEDEIROS, Antonio Paulo, **O poder de celebrar tratados** (Porto Alegre: Sérgio A. Fabris, 1995)

CAESAR, Iulius, **The Gallic War** (with an English translation by H. J. EDWARDS, Cambridge, Ma. – London: Harvard Univ. Press – Loeb Classical Library, vol. 72, 1st publ. 1917, reprinted 2006)

CAETANO, Gerardo e José RILLA, **Historia contemporánea del Uruguay** – de la colonia al siglo XXI (Montevideo: Claech – Edtrl. Fin de siglo, 2010)

CAFLISCH, L., *L'Antarctique, nouvelles frontière sans frontiers ?* (in **Le droit international au service de la paix, de la justice et du développement: Mélanges Michel VIRALLY**, Paris: Pedone, 1991, p. 157)

___, **Règles générales du droit des cours d'eau internationaux** (RCADI, 1989, t. 219, p. 9-226)

___ e R. Zacklin, **Le regime juridique des fleuves et lacs internationaux** (La Haye: M. Nijhoff, 1981)

Caloyanni, M. A., **L'organisation de la Cour permanente de justice et son avenir** (RCADI, 1931, t. 38, p. 651-786)

Cambon, J., *TALLEYRAND* (in **Le petit Robert des noms propres** (dir. de Alain Rey, Paris: Robert Dictionnaires, éd. revue et mise à jour, 2001, p. 2011)

Cameron, Averil, **Il tardo Impero romano** (orig. publ. **The Later Roman Empire**, 1993, trad. Mauro de Nardis e Pasquale Rosafio, ed. italiana a cura di Elio Lo Cascio. Bolonha: Il Mulino, 1995)

Cameron, Iain, *International Criminal Jurisdiction. Protective Principle* (in **Encyclopedia of public international law**, 2012, vol. V, p. 712-717)

Caminha, Pero Vaz de, **Carta de achamento do Brasil** (edição comentada por Sheila HUE, Campinas: Ed. da Unicamp, 2021)

Caminos, Hugo, **The legal regime of straits in the 1982 United Nations Convention on the Law of the Sea** (RCADI, 1987, t. 205, p. 9-246)

Camões, Luís de, **Os Lusíadas** (com ilustrações de Lima de Freitas, prefácio e notas de Hernani Cidade, "edição comemorativa do quarto centenário da publicação dos Lusíadas 1572-1972", Lisboa: Círculo de Leitores, 1972)

Campanella, Tommaso, **Aphorismes politiques** (trad. de Pierre Caye et Claude Monet, avant-propos et notes de Pierre Caye, Caen: Centre de philosophie politique et juridique de l'Univ. de Caen, 1993, ed. segue a da **Opera omnia**, Paris: ex Typographia Dionis. Houssaye, 1637)

Campos, Paulo Mendes, **O mais estranho dos países** – crônicas e perfis (seleção e apres. Flávio Pinheiro, posfácio Sérgio Augusto, São Paulo: Companhia das Letras, 2013)

Cansacchi, Giorgio, **Identité et continuité des sujets internationaux** (RCADI, 1970, t. 130, p. 1-94)

Canotilho, J. J. Gomes (org.), **O regime jurídico internacional dos rios transfronteiriços** (Coimbra: Coimbra Ed., 2006)

___, *Da constituição dirigente ao direito comunitário dirigente* (in **MERCOSUL: integração regional e globalização**, coord. P. B. Casella, Rio de Janeiro: Renovar, 2000, p. 205-217)

Cansacchi, Giorgio, **Identité et continuité des sujets internationaux** (RCADI, 1970, t. 130, p. 1-94)

Capella Giannattasio, A. R., P. B. Casella and M. Lagutina, *BRICS in polar regions: Brazil's interests and prospects* (Vestnik of Saint Petersburg University International Relations, 2020, vol. 13, issue 3, p. 326-340, UDC 339.9 https://doi.org/10.21638/spbu06.2020.303)

CAPETTI, Pedro et al., *'Cidades do petróleo' enfrentam o desafio da expansão desordenada*, O Globo, 2020. Disponível em: <https://oglobo.globo.com/economia/cidades-do-petroleo-enfrentam-desafio-da-expansao-desordenada-24676497>. Acesso em 1º de novembro de 2021

CAPISTRANO DE ABREU, João, **Capítulos de história colonial (1500-1800) & Os caminhos antigos e o povoamento do Brasil** (Brasília: Ed UnB, 5ª ed., rev., prefaciada e anotada por José Honório RODRIGUES, 1963)

CAPOTORTI, F., **Cours général de droit international public** (RCADI, 1994, t. 248, p. 9-344)

CAPOZOLI, Ulisses, **Antártida: a última terra** (São Paulo: EDUSP, 3ª ed., 2001)

CARBONNIER, Jean, **Flexible droit**: pour une sociologie du droit sans rigueur (1969, Paris : LGDJ, 8e éd., 1995)

___, "prefácio" ao livro de J. P. GRIDEL, **Le signe et le droit** (Paris: LGDJ, 1979)

CARDAHI, C., **Le mandat de la France sur la Syrie et le Liban (son application en droit international public et privé)** (RCADI, 1933, t. 43, p. 659-794)

CARDIM, Carlos Henrique e João Batista CRUZ (orgs.), **CPLP: oportunidades e perspectivas** (Brasília: IPRI / FUNAG, 2002)

CARDOSO, Ciro F.S., *A América Central: a era liberal, c. 1870 a 1930* (in **História da América Latina**, vol. V – **De 1870 a 1930**, org. L. BETHELL, orig. publ. **The Cambridge History of Latin America** © 1984, trad. Geraldo Gerson de SOUZA, São Paulo: Edusp, 2ª reimpr., 2013, cap. 4, p. 235-268)

CARMO, Maria Helena S. R. do, **Uma aristocrata portuguesa no Macau do século XVII** (Lisboa: Fund. Jorge Álvares / Edtrl. Inquérito, 2006)

CARPENTIER, Alejo, **O século das luzes** (orig. publ. **El siglo de las luces**, 1962 trad. Sérgio MOLINA, São Paulo: Companhia das Letras, 2004)

___, **Os passos perdidos** (orig. publ. **Los pasos perdidos**, 1953, trad. Marcelo TÁPIA, São Paulo: Martins Fontes, 2008)

CARRILLO SALCEDO, Juan Antonio, *Le concept de patrimoine commun de l'humanité* (in **Ouvertures en droit international: hommage à René-Jean DUPUY**, Paris: Pedone, 1998, p. 55-66)

___, **Droit international et souveraineté des états: cours général de droit international public** (RCADI, 1996, t. 257, p. 35-221)

___, **El derecho internacional en perspectiva histórica** (Madri: Tecnos, 1991)

___, Las Naciones Unidas entre 1945 y 1986 (publicado en la Revista de la Facultad de Derecho de la Universidad Complutense de Madrid – Monográfico 13, 1988, p. 11-32)

CARVALHO, Carlos de, nota à *Legação da Grã-Bretanha no Rio de Janeiro, de 22 de julho de 1895, sobre a Ilha da Trindade* (texto e referências adicionais à correspondência diplomática sobre a ocupação da Ilha de Trindade, in Eduardo Marques PEIXOTO, **Memória histórica sobre a Ilha da Trindade** (Rio de Janeiro: Publicações do Arquivo Nacional, vol. XXVIII, 1932, 667 páginas)

CARVALHO, José Murilo de e Lúcia M. B. P. das NEVES (org.), **Repensando o Brasil do oitocentos** – cidadania, política e liberdade (Rio de Janeiro: Civilização Brasileira, 2009)

CARVALHO, Nelson F. de, *Arqueologia do consenso* (in **Direito e comércio internacional: tendências e perspectivas: estudos em homenagem ao prof. Irineu STRENGER**, org. L. O. BAPTISTA, H. M HUCK e P. B. CASELLA, São Paulo: LTr, 1994, p. 353-406)

CASANOVA Castañeda, Pablo – Francisco A. ORTEGA – Rafael E. ACEVEDO P. (eds.), **Horizontes de la historia conceptual en Iberoamérica** – Trayectorias e incursiones (Bogotá: Univ. Nacional de Colombia / Santander: Genueve Eds., 2021)

CASELLA, Paulo Borba, *Imperativo categórico da cooperação e as lições do Brexit* (in **Evolução do direito no século XXI: princípios e valores** – estudos em homenagem ao professor Arnoldo WALD, pelos seus noventa anos, no prelo, 2022)

___, **Challenges and development prospects within BRICS countries** (coord. P. B. CASELLA, E. de P. BUENO e W. S. KÜNZLI, Belo Horizonte: D'Placido, 2021)

___, M. LAGUTINA e A. R. CAPELLA Giannattasio, *Dealing with the Sorcerer's Apprentice Dilemma in Polar International Public Authorities: BRICS Interests and Brazilian Prospects for Mixed Governance Structures in the Arctic and in Antarctica* (in **Challenges and development prospects within BRICS countries**, ed. by P. B. CASELLA, E. de P. BUENO and W. S. KÜNZLI, Belo Horizonte: D'Placido, 2021, p. 43-75)

___, *Geraldo Eulálio do Nascimento e Silva (1917-2003)* (in **Direito internacional no Brasil – pensamento e tradição**, org. George R. B. GALINDO, Rio de Janeiro: Lumen Juris, 2021, p. 217-277)

___, *Nacionalidade, Plurinacionalidade, Supranacionalidade: reflexões em homenagem a Rui Moura Ramos* (in **Direito internacional e comparado: trajetória e perspectivas** – Homenagem aos 70 anos do professor catedrático Rui MOURA RAMOS, coord. Gustavo F. C. MONACO e M. Rosa LOULA, São Paulo: Quartier Latin, 2021, vol. II, p. 415-430)

___, **Direito internacional, história e cultura** (curso ministrado na Academia de direito internacional da Haia, em janeiro de 2020)

___, M. LAGUTINA and A. R. CAPELLA Giannattasio, *BRICS in polar regions: Brazil's interests and prospects* (Vestnik of Saint Petersburg University International Relations, 2020, vol. 13, issue 3, p. 326-340, UDC 339.9 https://doi.org/10.21638/spbu06.2020.303)

___, **International legal aspects of BRICS** (coord. P. B. CASELLA, E. de P. BUENO, E. M. de CARVALHO e W. S. KÜNZLI, Belo Horizonte: D'Placido, 2019)

___, **Introdução ao estudo do direito: ensaios didáticos** (prefácio João G. RODAS, São Paulo: Editora dos Editores, 3ª ed., 2019)

___, *Genocídio Armênio* (in **100 anos do Genocídio armênio – negacionismo, silêncio e direitos humanos**, ed. by M. L. Tucci CARNEIRO, C. A. Abreu BOUCAULT and H. de A. C. LOUREIRO, São Paulo: Humanitas, 2019, p. 51-112)

___ e Felipe N. P. ALAMINO, *Estudos sobre a proteção internacional de minorias – Grupo de estudos sobre a proteção internacional de minorias da Faculdade de Direito da Universidade de São Paulo – GEPIM-USP* (Revista da Faculdade de Direito da USP, São Paulo, 2018, vol. 113, p. 563-736)

___, *Some environmental aspects of the U.N. Convention on the Law of the Sea* (in **Prospects of the evolution of the law of the sea, environmental law and the practice of ITLOS** – New challenges and emerging regimes, ed. by Tafsir Malick NDIAYE and R. F. MORE, Rio de Janeiro: Sagserv, 2018, p. 142-171)

___, – Raphael C. de VASCONCELOS – Ely C. XAVIER Júnior (org.), **O legado de Geraldo Eulálio do Nascimento e Silva para o direito ambiental** (Brasília: Funag, 2017)

___, *Brasil entre igualdade jurídica dos estados e reforma da ONU – legado de Ruy BARBOSA na II Conferência de Paz da Haia* (Boletim da Sociedade Brasileira de Direito internacional, ano CIII, jul.-dez. 2017, n. 125-130, p. 815-851)

___, *Nacionalidade – Direito fundamental, direito público interno e direito internacional* (São Paulo: Revista da Faculdade de Direito da USP, 2016, vol. 111, p. 301-309)

___, *Perspectivas da integração europeia* (São Paulo: Revista da Faculdade de Direito da USP, 2014, vol. 109, p. 25-74)

___, *O genocídio armênio* (in **Direito internacional na Constituição** – estudos em homenagem a Francisco REZEK, ed. by A. J. CICCO Filho, A. F. P. VELLOSO and M. E. G. T. ROCHA, São Paulo: Saraiva, 2014, p. 565-606)

___, *International development law and the right to development in post-modern international law* (in **Droit international et nouvelles approches sur le tiers monde: entre répetition et renouveau / International law and new approaches to the third world: between repetition and renewal**, ed. by M. TOUFAYAN, E. TOURME-JOUANNET and H. RUIZ-FABRI, Paris: Société de législation comparée, 2013, p. 261-280)

___, *A proteção internacional dos direitos das minorias: o caso da minoria por orientação sexual e identidade de gênero* (in **Direito à diferença** – Aspectos teóricos e conceituais da proteção às minorias e aos grupos vulneráveis, coord. L. L. JUBILUT, A. G. M. F. BAHIA e J. L. Q. de MAGALHÃES, São Paulo: Saraiva, 2013, vol. 1, p. 179-188)

___, *Secessão no direito internacional e o Parecer consultivo da Corte Internacional de Justiça sobre o Kosovo de 22 de julho de 2010* (Boletim da Sociedade Brasileira de Direito internacional, ano XCVIII, ago.-dez. 2013, n. 119-124, p. 111-126)

___, G. E. do Nascimento e Silva – O. de O. Bittencourt Neto, **Direito internacional diplomático** – Convenção de Viena sobre relações diplomáticas na teoria e na prática (São Paulo: Saraiva, 4ª ed., "revista, atualizada e ampliada", 2012)

___, **BRIC – à l'heure d'un nouvel ordre juridique international** (Paris: Pedone, 2011)

___, **BRIC** – Brasil, Rússia, Índia, China e África do Sul – uma perspectiva de cooperação internacional (São Paulo: Atlas, 2011)

___, *Conceito de sistema, contexto internacional e pós-modernidade* (in **Filosofia e teoria geral do direito** – estudos em homenagem a Tércio S. Ferraz Jr. por seu septuagésimo aniversário, coord. M. Adeodato e E. C. B. Bittar, São Paulo: Quartier Latin, 2011, p. 999-1024)

___, *Evolução institucional do direito internacional à luz do cinquentenário do conceito de direito de HART (1961)* (in **Edição comemorativa em homenagem aos 70 anos do prof. Celso Lafer**, ed. by T. S. Ferraz Jr. and L. O. Baptista, São Paulo: Revista Brasileira de Filosofia, ano 60, vol., 236, jan.-jun. 2011, p. 313-329)

___, *Dimensão constitucional da integração européia: entre mito e operacionalidade?* (in **Estudos em homenagem ao professor doutor Paulo de Pitta e Cunha**, org. J. Miranda, A. Menezes Cordeiro, E. Paz Ferreira e J. Duarte Nogueira, Coimbra: Almedina, 2010)

___ e A. de Carvalho Ramos (orgs.), **Direito internacional: estudos em homenagem a Adherbal Meira Mattos** (São Paulo: Quartier Latin, 2009)

___, **Fundamentos do direito internacional pós-moderno** (prólogo de Hugo Caminos, São Paulo: Quartier Latin, 2008)

___ – U. Celli Jr. – E. de A. Meirelles – F. Polido (orgs.), **Direito internacional, humanismo e globalidade: Guido Fernando Silva Soares Amicorum discipulorum liber** (São Paulo: Atlas, 2008)

___ e O. de O. Bittencourt Neto, *Desafios do direito espacial* (in **Direito internacional, humanismo e globalidade: Guido Fernando Silva Soares Amicorum Discipulorum Liber**, org. P. B. Casella et al., São Paulo: Atlas, 2008, p. 118-135)

___, *Artigo 13* (in **Comentário à Carta das Nações Unidas**, coord. Leonardo N. C. Brant *et al.*, Belo Horizonte: CEDIN, 2008, p. 273-304)

___, *Proteção das minorias no direito internacional pós-moderno* (in **Direito no século XXI**: em homenagem ao professor Werter Faria, coord. E. Accioly, Curitiba: Juruá, 2008, p. 541-595)

___, *Opinio juris e a questão da materialidade emergente no direito internacional pós-moderno* (Rio de Janeiro: Revista de Direito do Estado, n. 10, abr-jun 2008, p. 367-386)

___, *Desenvolvimento do direito internacional na concepção de Cornelius van Bynkershoek* (São Paulo: Revista da Faculdade de Direito da U.S.P., 2008, vol. 103, p. 563-592)

___, "Latitude 90º – paineis", informações sobre a Região Ártica e a Região Antártica e atos internacionais aplicáveis, Exposição no SESC Pompéia, de São Paulo, de 5 de junho a 3 de agosto de 2008)

___, **Tratado de Versalhes na história do direito internacional** (São Paulo: Quartier Latin, 2007)

___, **Livro dos ancestrais imaginados e outros ensaios pós-modernos** (Madri: Amaral Gurgel Edtrl., 2007)

___ e L. Müller, *Corte Internacional de Justiça* (no vol. **Direito internacional: seus tribunais e meios de solução de conflitos**, coord. J. Arana e R. da Rosa Cachapuz, Curitiba: Juruá, 2007, p. 279-325)

___, *Sucessão de estados no direito internacional pós-moderno* (São Paulo: Revista da Faculdade de Direito da U.S.P., 2007, vol. 102, p. 1155-1170)

___, **Direito internacional, terrorismo e aviação civil** (São Paulo: Quartier Latin, 2006)

___, *Constituição e direito internacional* (in **Direito da integração**, coord. P. B. Casella e V. L. V. Liquidato, S. Paulo: Quartier Latin, 2006, p. 31-55)

___, *Ampliação da União Européia: a Europa central se integra* (in **O novo direito internacional: estudos em homenagem a Erik Jayme** org. Claudia Lima Marques e Nadia de Araujo, Rio de Janeiro: Renovar, 2005, p. 723-743)

___ e R. E. Sanchez (orgs.), **Cooperação judiciária internacional** (Rio de Janeiro: Renovar, 2002)

___, **União Européia: instituições e ordenamento jurídico** (S. Paulo: LTr, 1ª ed., 1994; 2ª ed., 2002)

___ (coord.), **Dimensão internacional do direito** – estudos em homenagem a G.E. do Nascimento e Silva (São Paulo: LTr, 2000)

___, **Direito internacional: vertente jurídica da globalização** (Porto Alegre: Síntese, 2000)

___, *A globalização e integração econômica* (in **A soberania**: Anuário Direito e Globalização, vol 1, Rio de Janeiro: Renovar, 1999, p. 71-97)

___, *Reconhecimento de estado e de governo no direito internacional contemporâneo* (in **O direito internacional no terceiro milênio: estudos em homenagem ao prof. V. Marotta Rangel**, org. L. O. Baptista e J. R. Franco da Fonseca São Paulo: LTr, 1998, p. 287-318)

___, *Special rules for areas not under national jurisdiction and the Achille Lauro affair* (colóquio na Academia de direito internacional, Haia, agosto-setembro de 1988, com versão resumida publicada in **The legal aspects of international terrorism / Les aspects juridiques du terrorisme international**, edited by Jochen Abr. Frowein e J. A. Carrillo Salcedo, Haia: Kluwer – Monographs of the Centre for Studies and Research in International Law and International Relations / Monographies du Centre d'étude et de recherche de droit international et de relations internationales, 1988)

CASSESE, Antonio, **International Law** (Oxford: University Press, 2nd ed., 2005)

CASSIN, R., **La déclaration universelle et la mise en oeuvre des droits de l'homme** (RCADI, 1951, t. 79, p. 237-368)

CASTBERG, F. **L'excès de pouvoir dans la justice internationale** (RCADI, 1931, t. 35, p. 353-472)

CASTREN, Erik J. S., **Aspects récents de la succession d'états** (RCADI, 1951, t. 78, p. 379-506)

CASTRO, Genésio de, **O estado independente do Acre e J. Plácido de CASTRO** (1ª ed., 1930; Brasília: Senado Federal, 2005)

CASTRO, Luciano de, **A questão do Amazonas nos tratados de Paris e de Madri (1797 e 1801)** (Porto: Portucalense ed. – Coleção histórica, 1945, *passim* – digitalizado pela Universidade do Texas. 10 de junho de 2008)

CASTRO, Xavier de (édition établie, en collab. avec Jocelyn HAMON et Luís Felipe THOMAZ), **Le Voyage de Magellan (1519-1522)**: la relation d'Antonio Pigafetta & autres témoignages (Paris: Chandeigne, 2007, 2 vols.)

CAUBET, Christian Guy, **As grandes manobras de Itaipu: energia, diplomacia e direito na bacia do Prata** (São Paulo: Ed. Acadêmica, 1991)

CAVAGLIERI, A., **Règles générales du droit de la paix** (RCADI, 1929, t. 26, p. 311-586)

CAVARÉ, Louis, **Le droit international public positif** («troisième éd. mise à jour» par Jean-Pierre QUENEUDEC, Paris : Pedone, 1973, 2 vols.)

___, **Les sanctions dans le cadre de l'ONU** (RCADI, 1952, t. 80, p. 191-292)

CAVARZERE, Thelma Thais, **Direito internacional da pessoa humana: a circulação internacional de pessoas** (Rio de Janeiro: Renovar, 1995)

CHACRA, Gustavo, *Hezbollah impõe estado próprio dentro do Líbano* (OESP, 28 de setembro de 2008, p. A-28 e A-29)

CHALLIAND, Gérard, **Les guerres irrégulières** – XXe–XXIe siècle – guérillas et terrorismes (Paris: Gallimard – Folio Actuel, 2008)

___ (org.), **Les Conquistadors** – Mexique – Pérou (textos de Bernal DÍAZ DEL CASTILLO, **La conquête du Mexique**; Hernan CORTÉS, **La conquête du Mexique**; Pedro PIZZARRO, **La conquête du Pérou**; Paris: Omnibus, 2003)

CHANET, Jean-François et Christian WINDLER (dir. de), **Les ressources des faibles** – Neutralités, sauvegardes, accommodements en temps de guerre (XVIe-XVIIIe siècle) (Rennes: Presses Univ. de Rennes, 2009)

CHARPENTIER, Jean, *Autodétermination et décolonisation* (in **Le droit des peuples à disposer d'eux-mêmes: méthodes d'analyse du droit international** – mélanges offerts à Charles CHAUMONT, Paris: Pedone, 1984, p. 117-133)

CHARVIN, Robert, *Le droit international tel qu'il a été enseigné* : notes critiques de lecture des traités et manuels (1850-1950) (in **Le droit des peuples à disposer d'eux-mêmes : méthodes d'analyse du droit international** – mélanges offerts à Charles CHAUMONT (Paris : Pedone, 1984, p. 135-159)

CHAUMONT, Charles, **Cours général de droit international public** (RCADI, 1970, t. 129, p. 333-528)

___, **Nations Unies et neutralité** (RCADI, 1956, t. 89, p. 1-60)

CHAZOURNES, Laurence Boisson de, *Le droit international de l'eau: tendances récentes* (Anuário Bras. de Direito Internacional, III, 2008, vol. 2, p. 137-150)

CHEMILLIER-GENDREAU, Monique, **Humanité et souverainetés : essai sur la fonction du droit international** (Paris: La découverte, 1995)

___, *Droit des peuples à disposer d'eux-mêmes et réfugiés* (in **Le droit des peuples à disposer d'eux-mêmes : méthodes d'analyse du droit international** – Mélanges offerts à Charles CHAUMONT, Paris : Pedone, 1984, p. 161-177)

___, *Le rôle de la fiction en droit international* (APD, 1987, p. 153-162)

CHENG, Bin, **Studies on International Space Law** (Oxford: Clarendon Press, 1998)

CHENG, Christina Miu Bing, **Macau: a cultural Janus** (Hong Kong: University Press, 1999)

CHEUICHE, Alcy, **Nos céus de Paris**: o romance da vida de SANTOS DUMONT (Porto Alegre: L&PM, 2001)

CHEVALLIER, Jean-Jacques, *Le 'communisme' platonicien dans la République* (in **Mélanges offerts à Mr. le Doyen Trotabas**, Paris: LGDJ, 1970, p. 71-93)

___, **La société des nations britanniques** (RCADI, 1938, t. 64, p. 233-346)

CHOMSKY, Noam, **Poder e terrorismo** (do original **Power and terror** © 2003, trad. Vera RIBEIRO, Rio de Janeiro: Record, 2005)

CHOQUET, Anne, *Contribution française à la mise en œuvre du Protocole de Madrid relatif à la protection de l'environnement en Antarctique* (RGDIP, 2003, p.907 ss.)

CHRISTAKIS, Théodore, **L'ONU, le chapitre VII et la crise yougoslave** (avant-propos d'Yves DAUDET, préface de Mohammed BEDJAOUI, Paris: Montchrestien / CEDIN – Paris I – Perspectives internationales n. 11, 1996)

___, *La nécessité en droit international* (in **La nécessité en droit international**, Paris: Pedone / SFDI, 2007, p. 11-63)

C.I.J., **Allegations of Genocide under the Convention on the Prevention and Punishment of the Crime of Genocide** (Ukraine v. Russian Federation) Order of 16 March 2022 – Request for the indication of provisional measures – Procedure(s) – Provisional Measures (ICJ **Reports** 2022, General List No. 182, Order 16 March 2022)

___, **Obligation to negotiate Access to the Pacific Ocean** (Bolivia v. Chile), Judgment 24 September 2015 (ICJ **Reports** 2015, p. 592) / **Obligation to negotiate Access to the Pacific Ocean** (Bolivia v. Chile), Order of 21

September 2016 (ICJ **Reports** 2016, p. 252) / **Obligation to negotiate Access to the Pacific Ocean** (Bolivia v. Chile), Judgment 1 October 2018 (ICJ **Reports** 2018, p. 507)

___, **Whaling in the Antarctic** (Australia v. Japan; New Zeland intervening), judgment (I.C.J. **Reports** 2014, p. 226)

___, **Case concerning aerial herbicide spraying** (Ecuador v. Colombia), order of 13 September 2013 (I.C.J. **Reports**, 2013, p. 278)

___, **Accordance with International Law of the Unilateral declaration of independence in Respect of Kosovo**, Advisory opinion (ICJ **Reports** 2010, p. 403)

___, **Case concerning Pulp Mills on the river Uruguay** (Argentina v. Uruguay), Judgment of 20 April 2010 (ICJ **Reports** 2010, p. 14)

___, **Maritime Delimitation in the Black Sea** (Romania v. Ukraine), Judgment 3 February 2009 (I.C.J. **Reports**, 2009, p. 61)

___, **Sovereignty over Pedra Branca/Pulau Batu Puteh, Middle Rocks and South Ledge** (Malaysia v. Singapore), Judgment of 23 May 2008 (ICJ **Reports** 2008, p. 12)

___, **Application of the Convention on the Prevention and Punishment of the Crime of Genocide** (Bosnia and Herzegovina v. Serbia and Montenegro) – Preliminary Objections, Judgment of 11 July 1996 (ICJ **Reports** 1996, p. 595) and Judgment of 26 February 2007 (ICJ **Reports** 2007, p.)

___, **Armed Activities on the Territory of the Congo** (New Application, 2002) (Democratic Republic of Congo v. Rwanda) Judgment 3 Feb. 2006 – Jurisdiction and Admissibility (ICJ **Reports** 2006, p. 6)

___, **Armed Activities on the Territory of the Congo** (Democratic Republic of Congo v. Uganda), Judgment 19 Dec. 2005 (ICJ **Reports** 2005, p. 168) / **Armed Activities on the Territory of the Congo** (Democratic Republic of Congo v. Uganda), Judgment 9 February 2022 – Reparations (ICJ **Reports** 2022, General List No. 116)

___, *Arrest warrant 11 April 2000 (Democratic Republic of Congo v. Belgium), Judgment 14 February 2002 (ICJ Reports* 2002, p. 3)

___, **Fisheries jurisdiction** (Espanha c. Canadá), Jurisdiction of the Court, julgamento em 4 de dezembro de 1998 (ICJ **Reports**, 1998, p. 432)

___, **Case concerning application of the Convention on the Prevention and Punishment of the Crime of Genocide** (Bosnia and Herzegovina v. Serbia and Montenegro), judgment of 11 July 1996 (ICJ **Reports** 1996, p. 595) sobre a jurisdição da Corte e a administiblidade do pedido e julgamento do mérito, judgment of 26 February 2007 (ICJ **Reports** 2007, p. 43)

___, **Case concerning the frontier dispute** (Benin v. Niger), Judgment of 12 July 2005 (ICJ **Reports**, 2005, p. 90)

___, **Legal Consequences of the construction of a Wall in the Occupied Palestinian Territory**, Advisory opinion, 9 July 2004 (ICJ **Reports 2004**, p. 136)

___, **Case concerning the land and maritime boundary between Cameroon and Nigeria**, Equatorial Guinea intervening, judgment 11 June 1998 – Preliminary Objections (ICJ **Reports**, 1998, p. 275) judgment of 10 October 2002 (ICJ **Reports**, 2002, p. 303)

___, **Kasikili/Sedudu Island (Botswana/Namibia)**, Judgment 13 December 1999 (ICJ **Reports 1999, p. 1045**)

___, **Case concerning the Gabcikovo-Nagymaros Project** (Hungary v. Slovakia) Judgment of 25 September 1997 (ICJ **Reports** 1997, p. 7)

___, **Legality of the threat or use of nuclear weapons**, Advisory Opinion of 8 July 1996 (I.C.J. **Reports**, 1996, p. 226)

___, **Case concerning the territorial dispute (Libyan Arab Jamahiriya v. Chad)**, Judgment of 3 February 1994 (I.C.J. **Reports** 1994, p. 6)

___, **Case concerning Maritime Delimitation in the area between Greenland and Jan Mayen** (Denmark v. Norway) Judgment 14 June 1993 (I.C.J. **Reports** 1993, p. 38)

___, **Case concerning the land, island and maritime frontier dispute** (El Salvador v. Honduras) **Application to Intervene**, Judgment (I.C.J. **Reports** 1990, p. 92) e **Land, Island and Maritime Frontier Dispute** (El Salvador v. Honnduras, Nicaragua intervening), Judgment 11 September 1992 (I.C.J. **Reports** 1992, p. 351)

___, **Case concerning the arbitral award of 31 July 1989** (Guine-Bissau v. Senegal), Judgment of 12 November 1991 (I. C. J. **Reports** 1991, p. 53)

___, **Affaire du passage par le Grand Belt** (Finlândia c. Dinamarca) *ordonnance* de 29 de julho de 1991, *ordonnance* de 10 de setembro de 1992 – desistência (ICJ **Reports**, 1992, p. 348)

___, **Frontier dispute Burkina Fasso / Republic of Mali**, Judgment 22 December 1986 (**I.C.J. Reports** 1986, p. 554)

___, **Military and Paramilitary activities in and against Nicaragua** (Nicarágua v. United States of America) Jurisdiction of the Court and Admissibility of the Application (Jugdment of 26 November 1984) e Merits (Judgment of 27 June 1986) (**I.C.J. Reports** 1986, p. 14)

___, **Case concerning the continental shelf** (Libyan Arab Jamahiriya v. Malta), **Application by Italy for permission to intervene**, judgment of 21 March 1984 (ICJ **Reports**, 1984, p. 3), **Case concerning the continental shelf** (Libyan Arab Jamahiriya v. Malta), judgment of 3 June 1985 (ICJ **Reports**, 1985, p. 13)

___, **Delimitation of the Maritime Boundary in the Gulf of Maine Area** (Canada v. United States of America) Judgment of 12 October 1984 given by the Chamber constituted by the order made by the Court on 20 January 1982 (**I.C.J. Reports** 1984, p. 246)

___, **Case concerning the continental shelf** (Tunisia v. Libyan Arab Jamahiriya), **Application by Malta for permission to intervene**, judgment of 14 April 1981 (ICJ **Reports**, 1981, p. 3), **Case concerning the continental shelf** (Tunisia v. Libyan Arab Jamahiriya), judgment of 24 February 1982 (ICJ **Reports**, 1982, p. 18).

___, **Egean Sea Continental Shelf Case** (Greece v. Turkey), Judgment of 19 December 1978 (**I.C.J. Reports** 1978, p. 3)

___, **Western Sahara**, Order 22 May 1975; **Western Sahara**, Advisory Opinion of 16 October 1975 (**I.C.J. Reports** 1975, p. 12)

___, **Appeal relating to the jurisdiction of the ICAO Council** (India v. Pakistan), Judgment of 18 August 1972 (ICJ **Reports** 1972, p. 46)

___, **Legal Consequences for States of the Continued presence of South Africa in Namibia (South West Africa) notwithstanding Security Council Resolution 276 (1970)**, Advisory opinion of 21 June 1971 (**ICJ Reports 1971**, p. 16)

___, **Case concerning the Barcelona Traction, Light and Power Company Limited, Judgment 5 February 1970** (ICJ Report 1970, p. 3) **and Barcelona Traction, Light and Power Company Limited, Preliminary Objections, Judgment 24 July 1964** (ICJ Report 1964, p. 6)

___, **North Sea Continental shelf cases** (Federal Republic of Germany v. Denmark; Federal Republic of Germany v. Netherlands) Judgment of 20 February 1969 (I.C.J. **Reports** 1969, p. 3)

___, **South West Africa Cases (Ethiopia v. South Africa; Liberia v. South Africa) Second Phase**, Judgment 18 July 1966 (I.C.J. **Reports 1966**, p. 6)

___, **South West Africa Cases (Ethiopia v. South Africa; Liberia v. South Africa) Preliminary Objections,** Judgment 21 December 1962 (I.C.J. **Reports 1962**, p. 319)

___, **Case concerning the Temple of Preah Vihéar (Cambodia v. Thailand)**, Judgment 15 June 1962 (**ICJ Report** 1962, p. 6) e **Request for Interpretation of the Judgment of 15 June 1962 in the case concerning the Temple of Preah Vihear (Cambodia v. Thailand)**, Judgment (I.C.J. **Reports** 2013, p. 281)

___, **Case concerning the arbitral award made by the King of Spain on 23 December 1906** (Honduras v. Nicaragua), Judgment of 18 November 1960 (I.C.J. **Reports** 1960, p. 192)

___, **Case concerning the right of passage over Indian territory** (Portugal v. India), Preliminary Objections, Judgment of 26 November 1957; Merits, Judgment of 12 April 1960 (I.C.J. **Reports** 1960, p. 6)

___, **Case concerning sovereignty over certain frontier land** (Belgium v. Netherlands) Judgment of 20 June 1959 (I.C.J. **Reports** 1959, p. 209)

___, **Case concerning the application of the Convention of 1902 governing the guardianship of infants** (Netherlands v. Sweden), Judgment of 28 November 1958 (I.C.J. **Reports** 1958, p. 55)

___, **affaire des Minquiers et des Ecréhous** (France c. Royaume-Uni), arrêt du 17 novembre 1953 (**I.C.J. Reports** 1953, p. 47)

___, **Case concerning Rigths of Nationals of the United States of America in Morocco** (France v. United States of America), Judgment 27 August 1952 (**ICJ Reports** 1952, p. 176)

___, **Reservations to the Convention on the Prevention and Punishment of the Crime of Genocide** – Advisory Opinion of 28 May 1951 (ICJ Reports 1951, p. 15)

___, **Fisheries case** (United Kingdom v. Norway), Judgment of 18 December 1951 (ICJ **Reports**, 1951, p. 116)

___, **Haya de la Torre Case** (Colombia v. Peru) Judgments of 20 November 1950 and 27 November 1950; Order of 3 January 1951; Judgment 13 June 1951 (I.C.J. **Reports** 1951, p. 71)

___, **International Status of South West Africa**, Advisory opinion 11 July 1950 (ICJ **Reports** 1950, p. 128)

___, **Affaire du Détroit de Corfou / The Corfu Channel Case** (United Kingdom v. Albania), Preliminary Exceptions, Judgment of 25 March 1948 (**I.C.J. Reports** 1948, p. 15); Merits, Judgment of 9 April 1949 (I.C.J. **Reports** 1949, p. 4); Assessment of the Amount of the Compensation due from the People's Republic of Albania to the United Kingdom of Great Britain and Northern Ireland, Jusgment of 15 December 1949 (I.C.J. **Reports** 1949, p. 244)

CLAPHAM, Andrew, **Human rights and the European community: a critical overview** (Florença: Instituto Univ. Europeu / Baden-Baden: Nomos Verlag, 1991)

CLARK, Kenneth, **Civilização: uma visão pessoal** (do original **Civilization: a personal view** © 1969 e 1979, trad. Madalena NICOL, São Paulo: Martins Fontes, 1ª ed. bras., 1980, 2ª ed., 1995)

COATES, Ben, **Why the Dutch are different** – A Journey into the Hidden Heart of the Netherlands (orig. publ. 2015, London / Boston: Nicholas Brealey, 2017)

COCK, H. De, **Effets et exécution des jugements étrangers** (RCADI, 1925, t. 10, p. 431-536)

COELHO, Fábio Ulhoa, **Para entender Kelsen** (pref. T. S. FERRAZ Jr., São Paulo: Max Limonad, 2ª ed., 2ª tiragem, 1997)

COHEN, M., **The regime of boundary waters: the Canadian-United States experience** (RCADI, 1975, t. 146, p. 219-339)

COLLIARD, Claude-Albert, *Le droit de l'espace ou le ciel et la terre* (in **La communauté internationale : Mélanges offerts à Charles ROUSSEAU**, Paris : Pedone, 1974, p. 63-74)

___, *Égalité ou spécificité des états dans le droit international public actuel* (in **Mélanges offerts à Mr. le Doyen Louis Trotabas**, Paris : L.G.D.J., 1970, p. 529-558)

___, **Évolution et aspects actuels du régime juridique des fleuves internationaux** (RCADI, 1968, t. 125, p. 337-442)

Collins, L., **Provisional and protective measures in international litigation** (RCADI, 1992, t. 234, p. 9-238)

Combacau, Jean et Serge SUR, **Droit international public** (Paris: Montchrestien, 3e éd., 1997)

COMISSÃO DE DIREITO INTERNACIONAL DA ONU, Unilateral Acts of States: Report of the Working Group: Conclusions of the ILC Relating to Unilateral Acts of States (20 July 2006)

____, Guiding Principles Applicable to Unilateral Declarations of States Capable of Creating Legal Obligations (1 May-9 June and 3 July-11 August 2000)

Conforti, Benedetto, **The law and practice of the United Nations** (Haia: Kluwer, 1996)

___, **International law and the role of domestic legal systems** (translated by René Provost in collaboration with Shauna van Praagh, Haia: Kluwer, 1993, "updated version of author's general course on public international law, given at the Hague Academy of International Law in 1988", **Cours général de droit international public** (RCADI 1988, t. 212, pp. 9-210)

___, **Il regime giuridico dei mari: contributo alla ricostruzione dei principi generali** (Napoli: Eugenio Jovene, 1957)

CONSEIL FÉDÉRAL SUISSE, **Affaire des frontières colombo-Vénézueliennes** (Colombie c. Vénézuela) sentence: Berne, 24 mars 1922 (United Nations, **Reports of International Arbitral Awards / Recueil des sentences arbitrales** 24 mars 1922, vol. I, p. 223-298; bibliographie, index et tables, vol. III)

Constans, Dmitri (ed. by), **The Greek-Turkish conflict in the 1990s**: domestic and external ingluences (London: Macmillan "publ. with the assistance of the Friedrich Naumann Foundation, Bonn", 1991)

Corrêa Do Lago, André Aranha, **Estocolmo, Rio, Joanesburgo** – O Brasil e as três conferências ambientais das Nações Unidas (Brasília: Instituto Rio Branco / FUNAG, 2007)

Cortesão, Jaime Z., **Tratado de Madri** (originalmente publicada **Alexandre de Gusmão e o tratado de Madri** em 1953, apres. Álvaro da Costa Franco, ed. fac-similar, Brasília: Senado Federal, 2001, 2 vols.)

Costa, Fernando Hippólyto da, **Santos-Dumont história e iconografia** (Rio de Janeiro: Instituto histórico e cultural da aeronáutica / Belo Horizonte: Vila Rica, 1990)

Costa, João Frank da, *A teoria dos setores polares* (Boletim SBDI, 1951, p. 87)

___, *Antártica: o problema político* (Revista Brasileira de Política Internacional, set. 1958, p. 41)

COSTA, Lígia M., **O direito internacional do desenvolvimento sustentável e os códigos de conduta de responsabilidade social:** análise do setor do gás e do petróleo (Curitiba: Juruá, 2009).

COSTA, Pedro, e José SARNEY, **Amapá: a terra onde o Brasil começa** (Brasil: Senado Federal, 2ª ed., 1999)

COURATIER, J., **Le système antarctique** (Bruxelas: Bruylant, 1991)

COURTEIX, Simone, *La méthode du consensus dans le droit international de l'espace* (in **Le droit des peuples à disposer d'eux-mêmes: méthodes d'analyse du droit international** – mélanges offerts à Charles CHAUMONT, Paris: Pedone, 1984, p. 223-240)

COWLES, W. B., **International law as applied between subdivisions of federations** (RCADI, 1949, t. 74, p. 655-756)

C. P. J. I., caso **Oscar CHINN**, julgamento de 12 de dezembro de 1934 (série A/B 63)

___, **Regime aduaneiro entre Áustria e Alemanha** (parecer consultivo, série A/B 41 e C 53)

___, **Avis consultatif du 8 décembre 1927** (série B, n. 14) poderes da Comissão Européia do Danúbio Marítimo

___, **affaire du vapeur Lotus / the case of the S.S. 'Lotus'** (França c. Turquia), judgment of 7 September 1927 (PCIJ, Séries A, No. 10)

___, **interprétation de l'article 3, paragraphe 2 du traité de Lausanne** (avis du 21 novembre 1925, série B, n. 12, p. 20) / **interprétation de l'article 3, paragraphe 2 du traité de Lausanne (frontière entre la Turquie et l'Irak)** avis consultatif du 25 novembre 1925 (série C 10)

___, **interesses alemães na Alta Silésia polonesa**: A 06 (question of jurisdiction), A 07 (the merits), A 15 (Rights of the minorities in the Upper Silesia: minority schools), A/B 40 (access to German minority schools in Upper Silesia), C 09/1 (certain German interests in Polish Upper Silesia: question of jurisdiction), C 11 (certain German interests in Polish Upper Silesia), C 52 (access to German minority schools in Upper Silesia), C 14/2 (Rights of the minorities in Upper Silesia: minority schools)

___, **questões relativas à nacionalidade polonesa**: B 06 e B 07 (questions relating to settlers of German origin in Poland), C 03/1 (question concerning the acquisition of Polish nationality), C 03/2 (question relating to settlers of German origin in Poland), também A/B 58, A/B 60 e C 71 (case concerning the Polish agrarian reform and the German minority)

___, **cidade-livre de Danzig**: B 11 (Polish postal service in Danzig), B 15 e C 14/1 (jurisdiction of the Courts of Danzig), B 18 e C 18/2 (Free city of Danzig and the International Labour Organzation), A/B 65 e C 77 (consistency of certain Danzig legislative decrees with the constitution of the free city), A/B 43 e C 55 (access to and anchorage in the port of Danzig, of Polsih war vessels), A/B

44 e C 56 (treatment of Polish nationals and other persons of Polish origin or speech in the Danzig territory), C 08 (Advisory opinion 11 and Polish postal service in Danzig)

___, **administração do príncipe Von Pless**: A/B 52, A/B 54, A/B 57, A/B 59, C 70 (Prince Von PLESS Administration)

___, **troca de populações greco-turcas e interpretação do acordo greco-turco de 1. de dezembro de 1926**: B 10 e C 07/1 (exchange of Greek and Turkish populations), B 16 e C 15/1 (interpretation of the Greco-turkish agreement of 1 December 1926)

___, **comunidades greco-búlgaras e interpretação do acordo greco-búlgaro de 9 de dezembro de 1927**: B 17 e C 18/1 (the Greco-Bulgarian communities), A/B 45 e C 57 (interpretation of the Greco-Bulgarian agreement of 9 December 1927, the "CAPHANDRIS-MOLLOFF agreement")

___, **interpretação do tratado de Neuilly** A 03 e A 04 (Treaty of Neuilly, article 179, Annex, par. 4 (interpretation)), C 06/1 e C 06/2;

___, **mosteiro de São Naum (monastery of Saint-Naoum**, Reino dos sérvios, croatas e eslovenos c. Albânia, série B, n. 9 e série C, n. 5/2, parecer consultivo n. 9, de 4 de setembro de 1924)

___, **affaire des décrets de nationalité promulguées en Tunisie et au Maroc** (avis n. 4, Série B, du 7 février 1923)

Crampton, R. J., **A concise history of Bulgaria** (Cambridge: Univ. Press, 1st publ. 1997, 4th printing, 2010)

Crawford, James, **Multilateral rights and obligations in international law** (RCADI, 2006, t. 319, p. 325-482)

___, **The creation of states in international law** (orig. publ. 1979, Oxford: Univ. Press, 2nd ed., 2006, reprinted 2011)

___, **Rights in one country: Hong Kong and China** ("Hochelaga Lectures, 2004", Hong Kong: Faculty of Law, University of Hong Kong, 2005)

___, **International law as an open system**: selected essays (London: Cameron & May, 2002)

___, **The ILC's articles on state responsibility**: introduction, text and commentaries (Cambridge: University Press, 2002 / trad. fran. Paris: Pedone, 2003)

Croce, Benedetto, **Storia d'Italia dal 1871 al 1915** (Roma – Bari: Laterza, 1973)

Crusen, G., **Les servitudes internationales** (RCADI, 1928, t. 22, p. 1-80)

Cunha, Euclydes da, **Peru vs Bolívia** (orig. publ. 1907, Rio de Janeiro: Record, 3ª ed., "com dois mapas e um estudo de Oliveira Lima", s/d)

Custódio, Helita Barreira, *Princípios indispensáveis ao cumprimento da lei da política nacional do meio ambiente* (in **Política nacional do meio ambiente: 25 anos da Lei n. 6938/1981**, org. J. C. de C. Rocha, T. H. P. Henriques Filho e U. Cazetta, Belo Horizonte: Del Rey, 2007, p. 1-38)

DALLARI, Dalmo de Abreu, **Elementos de teoria geral do estado** (São Paulo : Saraiva, 4ª ed., 1977)

DAMROSCH Lori Fisler, **Enforcing international law through non-forcible measures** (RCADI, 1997, t. 269, p. 9-250)

___ & David J. SCHEFFER (ed. by), **Law and force in the new international order** (Boulder / Oxford: Westview Press, 1991)

DEAS, Malcolm *A Venezuela, a Colômbia e o Equador: o primeiro meio século de independência* (in **História da América Latina**, vol. III – **Da independência até 1870**, org. Leslie BETHELL, orig. publ. **The Cambridge History of Latin America** © 1984, trad. Maria Clara CESCATO, São Paulo: Edusp, 4ª reimpr., 2018, p. 505-539)

DEBRAY, Régis, **Le moment fraternité** (Paris: Gallimard, 2009)

___, **Tous azimuts** (Paris: Ed. O. Jacob, 1989)

DECENCIERE-FERRANDIERE, A., *Essai historique et critique sur l'occupation comme mode d'acquérir les territoires en droit international* (RDILC, 1937, p. 72)

DEGAN, Vladimir-Djuro, **Création et disparition de l'état (à la lumière du démembrement de trois fédérations multiethniques en Europe)** (RCADI, 1999, t. 279, p. 195-375)

___, *Some objective features in international law* (in **Essays in honour of Krystof SKUBISZEWSKI**, ed. by Gerzy MAKARCZYK, Haia: Kluwer, 1996, p. 123-146)

___, *On state succession* (in **Dimensão internacional do direito: estudos em homenagem a G. E. do NASCIMENTO E SILVA**, org. P. B. CASELLA, São Paulo: LTr, 2000, p. 118-140)

___, **Création et disparition de l'état (à la lumière du démembrement de trois fédérations multiethniques en Europe)** (RCADI, 1999, t. 279, p. 195--375)

___, *Traité et coutume dans le droit de la mer* (in **O direito internacional no terceiro milênio: estudos em homenagem ao prof. V. Marotta RANGEL**, org. L. O. BAPTISTA e J. R. FRANCO DA FONSECA, São Paulo: LTr, 1998, p. 407-434)

___, *La succession d'états en matière de traités et les états nouveaux* (AFDI, 1996); V.-D. DEGAN, *L'affirmation des principes du droit naturel par la Révolution française* (AFDI, 1989, vol. XXV, p. 99-116)

DELAYE, Y., **La frontière et le texte** (Paris: Payot, 1977)

DELMAS-MARTY, Mireille, **Vers un droit commun de l'humanité** (Paris : Ed. Textuel, 1996)

DEL VECCHIO, Giorgio, **La Société des Nations au point de vue de la philosophie du droit international** (RCADI, 1931, t. 38, p. 541-650)

DERANI, Cristiane, **Direito ambiental econômico** (São Paulo: Max Limonad, 1997)

DERGINT, Augusto do Amaral, **Nutzung von Binnengewässern und völkerrechtliche Haftung für grenzüberschreitende Umweltschäden**

(Baden-Baden: Nomos, "Saarbrücker Studien zum Internationalen Recht", vol. 32, 2006)

DERMENGHEM, E., **Thomas Morus et les utopistes de la Renaissance** (Paris: Plon, 1927)

DESCH, Thomas, *Military Forces abroad* (in **Encyclopedia of public international law**, 2012, vol. VII, p. 183-192)

DESHAYES, Laurent, **Histoire du Tibet** (orig. publ. 1997, Paris: Fayard, 2011)

DETIENNE, Marcel, **L'invention de la mythologie** (orig. publ. 1981, Paris: Gallimard - NRF, 1987)

DIAMOND, Jared, **Colapso: como as sociedades escolhem o fracasso ou o sucesso** (do original **Collapse**, © 2005, trad. Alexandre RAPOSO, rev. técnica Waldeck D. MAIA, Rio de Janeiro: Record, 2ª ed., 2005)

___, **Guns, germs and steel: the fates of Human societies** ("with a new afterword about the modern world", © 1997, New York: Norton, 1999)

DIAS, André de Vasconcelos, *Meio ambiente e fato consumado* (in **Política Nacional de Meio Ambiente: 25 anos da Lei 6938/81**, coord. João Carlos de Carvalho ROCHA, Tarcísio Humberto Parreiras HENRIQUES Filho e Ubiratan CAZETTA, Belo Horizonte: Del Rey, 2007, p. 175-204)

DICKSON, Paul, **Sputnik: the Shock of the Century** (Waterville: G. K. Hall, 2002)

DIEDERIKS-VERSCHOOR, I. H. Ph., **An Introduction to Space Law** (Dordrecht: Kluwer Academic Publishers, 2nd ed., 1999)

___, **Similarities with and differences between Air and Space Law primarily in the field of private international law** (RCADI, 1981, t. 172, p. 317-423)

DIEZ DE VELASCO Vallejo, Manuel, **Instituciones de derecho internacional público** (Madri: Tecnos, 16ª. ed., 2007)

DINSTEIN, Yoran, **Guerra, agressão e legítima defesa** (do original **War, aggression and self-defence** © 1988, 3ª. ed. inglesa 2001, trad. Mauro Raposo de MELLO, rev. de Guilherme de Assis ALMEIDA, Barueri: Manole, 3ª ed., 2004)

DIRLMEIER, Ulf, Andréas GESTRICH, Ulrich HERRMANN, Ernst HINRICHS, Konrad H. JARAUSCH, Christoph KLESSMANN, Jürgen REULECKE, **História alemã** – do século VI aos nossos dias (orig. publ. 1995 e 2013, **Deutsche Geschichte**, trad. Marian TOLDY e Teresa TOLDY, Lisboa: Ed. 70, 2020)

DISTEFANO, Giovanni, **L'ordre international entre légalité et effectivité: le titre juridique dans le contentieux territorial** (préface de Georges ABI-SAAB, Paris: Pedone / Genève: Institut universitaire des hautes études internationales, 2002)

___ e G. P. BUZZINI, **Bréviaire de jurisprudence internationale** (Bruxelles: Bruylant, 2005)

DOBELLE, J. F., *Bilan des travaux du groupe Wolfrum sur le régime de la responsabilité en cas de dommages causés à l'environnement dans l'Antarctique* (AFDI, 1997, p. 716)

Dolinger, Jacob, **Direito internacional privado: parte geral** (Rio de Janeiro: Renovar, 9ª ed. atualizada, 2008)

Dollot, René, **Le droit international des espaces polaires** (RCADI, 1949, t. 75, p. 115-200)

Domingues, Moacyr, **A colônia do Sacramento e o sul do Brasil** (Porto Alegre: Sulina, 1973)

Donati, Donato, **Stato e territorio** (Roma: Athenaeum, 1934)

Donnedieu de Vabres, Henri, **Le procès de Nuremberg devant les principes modernes du droit pénal international** (RCADI, 1947, t. 70, p. 477-582)

___, **L'action publique et l'action civile dans les rapports de droit pénal international** (RCADI, 1929, t. 26, p. 207-310)

___, **Les principes modernes de droit international pénal** (Paris: Rec. Sirey, 1928)

D'orbigny, Alcide, **Voyage dans l'Amérique méridionale** : Pampas – Patagonie (La Rochelle : Découvrance Éd., 2007)

Droz, Bernard, **Histoire de la décolonisation** au XXe siècle (orig. publ. 2006, Paris: Seuil-histoire, 2009)

Droz, Georges A. L., **L'activité notariale internationale** (RCADI, 1999, t. 280, p. 9-134)

Droz, Jacques, **Histoire diplomatique** de 1648 à 1919 (Paris: Dalloz, 3e éd., 1972)

Dubois, Colette et Jean-Louis Miège (dir. de), **L'Europe retrouvée** – les migrations de la décolonisation (Paris: L'Harmattan, 1994)

Duchein, Michel, **Histoire de l'Écosse** (orig. publ. 1998, Paris : Tallandier, 2013)

Dugard, John, **The secession of states and their recognition in the wake of Kosovo** (RCADI, 2013, t. 357, Pocketbook of the Hague Academy of International Law, 2013)

Duggan, Christopher, **A concise history of Italy** (Cambridge: Univ. Press, 1st publ. 1994, 14th printing, 2012)

Duguit, Léon, **Souveraineté et liberté** ("Leçons faites à l'Univ. Columbia (New York) 1920-1921", Paris: La mémoire du droit, 2002)

Dumas, J., **La sauvegarde internationale des droits de l'homme** (RCADI, 1937, t. 59, p. 1-98)

Dumberry, Patrick, *Is Turkey the 'Continuing' State of the Ottoman Empire under International Law?* (Netherlands International Law Review, 2012, vol. 59(2), p. 235-262)

Dumezil, Georges, **Mythe et épopée I** (orig. publ. 1968, Paris: Gallimard – NRF, 5ª ed., 1986, reimpr. 1989)

___, **Mythe et épopée II** (orig. publ. 1971, Paris: Gallimard – NRF, 4ª ed., 1986, reimpr. 1988)

___, **Mythe et épopée III** (orig. publ. 1973, Paris: Gallimard – NRF, 3ª ed., 1981, reimpr. 1986)

___, **L'oubli de l'homme et l'honneur des dieux: esquisses de mythologie** (Paris: Gallimard – NRF, 1985)

___, **Les dieux souverains des indo-européens** (orig. publ. 1977, Paris: Gallimard – NRF, 3ª. ed., 1986, reimpr. 1988)

___, **Mythes et dieux des indo-européens** textes réunis et présentés par Hervé Coutou-Bégarie (orig. publ. 1992, Paris: Flammarion – Champs, 1994)

Dupuy, Pierre-Marie, **Droit international public** (Paris: Dalloz, 8ª ed., 2006)

___, *Le juge et la règle générale* (RGDIP, 1989, pp 569-598)

Dupuy, René-Jean, **L'humanité dans l'imaginaire des nations** (Paris: Julliard, 1991)

___, *Le mythe dans la vie internationale* (le texte est la transcription littérale de l'enregistrement de la conférence faite par Mr. le Prof. René-Jean Dupuy, le 14 décembre 1987, à Nice, préface de Claude Nigoul e Maurice Torrelli, Cycle de conférences portant sur 'La diplomatie nouvelle', Nice: Institut du droit de la paix et du développement / Institut européen des hautes études internationales, 1988)

___, *Regards de Valéry sur l'univers politique* (in **Mélanges offerts à Mr. le Doyen Louis Trotabas**, Paris: L.G.D.J., 1970, p. 137-153)

___, *Le traité sur l'Antartique* (AFDI, 1960, p. 111)

Dupuy, René-Jean & Daniel Vignes, **Traité du nouveau droit de la mer** (Paris: Economica / Bruxelas: Bruylant, 1985)

Duroselle, Jean-Baptiste, avec André Kaspi, **Histoire des relations internationales de 1919 à 1945** (Paris: Dalloz / A. Colin, 12e ed., 2001)

Ebbesson Jonas, *Public Participation in Environmental Matters* (in **Encyclopedia of public international law**, 2012, vol. VIII, p. 574-581)

Ehler, S. Z., **The recent Concodatas** (RCADI, 1961, t. 104, p. 1-68)

Einnecius, Johann Gottlieb (1681-1741), **Grundlagen des Natur- und Völkerrechts** (orig. publ. 1737) / **Elementi del diritto di natura e delle genti** ("versione italiana e correzione" del sacerdote Andrea Cantore Amato, Napoli: dalla tipografia di Domenico Sangiacomo, ed. seconda, "riveduta e ricorretta dal Vertitore", 1828, dois tomos)

Einstein, Alfred, **Greatness in music** (do original **Grösse in die Musik** © 1941, transl. by César Saerchinger, New York: Da Capo, 1976)

Eisman, Gene e Von Hardesty, **Epic Rivalry: the Inside Story of the Soviet and American Space Race** (Washington: National Geographic, 2007)

Ejzenberg, Wolf, **Desarmamento nuclear** (pref. P. B. Casella, apres. G. M. Ferreira Jr., Belo Horizonte: Arraes, 2017)

Eliade, Mircea, **History of religious ideas and beliefs I. from the stone age to the Eleusinian mysteries** (orig. publ. **Histoire des croyances et des idées religieuses**, Paris: Payot, © 1976, transl. W. R. Trask, Chicago: Univ. Press, 1978)

___, **History of religious ideas and beliefs II. From Gautama Buddha to the triumph of Christianity** (orig. publ. Paris: Payot, 1978, transl. W. R. TRASK, Chicago: Univ. Press, 1st. publ., 1982, reprint 1984)

___, **History of religious ideas and beliefs III. From Muhammad to the age of reforms** (orig. publ. Paris: Payot, 1983, transl. A. HILTEBEITEL and D. APOSTOLOS-CAPPADONA, Chicago: Univ. Press, publ. 1985)

___, **Aspects du mythe** (orig. publ. 1963, Paris: Gallimard – Folio, 1989)

___, **La nostalgie des origines: méthodologie et histoire des religions** (orig. publ. **The Quest**, Chicago: Univ. Press, 1969; ed. francesa, Paris: Gallimard – Folio – Essais, © 1971, reimpr. 1991)

ELIAN, G., **Le principe de la souveraineté sur les resources nationales et ses incidences juridiques sur le commerce international** (RCADI, 1976, t. 149, p. 1-85)

ELWAN, Omaia, *Nile river* (in **Encyclopedia of public international law**, 2012, vol. VIII, p. 681-697)

ENGELHARDT, Édouard, **Histoire du droit fluvial conventionnel** (Paris: L. Larose et Forcel, 1889)

___, **Du régime conventionnel des fleuves internationaux** – Études et projet de Règlement général, précédés d'une introduction historique (Paris: A. Cotillon, 1879)

ERICH, R., **La question des zones démilitarisées** (RCADI, 1929, t. 26, p. 587-668)

___, **La naissance et la reconnaissance des états** (RCADI, 1926, t. 13, p. 427-508)

ERMACORA, F., **The protection of minorities before the United Nations** (RCADI, 1983, t. 182, p. 247-370)

ESCARRA, J., **Le régime des concessions étrangères en Chine** (RCADI, 1929, t. 27, p. 1-140)

ESCUDERO ESPINOSA, Juan Francisco, **Self-determination and humanitarian secession in international law of a globalized world**: Kosovo vs Crimea (Cham, CH: Springer, 2017)

ESSEN, Alfred van der, *Les régions arctiques et antarctiques* (in **Traité du nouveau droit de la mer** coord. D. VIGNES e R.-J. DUPUY, Paris / Bruxelas: Economica / Bruylant, 1985, p. 463 ss.)

EUSTACHE, F., *L'affaire du plateau continental de la mer du nord devant la Cour Internationale de Justice* (RGDIP, 1970, vol. 74, p. 590)

EVENSEN, Jean, **Aspects of international law relating to modern radio communications** (RCADI, 1965, t. 115, p. 471-584)

EYSINGA, Jonkheer W. J. M. Van, **Évolution du droit fluvial international du Congrès de Vienne au traité de Versailles – 1815-1919** (Leyde: A. W. Sijthoff, 1919)

FALCÃO, Amílcar de Araújo, *Aproveitamento Industrial do Salto de Sete Quedas* (Bol. SBDI, 1967, p. 5)

FALK, Richard, Lester Edwin J. RUIZ and R. B. J. WALKER (edited by), **Reframing the international: law, culture, politics** (Nova York: Routledge, 2002)

___, *Reframing the legal agenda of world order in the course of a turbulent century* (in **Reframing the international: law, culture, politics**, edited by R. FALK, L. E. J. RUIZ and R. B. J. WALKER, Nova York: Routledge, 2002, cap. 1, p. 46-69)

FAO – Food and Agriculture Organization of the United Nations, *Systematic Index of International Water Resourses Treaties, Declarations, Acts and Cases by Basin* (Roma: FAO, 1978, vol. I)

FARER, T. J., **The regulation of foreign intervention in civil armed conflict** (RCADI, 1974, t. 142, p. 291-406)

FAUCHILLE, Paul, **Traité de droit international public** (Paris : A. Rousseau, 4 vols., 1921-1925)

___, **Le domaine aérien et le régime juridique des aérostats** (Paris : Pedone, 1901)

FAUSTO, Boris e Fernando J. DEVOTO, **Brasil e Argentina: um ensaio de história comparada (1850-2002)** (trad. dos textos em castelhano Sérgio MOLINA, São Paulo: Ed. 34, 2004)

FAVRE, Antoine, **Principes du droit des gens** (Paris / Friburgo: Librairie de droit et de jurisprudence / Presses universitaires de Fribourg, Suisse, 1974)

FAWCETT, J. E. S., **Intervention in international law: a study of some recent cases** (RCADI, 1961, t. 103, p. 343-424)

FAWCETT, Louise, **International relations of the Middle East** (Oxford: Univ. Press, orig. publ. 2005, 2nd ed., 2009)

FEDOZZI, Prospero, **De l'efficacité extraterritoriale des lois et des actes de droit public** (RCADI, 1929, t. 27, p. 141-242)

___, **La condition juridique des navires de commerce** (RCADI, 1925, t. 10, p. 1-222)

FEICHTNER, Isabel, *Community Interest* (in **Encyclopedia of public international law**, 2012, vol. II, p. 477-487)

FEINBERG, N., **L'admission de nouveaux membres à la Société des Nations et à l'Organisation des Nations Unies** (RCADI, 1952, t. 80, p. 293-394)

___, **La juridiction et la jurisprudence de la Cour permanente de justice internationale en matière de mandats et de minorités** (RCADI, 1937, t. 59, p. 587-708)

FEJTÖ, François, **Requiem pour un empire défunt** – Histoire de la destruction de l'Autriche-Hongrie (orig. publ. 1988, Paris: Perrin-tempus, 2014)

FELDMAN, Fábio (coord.), **Convenção da biodiversidade** (coord. Fabio FELDMAN, apresentação do Alm. Ibsen Gusmão CÂMARA, São Paulo: SMA

– Secretaria do Meio Ambiente, do Governo do Estado de São Paulo, Coleção Entendendo o Meio Ambiente, vol. II, 1997)

___, **Convenção de RAMSAR – sobre zonas úmidas de importância internacional, especialmente como habitat de aves aquáticas** (apresentação do Alm. Ibsen Gusmão Câmara, São Paulo: SMA – Secretaria do Meio Ambiente, do Governo do Estado de São Paulo, Coleção Entendendo o Meio Ambiente, vol. III, 1997)

___, **Convenção sobre o comércio internacional das espécies da fauna e flora selvagens em perigo de extinção** (apresentação do Alm. Ibsen Gusmão Câmara, São Paulo: SMA – Secretaria do Meio Ambiente, do Governo do Estado de São Paulo, Coleção Entendendo o Meio Ambiente, vol. IV, 1997)

___, **Convenção de Viena para a proteção da camada de ozônio e Protocolo de Montreal sobre substâncias que destroem a camada de ozônio** (apresentação Roberto Peixoto e Sueli Carvalho, São Paulo: SMA – Secretaria do Meio Ambiente, do Governo do Estado de São Paulo, Coleção Entendendo o Meio Ambiente, vol. V, 1997)

___, **Convenção sobre mudança de clima** (apresentação José Goldemberg, São Paulo: SMA – Secretaria do Meio Ambiente, do Governo do Estado de São Paulo, Coleção Entendendo o Meio Ambiente, vol. VI, 1997)

___, **Convenção da Basiléia sobre o controle de movimentos transfronteiriços de resíduos perigosos e seu depósito** (apresentação Marília Marreco, São Paulo: SMA – Secretaria do Meio Ambiente, do Governo do Estado de São Paulo, Coleção Entendendo o Meio Ambiente, vol. VII, 1997)

Ferguson, Niall, **Civilization** – The West and the Rest (New York: Penguin Press, 2011)

Fernandes, Moisés da Silva, **Macau na política externa chinesa 1949-1979** (Lisboa: Imprensa de Ciências Sociais, 2006)

Fernandez, J., et X. Pacreau (dir. de), **Statut de Rome de la Cour pénale internationale** – Commentaire article par article (Paris: Pedone, 2012, 2 vols.)

Ferraz Jr., Tércio Sampaio, **Estudos de filosofia do direito: reflexões sobre o poder, a liberdade, a justiça e o direito** (São Paulo: Atlas, 2002)

Ferreira, Alexandre Rodrigues, **Viagem ao Brasil** – «a expedição philosophica pelas capitanias do Pará, Rio Negro, Mato Grosso e Cuyabá» (documentos do Museu Bocage de Lisboa, intr. Carlos Almaça, notícia sobre A. R. Ferreira e sua obra por José Pereira da Silva, transcr. e comentários Dante Martins Teixeira e Nelson Papavero, São Paulo: Kapa Edtrl. / Fund. VITAE, 2002, 2 vols.)

Ferreira, Aurélio Buarque de Holanda, **Novo dicionário da língua portuguesa** (© 1986, Rio de Janeiro: Nova Fronteira, 2ª. ed., 19ª. impressão)

FERRERO, Guglielmo, **Pouvoir: le génie invisible de la cité** (New York: Brentano's, 1942)

___, **Grandeur et décadence de Rome** (trad. de l'italien par Urbain MENGIN) Vol. I – **La conquête** (Paris : Plon, 13e éd., 1908); Vol. II – **Jules César** (Paris: Plon, 12e éd., 1907); vol. III – **La fin d'une aristocratie** (Paris: Plon, 11e éd., 1907); vol. IV – **Antoine et Cléopatre** (Paris: Plon, 11e éd., 1907); vol. V – **La République d'Auguste** (Paris: Plon, 8e ed., 1907); vol. VI – **Auguste et le grand empire** (Paris: Plon, 4e éd., 1908)

FERRO, Marc, **História das colonizações**: das conquistas às independências – séculos XIII a XX (orig. publ. **Histoire des colonisations: des conquêtes aux indépendances XIIIe. au XXe. siècles** © 1994, trad. Rosa Freire D'AGUIAR, São Paulo: Companhia das Letras, 1996)

FIGES, Orlando, **A people's tragedy: the Russian revolution 1891-1924** (orig. publ. 1996, London: Bodley Head, 2014)

___, **Revolutionary Russia, 1891-1991** (London: Pelican, 2014)

___, **Natasha's dance: a cultural history of Russia** (orig. publ. 2001, London: Penguin, 2002)

___, **The Whisperers: Private life in Stalin's Russia** (orig. publ. 2007, London: Penguin, 2008)

___, **Just send me word** – A true story of love and survival in the Gulag (New York: a Metropolitan book – Henry Holt and Co., 2012)

___, **Crimea** – The last Crusade (orig. publ. 2010, London: Penguin, 2011)

FIORATTI, Jete Jane, **A disciplina jurídica dos espaços marítimos na Convenção das Nações Unidas sobre o direito do mar de 1982 e na jurisprudência internacional** (Rio de Janeiro: Renovar, 1999)

FISCHER WILLIAMS, John, **La convention pour l'assistance financière aux états victimes d'agression** (RCADI, 1930, t. 34, p. 77-176)

FITZMAURICE, Gerald, **The juridical clauses of the peace treaties** (RCADI, 1948, t. 73, p. 255-368)

FLEISCHER, C. A., **The new regime of maritime fisheries** (RCADI, 1988, t. 209, p. 95-222)

FOIGNET, René, **Manuel élémentaire de droit international public** (Paris: A. Rousseau éd., 4e éd., «revue, augmentée et mise au courant des faits les plus récents», 1902)

FONSECA Jr., Gelson, **A legitimidade e outras questões internacionais** : poder e ética entre as nações (prefácio Celso LAFER, São Paulo: Paz e Terra, 1ª. ed., 1998, 2ª. ed., 2004)

FONSECA, José Roberto Franco da, *Estrutura e funções da Corte Internacional de Justiça* (in **O direito internacional no terceiro milênio: estudos em homenagem ao professor Vicente Marotta RANGEL**, coord. L. O. BAPTISTA e J. R. F. da FONSECA, São Paulo: LTr, 1998, p. 750-762)

FONSECA, Márcio Alves da, **Michel FOUCAULT e o direito** (São Paulo: Max Limonad, 2002)

FORIERS, Paul, **L'organisation de la paix chez GROTIUS et l'école de droit naturel** (avec A. TRUYOL Y SERRA, **La conception de la paix chez VITORIA** / la présente édition est la reprise de deux articles parus dans les 'Recueils de la société Jean BODIN pour l'histoire comparative des institutions', tome XV – 'La paix', deuxième partie, Bruxelles: Éd. de la Librairie Encyclopédique, 1961; Paris: Vrin, 1987)

FORTUNA, Hernani Goulart, *O poder marítimo com projeção do poder nacional* (no volume **Questões importantes referentes ao mar**, coord. Georgette N. NAZO, São Paulo: SOAMAR – Sociedade Amigos da Marinha, 1996, p. 135-152)

FOURNIAL, Etienne, **Histoire monétaire de l'Occident médiéval** (Paris: F. Nathan, 1970)

FRANCIONI, Francesco, **La conservation et la gestion des ressources de l'Antarctique** (RCADI, 1996, t. 260, p. 239-404)

FRANCK, Thomas, **The power of legitimacy among nations** (Oxford: University Press, 1990)

FRANÇOIS, J. P. A., *Réflexions sur l'occupation* (in **Recueil d'études de droit international en hommage à P. Guggenheim**, Genebra: IUHEI, 1968, p. 793)

___, **La Cour permanente d'arbitrage, son origine, sa jurisprudence, son avenir** (RCADI, 1955, t. 87, p. 457-554)

FRAZER, James George FRAZER, **The golden bough: a study in magic and religion** (orig. publ. 1913, London: Macmillan, reprinted 1990, treze volumes)

FREYRE, Gilberto, **Palavras repatriadas** ("textos reunidos, anotados e prefaciados" por Edson Nery da FONSECA, Brasília: Ed. UnB / São Paulo: Imprensa oficial do estado, 2003, esp. *Uma visão quase apologética do comportamento hispânico ou ibérico nos trópicos*, trad. Roberto H. GALVÃO p. 427-462)

___, "prefácio" a José Antonio Gonçalves de MELLO Neto, **Tempo dos flamengos** (Rio de Janeiro: José Olympio / Col. 'Documentos brasileiros', 1949)

FRIEDRICH, Jürgen, *Environment, Private Standard Setting* (in **Encyclopedia of public international law**, 2012, vol. III, p. 499-509)

FUCHS, Christine, *Environment, Role of Non-Governmental Organizations* (in **Encyclopedia of public international law**, 2012, vol. III, p. 519-531)

FUENTES, Carlos, **La frontera de cristal** – una novela en nueve cuentos (México, Alfaguara, 1995)

FUKUYAMA, Francis, **The end of history and the last man** (Londres: Penguin, 1992)

GADDIS, John Lewis, **História da Guerra Fria** (orig. publ. **The Cold War: a new History**, 2005, trad. Gleuber Vieira, Rio de Janeiro: Nova Fronteira, 2006)

GAJA, Giorgio, ***Jus cogens* beyond the Vienna Convention** (RCADI, 1981, t. 172, pp. 271-316)

Galasso, G., **Dalla 'libertà d'Italia' alle 'preponderanze straniere'** (Napoli: Ed. Scientifica, 1997)

Gandolfi, A., **Le système antarctique** (Paris: PUF – Que sais-je ? volume n. 2511, 1989)

Garcia, Domingos Sávio da Cunha, **Os belgas na fronteira oeste do Brasil** (Brasília: FUNAG, 2009)

Garcia, Márcio P. P., *Aviação civil e terrorismo* (in **Terrorismo e direito**, coord. L. Brant, Rio de Janeiro: Forense, 2003, p. 299-318)

Garcia Marcio e Antenor Pereira Madruga Filho (coord.), **A imunidade de jurisdição e o judiciário brasileiro** (Brasília: CEDI – Centro de estudos de direito internacional, 2002)

Gardot, A., **Le droit de la guerre dans l'oeuvre des capitaines français du XVIe. siècle** (RCADI, 1948, t. 72, p. 393-540)

___, **Jean Bodin: sa place parmi les fondateurs du droit international** (RCADI, 1934, t. 50, p. 545-748)

Garro, Alejandro M., *Legal framework for regional integration in the Américas: Interamerican conventions and beyond* (in **MERCOSUL: integração regional e globalização**, coord. P. B. Casella, Rio de Janeiro: Renovar, 2000, p. 383-405)

Gauthier, Gilles et Mollard, Claude (dir. de), **L'épopée du canal de Suez** – ouvrage conçu à l'occasion de l'exposition «L'épopée du canal de Suez – des pharaons au XXIe siècle» présentée à l'Institut du Monde arabe à Paris du 28 mars au 5 août 2018 et de l'exposition «Marseille et l'épopée du canal de Suez» présentée au Musée d'Histoire de Marseille du 19 octobre 2018 au 31 mars 2019, Paris: Gallimard, 2018)

Ghali, Boutros-Boutros, *Global Development Cooperation* (Emory International Law Review, vol. 7, n. 1, 1993, p. 11)

Gidel, G., **La mer territoriale et la zone contiguë** (RCADI, 1934, t. 48, p. 133-278)

___, **Le droit international public de la mer** (Paris: Recueil Sirey, 1934, vol. 3 – Le temps de paix)

Gilbert, Martin, **A história do século XX** (orig. publ. **History of the twentieth century**, 2001, trad. C. Barcelos e E. de Castro Alves, São Paulo: Crítica, 3ª ed., 2016)

Giraud, E., **La théorie de la légitime défense** (RCADI, 1934, t. 49, p. 687-868)

Giraudeau, Geraldine, *La naissance du Soudan du Sud: la paix impossible?* (in Annuaire français de droit international, 2012, vol. 58, p. 61-82)

Goedhuis, D., **The problems of the frontiers of outer space and air space** (RCADI, 1982, t. 174, p. 367-407)

___, **Conflicts of law and divergencies in the legal regimes of air space and outer space** (RCADI, 1963, t. 109, p. 257-346)

___, **Questions of public international air law** (RCADI, 1952, t. 81, p. 201-308)

GOLDMAN, Nathan C., *Space Law* (in **Space Politics and Policy: An Evolutionary Perspective**, ed. by Eligar SADEH, Dordrecht: Kluwer, 2002)

___, **American Space Law: International and Domestic** (Ames: Iowa State Univ. Press, 1998)

___, **Space Policy: an Introduction** (Iowa: Iowa State Univ. Press, 1992)

GOMES, Luiz Flávio e Flávia PIOVESAN (coord.), **O sistema interamericano de proteção dos direitos humanos e o direito brasileiro** (São Paulo: RT, 2000)

GOMEZ ROBLEDO, A., **Le *jus cogens* international: sa génèse, sa nature, ses fonctions** (RCADI, 1981, t. 172, p. 9-217)

GONZÁLEZ LAPEYRE, Edison, **Transport maritime et régime portuaire** (RCADI, 2004, t. 308, p. 253-378)

GOODHART, A. L., **The North Atlantic Treaty of 1949** (RCADI, 1951, t. 79, p. 183-236)

GOROVE, Stephen, *Sources and Principles of Space Law* (in **Space Law: Development and Scope**, ed. by Nandasiri JASENTULIYANA, Westport: Praeger Publishers, 1992, p. 46)

___, **International space law in perspective: some major issues, trends and alternatives** (RCADI, 1983, t. 181, p. 349-409)

GOUVEIA, Jorge Bacelar, **Manual de direito internacional público** (Rio de Janeiro: Renovar, 2005)

GRAMSCI, Antonio, **O ressurgimento e a unificação da Itália** (orig. publ. **Il Risorgimento e l'unità d'Italia**, intr. Carmine DONZELLI, trad. Letícia M. de ANDRADE, São Paulo : Martins Fontes, 2014)

GRANT, Thomas, *Chechnya* (in **Encyclopedia of public international law**, 2012, vol. II, p. 97-108)

GRAVEN Jean, **Le difficile progrès du règne de la paix internationale par le droit** (Paris: Pedone, 1970)

___, **Les crimes contre l'humanité** (RCADI, 1950, t. 76, p. 427-608)

GREGOROVIUS, Ferdinand, **Geschichte der Stadt Rom im Mittelalter** (orig. publ. em oito volumes, de 1859 a 1873) ed. italiana **Storia della città di Roma nel Medioevo** (intr. Waldemar KAMPF, trad. Andrea CASALEGNO, Torino: Einaudi, 1973, ristampa 2011)

GRIDEL, J. P., **Le signe et le droit** (préf. Jean CARBONNIER, Paris: LGDJ, 1979)

GRIMAL, Pierre, **A civilização romana** (orig. publ. **La civilisation romaine**, 1984, trad. Isabel ST. AUBYN, Lisboa: Ed. 70, 2009)

GRÓCIO, Hugo, **Direito da guerra e da paz** (trad. C. MIORANZA, Ijuí: Ed. Unijuí, 2004)

___, **Le droit de la guerre et de la paix** (orig. publ. 1625, «nouvelle traduction» par J. Barbeyrac, «avec les notes de l'auteur même, qui n'avoient point paru en françois et des nouvelles notes du traducteur», Amsterdam, chez P. de Coup, 1724, 2 vols.)

___, **Mare liberum** (Original Latin Text «facsimile of the first edition, 1609» and modern English translation, edited and annotated by R. Feenstra, introduction by J. Vervliet, Leiden, Boston, Brill, 2009)

GROS, André, *Origines et traditions de la fonction de jurisconsulte du département des affaires étrangères* (in **Mélanges offerts à Mr. le Doyen Louis Trotabas**, Paris: L.G.D.J., 1970, p. 187-195)

___, **La convention sur la pêche et la conservation des ressources biologiques de la haute mer** (RCADI, 1959, t. 97, p. 1-90)

GROS-ESPIELL, Hector, *Una reflexión sobre el uso pacífico de la energia nuclear* (in **Dimensão internacional do direito: estudos em homenagem a G. E. do NASCIMENTO E SILVA**, coord. P. B. CASELLA, São Paulo: LTr Ed., 2000, p. 211-228)

___, *No discriminación y libre determinación como normas imperativas de derecho internacional* (Anuário IHLADI, Madri, 1980, vol. 6, p. 74)

GROSS, L., **The International Court of Justice and the United Nations** (RCADI, 1967, t. 120, p. 313-440)

GUGGENHEIM Paul, **Contribution à l'histoire des sources du droit des gens** (RCADI, 1958, t. 94, p. 1-84)

___, **Les principes de droit international public** (RCADI, 1952, t. 80, p. 1-190)

___, **La validité et la nullité des actes juridiques internationaux** (RCADI, 1949, t. 74, p. 191-268)

___, **Les mesures conservatoires dans la procédure arbitrale et judiciaire** (RCADI, 1932, t. 40, p. 645-764)

GUILLAUME, Gilbert, *O estado de Israel e a questão palestina* (in **Terrorismo e direito**, coord. L. N. C. BRANT, Rio de Janeiro: Forense, 2003, p. 69-102)

___, *Le statut de l'Antarctique, réflexions sur quelquer problèmes récents* (in **Mélanges DUPUY**, Paris : Pedone, 1991, p. 171)

GULDMANN, W., *Air carriers' liability in respect of passengers from Warsaw 1929 via The Hague 1955 to Guatemala City 1971* (RCADI, 1972, t. 135, p. 435-478)

GUNN, Geoffrey C., **Complicity in Genocide: report to the East Timor 'Truth Commission' on International Actors** (Macau: Tipografia Macau-Hong Kong / Geoffrey C. Gunn, 2006)

___, **Encountering Macau: a Portuguese City-state on the periphery of China, 1557-1999** (Macau: Tipografia Macau – Hong Kong / Geoffrey C. Gunn, 1st. publ. in English 1966, new edition 2005)

GUTMAN, Roy, David RIEFF and Anthony DWORKIN (edited by), **Crimes of war** (New York: Norton, © 1999, "revised and updated edition", 2007)

GUTTING Gary (org.), **Foucault** (do original **The Cambridge Companion to Foucault** © 2001, trad. André OIDES, São Paulo, Ideias e Letras, 2016).

GUYER, R. E., **The Antarctic System** (RCADI, 1973, t. 139, p. 149-226)

HAAS, R., **Régime international des zones franches dans les ports maritimes** (RCADI, 1928, t. 21, p. 371-428)

HABICHT, M., **Le pouvoir du juge international de statuer *ex aequo et bono*** (RCADI, 1934, t. 49, p. 277-372)

HAECK, Louis, *Aspects juridiques de certaines utilisations militaires de l'espace* (Annals of Air and Space Law, Toronto, 1997, vol. 21, n. 1, p. 363-368)

HAILBRONNER, Kay e Isabel RÖCKER, *International Civil Aviation Organization, Jurisdiction of, Case* (in **Encyclopedia of public international law**, 2012, vol. V, p. 417-420)

HALLE, Louis J., **The cold war as history: with a new epilogue on the ending of the cold war** (orig. publ. 1967, new ed., 1991)

HAMBRO, E., **The jurisdiction of the International Court of Justice** (RCADI, 1950, t. 76, p. 121-216)

HANDL, Günther, *Northwest Passage (Canadian-American Controversy)* (in **Encyclopedia of public international law**, 2012, vol. VII, p. 829-834)

HARCK, Sten, *Aaland Islands* (in **Encyclopedia for Public International Law**, 2012, vol. I, p. 279-285)

HARDESTY, Von e Gene EISMAN, **Epic Rivalry: the Inside Story of the Soviet and American Space Race** (Washington: National Geographic, 2007)

HARRISON James, and Alan BOYLE, *Environmental Accidents* (in **Encyclopedia of public international law**, 2012, vol. III, p. 531-540)

HART, H. L. A., **The concept of law** (Oxford: Clarendon Press, orig. publ. 1961, 2nd ed., with a postscript, edited by Penelope A. BULLOCH and Joseph RAZ, 1994)

HATTENHAUER, Christian, *Danzig, Free City of* (in **Encyclopedia of public international law**, 2012, vol. II, p. 1018-1026)

___, *Free Cities* (in **Encyclopedia of public international law**, 2012, vol. IV, p. 231-233)

HAURIOU, André – Jean GICQUEL – Patrice GÉLARD, **Droit constitutionnel et institutions politiques** (Paris: Montchrestien, 6e éd., 1975 – avec une mise à jour au 1er septembre 1977)

HAURIOU, A., **Principes de droit public** (Paris: Sirey, 2e éd., 1916)

HEFFTER, August Wilhelm, **Das europäische Völkerrecht der Gegenwart auf bisherigen Grundlagen** (Berlim: H. W. Müller, 1844)

HENRARD, Kristin, *Minorities, International Protection* (in **Encyclopedia of public international law**, 2012, vol. VII, p. 253-270)

HERDEGEN, Matthias, *River bridges* (in **Encyclopedia of public international law**, 2012, vol. VIII, p. 1004-1006)

HERÓDOTO, **L'Enquête** (in HÉRODOTE – THUCYDIDE, **Oeuvres complètes**, intr. J. de ROMILLY, texte présenté, traduir et annoté par A. BARGUET, Paris: Gallimard – Pleiade, © 1964, impr. 1982)

___, **História** (trad., intr. e notas de Mário da Gama KURY, Brasília: Ed UnB, © 1985, 2ª. ed., 1988)

HERRERA, David, **El siglo del Americanismo** – Una interpretación histórica y geoestratégica de la hegemonía de los E.U. (México: Univ. Nacional Autónoma de México – Ed. Akal, 2020)

HERRERO-RUBIO, A., **Le droit des gens dans l'Espagne du XVIIIe siècle** (RCADI, 1952, t. 81, p. 309-450)

HERRING, George C., **From Colony to Superpower** – U.S. Foreign Relations since 1776 (Oxford: Univ. Press, 2008)

HEYDTE, Friedrich A. von der, *Le principe du bon voisinage en droit international* (Rev. Fac. Direito da Univ. de Lisboa, 1961-1962, vol. XV, p. 279-292)

HEYKING, Alphonse, **L'exterritorialité et ses applications en Extrême-Orient** (RCADI, 1925, t. 7, p. 237-340)

HIGGINS, Alexander Pearce, **La contribution de quatre grands juristes britanniques au droit international (LORIMER, WESTLAKE, HALL et HOLLAND)** (RCADI, 1932, t. 40, p. 1-86)

___, **Le régime juridique des navires de commerce** en haute mer en temps de paix (RCADI, 1929, t. 30, p. 1-80)

HIGGINS, R., **International law and the avoidance, containment and resolution of disputes: general course on public international law** (RCADI, 1991, t. 230, p. 9-342)

HILL, C. E., **Le régime international des détroits maritimes** (RCADI, 1933, t. 45, p. 475-556)

HINDMARSH, A. E., **Le Japon et la paix en Asie** (RCADI, 1936, t. 57, p. 97--200)

HOBBES, Thomas, **Leviathan** (1651, ed. by Richard TUCK, Cambridge: Univ. Press – col. Cambridge Texts in the History of Political Thought, 1991)

___, **Leviatã**, trad. de João Paulo MONTEIRO et Maria Beatriz Nizza da SILVA, São Paulo: Abril cult., 1974)

HOBE, Stephan, *Spacecraft, Satellites, and Space Objects* (in **Encyclopedia of public international law**, 2012, vol. IX, p. 403-406)

___, *Current and Future Developments of Space Law* (Revista de Direito Aeronáutico e Espacial – SBDA, Rio de Janeiro, n. 88, fev.-2005, p. 51)

HOBSBAWM, E. J., **The age of extremes** – The short twentieth century 1914-1991 (orig. publ. 1994, Londres: Abacus, 1995)

___, **A era do capital 1848-1875** (orig. publ. **The age of capital 1848-1875**, 1977, trad. Luciano COSTA Neto, São Paulo: Paz e Terra, 15ª ed., 2ª reimpr., 2011)

___, **A era das revoluções 1789-1848** (orig. publ. **The age of Revolution 1789--1848**, 1977, trad. Maria Tereza TEIXEIRA e Marcos PENCHEL, São Paulo: Paz e Terra, 25ª ed., 2ª reimpr., 2010)

HOFBAUER, Jane A., **Sovereignty in the exercise of the right to self-determination** (Leiden / Boston: Brill / Nijhoff, "Queen Mary Studies in International Law", vol. 27, 2016)

HOFMANN, Rainer, *Minorities, European Protection* (in **Encyclopedia of public international law**, 2012, vol. VII, p. 240-253)

HOSTIE, J. F., **Le transport de marchandises en droit international** (RCADI, 1951, t. 78, p. 211-324)

___, **Examen de quelques règles du droit international dans le domaine des communications et du transit** (RCADI, 1932, t. 40, p. 397-524)

___, **Le statut international du Rhin** (RCADI, 1929, t. 28, p. 105-230)

HOUAISS, Antonio, **Dicionário da língua portuguesa** (Rio de Janeiro: Objetiva, 1ª ed., 2001)

HOURANI, Albert, **Uma história dos povos árabes** (do original **A history of the arab peoples** © 1991, trad. Marcos SANTARRITA, São Paulo: Companhia das Letras, 2006)

HUBER, Max, **Internationales Wasserrecht** (Zürich: Separatabdruck aus Schweizerische Wasserwirtschft, Bd. 3, Nr. 24 e Bd. 4, Nr. 1, 1911, available on line: LSE Library Catalogue 9936692210302021)

HUDSON, M. O., **Les avis consultatifs de la Cour permanente de justice internationale** (RCADI, 1925, t. 8, p. 341-412)

HUGHES, J. Donald, **An environmental history of the world**: Humankind's changing role in the community of life (orig. publ., 2001, Londres / New York: Routledge, reprinted 2004)

HUIZINGA, Johan, *Hugo Grócio y su tiempo* ("discurso pronunciado en La Haya, ante la Universidad Popular y la Asociación pro Sociedad de Naciones y Paz, el 16 de junio de 1925, en la cerimonia de inauguración de la exposición Hugo Grócio", publicado in **El concepto de la historia y otros ensayos**, trad. Wenceslao ROCES, México: FCE, 1946, 5ª reimpr., 2005, p. 343-360)

___, *Hugo Grócio en la historia del espiritu humano* ("discurso pronunciado en Gante, en la Sesion extraordinaria de la Real Academia Flamenca, el 23 de diciembre de 1925", publicado in **El concepto de la historia y otros ensayos**, trad. Wenceslao ROCES, México: FCE, 1946, 5ª reimpr., 2005, p. 360-369)

___, *La influencia de Alemania en la cultura holandesa* ("conferencia pronunciada en Erlangen en la Asamblea de filólogos alemanes, y publicada en el Archiv für Kulturgeschichte, t. XVI, 1926", in **El concepto de la historia y otros ensayos**, trad. Wenceslao ROCES, México: FCE, 1946, 5ª reimpr., 2005, p. 371-406)

HUNTINGTON, Samuel, **O choque de civilizações** e a recomposição da ordem mundial (do original **The clash of civilizations and the remaking of world order** © 1996, trad. M. H. C. CORTES, Rio de Janeiro: Objetiva, 1997)

ILA – International Law Association, *Helsinki Rules – International Water Law Project* (adopted in the 52nd Conference, held in Helsinki, 1966, publ. ILA, **Helsinki Rules on the uses of the water of international rivers**, London: ILA, 1967, p. 7-55 – also available on line at International Water Law Project: www.waterlaw.org)

IMBERT, Bertrand, **Die Pole** – Expeditionen ins ewige Eis (orig. publ. **Le grand défi des pôles**, 1987, Dt. Textfassung Regina SCHMIDT-OTT, Wiss. Bearb. Wolf--Dieter BLÜMEL, Ravensburg: Otto Maier, 1990)

IMBERT, L.. *Le régime juridique actuel du Danube* (RGDIP, 1951, p. 73)

INFANTI CAFFI, Maria Teresa, *Boundary Disputes in Latin America* (in **Encyclopedia of public international law**, 2012, vol. I, p. 1017-1028)

INSTITUTAS, **Institutionum sive elementorum** (recognovit Paulus KRUEGER, in **Corpus iuris civilis**, volumem primum, Dublin / Zürich: Weidmann, impr. 1973)

INSTITUTO DE DIREITO INTERNACIONAL, **Resolução a respeito da diversidade cultural e questões de ordem pública em direito internacional privado, em matéria de família** (9ª Comissão, Relator Paul LAGARDE, adotada em 25 de agosto de 2005)

___, **L'utilisation des eaux internationales non maritimes en dehors de la navigation** (sessão de Salzburgo, 1961, relator J. ANDRASSY)

___, **Projet de déclaration internationale relative aux occupations de territoires** (Rapporteurs: MM. Ferdinand von Martitz et Edouard Engelhardt, Sessão de Lausanne, 7 de setembro de 1888)

JABLONKA, Ivan, **Homens justos** – do patriarcado às novas masculinidades (orig. publ. **Des hommes justes** – du patriarcat aux nouvelles masculinités, 2019, trad. Julia da Rosa SIMÕES, São Paulo: Todavia, 2021)

JAGOTA, S. P., **Maritime boundary** (RCADI, 1981, t. 171, p. 81-223)

JAKHU, Ram, Twenty Years of the Moon Treaty: Space Law Challenges for Returning to the Moon (Revista de Direito Aeronáutico e Espacial – SBDA, Rio de Janeiro, n. 88, fev. 2005)

JAKOWITSCH, Peter, A Historical Perspective of Outer Space Treaties (International Institute for Peace, disponível em: <http://www.iip.at/publications/ps/0303jankowitsch.htm>)

JELLINEK, Georg, **Allgemeine Staatslehre** (orig. publ. 1900, ed. Walter JELLINEK, Berlin/Heidelberg: Springer, 3. Auflage, 1921, eBook DOI 10.1007/978-3-662-43104-7)

JENKS, C. Wilfred, **Economic and social change and the law of nations** (RCADI, 1973, t. 138, p. 455-502)

___, **Liability for ultrahazardous activities in international law** (RCADI, 1966, t. 117, p. 99-200).

___, **Space law** (London: Stevens and Sons / Washington: F. Praeger, 1965)

JENKYNS, Henry, **British rule and jurisdiction beyond the seas** (ed. by Courtenay ILBERT, Oxford: Clarendon Press, 1902, digitalizado pela Harvard Univ., 22 nov. 2008)

JENNINGS, Robert Y., **Judicial reasoning at an international court** (VRBEI, 1991, n. 236)

___, **General course on principles of international law** (RCADI, 1967, t. 121, p. 323-606)

___, **Some aspects of the international law of the air** (RCADI, 1949, t. 75, p. 509-590)

JESSUP, P. C., **L'exploitation des richesses de la mer** (RCADI, 1929, t. 29, p. 401-514)

JIMENEZ DE ARECHAGA, Eduardo, **International law in the past third of a century** (RCADI, 1978, t. 159, p. 1-343)

JIMÉNEZ PIERNAS, Carlos, *Archipelagic Waters* (in **The Max Planck Encyclopedia of Public International Law**, 2012, vol. I, p. 553-560)

JOHNSON-FREESE, Joan, **Space as a Strategic Asset** (Nova York: Columbia Univ. Press, 2007)

JONES, John Paul, *Ships, Diverting and Ordering into Port* (in **The Max Planck Encyclopedia of Public International Law**, 2012, vol. IX, p. 168-173)

JONKMAN, Hans, *The role of the Permanent Court of Arbitration in international dispute resolution: addresses on 6 and 27 July 1999, at the Hague Academy of International Law, Peace Palace, The Hague, on the occasion of the centennial celebration of the Permanent Court of Arbitration* (RCADI, 1999, t. 279, p. 9-49)

JOUANNET, Emmanuelle, **Emer de Vattel et l'émergence doctrinale du droit international classique** (Paris: Pedone, 1998)

JUDT, Tony, **Reappraisals: Reflections on the forgotten XXth century** (New York: Penguin Press, 2008)

___, **Pós-guerra: uma história da Europa desde 1945** (do original **Postwar: a History of Europe since 1945**, © 2007, trad. José Roberto O'SHEA, Rio de Janeiro: Objetiva, 2008)

JUNG, Carl Gustav e Karoly KERÉNYI, **Essays on a science of mythology** (orig. publ. 1949, translated by R. F. C. HULL, New York: Bollingen Foundation / Princeton: University Press, 1973)

JUSTE RUIZ, José, *Los princípios fundamentales del derecho internacional ambiental* (in **Dimensão internacional do direito: estudos em homenagem a G. E. do NASCIMENTO E SILVA**, org. P. B. CASELLA, São Paulo: LTr, 2000, p. 243-264)

KAASE Max, *Legitimität [2: Empirie und Vergleich]* (in **Wörterbuch Staat und Politik**, Dieter NOHLEN (Hrsg.), Bonn: Bundeszentrale für politische Bildung, 1991, p. 344-347)

KAECKENBEECK, Georges, **La protection internationale des droits acquis** (RCADI, 1937, t. 59, p. 317-420)

___, **International rivers** – a monograph based on diplomatic documents (Grotius Society Publications, London: Sweet and Maxwell, 1918)

KALDOR, Mary, *The ideas of 1989: the origins of the concept of global civil society* (in **Reframing the international: law, culture, politics**, edited by R. FALK, L. E. J. RUIZ and R. B. J. WALKER, Nova York: Routledge, 2002, p. 70-82)

KAMMINGA, Menno T., *Extraterritoriality* (in **Encyclopedia of public international law**, 2012, vol. III, p. 1070-1077)

___, *State sucession in respect of human rights treaties* (EJIL, 1996, vol. 7, p. 469 ss.)

KAMTO, Maurice, **La volonté de l'état en droit international** (RCADI, 2004, t. 310, p. 9-428, publ. 2007)

___, *Le matériau cartographique dans les contentieux frontaliers et territoriaux* (in **Liber amicorum Mohammed BEDJAOUI**, Haia: Kluwer Law International, 1999, p. 371-398)

KAPLAN, Michel, **Pourquoi Byzance?** – Un empire de onze siècles (Paris: Gallimard – histoire, 2016)

KAPLAN, Robert D., **In Europe's shadow – Two Cold Wars and a trirty-year journey through Romania and beyond** (New York: Random House, 2016)

KATCHI, Antonio, **As fontes do direito em Macau** (Macau: Faculdade de Direito da Univ. de Macau – teses e estudos, 2006)

KAYE, Stuart, *Torres Strait* (in **Encyclopedia of public international law**, 2012, vol. IX, p. 945-948)

KDHIR, Moncef, **Dictionnaire juridique de la Cour internationale de Justice** (Bruxelas: Bruylant, 2ª ed., rev. e aumentada, 2000)

KEETON, G. W., **Extraterritoriality in international and comparative law** (RCADI, 1948, t. 72, p. 283-392)

KELSEN, Hans, **O problema da justiça** (do original **Das Problem der Gerechtigkeit** © 1960, trad. João Baptista MACHADO, São Paulo: Martins Fontes, 2ª ed., 1996)

___, **Introduction to the problems of legal theory** (do original **Reine Rechtslehre: Einleitung in die rechtswissenschaftliche Problematik**, © 1934, 1985, translated by Bonnie and Stanley L. PAULSON, introduction by Stanley L. PAULSON, Oxford: Clarendon Press, 1992)

___, **Théorie du droit international public** (RCADI 1953, t. 84, p. 1-203)

___, **The Law of the United Nations – a critical analysis of its fundamental problems**, London: Stevens & Sons, 1950)

___, *Recognition in international law* (AJIL, 1941, p. 605-617)

___, **Théorie générale du droit international public: problèmes choisis** (RCADI, 1932, t. 42, p. 117-352)

___, **Allgemeine Staatslehre** (1925, Berlim / Zurique: Gehlen, reimpressão 1966)

___, **Das Problem der Souveränität und die Theorie des Völkerrechts: Beitrag zu einer reinen Rechtslehre** (Tübingen: Mohr, 1920, trad. italiana de Agostino CARRINO, **Il problema della sovranità e la teoria del diritto internazionale** Milão: Giuffrè, 1989)

KENEZ, Peter, **A History of the Soviet Union from the beginning to the end** (orig. publ. 1999, Cambridge: Univ. Press, 2nd ed., 2006, 6th printing, 2010)

KENT, Neil, **A concise History of Sweden** (Cambridge: Univ. Press, orig. publ. 2008, reprinted 2010)

KERÉNYI, K., **Die Mythologie der Griechen I. Die Götter- und Menschheitsgeschichten** (orig. publ. 1966, Munique: DTV, 6. Auflage, 1983)

___, **II. Die Heroengeschichten** (orig. publ. 1966, Munique: DTV, 6. Auflage, 1983)

___ e C. G. JUNG, **Essays on a science of mythology** (orig. publ. 1949, translated by R. F. C. HULL, New York: Bollingen Foundation / Princeton: University Press, 1973)

KERNO, I. S., **L'Organisation des Nations Unies et la Cour internationale de justice** (RCADI, 1951, t. 78, p. 575-686)

KERREST, Armel (dir. de), **L'adaptation du droit de l'espace à ses nouveaux défis: mélanges en l'honneur de Simone COURTEIX** (Paris: Pedone, 2007)

KERVEGAN, Jean-François, *Souveraineté, état de droit, supra-nationalité : un rapport contradictoire ?* (in **L'architecture du droit – Mélanges en l'honneur de Michel Troper** – Études coordonnés par D. de BÉCHILLON, P. BRUNET, V. CHAMPEIL-DESPLATS e E. MILLARD, Paris: Economica, 2006, pp. 553-567)

KIMAMBO, I. N., M. TWADDLE e L. RABEARIMANANA, *L'Afrique orientale* (in **Histoire générale de l'Afrique**, vol. VIII – **L'Afrique depuis 1935**, dir. de A. A. MAZRUI et C. WONDJI, Paris: Présence africaine – Edicef – Unesco, 1998, cap. IX, p. 153-176)

KIRBY, David, **A concise History of Finland** (Cambridge: Univ. Press, orig. publ. 2006, 5th printing, 2011)

KISHI, Sandra Akemi Shimada, *Política nacional do meio ambiente e o desenvolvimento sustentado, a intervenção obrigatória do estado e o acesso ao bem ambiental* (in **Política nacional do meio ambiente: 25 anos da Lei n. 6938/1981**, org. J. C. de C. ROCHA, T. H. P. HENRIQUES Filho e U. CAZETTA, Belo Horizonte: Del Rey, 2007, p. 39-63)

KISS, Charles A., **La notion de patrimoine commun de l'humanité** (RCADI, 1982, t. 175, p. 99-256)

KISSINGER, Henry, **China** (orig. publ. 2011, New York: Penguin, 2012)

KLEFFENS, E. N. van, **Sovereignty in international law** (RCADI, 1953, t. 82, p. 1-132)

KLINGE, Matti, **A brief History of Finland** (Keuruu: Otava Printing, 1994)

KOHEN, Marcelo, **Possession contestée et souveraineté territoriale** (Paris: PUF – publ. de l'Institut de hautes études internationales, 1997)

___ y F. D. RODRIGUEZ, **Las Malvinas entre el derecho y la historia** (Buenos Aires: Eudeba, 2016)

___ and M. HÉBIÉ, *Territory, Acqusition* (in **Encyclopedia of Public International Law**, 2012, vol. IX, p. 887-900)

___ and M. HÉBIÉ, *Territory, Discovery* (in **Encyclopedia of Public International Law**, 2012, vol. IX, p. 900-904)

___, *Memel Territory Statute, Interpretation of Case* (in **Encyclopedia of public international law**, 2012, vol. VII, p. 87-89)

KOLOSOV, Yuri M., *Limiting the use of force: self-defense, terrorism and drug trafficking* (in **Law and force in the new international order**, ed. by L. F. DAMROSCH & D. J. SCHEFFER, Boulder / San Francisco: Westview Press / American Society of International Law, 1991, p. 233-236)

KOMARNICKI, T., **The place of neutrality in the modern system of international law** (RCADI, 1952, t. 80, p. 395-510)

___, **La définition de l'agresseur dans le droit international moderne** (RCADI, 1949, t. 75, p. 1-114)

KÖNIG, Doris, *Flag of Ships* (in **Encyclopedia of public international law**, 2012, vol. IV, p. 98-116)

KOROWICZ, Marc, **Une expérience de droit international: la protection des minorités de Haute-Silésie** (Paris: Pedone, 1946)

KOSKENNIEMI, Martti, **The gentle civilizer of nations: the rise and fall of international law (1870-1960)** ("Hersch Lauterpacht Memorial Lectures", Cambridge: Univ. Press, 1st. publ. 2001, reprinted 2005)

KOULAIMAH-GABRIEL, Andrea, **Raison d'état ou droit des peuples? – le dilemme de l'Union européenne dans ses rapports avec le Maroc et Israël** (Bruxelas: Presses Interuniversitaires Européennes, 1995)

KOUTIKOV, V., **Les problèmes du droit international privé fluvial** (RCADI, 1969, t. 127, p. 247-354)

KOUTROULIS, Vaios, **Le début et la fin de l'application du droit de l'occupation** (Paris: Pedone, 2010)

KRABBE, H., **L'idée moderne d'état** (RCADI, 1926, t. 13, p. 509-584)

___, **Die Lehre der Rechtssouveränität** (Groningen: J. B. Wolters, 1906)

KRADER, Lawrence, **Formation of the state** (Englewood Cliffs, N.J. Prentice Hall, (c) 1968)

KRITSCH, Raquel, **Soberania: a construção de um conceito** (São Paulo: Humanitas / IOE, 2002)

KÜNSSBERG, E. von e R. SCHRÖDER, **Lehrbuch der deutschen Rechtsgeschichte** (Berlin: Leipzig, 2. Aufl., 1932)

KUNZ, J. L., *The Danube regime and the Belgrade Conference* (AJIL, 1949, p. 104)

___, **L'option de nationalité** (RCADI, 1930, t. 31, p. 107-176)

LABOUZ, Marie-Françoise, *Les aspects stratégiques de la question de l'Antarctique* (RGDIP, 1986, p.579-595)

LACHS, Manfred, *L'espace, la lune et lês autres corps celestes* (in **Droit international: bilan et perspectives**, Paris: Pedone / UNESCO, 1991, t. II, p. 1025--1040)

___, **El Derecho Del Espacio Ultraterrestre** (Madri: Fondo de Cultura Econômica, 1977)

___, **The international law of outer space** (RCADI, 1964, t. 113, p. 1-116)

___, **The Polish-German frontier** (Warszawa: PWN, 1964)

LAFER, Celso, **A internacionalização dos direitos humanos: constituição, racismo e relações internacionais** (Barueri: Manole, 2005)

___, *Derecho y legitimidad en el sistema internacional: soberania nacional y comunidad mundial* (Foro Internacional, vol. XXIX, abril-junho 1989, n. 4, p. 561-582)

___, **A reconstrução dos direitos humanos: um diálogo com o pensamento de Hannah Arendt** (São Paulo: Compnahia das Letras, 1988)

LAGONI, Rainer, *Kiel Canal* (in **Encyclopedia of public international law**, 2012, vol. II, p. 584-589)

LAGUTINA, Maria, **Russia'a Arctic Policy in the Twenty-first century** – National and International Dimensions (*Foreword* Michael O. SLOBODCHIKOFF, *The Arctic Frontier*, Lanhan, Md.: Lexington Books, 2019)

___, P. B. CASELLA and A. R. CAPELLA Giannattasio, *BRICS in polar regions: Brazil's interests and prospects* (Vestnik of Saint Petersburg University International Relations, 2020, vol. 13, issue 3, p. 326-340, UDC 339.9 https://doi.org/10.21638/spbu06.2020.303)

___ and Nataliya A. VASILYEVA, **The Russian Project of Eurasian Integration** – Geopolitical prospects (Lanhan, Md.: Lexington Books, 2016)

LALONDE, Suzanne, *Bering Sea* (in **Encyclopedia of Public International Law**, ed. by R. WOLFRUM, 2012, vol. I, p. 888-894)

LANDI, Antonio José, **Amazônia felsínea**: itinerário artístico e científico de um arquiteto bolonhês na Amazônia do século XVIII (Lisboa: Comissão nacional para as comemorações dos descobrimentos portugueses, 1999)

LANGENHOVE, F. van, **Le problème de la protection des populations aborigènes aux Nations Unies** (RCADI, 1956, t. 90, p. 321-436)

LAPIDOTH [Eschelbacher], Ruth, *Straits, International* (in **Encyclopedia of public international law**, 2012, vol. IX, p. 619-625)

___, **Les détroits en droit international** (préface C. ROUSSEAU, Paris: Pedone, 1972)

LAPOUGE, Gilles, **Utopie et civilisations** (Paris: Flammarion / Champs, 1978)

LAPRADELLE, Albert de, **Les principes généraux du droit international** (Paris: Centre européen de la dotation Carnegie pour la paix internationale, 1930)

LA PRADELLE, Paul de Geouffre de, **Notions de territoire et d'espace dans l'aménagement des rapports internationaux contemporains** (RCADI, 1977, t. 157, p. 415-484)

___, *Progrès ou déclin du droit international?* (in **La communauté internationale: mélanges offerts à Charles Rousseau**, Paris: Pédone, 1974, p. 139-152)

___, *Sur quelques résurgences du droit naturel* (in **Mélanges offerts à Mr. le Doyen Louis Trotabas**, Paris: L.G.D.J., 1970, p. 317-335)

___, **Les frontières de l'air** (RCADI, 1954, t. 86, p. 117-202)

Laude, Emile, *Questions pratiques* (in Revue juridique internationale de la locomotion aérienne, Paris: Pedone, 1910, n. 1, p. 16-18)

Laun, R., **Le régime international des ports** (RCADI, 1926, t. 15, p. 1-144)

Lauterpacht, E., **The development of the law of international organization by the decisions of international tribunals** (RCADI, 1976, t. 152, p. 377-478)

Lauterpacht, H., *Sovereignty over submarine areas* (BYIL, vol. 27, 1950, p. 376--433)

___, **Recognition in international law** (Cambridge: Univ. Press, 1947)

___, **Règles générales du droit de la paix** (RCADI, 1937, t. 62, p. 95-422)

Leanza, U., **Le régime juridique international de la mer méditérranée** (RCADI, 1992, t. 236, p. 127-460)

Leben, Charles, **La juridiction internationale** (Paris: Droits, n. 9, «La fonction de juger», 1989)

Le Clézio, J. M. G., **Voyage à Rodrigues**: journal (Paris: Gallimard – NRF, 1986)

Lederle, Alfred, **Das Recht der internationalen Gewässer unter besonderen Berücksichtigung Europas** – eine völkerrechtliche Studie (Mannheim: J. Bensheimer, 1920)

Lee Pui-tak (edited by), **Hong Kong reintegrating with China: political, cultural and social dimensions** (Hong Kong: University Press, 2001)

Leener, Georges De, **Règles générales du droit des communications internationales** (RCADI, 1936, t. 55, p. 1-86)

Le Fur, Louis, **La théorie du droit naturel depuis le XVIIe siècle et la doctrine moderne** (RCADI, 1927, t. 18, p. 259-442)

Legrez, F., *Les conditions générales de transport de l'IATA* (RCADI, 1972, t. 135, p. 439-452)

Leister, Valnora, *O Comitê para o Uso Pacífico do Espaço Exterior (Copuos) da Organização das Nações Unidas* (in **Reflexões sobre os 60 Anos da ONU**, coord. Araminta Mercadante e J. C. de Magalhães, Ijuí: Ed. Unijuí, 2005, p. 398-412)

Le Mestre, Renan, *Des îles dans les plis de la bannière étoilée: les territoires et états associés de l'Océan Pacifique dépendant des États-Unis* (Journal du droit international, 2018, juillet-août-septembre, t. 145, n. 3, p. 801-822)

Levenson, Jay A. (edited by), **Circa 1492** (Washington / New Haven: National Gallery of Art / Yale University Press, 1992)

Levi, Lucio, *Legitimidade* (no **Dicionário de política**, Norberto Bobbio, Nicola Matteucci e Gianfranco Pasquino, © 1983, trad. L.G. Pinto Cacais, J. Ferreira, G. LO Mônaco, R. Dini e C. C. Varrialle, rev. geral J. Ferreira e L. G. Pinto Cacais, Brasília: Ed. UnB, 1986, p. 675-679)

LÉVI-STRAUSS, Claude, **Tristes trópicos** (do original **Tristes tropiques** © 1955, trad. Rosa Freire D'AGUIAR, São Paulo: Companhia das Letras, 1996, reimpr. 2000)

LÉVI-STRAUSS, Claude e Didier ERIBON, **De perto e de longe** (do original **De près et de loin** © 1988, trad. Léa MELLO e Julieta LEITE, Rio de Janeiro: Nova Fronteira, 1990)

LEVITT, Geoffrey M., *Intervention to combat terrorism and drug trafficking* (in **Law and force in the new international order**, ed. by L. F. DAMROSCH & D. J. SCHEFFER, Boulder / San Francisco: Westview Press / American Society of International Law, 1991, p. 224-232)

LEWALD, H., **Questions de droit international des successions** (RCADI, 1925, t. 9, p. 1-126)

LEWANDOWSKI, Enrique Ricardo, **Globalização, regionalização e soberania** (São Paulo: Juarez de Oliveira, 2004)

___, **Proteção dos direitos humanos na ordem interna e internacional** (Rio de Janeiro: Forense, 1984)

LIEBERT, Ulrike e Wolfgang MERKEL (orgs.), **Die Politik zur deutschen Einheit**: Probleme – Strategien – Kontroversen (Opladen: Leske + Büdrich, 1991)

LIMA, Fernando e Eduardo Cintra TORRES, **Macau entre dois mundos** (Lisboa: Fund. Jorge Álvares / Edtrl. Inquérito, 2004)

LIMBURG, J., **L'autorité de la chose jugée des décisions des juridictions internationales** (RCADI, 1929, t. 30, p. 519-618)

LINDQVIST, Herman, **A History of Sweden** (transl. by Roy BRADBURY, Stockholm: Norstedts, 2002)

LINDQVIST, Sven, **Terra nullius** (orig. publ. **Terra nullius – en resa genon ingens land**, 2005, trad. du suédois par Hélène HERVIEU, Paris: Les arènes, 2007)

LIPMANN, Eric, **Paderewski l'idole des années folles** (orig. publ. 1984, Paris: France Loisirs, 1985)

LISSITZYN, O. J., **Territorial entities other than independent states in the law of treaties** (RCADI, 1968, t. 125, p. 1-92)

LO, Louis and Jeremy TAMBLING, **Walking Macao, reading the Baroque** (Hong Kong: Univ. Press / publ. in conjunction with Instituto Cultural do Governo da R.A.E. de Macau, 2009)

LONDERO, Magdalena, *O direito fluvial internacional* (Bol. SBDI, 1966, p. 61)

LUCIEN-BRUN, J., *Une nouvelle étape dans le droit concordataire* (AFDI, 1965, p. 113 ss.)

___, *Les nouveaux états africains et le Saint-Siège* (AFDI, 1961, p. 808 ss.)

LUHMANN, Niklas, **Legitimation durch Verfahren** (orig. publ. 1983, Frankfurt: Suhrkamp, 11. Auflage,)

LUKOWSKI, Jerzy e Hubert ZAWADZKI, **Histoire de la Pologne** (orig. publ. **A concise History of Poland** © 2001, 2006, trad. Eric CHÉDAILLE, Paris: Perrin, 2010)

LUNA, Denise, *Petrobrás acha óleo leve no pré-sal da bacia de Campos*, G1, 2007. Disponível em <http://g1.globo.com/Noticias/Politica/0,,AA1559901-5601,00.html>. Acesso em 25 de outubro de 2021

LYNN, John A., **The French Wars 1667-1714** – The Sun King at war (orig. publ. 2002, Oxford: Osprey, 2009)

LYRA, Heitor, *A soberania brasileira nas ilhas do Atlântico* (Boletim SBDI, vol. 1, 1945, p. 37)

MA SALMAN, Salman, *Niger river* (in **Encyclopedia of public international law**, 2012, vol. VIII, p. 677-681)

MADRUGA Filho, Antenor Pereira e Marcio GARCIA (coord.), **A imunidade de jurisdição e o judiciário brasileiro** (Brasília : CEDI – Centro de estudos de direito internacional, 2002)

MAGALHÃES, José Carlos de, **Direito Econômico Internacional**: tendências e perspectivas (Curitiba: Juruá, 2005)

MAHJOURI, A., *O período romano e pósromano na África do Norte* / parte I – o período romano (in **História geral da África: II. A África antiga**, coord. do vol. G. MOKHTAR, orig. publ. **Histoire générale de l'Afrique: II. Afrique ancienne**, © 1980, trad. Carlos Henrique DAVIDOFF et al., rev. técnica Ulpiano T. Bezerra de MENEZES et al., São Paulo: Ática / Paris: UNESCO, 1983, cap. 19, p. 473-509)

MAKGOBA, Malegapuru William (ed. by), **African Renaissance** – The new struggle (Cape Town: Mafube – Tafelberg, 1999)

MALENOVSKY, Jiri, *Problèmes juridiques liés à la partition de la Tchécoslovaquie* (A.F.D.I., 1993, vol. XXXIX, p. 305-336)

MANDELSTAM, A. N., **La politique russe d'accès à la Méditérranée au XXe. siècle** (RCADI, 1934, t. 47, p. 597-802)

___, **La protection des minorités** (RCADI, 1923, t. 1, p. 363-520)

MANDT, Hella, *Legitimität [1: Theorie und Geschichte]* (in **Wörterbuch Staat und Politik**, Dieter NOHLEN (Hrsg.), Bonn: Bundeszentrale für politische Bildung, 1991, p. 338-343)

MANZANO Moreno, Eduardo, **Historia de las sociedades musulmanas en la Edad media** (Madri: Edtrl. Síntesis, 1992)

MAQUIAVEL, Nicolau, **O príncipe** (1513) (in Niccolò MACCHIAVELLI, **Tutte le opere**, a cura di Mário MARTELLI, Florença: Sansoni, 1971, p. 255-298)

MARCOFF, M. G., **Sources du droit international de l'espace** (RCADI, 1980, t. 168, p. 9-122)

MAREK, F., *Le problème des sources du droit international d'après l'arrêt de la Cour Internationale de Justice du 20 février 1969, concernant la mer du nord* (Rev. belge de droit int'l., 1970, vol. 6, p. 44)

MARÈS, Antoine, **Histoire des Tchèques et des Slovaques** (orig. publ. 1995, Paris: Perrin – tempus, 2005)

MARTENS, Fiodor de, **Traité de droit international** (1882, trad. du russe par Alfred LÉO, Paris: Librairie Marescq, 1883, 3 vols.)

MARTENS, G. F. de, **Précis du droit des gens moderne de l'Europe** (1788, «nouvelle édition revue, accompagnée des notes de PINHEIRO-FERREIRA, précédée d'une introduction et completée par l'exposition des doctrines des publicistes contemporains, et suivie d'une bibliographie raisonnée du Droit des gens par M. Ch. VERGÉ», Paris : Guillaumin, 1858, 2 vols.)

MATEESCO MATTE, Nicolas, **Space Activities and Emerging International Law** (Montreal: McGill University, 1984)

___, **Aerospace Law: from Scientific Exploration to Commercial Utilization** (Toronto: Carswell, 1977)

MARTIN, J., **L'empire renaissant** 1789-1871 (Paris: Denoel, 1987)

___, **Aerospace law: telecommunications satellites** (RCADI, 1980, t. 166, p. 119-249)

MATTÉI, Jean-François e Denis L. ROSENFELD (editores), **O terror** (Rio de Janeiro: Jorge Zahar, 2002)

MATTIEVICH, Enrico, **Viagem ao inferno mitológico** (Rio de Janeiro: Objetiva, 1992)

MATTINE-DAFTARY, A., **Cours abrégé sur la contribution des conférences de Génève au développement progressif du droit international de la mer** (RCADI, 1961, t. 102, p. 635-674)

MAZRUI, A. A. (dir. de) avec C. WONDJI, **Histoire générale de l'Afrique**, vol. VIII – **L'Afrique depuis 1935**, Paris: Présence africaine – Edicef – Unesco, 1998)

MCCAFFREY, Stephen C., *International watercourses* (in **Encyclopedia of public international law**, 2012, vol. VI, p. 201-206)

___, *International watercourses, Environmental protection* (in **Encyclopedia of public international law**, 2012, vol. VI, p. 206-218)

MCDOUGALL, Walter A., **The Heavens and the Earth: A Political History of the Space Age** (Nova York: Basic Books, 1985)

MCWHINNEY, Edward, **Self-determination of peoples and plural-ethnic states (secession and state succession and the alternative federal option)** (RCADI, 2002, t. 294, p. 167-264)

___, **Judicial settlement of disputes, jurisdiction and justiciability** (RCADI, 1990, t. 221, p. 9-194)

___, **The illegal diversion of aircraft and international law** (RCADI, 1973, t. 138, p. 261-372)

MEDEIROS, Antonio Paulo Cachapuz de (organização), **Pareceres dos consultores jurídicos do Itamaraty** vol. I (1903-1912, pref. G. E. do NASCIMENTO E SILVA, Brasília: Senado Federal, 2000); vol. II pareceres de Clóvis BEVILAQUA (1913-1934, pref. de Zuleika LINTZ, Brasília: Senado Federal, 2000); vol. III (1935-1945); vol. IV pareceres de S. do REGO BARROS e Levi CARNEIRO

(1946-1951, Brasília: Senado Federal, 2000); vol. V pareceres de Hildebrando Accioly (1952-1960, Brasília: Senado Federal, 2001); vol. VI pareceres de Haroldo Valladão (1961-1971, Brasília: Senado Federal, 2002); vol. VII pareceres de Amílcar de Araújo Falcão, de Augusto de Rezende Rocha e de Miguel Franchini Netto (1972-1984, Brasília: Senado Federal, 2004); vol. VIII pareceres de Antônio Augusto Cançado Trindade (1985-1989, Brasília: Senado Federal, 2004); vol. IX pareceres de Vicente Marotta Rangel, de João Grandino Rodas e de A.P.C. de Medeiros (1990-1999, Brasília: Senado Federal, 2004)

Mehdi, Rostane, *L'application par le juge du principe de l'uti possidetis* (in **Le juge international et l'aménagement de l'espace: la spécificité du contentieux territorial**, direction de Philippe Weckel, Paris: Pedone, 1998, p. 57-89)

Mehdi, R. e J. M. Sorel, *L'uti possideits entre la consécration juridique et la pratique: essai de réactualisation* (A.F.D.I., 1994, vol. XL, p. 10-40)

Meijknecht, Anna, *Minority Protection System between World War I and World War II* (in **Encyclopedia of public international law**, 2012, vol. VII, p. 279-277)

Meira Mattos, Adherbal, **Reflexões sobre direito internacional e relações internacionais** (São Paulo: Quartier Latin, 2007)

___, **Direito internacional público** (Rio de Janeiro: Renovar, 2ª ed., 2002)

___, **Em defesa da Amazônia brasileira** (Belém do Pará: Ed. CEJUP, 1995)

___, **Amazônia e outros estudos** (Belém do Pará: Ed. CEJUP, 1991)

___, *Direito interplanetário* (in **Estudos jurídicos em homenagem ao prof. Haroldo Valladão**, Rio de Janeiro: Freitas Bastos, 1983, p. 34-39)

___, **Pacto amazônico: cooperação e integração** (Belém do Pará: Ed. UFPA, 1982)

Mello, Celso D. de Albuquerque, **Curso de direito internacional público** (Rio de Janeiro: Renovar, 15ª ed., 2004, 2 vols., esp. Livro VI – o território e o direito internacional público, p. 1111-1365)

___ (coord.), **A soberania** (Anuário Direito e Globalização, vol 1, Rio de Janeiro: Renovar, 1999)

___, *A soberania através da história* (in **A soberania**: Anuário Direito e Globalização, vol 1, Rio de Janeiro: Renovar, 1999, p. 7-22)

___, *Direito de ingerência* (in **O direito internacional no terceiro milênio: estudos em homenagem ao prof. V. Marotta Rangel**, org. L. O. Baptista e J. R. Franco da Fonseca São Paulo: LTr, 1998, p. 359-374)

___, *Aspectos gerais do direito internacional público contemporâneo* (XI Curso de derecho internacional, Rio de Janeiro, "organizado por el Comitê jurídico interamericano, con la cooperación de la Secretaria general de la OEA, en agosto de 1984", Washington: O.E.A.-Secretaria general, 1985, p. 3-27)

Mello Neto, José Antonio Gonçalves de, **Tempo dos flamengos** (pref. Gilberto FREYRE, Rio de Janeiro: José Olympio / Col. 'Documentos brasileiros', 1949)

MENDES, José, **Direito internacional público**: preleções (São Paulo: Duprat & Cia., 1913)

MENDEZ DE LEON, P. M. J., *International Civil Aviation Organization (ICAO)* (in **Encyclopedia of public international law**, 2012, vol. V, p. 413-417)

MENDONÇA, Marcus Carneiro de, **A Amazônia na era pombalina:** "a correspondência do governador e capitão-general do estado do Grão-Pará e Maranhão, Francisco Xavier de MENDONÇA FURTADO 1751-1759" (Brasília: Senado Federal, 2005, 3 vols.)

MENSBRUGGHE, Y. van den, **Les garanties de la liberté de navigation dans le canal de Suez** (Paris: LGDJ, 1964)

MERCADANTE, Araminta e J. C. de MAGALHÃES (coord.), **Reflexões sobre os 60 Anos da ONU** (Ijuí: Ed. Unijuí, 2005)

MERCADANTE, Araminta de A., *A processualística dos atos internacionais: Constituição de 1988 e o MERCOSUL* (in **Contratos internacionais e direito econômico no MERCOSUL: após o término do período de transição**, coord. P. B. CASELLA et al., São Paulo: LTr, 1996, p. 458-505)

MERKEL, Wolfgang e Ulrike LIEBERT (orgs.), **Die Politik zur deutschen Einheit**: Probleme – Strategien – Kontroversen (Opladen: Leske + Büdrich, 1991)

MERLE, Marcel, **Sociologie des relations internationales** (Paris: Dalloz, 2e éd., 1976)

MERON, Th., **International law in the age of human rights: general course on public international law** (RCADI, 2003, t. 301, p. 9-490)

MESSINA, S., **Les tribunaux mixtes et les rapports interjuridictionnels en Egypte** (RCADI, 1932, t. 41, p. 363-500)

MESZÁROS, István, **Para além do Leviatã** – Crítica do estado (orig. publ. **Beyond Leviathan** – Critique of the state, org., prefácio e notas John B. FORSTER, trad. Nélio SCHNEIDER, São Paulo: Boitempo, 2021)

MÉTALL, Rudolf Aladár, **Hans Kelsen: Leben und Werk** (Viena: Deuticke, 1969)

MEYER, Philippe, **Baltiques** – Histoire d'une mer d'ambre (Paris: Perrin, 2013)

___, **L'Or du Rhin** – Histoire d'un fleuve (Paris: Perrin, 2011)

MEYER-HEINE, Anne, *L'application par le juge du principe de l'effectivité* (in **Le juge international et l'aménagement de l'espace : la spécificité du contentieux territorial**, sous la direction de Philippe WECKEL, Paris : Pedone, 1998, p. 35-56)

MIAJA DE LA MUELA, A., **Aportación de la sentencia del Tribunal de La Haya en el caso Barcelona Traction (5 de febrero de 1970) a la jurisprudencia internacional** (Valladolid : Cuadernos de la cátedra J. B. Scott, Univ. de Valladolid, 1970)

MICHAUX, Henri, **Jours de silence** (Montpellier: fata morgana, 1978)

MIÈGE, Jean-Louis et Colette DUBOIS (dir. de), **L'Europe retrouvée** – les migrations de la décolonisation (Paris: L'Harmattan, 1994)

MILLIOT, Louis, **La conception de l'état et de l'ordre légal dans l'Islam** (RCADI, 1949, t. 75, p. 591-688)

MIRKINE-GUETZEVITCH, Boris, **Quelques problèmes de la mise en oeuvre de la Déclaration universelle des droits de l'homme** (RCADI, 1953, t. 83, p. 255-376)

MILZA, Pierre e Serge BERSTEIN (dir.), **História do século XX** – de 1973 aos dias atuais: a caminho da globalização e do século XXI (orig. publ. **Histoire du XXe siècle**, 2005, trad. F. SANTOS, São Paulo: Companhia Ed. Nacional, 2007)

MOKHTAR, G. (coord.), **História geral da África: II. A África antiga** (orig. publ. **Histoire générale de l'Afrique: II. Afrique ancienne**, © 1980, trad. Carlos Henrique DAVIDOFF et al., rev. técnica Ulpiano T. Bezerra de MENEZES et al., São Paulo: Ática / Paris: UNESCO, 1983)

MOMTAZ, Djamchid, **Le droit international humanitaire applicable aux conflits armés non internationaux** (RCADI, 2001, t. 292, p. 9-145)

MONIZ BANDEIRA, Luiz Alberto, **La formación de los Estados en la cuenca del Plata: Argentina, Brasil, Uruguay, Paraguay** (© 2006, trad. de Miguel GRINBERG, Buenos Aires: Grupo Editorial Norma, 2006)

MONTAIGNE, Michel de, **Essais** (in **Oeuvres complètes**, textes établis par Albert THIBAUDET et Maurce RAT, introduction et notes par Maurice RAT, Paris: Gallimard / Pléiade, © 1962, reimpr. 1992)

MONSERRAT FILHO, José, **Direito e política na era espacial: podemos ser mais justos no espaço do que na terra?** (Rio de Janeiro: Vieira & Lent, 2007)

___, *A Inclusão Espacial* (*Revista de Direito Aeronáutico e Espacial – SBDA*, Rio de Janeiro, n. 90, mar. 2007)

___, **Introdução ao Direito Espacial** (Rio de Janeiro: SBDA, 1997 – disponível on line no site da Associação Brasileira de Direito Aeronáutico e Espacial www.sbda.org.br)

___, **Direito internacional** (orig. publ. 1982, São Paulo: Brasiliense, 3ª. ed., 1986)

MOREAU-REIBEL, J., **Le droit de société interhumaine et le *jus gentium*: essai sur les origines et le développement des notions jusqu'à Grotius** (RCADI, 1950, t. 77, p. 481-598)

MORELLI, G., **La théorie générale du procès international** (RCADI, 1937, t. 61, p. 253-374)

MORESCO, Emanuel, **Les rapports de droit public entre la métropole et les colonies, dominions et autres territoires d'outre-mer** (RCADI, 1936, t. 55, p. 507-593)

MORIN, Jacques-Yvan, **L'état de droit: émergence d'un principe du droit international** (RCADI, 1995, t. 254, p. 9-462)

MORRISON, Fred L., *Condominium and Coimperium* (in **Encyclopedia of public international law**, 2012, vol. II, p. 598-601)

MORUS, Thomas, **A Utopia** (orig. publ. **De optimo reipublicae statu, deque nova insula Utopia**, trad. e notas de Luís de ANDRADE, São Paulo: Abril cultural – Os pensadores, vol. X, 1972, p. 159-314)

MOSLER, H., **The international society as a legal community** (RCADI, 1974, t. 140, p. 1-320)

MOTA, Carlos Guilherme (org.), **Viagem incompleta. A experiência brasileira: 1500-2000** – Formação: histórias (São Paulo: Senac Ed., 2ª ed., 2000)

MOTA, Lourenço Dantas, **Introdução ao Brasil** – um banquete no trópico (São Paulo: Senac Ed., 2ª ed., 1999)

MOTTA, Octanny Silveira da, *Contrato de transporte aéreo internacional e campo de aplicação da Convenção de Varsóvia* (in **Contratos internacionais do comércio**, de Irineu STRENGER, São Paulo: RT, 1986, p. 287-300)

___, **Da responsabilidade contratual do transportador aéreo** (São Paulo: EDUSP / Saraiva, 1966)

MOURÃO, Ronaldo Rogério de Freitas, **Astronáutica: do Sonho à Realidade: História da Conquista Espacial** (Rio de Janeiro: Bertrand Brasil, 1999)

MOUTON, M. W., **The international regime of the polar regions** (RCADI, 1962, t. 107, p. 169-286)

___, **The continental shelf** (RCADI, 1954, t. 85, p. 343-466)

MOVCHAM, Anatoly, **Problems of boundaries in the Helsinki Declaration** (RCADI, 1977, t. 154, p. 1-43)

MÜLLERSON, R., **International law, rights and politics** (New York: Routledge, 1994)

MÜNCH, F., *Das Urteil des Internationales Gerichtshofes vom 20. Februar 1969 über den deutschen Anteil am Festlandsockel in den Nordsee* (ZaöRV, 1969, vol. 29, p. 455)

MURPHY, John F., *Commentary on intervention to combat terrorism and drug trafficking* (in **Law and force in the new international order**, ed. by L. F. DAMROSCH & D. J. SCHEFFER, Boulder / San Francisco: Westview Press / American Society of International Law, 1991, p. 241-243)

MUSA, João Luiz, Marcelo Breda MOURÃO e Ricardo TILKIAN, **Alberto SANTOS-DUMONT: eu naveguei pelo ar** (Rio de Janeiro: Nova Fronteira, 2001)

MYRDAL, A., *Preserving the oceans for peaceful purposes* (RCADI, 1970, t. 133, p. 1-14)

MZAMANE, M., *Eurocentric and Afrocentric Perspectives on Ancient African History* (in **African Renaissance** – The new struggle, ed. by M. W. MAKGOBA, Cape Town: Mafube – Tafelberg, 1999, chap. 11, p. 173-183)

NAHUM, Benjamín, **Breve Historia del Uruguay independiente** (orig. publ. 1999, Montevideo: Ed. de la Banda Oriental, 8ª ed., 2011)

NASCIMENTO E SILVA, G. E. – P. B. CASELLA – O. de O. BITTENCOURT NETO, **Direito internacional diplomático** – Convenção de Viena sobre relações diplomáticas na teoria e na prática (São Paulo: Saraiva, 4ª ed., "revista, atualizada e ampliada", 2012)

___, *Pollution of the sea from land-based activities* (in **Hector Gros Espiell Amicorum Liber**, Bruxelas: Bruylant, 1997, vol. I, p. 269-278)

___, *A utilização dos rios internacionais e o MERCOSUL* (in **Contratos internacionais e direito econômico no MERCOSUL: após o término do período de transição**, coord. P. B. CASELLA, São Paulo: LTr, 1996, p. 506-517)

___, **Direito ambiental internacional** – meio ambiente, desenvolvimento sustentável e os desafios da nova ordem mundial (Rio de Janeiro: Thex Ed., 1995)

___, **Le facteur temps et les traités** (RCADI, 1977, t. 154, p. 103-214)

NASSER, Salem H., **Fontes e normas do direito internacional: um estudo sobre a *soft law*** (pref. Guido F. S. SOARES, São Paulo: Atlas, 2005)

NATHAN, Andrew J. and Robert S. ROSS, **The Great Wall and the empty fortress**: China's search for security (New York: Norton, 1997)

NAYAR, Jayan, *Orders of inhumanity* (in **Reframing the international: law, culture, politics**, edited by R. FALK, L. E. J. RUIZ and R. B. J. WALKER, Nova York: Routledge, 2002, cap. 1, p. 107-135)

NAZO, Georgette N. (coord.), **Questões importantes referentes ao mar** (São Paulo: SOAMAR – Sociedade Amigos da Marinha, 1996)

NÉGULESCO, D., **L'évolution de la procédure des avis consultatifs de la Cour permanente de justice internationale** (RCADI, 1936, t. 57, p. 1-96)

NERE, Jacques, **História contemporânea** (orig. publ. **Précis d'histoire contemporaine**, trad. Octávio MENDES CAJADO, São Paulo: Difel. 2ª ed., 1981)

NEVES, Lúcia M. B. P. das e José Murilo de CARVALHO (org.), **Repensando o Brasil do oitocentos** – cidadania, política e liberdade (Rio de Janeiro: Civilização Brasileira, 2009)

NGUYEN Quoc Dinh, P. DALLIER e A. PELLET, **Droit international public** (Paris: LGDJ, 5e ed., 1994)

___, **Direito Internacional Público** (trad, Vítor Marques COELHO, revisão de M. Irene GOUVEIA, Filipe Delfim SANTOS, Lisboa: Fundação Calouste Gulbenkian, 1999 e 2ª ed., 2003)

NIBOYET, J. P., **Le rôle de la justice internationale en droit international privé: conflits des lois** (RCADI, 1932, t. 40, p. 153-236)

NIEMEYER, Theodor, **Das Seekriegsrecht nach der Londoner Declaration** von 26. Februar 1909 (Berlin: Walter de Gruyter, 1910)

NINCIC, Diuma, **Les implications générales juridiques et historiques de la Déclaration d'Helsinki** (RCADI, 1977, t. 154, p. 45-102)

NIPPOLD, Ottfried, *Le développement historique du droit international depuis le Congrès de Vienne* (RCADI, 1924, t. 2, p. 1-24)

NOIRIEL, Gérard, **État, nation et immigration** – vers une histoire du pouvoir (orig. publ. 2001, Paris: Gallimard-folio-histoire, 2005)

NOLLKAEMPER, André, *Universality* (in **Encyclopedia of public international law**, 2012, vol. X, p. 580-586)

NOUZHA, Christophe, *Le rôle du Tribunal International du droit de la mer dans la protection du milieu marin* (Revue Québécoise de droit international, vol. 18, no. 2, 2005, p. 65-90 https://doi.org/10.7202/1069174ar)

NOVICOW, J., **La politique internationale** («introduction» E. VERON, Paris: Felix Alcan, 1886)

NOZICK, Robert, **Anarchy, state and utopia** (New York: Basic Books / Harper Collins, © 1974)

NUSSBERGER, Angelika, *Russia* (in **Encyclopedia of public international law**, 2012, vol. VIII, p. 1029-1062)

NYS, Ernest, **Le droit international: les principes, les théories, les faits** (Paris: Marcel Rivière, 1912)

O'CONNELL, Daniel P., *Adumbrations of the continental shelf doctrine* (in **La communauté internationale: Mélanges offerts à Charles ROUSSEAU**, Paris: Pedone, 1974, p. 173-185)

___, **Recent problems of state succession in relation to new states** (RCADI, 1970, t. 130, p. 95-206)

ODA, S., **The International Court of Justice viewed from the bench (1976--1993)** (RCADI, 1993, t. 244, p. 9-90)

___, **International law of the resources of the sea** (RCADI, 1969, t. 127, p. 355-484)

O'HAGAN, Jacinta, *Conflict, convergence or coexistence? The relevance of culture in reframing world order* (in **Reframing the international: law, culture, politics**, edited by R. FALK, L. E. J. RUIZ and R. B. J. WALKER, New York: Routledge, 2002, p. 187-217)

OLIVEIRA LIMA, Manuel de, **Formação histórica da nacionalidade brasileira** (originalmente palestras na França, em 1908, Rio de Janeiro: Expressão e Cultura, 2001)

___, **O movimento da independência: o Império brasileiro** (1821-1889) (São Paulo: Melhoramentos, 3ª edição, 1959)

OLIVEIRA, Márcio L. de, *O direito à resistência armada e o terrorismo: distinções* (in **Terrorismo e direito**, coord. L. BRANT, Rio de Janeiro: Forense, 2003, p. 447-460)

O.N.U., **Agenda 21** (adotada em 14 de junho de 1992)

___, **Resolução 3281 (XXIX)**, contém a **Carta dos direitos e deveres econômicos dos estados** (adotada pela A.G.N.U., em 12 de dezembro de 1974)

___, Resolução 2625 (XXV) **Declaração relativa aos princípios de direito internacional com respeito às relações amistosas e a cooperação entre estados, em conformidade com a Carta da ONU** (1970)

ONUF, Nicholas, *Tainted by contingency: retelling the story of international law* (in **Reframing the international: law, culture, politics**, edited bt Richard FALK, Lester Edwin J. RUIZ and R. B. J. WALKER, Nova York: Routledge, 2002, cap. 1, p. 26-45)

ORLOV, A. S., A. I. POLUNOV, I. I. TERESHENKO, **Osnovi Kursa Istorii Rossii** (Moscou: Prospekt, 2015)

ORREGO-VICUÑA, Francisco, *Development of international cooperation in Antarctica and the Southern Ocean* (in **Dimensão internacional do direito: estudos em homenagem a G. E. do NASCIMENTO E SILVA**, org. P. B. CASELLA, São Paulo: LTr, 2000, p. 311-318)

___ e Maria Teresa INFANTE, *Le droit de la mer dans l'Antartique* (RGDIP, 1980, p. 340-350)

ORSENNA, Erik, **Voyage au pays du coton: petit précis de mondialisation** (Paris: Fayard, 2006)

ORTEGA, Francisco A. – Rafael E. ACEVEDO P. – Pablo CASANOVA Castañeda (eds.), **Horizontes de la historia conceptual en Iberoamérica** – Trayectorias e incursiones (Bogotá: Univ. Nacional de Colombia / Santander: Genueve Eds., 2021)

OSNÍTSKAYA, G., *Derecho Cósmico* (in **Curso de Derecho Internacional**, coord.. G. TUNKIN, Moscou: Edtrl. Progreso, 1979, vol. II, cap. XIV, p. 87-103)

OUCHAKOV, N. A., **La compétence interne des états et la non-intervention dans le droit international contemporain** (RCADI, 1974, t. 141, p. 1-86)

PACREAU, X. et J. FERNANDEZ (dir. de), **Statut de Rome de la Cour pénale internationale** – Commentaire article par article (Paris: Pedone, 2012, 2 vols.)

PADFIELD, Peter, **Maritime supremacy and the opening of the Western mind:** naval campaigns that shaped the modern world 1588-1782 (Londres: Random House, © 1999, publ. 2000)

PANCRACIO, Jean-Paul, **Droit international des espaces**: air – mer – fleuves – terre – cosmos (Paris: A. Colin/Masson, 1997)

PAOLILLO, F. H., **The institutional arrangements for the international sea-bed and their impact on the evolution of international organizations** (RCADI, 1984, t. 188, p. 135-337)

PARDO, Arvid, **The common heritage: selected papers on oceans and world order 1967-1974** (Malta: Malta Univ. Press, 1975)

PARRY, Clive, **Some considerations on the protection of individuals in international law** (RCADI, 1956, t. 90, p. 653-726)

PASCAL Blaise, **Pensées** (in **Oeuvres complètes**, texte établi, présenté et annoté par Jacques CHEVALIER, Paris : Gallimard-Pleïade, (c) 1954, impr. 1991)

PASTOR RIDRUEJO, J.-A., **Le droit international à la veille du vingt et unième siècle : normes, faits et valeurs : cours général de droit international public** (RCADI, 1998, t. 274, p. 9-308)

___, **Les procédures publiques spéciales de la Commission des droits de l'homme des Nations Unies** (RCADI, 1991, t. 228, p. 183-272)

PAUBEL, Emerson Faria Cabral, **Propulsão e Controle de Veículos Aeroespaciais: uma Introdução** (Florianópolis: UFSC, 2002)

PAZARTZIS, Photini, **La succession d'états aux traités multilatéraux** : à la lumière des mutations territoriales récentes (préf. P.-M. EISENMANN, Paris : Pedone, 2002)

PEDERNEIRAS, Raul, **Direito internacional compendiado** ("rev. e aumentada" por Oscar TENÓRIO, Rio de Janeiro: Freitas Bastos, 10ª ed., 1953)

PEIRANO BASSO, Jorge, *La familia como sujeto de derecho internacional* (in **Hector Gros Espiell Amicorum Liber**, Bruxelas: Bruylant, 1997, vol. II, p. 1041-1056)

PELLA, Vespasiano V., **La répression des crimes contre la personnalité de l'état** (RCADI, 1930, t. 33, p. 671-838)

___, **La répression de la piraterie** (RCADI, 1926, t. 15, p. 145-276)

___, **Criminalité collective des états et le droit pénal de l'avenir** (Bucareste: Imprimerie de l'état, 1925)

PENNAFORT, Roberta, *Bélgica planejava colônia no Brasil* (O.E.S.P., Domingo 10 de maio de 2009, pág. A-12)

PENSA, Henri, **La République et le canal de Panamá** (Paris: Hachette, 1906)

PEPIN, E., **Le droit aérien** (RCADI, 1947, t. 71, p. 477-548)

PEREIRA, M. F. Pinto, **Soberania das nações** (prefácio de Clóvis BEVILAQUA, São Paulo: C. Teixeira & Cia., 1920)

PEREIRA, Roger, *O que é a Amazônia azul e porque o Brasil quer se tornar potência militar no Atlântico* (**Gazeta do Povo**, 2019) disponível em: <https://www.gazetadopovo.com.br/republica/amazonia-azul-brasil-potencia-militar-atlantico/>. Acesso em 2 de novembro de 2021

PERROY, Edouard (e colaboradores), **História geral das civilizações: A idade média: os tempos difíceis (fim)** (trad. Pedro Moacyr CAMPOS, vol VIII, Rio de Janeiro / São Paulo: Difel, 4ª. ed., 1977)

PETERSON, M. J., *Recognition of governments should not be abolished* (AJIL, 1983, p. 31-50)

PETROBRÁS, *Pré-sal*, 2021. Disponível em: <https://petrobras.com.br/pt;nossas--atividades/areas-de-atuacao/exploracaoé´producao-de-petroleo-e-gas/pre-sal/>. Acesso em 25 de outubro de 2021.

PETTITI, Louis, *La protection des minorités en cas de conflit armé* (in **Hector Gros Espiell Amicorum Liber**, Bruxelas: Bruylant, 1997, vol. II, p. 1115-1137)

PHAN, Bernard, **Colonisation et décolonisation** – XVIe–XXe siècle (Paris: PUF, 2009)

PHARAND, D., **The legal status of the Arctic regions** (RCADI, 1979, t. 163, p. 49-115)

PHILLIMORE, G. G., **Immunité des états au point de vue de la juridiction ou de l'éxecution forcée** (RCADI, 1925, t. 8, p. 413-484)

PILLET, Antoine, **Théorie générale des droits acquis** (RCADI, 1925, t. 8, p. 485-538)

PILOTTI, M., **Les unions d'états** (RCADI, 1928, t. 24, p. 441-546)

PIMENTEL, José Vicente de Sá (ed. by), **Brazilian Diplomatic Thought** - Policymakers and Agents of Foreign Policy (1750-1964) (Brasília: Fundação Alexandre de Gusmão, 2016, 3 vols., Foreword to the English Edition by Sérgio Eduardo MOREIRA LIMA)

PINGEL-LENUZZA, Isabelle, **Les immunités des états en droit international** (préf. D. CARREAU, Bruxelles: Bruylant, 1997)

PINTO, Antonio Pereira, **Apontamentos para o direito internacional** - ou Colecção completa dos tratados celebrados pelo Brazil com differentes nações estrangeiras, acompanhada de uma notícia história documentada sobre as convenções mais importantes (orig. publ. 1864-1869, intr. A. A. CANÇADO TRINDADE, Brasília: Ministério da Justiça em co-ed. com a Ed. UnB, 2ª ed., 1980, 4 vols.)

PINTO, Roger, *Aspects juridiques du conflit entre les états arabes et Israël* (in **Mélanges offerts à Mr. le Doyen Louis Trotabas**, Paris : L.G.D.J., 1970, p. 401-422)

___, **La prescription en droit international** (RCADI, 1955, t. 87, p. 387-456)

PIRADOV, A. S., **International Space Law** (Honolulu: Univ. Press of Pacific, 2000)

PIZA, Gabriel de [Gabriel de Toledo PIZA E ALMEIDA], **Altruisme contre egoïsme** - pour la paix du Brésil et particulièrement pour la paix de l'état de Saint Paul (Paris: Alcan-Levy, 1912)

PLANT, Glen, *Dardanelles and Bosphorus* (in **Encyclopedia of public international law**, 2012, vol. II, p. 1027-1033)

PLATÃO, **The Laws** (with an English translation by R. G. BURY, col. LOEB Classical Library, Cambridge / Londres: Harvard UP / Heinemann, vol. X, Books I-VI, 1st printed, 1926, reprinted, 1984; vol. XI, Books VII-XII, 1st printed, 1926, reprinted, 1984)

PLAUTUS, Titus Maccius, **Asinaria** (versión de J. Ricardo MARTIN Fernandez, Beatriz MARTIN Gonzalez, Raúl DOVAL Salgado, Madri: Clásicas Ediciones, 2008)

___, **Amphitryon - The Comedy of Asses - The pot of gold - The two Bacchises - The Captives** (ed. and translated by Wolfgang de MELO, Cambridge, Ma. - London: Harvard Univ. Press - Loeb Classical Library, vol. 60 - PLAUTUS, vol. I, 2011)

POLITIS, N., **Le problème des limitations de la souveraineté et la théorie de l'abus des droits dans les rapports internationaux** (RCADI, 1925, t. 6, p. 1-122)

POLITKOVSKAJA, Anna, **La Russia di Putin** (orig. publ. 2004, trad. Claudia ZONGHETTI, Milano: Adelphi, 7ª ed., 2009)

POLUNOV, A. I., A. S. ORLOV, I. I. TERESHENKO, **Osnovi Kursa Istorii Rossii** (Moscou: Prospekt, 2015)

POP, Iftene, **Voisinnage et bon voisinage - en droit international** (préf. M. VIRALLY, Paris: Pedone, 1980)

POTTER, P. B., **L'intervention en droit international moderne** (RCADI, 1930, t. 32, p. 607-690)

PRADO, Eduardo [Paulo da Silva], **Fastos da ditadura militar no Brasil** (s/l., s/ed., 1890, disponível on line Senado Federal, Biblioteca digital: http://www2.senado.leg.br/bdsf/handle/id/518725 nome 000087402.pdf)

PRESTON, Bob, **Space Weapons, Earth Wars** (Santa Monica: Rand, 2002)

PREUSS, L., **Article 2, paragraph 7 of the Charter of the United Nations and matters of domestic jurisdiction** (RCADI, 1949, t. 74, p. 547-654)

PREVOST, J. F., *Observations sur l'Avis consultatif de la Cour internationale de justice rélatif au Sahara occidental* (Journal du droit international, 1976, p. 834-849)

PUCEIRO RIPOLL, Roberto, *En busqueda de un nuevo equilibrio: 'el protocolo al tratado antartico sobre protección del medio ambiente antartico* (in **Hector Gros Espiell Amicorum Liber**, Bruxelas: Bruylant, 1997, vol. II, p. 1227-1260)

PUISSOCHET, J.-P., *Le protocole au traité sur l'Antarctique relatif à la protection de l'environnement (Madrid, 4 octobre 1991)* (AFDI, 1991, p. 755)

PUREZA, José Manuel, **O estatuto do ambiente na encruzilhada de três rupturas** (Coimbra: Centro de Estudos Sociais, n. 102, dezembro / 1997)

PUSTA, K.-R., **Le statut juridique de la mer Baltique à partir du XIXe siècle** (RCADI, 1935, t. 52, p. 105-190)

QUADRI, Rolando, **Droit international cosmique** (RCADI, 1959, t. 98, p. 505-600)

RABBATH, Edmond, **L'Orient chrétien à la veille de l'Islam** (Beirute: Publications de l'Université Libanaise – Section des études historiques, vol. XIII, 1980)

RABEARIMANANA, L., M. TWADDLE, e I. N. KIMAMBO, *L'Afrique orientale* (in **Histoire générale de l'Afrique**, vol. VIII – **L'Afrique depuis 1935**, dir. de A. A. MAZRUI et C. WONDJI, Paris: Présence africaine – Edicef – Unesco, 1998, cap. IX, p. 153-176)

RACHEL, Samuel, **De jure naturae et gentium dissertationes** (originalmente publicado em Kiel, 1676, edited by Ludwig von BAR, transl. into English by John Pawley BATE, Washington: publ. by the Carnegie Institution, 1916, 2 vols.)

RADNITZKY, Ernst, *Meeresfreiheit und Meeresgemeinschaft* (Archiv für öffentliches Recht, v. 22, n. 3/4, 1907)

___, *Zur Lehre von der Treupflicht im Dienstverhältnisse* (Archiv für öffentliches Recht, v. 20, n. 1, 1906)

___, *Die rechtliche Natur des Staatsgebiets* (Archiv für öffentliches Recht, v. 20, n. 3, 1906; tb. publ. *Oesterreichische Zeitschrift für öffentliches Recht*, III, 1917, p. 452 ss.)

RAFFAELLI, Marcelo, **Guerras europeias, revoluções americanas** – Europa, Estados Unidos e a independência do Brasil e da América espanhola (São Paulo: Três estrelas, 2018)

RAGAZZI Maurizio,**The concept of international obligations *erga omnes*** (Oxford: Clarendon Press, 1997)

___, *Conference on Yugoslavia Arbitration Commission: Opinions on questions arising from the dissolution of Yugoslavia* (International Legal Materials, ASIL - Cambridge: Univ. Press, 1992, vol. 31, no. 6 – November p. 1488-1526)

RAMOS, André de Carvalho, **Direitos humanos na integração econômica**: análise comparativa da proteção de direitos humanos e conflitos jurisdicionais na União Européia e Mercosul (Rio de Janeiro: Renovar, 2008)

___, **Teoria geral dos direitos humanos na ordem internacional** (Rio de Janeiro: Renovar, 2005)

___, **Processo internacional de direitos humanos: análise dos sistemas de apuração de violações dos direitos humanos e a implementação das decisões no Brasil** (Rio de Janeiro: Renovar, 2002)

RAMSLA, Johan Wilhelm Newmayr von, **Von der Neutralitet und Assistenz oder Unpartheyligkeit vnd Partheyligkeit in KriegsZeiten sonderbarer Tractat oder Handlung** (Erfurt: J. Birckner, 1620)

RANGEL, Vicente Marotta, *Gran Chaco Conflict* (in **Encyclopedia of public international law**, 2012, vol. IV, p. 575-579)

___, **Direito e relações internacionais** (São Paulo: RT, 8ª ed., 2005)

___, *L'equité en droit international: des développements récents* (Tessaloniki: Aristoteleio Panepistimio «Nomos», «Anatypo»: separata, 1989, p. 937-950)

___, **Le plateau continental dans la Convention de 1982 sur le droit de la mer** (RCADI, 1985, t. 194, p. 269-428)

___, *Solução pacífica de controvérsias* (XI Curso de derecho internacional, Rio de Janeiro, "organizado por el Comitê jurídico interamericano, con la cooperación de la Secretaria general de la OEA, en agosto de 1984", Washington: O.E.A. – Secretaria general, 1985, p. 29-48)

RAUSCHNING, Dietrich, *Elbe river* (in **Encyclopedia of public international law**, 2012, vol. III, p. 358-362)

REALE, E., **Le droit d'asile** (RCADI, 1938, t. 63, p. 469-602)

REALE, Giovanni e Dario ANTISERI, **Filosofia** (orig. publ. **Il pensiero occidentale**, nuova ed., riveduta e ampliata, © 2013, trad. José BORTOLINI) vol. I – **Antiguidade e Idade Média** (**Antichità e Medioevo**, São Paulo: Paulus, 2ª ed. revista e ampliada, 2017); vol. II – **Idade moderna** (**l'Età moderna** São Paulo: Paulus, 2ª ed. revista e ampliada, 2017); vol. III – **L'età contemporanea** (São Paulo: Paulus, 2ª ed. rev. e ampliada, 2018)

REALE, Miguel, **Horizontes do direito e da história** (São Paulo: Saraiva, 1977)

REBILLARD, Yves, *Débris spatiaux: vers une meilleure connaissanse et une maîtrise concertée du problème* (Revue française de droit aérien et spatial, Paris, n. 2, v. 170, avril-juin, 1989)

REEDER, Ellen D. (ed. by), **Scythian Gold** – Treasures from Ancient Ukraine (New York: Harry N. Abrams in association with The Walters Art Gallery and the San Antonio Museum of Art, 1999)

REEVES, J. S., **La communauté internationale** (RCADI, 1924, t. 3, p. 1-94)

REID, H. D., **Les servitudes internationales** (RCADI, 1933, t. 45, p. 1-74)

REIJNEN, C. M., *Aspects juridiques de la pollution dans l'espace extra-atmosphérique: le problème des débris spatiaux* (Toulouse: Annales de l'Université des Sciences Sociales de Toulouse, n. 37, 1989)

REIS, Artur C. F., **Limites e demarcações na Amazônia brasileira – 1. "A fronteira colonial com a Guiana francesa"** (Rio de Janeiro: Comissão brasileira demarcadora de limites, 1947)

REIS, Márcio Monteiro, *O estado contemporâneo e a noção de soberania* (**A soberania**: Anuário Direito e Globalização, vol 1, Rio de Janeiro: Renovar, 1999, p. 277-295)

REISMAN, W. Michael, **The supervisory jurisdiction of the International court of justice: international arbitration and international adjudication** (RCADI, 1996, t. 258, p. 9-394)

REUTER, Paul, **Le développement de l'ordre juridique international : écrits de droit international** (Paris : Economica, 1995)

___, *Quelques réflexions sur le vocabulaire du droit international* (in **Mélanges offerts à Mr. le Doyen Trotabas**, Paris : LGDJ, 1970, p. 423-445)

___, **Principes de droit international public** (RCADI, 1961, t. 103, p. 425-656)

REY CARO, Ernesto J., *Antartique* (in **Droit international: bilan et perspectives**, Paris: Pedone/UNESCO, 1991, vol. II, p. 1043-1054)

REZEK, J. F., **Direito internacional público: curso elementar** (São Paulo: Saraiva, 10ª ed., 2005)

RIASANOVSKY, Nicholas V., and Mark D. STEINBERG, **A History of Russia** (Oxford: Oxford Univ. Press, 7th ed., 2005)

RIBEIRO, Nelson de Figueiredo, **A questão geopolítica da Amazônia: da soberania difusa à soberania restrita** (Brasília: Senado Federal, 2005)

RICH, B., *Recognition of states: the collapse of Yugoslavia and the Soviet Union* (EJIL, 1993, vol. 4, p. 36-65)

RICUPERO, Rubens, **A diplomacia na construção do Brasil** 1750-2016 (Rio de Janeiro: Versal, 2017)

RILLA, José, e Gerardo CAETANO, **Historia contemporánea del Uruguay** – de la colonia al siglo XXI (Montevideo: Claech – Edtrl. Fin de siglo, 2010)

RIO BRANCO, José Maria da Silva Paranhos Jr., Barão do, **Obras: I. questões de limites: República argentina** (Rio de Janeiro: MRE, reedição 1945) / **Questão de limites brasileira-argentina** (Nova York, 1894)

___, **Obras, vol. III Questões de limites: Guiana francesa, 1ª. Memória** (Rio de Janeiro: Ministério das Relações Exteriores, reedição 1945)

___, **Obras – vol. IV Questões de limites: Guiana francesa, 2ª. Memória** (Rio de Janeiro: Ministério das Relações Exteriores, reedição 1945)

___, **Obras – vol. V, Questões de limites** (Rio de Janeiro: MRE, reedição 1947)

Ripert, G., **Les règles du droit civil applicables aux rapports internationaux (contribution à l'étude des principes généraux du droit visés au Statut de la Cour permanente de justice internationale)** (RCADI, 1933, t. 44, p. 565-664)

Roach, J. Ashley, *Malacca, Straits of* (in **Encyclopedia of public international law**, 2012, vol. VI, p. 979-984)

Rocha, João Carlos de Carvalho, Tarcísio Humberto Parreiras Henriques Filho e Ubiratan Cazetta, **Política Nacional de Meio Ambiente: 25 anos da Lei 6938/81** (Belo Horizonte: Del Rey, 2007)

Rodas, João Grandino, **Sociedade comercial e estado** (pref. F. K. Comparato, São Paulo: UNESP / Saraiva, 1995)

___, **Direito internacional privado brasileiro** (São Paulo: RT, 1993)

Rodrigo Octávio [Langgaard Menezes], **Minhas memórias dos outros** (1934) (nota introdutória, Rodrigo Octávio Filho, 1966, Rio de Janeiro: Civilização brasileira / Brasília: INL, 1978)

___, **Les sauvages américains devant le droit** (RCADI, 1930, t. 31, p. 177-292)

Rodriguez Baquero, Luís Enrique, Ana Luz Rodriguez González, Jaime Humberto Borja Gómez, Diana L. Ceballos Gómez, Carlos Uribe Celis, Amparo Murillo Posada, Ricardo Arias Trujillo, **Historia de Colombia** (orig. publ. 2017, Bogotá: Penguin Random House, 7ª reimpr., 2021)

Rodriguez Cedeño, V. e M. I. Torres Cazorla, *Unilateral Acts of States in International Law* (in **Encyclopedia of public international law**, 2012, vol. X, p. 163-172)

Rolin, H., **La pratique des mandats internationaux** (RCADI, 1927, t. 19, p. 493-628)

___, **La question coloniale** – à propos d'un livre récent (orig. publ. 1906, Classic Reprint, forgottenbooks.com – Fb&c Limited, 2018)

Romanelli, P., **Storia delle province romane dell'Africa** (Roma: L'erma di Bretschneider, 1959; "publ. on line by Cambridge University Press 24 September 2012")

Romano, Ruggiero, **Mecanismos da conquista colonial** (orig. publ. **Mécanismes de la conquête coloniale: les Conquistadores**, 1972, trad. Marilda Pedreira, rev. Vera de Campos Toledo, São Paulo: Perspectiva, 1973)

Romilly, Jacqueline Worms de, **La tragédie grecque** (orig. ´publ. 1982, Paris: PUF – Quadrige, 2014)

___, **Le temps dans la tragédie grecque: Eschyle, Sophocle, Euripide** (Paris: Vrin, 2010)

___, **Sur la tragédie grecque** (Paris: Les belles lettres, 1995)

___, **Pourquoi la Grèce ?** (Paris: De Fallois, 1992)

___, **La Grèce antique à la découverte de la liberté** (Paris: De Fallois, 1989)

Rosenfeld, Denis L. e Jean-François Mattéi (editores), **O terror** (Rio de Janeiro: Jorge Zahar, 2002)

Rosenne, S., *The framework agreement as the basis for the jurisdiction of the International Court of Justice and some problems of language* (in **O direito internacional no terceiro milênio: estudos em homenagem ao professor Vicente Marotta Rangel**, coord. L. O. Baptista e J. R. Franco da Fonseca, São Paulo: LTr, 1998, p. 709-720)

Roth, Armand D. **La prohibition de l'appropriation et les régimes d'accès aux espaces extra-terrestres** (Paris: PUF, 1992, p. 204-205).

Roth, François, **La guerre de 1870** (orig. publ. 1990, Paris: Fayard-pluriel, 2010, reimpr. 2016)

Rothwell, Donald R., *Gibraltar, Strait of* (in **Encyclopedia of public international law**, 2012, vol. IV, p. 463-468)

___, *Sea Lanes* (in **Encyclopedia of public international law**, 2012, vol. IX, p. 47-53)

Rouanet, Maria Helena, **Eternamente em berço esplêndido**: a fundação de uma literatura nacional (São Paulo: Siciliano, 1991)

Rousseau, Charles, **Droit international public** (Paris: Sirey, 5 vols. 1970-1983)

___, **Droit International Public** (Paris: Précis-Dalloz, 11e éd., 1987)

___, **Principes de droit international public** (RCADI, 1958, t. 93, p. 369--550)

___, **L'indépendance de l'état dans l'ordre international** (RCADI, 1948, t. 73, p. 167-254)

Rubio Garcia, Leandro, *Recuerdo de un experimento fallido en el proceso de humanización del derecho internacional: el fracaso del sistema internacional de protección de las minorias* (in **Hector Gros Espiell Amicorum Liber**, Bruxelas: Bruylant, 1997, vol. II, p. 1329-1350)

Rundstein, S., **La Cour permanente de justice internationale comme instance de recours** (RCADI, 1933, t. 43, p. 1-114)

Said, Edward, **Cultures and Imperialism** (Londres: Chatto & Windus, 1993)

Sala, José Blanes, *La globalización y las regiones: experiencia europea y referencias para el MERCOSUR* (in **MERCOSUL: integração regional e globalização**, coord. P. B. Casella, Rio de Janeiro: Renovar, 2000, p. 143-174)

Salama, P., *O período romano e pósromano na África do Norte* / parte II – De Roma ao Islã (in **História geral da África: II. A África antiga**, coord. do vol. G. Mokhtar, orig. publ. **Histoire générale de l'Afrique: II. Afrique ancienne**, © 1980, trad. Carlos Henrique Davidoff et al., rev. técnica Ulpiano T. Bezerra de Menezes et al., São Paulo: Ática / Paris: UNESCO, 1983, cap. 19 – parte II, p. 511-523)

___, *O Saara durante a Antiguidade clássica* (in **História geral da África: II. A África antiga**, coord. do vol. G. Mokhtar, orig. publ. **Histoire générale de l'Afrique: II. Afrique ancienne**, © 1980, trad. Carlos Henrique Davidoff et al., rev. técnica Ulpiano T. Bezerra de Menezes et al., São Paulo: Ática / Paris: UNESCO, 1983, cap. 20, p. 525-545)

Salmon, Jean, **Le fait dans l'application du droit international** (RCADI, 1982, t. 175, p. 257-414)

Salvioli, G., **Problèmes de procédure dans la jurisprudence internationale** (RCADI, 1957, t. 91, p. 553-618)

___, **La responsabilité internationale des états et la fixation des dommages et intérêts par les tribunaux internationaux** (RCADI, 1929, t. 28, p. 231-290)

___, **La jurisprudence de la Cour permanente de justice internationale** (RCADI, 1926, t. 12, p. 1-114)

Sampaio, Antônio Amaral de, *A evolução histórica da ocupação em direito internacional* (Boletim SBDI, 1958, p. 70)

Sanchez Rodriguez, L. I., **L'uti possidetis et les effectivités dans les contentieux territoriaux et frontaliers** (RCADI, 1997, t. 263, p. 149-382)

Sandiford, R., **Évolution du droit de la guerre maritime et aérienne** (RCADI, 1939, t. 68, p. 555-686)

Sands, Philippe and Jacqueline Peel (with Adriana Fabra and Ruth Mackenzie), **Principles of International Environmental Law** (Cambridge: Univ. Press, 4th. ed., 2018)

Santayana, George, **La vida de la razón o fases del progreso humano** (do original **The life of reason**, © 1954, trad. de Aída A. de Kogan, Buenos Aires: Edtrl. Nova, 1958)

___, **Dominaciones y potestades** : reflexiones acerca de la libertad, la sociedad y el gobierno (do original **Dominations and powers**, trad. Guido F. P. Parpagnoli, Buenos Aires: Sudamericana, 1954)

Santiago, Silviano (coord.), **Intérpretes do Brasil** (introdução geral S. Santiago, vol. I – **O abolicionismo** de Joaquim Nabuco, **Os sertões** de Euclides da Cunha, **A América latina** de Manuel Bonfim, **Populações meridionais do Brasil** de Oliveira Viana e **Vida e morte do bandeirante** de Alcântara Machado, introduções críticas Francisco Iglesias, Roberto Ventura, Flora Süssekind, José M. de Carvalho, Laura de Mello e Souza, Rio de Janeiro: Ed. Nova Aguilar, 2002; vol. II – **Retrato do Brasil** de Paulo PRADO, **Introdução à história da sociedade patriarcal no Brasil: 1. Casa grande e senzala / 2. Sobrados e mucambos** de Gilberto Freyre, introduções críticas de Ronaldo Vainfas e Eduardo Portella, Rio de Janeiro: Ed. Nova Aguilar, 2002; vol. III – **Introdução à história da sociedade patriarcal no Brasil: 3. Ordem e progresso** de Gilberto Freyre, **Raízes do Brasil** de Sérgio Buarque de Holanda, **Formação do Brasil contemporâneo** de Caio

PRADO Jr. e **A revolução burguesa no Brasil** de Florestan FERNANDES, introduções críticas de Maria Odila L. da S. DIAS, Fernando NOVAES e Fernando Henrique CARDOSO, Rio de Janeiro: Ed. Nova Aguilar, 2002)

SANTOS, Boaventura de Sousa e Conceição GOMES, **Macau: o pequeníssimo dragão** (Porto: Afrontamento / Macau: Instituto Português do Oriente, 1ª ed., 1998)

SANTOS, Milton e María Laura SILVEIRA, **O Brasil** – território e sociedade no início do século XXI (Rio de Janeiro e São Paulo: Record, 2001)

SANTOS DUMONT, A., **Dans l'air** (Paris: Eugène Fasquelle, 1904)

SARNEY, José e Pedro COSTA, **Amapá: a terra onde o Brasil começa** (Brasil: Senado Federal, 2ª ed., 1999)

SAUL, Norman E., **Distant Friends: The United States and Russia** 1763-1867 (Lawrence: Univ. Press of Kansas, 1991)

SAUSER-HALL, G., **L'utilisation industrielle des fleuves internationaux** (RCADI, 1953, t. 83, p. 465-586)

SCELLE, Georges, **Théorie et pratique de la fonction exécutive en droit international** (RCADI, 1936, t. 55, p. 87-202)

___, **Précis de droit des gens I – Principes et systématique** (Paris: Sirey, 1933-1934)

___, **Précis de droit des gens II – Droit constitutionnel international** (Paris: Sirey, 1933-1934)

___, **Règles générales du droit de la paix** (RCADI, 1933, t. 46, p. 327-704)

SCERNI, M., **Les espaces maritimes et le pouvoir des états** (RCADI, 1967, t. 102, p. 107-172)

___, **La procédure de la Cour permanente de justice internationale** (RCADI, 1938, t. 65, p. 561-682)

SCHAMA, Simon, **A History of Britain** – at the edge of the world 3000 BC – AD 1603 (New York: Hyperion – talk miramax, 1st publ. 2000)

SCHINDLER, D., **Aspects contemporains de la neutralité** (RCADI, 1967, t. 121 p. 221-322)

SCHMALKALDEN, Caspar, **Diário de viagem ao novo mundo (1642-1645) de Amsterdã para Pernambuco no Brasil** (transcr. e trad. dos manuscritos originais Álvaro Alfredo BRAGANÇA, intr. e org. cient. Dante Martins TEIXEIRA, Rio de Janeiro: Ed. Index, 1998, 2 vols.)

SCHOENBORN, Walter, **La nature juridique du territoire** (RCADI, 1929, t. 30, p. 81-189)

SCHOPENHAUER, Arthur, **Die Welt als Wille und Vorstellung** (orig. publ. 1818, „textkritisch bearbeitet und herausgegeben" von Wolfgang Frhr. von LÖHNEYSEN, Frankfurt: Suhrkamp, 1986, reimpressão 2001, dois tomos)

SCHRÖDER, R. e E. von KÜNSSBERG, **Lehrbuch der deutschen Rechtsgeschichte** (Berlin: Leipzig, 2. Aufl., 1932)

SCHÜCKING, W., **Le développement du Pacte de la Société des Nations** (RCADI, 1927, t. 20, p. 349-458)

SCHWARCZ, Lilia M. (dir.), **História do Brasil nação: 1808-2010** (vol. 1 – **Crise colonial e independência: 1808-1830**, coord. Alberto da COSTA E SILVA, Rio de Janeiro: Objetiva / Madri: Fund. Mapfre, 2011; vol. 2 – **A construção nacional: 1830-1889** (coord. José M. de CARVALHO, Rio de Janeiro: Objetiva / Madri: Fund. Mapfre, 2012; vol. 3 – **Abertura para o mundo: 1889-1930** (coord. Lília M. SCHWARCZ, Rio de Janeiro: Objetiva / Madri: Fund. Mapfre, 2012); vol. 4 – **Olhando para dentro: 1930-1964** (coord. Ângela de Castro GOMES, Rio de Janeiro: Objetiva / Madri: Fund. Mapfre, 2013); vol. 5 – **Modernização, ditadura e democracia** (coord. Daniel Aarão REIS, Rio de Janeiro: Objetiva / Madri: Fund. Mapfre, 2014)

SCHWARCZ Lília Moritz e André BOTELHO (org.), **Um enigma chamado Brasil** – 29 intérpretes e um país (São Paulo: Companhia das Letras, 2009)

SCHWARZENBERGER, G., **The fundamental principles of international law** (RCADI, 1955, t. 87, p. 191-386)

SCHWEBEL, S. M., **Aggression, intervention and self-defense in modern international law** (RCADI, 1972, t. 136, p. 411-498)

SCHWIETZKE, Joachim, *Tangier* (in **Encyclopedia of public international law**, 2012, vol. IX, p. 757-763)

SÉFÉRIADÈS, S., **Le problème de l'accèss des particuliers à des juridictions internationales** (RCADI, 1935, t. 51, p. 1-120)

___, **L'échange des populations** (RCADI, 1928, t. 24, p. 307-440)

SÉNAC, Philippe, **L'Occidente médiéval face à l'Islam** – L'image de l'autre (Paris: Flammarion, 2e éd., 2000)

SÊNECA, **Entretiens / Lettres à Lucilius** (trads. établies par R. WALTZ, A. BOURGERY, F. PRÉCHAC, et H. NOBLOT, «pour la collection des universités de France aux Belles Lettres» ; éd. établie par Paul VEYNE, prof. au Collège de France, Paris : Robert Laffont, 1993)

___, **De beneficiis / Les bienfaits** (texte établi et traduit par François PRÉCHAC, trad. revue, intr. et notes par Paul VEYNE, © Les belles lettres pour les traductions, Paris: Robert Laffont, 1993, p. 389-584)

SERENI, Angelo Piero, **La jurisdicción internacional** (trad. do original italiano por Alberto HERRERO de la Fuente, Valladolid : Cuadernos de la cátedra J. B. Scott, Univ. de Valladolid, 1969)

___, **Diritto internazionale** (Milano: Giuffrè, 1958-1965, 4 v.)

SERVICE, Robert, **A History of modern Russia – from NICHOLAS II to PUTIN** (orig. publ. 1997, Londres: Penguin, "published with revisions under the current title", 2003)

SETTE-CÂMARA, José, **Poluição de rios internacionais** (coord. da ed. brasileira e prefácio P. B. CASELLA, trad. e posfácio Arthur R. CAPELLA GIANNATTASIO, São Paulo: Quartier Latin, 2011)

___, **Pollution of international rivers** (RCADI, 1984, t. 186, p. 117-217)

SHAKESPEARE, William, **The complete works** (a new edition, with an introduction and glossary by Peter ALEXANDER, Londres e Glasgow: Collins, 1st. publ., 1951, reprinted, 1975)

SHAW, Malcolm, **International law** (Cambridge: Univ. Press 5th ed., 2003, esp. *chap. 9 'territory'*, p. 409-462)

SIDOU, J. M. Othon, **Dicionário jurídico** (Rio de Janeiro: Forense Universitária, 3ª. ed., 1994)

SIEGFRIED, A., **Les canaux internationaux et les grandes routes maritimes mondiales** (RCADI, 1949, t. 74, p. 1-72)

SILVA, Geraldo Eulálio do Nascimento – ver NASCIMENTO E SILVA, G. E. do

SILVA,José Affonso da **Direito ambiental constitucional** (São Paulo: Malheiros, 1994)

SILVA CENCIO, Jorge, *La Santa Sede, los derechos del hombre y la conferencia sobre la seguridad y la cooperación en Europa: del Acta final de Helsinki a la Carta de Paris* (in **Hector Gros Espiell Amicorum Liber**, Bruxelas: Bruylant, 1997, vol. II, p. 1467-1518)

SILVEIRA, María Laura e Milton SANTOS, **O Brasil** – território e sociedade no início do século XXI (Rio de Janeiro e São Paulo: Record, 2001)

SIMMA, B., **From bilateralism to community interest in international law** (RCADI, 1994, t. 250, p. 217-384)

SIMMA, Bruno e A. VERDROSS, **Universelles Völkerrecht: Theorie und Praxis** (Berlin: Duncker & Humblot, Zweite Auflage, 1981 „unveränderter Nachdruck der 1976 erschienenen 1. Auflage")

SINAVAL, Como está o projeto do submarino nuclear brasileiro (2020) disponível em: <http://sinaval.org.br/2020/08/como-esta-o-projeto-do--submarino-nuclear-brasileiro/>. Acesso em 2 de novembro de 2021

SINGH, N., **International law problems of Merchant shipping** (RCADI, 1962, t. 107, p. 1-168)

SIOTTO PINTOR, M., **Le régime international de l'Escaut** (RCADI, 1928, t. 21, p. 279-370)

SIRACUSA, Joseph M., **Nuclear Weapons** – a very short introduction (Oxford: Univ. Press, 2008)

SMITH, Julia M. H., **L'Europa dopo Roma** – una nuova storia culturale 500-1000 (orig. publ. **Europe after Rome** – a new cultural history, 2005, Bolonha: Il Mulino, 2008)

SNYDER, T., **La reconstruction des nations** – Pologne, Ukraine, Lituanie, Bélarus, 1599-1999 (orig. publ. **The reconstruction of Nations**, © 2003, trad. O. Salvatori, Paris, Gallimard, 2017)

SOARES, Guido F. S., **Curso de Direito Internacional Público** (São Paulo: Atlas, 2ª ed., 2004)

___, **Direito internacional do meio ambiente: emergência, obrigações e responsabilidades** (São Paulo: Atlas, 2001)

SOHN, L. B., **Settlement of disputes relating to the interpretation and application of treaties** (RCADI, 1976, t. 150, p. 195-294)

SOHN, L. B., **The function of international arbitration today** (RCADI, 1963, t. 108, p. 1-114)

SORENSEN, Max, **Principes de droit international public** (RCADI, 1960, t. 101, p. 1-254)

SOTTILE, A., *Eugène Borel: son rôle dans la jurisprudence internationale, sa sentence arbitrale sur la répartition de la dette ottomane* (Revue de droit international, de sciences diplomatiques et politiques, 1926, vol. 4, p. 88-106)

SOUSA, Gabriel Soares de, **Tratado descritivo do Brasil** em 1587 ("edição castigada pelo estudo e exame de muitos códices manuscritos existentes no Brasil, em Portugal, Espanha e França, e acrescentada de alguns comentários" por F. A. de VARNHAGEN, São Paulo: Ed. Nacional / EDUSP, 4ª ed., 1971)

SPECIALI, Raymond C., **Fundamentals of Aviation Law** (Nova York: McGraw-Hill, 2006)

SPENGLER, Oswald, **Der Untergang des Abendlandes**: Umrisse eine Morphologie der Weltgeschichte (edição original definitiva 1923, nova impressão Düsseldorf: Albatroz, 2007)

SFDI, **La nécessité en droit international** («colloque de Grenoble, 8-10 juin 2006», Paris: Pedone, 2007)

SPERDUTI, Giuseppe, **Le principe de souveraineté et les rapports entre le droit international et le droit interne** (RCADI, 1976, t. 153, p. 319-410)

STARACE, Vincenzo, **La responsabilité résultant de la violation des obligations à l'égard de la communauté internationale** (RCADI, 1976, t. 153, p. 263-317)

STEIN, Torsten und Christian von BUTTLAR, **Völkerrecht** (Colonia / Munique : Carl Heymann, 12a. ed., 2009)

STEINBERG, Mark D. and Nicholas V. RIASANOVSKY, **A History of Russia** (Oxford: Oxford Univ. Press, 7th ed., 2005)

STENUIT René, **La radiophonie et le droit international public** (Paris: Sirey, 1932)

STOWELL, E. C., **La théorie et la pratique de l'intervention** (RCADI, 1932, t. 40, p. 87-152)

STRAUS, Flávio Saraiva, **Soberania e itengração latino-americana**: uma perspectiva constitucional do MERCOSUL (Rio de Janeiro: Forense, 2002)

STRENGER, Irineu, **Direito internacional privado** (São Paulo: LTr, 4ª ed., 2000)

___, **Responsabilidade civil no direito interno e internacional**, São Paulo: LTr, 2ª ed., 2000)

STRISOWER, Leo, **L'exterritorialité et ses principales applications** (RCADI, 1923, t. 1, p. 229-288)

___, **Der Krieg und die Völkerrechtsordnung** (Viena: Manz 1919)

STROMSETH, Jane E., *Commentary on the use of force against terrorism and drug trafficking* (in **Law and force in the new international order**, ed. by L. F. DAMROSCH & D. J. SCHEFFER, Boulder / San Francisco: Westview Press / American Society of International Law, 1991, p. 237-240)

STRUPP, Karl, **Les règles générales du droit de la paix** (RCADI, 1934, t. 47, p. 257-596)

___, **Le droit du juge international de statuer selon l'équité** (RCADI, 1930, t. 33, p. 351-482)

SUAREZ, Suzette V., *Korean Air Lines Incident (1983)* (in **Encyclopedia of public international law**, 2012, vol. VI, p. 594-597)

SULKOWSKI, J., **Conception du droit international privé d'après la doctrine et la pratique en Pologne** (RCADI, 1932, t. 41, p. 603-720)

SUR, Serge et Jean COMBACAU, **Droit international public** (Paris: Montchrestien, 3e éd., 1997)

SÜSSEKIND, Flora, **O Brasil não é longe daqui** – o narrador, a viagem (São Paulo: Companhia das Letras, 1990)

SYMONIDES, Janusz, *Le plateau continental* (in **Droit international: bilan et perspectives**, M. BEDJAOUI, red. gén., Paris: Pedone / UNESCO, 1991, vol. II, p. 931-945)

___, **Geographically disadvantaged states under the 1982 Convention on the law of the sea** (RCADI, 1988, t. 208, p. 283-406)

TACITUS, Cornelius, **Annals** (with an English translation by John JACKSON, Cambridge, Ma. / London: Loeb Classical Library, Books IV-VI, XI-XII, 1st publ. 1937, reprinted 2006)

TAILLEMITE, Etienne, **Die Entdeckung der Südsee** – Auf der Suche nach der 'rerra incognita' (orig. publ. **Sur des mers inconnues** – Bougainville, Cook, Lapérousse, 1987, Dt. Textfassung Barbara DECKER-WIRTH, Wiss. Bearb. B. NEUHARDT u. F. von BERGER, Ravensburg: Otto Maier, 1990)

TAMBLING, Jeremy and Louis LO, **Walking Macao, reading the Baroque** (Hong Kong: Univ. Press / publ. in conjunction with Instituto Cultural do Governo da R.A.E. de Macau, 2009)

TAMS, C. J., **Enforcing obligations *erga omnes* in international law** (Cambridge: University Press, 2005)

TAUBE, Baron Michel de, **Le statut juridique de la mer Baltique jusqu'au XIXe siècle** (RCADI, 1935, t. 53, p. 437-530)

TEHINDRAZANARIVELO, Djacoba Liva, **Les sanctions des Nations Unies et leurs effets secondaires** : assistance aux victimes et voies juridiques de prévention (avant-propos de Raymond RANJEVA, préf. de Georges ABI-SAAB, Paris : PUF / Publications de l'Institut universitaire de hautes études internationales, 2005)

Tellkamp, Uwe, **Der Turm : Geschichte aus einen versunkenen Land** (Frankfurt-am-Main, 2008)

Teló, Mario, **L'état et l'europe** – histoire des idées politiques et des institutions européennes (traduit de l'italien **Dallo stato all'Europa** © 2004, par Jean Vogel, Bruxelles : Labor, 2005)

Ténékidès, G., **L'action des Nations Unies contre la discrimination raciale** (RCADI, 1980, t. 169, p. 269-487)

Tenório, Oscar, **Direito internacional privado** (Rio de Janeiro: Freitas Bastos, 11ª ed. "rev. e atualizada por J. Dolinger", 1976, 2 vols.)

Tereshenko, I. I., A. S. Orlov, A. I. Polunov, **Osnovi Kursa Istorii Rossii** (Moscou: Prospekt, 2015)

Tibúrcio, Carmen, **Temas de direito internacional privado** (Rio de Janeiro: Renovar, 2006)

Thierry, H., *Préface* (in **Le juge international et l'aménagement de l'espace: la spécificité du contentieux territorial**, sous la direction de Philippe Weckel, Paris: Pedone, 1998, p. 7-12)

___ e M. Bedjaoui, *Avenir du droit international* (in **Droit international: bilan et perspectives**, Paris : Pedone / UNESCO, 1991, chap. LVI, p. 1305-1317)

___, **L'évolution du droit international: cours général de droit international public** (RCADI, 1990, t. 222, p. 9-186)

___, **Les résolutions des organes internationaux dans la jurisprudence de la Cour internationale de justice** (RCADI, 1980, t. 167, p. 385-450)

Tiroch, Katrin, *Rhine river* (in **Encyclopedia of public international law**, 2012, vol. VIII, p. 984-991)

___, *Rhine-Main-Danube Waterway* (in **Encyclopedia of public international law**, 2012, vol. VIII, p. 991-995)

___, *Black Sea* (in **Encyclopedia of public international law**, 2012, vol. I, p. 949-956)

Todd, Emmanuel, **Après la démocratie** (Paris: Gallimard, 2008)

___, **Après l'empire** : essai sur la décomposition du système américain (2002 ; «nouvelle édition avec une posface inédite de l'auteur», Paris : Gallimard-Folio actuel, 2004)

___, **Le destin des immigrés**: assimilation et ségrégation dans les démocraties occidentales (orig. publ. 1994, Paris: Seuil-essais, 1997)

Todorov, Tzvetan, **La peur des barbares** – Au-delà du choc des civilisations (orig. publ. 2008, Paris: LGF-biblio-essais, 2009)

___, **Nous et les autres** – La réflexion française sur la diversité humaine (orig. publ. 1989, Paris: Seuil – essais, 2001)

Tomas, Lisa, *Air Law* (in **Encyclopedia of public international law**, 2012, vol. I, p. 233-242)

Torres Bernárdez, Santiago, **L'intervention dans la procédure de la Cour internationale de justice** (RCADI, 1995, t. 256, p. 193-457)

TORRES Cazorla, M. I. e V. RODRIGUEZ Cedeño, *Unilateral Acts of States in International Law* (in **Encyclopedia of public international law**, 2012, vol. X, p. 163-172)

TOUSCOZ, Jean, **Droit international** (Paris: PUF, 1993)

TOYNBEE, Arnold, **Um estudo da História** (do original **A Study of History** © 1972, edição revisada e condensada por A. TOYNBEE e Jane CAPLAN, trad. Isa Silveira LEAL e Miroel SILVEIRA, Brasília: Ed. UnB / São Paulo: Martins Fontes, 1987)

TRAN Van Minh, *Remarques sur le principe de l'intangibilité des frontières* (in **Peuples et états du tiers monde face à l'ordre international**, Paris: PUF, 1978, p. 51 ss.)

TREVES, T., *High Seas* (in **Encyclopedia of Public International Law**, 2012, vol. IV, p. 795-804)

___, **Codification du droit international et pratique des états dans le droit de la mer** (RCADI, 1990, t. 223, p. 9-302)

TRIBUNAL INTERNACIONAL PARA O DIREITO DO MAR – ITLOS, **Case concerning Land reclamation by Singapore in and around the Straits of Johor** (Malaysia v. Singapore), Provisional measures, Order of 8 October 2003

___, **Affaire de l'usine MOX**, ordonnance du 3 décembre 2001.

___, **Affaires du thon à nageoire bleue**, ordonnance du 27 août 1999.

___, **Saiga (No. 2) Case** (Saint Vincent and the Grenadines v. Guinea), Merits, ITLOS Case No. 2 (1 July 1999)

TRILSCH, Mirja, *Protectorates and Protected States* (in **Encyclopedia of public international law**, 2012, vol. VIII, p. 551-556)

TRINDADE, Antonio Augusto Cançado, **Évolution du droit international au droit des gens** (Paris: Pedone, 2008)

___, **A humanização do direito internacional** (Belo Horizonte: Del Rey, 2006)

___, **Direito das organizações internacionais** (Belo Horizonte: Del Rey, 3ª ed., 2003)

___, **O direito internacional em um mundo em transformação: ensaios, 1976-2001**, prefácio Celso D. de A. MELLO, Rio de Janeiro: Renovar, 2002)

___, *Las clausulas pétreas de la protección internacional del ser humano: el acceso directo de los individuos a la justicia a nivel internacional y la intangibilidad de la jurisdicción obligatoria de los tribunales internacionales de derechos humanos* (in **El sistema interamericano de protección de los derechos humanos en el umbral del siglo XXI: memoria del seminario** (nov. 1999) (San José de Costa Rica: Corte Interamericana de Derechos Humanos, 2001, p. 3-68)

___, *O sistema interamericano de direitos humanos no limiar do nov século: recomendações para o fortalecimento de seu mecanismo de proteção* (in **O sistema interamericano de proteção dos direitos humanos e o direito brasileiro**, coord. L. F. GOMES e F. PIOVESAN, São Paulo: RT, 2000, p. 103-151)

___, **Tratado de direito internacional dos direitos humanos** (Porto Alegre: S. A. Fabris, 1999)

___, *Memorial em prol de uma nova mentalidade quanto à proteção dos direitos humanos nos planos internacional e nacional* (in **Os direitos humanos e o direito internacional** org. Nadia de ARAUJO e Carlos E. de Abreu BOUCAULT, Rio de Janeiro: Renovar, 1999, p. 7-62)

___ (editor), **A incorporação das normas internacionais de proteção dos direitos humanos no direito brasileiro** (San José de Costa Rica / Brasília: Instituto Interamericano de Direitos Humanos / Comitê Internacional da Cruz Vermelha / Alto-comissariado das Nações Unidas para os Refugiados / Comissão da União Européia / Governo da Suécia (ASDI), 1996)

___, **A proteção internacional dos direitos humanos: fundamentos jurídicos e instrumentos básicos** (São Paulo: Saraiva, 1991)

TRUYOL Y SERRA, Antonio, **Histoire du droit international public** (Paris: Economica, 1995)

___, **La conception de la paix chez VITORIA** («la présente édition est la reprise de deux articles parus dans les 'Recueils de la société Jean BODIN pour l'histoire comparative des institutions', tome xv, 'la paix', deuxième partie» Bruxelles: Éditions de la Librairie Encyclopédique, 1961, avec Paul FORIERS, **L'organisation de la paix chez GROTIUS et l'école de droit naturel**, Paris: Vrin, 1987)

TUCÍDIDES, **História da guerra do Peloponeso** (trad. do grego, intr. e notas Mário da Gama KURY, Brasília: Ed. UnB, © 1982, 3ª ed., 1987)

TUERK, Helmut, *Trieste* (in **Encyclopedia of public international law**, 2012, vol. X, p. 92-99)

TWADDLE, M., L. RABEARIMANANA e I. N. KIMAMBO, *L'Afrique orientale* (in **Histoire générale de l'Afrique**, vol. VIII – **L'Afrique depuis 1935**, dir. de A. A. MAZRUI et C. WONDJI, Paris: Présence africaine – Edicef – Unesco, 1998, cap. IX, p. 153-176)

UNEP – United Nations Environmental Program, **Handbook for the Vienna Convention for the Protection of the Ozone Layer** (Nairobi: UNEP – Ozone Secretariat, 12th ed., 2019, ISBN 978-9966-076-67-0 / ozone.unep.org / mea-ozoneinfo@un.org Acesso em 19.02.22)

UNGERN-STERNBERG, Antje, *Eparses Islands* (in **Encyclopedia of public international law**, 2012, vol. III, p. 597-600)

URBAN, William, **The Teutonic Knights** – a military history (London: Greenhill Books/Mechanicsburg, PA.: Stackpole Books, 2003

VABRES, Henri Donnedieu de – v. DONNEDIEU DE VABRES, Henri

VALLADÃO, Haroldo, **Direito internacional privado** (Rio de Janeiro: Freitas Bastos, vol. I, 5ª ed., 1980; vol. II, 2ª ed., 1977; vol. III, 1978)

___, **Novas dimensões do direito: justiça social, desenvolvimento, integração** (São Paulo: RT, 1970)

___, *Do direito aéreo ao direito interplanetário* "conferência, taquigrafada na Sociedade Brasileira de Direito internacional, aos 17 de maio de 1960" (in **Novas dimensões do direito**, 1970, p. 389-401)

___, *Rodrigo Octávio o, internacionalista* ("conferência, na qualidade de presidente da Sociedade brasileira de direito internacional, no Palácio Itamaraty, a 10 de outubro de 1966, pelo centenário do nascimento de Rodrigo Octávio", in **Novas dimensões do direito**, 1970, p. 97-110)

___, *Direito Interplanetário e Direito Inter Gentes Planetárias* (RT, v. 274, São Paulo, RT, 1958, p. 18)

VARNHAGEN, Francisco A. de, Visconde de PORTO SEGURO, **História geral do Brasil** (revisão e notas de Rodolfo GARCIA, São Paulo: Melhoramentos, "sexta edição integral", em cinco tomos, 1959)

VARNHAGEN, Francisco A. de, Visconde de PORTO SEGURO, **História da independência do Brasil** (anotada pelo Barão do RIO BRANCO e por uma Comissão do IHGB, São Paulo: Melhoramentos, quarta edição "rev. e anotada pelo Prof. H. VIANNA", 1959)

VASILYEVA, Nataliya A. and Maria LAGUTINA, **The Russian Project of Eurasian Integration** – Geopolitical prospects (Lanhan, Md.: Lexington Books, 2016)

VATTEL, Emer de, **Direito das gentes** (pref. e trad. V. Marotta RANGEL, Brasília: UnB / IPRI, 2004)

VEDOVATO, G., **Les accords de tutelle** (RCADI, 1950, t. 76, p. 609-700)

VEIGA SIMÕES, A. da, **Crise et intervention** (RCADI, 1934, t. 50, p. 749-842)

VENEZIA, J.-C., *Logique nucléaire et paradoxes diplomatiques* (in **Mélanges offerts à Mr. le Doyen Louis Trotabas**, Paris: L.G.D.J., 1970, p. 459-478)

VENTURINI, G., **La portée et les effets juridiques des attitudes et des actes unilatéraux des états** (RCADI, 1964, t. 112, p. 363-468)

VERA, Helio, **En busca del hueso perdido – Tratado de Paraguayología** (Asunción: Servi Libro, 15ª ed., 2011)

VERDROSS, A. von. e Bruno SIMMA, **Universelles Völkerrecht: Theorie und Praxis** (Berlin: Duncker & Humblot, Zweite Auflage, 1981 „unveränderter Nachdruck der 1976 erschienenen 1. Auflage")

VERDROSS, A. von., **Les principes généraux du droit dans la jurisprudence internationale** (RCADI, 1935, t. 52, p. 191-252)

___, **Règles générales du droit international de la paix** (RCADI, 1929, t. 30, p. 271-518)

___, **Le fondement du droit international** (RCADI, 1927, t. 16, p. 247-324)

VERHOEVEN, Joe, *La reconnaissance internationale: déclin ou renouveau ?* (AFDI, 1993, t. XXXIX, p. 7-40)

___, **La reconnaissance internationale dans la pratique contemporaine** (Paris: Pédone, 1975)

VERNANT, Jean-Pierre, **La volonté de comprendre** (entretiens, préface de Antoine SPIRE, Paris: Éd. de l'Aube, 1999)

___, **Les ruses de l'intelligence: la *métis* des grecs** (avec M. DETIENNE, Paris: Flammarion, 1974, nouvelle éd., 1978)

___, **Mythe et pensée chez les grecs: études de psychologie historique** (orig. publ. 1965, Paris: La Découverte, 1985)

___, **Mito e pensamento entre os gregos**, trad. Haiganuch SARIAN, São Paulo: Difel / Edusp, 1973)

___, **Oedipe et ses mythes** (avec Pierre-Vidal NAQUET, © 1986, Paris: Ed. Complexe, 1988)

___, **Nascita di imagini**: e altri scriti su religione, storia, ragione (orig. publ. 1979, trad. Angela MONTAGNA, Milão: Il Saggiatore, 1982)

VERON, Eugène, "introduction" a J. NOVICOW, **La politique internationale** (Paris: Felix Alcan, 1886)

VIANNA, Hélio, **História do Brasil** (São Paulo: Melhoramentos / Edusp, "12ª ed., rev. e atualizada por Américo J. LACOMBE", 1975)

___, **História diplomática do Brasil** (São Paulo: Melhoramentos, 1958 – publ. on line by Cambridge Univ. Press: 11 December 2015)

___, **História das fronteiras do Brasil** (Rio de Janeiro: Biblioteca Militar – Ministério da Guerra, vols. 132-133, 1948)

VIGNES, Daniel, *La mort de la loi du pavillon, avec l'arraisonnement em haute mer des bateaux de pêche par tout navire étranger* (in **Dimensão internacional do direito: estudos em homenagem a G. E. do NASCIMENTO E SILVA**, coord. P. B. CASELLA, São Paulo: LTr, 2000, p. 513-518)

___, *René-Jean Dupuy et le nouveau droit de la mer* (in **Ouvertures en droit international: hommage à René-Jean DUPUY**, Paris: Pedone, 1998, p. 83-95)

___ e R.-J. DUPUY, **Traité du nouveau droit de la mer** (Paris / Bruxelas: Economica / Bruylant, 1985)

___, *La Convention sur la conservation de la faune et de la flore marines de l'Antarctique* (AFDI, 1980, p. 741)

VISSCHER, Charles De, **Problèmes de confins en droit international public** (Paris: Pedone, 1969)

___, **Les effectivités du droit international public** (Paris: Pedone, 1967)

___, **Cours général de principes de droit international public** (RCADI, 1954, t. 86, p. 445-556)

___, **Théories et réalités en droit international public** (Paris: Pedone, 1953)

___, **Le déni de justice en droit international** (RCADI 1935, t. 52, p. 365-442)

___, **Les avis consultatifs de la Cour permanente de justice internationale** (RCADI 1929, t. 26, p. 1-76)

___, **Le droit international des communications** (Ghent: Publication de la Faculté de Droit – Univ. de Gand / Paris: A. Buyens et A. Rousseau, 1924)

___, **Les conflits de lois en matière de droit aérien** (RCADI 1934, t. 48, p. 279-386)

VITÁNYI, Béla, **The international regime of river navigation** (Alphen an den Rijn: A. W. Sijthoff, 1979)

VITÓRIA, Francisco de, **Political writings** (ed. by Anthony PAGDEN and Jeremy LAWRANCE, Cambridge: University Press / Cambridge Texts in the History of Political Thought, 1991)

___, **De potestate civili** (in **Political writings** (ed. by A. PAGDEN e J. LAWRANCE, Cambridge: Univ. Press, 1991, p. 1-44)

___, **Leçons sur le pouvoir politique** (introduction, traduction et notes par M. BARBIER, Paris: Vrin, 1980)

___, **Obras: relectiones teológicas** (ed. crítica, versão espanhola, intr. geral Teófilo URDANOZ, Madri: BAC, 1960)

VITTA, C., **Le droit sanitaire international** (RCADI, 1930, t. 33, p. 545-670)

VÖNEKY, Silja and Sange ADDISON-AGYEI, *Antarctica* (in **Encyclopedia of public international law**, 2012, vol. I, p. 418-436)

VRELLIS, Spyridion, *La condition des étrangers dans les Lois de Platon* (in **Estudos em homenagem à professora doutora Isabel de MAGALHÃES-COLLAÇO**, org. Rui MOURA RAMOS et al., Coimbra : Almedina, 2002, 2 vols., vol. I, p. 649-667)

VUKAS, B., **States, peoples and minorities** (RCADI, 1991, t. 231, p. 263-524)

WAIBEL, Michael, *Gibraltar* (in **Encyclopedia of public international law**, 2012, vol. IV, p. 454-463)

WALDOCK, C. H. M., **The regulation of the use of force by individual states in international law** (RCADI, 1952, t. 81, p. 451-518)

WALKER, R. B. J., *After the future: enclosures, connections, politics* (in **Reframing the international: law, culture, politics**, edited bt Richard FALK, Lester Edwin J. RUIZ and R. B. J. WALKER, Nova York: Routledge, 2002, cap. 1, p. 3-25)

WALLERSTEIN, Immanuel, *Os muros não resolvem o problema* (OESP, 16 de maio de 2006, p. A-10)

___, **The decline of American power: the United States in a chaotic world** (New York: The New Press, 2003)

___, **Geopolitics and geoculture: essays on the changing world system** (Cambridge: Univ. Press, 1991)

WANG Tieya, **International law in China: historical and contemporary perspectives** (RCADI, 1990, t. 221, p. 195-370)

WARD-PERKINS, Bryan, **La caduta di Roma e la fine della civiltà** (orig. publ. **The fall of Rome and the end of civilization**, 2005, trad. Mario CARPITELLA, Roma-Bari: Laterza, 2008)

WASSENBERGH, Henri A., **Principles of Outer Space in Hindsight** (Dordrecht: Kluwer, 1991)

WAULTRIN, René, *La question de la souveraineté des terres arctiques* (RGDIP, tome XV, 1908, p.78-125 (première partie), p. 185-209 (seconde partie), p. 401-423 (troisième partie) –*La question du Spitsberg; la question de l'île des Ours; la question du passage du Nord-Est*)

___, *Le problème de la souveraineté des pôles* (RGDIP, tome XVI, 1909, p. 649-660)

WECKEL, Philippe (dir. de), **Le juge international et l'aménagement de l'espace: la spécificité du contentieux territorial** («Actes de la première journée méditerranéenne sur le contentieux international, réalisée à l'Université de Montpellier I, le 7 mai 1997» , Paris: Pedone, 1998)

WEHBERG, H., **L'interdiction du recours à la force: le principe et les problèmes qui se posent** (RCADI, 1951, t. 78, p. 1-122)

WEIBEL, Ernest, **Histoire et géopolitique des Balkans de 1800 à nos jours** (Paris: ellipses, 2002)

WEIBEL, Michael, *Falkland Islands/Islas Malvinas* (in **Encyclopedia of public international law**, 2012, vol. III, p. 1112-1119)

WEIL, Patrick, **Liberté, égalité, discriminations** – L'identité nationale au regard de l'histoire (orig. publ. 2008, Paris: Gallimard-folio-histoire, 2009)

WEIL, Prosper, **Le droit international en quête de son identité: cours général de droit international public** (RCADI, 1992, t. 237, p. 9-370)

___, **Perspectives du droit de la délimitation maritime** (Paris: Pédone, 1988)

___, *Droit international public et droit administratif* (in **Mélanges offerts à Mr. le Doyen Louis Trotabas**, Paris: L.G.D.J., 1970, p. 511-528)

WESTPHAL, Dietrich, *International Telecommunication Union (ITU)* (in **Encyclopedia of public international law**, 2012, vol. VI, p. 166-176)

WESTDICKENBERG, Gerd, *Holy See* (in **The Max Planck Encyclopedia of Public International Law**, 2012, vol. IV, p. 953-958)

WESTLAKE, J., **Études sur les principes du droit international** (Paris: Castaigne-Thorin, 1895)

WHEATON, Henry, **Éléments de droit international** (orig. publ. 1836, Leipzig: Brockhaus, 1858, 2 vols.)

WHITTON, J. B., **Propaganda and international law** (RCADI, 1948, t. 72, p. 541-660)

WHOMERSLEY, Chris, *Channel Tunnel* (in **Encyclopedia of public international law**, 2012, vol. II, p. 81-87)

WIEWIÓRA, B., **The Polish-German Frontier in the light of International law** (Poznan: Inst. Zachodni, 1964)

WILHELM, Richard (org.), ***I Ching*: o livro das mutações** (São Paulo: Ed. Pensamento, 1995)

WILLIAMS, J. F. – ver FISCHER WILLIAMS, John

WILLIAMSON, Edwin, **The Penguin History of Latin America** (orig. publ. 1992, London: Penguin, 2009)

WILSKE, Stephan, *Abduction, Transboundary* (in **Encyclopedia of public international law**, 2012, vol. I, p. 4-9)

WILSON, G. G., **Les eaux adjacentes au territoire des états** (RCADI, 1923, t. 1, p. 123-176)

WINDLER, Christian et Jean-François CHANET (dir. de), **Les ressources des faibles** – Neutralités, sauvegardes, accommodements en temps de guerre (XVIe-XVIIIe siècle) (Rennes: Presses Univ. de Rennes, 2009)

WINIARSKI, B., **Principes généraux du droit fluvial international** (RCADI, 1933, t. 45, p. 75-218)

WITTENBERG, J.-C., **La recevabilité des réclamations devant les juridictions internationales** (RCADI, 1932, t. 41, p. 1-136)

WOLFF, Larry, **Inventing Eastern Europe: the map of civilization in the mind of the enlightenment** (Stanford: Univ. Press, 1994)

WOLFROM, M., **L'utilisation à des fins autres que la navigation des eaux des fleuves, lacs et canaux internationaux** (Paris: Pedone, 1964)

WOLFRUM, Rüdiger (ed. by), **The Max Planck Encyclopedia of public international law** – published under the auspices of the Max Planck Institute for Comparative Public Law and International Law under the direction of Rüdiger Wolfrum (Oxford: Univ. Press, 11 vols., 2012)

___, *Common Heritage of Mankind* (in **Encyclopedia of public international law**, 2012, vol. II, p. 452-458)

___ and Silja VÖNEKY, *Environment, Protection in Armed Conflict* (in **Encyclopedia of public international law**, 2012, vol. III, p. 509-519)

___, **Means of ensuring compliance with and enforcement of international environmental law** (RCADI, 1998, t. 272, p. 9-154)

___ (ed. by), **Law of the sea at the crossroads: the continuing search for a universally accepted regime** (Berlin: Duncker & Humblot, 1991)

WRIGHT, Quency, The Goa incident (AJIL, 1962, v. 56, p. 617)

WYLER, Eric et Alain PAPAUX (ed.), **L'extranéité ou le dépassement de l'ordre juridique étatique** («actes du colloque des 27 et novembre 1997, organisé par l'Institut d'études de droit international de la Faculté de droit de l'Université de Lausanne», Paris : Pedone, 1999)

XENOFONTE, **Anabase** ("Anabasi", a cura di Valério MANFREDI, Milano: Rusconi, 1980)

YANGUAS Messia, José de, *L'utilisation hydroélectrique d'un fleuve international* (in **La communauté internationale: mélanges offerts à Charles Rousseau**, Paris: Pedone, 1974, p. 341-344)

YEKELTCHUK, Serhy, **Istoriia Ukraini** – Stanovlenie sovremennoi nacii (orig. publ. **Ukraine** – Birth of a Modern Nation, 2007, trad. do inglês Nicolau Klimtchuk, Kiev: Isdatelstvo K.I.S., 2010)

YEPES, J. M., **Les problèmes fondamentaux du droit des gens en Amérique** (RCADI, 1934, t. 47, p. 1-144)

___, **La contribution de l'Amérique latine au développement du droit international public et privé** (RCADI, 1930, t. 32, p. 691-800)

YOUNG, Robert J. C., **Postcolonialism** – a very short introduction (Oxford: Univ. Press, 2003)

YTURRIAGA, J. A. de, **Regional conventions on the protection of marine environment** (RCADI, 1979, t. 172, p. 319-450)

ZACKLIN, R., **The problem of Namibia in international law** (RCADI, 1981, t. 171, p. 225-339)

___ e L. CAFLISCH, **Le regime juridique des fleuves et lacs internationaux** (La Haye: M. Nijhoff, 1981)

ZAGO, Manrique (dir. edtrl.) y Jorge O. GAZANEO (dir. cient.), **Las misiones jesuíticas del Guayrá** (fotos Carlos MORDO, textos Salvador CABRAL, Aníbal G. AMAT, Liliana ROJAS, Graciela CAMBAS, Martín M. MORALES S.J., Jorge O. GAZANEO, Alberto De PAULA, Bozidar D. SUSTERSIC, Roberto Di STEFANO, Buenos Aires/Verona, Italia: UNESCO / ICOMOS, 2ª ed., 1995)

ZAWADZKI, Hubert e Jerzy LUKOWSKI, **Histoire de la Pologne** (orig. publ. **A concise History of Poland** © 2001, 2006, trad. Eric CHÉDAILLE, Paris: Perrin, 2010)

ZANOTTI, Isidoro, *Aproveitamento dos rios e lagos internacionais para fins industriais e agrícolas* (Bol. SBDI, 1964, p. 5)

ZEILINGER, Anton Florian, *Danube River* (in **Encyclopedia of public international law**, 2012, vol. II, p. 1012-1018)

ZEMANEK, Karl, **The legal foundations of the international system: general course on public international law** (RCADI, 1997, t. 266, p. 9-336)

___, *Österreichs Neutralität und die GASP* ("Vortrag vor dem Europa-Institut der Universität des Saarlandes, Saarbrücken, den 17. Januar 1995", Vorträge, Reden u. Berichte aus dem Europa-Institut – Sektion Rechtswissenschaft, vol. 315, p. 1-20)

___, **State succession after decolonization** (RCADI, 1965, t. 116, p. 181-300)

ZHUKOV, G. P., **Tendances contemporaines du développement du droit spatial international** (RCADI, 1978, t. 161, p. 229-328)

ZOLLER, Elisabeth, **La bonne foi en droit international public** (Paris: Pedone, 1977)

ZOUREK, Jaroslav, **La définition de l'agression et le droit international: développements récents de la question** (RCADI, 1957, t. 92, p. 755-860)

ZWEIG, Stefan, **A marcha do tempo** (do original **Zeit und Welt**, © 1943, trad. Bruno ZANDER e Hugo FORTES, Rio de Janeiro: Ed. Guanabara, 1947)

